UN LIVRE *branché* SUR VOTRE RÉUSSITE !

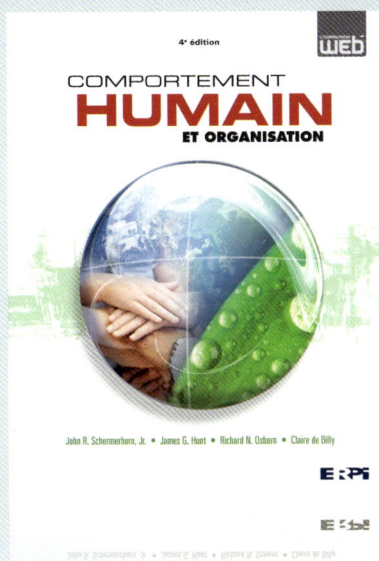

Votre Compagnon web contient les éléments suivants.

- Les réponses aux questions d'évaluation des connaissances des chapitres
  - questions à choix multiple
  - questions à réponse brève
  - questions à développement
- Une version interactive des autoévaluations
- Une méthode d'analyse de cas

CODE D'ACCÈS DE L'ÉTUDIANT

1. Rendez-vous à l'adresse de connexion du Compagnon web : **http://cw.erpi.com/schermerhorn**
2. Cliquez sur « S'inscrire » et suivez les instructions à l'écran.
3. Vous pouvez retourner en tout temps à l'adresse de connexion pour consulter le Compagnon web.

Afin d'éviter une désactivation de votre code d'accès causée par une inscription incomplète ou erronée, consultez la capsule vidéo d'information sur le site **http://assistance.pearsonerpi.com**

L'accès est valide pendant 12 MOIS à compter de la date de votre inscription.

Code d'accès étudiant
COMPAGNON WEB ▶

AVERTISSEMENT : Ce livre NE PEUT ÊTRE RETOURNÉ si la case ci-dessus est découverte.

Besoin d'aide ? : http://assistance.pearsonerpi.com

CODE D'ACCÈS DE L'ENSEIGNANT

Du matériel complémentaire à l'usage exclusif de l'enseignant est offert sur adoption de l'ouvrage. Certaines conditions s'appliquent. **Demandez votre code d'accès à information@erpi.com**

COMPORTEMENT HUMAIN ET ORGANISATION

4ᵉ édition

John R. Schermerhorn, Jr.
Ohio University

James G. Hunt
Texas Tech University

Richard N. Osborn
Wayne State University

Claire de Billy
Faculté des sciences de l'administration
Université Laval, Québec

Caroline Housieaux
Catherine Beaudry

ERPI Éducation · Innovation · Passion

5757, rue Cypihot, Saint-Laurent (Québec) H4S 1R3 ▸ erpi.com
TÉLÉPHONE : 514 334-2690 TÉLÉCOPIEUR : 514 334-4720 ▸ erpidlm@erpi.com

Développement de produits
Micheline Laurin

Supervision éditoriale
Christiane Desjardins

Traduction
Suzanne Grenier

Révision linguistique
Claire St-Onge

Correction d'épreuves
Myriam Lafrenière

Index
François Morin

Recherche iconographique
Chantal Bordeleau

Direction artistique
Hélene Cousineau

Supervision de la production
Muriel Normand

Conception graphique de l'intérieur et de la couverture
Martin Tremblay

Édition électronique
Infographie GL

Authorized translation from the English langage edition, entitled *Organizational Behavior*, 10th edition by John R. Schermerhorn, James G. Hunt and Richard N. Osborn, published by John Wiley and Sons, Inc., Copyright © 2008. All rights reserved. This translation published under license.

French language edition published by ERPI, Copyright © 2010.

Cet ouvrage est une version française de la 10ᵉ édition de *Organizational Behavior*, de John R. Schermerhorn, James G. Hunt et Richard N. Osborn, publiée et vendue à travers le monde avec l'autorisation de John Wiley and Sons, Inc.

© 2010, Éditions du Renouveau Pédagogique Inc. Tous droits réservés

Dans cet ouvrage, le générique masculin est utilisé sans aucune discrimination et uniquement pour alléger le texte.

Tous droits réservés.
On ne peut reproduire aucun extrait de ce livre sous quelque forme ou par quelque procédé que ce soit — sur machine électronique, mécanique, à photocopier ou à enregistrer, ou autrement — sans avoir obtenu, au préalable, la permission écrite des ÉDITIONS DU RENOUVEAU PÉDAGOGIQUE INC.

Dépôt légal – Bibliothèque et Archives nationales du Québec, 2010
Dépôt légal – Bibliothèque nationale du Canada, 2010

Imprimé au Canada

ISBN 978-2-7613-2709-1

34567890   NB   14 13 12
20507 ABCD   SM9

PRÉFACE

L'avenir du monde est, à bien des égards, entre nos mains. Nos faits et gestes d'aujourd'hui marquent l'avenir de façon importante. Des personnes qui collaborent à des progrès durables, voilà ce que devraient évoquer ces mains et cette Terre qui illustrent magnifiquement la couverture du présent ouvrage. Au-delà de sa valeur artistique, cette image est un symbole par excellence : nous tenons le monde entre nos mains, et si ces mains font ce qu'il faut, de concert, des prodiges pourront se réaliser.

Exercer un travail utile, mener une carrière satisfaisante, contribuer au fonctionnement optimal des organisations de notre société – les petites et grandes entreprises, les hôpitaux, les écoles, les gouvernements, les organismes communautaires, etc. –, tels sont les objectifs professionnels que poursuivent un très grand nombre de personnes. Le comportement organisationnel, qui s'intéresse aux comportements des individus dans les organisations, offre, au regard de ces attentes, des enseignements solides et orientés vers la pratique. Les personnes ayant acquis une bonne compréhension de cette discipline pourront s'y appuyer pour relever les défis de leur vie professionnelle ou de leur engagement social, et favoriser ainsi le succès de leur organisation dans un environnement en constante évolution.

Cette 4e édition de *Comportement humain et organisation* est l'adaptation en langue française de la 10e édition d'*Organizational Behavior*, en usage dans de nombreuses universités américaines et canadiennes et ailleurs dans le monde. Tous les chapitres ont été mis à jour en tenant compte des recherches scientifiques les plus récentes, et les données statistiques ont été actualisées. Les exemples ont été changés afin de traduire plus étroitement les nouvelles réalités québécoise, canadienne et internationale. Tout en maintenant l'accent sur les fondements du comportement organisationnel (notamment la personnalité, la motivation, la dynamique de groupe, les caractéristiques des organisations), l'ouvrage met en évidence les enjeux actuels dans les milieux de travail dans le but d'approfondir l'étude de cette discipline. L'éthique et la responsabilité sociale y apparaissent ainsi comme des composantes fondamentales de toute appréciation des réalisations individuelles ou organisationnelles. L'approche adoptée témoigne d'un respect à l'égard de l'apport d'une main-d'œuvre culturellement diversifiée et de plus en plus riche sur le plan sociodémographique. En outre, elle reconnaît pleinement l'empreinte quotidienne des forces de la mondialisation. Enfin, les défis associés à la création de conditions favorables à la santé des personnes y sont pris en considération.

L'objectif de ce livre est d'offrir à ses différents publics un cadre conceptuel intégrant des connaissances issues des diverses sciences humaines, favorisant ainsi une meilleure compréhension du comportement humain dans les milieux de travail contemporains et, par conséquent, une action plus efficace au sein des organisations.

Le présent ouvrage est tout particulièrement destiné aux étudiants de premier et de deuxième cycles en administration des affaires, en relations industrielles ou en psychologie du travail et des organisations. Il intéressera également tous les autres étudiants conscients de la valeur pratique du comportement organisationnel et du rôle que cette discipline jouera dans leur future carrière. Il s'adresse aussi aux enseignants qui veulent transmettre à leurs étudiants de solides bases en la matière et favoriser le développement de leurs compétences par un grand nombre d'activités pédagogiques stimulantes. Enfin, les gestionnaires, tout comme les personnes qui souhaitent améliorer leur compréhension de la dimension humaine de l'organisation et agir plus efficacement dans leur milieu professionnel, y trouveront assurément matière à réflexion.

Les auteurs ont aussi voulu miser sur les applications pédagogiques des technologies de l'information; c'est pourquoi un site Internet vient s'ajouter en complément du manuel. Le Compagnon Web propose notamment une série d'autoévaluations en mode interactif permettant au lecteur d'évaluer sa compréhension des concepts et des notions abordés dans les chapitres.

Pour terminer, je désire remercier toutes les personnes qui ont participé à la présente édition française. À l'Université Laval, M. Bernard Garnier, ancien doyen de la Faculté des sciences de l'administration et actuellement vice-recteur aux études et aux activités internationales, mérite toute ma reconnaissance pour ses judicieux conseils, son soutien constant et ses encouragements. Je tiens aussi à manifester ma gratitude à mes collègues enseignants du cours *Comportement organisationnel* pour avoir contribué à la réalisation de cet ouvrage par leurs suggestions et leurs remarques constructives. Aux Éditions du Renouveau Pédagogique, mes remerciements vont à toute l'équipe éditoriale, qui a travaillé avec compétence, dévouement et enthousiasme.

Claire de Billy
Université Laval
Québec

PRÉSENTATION

Enrichie de nombreuses mises à jour et améliorations, cette 4ᵉ édition de *Comportement humain et organisation* témoigne des changements qui animent le monde actuel et ses milieux de travail. Les lecteurs y retrouveront le contenu solide et complet en comportement organisationnel, appuyé de multiples exemples, ainsi que le *Cahier d'apprentissage en CO* (regroupant études de cas, exercices et auto-évaluations) qui ont fait la renommée des éditions précédentes.

LA STRUCTURE

Les personnes familiarisées avec les éditions antérieures du volume constateront que la table des matières a été remaniée. La présentation méthodique et progressive de la discipline a toutefois été conservée : d'abord, les éléments relatifs aux caractéristiques individuelles, suivis de ceux qui se rapportent à la dynamique des groupes, puis de ceux qui concernent le leadership et les processus organisationnels et, enfin, les éléments portant sur la culture organisationnelle et la structure des organisations. Bien entendu, l'ouvrage continue d'offrir à l'enseignant toute la latitude voulue pour modifier l'ordre dans lequel les grandes parties et les chapitres sont traités.

LE CONTENU

Le volume a été entièrement mis à jour, sous l'éclairage des découvertes récentes de la recherche, des applications observables aujourd'hui dans les organisations et des enjeux de l'heure. Prenant en considération les commentaires reçus, nous avons modifié l'agencement des chapitres et retouché leur contenu afin de mieux rendre compte non seulement de l'avancement et des nouvelles orientations de la discipline, mais aussi des tendances qui transforment sans cesse les milieux de travail et les défis professionnels. Ainsi, nous avons augmenté l'apport de la recherche, recadré et enrichi les chapitres traitant des caractéristiques individuelles et du comportement en milieu organisationnel, et accordé une plus large place aux études et aux idées en pleine éclosion concernant le leadership. Les changements sont particulièrement notables dans les chapitres suivants :

- chapitre 2, « Les valeurs, la personnalité et les différences individuelles » ;
- chapitre 3, « Les émotions, les attitudes et la satisfaction professionnelle » ;
- chapitre 4, « La perception, l'attribution et l'apprentissage » ;
- chapitre 6, « La motivation et la conception de poste » ;
- chapitre 7, « La gestion du rendement et les récompenses » ;
- chapitre 11, « Le leadership ».

GUIDE VISUEL

DES POINTS DE MIRE

Au fil des chapitres, des encadrés thématiques mettent en relief des exemples qui rendent compte de l'environnement québécois, canadien et mondial actuel. Ces références à des situations réelles forment quatre points de mire : l'éthique, la recherche, le leadership et l'application des connaissances.

- **L'éthique en CO** Cette nouvelle rubrique vise à aider le lecteur à prévoir, à comprendre et à relever les enjeux éthiques susceptibles de surgir aujourd'hui dans les milieux de travail et au cours d'une carrière. Dans chaque chapitre, le lecteur est placé devant un problème survenu en situation réelle ou inspiré de l'actualité, puis est invité à répondre à une question qui exige une réflexion personnelle sur l'éthique et sur les enjeux qu'elle soulève.

Xerox et sa palette de valeurs[22]

Xerox fait la promotion de la santé et du bien-être, soutient le développement et les promotions à l'interne et est verte depuis près de 30 ans !

Xerox n'a pas attendu que l'environnement soit le sujet de préoccupation qu'il est aujourd'hui pour prendre un virage vert. La multinationale du photocopieur, qui offre aussi des technologies et des services personnalisés de gestion de documents, a pris d'importantes mesures environnementales dès les années 1980.

Le plus grand acheteur de feuilles coupées du monde, Xerox, exige de ses fournisseurs un papier qui consomme moins d'arbres et moins d'énergie. Et tous ses appareils sont certifiés Energy Star. « Nous aimons dire que l'énergie économisée peut alimenter un million de maisons », dit Nicolas Ayotte, vice-président des opérations pour le Québec.

Quel rapport avec le Défi Meilleurs Employeurs ? « Un lien direct ! » croit Nicolas Ayotte, dont l'employeur occupe [...] catégorie Grande [...] pour une entre[...] Engagée dans de [...] fre à ses employés [...] faire du bénévolat [...]. En 2008, l'Institut [...] ntreprises les plus [...] se jouent dans mon [...] », dit Mylène Cou[...] entes pour Xerox [...] si l'importance que [...] est d'ailleurs une [...] à la tête de la mul[...] ne Coulombe, c'est [...] es employés. « On [...] nisation, on recon[...]

naît notre potentiel, on nous donne une liberté d'action et des outils de développement. » En plus de jumeler les nouveaux employés à un mentor pendant leurs premiers mois de travail, l'entreprise leur offre continuellement des formations à Toronto. « C'est l'occasion de rencontrer des collègues qui viennent de partout au Canada », dit la représentante.

Par ailleurs, la jeune femme apprécie l'ambiance ouverte et sympathique du bureau de Montréal. Le multiculturalisme des employés y est aussi mis en valeur : on organise des dîners où les gens apportent des plats de leur coin du monde.

Xerox accorde une grande importance à la santé de ses employés et les encourage à bien manger et à s'entraîner, grâce à des programmes de sensibilisation. Ils ont aussi accès à une ligne d'aide psychologique et juridique. Bref, on les cajole. « Des employés heureux, en santé et motivés, c'est critique pour nous, puisque notre stratégie de vente ne passe pas par le Web ou par la publicité, mais par les gens », dit Nicolas Ayotte.

Question

En quoi la culture organisationnelle peut-elle conférer un avantage concurrentiel à une organisation ?

DU CÔTÉ DE LA RECHERCHE

Les femmes feraient de meilleurs leaders[32]

Nul ne doute qu'il existe de bons comme de mauvais leaders, tant parmi les hommes que parmi les femmes. Toutefois, selon une recherche menée par Alice Eagly et ses collègues de la Northwestern University, les femmes auraient davantage recours à un style de leadership qui incite leur entourage professionnel à se surpasser. Une méta-analyse des résultats de 45 études portant sur le style de leadership adopté par des personnes des deux sexes a révélé aux chercheurs que les femmes étaient plus enclines que les hommes à exercer la fonction de leader en éveillant leur enthousiasme, en leur servant de mentor et en stimulant leur créativité.

Ces comportements ont une dimension « transformationnelle » : parce qu'ils encouragent l'innovation et le travail d'équipe, ils contribuent à renforcer l'organisation. Les statistiques indiquent que les femmes ont tendance à récompenser les individus dont le rendement est satisfaisant, tandis que les hommes sont plutôt portés à punir et à corriger les personnes qui commettent des erreurs. Selon Eagly et ses collègues, ces constatations s'expliquent en partie par le fait que les subordonnés acceptent mieux le leadership transformationnel quand il est exercé par une femme. En outre, les femmes adopteraient ce style plus naturellement que les hommes en raison de leur habitude à prendre soin d'autrui. Les chercheurs formulent aussi l'hypothèse que les femmes acquièrent davantage de compétences en leadership parce qu'elles doivent travailler plus fort que leurs collègues masculins pour réussir.

POINTS FORTS POSSIBLES DU LEADERSHIP AU FÉMININ
- Dimension « transformationnelle » bien présente
- Aptitude au mentorat
- Capacité d'inspirer l'entourage
- Encouragement à la créativité
- Enthousiasme communicatif
- Propension à récompenser le rendement satisfaisant

- **Du côté de la recherche** Cette rubrique, très appréciée, a été enrichie afin de mettre en valeur la pertinence des observations scientifiques sur lesquelles s'appuie le comportement organisationnel. Chaque chapitre offre un compte rendu d'un article publié par une revue de grande réputation (par exemple, *Academy of Management Journal* ou *Journal of Applied Psychology*). Parmi les sujets traités, soulignons les attitudes et le rendement, le comportement éthique, l'intelligence culturelle, ainsi que les marques d'identité en milieu de travail. L'enseignant qui désire accorder une attention particulière à la recherche pourra se référer au module complémentaire intitulé « Les fondements de la recherche en comportement organisationnel », qui figure à la fin de l'ouvrage.

DES LEADERS PARLENT DE LEADERSHIP

Se distinguer par un programme de qualité de vie au travail[43]

La firme de génie-conseil Teknika HBA vient de fusionner avec une firme ontarienne pour former une nouvelle entreprise. [...] Teknika HBA, qui emploie 750 personnes, a récemment agrandi sa filiale de Sherbrooke, où a été fondée l'entreprise. La firme, dont le siège social est à Montréal, est en plein essor. Créée en 1928, Teknika a acquis six firmes avant de se joindre, en 2004, au Groupe HBA, de Drummondville. Elle a depuis avalé quatre autres entreprises et fusionné en juin 2008 avec Trow Associates, une firme de génie-conseil ontarienne. La nouvelle entreprise, Trow Global, compte près de 2 000 employés, répartis dans 60 bureaux, notamment en Alberta, en Colombie-Britannique, en Floride et au Missouri.

Wilfrid Morin [actuel président] travaille chez Teknika HBA depuis 36 ans. Dès son arrivée à la tête de la société, en 1998, il a transformé les méthodes de gestion de la firme. « Nous gérons notre entreprise privée comme une société publique », dit l'homme de 59 ans, amateur de pêche invétéré (une de ses prises, un énorme espadon est empaillé et accroché au mur de son bureau, à Sherbrooke). [...]

Il y a cinq ans, Teknika HBA a lancé un programme de qualité de vie au travail. L'entreprise a réaménagé 85 % de ses 19 bureaux d'affaires au Québec. Division des bureaux, éclairage, mobilier, tout y est passé. La direction s'est également attaquée à une question plus délicate : les relations interpersonnelles. « Nous souhaitons que nos employés parlent à leur patron dès qu'ils éprouvent un sentiment de frustration, dit Wilfrid Morin. Nous demandons aux gestionnaires d'être ouverts et d'être à l'écoute des besoins du personnel. »

Plus simple à dire qu'à faire. « Beaucoup de gestionnaires ont tendance à mettre une pression indue sur les employés ou à les diriger d'une façon traditionnelle, c'est-à-dire qu'ils commandent au lieu de consulter », remarque Wilfrid Morin.

Le programme de qualité de vie au travail comporte deux autres volets : le développement et la valorisation de l'employé (mentorat, formation technique, reconnaissance du travail au jour le jour et lors d'un gala) et l'équilibre travail-famille. « Nous essayons d'éliminer le plus possible les heures supplémentaires, précise Wilfrid Morin. Pour y parvenir, nous partageons le travail entre nos bureaux d'affaires. » Un projet peut ainsi être effectué par des employés de diverses régions.

L'approche de Teknika HBA a du succès. Dans le sondage de Watson Wyatt, 95 % des employés ont fait part de leur sentiment d'appartenance envers leur organisation. Ils ont souligné son honnêteté et son intégrité dans ses activités d'affaires, ainsi que sa bonne réputation au sein de la collectivité. En 2008, Wilfrid Morin a été nommé Grand Estrien lors du Gala Reconnaissance Estrie, organisé par la Chambre de commerce de Sherbrooke.

Teknika HBA ne manque cependant pas de défis. Elle devra batailler pour recruter de la main-d'œuvre. Et surtout, pour réussir sa dernière fusion. Trow Global joue dans la cour des grands : la scène mondiale. « Dans les prochaines années, nous nous heurterons à des sociétés d'ingénierie, notamment chinoises, qui paieront des salaires très inférieurs aux nôtres », souligne Wilfrid Morin. [...]

Malgré tout, Wilfrid Morin est confiant en l'avenir. Et en sa philosophie des ressources humaines. « Lorsque nous mettons en place des mesures qui favorisent l'épanouissement du personnel, la réussite financière suit. »

Questions

Quelles sont les principales compétences que semble manifester ce dirigeant ? Comment envisage-t-il les rôles qu'il doit assumer ? Quels défis doit-il relever à la suite de la fusion de la firme de génie-conseil qu'il dirige avec une firme de génie-conseil ontarienne ?

■ **Des leaders parlent de leadership** Un large éventail de modèles se prêtent à l'étude du leadership : voilà ce que rappelle, d'un chapitre l'autre, cette rubrique. De vrais leaders y font part de leurs expériences et de leur vision. Chaque encadré est suivi d'une question qui incite le lecteur à s'interroger sur la signification des propos présentés et à les mettre en relation avec sa propre expérience.

■ **Des as de la gestion** et **Du savoir à la pratique** Chaque chapitre ramène également deux nouvelles rubriques consacrées à l'application des connaissances acquises en comportement organisationnel à des situations réelles ou à des problèmes de gestion.

Des AS de la gestion

Les 10 règles d'or de Google[8]

Google n'est pas la seule organisation à connaître des hauts et des bas relativement à son habileté à gérer la ressource que constituent les producteurs du savoir. Généralement, elle sait toutefois bien comment s'y prendre. Voici les conseils que donne Google à qui souhaite s'améliorer en cette matière. Auriez-vous des suggestions à ajouter ?

1. Embauchez en comité. Assurez-vous que les personnes recrutées discutent avec leurs futurs collègues.
2. Subvenez à chaque besoin. Faites qu'il soit facile et non pénible, pour les employés, de s'engager à fond dans leur travail.
3. Regroupez le personnel. Mettez les gens en position de travailler en étroite collaboration.
4. Facilitez la coordination. Utilisez la technologie pour maintenir la communication entre les personnes.
5. Faites la promotion au sein de votre entreprise. Incitez les employés à utiliser eux-mêmes les produits et les services de l'entreprise.
6. Encouragez la créativité. Favorisez la libre expression des idées nouvelles.
7. Recherchez le consensus. Rappelez-vous que deux têtes valent mieux qu'une.
8. Ne soyez pas malintentionné. Créez un climat de tolérance et de respect.
9. Fondez vos décisions sur des données. Procédez à des analyses et apportez les correctifs requis.
10. Communiquez efficacement. Tenez des réunions de contact régulières.

Les encadrés intitulés *Des as de la gestion* fournissent un éclairage de la part de gestionnaires expérimentés et d'organisations reconnues, sous des titres tels que « Les 10 règles de Google », « Reconception des tâches dans les centres d'hébergement » et « Évaluation et rétroaction chez AccèsD ».

Les encadrés *Du savoir à la pratique* proposent, quant à eux, des conseils et des lignes de conduite, comme le suggèrent les titres suivants : « Sept étapes pour favoriser l'adoption de normes positives », « Comment mettre sur pied une équipe hautement performante » et « Développer son intelligence émotionnelle ».

DU SAVOIR À LA PRATIQUE   1.1

Développer son intelligence émotionnelle

- *Conscience de soi* Être en mesure de comprendre ses propres humeurs et émotions.
- *Maîtrise de soi* Savoir réfléchir avant d'agir et contrôler ses pulsions.
- *Motivation* Être capable de travailler avec ardeur et persévérance.
- *Empathie* Avoir la capacité de comprendre les émotions d'autrui.
- *Aptitudes sociales* Pouvoir établir et entretenir de bonnes relations avec les autres.

D'AUTRES ÉLÉMENTS PÉDAGOGIQUES

Captiver le lecteur tout en offrant un contenu solide, voilà l'objectif qui a encore une fois présidé à la rédaction de cet ouvrage. Nous avons eu recours à des spécialistes ainsi qu'à des groupes de consultation formés d'étudiants et de professeurs pour discerner les points forts des éditions précédentes, les aspects susceptibles d'être améliorés de même que les éléments à ajouter en vue d'atteindre l'objectif poursuivi. Dans le présent ouvrage, les éléments pédagogiques les plus appréciés des éditions précédentes se conjuguent donc avec des caractéristiques inédites. Plusieurs outils d'apprentissage s'ajoutent ainsi aux cinq rubriques précédemment décrites.

■ ***Introduction du chapitre*** Le lecteur trouvera, au début de chaque chapitre, les objectifs d'apprentissage visés ainsi qu'un plan exposant les principales sections et les éléments clés du chapitre.

L'introduction comprend aussi un récit authentique destiné à présenter au lecteur ce qu'il va découvrir dans le chapitre.

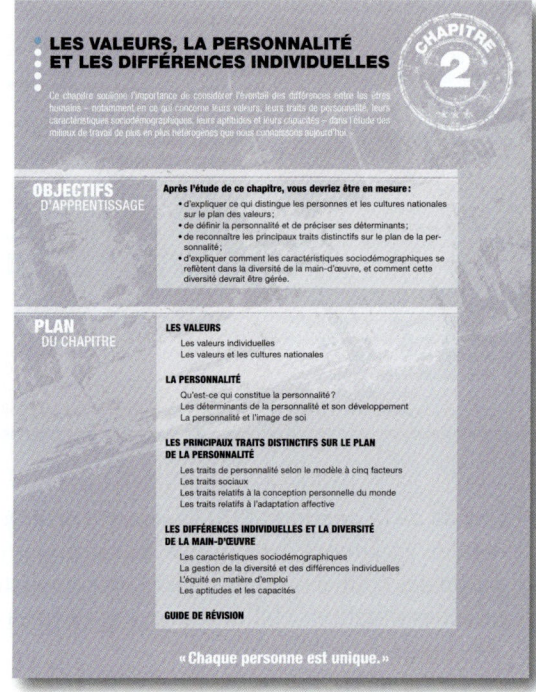

■ ***Exemples en marge*** Accompagnés d'un bref commentaire, ces exemples fournissent des applications supplémentaires du comportement organisationnel.

■ ***Glossaire*** Les termes clés, qui mettent en évidence les concepts les plus importants, apparaissent en gras italique dans le texte et sont repris dans la marge, suivis de leur définition. L'ensemble de ces termes est regroupé dans un glossaire, à la fin de l'ouvrage.

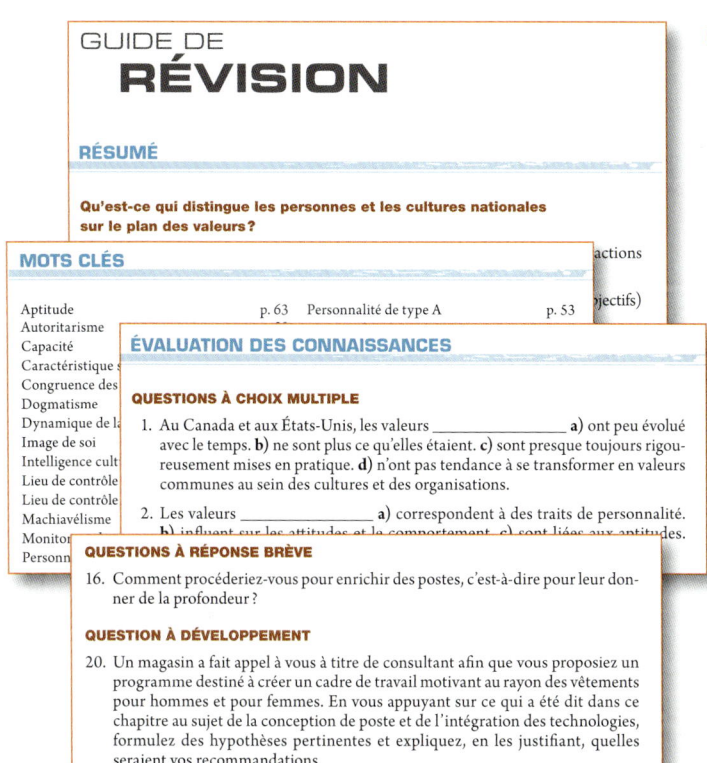

- **Guide de révision** À la fin de chaque chapitre, un guide de révision contribue à soutenir les connaissances et à préparer les étudiants aux examens. Cet outil d'apprentissage comprend trois sections :

  - un *résumé* sous forme de questions-réponses, qui reprend les principaux sujets présentés au début du chapitre et en fait ressortir les éléments essentiels;

  - une liste de *mots clés* (avec page de référence), qui renvoie aux termes apparaissant en gras italique dans le texte et à leur définition en marge;

  - des tests d'*évaluation des connaissances*, qui servent d'outils de révision. Ils renferment des questions à choix multiple ainsi que des questions à réponse brève et à développement.

- **Le CO dans le feu de l'action** Cette section oriente le lecteur vers les études de cas, les exercices et les autoévaluations du *Cahier d'apprentissage en CO* qui se rapportent au contenu du chapitre.

LE CO DANS LE FEU DE L'ACTION
Pour ce chapitre, nous vous suggérons les activités suivantes du *Cahier d'apprentissage en CO* (voir p. C1) :

Études de cas	Exercices	Autoévaluations
8. La société Hovey & Beard	3. Mon meilleur emploi	7. Profil bifactoriel
9. La société aérienne Maritime	13. Le jeu de construction	8. Êtes-vous *universel* ?
	14. Préférences en matière de conception de poste	
	15. Un emploi de rêve	
	16. La motivation par l'enrichissement des tâches	

LE CAHIER D'APPRENTISSAGE EN CO, INCLUANT LE RECUEIL DE JOSSEY-BASS ET PFEIFFER

Le **Cahier d'apprentissage en CO**, intégré à la fin de l'ouvrage, est un élément clé de *Comportement humain et organisation*. Le Cahier met toujours à la disposition de l'enseignant et de l'étudiant des études de cas, des exercices et des autoévaluations. La présente édition en offre une version mise à jour et enrichie, notamment, de plusieurs nouvelles études de cas. S'y trouvent également le *Recueil de Jossey-Bass et Pfeiffer*, qui comprend le populaire *Inventaire des pratiques de leadership de l'étudiant* élaboré par Kouzes et Posner, ainsi que d'autres exercices récents extraits de manuels de formation que Pfeiffer publie annuellement. Ce matériel offre maintes possibilités d'enrichir de façon utile et créative l'expérience d'apprentissage en comportement organisationnel.

UN SOUTIEN EN LIGNE

L'ouvrage *Comportement humain et organisation* est enrichi d'un Compagnon Web interactif mis à jour qui propose un éventail varié de ressources destinées tant aux enseignants qu'aux étudiants. Ces derniers pourront profiter d'une série d'activités en ligne, notamment les réponses aux questions d'évaluation des connaissances ainsi que les autoévaluations en mode interactif. L'utilisateur du manuel pourra visiter ce site de soutien à l'apprentissage et tirer profit de toutes ses ressources à l'adresse suivante :

http://cw.erpi.com/schermerhorn

SOMMAIRE

PREMIÈRE PARTIE

LE COMPORTEMENT ORGANISATIONNEL DE NOS JOURS ... 1

Chapitre 1
Introduction au comportement organisationnel ... 3

DEUXIÈME PARTIE

LES CARACTÉRISTIQUES INDIVIDUELLES ET LE COMPORTEMENT EN MILIEU ORGANISATIONNEL ... 31

Chapitre 2
Les valeurs, la personnalité et les différences individuelles ... 33

Chapitre 3
Les émotions, les attitudes et la satisfaction professionnelle ... 71

Chapitre 4
La perception, l'attribution et l'apprentissage ... 93

Chapitre 5
Les théories de la motivation ... 131

Chapitre 6
La motivation et la conception de poste ... 159

Chapitre 7
La gestion du rendement et les récompenses ... 185

TROISIÈME PARTIE

LA DYNAMIQUE DES GROUPES ET LE TRAVAIL D'ÉQUIPE ... 213

Chapitre 8
Le fonctionnement des groupes ... 215

Chapitre 9
Le travail d'équipe et le rendement des équipes ... 243

QUATRIÈME PARTIE

LE LEADERSHIP ET LES PROCESSUS ORGANISATIONNELS ... 271

Chapitre 10
Le pouvoir et le jeu politique ... 273

Chapitre 11
Le leadership ... 311

Chapitre 12
Le processus décisionnel ... 359

Chapitre 13
La communication ... 387

Chapitre 14
Les conflits et la négociation ... 413

Chapitre 15
Le changement et le stress en milieu organisationnel ... 441

CINQUIÈME PARTIE

LA CULTURE ET LA STRUCTURE ORGANISATIONNELLES ... 475

Chapitre 16
La culture et le développement organisationnels ... 477

Chapitre 17
Les caractéristiques fondamentales des organisations ... 507

Chapitre 18
La conception organisationnelle et l'acquisition de compétences stratégiques ... 541

MODULE COMPLÉMENTAIRE

LES FONDEMENTS DE LA RECHERCHE EN COMPORTEMENT ORGANISATIONNEL ... 579

CAHIER D'APPRENTISSAGE EN CO

I. RECUEIL DE JOSSEY-BASS ET PFEIFFER ... C11
II. ÉTUDES DE CAS ... C37
III. EXERCICES ... C89
IV. AUTOÉVALUATIONS ... C125

GLOSSAIRE ... G1
INDEX ... I1

TABLE DES MATIÈRES

PRÉFACE

PRÉSENTATION

PREMIÈRE PARTIE
LE COMPORTEMENT ORGANISATIONNEL DE NOS JOURS ... 1

CHAPITRE 1 — INTRODUCTION AU COMPORTEMENT ORGANISATIONNEL ... 3

INTRODUCTION AU COMPORTEMENT ORGANISATIONNEL ... 5
- Définition du comportement organisationnel ... 5
- Les fondements scientifiques du comportement organisationnel ... 6
- Les nouveaux paradigmes du comportement organisationnel ... 8

LES ORGANISATIONS EN TANT QUE CADRES DE TRAVAIL ... 10
- Raison d'être, mission et stratégies organisationnelles ... 10
- Les environnements organisationnels et les parties intéressées ... 11
- Les cultures organisationnelles ... 12
- La diversité de la main-d'œuvre et le multiculturalisme ... 14

LE COMPORTEMENT ORGANISATIONNEL ET LE TRAVAIL DE GESTION ... 16
- Le processus de gestion ... 16
- Les activités, les rôles et les réseaux du gestionnaire ... 18
- Les compétences et le savoir-faire du gestionnaire ... 19
- La gestion morale ... 22

L'APPRENTISSAGE DU COMPORTEMENT ORGANISATIONNEL ... 24
- L'apprentissage et l'expérience ... 24
- Le plan d'étude de la 4e édition de *Comportement humain et organisation* ... 24

GUIDE DE RÉVISION ... 26
- Résumé ... 26
- Mots clés ... 27
- Évaluation des connaissances ... 28

DEUXIÈME PARTIE
LES CARACTÉRISTIQUES INDIVIDUELLES ET LE COMPORTEMENT EN MILIEU ORGANISATIONNEL ... 31

CHAPITRE 2 — LES VALEURS, LA PERSONNALITÉ ET LES DIFFÉRENCES INDIVIDUELLES ... 33

LES VALEURS ... 35
- Les valeurs individuelles ... 35
- Les valeurs et les cultures nationales ... 39

LA PERSONNALITÉ ... 43
- Qu'est-ce qui constitue la personnalité ? ... 43
- Les déterminants de la personnalité et son développement ... 44
- La personnalité et l'image de soi ... 46

LES PRINCIPAUX TRAITS DISTINCTIFS SUR LE PLAN DE LA PERSONNALITÉ ... 46
- Les traits de personnalité selon le modèle à cinq facteurs ... 46
- Les traits sociaux ... 47
- Les traits relatifs à la conception personnelle du monde ... 49
- Les traits relatifs à l'adaptation affective ... 52

LES DIFFÉRENCES INDIVIDUELLES ET LA DIVERSITÉ DE LA MAIN-D'ŒUVRE ... 53
- Les caractéristiques sociodémographiques ... 53
- La gestion de la diversité et des différences individuelles ... 58
- L'équité en matière d'emploi ... 62
- Les aptitudes et les capacités ... 63

GUIDE DE RÉVISION ... 65
- Résumé ... 65
- Mots clés ... 67
- Évaluation des connaissances ... 67

CHAPITRE 3 — LES ÉMOTIONS, LES ATTITUDES ET LA SATISFACTION PROFESSIONNELLE ... 71

LES FONDEMENTS DES ÉMOTIONS ET DE L'HUMEUR ... 72
- Les fonctions des émotions ... 73
- Les principales émotions et leurs sous-catégories ... 74
- Les émotions liées à la conscience de soi et les émotions sociales ... 74
- L'affectivité positive et l'affectivité négative ... 75

LES ÉMOTIONS ET L'HUMEUR EN ACTION ... 75
- La théorie des évènements affectifs ... 75
- Le travail émotionnel ... 76
- L'intelligence émotionnelle ... 77
- Les émotions et le comportement organisationnel ... 78
- Les émotions et la culture ... 80

LES ATTITUDES ... 82
- Les attitudes et le comportement ... 83
- Les attitudes et le milieu professionnel ... 83
- Les attitudes et la dissonance cognitive ... 84

LA SATISFACTION PROFESSIONNELLE ... 84
- Le concept et les méthodes de mesure ... 84
- La satisfaction professionnelle et le rendement ... 85

GUIDE DE RÉVISION ... 89
- Résumé ... 89
- Mots clés ... 90
- Évaluation des connaissances ... 91

CHAPITRE 4 — LA PERCEPTION, L'ATTRIBUTION ET L'APPRENTISSAGE ... 93

LE PROCESSUS DE PERCEPTION ... 94
- Les facteurs qui influent sur le processus de perception ... 96
- Les étapes du processus de perception ... 98
- Les réactions au processus de perception ... 103

LES ERREURS DE PERCEPTION LES PLUS RÉPANDUES ... 103
- Le stéréotype ou le cliché ... 103
- L'effet de halo ... 104
- La perception sélective ... 104
- La projection ... 105
- L'effet de contraste ... 106
- La prophétie qui se réalise ... 106

LA GESTION DU PROCESSUS DE PERCEPTION ... 107
- La gestion des impressions ... 107
- La gestion des erreurs de perception ... 107

LE PROCESSUS D'ATTRIBUTION ... 108
- L'importance de l'attribution ... 108
- Les erreurs d'attribution ... 110
- Les différences interculturelles en matière d'attribution ... 111

L'APPRENTISSAGE INDIVIDUEL ... 112
- Le renforcement ... 112
- L'apprentissage social ... 122

GUIDE DE RÉVISION ... 125
- Résumé ... 125
- Mots clés ... 127
- Évaluation des connaissances ... 127

CHAPITRE 5 — LES THÉORIES DE LA MOTIVATION ... 131

LA MOTIVATION ... 133
- Les différentes théories de la motivation ... 133
- La motivation et les différences culturelles ... 134

LES THÉORIES DU CONTENU ... 134
- La théorie de la hiérarchie des besoins ... 134
- La théorie ERD ... 136
- La théorie des besoins acquis ... 136
- La théorie bifactorielle ... 137

LA THÉORIE DE L'ÉQUITÉ ... 141
- L'équité et les comparaisons sociales ... 141
- Les prédictions relatives à la théorie de l'équité ... 141
- La théorie de l'équité et la justice organisationnelle ... 143

LA THÉORIE DES ATTENTES ... 144
- Les termes et les concepts propres à la théorie des attentes ... 144
- Les prédictions relatives à la théorie des attentes ... 146
- Les applications et la recherche relatives à la théorie des attentes ... 146

LA THÉORIE DE LA FIXATION DES OBJECTIFS ... 147
- Les éléments motivateurs des objectifs ... 148
- Les principes directeurs de la fixation des objectifs ... 149
- La fixation d'objectifs et la gestion par objectifs ... 152

GUIDE DE RÉVISION ... 153
- Résumé ... 153
- Mots clés ... 155
- Évaluation des connaissances ... 155

CHAPITRE 6 — LA MOTIVATION ET LA CONCEPTION DE POSTE ... 159

LES DIVERSES APPROCHES EN MATIÈRE DE CONCEPTION DE POSTE ... 161
- L'organisation scientifique du travail ... 161
- L'élargissement des tâches et la rotation des postes ... 163
- L'enrichissement des tâches ... 164

LA CONCEPTION DE POSTES STIMULANTS POUR LES TRAVAILLEURS ... 165
- La théorie des caractéristiques de l'emploi ... 165
- Le traitement des données sociales ... 169
- L'enrichissement des tâches : des considérations d'ordres pratique et culturel ... 169

LES TECHNOLOGIES ET LA CONCEPTION DE POSTE ... 170
- L'automatisation et la robotique ... 170
- Les systèmes flexibles de fabrication ... 171
- Les bureaux automatisés ... 171
- La restructuration des processus d'affaires ... 171

L'AMÉNAGEMENT DU TEMPS DE TRAVAIL : DES APPROCHES NOVATRICES ... 172
- La semaine de travail comprimée ... 173
- L'horaire de travail variable ... 174
- Le partage de poste ... 174
- Le télétravail et le bureau virtuel ... 176
- Le travail à temps partiel ... 179

GUIDE DE RÉVISION ... 179
- Résumé ... 179
- Mots clés ... 181
- Évaluation des connaissances ... 181

CHAPITRE 7 — LA GESTION DU RENDEMENT ET LES RÉCOMPENSES ... 185

LA MOTIVATION ET LES RÉCOMPENSES ... 186
- Un modèle intégré de la motivation au travail ... 186
- Les récompenses intrinsèques et les récompenses extrinsèques ... 187
- La rémunération selon le rendement ... 188
- La rémunération fondée sur les compétences ... 193
- La rémunération sous forme d'avantages sociaux ... 194

LA GESTION DU RENDEMENT 194
   Le processus de mesure du rendement 194
   Les objectifs de la mesure du rendement 195
   Les normes et les critères de la mesure du rendement 196

L'ÉVALUATION DU RENDEMENT 198
   Les méthodes d'évaluation du rendement 198
   Qui procède à l'évaluation du rendement ? 202
   Les erreurs courantes dans l'évaluation du rendement 204
   Les mesures permettant d'améliorer les évaluations du rendement 206

GUIDE DE RÉVISION 207
   Résumé 207
   Mots clés 208
   Évaluation des connaissances 209

TROISIÈME PARTIE

LA DYNAMIQUE DES GROUPES ET LE TRAVAIL D'ÉQUIPE 213

CHAPITRE 8 — LE FONCTIONNEMENT DES GROUPES 215

LES PRINCIPALES CARACTÉRISTIQUES DES GROUPES AU SEIN DES ORGANISATIONS 216
   Qu'est-ce qu'un groupe efficace ? 216
   La synergie et le potentiel de rendement des groupes 217
   Les groupes formels 219
   Les groupes informels 221

LES ÉTAPES DE L'ÉVOLUTION D'UN GROUPE 221
   L'étape de la constitution 222
   L'étape du tumulte 222
   L'étape de la cohésion 222
   L'étape du rendement 222
   L'étape de la dissolution 223

LES FONDEMENTS DE L'EFFICACITÉ D'UN GROUPE 223
   Les intrants clés du groupe 224
   La dynamique de groupe et la dynamique intergroupes 227
   Les réseaux de communication au sein des groupes 229

LE PROCESSUS DÉCISIONNEL DANS LES GROUPES 233
   La prise de décision au sein d'un groupe 233
   Les avantages et les inconvénients de la prise de décision collective 234
   La pensée de groupe 235
   Les techniques d'aide à la prise de décision collective ... 235

GUIDE DE RÉVISION 237
   Résumé 237
   Mots clés 239
   Évaluation des connaissances 239

CHAPITRE 9 — LE TRAVAIL D'ÉQUIPE ET LE RENDEMENT DES ÉQUIPES 243

LES ÉQUIPES ET LE TRAVAIL D'ÉQUIPE 245
   Les divers types d'équipes 245
   La nature du travail d'équipe 246
   La diversité et le rendement des équipes 247

LA CONSOLIDATION D'ÉQUIPE 248
   Comment se déroule le processus de consolidation d'équipe ? 250
   Les diverses approches en matière de consolidation d'équipe 251

LES MODES DE FONCTIONNEMENT D'UNE ÉQUIPE EFFICACE 252
   L'intégration des recrues 252
   Le leadership lié aux tâches et le leadership lié aux relations 253
   Les rôles au sein de l'équipe et leur dynamique 254
   Les normes de l'équipe 255
   La cohésion de l'équipe 256

LES PRINCIPAUX TYPES D'ÉQUIPES DANS LES NOUVEAUX MILIEUX DE TRAVAIL 260
   L'équipe de résolution de problèmes 260
   L'équipe interfonctionnelle 262
   L'équipe virtuelle 263
   L'équipe semi-autonome 264

GUIDE DE RÉVISION 266
   Résumé 266
   Mots clés 268
   Évaluation des connaissances 268

QUATRIÈME PARTIE

LE LEADERSHIP ET LES PROCESSUS ORGANISATIONNELS 271

CHAPITRE 10 — LE POUVOIR ET LE JEU POLITIQUE 273

LE POUVOIR ET L'INFLUENCE EN MILIEU ORGANISATIONNEL 274
   L'interdépendance, la légitimité et le pouvoir 275
   L'obéissance 275
   L'acceptation de l'autorité et la zone d'indifférence ... 277

LES SOURCES DE POUVOIR ET D'INFLUENCE AU SEIN D'UNE ORGANISATION 279
   Le pouvoir hiérarchique 279
   Le pouvoir personnel 281
   L'acquisition et l'usage du pouvoir et de l'influence ... 283

L'HABILITATION DU PERSONNEL 288
   Les éléments clés du processus d'habilitation du personnel 289
   Le pouvoir en tant que ressource expansible 290
   Au-delà de l'habilitation, la valorisation du personnel ... 291

TABLE DES MATIÈRES

LE JEU POLITIQUE EN MILIEU ORGANISATIONNEL 292
- Le jeu politique en milieu organisationnel : deux perspectives 292
- Le jeu politique et la défense des intérêts personnels 296
- Le jeu politique et la gouvernance organisationnelle 298

GUIDE DE RÉVISION 306
- Résumé 306
- Mots clés 308
- Évaluation des connaissances 308

CHAPITRE 11 — LE LEADERSHIP 311

LES FONDEMENTS DU LEADERSHIP 313
- Les gestionnaires et les leaders 313
- Les théories des traits personnels du leader 315
- Les théories des comportements du leader 316

LES THÉORIES DU LEADERSHIP SITUATIONNEL 320
- La théorie de la contingence de Fiedler 320
- La théorie du cheminement critique de House 324
- La théorie du leadership situationnel de Hersey et Blanchard 326
- La théorie des échanges leader-membres de Graen 328
- La théorie des substituts du leadership 329

LES MODÈLES IMPLICITES DU LEADERSHIP 331
- Le leadership et le processus d'attribution 331
- Les prototypes du leadership 332

LE LEADERSHIP CHARISMATIQUE, LE LEADERSHIP TRANSACTIONNEL ET LE LEADERSHIP TRANSFORMATEUR 333
- Le leadership charismatique 333
- Le leadership transactionnel et le leadership transformateur 336
- Quelques considérations sur le leadership charismatique et le leadership transformateur 338

LE LEADERSHIP MORAL 339
- Le leadership éthique 339
- Le leadership authentique 341
- Le leadership au service des autres 343
- Le leadership spirituel 343

DE NOUVELLES PERSPECTIVES EN MATIÈRE DE LEADERHSIP 346
- Le leadership partagé 346
- Le leadership interculturel : le projet GLOBE 349

GUIDE DE RÉVISION 353
- Résumé 353
- Mots clés 356
- Évaluation des connaissances 356

CHAPITRE 12 — LE PROCESSUS DÉCISIONNEL 359

LE PROCESSUS DÉCISIONNEL EN MILIEU ORGANISATIONNEL ... 360
- Le processus décisionnel étape par étape 360
- Les fondements culturels et éthiques du processus décisionnel ... 361
- Les contextes décisionnels 363
- Les types de décisions 365

LES DIVERS MODÈLES DÉCISIONNELS 366
- Les modèles décisionnels classique et comportemental 366
- Le modèle décisionnel de la poubelle 368
- Les réalités du processus décisionnel 369

L'INTUITION, LE JUGEMENT ET LA CRÉATIVITÉ DANS LE PROCESSUS DÉCISIONNEL 369
- L'intuition 369
- L'influence des heuristiques sur le jugement 371
- Le processus de créativité 372

LA GESTION DU PROCESSUS DÉCISIONNEL 375
- Le choix des problèmes à régler 375
- Le choix et le rôle des participants au processus décisionnel 376
- L'abandon d'un plan d'action décidé antérieurement 379

GUIDE DE RÉVISION 381
- Résumé 381
- Mots clés 383
- Évaluation des connaissances 383

CHAPITRE 13 — LA COMMUNICATION 387

LA COMMUNICATION ORGANISATIONNELLE 388
- Le processus de communication 388
- La rétroaction et la communication 390
- Les canaux de communication 390
- La circulation de l'information 392

LA COMMUNICATION INTERPERSONNELLE 394
- La communication efficace et la communication efficiente 395
- La communication non verbale 395
- L'écoute active 397

LES PRINCIPAUX OBSTACLES À LA COMMUNICATION 399
- Les différences culturelles 399
- Les sources de distraction environnementales 400
- Les problèmes sémantiques 402
- Les messages contradictoires 402
- L'absence de rétroaction 402
- Les effets de la position hiérarchique 403

LES ENJEUX ACTUELS DE LA COMMUNICATION ORGANISATIONNELLE 404
- La communication électronique 404
- La protection de la vie privée 406
- La communication et le contexte social 407

GUIDE DE RÉVISION 408
- Résumé 408
- Mots clés 409
- Évaluation des connaissances 410

CHAPITRE 14 — LES CONFLITS ET LA NÉGOCIATION ... 413

LE CONFLIT EN MILIEU ORGANISATIONNEL ... 415
- Le conflit de fond et le conflit émotionnel ... 415
- Les divers niveaux de conflits ... 415
- Le conflit constructif et le conflit destructeur ... 417
- La culture et les conflits ... 418

LA GESTION DES CONFLITS ... 420
- Les phases d'un conflit ... 420
- Les types de situations conflictuelles et leurs principales causes ... 422
- Les stratégies de gestion indirecte des conflits ... 424
- Les stratégies de gestion directe des conflits ... 425

LA NÉGOCIATION EN MILIEU ORGANISATIONNEL ... 428
- Qu'est-ce que la négociation? ... 428
- Les objectifs et les résultats de la négociation ... 428
- Les aspects éthiques de la négociation ... 429
- Les types de négociations en milieu organisationnel ... 429
- La culture et la négociation ... 430

LES STRATÉGIES DE NÉGOCIATION ... 431
- La négociation distributive ... 431
- La négociation raisonnée ... 432
- Comment parvenir à une entente dans une négociation raisonnée? ... 433
- Les obstacles les plus fréquents à la négociation ... 434
- Le rôle d'un tiers dans la négociation ... 435

GUIDE DE RÉVISION ... 436
- Résumé ... 436
- Mots clés ... 437
- Évaluation des connaissances ... 438

CHAPITRE 15 — LE CHANGEMENT ET LE STRESS EN MILIEU ORGANISATIONNEL ... 441

LE CHANGEMENT EN MILIEU ORGANISATIONNEL ... 443
- Le changement planifié et le changement non planifié ... 444
- Le changement planifié : les forces motrices et les cibles organisationnelles ... 444
- Les étapes du changement planifié ... 446

LES DIVERSES STRATÉGIES DE CHANGEMENT PLANIFIÉ ... 448
- La coercition ... 448
- La persuasion rationnelle ... 449
- Le partage du pouvoir ... 450

LA RÉSISTANCE AU CHANGEMENT ... 451
- Pourquoi les gens résistent-ils au changement? ... 451
- Comment réagir à la résistance au changement? ... 453

LA DYNAMIQUE DU STRESS ... 454
- Qu'est-ce que le stress? ... 455
- Les sources de stress ... 456
- Les conséquences du stress ... 461

LES DIVERSES STRATÉGIES DE GESTION DU STRESS ... 465
- Les stratégies organisationnelles de gestion du stress ... 465
- Les stratégies individuelles de gestion du stress ... 467
- Le bien-être personnel et la gestion du stress ... 468

GUIDE DE RÉVISION ... 470
- Résumé ... 470
- Mots clés ... 472
- Évaluation des connaissances ... 472

CINQUIÈME PARTIE

LA CULTURE ET LA STRUCTURE ORGANISATIONNELLES ... 475

CHAPITRE 16 — LA CULTURE ET LE DÉVELOPPEMENT ORGANISATIONNELS ... 477

LA CULTURE ORGANISATIONNELLE ... 478
- Les fonctions de la culture organisationnelle ... 478
- La culture dominante, les sous-cultures et les contre-cultures ... 481
- La culture nationale et la culture organisationnelle ... 482

LES TROIS DIMENSIONS D'UNE CULTURE ORGANISATIONNELLE ... 486
- La culture apparente ... 487
- Les valeurs communes ... 489
- Les hypothèses communes ... 491

LA GESTION DE LA CULTURE ORGANISATIONNELLE ... 492
- La philosophie de gestion ... 492
- Créer, consolider et changer la culture organisationnelle ... 493

LE DÉVELOPPEMENT ORGANISATIONNEL ... 495
- Les postulats fondamentaux du DO ... 496
- Les valeurs et les principes du DO ... 496
- Les fondements de la recherche-action appliqués au DO ... 497
- Les méthodes de DO ... 498
- Le DO et l'évolution de la culture organisationnelle ... 501

GUIDE DE RÉVISION ... 501
- Résumé ... 501
- Mots clés ... 503
- Évaluation des connaissances ... 503

CHAPITRE 17 — LES CARACTÉRISTIQUES FONDAMENTALES DES ORGANISATIONS ... 507

LES OBJECTIFS ORGANISATIONNELS ... 509
- La contribution de l'organisation à la société ... 509
- Les objectifs de production de l'organisation ... 510
- Les objectifs stratégiques de l'organisation ... 510

LA STRUCTURE FORMELLE ET LA DIVISION DU TRAVAIL ... 511
- L'organigramme ... 512

LA SPÉCIALISATION VERTICALE ... 514
- La ligne hiérarchique et l'éventail de subordination ... 515
- Les unités opérationnelles et les unités fonctionnelles ... 517

LE CONTRÔLE 519
- Le contrôle des résultats 519
- Le contrôle des processus 520
- Le pouvoir décisionnel : la centralisation et la décentralisation 522

LA SPÉCIALISATION HORIZONTALE 524
- La structure fonctionnelle 524
- La structure divisionnaire 525
- La structure matricielle 527

LA COORDINATION 529
- Les modes interpersonnels de coordination 529
- Les modes formels de coordination 530

LA BUREAUCRATIE ET SES MODÈLES LES PLUS COURANTS 532
- Le modèle mécaniste 533
- Le modèle organique 533
- Les configurations hybrides 534

GUIDE DE RÉVISION 535
- Résumé 535
- Mots clés 537
- Évaluation des connaissances 537

CHAPITRE 18 — LA CONCEPTION ORGANISATIONNELLE ET L'ACQUISITION DE COMPÉTENCES STRATÉGIQUES 541

LA STRATÉGIE ORGANISATIONNELLE 543

L'INNOVATION EN MILIEU ORGANISATIONNEL 544
- Le processus d'innovation 544
- Les caractéristiques des organisations novatrices 544

L'APPRENTISSAGE ORGANISATIONNEL 546
- L'acquisition du savoir 546
- La diffusion de l'information 548
- L'interprétation de l'information 548
- La conservation de l'information 548
- La relation entre la stratégie organisationnelle, l'innovation et l'apprentissage organisationnel 549

LA CONCEPTION ORGANISATIONNELLE 550
- La conception organisationnelle et les décisions stratégiques 551
- La conception organisationnelle et la coévolution 552

LA CONCEPTION ORGANISATIONNELLE ET LA TAILLE DE L'ORGANISATION 554
- La petite taille de l'organisation et la structure simple 554
- Les risques de la croissance et du vieillissement 555
- Les scénarios de gestion 555
- Les mythes 556

LA CONCEPTION ORGANISATIONNELLE ET LES TECHNOLOGIES 556
- La conception organisationnelle et les technologies liées aux activités d'exploitation 557
- Le recours à l'adhocratie pour stimuler l'innovation et l'apprentissage organisationnel 558
- La conception organisationnelle et les technologies de l'information et des communications (TIC) 559
- Les TIC et les affaires électroniques 562

LA CONCEPTION ORGANISATIONNELLE ET L'ENVIRONNEMENT 564
- La complexité de l'environnement 564
- Les organisations en réseau et les alliances interentreprises 566

L'ORGANISATION SANS FRONTIÈRES 569
- Le renforcement des compétences dynamiques au-delà des frontières 569
- Transformer ses aptitudes en compétences dynamiques 570

GUIDE DE RÉVISION 572
- Résumé 572
- Mots clés 575
- Évaluation des connaissances 575

MODULE COMPLÉMENTAIRE

LES FONDEMENTS DE LA RECHERCHE EN COMPORTEMENT ORGANISATIONNEL 579
- La théorie dans le domaine du CO 579
- Les protocoles de recherche 583
- La collecte, l'analyse et l'interprétation des données 585
- L'éthique scientifique 587
- Mots clés 588

CAHIER D'APPRENTISSAGE EN CO

- **I. RECUEIL DE JOSSEY-BASS ET PFEIFFER** C11
  - A. Inventaire des pratiques de leadership de l'étudiant, de Kouzes et Posner C12
  - B. Exercices expérientiels extraits des manuels de formation que publie annuellement Pfeiffer C31
- **II. ÉTUDES DE CAS** C37
- **III. EXERCICES** C89
- **IV. AUTOÉVALUATIONS** C125

GLOSSAIRE G1
NOTES N1
SOURCES DES ILLUSTRATIONS N26
INDEX I1

PREMIÈRE PARTIE

LE COMPORTEMENT ORGANISATIONNEL DE NOS JOURS

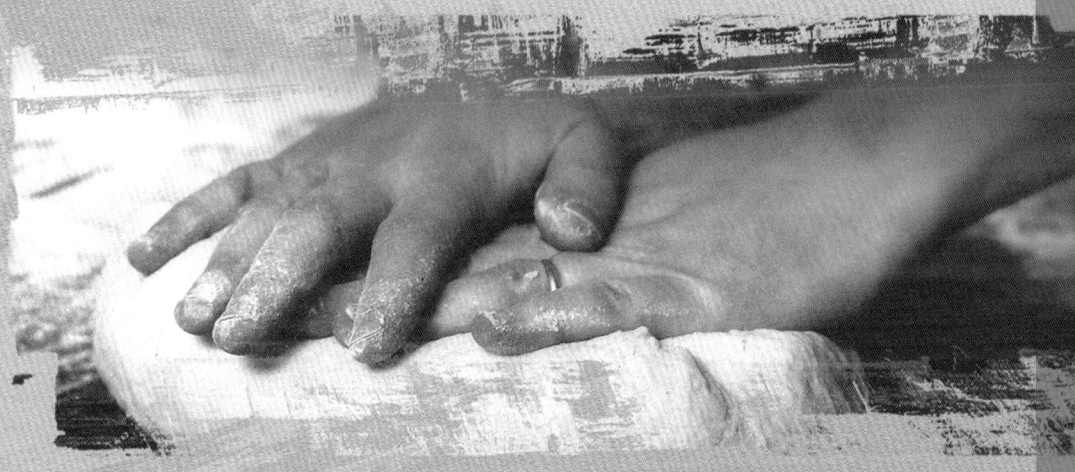

Chapitre 1   Introduction au comportement organisationnel

INTRODUCTION AU COMPORTEMENT ORGANISATIONNEL

CHAPITRE 1

Les êtres humains constituent le principal actif d'une organisation. Le chapitre 1 présente le comportement organisationnel comme un champ de connaissances qui peut contribuer à la réussite professionnelle dans l'environnement dynamique contemporain.

OBJECTIFS D'APPRENTISSAGE

Après l'étude de ce chapitre, vous devriez être en mesure :
- de définir le comportement organisationnel et de saisir l'importance de ce champ de connaissances ;
- de décrire les organisations en tant que cadres de travail ;
- d'expliquer ce qui caractérise le travail de gestion ;
- d'expliquer comment se fait l'apprentissage du comportement organisationnel.

PLAN DU CHAPITRE

INTRODUCTION AU COMPORTEMENT ORGANISATIONNEL
Définition du comportement organisationnel
Les fondements scientifiques du comportement organisationnel
Les nouveaux paradigmes du comportement organisationnel

LES ORGANISATIONS EN TANT QUE CADRES DE TRAVAIL
Raison d'être, mission et stratégies organisationnelles
Les environnements organisationnels et les parties intéressées
Les cultures organisationnelles
La diversité de la main-d'œuvre et le multiculturalisme

LE COMPORTEMENT ORGANISATIONNEL ET LE TRAVAIL DE GESTION
Le processus de gestion
Les activités, les rôles et les réseaux du gestionnaire
Les compétences et le savoir-faire du gestionnaire
La gestion morale

L'APPRENTISSAGE DU COMPORTEMENT ORGANISATIONNEL
L'apprentissage et l'expérience
Le plan d'étude de la 4ᵉ édition de *Comportement humain et organisation*

GUIDE DE RÉVISION

« Le principal actif d'une organisation, ce sont les gens ! »

CIMA+ : Mettre l'accent sur l'employé[1]

« Pour devenir le meilleur employeur, ils avaient besoin des meilleurs employés. C'est pourquoi j'ai décidé de travailler pour eux », blague Salah Baccouche. La philosophie de cet ingénieur algérien résume bien ce que la firme CIMA+, identifiée comme meilleur employeur au Québec dans sa catégorie, a voulu inculquer à ses employés : ils sont les meilleurs et la direction leur fait entièrement confiance.

« Ici, on apprécie mon travail et l'esprit d'équipe est omniprésent. Nous profitons aussi de beaucoup de latitude », renchérit Julie Poirier, ingénieure, qui, visiblement, n'aime pas que son travail à Rivière-du-Loup. Elle adore son employeur !

C'est la deuxième année consécutive que la firme d'ingénierie CIMA+, qui emploie plus de 1 100 personnes au sein de ses 12 bureaux partout au Québec et en Afrique, figure au palmarès des 50 employeurs de choix au Canada, selon une étude réalisée par la firme internationale de services en ressources humaines Hewitt & Associés, en collaboration avec le magazine *Report on Business*.

Parmi les 126 entreprises ou organisations canadiennes sondées, CIMA+ se classe en 16e place au pays et occupe le premier rang au Québec dans la catégorie 400 employés et plus. C'est en fait un sondage confidentiel que les employés et les patrons remplissent volontairement. « Ça ajoute à la crédibilité des résultats », note Alain Michaud, rédacteur chez CIMA+ à Rivière-du-Loup.

« Je travaille souvent en chantier. C'est beaucoup à faire en peu de temps. Mais je peux accumuler des heures et ensuite m'octroyer une semaine ou deux de vacances sans problèmes, poursuit Mme Poirier. Oui, il y a un certain contrôle avec notre supérieur, mais la confiance prime. Ici, l'accent est vraiment mis sur l'employé. »

« Il y a quelques années, des employés quittaient pour travailler ailleurs, évoquant la sécurité d'emploi, un fonds de retraite, etc. Nous avons dû nous ajuster. Au 2 % de REER collectif auquel l'employeur cotise, nous avons ajouté un autre 2 %. Nos employés profitent d'assurances collectives : lunettes, soins dentaires, assurance salaire courte et longue durée, et on a même ajouté une journée de congé par année », explique le directeur du bureau de Rivière-du-Loup, M. Réjean Massé. Mais encore.

> « Pour devenir le meilleur employeur, ils avaient besoin des meilleurs employés. »

« Nos horaires sont flexibles, nous encourageons le télétravail, les employés sont vraiment libres. Personne ne les surveille. Ils ont des objectifs à rencontrer et travaillent de la façon qu'ils veulent pour les atteindre. » En fait, pour lui, le secret du bonheur au travail est simple.

« Il faut être à l'écoute de ses employés. Leur confier des tâches qu'ils aiment en rapport avec leurs compétences, et surtout, leur faire confiance. » En d'autres termes, on ne demande pas aux employés de billets signés par leurs parents pour justifier une absence. « On ne punche ni en entrant ni en sortant », note Mme Poirier. […]

Mais même pour le meilleur employeur dans sa catégorie, le recrutement n'est pas facile, à tout le moins en région. […]

Outre ce défi, il faudra continuer de progresser et d'être à l'écoute des employés. « Nous sommes au sommet à ce chapitre et nous entendons bien y demeurer », conclut M. Massé.

Le message qu'on doit retenir au sujet des meilleurs employeurs et des organisations hautement performantes est le suivant : « Le principal actif d'une organisation, ce sont les gens ! » Jeffrey Pfeffer, professeur à la Stanford University, souligne que cette conviction ne relève pas d'un simple attachement sentimental au facteur humain. Les résultats, insiste-t-il, sont aussi là pour le prouver. Les organisations qui adoptent des pratiques positives en matière de gestion des ressources humaines obtiennent un avantage concurrentiel grâce à la hausse de leur productivité et à la baisse du roulement de leur personnel. Selon ce professeur, les organisations réussissent mieux quand leurs dirigeants traitent bien les gens et les considèrent non pas comme des coûts à contrôler, mais plutôt comme un actif qu'il faut soutenir et mettre en valeur[2].

INTRODUCTION AU COMPORTEMENT ORGANISATIONNEL

Il y a une leçon importante à tirer du leadership exercé par les dirigeants de CIMA+ : quand on agit de manière éthique et qu'on traite avec égards les membres d'une organisation, on peut s'attendre à une considération semblable de leur part en retour. Toutefois, les voies menant à la haute performance sont aujourd'hui complexes. Bien que stimulantes, elles demeurent semées d'embûches. Et rien n'est jamais sûr. Par contre, même en pleine crise, un dirigeant peut faire face aux incertitudes avec confiance s'il a su gagner le respect de ses employés.

Quel que soit le cadre de travail où vous évoluerez – PME, grande entreprise, fonction publique ou autre –, vous devriez retenir cet enseignement : les gens sont les assises de la réussite organisationnelle. Une organisation parvient à prospérer quand ses membres s'engagent à fond, individuellement et collectivement, pour la rendre hautement performante. Tant au sein de l'organisation que dans les rapports avec l'extérieur, le parcours menant à la réussite implique donc le respect des gens, de leurs besoins, de leurs talents et de leurs aspirations. Il exige aussi une compréhension du comportement humain, tel qu'il se manifeste dans des systèmes organisationnels devenus complexes.

Cet ouvrage parle des gens, des gens comme vous et moi qui travaillent et poursuivent leur carrière dans les cadres nouveaux et exigeants que nous connaissons aujourd'hui – des gens qui, en ces temps incertains, cherchent à s'accomplir de toutes sortes de manières sur les plans personnel et professionnel. Il traite des défis propres aux milieux de travail actuels, dont ceux qui sont associés à l'éthique, à la mondialisation, à l'usage de la technologie, à la diversité de la main-d'œuvre ainsi qu'à l'équilibre entre vie professionnelle et vie personnelle. Il aborde aussi la façon dont ce complexe environnement pousse les individus et les organisations à apprendre et à se perfectionner sans cesse, dans la quête d'un avenir gratifiant et d'excellents résultats.

DÉFINITION DU COMPORTEMENT ORGANISATIONNEL

Le champ de connaissances qu'englobe le terme « comportement organisationnel » apporte un éclairage du plus grand intérêt sur la nouvelle donne avec laquelle doit maintenant composer le monde du travail et des organisations. On appelle ***comportement organisationnel*** – CO en abrégé – l'étude du comportement humain au sein des organisations. Il s'agit d'un domaine multidisciplinaire dans lequel on cherche à mieux comprendre le comportement des individus et des groupes, les processus interpersonnels et les dynamiques organisationnelles en vue d'améliorer l'efficacité organisationnelle et la satisfaction professionnelle. L'apprentissage du CO peut vous apporter une meilleure compréhension de vous-même et d'autrui dans un contexte de travail. Il pourrait aussi contribuer à votre réussite professionnelle dans de nouveaux milieux de travail qui demeureront complexes, mouvants et parsemés de défis.

> **Comportement organisationnel**
> Étude du comportement des individus et des groupes au sein des organisations

LES FONDEMENTS SCIENTIFIQUES DU COMPORTEMENT ORGANISATIONNEL

Il y a plus d'un siècle que les universitaires et les spécialistes se sont mis à l'étude systématique de la gestion. Les premières recherches portaient surtout sur les conditions matérielles du travail et sur les grands principes de l'administration et du génie industriel. Cependant, à partir des années 1940, le champ d'études s'est étendu à l'élément humain – facteur essentiel s'il en est un. Dès lors, la recherche sur les comportements individuels, la dynamique des groupes et les relations entre gestionnaires et travailleurs a pris un essor considérable. Devenu une discipline à part entière, le comportement organisationnel porte aujourd'hui sur l'analyse scientifique du comportement des individus et des groupes au sein des organisations, et de l'influence des structures, des systèmes et des processus organisationnels sur le rendement[3].

L'interdisciplinarité des connaissances

Le CO comprend un ensemble de connaissances interdisciplinaires étroitement lié aux sciences du comportement – la psychologie, la sociologie et l'anthropologie – ainsi qu'aux sciences sociales connexes comme l'économie et les sciences politiques. La singularité du CO réside dans le fait qu'il intègre et applique des connaissances issues de ces diverses sciences humaines pour parvenir à une meilleure compréhension du comportement humain dans les organisations. Essentiellement, le CO vise l'amélioration du rendement des individus, des groupes et des organisations, ainsi que l'amélioration de la qualité de vie professionnelle.

Le recours à des méthodes scientifiques

Le CO s'appuie sur des méthodes de recherche scientifiques pour établir et vérifier empiriquement des hypothèses concernant le comportement humain dans les organisations. Au moyen de ces méthodes, les chercheurs proposent et mettent à l'épreuve des ***modèles*** – c'est-à-dire des visions simplifiées de la réalité –, par lesquels ils tentent de dégager les principaux facteurs et les forces sous-jacentes pouvant expliquer les phénomènes du monde réel. Ces modèles mettent en relation des variables indépendantes – soit les causes présumées – et des variables dépendantes – soit des résultats qui représentent une valeur ou un intérêt pratique. La ***variable dépendante*** est un fait ou un évènement auquel le chercheur s'intéresse et qui, selon son hypothèse de recherche, devrait varier sous l'effet de la ***variable indépendante***.

La **figure 1.1** présente les principales méthodes de recherche en comportement organisationnel. Les chercheurs et les penseurs du CO se réclament de la pensée scientifique parce que : (1) ils procèdent à une collecte de données systématique et contrôlée ; (2) ils soumettent les hypothèses qu'ils avancent à une vérification rigoureuse ; (3) ils ne retiennent que les explications scientifiquement vérifiables. Nous reviendrons sur les concepts et les protocoles de recherche en CO dans le module complémentaire intitulé « Les fondements de la recherche en comportement organisationnel » qui se trouve à la fin du manuel.

▶ **Modèle**
Vision simplifiée de la réalité, par laquelle le chercheur tente d'expliquer les phénomènes du monde réel.

▶ **Variable dépendante**
Fait ou évènement auquel le chercheur s'intéresse et qui, selon son hypothèse de recherche, devrait varier sous l'effet de la variable indépendante.

▶ **Variable indépendante**
Fait ou évènement qui, selon l'hypothèse de recherche, devrait avoir une incidence sur la variable dépendante.

Figure 1.1 Les méthodes de recherche en comportement organisationnel

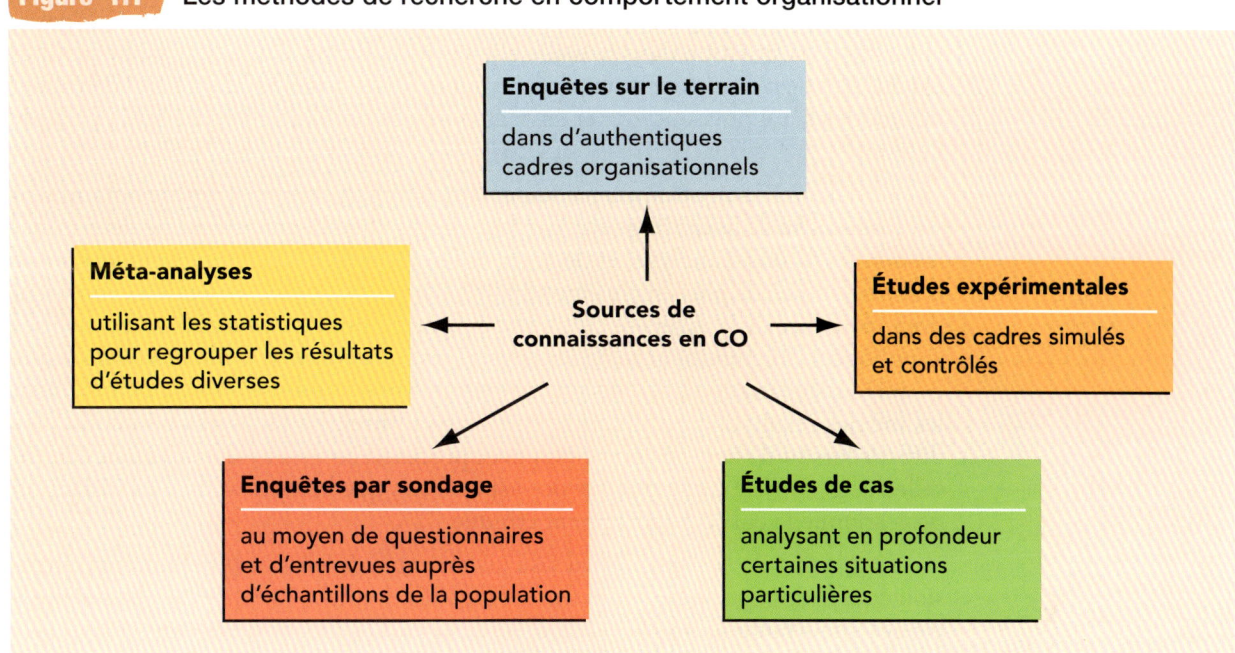

La priorité aux applications

Le champ d'études du CO consiste surtout dans les applications susceptibles de bonifier sensiblement le rendement des organisations et des gens qui y travaillent. Par exemple, vous trouverez dans cet ouvrage des modèles qui résument ce qu'on comprend aujourd'hui des variables dépendantes telles que l'efficacité fonctionnelle, la satisfaction professionnelle, le comportement citoyen de l'organisation, le comportement éthique, l'absentéisme, la rotation du personnel et l'efficacité organisationnelle.

Voici quelques-unes des questions pratiques qu'abordent cette discipline et cet ouvrage : Comment doit-on utiliser des gratifications comme les augmentations de salaire au mérite ? Dans quelles circonstances faut-il concevoir les postes de travail en fonction d'individus plutôt que de groupes, et vice-versa ? Quels sont les ingrédients d'une équipe à rendement élevé ? Comment peut-on faire évoluer les cultures organisationnelles ? Les décisions doivent-elles se prendre individuellement, en consultation ou en groupe ? Lors d'une négociation, quelle est la meilleure façon de conclure une entente qui ne fait que des gagnants ? Quel est le meilleur moyen d'en arriver à ce qu'une négociation soit favorable à chacune des parties ? Pourquoi les gens en viennent-ils à éprouver de l'insatisfaction à l'endroit de leur travail ou de leur employeur ? Qu'est-ce qui fait qu'une organisation et ses membres adoptent ou non un comportement éthique et socialement responsable ?

L'approche de la contingence

L'une des conclusions scientifiques les plus largement acceptées, c'est qu'il n'existe pas une méthode qui surpasserait toutes les autres pour gérer des organisations et des ressources humaines. Autrement dit, il n'y a pas de solution à l'emporte-pièce pouvant être appliquée aux problèmes organisationnels courants. Les spécialistes en CO reconnaissent plutôt la nécessité d'adapter le style d'une gestion aux particularités de la situation dans laquelle elle s'exerce. En fait, l'une des responsabilités essentielles de la science du comportement organisationnel est de créer et de valider des modèles qui puissent fonder sur des données probantes l'action et la prise de décision[4].

> **Approche de la contingence**
> Approche qui consiste à tenter de répondre aux besoins de gestion en tenant compte des particularités du contexte

La démarche scientifique en comportement organisationnel repose notamment sur l'*approche de la contingence*, par laquelle les chercheurs tentent de déterminer les bonnes façons d'analyser et de gérer différentes situations. Par exemple, dans le contexte actuel, de plus en plus mondialisé, il nous faut chercher à mieux comprendre l'incidence de la diversité culturelle et la façon dont les concepts et les théories s'appliquent différemment selon les pays[5]. Il est relativement facile de conclure que ce qui réussit parfaitement dans un contexte culturel donné ne donne pas forcément les mêmes résultats dans un autre contexte culturel. La tâche est beaucoup plus difficile lorsqu'il s'agit de déterminer avec précision comment les différences culturelles exercent une influence sur des aspects tels que la motivation, la satisfaction professionnelle et le comportement éthique.

L'approche de la contingence vise justement à enrichir ce type de compréhension dans le domaine du comportement organisationnel. Plusieurs variables contextuelles importantes dans le champ d'études du CO sont abordées dans ce livre.

LES NOUVEAUX PARADIGMES DU COMPORTEMENT ORGANISATIONNEL

L'approche de la contingence s'avère particulièrement pertinente dans les milieux de travail d'aujourd'hui, qui ne ressemblent plus à ceux d'autrefois. Ils présentent des caractéristiques inédites, leur approche des mécanismes de production est différente et ils sont au service de consommateurs et de marchés qui ont changé, notamment sur les plans des valeurs et des besoins. Ces dernières années, en particulier, ont connu des bouleversements spectaculaires, tant par leur nature que par la vitesse à laquelle ils se sont manifestés. Un observateur décrivait le phénomène en ces termes : « ...une révolution angoissante, culpabilisante, douloureuse, libératrice, déconcertante, exaltante, énergisante, frustrante, enrichissante, déroutante, stimulante. Autrement dit, une révolution qui ressemble beaucoup au chaos[6]. »

Les organisations comme les individus n'ont plus qu'à lutter pour s'en tirer le mieux possible en s'efforçant de suivre le rythme effréné du changement. Il faut reconnaître les nouveaux paradigmes – qui sont parmi les principales forces de changement – et faire des choix qui tiennent pleinement compte des tendances actuelles dans les milieux de travail[7].

Les tendances actuelles dans les nouveaux milieux de travail

- *Volonté d'adopter des comportements conformes à l'éthique* Des scandales largement publicisés mettant en cause des conduites professionnelles illégales et contraires à l'éthique ont attiré l'attention sur l'éthique dans les milieux de travail. Il existe de moins en moins de tolérance à l'endroit des organisations et de leurs dirigeants qui trahissent la confiance du public.

- *Importance du capital humain* Tout environnement dynamique et complexe constitue une source constante de défis. On ne peut prétendre à une réussite durable que si on accorde une grande importance aux personnes, dont les connaissances, l'expérience et la motivation constituent un précieux actif pour l'organisation.

- *Disparition de la direction centralisée* Les structures hiérarchiques traditionnelles se révèlent peu efficaces devant les pressions et les exigences auxquelles les organisations doivent aujourd'hui répondre. Elles sont en voie d'être remplacées par des structures flexibles et des cadres de travail participatifs dans lesquels le capital humain est apprécié à sa juste valeur.
- *Accent mis sur le travail d'équipe* Les organisations d'aujourd'hui présentent des structures aplanies. Modelée par un environnement complexe et par les multiples exigences des clientèles, l'organisation du travail est de plus en plus axée sur le travail d'équipe et sur la collaboration entre pairs.
- *Influence envahissante des technologies de l'information et des communications* L'omniprésence de l'ordinateur ne peut qu'avoir des répercussions profondes sur le déroulement et les modalités du travail, ainsi que sur les systèmes et les processus organisationnels.
- *Respect des nouvelles attentes de la main-d'œuvre* La nouvelle génération de travailleurs tolère moins la hiérarchie, exige plus de flexibilité et se montre moins sensible au statut professionnel. Les organisations sont plus soucieuses d'aider leurs membres à concilier leurs responsabilités professionnelles et leur vie personnelle.
- *Cheminements professionnels en mutation* Dans le nouveau contexte de l'économie mondiale, on voit de plus en plus d'employeurs avoir recours à la sous-traitance ainsi qu'à l'externalisation à l'étranger pour combler leurs besoins en main-d'œuvre, et un nombre croissant d'individus travaillent à titre d'entrepreneurs indépendants plutôt que de travailleurs à temps plein.

> **Commission canadienne des droits de la personne**
>
> La Commission canadienne des droits de la personne administre la *Loi canadienne sur les droits de la personne* et a la responsabilité d'assurer le respect de la *Loi sur l'équité en matière d'emploi*, deux lois qui voient au respect des principes de non-discrimination et d'égalité des chances dans tous les domaines relevant de la compétence fédérale.

Des AS de la gestion

Les 10 règles d'or de Google[8]

Google n'est pas la seule organisation à connaître des hauts et des bas relativement à son habileté à gérer la ressource que constituent les producteurs du savoir. Généralement, elle sait toutefois bien comment s'y prendre. Voici les conseils que donne Google à qui souhaite s'améliorer en cette matière. Auriez-vous des suggestions à ajouter?

1. Embauchez en comité. Assurez-vous que les personnes recrutées discutent avec leurs futurs collègues.
2. Subvenez à chaque besoin. Faites qu'il soit facile et non pénible, pour les employés, de s'engager à fond dans leur travail.
3. Regroupez le personnel. Mettez les gens en position de travailler en étroite collaboration.
4. Facilitez la coordination. Utilisez la technologie pour maintenir la communication entre les personnes.
5. Faites la promotion au sein de votre entreprise. Incitez les employés à utiliser eux-mêmes les produits et les services de l'entreprise.
6. Encouragez la créativité. Favorisez la libre expression des idées nouvelles.
7. Recherchez les consensus. Rappelez-vous que deux têtes valent mieux qu'une.
8. Ne soyez pas malintentionné. Créez un climat de tolérance et de respect.
9. Fondez vos décisions sur des données. Procédez à des analyses et apportez les correctifs requis.
10. Communiquez efficacement. Tenez des réunions de contact régulières.

LES ORGANISATIONS EN TANT QUE CADRES DE TRAVAIL

La compréhension de cet ensemble complexe de forces qui entrent en jeu exige qu'on envisage les organisations en tant que phénomène social. Du point de vue théorique, une *organisation* est un regroupement d'individus qui, après répartition des tâches, travaillent à un objectif commun, à savoir la production de biens et de services pour la société. Cette définition englobe aussi bien les associations, les organismes sans but lucratif et les groupes religieux que les petites et grandes entreprises, les syndicats, les établissements d'enseignement, les établissements de santé et la fonction publique. Le fait que toutes ces organisations possèdent des caractéristiques communes peut nous aider à améliorer la compréhension que nous en avons ainsi que l'approche que nous adoptons concrètement à leur égard.

> **Organisation**
> Regroupement d'individus qui travaillent à un objectif commun, à savoir la production de biens et services pour la société

RAISON D'ÊTRE, MISSION ET STRATÉGIES ORGANISATIONNELLES

La raison d'être des organisations est d'offrir des biens et des services à une clientèle. Les organismes sans but lucratif proposent des biens et services *d'intérêt public* dans divers secteurs comme la santé, l'éducation, la justice. Qu'elles soient petites ou grandes, toutes les entreprises à but lucratif produisent, quant à elles, des biens et services de consommation, qu'il s'agisse d'automobiles, de pâte à modeler, de produits bancaires, de voyages, de rasoirs jetables, de restauration ou de logement. Cela dit, on sait très bien que des organisations du même type vont emprunter des voies fort différentes pour actualiser leur raison d'être. Ces variations se reflètent, entre autres, dans la façon dont elles définissent leur « mission ».

Comme l'exprime Robert Reich dans sa description de l'organisation de demain : « Les gens talentueux tiennent à faire partie de quelque chose en quoi ils peuvent croire, qui donne un sens à leur travail, à leur vie – de quelque chose qui relève d'une mission[9]. » Le *mandat* d'une association ou l'*énoncé de mission* d'une entreprise informe de son objectif primordial les effectifs de l'organisation et tous les gens avec qui elle est en relation[10]. Idéalement, ces déclarations devraient parvenir à créer chez les employés, les consommateurs et toute autre partie concernée le sentiment que l'organisation, ses produits et ses services possèdent un caractère unique. Elles devraient, en outre, leur communiquer une vision et des aspirations orientées de manière confiante vers l'avenir[11].

À titre d'exemple, le géant pharmaceutique Merck déclare que sa mission est de « découvrir, développer, fabriquer et mettre en marché une large gamme de produits innovants afin d'améliorer la santé des êtres humains et des animaux ». L'entreprise Maytag affirme, de son côté, que sa mission est d'« améliorer la qualité de vie des foyers par la conception, la fabrication, la mise en marché et l'entretien des meilleurs appareils électroménagers du monde. » Quant à la société Apple Computer, elle s'est donné pour mission de « faire que les étudiants, les enseignants, les professionnels de la création, les entreprises et les consommateurs du monde entier connaissent la meilleure expérience informatique qui soit[12] ». Enfin, d'autres missions sont ainsi énoncées : « La Faculté des sciences de l'administration de l'Université Laval [à Québec] contribue au développement de la société à l'échelle nationale et internationale par la formation de gestionnaires, de spécialistes hautement qualifiés, d'entrepreneurs et de leaders ouverts sur le monde, responsables et animés de l'esprit d'entreprise[13]. » « Le Mouvement Desjardins, tant ses filiales que ses caisses, a pour mission de contribuer au mieux-être économique et social des personnes et des collectivités dans les limites compatibles de son champ d'action…[14] »

Après avoir défini sa raison d'être et sa mission, l'organisation déploie les stratégies qui lui permettront d'atteindre ses objectifs. Une ***stratégie*** est un plan d'ensemble qui oriente les activités d'une organisation de manière qu'elle surclasse la concurrence. La vague de fusions et d'acquisitions à laquelle nous assistons actuellement témoigne de stratégies de déploiement par lesquelles les organisations tentent de s'assurer une position solide dans des domaines où règne une concurrence féroce. L'éventail des possibilités, fort large, inclut la coparticipation, les alliances à l'échelle mondiale, les reconversions et même les démantèlements. Dans ce contexte stimulant, les cadres de direction responsables de la gestion stratégique doivent nécessairement faire preuve de leadership à la fois dans la formulation et dans l'application des stratégies[15].

▶ **Stratégie**
Plan d'ensemble qui oriente les activités d'une organisation de manière qu'elle surclasse la concurrence

S'il est indispensable d'élaborer de bonnes stratégies, celles-ci ne seront cependant pas d'emblée une garantie de réussite. L'organisation qui désire demeurer hautement performante devra impérativement veiller à leur mise en œuvre. Les connaissances relatives au comportement organisationnel se révéleront dès lors particulièrement importantes. Car, après tout, si les choses avancent au sein d'une organisation, n'est-ce pas parce que, individuellement et collectivement, des personnes mettent en œuvre des stratégies ? Armé d'une compréhension théorique et pratique des dynamiques du comportement organisationnel, le gestionnaire sera vraiment en mesure de mobiliser le capital humain et de canaliser les talents de chacun vers les stratégies les plus fructueuses.

LES ENVIRONNEMENTS ORGANISATIONNELS ET LES PARTIES INTÉRESSÉES

L'importance actuelle des stratégies organisationnelles axées sur le consommateur et sur le marché remet à l'ordre du jour la nécessité, pour l'organisation, de bien comprendre ses interactions avec l'environnement dans lequel elle agit. La **figure 1.2** montre l'organisation comme un ***système ouvert*** : elle reçoit de l'environnement des ressources qu'elle transforme avant de les y réexpédier sous forme de produits finis (biens ou services).

▶ **Système ouvert**
Système en interaction avec son environnement, qui transforme les ressources qu'il en reçoit avant de les y réexpédier sous forme de produits finis (biens ou services)

Si cette interaction se passe bien, l'environnement apprécie ces produits, et il se crée pour eux une demande continue. La demande stimule la production, ce qui permet à l'organisation de survivre et de prospérer à long terme. Il peut néanmoins y avoir des problèmes dans la relation organisation-environnement. Si l'intégrité de la chaîne de valeur se détériore et que les produits qu'elle offre ne satisfont plus la clientèle, l'organisation aura tôt ou tard des difficultés à obtenir ce dont elle a besoin pour fonctionner ; si les choses empirent, elle sera forcée de cesser ses activités.

On peut décrire et analyser les environnements organisationnels complexes à la lumière des ***parties intéressées***, c'est-à-dire les individus, les groupes et les entreprises directement touchés par le rendement d'une organisation et qui ont, par conséquent, des intérêts en jeu dans son évolution. Dans le domaine du comportement

▶ **Parties intéressées**
Individus, groupes ou autres organisations ayant des intérêts en jeu dans l'évolution du rendement d'une organisation

Figure 1.2 Les interactions entre l'organisation et son environnement

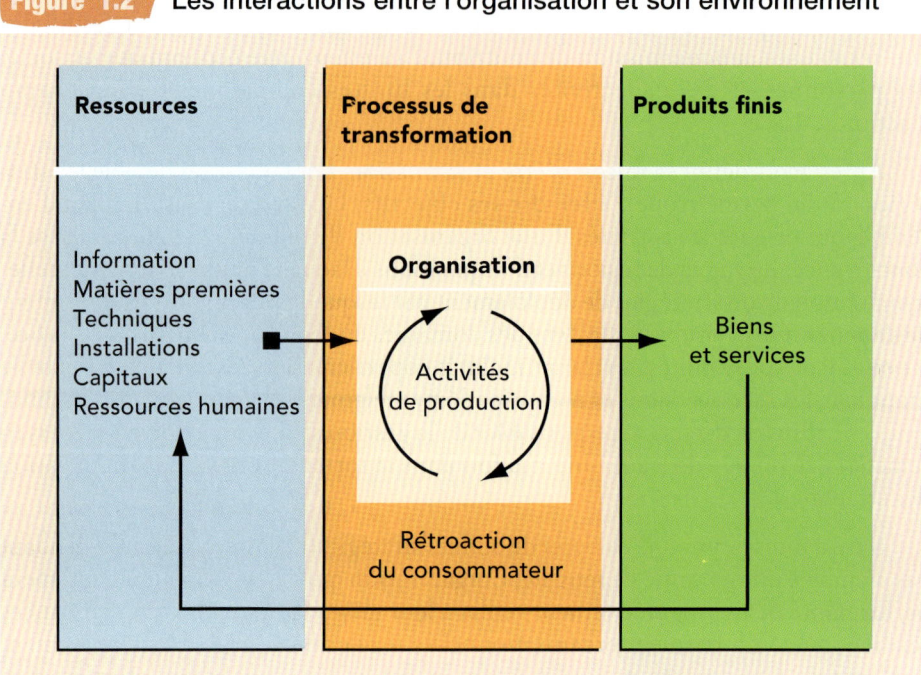

organisationnel, on considère généralement comme des parties intéressées les clients, les actionnaires, le personnel, les fournisseurs, les organismes de contrôle et les collectivités locales. L'analyse des parties intéressées se rattache à une question incontournable : que veut chacune de ces parties ? Idéalement, une organisation devrait orienter ses activités de manière à servir les intérêts de toutes ces parties intéressées.

Dans les faits, la nécessité de concilier les intérêts divergents des multiples parties constitue toutefois un défi de taille pour les décideurs. Par exemple, les clients exigent de plus en plus des prix équitables et des produits de haute qualité ; les actionnaires se préoccupent des profits et du rendement de leurs investissements ; les membres du personnel se soucient de pouvoir gagner leur vie et souhaitent obtenir de bonnes conditions de travail ; les fournisseurs désirent décrocher des contrats et s'attendent à être payés dans les délais prévus ; les organismes de contrôle veillent au respect de la réglementation ; enfin, les collectivités locales vont attacher de l'importance à la citoyenneté organisationnelle et au soutien à la communauté.

LES CULTURES ORGANISATIONNELLES

En ce qui a trait à l'environnement interne d'une organisation, les croyances et les valeurs communes qui influencent les membres de celle-ci constituent ce qu'on appelle la *culture organisationnelle*[16]. Les organisations possédant une « culture forte » disposent d'une vision claire de l'avenir, qui s'appuie sur des croyances et des valeurs solides, cohérentes et bien comprises de tous. Les organisations caractérisées par une culture forte et positive vont généralement viser la haute performance,

▸ **Culture organisationnelle**
Croyances et valeurs communes qui influencent le comportement des membres d'une organisation

mettre l'accent sur le travail d'équipe, encourager la prise de risques et favoriser l'innovation[17].

La **figure 1.3** présente un schéma conceptuel élaboré par Human Synergistics International[18] pour illustrer les différentes cultures organisationnelles. L'approche proposée se rattache à un outil – l'Inventaire des cultures organisationnelles (ICO) – servant à décrire les comportements et les attentes qui constituent la culture d'une organisation donnée[19]. En s'appuyant sur les observations ainsi obtenues, le schéma circonscrit trois types de cultures organisationnelles : (1) la *culture constructive*, qui encourage les membres de l'organisation à collaborer de façon à répondre à des besoins humains d'ordre supérieur ; (2) la *culture passive-défensive*, qui incite les individus à se comporter de façon défensive dans leurs relations professionnelles afin de protéger leur sécurité ; (3) la *culture agressive-défensive*, qui pousse les individus à agir avec force et fermeté dans leurs relations professionnelles afin de préserver leur poste et leur statut.

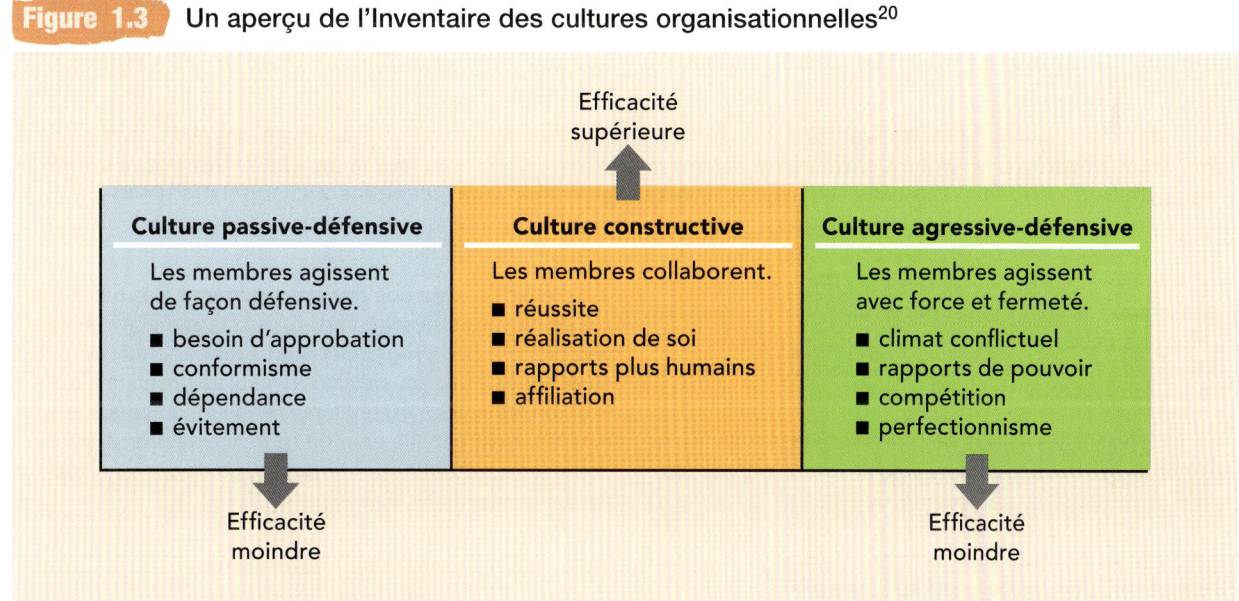

Figure 1.3 Un aperçu de l'Inventaire des cultures organisationnelles[20]

Des trois types décrits, la culture constructive est celle qui prédomine au sein de l'organisation hautement performante. Des recherches ont montré que les travailleurs qui évoluent dans un milieu ayant adopté cette culture font preuve d'une plus grande motivation, éprouvent plus de satisfaction dans leur travail, collaborent mieux et présentent un rendement supérieur. En revanche, dans les milieux caractérisés par une culture passive-défensive ou agressive-défensive[21], les travailleurs tendent à manifester un degré inférieur de motivation et à adopter des attitudes moins constructives. Tout porte à croire que les gens préfèrent les cultures constructives et qu'au sein de tels milieux ils ajustent leur comportement en conséquence, ce qui entraîne une hausse du rendement et de la satisfaction professionnelle, autant d'indices de la pleine utilisation du capital humain.

Xerox et sa palette de valeurs[22]

Xerox fait la promotion de la santé et du bien-être, soutient le développement et les promotions à l'interne et est verte depuis près de 30 ans!

Xerox n'a pas attendu que l'environnement soit le sujet de préoccupation qu'il est aujourd'hui pour prendre un virage vert. La multinationale du photocopieur, qui offre aussi des technologies et des services personnalisés de gestion de documents, a pris d'importantes mesures environnementales dès les années 1980.

Le plus grand acheteur de feuilles coupées du monde, Xerox, exige de ses fournisseurs un papier qui consomme moins d'arbres et moins d'énergie. Et tous ses appareils sont certifiés Energy Star. « Nous aimons dire que l'énergie économisée peut alimenter un million de maisons », dit Nicolas Ayotte, vice-président des opérations pour le Québec.

Quel rapport avec le Défi Meilleurs Employeurs ? « Un lien direct ! » croit Nicolas Ayotte, dont l'employeur occupe cette année le deuxième rang dans la catégorie Grande entreprise. « Les jeunes veulent travailler pour une entreprise qui prône leurs valeurs », dit-il. Engagée dans de nombreuses causes sociales, Xerox offre à ses employés une journée de congé payée par an pour faire du bénévolat pour une cause qui leur tient à cœur. En 2008, l'Institut Ethisphere l'a placée sur sa liste des entreprises les plus éthiques du monde.

« Bien sûr, les valeurs de l'entreprise jouent dans mon degré de satisfaction comme employée », dit Mylène Coulombe, 25 ans, représentante des ventes pour Xerox depuis un an et demi. Elle apprécie aussi l'importance que l'entreprise accorde aux femmes. C'est d'ailleurs une femme, Anne M. Mulcahy, qui se trouve à la tête de la multinationale fondée en 1906. [...]

Mais le plus important pour Mylène Coulombe, c'est de sentir que son entreprise croit en ses employés. « On essaie de nous faire grandir dans l'organisation, on reconnaît notre potentiel, on nous donne une liberté d'action et des outils de développement. » En plus de jumeler les nouveaux employés à un mentor pendant leurs premiers mois de travail, l'entreprise leur offre continuellement des formations à Toronto. « C'est l'occasion de rencontrer des collègues qui viennent de partout au Canada », dit la représentante.

Par ailleurs, la jeune femme apprécie l'ambiance ouverte et sympathique du bureau de Montréal. Le multiculturalisme des employés y est aussi mis en valeur : on organise des dîners où les gens apportent des plats de leur coin du monde.

Xerox accorde une grande importance à la santé de ses employés et les encourage à bien manger et à s'entraîner, grâce à des programmes de sensibilisation. Ils ont aussi accès à une ligne d'aide psychologique et juridique. Bref, on les cajole. « Des employés heureux, en santé et motivés, c'est critique pour nous, puisque notre stratégie de vente ne passe pas par le Web ou par la publicité, mais par les gens », dit Nicolas Ayotte.

Question

En quoi la culture organisationnelle peut-elle conférer un avantage concurrentiel à une organisation ?

LA DIVERSITÉ DE LA MAIN-D'ŒUVRE ET LE MULTICULTURALISME

> **Diversité de la main-d'œuvre**
> Différences de sexe, de race, d'origine ethnoculturelle, d'âge, d'état physique et mental, ou d'orientation sexuelle au sein de la main-d'œuvre

Nous ferons référence à la ***diversité de la main-d'œuvre*** pour rendre compte de la présence, au sein des organisations, d'une multitude de gens différents par leur sexe, leur race, leur origine ethnoculturelle, leur âge, leur état physique et mental, ou leur orientation sexuelle[23]. Dans le domaine du comportement organisationnel, le terme *multiculturalisme* désigne le pluralisme ainsi que le respect de la diversité et des différences individuelles[24]. À cet égard, le consultant R. Roosevelt Thomas souligne que les cultures organisationnelles positives savent tirer profit des talents, des idées et du potentiel créatif de tous leurs membres[25].

La diversité croissante de la main-d'œuvre résulte principalement des nouvelles tendances démographiques au sein la société nord-américaine[26]. Ainsi, la présence des femmes sur le marché du travail est plus marquée qu'elle ne l'a jamais été. Au Canada et au Québec, celles-ci représentent plus de 46 % de la population active[27]. Fait à noter, dans 69 % des familles québécoises biparentales avec un ou plusieurs enfants de moins de 6 ans, les deux parents ont un emploi, et la proportion des familles monoparentales avec un ou plusieurs enfants de moins de 6 ans dont le parent occupe un emploi s'élève à 66 %[28]. En outre, le marché du travail compte un nombre croissant de travailleurs âgés de 55 ans et plus. Au Québec, 13,4 % de la population active appartient à ce groupe d'âge[29]. La proportion croissante de personnes issues de minorités visibles – notamment des travailleurs provenant de l'Asie, du Maghreb ou d'Haïti – est un autre aspect de la diversification de la main-d'œuvre. On prévoit à cet égard que, d'ici 2016, ces personnes constitueront 20 % de la population et de la main-d'œuvre active au Canada[30].

Malgré les nouvelles tendances, rien n'assure que la diversité est pleinement respectée, valorisée et mise à contribution dans l'optique du multiculturalisme préconisé par Thomas et d'autres spécialistes[31]. Parmi les critères clés permettant de distinguer une organisation favorable au multiculturalisme se trouve le degré

▶ **Multiculturalisme**
Pluralisme et respect de la diversité et des différences individuelles dans un milieu de travail

DU CÔTÉ DE LA RECHERCHE

Les femmes feraient de meilleurs leaders[32]

Nul ne doute qu'il existe de bons comme de mauvais leaders, tant parmi les hommes que parmi les femmes. Toutefois, selon une recherche menée par Alice Eagly et ses collègues de la Northwestern University, les femmes auraient davantage recours à un style de leadership qui incite leur entourage professionnel à se surpasser. Une méta-analyse des résultats de 45 études portant sur le style de leadership adopté par des personnes des deux sexes a révélé aux chercheurs que les femmes étaient plus enclines que les hommes à exercer la fonction de leader en inspirant les autres, en éveillant leur enthousiasme, en leur servant de mentor et en stimulant leur créativité.

Ces comportements ont une dimension « transformationnelle » : parce qu'ils encouragent l'innovation et le travail d'équipe, ils contribuent à renforcer l'organisation. Les statistiques indiquent que les femmes ont tendance à récompenser les individus dont le rendement est satisfaisant, tandis que les hommes sont plutôt portés à punir et à corriger les personnes qui commettent des erreurs. Selon Eagly et ses collègues, ces constatations s'expliquent en partie par le fait que les subordonnés acceptent mieux le leadership transformationnel quand il est exercé par une femme. En outre, les femmes adopteraient ce style plus naturellement que les hommes en raison de leur habitude à prendre soin d'autrui. Les chercheurs formulent aussi l'hypothèse que les femmes acquièrent davantage de compétences en leadership parce qu'elles doivent travailler plus fort que leurs collègues masculins pour réussir.

POINTS FORTS POSSIBLES DU LEADERSHIP AU FÉMININ

- Dimension « transformationnelle » bien présente
- Aptitude au mentorat
- Capacité d'inspirer l'entourage
- Encouragement à la créativité
- Enthousiasme communicatif
- Propension à récompenser le rendement satisfaisant

d'*inclusion*. Il s'agit de la mesure dans laquelle la culture d'une organisation respecte et valorise la diversité, en s'ouvrant à quiconque se montre capable d'accomplir adéquatement son travail, quelles que soient les différences qui pourraient servir à caractériser la personne[33].

La valorisation de la diversité est l'un des thèmes centraux dans l'étude du comportement organisationnel. L'attention que nous lui accordons dans ce livre reflète son importance dans les nouveaux milieux de travail[34]. En pratique, toutefois, il reste beaucoup à faire dans ce domaine, comme en témoignent des données récentes montrant qu'au Canada, pour chaque dollar gagné par un homme, une femme doit se contenter d'un revenu de travail de 71,90 cents[35]. Ces données mettent également en relief le fait que, parmi les PDG des 500 plus grandes entreprises canadiennes, seulement 4,2 % sont des femmes, et celles-ci n'ont accès qu'à 5,4 % des emplois les plus payants[36].

▶ **Inclusion**
Mesure dans laquelle une organisation respecte et valorise la diversité, en s'ouvrant à quiconque se montre capable d'accomplir adéquatement son travail, quelles que soient les différences qui pourraient caractériser la personne

▶ **Gestionnaire**
Au sein d'une organisation, personne dont la tâche consiste à soutenir les efforts déployés par d'autres

▶ **Gestionnaire efficace**
Gestionnaire qui aide le personnel à atteindre à la fois un rendement excellent et un degré élevé de satisfaction personnelle

▶ **Efficacité fonctionnelle**
Rendement quantitatif et qualitatif d'une unité de travail par rapport aux objectifs fixés

▶ **Satisfaction professionnelle**
Sentiment favorable qu'un individu éprouve à l'égard de son emploi et de son milieu de travail

LE COMPORTEMENT ORGANISATIONNEL ET LE TRAVAIL DE GESTION

Quels que soient votre point de départ et votre trajectoire, un jour ou l'autre, vos connaissances en CO vous aideront à relever les défis inhérents aux fonctions du *gestionnaire*. Dans toute organisation, le gestionnaire exécute des tâches qui impliquent un soutien direct aux efforts déployés par d'autres. Le *gestionnaire efficace* est celui dont l'unité de travail, le groupe ou l'équipe atteint à répétition ses objectifs sans que fléchissent l'engagement et l'enthousiasme de ses membres. Cette définition illustre les deux facettes de la tâche du gestionnaire : l'*efficacité fonctionnelle*, c'est-à-dire le rendement quantitatif et qualitatif d'une unité de travail au regard des objectifs déterminés, et la *satisfaction professionnelle*, c'est-à-dire le sentiment favorable qu'inspirent aux individus leur emploi et leur milieu de travail.

Le point de vue du comportement organisationnel est assez clair à ce sujet : le gestionnaire devrait répondre des résultats sur les deux plans. De même qu'on ne devrait pas laisser une machine tomber en panne par manque d'entretien, on ne devrait jamais négliger l'apport des ressources humaines au point de les gaspiller ou de les perdre. Aussi, les spécialistes du CO attirent-ils l'attention du gestionnaire autant sur des questions comme l'identification à l'organisation ou la satisfaction et l'engagement professionnels que sur l'efficacité fonctionnelle.

LE PROCESSUS DE GESTION

Le gestionnaire doit assumer différentes responsabilités orientées vers la recherche du rendement et qui sont étroitement liées au domaine du comportement organisationnel. Le rôle des gestionnaires est d'aider le personnel afin que chacun parvienne à des résultats dans les délais prescrits, conformément à des normes élevées de qualité et d'une façon qui soit personnellement satisfaisante. Dans les nouveaux milieux de travail, l'atteinte de ces objectifs passe davantage par l'*encadrement* et le *soutien* que par les fonctions traditionnelles de *direction* et de *contrôle* : d'ailleurs, le terme « gestionnaire » est de plus en plus associé à des rôles de *coordonnateur*, d'*entraîneur*, de *chef d'équipe* ou de *leader*.

Le travail du gestionnaire peut être décrit et enseigné à l'aide de différents modèles. Celui qui est représenté à la **figure 1.4** met en relief quatre fonctions qui constituent un cadre des tâches et des responsabilités associées à un poste de gestion[37] :

- ■ *planifier*, c'est-à-dire établir des objectifs stratégiques et des objectifs spécifiques de rendement, et déterminer les actions à entreprendre pour les atteindre ;
- ■ *organiser*, c'est-à-dire mettre sur pied des structures et des régimes de travail, et distribuer les ressources en fonction des objectifs à atteindre ;
- ■ *diriger*, c'est-à-dire communiquer avec le personnel afin de lui insuffler de l'enthousiasme, de le motiver à faire du bon travail et de maintenir de bonnes relations interpersonnelles ;
- ■ *contrôler*, c'est-à-dire veiller au bon déroulement du plan d'action en faisant le suivi du rendement et en prenant, au besoin, les mesures correctives appropriées.

Les fonctions du gestionnaire

▶ **Planifier**
Fixer des objectifs et déterminer les actions à entreprendre pour les atteindre

▶ **Organiser**
Répartir les tâches et distribuer les ressources en fonction des objectifs

▶ **Diriger**
Insuffler au personnel de l'enthousiasme et de l'ardeur au travail

▶ **Contrôler**
Surveiller le rendement et prendre les mesures correctives qui s'imposent

Figure 1.4 Les quatre fonctions du gestionnaire

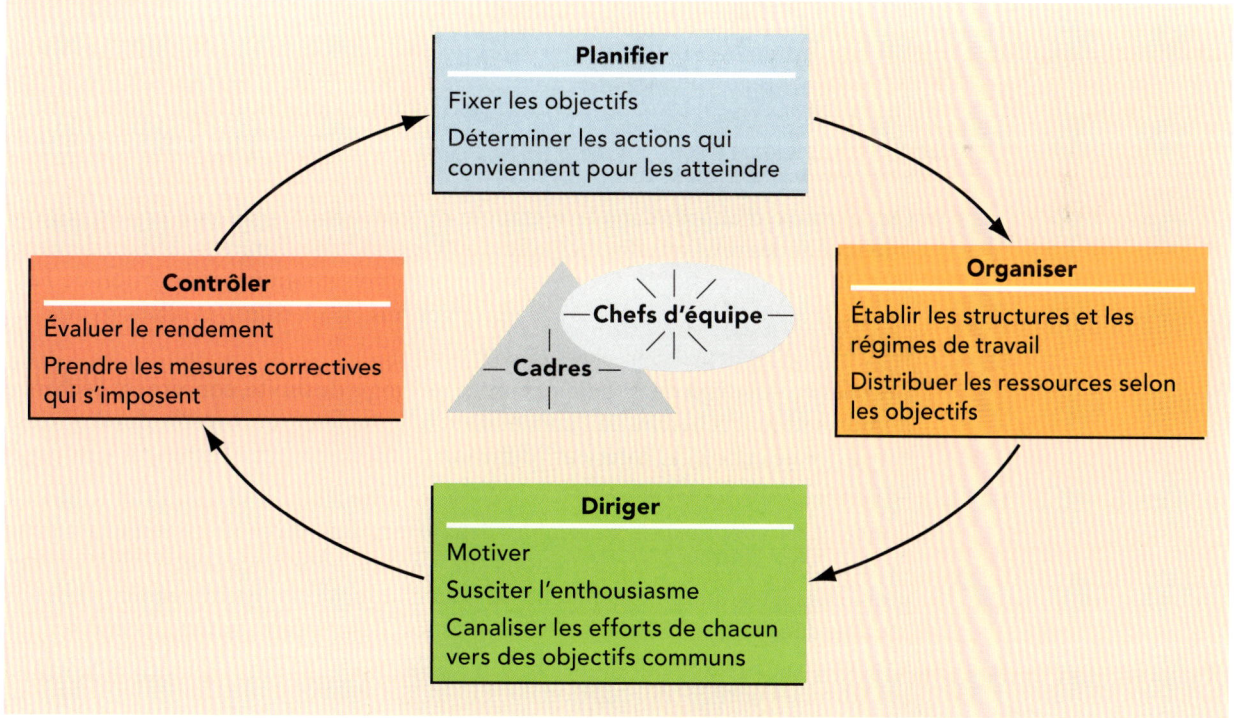

LES ACTIVITÉS, LES RÔLES ET LES RÉSEAUX DU GESTIONNAIRE

Quiconque occupe un poste de gestionnaire ou de chef d'équipe assume la responsabilité d'un travail qui repose en grande partie sur les efforts d'autres personnes. En ce sens, le travail des gestionnaires est à la fois très complexe et très exigeant. Voyons ce qu'en disent les chercheurs[38].

- *Les gestionnaires consacrent de longues heures à leur travail.* Leur semaine de travail ordinaire dépasse largement les 40 heures, et elle tend à s'allonger au fur et à mesure qu'ils gravissent les échelons de la hiérarchie. En fait, les dirigeants d'entreprises sont souvent ceux qui consacrent le plus de temps à leur travail.

- *Les gestionnaires sont très occupés.* Leur travail se caractérise par l'intensité et la diversité des tâches à accomplir au cours d'une même journée. Divers incidents exigeant une attention immédiate viennent souvent alourdir une journée déjà bien remplie; et ils sont d'autant plus nombreux que les cadres sont de niveau inférieur.

- *Les gestionnaires sont souvent interrompus.* Leur travail est fragmenté: ils doivent accomplir rapidement des tâches très diverses malgré de fréquentes interruptions.

- *Les gestionnaires travaillent la plupart du temps avec des gens.* Constamment en relation avec leurs patrons, leurs pairs, leurs subordonnés et les employés subalternes, sans compter les clients, les fournisseurs et les autres personnes de l'extérieur, ils travaillent très rarement seuls.

- *Les gestionnaires sont des communicateurs.* Ils passent une bonne partie de leur temps à obtenir, à distribuer et à traiter des informations; le plus souvent, il s'agit de communications verbales directes au cours de rencontres planifiées ou impromptues ou par voie électronique.

Dans une étude qui est devenue un classique du comportement organisationnel, Henry Mintzberg est allé au-delà de ces activités en précisant les 10 rôles que le gestionnaire doit être prêt à jouer au jour le jour[39]. Comme l'illustre la **figure 1.5**, ces rôles se répartissent en trois catégories.

- On y trouve d'abord, dans le rectangle de gauche, les *rôles interpersonnels*, qui impliquent des relations directes avec d'autres personnes: animation d'évènements officiels ou assistance à de tels évènements (représentation), stimulation de l'enthousiasme du personnel et réponse à ses besoins (leadership), et relations avec les individus et les groupes importants (liaison).

- Les *rôles informationnels*, regroupés dans le rectangle de droite, concernent l'échange d'information: recherche de l'information utile (collecte et contrôle des données) et partage de celle-ci à l'intérieur (diffusion des données) et à l'extérieur (propagation des données, rôle de porte-parole) de l'organisation.

- Enfin, les *rôles décisionnels*, rassemblés dans le rectangle du centre, ont trait à la prise de décisions ayant des répercussions sur d'autres personnes: détermination des problèmes à résoudre et recherche de nouvelles options (entrepreneuriat), intervention dans la résolution de conflits (gestion des perturbations), affectation des ressources en fonction de leur utilisation (répartition des ressources) et discussions avec diverses entités (négociation).

La capacité d'entretenir de bonnes relations avec toutes sortes de gens, à l'intérieur comme à l'extérieur de l'organisation, est absolument essentielle pour bien remplir ces rôles et pour assumer l'ensemble du travail de gestion[40]. Les cadres et

Figure 1.5 — Les 10 rôles du gestionnaire efficace

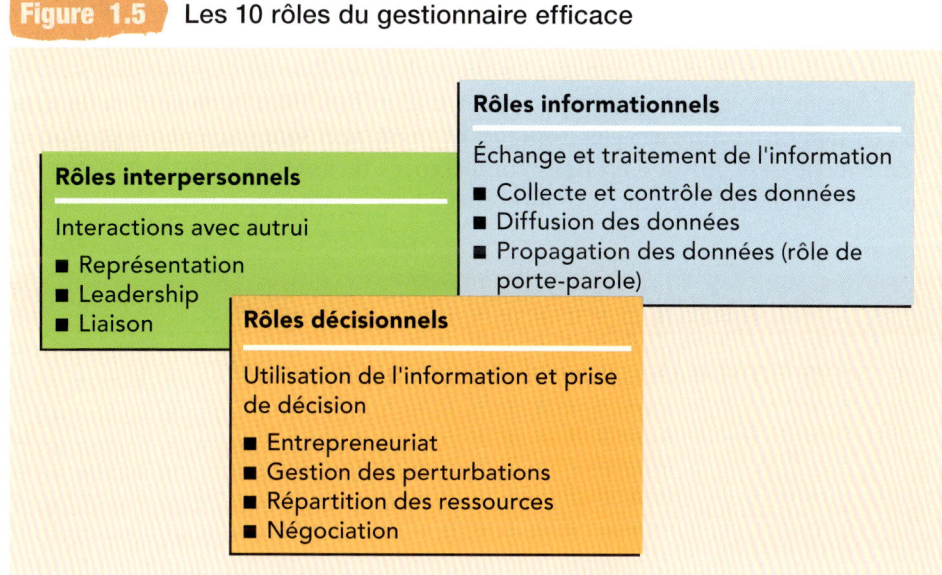

les chefs d'équipe doivent savoir créer et maintenir des réseaux à l'intérieur et à l'extérieur de l'organisation : *réseaux de tâches* (contacts particuliers liés au travail), *réseaux professionnels* (contacts pour conseils de carrière et occasions d'affaires) et *réseaux sociaux* (contacts personnels avec des amis et des collègues en qui ils ont confiance[41].

LES COMPÉTENCES ET LE SAVOIR-FAIRE DU GESTIONNAIRE

Une *compétence* est une aptitude à traduire un savoir en des actions qui produiront les résultats escomptés. Robert Katz distingue trois types de compétences essentielles au travail de gestion : les compétences techniques, les compétences humaines et les compétences conceptuelles[42]. L'importance relative de ces divers types de compétences, précise Katz, varie selon le niveau des responsabilités du gestionnaire. On considère que les compétences techniques ont plus d'importance aux échelons inférieurs de la hiérarchie, où les superviseurs et les chefs d'équipe doivent traiter des problèmes liés de près au travail quotidien. Aux échelons supérieurs, les cadres s'occupent davantage de questions touchant la raison d'être, la mission et les stratégies de l'organisation ; ils prennent des décisions à long terme, à la fois plus vastes et plus délicates, qui exigent des compétences conceptuelles. Quant aux compétences humaines, intrinsèquement liées aux fondements du CO, elles ont pratiquement autant d'importance à tous les échelons de la hiérarchie.

Les compétences techniques

Une **compétence technique** est une aptitude à s'acquitter de certaines tâches spécialisées. Découlant d'un savoir ou d'une expertise acquise par la formation ou l'expérience pratique, elle permet d'utiliser efficacement les méthodes, les procédures et

> **Faites la nouvelle !**
>
> Le contexte actuel est propice à l'entrepreneuriat, et à cet égard Internet élargit considérablement l'horizon des possibilités. Kevin Rose, le fondateur de Digg.com, sera le premier à le confirmer. Il a misé gros – ses épargnes, son temps et même sa vie de couple – pour réaliser son rêve : un bulletin de nouvelles alimenté par une communauté d'internautes et permettant au grand public de choisir par vote les nouvelles qui se retrouveront à la une. Digg.com n'a pas tardé à attirer chaque jour plus d'un million de lecteurs.

▶ **Compétence technique**
Aptitude à effectuer certaines tâches spécialisées

les procédés choisis en fonction des tâches à accomplir. L'aptitude à se servir des technologies de l'information et des communications est un bon exemple de compétence technique. Dans les nouveaux milieux de travail, de plus en plus dépendants de la haute technologie, les compétences en traitement de texte, en gestion de données, en analyse de chiffriers électroniques et en intranet sont souvent des préalables à l'embauche des cadres. Certaines compétences techniques exigent des études ; d'autres s'acquièrent par une formation spécialisée ou une expérience de terrain.

DES LEADERS PARLENT DE LEADERSHIP

Se distinguer par un programme de qualité de vie au travail[43]

La firme de génie-conseil Teknika HBA vient de fusionner avec une firme ontarienne pour former une nouvelle entreprise. [...] Teknika HBA, qui emploie 750 personnes, a récemment agrandi sa filiale de Sherbrooke, où a été fondée l'entreprise. La firme, dont le siège social est à Montréal, est en plein essor. Créée en 1928, Teknika a acquis six firmes avant de se joindre, en 2004, au Groupe HBA, de Drummondville. Elle a depuis avalé quatre autres entreprises et fusionné en juin 2008 avec Trow Associates, une firme de génie-conseil ontarienne. La nouvelle entreprise, Trow Global, compte près de 2 000 employés, répartis dans 60 bureaux, notamment en Alberta, en Colombie-Britannique, en Floride et au Missouri.

Wilfrid Morin [actuel président] travaille chez Teknika HBA depuis 36 ans. Dès son arrivée à la tête de la société, en 1998, il a transformé les méthodes de gestion de la firme. « Nous gérons notre entreprise privée comme une société publique », dit l'homme de 59 ans, amateur de pêche invétéré (une de ses prises, un énorme espadon est empaillé et accroché au mur de son bureau, à Sherbrooke). [...]

Il y a cinq ans, Teknika HBA a lancé un programme de qualité de vie au travail. L'entreprise a réaménagé 85 % de ses 19 bureaux d'affaires au Québec. Division des bureaux, éclairage, mobilier, tout y est passé. La direction s'est également attaquée à une question plus délicate : les relations interpersonnelles. « Nous souhaitons que nos employés parlent à leur patron dès qu'ils éprouvent un sentiment de frustration, dit Wilfrid Morin. Nous demandons aux gestionnaires d'être ouverts et d'être à l'écoute des besoins du personnel. »

Plus simple à dire qu'à faire. « Beaucoup de gestionnaires ont tendance à mettre une pression indue sur les employés ou à les diriger d'une façon traditionnelle, c'est-à-dire qu'ils commandent au lieu de consulter », remarque Wilfrid Morin.

Le programme de qualité de vie au travail comporte deux autres volets : le développement et la valorisation de l'employé (mentorat, formation technique, reconnaissance du travail au jour le jour et lors d'un gala) et l'équilibre travail-famille. « Nous essayons d'éliminer le plus possible les heures supplémentaires, précise Wilfrid Morin. Pour y parvenir, nous partageons le travail entre nos bureaux d'affaires. » Un projet peut ainsi être effectué par des employés de diverses régions.

L'approche de Teknika HBA a du succès. Dans le sondage de Watson Wyatt, 95 % des employés ont fait part de leur sentiment d'appartenance envers leur organisation. Ils ont souligné son honnêteté et son intégrité dans ses activités d'affaires, ainsi que sa bonne réputation au sein de la collectivité. En 2008, Wilfrid Morin a été nommé Grand Estrien lors du Gala Reconnaissance Estrie, organisé par la Chambre de commerce de Sherbrooke.

Teknika HBA ne manque cependant pas de défis. Elle devra batailler pour recruter de la main-d'œuvre. Et surtout, pour réussir sa dernière fusion. Trow Global joue dans la cour des grands : la scène mondiale. « Dans les prochaines années, nous nous heurterons à des sociétés d'ingénierie, notamment chinoises, qui paieront des salaires très inférieurs aux nôtres », souligne Wilfrid Morin. [...]

Malgré tout, Wilfrid Morin est confiant en l'avenir. Et en sa philosophie des ressources humaines. « Lorsque nous mettons en place des mesures qui favorisent l'épanouissement du personnel, la réussite financière suit. »

Questions

Quelles sont les principales compétences que semble manifester ce dirigeant ? Comment envisage-t-il les rôles qu'il doit assumer ? Quels défis doit-il relever à la suite de la fusion de la firme de génie-conseil qu'il dirige avec une firme de génie-conseil ontarienne ?

Les compétences humaines

Au cœur du travail de gestion, d'encadrement et de direction d'équipes, les ***compétences humaines*** confèrent la capacité de travailler efficacement avec d'autres personnes. Quelqu'un qui a de solides compétences humaines dégage, et inspire, de la confiance, de l'enthousiasme et un engagement sincère dans les relations interpersonnelles ; une telle personne a une excellente connaissance de soi et sait faire preuve d'ouverture d'esprit et d'empathie pour comprendre ce que ressent son entourage. Les gens dotés de ces qualités peuvent interagir sans heurts avec les autres ; ils sont capables de les convaincre, de dissiper les malentendus et de résoudre les conflits.

▸ **Compétence humaine**
Aptitude qui permet de bien travailler avec d'autres

▸ **Intelligence émotionnelle (IE)**
Capacité de se connaître et de gérer efficacement ses propres émotions, ainsi que ses relations avec autrui

Depuis peu, on aborde la question des compétences humaines à la lumière d'un concept mis de l'avant par Daniel Goleman : l'***intelligence émotionnelle (IE)***. Celle-ci se définit comme la capacité de comprendre et de gérer ses propres émotions, tout comme celles qui entrent en jeu de part et d'autre dans les interactions avec autrui. Cette compétence est aujourd'hui considérée comme incontournable en matière de leadership[44]. Selon les recherches effectuées par Goleman, l'intelligence émotionnelle d'une personne contribue largement à sa capacité de s'affirmer véritablement comme leader. La rubrique *Du savoir à la pratique 1.1* présente les principales facettes de cette forme d'intelligence, que tout gestionnaire peut et devrait acquérir. À une époque où les hiérarchies traditionnelles et les structures verticales cèdent la place aux relations latérales et aux structures collégiales, les compétences humaines telles que l'IE se révèlent primordiales.

> **DU SAVOIR À LA PRATIQUE 1.1**
>
> **Développer son intelligence émotionnelle**
>
> - *Conscience de soi* Être en mesure de comprendre ses propres humeurs et émotions.
> - *Maîtrise de soi* Savoir réfléchir avant d'agir et contrôler ses pulsions.
> - *Motivation* Être capable de travailler avec ardeur et persévérance.
> - *Empathie* Avoir la capacité de comprendre les émotions d'autrui.
> - *Aptitudes sociales* Pouvoir établir et entretenir de bonnes relations avec les autres.

Les compétences conceptuelles

Tout bon gestionnaire est capable d'appréhender une organisation ou une situation dans son ensemble, et de résoudre des problèmes pour le plus grand bien de toutes les parties concernées. On appelle ***compétence conceptuelle*** cette aptitude à analyser et à résoudre des problèmes complexes en tenant compte de toutes leurs facettes. Le gestionnaire doit pouvoir envisager l'organisation comme un système global ; il doit comprendre son fonctionnement d'ensemble, le rôle de chacune de ses composantes et les liens qu'elles entretiennent entre elles. Les compétences conceptuelles du cadre lui permettent de discerner les problèmes et les occasions à saisir, de recueillir et d'interpréter les données utiles, et de prendre les décisions éclairées qui servent les fins de l'organisation.

▸ **Compétence conceptuelle**
Aptitude qui contribue à l'analyse et à la résolution des problèmes complexes

Quelles sont, aux yeux des administrateurs eux-mêmes, les compétences clés pour assumer leurs rôles ? Une étude menée en 2008 par Lominger (une entreprise de Korn/Ferry International) auprès de 203 administrateurs siégeant aux conseils d'administration des 300 plus grandes entreprises publiques du Canada, s'est penchée sur cette question. Dans l'ordre, les répondants ont mis en évidence les qualités suivantes : *être intègre et digne de confiance, respecter l'éthique et les valeurs, faire preuve de qualités stratégiques, avoir le sens des affaires* et *faire preuve de courage*[45].

LA GESTION MORALE

C'est une chose que de posséder les compétences essentielles au travail de direction ; c'en est une autre de les mettre en œuvre correctement afin d'atteindre les résultats escomptés. En matière de moralité, Archie B. Carroll, un spécialiste en gestion, fait une distinction entre le gestionnaire immoral, le gestionnaire amoral et le gestionnaire moral[46].

- Le *gestionnaire immoral* ne souscrit à aucun principe éthique ; quelle que soit la situation, il agit et prend des décisions uniquement en fonction de ses propres intérêts. Ce type de gestionnaire, en somme, choisit délibérément de se conduire de manière contraire à l'éthique. Et c'est là le chapeau que pourraient sans doute porter les dirigeants d'entreprise dont la disgrâce a été évoquée dans les récentes manchettes.

- Le *gestionnaire amoral*, en revanche, omet de considérer les enjeux éthiques que soulèvent ses décisions ou son comportement. S'il agit parfois de façon contraire à l'éthique, c'est involontairement. Ces écarts de conduite involontaires, que nous risquons tous de commettre si nous n'y prenons garde, prennent souvent des formes insidieuses. Il peut s'agir de préjugés découlant de stéréotypes et d'attitudes inconscientes, de partis pris en faveur de notre groupe d'appartenance, ou encore de l'attribution injuste d'un mérite à soi-même et de privilèges à des personnes qui servent nos intérêts[47].

- Enfin, le *gestionnaire moral* est celui qui intègre des principes et des visées éthiques dans son comportement personnel. Pour ce type de gestionnaire, adopter et maintenir un comportement conforme à l'éthique devient un but, une exigence, voire une habitude bien ancrée.

De l'avis de Carroll, la majorité des gestionnaires tendent à se comporter de façon amorale : ils ont de bonnes intentions, mais ne s'interrogent pas suffisamment sur le plan éthique avant d'agir ou de prendre une décision. Dans un article de synthèse, Terry Thomas et ses collègues avancent que cet exemple de comportement s'étend probablement à tout l'effectif des organisations[48]. Les auteurs posent l'existence d'un « centre de gravité éthique » qui, comme l'illustre la **figure 1.6**, pourrait se déplacer dans un sens positif – ou « vertueux » – grâce à un leadership moral, ou dans un sens négatif, sous l'influence d'un leadership amoral. Ils présentent en outre le concept de **conscience éthique**, qu'ils définissent comme une « conscience enrichie » qui incite la personne à s'interroger sur le plan éthique au fil des décisions qu'elle est amenée à prendre et des situations où ses comportements sont en jeu.

Enfin, l'article de synthèse décrit les responsabilités des dirigeants, à qui il revient de transmettre les valeurs éthiques qui contribueront à créer une culture organisationnelle dans laquelle la conscience éthique sera devenue la norme. En ce sens, le leader moral prêche par l'exemple sur le plan de l'éthique, transmet des valeurs et des messages conformes à l'éthique et se fait le champion de la conscience éthique. Lorsqu'une telle « évolution vertueuse » se produit (représentée par la flèche de droite dans la figure 1.6), les membres d'une organisation en viennent à intégrer l'éthique dans leur quotidien, pratiquement comme un réflexe naturel.

▸ **Conscience éthique**
Conscience enrichie qui incite la personne à s'interroger systématiquement sur la valeur éthique de ses comportements

Figure 1.6 Le leadership moral, la conscience éthique et l'évolution vertueuse[49]

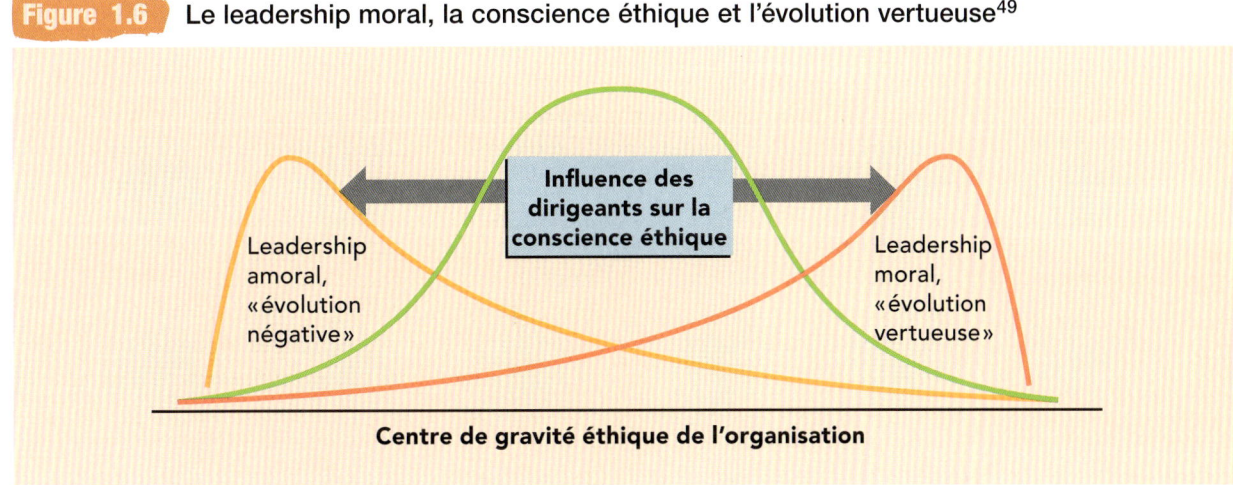

L'éthique en CO

Oprah met sur pied une académie du leadership pour les jeunes Sud-Africaines[50]

Pourquoi un ouvrage sur le comportement organisationnel s'intéresserait-il à la femme la plus riche dans le monde du divertissement? La question ne se pose pas quand on parle d'Oprah Winfrey, de sa fortune nette déjà estimée à 1,5 milliard de dollars américains et des 40 millions qu'elle a donnés pour fonder une académie du leadership destinée aux jeunes Sud-Africaines. À la suite de la cérémonie d'ouverture, la célèbre animatrice déclarait au sujet de l'Oprah Winfrey Leadership Academy: « J'ai voulu donner leur chance à ces filles animées d'une flamme que même la pauvreté ne parvient pas à atténuer. » La sélection des candidates se fait par concours. Celles-ci doivent posséder à la fois un excellent dossier scolaire et un potentiel comme leader; elles doivent provenir de foyers dont les revenus mensuels sont inférieurs à 787 $ par mois.

Nelson Mandela, le premier président de l'ère post-apartheid en Afrique du Sud, commente ainsi l'engagement d'Oprah Winfrey: « L'avenir de tout pays repose sur l'éducation de sa jeunesse. Oprah investit non seulement dans quelques membres de la nouvelle génération, mais aussi dans l'avenir de notre pays. » Quant à la fondatrice, son intention est de mettre sur pied une autre école, ouverte cette fois aux jeunes garçons et aux jeunes filles. « L'éducation, croit-elle fermement, permet de changer le visage d'une nation. »

Question

Si l'œuvre philanthropique et les buts d'Oprah Winfrey sont nobles, comment une organisation et ses membres pourraient-ils se joindre à sa cause et contribuer au jour le jour à changer le monde, au moyen de l'éducation et par le développement du leadership?

L'APPRENTISSAGE DU COMPORTEMENT ORGANISATIONNEL

▶ **Apprentissage**
Changement durable du comportement résultant de l'expérience

▶ **Apprentissage continu**
Diversité de situations par lesquelles le membre d'une organisation enrichit chaque jour son expérience

▶ **Apprentissage organisationnel**
Processus d'acquisition de connaissances et d'utilisation de l'information qui permet aux organisations et à leurs membres de s'adapter aux circonstances

On entend habituellement par *apprentissage* un changement durable du comportement résultant de l'expérience. En plein essor, notre nouvelle économie du savoir valorise beaucoup l'apprentissage, et cela s'applique autant aux organisations qu'aux individus. On pourrait affirmer que seules les personnes ayant soif d'apprendre réussiront à maintenir un bon rythme et à se frayer un chemin dans leur environnement en constante évolution. D'où l'importance, à l'échelle individuelle, de l'*apprentissage continu*, par lequel le membre d'une organisation enrichit chaque jour son expérience à même l'exercice de son travail, par des échanges avec ses collègues et amis, grâce à l'orientation et aux conseils de ses mentors, en observant des modèles de réussite, en participant à des séminaires ou à des ateliers de formation, et de multiples autres façons.

À une autre échelle, les consultants et les experts insistent sur l'importance de l'*apprentissage organisationnel*, ce processus d'acquisition de connaissances et d'utilisation de l'information qui permet aux organisations et à leurs membres de s'adapter aux circonstances[51]. Les organisations en quête de nouvelles idées et de nouvelles possibilités doivent pouvoir changer constamment et pour le mieux. Cela vaut aussi pour chacun d'entre nous : nous devons continuellement nous perfectionner pour suivre l'évolution de notre environnement professionnel.

L'APPRENTISSAGE ET L'EXPÉRIENCE

La **figure 1.7** montre comment la matière et les activités d'un cours type de CO se complètent en formant un cycle d'apprentissage expérientiel[52]. La première phase de l'apprentissage s'appuie sur l'expérience initiale, qui précède une étape de réflexion. Le processus se poursuit avec l'élaboration d'une théorie, dans le but d'expliquer les phénomènes observés. Cette théorie fait ensuite l'objet d'une expérimentation dans de nouvelles situations concrètes. Les lectures et les activités de formation devraient se compléter et vous accompagner au cours des phases du cycle d'apprentissage. Progressivement, vous pourrez incorporer ce cycle à votre démarche continue de développement personnel et professionnel.

Dans cette perspective, une large part de la responsabilité de votre apprentissage vous revient. Vous trouverez dans ces pages et aussi auprès de votre professeur des exemples, des études de cas et des exercices qui vous aideront à constituer votre expérience initiale. Les concepts que nous présentons, les résultats de recherche dont nous discutons – avec un regard sur leurs incidences pratiques – vont probablement alimenter votre réflexion et vous procurer d'importants repères théoriques. Tôt ou tard, vous devrez toutefois participer activement au processus, car personne n'effectuera à votre place la mise en pratique qui doit boucler le cycle d'apprentissage.

LE PLAN D'ÉTUDE DE LA 4ᵉ ÉDITION DE *COMPORTEMENT HUMAIN ET ORGANISATION*

Les grandes parties et les chapitres de ce livre suivent une progression logique. La première partie présente la discipline et situe le comportement organisationnel dans son contexte, ce qui comprend un survol des méthodes de recherche mises au point

Figure 1.7 Le cycle de l'apprentissage expérientiel dans un cours type de CO

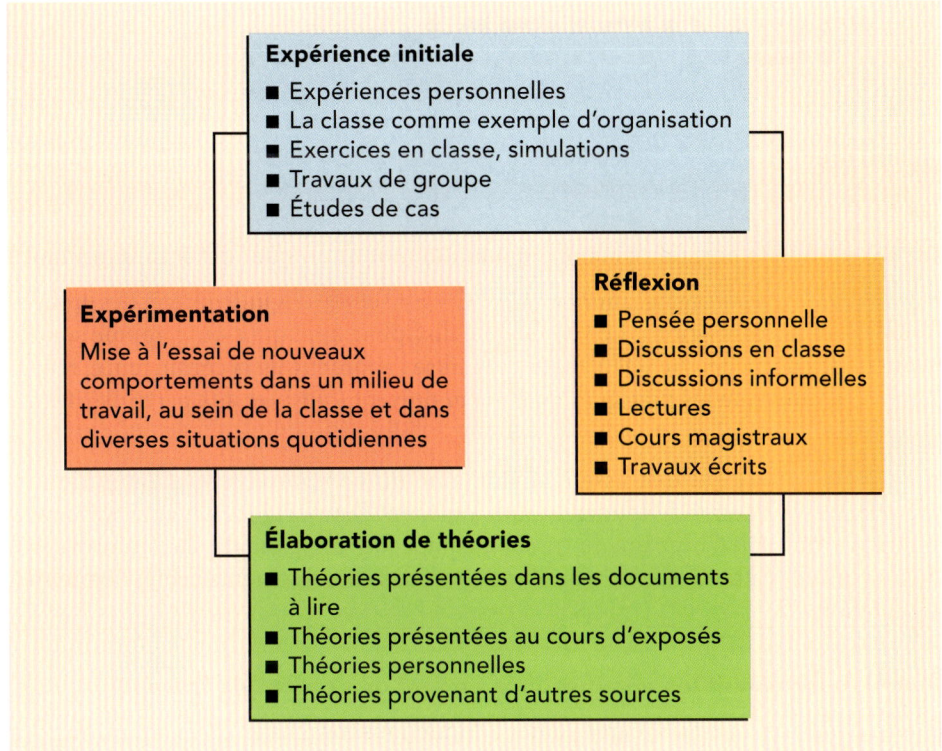

dans ce champ d'études. La deuxième partie est centrée sur les caractéristiques individuelles et le comportement organisationnel, tandis que la troisième partie se tourne vers le fonctionnement des groupes et le travail d'équipe. La quatrième partie traite essentiellement des processus organisationnels, en abordant des questions telles que le pouvoir et le jeu politique, le leadership, le processus décisionnel, la communication, les conflits et la négociation, ainsi que le changement organisationnel et le stress. La cinquième partie examine les caractéristiques fondamentales des organisations en expliquant les cultures qui les animent, leurs structures et les choix stratégiques qui les sous-tendent.

Maintenant que vous êtes prêt à vous engager plus à fond dans l'étude du comportement organisationnel, retenez ce qui suit : *Le CO est un champ de connaissances qui aide les gens à collaborer en vue d'améliorer le rendement des organisations.*

GUIDE DE RÉVISION

RÉSUMÉ

Qu'est-ce que le comportement organisationnel et en quoi est-il si important ?

- Le comportement organisationnel – le CO – est l'étude des individus et des groupes au sein des organisations. Le CO est une discipline appliquée qui s'appuie sur des méthodes de recherche scientifiques et utilise l'approche de la contingence, reconnaissant ainsi que les pratiques de gestion doivent s'adapter aux particularités du contexte.

- Les paradigmes qui définissent le domaine du comportement organisationnel évoluent sous l'effet de tendances qui affirment l'importance du comportement éthique, du capital humain, du travail d'équipe, des technologies de l'information, des nouvelles attentes de la main-d'œuvre et des cheminements professionnels en mutation.

À quoi ressemblent les organisations en tant que cadres de travail ?

- Une organisation est un regroupement d'individus travaillant, après répartition des tâches, à un objectif commun, à savoir la production de biens ou de services destinés à la société.

- L'organisation est un système ouvert en interaction avec son environnement : elle en tire des ressources qu'elle transforme pour les y réexpédier sous forme de produits finis (biens ou services).

- L'organisation adopte des stratégies qui répondent à sa raison d'être et facilitent l'accomplissement de sa mission. Les connaissances dans le domaine du comportement organisationnel peuvent grandement contribuer à l'élaboration et à la mise en œuvre de stratégies efficaces.

- Les parties intéressées, dans l'environnement externe de l'organisation, comprennent notamment les clients, les actionnaires, les fournisseurs, les organismes de contrôle, les collectivités locales et le personnel.

- La culture organisationnelle est en quelque sorte la « personnalité » d'une organisation. Elle englobe les croyances et les valeurs que les membres ont en commun.

- Les cultures organisationnelles positives accordent une valeur élevée à la diversité de la main-d'œuvre et au multiculturalisme. Elles préconisent le respect des différences et favorisent l'inclusion de tous leurs membres.

Qu'est-ce qui caractérise le travail de gestion ?

- Les nouveaux milieux de travail exigent du gestionnaire qu'il soit un « entraîneur » et un « coordonnateur » plutôt qu'un « donneur d'ordres » et un « inspecteur ».

- Le *gestionnaire efficace* est celui dont l'unité de travail, le groupe ou l'équipe atteint à répétition ses objectifs sans que fléchissent l'engagement et l'enthousiasme de ses membres.

- Les quatre fonctions du gestionnaire sont : (1) la planification – donner l'orientation ; (2) l'organisation – coordonner les ressources et les systèmes ; (3) la direction – entretenir l'enthousiasme et l'ardeur au travail du personnel ; (4) le contrôle – s'assurer d'atteindre les résultats escomptés.

- Les gestionnaires remplissent divers rôles interpersonnels, informationnels et décisionnels ; ils travaillent avec des réseaux de contacts à l'intérieur et à l'extérieur de l'organisation.

- L'efficacité du gestionnaire repose sur une combinaison de compétences techniques, humaines et conceptuelles.

Comment peut-on faire l'apprentissage du comportement organisationnel ?

- L'apprentissage se définit comme un changement durable du comportement résultant de l'expérience.

- En matière de comportement organisationnel, l'apprentissage véritable exige un engagement dans l'acquisition continue de connaissances et de moyens de les mettre en application, tant au travail que dans la vie de tous les jours.

- L'apprentissage organisationnel est un processus d'acquisition de connaissances et d'utilisation de l'information qui permet aux organisations et à leurs membres de s'adapter aux circonstances.

- Les cours en comportement organisationnel utilisent généralement un éventail de méthodes et d'approches qui s'articulent de façon fructueuse aux phases de l'apprentissage expérientiel.

MOTS CLÉS

Apprentissage	p. 24	Gestionnaire efficace	p. 16
Apprentissage continu	p. 24	Inclusion	p. 16
Apprentissage organisationnel	p. 24	Intelligence émotionnelle (IE)	p. 21
Approche de la contingence	p. 8	Modèle	p. 6
Compétence conceptuelle	p. 21	Multiculturalisme	p. 15
Compétence humaine	p. 21	Organisation	p. 10
Compétence technique	p. 19	Organiser	p. 17
Comportement organisationnel	p. 5	Parties intéressées	p. 11
Conscience éthique	p. 22	Planifier	p. 17
Contrôler	p. 17	Satisfaction professionnelle	p. 16
Culture organisationnelle	p. 12	Stratégie	p. 11
Diriger	p. 17	Système ouvert	p. 11
Diversité de la main-d'œuvre	p. 14	Variable dépendante	p. 6
Efficacité fonctionnelle	p. 16	Variable indépendante	p. 6
Gestionnaire	p. 16		

ÉVALUATION DES CONNAISSANCES

QUESTIONS À CHOIX MULTIPLE

1. Lequel des problèmes suivants est au cœur de la discipline du comportement organisationnel ? **a)** L'élaboration d'une campagne de publicité efficace pour faire connaître un nouveau produit. **b)** La mise en œuvre de mesures visant à accroître la satisfaction professionnelle et le rendement des employés. **c)** La mise au point d'une nouvelle stratégie en vue d'assurer la croissance de l'organisation. **d)** La conception d'un nouveau système de gestion de l'information.

2. Parmi les affirmations suivantes, laquelle décrit le mieux le cadre de travail où intervient le CO de nos jours ? **a)** La tendance est à la direction centralisée. **b)** La main-d'œuvre de la nouvelle génération a des attentes relativement semblables à celles des générations précédentes. **c)** Le concept d'autonomisation est dépassé. **d)** L'équilibre entre vie professionnelle et vie personnelle est une préoccupation très actuelle.

3. Lorsqu'on parle de « diversité de la main-d'œuvre », on parle de différences liées au sexe, à l'âge, à la race, à l'origine ethnoculturelle et _____ parmi la main-d'œuvre. **a)** au statut social **b)** à la fortune personnelle **c)** à l'état physique et mental **d)** à l'orientation politique

4. Laquelle de ces affirmations est exacte ? **a)** Le CO cherche des solutions universelles aux problèmes de gestion. **b)** Le CO est une science tout à fait originale qui a peu de rapports avec les autres disciplines scientifiques. **c)** Le CO se voue en priorité à la recherche d'applications concrètes. **d)** Le CO est une discipline si nouvelle qu'elle n'a pratiquement aucune racine historique.

5. Dans la conception de l'organisation comme un système ouvert, les techniques, l'information et les capitaux sont _____ **a)** des biens. **b)** des services. **c)** des ressources. **d)** des produits finis.

6. En matière de gestion stratégique, l'étude du comportement organisationnel se révèle principalement utile pour _____ **a)** élaborer des stratégies. **b)** clarifier les énoncés de mission. **c)** mettre en œuvre des stratégies. **d)** établir la raison d'être de l'organisation.

7. Selon l'Inventaire des cultures organisationnelles (ICO), une organisation qui encourage ses membres à collaborer de façon à répondre à des besoins humains d'ordre supérieur possède une culture _____ **a)** constructive. **b)** agressive-défensive. **c)** passive-défensive. **d)** orientée vers les objectifs.

8. Quel qualificatif décrit le mieux une culture organisationnelle qui accorde une grande valeur à la diversité au sein de sa main-d'œuvre ? **a)** Inclusive. **b)** Efficace. **c)** Dynamique. **d)** Prévisible.

9. Parmi les fonctions du gestionnaire, laquelle consiste à insuffler au personnel de l'enthousiasme et de l'ardeur au travail ? **a)** La planification. **b)** La motivation. **c)** Le contrôle. **d)** La direction.

10. Parmi les fonctions du gestionnaire, laquelle consiste à mesurer le rendement et à prendre des mesures correctives en vue d'améliorer celui-ci ? **a)** La prise de mesures disciplinaires. **b)** L'organisation. **c)** La direction. **d)** Le contrôle.

11. Parmi les 10 rôles du gestionnaire efficace définis par Mintzberg, le leadership et la liaison font partie des rôles _____ **a)** interpersonnels. **b)** informationnels. **c)** décisionnels. **d)** conceptuels.

12. Selon la vision actuelle du travail de gestion, il est très peu probable qu'un gestionnaire efficace _____ **a)** participe activement à des réseaux. **b)** manifeste de l'habileté dans les communications interpersonnelles. **c)** travaille seul une grande partie du temps. **d)** ait de l'aptitude à résoudre des problèmes.

13. Selon Katz, l'importance relative des compétences _____ diminue et celle des compétences _____ s'accroît quand un gestionnaire monte dans la hiérarchie et se voit confier des responsabilités correspondant à un échelon supérieur. **a)** humaines ; conceptuelles **b)** conceptuelles ; émotionnelles **c)** techniques ; conceptuelles **d)** émotionnelles ; humaines

14. _____, c'est-à-dire la capacité de réfléchir avant d'agir et de contrôler ses pulsions, est une des aptitudes dont fait preuve une personne possédant une grande intelligence émotionnelle. **a)** La motivation **b)** La persévérance **c)** La maîtrise de soi **d)** L'empathie

15. Lequel des énoncés suivants au sujet de l'apprentissage est inexact ? **a)** L'apprentissage est un changement du comportement résultant de l'expérience. **b)** Les individus apprennent, les organisations n'apprennent pas. **c)** L'apprentissage expérientiel est courant en comportement organisationnel. **d)** L'apprentissage continu est un élément important du cheminement professionnel d'un individu, et il revient à chacun d'en assumer la responsabilité.

QUESTIONS À RÉPONSE BRÈVE

16. Quelles sont les caractéristiques clés du comportement organisationnel en tant que discipline scientifique ?
17. Que signifie « valoriser la diversité en milieu de travail » ?
18. Qu'est-ce qu'un gestionnaire efficace ?
19. Comment Henry Mintzberg décrirait-il la journée ordinaire d'un cadre ?

QUESTION À DÉVELOPPEMENT

20. Clara, une étudiante universitaire de premier cycle, participe à un projet spécial de liaison avec une école primaire de son milieu. En compagnie d'autres étudiants en gestion, elle se prépare à rencontrer pendant toute une journée des élèves de sixième année afin de les encourager à poursuivre leurs études jusqu'à l'université. Elle devra, notamment, amener ces élèves à discuter de la question suivante : « Quelles sont les tendances actuelles dans le monde du travail ? » Aidez Clara en décrivant dans leurs grandes lignes les principaux points qu'elle devrait tenter d'aborder avec les élèves.

LE CO DANS LE FEU DE L'ACTION

Pour ce chapitre, nous vous suggérons les activités suivantes du *Cahier d'apprentissage en CO* (voir p. C1) :

Étude de cas	Exercices	Autoévaluations
1. Panera Bread : on ne vit pas que de pain	1. Mon meilleur patron 2. Les mots de la fin : remue-méninges et idées en vrac 3. Mon meilleur emploi	1. Les postulats d'un gestionnaire 2. Le gestionnaire du XXIe siècle 3. Tolérance à l'agitation

 www.erpi.com/schermerhorn

Vous trouverez dans le Compagnon Web du manuel les réponses aux questions d'évaluation des connaissances du chapitre ainsi que les autoévaluations en mode interactif.

DEUXIÈME PARTIE

LES CARACTÉRISTIQUES INDIVIDUELLES ET LE COMPORTEMENT EN MILIEU ORGANISATIONNEL

Chapitre 2	Les valeurs, la personnalité et les différences individuelles
Chapitre 3	Les émotions, les attitudes et la satisfaction professionnelle
Chapitre 4	La perception, l'attribution et l'apprentissage
Chapitre 5	Les théories de la motivation
Chapitre 6	La motivation et la conception de poste
Chapitre 7	La gestion du rendement et les récompenses

LES VALEURS, LA PERSONNALITÉ ET LES DIFFÉRENCES INDIVIDUELLES

CHAPITRE 2

Ce chapitre souligne l'importance de considérer l'éventail des différences entre les êtres humains – notamment en ce qui concerne leurs valeurs, leurs traits de personnalité, leurs caractéristiques sociodémographiques, leurs aptitudes et leurs capacités – dans l'étude des milieux de travail de plus en plus hétérogènes que nous connaissons aujourd'hui.

OBJECTIFS D'APPRENTISSAGE

Après l'étude de ce chapitre, vous devriez être en mesure:
- d'expliquer ce qui distingue les personnes et les cultures nationales sur le plan des valeurs;
- de définir la personnalité et de préciser ses déterminants;
- de reconnaître les principaux traits distinctifs sur le plan de la personnalité;
- d'expliquer comment les caractéristiques sociodémographiques se reflètent dans la diversité de la main-d'œuvre, et comment cette diversité devrait être gérée.

PLAN DU CHAPITRE

LES VALEURS
- Les valeurs individuelles
- Les valeurs et les cultures nationales

LA PERSONNALITÉ
- Qu'est-ce qui constitue la personnalité?
- Les déterminants de la personnalité et son développement
- La personnalité et l'image de soi

LES PRINCIPAUX TRAITS DISTINCTIFS SUR LE PLAN DE LA PERSONNALITÉ
- Les traits de personnalité selon le modèle à cinq facteurs
- Les traits sociaux
- Les traits relatifs à la conception personnelle du monde
- Les traits relatifs à l'adaptation affective

LES DIFFÉRENCES INDIVIDUELLES ET LA DIVERSITÉ DE LA MAIN-D'ŒUVRE
- Les caractéristiques sociodémographiques
- La gestion de la diversité et des différences individuelles
- L'équité en matière d'emploi
- Les aptitudes et les capacités

GUIDE DE RÉVISION

« Chaque personne est unique. »

La génération Y cherche le défi avant l'argent[1]

Tannés d'entendre dire que la génération Y est difficile à contenter, que les jeunes ne gardent pas leur emploi, qu'ils exigent toujours plus et ne sont pas reconnaissants envers leur patron.

Dominique Brown, le jeune PDG de Beenox, n'est pas de cet avis. Il pense que les gestionnaires plus âgés doivent changer d'approche avec les 15-26 ans. « La génération Internet, dit-il, a besoin de défis, de projets qu'on ne peut pas toujours compenser par de l'argent. J'ai vu des jeunes changer de compagnie et même accepter une diminution de salaire simplement parce qu'on leur donnait un boulot plus captivant. »

Lui-même dirige une entreprise de jeux vidéo ayant plus de 200 employés et dont la moyenne d'âge est de 26 ans. [...] Dominique Brown admet que l'attitude des jeunes employés peut paraître déroutante. « Les 50 ans s'attendent à de la gratitude quand ils embauchent une personne. Mais les jeunes eux pensent que l'employeur a de la chance de les avoir et qu'il devrait s'estimer heureux qu'ils aient choisi leur compagnie plutôt que le concurrent qui offrait sensiblement la même chose. »

Contrairement à leurs aînés, les 18-25 ans sont plus ouverts sur le monde. Grâce à Internet, ils ont des contacts partout sur la planète. Et l'idée d'aller travailler à l'étranger ne leur fait pas peur. Dans ces conditions, comment peut-on espérer les garder dans nos entreprises ?

Dominique Brown croit que les employeurs doivent investir davantage sur le développement de la personne ; cultiver le dialogue. « C'est plus payant, dit-il, de prendre quotidiennement du temps avec chacun de ses employés que de réunir son comité des ressources humaines une fois par mois pour régler les problèmes. »

Et lors d'une embauche, c'est la première journée qui compte, avance encore M. Brown. « Il faut que l'employé se sente tout de suite à l'aise, qu'on le présente à toute l'équipe, qu'on lui explique comment ça marche. Vous aurez huit heures pour l'impressionner et lui faire sentir qu'il est quelqu'un de vraiment spécial. Et le deuxième volet d'importance, c'est de lui donner des défis à relever parce qu'un employé qui s'ennuie risque de vous quitter au bout de quelques mois. »

Dominique Brown n'a pas de formule magique pour retenir ses employés, mais il affirme que chez Beenox le taux de roulement est extrêmement bas. « Nous nous efforçons de comprendre les besoins de chacun. Par exemple, si un poste s'ouvre à l'interne. Nous regardons d'abord du côté des employés avant d'aller à l'externe. Nous traitons toutes les candidatures avec la même considération. Et plus encore, la direction de Beenox explique à chacun les motifs qui ont pu justifier un refus et ce qui pourrait être amélioré. »

> « ... les employeurs doivent investir davantage sur le développement de la personne ; cultiver le dialogue. »

Les entreprises doivent chercher à refléter ce que nos économies sont rapidement en train de devenir : une réalité marquée par la diversité – celle des clientèles et celle de la main-d'œuvre. Qui dit « diversité » dit aussi « différences », et les différences sont une porte ouverte sur autant de problèmes que de possibilités. Prendre en considération la diversité et les différences individuelles signifie qu'on s'intéressera au rôle que jouent les valeurs, la personnalité, les caractéristiques sociodémographiques ainsi que les aptitudes et les capacités des gens. Voilà donc énumérés certains des concepts fondamentaux du CO qui seront examinés de plus près dans ce chapitre.

LES VALEURS

LES VALEURS INDIVIDUELLES

On peut définir les *valeurs* comme les principes généraux qui orientent les actions et les jugements des gens, tant dans leur vie privée que professionnelle. Les valeurs sont intimement liées à la notion qu'a l'individu du bien et du mal et aussi, jusqu'à un certain point, de « ce qui doit être[2] ». L'égalité entre tous les êtres humains ainsi que le respect et la dignité de la personne humaine sont des exemples de valeurs.

Les valeurs influent sur les attitudes et le comportement. Par exemple, si vous êtes très attaché à la valeur d'égalité entre toutes les personnes et que vous travaillez pour une organisation qui traite beaucoup mieux ses cadres que ses salariés, vous y verrez une injustice déplorable. De cette perception d'iniquité découlera une attitude négative de votre part à l'égard de votre employeur, attitude qui risque d'influer sur votre comportement: il se pourrait que votre rendement diminue ou que vous démissionniez. Si l'organisation avait une politique plus « égalitaire », votre attitude et vos comportements seraient plus positifs.

L'origine des valeurs

Nos parents, nos amis, nos enseignants et nos groupes de référence en général peuvent influer sur nos valeurs personnelles. Les valeurs d'un individu sont le fruit de ses apprentissages et de ses expériences dans le contexte culturel où il grandit. Comme ces deux facteurs varient considérablement d'une personne à l'autre, il en résulte inévitablement des différences de valeurs qui, parce qu'elles sont profondément enracinées et proviennent souvent de la tendre enfance et de l'éducation reçue, peuvent être difficiles à concilier et à changer, bien que ce soit possible[3].

Les catégories de valeurs

La célèbre typologie élaborée par l'éminent psychologue Milton Rokeach divise les valeurs en deux grandes catégories: les valeurs finales et les valeurs instrumentales[4]. Les *valeurs finales* indiquent les choix de l'individu quant aux buts et aux objectifs qu'il se fixe dans la vie. Les *valeurs instrumentales*, elles, concernent les moyens qu'il prend pour atteindre ces buts; elles indiquent comment il pourra se comporter pour parvenir à ses fins selon l'importance qu'il accorde aux moyens. La **figure 2.1** énumère les 18 valeurs finales et les 18 valeurs instrumentales cernées par Rokeach.

Les recherches ont montré, et ce n'est guère étonnant, que les valeurs, tant finales qu'instrumentales, diffèrent d'un groupe social à l'autre – les cadres supérieurs, par exemple, n'ont pas les mêmes valeurs que les activistes ou que les travailleurs syndiqués[5]. Lorsque ces divers groupes entrent en interaction, ces différences de valeurs quant aux fins et aux moyens peuvent provoquer des conflits.

L'équipe du psychologue Gordon Allport a conçu une autre classification des valeurs humaines, elle aussi couramment utilisée, où la catégorisation repose sur six champs d'intérêt[6].

- le *champ théorique*: l'intérêt pour une quête de la vérité fondée sur la raison et la pensée rationnelle;
- le *champ économique*: l'intérêt pour tout ce qui est utile et pratique, y compris l'accumulation des biens;

▸ **Valeurs**
Principes généraux qui orientent les actions et les jugements d'un individu

▸ **Valeurs finales**
Valeurs relatives aux choix de l'individu quant aux buts et aux objectifs qu'il se fixe dans la vie

▸ **Valeurs instrumentales**
Valeurs relatives aux moyens que prend l'individu pour atteindre ses buts

La classification des valeurs de Allport selon six champs d'intérêt

Figure 2.1 Le classement des valeurs selon Rokeach

Valeurs finales	Valeurs instrumentales
L'amitié authentique (la camaraderie)	L'affection (la tendresse, l'attachement)
L'amour accompli (la sexualité et l'intimité)	L'ambition (le travail acharné)
L'égalité (la fraternité, l'égalité des chances)	L'entrain (l'humour, la gaieté)
La beauté dans le monde (la nature, les arts)	L'honnêteté (la sincérité, la franchise)
La liberté (l'indépendance, le libre choix)	L'imagination (la créativité, l'audace)
La paix dans le monde (ni guerres ni conflits)	L'indépendance (l'autosuffisance)
La paix intérieure (la sérénité)	L'intelligence (la pensée, la réflexion)
La reconnaissance sociale (l'admiration, le respect)	La bienveillance (l'altruisme)
La sagesse (la maturité, le discernement)	La docilité (le dévouement, le respect)
La sécurité familiale (le soin des proches)	La largeur d'esprit (l'ouverture, la tolérance)
La sécurité nationale (la défense du pays, de la nation)	La logique (la rationalité, la cohérence)
La volonté d'accomplissement (les réalisations durables)	La maîtrise de soi (l'autodiscipline)
Le bonheur (le bien-être)	La mansuétude (l'indulgence)
Le confort (l'aisance)	La netteté (l'ordre, la méthode)
Le plaisir (une vie douce et agréable)	La politesse (la courtoisie, la civilité)
Le respect de soi (l'estime de soi)	Le courage (la force de défendre ses convictions)
Le salut (la rédemption, la vie éternelle)	Le sens des responsabilités (le sérieux, la fiabilité)
Une vie passionnante (la stimulation)	Les capacités (les compétences, l'efficacité)

- le *champ esthétique* : l'intérêt pour l'harmonie, la beauté et l'art ;
- le *champ social* : l'intérêt pour autrui et pour l'amour comme dimension des relations humaines ;
- le *champ politique* : l'intérêt pour le pouvoir et la persuasion ;
- le *champ religieux* : l'aspiration à l'harmonie et à la compréhension de l'univers.

Bien entendu, selon les groupes, l'ordre de priorité accordé à ces valeurs varie considérablement. À titre d'exemple, la **figure 2.2** présente les échelles de valeurs de trois groupes professionnels[7].

Les diverses typologies ont été largement diffusées et reprises par de nombreux auteurs, mais elles ne portaient pas spécifiquement sur les valeurs des gens en milieu de travail. Plus récemment, Bruce Maglino et ses collaborateurs ont établi une grille de valeurs reliées au monde du travail, où les valeurs suivantes sont mises en évidence[8] :

La grille des valeurs reliées au travail d'après Maglino et son équipe

- l'*accomplissement* : faire ce qu'il y a à faire, travailler dur pour relever des défis et accomplir de grandes choses dans la vie ;
- l'*entraide* et l'*altruisme* : se préoccuper des autres, leur venir en aide ;
- l'*honnêteté* : s'en tenir à la vérité et agir selon ses convictions ;
- l'*équité* : agir en toute justice et en toute impartialité.

Figure 2.2 Les échelles de valeurs de trois groupes professionnels

Champs d'intérêt par ordre de priorité	Ministres du culte	Directeurs des achats	Chercheurs industriels
	religieux	économique	théorique
	social	théorique	politique
	esthétique	politique	économique
	politique	religieux	esthétique
	théorique	esthétique	religieux
	économique	social	social

Comme ces quatre valeurs se révèlent particulièrement importantes en milieu de travail, la grille de Magliano est tout à fait appropriée à l'étude des valeurs dans le cadre du CO.

L'influence des valeurs en milieu de travail devient particulièrement évidente lorsqu'il y a **congruence des valeurs**, c'est-à-dire lorsque les individus disent avoir la satisfaction de travailler avec d'autres personnes dont les valeurs sont similaires aux leurs. Quand cette concordance fait défaut, on peut s'attendre à des conflits, notamment sur les objectifs et les moyens à prendre pour les atteindre. Maglino et son équipe ont utilisé leur grille pour se pencher sur la congruence des valeurs entre leaders et subordonnés. Ils ont constaté que les subordonnés étaient plus satisfaits de leurs leaders lorsqu'ils partageaient leurs vues en matière d'accomplissement, d'entraide, d'honnêteté et d'équité[9].

Les tendances de l'évolution des valeurs

Les valeurs changent au fil du temps. Il est donc crucial de se tenir au fait des recherches qui suivent cette évolution. À cet égard, les sondages de Daniel Yankelovich, notamment, sont des plus instructifs, aux côtés de la méticuleuse analyse que fait William Fox des tendances actuelles[10]. Les deux auteurs relèvent un déplacement par rapport à certaines valeurs antérieures ou originelles – en particulier, comme le constate Fox, un déclin de valeurs communes telles que le devoir, l'honnêteté et la responsabilité.

Quant à Yankelovich, il a observé qu'en Amérique du Nord les travailleurs sont moins attachés qu'autrefois aux mesures incitatives d'ordre pécuniaire, à la fidélité à l'organisation et à l'identification au travail ; ils privilégient maintenant davantage le travail qui a un sens pour eux, le temps libre et l'épanouissement personnel. Selon ce chercheur, le gestionnaire contemporain doit être à l'affût des différences de valeurs et des tendances qui se manifestent en milieu de travail. Ainsi, il a constaté que la productivité des plus jeunes augmente lorsqu'ils occupent des postes qui correspondent à leurs valeurs ou que les cadres qui les dirigent partagent leurs valeurs, ce qui confirme l'importance de la congruence des valeurs.

> **Congruence des valeurs**
> Situation où des individus disent avoir la satisfaction d'être en contact avec d'autres personnes dont les valeurs sont similaires aux leurs

L'Enquête relative aux raisons de changement professionnel, menée par Korn et Ferry International auprès de 55 dirigeants québécois ayant changé d'emploi au cours des dernières années, confirme que le décalage entre leurs propres valeurs et celles de leur employeur serait un des principaux motifs de leur départ. En effet, 70,8 % des répondants à ce sondage expliquent avoir quitté leur organisation en raison du manque d'affinités entre leurs valeurs et la culture d'entreprise. Les autres raisons ayant incité ces dirigeants à quitter leur organisation étaient la recherche de nouveaux défis, une insatisfaction relative au style de gestion du président et les relations tendues avec les supérieurs hiérarchiques. Fait intéressant à noter : ni le salaire ni l'environnement de travail n'apparaissent parmi les principaux éléments invoqués pour justifier un départ. La culture organisationnelle, les affinités avec les dirigeants, les défis offerts et les aptitudes de gestion du président comptent également parmi les critères qui déterminent le choix d'une nouvelle organisation[11].

Dans une autre étude, celle-là à l'échelle des États-Unis, on a demandé à des gestionnaires et à des spécialistes en ressources humaines quelles seraient, selon eux, les valeurs les plus importantes pour la main-d'œuvre, aujourd'hui comme dans un proche avenir[12]. Les valeurs les plus citées ont été, par ordre d'importance, la reconnaissance des compétences et des réalisations, le respect et la dignité, la liberté individuelle, l'engagement au travail, la fierté du travail accompli, la qualité de vie, la sécurité financière, la croissance personnelle, la santé et le bien-être. L'attachement à ces valeurs revêt un intérêt particulier pour les gestionnaires, car il est révélateur des préoccupations de la « nouvelle » main-d'œuvre, issue de la génération Y (individus nés entre 1977 et 1997). En effet, indépendance et autonomie, tolérance et acceptation sociale, liberté d'expression, innovation et changement, ainsi que maturité et respect sont les principales caractéristiques de cette génération[13].

Les principaux critères recherchés par les futurs diplômés des universités québécoises relativement à leur futur employeur, selon un récent sondage, témoignent également de ces valeurs de la génération Y : des perspectives de carrière intéressantes, des défis stimulants à relever, la reconnaissance des compétences individuelles et un juste équilibre entre le travail et la vie privée[14].

Même si l'ordre d'importance des valeurs peut varier selon les individus, et bien que nous connaissions une diversité de la main-d'œuvre unique dans l'histoire, les données recueillies par ces études constituent un bon point de départ pour les gestionnaires qui traitent avec les travailleurs et les travailleuses d'aujourd'hui. N'oublions pas que, si elles témoignent de choix personnels, les valeurs sont souvent partagées au sein d'une même culture et d'une même organisation.

DES LEADERS PARLENT DE LEADERSHIP

Un intégrateur générationnel[15]

[...] La rétention du personnel est un des défis liés aux différences générationnelles. Mais ces dernières se vivent aussi au quotidien. « J'essaie de trouver la complémentarité chez les membres de mon équipe. Chaque génération a ses forces. C'est en les arrimant que nous obtenons une équipe plus solide », affirme Yannick Giroux, directeur de succursale à la Banque de développement du Canada (BDC). Les Y aiment que les réponses arrivent rapidement, ils sont orientés vers l'action. Les boomers, eux, fonctionnent plus par consensus, ajoute-t-il. Ce gestionnaire de 35 ans dit qu'en utilisant les forces de chacun, il obtient une meilleure performance de son équipe. Sa succursale, située dans la banlieue nord de Montréal, a une certaine autonomie pour ses campagnes de marketing. L'objectif est d'effectuer le plus d'interventions possible auprès des PME du secteur. « Lorsque nous discutons du plan marketing, les jeunes employés diront : "Pas besoin de grands plans, nous pouvons faire du télémarketing, des envois postaux, des visites dans les parcs industriels." Les boomers, eux, diront plutôt : "Oui, mais combien cela va-t-il coûter ?" », illustre Yannick Giroux. Les employés de cette succursale ont suivi une formation sur les différences générationnelles en compagnie de collègues d'autres succursales de la région. « Maintenant, lors de nos discussions, les gens sourient quand une attitude liée à la différence générationnelle surgit et que tout le monde autour de la table l'a repérée... », raconte ce gestionnaire.

En fait, Yannick Giroux a suivi deux formations sur ce thème : celle que reçoivent tous les employés de son secteur géographique, à l'initiative d'un vice-président régional, et celle qui est comprise dans le programme « Leaders en transition » de la BDC. Celui-ci s'adresse aux gestionnaires de l'institution qui débutent dans leur poste, et à d'autres employés qui ont le potentiel de devenir gestionnaires. « J'ai beaucoup appris sur les caractéristiques de chaque groupe. Par exemple, que les Y valorisent l'équipe, que les X accordent leur fidélité au gestionnaire, alors que les boomers sont plutôt fidèles à l'organisation. Mais la prudence est de mise. Le but n'est pas de gérer en suivant une recette », précise Yannick Giroux. [...]

Questions

Sous un angle comparatif, qu'est-ce qui distingue les valeurs prédominantes des membres de la génération Y de celles de leurs aînés ? Qu'est-ce que vos observations pourraient impliquer pour un gestionnaire dans l'exercice de ses fonctions ?

LES VALEURS ET LES CULTURES NATIONALES

Le mot « culture » revient souvent en CO, que ce soit en relation avec la notion de culture d'entreprise, en raison de l'intérêt croissant qu'on porte à la diversité de la main-d'œuvre ou, de façon plus générale, lorsqu'il est question des différences entre les gens dans le monde. Les spécialistes s'entendent généralement pour définir la culture comme le bagage commun de valeurs et de façons de faire d'un groupe, d'une collectivité ou d'une société. Ce bagage commun inclut la façon dont les membres mangent, s'habillent, se saluent et agissent les uns envers les autres, leur manière d'éduquer les enfants, ainsi que leur façon d'aborder et de résoudre les problèmes du quotidien[16].

Le chercheur néerlandais Geert Hofstede parle de la culture comme du « logiciel de l'esprit » (*software of the mind*), métaphore suggérant que l'esprit lui-même est le matériel (*hardware*) commun à tous les êtres humains[17]. En revanche, le « logiciel culturel » peut varier. Nous ne naissons pas avec une culture ; nous naissons au sein d'une société qui nous enseigne sa culture. Parce que nous la partageons avec notre groupe, notre culture détermine en partie ce qui nous distingue d'un autre

> **Intelligence culturelle**
> Capacité de reconnaître et de comprendre les traits propres à une culture, et d'agir efficacement en situation interculturelle

groupe, et influe ainsi sur nos interactions. L'expression ***intelligence culturelle*** a été récemment proposée pour décrire la capacité qu'a une personne de reconnaître et de comprendre les traits propres à une culture, et d'agir avec tact et efficacité en situation interculturelle[18].

D'une culture à l'autre, les valeurs et les comportements diffèrent parfois considérablement. La perception qu'ont les gens de la réussite, de la richesse, des gains matériels, du risque ou de l'innovation peut influer sur leur façon d'aborder le travail et sur leurs relations avec les organisations. Hofstede a élaboré une « grille culturelle » qui permet de mieux appréhender l'influence potentielle que les différences de valeurs liées à l'identité culturelle auront sur le comportement au travail. Le cadre conceptuel de Hofstede s'articule autour de cinq « dimensions » permettant de cerner les grandes caractéristiques des cultures nationales. Voyons brièvement en quoi elles consistent[19].

Les dimensions des cultures nationales selon Hofstede

1. La *distance hiérarchique* traduit le degré d'acceptation culturelle des inégalités de statut et de pouvoir entre les individus. Cette dimension est révélatrice du degré de respect dont font montre les gens à l'égard de la hiérarchie et de l'autorité au sein des organisations. Ainsi, on considère que la distance hiérarchique est élevée dans la culture indonésienne, et très faible dans la culture suédoise.

2. La *maîtrise de l'incertitude* correspond à la propension culturelle à éviter le risque et l'ambiguïté. Cette dimension indique si les gens préfèrent les situations organisationnelles très structurées ou, au contraire, peu structurées. Ainsi, on considère que la culture française accorde énormément d'importance à la maîtrise de l'incertitude, tandis que la culture de Hong Kong s'en soucie fort peu.

3. L'*individualisme* et le *collectivisme* sont des tendances culturelles qui s'opposent : l'une privilégie l'intérêt individuel et l'autre, l'intérêt collectif. De même, les gens préfèrent le travail individuel ou le travail en groupe. Ainsi, la culture des États-Unis se révèle hautement individualiste, tandis que la culture mexicaine est nettement plus collectiviste.

4. L'*orientation masculine* et l'*orientation féminine* constituent des tendances culturelles divergentes : l'une valorise des traits associés au stéréotype masculin ; l'autre, des traits associés au stéréotype féminin. Elles témoignent de la propension d'une société à privilégier la *compétitivité* et la *combativité* ou, au contraire, l'*empathie* et l'*harmonie* dans les relations interpersonnelles. Ainsi, on considère la culture japonaise comme très « masculine » et la culture thaïe comme plus « féminine ».

5. L'*orientation à long terme* et l'*orientation à court terme* représentent des tendances culturelles opposées : l'une privilégie des valeurs associées à l'avenir, comme l'*esprit d'économie* et la *persévérance* ; l'autre, des valeurs centrées sur le présent, voire l'immédiat. Elles se manifestent dans les organisations par des objectifs de rendement à long terme ou, au contraire, à court terme. Ainsi, typiquement, les organisations sud-coréennes ont une orientation à long terme, alors que les organisations américaines favorisent l'orientation à court terme.

Su et Lessard ont utilisé le modèle de Hofstede pour saisir les traits culturels des gestionnaires québécois et classer les quatre dimensions qu'ils ont analysées (distance hiérarchique, maîtrise de l'incertitude, individualisme ou collectivisme, orientation masculine ou orientation féminine) selon l'importance qu'ils leur accordent[20]. Reconnaissant que les caractéristiques culturelles des Québécois résultent de l'interaction de deux cultures – la culture anglo-saxonne (Canada anglais, États-Unis, Angleterre) et la culture latine (France) –, ces chercheurs ont comparé les résultats des gestionnaires québécois avec ceux des gestionnaires des autres provinces canadiennes et de la France. Voyons un peu ce qu'ils ont trouvé.

- *Distance hiérarchique marquée* Tout comme leurs homologues français, les gestionnaires québécois font preuve d'une grande tolérance à l'égard d'une répartition inégale du pouvoir ; ils se distinguent en cela des gestionnaires du Canada anglais, qui eux ne la tolèrent que modérément.

- *Forte maîtrise de l'incertitude* Comme leurs homologues français, les gestionnaires québécois tolèrent mal l'incertitude et cherchent à la maîtriser, ce qui est loin d'être le cas des gestionnaires des autres provinces canadiennes – qui, selon d'autres études, montrent une tolérance à l'incertitude bien au-dessus de la moyenne internationale.

- *Individualisme* À l'instar de leurs collègues du reste du Canada, les gestionnaires québécois font preuve d'un très fort individualisme, de beaucoup supérieur à celui des dirigeants français.

- *Orientation féminine* Les dirigeants québécois privilégient nettement les valeurs féminines, se distinguant en cela à la fois de leurs homologues de France et de ceux des autres provinces canadiennes.

Les traits culturels des gestionnaires québécois

Selon Su et Lessard, le très haut degré d'individualisme des gestionnaires québécois devrait avoir une influence importante sur les pratiques de gestion, qu'il convient d'adapter en conséquence. Par ailleurs, même si les dimensions « distance hiérarchique marquée », « forte maîtrise de l'incertitude » et « orientation féminine » décrivent bien la culture de gestion québécoise, elles ne semblent pas avoir un effet très significatif sur les pratiques de gestion.

Les quatre premières dimensions du cadre conceptuel établi par Hofstede découlent d'une recherche très approfondie menée auprès de milliers de travailleurs d'une multinationale qui exerce ses activités dans plus de 40 pays[21]. La cinquième dimension, qui concerne l'orientation temporelle, s'appuie sur une étude des valeurs chinoises menée par le psychologue transculturel Michael Bond et ses collègues[22]. Cette recherche a mis en lumière l'importance culturelle du confucianisme – du nom de Confucius, philosophe chinois du Ve siècle av. J.-C. –, qui valorise la persévérance, la hiérarchie des relations, l'esprit d'économie, la loyauté, la fermeté, le fait de s'engager à rendre des services réciproques, le sens de l'honneur, l'amour-propre (« sauver la face ») ainsi que le respect des traditions[24].

Lorsqu'on utilise la grille culturelle de Hofstede, il ne faut jamais oublier que les cinq dimensions ne sont pas indépendantes les unes des autres, au contraire[25]. Pour mieux comprendre les cultures nationales, il convient de les imaginer comme des regroupements intégrant plusieurs dimensions. À titre d'exemple, la **figure 2.3** montre un ensemble de pays selon leurs tendances culturelles quant aux dimensions « distance hiérarchique » et « collectivisme ou individualisme ». On remarque que la tendance collectiviste va souvent de pair avec une distance hiérarchique marquée, et la tendance individualiste, avec une faible distance hiérarchique.

Dunin Technologie[23]

Serge Dumoulin est loin d'être un patron tyrannique. Pourtant, bien malgré lui, cet homme aimable et souriant, président de Dunin Technologie, a imposé un rythme de travail inhumain à un nouvel employé d'origine algérienne. L'histoire est presque banale. Un jour, le dirigeant de cette entreprise de conception de systèmes intégrés de gestion de Sherbrooke confie un mandat à sa recrue. Après un certain temps, il constate que le pauvre homme travaille jour et nuit. Incompétence ? Non. « J'avais mal évalué la charge de travail, admet-il. Un employé québécois n'aurait pas hésité à me dire que l'échéancier était irréaliste. Ici, on peut contester l'autorité. Pas en Algérie... »

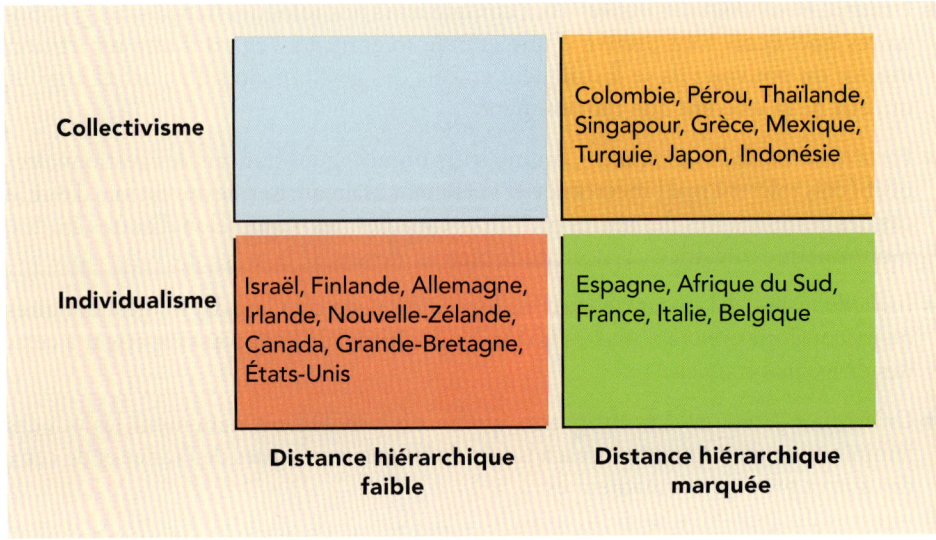

Figure 2.3 Un échantillon de pays regroupés selon les dimensions « distance hiérarchique » et « collectivisme-individualisme » de Hofstede

On pourrait s'attendre à ce qu'une équipe de travail indonésienne (au collectivisme marqué) fonctionne par consensus ; pourtant, à cause de la distance hiérarchique marquée qui caractérise cette culture, les opinions du chef d'équipe risquent de peser lourdement sur les décisions prises. Par contre, dans une équipe de travail partageant une culture plus individualiste et où la distance hiérarchique est plus faible – une équipe canadienne ou américaine, par exemple –, les décisions découleraient d'une discussion plus ouverte, autorisant même l'expression d'opinions contraires à celles du chef d'équipe.

À l'échelle nationale, les dimensions culturelles – comme celles qui ont été mises en lumière par Hofstede – ont tendance à influer sur les contextes à l'origine des valeurs individuelles, dont il a été précédemment question dans cet ouvrage. Ces contextes diffusent les valeurs individuelles ainsi orientées, qui se reflètent dès lors dans les structures de valeurs des personnes. Par exemple, aux États-Unis, en raison de la faible distance hiérarchique qui les caractérise, les contextes à l'origine des valeurs inciteront les personnes qui y évoluent à orienter leur propre structure de valeurs selon ce qu'elles perçoivent par cette lorgnette. De la même façon, les gens d'autres pays ou sociétés seront influencés par la position de leur propre pays relativement à ces différentes dimensions.

L'éthique en CO

Les juges chinois écrasés sous les poursuites pour corruption[26]

Les cours chinoises font face à une pénurie critique de juges en raison du nombre croissant d'accusations de corruption portées devant les tribunaux. Récemment, au cours d'une seule année, les procureurs ont inculpé plus de 30 000 fonctionnaires sous ce chef d'accusation. Plus de 60 % des sommes détournées ont ainsi pu être récupérées.

Selon Jia Chunwang, le procureur en chef du pays, les crimes liés au travail ont été particulièrement nombreux dans certains secteurs et régions. « Les méthodes ont tendance à se raffiner », prévient-il.

Des accusations ont été portées dans tous les domaines de responsabilité des gouvernements locaux et provinciaux, ce qui comprend le transport, les soins de santé et l'éducation. Les tribunaux chinois ont entendu plus de 24 000 causes liées à des affaires de détournement, de manquement à un devoir et de trafic d'influence. Six d'entre elles impliquaient des fonctionnaires de niveau ministériel qui ont reçu des sentences d'emprisonnement.

Jia Chunwang souligne que plusieurs des juges les mieux formés et les plus expérimentés prennent leur retraite ou orientent leur carrière vers l'entreprise privée. Il ne précise pas si le gouvernement projette d'embaucher une relève ou s'il offrira des salaires plus élevés pour favoriser la rétention.

Question

Pourquoi a-t-on l'impression que les problèmes auxquels fait face la Chine pourraient tout aussi bien survenir au Canada ou dans d'autres pays occidentaux, et ce, même si la Chine est un pays communiste dont les traditions sont orientales ?

LA PERSONNALITÉ

La personnalité est un important pivot des valeurs et de la culture.

QU'EST-CE QUI CONSTITUE LA PERSONNALITÉ ?

La ***personnalité*** est le profil global d'un individu, une combinaison de traits qui font de lui un être unique dans sa manière de se comporter et d'entrer en relation avec autrui. Imaginez un jeune garçon qui, durant son secondaire, aurait vendu assez de journaux pour s'acheter une BMW, puis qui serait devenu milliardaire avant la trentaine en fondant une société spécialisée dans l'informatique. Écoutez-le annoncer à son équipe de direction que les premiers mots de sa fille ont été : « Papa, il faut battre IBM, Gateway et Compaq ! » Observez-le à la tête de son entreprise, tirant la leçon de ses erreurs en matière de production et s'adjoignant des cadres d'expérience pour assurer sa croissance, mais demeurant si discret sur sa vie privée qu'on ne sait presque rien à son sujet. Ces détails vous révèlent-ils quelque chose sur la personnalité de Michael Dell, fondateur de Dell Computer[27] ?

Pour certains, la personnalité englobe un ensemble de caractéristiques à la fois mentales et physiques ; ces caractéristiques orientent les perceptions d'un individu,

▶ **Personnalité**

Profil global d'un individu ; combinaison de traits qui font de lui un être unique dans sa manière de se comporter et d'entrer en relation avec autrui sa façon de penser, ses actes et ce qu'il ressent. On tente parfois de cerner la personnalité à l'aide de questionnaires et de tests spéciaux, mais on peut souvent en saisir les grands traits simplement en observant le comportement d'un individu, comme dans le cas de Michael Dell. Peu importe comment ils y parviennent, les gestionnaires doivent être capables de cerner cette importante caractéristique individuelle qu'est la personnalité car, dans la mesure où elle influe sur les penchants comportementaux, elle permet de mieux comprendre le comportement humain dans les organisations.

LES DÉTERMINANTS DE LA PERSONNALITÉ ET SON DÉVELOPPEMENT

Qu'est-ce qui détermine la personnalité ? Est-elle héréditaire et d'origine génétique ou est-elle façonnée par l'environnement ? Tantôt on entend dire qu'un tel « agit comme sa mère », tantôt que « son comportement s'explique par son éducation ». Voilà deux commentaires qui reflètent l'éternelle polémique sur la part de l'inné et de l'acquis dans le développement de la personnalité. La personnalité d'un individu est-elle déterminée par ses gènes ou est-elle le produit de son environnement ? En fait, comme le montre la **figure 2.4**, ces deux influences agissent de concert. L'hérédité est responsable – par l'intermédiaire des gènes – de la transmission des parents aux descendants de caractères tels que les traits physiques, le sexe et certains éléments de la personnalité. Quant à l'environnement, il est lié à des facteurs sociaux, culturels et conjoncturels.

L'influence de l'hérédité sur la personnalité continue à susciter de nombreuses polémiques. Dans l'état actuel des connaissances, on peut probablement dire que l'hérédité établit les limites dans lesquelles certains traits de personnalité peuvent se développer, et que l'environnement détermine leur développement à l'intérieur de ces limites. Ainsi, un cadre de travail de type autoritaire pourrait accentuer une tendance innée à l'autoritarisme. Bien que leur importance respective semble varier

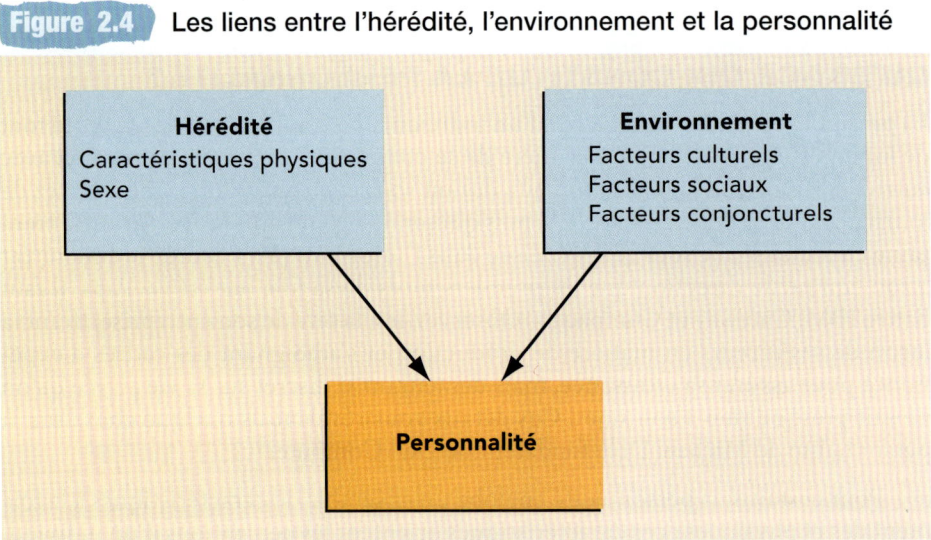

Figure 2.4 Les liens entre l'hérédité, l'environnement et la personnalité

selon les caractéristiques, on peut dire que, d'une manière générale, les influences de l'hérédité et de l'environnement s'équivalent[28].

Comme nous le montrons tout au long de cet ouvrage, les normes et les valeurs culturelles influent considérablement sur le développement de la personnalité d'un individu de même que sur ses comportements. Il suffit de comparer les effets de l'individualisme de la culture américaine avec ceux du collectivisme de la culture mexicaine pour s'en convaincre[29]. Plusieurs facteurs sociaux interviennent aussi dans la structuration de la personnalité: le milieu familial, la religion et toutes les relations sociales que nous établissons au cours de notre vie dans des groupes plus ou moins structurés – groupes d'amis, équipes sportives, associations, groupes de travail, etc.

Enfin, divers facteurs conjoncturels favorisent ou inhibent l'expression de certains traits de la personnalité humaine. Par exemple, pendant un cours ou une réunion, vous pouvez vous contenir et ne pas manifester le côté expansif de votre personnalité; toutefois, celui-ci se révélera à l'occasion d'un évènement sportif, où vous serez plus démonstratif et où vous ne vous gênerez pas pour encourager bruyamment votre équipe en gesticulant et en vilipendant l'arbitre.

Les ***théories sur le développement de la personnalité*** qu'ont élaborées Chris Argyris, Daniel Levinson et Gail Sheehy examinent en profondeur les façons dont la personnalité évolue dans le temps. Pour Argyris, ce développement est un continuum qui va de l'immaturité à la maturité (voir la **figure 2.5**). Selon ce chercheur, trop d'organisations traitent les adultes qui ont atteint la maturité comme s'ils étaient toujours immatures, les empêchant ainsi d'exprimer et d'exploiter le meilleur d'eux-mêmes. De leur côté, Levinson et Sheehy affirment que la personnalité se déploie par étapes. Le modèle de Sheehy distingue trois étapes: de 18 à 30 ans, de 30 à 45 ans, et de 45 ans à la fin de la vie. Chacune de ces étapes a un effet déterminant sur la vie professionnelle de l'individu. Les besoins des gens, de même que certains traits de leur personnalité, changent considérablement à mesure qu'ils mûrissent et qu'ils traversent ces étapes[30]. Les organisations doivent donc en tenir compte dans leur gestion des ressources humaines.

> **Théories sur le développement de la personnalité**
> Théories qui établissent des modèles et des typologies de l'évolution de la personnalité

Figure 2.5 Le continuum du développement de la personnalité selon Chris Argyris

De l'immaturité...	à la maturité
Passivité	Activité
Dépendance	Indépendance
Comportements peu diversifiés	Comportements diversifiés
Préférences superficielles	Préférences marquées
Vision à court terme	Vision à long terme
Position subalterne	Position dominante
Faible conscience de soi	Forte conscience de soi

LA PERSONNALITÉ ET L'IMAGE DE SOI

La ***dynamique de la personnalité*** est la façon dont un individu intègre et organise toutes les composantes et tous les traits de sa personnalité ; c'est ce qui fait que la personnalité d'un être humain ne se réduit pas à la somme des traits qui la composent. Dans le champ d'études du CO, l'image de soi est un aspect clé de la dynamique de la personnalité.

En peu de mots, l'***image de soi*** est la conception que chacun se fait de son identité sociale, physique, spirituelle et morale ; c'est une façon de se reconnaître en tant qu'être unique[31]. La culture influe fortement sur l'image de soi. À titre d'exemple, les Américains sont enclins à en révéler beaucoup plus sur eux-mêmes que les Anglais ; culturellement, leur image de soi est plus affirmée et s'exprime plus aisément[32].

L'image de soi comporte deux dimensions importantes : l'estime de soi et le sentiment de compétence. L'estime de soi est l'opinion que chacun a de lui-même en fonction d'une autoévaluation générale[33]. Les personnes qui ont une grande estime de soi se jugent capables, méritantes et respectables, et doutent rarement de leur potentiel ; l'inverse se constate chez celles qui ont une faible estime de soi. Des recherches en CO semblent indiquer que, si une haute estime de soi peut souvent stimuler le rendement et favoriser la fidélité à l'organisation, elle peut également, en situation de stress, se traduire par de l'arrogance et de l'égocentrisme. Trop sûres d'elles-mêmes, certaines personnes négligent parfois des informations importantes[34].

Le ***sentiment de compétence***, cette autre facette de l'image de soi, est la conviction intime qu'un individu a de pouvoir accomplir avec succès une tâche déterminée. On peut très bien avoir une haute estime de soi et un faible sentiment de compétence par rapport à une situation précise : prendre la parole en public, par exemple.

> **Dynamique de la personnalité**
> Façon dont l'individu intègre et organise toutes les composantes et tous les traits de sa personnalité (traits sociaux, traits relatifs à la conception personnelle du monde, traits d'adaptation affective)

> **Image de soi**
> Conception que chacun se fait de son identité sociale, physique, spirituelle et morale

> **Sentiment de compétence**
> Conviction intime qu'un individu a de pouvoir accomplir avec succès une tâche déterminée

LES PRINCIPAUX TRAITS DISTINCTIFS SUR LE PLAN DE LA PERSONNALITÉ

LES TRAITS DE PERSONNALITÉ SELON LE MODÈLE À CINQ FACTEURS

On a dressé d'innombrables listes de traits de personnalité, ces caractéristiques marquées et durables qui déterminent le comportement d'un individu, et beaucoup de ces listes ont servi à la recherche en CO. Au début des années 1990, des études ont permis d'élaborer un modèle de personnalité à cinq facteurs qui synthétise les listes interminables de traits de personnalité et les ramène à cinq grandes dimensions (les « Big Five »)[35] :

- l'*extraversion* : le fait d'être communicatif, sociable, assuré ;

- l'*amabilité* : le fait d'être facile à vivre, confiant, coopératif ;

- l'*application* : le fait d'être responsable, fiable, persévérant ;

- la *stabilité émotionnelle* : le fait d'être serein, stable, détendu ;

- l'*ouverture à l'expérience* : le fait d'être imaginatif, curieux, large d'esprit.

> **Les dimensions de la personnalité selon le modèle à cinq facteurs**

DU CÔTÉ DE LA RECHERCHE

Narcissisme et leadership émergent chez les cadets[36]

Quelque 200 cadets militaires du Collège de la défense nationale de la Finlande ont évalué les membres de leurs pelotons ainsi qu'eux-mêmes par rapport à diverses variables, dont la qualité de leurs comportements sur le plan du leadership. Ils ont également participé à des tests normalisés d'évaluation de la personnalité. Ceux-ci visaient à mesurer leur perception du narcissisme selon qu'ils associaient ce trait à une forte estime de soi et à une bonne santé mentale (côté lumineux ou positif) ou à une attitude manipulatrice, susceptible d'amener un leader à déraper (côté sombre ou négatif).

En ce qui concerne les leaders ayant reçu la meilleure cote, l'aspect positif du narcissisme était mis de l'avant, alors que le côté sombre n'était pas pris en compte. Les résultats montrent qu'on reconnaît chez les leaders potentiels un égotisme et une estime de soi prononcés, mais une faible tendance à utiliser la manipulation ou à adopter une conduite stratégique dans leurs relations. Les cinq grandes dimensions de la personnalité (les « Big Five ») abordées dans ce chapitre ne se sont pas révélées d'une grande utilité pour détecter le leadership émergent. Compte tenu de l'intérêt des observations concernant le double aspect du narcissisme, les auteurs de la recherche recommandent que les leaders militaires, et peut-être d'autres aussi, soient régulièrement évalués par leurs pairs.

Les tests normalisés d'évaluation de la personnalité permettent d'évaluer un individu par rapport à chacune de ces dimensions et de se faire ainsi une idée de sa personnalité globale. Par exemple, une personne qui a un fort penchant pour l'ouverture à l'expérience aura tendance à poser beaucoup de questions et à penser de façon non conformiste. En outre, la recherche montre qu'un degré élevé d'application est lié positivement au rendement professionnel dans cinq types d'emplois : l'ingénierie, la police, la gestion, la vente et les emplois qualifiés et semi-qualifiés. Les autres dimensions peuvent également servir d'indicateurs prévisionnels pour divers types d'emplois ; on ne s'étonnera pas, par exemple, qu'un haut degré d'extraversion laisse présager un rendement élevé dans des emplois de gestion ou de vente.

Une deuxième approche en CO divise les traits de personnalité en trois catégories – les *traits sociaux*, les *traits relatifs à la conception personnelle du monde* et les *traits relatifs à l'adaptation affective* – et évalue leur dynamique dans la personnalité d'un individu[37].

LES TRAITS SOCIAUX

Les **traits sociaux** sont les caractéristiques apparentes qui composent l'image que projette un individu en interaction sociale. Le mode de résolution des problèmes, étudié par l'éminent psychiatre Carl Jung, est un des critères constitutifs des traits

▶ **Traits sociaux**
Caractéristiques apparentes qui composent l'image que projette un individu en interaction sociale

sociaux[38]. Il correspond à la façon dont un individu procède à la collecte et à l'évaluation de l'information qui lui servira à résoudre un problème et à prendre une décision.

La collecte d'information englobe à la fois la recherche et l'organisation des données en vue de leur utilisation. Les divers modes de collecte d'information sont plus ou moins axés soit sur la sensation, soit sur l'intuition. L'individu de type *sensation* apprécie la routine et l'ordre, et s'attache aux moindres détails lorsqu'il recueille de l'information ; plutôt que d'envisager de nouvelles possibilités, il préfère travailler à partir de faits établis. À l'opposé, l'individu de type *intuition* privilégie une vue d'ensemble de la situation, a la routine en aversion et aime avoir de nouveaux problèmes à résoudre : plutôt que de travailler à partir de faits établis, il préfère chercher de nouvelles possibilités.

La deuxième dimension de la résolution de problèmes, l'évaluation des données, concerne la façon de traiter l'information recueillie. Selon les individus, le mode d'évaluation sera plus ou moins axé soit sur le sentiment, soit sur la pensée. L'individu de type *sentiment* est enclin au conformisme et s'efforce de bien s'entendre avec les autres ; il tente d'éviter les situations potentiellement conflictuelles. L'individu de type *pensée* fait appel à la raison et à l'intellect pour résoudre les problèmes ; il est porté à en minimiser les aspects émotionnels.

En combinant les façons de procéder à la collecte et à l'évaluation des données, on peut dégager quatre grands modes de résolution de problèmes : *sensation-sentiment*, *intuition-sentiment*, *sensation-pensée* et *intuition-pensée*. Vous trouverez une brève description de ces divers modes à la **figure 2.6**.

Les recherches montrent une correspondance entre le mode de résolution de problèmes d'un individu et le type de décision qu'il privilégie. Ainsi, l'individu du type *sensation-pensée* s'oriente vers des stratégies analytiques axées sur les détails et une approche méthodique, tandis que l'individu de type *intuition-sentiment* préfère des stratégies intuitives axées sur une vue d'ensemble de la situation et de ses ramifications. On ne s'en étonnera pas, les individus de type mixte (*sensation-sentiment* ou *intuition-pensée*) combinent les stratégies intuitives et analytiques.

Par ailleurs, certaines études indiquent que les individus de type *pensée* sont plus motivés au travail que ceux de type *sentiment*, et que ceux de type *sensation* éprouvent plus de satisfaction professionnelle que ceux de type *intuition*. Ces constats, ainsi que d'autres résultats de recherche, donnent à penser qu'il existe des différences fondamentales entre les divers modes de résolution de problèmes. Il est donc important de trouver, pour pourvoir à un poste donné, la personne dont le mode de résolution de problèmes correspond aux exigences du poste en matière de traitement et d'évaluation de l'information[39].

On se sert fréquemment de l'indicateur typologique de Myers-Briggs (MBTI) pour évaluer les modes de résolution de problèmes. Ce test comporte près d'une centaine de questions sur les réactions et les sentiments suscités par des situations déterminées. Un grand nombre d'organisations – notamment Apple, AT&T et Exxon, des établissements hospitaliers, des établissements d'enseignement et les forces armées – ont recours à cet outil pour la formation et le perfectionnement de leurs cadres[40].

Figure 2.6 Un résumé des quatre modes de résolution de problèmes

Sensation-sentiment
Sociabilité
Attention aux détails d'ordre humain
Approche amicale, sympathique
Communication ouverte
Rétroaction rapide
Doué pour:
- l'empathie
- la coopération

But: aider autrui

Sensation-pensée
Attention aux détails d'ordre technique
Capacité d'analyser des données brutes
Ordre, minutie
Respect des règles et procédures
Fiabilité, sens des responsabilités
Doué pour:
- l'observation
- l'organisation
- le classement
- ce qui exige de la mémoire

But: faire les choses comme il se doit

Intuition-sentiment
Introspection, spiritualité
Idéalisme, altruisme
Créativité, originalité
Vision globale, orientée sur les gens
Intérêt pour le potentiel humain
Doué pour:
- l'invention, la conception
- les nouveaux concepts

But: embellir le monde

Intuition-pensée
Capacité d'abstraction, de spéculation
Volonté de comprendre
Esprit de synthèse
Pensée logique, analyse
Objectivité, détachement, idéalisme
Doué pour:
- la découverte
- la recherche, l'enquête
- la résolution de problèmes

But: aller au fond des choses

LES TRAITS RELATIFS À LA CONCEPTION PERSONNELLE DU MONDE

On appelle *traits relatifs à la conception personnelle du monde* les traits de personnalité qui se rapportent à la façon dont l'individu conçoit son environnement social et physique, à ses croyances et à ses convictions intimes sur diverses questions.

▶ **Traits relatifs à la conception personnelle du monde**

Traits de personnalité qui se rapportent à la façon dont un individu conçoit son environnement social et physique, à ses croyances et à ses convictions intimes sur diverses questions

Le lieu de contrôle

Un chercheur en apprentissage social du nom de J.B. Rotter a élaboré un instrument de mesure permettant d'évaluer le degré d'emprise que les gens ont l'impression d'avoir sur leur propre vie[41]. Certains pensent qu'ils peuvent orienter le cours des évènements ; ils attribuent ce qui leur arrive à des facteurs inhérents à leur personne – leur intelligence, leurs compétences, leurs choix, etc. – et croient donc être maîtres

Figure 2.7 Les principales caractéristiques de l'interne, qui le distinguent de l'externe

Traitement de l'information	Rarement satisfait de la quantité d'informations qu'il possède, l'interne cherche toujours à en obtenir davantage et il les utilise adéquatement.
Satisfaction professionnelle	L'interne est généralement plus satisfait, moins isolé, mieux ancré dans son milieu de travail; chez lui, le lien entre la satisfaction professionnelle et le rendement est particulièrement étroit.
Rendement	L'interne réussit mieux sur le plan de l'apprentissage et de la résolution de problèmes si son rendement lui procure le type de récompenses qu'il valorise.
Maîtrise de soi, gestion du risque, anxiété	L'interne a une plus grande maîtrise de soi; il est plus prudent, moins enclin aux comportements à risques et moins anxieux.
Motivation, attentes et résultats	L'interne a une plus grande motivation au travail; il associe plus étroitement ce qu'il fait et ce qui lui arrive, s'attend à ce qu'un travail intense se traduise par un bon rendement et gère mieux son temps.
Réaction aux autres	L'interne est plus indépendant, se fie davantage à son propre jugement, est moins influençable et plus susceptible d'évaluer objectivement le bien-fondé de l'information reçue.

› **Lieu de contrôle interne**
Tendance de l'individu à attribuer ce qui lui arrive à des facteurs inhérents à sa personne et à se croire maître de sa destinée

› **Lieu de contrôle externe**
Tendance de l'individu à attribuer ce qui lui arrive à des facteurs externes sur lesquels il n'a pas d'emprise

de leur destinée. On dit d'eux qu'ils ont un **lieu de contrôle interne**. D'autres, au contraire, ont un **lieu de contrôle externe** : ils ont l'impression que ce qui arrive résulte de forces ou de facteurs extérieurs sur lesquels ils n'ont pas d'emprise – leur environnement physique et social, la chance, la difficulté d'une tâche, etc.

Généralement, les externes sont plus extravertis et plus axés sur le monde extérieur. Les internes, plus introvertis, ont tendance à se fier à leurs propres impressions et idées. La **figure 2.7** présente les principales caractéristiques de l'interne. Bien que sommaire, cette description suggère qu'un interne réussira mieux dans un poste exigeant des capacités de traitement de données complexes, d'apprentissage et d'initiative, exigences qui caractérisent de nombreux postes de gestion et maintes professions.

L'autoritarisme et le dogmatisme

L'autoritarisme et le dogmatisme concernent la rigidité des convictions d'un individu. La personne très encline à l'*autoritarisme* est portée à adhérer scrupuleusement aux valeurs traditionnelles, à obéir à l'autorité établie, à privilégier la fermeté et le pouvoir, et à rejeter les impressions subjectives. La personne très encline au *dogmatisme*, elle, perçoit le monde comme une source de menaces, tient l'autorité légitime pour absolue et juge les autres en fonction de leur degré de soumission à cette autorité. Les cadres enclins au dogmatisme auront tendance à se montrer inflexibles et bornés; les subalternes dogmatiques, à chercher un encadrement rigide et des certitudes qui viennent d'en haut[42].

› **Autoritarisme**
Tendance à adhérer scrupuleusement à des valeurs traditionnelles, à obéir à l'autorité établie et à privilégier la fermeté et le pouvoir

› **Dogmatisme**
Tendance à percevoir le monde comme une source de menaces et à tenir l'autorité légitime pour absolue

On peut s'attendre à ce que les gens très autoritaires soient une source de problèmes d'ordre éthique, car leur attachement à l'autorité et leur empressement à s'y plier risquent de les amener à des actes répréhensibles sur ce plan[43]. L'exemple est extrême, mais les militaires nazis qui se sont livrés aux crimes les plus abjects durant la Seconde Guerre mondiale étaient autoritaires et dogmatiques et obéissaient aveuglément aux ordres qu'ils recevaient…

Le machiavélisme

Le troisième trait de personnalité lié à la conception personnelle du monde est le ***machiavélisme***, du nom de Nicolas Machiavel (1469-1527). Administrateur de la république de Florence impliqué dans un complot visant à abattre les Médicis et à restaurer la République, il fut arrêté, torturé et banni. Durant son exil, il écrivit *Le Prince*[44], ouvrage qui avait pour but d'instruire princes et tyrans sans envergure sur l'art de rester au pouvoir par tous les moyens – le mensonge, le vol et même l'assassinat. C'est notamment à Shakespeare, qui le décrivit comme « le sanguinaire Machiavel », que le Florentin doit sa triste réputation. La lecture au premier degré qu'on a faite de son *Prince* n'était peut-être pas justifiée, mais on dit encore d'une personne sans scrupules et qui manipule les autres à son profit qu'elle est machiavélique.

▶ **Machiavélisme**
Tendance à manœuvrer pour parvenir à ses fins par tous les moyens

Les psychologues ont mis au point une série de mesures – les échelles de Mach – afin d'évaluer le degré de machiavélisme des gens[45]. L'indice est élevé chez celui qui tend à se comporter comme le prince fourbe de Machiavel – « la fin justifie n'importe quel moyen ». Ainsi, le machiavélique juge les situations avec sang-froid et logique, et n'hésite pas à mentir pour atteindre ses objectifs. Peu soucieux de loyauté, d'amitié et des opinions d'autrui, il se sent rarement lié par ses promesses et excelle dans l'art de manipuler les gens.

Les recherches effectuées à l'aide des échelles de Mach donnent un aperçu des comportements prévisibles d'un individu donné dans certaines situations, selon qu'il se situe à un niveau plus ou moins élevé sur ces échelles. Ainsi, la personne qui a une forte tendance au machiavélisme, flegmatique et en apparence détachée, tentera de manipuler et d'exploiter les situations floues et ambiguës, alors que dans les contextes bien structurés elle fera preuve d'une légèreté frôlant la désinvolture. Au contraire, la personne très peu machiavélique se pliera à la volonté des autres dans les situations peu structurées, mais ne ménagera pas sa peine pour être efficace dans des environnements bien structurés. Si la situation le permet, on peut s'attendre à ce que la personne machiavélique manœuvre pour parvenir à ses fins par tous les moyens. La personne peu machiavélique, elle, sera portée à respecter les règles de l'éthique et à refuser de mentir ou de tricher ; d'ailleurs, si elle le fait, elle sera rarement assez habile pour tirer son épingle du jeu.

Le monitorage de soi

Un dernier trait de personnalité associé à la conception personnelle du monde – trait auquel les gestionnaires devraient s'intéresser de près – est le ***monitorage de soi***, c'est-à-dire la capacité qu'a un individu d'adapter son comportement aux facteurs environnementaux (situation, cadre de travail, etc.)[46].

▶ **Monitorage de soi**
Capacité qu'a un individu d'adapter son comportement aux facteurs environnementaux

Les personnes qui présentent un haut degré de monitorage de soi sont sensibles aux signaux de l'environnement et tendent à agir différemment dans des situations différentes. Comme les machiavéliques, elles semblent souvent très différentes de ce qu'elles sont réellement. Par contre, à l'instar des moins machiavéliques, les personnes qui ont un faible degré de monitorage de soi n'arrivent pas à déguiser leurs comportements – elles sont ce qu'elles paraissent être. En outre, les personnes qui se situent en haut de cette échelle s'adaptent plus rapidement aux comportements des autres et se plient plus facilement à leurs exigences[47]. Elles peuvent montrer une grande flexibilité et se révéler particulièrement aptes à faire face aux contingences dont nous traitons dans cet ouvrage. Par exemple, elles parviennent facilement à modifier leur style de leadership en fonction de l'expérience de leurs subordonnés, de la nature du travail et de la structure organisationnelle.

LES TRAITS RELATIFS À L'ADAPTATION AFFECTIVE

> **Traits relatifs à l'adaptation affective**
> Traits de personnalité qui déterminent dans quelle mesure un individu est émotionnellement instable ou enclin à avoir des comportements inadmissibles

Les ***traits relatifs à l'adaptation affective*** déterminent dans quelle mesure un individu est émotionnellement instable ou enclin à avoir des comportements inadmissibles. Souvent, ces traits sont de nature à affecter l'état de santé d'une personne. En CO, parmi les nombreux traits relatifs à l'adaptation affective étudiés, les personnalités de type A et de type B présentent un intérêt plus particulier.

Les personnalités de type A et de type B

Avant de poursuivre votre lecture, afin de bien saisir ce qui distingue ces deux types de personnalité et de prendre conscience de vos propres tendances à cet égard, prenez quelques instants pour passer ce petit test de personnalité[48]. Encerclez le chiffre qui vous décrit le mieux.

Je suis souvent en retard.	1 2 3 4 5 6 7 8	Je ne suis jamais en retard.
Je n'ai pas l'esprit de compétition.	1 2 3 4 5 6 7 8	J'ai un esprit de compétition très poussé.
Je ne me sens jamais pressé(e) ni bousculé(e).	1 2 3 4 5 6 7 8	Je me sens souvent pressé(e) et bousculé(e).
Je fais une chose à la fois.	1 2 3 4 5 6 7 8	J'essaie de faire plusieurs choses à la fois.
J'agis en prenant mon temps.	1 2 3 4 5 6 7 8	J'agis rapidement.
J'exprime mes sentiments.	1 2 3 4 5 6 7 8	Je ne manifeste pas mes sentiments.
Beaucoup de choses m'intéressent en dehors du travail.	1 2 3 4 5 6 7 8	Peu de choses m'intéressent en dehors du travail.

Faites le total de vos points, multipliez-le par 3 et servez-vous du barème ci-dessous pour déterminer l'orientation de votre personnalité.

Résultat (total des points)	moins de 90	de 90 à 99	de 100 à 105	de 106 à 119	120 ou plus
Personnalité de type…	B	B+	A–	A	A+

La ***personnalité de type A*** se caractérise par l'impatience, le désir de réussite et le perfectionnisme, tandis que la ***personnalité de type B*** se caractérise plutôt par un caractère calme et un faible esprit de compétition[49].

La personne de type A est portée à travailler vite et à se montrer brusque, rigide, mal à l'aise, irascible et agressive. De telles tendances dénotent un comportement obsessionnel, assez répandu – et ce n'est pas toujours une bonne chose – chez les gestionnaires. Travailleurs acharnés et méticuleux, les individus de type A se fixent des objectifs de rendement très élevés et s'épanouissent dans la routine. Poussée à l'extrême, l'obsession du travail bien fait peut les amener à s'intéresser davantage aux détails qu'aux résultats, à résister au changement et à encadrer leurs subordonnés de façon tatillonne ; elle peut aussi engendrer des problèmes interpersonnels qui peuvent aller jusqu'aux menaces ou même à la violence physique. Les gestionnaires de type B sont généralement beaucoup plus sereins et patients dans leurs relations avec leurs collègues et leurs subordonnés.

▶ **Personnalité de type A**
Personnalité caractérisée par l'impatience, le désir de la réussite et le perfectionnisme

▶ **Personnalité de type B**
Personnalité caractérisée par un caractère calme et un faible esprit de compétition

LES DIFFÉRENCES INDIVIDUELLES ET LA DIVERSITÉ DE LA MAIN-D'ŒUVRE

Parler de diversité de la main-d'œuvre, c'est, comme nous l'avons mentionné au chapitre 1, faire référence aux caractéristiques qui distinguent les gens les uns des autres[50]. Pour être plus précis, disons que la diversité d'une main-d'œuvre donnée résulte des différences que présentent les individus qui la composent quant aux caractéristiques sociodémographiques comme le sexe, la race, l'origine ethnoculturelle, l'âge, l'état physique et mental, et même, dans certains cas, la situation matrimoniale et familiale, ou la religion[51]. De nos jours, le défi consiste à gérer cette diversité de façon à mobiliser l'ensemble des membres de l'organisation autour d'une vision commune, de sa mission et de ses objectifs, tout en respectant le rôle et l'apport de chaque individu.

Au Canada, comme dans la plupart des pays industrialisés, la main-d'œuvre se diversifie de plus en plus. La proportion des Canadiennes âgées de plus de 15 ans occupant un emploi est passée de 37,1 % en 1976 à 62,7 % en 2007[52]. La participation des membres des minorités visibles continue également de s'accroître ; ces derniers représentent 15,4 % de la population active[53]. En outre, le taux de participation des travailleurs de 55 ans et plus est de plus de 30 %[54]. Voilà qui change considérablement le visage d'une main-d'œuvre autrefois composée d'une majorité d'hommes blancs nettement plus jeunes.

LES CARACTÉRISTIQUES SOCIODÉMOGRAPHIQUES

Les ***caractéristiques sociodémographiques*** englobent toutes les variables qui sont liées à la situation sociale d'une personne et qui influent sur son devenir ; certaines concernent sa situation actuelle – son état de santé, par exemple –, d'autres, comme son parcours professionnel, sont historiques. En ce qui concerne la diversité de la main-d'œuvre et les politiques d'équité en matière d'emploi, les caractéristiques qui nous intéressent particulièrement sont le sexe, l'âge, l'état physique et mental ainsi que la race et l'origine ethnoculturelle.

▶ **Caractéristique sociodémographique**
Variable qui reflète la situation sociale d'un individu (âge, sexe, etc.) et qui influe sur son devenir

> **DU SAVOIR À LA PRATIQUE 2.1**
>
> **Conseils sur la façon d'agir avec les cadres des deux sexes**
> - Ne présumez pas des qualités personnelles des cadres en fonction de leur sexe.
> - Veillez à ce que les politiques, les pratiques et les programmes en matière de formation et d'avancement professionnel des cadres réduisent les différences fondées sur le sexe.
> - Ne croyez pas que la réussite en gestion soit liée au sexe.
> - Admettez qu'il y a de bons et de mauvais cadres des deux sexes.
> - Comprenez que la réussite repose sur l'utilisation judicieuse du talent humain, sans distinction du sexe.

Le sexe

Les recherches sur les femmes au travail révèlent que, d'une manière générale, très peu des différences entre les sexes influent sur le rendement. Ainsi, le sexe n'a pratiquement aucun effet sur la capacité d'analyser une situation et de résoudre un problème, ni sur l'esprit de compétition, la motivation, les habiletés d'apprentissage ou la sociabilité. Il semble toutefois que les femmes se montrent plus conformistes que leurs collègues masculins et qu'elles aspirent moins qu'eux à la réussite professionnelle. Leur taux d'absentéisme tend à être plus élevé; cependant, cette tendance pourrait se résorber avec la participation accrue des hommes à l'éducation et aux soins des enfants, et aussi avec l'implantation du télétravail, des horaires de travail plus souples et d'autres mesures similaires[55].

En ce qui concerne la rémunération, la situation des femmes, qui constituent près de 47 % de la main-d'œuvre au Canada, s'améliore lentement, mais l'écart avec les hommes perdure: leurs gains moyens représentaient 68,3 % de ceux des hommes en 1993 et 71,9 % en 2006[56]. Pour ce qui est des diplômés universitaires, selon l'Institut de la statistique du Québec, en 2006 les femmes gagnaient 79 % du salaire hebdomadaire des hommes. Si cet écart peut s'expliquer en partie par un nombre d'heures travaillées parfois plus élevé pour les hommes, il faut tout de même noter que le taux horaire moyen des femmes correspondait à 86 % de celui des hommes[57]. De plus, soulignons que les femmes sont majoritaires dans la fonction publique québécoise depuis 1997; en 2007, elles constituaient 55 % de l'ensemble de son effectif. Leur accession à des postes de gestion y demeure difficile, mais on note certains progrès. Ainsi, en 2007, on comptait 38,6 % de femmes parmi les membres de la haute direction de la fonction publique québécoise; quant à l'effectif des cadres supérieurs, cette proportion était de 33,9 %[58]. En revanche, mentionnons que le Conseil des ministres québécois comptait pour la première fois, en 2007, autant de femmes que d'hommes.

Les observations que nous venons de vous présenter brièvement révèlent, somme toute, peu de différences, en général, entre les hommes et les femmes dans les milieux de travail. Tout en reconnaissant que le sujet est matière à controverse, nous allons maintenant rendre compte des conclusions d'une série d'études comparatives qui ont porté plus particulièrement sur l'exercice du leadership[59]. Nous nous attarderons aux trois questions suivantes.

1. **Comment se différencient les styles de leadership des hommes et des femmes?** Le leadership exercé par les femmes tend à être plus démocratique, et donc moins autocratique, que celui des hommes. Cette différence, toutefois, n'est pas très marquée. Par ailleurs, le comportement des femmes en tant que leaders aurait une dimension « transformationnelle » plus importante, et celles-ci seraient aussi plus enclines que les hommes à récompenser les personnes dont le rendement est satisfaisant.

2. **Existe-t-il des préjugés à l'égard des femmes leaders?** Les femmes leaders subissent l'effet des préjugés lorsque le fait de se conformer au rôle socialement assigné à leur sexe les empêche de satisfaire les exigences du rôle de leader ou, inversement, lorsque

le fait d'endosser le rôle de leader ne leur permet pas de remplir leur « rôle féminin ». Il peut arriver, dans cette dernière situation, que la femme se voie privée de la reconnaissance que recevra un homme dont le leadership est comparable.

3. **Quel est l'avenir du leadership au féminin ?** Malgré les préjugés qui subsistent, l'horizon du leadership au féminin est prometteur. Même si beaucoup demeure encore à faire en vue d'une égalité en cette matière, de plus en plus de femmes occupent des postes de direction, dans les pays industrialisés du moins. Les organisations ont tout avantage à encourager cette tendance, qui vient enrichir leurs réserves de leaders.

L'âge

Étant donné le vieillissement de la main-d'œuvre, les recherches touchant l'âge prennent une importance particulière. La proportion des travailleurs canadiens âgés de plus de 45 ans s'élevait, en 2006, à 53,6 % ; quant à celle des 65 ans et plus, elle était de 8,9 %[60]. Le vieillissement de la population active du Canada s'intensifie : 15,3 % des travailleurs étaient âgés de 55 ans et plus en 2006, comparativement à 11,7 % en 2001. Aujourd'hui, la croissance de la population active canadienne provient en grande partie des travailleurs âgés de 55 à 64 ans. Au Québec, l'évolution démographique a fait passer l'âge médian de la population active de 36 ans en 1951 à 42 ans en 2001, et il sera de 44 ans en 2051[61]. Ces travailleurs risquent donc plus de souffrir des stéréotypes sur les gens âgés, à qui on attribue souvent à tort des défauts comme le manque de souplesse et de créativité. Dans le même ordre d'idées, les quadragénaires, souvent considérés comme des « vieux » en milieu de travail, se plaignent qu'on ne valorise plus leur expérience et leurs compétences.

Aux États-Unis, les procès pour discrimination fondée sur l'âge sont de plus en plus fréquents[62] ; en Grande-Bretagne, 44 % des cadres âgés disent avoir été victimes de discrimination[63]. Par contre, les PME semblent apprécier l'expérience, la stabilité et le faible taux de roulement des travailleurs âgés. Les études leur donnent raison ; elles montrent aussi que les absences évitables sont moins nombreuses chez les travailleurs âgés[64]. L'âge étant associé à l'expérience et à la période d'occupation d'un emploi, il existe une relation évidente entre l'ancienneté et le rendement. En outre, les travailleurs les plus expérimentés sont enclins à s'absenter moins souvent et à ne pas changer d'emploi.

L'état physique et mental

Des études récentes ont démontré que les travailleurs handicapés effectuent leurs tâches aussi bien, sinon mieux, que leurs collègues. Pourtant, on constate que près des

Le vieillissement de l'Amérique

Une récente enquête menée auprès de 150 cadres supérieurs a montré que 55 % d'entre eux sont très ou assez préoccupés par l'importante perte de compétences et d'expérience que risque d'entraîner la retraite imminente d'un bon nombre d'employés clés. La plupart ont aussi affirmé que leur entreprise avait amorcé des démarches en vue d'atténuer les effets de cette perte. Près de 60 % d'entre elles ont adopté des programmes de planification de la relève ou ont amélioré les mesures déjà mises en œuvre, tandis que 45 % intensifient le recrutement et déploient des efforts pour accroître la rétention du personnel. Plus du tiers des entreprises ont mis l'accent sur des programmes de mentorat, et le quart de celles-ci demandent aux retraités actuels ou futurs d'agir comme consultants ou formateurs. En revanche, seulement un faible 15 % a augmenté les salaires ou les primes.

Autistes, mais pas déficients[65]

[…] Longtemps on a cru que les autistes souffraient aussi de déficience intellectuelle. Ce qui, ont découvert les chercheurs, est en bonne partie faux. Moins d'un autiste sur cinq a une déficience intellectuelle. La grande majorité a donc une intelligence parfaitement normale, voire supérieure dans certains secteurs. Mais les préjugés sont tenaces. Résultat : moins de 10 % des autistes adultes réussissent à décrocher un emploi. « Et ils trouvent rarement un emploi à la hauteur de leur intelligence », ajoute le Dr Mottron.

Martin Prévost gère l'un des rares programmes d'aide à l'emploi pour les adultes TED [atteints de troubles envahissants du développement] au Québec. Depuis trois ans, il a placé une cinquantaine de clients dans toutes sortes de milieux de travail. Manœuvre, préparateur de commandes, traducteur, conseiller en voyages, concepteur Web.

Cependant, M. Prévost a dû adapter les programmes de recherche d'emploi à l'intention des handicapés à la clientèle TED, puisque les autistes ont de la difficulté non seulement à trouver un emploi, mais aussi à le garder. Action-emploi envoie donc des accompagnants au travail avec les clients pendant un certain temps, afin de concevoir des outils concrets pour que le nouvel employé comprenne bien ce qu'on attend de lui. Par exemple, ce thermomètre pour l'humeur, qui permet à la personne TED, qui a de la difficulté à exprimer ses émotions, de montrer concrètement à ses collègues si elle est de bonne humeur aujourd'hui. Ou alors ce tableau effaçable où le patron écrit chaque jour les trois tâches prioritaires de la journée, en les numérotant et en écrivant le temps qui devrait être passé à exécuter chacune des tâches.

Fédération québécoise de l'autisme et des autres troubles envahissants du développement

« Tout ce qui est sous-entendu, il faut le définir. Parfois, les gens ont de la difficulté à comprendre les proverbes, les expressions. "Tu mérites une bonne tape dans le dos", ça va être interprété au pied de la lettre. La personne va penser qu'on veut la frapper ! », raconte M. Prévost.

Malheureusement, des services comme ceux qu'offre Action-emploi sont extrêmement rares à l'échelle du Québec. Jo-Ann Lauzon, porte-parole de la Fédération québécoise de l'autisme et des troubles envahissants du développement, résume le problème en quelques mots : « Les adultes TED sont un peu beaucoup laissés pour compte au Québec. »

Question

Selon vous, quels sont les avantages, pour les organisations, d'intégrer des personnes aux prises avec un handicap ?

---

trois quarts des personnes atteintes de handicaps graves sont sans emploi, alors que près de 80 % d'entre elles affirment vouloir travailler[66]. Encore une fois, on prévoit que la pénurie annoncée de travailleurs traditionnels amènera les organisations à revoir leur politique d'embauche. On s'attend à ce qu'un nombre croissant d'entreprises envisagent plus sérieusement l'embauche de personnes handicapées, d'autant plus que les coûts d'aménagement liés à leur intégration ne sont pas si élevés[67].

La race et l'origine ethnoculturelle

Nous employons le terme de plus en plus répandu de groupes ethnoculturels pour désigner le large éventail de groupes ethniques qui constituent un segment de plus en plus important de la main-d'œuvre[68]. La présence croissante de personnes de minorités visibles témoigne de la diversité de la main-d'œuvre canadienne. Selon la *Loi sur l'équité en matière d'emploi,* les personnes – autres que les autochtones – qui

Des AS de la gestion

Une main-d'œuvre prête à travailler[69]

Vieillissement de la population oblige, le Québec devra relever des défis liés à la main-d'œuvre au cours des prochaines années. [...] Tout un défi, alors que plusieurs entreprises ont déjà du mal à trouver tous les travailleurs dont elles ont besoin.

Les membres des communautés des Premières Nations entendent bien contribuer à résoudre ce problème.

« Les entreprises et le gouvernement développent des stratégies pour attirer des immigrants. C'est correct, mais il y a aussi dans nos communautés un potentiel inexploité de jeunes travailleurs », note Ralph Cleary, directeur général de la Commission de développement des ressources humaines des Premières Nations du Québec (CDRHPNQ).

D'autant, ajoute-t-il, que les Premières Nations vivent pour leur part une importante poussée démographique qui, ces dernières années, a fait bondir à 50 % le nombre de jeunes de moins de 30 ans.

Cette croissance de la population, jumelée à la difficulté de trouver un emploi au sein même des communautés, amène les intervenants à se tourner vers la société québécoise pour favoriser l'accès au marché du travail de la main-d'œuvre des Premières Nations du Québec.

« Le développement d'emplois durables passe nécessairement par l'embauche de nos travailleurs par des entreprises situées à l'extérieur de nos communautés », dit M. Cleary.

Pour favoriser cette démarche, la Commission de développement des ressources humaines des Premières Nations du Québec et la Confédération des syndicats nationaux (CSN) ont conclu en mai 2008 une entente visant à soutenir l'intégration de travailleurs issus des Premières Nations dans des entreprises établies en dehors des communautés.

Cette entente a mené à l'élaboration de deux projets pilotes touchant des entreprises ou des établissements ayant un syndicat affilié à la CSN dans deux régions : Abitibi-Témiscamingue et Côte-Nord.

Ces projets se traduisent notamment par des activités d'information et de sensibilisation à la réalité des Premières Nations sur les lieux de travail, l'accompagnement et le soutien dans l'intégration au travail, de même que des interventions pour soutenir l'embauche de travailleurs des Premières Nations.

« C'est un premier pas qui, on le souhaite, mènera à des résultats concluants », dit M. Cleary.

La CDRHPNQ a aussi entrepris des démarches auprès de la Commission des partenaires du marché du travail pour faire connaître le potentiel et les compétences des travailleurs des Premières Nations.

Elle souhaite que cet organisme de concertation, qui regroupe des représentants des employeurs, de la main-d'œuvre, du milieu de l'enseignement, des organismes communautaires et d'organismes gouvernementaux, puisse mettre sur pied un comité consultatif qui pourra faire le lien avec ces communautés.

« Pour nous, c'est important de nous faire davantage connaître auprès du ministère de l'Emploi. Il faut être reconnu comme un organisme de consultation incontournable quand le gouvernement élabore ses politiques en matière d'emploi », dit Ralph Cleary, qui déplore que le Pacte pour l'emploi ait été lancé « sans la participation des communautés des Premières Nations ». [...]

La Commission offre des services de formation et de perfectionnement afin, justement, de permettre à ces travailleurs d'intégrer le marché du travail. « Il y a des dizaines de milliers d'emplois disponibles au Québec, et il faut faire en sorte que les gens de nos communautés aient la formation nécessaire pour occuper des emplois », dit M. Cleary. [...]

ne sont pas de race blanche ou qui n'ont pas la peau blanche font partie des minorités visibles. Selon cette définition, des règles établissent les groupes suivants comme des minorités visibles : les Chinois, les Sud-Asiatiques, les Noirs, les Arabes, les Asiatiques occidentaux, les Philippins, les Asiatiques du Sud-Est, les Latino-Américains, les Japonais, les Coréens et les autres groupes comme les personnes originaires des îles du Pacifique[70]. Les membres de ces communautés représentent plus de 15 % de la population canadienne et de la main-d'œuvre active ; parmi ceux-ci, les Chinois et les Sud-Asiatiques sont les plus nombreux[71]. Statistique Canada prévoit que ces groupes de minorités visibles représenteront 20 % de la population et de la main-d'œuvre active en 2016[72]. Il devient donc urgent de prendre conscience des répercussions de tels phénomènes, et en particulier des stéréotypes et de la discrimination qui risquent de freiner la carrière et l'avancement professionnel des membres de ces groupes.

LA GESTION DE LA DIVERSITÉ ET DES DIFFÉRENCES INDIVIDUELLES

Du point de vue du CO, la gestion de la diversité met l'accent sur la reconnaissance des différences, dans le but principal de créer des cadres de travail au sein desquels tout un chacun se sentira valorisé et accepté. Le défi à relever est considérable, mais incontournable. Il est le même en Amérique du Nord, dans les pays de l'UE et dans plusieurs pays d'Asie ; seuls les détails diffèrent en fonction des particularités de chacun des contextes[73]. Cet objectif de gestion repose sur l'idée d'une influence mutuelle fructueuse : les différents groupes vont façonner l'entreprise en conservant leurs caractéristiques propres, mais ils seront en retour façonnés par l'entreprise. Il en résultera un ensemble de valeurs communes qui, parce qu'on aura su intégrer les différences, constituera un atout, notamment en matière d'embauche du personnel et de relations avec la clientèle.

Gérer efficacement une main-d'œuvre de plus en plus hétérogène constitue donc un objectif incontournable, car la diversification augmente les risques de discrimination fondée sur des stéréotypes. Les **stéréotypes** naissent lorsqu'on assimile une personne à une catégorie ou à un groupe de la population – les personnes âgées, par exemple – et qu'on lui attribue d'emblée des caractéristiques couramment associées à ce groupe – le conformisme ou le manque de créativité, par exemple. Souvent fondés sur des caractéristiques sociodémographiques, les stéréotypes font abstraction des particularités individuelles de chaque membre d'un groupe donné. Ils obscurcissent le jugement en empêchant les gens de se connaître en tant que personnes et d'évaluer objectivement leur potentiel individuel. Par exemple, si vous êtes persuadé que « les vieux ne sont pas créatifs », vous risquez d'écarter d'un groupe de travail une personne particulièrement inventive, mais qui à vos yeux « n'a plus l'âge » d'en faire partie.

La discrimination en milieu de travail n'est pas seulement interdite par la loi (notamment au Québec, au Canada, aux États-Unis et dans les pays de l'Union

▶ **Stéréotype**
Attribution à une personne des caractéristiques couramment associées à une catégorie ou à un groupe de la population (les personnes âgées, par exemple) auquel on l'associe, sans tenir compte de ses particularités individuelles

Groupe Conseil Continuum

Pour en savoir davantage sur la gestion de la diversité en milieu de travail, le Groupe Conseil Continuum met à disposition de tous, dans son site Web, le *Guide pratique de la gestion de la diversité interculturelle en emploi*. Conçu par des experts, ce guide propose des outils pour œuvrer dans un monde interculturel.

GROUPE CONSEIL
CONTINUUM

www.groupecontinuum.com

européenne), elle est également improductive, car elle empêche l'organisation de bénéficier pleinement de l'apport des gens qui en sont victimes. De plus en plus d'entreprises comprennent maintenant qu'une main-d'œuvre diversifiée et reflétant la réalité sociale les rapproche de leur clientèle.

En dépit des nouvelles tendances sociodémographiques – et même si le sujet a fait l'objet de nombreuses études et qu'il est discuté jusque dans les écoles –, beaucoup reste à faire en faveur de l'inclusion et de la valorisation de la diversité au sein de notre société. Très concrètement, par exemple, que penser du fait que certains groupes de personnes associés à telle ou telle « différence » soient représentés de façon inégalitaire dans la structure hiérarchique d'une organisation ou dans certaines fonctions ? N'est-il pas préoccupant que certains membres d'une organisation jouissent d'un statut particulier en raison de leur appartenance à un groupe majoritaire, tandis que ceux qui sont issus des groupes minoritaires sont sous-représentés ?

Les difficultés professionnelles auxquelles doivent parfois faire face les personnes appartenant à une culture ou à un groupe minoritaire sont multiples et se vivent au quotidien ; elles vont du simple malentendu et du manque de compréhension au harcèlement et à la discrimination ouverte ou subtile. Un article publié dans le magazine *Fortune* concluait ce qui suit au sujet des relations interraciales en milieu de travail[74] :

> On peut se réjouir des progrès considérables réalisés du côté des entreprises et de leurs employés [...] Mais on oublie souvent de mentionner tout le chemin qu'il reste à parcourir, en particulier dans les milieux où il y a un grand mélange ethnoculturel.

Les *préjugés*, c'est-à-dire les opinions ou les attitudes négatives et irrationnelles qu'on entretient à l'endroit de divers groupes humains, créent un terrain peu propice à la valorisation de la diversité. Ils peuvent entraîner des formes de *discrimination* qui portent directement préjudice à des personnes, dans la mesure où celles-ci sont traitées injustement ou qu'on les prive des pleins avantages auxquels elles ont droit en tant que membres d'une organisation. On qualifie de **plafond de verre** cette barrière invisible qui empêche les femmes et les minorités d'accéder à un certain niveau de responsabilités à l'intérieur des organisations[75].

▶ **Plafond de verre**
Barrière invisible qui freine l'avancement professionnel des femmes et des minorités dans les organisations

Même si les choses ont évolué, il demeure, par exemple, que la vaste majorité des cadres supérieurs des grandes organisations sont des hommes âgés de race blanche. Ainsi, parmi les 500 plus grandes entreprises du monde, seulement 7 sont dirigées par des femmes. Plus particulièrement, en ce qui concerne les 500 plus grandes entreprises du Canada, seulement 15,1 % des postes de direction sont occupés par des femmes. L'effet du plafond de verre se manifeste aussi par la faible présence des femmes dans les conseils d'administration (CA) de ces sociétés, au sein desquels elles ne représentent que 13 % des membres ; au Québec, cette proportion est légèrement supérieure, soit 14,1 %[76]. Au Canada, les femmes sont absentes des conseils d'administration d'environ 40 % des 500 grandes entreprises[77].

Ces statistiques montrent qu'encore aujourd'hui, dans la plupart des organisations, la main-d'œuvre tend à être plus diversifiée aux échelons inférieurs et intermédiaires de la hiérarchie qu'aux échelons supérieurs. Si on s'en tient aux organisations dont la culture est traditionnellement dominée par une majorité d'hommes blancs hétérosexuels, n'y a-t-il pas lieu de croire que les femmes, les membres de minorités visibles, les gais et les lesbiennes, notamment, risquent encore et toujours de se heurter à des obstacles qui nuiront à leur avancement professionnel ?

La discrimination qui se produit sous l'effet du plafond de verre peut aussi prendre d'autres formes. Les femmes, en particulier, vont peut-être avoir à subir du *harcèlement sexuel* : avances non désirées, demandes de faveurs sexuelles et autres situations contraignantes du même type. Il arrive, par ailleurs, que des travailleurs issus de minorités se trouvent victimes de *violence verbale*, par exemple sous la forme de blagues racistes – 45 % des personnes qui ont répondu à une enquête ont déclaré en avoir été la cible. La discrimination salariale demeure un problème dans notre société. Une cadre supérieure d'une entreprise du secteur de l'informatique s'est dite étonnée de découvrir que l'un des employés les plus performants de son équipe, un Afro-Américain, recevait un salaire inférieur de 25 % à celui de tous ses collègues. Non pas que son salaire eût été réduit, a-t-elle précisé, tout simplement cet employé n'avait jamais pu jouir des mêmes augmentations salariales que ses compagnons de travail de race blanche. L'écart s'était considérablement accentué avec le temps, sans que personne ne le remarque ni ne prenne l'initiative de corriger la chose[78].

Une récente étude française de l'Observatoire des discriminations, en collaboration avec Adia, 4e réseau français du Travail Temporaire, a démontré qu'à compétences et expériences identiques, un homme aux nom et prénom de souche française, blanc de peau et dont l'apparence physique ne présente pas de traits particulièrement disgracieux, a davantage de chances d'être convoqué à un entretien d'embauche : 3 fois plus qu'un candidat âgé, 3 fois plus qu'un candidat au patronyme maghrébin, 2 fois plus qu'un candidat avec un handicap et 1,5 fois plus qu'une femme. Ces chiffres éloquents témoignent que la discrimination est bel et bien présente, même s'il s'agit d'une infraction à la loi !

Condamnant ces discriminations dans le domaine de l'emploi et œuvrant en faveur de la diversité, plus de deux mille entreprises françaises ont ratifié la *Charte de la diversité dans l'entreprise* proposée par l'Institut Montaigne – dont Airbus, France Télécom, PSA Peugeot Citroën, la SNCF et la Société Générale. Ces entreprises s'engagent notamment à :

- lutter, à toutes les étapes de la gestion des ressources humaines, contre toute forme de discrimination ;
- chercher à refléter, dans leur effectif et aux différents degrés de qualification, la diversité de la société dans laquelle elles sont implantées ;
- inclure dans leur rapport annuel un bilan social qui rend compte des actions qu'elles mettent en œuvre pour refléter la diversité et atteindre l'équité véritable, ainsi que des résultats obtenus[79].

Les entreprises signataires de cette charte souhaitent agir pour mieux refléter dans leurs effectifs la diversité de la population française, et pour mettre œuvre une politique de gestion des ressources humaines centrée sur la reconnaissance et la valorisation des compétences individuelles, favorisant ainsi la cohésion et l'équité sociale, tout en augmentant leur performance.

De nombreuses grandes entreprises canadiennes et américaines – notamment le CN, la Banque Royale du Canada, Colgate Palmolive, Corning, Quaker Oats et Ernst & Young – ont également instauré des mesures incitatives afin d'amener leurs cadres à mieux gérer la diversité de la main-d'œuvre[80].

Comment les gestionnaires s'en tirent-ils ? Pour vous donner une idée de ce que font certains des employeurs les plus avancés en matière de gestion de la diversité, nous allons nous pencher sur le cas du cabinet comptable Ernst & Young (EY)[81], qui jouit d'une présence très solide aux États-Unis et au Canada.

L'une des clés de l'approche adoptée par EY se trouve dans la volonté claire qui s'exprime depuis les plus hauts échelons de l'entreprise – son conseil d'administration et sa direction générale – en faveur de ce qu'ils appellent l'« inclusion ». Des postes ont été expressément créés pour soutenir cette orientation. EY a, en outre, mis au point deux puissants outils de mesure, soit une carte de pointage pondéré et un « instantané de la diversité ethnique », qui servent à l'évaluation du rendement de tous les cadres et de tous les employés. On souhaite ainsi instaurer – chez les associés et dans toute la hiérarchie de l'entreprise – une culture ouverte à tous et qui sera soumise à un processus d'amélioration continue.

Des AS de la gestion

Gérer la diversité[82]

[...] La gestion de la diversité prend un bien mauvais départ quand les entreprises, et elles sont nombreuses, n'ont pas un programme d'accueil et d'intégration des nouveaux employés digne de ce nom. « On escamote souvent cette étape, lance Amina Benrhazi [de la firme de consultation et de formation en diversité culturelle ABC Intercultures]. Pourtant, cela fait une grande différence dans le succès de l'embauche. Parfois, des employés démissionnent parce qu'ils n'ont pas saisi les codes culturels et que personne ne s'est donné la peine de les leur expliquer. »

Canlyte, un fabricant de luminaires, a adopté une bonne pratique : le parrainage. Ainsi, chaque recrue, qu'elle soit « pure laine » ou d'origine étrangère, est jumelée à un employé d'expérience pendant une semaine. « Si cette personne parle espagnol, nous essaierons de lui trouver un parrain hispanophone afin de briser la glace », dit Kathy Strasser, coordonnatrice aux ressources humaines. Mais pas question par la suite de former des équipes de travailleurs de la même origine ! Les équipes de Canlyte sont multiculturelles. « Les gens de culture différente ne perçoivent pas les choses de la même façon, observe la gestionnaire. Cela peut nous fournir des pistes de solutions nouvelles. C'est un avantage pour l'entreprise. » Sur ce plan, Canlyte est particulièrement choyée, car à l'usine de Lachine, sur 240 employés, 60 viennent de 30 pays différents !

Et les préjugés, les tensions raciales ? « C'est très rare, mais récemment, nous avons assisté à un conflit de nature raciale entre deux personnes d'origines ethniques différentes, relate Kathy Strasser. Leurs contremaîtres respectifs sont intervenus rapidement pour éviter que la situation ne s'envenime. » Ils ont rencontré les deux hommes séparément, puis ensemble. Ils se sont parlé et se sont excusés. Aujourd'hui, ils travaillent dans la même équipe. [...]

Pour Kathy Strasser, il est essentiel de favoriser les interactions entre employés. D'où la création d'équipes de travail multiculturelles, le barbecue l'été, les repas communautaires à l'Halloween, à la Saint-Valentin, etc. Canlyte a également conçu un programme de suggestions d'innovations et d'améliorations. Ce qui est particulier, c'est que les employés qui soumettent une idée sont invités à la réaliser avec l'aide de leurs collègues. Les participants reçoivent des coupons échangeables contre de la marchandise.

Selon François Faucher [conseiller chez Actions Interculturelles de développement et d'éducation], certains employeurs hésitent à embaucher des personnes immigrantes à cause des accommodements raisonnables. « Ils ont peur qu'on leur demande des locaux pour la prière, mais ces demandes sont très rares. »

Par exemple, malgré sa forte proportion d'employés d'origine étrangère, Canlyte n'a jamais reçu de demande qui soit liée à la religion, mais plusieurs requêtes pour des raisons de santé. Rappelons en effet que la notion d'accommodement raisonnable s'applique tout autant au sexe d'une personne, à son orientation sexuelle, à son âge et à ses capacités physiques qu'à sa race. Quel que soit le motif de la requête, l'entreprise ne la refuse jamais systématiquement. « Nous regardons toujours ce que nous pouvons faire », assure Kathy Strasser. [...]

Canlyte est une marque du groupe Philips

Un éventail de mesures contribue à faire pénétrer cette culture d'ouverture dans les habitudes de l'entreprise. Ainsi, EY recrute sur le terrain, y compris dans les collèges et universités traditionnellement noirs, et met sur pied des groupes d'affinités réunissant des employés afro-américains, hispaniques, des îles du Pacifique, etc. En plus d'offrir des ateliers et des conférences sur des thèmes relatifs à l'inclusion des minorités, EY encourage la diversification des fournisseurs. Parmi les autres efforts qui sont déployés, mentionnons l'existence d'un programme de mentorat destiné aux cadres et le réseautage interne des membres de minorités. S'ajoutent des services à la collectivité dispensés par des groupes d'affinités, des dispositions assurant la représentation équitable des minorités à tous les échelons de l'entreprise et, enfin, la collaboration avec un des plus importants cabinets comptables dirigés par un groupe ethnique afin d'encourager le recrutement de membres provenant de minorités.

EY a également élaboré une stratégie d'« investissement différentiel » destinée à accroître la proportion de femmes aux échelons supérieurs[83]. La première étape consistait à sélectionner les candidates présentant un fort potentiel. L'évaluation de la performance des supérieurs a, en outre, été liée à cet objectif de promotion des femmes. EY s'est ensuite attaquée aux principaux obstacles freinant leur avancement, soit les préjugés, l'absence de réseaux de femmes, l'absence de modèles, la rigidité des horaires et le manque de soutien en ce qui regarde le développement professionnel. Les résultats sont intéressants : la proportion de femmes aux quatre échelons supérieurs (professionnel intermédiaire, professionnel supérieur, chef d'équipe et chef d'équipe principal) est maintenant de 50-60 %, et le pourcentage de femmes associées est passé de 16 % à 18 % en quatre ans.

En matière d'inclusion, EY est une entreprise phare aux États-Unis et au Canada. Ses initiatives rayonnent maintenant au-delà des frontières, comme en témoigne la décision d'une grande banque thaïlandaise de promouvoir au moyen d'un programme similaire l'ouverture aux minorités.

L'ÉQUITÉ EN MATIÈRE D'EMPLOI

Il arrive que la gestion de la diversité se heurte à des résistances, généralement liées à la peur du changement ou à la difficulté de comprendre ou d'accepter les différences. Afin de vaincre ces résistances, certains pays, dont le Canada, ont choisi d'intervenir en matière de gestion de la diversité par des politiques et des lois sur l'équité dans l'emploi[84]. Le Québec a fait de même.

L'équité en matière d'emploi suppose non seulement l'élimination de la discrimination en milieu de travail, mais aussi la mise en place de mesures de rattrapage. Supprimer la discrimination en matière d'emploi signifie, pour l'employeur, qu'il ne faut pas prendre de décisions qui porteraient atteinte aux droits de certains groupes protégés par la loi. Les mesures de rattrapage (ou de discrimination positive) visent à corriger les conséquences de la discrimination passée et à rectifier les déséquilibres statistiques existant au sein de la main-d'œuvre.

La *Charte canadienne des droits et libertés* et la *Loi sur l'équité en matière d'emploi* visent à protéger les citoyens contre toute forme de discrimination et à s'assurer que tous soient traités équitablement en milieu de travail. « Tous ont droit à la même protection et au même bénéfice de la loi, indépendamment de toute discrimination, notamment des discriminations fondées sur la race, l'origine nationale ou ethnique, la couleur, la religion, le sexe, l'âge ou les déficiences mentales ou physiques », précise la Charte. Toutefois, celle-ci stipule que l'article précédent « n'a pas pour effet d'interdire les lois, programmes ou activités destinés à améliorer la situation d'individus ou de groupes défavorisés, notamment du fait de leur race, de leur origine nationale ou ethnique, de leur couleur, de leur religion, de leur sexe, de leur âge ou de leurs déficiences mentales ou physiques »[85].

En ce qui concerne la *Loi sur l'équité en matière d'emploi*, elle a pour objet de favoriser l'égalité en milieu de travail de façon que nul ne se voie refuser des avantages ou des chances en matière d'emploi pour des motifs étrangers à sa compétence. Elle vise donc à corriger les désavantages subis dans le domaine de l'emploi par les femmes, les autochtones, les personnes handicapées ou qui font partie des minorités visibles, et ce, conformément au principe selon lequel l'équité en matière d'emploi requiert, outre un traitement identique des personnes, des mesures spéciales et des aménagements adaptés aux différences[86]. La discrimination basée sur l'orientation sexuelle est également interdite au Canada.

La *Charte québécoise des droits et libertés* de la personne stipule également que « toute personne a droit à la reconnaissance et à l'exercice, en pleine égalité, des droits et libertés de la personne, sans distinction, exclusion ou préférence fondée sur la race, la couleur, le sexe, la grossesse, l'orientation sexuelle, l'état civil, l'âge sauf dans la mesure prévue par la loi, la religion, les convictions politiques, la langue, l'origine ethnique ou nationale, la condition sociale, le handicap ou l'utilisation d'un moyen pour pallier ce handicap[87] ».

Ajoutons qu'un programme d'accès à l'égalité ayant pour objet de corriger la situation de personnes faisant partie de groupes victimes de discrimination sur le plan de l'emploi est réputé non discriminatoire s'il est établi conformément à la Charte[88]. Ainsi, pour que l'administration publique reflète mieux la diversité de la société, le gouvernement du Québec a mis sur pied des programmes et a adopté des mesures pour favoriser l'embauche des femmes, des membres de communautés culturelles, des autochtones, des anglophones et des personnes handicapées. Par ailleurs, le gouvernement du Québec a adopté une loi qui va imposer graduellement la parité hommes-femmes dans les conseils d'administration des sociétés d'État.

LES APTITUDES ET LES CAPACITÉS

Lorsqu'on réduit des caractéristiques sociodémographiques à des stéréotypes, on prive des gens du droit d'être évalués selon leurs aptitudes et leurs capacités. Les ***aptitudes*** sont les prédispositions d'un individu à apprendre certaines choses. Les ***capacités*** consistent dans la faculté de celui-ci d'accomplir les tâches inhérentes à un poste donné[89]. En d'autres mots, les aptitudes d'une personne sont ses capacités potentielles, et ses capacités englobent le savoir-faire et les compétences qu'elle possède déjà.

Les gestionnaires accordent évidemment beaucoup d'importance aux aptitudes et aux capacités lorsqu'ils sélectionnent leur personnel. Tout le monde sait qu'il existe des tests pour évaluer les aptitudes et capacités intellectuelles. Certains,

▶ **Aptitude**
Prédisposition à apprendre ; capacité potentielle

▶ **Capacité**
Faculté d'accomplir les tâches inhérentes à un poste donné

comme le Stanford-Binet, fournissent des indications globales sur le quotient intellectuel (QI); d'autres mesurent des compétences plus particulières et nécessaires, entre autres, pour un programme de formation ou un emploi. Vous avez peut-être dû vous prêter à ce genre de test visant à faciliter le processus de sélection lorsque vous avez voulu vous inscrire à un programme de formation ou que vous avez posé votre candidature à un poste. En plus des aptitudes et capacités intellectuelles, certains emplois, comme ceux de pompier ou de policier, requièrent des capacités physiques qui doivent être évaluées; les tests conçus à cette fin permettent d'estimer de nombreux paramètres, notamment la force musculaire et l'endurance cardio-vasculaire[90].

Toutefois, la loi oblige les employeurs à faire la preuve que des résultats supérieurs à ces tests sont vraiment liés à un rendement supérieur dans le programme de formation ou le poste en cause; en d'autres mots, elle les oblige à prouver que les aptitudes et capacités recherchées correspondent vraiment aux exigences du poste. Par exemple, si vous voulez devenir chirurgien et que votre coordination oculomanuelle est médiocre, vos capacités ne correspondent pas aux exigences du poste. Cette correspondance est absolument essentielle; c'est d'ailleurs un des concepts clés du chapitre 7, consacré à la gestion du rendement et aux récompenses.

Pour clore ce chapitre consacré aux caractéristiques individuelles et à la diversité de la main-d'œuvre, rappelons quelques idées essentielles:

- Il importe de tenir compte des caractéristiques sociodémographiques afin de reconnaître les besoins et les préoccupations des personnes – qui se différencient notamment par leur sexe, leur âge, leur état physique et mental, leur race et leur origine ethnoculturelle – et d'y apporter la meilleure réponse possible.

- Cependant, cette reconnaissance des différences peut facilement dériver vers le renforcement de stéréotypes qu'il y a lieu d'éviter.

- Souvent, les caractéristiques sociodémographiques ne sont pas un bon indicateur lorsqu'il s'agit d'évaluer si une personne possède les compétences requises pour occuper un emploi. L'embauche et la promotion d'un individu doivent plutôt se fonder sur ses aptitudes et ses capacités, sa personnalité et ses valeurs.

GUIDE DE RÉVISION

RÉSUMÉ

Qu'est-ce qui distingue les personnes et les cultures nationales sur le plan des valeurs ?

- Les valeurs sont des principes généraux qui orientent les jugements et les actions d'un individu.
- Le classement des valeurs de Rokeach comporte 18 valeurs finales (choix des objectifs) et 18 valeurs instrumentales (choix des moyens).
- Allport et son équipe classent les valeurs en six grandes catégories correspondant à six champs d'intérêt, soit les champs théorique, économique, esthétique, social, politique et religieux.
- Maglino et son équipe ont élaboré une grille des valeurs reliées au travail, où les valeurs suivantes sont mises en évidence : l'accomplissement, l'entraide et le souci des autres, l'honnêteté et l'équité.
- Les valeurs évoluent. À l'échelle de la société, les travailleurs sont moins attachés qu'autrefois à l'aspect pécuniaire et à la fidélité à l'organisation ; ils privilégient maintenant davantage leur épanouissement personnel et le travail qui a un sens pour eux.
- La culture est le bagage commun de valeurs et de façons de faire d'un groupe, d'une collectivité ou d'une société. Elle reflète les influences profondes de la société sur les façons de penser, de se comporter et de résoudre les problèmes.
- Selon Hofstede, les cinq dimensions des cultures nationales sont : (1) la distance hiérarchique ; (2) la maîtrise de l'incertitude ; (3) l'individualisme ou le collectivisme ; (4) l'orientation masculine ou féminine ; (5) l'orientation à court terme ou à long terme.

Qu'est-ce que la personnalité ?

- La personnalité est le profil global d'une personne, c'est-à-dire la combinaison de traits qui font d'elle un être unique dans sa manière de se comporter et d'entrer en relation avec autrui.
- La personnalité est déterminée à la fois par l'hérédité et par l'environnement, dans une proportion à peu près équivalente.

Quels sont les principaux traits distinctifs sur le plan de la personnalité ?

- Selon le modèle à cinq facteurs, les cinq grandes dimensions de la personnalité sont l'extraversion, l'amabilité, l'application, la stabilité émotionnelle et l'ouverture à l'expérience.

- Une autre typologie très utile distingue trois catégories de traits de personnalité – les traits sociaux, les traits relatifs à la conception personnelle du monde et les traits relatifs à l'adaptation affective – et évalue leur dynamique dans la personnalité d'un individu.

Comment les caractéristiques sociodémographiques se reflètent-elles dans la diversité de la main-d'œuvre, et comment devrait-on gérer cette diversité ?

- La diversité d'une main-d'œuvre donnée résulte des différences que les individus qui la composent présentent au regard de caractéristiques sociodémographiques comme le sexe, la race, l'origine ethnoculturelle, l'âge, l'état physique et mental, et même, dans certains cas, la situation matrimoniale et familiale, ou la religion.

- Les mains-d'œuvre du Canada, des États-Unis et de l'Europe sont de plus en plus diversifiées. Apprendre à valoriser et à bien gérer cette diversité devient de plus en plus essentiel pour assurer la compétitivité des organisations et le développement des individus.

- Les différences sociodémographiques sont des variables qui reflètent la situation sociale d'un individu et qui influent sur son devenir.

- Le sexe, l'âge, la race, l'origine ethnoculturelle ainsi que l'état physique et mental sont des caractéristiques sociodémographiques particulièrement importantes en CO.

- Les différences sociodémographiques peuvent engendrer des stéréotypes qui auront une influence néfaste sur les comportements et les décisions au sein d'une organisation, et qui risquent de nuire à sa productivité.

- La gestion de la diversité et des différences individuelles exige qu'il y ait adéquation entre l'organisation, le poste et la personne recrutée, engagée et formée, et qu'on tienne compte des réalités d'une main-d'œuvre de plus en plus diversifiée.

- Les mesures de discrimination positive, les considérations d'ordre éthique, la concurrence mondiale, nationale et régionale ainsi que l'évolution de la main-d'œuvre sont autant de facteurs qui concourent à la diversification de cette dernière.

- Une fois qu'il y a adéquation entre les caractéristiques des travailleurs et les exigences de l'organisation et des postes qu'ils occupent, il est impératif de gérer adéquatement la diversité de cette main-d'œuvre.

- Les stratégies organisationnelles de gestion de la diversité comprennent, notamment, des mesures touchant la dotation en personnel, la formation, la promotion, les salaires et l'évaluation, ainsi que la création de réseaux fondés sur des intérêts communs.

- En matière d'emploi, diverses lois en vigueur dans nombre de pays interdisent la discrimination fondée sur les caractéristiques sociodémographiques.

- Les aptitudes sont les prédispositions d'un individu à apprendre certaines choses.

- Les capacités d'un individu indiquent sa faculté d'accomplir les tâches inhérentes à un poste donné ; elles englobent le savoir-faire et les compétences qu'il possède déjà.

- Les aptitudes sont des capacités potentielles.

- Les aptitudes ainsi que les capacités intellectuelles et physiques d'un candidat doivent également être prises en considération pour s'assurer qu'elles correspondent aux exigences du poste à pourvoir.

MOTS CLÉS

Aptitude	p. 63	Personnalité de type A	p. 53
Autoritarisme	p. 50	Personnalité de type B	p. 53
Capacité	p. 63	Plafond de verre	p. 59
Caractéristique sociodémographique	p. 53	Sentiment de compétence	p. 46
Congruence des valeurs	p. 37	Stéréotype	p. 58
Dogmatisme	p. 50	Théories sur le développement de la personnalité	p. 45
Dynamique de la personnalité	p. 46		
Image de soi	p. 46	Traits relatifs à la conception personnelle du monde	p. 49
Intelligence culturelle	p. 40		
Lieu de contrôle externe	p. 50	Traits relatifs à l'adaptation affective	p. 52
Lieu de contrôle interne	p. 50	Traits sociaux	p. 47
Machiavélisme	p. 51	Valeurs	p. 35
Monitorage de soi	p. 51	Valeurs finales	p. 35
Personnalité	p. 43	Valeurs instrumentales	p. 35

ÉVALUATION DES CONNAISSANCES

QUESTIONS À CHOIX MULTIPLE

1. Au Canada et aux États-Unis, les valeurs _____ **a)** ont peu évolué avec le temps. **b)** ne sont plus ce qu'elles étaient. **c)** sont presque toujours rigoureusement mises en pratique. **d)** n'ont pas tendance à se transformer en valeurs communes au sein des cultures et des organisations.

2. Les valeurs _____ **a)** correspondent à des traits de personnalité. **b)** influent sur les attitudes et le comportement. **c)** sont liées aux aptitudes. **d)** sont utilisées à la place des capacités.

3. La valorisation des traditions, de la hiérarchie des relations, du sens de l'honneur et de l'importance de « sauver la face » sont des valeurs caractéristiques d'une culture_____ **a)** qui privilégie la maîtrise de l'incertitude. **b)** à orientation masculine. **c)** à orientation féminine. **d)** confucianiste.

4. On trouve un fort degré d'acceptation des différences de statut et de pouvoir entre les gens dans les cultures où prédomine _____ **a)** la distance hiérarchique. **b)** l'individualisme. **c)** la maîtrise de l'incertitude. **d)** l'agressivité.

5. Selon la grille de Hofstede sur les dimensions des cultures nationales, des pays d'Asie comme le Japon et la Chine ont une forte tendance à _____ **a)** la maîtrise de l'incertitude. **b)** l'orientation à court terme. **c)** l'orientation à long terme. **d)** l'individualisme.

6. Selon le modèle à cinq facteurs, les cinq grandes dimensions de la personnalité sont _____ **a)** cinq aptitudes et capacités. **b)** cinq caractéristiques sociodémographiques. **c)** l'extraversion, l'amabilité, la force, la stabilité émotionnelle et l'ouverture à l'expérience. **d)** l'extraversion, l'amabilité, l'application, la stabilité émotionnelle et l'ouverture à l'expérience.

7. On parle d'image de soi en relation avec _____ **a)** l'estime de soi et le sentiment de compétence. **b)** les personnalités de type A ou de type B. **c)** la souplesse. **d)** le machiavélisme.

8. Les traits sociaux sont _____ **a)** des caractéristiques profondément enracinées et difficiles à comprendre. **b)** des caractéristiques apparentes qui composent l'image que projette un individu en interaction sociale. **c)** la dimension la plus importante de la personnalité. **d)** fermement appuyés par le gouvernement canadien.

9. Le lieu de contrôle _____ **a)** est une expression pour désigner le dogmatisme et l'autoritarisme. **b)** est une expression pour désigner le machiavélisme. **c)** se rapporte aux personnalités de type A et de type B. **d)** aide à établir si la personne a généralement tendance à attribuer ce qui lui arrive soit à des facteurs internes, soit à des facteurs externes.

10. Les traits de personnalité d'un individu _____ **a)** peuvent parfois être déduits de son comportement. **b)** ne sont pas liés à son comportement. **c)** sont essentiellement déterminés par son environnement. **d)** sont constitués de valeurs, d'attitudes et de comportements.

11. Aux États-Unis, au Canada, au sein de l'Union européenne et dans bien d'autres pays, la main-d'œuvre _____ **a)** devient de plus en plus homogène. **b)** est beaucoup plus motivée qu'auparavant. **c)** se diversifie. **d)** est moins motivée qu'avant.

12. Les stéréotypes naissent lorsqu'on _____ **a)** considère que quelqu'un se distingue des autres membres d'un groupe donné. **b)** attribue d'emblée à une personne des caractéristiques du groupe auquel on l'assimile. **c)** attribue à un individu des similitudes avec certains membres d'un groupe donné, et des différences avec d'autres. **d)** juge qu'un individu n'est pas très compétent.

13. La gestion de la diversité et la discrimination positive _____ **a)** sont des expressions interchangeables. **b)** sont imposées par la loi. **c)** sont deux notions différentes, mais complémentaires. **d)** ont perdu de leur importance.

14. Les aptitudes et les capacités _____ **a)** se transforment parfois en stéréotypes. **b)** sont d'ordre physique et intellectuel. **c)** concernent l'intellect et la personnalité. **d)** peuvent être de type agressif ou de type passif.

15. Les caractéristiques sociodémographiques _____ **a)** sont un très bon indicateur lorsqu'il s'agit d'évaluer si une personne possède les compétences requises pour occuper un emploi. **b)** témoignent des aptitudes et des capacités d'un individu. **c)** sont des variables qui reflètent la situation sociale d'un individu et qui influent sur son devenir. **d)** sont des aspects importants de la personnalité.

QUESTIONS À RÉPONSE BRÈVE

16. Pourquoi la dimension individualiste ou collectiviste des cultures nationales est-elle un facteur important en CO ?

17. Quel est l'effet de la distance hiérarchique sur les pratiques de gestion interculturelle ?

18. Pourquoi est-il important de tenir compte des traits de personnalité en milieu de travail ?
19. Pourquoi la diversité et les différences individuelles sont-elles des facteurs si importants en milieu de travail ? Et qu'exige la gestion de cette diversité et des différences individuelles au sein de la main-d'œuvre ?

QUESTION À DÉVELOPPEMENT

20. La PDG de votre organisation se demande comment faire pour avoir à chaque poste la personne la plus adéquate et la plus susceptible d'améliorer la performance de l'entreprise, tout en gérant efficacement un personnel qui compte de plus en plus de membres issus de minorités visibles. Elle vous demande de rédiger à son intention un bref rapport sur la question, avec des recommandations précises quant aux mesures à prendre.

LE CO DANS LE FEU DE L'ACTION

Pour ce chapitre, nous vous suggérons les activités suivantes du *Cahier d'apprentissage en CO* (voir p. C1) :

Études de cas	Exercices	Autoévaluations
2. Des frontières à franchir	1. Mon meilleur patron	1. Les postulats d'un gestionnaire
3. Les enfants terribles	3. Mon meilleur emploi	3. Tolérance à l'agitation
	4. Que valorisez-vous particulièrement dans un travail ?	5. Valeurs personnelles
	5. Mon actif	13. Propension à la délégation
	6. Un poste à l'étranger	14. Machiavélisme
	8. Les préjugés au quotidien	19. Votre type de personnalité
	10. La rivière aux alligators	
	28. Mon meilleur patron II	

 www.erpi.com/schermerhorn

Vous trouverez dans le Compagnon Web du manuel les réponses aux questions d'évaluation des connaissances du chapitre ainsi que les autoévaluations en mode interactif.

LES ÉMOTIONS, LES ATTITUDES ET LA SATISFACTION PROFESSIONNELLE

CHAPITRE 3

Ce chapitre traite de la dimension affective dans l'étude du comportement organisationnel, dont l'importance est de plus en plus reconnue, parallèlement à celle des facteurs cognitifs.

OBJECTIFS D'APPRENTISSAGE

Après l'étude de ce chapitre, vous devriez être en mesure:
- de décrire les fondements des émotions et de l'humeur;
- de montrer comment les émotions et l'humeur interviennent concrètement;
- de dire ce qu'est une attitude et d'expliquer son importance en milieu professionnel;
- de définir le concept de satisfaction professionnelle et de discuter des liens entre la satisfaction professionnelle et le rendement.

PLAN DU CHAPITRE

LES FONDEMENTS DES ÉMOTIONS ET DE L'HUMEUR
- Les fonctions des émotions
- Les principales émotions et leurs sous-catégories
- Les émotions liées à la conscience de soi et les émotions sociales
- L'affectivité positive et l'affectivité négative

LES ÉMOTIONS ET L'HUMEUR EN ACTION
- La théorie des évènements affectifs
- Le travail émotionnel
- L'intelligence émotionnelle
- Les émotions et le comportement organisationnel
- Les émotions et la culture

LES ATTITUDES
- Les attitudes et le comportement
- Les attitudes et le milieu professionnel
- Les attitudes et la dissonance cognitive

LA SATISFACTION PROFESSIONNELLE
- Le concept et les méthodes de mesure
- La satisfaction professionnelle et le rendement

GUIDE DE RÉVISION

« Il faut aller au-delà de ce que les personnes pensent et saisir ce qu'elles ressentent. »

Le plaisir du travail[1]

Chez Couche-Tard, chaque réunion commence toujours de la même façon : par cinq minutes consacrées au plaisir. « Ça peut être une blague, une présentation PowerPoint pour taquiner un collègue, même une sortie à l'extérieur », explique Judith Boisjoli, directrice des ressources humaines de l'entreprise, Est du Canada.

« Avec le plaisir et l'humour, [...] on contribue à implanter une bonne ambiance de travail... »

Le plaisir figure depuis longtemps sur la liste des cinq valeurs principales de la chaîne de dépanneurs ; les autres sont le respect, l'engagement, la confiance et la rigueur. Mais plutôt que de se contenter d'en parler, Judith Boisjoli a proposé que Couche-Tard l'inscrive en toutes lettres à l'agenda de chaque rencontre. On en fait presque une obligation ! « Avoir une philosophie, c'est une chose, mais si on ne met rien en place pour la rendre officielle, c'est difficile de lui donner sa place au quotidien », dit la directrice des ressources humaines. Avec le plaisir et l'humour, on crée un meilleur esprit d'équipe, on dédramatise certains problèmes et on contribue à implanter une bonne ambiance de travail, ce qui est perceptible pour les clients qui fréquentent les dépanneurs, ajoute-t-elle. [...]

LES FONDEMENTS DES ÉMOTIONS ET DE L'HUMEUR

Comme nous l'avons précédemment souligné, l'étude du comportement organisationnel accorde de plus en plus d'attention aux émotions, à l'humeur et à certains concepts apparentés. Dans un premier temps, nous nous attacherons à définir ces notions et à établir les relations qui existent entre elles. La **figure 3.1** réunit les émotions, l'humeur, les valeurs et les attitudes sous le terme d'« affects »[2].

Le terme générique d'**affect** englobe un large éventail de sentiments que les individus sont susceptibles d'exprimer, notamment les émotions, les humeurs, les attitudes et les valeurs[3]. Les **émotions** sont des sentiments intenses à l'endroit de quelqu'un ou de quelque chose. Elles se rapportent toujours à une personne ou à un évènement qui en est l'élément déclencheur. Comparativement aux émotions, l'**humeur** est moins intense et, la plupart du temps, elle ne résulte pas d'un stimulus contextuel.

▶ **Affect**
Terme générique qui englobe un large éventail de sentiments que les individus sont susceptibles d'exprimer

▶ **Émotion**
Sentiment intense à l'endroit de quelqu'un ou de quelque chose

▶ **Humeur**
Sentiment moins intense que les émotions, mais de plus longue durée, qui ne résulte généralement pas d'un stimulus contextuel

Figure 3.1 Les rapports entre les affects et les sentiments apparentés

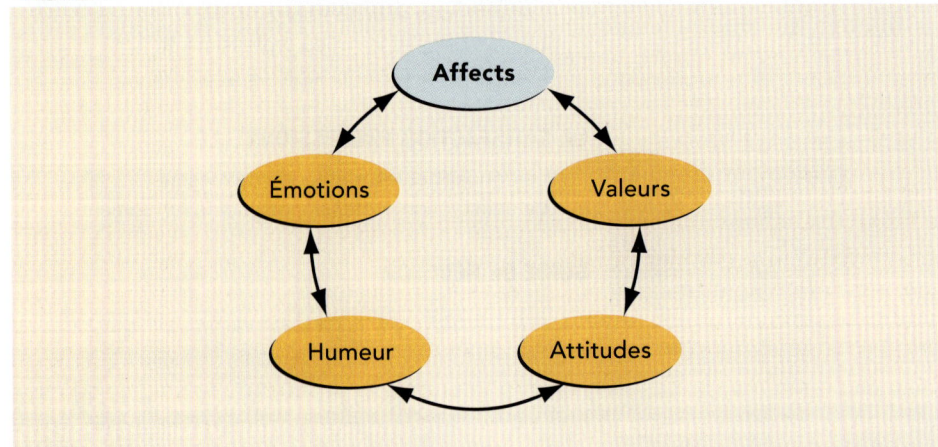

On considère que les émotions sont plus brèves que les humeurs. Il se peut que les paroles ou les gestes d'une personne à votre endroit suscitent, chez vous, une réaction intense et immédiate. Positif ou négatif, ce sentiment sera probablement très passager. En revanche, une humeur aura tendance à durer pendant plusieurs heures, voire plusieurs jours, et elle n'est généralement pas reliée à une personne ou à un évènement en particulier.

Il arrive, bien sûr, qu'une émotion se transforme en humeur. À l'inverse, une humeur positive ou négative peut aussi se convertir en émotion tenace. Les émotions et les humeurs s'influencent mutuellement. Enfin, les émotions tendent à être contagieuses : nous imitons les émotions exprimées par notre entourage.

Les attitudes et, surtout, les valeurs ont tendance à être plus stables que les émotions et les humeurs. Comme l'illustre la figure 3.1, les valeurs, les attitudes, les émotions, etc. s'influencent toutefois les unes les autres. Au bout du compte, ces affects représentent tout un spectre de pensées et de sentiments appelés à se manifester dans un milieu de travail.

Dans le chapitre 2, nous avons montré que les valeurs constituent des éléments stables ; elles peuvent donc influer sur les attitudes, les émotions et les humeurs au travail. Par exemple, si vous valorisez les défis professionnels, vous aurez probablement une attitude négative à l'égard d'un emploi sur une chaîne de montage, qui vous paraîtra banal et sans intérêt.

Un peu de la même façon, les attitudes peuvent avoir une incidence sur les humeurs et les émotions. Il est fort probable que vous ressentiez des émotions positives à l'égard de votre travail si celui-ci vous plaît vraiment. Par conséquent, cet emploi entraînera vraisemblablement chez vous plus d'humeurs positives que s'il ne suscitait pas cette attitude positive.

Enfin, il peut même arriver que vos valeurs évoluent en réponse aux attitudes, aux émotions et aux humeurs que votre travail viendra éveiller. Ainsi, vous pourriez découvrir que celui-ci n'est qu'un gagne-pain et qu'il ne vous permet pas de vous réaliser conformément à vos valeurs. À partir de cette prise de conscience, vous serez peut-être tenté de rechercher des défis qui susciteront chez vous des émotions et des humeurs positives. Ainsi, vous éprouverez graduellement plus de satisfaction professionnelle et vous finirez par percevoir votre emploi comme étant compatible avec une ou plusieurs de vos valeurs. Autrement dit, comme le montre la figure 3.1, les émotions et les humeurs peuvent influer sur les attitudes, lesquelles, en retour, peuvent avoir un effet sur les valeurs.

LES FONCTIONS DES ÉMOTIONS

Les émotions sont une arme à deux tranchants[4]. Certains soutiennent, à l'instar de Charles Darwin, qu'elles sont utiles à la survie. Ainsi, d'un côté, l'excitation est une émotion qui vous prépare à faire face à des situations qui exigent beaucoup d'énergie, comme celles qui se présentent dans tout parcours scolaire ou professionnel. D'un autre côté, un effort énergétique démesuré risque d'entraîner un épuisement. La colère offre un autre exemple : souvent nuisible, elle peut néanmoins (si elle est bien canalisée) empêcher certaines personnes de profiter de vous. Par ailleurs, même une émotion positive généralement utile – l'empathie, par exemple – peut parfois se retourner contre la personne qui l'éprouve.

DES LEADERS PARLENT DE LEADERSHIP

Vert sous toutes les coutures[5]

Il y a 35 ans, Yvon Chouinard, un Canadien français né dans une région rurale du Maine, fondait Patagonia, un fabricant de vêtements et de matériel de plein air dont le siège social est en Californie. Son entreprise est verte, mais elle fait bel et bien des affaires : « Par contre, nous faisons toujours les choses à l'envers », précise le fondateur, aujourd'hui âgé de 68 ans. Rien de moins. Il déclare : « Je ne crois pas que nous existerons encore dans 100 ans comme société, ni peut-être même comme espèce. » Yvon Chouinard ressemble plus à un guide de plein air qu'à un dirigeant d'entreprise.

Sa perception de la conduite des affaires, il l'a exposée dans son livre intitulé *Homme d'affaires malgré moi : Confessions d'un alter-entrepreneur*[6], qui se présente à la fois comme des mémoires et une introduction au commerce vert. En plus de recycler des matériaux, l'entreprise a ouvert une garderie sur les lieux de travail et accordé des congés de maternité et de paternité. Patagonia n'a cessé de prospérer, et sa valeur s'élève aujourd'hui à 270 millions de dollars. Sa philosophie : ne pas chercher absolument à gagner de l'argent, mais plutôt à faire les choses correctement, en se disant qu'il en résultera des profits. Yvon Chouinard estime que le voyageur devrait pouvoir laver ses vêtements dans un chaudron ou un lavabo, puis les laisser sécher à l'air libre, et être encore présentable lorsqu'il les portera sur le vol de retour.

Plus de 900 candidats se présentent chaque fois que Patagonia annonce une offre d'emploi. « Il est un peu débonnaire, mais il exige l'excellence. Les gens sont prêts à se fendre

en quatre pour lui », déclare le directeur général de Patagonia au sujet d'Yvon Chouinard. Quant au principal intéressé, il affirme : « Je suis une personne très heureuse. Même si je sais que tout s'en va au diable, je ne suis jamais déprimé. »

Question

Pourquoi Yvon Chouinard a-t-il si bien réussi à mettre sur pied et à faire prospérer son entreprise ?

LES PRINCIPALES ÉMOTIONS ET LEURS SOUS-CATÉGORIES

Les chercheurs ont dégagé six grandes catégories d'émotions : la colère, la peur, la joie, l'amour, la tristesse et la surprise[7]. Celles-ci sont bien distinctes, mais la plupart comprennent des sous-catégories plus nuancées. Ainsi, la colère inclut, entre autres, le dégoût et l'envie ; la peur peut se manifester sous la forme d'un état d'alerte ou encore d'anxiété ; la joie peut s'exprimer sous forme de gaieté ou de contentement ; l'amour peut être fait d'affection, d'attirance romantique ou de désir ; la tristesse peut correspondre à de la déception, à un sentiment d'abandon ou de honte ; la surprise, quant à elle, ne contient pas de sous-catégories.

LES ÉMOTIONS LIÉES À LA CONSCIENCE DE SOI ET LES ÉMOTIONS SOCIALES

> **Émotion liée à la conscience de soi**
> Émotion qui aide l'individu à réguler ses rapports avec les autres et à y demeurer attentif

Les émotions liées à la conscience de soi, telles la honte, la culpabilité, la gêne et la fierté, sont d'origine interne ; les émotions sociales proviennent, quant à elles, d'une source externe[8]. Les ***émotions liées à la conscience de soi*** aideraient l'individu à réguler ses rapports avec les autres et à y demeurer attentif. Les *émotions sociales* correspondent à des sentiments tels que la *pitié*, l'*envie* et la *jalousie*, qui sont fondés sur une information extérieure. Par exemple, lorsqu'une personne ressent de l'envie, voire de la jalousie, à l'égard d'un collègue de travail qui a obtenu une promotion à laquelle elle aspirait.

▶ **Émotion sociale**
Émotion fondée sur une information extérieure à l'individu

▶ **Affectivité positive**
Tendance à être continuellement positif

▶ **Affectivité négative**
Tendance à être, la plupart du temps, démoralisé

L'AFFECTIVITÉ POSITIVE ET L'AFFECTIVITÉ NÉGATIVE

Comme nous l'avons montré, différents éléments peuvent avoir une incidence sur l'humeur. Toutefois, on observe aussi chez les individus des tendances relativement stables à éprouver des sentiments positifs ou négatifs[9]. Ceux qui possèdent une *affectivité positive* marquée tendent à se montrer perpétuellement positifs : à leurs yeux, le verre est presque toujours à moitié plein. En revanche, les personnes qui présentent une *affectivité négative* sont enclines à être démoralisées. Leurs humeurs négatives prennent le dessus dans les circonstances et les conditions les plus diverses.

Les gens négatifs sont d'éternels pessimistes. Leurs propres réalisations risquent d'être peu impressionnantes et ce qu'ils dégagent risque même de nuire au rendement des autres. Ces personnes tendent à créer un climat négatif qui déteint sur la prise de décision et le travail d'équipe. Il n'est pas rare qu'elles suscitent l'hostilité de leurs collègues.

Soyez optimiste et vous vivrez plus longtemps[10]

Des chercheurs de la Yale University et de la University of Miami, en Ohio, ont récemment étudié l'incidence, sur la longévité, des attitudes positives ou négatives à l'égard du vieillissement. Ils ont découvert que les personnes qui considéraient le fait de vieillir sous un angle positif vivaient en moyenne 7,5 années de plus que les autres. Ces personnes se concentrent sur les bonnes choses qui viennent avec l'âge et recherchent des modèles inspirants. Une prime de 7,5 années, c'est tout un horizon qui s'ouvre !

LES ÉMOTIONS ET L'HUMEUR EN ACTION

LA THÉORIE DES ÉVÈNEMENTS AFFECTIFS

Les considérations qui précèdent vous auront peut-être amené à vous demander s'il existe un modèle qui permet de mieux comprendre les réactions émotionnelles des individus au travail et les incidences que celles-ci ont, en retour, sur eux. Il existe bien sûr un tel modèle, comme le montre la **figure 3.2**[11].

La partie gauche du schéma indique comment l'environnement et les évènements liés au travail influent sur les sentiments, lesquels peuvent s'exprimer en réaction à des tracas ou à des situations agréables. Les exigences émotionnelles du travail, dont il sera question un peu plus loin, correspondent aux efforts que doivent fournir les individus dans leur milieu de travail pour montrer les émotions qu'ils perçoivent comme appropriées. Le cas des vendeurs et des agents de bord en offre une bonne illustration : il est très important que les personnes qui occupent ces types d'emplois gardent le sourire, peu importe leurs états d'âme. D'où le terme « travail », car il n'est pas facile de maintenir une telle attitude.

Figure 3.2 La théorie des évènements affectifs

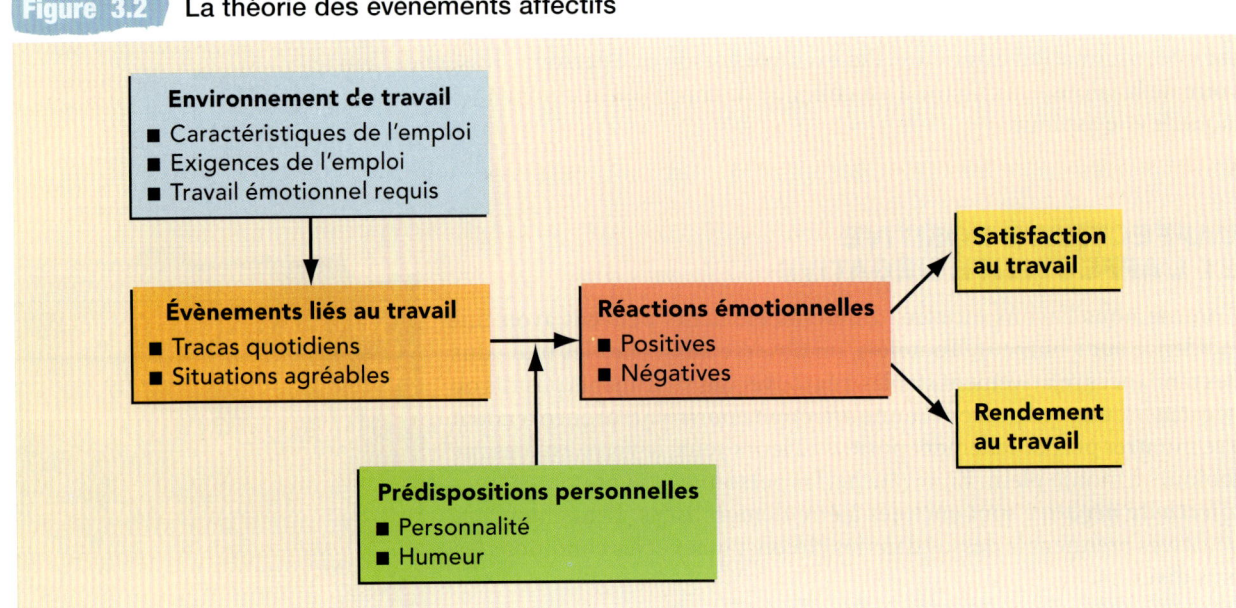

Dans notre travail, et parfois même au cours d'une même journée, nous faisons tous face tantôt à des contrariétés, tantôt à des situations agréables. Les individus répondent à ces évènements positifs ou négatifs par des réactions émotionnelles qui sont, elles aussi, positives ou négatives. La personnalité joue un rôle déterminant, soit par la prédominance positive ou négative de l'affectivité qui la caractérise – et qui accentue ou atténue les réactions positives ou négatives. L'humeur a aussi une incidence sur les réactions. Dans une conjoncture déterminée, elle peut amplifier les émotions éprouvées à la suite d'un évènement. Par exemple, un commentaire de la part d'un collègue qui vous paraîtrait bien inoffensif en d'autres circonstances vous heurtera sûrement davantage si vous venez d'être mis à pied.

Ces réactions affectives, à leur tour, influeront vraisemblablement sur le degré de satisfaction au travail, et peut-être même sur le rendement. C'est du moins ce que tend à prouver la recherche, plus particulièrement en ce qui concerne la satisfaction professionnelle[12]. La leçon à en tirer, c'est que les gestionnaires devraient être beaucoup plus attentifs aux facteurs affectifs tels que les humeurs et les émotions.

LE TRAVAIL ÉMOTIONNEL

Il vaut la peine de s'attarder un moment sur le travail émotionnel et ses composantes. Peu importe que vous fassiez montre ou non des émotions qui reflètent vos véritables sentiments, le fait de devoir être toujours « bien réglé » sur le plan émotionnel exige un effort. La **dissonance émotionnelle** désigne cet écart qui peut survenir entre les émotions qu'on ressent et celles qu'on projette[13].

Comme nous l'avons déjà mentionné, c'est cette dissonance qui sous-tend l'idée d'effort ou de *travail*. Le **travail émotionnel**, précisons-le, renvoie aux situations

> **Dissonance émotionnelle**
> Écart susceptible de survenir entre les émotions qu'on ressent et celles qu'on projette.
>
> **Travail émotionnel**
> Effort pour manifester les émotions attendues par l'organisation lors des échanges interpersonnels qui ont lieu au travail.

dans lesquelles une personne déploie des efforts pour manifester les émotions attendues par l'organisation lors des échanges interpersonnels qui ont lieu au travail[14].

Le ***jeu en profondeur*** et le ***jeu en surface*** représentent deux façons possibles de réduire la dissonance émotionnelle. Par le *jeu en profondeur*, l'individu tente de modifier ses sentiments intimes selon les ***règles de présentation de soi***, c'est-à-dire les normes informelles de son groupe d'appartenance, qui déterminent dans quelle mesure il est approprié, pour ses membres, de manifester leurs émotions. Par le *jeu en surface*, l'individu dissimule ses sentiments intimes et renonce à exprimer ses émotions, en réponse à des *règles de présentation de soi*[15].

> **Jeu en profondeur**
> Tentative de modifier ses sentiments intimes selon des règles de présentation de soi
>
> **Jeu en surface**
> Dissimulation de ses sentiments intimes et renoncement à exprimer ses émotions en réponse à des règles de présentation de soi
>
> **Règles de présentation de soi**
> Normes informelles d'un groupe social donné qui déterminent dans quelle mesure il est approprié, pour ses membres, de manifester leurs émotions

L'INTELLIGENCE ÉMOTIONNELLE

Les tests de mesure du quotient intellectuel (QI) menés depuis plus d'un siècle nous ont familiarisés avec les notions de capacité cognitive et d'intelligence, dont il a d'ailleurs été question au chapitre 2. Toutefois, depuis peu, un nouveau concept révèle son utilité : l'intelligence émotionnelle (IE), brièvement abordée au chapitre 1. Rappelons que celle-ci se définit comme la capacité de comprendre et de gérer ses propres émotions, tout comme celles qui entrent en jeu de part et d'autre dans les interactions avec autrui[16].

L'IE englobe les facteurs suivants[17] :

1. *L'évaluation et l'expression de ses émotions*   Être en mesure de comprendre ses propres émotions et de les exprimer naturellement.
2. *L'évaluation et la reconnaissance des émotions d'autrui*   Être capable de percevoir et de comprendre les émotions des autres personnes.
3. *La régulation de ses émotions*   Pouvoir réguler ses propres émotions.
4. *L'utilisation des émotions pour favoriser le rendement*   Savoir canaliser les émotions vers des activités constructives et l'amélioration du rendement au travail (par exemple en se donnant des défis personnels).

L'intérêt que revêt l'intelligence émotionnelle se rattache à une hypothèse intuitive – et validée jusqu'à un certain point. Selon cette hypothèse, il existe un lien entre le rendement de l'individu et sa capacité de comprendre et de gérer ses émotions, de même que son habileté à interpréter celles des autres. Des recherches ont montré que les entrepreneurs qui possèdent une aptitude à interpréter les émotions d'autrui gagnent plus d'argent que ceux qui en sont moins capables. Des ouvriers d'usine chinois démontrant une semblable capacité à l'égard de leurs compagnons de travail recevaient de leurs superviseurs une meilleure évaluation de leur rendement[18]. L'IE permet, en outre, de distinguer les présidents qui ont le mieux réussi (tels Roosevelt, Kennedy et Reagan) de ceux qui ont fait moins bonne figure (tels Johnson, Carter et Nixon)[19].

Une étude ayant combiné l'IE et le QI a donné des résultats encore plus intéressants. En mettant ces deux facteurs en rapport, il a été possible de constater que l'intelligence émotionnelle pouvait compenser, du moins partiellement, les lacunes associées à une intelligence cognitive moins élevée. Pareillement, l'intelligence émotionnelle se révèle moins essentielle pour les individus qui possèdent une intelligence cognitive élevée[20].

Des AS de la gestion

Des lieux pour méditer au travail[21]

Tiger Woods médite et ne s'en cache pas. William Ford, président du conseil d'administration de Ford, aussi. De même que Bob Shapiro, ancien président de Monsanto, et William George, membre du comité de supervision du conseil d'administration de la banque Goldman Sachs. Et aux États-Unis, la spiritualité n'est plus seulement une affaire de croissance personnelle pour les hauts dirigeants. Elle est en train de pénétrer dans la culture et l'organisation du travail.

Le fondateur de la brûlerie Green Mountain Coffee Roasters, du Vermont, a embauché son maître spirituel pour enseigner la méditation à ses employés qui le désirent. Robert Stiller a aussi consacré une salle à cette activité.

Même chose chez Google, qui organise des séminaires de méditation dans ses bureaux de Mountain View, Pittsburgh, Londres, New York et Sidney. Depuis octobre 2007, Google offre à ses employés un cours de méditation et de présence attentive appelé Search Within Yourself.

« L'intelligence émotionnelle est une compétence cruciale, et c'est aussi important chez Google que partout ailleurs », déclarait Peter Allen, directeur de l'université Google, à l'agence de presse Bloomberg.

En fait, les salles de silence et de méditation se multiplient. L'entreprise de télécommunications Telus, dont le siège social est à Vancouver, en a aménagé une dans ses bureaux de l'arrondissement de Saint-Laurent, de même qu'ailleurs au pays. Ericsson, à Montréal, offre des cours de méditation dans le cadre de son programme de mieux-être.

Plusieurs organisations au Canada et aux États-Unis prônent la spiritualité au travail. C'est le cas du Centre for Spirituality and the Workplace de l'École de gestion Sobey de l'Université Saint Mary, à Halifax, créé il y a deux ans. Selon son président, Martin Rutte, le bien-être spirituel est « la dernière frontière à franchir en milieu de travail. Les entreprises ont une certaine réticence, parce qu'elles ne veulent pas faire de prosélytisme auprès de leurs employés, dit-il. Mais tant que vous vous tenez loin de la religion, il y aura de l'enthousiasme. Les gens en ont besoin. »

LES ÉMOTIONS ET LE COMPORTEMENT ORGANISATIONNEL

Nous ne saurions conclure cette partie du chapitre traitant des émotions sans examiner les implications possibles de celles-ci sur le comportement organisationnel, puis sur la culture. En matière de CO, les dimensions suivantes sont tout particulièrement touchées par le courant en faveur des méthodes de gestion qui tiennent mieux compte des émotions.

Le leadership Les leaders avisés peuvent utiliser les émotions pour développer un leadership charismatique et transformateur – une assertion que plusieurs recherches tendent à valider[22]. La question du leadership sera approfondie au chapitre 11.

La motivation La théorie des évènements affectifs, abordée dans ce chapitre, avance l'idée que les employés font intervenir des émotions, en même temps que des éléments plus cognitifs, dans l'exercice de leur travail. Ils peuvent donc s'engager à la fois cognitivement et émotionnellement dans la poursuite d'un objectif[23].

DES LEADERS PARLENT DE LEADERSHIP

Gestionnaires en quête de sens[24]

Tous les matins, Charles-Mathieu Brunelle se lève à 5 heures et fait 30 minutes de méditation bouddhiste avant de se rendre au travail.

« Cela me prépare pour le reste de la journée, explique le directeur des Muséums nature Montréal [qui regroupent le Jardin botanique, l'Insectarium, le Biodôme et le Planétarium de Montréal]. Je prends le contrôle de mes pensées, j'y vois plus clair, je suis moins réactif et plus disponible aux autres. Cela m'aide à trouver des solutions. »

M. Brunelle fait partie d'un nombre croissant de gestionnaires qui ont recours à des pratiques spirituelles comme la méditation, la prière et le silence pour mieux composer avec la complexité du monde dans lequel ils évoluent.

Ces gestionnaires, on les trouve partout : dans les secteurs public et parapublic, les institutions financières, les télécommunications, le commerce de détail, la construction, le marketing […].

Leur spiritualité n'est pas liée à la religion, même si certains, comme Robert Dutton, grand patron de Rona, s'inspirent d'une démarche ouvertement chrétienne. Il s'agit plutôt d'une « quête de sens », une recherche de cohérence, de paix et d'équilibre dans un monde où gérer est plus exigeant que jamais.

Ce mouvement occidental, issu de pratiques très répandues en Asie, pousse des gestionnaires à gravir le Kilimandjaro ou à se retirer dans un ashram au Colorado, ou encore à l'Ermitage Saint-Antoine du Lac-Bouchette. […]

La marche méditative, le yoga et la méditation ont comblé un besoin personnel chez Patrick Beauduin, vice-président et chef de la création convergente de l'agence de communication Cossette, à Montréal. Mais ces pratiques l'ont aussi mené vers un nouveau style de leadership, dit-il, libéré des « mécanismes de l'ego » et plus ouvert aux autres, ces derniers étant traités non pas selon leur fonction dans l'entreprise, mais de façon holistique.

« Je travaille avec des créatifs, des gens sensibles et éveillés qui refusent les rapports d'autorité, explique-t-il. Mon rôle comme leader est de trouver et de communiquer du sens. Selon moi, la société est de plus en plus en quête de sens. »

Le fait qu'un nombre croissant de travailleurs appartiennent à ce que l'auteur Richard Florida appelle la classe créative – des gens pour qui l'argent n'est pas nécessairement la valeur primordiale – contribue à l'émergence de cette quête de sens, ajoute-t-il.

Cela change-t-il la culture de l'entreprise, ses objectifs, sa mission ? « Ça change tout ! », répond M. Beauduin. Puis il nuance : « On ne verse pas dans le prosélytisme. Mais il n'en reste pas moins qu'il n'y a plus de rapport de confrontation avec les clients, les fournisseurs, les employés, etc. »

Le publicitaire dit qu'il a abordé avec le moine Matthieu Ricard cette question de la cohérence entre ses valeurs personnelles et celles de la société de consommation qu'encourage la publicité. « Il m'a répondu qu'il ne fallait pas essayer de changer la planète au complet, juste le petit bout sur lequel on a le pouvoir d'agir. »

Question

En quoi les exutoires professionnels permettent-ils aux leaders d'être plus efficaces au travail ?

Le service à la clientèle Les émotions et les humeurs sont manifestement en jeu dans le domaine du service à la clientèle, où une dissonance émotionnelle est tout particulièrement susceptible de survenir, tout comme cet autre phénomène qu'est la ***contagion émotionnelle***. Celle-ci correspond au transfert des émotions d'une personne à une autre, et se manifeste notamment lorsqu'un client « attrape » les émotions du vendeur. Quand ces émotions sont positives, il est prouvé que les clients restent plus longtemps dans le magasin. Cette contagion, bien sûr, fonctionne dans les deux sens[25].

Les différences entre les sexes Des données tendent à montrer que les hommes et les femmes font face à des attentes différentes, au sein des organisations, quant à l'expression de leurs émotions. Les femmes déclarent qu'elles doivent supprimer leurs sentiments négatifs et accentuer leurs sentiments positifs plus que les hommes qui occupent des postes équivalents[26].

> **Contagion émotionnelle**
> Transfert des émotions d'une personne à une autre

> ### DU SAVOIR À LA PRATIQUE 3.1
>
> **Améliorez votre QI social[27]**
>
> Daniel Goleman s'est intéressé à l'intelligence sociale, qu'il définit comme «la capacité d'interpréter une situation en vue de faire bonne impression et de bien saisir les sentiments et les intentions des autres» (p. 10). Les habiletés associées à cette forme d'intelligence correspondent à ce qu'on désigne souvent par le terme «empathie». Vous devriez aussi avoir remarqué à quel point cette définition ressemble à celle de l'intelligence émotionnelle en ce qu'on y retrouve la dimension *interpersonnelle*.
>
> Souhaitez-vous améliorer votre capacité d'écoute et devenir plus empathique? Voici cinq suggestions formulées par le spécialiste :
>
> - Engagez-vous à faire preuve d'une meilleure écoute.
> - Sollicitez la rétroaction de personnes qui vous connaissent bien et qui ont une grande capacité d'écoute.
> - Soyez vigilant. Apprenez à reconnaître les éléments déclencheurs de l'habitude (par exemple, couper la parole) que vous tentez de changer.
> - Considérez les échecs comme des occasions d'apprentissage et essayez de faire mieux la fois suivante.
> - Ne cessez jamais de vous exercer.

Les émotions et les humeurs ont certainement une résonance concrète dans bien d'autres volets du CO, et plusieurs applications vous viennent sans doute à l'esprit. Toutefois, les quatre aspects que nous venons de survoler témoignent de l'attention grandissante que les nouvelles méthodes de gestion accordent au pouvoir des émotions.

LES ÉMOTIONS ET LA CULTURE

La recherche a montré que la fréquence et l'intensité des émotions varient d'une culture à l'autre. En Chine continentale, par exemple, les individus éprouveraient moins d'émotions positives et négatives que dans d'autres cultures. Leurs émotions seraient en outre moins intenses, comparativement à ce qu'on observe ailleurs. Toutefois, les enquêtes indiquent que les Chinois de Taiwan éprouvent plus d'émotions positives et moins d'émotions négatives que ceux du continent[28].

On peut affirmer, en revanche, que les interprétations des individus relativement aux émotions sont semblables d'une culture à l'autre. La joie et l'amour, mentionnés dans ce chapitre parmi les grandes émotions, sont positivement valorisés. Si l'enthousiasme est bien perçu aux États-Unis, les émotions négatives sont toutefois estimées plus utiles dans la culture chinoise. En outre, contrairement aux États-Unis, la fierté est considérée comme indésirable en Chine et au Japon[29].

Les normes concernant l'expression des émotions varient également d'une culture à l'autre. Par exemple, dans les cultures collectivistes (qui favorisent les relations au sein du groupe), les émotions tendent à être perçues au-delà de la subjectivité de la personne qui les exprime, tandis que dans les cultures individualistes (comme celles du Canada et des États-Unis), les individus n'ont pas tendance à considérer que les émotions exprimées par les autres s'adressent à eux[30].

DU CÔTÉ DE LA RECHERCHE

Le bonheur est contagieux[31]

Le bonheur est contagieux, ont découvert des sociologues américains [James H. Fowler et Nicholas A. Christakis]. Mais il n'est pas transmissible au téléphone et encore moins par courriel ; pour attraper le virus du bonheur, il faut entrer en contact direct avec une personne heureuse.

Avoir un ami heureux augmente de 15,3 % la probabilité d'être soi-même heureux. L'effet diminue à chaque « degré de séparation » : si un ami a lui-même un ami heureux, la probabilité augmente de 9,8 % ; si un ami d'un ami d'un ami est heureux, la probabilité augmente de 5,6 %. En d'autres mots, si un ami de votre sœur est heureux et qu'un ami du frère de votre voisin est heureux, votre chance d'être heureux grimpe de 16 %.

Les personnes les plus heureuses avaient le plus grand nombre de proches, et les chercheurs ont expliqué aux médias que le bonheur se comporte comme un virus. Ils ont proposé l'exemple du sida, qui touche davantage les gens ayant un grand nombre de partenaires sexuels.

« Ce n'est pas la première fois qu'on montre que le bonheur est contagieux », explique Yaël Glick, sociologue et psychologue à l'Université Concordia, à qui *La Presse* a demandé des commentaires sur l'étude publiée dans le *British Medical Journal*[32]. « Mais les chercheurs prouvent que l'interaction sociale doit se faire en chair et en os pour que l'humeur de quelqu'un influence vraiment quelqu'un d'autre. Les cellulaires et les courriels ne comptent pas. »

Les chercheurs de l'Université de Californie à San Diego et de Harvard ont pu établir l'importance du contact direct en comparant les amis qui habitaient à moins d'un kilomètre, et les autres. Ils ont postulé que les amis habitant à proximité se voient plus souvent face à face. Ils ont épluché 5 000 dossiers d'une étude ayant suivi pendant

des décennies la santé cardiovasculaire de patients, et qui a recueilli des données nominales sur les proches des cobayes.

Pourquoi l'étude est-elle publiée dans une revue médicale ? « La médecine a tendance à prendre le patient individuellement, sans tenir compte de son réseau de proches, dit Mme Glick. Mais on ne peut vraiment savoir comment va une personne sans tenir compte de ses réseaux sociaux. »

Ces résultats donnent une note d'espoir en ces temps de récession et de crise financière, selon Mme Glick. « Les contacts sociaux peuvent être une réponse à la possibilité de désespoir et d'aliénation dans notre société de plus en plus centrée sur la consommation. L'essence de la santé est la communauté. » […]

Enfin, comme nous l'avons souligné précédemment, sur un plan informel, des *règles de présentation de soi* déterminent dans quelle mesure il est approprié, pour les membres de différentes cultures, de manifester leurs émotions. En Grande-Bretagne, une certaine réserve est préconisée, tandis que les Mexicains se montreront beaucoup plus démonstratifs en public. L'attitude amicale et l'affabilité que Walmart encourage tellement chez ses employés ne sont pas du tout bien accueillies en Allemagne, où les acheteurs adoptent une attitude plus sérieuse. De même, en Israël, le sourire est associé à l'inexpérience, et on conseille donc aux caissiers d'arborer un air plus grave[33].

Compte tenu de toutes ces observations, un gestionnaire avisé devrait donc accorder une attention particulière à la façon – souvent très différente – dont s'expriment les émotions dans les cultures autres que la sienne.

LES ATTITUDES

Outre les émotions et les humeurs, les affects représentés à la figure 3.1 comprennent aussi les attitudes. Nos valeurs influent sur nos attitudes, qui sont, elles aussi, façonnées par notre environnement socioculturel – amis, parents, enseignants et modèles de rôles. Contrairement aux valeurs, qui ont une portée générale et qui sont relativement stables, les attitudes sont dirigées vers des personnes ou des situations déterminées. Ainsi, la conviction que les salariés devraient avoir voix au chapitre constitue une valeur. Par ailleurs, votre sentiment, positif ou négatif, par rapport au degré de participation que vous permet votre emploi est une attitude.

Théoriquement, on définit une **attitude** comme une prédisposition à réagir positivement ou négativement à une situation donnée ou à l'endroit d'une personne en particulier. Quand on dit aimer ou ne pas aimer quelqu'un ou quelque chose, on exprime une attitude. Il faut garder à l'esprit l'idée que les attitudes, comme les valeurs, sont des constructions purement hypothétiques, mais qu'il est possible de déduire leur existence en observant leurs manifestations à travers ce que les gens disent dans la vie ou en réponse à des sondages, et à travers ce que révèlent leurs comportements.

La **figure 3.3** montre que les attitudes d'un individu ont des antécédents et engendrent des manifestations comportementales[34]. Les antécédents constituent la **composante cognitive d'une attitude**, c'est-à-dire les croyances, les opinions, les connaissances et les informations que possède un individu. Les *croyances* sont les idées qu'on entretient sur une personne ou une situation, ainsi que les conclusions auxquelles elles mènent; elles correspondent à la représentation que l'individu se fait d'une réalité donnée. Les croyances, qui peuvent être fondées ou non, reposent sur des valeurs. Ainsi, pour reprendre l'exemple de la figure 3.3, la croyance « Mon poste ne comporte pas assez de responsabilités » relève de la composante cognitive de l'attitude, et repose sur la valeur sous-jacente que résume la phrase « Les responsabilités au travail sont importantes ».

La **composante affective d'une attitude** correspond au sentiment particulier qu'éprouve l'individu à l'égard de quelqu'un ou de quelque chose. C'est l'attitude en soi – par exemple, « Je n'aime pas cet emploi ». Ce sentiment détermine, à son

▸ **Attitude**
Prédisposition à réagir positivement ou négativement à une situation donnée ou à l'endroit d'une personne en particulier

▸ **Composante cognitive d'une attitude**
Ensemble des croyances, des opinions, des connaissances et des informations que possède un individu, et qui engendre l'attitude; antécédents de l'attitude

▸ **Croyance**
Idée qu'entretient l'individu sur une personne ou sur une situation, et la conclusion à laquelle mène cette idée

▸ **Composante affective d'une attitude**
Sentiment particulier qu'éprouve l'individu à l'égard de quelqu'un ou de quelque chose; attitude elle-même

Figure 3.3 Les trois composantes d'une attitude: un exemple en milieu de travail

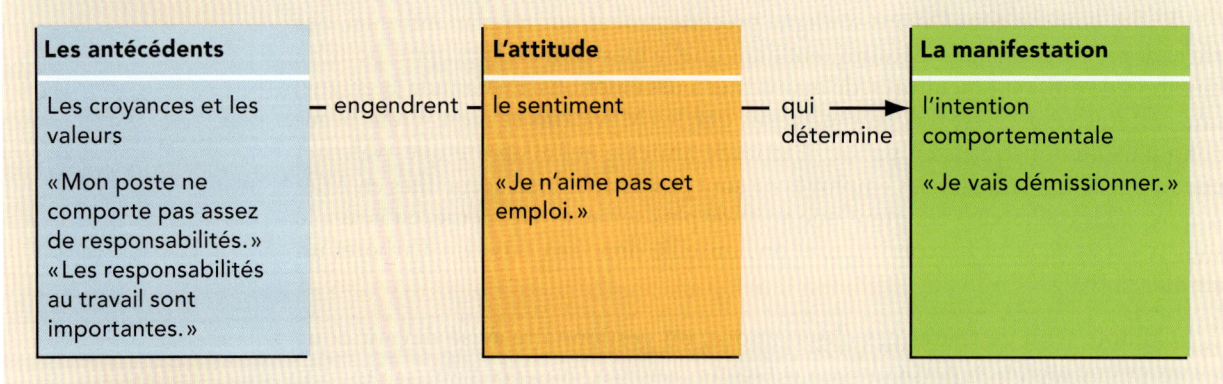

Les antécédents	L'attitude	La manifestation
Les croyances et les valeurs	le sentiment	l'intention comportementale
« Mon poste ne comporte pas assez de responsabilités. » « Les responsabilités au travail sont importantes. »	« Je n'aime pas cet emploi. »	« Je vais démissionner. »

engendrent → qui détermine →

tour, une intention de comportement – « Je vais démissionner » –, une prédisposition à agir d'une façon donnée : c'est la *composante comportementale d'une attitude*.

> **Composante comportementale d'une attitude**
> Intention de comportement ou prédisposition à agir d'une façon donnée résultant d'une attitude

LES ATTITUDES ET LE COMPORTEMENT

Il faut bien comprendre que la relation entre telle attitude et tel comportement n'est pas automatique. L'attitude débouche sur une intention comportementale, qui peut ou non se concrétiser, selon les circonstances.

Généralement, plus les attitudes et les comportements sont particuliers, plus la relation entre les deux est étroite. Imaginez que vous êtes un webmestre d'origine haïtienne et qu'on vous interroge sur votre degré de satisfaction quant au traitement que votre superviseur réserve aux webmestres d'origine haïtienne. Loin d'être satisfait de la façon dont vous êtes traité, vous décrivez les préjugés dont vous êtes victime et vous exprimez votre intention de chercher un poste équivalent dans une autre entreprise d'ici six mois. Dans ce cas précis, à la fois l'attitude et le comportement sont très particuliers : ils concernent les webmestres d'origine haïtienne, font référence à une organisation bien précise et s'inscrivent dans un laps de temps déterminé. On peut donc s'attendre à trouver un lien très étroit entre votre attitude à l'égard du traitement que vous subissez et votre détermination à trouver un nouvel emploi le plus rapidement possible.

La concrétisation d'une intention de comportement dépend d'un autre facteur non négligeable : la liberté d'action. Dans notre exemple, la liberté d'action dépend en bonne partie des offres d'emploi de webmestre. De plus, le lien entre l'attitude et la concrétisation de l'intention comportementale augmente avec l'expérience qu'a l'individu de l'attitude en question. Par exemple, si vous étudiez en administration des affaires, la relation entre votre attitude à l'égard d'un cours donné, votre intention de l'abandonner et le passage à l'acte sera plus étroite si le cours en question est le présent cours de CO que s'il s'agissait d'un cours sur la fission nucléaire que vous suivez depuis peu[35].

En avant, nos gens ![36]

La fierté de travailler chez Xerox est palpable dans l'attitude des employés, sympathiques, courtois et professionnels. Surtout depuis l'arrivée d'Anne Mulcahy, la PDG qui a remis Xerox sur la voie de la croissance après des années de difficultés. «Elle a favorisé la communication, surtout pendant les moments difficiles. La culture s'est mise à changer. Xerox est désormais plus efficace, plus dynamique et plus souple», raconte Nicolas Ayotte, 37 ans, vice-président exploitation des ventes pour le Québec. Parmi les initiatives d'Anne Mulcahy : un congé pour les employés le jour de leur anniversaire, qui s'ajoute à la journée Partage, où les employés peuvent participer à une cause qui leur tient à cœur. Parce que Xerox croit à sa responsabilité sociale et au retour à la collectivité, elle les soutient dans leur engagement par son Programme de leadership communautaire. Enfin, la multinationale participe au programme Imagine, dont les membres s'engagent à verser au moins 1 % de leurs profits avant impôts à des œuvres de bienfaisance.

LES ATTITUDES ET LE MILIEU PROFESSIONNEL

Même si les attitudes ne permettent pas toujours de prédire le comportement, les gestionnaires doivent bien saisir la relation entre l'attitude et l'intention comportementale. Pensez à vos propres expériences professionnelles ou aux conversations que vous avez pu avoir avec des amis à propos de leur emploi : vous avez peut-être le souvenir de commentaires inquiets sur l'« attitude négative » d'un ou d'une collègue, inquiétude qui s'explique par les désagréments que causent les comportements associés à une telle attitude. On doit reconnaître que des attitudes d'insatisfaction professionnelle peuvent être préjudiciables et avoir des conséquences coûteuses pour les organisations : taux élevé de roulement du personnel, retards, absentéisme, problèmes de santé physique ou mentale. Il incombe donc aux gestionnaires de prêter attention à ces attitudes et de les analyser au regard de leurs antécédents et de leurs effets possibles.

LES ATTITUDES ET LA DISSONANCE COGNITIVE

> **Dissonance cognitive**
> Malaise que ressent l'individu lorsqu'il y a contradiction entre son attitude et son comportement

On doit au prestigieux psychosociologue Leon Festinger l'expression **dissonance cognitive**, qui décrit le malaise que ressentent les êtres humains lorsqu'il y a contradiction entre leur attitude et leur comportement[37]. Imaginons la situation suivante : vous estimez que la récupération est une bonne chose pour l'économie, mais le carton, le verre et le papier continuent à prendre le chemin de votre poubelle. Selon Festinger, cette contradiction vous causera un désagrément que vous serez tenté d'éliminer ou de diminuer (1) en modifiant votre attitude à l'égard du recyclage, (2) en changeant de comportement (en récupérant les matières recyclables) ou (3) en rationalisant votre comportement, c'est-à-dire en trouvant une façon de justifier la contradiction entre votre attitude et votre comportement.

Deux facteurs influent sur les décisions qu'un individu prend en cette matière : le degré de maîtrise qu'il croit avoir de la situation et les retombées positives qui en découleront. Dans l'exemple précédent, en ce qui concerne le degré de maîtrise de la situation, si le problème se pose au travail parce que votre patron a refusé d'implanter un programme de récupération, il y a moins de chances de vous voir changer d'attitude que si vous aviez décidé vous-même de ne pas récupérer les matières recyclables. Il se peut que vous optiez alors pour la rationalisation. Quant aux récompenses (les retombées positives), elles tendent à réduire le sentiment de dissonance et de malaise : « Je touche des primes même si je ne fais pas de recyclage ; après tout, ce n'est peut-être pas si important. »

LA SATISFACTION PROFESSIONNELLE

Après avoir traité des attitudes en général, nous allons maintenant examiner une attitude très précisément liée au travail, soit la satisfaction professionnelle.

LE CONCEPT ET LES MÉTHODES DE MESURE

> **Satisfaction professionnelle**
> Sentiment favorable qu'un individu éprouve à l'égard de son emploi et de son milieu de travail
>
> **Insatisfaction professionnelle**
> Sentiment négatif que le travailleur éprouve, à divers degrés, à l'égard de son emploi et de son milieu de travail

La **satisfaction professionnelle** se définit comme le sentiment positif que le travailleur éprouve, à divers degrés, à l'égard de son emploi et de son milieu de travail ; si ce sentiment est négatif, on parlera d'**insatisfaction professionnelle**. Dans les deux cas, il s'agit d'une attitude, d'une réaction affective de l'individu, au travail lui-même ou aux tâches qu'il doit accomplir, ainsi qu'aux conditions matérielles et sociales dans lesquelles il travaille. À première vue, et si on s'inspire de la théorie bifactorielle de Herzberg (qui vous sera expliquée en détail au chapitre 5), il suffirait d'intervenir sur les facteurs sources de satisfaction pour obtenir des degrés élevés de motivation et de rendement individuels, ainsi que de rétention du personnel. Mais, comme nous allons le voir, la question est plus complexe qu'il n'y paraît.

Au jour le jour, les gestionnaires doivent évaluer la satisfaction de tout un chacun en observant et en interprétant avec soin tant le déroulement des activités que les commentaires de leurs subordonnés sur leur travail. Il peut parfois s'avérer judicieux d'évaluer plus précisément le degré de satisfaction de groupes particuliers de travailleurs. Pour cela, on pourra recourir à des questionnaires et à des entrevues structurées ou, comme le font de plus en plus d'organisations, à de nouvelles méthodes, comme les groupes de discussion et les sondages informatisés[38].

Parmi les questionnaires qui ont fait leurs preuves, mentionnons le *Minnesota Satisfaction Questionnaire* (MSQ) et le *Job Descriptive Index* (JDI)[39]. Tous deux mettent en lumière certains éléments de satisfaction professionnelle des subordonnés auxquels les gestionnaires devraient prêter attention. Ainsi, le MSQ mesure la satisfaction vis-à-vis des conditions de travail, des possibilités d'avancement, du degré de latitude dont jouissent les travailleurs, de la reconnaissance des efforts accomplis et de la réalisation de soi. Quant au JDI, il évalue la satisfaction en fonction de cinq critères :

- le *travail proprement dit* : responsabilités, intérêt et épanouissement personnel ;
- la *qualité de l'encadrement* : soutien technique et social ;
- les *relations avec les collègues* : environnement de travail harmonieux et respectueux ;
- les *possibilités de promotion* : avancement professionnel ;
- le *salaire* : salaire adéquat et perception d'un traitement équitable.

Cinq critères de satisfaction professionnelle

LA SATISFACTION PROFESSIONNELLE ET LE RENDEMENT

Deux décisions que prennent les gens par rapport à leur travail sont en lien avec leur satisfaction professionnelle. La première a trait à l'appartenance : c'est la décision de se joindre à une organisation et d'y demeurer en tant que membre à part entière. La deuxième concerne le rendement : c'est la décision de fournir un travail de qualité et un rendement élevé. Ce sont deux décisions distinctes, car le sentiment d'appartenance ne garantit pas un rendement à la hauteur des attentes de l'organisation.

La décision d'appartenir à une organisation concerne l'assiduité et la présence à long terme ; autrement dit, le *temps* que les travailleurs décident de passer dans cette organisation. En ce sens, la satisfaction professionnelle a un effet à la fois sur l'*absentéisme* et sur la *rotation du personnel* : vous ne serez pas étonné de l'apprendre, en général, les travailleurs satisfaits sont plus assidus au travail et restent plus longtemps au service d'une organisation[41].

Mais quel est le lien entre le rendement et la satisfaction professionnelle ? Cette question est loin d'être réglée ; en fait, elle soulève une énorme controverse, qui oppose trois points de vue bien distincts, que voici.

1. **La satisfaction entraîne le rendement.** Si la satisfaction professionnelle se traduit par un rendement élevé, le message aux gestionnaires est clair : si vous voulez augmenter le rendement des travailleurs, rendez-les

La satisfaction professionnelle en France[40]

La satisfaction au travail évolue comme la conjoncture économique. 34 % des Français ne sont pas satisfaits de leur situation professionnelle, ce qui représente le taux le plus élevé depuis 2003 (sondage Ifop réalisé en octobre sur le climat interne dans les entreprises). À l'époque, ils n'étaient que 16 % à exprimer leur mécontentement. Aujourd'hui, 41 % seulement des salariés sont heureux de leur salaire, soit beaucoup moins qu'il y a deux ans (59 %). Même s'ils sont encore 69 % à s'exprimer positivement sur leurs conditions matérielles, c'est beaucoup moins (de 14 points) qu'en 2006.

heureux. Cependant, les recherches indiquent qu'il n'existe pas de lien direct entre la satisfaction professionnelle d'un individu à un moment donné et le rendement fourni par la suite. Telle est la conclusion à laquelle sont parvenus de nombreux chercheurs en CO, bien que certaines études relèvent un lien plus marqué entre la satisfaction et le rendement chez les professionnels et les catégories supérieures de salariés que chez les non-professionnels et les salariés des échelons inférieurs. À elle seule, la satisfaction professionnelle ne constitue pas une variable prédictive juste du rendement.

2. **Le rendement entraîne la satisfaction.** Si un rendement élevé entraîne la satisfaction des travailleurs, le message aux gestionnaires est tout à fait différent du précédent : au lieu d'insister sur la satisfaction des travailleurs, aidez-les à atteindre un rendement élevé en leur donnant tous les moyens et toutes les ressources nécessaires, et la satisfaction devrait suivre d'elle-même. Les recherches indiquent un lien empirique entre le rendement fourni par un individu, au cours d'une période donnée, et la satisfaction qu'il éprouve par la suite. Selon un modèle fondé sur les travaux des chercheurs Edward E. Lawler et Lyman Porter, l'atteinte d'un rendement élevé entraîne des récompenses qui, à leur tour, entraînent un sentiment de satisfaction[42]. Dans ce modèle, les récompenses agissent comme des variables intermédiaires en liant le rendement à une satisfaction future. Une variable modératrice, la perception de l'équité de la rétribution, intervient également dans cette relation. En effet, le rendement entraîne la satisfaction seulement si la rétribution est perçue comme équitable ; sinon, le lien entre le rendement, les récompenses et la satisfaction ne tient plus.

3. **Les récompenses améliorent à la fois le rendement et la satisfaction.** Ce dernier point de vue sur le lien entre la satisfaction professionnelle et le rendement au travail est le plus convaincant des trois. Il allègue qu'une attribution adéquate des récompenses peut avoir une incidence positive à la fois sur le rendement et sur la satisfaction. Ici, le mot clé est *adéquate*. Si les études indiquent que les travailleurs qui reçoivent d'importantes récompenses ressentent une plus grande satisfaction, elles montrent aussi que les récompenses liées au rendement ont bel et bien un effet sur les résultats. Dans ce cas, l'importance et la valeur des récompenses varieront selon le rendement : elles seront importantes pour un rendement élevé, et faibles ou inexistantes pour un rendement médiocre. Même si le fait de ne donner que de minces récompenses à un travailleur au rendement médiocre peut faire naître en lui un sentiment d'insatisfaction dans un premier temps, le but recherché est de lui donner envie de faire des efforts pour améliorer son rendement et obtenir des récompenses plus importantes à l'avenir.

Des relations complexes

Comme le donnent à penser les rubriques *Du côté de la recherche* et *Du savoir à la pratique 3.2* de ce chapitre, le rapport entre la satisfaction professionnelle et le rendement se complexifie dès qu'on passe du rendement individuel de l'employé à celui de l'organisation dans son ensemble. Cela sera d'autant plus vrai si on prend en considération la variable temporelle ou qu'on s'attache à distinguer les différentes facettes de la satisfaction professionnelle et du rendement.

Le gestionnaire qui désire vraiment comprendre les relations qui existent entre la satisfaction professionnelle et le rendement devra donc recourir à un modèle plus élaboré. Il lui faudra aller au-delà de ces deux seules variables, introduire la dimension du temps et atteindre un degré d'analyse qui dépasse l'échelle individuelle.

DU SAVOIR À LA PRATIQUE 3.2

La satisfaction professionnelle et le rendement

La relation entre la satisfaction professionnelle et le rendement s'avère complexe, comme le montrent les énoncés suivants :

- À elle seule, la satisfaction professionnelle n'est pas une variable prédictive juste du rendement.
- Cependant, l'atteinte d'un rendement élevé peut entraîner des récompenses qui, à leur tour, entraînent un sentiment de satisfaction (si les récompenses sont perçues comme équitables).
- Une attribution adéquate des récompenses peut avoir une incidence positive à la fois sur le rendement et sur la satisfaction.

Les pratiques généralement attribuées aux organisations hautement performantes (par exemple, la participation des travailleurs, la gestion intégrale de la qualité et l'utilisation de systèmes de gestion des ressources humaines) amènent les entreprises à obtenir un rendement supérieur, ce qui leur permet d'améliorer les conditions de travail (salaires, avantages sociaux, renommée professionnelle). Ces conditions suscitent des attitudes favorables chez les employés (satisfaction par rapport au salaire et à la sécurité d'emploi, satisfaction générale), lesquelles se traduisent par des comportements qui, à leur tour, contribuent à accroître le rendement de l'entreprise.

DU CÔTÉ DE LA RECHERCHE

Satisfaction professionnelle et rendement de l'entreprise : l'œuf ou la poule ?[43]

Un des axes importants de la recherche dans le domaine du comportement organisationnel concerne le rapport susceptible d'être établi entre les attitudes professionnelles et le rendement. Une étude récente menée par Benjamin Schneider et son équipe indique que le lien causal entre ces variables est complexe et mériterait qu'on pousse plus loin la recherche. En se servant de données longitudinales recueillies auprès de grandes sociétés entre 1987 et 1995, les chercheurs ont mesuré le rendement de l'actif, le bénéfice par action (BPA) ainsi que différentes facettes de la satisfaction professionnelle.

L'analyse a montré que la satisfaction des employés relativement au salaire ainsi qu'à la sécurité d'emploi et d'autres avantages sociaux, de même que le contentement général qu'ils retirent de leur travail, avaient un effet sur le rendement futur de l'entreprise. Cependant, il est aussi apparu que le rendement de l'entreprise avait une incidence sur la satisfaction générale des employés, et tout particulièrement en ce qui a trait à la sécurité d'emploi et aux autres avantages sociaux. Selon Schneider et ses collègues, ces résultats signifient que la relation entre les attitudes des employés et le rendement est, à certains égards, réciproque, ce qui contribue à la rendre complexe. Le modèle simplifié reproduit ci-dessous illustre leur analyse.

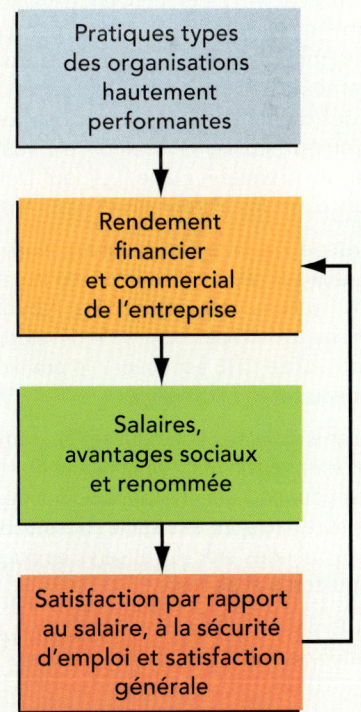

L'éthique en CO

Employés heureux, patients satisfaits[44]

Si Denyze Fournelle et sa famille ont quitté la région de Montréal pour Sherbrooke en 2006, c'est en partie à cause de la bonne réputation du Centre de réadaptation Estrie (CRE). Leur petit dernier, Enzo, 4 ans, est atteint de paralysie cérébrale. « Nous avions entendu parler de la qualité des services du CRE. C'est ce qui a pesé dans la balance quand mon conjoint s'est vu offrir un emploi à Sherbrooke. »

Le couple n'a jamais regretté sa décision. « Les intervenants mettent tout en œuvre pour développer le plein potentiel de notre fils. Ils utilisent même des chiens-guides pour les traitements de physiothérapie ! », dit Denyze Fournelle.

Des clients satisfaits comme ceux-ci, le CRE ne les compte plus. Ce n'est pas le fruit du hasard. Louise Gosselin, directrice du personnel de cet établissement de 290 employés, attribue cette réussite au virage vers l'humanisation des soins et la satisfaction au travail effectué au tournant de l'an 2000. Aux prises avec un manque de personnel, la direction a décidé de devenir un des meilleurs employeurs du Québec. Son calcul : des employés heureux et bien traités ne quittent pas leur emploi, offrent de meilleurs services et se préoccupent davantage du bien-être des patients. « Nous accordons des congés sans solde, des horaires à temps partiel de trois jours par semaine et toutes sortes de demandes spéciales. Nous recevons des candidatures de partout. Les gens rêvent de travailler ici », dit Louise Gosselin. Cela vaut au Centre d'occuper la première place [...] du Défi Meilleurs Employeurs parmi les entreprises de taille moyenne.

Le groupe Planetree lui a servi d'inspiration. Créé aux États-Unis, ce réseau du secteur de la santé prône la qualité des relations interpersonnelles, l'éthique, un environnement de travail valorisant et le développement des connaissances. Le CRE est devenu le premier établissement québécois à en faire partie.

Une série d'actions concrétisent sa nouvelle culture du bien-être au travail : mois de la reconnaissance, midis-hommages pour souligner les bons coups des employés, massages sur chaise, ateliers sur le stress, rabais dans les commerces pour des produits et services qui favorisent le bien-être du corps et de l'esprit.

Le CRE met l'accent sur le respect de la personne et la valorisation de l'intelligence, du jugement et des talents.

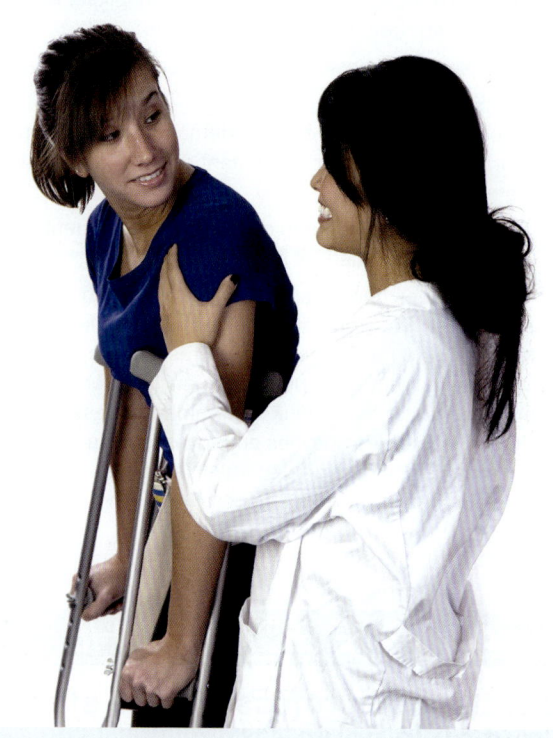

« Après trois mois, on m'avait démontré plus de reconnaissance que pendant les sept années précédentes passées dans le réseau de la santé », dit Martin Ferron, embauché en 2004.

L'an dernier, ce travailleur social a organisé un tournoi de boccia – une discipline paralympique qui ressemble à la pétanque – pour les bénéficiaires hébergés en familles d'accueil. « Cela ne faisait pas partie de mes tâches, mais j'ai pensé que cette activité pouvait améliorer les habiletés sociales des patients », dit-il. Son employeur lui a donné carte blanche. L'évènement a obtenu un succès monstre. D'ailleurs, une deuxième édition a eu lieu depuis. « Ailleurs, je n'aurais même pas osé exprimer cette idée », dit Martin Ferron.

Question

À la lumière de ce qui a été souligné dans ce chapitre au sujet de la satisfaction professionnelle et du rendement, comment pourriez-vous expliquer le taux de rétention de la main-d'œuvre du Centre de réadaptation Estrie, qui s'élève à 96 % ?

GUIDE DE RÉVISION

RÉSUMÉ

Quels sont les fondements des émotions et de l'humeur ?

- Le terme « affect » englobe un large éventail de sentiments que les individus sont susceptibles d'exprimer.
- Les émotions sont des sentiments intenses à l'endroit de quelqu'un ou de quelque chose.
- L'humeur est moins intense que les émotions et ne résulte généralement pas d'un stimulus contextuel.
- Les valeurs sont relativement stables et peuvent avoir une incidence sur les attitudes, les émotions et l'humeur.
- Un peu de la même façon que les valeurs, les attitudes peuvent aussi influer sur l'humeur et les émotions.
- Les émotions sociales sont fondées sur une information extérieure à l'individu et correspondent à des sentiments tels que la pitié, l'envie, le mépris et la jalousie. Les émotions liées à la conscience de soi proviennent de l'intérieur de l'individu et l'aident à réguler ses rapports avec les autres et à y demeurer attentif ; elles comprennent la honte, la culpabilité, la gêne et la fierté.
- Certaines personnes ont une affectivité positive et ont tendance à être optimistes, tandis que d'autres ont une affectivité négative et sont enclines à être démoralisées.

Comment les émotions et l'humeur interviennent-elles concrètement ?

- La théorie des évènements affectifs (TEA) met en relation les caractéristiques de l'emploi, les exigences de l'emploi et le travail émotionnel requis pour faire face aux tracas et aux situations agréables du quotidien. Ces éléments sont liés à des réactions émotionnelles positives et négatives, qui sont elles-mêmes atténuées ou accentuées par la présence d'une affectivité positive ou négative – selon les dispositions personnelles et selon l'humeur –, et finissent par avoir une incidence sur la satisfaction professionnelle et le rendement.
- Le travail émotionnel est un effort pour manifester les émotions attendues par l'organisation lors des échanges interpersonnels qui ont lieu au travail.
- La dissonance émotionnelle, soit l'écart susceptible de survenir entre les émotions qu'on ressent et celles qui répondent aux attentes de l'organisation, implique souvent un jeu en profondeur, par lequel la personne modifie ses véritables sentiments, ou encore un jeu en surface, par lequel elle cherche à les dissimuler.
- L'intelligence émotionnelle est la capacité de capter et de gérer des informations et des signaux émotionnels.
- Les leaders avisés peuvent utiliser certaines émotions pour développer un leadership qui sera perçu comme charismatique.

- La contagion émotionnelle, qui correspond au transfert des émotions d'une personne à une autre, est tout particulièrement importante dans le domaine du service à la clientèle.
- Les dirigeants ont tendance à attendre des femmes, plus que des hommes, qu'elles suppriment leurs sentiments négatifs et accentuent leurs sentiments positifs.
- Les règles de présentation de soi déterminent dans quelle mesure il est approprié, pour les membres de différentes cultures, de manifester leurs émotions.

Qu'est-ce que l'attitude?

- L'attitude est une prédisposition à réagir positivement ou négativement à une situation donnée ou à une personne en particulier. Les attitudes sont influencées par les valeurs, dont la portée est plus générale.
- L'individu tend à éliminer la dissonance cognitive en établissant une certaine cohérence entre ses attitudes et ses comportements.
- L'attitude est importante, puisqu'elle débouche sur une intention comportementale, qui peut ou non se concrétiser, selon les circonstances.

Qu'est-ce que la satisfaction professionnelle?

- La satisfaction professionnelle est le sentiment positif que le travailleur éprouve, à divers degrés, à l'égard de son emploi et de son milieu de travail ; si ce sentiment est négatif, on parlera d'insatisfaction professionnelle.
- Les aspects les plus souvent associés à la satisfaction ou à l'insatisfaction professionnelle sont la rémunération, les conditions de travail, la qualité de l'encadrement, les collègues et les tâches proprement dites.
- Trois points de vue s'affrontent en ce qui a trait au lien entre le rendement et la satisfaction professionnelle : la satisfaction entraîne le rendement ; le rendement entraîne la satisfaction ; les récompenses améliorent à la fois le rendement et la satisfaction.
- Une étude longitudinale menée à l'aide de données recueillies auprès de grandes sociétés a montré que les pratiques attribuées aux organisations hautement performantes amènent les entreprises à avoir un rendement financier et commercial supérieur, ce qui leur permet d'améliorer les conditions de travail (salaires, avantages sociaux, renommée professionnelle). Ces conditions suscitent des attitudes favorables chez les employés (satisfaction par rapport au salaire et à la sécurité d'emploi, satisfaction générale), ce qui, en retour, contribue à accroître le rendement de l'entreprise.

MOTS CLÉS

Affect	p. 72	Contagion émotionnelle	p. 79
Affectivité négative	p. 75	Croyance	p. 82
Affectivité positive	p. 75	Dissonance cognitive	p. 84
Attitude	p. 82	Dissonance émotionnelle	p. 76
Composante affective d'une attitude	p. 82	Émotion	p. 72
Composante cognitive d'une attitude	p. 82	Émotion liée à la conscience de soi	p. 74
Composante comportementale d'une attitude	p. 83	Émotion sociale	p. 75
		Humeur	p. 72

Insatisfaction professionnelle	p. 84	Règles de présentation de soi	p. 77
Jeu en profondeur	p. 77	Satisfaction professionnelle	p. 84
Jeu en surface	p. 77	Travail émotionnel	p. 76

ÉVALUATION DES CONNAISSANCES

QUESTIONS À CHOIX MULTIPLE

1. L'émotion _____ **a)** est un terme générique qui englobe un large éventail de sentiments que les individus sont susceptibles d'exprimer. **b)** est un sentiment intense à l'endroit de quelqu'un ou de quelque chose. **c)** est moins brève que l'humeur. **d)** est plus stable que les valeurs.

2. Les émotions et l'humeur influent sur _____ **a)** les attitudes. **b)** les aptitudes. **c)** l'environnement. **d)** les tendances démographiques.

3. Les émotions sociales _____ **a)** ont une source externe. **b)** s'expriment par de la joie. **c)** ont une source interne. **d)** comprennent la pitié et la gaieté.

4. La théorie des évènements affectifs _____ **a)** est une autre façon de désigner le travail émotionnel. **b)** intègre les tracas et les situations agréables du quotidien. **c)** fait uniquement référence aux réactions positives. **d)** est une autre façon de désigner l'intelligence émotionnelle.

5. Le jeu en profondeur _____ **a)** est une tentative de modifier ses sentiments intimes en fonction des règles de présentation de soi. **b)** consiste à évaluer et à reconnaître les émotions des autres. **c)** est une composante importante de l'intelligence. **d)** apparaît lié à la force physique.

6. Le leadership _____ **a)** intègre les émotions dans sa dimension charismatique. **b)** établit une relation entre le charisme et la théorie des évènements affectifs. **c)** est directement lié à la dissonance émotionnelle. **d)** est assimilable aux règles de présentation de soi.

7. Les émotions_____ **a)** résultent toujours d'une contagion émotionnelle. **b)** sont exprimées de la même façon par les Chinois de Taiwan et ceux de la Chine continentale. **c)** font ressortir les règles de présentation de soi. **d)** varient d'une culture à l'autre.

8. Les attitudes des individus _____ **a)** tendent à refléter leurs valeurs. **b)** sont plus fortes que leurs valeurs. **c)** n'ont aucun lien avec leur comportement. **d)** sont de portée plus générale que leurs valeurs.

9. Les attitudes _____ **a)** sont dirigées vers des personnes ou des situations déterminées. **b)** n'ont pas à être saisies par déduction. **c)** sont des comportements tangibles. **d)** sont des aptitudes.

10. Les antécédents et la manifestation d'une attitude _____ **a)** représentent sa composante non cognitive. **b)** sont directement liés. **c)** ont peu d'importance du point de vue du comportement organisationnel. **d)** sont liés d'autant plus étroitement que l'expérience de l'individu par rapport à l'attitude en question est grande.

11. Le terme « dissonance cognitive » _____ **a)** décrit le sentiment qu'éprouve l'individu lorsqu'il y a cohérence entre son attitude et son comportement. **b)** décrit le malaise que ressent l'individu lorsqu'il y a contradiction

entre son attitude et son comportement. **c)** fait référence uniquement aux émotions ressenties par l'individu. **d)** renvoie aux règles de présentation de soi.

12. La satisfaction professionnelle _____ **a)** est étroitement liée au rendement. **b)** n'est liée que de façon très discontinue au rendement. **c)** est liée au rendement en raison de l'influence des valeurs. **d)** n'est pas une variable prédictive juste du rendement.

13. La satisfaction professionnelle _____ **a)** ne comporte pas différentes facettes. **b)** comprend notamment le rendement. **c)** est une aptitude au travail. **d)** est liée de façon complexe au rendement.

14. La satisfaction professionnelle _____ **a)** doit préférablement être évaluée à un point précis dans le temps. **b)** fait ressortir la dissonance cognitive. **c)** peut être en relation réciproque avec l'atteinte d'un rendement élevé qui a été suivi de récompenses perçues comme équitables. **d)** est habituellement associée au capital intellectuel.

15. Le rendement _____ **a)** peut entraîner la satisfaction professionnelle si des récompenses adéquates y sont associées. **b)** est moins important que la satisfaction professionnelle. **c)** est plus important que l'aptitude au travail. **d)** est lié à la taille de l'individu.

QUESTIONS À RÉPONSE BRÈVE

16. Quels liens peut-on établir entre les affects, les émotions, l'humeur, les attitudes et les valeurs ?
17. En quoi se comparent et se distinguent les aspects positifs et négatifs de la colère et de l'empathie ?
18. À quoi se rapportent les cinq critères de la satisfaction professionnelle et quelle est leur importance ?
19. De quelle façon le phénomène de la dissonance cognitive est-il lié aux attitudes ?

QUESTION À DÉVELOPPEMENT

20. Ayant l'impression que « des employés satisfaits sont des employés productifs », votre patron vous demande de vérifier ce qu'il en est. Rédigez à son intention un rapport succinct accompagné de vos recommandations.

LE CO DANS LE FEU DE L'ACTION

Pour ce chapitre, nous vous suggérons les activités suivantes du *Cahier d'apprentissage en CO* (voir p. C1) :

Étude de cas	Exercices	Autoévaluations
4. SAS	4. Que valorisez-vous particulièrement dans un travail ? 5. Mon actif 8. Les préjugés au quotidien	4. Indice de préparation à la mondialisation 5. Valeurs personnelles

 www.erpi.com/schermerhorn

Vous trouverez dans le Compagnon Web du manuel les réponses aux questions d'évaluation des connaissances du chapitre ainsi que les autoévaluations en mode interactif.

LA PERCEPTION, L'ATTRIBUTION ET L'APPRENTISSAGE

CHAPITRE 4

Plusieurs organisations, notamment celles de l'industrie des technologies de l'information dont il est question dans l'introduction de ce chapitre, sont extrêmement préoccupées par leur image et souhaitent faire évoluer les perceptions qui s'y rapportent. Ce chapitre traite, dans un premier temps, des processus de perception et d'attribution, et aborde ensuite les théories du renforcement et de l'apprentissage social.

OBJECTIFS D'APPRENTISSAGE

Après l'étude de ce chapitre, vous devriez être en mesure:
- de décrire le processus de perception;
- de définir les principales erreurs de perception;
- de discuter de la gestion du processus de perception;
- d'expliquer le processus d'attribution;
- d'expliquer et de distinguer les diverses perspectives en matière d'apprentissage individuel.

PLAN DU CHAPITRE

LE PROCESSUS DE PERCEPTION
Les facteurs qui influent sur le processus de perception
Les étapes du processus de perception
Les réactions au processus de perception

LES ERREURS DE PERCEPTION LES PLUS RÉPANDUES
Le stéréotype ou le cliché
L'effet de halo
La perception sélective
La projection
L'effet de contraste
La prophétie qui se réalise

LA GESTION DU PROCESSUS DE PERCEPTION
La gestion des impressions
La gestion des erreurs de perception

LE PROCESSUS D'ATTRIBUTION
L'importance de l'attribution
Les erreurs d'attribution
Les différences interculturelles en matière d'attribution

L'APPRENTISSAGE INDIVIDUEL
Le renforcement
L'apprentissage social

GUIDE DE RÉVISION

« Tout est dans le regard de celui qui regarde. »

À bas les nerds![1]

Un nerd à lunettes accro à son ordinateur et incapable du moindre contact social.

Le stéréotype d'un travailleur dans l'industrie des technologies de l'information (TI) n'est guère flatteur. Les entreprises en TI veulent lutter contre ces préjugés qui les privent de milliers de nouveaux employés chaque année dans un contexte de pénurie de main-d'œuvre.

Leur prochaine campagne de recrutement sera bâtie en fonction d'un seul objectif: éloigner les nerds de leur milieu de travail. «Nous ne voulons pas de nouveaux geeks», dit David Ticoll, directeur exécutif de la Coalition canadienne pour une relève en technologies de l'information, un organisme créé par Bell Canada en 2007.

La Coalition regroupe aujourd'hui une soixantaine de membres, des employeurs comme des universitaires du milieu des TI.

La Coalition milite pour la création d'une nouvelle profession hybride entre la gestion et les technologies de l'information. David Ticoll souhaite que le Canada s'inspire de l'Angleterre, qui a créé des programmes universitaires en gestion des technologies de l'information. «Seulement le quart des cours portent sur les technologies de l'information, dit-il. Le reste des cours traitent d'administration, de leadership, de gestion de projets.»

La Coalition prévoit que l'industrie des TI aura besoin de 150 000 nouveaux emplois au cours des huit prochaines années. Malgré cette manne de nouveaux emplois, David Ticoll prévoit le déclin des geeks traditionnels. Ceux-ci seront remplacés peu à peu par des diplômés polyvalents qui ont des connaissances autant en gestion qu'en TI.

«Il y a un paradoxe dans notre industrie, dit David Ticoll. Les gens qui étudient seulement en technologies de l'information ont parfois de la misère à se trouver un emploi. En même temps, les employeurs manquent de personnes qui comprennent à la fois les technologies de l'information et le monde des affaires. Nous avons un besoin urgent de cette dernière catégorie de gens.»

Les difficultés de recrutement du secteur des TI ne se résument pas seulement à un problème d'image. Jadis considérées comme un domaine d'avenir, les TI font aujourd'hui partie de notre vie quotidienne.

> «Les entreprises en TI veulent lutter contre ces préjugés qui les privent de milliers de nouveaux employés...»

«Les TI ne sont plus glamour, dit David Ticoll. Les jeunes sont sur Facebook à longueur de journée. Les TI ne sont plus un domaine d'études unique comme autrefois. Les jeunes préfèrent aussi peut-être des carrières plus stables comme la médecine et l'ingénierie. En technologies de l'information, il est aussi difficile de prévoir notre environnement de travail à long terme.»

Afin de stimuler sa relève, la Coalition lancera une semaine nationale des technologies de l'information dans cinq villes du Canada, dont Montréal.

L'objectif est de faire connaître les technologies de l'information aux étudiants des écoles secondaires et des cégeps du pays qui choisiront bientôt leur avenir professionnel. […]

L'exemple présenté ci-dessus souligne l'importance croissante des perceptions, tout comme celle de l'attribution et de l'apprentissage, qui leur sont apparentés. Ce chapitre vise à assurer une meilleure compréhension de ces processus.

LE PROCESSUS DE PERCEPTION

> **Perception**
> Processus par lequel nous sélectionnons, organisons, interprétons et récupérons l'information que nous transmet notre environnement

La **perception** réfère au processus par lequel nous sélectionnons, organisons, interprétons et récupérons l'information qui nous parvient de notre environnement, pour ensuite y réagir[2]. Cette information, nous la recueillons à l'aide de nos cinq sens – la vue, l'ouïe, le toucher, le goût et l'odorat. Perception et réalité ne se correspondent pas nécessairement. Deux personnes qui vivent un même évènement peuvent en avoir une perception très différente et y réagir tout à fait différemment.

Au cours du processus de perception, nous traitons l'information reçue et nous y réagissons par des impressions et des actions. Ce phénomène nous permet de nous faire une opinion sur nous-mêmes, sur autrui et sur les évènements de la vie quotidienne. Il sert également de filtre, tamisant l'information avant qu'elle ne nous parvienne et influe sur nous. La qualité ou la justesse des perceptions d'un individu a donc des conséquences majeures sur les décisions qu'il prend dans telle ou telle situation.

La perception et les réactions des cadres d'une organisation peuvent être nettement différentes de celles de leurs subordonnés. Examinez la **figure 4.1**, qui fait ressortir les divergences de perception entre cadres et subordonnés en matière d'évaluation du rendement. Vous constaterez que l'écart entre la perception des uns et des autres est éloquent. Dans ce cas précis, les cadres ont l'impression de s'être suffisamment penchés sur des points comme le rendement antérieur de leurs subordonnés, leur cheminement professionnel et l'appui dont ils ont besoin; par conséquent, ils ne reviendront probablement plus sur ces sujets dans les prochaines entrevues d'évaluation du rendement. Leurs subordonnés risquent d'en éprouver une frustration croissante, puisqu'ils estiment, de leur côté, qu'on a accordé trop peu d'attention à ces questions.

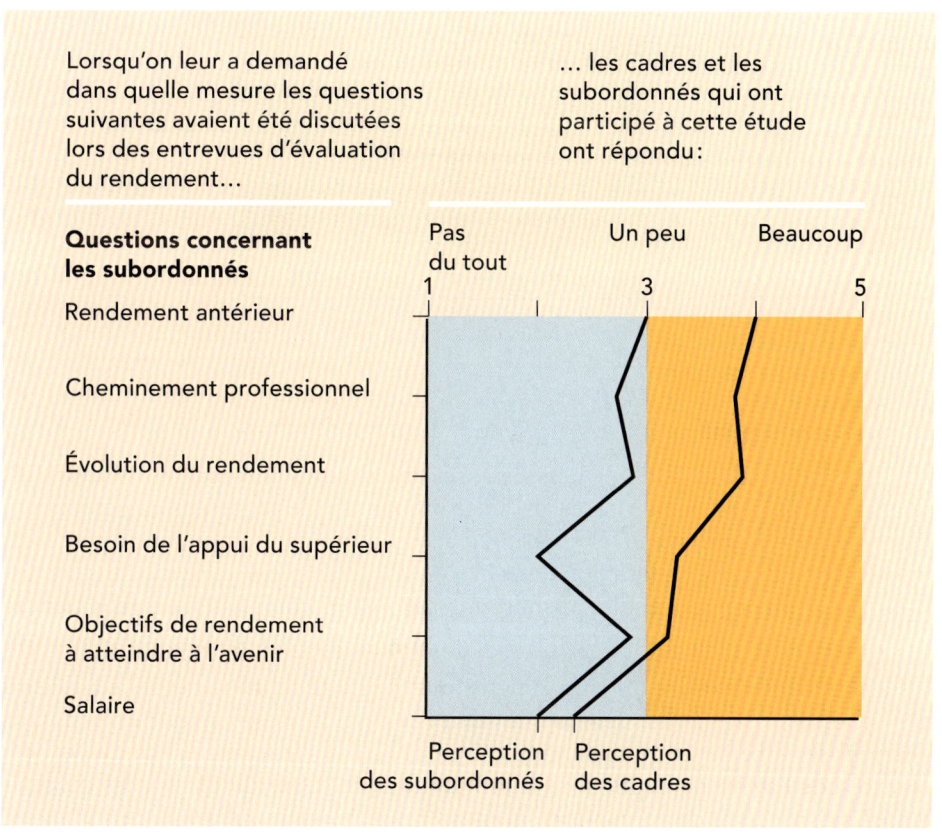

Figure 4.1 Les divergences de perception entre des cadres et leurs subordonnés : le cas des entrevues d'évaluation du rendement

LES FACTEURS QUI INFLUENT SUR LE PROCESSUS DE PERCEPTION

Comme le montre la **figure 4.2**, les caractéristiques de l'*agent perceptif* (celui qui perçoit), celles du *cadre de perception* (le contexte, l'environnement) et celles de l'*objet* (la personne, la chose, l'évènement) sont autant de facteurs qui influent sur le processus de perception et qui contribuent aux différences de perception en milieu de travail.

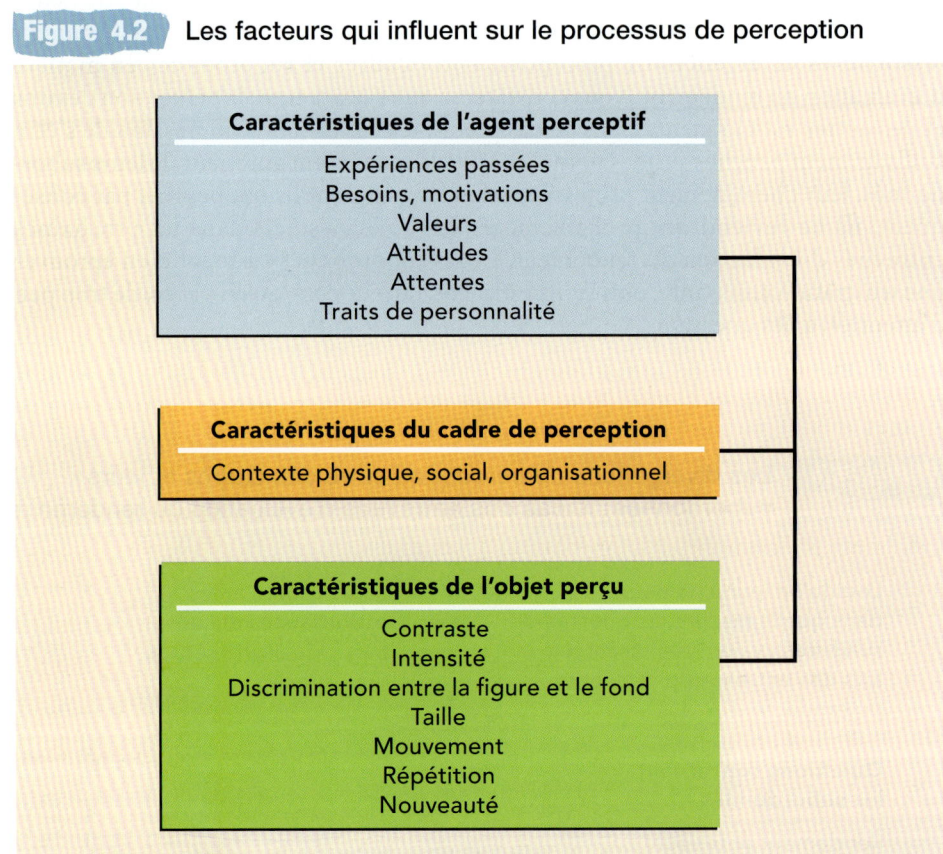

Figure 4.2 Les facteurs qui influent sur le processus de perception

L'agent perceptif

Les expériences passées d'une personne, ses attentes, ses besoins, ses motivations, sa personnalité, ses valeurs et ses attitudes influent sur le processus de perception. La personne qui éprouve un fort besoin d'accomplissement est encline à percevoir une situation donnée en fonction de ce besoin. Par exemple, si elle voit dans la réussite scolaire un bon moyen de satisfaire son besoin d'accomplissement, elle tiendra compte de la probabilité de bien réussir lorsqu'elle fera son choix de cours.

Dans le même ordre d'idées, la personne qui a une attitude négative à l'égard des syndicats réagira mal dès que des délégués syndicaux mettront le pied dans l'entreprise, ne serait-ce que pour une visite de routine. Ces caractéristiques, et bien d'autres, de l'agent perceptif sont autant de facteurs qui influent sur les diverses étapes du processus de perception décrites à la section suivante.

Le cadre de perception

Le contexte physique, social ou organisationnel peut également influer sur le processus de perception. Une personne au tempérament bouillant à qui il arrive de s'emporter peut être perçue comme très menaçante dès lors qu'elle devient chef de la direction. Le contexte ayant changé, ses accès de colère, qui ne portaient pas trop à conséquence jusque-là, peuvent intimider ses subalternes au point qu'ils craignent d'exprimer leurs opinions ou leurs recommandations. C'est précisément ce qui s'est passé avec Kim Jeffrey, président-directeur général de la division nord-américaine de Nestlé Waters ; cependant, une fois qu'il a été informé de la situation, il est parvenu à changer la perception négative que ses subordonnés avaient de lui[3].

L'objet perçu

L'objet – la personne, la chose ou la situation – est perçu différemment selon plusieurs paramètres, qui jouent tous un rôle déterminant sur la perception.

- *Le contraste*   On remarque plus vite un homme au milieu d'un groupe de femmes qu'au milieu d'autres hommes, et on le perçoit différemment ; il en va de même d'un ordinateur Macintosh au milieu d'une demi-douzaine de IBM.

- *L'intensité*   L'intensité peut varier, notamment sur les plans de la brillance, de la couleur et du son. Une voiture rouge se détache d'autres véhicules de couleur sombre ; un murmure ou un cri détonne dans une conversation courante.

- *La discrimination entre la figure et le fond*   L'objet de la perception ressort toujours dans un environnement donné ; ce à quoi on prête attention, la *figure*, se détache de ce qui l'entoure, le *fond*. Distinguer ce qui appartient à la figure et ce qui relève du fond permet d'observer plus facilement des personnes et des choses lorsque l'environnement est très chargé. Jetez un coup d'œil à la **figure 4.3**. Voyez-vous deux profils ou un vase ? Cela dépend sur quelle partie vous focalisez votre attention, de ce qui représente pour vous la figure : la partie blanche ou la partie noire.

- *La taille*   Plus un objet est grand, plus il a de chances d'être perçu. On remarque plus vite une personne de grande taille qu'une personne de taille moyenne, et on la perçoit différemment.

- *Le mouvement*   En général, l'objet en mouvement attire davantage l'attention que l'objet immobile.

- *La répétition*   Plus le stimulus est répété, plus il a de chances d'être perçu. Les publicitaires en savent quelque chose…

- *La nouveauté*   Enfin, la nouveauté d'une situation – son caractère inédit, son originalité – influe sur notre perception. On remarque plus vite une adolescente aux cheveux mauves qu'une blonde ou une brune, et on la perçoit autrement.

Si l'objet de la perception est un être humain, des facteurs particuliers influeront sur le processus de perception.

- *Les caractéristiques sociodémographiques*   L'âge, le sexe, l'origine ethnoculturelle et la profession d'une personne, entre autres éléments, influent sur la perception qu'on a d'elle. Ainsi, quelqu'un qui fait preuve d'autorité et d'audace sera perçu différemment selon qu'il s'agit d'un homme ou d'une femme, selon qu'il est jeune ou âgé, etc.

Figure 4.3

La discrimination entre la figure et le fond

■ *L'apparence générale et le comportement* La tenue vestimentaire, les gestes, la posture, les expressions faciales et le timbre de la voix sont autant de facteurs qui influent sur la perception qu'on a d'une personne. Lors d'une entrevue de sélection, le candidat qui porte un jean sera perçu différemment de celui qui a revêtu un costume élégant; on pourra penser du premier qu'il est irrespectueux, impertinent et contestataire. Par ailleurs, un candidat souriant, qui regarde son interlocuteur bien en face avec des yeux pétillants, sera probablement perçu comme dynamique et déterminé, ce qui ne sera probablement pas le cas de celui qui arrive en traînant les pieds, qui s'affale sur un fauteuil et qui répond avec un regard fuyant et un visage crispé.

LES ÉTAPES DU PROCESSUS DE PERCEPTION

Maintenant que nous avons passé en revue les facteurs clés qui influent sur le processus de perception, penchons-nous sur les étapes du traitement de l'information qui déterminent la perception d'une personne ainsi que ses réactions à cette perception. Comme vous pouvez le voir à la **figure 4.4**, ce processus comporte quatre étapes : l'attention et la sélection, l'organisation, l'interprétation et la récupération de l'information.

Figure 4.4 Le processus de perception

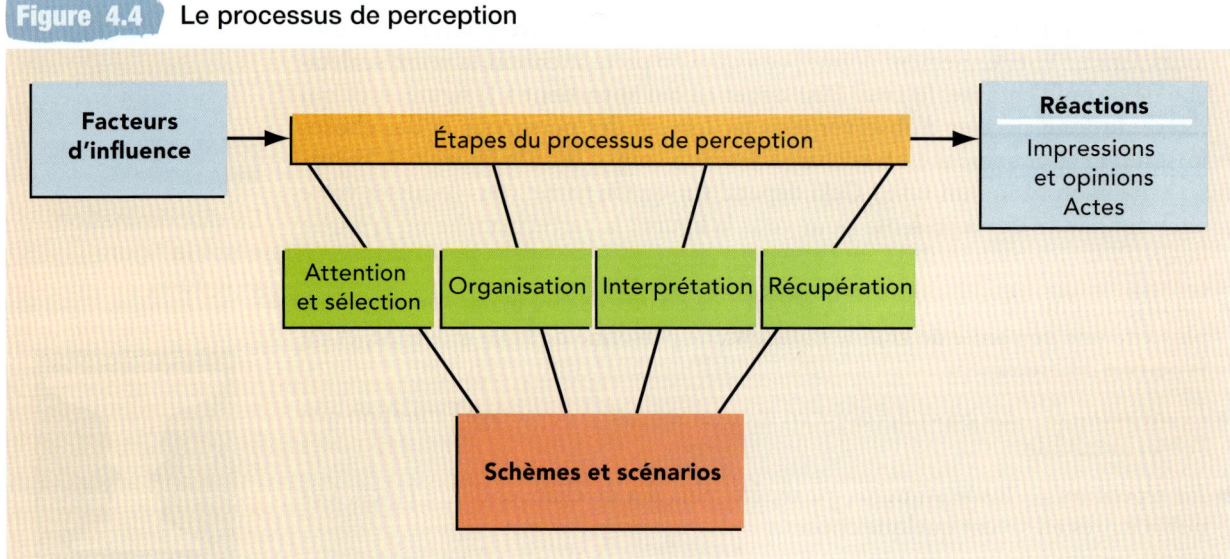

L'attention et la sélection

Pour éviter d'être submergé par la prodigieuse quantité d'information que lui transmettent ses sens – et qu'il serait bien incapable de traiter dans sa totalité –, l'être humain doit la filtrer. Ce *filtrage sélectif* ne laisse passer qu'une infime portion des données fournies par l'environnement.

La sélection se fait en partie par un traitement volontaire et maîtrisé de l'information, au cours duquel l'individu décide de prendre en considération certaines données et d'en écarter d'autres. Il s'agit d'un processus conscient: pensez, par exemple, à la façon dont vous filtrez les bruits qui vous assaillent dans un restaurant achalandé afin d'accorder toute votre attention à votre interlocuteur.

Mais cette opération de filtrage peut aussi survenir sans qu'on s'en rende compte. Par exemple, une personne au volant d'une voiture n'a pas conscience de toutes les opérations mentales qu'implique la conduite automobile. Elle peut très bien réfléchir à un problème, à un projet ou à une conversation, tout en recevant, par ailleurs, de l'information considérable sur la circulation: les feux de signalisation, le mouvement des autres véhicules, des cyclistes et des piétons, etc. Le cerveau du conducteur traite toutes ces données sans qu'il y prête attention. S'il survient un évènement qui sort de l'ordinaire – un animal s'élance brusquement sur la route, par exemple –, le filtrage de l'information change de mode: il passe du traitement automatique au traitement contrôlé, ce qui permet d'éviter un accident. Cette réaction, qu'on observe dans de nombreuses situations, s'expliquerait, selon les psychologues, par le fait que le cerveau accorde alors davantage d'attention aux *changements* de stimuli qu'aux stimuli stables.

L'organisation

Après l'étape de l'attention, où l'information est filtrée, il faut trouver des façons d'organiser efficacement les données sélectionnées. C'est là qu'interviennent les ***schèmes***, ces cadres cognitifs qui correspondent à la connaissance, structurée par le temps et l'expérience, qu'a l'individu d'un concept ou d'un stimulus donné[4]. Ainsi, le *schème de soi* (image de soi) englobe l'information que chacun possède sur son apparence, son comportement et sa personnalité. La personne dont le schème de soi est marqué par l'esprit de décision sera portée à se percevoir en fonction de cette caractéristique, surtout dans des situations qui exigent du leadership.

Bien entendu, les schèmes de perception ne s'appliquent pas qu'à soi. Les *schèmes de l'autre* concernent la catégorisation que chacun opère à l'égard des autres, les classant en types, en groupes, en styles, etc., selon des caractéristiques perçues comme analogues. On utilise souvent le terme *cliché* ou *stéréotype* pour désigner ces concepts rudimentaires – ces « idées toutes faites » – constitués de caractéristiques souvent associées à tous les membres d'une catégorie. Une fois ces stéréotypes formés, ils sont stockés dans la mémoire à long terme; au besoin, l'individu pourra les retrouver afin de vérifier dans quelle mesure les caractéristiques de telle ou telle personne correspondent à celles de la catégorie à laquelle il l'associe. Ainsi, le cadre qui s'est composé un stéréotype du *salarié performant* – travailleur acharné, intelligent, ponctuel, s'exprimant bien et capable de prendre des décisions – fera appel à cet archétype lorsqu'il voudra évaluer un membre de son personnel. Nous l'avons vu au chapitre 2, les stéréotypes sont des opinions préconçues sur une catégorie d'individus, opinions généralement fondées sur des caractéristiques sociodémographiques comme l'âge, le sexe, la race, l'origine ethnoculturelle ainsi que l'état physique et mental.

Les schèmes s'appliquent également aux situations. L'individu se fait des *scénarios*, c'est-à-dire des cadres cognitifs établissant la *séquence* attendue des évènements dans telle ou telle situation[5]. Le gestionnaire chevronné utilise des scénarios de ce type pour répéter mentalement les étapes d'une réunion importante, par exemple.

▸ **Schème**
Cadre cognitif qui correspond à la connaissance, structurée par le temps et l'expérience, qu'a l'individu d'un concept ou d'un stimulus donné

DU CÔTÉ DE LA RECHERCHE

Les perceptions relatives au soutien de l'organisation et du superviseur et leurs effets sur le rendement des subordonnés[6]

Les chercheurs Linda Rhoades et Robert Eisenberger ont examiné l'hypothèse selon laquelle les perceptions des superviseurs relativement au soutien qui leur est offert par leur organisation les amèneraient à manifester un soutien similaire à l'égard des subordonnés, ce qui aurait des effets positifs sur la façon dont ces derniers perçoivent leurs superviseurs et l'organisation, de même que sur plusieurs aspects de leur rendement. Dans le cadre de cette recherche, 248 employés à plein temps d'une grande chaîne d'appareils électroménagers et électroniques ont participé à une enquête effectuée durant leurs heures de travail. Les chercheurs ont également interrogé 71 superviseurs des employés ayant participé à l'étude.

Les résultats ont largement confirmé l'hypothèse des chercheurs et appuyé les arguments avancés : la notion de soutien organisationnel doit être élargie afin d'inclure le soutien aux employés subalternes, en tant que moyen permettant aux superviseurs de percevoir favorablement, en retour, la façon dont ils sont traités par l'organisation. La perception des superviseurs selon laquelle l'organisation valorise leur contribution et se soucie de leur bien-être semble, en effet, liée à la perception, du côté des subordonnés, d'un soutien de la part du superviseur. En retour, il est apparu que ce soutien était lié à la perception, du côté des employés, d'un soutien de la part de l'organisation, ce qui influait sur leur rendement, tant dans le cadre de leurs fonctions (par exemple, l'employé satisfait aux exigences de l'emploi) qu'à l'extérieur de ce cadre (par exemple, l'employé ne se limite pas à sa tâche et aide une personne nouvellement embauchée).

Cette découverte démontre que l'appui des organisations à l'endroit de leurs superviseurs est utile non seulement parce qu'il permet d'accroître la perception favorable des subordonnés à l'égard du soutien de l'organisation, mais parce qu'il influe également positivement sur le rendement des employés. Les perceptions, tant celles des superviseurs que des subordonnés, revêtent par conséquent une grande importance.

La perception des employés quant au soutien de la part de leur superviseur s'avère une variable intermédiaire entre, d'une part, la perception des superviseurs par rapport au soutien de l'organisation et, d'autre part, la perception des subordonnés par rapport au soutien de l'organisation. Cette variable influe également sur le rendement des subordonnés, que ce soit à l'intérieur ou à l'extérieur du cadre de leurs fonctions.

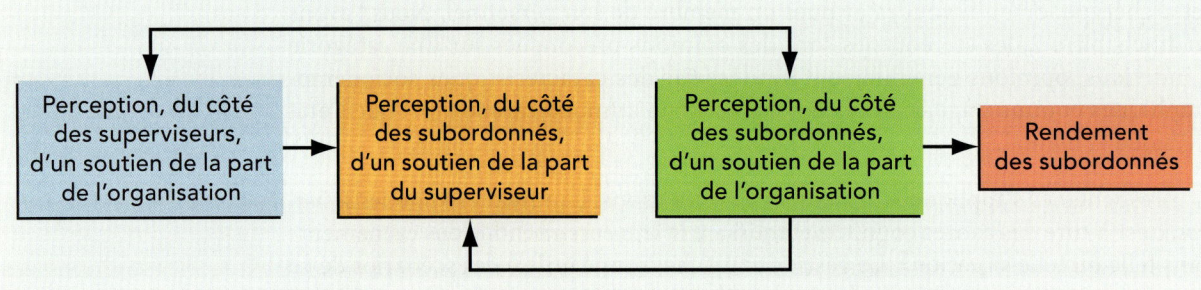

Enfin, on observe des schèmes sur les *personnes en situation*; plus globaux, ils combinent schèmes de soi, schèmes de l'autre et scénarios[7]. Ainsi, un gestionnaire pourrait organiser l'information qu'il perçoit au cours d'une réunion en fonction de l'image qu'il a de lui et de l'image qu'il a d'un élément clé du groupe relativement à l'esprit de décision. Dans cette situation, le *scénario* lui fournirait les étapes de la réunion et leur séquence : il procéderait avec fermeté et ferait accepter ses décisions à la hâte (schème de soi) et, de temps à autre, il ferait appel au participant connu pour son esprit de décision (schème de l'autre) afin qu'il réagisse résolument.

Notons que si cette approche peut faciliter l'organisation de l'information importante, elle risque de fausser les perceptions qu'on a des autres participants. Ainsi, dans notre exemple, le schème *personnes en situation* du gestionnaire relatif à l'esprit de décision ne laisse pas assez de temps et de latitude aux autres participants pour permettre une discussion franche et ouverte.

Si vous retournez à la figure 4.4, vous pourrez constater que les schèmes et scénarios ont un effet important non seulement à l'étape de l'organisation, mais aussi à toutes les autres étapes du processus de perception. Ajoutons qu'ils reposent largement sur un *traitement automatique* de l'information, de manière à permettre aux gens de se concentrer sur un *traitement contrôlé* lorsqu'il le faut. Retenons enfin que les divers facteurs qui influent sur le processus de perception influent également sur ces schèmes et scénarios, de même que les erreurs de perception, auxquelles nous consacrerons la prochaine section de ce chapitre.

L'interprétation

Une fois que certains stimuli ont retenu notre attention, et que notre cerveau a organisé et classé les données reçues, nous cherchons à découvrir les raisons qui sous-tendent un comportement ou une réaction. En effet, même si notre attention retient la même information qu'une autre personne et même si nous l'organisons exactement comme elle, il se peut que nous l'interprétions tout autrement ou que nous lui *attribuions* des causes tout à fait différentes. Prenons l'exemple du salarié qui fait un compliment à un supérieur hiérarchique ; ce dernier pourra *attribuer* cette attitude amicale à l'enthousiasme sincère de son subordonné, tandis qu'un collègue témoin de la scène pourra l'interpréter comme une flatterie hypocrite.

La récupération

Parler des étapes du processus de perception comme si elles se succédaient de façon ininterrompue – ce que nous avons fait jusqu'ici – serait ignorer le rôle crucial de la mémoire dans ce processus. En effet, chacune des trois étapes que nous venons de décrire alimente notre mémoire en y stockant des stimuli et des données. Mais, pour pouvoir utiliser l'information en mémoire, il nous faut d'abord la récupérer ; c'est la dernière étape du processus de perception (voir la figure 4.4).

Il arrive fréquemment que nous soyons incapables de récupérer dans notre mémoire de l'information qui y est pourtant stockée. Notre mémoire flanche : nous retrouvons une partie de l'information, mais le reste nous échappe. Les schèmes et les scénarios contribuent à ce phénomène en rendant plus difficiles à retenir les données qui n'en font pas partie. Par exemple, le cadre qui s'est composé un stéréotype du *salarié performant* risque, lorsqu'il évalue un subalterne qu'il considère généralement comme un *bon travailleur*, de surestimer chez lui la présence des caractéristiques clés qu'il associe à son stéréotype – travailleur acharné, intelligent, ponctuel, s'exprimant bien et capable de prendre des décisions – et de sous-estimer d'autres caractéristiques qui n'y sont pas associées.

De fait, les gens peuvent se « souvenir » tout aussi bien de traits qui n'existent pas que de traits bel et bien réels. Qui plus est, une fois établis, clichés et stéréotypes sont particulièrement tenaces. De toute évidence, ces erreurs de perception qui faussent le jugement peuvent avoir de lourdes conséquences sur les plans de l'évaluation du

DES LEADERS PARLENT DE LEADERSHIP

La première dame de Desjardins, banquière et virtuose[8]

Elle est devenue la femme de finance la plus puissante du pays. Un accomplissement remarquable que salue le journal *Les Affaires*, en choisissant Monique F. Leroux comme Personnalité de l'année.

La récipiendaire reçoit cet hommage avec l'humilité de ceux qui sont habitués aux honneurs et aux premières.

Mme Leroux, 54 ans, a toujours été une pionnière. Comptable de formation, elle est la première femme nommée associée chez Ernst & Young, à l'âge de 34 ans. Plus tard, elle préside l'Ordre des comptables agréés, une première présidence féminine en près de 115 ans d'existence.

Sa victoire surprise à la tête du mouvement coopératif lui a valu la publication de multiples portraits dans les médias.

« Conservatrice visionnaire, artiste rationnelle et fonceuse prudente », a dit d'elle, dans le magazine *L'actualité*, Charles Sirois, qui vient lui-même d'être nommé président du conseil de la Banque CIBC.

« Dynamique, passionnée et chaleureuse », souligne pour sa part Daniel McMahon, président et chef de la direction de l'Ordre des comptables agréés, dans la revue *Commerce*.

D'autres retiennent sa rigueur, son pragmatisme et son sens de l'organisation. « Je me promène avec un petit cahier dans lequel je note des réflexions ou les rencontres que je fais », nous dit-elle, brandissant l'objet pendant l'entrevue par vidéoconférence.

Invitée à se décrire elle-même, la femme d'affaires au sourire éclatant parle de son amour des gens, de son optimisme face à la vie et de son ardeur au travail.

Le blues de la businesswoman ? Elle ne connaît pas, car elle est une artiste accomplie. Sa virtuosité au piano a fasciné les journalistes. Tous ont souligné qu'elle avait fait le conservatoire.

Ses journées de pdg sont bien remplies, ponctuées d'allers-retours entre ses bureaux de Montréal et de Lévis, où se trouve le siège social de Desjardins. En dépit d'un agenda surchargé, la mère de famille prend le temps, à son réveil, de planifier la journée d'école avec sa fille Anne-Sophie, 12 ans.

L'ancienne cadre de la Banque Royale et de Quebecor reste une outsider. Entrée chez Desjardins sur le tard, elle a d'abord occupé la vice-présidence de la division assurances, en 2001, avant de devenir chef de la direction financière du Mouvement, en 2004.

« J'apporte une expertise complémentaire. Ailleurs, j'ai travaillé au Canada et avec des sociétés internationales », dit celle qui se donne comme objectif de faire croître Desjardins en Ontario. La proportion des revenus réalisés hors Québec atteint 22 %. Mme Leroux vise 50 %.

Son élection ne doit absolument rien à la chance. Elle s'y est investie avec l'énergie que ses collaborateurs lui connaissent au travail.

Son oreille de musicienne, elle s'en est servie pour écouter. Elle a appelé personnellement une, deux, voire jusqu'à trois fois tous les membres du collège électoral qui ont accepté d'être sollicités. […]

Question

Quelles qualités correspondent à votre propre stéréotype d'un bon leader ?

rendement et de la promotion, comme sur tout le reste d'ailleurs. Il ne faut donc jamais oublier que les schèmes qui nous aident à synthétiser et à gérer la surabondance de l'information sont une arme à double tranchant.

LES RÉACTIONS AU PROCESSUS DE PERCEPTION

Depuis le début de ce chapitre, nous avons montré comment le processus de perception influe sur d'innombrables réactions humaines en milieu organisationnel, réactions qui se manifestent par des *impressions*, des *opinions* et des *actes* (voir la figure 4.4). Par exemple, dans certains pays, comme au Mexique, on trouve tout à fait normal qu'un patron salue tous les jours sa secrétaire en l'embrassant sur la joue. Ailleurs, le même geste pourrait susciter des *impressions* et des *opinions* fort différentes ; ainsi, on pourrait facilement le percevoir comme une forme de harcèlement sexuel. Nous vous invitons, en lisant les chapitres qui suivent, à ne jamais perdre de vue l'importance des réactions au processus de perception.

LES ERREURS DE PERCEPTION LES PLUS RÉPANDUES

Les types les plus courants d'erreurs de perception qui peuvent influer sur les réactions humaines en faussant le processus sont, comme le montre la **figure 4.5**, le stéréotype (ou cliché), l'effet de halo, la perception sélective, la projection, la prophétie qui se réalise – aussi appelée l'*effet Pygmalion* ou l'*effet Rosenthal* – et l'effet de contraste.

LE STÉRÉOTYPE OU LE CLICHÉ

Nous avons mentionné, à propos des schèmes de l'autre, que les stéréotypes peuvent nous aider à synthétiser et à gérer la surabondance d'information. Par contre, ils risquent aussi d'altérer le processus de récupération de l'information, d'obscurcir le

Figure 4.5 Les erreurs de perception aux diverses étapes du processus

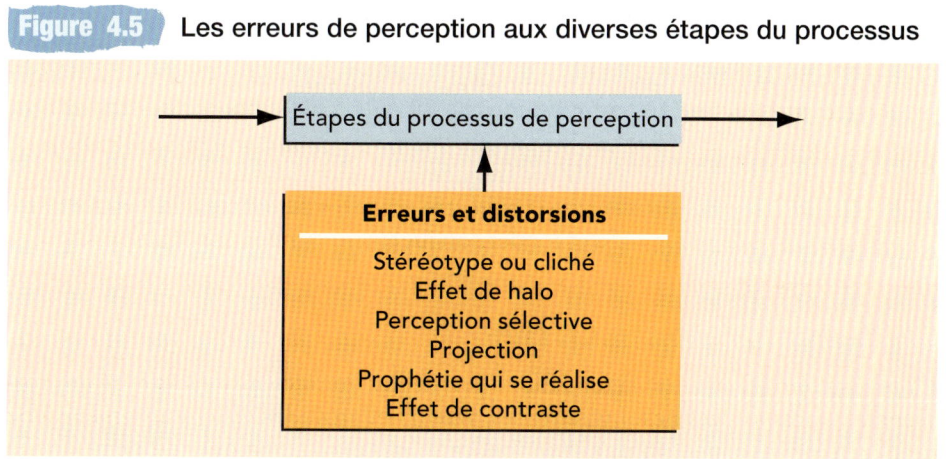

jugement et d'empêcher les gestionnaires d'évaluer avec justesse les caractéristiques – besoins, préférences et capacités – propres à chaque individu d'un groupe donné. Les études montrent que les préjugés sur les femmes, sur les handicapés ou sur n'importe quel groupe humain sont néfastes aux organisations, dans la mesure où ils interviennent dans le processus décisionnel.

Et pourtant, il suffit d'observer la situation dans la plupart des conseils d'administration pour constater à quel point les stéréotypes sont tenaces. Un sondage récent mené auprès de 133 des 500 plus grandes entreprises recensées par *Fortune* a révélé que, dans ces organisations, les membres féminins de conseils d'administration sont invités à se joindre seulement au comité des relations publiques ; on les écarte des comités les plus importants – conseils exécutifs, comités des finances et comités de la rémunération –, auxquels accèdent leurs collègues masculins même moins qualifiés[9].

Nous ne le répéterons jamais assez : les gestionnaires, comme les salariés, doivent non seulement être sensibilisés au problème des stéréotypes, mais aussi contribuer à leur élimination. Tous doivent comprendre, comme nous l'avons souligné au chapitre 2, que la diversification de la main-d'œuvre peut conférer un net avantage concurrentiel à l'organisation.

Des stéréotypes à revoir![10]

On confère aux seniors « une rigidité et un manque de créativité qui ont pour conséquence de les écarter des formations et des postes à responsabilité », notait le chercheur Stéphane Bellini lors d'un colloque organisé à l'IAE [Institut d'Administration des Entreprises] de Poitiers sur l'emploi des plus âgés. Or, selon lui, « le déclin des performances est en fait très variable selon les individus et les situations ». Et une étude de l'Insee indique même que « les salariés de plus de 60 ans sont plus productifs que les autres classes d'âge dans l'industrie ». Explication : « Les travailleurs âgés ont tendance à développer des stratégies de compensation en mobilisant les ressources de leur expérience. »

L'EFFET DE HALO

▸ **Effet de halo**
Erreur de perception qui consiste à se faire une impression générale d'une personne ou d'une situation en se basant sur une seule de ses caractéristiques

L'*effet de halo* apparaît lorsqu'on se fait une impression générale d'une personne ou d'une situation en se basant sur une seule de ses caractéristiques. Comme le stéréotype, cette erreur de perception, très courante dans la vie quotidienne, survient la plupart du temps à l'étape de l'organisation. Par exemple, le sourire agréable de quelqu'un que nous rencontrons pour la première fois pourra nous laisser l'impression qu'il s'agit d'une personne chaleureuse et franche. Les conséquences de l'effet de halo sont identiques à celles du stéréotype : en généralisant, on omet de prendre en considération l'ensemble des caractéristiques individuelles d'une personne.

L'effet de halo a des conséquences particulièrement importantes au moment des entrevues d'évaluation du rendement, car il peut empêcher le gestionnaire de juger objectivement chacune des composantes du travail de ses subordonnés. Ainsi, on a tendance à croire que les travailleurs assidus sont intelligents et ont le sens des responsabilités, et que ceux qui s'absentent fréquemment donnent un piètre rendement. Or, de telles croyances peuvent aussi bien être erronées qu'exactes. Le gestionnaire doit se méfier de l'effet de halo et fonder son jugement sur des faits objectifs.

LA PERCEPTION SÉLECTIVE

▸ **Perception sélective**
Tendance à privilégier une lecture de la réalité qui correspond à ses propres besoins, attentes, valeurs et attitudes, et qui amène à ne voir que certains aspects d'une situation, d'une personne ou d'un point de vue

La *perception sélective* est la tendance à privilégier une lecture de la réalité qui correspond à nos propres besoins, attentes, valeurs et attitudes. Elle nous amène à ne voir que certains aspects d'une situation, certaines caractéristiques d'une personne ou certains côtés d'un point de vue. Les effets de cette erreur de perception, qui sont particulièrement marqués à l'étape de l'attention et de la sélection, ont été mis en lumière par une étude classique menée auprès des cadres supérieurs d'une entreprise manufacturière[11]. Lorsqu'on leur a soumis un cas complexe de stratégie d'entreprise et qu'on leur a demandé de mettre le doigt sur le problème clé, la plupart ont évoqué des problèmes relevant de leur propre domaine d'intervention : ainsi, ceux qui travaillaient à la commercialisation ont diagnostiqué des faiblesses aux ventes, et ceux qui étaient affectés à la production, des problèmes dans l'organisation et la production. Dans une situation réelle, ces divergences de points de vue auraient influé sur l'approche du comité de direction ; elles auraient aussi pu créer des difficultés si ces gens avaient dû travailler en collaboration pour redresser la situation.

Plus récemment, une étude similaire a été réalisée auprès de 121 cadres intermédiaires et supérieurs suivant un programme de perfectionnement : ils ont exprimé des opinions qui, bien que privilégiant leur propre domaine d'intervention, témoignaient d'une vision plus globale. Ainsi, sans mettre de côté les problèmes associés à leur fonction, un directeur financier a montré qu'il était conscient de l'importance de la fabrication, et un directeur adjoint à la commercialisation a évoqué celle des finances et de la comptabilité[12]. Même s'ils ne pouvaient établir précisément les raisons de ce changement, les chercheurs ont constaté une diminution de la perception sélective chez ces gestionnaires.

Ces résultats donnent à penser que l'ampleur de la perception sélective varie selon les situations. Le gestionnaire doit en être conscient et vérifier dans quelle mesure la perception sélective modifie l'idée qu'il se fait des situations, des évènements et des personnes. La meilleure façon d'y arriver est de recueillir d'autres opinions et, si elles contredisent la sienne, de réexaminer son impression première.

▶ **Projection**
Fait d'attribuer à autrui les caractéristiques propres à soi-même – attentes, besoins ou convictions

LA PROJECTION

La ***projection*** est le fait d'attribuer à autrui les caractéristiques propres à soi-même (attentes, besoins ou convictions) ; elle survient surtout à l'étape de l'interprétation. Une projection répandue parmi les cadres consiste à attribuer à leurs subordonnés des besoins semblables aux leurs. Supposons que vous appréciez les responsabilités et la possibilité de se réaliser au travail, et qu'on vous confie de nouvelles fonctions auprès d'un groupe de salariés dont les tâches vous semblent routinières et fastidieuses. Vous pourriez alors vous empresser d'enrichir leur travail en y incluant des tâches qui, *selon vous*, seront plus motivantes et leur procureront une plus grande satisfaction professionnelle. Or, ce ne serait pas nécessairement une bonne décision.

Lorsque vous projetez vos propres besoins sur vos subordonnés, vous perdez de vue leurs propres caractéristiques individuelles : au lieu de concevoir des tâches qui répondent autant que possible à leurs besoins, vous réfléchissez en fonction des vôtres. Peut-être que ces salariés

Ivan Seidenberg

Ivan Seidenberg est l'actuel président et chef de la direction du géant des communications Verizon. Il projette de manière active son enthousiasme quant à la nécessité de toujours privilégier « la bonne chose à faire », et cela, jusque dans la façon d'agir de ses subordonnés. Devenu un modèle inspirant, il offre avec ses employés un bel exemple de réussite en matière de philanthropie, de soutien aux entreprises dirigées par des minorités visibles et de recrutement d'employés issus des minorités visibles.

étaient relativement satisfaits et productifs lorsqu'ils exécutaient les tâches qui vous paraissaient si routinières et monotones. Pour ne pas se laisser aller à la projection, le gestionnaire doit à la fois bien se connaître et faire preuve d'empathie – cette capacité de se mettre à la place de son prochain, de ressentir ce qu'il ressent, de s'identifier à lui.

L'EFFET DE CONTRASTE

Au sujet de l'objet perçu, nous avons dit déjà qu'une auto rouge se remarque davantage au milieu d'autos sombres à cause du contraste. Le même phénomène se produit, par exemple, lorsqu'une personne prend la parole à la suite d'un orateur particulièrement brillant ou qu'une autre passe une entrevue d'emploi après une série de candidats très médiocres. Dans ce genre de situations où les caractéristiques d'un individu tranchent avec celles d'autres individus rencontrés un peu plus tôt et évalués nettement plus favorablement ou défavorablement, on peut s'attendre à ce qu'il y ait un *effet de contraste*. Vous comprendrez sans doute que cet effet fausse la perception et ne permet pas un jugement objectif. Gestionnaires et salariés doivent être conscients de l'effet de contraste et se méfier de ses conséquences potentielles en milieu professionnel.

> **Effet de contraste**
> Erreur de perception qui peut se manifester dans une situation où les caractéristiques d'un individu tranchent avec celles d'autres individus rencontrés un peu plus tôt et évalués nettement plus favorablement ou défavorablement

> **Prophétie qui se réalise**
> Propension à découvrir ou à susciter ce à quoi on s'attend chez quelqu'un ou dans une situation donnée

LA PROPHÉTIE QUI SE RÉALISE

La dernière erreur de perception dont nous allons traiter est la **prophétie qui se réalise**, c'est-à-dire la propension à découvrir ou à susciter ce à quoi on s'attend chez quelqu'un ou dans une situation donnée. En psychologie, on utilise souvent le terme *effet Pygmalion*, du nom d'un roi légendaire de Chypre qui sculpta une si belle statue de la compagne idéale qu'il en tomba amoureux et qu'il obtint de Vénus qu'elle lui donne vie[13]. Son désir se réalisa ! On parle aussi parfois de l'*effet Rosenthal*, du nom d'un des deux auteurs (Rosenthal et Jacobson) qui l'ont décrit ainsi[14] :

> La prédiction faite par un individu A sur un individu B finit par se réaliser, que ce soit seulement dans l'esprit de A ou, résultant d'un processus subtil et parfois inattendu, par une modification du comportement réel de B sous la pression des attentes de A.

Cet effet se remarque souvent en milieu de travail, où il peut avoir des répercussions tantôt positives, tantôt négatives, pour les gestionnaires. Supposons que, estimant que vos subordonnés n'attendent pas grand-chose de leur emploi et cherchent plutôt à se réaliser à l'extérieur de leur travail, vous conceviez des tâches simples et bien structurées n'exigeant d'eux qu'un minimum d'engagement. Selon vous, comment réagiront-ils ? Probablement en montrant le peu d'intérêt et d'engagement auquel vous vous attendiez. Voilà votre « prophétie » réalisée... Quant à la situation suivante, elle illustre les retombées positives que peut avoir l'*effet Pygmalion* : des élèves présentés à leurs professeurs comme des personnes particulièrement douées obtiennent de meilleurs résultats aux tests que leurs camarades qui n'ont pas été présentés aussi positivement.

Un autre exemple très révélateur des effets de la *prophétie qui se réalise* est celui des équipages de chars d'assaut israéliens. On avait informé des commandants de bataillons de chars d'assaut que, selon les résultats de tests, les soldats du premier groupe possédaient des aptitudes exceptionnelles, tandis que ceux du second groupe étaient dans la moyenne. En réalité, les soldats avaient été répartis aléatoirement dans ces deux groupes expérimentaux, et étaient d'égale qualité. Par la suite, les commandants notèrent que les soldats présentés comme *exceptionnels* avaient fait meilleure figure que ceux qui avaient été présentés comme *moyens*. En réalité, les commandants avaient accordé beaucoup plus d'attention et d'éloges aux hommes envers qui ils nourrissaient de plus grandes *attentes*[15]. Voilà qui montre que les gestionnaires doivent prendre cet effet en considération, et adopter des approches positives et optimistes à l'égard des travailleurs (voir la rubrique *Du savoir à la pratique 4.1*).

> **DU SAVOIR À LA PRATIQUE 4.1**
>
> **Créer des prophéties qui se réalisent favorables à ses subordonnés**
>
> Afin de favoriser la création de prophéties qui se réalisent favorables à vos subordonnés :
>
> - Adoptez une approche optimiste et positive à leur égard.
> - Établissez un climat de confiance entre vos subordonnés et vous.
> - Parlez davantage à vos subordonnés de leur rendement, et dans les termes les plus positifs possible.
> - Prenez plus de temps pour aider vos subordonnés à acquérir des compétences professionnelles.
> - Donnez à vos subordonnés davantage d'occasions de vous poser des questions.

LA GESTION DU PROCESSUS DE PERCEPTION

Pour exceller dans ses fonctions, le gestionnaire doit comprendre le processus de perception, les étapes qui le composent ainsi que la façon dont il influe sur ses réactions et sur celles d'autrui. Il doit également être conscient du rôle que jouent dans ce processus celui qui perçoit, le contexte de la perception et, surtout, la personne qui en fait l'objet. Que celle-ci soit ou non gestionnaire, le concept de la gestion des impressions est particulièrement important pour elle.

LA GESTION DES IMPRESSIONS

On appelle *gestion des impressions* les efforts systématiques que fait une personne pour produire sur les autres l'impression désirée. Les premières impressions sont d'autant plus importantes qu'elles influent sur la façon dont les individus interagissent. La gestion des impressions passe par divers comportements, notamment : le fait de s'associer aux bonnes personnes, de s'attirer les bonnes grâces d'autrui, de flatter les autres pour rehausser sa propre image, de s'attribuer le mérite d'une réussite, de s'excuser d'un évènement déplorable, d'acquiescer aux opinions d'autrui, de minimiser la gravité de certains évènements et d'accorder des faveurs[16]. Le gestionnaire efficace apprend ainsi à agir à bon escient pour améliorer son image, mais aussi à reconnaître ces comportements chez autrui. Notons que, en matière de gestion des impressions, les attitudes différeront selon le statut de la personne concernée.

LA GESTION DES ERREURS DE PERCEPTION

À l'étape de l'attention et de la sélection, le gestionnaire doit veiller à équilibrer le traitement contrôlé de l'information et son traitement automatique. Dans la plupart de ses activités – notamment l'évaluation du rendement – et dans ses communications, c'est le traitement contrôlé qui intervient, ce qui peut l'absorber tellement qu'il aura de la difficulté à accomplir d'autres fonctions. Parallèlement à ce traitement contrôlé plus soutenu, le gestionnaire efficace doit veiller à augmenter la fréquence de ses observations et à obtenir de l'information représentative de la réalité pour éviter de fonder ses décisions uniquement sur les données les plus récentes, par exemple à propos d'un subordonné ou d'une commande de fabrication. Certaines organisations, entre autres les administrations publiques responsables du service 911, ont recours à la technologie pour combler leur besoin d'une information appropriée. De plus, le gestionnaire devrait toujours chercher à obtenir d'autres points de vue pour confirmer ou infirmer ses propres perceptions.

À l'étape de l'organisation de l'information, les schèmes de perception et les stéréotypes jouent un rôle particulièrement marqué. Le gestionnaire devrait donc s'efforcer d'élargir ses schèmes de perception ou même de les remplacer par des schèmes plus conformes à la réalité.

À l'étape de l'interprétation, le gestionnaire doit être particulièrement sensible aux effets de l'*attribution* sur l'information, dont nous traiterons à la section suivante de ce chapitre.

À l'étape de la récupération, le gestionnaire doit être conscient que la mémoire est faillible et qu'elle joue souvent des tours. Il doit aussi éviter de se fier exclusivement à ses schèmes de perception – surtout les stéréotypes et les clichés –, qui peuvent fausser l'information stockée et récupérée.

Enfin, tout au long du processus de perception, le gestionnaire doit se méfier des erreurs de perception qui peuvent dénaturer l'information : le stéréotype, l'effet de halo, la perception sélective, la projection, l'effet de contraste et la prophétie qui se réalise.

> ### La gestion des impressions[17]
>
> La gestion des impressions et des erreurs de perception est devenue si cruciale en milieu professionnel que des spécialistes de la communication offrent maintenant leurs services aux organisations, aux cadres et aux salariés. Leurs programmes de formation ont des noms assez éloquents : « Comment obtenir des résultats sans confrontation », « Je sais ce que j'ai dit, mais je ne suis pas certain de ce que j'ai entendu », « Le succès d'une négociation : moins de stress, plus d'entente ».

LE PROCESSUS D'ATTRIBUTION

Lorsque nous avons expliqué l'étape de l'interprétation dans le processus de perception, nous avons mentionné le rôle de l'attribution. Plus précisément, par le processus d'**attribution**, les individus tentent : (1) de comprendre les causes d'un évènement ; (2) de déterminer les responsabilités dans le déroulement et les suites de l'évènement ; (3) d'évaluer les qualités personnelles des gens qui y ont joué un rôle[18]. Ainsi, le comportement de quelqu'un peut être attribué soit à des facteurs *internes*, soit à des facteurs *externes*. Les facteurs *internes* sont du ressort de l'individu : par exemple, Pierre a un rendement médiocre parce qu'il est paresseux. Les facteurs *externes*, par contre, ne peuvent être maîtrisés par l'individu : le rendement de Pierre n'est pas fameux parce que sa machine commence à se faire vieille.

> **Attribution**
> Processus par lequel un individu tente de comprendre les causes d'un évènement, de départager les responsabilités et d'évaluer les qualités personnelles des gens qui ont joué un rôle

L'IMPORTANCE DE L'ATTRIBUTION

Les attributions couvrent, dans les faits, un large spectre et peuvent avoir des répercussions considérables. On a constaté, par exemple, que les femmes obèses accumulent au cours de leur vie un avoir net inférieur à celui dont les femmes minces peuvent bénéficier. Même lorsqu'on exclut des variables comme l'état de santé et le statut matrimonial, force est d'admettre que les femmes paient très cher leur embonpoint. Mais il semble bien y avoir *un poids, deux mesures* : les hommes obèses, eux, ne sont pas pénalisés. L'obésité chez les hommes est généralement associée à la

L'éthique en CO

IBM allie philanthropie et ouverture de marchés[19]

Le mois d'octobre n'aura rien d'habituel pour Joanne Fortin. La directrice des communications d'IBM Québec troquera la routine de son bureau du centre-ville de Montréal pour une mission spéciale en Roumanie, en compagnie d'autres employés d'IBM qu'elle n'a encore jamais rencontrés : deux Indiens, un Japonais, un Africain du Sud, un Américain, un Équatorien, un Bangladais et un Vénézuélien.

Ensemble, ils formeront le Corps de service IBM. Ils rendront visite aux gestionnaires d'une université roumaine, d'une manufacture de cuir, d'une association touristique, d'une chambre de commerce et d'un centre de santé. Entre autres. Ils seront là pour aider ces dirigeants à relever des défis de gestion qui auront été précisés à l'avance.

Le Corps de service IBM est le tout nouveau programme d'engagement communautaire de la multinationale dans les pays émergents. Tous les six mois, pendant les trois prochaines années, IBM enverra une centaine d'employés travailler à des projets présélectionnés dans des régions ciblées. IBM s'est fait aider par trois organisations non gouvernementales dans le choix des structures bénéficiaires. Toutefois, c'est l'entreprise qui a choisi les marchés où elle intervient : des marchés en émergence ayant grand besoin de méthodes de gestion plus raffinées pouvant répondre aux impératifs de la mondialisation.

Ainsi, Joanne Fortin aidera l'Université de Ploiesti à se doter d'une stratégie de marketing dans le but d'accroître ses échanges internationaux.

Ce soutien managérial durera quatre semaines et est offert gratuitement par IBM. Toutefois, il ne s'agit pas de bénévolat : ses employés seront payés comme s'ils occupaient leur poste habituel.

Cette année, IBM a choisi 12 projets dans six pays différents : Turquie, Philippines, Vietnam, Tanzanie, Ghana et Roumanie.

Pour la multinationale, rompue depuis plusieurs années aux services communautaires, les bénéfices reliés à cette initiative sont triples : « C'est bon pour l'entreprise, bon pour les communautés desservies et bon aussi pour

les employés », résume Dave Robitaille, directeur de l'engagement social et des affaires générales d'IBM Canada.

Envoyer 200 personnes par année en mission occasionne des frais non négligeables. Peut-on en déduire que la multinationale obtient en échange des informations de première main sur les besoins réels des marchés visités ? En tout cas, elle s'y positionne et s'y bâtit une bonne réputation. [...]

Autre gain pour l'entreprise : l'engouement que le projet suscite chez ses employés. « Quand j'ai vu l'annonce, je me suis jetée sur le formulaire d'inscription », se rappelle Joanne Fortin. Plus de 5 500 employés d'IBM ont posé leur candidature, alors que l'entreprise en avait prévu 2 500, indique Dave Robitaille. Au Canada, sur 242 candidatures, seulement sept ont été retenues. [...]

Pour tout employeur, conserver et mobiliser le personnel sont des enjeux de taille. Ce genre de programme y contribue certainement. Joanne Fortin se réjouit ainsi de bénéficier d'un nouveau réseau d'employés, celui de sa nouvelle équipe. « Ce sera une expérience totale pour moi, tant sur le plan personnel que professionnel », dit Mme Fortin, rencontrée quelques jours avant son départ. [...]

Question

De quelle façon ce qui a été dit au sujet du processus de perception et de la gestion des impressions permet d'expliquer l'instauration du programme d'aide à la gestion d'IBM dans des pays émergents ?

---

richesse et à la réussite professionnelle, alors qu'on dit des femmes ayant un excédent de poids qu'elles « se laissent aller ». L'attribution de l'obésité à des facteurs internes semble donc jouer, dans le cas des femmes, en leur défaveur[20].

Trois facteurs influent sur le processus d'attribution, c'est-à-dire sur la détermination de l'origine externe ou interne d'un comportement : la spécificité, le consensus et l'uniformité.

La *spécificité* concerne le fait qu'un comportement donné chez un individu se manifeste dans une situation bien particulière et ne se reproduit pas dans d'autres situations. Si Paul donne un piètre rendement quelle que soit la machine qu'il utilise, on parlera d'un comportement non spécifique, et on l'attribuera à un facteur interne : manque d'aptitudes, efforts insuffisants, etc. Par contre, si le faible rendement de Pierre est inhabituel et ne se manifeste que lorsqu'il utilise une machine particulière, on parlera d'un comportement spécifique, et on l'attribuera plutôt à un facteur externe, tel le mauvais état de la machine.

Le *consensus* correspond à la probabilité que toutes les personnes se retrouvant dans une situation identique réagissent de la même façon. Si tous les ouvriers qui utilisent une machine comme celle de Paul donnent un piètre rendement, il y a consensus, et on attribuera la situation à un facteur externe. Par contre, si les collègues de Paul donnent un bon rendement, il n'y a pas consensus, et on envisagera une cause interne.

L'*uniformité* a trait à la constance du comportement d'un individu. Ce comportement se reproduit-il chaque fois que cette personne se trouve dans la même situation ? Si on constate que la baisse de rendement de Paul est momentanée, c'est-à-dire que l'uniformité est faible, on aura tendance à y voir un incident isolé et on ne pourra pas tirer de conclusion sur la véritable raison de son comportement. En effet, l'élément de fidélité, qui se traduit par une grande uniformité, est essentiel pour affirmer qu'un comportement est attribuable à des facteurs personnels ou conjoncturels. Notons toutefois que le fait que le rendement de Pierre, qui utilise une machine donnée, soit faible sur une période prolongée n'indique pas si le problème est attribuable à l'insuffisance des efforts ou des compétences de cet ouvrier, ou au mauvais état de la machine. L'analyse des facteurs *spécificité* et *consensus* permettra d'en déterminer les causes.

LES ERREURS D'ATTRIBUTION

En plus des trois facteurs que nous venons de voir, deux erreurs risquent d'influer sur la détermination de l'origine, externe ou interne, d'un comportement : l'*erreur fondamentale d'attribution* et l'*effet de complaisance*[21]. La **figure 4.6** présente quelques données d'une étude américaine menée dans le secteur de la santé. Lorsqu'on a demandé à des cadres de déterminer les causes du faible rendement de leurs subordonnés, la plupart l'ont attribué à des facteurs *internes* (manque de compétences et efforts insuffisants) plutôt qu'à un facteur externe (manque d'appui). C'est un exemple classique d'**erreur fondamentale d'attribution**, c'est-à-dire la tendance à sous-estimer l'influence des facteurs conjoncturels et à surestimer celle des facteurs personnels lorsqu'on évalue le comportement d'autrui.

Par contre, lorsqu'on a invité ces mêmes cadres à déterminer les causes de la faiblesse de leur propre rendement, une écrasante majorité a attribué cette faiblesse à un manque de soutien organisationnel, c'est-à-dire à un facteur conjoncturel et donc *externe*. Cette attitude relève de ce qu'on appelle l'**effet de complaisance**, soit la tendance à nier sa responsabilité personnelle en cas d'échec, mais à s'attribuer le mérite d'un succès.

> **Erreur fondamentale d'attribution**
> Tendance à sous-estimer l'influence des facteurs externes et à surestimer celle des facteurs internes lorsqu'on évalue le comportement d'autrui
>
> **Effet de complaisance**
> Tendance à nier sa responsabilité personnelle en cas d'échec et à s'attribuer le mérite d'un succès

Figure 4.6 Les causes du mauvais rendement selon des cadres du secteur de la santé

Raisons du mauvais rendement de leurs subordonnés	Attribution la plus fréquente	Raisons de leur propre mauvais rendement
7	Manque d'aptitudes	1
12	Manque d'efforts	1
5	Manque de soutien	23

Autrement dit, lorsque nous cherchons à comprendre les comportements d'autrui, nous sommes portés à surestimer les facteurs internes (personnels) et à sous-estimer les facteurs externes (conjoncturels). Par contre, nous attribuons généralement nos propres réussites à des facteurs internes et nos propres échecs à des facteurs externes.

Pour saisir toute la portée du processus d'attribution en gestion, il faut se rappeler que les perceptions d'un individu influent sur ses réactions. Supposons qu'un cadre attribue d'emblée le rendement médiocre de ses subordonnés à l'insuffisance de leurs efforts, donc à un facteur interne. Que fera-t-il ? Il cherchera à les motiver à améliorer leur rendement, sans songer à agir sur des facteurs externes (par exemple en allégeant les contraintes inhérentes à leur travail et en leur offrant davantage d'appui). Pour les organisations, de telles omissions se traduisent souvent par une perte substantielle de productivité. En revanche, fait intéressant, les cadres interrogés sur les raisons de leur propre mauvais rendement ont manifesté l'effet de complaisance, en mentionnant que leur rendement pourrait être amélioré s'ils recevaient un meilleur soutien organisationnel ; ils n'ont mis en cause ni leurs compétences ni leurs efforts.

LES DIFFÉRENCES INTERCULTURELLES EN MATIÈRE D'ATTRIBUTION

Des recherches consacrées à l'effet de complaisance et à l'erreur fondamentale d'attribution dans d'autres cultures ont donné des résultats inattendus[22]. Ainsi, en Corée, on a découvert un phénomène qui est l'envers de l'effet de complaisance. Plutôt que d'attribuer à des facteurs externes les échecs des groupes dont ils sont responsables, les gestionnaires coréens en prennent l'entière responsabilité : « Je n'ai pas été un leader efficace. » En Inde, l'erreur fondamentale d'attribution, contrairement à celle qu'on observe en Amérique du Nord, consiste à surestimer les facteurs externes plutôt qu'internes lorsqu'on cherche à expliquer les échecs d'autrui. Même si nous ne pouvons pas encore expliquer exactement pourquoi, il est certain que les valeurs culturelles jouent un rôle actif dans ces différences de perception. Notons enfin qu'une étude menée aux États-Unis indique que les femmes sont moins enclines que les hommes à l'effet de complaisance[23].

DU SAVOIR À LA PRATIQUE 4.2

Les règles d'or de la gestion de la perception et de l'attribution[24]

- Apprenez à bien vous connaître.
- Veillez à obtenir des informations de sources variées et diverses.
- Essayez d'adopter le point de vue des autres dans une situation donnée.
- Prenez conscience des différents schèmes.
- Prenez conscience des erreurs de perception.
- Surveillez votre gestion des impressions et celle d'autrui.
- Soyez à l'affût des erreurs d'attribution possibles.

Certaines cultures – c'est le cas aux États-Unis, notamment – sont enclines à accorder trop d'importance aux facteurs internes au détriment des facteurs externes. Il peut en résulter des attributions défavorables aux travailleurs. Ces attributions peuvent entraîner, à leur tour, des sanctions, des évaluations du rendement négatives, des mutations et un recours exagéré à la formation ; alors qu'on pourrait plutôt chercher à combler les lacunes de l'organisation, comme le manque de soutien organisationnel, on s'en remet à la formation[25]. Les subordonnés, quant à eux, subissent l'influence de leurs supérieurs et, à cause du phénomène de la *prophétie qui se réalise*, finissent par confirmer les erreurs d'attribution de ces derniers. Heureusement, il est possible d'apprendre aux gestionnaires comme aux salariés à mieux gérer les erreurs de perception et d'attribution (voir la rubrique *Du savoir à la pratique 4.2*). À cet égard, l'apprentissage du CO peut aider les uns comme les autres[26].

L'APPRENTISSAGE INDIVIDUEL

Jusqu'à maintenant, nous avons souligné l'importance des processus de perception et d'attribution dans la compréhension du comportement organisationnel. Le moment est venu de se pencher sur un autre processus clé : l'apprentissage. Au chapitre 1, nous avons défini l'apprentissage comme un changement durable du comportement résultant de l'expérience. Il y a lieu de s'attarder aux deux éléments de cette définition : le changement et l'expérience. Tandis que le changement ne doit pas être simplement temporaire, l'expérience doit résulter d'un contact soutenu dans le milieu où évolue la personne. Les modifications éphémères du rendement ne suffisent pas. Bien qu'on puisse aussi parler d'un apprentissage organisationnel, nous nous concentrerons à cette étape sur l'apprentissage individuel.

Dans cette section, nous traiterons de l'apprentissage individuel selon deux points de vue. En premier lieu, il sera question du renforcement. En second lieu, nous prendrons en considération l'**apprentissage social**, processus par lequel nous acquérons un comportement, notamment en observant et en imitant autrui. Les phénomènes de perception et d'attribution sont au cœur de ce type d'apprentissage – comprenant l'*apprentissage vicariant* (ou *apprentissage par modèle*) –, qui nous amène à tirer profit de l'observation de modèles et des expériences des autres.

▶ **Apprentissage social**
Processus qui consiste à acquérir un comportement, notamment en observant et en imitant autrui

LE RENFORCEMENT

En CO, le terme **renforcement** a le sens particulier que lui ont donné les psychologues[27], c'est-à-dire l'attribution d'une conséquence à un comportement afin d'influer sur ce comportement. En recourant au renforcement, il est possible de modifier l'orientation, l'intensité et la persistance du comportement des individus.

▶ **Renforcement**
Attribution d'une conséquence à un comportement afin d'influer sur ce comportement

Pour mieux comprendre ce concept, rappelons brièvement les notions de conditionnement répondant et opérant; nous verrons ensuite comment ils s'appliquent concrètement au champ du CO.

Le conditionnement répondant et le conditionnement opérant

Vous avez probablement déjà entendu parler des études du psychologue russe Ivan Pavlov sur le conditionnement. Sa notion de *conditionnement répondant* (ou *conditionnement pavlovien*) implique une forme d'apprentissage par association qui fait appel à la manipulation de stimuli pour influencer le comportement. Ainsi, Pavlov a enseigné à des chiens à saliver au son d'une cloche: la vue de leur pâtée déclenchait naturellement le mécanisme de la salivation mais, en faisant sonner une cloche chaque fois qu'il les nourrissait, le chercheur a amené les chiens à saliver à la simple audition de l'instrument. Cette forme d'apprentissage par association est si répandue dans les organisations qu'on l'oublie souvent, jusqu'à ce qu'on découvre les problèmes considérables qui en découlent.

Pour bien comprendre ce mécanisme, il importe de saisir la différence entre un stimulus et un stimulus conditionné (voir la **figure 4.7**). Un *stimulus* est un agent déclencheur (dans notre exemple, la viande offerte aux chiens) qui provoque une réaction (la salivation) et incite à une action. En associant un stimulus neutre (le son de la cloche) à un stimulus naturel (la nourriture) qui agit déjà sur le comportement, on peut transformer le stimulus neutre en un stimulus conditionné déclenchant la même réaction que le stimulus naturel. Dans l'exemple de la figure 4.7, le sourire du contremaître (un stimulus neutre au départ) devient un stimulus conditionné une fois que le travailleur l'a associé à ses critiques.

▶ **Conditionnement répondant** (ou **conditionnement pavlovien**)
Forme d'apprentissage par association qui fait appel à la manipulation de stimuli pour influencer le comportement

▶ **Stimulus**
Agent déclencheur qui provoque une réaction comportementale

Figure 4.7 Les différences entre le conditionnement répondant et le conditionnement opérant

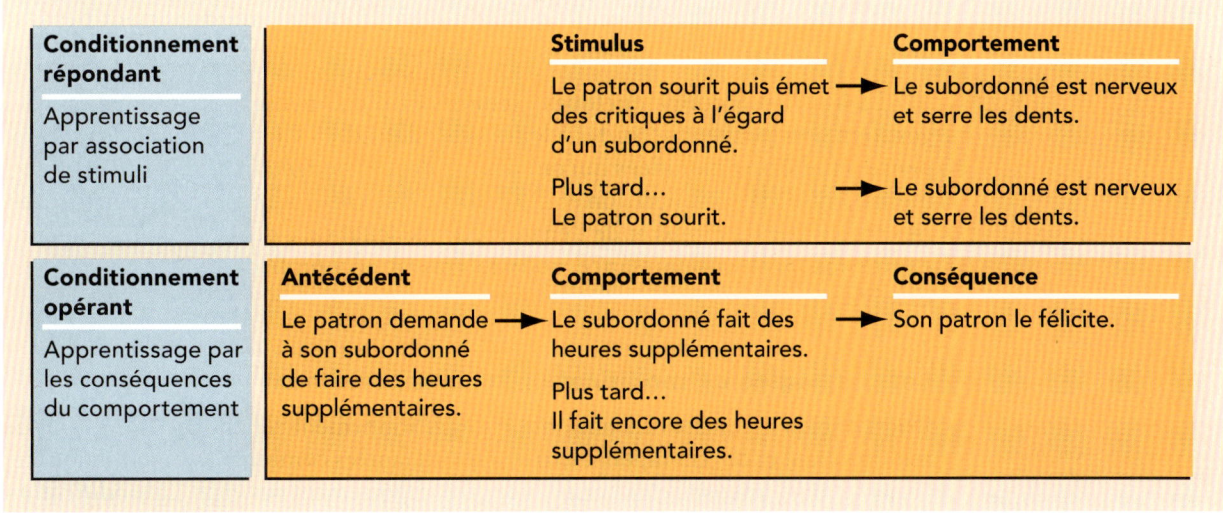

Conditionnement opérant (ou **conditionnement instrumental**)
Processus qui vise à influer sur le comportement en manipulant ses conséquences

À la fois plus complexe et plus concret que le simple conditionnement pavlovien, le ***conditionnement opérant*** (ou ***conditionnement instrumental***, comme disent certains auteurs), proposé par le psychologue B.F. Skinner, va bien au-delà du stimulus conditionné qui déclenche une réaction[28]. En effet, il vise à influer sur le comportement en manipulant ses conséquences. Le conditionnement opérant se distingue du conditionnement pavlovien de deux façons :

1. L'emprise sur le comportement s'exerce par les conséquences qu'on associe à celui-ci.
2. Il exige une vision plus globale, tenant compte des antécédents, du comportement et des conséquences. Ici, on entend par antécédent toute condition qui entraîne ou déclenche un comportement.

Ainsi, dans l'exemple de la figure 4.7, le fait que le patron demande à son subordonné de faire des heures supplémentaires est l'antécédent ; le fait pour le subordonné de travailler plus longtemps est le comportement ; les éloges du patron sont la conséquence.

Loi de l'effet
Loi selon laquelle un comportement suivi d'une conséquence agréable a de fortes chances de se répéter, tandis qu'un comportement suivi d'une conséquence désagréable ne se reproduira probablement pas

Si ce patron tient à ce que ce comportement se répète – s'il veut que son subordonné fasse encore des heures supplémentaires –, il doit agir sur les conséquences (continuer à lui faire des éloges). Cette manipulation des conséquences s'appuie sur ce que E.L. Thorndike a appelé la ***loi de l'effet***[29]. Cette loi est fort simple, mais sa portée est considérable : un comportement suivi d'une conséquence agréable a de fortes chances de se répéter, tandis qu'un comportement suivi d'une conséquence désagréable ne se reproduira probablement pas. Les effets de cette loi pour le gestionnaire vont de soi : s'il veut obtenir la répétition d'un comportement, il doit faire en sorte que ses conséquences soient positives pour l'individu.

Notez qu'on s'intéresse ici aux conséquences sur lesquelles le gestionnaire peut intervenir plutôt qu'à celles qui sont inhérentes au comportement. Les recherches en CO ont permis de mettre en lumière certains types de récompenses qui, dans la perspective du renforcement, peuvent influer sur le comportement des individus. Les récompenses extrinsèques d'un travail jugé satisfaisant sont des conséquences que l'individu juge positives et qui proviennent de quelqu'un d'autre. Selon la loi de l'effet, ces puissants renforcements externes venant de l'environnement peuvent avoir une influence considérable sur le comportement au travail.

La **figure 4.8** donne quelques exemples de récompenses extrinsèques que les gestionnaires peuvent accorder à leurs subordonnés[30]. Certaines sont des récompenses étudiées et planifiées qui ont des incidences budgétaires, telles que des augmentations de la rémunération et des primes. D'autres, les récompenses naturelles, ne coûtent que du temps et de l'énergie : des félicitations, des compliments ou une expression de reconnaissance pour le travail accompli dans l'entreprise, par exemple.

Modification du comportement organisationnel
En milieu de travail, renforcement systématique des comportements recherchés, et non-renforcement ou punition des comportements indésirables

Les stratégies de modification du comportement organisationnel

Une fois bien comprises les notions de conditionnement répondant et opérant, de renforcement et de récompense extrinsèque, il faut les combiner de façon à modifier l'orientation, l'intensité et la persistance du comportement des gens. La ***modification du comportement organisationnel*** se caractérise par le renforcement systématique des comportements recherchés en milieu de travail, et par le non-renforcement ou

Figure 4.8 Des exemples de récompenses extrinsèques dont peuvent se servir les cadres

Récompenses planifiées avec incidences budgétaires		Récompenses naturelles sans incidence budgétaire	
Rafraîchissements	Promotion	Sourires	Reconnaissance
Musique d'ambiance	Voyages	Salutations	Rétroaction
Locaux agréables	Voiture de fonction	Compliments	Demande de suggestions
Primes en espèces	Assurances payées	Tâches spéciales	
Augmentation des salariés au mérite	Droit de souscription		
	Cadeaux		
Intéressement	Billets (spectacles ou événements sportifs)		
Fêtes du personnel			

la punition des comportements indésirables en milieu de travail. Elle englobe quatre grandes stratégies : le renforcement positif, le renforcement négatif (ou l'évitement), la punition et l'extinction[31].

1. **Le renforcement positif** B.F. Skinner et ses partisans défendent l'efficacité du *renforcement positif*, qui consiste à faire suivre le comportement souhaité de conséquences positives afin d'augmenter la probabilité de le voir se reproduire dans un contexte similaire. Supposons que, au cours d'une réunion chez IBM, un cadre hoche la tête en signe d'approbation lorsqu'une de ses jeunes subordonnées soulève un point intéressant ; celle-ci en déduira qu'il apprécie ses suggestions constructives et continuera probablement à intervenir dans ce sens, comme il l'espérait.

   Pour mettre en œuvre une stratégie fondée sur le renforcement positif, il faut d'abord savoir que le renforçateur positif et la récompense sont deux choses distinctes. Les félicitations pour le travail accompli, par exemple, tiennent autant de la récompense que du renforçateur positif potentiel. La récompense ne devient un renforçateur positif que dans la mesure où son attribution est suivie d'une amélioration du rendement de l'individu, ce qui n'est pas toujours le cas. À titre d'exemple, un contremaître de la société Bombardier aura beau féliciter un subordonné qui a décelé une erreur, s'il le fait en présence des autres membres de l'équipe et que ceux-ci frappent leur collègue d'ostracisme, le pauvre évitera probablement de faire du zèle à l'avenir. La récompense accordée par le contremaître aura alors l'effet contraire d'un renforçateur positif.

   Selon la *loi du renforcement contingent*, pour que la récompense devienne un renforçateur vraiment efficace, elle doit être attribuée seulement si le comportement désiré se manifeste. Autrement dit, elle doit être tributaire du comportement recherché. Ainsi, dans l'exemple d'IBM, l'approbation du cadre découlait des suggestions constructives de sa jeune subordonnée. De plus, selon la *loi du renforcement immédiat*, la récompense doit venir le plus rapidement possible après la manifestation du comportement souhaité[32]. Si le même cadre avait attendu l'entrevue annuelle d'évaluation du rendement pour féliciter sa jeune subordonnée de ses interventions lors de la fameuse réunion, ses encouragements auraient perdu leur effet.

▶ **Renforcement positif**
Stratégie de modification du comportement qui consiste à faire suivre le comportement souhaité par des conséquences positives afin d'augmenter la probabilité de le voir se reproduire dans un contexte similaire

▶ **Loi du renforcement contingent**
Loi selon laquelle, pour maximiser son effet renforçateur, la récompense doit être accordée seulement s'il y a manifestation du comportement souhaité

▶ **Loi du renforcement immédiat**
Loi selon laquelle, pour maximiser son effet renforçateur, la récompense doit être attribuée le plus rapidement possible après la manifestation du comportement souhaité

DES LEADERS PARLENT DE LEADERSHIP

Le paradis des Y![33]

Beenox attire chez elle les jeunes technos de la Vieille Capitale. Derrière cet engouement, un PDG qui leur ressemble. […]

Beenox, c'est un des quatre studios de jeux vidéo de la Vieille Capitale. Fondée en 2000 dans un petit appartement, l'entreprise est passée de six à 260 employés en huit ans (elle a embauché massivement depuis son inscription au concours). À ses débuts, elle convertissait des jeux pour Macintosh. Aujourd'hui filiale du géant Activision, l'entreprise développe des jeux, dont *Bee Movie Game* et *James Bond*, pour plusieurs plateformes : PlayStation 3, Xbox 360, Wii, Windows... En 2008, Beenox est considérée comme un des 50 meilleurs studios du monde par le groupe Game Developer Research. Et pour la deuxième année consécutive, elle est lauréate du Défi Meilleurs Employeurs (DME), dans la catégorie « petite entreprise ».

Depuis ses débuts, Beenox n'a jamais perdu un employé au profit d'une autre société de Québec, mais elle ne compte plus ceux qu'elle a ravis à ses concurrents. Le jour de mon passage dans ses locaux, un concepteur sonore, cheveux longs et lunettes, l'air sympathique, s'est présenté avec son curriculum vitæ. Il s'informait auprès de la réceptionniste : « À quelle fréquence devrais-je vous téléphoner pour ne pas passer pour un fatigant ? » Ce n'est pas compliqué : le tout-Québec techno veut travailler chez Beenox !

Quel est le secret de sa réussite ? Je pose la question à Dominique Brown, 30 ans, président-fondateur de l'entreprise, qui passerait plus facilement pour un professionnel de la planche à neige que pour un PDG. « C'est un mélange de plusieurs choses, mais je pense que mon âge joue un rôle. Parce que je suis de la même génération que les gens que j'embauche, parce que j'ai touché à tous les postes en jeux vidéo, je comprends probablement un peu mieux comment travailler avec eux et ce qui les motive. »

Pour Dominique Brown, c'est une évidence : les employés de la génération Y sont complètement différents de ceux qui les ont précédés. Du fait que la main-d'œuvre se fait rare, les jeunes travailleurs peuvent choisir leur employeur. Pour les attirer, le salaire et les avantages sociaux ne sont pas nécessairement la panacée. « Il nous est arrivé de recruter des gens qui acceptaient une baisse de rémunération parce qu'ils avaient entendu dire que chez nous, le climat de travail était agréable », dit-il.

Afin de créer une bonne atmosphère, Dominique Brown pense que l'attitude du président est primordiale. « Elle déteint sur toute l'entreprise. » Ainsi, il trouve important de sourire à ses employés, de prendre le temps de jaser avec eux dans le couloir ou autour d'une bière. Et ce, qu'ils soient directeurs de service ou simples testeurs. « Tout le monde est important dans l'entreprise, comme l'est chacun des maillons d'une chaîne. Si l'un d'eux est faible, tout peut s'écrouler », dit celui que tout le monde ici appelle « Dee ».

Chaque été, ce père de trois jeunes enfants organise pour ses employés le BBQ du président, un évènement familial qui, au départ, se déroulait chez lui, mais qui requiert maintenant la location d'un terrain à Stoneham ! L'hiver, le party de Noël de Beenox, dans un grand chalet, est une tradition : chacun y apporte un plat qu'il a cuisiné. Les conjoints sont invités, mais pas les enfants. Et tout le monde dort sur place aux frais de l'entreprise afin que personne ne prenne le volant avec un verre de trop.

Autre chose qui semble essentielle à Dominique Brown : la transparence avec ses employés. Les informer de ce qui se passe dans l'entreprise, même quand les affaires vont mal, pour établir un vrai climat de confiance. Par ailleurs, il faut offrir à ses employés des défis à la hauteur de leur talent. « Un employé qui s'ennuie ne restera pas longtemps en place », explique Dominique Brown. […]

Question

Quelles sont, selon vous, les principales récompenses favorisant la rétention du personnel, plus particulièrement des membres de la génération Y ?

Maintenant que nous avons passé en revue les concepts généraux, il est temps de s'intéresser à deux questions importantes que pose le recours à ce type de stratégie en gestion : (1) Que faire si le comportement manifesté se rapproche du comportement désiré sans satisfaire pleinement ? (2) Doit-on utiliser le renforcement positif à chaque manifestation du comportement recherché ? Ces deux questions concernent respectivement le façonnement et les programmes de renforcement positif.

Le façonnement Si le comportement désiré est très précis et difficile à obtenir, on peut avoir recours à une série de renforcements positifs. Le **façonnement** consiste à modeler un nouveau comportement par le renforcement positif d'essais successifs conduisant peu à peu au comportement désiré. Prenons un exemple pour l'illustrer.

▶ **Façonnement**
Stratégie de renforcement qui consiste à modeler un nouveau comportement par le renforcement positif d'essais successifs conduisant peu à peu au comportement désiré

Une équipe d'opérateurs de Ford Motor aura à travailler sur de nouvelles machines à couler du métal ; ils doivent apprendre à maîtriser une série de tâches complexes afin que le métal coulé dans les moules ne comporte ni bulles, ni fissures, ni bavures[34]. Le remplissage des moules se fait en trois phases, chacune un peu plus complexe que la précédente. Des ouvriers instructeurs enseignent d'abord la première étape du moulage aux néophytes, puis les regardent travailler en les félicitant systématiquement chaque fois qu'ils font quelque chose correctement. Par la suite, à mesure que les apprentis gagnent en expérience, les instructeurs ne les félicitent plus que s'ils exécutent correctement toutes les tâches de la première étape. Celle-ci maîtrisée, on passe à l'étape suivante, les instructeurs ne dispensant leurs encouragements renforçateurs qu'à ceux qui maîtrisent, en plus de la première étape, une des tâches de la deuxième. Peu à peu, la nouvelle équipe apprend ainsi à maîtriser les trois étapes, et chaque membre doit alors réussir une série complète de moulages impeccables pour recevoir des félicitations (renforcement positif contingent et immédiat). En agissant ainsi, les instructeurs façonnent progressivement le comportement désiré.

Les programmes de renforcement positif Les programmes de renforcement positif peuvent miser sur le **renforcement continu** – chaque manifestation du comportement souhaité est suivie d'une récompense – ou sur le **renforcement intermittent** (ou **partiel**) – les récompenses viennent à l'occasion. Ces deux types de renforcement agissent différemment. Le renforcement continu amène plus rapidement le comportement souhaité ; c'était l'approche la plus appropriée au début de la formation des apprentis de l'exemple précédent. Par contre, le renforcement continu est très coûteux sur le plan des récompenses, et le comportement encouragé disparaît plus rapidement lorsqu'elles cessent. Avec le renforcement intermittent, le comportement a tendance à durer plus longtemps lorsque les récompenses cessent ; on dit qu'il résiste mieux à l'*extinction*. C'est pourquoi, après les premiers succès des apprentis, les instructeurs sont passés du renforcement continu au renforcement intermittent.

▶ **Renforcement continu**
Stratégie de renforcement qui consiste à récompenser le comportement souhaité chaque fois qu'il se manifeste

▶ **Renforcement intermittent** (ou **partiel**)
Stratégie de renforcement qui consiste à ne récompenser le comportement souhaité qu'occasionnellement

Dans le cadre d'un programme de renforcement intermittent, l'attribution de la récompense peut être fonction du temps écoulé ou du nombre de fois que le comportement a été répété ; de plus, la période ou le nombre de comportements sur lequel le programme est basé peut être fixe ou variable. Comme l'illustre la figure 4.9, on peut ainsi différencier quatre types de programmes de renforcement.

- Dans un *programme à intervalles fixes*, après une période donnée, on donne la récompense à la première apparition du comportement désiré, puis on la redonne

Figure 4.9 Quatre types de programmes de renforcement intermittent

INTERVALLES

Intervalles fixes
Recours au renforçateur à intervalles réguliers et prédéterminés
Exemples :
- Chèque de paie hebdomadaire ou mensuel
- Examens trimestriels planifiés

Intervalles variables
Recours au renforçateur à intervalles irréguliers et aléatoires
Exemples :
- Compliments à l'occasion de visites imprévues du patron
- Nombre indéterminé d'interrogations surprises au cours du trimestre

Renforcement fondé sur le temps

RATIO

Ratio fixe
Recours au renforçateur après un nombre fixe de répétitions du comportement souhaité
Exemples :
- Salaire à la pièce
- Commission sur les ventes (montant fixe sur chaque dollar de vente)

Ratio variable
Recours au renforçateur après un nombre aléatoire de répétitions du comportement souhaité
Exemples :
- Contrôles de la qualité d'un échantillon d'une gamme de produits pris au hasard, suivi de compliments pour une qualité totale
- Commission sur les ventes (le nombre d'appels nécessaire pour obtenir une vente varie)

Renforcement fondé sur le nombre de répétitions du comportement

---

de nouveau après le même délai ; tandis que dans un *programme à ratio fixe*, on accorde la récompense toutes les *n* fois qu'on observe le comportement désiré.

- Dans un *programme à intervalles variables*, on récompense le comportement désiré à des intervalles aléatoires, tandis que dans un *programme à ratio variable* la récompense vient selon une fréquence aléatoire d'apparition du comportement désiré. Ces deux derniers programmes, de type variable, donnent généralement des résultats plus constants en ce qui concerne le comportement désiré. Ainsi, une fois que les apprentis de Ford Motor ont maîtrisé une étape du moulage, les instructeurs poursuivent le renforcement avec un programme à ratio variable.

Prenons le cas d'une entreprise aux prises avec un taux d'absentéisme élevé et qui décide d'adopter une stratégie de renforcement positif pour améliorer l'assiduité de son personnel. Elle instaure donc une prime d'assiduité semestrielle de 100 $, avec un supplément de 200 $ pour les individus ayant une feuille de présence annuelle parfaite. De plus, ces derniers deviennent admissibles à une loterie : le tirage au sort donne lieu à un grand banquet, et les gagnants ont droit à un séjour pour deux, toutes dépenses payées, dans un centre de villégiature.

Si on examine la nature de ce programme de renforcement positif, on constate qu'il s'agit d'un programme à ratio fixe combiné à un programme à ratio variable. Le programme à ratio fixe récompense le comportement désiré (l'assiduité parfaite) selon sa fréquence – nombre de jours de présence au travail sur une période de 6 mois et de 12 mois. Pour chaque période au cours de laquelle un travailleur est parfaitement assidu, il reçoit une prime. Il s'agit donc bien d'un programme à ratio fixe. S'ajoute à cela un programme à ratio variable qui donne le droit de participer à la loterie. Pourquoi dire qu'il s'agit d'un programme à ratio variable ? Parce que le travailleur devra reproduire le comportement désiré – aucune absence durant un an – un nombre indéterminé de fois avant de gagner un voyage. Adopter ce comportement – ne jamais s'absenter – afin de se qualifier pour le tirage, c'est un peu comme jouer avec une machine à sous : le joueur doit continuer à nourrir la machine – à maintenir une assiduité parfaite – parce qu'il n'a aucune idée du moment où il touchera le gros lot, le fameux voyage[35].

Toutes sortes d'entreprises, du concessionnaire d'automobiles à la grande société d'assurance, utilisent de telles loteries[36]. Les dirigeants de certains hôpitaux du Québec ont d'ailleurs adopté une stratégie similaire pour réduire un taux d'absentéisme très élevé chez les infirmières.

> **Renforcement négatif (ou évitement)**
> Stratégie de modification du comportement qui consiste à faire suivre le comportement souhaité du retrait de conséquences négatives ou désagréables, ce qui tend à favoriser la répétition de ce comportement dans des conditions similaires

2. **Le renforcement négatif (l'évitement)** La deuxième stratégie de modification du comportement organisationnel est le *renforcement négatif* (ou *évitement*), soit le retrait de conséquences négatives ou désagréables à la suite du comportement souhaité, ce qui tend à favoriser la répétition de ce comportement dans des conditions similaires. C'est le cas, par exemple, si un gérant d'un McDonald qui a l'habitude de reprocher à l'un de ses subordonnés son rendement médiocre s'abstient de toute critique le jour où il constate une amélioration. Notons que cette approche repose sur deux conditions : (1) l'existence préalable de conséquences négatives (les critiques) et (2) leur retrait dès que le comportement désiré se manifeste.

On donne à cette stratégie le nom de *renforcement négatif* à cause de sa principale caractéristique : le retrait de conséquences négatives. Plus rarement, on l'appelle *évitement* parce qu'elle vise à obtenir de l'individu qu'il ait le comportement désiré pour *éviter* une conséquence négative. Nous réagissons de cette façon en ne nous garant pas n'importe où et en respectant les feux de circulation pour *éviter* les contraventions. Dans le même ordre d'idées, un travailleur qui préfère un poste de jour obtient ce type de poste parce que son patron est satisfait de son rendement dans un poste de nuit.

> **Les 810 suggestions d'Olympus NDT**[37]
>
> Olympus NDT, spécialisé dans le développement et la fabrication d'appareils de tests non destructifs sur des métaux, a mis en place le programme QI (pour Qualité Innovation).
>
> Implanté il y a cinq ans à l'usine de Québec, le populaire programme de gestion des idées est ouvert à tous (sauf à la direction) et est basé sur un système de récompenses au moyen de points, de prix en argent (10 prix de 100 $ mensuellement et trois prix de 1 000 $ trimestriellement) et de cadeaux.
>
> QI vise deux types de suggestions : les innovations (qui sont plus complexes à implanter) et les vigilances. « Il y a moins de points attribués aux vigilances, qui sont de plus petites suggestions. Mais quelqu'un qui émet et implante trois vigilances récolte presque autant de points que celui qui implante une innovation. Ça stimule continuellement les gens à présenter des idées. »
>
> Grâce à ce programme, le nombre de suggestions est plus élevé à l'usine de Québec que dans les quatre autres usines de l'entreprise situées aux États-Unis. L'an dernier, 810 suggestions ont ainsi été émises par le personnel de Québec, comparativement à 250 au total par le personnel des autres usines.

> **Punition**
> Stratégie de modification du comportement qui consiste à attribuer des conséquences négatives à un comportement indésirable ou à éliminer des conséquences positives à la suite d'un tel comportement, afin de diminuer la probabilité que ce comportement se répète dans des conditions similaires

3. **La punition** La troisième stratégie de modification du comportement organisationnel fait appel à la punition qui, contrairement aux renforcements positif et négatif, n'est pas destinée à affermir un comportement positif, mais à *décourager un comportement négatif ou indésirable*. La **punition** peut se décrire comme l'attribution de conséquences négatives à un comportement *indésirable* ou encore le retrait de conséquences positives, cela afin de diminuer la probabilité que ce comportement

se répète dans des conditions similaires. Par exemple, si le gérant d'un Burger King affecte un travailleur en retard à une tâche désagréable, comme l'entretien des toilettes, il le punit en attribuant une conséquence négative au retard ; s'il fait une retenue sur le salaire du retardataire, il le punit en faisant disparaître une conséquence positive.

Des études confirment que la punition a de réels effets en gestion. Si elle est vraiment justifiée et infligée pour un rendement médiocre, elle entraîne une amélioration marquée du rendement sans incidence notable sur la satisfaction ; en revanche, si les travailleurs la jugent arbitraire, elle a un effet déplorable à la fois sur la satisfaction et sur le rendement[38]. La punition peut donc être infligée à bon ou à mauvais escient, et il incombe au gestionnaire de savoir quand et comment l'utiliser adéquatement.

D'autre part, un renforcement positif provenant d'une autre source peut neutraliser l'effet de la punition. Ainsi, le comportement qui vaut à un travailleur une sanction de son supérieur peut recevoir un renforcement positif de la part de ses collègues. Parfois, le travailleur accorde une telle valeur au soutien de ses pairs qu'il encaisse la punition sans changer quoi que ce soit à sa conduite. Par exemple, si les ricanements de ses collègues l'encouragent dans ce sens, un travailleur pourra continuer à s'amuser aux dépens de nouveaux membres du personnel, malgré les remontrances répétées de son supérieur.

Le gestionnaire doit-il pour autant renoncer aux punitions ? Certainement pas, mais il doit y recourir en temps opportun et de façon judicieuse.

4. **L'extinction**   La quatrième stratégie de modification du comportement organisationnel est l'*extinction*, c'est-à-dire le retrait du renforçateur afin d'atténuer ou d'éliminer le comportement encouragé jusque-là. En voici un exemple : Jacques est souvent en retard, mais ses collègues le protègent en assumant ses tâches à sa place (renforcement positif). Un jour, leur supérieur leur demande de cesser d'agir de la sorte (retrait des conséquences positives) ; ce faisant, il recourt délibérément à l'extinction pour se débarrasser du comportement indésirable ou, du moins, diminuer sa fréquence.

Notons cependant que, même si cette stratégie peut effectivement l'atténuer ou en diminuer la fréquence, le comportement indésirable n'est pas *désappris* pour autant ; si on le renforce de nouveau, il réapparaîtra. Retenons donc que, si le renforcement positif cherche à établir et à maintenir un comportement professionnel souhaité, l'extinction vise à atténuer ou à éliminer un comportement jusque-là encouragé.

> **Extinction**
> Stratégie de modification du comportement qui consiste dans le retrait du renforçateur afin d'atténuer ou d'éliminer le comportement qui était encouragé jusque-là

Résumé des stratégies de modification du comportement organisationnel

La **figure 4.10** schématise les diverses stratégies de modification du comportement organisationnel. Toutes visent à orienter les comportements en milieu de travail vers des pratiques recherchées par les gestionnaires. Qu'il soit positif ou négatif, le renforcement a pour but d'encourager les comportements désirables qui améliorent la qualité du travail. La punition, soit par attribution de conséquences négatives, soit par retrait de conséquences positives, vise à atténuer ou à éliminer un comportement franchement indésirable en milieu de travail. L'extinction vise également l'atténuation ou l'élimination d'un comportement non désiré, tel qu'un travail très insatisfaisant caractérisé par de nombreuses erreurs. L'extinction, c'est-à-dire le

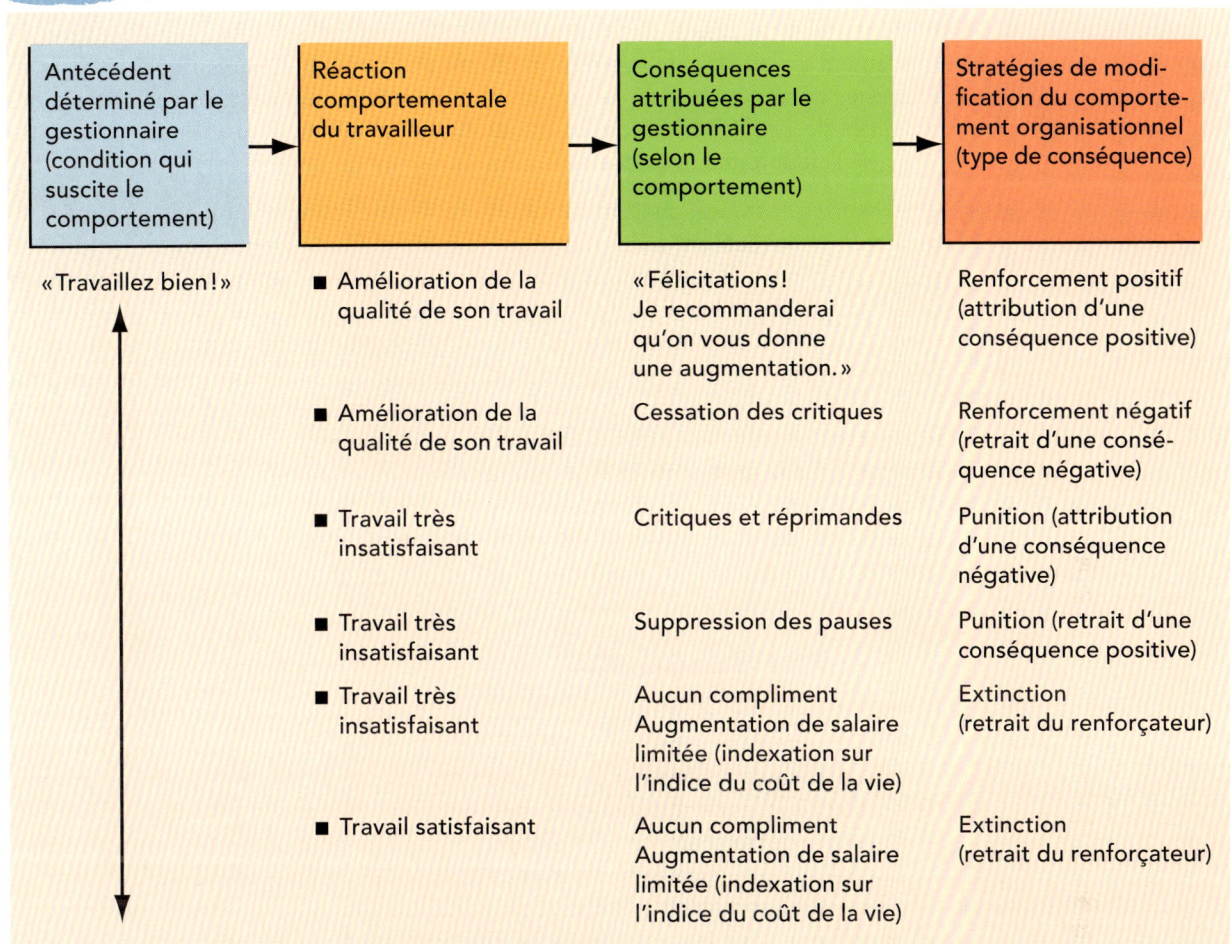

Figure 4.10 Des exemples des stratégies de modification du comportement organisationnel

retrait du renforçateur, est donc inopportune si le comportement adopté est adéquat, en l'occurrence si le travail est satisfaisant.

Le gestionnaire peut recourir à l'une ou l'autre de ces quatre stratégies, ou encore à une combinaison d'entre elles.

L'éthique et le renforcement

Le recours judicieux aux stratégies de modification du comportement peut faciliter la gestion des comportements humains en milieu de travail. C'est du moins ce qu'indiquent les expériences menées par de grandes entreprises comme General Electric et BF Goodrich. De telles stratégies de renforcement sont implantées par un nombre croissant d'agences de consultants spécialisées dans le domaine du renforcement.

Cependant, la popularité croissante de ce type d'approche ne doit pas occulter les critiques émises à son égard. Ainsi, en y regardant de plus près, on constate que le présumé *succès* de certains programmes de renforcement ne repose en fait que sur des expériences isolées n'ayant fait l'objet d'aucune étude scientifique. Reste encore à prouver que les améliorations observées – si améliorations il y a – tiennent vraiment aux stratégies de modification du comportement. Un critique affirme même qu'à lui seul le processus de fixation d'objectifs pourrait expliquer l'amélioration du rendement qu'on semble avoir constatée : autrement dit, les résultats de ces programmes découleraient du fait que les gestionnaires aient été amenés à fixer des objectifs de rendement beaucoup plus explicites à leurs travailleurs et que ces derniers soient tenus responsables de leur atteinte[39].

D'autres critiques émettent des réserves d'ordre éthique sur le recours aux stratégies de renforcement à des fins de manipulation du comportement humain en milieu de travail. Pour certains, leur utilisation systématique véhicule une vision déshumanisante et humiliante des travailleurs, et risque de nuire à leur développement[40]. Dans le même ordre d'idées, d'autres dénoncent ce qu'ils considèrent comme un abus de pouvoir de la part des gestionnaires, ceux-ci profitant de leur position d'autorité et de leurs connaissances pour exercer une emprise sur le comportement de leurs subordonnés. Il est vrai que la modification du comportement implique que le gestionnaire exerce une emprise sur le comportement de son personnel, soutiennent les défenseurs de ces approches, mais cela est inhérent à son rôle et tout à fait légitime tant que ce pouvoir s'exerce de façon constructive[41].

L'APPRENTISSAGE SOCIAL

L'apprentissage social, qui comprend l'*apprentissage vicariant* ou *apprentissage par modèle*, se situe dans le prolongement du renforcement et du conditionnement opérant. La théorie du renforcement et la théorie de l'apprentissage social reconnaissent toutes deux que les comportements sont fonction de leurs conséquences. Toutefois, selon la théorie du renforcement, l'apprentissage ne peut se faire qu'en accomplissant une action et en faisant l'expérience directe de ses conséquences. En revanche, la théorie de l'apprentissage social reconnaît que l'individu apprend en observant le comportement des autres et les conséquences qui en résultent pour eux ; il sera incité à s'y engager si les conséquences observées sont positives.

Selon la théorie de l'apprentissage social, l'individu peut donc apprendre autrement que par l'expérience directe. L'accent est mis sur le rôle de l'observation dans l'apprentissage et sur les processus de perception et d'attribution qui entrent dès lors en jeu. En effet, les individus réagissent selon les perceptions et les attributions qui constituent leur vision des conséquences d'un comportement, et non par rapport aux conséquences telles qu'elles se présentent objectivement. Voyons de plus près ce qu'il en est.

L'*apprentissage social individuel* résulte des interactions entre l'individu, les gens qui l'entourent et l'environnement. La **figure 4.11**, qui illustre et explique ce processus d'apprentissage social, s'inspire des travaux d'Albert Bandura[42]. Selon ce schéma, l'individu se sert de l'apprentissage vicariant pour acquérir un comportement en observant et en imitant autrui. Il tente ensuite de le maîtriser par la pratique. Dans un contexte professionnel, le *modèle* peut être un gestionnaire, un collègue qui manifeste les comportements recherchés ou un travailleur plus âgé qui sert de *guide* ou de *parrain* à un ou plusieurs collègues plus jeunes et moins expérimentés. Notons à cet égard que, selon certains, le manque de mentors pour les femmes gestionnaires explique la lenteur de leur progression professionnelle[43].

Figure 4.11 Le schéma de l'apprentissage social

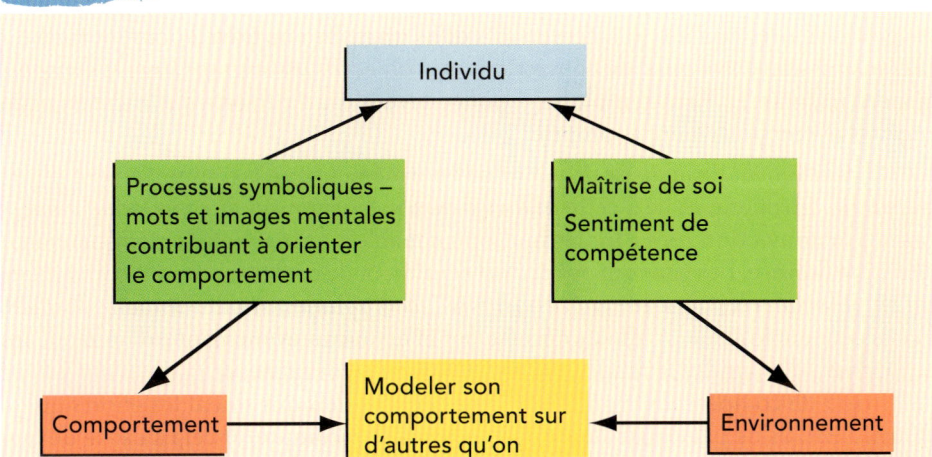

Des AS de la gestion

La qualité par le regard des pairs[44]

Améliorer la performance de l'entreprise en observant ses collègues? Mais oui! Et cela donne de bons résultats. Des exemples? Le nombre d'accidents nécessitant un acte médical est passé de 2 à 0,06 % à l'usine de GE Aviation à Bromont, et on a l'espoir d'atteindre zéro accident. En matière de qualité, les pertes de fabrication ont diminué de 20 %.

« On s'est inspiré de l'expérience de Johnson & Johnson, note Philippe Simonato, directeur de l'usine. Pour que ça marche, il faut des gens passionnés qui croient à l'amélioration continue et à l'innovation dans les pratiques d'affaires. Il faut aussi un leadership fort pour amener les employés à plonger dans cette aventure. »

Le programme repose sur l'observation des comportements. « Nous avons formé un employé membre du comité santé et sécurité pour qu'il devienne le coordonnateur du programme. On a commencé par répertorier les bons comportements. On veut en arriver à ce que chaque employé soit observé par un pair deux fois par année. Aujourd'hui, environ 50 personnes sont qualifiées pour faire les observations », dit M. Simonato.

La rétroaction se fait verbalement. Elle a lieu après une séance d'observation d'environ 20 minutes. « L'observateur félicite son collègue parce qu'il a porté des gants, par exemple. C'est important de commencer par le renforcement positif. Ensuite, on passe aux comportements qui ne respectent pas les normes. Ça passe mieux quand ça vient d'un pair. »

On compile ensuite les données afin de déterminer les améliorations à apporter et les secteurs les plus à risque.

GE Bromont a ensuite appliqué le programme au volet de la qualité. « La plupart des erreurs sont dues à des petits manques. On a établi une liste de normes et on observe la façon dont les gens travaillent », mentionne le dirigeant.

« Idéalement, on vise zéro défaut et zéro arrêt non prévu des machines. Le programme devient l'outil pour améliorer la qualité. »

Les *processus symboliques* mentionnés à la figure 4.11 jouent également un rôle de premier plan dans l'apprentissage social. Les mots et les symboles employés par les gestionnaires et d'autres intervenants dans un milieu de travail peuvent faciliter la transmission de valeurs, de convictions et d'objectifs, et orienter ainsi le comportement individuel. Par exemple, le « pouce levé » d'un patron vous indique qu'il juge votre comportement approprié.

Parallèlement, la *maîtrise de soi* influe énormément sur le comportement d'une personne. Étroitement lié à cette maîtrise de soi, le *sentiment de compétence* correspond à la conviction qu'a l'individu d'être capable d'agir adéquatement dans une situation donnée. Les gens qui ont un fort sentiment de compétence sont convaincus qu'ils possèdent les aptitudes nécessaires à l'accomplissement d'une tâche donnée, qu'ils peuvent fournir les efforts nécessaires et qu'aucun évènement extérieur ne les empêchera d'atteindre le rendement souhaité[45]. En revanche, ceux qui n'ont pas ce sentiment de compétence croient fermement que, quels que soient les efforts qu'ils fournissent, ils ne parviendront jamais au résultat escompté, et cela à cause de facteurs extérieurs sur lesquels ils n'ont aucune possibilité d'agir. Si vous êtes du premier type, une mauvaise note à un examen vous stimulera à étudier davantage, à discuter avec le professeur, bref, à prendre les moyens de faire mieux la prochaine fois ; si vous êtes du deuxième type, vous pourriez abandonner le cours ou cesser d'étudier. Bien entendu, même ceux qui possèdent un fort sentiment de compétence n'ont pas une emprise totale sur leur environnement.

L'éthique et l'apprentissage social

Comme cela a été expliqué dans ce chapitre, la théorie de l'apprentissage social souligne l'importance de l'*apprentissage vicariant* ou *apprentissage par modèle*. Les individus réagissent selon les perceptions et les attributions qui constituent leur vision des conséquences d'un comportement. Voici quelques conseils pour donner une orientation éthique à l'apprentissage social[46].

- Faites ressortir les valeurs fondamentales qui transcendent les différentes religions, l'éventail des positions politiques et l'expérience différenciée des hommes et des femmes à certains égards, et qui sont susceptibles de fonder des comportements éthiques : l'honnêteté, la responsabilité, le respect, le sens de l'équité et la compassion.
- Reconnaissez les manifestations contraires à l'éthique et, du coup, aux valeurs ci-dessus mentionnées, qu'il s'agisse de mensonges, d'un manque de respect, d'un comportement irresponsable, d'injustices ou d'une absence de compassion.
- Par vos attitudes corporelles et par des gestes concrets, tendez à devenir vous-même un modèle ou un mentor et renforcez l'importance de l'apprentissage social en matière d'éthique.
- Dans la même optique, sur une base constante, suscitez la discussion, contribuez à articuler le discours, favorisez la communication et encouragez le dialogue au sujet des questions éthiques, et ce, en cherchant à créer dans l'environnement de travail des contextes favorables à ces interactions.
- Soyez un *catalyseur* et démontrez votre force morale, afin d'encourager les personnes au sein de votre organisation à affirmer elles aussi à voix haute ce qui, de leur point de vue, revêt une réelle importance.
- Faites ressortir à quel point il est important que les personnes influentes et ayant un statut élevé se comportent de façon éthique en raison de leur pouvoir et de leur accès privilégié aux sphères de décision.

GUIDE DE RÉVISION

RÉSUMÉ

Qu'est-ce que le processus de perception ?

- Chacun d'entre nous perçoit ce qui l'entoure en fonction de l'information qu'il reçoit, sélectionne, organise, interprète et récupère.
- Trois facteurs influent sur le processus de perception : l'agent perceptif (celui qui perçoit), le cadre de perception (le contexte) et l'objet (la personne, la chose, l'évènement).
- Les réactions au processus de perception sont de trois ordres : des impressions, des opinions et des actes.

Quelles sont les erreurs de perception les plus courantes ?

- Le *stéréotype* ou le *cliché* fait en sorte que tous les membres d'un groupe donné ou d'une catégorie de la population se voient attribuer des caractéristiques identiques, sans que soient prises en considération les différences individuelles qui existent entre eux.
- L'*effet de halo* consiste à se faire une impression générale d'une personne ou d'une situation en se basant sur une seule de ses caractéristiques.
- La *perception sélective* est une tendance à privilégier une lecture de la réalité qui correspond à ses propres besoins, attentes, valeurs et attitudes, et qui amène à ne voir que certains aspects d'une situation, d'une personne ou d'un point de vue.
- La *projection* consiste à attribuer à autrui les caractéristiques propres à soi-même.
- L'*effet de contraste* peut se manifester dans une situation où les caractéristiques d'un individu tranchent avec celles d'autres individus rencontrés un peu plus tôt et évalués nettement plus favorablement ou défavorablement.
- La *prophétie qui se réalise* est la propension à susciter ou à découvrir ce à quoi on s'attend chez quelqu'un ou dans une situation donnée.

Comment peut-on gérer le processus de perception ?

On peut gérer le processus de perception par :

- la gestion des impressions (la nôtre et celle d'autrui) ;
- la maîtrise de l'étape de l'attention et de la sélection de l'information ;
- la maîtrise de l'étape de l'organisation de l'information ;
- la maîtrise de l'étape de l'interprétation de l'information ;
- la maîtrise de l'étape de la récupération et du stockage de l'information ;
- la compréhension des effets des erreurs de perception les plus courantes.

Qu'est-ce que le processus d'attribution ?

- Le processus d'attribution, qui s'applique à l'étape de l'interprétation de l'information, est le processus par lequel une personne tente de comprendre le rôle des facteurs internes et externes dans le comportement des individus.

- Trois facteurs permettent d'attribuer l'origine d'un comportement ou d'une situation à des causes externes ou internes : la spécificité, le consensus et l'uniformité.

- Deux erreurs peuvent fausser l'attribution des origines d'un comportement à des facteurs internes ou externes : l'erreur fondamentale d'attribution et l'effet de complaisance.

- Pour mieux gérer l'attribution, on doit être conscient, le cas échéant, de notre tendance à surestimer des facteurs internes et à sous-estimer des facteurs externes.

- En cas d'échec de la part d'autrui, notre tendance à surestimer les facteurs internes peut mener à des mesures injustifiées, telles qu'une sanction, une évaluation du rendement négative, une mutation, etc.

- La sous-estimation des facteurs externes (conjoncturels) entraîne souvent des lacunes en matière de soutien au personnel dans les organisations.

Qu'est-ce que l'apprentissage individuel ?

- L'apprentissage est un changement durable du comportement résultant de l'expérience.

- L'apprentissage peut être envisagé sous l'angle du renforcement ou encore sous l'angle de l'apprentissage social.

- La théorie du renforcement met l'accent sur l'influence pouvant être exercée sur le comportement individuel par la manipulation des conséquences qui y sont associées.

- Le renforcement se fonde sur la loi de l'effet, selon laquelle un comportement suivi d'une conséquence agréable a de fortes chances de se répéter, tandis qu'un comportement suivi d'une conséquence désagréable ne se reproduira probablement pas.

- Le renforcement positif est une stratégie de modification du comportement qui consiste à faire suivre le comportement souhaité de conséquences positives, cela afin d'augmenter la probabilité de le voir se reproduire dans un contexte similaire.

- Dans un programme de renforcement positif, la récompense ne doit être attribuée que si le comportement désiré se manifeste (loi du renforcement contingent), et elle doit venir le plus rapidement possible après la manifestation de ce comportement (loi du renforcement immédiat) ; elle peut être accordée de façon continue ou intermittente, selon les objectifs visés et les ressources disponibles.

- Le renforcement négatif (ou évitement) est une stratégie de modification du comportement qui consiste à faire suivre le comportement souhaité du retrait de conséquences négatives ou désagréables, cela afin de favoriser la répétition de ce comportement dans des conditions similaires.

- La punition est une stratégie de modification du comportement qui consiste à attribuer des conséquences négatives à un comportement indésirable ou à éliminer des conséquences positives à la suite d'un tel comportement, cela afin de diminuer la probabilité que ce comportement se répète dans des conditions similaires.

- L'extinction est une stratégie de modification du comportement qui consiste dans le retrait du renforçateur, cela afin d'atténuer ou d'éliminer le comportement qui était encouragé jusque-là.

- L'apprentissage social consiste à acquérir un comportement en observant et en imitant autrui, au cours d'un processus de perception et d'attribution.
- La théorie du renforcement et celle de l'apprentissage social envisagent toutes deux les comportements en fonction de leurs conséquences.
- Selon la théorie du renforcement, l'individu apprend en accomplissant l'action et en faisant l'expérience directe de ses conséquences. En comparaison, la théorie de l'apprentissage social reconnaît que l'individu apprend en observant le comportement des autres et les conséquences qui en résultent pour eux.
- La théorie de l'apprentissage social met l'accent sur le rôle de l'observation dans l'apprentissage et sur les processus de perception et d'attribution qui entrent dès lors en jeu.
- Les individus réagissent selon les perceptions et les attributions qui constituent leur vision des conséquences d'un comportement, et non par rapport aux conséquences telles qu'elles se présentent objectivement.
- La théorie de l'apprentissage social conçoit l'apprentissage comme étant le résultat des interactions entre l'individu, les gens qui l'entourent et l'environnement.

MOTS CLÉS

Apprentissage social	p. 112	Modification du comportement organisationnel	p. 114
Attribution	p. 108	Perception	p. 94
Conditionnement opérant (ou conditionnement instrumental)	p. 114	Perception sélective	p. 104
		Projection	p. 105
Conditionnement répondant (ou conditionnement pavlovien)	p. 113	Prophétie qui se réalise	p. 106
		Punition	p. 119
		Renforcement	p. 112
Effet de complaisance	p. 110	Renforcement continu	p. 117
Effet de contraste	p. 106	Renforcement intermittent (ou partiel)	p. 117
Effet de halo	p. 104		
Erreur fondamentale d'attribution	p. 110	Renforcement négatif (ou évitement)	p. 119
Extinction	p. 120		
Façonnement	p. 117	Renforcement positif	p. 115
Loi de l'effet	p. 114	Schème	p. 99
Loi du renforcement contingent	p. 115	Stimulus	p. 113
Loi du renforcement immédiat	p. 115		

ÉVALUATION DES CONNAISSANCES

QUESTIONS À CHOIX MULTIPLE

1. La perception est le processus par lequel, notamment, nous _____ l'information. **a)** générons **b)** récupérons **c)** transmuons **d)** transformons
2. Lequel des éléments suivants n'est pas une étape du processus de perception ? **a)** L'attention et la sélection. **b)** L'interprétation. **c)** Le suivi. **d)** La récupération.
3. Lequel des éléments suivants n'est pas une erreur de perception ? **a)** Le stéréotype. **b)** L'effet barnum. **c)** L'effet de halo. **d)** L'effet de contraste.

4. Les erreurs de perception _____ a) ne sont pas très fréquentes. b) sont très répandues. c) ne se produisent qu'à l'étape de l'interprétation. d) rendent le processus de perception plus précis.

5. Lequel des éléments suivants n'intervient pas dans l'attribution à des facteurs externes ou internes des causes d'un comportement ? a) La spécificité. b) Le consensus. c) Le contraste. d) L'uniformité.

6. L'*erreur fondamentale d'attribution* consiste à_____ a) surestimer l'influence des facteurs conjoncturels lorsqu'on évalue le comportement d'autrui. b) sous-estimer l'influence des facteurs personnels lorsqu'on évalue le comportement d'autrui. c) surestimer l'influence des facteurs personnels lorsqu'on évalue le comportement d'autrui. d) nier sa responsabilité personnelle en cas d'échec.

7. Accorder trop d'importance à des facteurs internes pour expliquer un rendement médiocre peut entraîner _____ a) un soutien organisationnel accru. b) la mise sur pied de programmes de formation pour remédier à la situation. c) la promotion des gestionnaires. d) des prophéties qui se réalisent, aux effets positifs.

8. L'attribution _____ a) est un trait qui peut être inné ou non chez les gestionnaires. b) est un phénomène qui se manifeste différemment d'une culture à l'autre. c) est très difficile à gérer. d) est étroitement liée à la gestion participative.

9. Les stéréotypes_____ a) sont synonymes de clichés. b) ont aujourd'hui peu d'importance au sein des organisations. c) font souvent plus de bien que de mal. d) constituent un phénomène récent.

10. L'influence de facteurs internes sur le comportement des employés _____ a) est beaucoup moins importante que l'influence de facteurs externes. b) est l'objet d'un intérêt surtout à l'extérieur de l'Amérique du Nord. c) traduit un effet de halo. d) peut être surestimée par le cadre qui explique le rendement médiocre d'un employé par l'insuffisance de ses efforts.

11. Le fait d'accorder une très grande importance à l'influence de facteurs externes sur le rendement des employés peut conduire à _____ a) des insuffisances sur le plan du soutien organisationnel. b) des mesures qui incitent fortement le personnel à se perfectionner. c) une sensibilité aux erreurs de perception les plus courantes. d) un renforcement du soutien organisationnel.

12. Le renforcement négatif _____ a) s'apparente à la punition. b) vise à décourager les comportements indésirables. c) vise à encourager les comportements souhaités. d) s'appelle également l'évasion.

13. La modification du comportement organisationnel repose sur _____ a) le renforcement systématique des comportements souhaités. b) les récompenses non contingentes. c) les punitions non contingentes. d) l'extinction plutôt que sur le renforcement positif.

14. La punition _____ a) peut parfois être neutralisée par un renforcement positif provenant d'une autre source. b) s'avère généralement la stratégie de modification du comportement organisationnel la plus efficace. c) joue un rôle particulièrement important dans les milieux de travail actuels. d) mise sur le retrait du renforçateur afin d'atténuer ou d'éliminer un comportement encouragé jusque-là.

15. La théorie du renforcement et la théorie de l'apprentissage social _____
    a) se distinguent par le fait que la théorie du renforcement, contrairement à la théorie de l'apprentissage social, reconnaît l'existence de l'apprentissage vicariant. **b)** se distinguent en ce que la théorie du renforcement, contrairement à la théorie de l'apprentissage social, met l'accent sur le fait que l'individu apprend par l'expérience directe. **c)** se distinguent par le fait que la théorie du renforcement, contrairement à la théorie de l'apprentissage social, met l'accent sur l'observation ou l'imitation du comportement d'autrui. **d)** sont deux approches qui ne présentent pas de différences fondamentales.

QUESTIONS À RÉPONSE BRÈVE

16. Dessinez un schéma présentant les étapes du processus de perception et commentez-le brièvement.
17. Choisissez deux erreurs de perception, définissez-les et expliquez pourquoi elles influent sur le processus de perception.
18. Comparez le conditionnement répondant et le conditionnement opérant en soulignant ce qui distingue ces deux approches.
19. Comparez le renforcement et l'apprentissage social en soulignant ce qui distingue ces deux approches.

QUESTION À DÉVELOPPEMENT

20. Votre patron a vaguement entendu parler du processus d'attribution. Intrigué, il vous demande de le lui expliquer, et de lui préciser en quoi la connaissance de ce processus pourrait être utile dans la gestion de son service. Que lui répondez-vous ?

LE CO DANS LE FEU DE L'ACTION

Pour ce chapitre, nous vous suggérons les activités suivantes du *Cahier d'apprentissage en CO* (voir p. C1) :

Étude de cas	Exercices	Autoévaluations
5. La société MagRec	8. Les préjugés au quotidien	1. Les postulats d'un gestionnaire
	9. Comment percevons-nous les différences ?	6. Degré de tolérance à l'ambiguïté
	10. La rivière aux alligators	17. Influence des heuristiques sur le processus décisionnel
	12. Les désavantages des mesures disciplinaires	

www.erpi.com/schermerhorn

Vous trouverez dans le Compagnon Web du manuel les réponses aux questions d'évaluation des connaissances du chapitre ainsi que les autoévaluations en mode interactif.

LES THÉORIES DE LA MOTIVATION

Il est difficile d'arriver à quoi que ce soit en l'absence d'une volonté ferme de fournir les efforts requis. Ce chapitre se consacre à une question essentielle en matière de gestion et de comportement organisationnel : qu'est-ce qui amène les membres d'une organisation à être hautement motivés à travailler ?

OBJECTIFS D'APPRENTISSAGE

Après l'étude de ce chapitre, vous devriez être en mesure :
- de définir le concept de motivation et de distinguer les théories du contenu et les théories des processus ;
- d'expliquer les postulats des différentes théories du contenu : théorie de la hiérarchie des besoins, théorie ERD, théorie des besoins acquis et théorie bifactorielle ;
- de saisir les fondements de la théorie de l'équité ;
- de préciser les éléments clés de la théorie des attentes ;
- d'expliquer les principes directeurs de la théorie de la fixation des objectifs et ses applications.

PLAN DU CHAPITRE

LA MOTIVATION
    Les différentes théories de la motivation
    La motivation et les différences culturelles

LES THÉORIES DU CONTENU
    La théorie de la hiérarchie des besoins
    La théorie ERD
    La théorie des besoins acquis
    La théorie bifactorielle

LA THÉORIE DE L'ÉQUITÉ
    L'équité et les comparaisons sociales
    Les prédictions relatives à la théorie de l'équité
    La théorie de l'équité et la justice organisationnelle

LA THÉORIE DES ATTENTES
    Les termes et les concepts propres à la théorie des attentes
    Les prédictions relatives à la théorie des attentes
    Les applications et la recherche relatives à la théorie des attentes

LA THÉORIE DE LA FIXATION DES OBJECTIFS
    Les éléments motivateurs des objectifs
    Les principes directeurs de la fixation des objectifs
    La fixation d'objectifs et la gestion des objectifs

GUIDE DE RÉVISION

« L'accomplissement exige des efforts. »

La fierté du travail bien fait[1]

L'esprit d'équipe, le partage d'information, la supervision du travail, des projets stimulants et des récompenses au mérite : tels sont les principaux incitatifs utilisés par Gilles Roy pour mobiliser l'équipe de 30 travailleurs de l'Atelier de Soudure Gilles Roy.

Fondée en 1979, la PME basée à Amqui, dans la vallée de la Matapédia, a d'abord œuvré dans le fer ornemental. Aujourd'hui, elle se spécialise dans la conception et la fabrication de charpentes et de passerelles en acier, la fabrication de métaux ouvrés, tels que des escaliers, des rampes et des échelles, et enfin la conception et la fabrication d'équipements industriels sur mesure. En 1995, elle s'est distinguée au Gala de l'entreprise de l'Est du Québec comme la plus importante de son secteur géographique. Avec le temps, elle a étendu son marché en Europe, aux États-Unis, en Haïti et à Cuba.

Voici comment elle parvient à maintenir la motivation de ses employés.

Régulièrement, les travailleurs sont informés des attentes et de la satisfaction des clients, de la rentabilité des projets et des résultats financiers de l'entreprise. Pour chaque projet, les travailleurs participent à la recherche de solutions. « On fait des comptes rendus de chaque projet, explique Gilles Roy. On décortique l'ingénierie, la fabrication et l'installation de façon distincte. On vérifie aussi l'estimation du délai et l'influence des facteurs externes. » Des écrans géants installés dans l'entreprise diffusent des informations sur la sécurité, les nouveaux produits, l'achat de machines, les projets en cours ou à venir, etc.

En diffusant de l'information sur l'entreprise, Gilles Roy sensibilise ses travailleurs au besoin de rentabilité de la PME. Il se trouve aussi à renforcer le sentiment d'appartenance des employés en les engageant dans la démarche qualité. Ainsi, les résultats du formulaire d'évaluation envoyé au client sont communiqués aux employés en réunion ou diffusés sur les écrans d'affichage.

La rémunération est individualisée. L'entreprise n'étant pas syndiquée, il n'y a aucune échelle salariale. Chaque travailleur est payé en fonction de ce qu'il vaut et de ce qu'il donne. « Il est clair pour les employés que leur salaire est fixé selon leur mérite et leur disponibilité », souligne M. Roy. Par ailleurs, un régime de partage des bénéfices incite les travailleurs à en faire plus.

Au-delà de la rémunération, la satisfaction du travail accompli et la fierté du métier sont un puissant moteur de motivation pour les employés de l'atelier. C'est pourquoi Gilles Roy mise sur des projets stimulants et uniques, source de défis et de fierté pour la main-d'œuvre. « Le travailleur constate le résultat de son travail et on lui communique les commentaires des clients », souligne le pdg. Les travailleurs profitent en outre d'une formation continue et soutenue dans une multitude de domaines.

> « Au-delà de la rémunération, la satisfaction du travail accompli et la fierté du métier sont un puissant moteur de motivation… »

Sans supplanter la sécurité des travailleurs, le critère le plus important d'évaluation du travail est la qualité. La quantité passe après. « Si on a pu aller chercher des clients à l'extérieur du Québec, c'est parce qu'on a intégré dans l'entreprise des normes d'assurance qualité qui garantissent notre travail. C'est primordial », affirme M. Roy. Guidé par la qualité de ses produits et du service, il fait part à ses employés des exigences en cette matière.

Dans une PME, la proximité facilite la relation entre le patron et ses employés. Un atout, aux yeux de M. Roy. « Je connais mes travailleurs. La relation de confiance est primordiale. Je suis généreux envers quelqu'un qui me donne un bon service. »

Pour conserver son personnel et contrecarrer le débauchage de ses employés par d'autres employeurs, Gilles Roy fait en sorte de les associer à la gestion de la PME et de les considérer comme des partenaires à part entière. Pour ce patron, c'est une question de survie.

LA MOTIVATION

Le gestionnaire à qui on demande de nommer une préoccupation commune à la plupart des organisations mentionnera probablement la nécessité de motiver les individus et de créer les conditions qui les inciteront à travailler davantage pour atteindre les objectifs fixés. En CO, on définit la **motivation au travail** comme l'ensemble des énergies qui sous-tendent l'orientation, l'intensité et la persistance des efforts qu'un individu consacre à son travail. Ici, l'*orientation* concerne le choix qu'effectue une personne placée devant plusieurs possibilités (par exemple, viser la qualité ou la quantité), l'*intensité* concerne la quantité d'énergie déployée (par exemple, beaucoup ou peu) et la *persistance* concerne la durée des efforts (par exemple, essayer d'atteindre un degré élevé de qualité sur le plan de la production ou abandonner si cela devient difficile à réaliser).

▶ **Motivation au travail**
Ensemble des énergies qui sous-tendent l'orientation, l'intensité et la persistance des efforts qu'un individu consacre à son travail

LES DIFFÉRENTES THÉORIES DE LA MOTIVATION

Plusieurs théories de la motivation ont été proposées à ce jour. On peut les classer en deux grandes catégories : les théories du contenu et les théories des processus[2]. Ces deux types de théories contribuent à notre compréhension de la motivation au travail, mais aucune n'offre à elle seule une explication complète. L'étude d'une diversité de théories permet de rassembler des connaissances utiles qui pourront par la suite être intégrées à l'approche de la motivation la plus appropriée à une situation donnée.

Les **théories du contenu** ont surtout pour objet la compréhension des *besoins* des individus, c'est-à-dire les lacunes matérielles ou psychologiques qu'ils se sentent poussés à combler. Sur la base de ces théories, les chercheurs tentent d'expliquer comment des besoins non comblés dans l'environnement professionnel peuvent entraîner un rendement médiocre, des comportements indésirables, l'insatisfaction professionnelle, etc. Pour les tenants de ces théories, il incombe aux gestionnaires d'établir un milieu de travail qui réponde aux besoins individuels. Ce chapitre traite des quatre théories du contenu les plus connues, soit la *théorie de la hiérarchie des besoins* d'Abraham Maslow, la *théorie ERD* de Clayton Alderfer, la *théorie des besoins acquis* de David McClelland et la *théorie bifactorielle* de Frederick Herzberg.

▶ **Théories du contenu**
Théories de la motivation qui portent sur la compréhension des besoins susceptibles d'influer sur le comportement des individus

▶ **Théories des processus**
Théories de la motivation qui portent sur la compréhension des processus cognitifs déterminant le comportement

Les **théories des processus**, quant à elles, portent sur les processus cognitifs ou mentaux qui influencent le comportement. Tandis qu'une approche centrée sur le *contenu* jugera que la sécurité d'emploi est un besoin important à combler pour un individu, une approche centrée sur les *processus* ira plus loin et tentera de comprendre pourquoi un individu adopte tel comportement plutôt que tel autre dans sa quête de la satisfaction de ce besoin. Nous nous concentrons, dans le cadre de ce chapitre, sur trois des principales théories des processus : la *théorie de l'équité* d'Adams, la *théorie des attentes* de Vroom et la *théorie de la fixation des objectifs* de Locke et ses collègues.

Les trentenaires, de grands difficiles[3]

Les employés âgés de 31 à 40 ans sont les plus difficiles à motiver, selon une enquête menée auprès de 1 200 employés d'entreprises américaines par Sibson Consulting, une société-conseil spécialisée en ressources humaines et en avantages sociaux. Dans cette tranche d'âge, moins d'un employé sur deux sait ce qu'il doit faire au travail et se dit prêt à prendre les moyens pour y parvenir, ce qui constitue la définition même de «l'engagement au travail», selon Sibson Consulting. Les employés plus motivés se trouvent chez les plus âgés, de plus de 50 ans. Explication : les trentenaires accordent beaucoup d'importance au contenu du travail en tant que tel, ce qui peut engendrer de la frustration puisqu'il est difficile de changer la nature du travail. Les quinquagénaires, eux, aiment avant tout le sentiment d'appartenance à une organisation, un besoin plus facile à satisfaire. Pour leur part, les jeunes dans la vingtaine sont entièrement tournés vers leurs objectifs de carrière. Voilà qui pourrait inciter les entreprises à garder ou à recruter des travailleurs plus âgés !

LA MOTIVATION ET LES DIFFÉRENCES CULTURELLES

Avant d'étudier plus en détail les diverses théories de la motivation, une importante mise en garde s'impose. La motivation de la main-d'œuvre est une question clé dans les organisations du monde entier. Cependant, les théories nord-américaines sur le sujet – celles dont traite ce chapitre – sont limitées par leur dimension culturelle[4]. Les sources de motivation et les meilleures approches dans ce domaine peuvent différer considérablement selon qu'on se trouve en Asie, en Amérique du Sud, en Europe de l'Est ou en Afrique.

Nous avons souligné ce point précédemment : les valeurs et les attitudes – deux facteurs prépondérants dans la motivation – ont de profondes racines culturelles. Une récompense *motivante* dans un contexte culturel donné pourrait fort bien ne pas donner les mêmes résultats dans un autre ; elle pourrait même avoir l'effet inverse. Le gestionnaire contemporain doit être conscient des dimensions culturelles et éviter de faire preuve d'*esprit de clocher* ou d'*ethnocentrisme* en s'imaginant que les gens de toutes les cultures agissent et réagissent de la même façon sur le plan de la motivation[5].

LES THÉORIES DU CONTENU

Nous l'avons mentionné en début de chapitre, les *théories du contenu* postulent que la motivation de l'être humain résulte de ses désirs de satisfaire ses besoins. Les diverses théories du contenu cherchent *quoi* offrir aux gens pour les motiver ; elles portent sur les moyens d'agir sur la motivation des gens en comblant les besoins qu'ils cherchent à satisfaire. Chacune des théories du contenu présentées ci-dessous propose une vision légèrement différente des besoins que les gens cherchent à satisfaire en milieu de travail.

LA THÉORIE DE LA HIÉRARCHIE DES BESOINS

> **Théorie de la hiérarchie des besoins**
> Théorie de Maslow selon laquelle les besoins humains progressent en fonction de la hiérarchie suivante : besoins physiologiques, besoin de sécurité, besoins sociaux, besoin d'estime et besoin de réalisation de soi

Abraham Maslow, l'un des premiers psychologues à avoir tenté d'élucider les aspects de la motivation humaine, a énoncé la célèbre **théorie de la hiérarchie des besoins**. Selon cette théorie, les besoins humains sont organisés en fonction d'une hiérarchie à cinq paliers, les trois premiers correspondant aux besoins les plus primaires – besoins physiologiques, besoin de sécurité et besoins sociaux –, et les deux derniers, aux besoins d'ordre supérieur – besoin d'estime et besoin de réalisation de soi (voir la figure 5.1)[6].

Maslow est parti du principe que les besoins les plus primaires – les plus importants – devaient être satisfaits pour que les autres deviennent à leur tour des facteurs de motivation. En d'autres termes, l'être humain doit d'abord satisfaire ses besoins physiologiques ; cela fait, il cherchera à satisfaire son besoin de sécurité, puis ses besoins sociaux, et ainsi de suite.

La conception maslowienne de la motivation est assez répandue, notamment parce qu'elle est facile à comprendre et à mettre en pratique. Cependant, les recherches ne confirment pas l'existence d'une hiérarchie des besoins aussi stricte, progressant

Figure 5.1 La hiérarchie des besoins selon Maslow

BESOINS D'ORDRE SUPÉRIEUR

Besoin de réalisation de soi
Besoin de se réaliser, de s'épanouir, de développer ses talents et de les mettre à profit de la manière la plus créative possible

Besoin d'estime
Besoin d'être reconnu, respecté et estimé, d'avoir du prestige ; besoin d'être fier de soi, de se sentir compétent et maître de sa destinée

BESOINS D'ORDRE INFÉRIEUR

Besoins sociaux
Besoin d'amour, d'affection ; besoin d'appartenance à un groupe et à une collectivité

Besoin de sécurité
Besoin de protection, de stabilité et de tranquillité au quotidien, sur le plan matériel comme dans les relations interpersonnelles

Besoins physiologiques
Besoins vitaux de l'être humain : boire, manger, dormir, etc.

---

selon ces cinq étapes. En fait, la hiérarchisation des besoins semble être beaucoup moins universelle que ne le pensait Maslow. Selon certaines recherches, au fur et à mesure que les individus progressent dans la hiérarchie d'une entreprise, les ***besoins d'ordre supérieur*** (besoin d'estime et besoin de réalisation de soi) ont tendance à prendre plus d'importance que les ***besoins d'ordre inférieur*** (besoins physiologiques, besoin de sécurité et besoins sociaux)[7]. Selon d'autres recherches, les besoins varieraient également en fonction des étapes de la carrière professionnelle, de la taille de l'organisation et même de sa situation géographique[8]. De plus, les chercheurs n'ont trouvé aucun résultat probant indiquant que la satisfaction d'un besoin qui se situe à tel ou tel niveau de la hiérarchie de Maslow diminue d'importance aux yeux de l'individu, alors que celle d'un besoin situé au niveau suivant s'accroît[9]. Enfin, les observations à l'origine de la théorie de la hiérarchie des besoins varient d'une culture à l'autre. Par exemple, on constate que les besoins sociaux revêtent une plus grande importance dans des sociétés *collectivistes*, comme celles du Mexique ou du Pakistan, que dans des sociétés *individualistes*, comme celles des États-Unis et du Canada[10].

▶ **Besoins d'ordre supérieur**
Dans la théorie de la hiérarchie des besoins de Maslow, besoin d'estime et besoin de réalisation de soi

▶ **Besoins d'ordre inférieur**
Dans la théorie de la hiérarchie des besoins de Maslow, besoins physiologiques, besoin de sécurité et besoins sociaux

LA THÉORIE ERD

La **théorie ERD**, énoncée par le psychologue Clayton Alderfer, met également l'accent sur les besoins humains, mais elle diffère de celle de Maslow sur trois points fondamentaux[11].

1. La théorie ERD réduit les besoins humains à trois catégories :
   - les ***besoins existentiels***, ou le désir de bien-être physique et matériel ;
   - les ***besoins relationnels***, ou le désir de relations interpersonnelles satisfaisantes ;
   - les ***besoins de développement***, ou le désir d'épanouissement et d'accomplissement.

2. Tandis que la théorie de Maslow suppose que l'individu progresse vers les niveaux supérieurs de hiérarchie des besoins à mesure qu'il satisfait ses besoins d'ordre inférieur, la théorie ERD, elle, propose plutôt un principe de *frustration-régression* selon lequel un besoin primaire, même comblé, peut reprendre de l'importance si l'individu ne parvient pas à satisfaire un besoin d'ordre supérieur. En vertu de ce principe, un individu continuellement frustré dans ses tentatives de satisfaire ses besoins de développement, par exemple, peut retrouver une source de motivation dans ses besoins relationnels.

3. Enfin, selon la théorie ERD, l'être humain peut chercher à satisfaire plus d'un type de besoin à la fois.

Il faudra d'autres études pour confirmer la validité de la théorie ERD, mais les résultats obtenus jusqu'ici sont encourageants[12]. L'idée qu'il puisse y avoir régression vers des besoins d'ordre inférieur, en particulier, apporte une contribution intéressante au CO. Ce principe de frustration-régression peut expliquer pourquoi, dans de nombreux milieux de travail, le mécontentement des travailleurs concerne surtout les salaires, les avantages sociaux et les conditions de travail – toutes des choses qui relèvent de besoins existentiels. Outre le fait que ces besoins ont une importance vitale, l'impossibilité pour les travailleurs de combler leurs besoins relationnels et leurs besoins de développement pourrait les amener à y trouver une source de motivation encore plus grande.

La théorie ERD offre donc au gestionnaire une approche plus souple de la compréhension des besoins humains que la très stricte hiérarchie des besoins formulée par Maslow.

LA THÉORIE DES BESOINS ACQUIS

La théorie des besoins acquis a pour origine une série d'expériences menées par le psychologue David I. McClelland et son équipe, à l'aide du Test d'aperception thématique (TAT), afin d'évaluer les besoins humains[13]. Le TAT est une technique projective qui consiste à présenter des images à un sujet, puis à lui demander d'écrire une histoire associée à ce qu'il vient de voir.

Au cours d'une de ses expériences, McClelland présenta à trois cadres supérieurs la photographie d'un homme assis à son bureau qui regardait des photos de famille. Le premier y vit un ingénieur rêvant à une sortie en famille prévue pour le lendemain. Le second évoqua un concepteur réfléchissant à un nouveau gadget dont sa famille lui avait donné l'idée. Le troisième parla d'un ingénieur concentré sur un problème de charge de rupture du tablier d'un pont et certain de le résoudre d'après

---

> **Théorie ERD**
> Théorie d'Alderfer selon laquelle les besoins humains se divisent en besoins existentiels, en besoins relationnels et en besoins de développement

> **Besoins existentiels**
> Dans la théorie ERD, besoins liés au désir de bien-être physique et matériel

> **Besoins relationnels**
> Dans la théorie ERD, besoins liés au désir de relations interpersonnelles satisfaisantes

> **Besoins de développement**
> Dans la théorie ERD, besoins liés au désir d'épanouissement et d'accomplissement

son air confiant[14]. S'appuyant sur ces trois récits, McClelland put dégager trois grands thèmes, correspondant chacun à un besoin sous-jacent, dont l'analyse permettrait, selon lui, de mieux comprendre le comportement des individus. Ces trois besoins sont :

- le ***besoin d'affiliation***, ou désir d'établir et d'entretenir des relations chaleureuses avec autrui ;
- le ***besoin de pouvoir***, ou désir d'exercer son emprise sur les autres, d'influencer leur comportement ou d'en être responsable ;
- le ***besoin d'accomplissement***, ou désir de faire mieux et plus efficacement, de résoudre des problèmes ou de maîtriser des tâches complexes.

Selon McClelland, ces trois besoins s'acquièrent avec le temps et l'accumulation des expériences. Il incite les gestionnaires à apprendre à les déceler chez eux-mêmes et chez les autres pour être en mesure de créer des milieux de travail qui y répondent adéquatement.

La théorie des besoins acquis s'avère très utile, car elle permet d'associer chaque besoin à un ensemble de préférences en matière de travail. Ainsi, les gens qui ont un fort *besoin d'accomplissement* apprécieront les responsabilités, les objectifs stimulants et une rétroaction importante ; ceux qui ont un grand *besoin d'affiliation* seront attirés par les relations interpersonnelles et les occasions de communiquer ; enfin, ceux chez qui le *besoin de pouvoir* est prépondérant voudront exercer de l'influence et chercheront l'attention et la reconnaissance sociale.

Si ces besoins sont véritablement acquis, il devient possible de connaître ceux qu'on doit cultiver pour réussir dans tel ou tel type d'emploi. Par exemple, McClelland a découvert un lien entre le succès des cadres supérieurs et un profil combinant un besoin modéré ou élevé de pouvoir et un faible besoin d'affiliation. Leur besoin de pouvoir leur donne la volonté d'exercer une influence et d'avoir de l'ascendant sur les autres, tandis que leur faible besoin d'affiliation leur permet de prendre des décisions difficiles sans crainte de se rendre impopulaires[15].

Particulièrement instructives, les recherches sur le besoin d'accomplissement, notamment, ont trouvé des applications intéressantes dans les pays émergents. En effet, McClelland a entraîné des gens d'affaires de Kakinda (Inde) à penser, à s'exprimer et à agir comme des gens qui réussissent, cela par la rédaction d'histoires d'accomplissement et la participation à des jeux de rôles les incitant à relever des défis. Les participants ont également rencontré des chefs d'entreprises prospères et ont appris à fixer des objectifs stimulants à leur propre organisation. Dans les deux années qui ont suivi ce programme, ceux qui y avaient pris part ont créé deux fois plus d'emplois que les autres[16].

LA THÉORIE BIFACTORIELLE

Frederick Herzberg a choisi une tout autre approche pour étudier les ressorts de la motivation : il a simplement demandé à des travailleurs à quels moments ils s'étaient sentis particulièrement heureux de leur emploi et à quels moments ils s'étaient sentis particulièrement mécontents[17]. Or, leurs réponses à ces deux questions différaient considérablement et ne s'appuyaient pas sur les mêmes éléments. Cette étude permit à Herzberg et à ses collaborateurs d'élaborer la **théorie bifactorielle** (ou **théorie des**

> **Besoin d'affiliation**
> Dans la théorie des besoins acquis, désir d'établir et d'entretenir des relations chaleureuses avec autrui
>
> **Besoin de pouvoir**
> Dans la théorie des besoins acquis, désir d'exercer son emprise sur les autres, d'influencer leur comportement ou d'en être responsable
>
> **Besoin d'accomplissement**
> Dans la théorie des besoins acquis, désir de faire mieux et plus efficacement, de résoudre des problèmes ou de maîtriser des tâches complexes

> **Théorie bifactorielle** (ou **théorie des deux facteurs**)
> Théorie de Herzberg qui distingue les facteurs à l'origine de la satisfaction professionnelle (les facteurs moteurs) des facteurs qui peuvent prévenir l'insatisfaction professionnelle (les facteurs d'hygiène)

DES LEADERS PARLENT DE LEADERSHIP

Le changement dans la continuité[18]

Leon Gorman... il est probable que ce nom ne vous dise rien. L'entreprise qu'il a dirigée pendant 34 ans est toutefois bien connue. Il s'agit du magasin de vêtements et d'équipement de plein air L.L. Bean, fondé par son grand-père, L.L. (Leon Leonwood) Bean. De l'avis du petit-fils, si ce dernier avait maintenu son emprise au fil du temps, le commerce n'existerait peut-être plus aujourd'hui, ou du moins ne serait pas devenu chef de file de la vente par correspondance. L.L., explique son petit-fils, était réfractaire au changement. Chaque fois que quelqu'un lui présentait de nouvelles idées en vue d'accroître les ventes ou d'accélérer le traitement des commandes, il répliquait : « Je prends trois repas par jour, et je n'ai pas de place pour un quatrième. »

À la mort de son grand-père, Leon Gorman a pris la relève à la présidence et proposé un nouveau type de leadership qui a entraîné une croissance notable de l'entreprise, dont le chiffre d'affaires annuel est passé de 5 millions à 1,2 milliard de dollars américains. Tout en mettant l'accent sur le changement, il est resté attaché aux valeurs fondamentales du fondateur. Ainsi, on raconte que L.L., apprenant qu'une bonne partie des 100 premières chaussures de chasse qu'il avait mises en vente présentaient des défauts de fabrication, avait décidé de rembourser sans délai ses clients. On ne posait aucune question : selon la devise de L.L. Bean, le client était roi. De telles valeurs ont guidé Leon Gorman au cours de l'important programme de croissance qu'il a mis en œuvre à l'aide de méthodes de gestion éprouvées. Les résultats parlent d'eux-mêmes et, chez L.L. Bean, les employés se dévouent toujours autant pour offrir à leurs clients des vêtements et de l'équipement de plein air de première qualité.

Question
Il peut être intimidant de prendre la relève d'une personne qui a occupé pendant une longue période, et de façon peut-être très convaincante, un poste de leadership. Selon vous, quels défis particuliers Leon Gorman a-t-il dû relever pour réussir en tant que dirigeant de la société L.L. Bean ?

▸ **Facteurs d'hygiène (ou facteurs d'ambiance)**
Dans la théorie bifactorielle, facteurs associés au cadre de travail et déterminant le degré d'insatisfaction professionnelle

▸ **Facteurs moteurs**
Dans la théorie bifactorielle, facteurs associés à la nature même du travail et déterminant le degré de satisfaction professionnelle

deux facteurs), qui distingue les facteurs à l'origine de la satisfaction professionnelle (les facteurs moteurs) des facteurs qui peuvent prévenir l'insatisfaction professionnelle (les facteurs d'hygiène) (voir la figure 5.2).

Les *facteurs d'hygiène* (ou *facteurs d'ambiance*), qui déterminent le degré d'insatisfaction professionnelle, sont des facteurs *extrinsèques* qui relèvent non pas de la nature des tâches, mais de l'environnement de travail, du contexte professionnel. Si, selon la théorie bifactorielle, des facteurs d'hygiène qui laissent à désirer entraînent de l'insatisfaction au travail, l'amélioration de ces facteurs ne mène pas à la satisfaction, mais ne fait que pallier l'insatisfaction. Vous vous étonnerez peut-être de trouver la rémunération au nombre des facteurs d'hygiène énumérés à la figure 5.2 (colonne de gauche). C'est que, découvrit Herzberg, si un salaire insuffisant entraîne l'insatisfaction des travailleurs, le fait de mieux les rétribuer n'a pas nécessairement pour effet de les satisfaire ou de les motiver.

Selon la théorie de Herzberg, pour augmenter la satisfaction des travailleurs, il faut intervenir sur un tout autre ensemble de facteurs – les ***facteurs moteurs*** (colonne

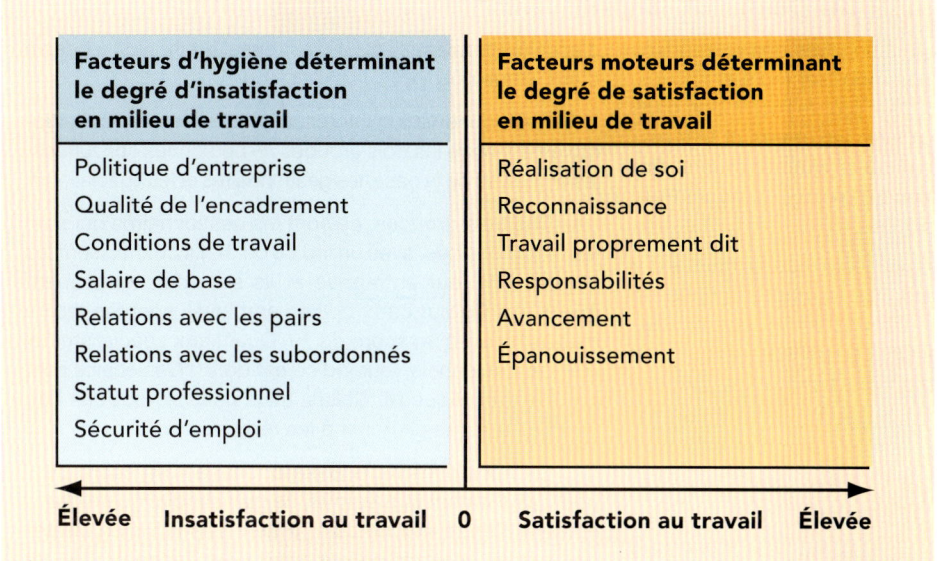

Figure 5.2 Les facteurs qui déterminent les degrés de satisfaction et d'insatisfaction professionnelles selon la théorie bifactorielle de Herzberg

de droite de la figure 5.2). Ces facteurs relèvent de la nature même du travail, ils concernent ce que les gens *font* dans leur emploi. La réalisation de soi, la reconnaissance et la responsabilisation en sont des exemples. Aussi, dit Herzberg, les facteurs moteurs et la satisfaction professionnelle qu'ils engendrent influent sur la motivation et le rendement des travailleurs. Dans cette perspective, pour améliorer le rendement des gens, il faut agir sur les facteurs moteurs.

La satisfaction et l'insatisfaction sont, dans le cadre de la théorie bifactorielle, deux concepts distincts. L'amélioration d'un facteur d'hygiène tel que les conditions de travail ne mène pas à la satisfaction professionnelle, mais empêche simplement que ce facteur soit une source d'insatisfaction. Pour introduire des facteurs moteurs susceptibles d'accroître la satisfaction associée à un travail, Herzberg propose plutôt l'enrichissement des tâches, une notion que nous approfondirons au chapitre 6 en tant que stratégie de conception de poste, mais que résument bien ces mots de Herzberg : « Si vous voulez que les gens fassent du bon travail, donnez-leur un bon travail à faire[19]. »

La théorie bifactorielle est loin d'avoir fait l'unanimité chez les spécialistes du CO. En raison de la difficulté d'en confirmer les conclusions au moyen de nouvelles recherches[20], on a reproché à cette théorie d'être captive de sa méthodologie ou d'avoir des résultats qui se confirment uniquement lorsque le protocole de recherche établi à l'origine par Herzberg est repris tel quel. Il s'agit là d'une critique sérieuse, dans la mesure où la démarche scientifique préconisée pour l'étude du comportement organisationnel exige que les théories puissent se vérifier par diverses méthodes de recherche[21]. Malgré tout, la distinction entre facteurs d'hygiène et facteurs moteurs demeure une contribution utile à la compréhension du comportement organisationnel. Comme nous le verrons au prochain chapitre, dans lequel il sera

DU CÔTÉ DE LA RECHERCHE

Pour mieux mobiliser leurs troupes, les gestionnaires ont du pain sur la planche[22]

Mauvaise nouvelle pour les gestionnaires des entreprises québécoises : ils ne savent pas mobiliser leurs employés, selon Secor. Ceux-ci trouvent leur propre motivation dans la relation qu'ils entretiennent avec les clients et leur responsabilisation dans le travail qu'ils accomplissent. Par ailleurs, l'état de la mobilisation est meilleur dans les PME que dans les grandes entreprises.

C'est ce qui ressort d'une enquête récente menée par la firme de consultants Secor, de Montréal, auprès de 34 382 répondants œuvrant dans 43 entreprises québécoises de 12 secteurs d'activité. Les personnes sondées sont des employés, des gestionnaires et des spécialistes.

Selon Philippe Collas, directeur principal chez Secor, un tiers des répondants est très mobilisé, mais un quart est démobilisé. C'est une situation qui est improductive et qui, selon le chercheur, devrait être corrigée.

Les personnes engagées trouvent leur motivation (ou source de mobilisation) dans quatre composantes : l'autonomie, l'aisance de la relation avec le client, la valorisation que ces personnes se donnent dans l'exécution de leur travail et la collaboration avec les autres membres de l'équipe.

Selon M. Collas, la mobilisation individuelle des employés est positive pour l'entreprise, mais cela ne veut pas dire que ces employés servent bien les objectifs de l'entreprise. Leur implication n'est pas optimale puisque ceux-ci ne connaissent peut-être pas l'orientation stratégique de leur entreprise, ignorent peut-être la dynamique du marché dans lequel œuvre leur employeur et ne sont peut-être pas familiers de l'organisation du travail dans leur entreprise. Selon le chercheur, bien que ces employés aiment leur travail, ils pourraient même être inefficaces !

« Les employés pensent donner un sens à leur travail, mais ils peuvent être à côté de la plaque. Ce qui manque, explique M. Collas, c'est l'alignement stratégique des employés avec les objectifs de l'entreprise, que les gestionnaires négligent trop souvent de leur communiquer. »

Pour mesurer la mobilisation des employés, Secor a conçu un indice de mobilisation en entreprise.

Cet indice est illustré par un thermomètre dont l'échelle va de −40 à +80. Un indice inférieur à zéro traduit une situation de sous-mobilisation, alors que la mobilisation s'accroît avec l'indice.

Pour la présente enquête, l'indice de mobilisation des employés s'est établi à 22, ce qui est au début de la zone d'accélération. Sans être désastreuse, la situation a besoin d'être améliorée.

Autre observation intéressante, l'indice varie considérablement entre les trois groupes de personnes consultées : les employés de la base, les gestionnaires et les spécialistes.

Des trois groupes, ce sont les gestionnaires qui sont les plus mobilisés, avec un indice de 37. Ils connaissent les objectifs de leur entreprise et ils sont par conséquent mieux alignés sur ceux-ci. Les employés sont les moins mobilisés, avec un score de 19. Quant aux spécialistes et aux professionnels, leur indice est de 21. Ces écarts sont normaux, explique M. Collas, mais cela ne veut pas dire qu'il ne faille pas chercher à les réduire.

Les employés de la base obtiennent un score de 5 pour l'alignement stratégique, ce qui veut dire qu'un grand nombre d'entre eux ne connaissent pas la vision stratégique et les objectifs de leur entreprise. Par contre, ils ont des indices de 28 pour leur vision client et la responsabilisation.

D'autre part, les employés se sentent peu considérés (indice de 9), ce qui veut dire que la direction et les gestionnaires ne se préoccupent pas beaucoup de cette dimension importante de la gestion. De toute évidence, les gestionnaires québécois, et en particulier les gestionnaires de premier niveau, ont beaucoup à apprendre sur le plan de la mobilisation : transmission de la vision et des objectifs de l'entreprise à leurs employés, communication, considération à leur donner, reconnaissance pour leurs efforts.

Naturellement, les indices sont meilleurs pour les gestionnaires : 28 pour l'alignement stratégique, 44 pour la vision client, 39 pour la responsabilisation et 32 pour la considération, ce qui veut dire que la haute direction se préoccupe de les récompenser pour leur travail. Malheureusement, les gestionnaires n'agissent pas de même à l'égard de leurs employés.

Quant aux spécialistes, ils se retrouvent entre les deux autres groupes, avec des indices de 27 pour la vision client, de 40 pour la responsabilité et de 15 pour la considération. Mais ils obtiennent un score de −3 pour l'alignement stratégique, ce qui veut dire qu'ils sont laissés de côté par leurs gestionnaires. Leur niveau de responsabilité et leur désir de bien servir les clients les mobilisent, mais ils ne reçoivent pas plus de considération que les employés de la base et ils ne sont pas mieux informés de la vision stratégique et des objectifs de l'entreprise.

question de stratégies de conception de poste, cette idée de l'existence de deux types de facteurs – les uns relatifs à l'environnement de travail et les autres relatifs à la nature même du travail – revêt un intérêt pratique et apporte une certaine rigueur à la réflexion managériale.

LA THÉORIE DE L'ÉQUITÉ

Que se passe-t-il quand vous recevez une note pour un travail ou un examen ? Comment interprétez-vous vos résultats et quelle incidence cela aura-t-il sur votre motivation, par la suite, dans ce cours ? Voilà le type de questions auxquelles s'intéresse la première des théories des processus que nous abordons : la *théorie de l'équité*. Selon J. Stacy Adams, à qui nous devons les travaux les plus intéressants sur l'application au monde du travail de cette théorie, lorsqu'une personne compare ce qu'elle reçoit pour son travail avec ce que d'autres reçoivent pour leur propre travail, toute iniquité perçue devient une source de motivation, motivation à rétablir l'équilibre[23].

> **Théorie de l'équité**
> Théorie d'Adams selon laquelle, lorsque l'individu compare ce qu'il reçoit pour son travail avec ce que d'autres reçoivent pour leur propre travail, toute iniquité perçue devient une source de motivation ; l'individu tentera de redresser la situation afin d'éliminer la tension qui résulte de l'iniquité perçue

L'ÉQUITÉ ET LES COMPARAISONS SOCIALES

La théorie de l'équité se fonde sur le phénomène de la comparaison sociale. Réfléchissez de nouveau aux questions posées ci-dessus. Quand vous recevez une note, n'essayez-vous pas de savoir quels résultats les autres ont obtenus ? Et l'interprétation que vous faites de cette note ne dépend-elle pas, du moins en partie, de la position de cette note par rapport à celle des autres ? Selon la théorie de l'équité, vous réagirez différemment devant la note obtenue selon que vous aurez, ou non, l'impression qu'elle est juste et équitable, et cela, après que vous aurez comparé vos résultats à ceux des autres.

Adams soutient que cette logique s'applique également à toute récompense qu'une personne peut recevoir dans un contexte de travail et à son incidence sur la motivation. Selon lui, la motivation est fonction de l'évaluation que fait un individu des récompenses qu'il a obtenues pour sa contribution, en les comparant aux récompenses que d'autres ont reçues relativement à leur contribution. L'idée d'équité est au cœur de cette comparaison. Comme on peut s'y attendre, tout sentiment d'injustice ou toute iniquité perçue engendre une tension, et la personne qui l'éprouve a tendance à vouloir éliminer cet état d'esprit.

LES PRÉDICTIONS RELATIVES À LA THÉORIE DE L'ÉQUITÉ

Il y a perception d'une iniquité quand une personne croit que les récompenses qu'elle a reçues pour son travail se comparent défavorablement aux récompenses que d'autres semblent avoir reçues pour leur travail. La comparaison, dans la perspective de l'équité, peut être résumée par l'équation suivante :

$$\frac{\text{Rétribution individuelle}}{\text{Contribution individuelle}} \quad \underset{\text{à}}{\overset{\text{Comparée}}{<\qquad>}} \quad \frac{\text{Rétribution des autres}}{\text{Contribution des autres}}$$

La *perception d'une iniquité défavorable* apparaît lorsqu'un individu a l'impression d'avoir reçu moins que les autres compte tenu de leur contribution respective. La *perception d'une iniquité favorable* est provoquée par l'impression d'avoir reçu plus que les autres, compte tenu de leur travail respectif. Dans les deux cas, l'individu sera tenté de retrouver un sentiment d'équité et adoptera probablement un ou plusieurs des comportements suivants :

Comment rétablir le sentiment d'équité

- modifier sa contribution (selon le cas, diminuer ou améliorer son rendement, par exemple) ;
- tenter de modifier sa rétribution (demander une augmentation, par exemple) ;
- mettre fin à la situation (démissionner, par exemple) ;
- modifier les éléments de la comparaison (se comparer avec d'autres collègues de travail, par exemple) ;
- trouver une interprétation rationnelle de la situation (se convaincre que l'iniquité n'est que temporaire, par exemple) ;
- prendre des mesures afin de modifier la contribution ou la rétribution du sujet avec lequel il se compare (selon le cas, obtenir que le collègue en question ait une charge de travail plus importante ou qu'on diminue sa rétribution ; ou, au contraire, qu'on allège la tâche de ce collègue ou qu'on augmente sa rétribution, par exemple).

Le phénomène de la comparaison intervient après l'attribution des récompenses et détermine ensuite leur effet ultime sur la motivation de ceux qui les reçoivent. La séquence se présente donc comme suit :

$$\text{récompense reçue} \rightarrow \text{comparaison} \rightarrow \text{effet sur la motivation}$$

Il se peut, par exemple, qu'une récompense attribuée par un chef d'équipe et censée être un important facteur de motivation pour le membre qui la reçoit n'ait pas l'effet escompté. Si la récompense n'est pas perçue comme juste et équitable par rapport à ce qu'obtiennent ses coéquipiers, elle peut engendrer des dynamiques négatives au regard de l'équité et produire des résultats contraires à ce que le chef d'équipe désirait instaurer. La théorie de l'équité nous rappelle que la valeur d'une récompense sur le plan de la motivation est déterminée par la façon dont l'individu interprète cette récompense dans un contexte de comparaison sociale. Les effets de la récompense sur la motivation sont ainsi déterminés non pas par l'intention du gestionnaire qui l'accorde, mais par la perception de la personne qui la reçoit. Vous trouverez dans la rubrique *Du savoir à la pratique 5.1* quelques conseils en matière de gestion de cette dynamique de l'équité.

Les recherches montrent que les gens qui s'estiment trop payés (perception d'une iniquité favorable) augmentent la quantité ou la qualité de leur travail, tandis que ceux qui s'estiment insuffisamment payés ont la réaction inverse[24].

DU SAVOIR À LA PRATIQUE 5.1

Comment gérer la dynamique de l'équité

- Admettez-le, les comparaisons et la recherche d'équité sont inévitables en milieu de travail.
- Lorsque vous accordez des récompenses, attendez-vous à ce qu'elles puissent susciter un sentiment d'iniquité.
- Expliquez clairement les raisons qui justifient l'attribution de toute récompense.
- Communiquez les éléments de l'évaluation du rendement qui justifient l'attribution d'une récompense.
- Faites connaître les critères de comparaison sur lesquels se fonde votre décision.

Évidemment, les études les plus concluantes à cet égard concernent la perception d'iniquités défavorables, ce qui laisse entendre que les gens s'en accommodent moins bien que des iniquités en leur faveur. Cependant, de tels résultats sont, il importe de le noter, le fait de cultures individualistes, où les comparaisons dans les rapports sociaux se font surtout sur la base des intérêts *individuels*. Dans les cultures plus collectivistes, comme celles de nombreux pays d'Asie, on se préoccupe davantage d'égalité que d'équité, ce qui favorise la solidarité des groupes et l'harmonie des rapports sociaux[25].

LA THÉORIE DE L'ÉQUITÉ ET LA JUSTICE ORGANISATIONNELLE

La théorie de l'équité prend en considération, notamment, le fait que l'individu a l'impression d'avoir été traité, ou non, de façon juste. En matière de comportement organisationnel, cette approche soulève la question de la ***justice organisationnelle***, soit la mesure dans laquelle les individus perçoivent comme justes et équitables les pratiques qui ont cours dans leur milieu de travail. S'appuyant sur le point de vue de la justice sociale, on dit qu'un comportement est conforme à l'éthique s'il donne lieu à un traitement juste et impartial de toutes les personnes. Les notions associées à la justice organisationnelle sont d'un grand intérêt dans le domaine du comportement organisationnel. Dans le cadre de la théorie de l'équité, elles se rattachent à trois dimensions[26].

▶ **Justice organisationnelle**
Mesure dans laquelle les individus perçoivent comme justes et équitables les pratiques qui existent dans leur milieu de travail

- La ***justice procédurale*** assure qu'on respecte, dans tous les cas où elles s'appliquent, les règles et procédures inscrites dans la politique de l'organisation. Cela peut signifier, par exemple, qu'en matière de harcèlement sexuel chaque plainte soumise à l'administration est entendue conformément aux procédures prévues dans de tels cas.

▶ **Justice procédurale**
Justice qui garantit le respect des règles et des procédures établies dans tous les cas où elles s'appliquent

- La ***justice distributive*** garantit un traitement équitable à tout être humain, au-delà de caractéristiques telles que l'âge, le sexe ou l'origine ethnoculturelle. Pour reprendre notre exemple de harcèlement sexuel, cela pourrait signifier qu'une plainte déposée par un homme contre une femme serait traitée avec la même diligence et le même intérêt que celle d'une femme contre un homme.

▶ **Justice distributive**
Justice qui garantit un traitement équitable à tout être humain

- La ***justice interactionnelle*** fait en sorte que les personnes touchées par une décision soient traitées avec respect et dignité[27]. Dans l'exemple précédent, cela peut signifier, notamment, que toutes les parties – c'est-à-dire à la fois la personne accusée et celle qui a porté plainte – estiment avoir reçu des explications acceptables relativement à la décision qui a été prise.

▶ **Justice interactionnelle**
Justice qui garantit que les personnes sont traitées avec respect et dignité relativement aux décisions qui les touchent

Les implications de la théorie de l'équité sur le plan de la justice organisationnelle méritent d'être prises en considération. Que soit en cause la justice procédurale, la justice distributive ou la justice interactionnelle, les perceptions des gens relativement à la façon dont ils sont traités dans leur milieu de travail auront fort probablement un effet sur leur motivation. Ce sont précisément leurs perceptions à l'égard de ces types de justice qui, le plus souvent dans un contexte de comparaison sociale, auront une incidence ultime sur la motivation.

L'éthique en CO

Les entreprises « vertes » au-delà des relations publiques[28]

Le milliardaire Richard Branson, à la tête du groupe Virgin, a investi une somme de 3 milliards de dollars prise à même les profits de ses entreprises de transport – entre autres des sociétés aériennes et de chemin de fer. Il veut contrer le réchauffement planétaire en encourageant la production d'énergies durables susceptibles de réduire l'utilisation du charbon et du pétrole. Il n'est pas seul à promouvoir activement l'écologisation des entreprises. De son côté, Nike a en effet versé des millions de dollars afin de trouver un procédé qui permettrait de fabriquer ses chaussures de sport de la gamme «Air» sans utiliser d'hexafluorure de soufre (SF_6), un gaz à effet de serre. Par ailleurs, le PDG de Patagonia, Yvon Chouinard, a contribué à financer l'organisme sans but lucratif 1 % For the Planet, dont les membres s'engagent à verser 1 % de leur chiffre d'affaires à des organismes environnementaux tels Amazon Watch, San Diego Coastkeeper et Rainforest Relief.

Un certain nombre de sociétés multinationales se joignent à ce mouvement et adoptent leurs propres programmes de développement durable. Le géant mondial Unilever a rendu public le volume des émissions de dioxyde de carbone ainsi que des déchets dangereux découlant de ses activités, en plus de financer des projets dans plusieurs pays afin de juguler les conséquences désastreuses des pénuries d'eau, de la pauvreté et du changement climatique. À l'échelle des États-Unis, une nouvelle mesure commence à être prise en compte: le « produit intérieur brut vert » (PIB vert), qui est établi en déduisant du PIB traditionnel le coût des dommages causés à l'environnement. On constate toutefois qu'un grand nombre d'entreprises et de pays tardent encore à prendre de semblables engagements écologiques.

Questions

Comment se fait-il que certains dirigeants manifestent leur volonté de contribuer à résoudre les problèmes environnementaux, tandis que d'autres sont encore indifférents à cet égard ? De quelle façon les théories de la motivation permettent-elles d'expliquer ces tendances ?

LA THÉORIE DES ATTENTES

▶ **Théorie des attentes**
Théorie de Vroom selon laquelle la motivation au travail résulte d'un calcul rationnel fondé sur la relation perçue entre les efforts déployés, le rendement atteint et la valeur de la récompense qui y est associée

Une autre théorie des processus, la **théorie des attentes**, élaborée par Victor Vroom, postule que le comportement individuel s'explique par la valeur perçue de ses conséquences. En d'autres termes, avant d'adopter un comportement, l'individu soupèserait les conséquences potentielles des diverses options qui s'offrent à lui et choisirait celle dont il attend les récompenses ayant le plus de valeur à ses yeux. Son comportement résulterait donc d'un choix rationnel.

LES TERMES ET LES CONCEPTS PROPRES À LA THÉORIE DES ATTENTES

Selon la théorie des attentes, et comme le montre la **figure 5.3**, la motivation au travail d'un individu dépendrait de :

- sa conviction que les efforts déployés permettront d'atteindre le niveau de rendement visé (les *attentes*) ;

Figure 5.3 Les termes clés de la théorie des attentes et ses applications pour le gestionnaire

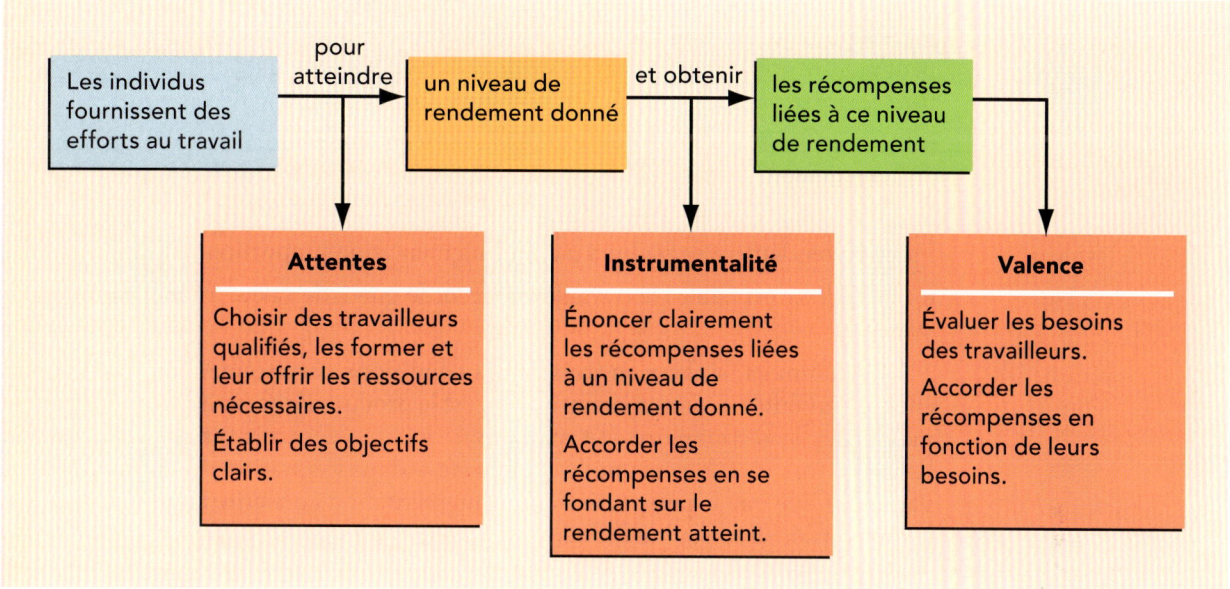

- sa conviction que la récompense sera proportionnelle au niveau de rendement atteint (l'*instrumentalité*) ;
- la valeur qu'il accorde à la récompense qu'il croit pouvoir obtenir (la *valence*).

Ces trois concepts clés sur lesquels repose cette théorie peuvent être ainsi définis[29] :

- Les **attentes**, c'est-à-dire la probabilité, aux yeux de l'individu, que les efforts investis dans l'exécution d'une tâche se traduisent par un niveau de rendement donné. Sur une échelle de 0 à 1, les attentes seront nulles (0) si l'individu croit qu'il lui sera impossible d'atteindre un niveau donné de rendement, et elles seront égales à 1 s'il est absolument certain d'y parvenir.
- L'**instrumentalité**, c'est-à-dire la probabilité, aux yeux de l'individu, que le rendement atteint se traduise par une juste récompense, probabilité qui s'évalue également sur une échelle de 0 à 1. Strictement parlant, selon la façon dont Vroom aborde l'instrumentalité, cette mesure pourrait se situer entre –1 et +1. Toutefois, l'échelle de 0 à +1 répond logiquement à la définition que nous utilisons à des fins pédagogiques et qui fait référence à une probabilité.
- La **valence**, c'est-à-dire la valeur accordée par l'individu à chaque récompense possible, valeur qui se mesure sur une échelle de –1 (valeur très négative) à +1 (valeur très positive).

Vroom exprime la relation entre la motivation (M), les attentes (A), l'instrumentalité (I) et la valence (V) par l'équation : $M = A \times I \times V$. Cela signifie, en raison de l'effet multiplicateur, que dès que l'une ou l'autre de ces trois variables tend vers 0, la motivation est considérablement réduite. Pour que l'effet motivant d'une récompense se fasse vraiment sentir, les *attentes*, l'*instrumentalité* et la *valence* qui y sont rattachées doivent être positives et avoir une valeur élevée.

▶ **Attentes**
Dans la théorie des attentes, probabilité, aux yeux de l'individu, que les efforts investis dans l'exécution d'une tâche se traduisent par un niveau de rendement donné

▶ **Instrumentalité**
Dans la théorie des attentes, probabilité, aux yeux de l'individu, que le rendement atteint se traduise par une juste récompense

▶ **Valence**
Dans la théorie des attentes, valeur accordée par l'individu à chaque récompense possible

LES PRÉDICTIONS RELATIVES À LA THÉORIE DES ATTENTES

Supposons qu'un gestionnaire se demande si la perspective d'une augmentation au mérite pourrait ou non motiver un subordonné. Selon la théorie des attentes, on peut prédire que la motivation à faire des efforts pour obtenir l'augmentation ne sera pas très forte dans les trois conditions suivantes :

- Si les *attentes* sont faibles : le travailleur pense qu'il ne pourra pas atteindre le niveau de rendement souhaité, en dépit des efforts fournis.
- Si l'*instrumentalité* est faible : le travailleur n'est pas convaincu qu'une amélioration de son rendement se traduira par une augmentation proportionnelle au mérite.
- Si la *valence* est faible : le travailleur n'accorde guère de valeur à l'augmentation au mérite.

Évidemment, si deux ou trois de ces conditions coexistent, la motivation sera encore plus faible. Comme la motivation est le produit d'une multiplication, pour la maximiser, le gestionnaire doit maximiser chacune des trois variables. Si l'une ou l'autre de ces variables est nulle (valeur de 0 dans l'équation de Vroom), il peut s'attendre à ce que la perspective d'une augmentation au mérite ait un effet nul sur la motivation de son subordonné.

LES APPLICATIONS ET LA RECHERCHE RELATIVES À LA THÉORIE DES ATTENTES

Cette relation entre les diverses variables et le résultat visé exige donc du gestionnaire qu'il intervienne activement dans le milieu de travail afin de maximiser les attentes, l'instrumentalité et la valence, et cela, en conformité avec les objectifs de son organisation[30]. Pour agir sur les attentes, il doit choisir des travailleurs qualifiés, leur donner une formation adéquate, leur fournir ce dont ils ont besoin et leur fixer des objectifs de rendement précis. Pour agir sur l'instrumentalité, il doit établir clairement la relation entre rendement et récompense, et faire preuve de cohérence lorsqu'il récompense les réussites en matière de rendement. Enfin, pour agir sur la valence, le gestionnaire doit chercher à évaluer les besoins de chacun et adapter les récompenses à ces besoins.

La théorie des attentes a fait l'objet de nombreuses recherches, et un grand nombre d'articles ont été publiés à ce sujet[31]. Même si elle a été très bien accueillie, certains points, comme l'effet multiplicateur, soulèvent encore des questions. Par ailleurs, cette théorie a grandement contribué à expliquer certaines observations qui étaient d'abord apparues comme contre-intuitives dans des situations faisant l'objet d'une gestion interculturelle.

Par exemple, un groupe de travailleurs mexicains à qui on avait accordé une augmentation de salaire diminuèrent ensuite leur temps de travail : le surplus d'argent

Blue Man Group

Sur scène, trois artistes couverts de fard bleu vif. Ils resteront muets tout au long du spectacle, mais sauront néanmoins étonner : de la peinture projetée sur une toile qui tournoie deviendra une œuvre d'art ; une pièce musicale jaillira de tuyaux en PVC servant de percussions ; des céréales mâchées bruyamment formeront un rythme inattendu. Bien que le plaisir prédomine, il ne faut pas oublier la somme de créativité et d'efforts qu'exige, en coulisse, une telle performance. Les artistes et les créateurs qui forment Blue Man Group ont su fusionner la comédie, la musique et le multimédia en une forme d'art unique en son genre.

L'éthique en CO

L'employeur socialement responsable a la cote[33]

Soutenir des organismes sans but lucratif, consommer du café équitable à la cafétéria, constituer un comité sur les bonnes pratiques de développement durable dans son milieu de travail : les cabinets de comptables soignent leur image d'employeurs socialement responsables. Une pratique qui séduit les candidats.

« Début septembre, chaque année et dans tous nos bureaux partout au Canada, nous organisons la Journée Impact. C'est la preuve très concrète de notre engagement social. Notre personnel s'adonne ce jour-là à des travaux au profit d'organismes communautaires. Cette année, près de 5 900 de nos employés ont donné une journée de travail au profit de 343 organismes communautaires », indique Benoît Gosselin, directeur du recrutement chez Samson Bélair/Deloitte & Touche.

Pour Cherine Zananiri, directrice des ressources humaines chez RSM Richter, la mise en place de mesures socialement et écologiquement responsables accroît le sentiment d'appartenance à l'organisation.

« Du reste, chez nous, la demande est venue de notre personnel qui a pris la décision de créer un programme vert dans notre cabinet, explique-t-elle. Par ailleurs, notre

engagement social, c'est un message fort que nous voulons envoyer à tous les stagiaires que nous accueillons chaque année et qui sont tenus de participer à une activité de collecte de fonds au profit d'organismes communautaires durant la période que durera leur stage avec nous. »

Question

À la lumière des théories du contenu et des processus, quels pourraient être les effets de ces mesures organisationnelles socialement et écologiquement responsables sur la motivation du personnel ?

---

n'avait d'intérêt à leurs yeux que dans la mesure où il leur permettait de s'accorder quelques loisirs. À titre d'autre exemple, dans une entreprise américaine, la promotion d'un agent commercial japonais à un poste de direction entraîna une baisse de son rendement : ses supérieurs n'avaient pas prévu que cette récompense le plaçait dans une situation embarrassante vis-à-vis de ses collègues et l'éloignait d'eux[32].

LA THÉORIE DE LA FIXATION DES OBJECTIFS

Il y a quelques années, un défenseur des Vikings du Minnesota, une équipe de football, intercepta une passe ratée de l'équipe adverse pour aller porter le ballon avec un plaisir et une détermination manifestes… du mauvais côté du terrain ! Ce joueur ne manquait pas de motivation, cela sautait aux yeux. Toutefois, il s'est montré incapable de canaliser son énergie vers l'objectif approprié, comme cela se produit trop souvent en milieu de travail. On peut atténuer, sinon résoudre, ce genre de problèmes en établissant clairement les objectifs qu'on désire atteindre. On omet souvent de s'attarder aux objectifs, qui représentent pourtant un aspect important de la motivation. En l'absence d'objectifs clairement définis, les employés risquent de se sentir désorientés. Si les objectifs sont clairs et correctement établis, les employés pourront être grandement motivés à s'engager dans leur réalisation.

> ### DU SAVOIR À LA PRATIQUE 5.2
>
> **Le développement du capital humain**
>
> Les compétences sont un moteur en matière de rendement. Savoir qu'on possède les compétences nécessaires pour bien accomplir son travail, ou qu'on est en train de les acquérir, peut être un puissant facteur de motivation. Où en êtes-vous dans le perfectionnement des compétences susceptibles de faire de vous un excellent cadre supérieur? Faites rapidement le point à l'aide des repères que proposent Boris Groysberg, Andrew N. McLean et Nitin Nohria dans un article publié par le *Harvard Business Review*[34].
>
> - Le *capital humain en gestion générale* appelle le développement de compétences touchant l'acquisition, l'amélioration et l'allocation des ressources, ce qui comprend la gestion des ressources humaines.
>
> - Le *capital humain stratégique* requiert le développement de compétences particulières permettant de faire face à des problèmes stratégiques tels que la réduction des coûts, la propulsion de la croissance et l'adaptation à des marchés cycliques.
>
> - Le *capital humain relationnel* nécessite le renforcement de la capacité de travailler en réseau et d'établir de solides relations professionnelles.
>
> - Le *capital humain propre à un secteur d'activité* exige une familiarisation avec les technologies, la clientèle, la réglementation, les fournisseurs et la concurrence propres à un secteur d'activité.
>
> - Le *capital humain propre à l'entreprise* implique une connaissance approfondie du fonctionnement interne de l'organisation, de ses politiques, de ses pratiques et de sa culture.

LES ÉLÉMENTS MOTIVATEURS DES OBJECTIFS

En CO, la *fixation des objectifs* est le processus d'élaboration, de négociation et de mise en forme des objectifs ou des cibles que le travailleur doit atteindre[35]. Edwin Locke et ses collègues ont consacré de nombreuses années à la mise au point d'un modèle exhaustif établissant les liens entre les objectifs et le rendement. Ce modèle, illustré à la **figure 5.4**, intègre certains éléments de la *théorie des attentes* pour mettre en lumière les répercussions potentielles de la fixation des objectifs sur le rendement, tout en tenant compte de certaines variables modératrices, telles que les capacités du travailleur et la complexité des tâches.

Un nombre considérable de chercheurs ont suivi la voie tracée par des précurseurs comme Locke et Latham en s'intéressant à la fixation des objectifs. De fait, on poursuit davantage de recherches sur la fixation des objectifs que sur toute autre théorie de la motivation au travail[36]. Le sujet a fait l'objet de plus de 400 études menées dans nombre de pays, dont l'Australie, la Grande-Bretagne, l'Allemagne, le Japon et les États-Unis[37]. Pour le gestionnaire, les préceptes fondamentaux de la théorie de la fixation des objectifs constituent donc une source considérable d'information et de conseils sur la gestion des ressources humaines en milieu organisationnel.

Figure 5.4 Le modèle de la fixation des objectifs de Locke et Latham

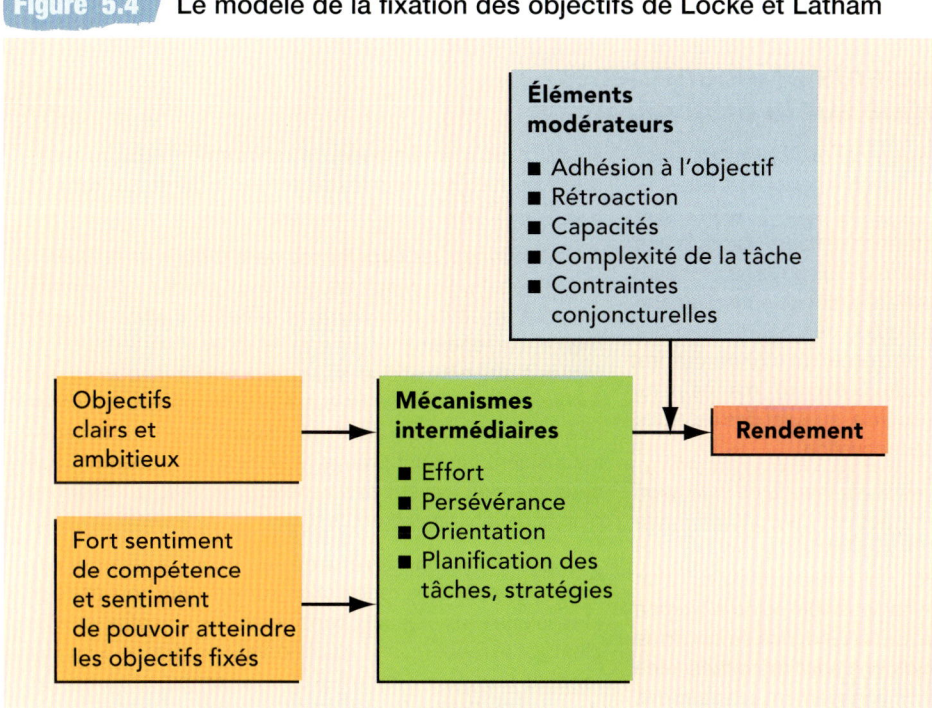

LES PRINCIPES DIRECTEURS DE LA FIXATION DES OBJECTIFS

Sur le plan de la gestion, on peut résumer comme suit les implications de la recherche relative à la théorie de la fixation des objectifs[39] :

1. *Des objectifs ambitieux sont plus susceptibles d'entraîner un rendement accru que des objectifs modestes.* Cependant, cette observation ne tient plus si les objectifs sont perçus comme trop complexes ou impossibles à atteindre. Ainsi, un préposé aux services financiers fournira un meilleur rendement si l'objectif est de vendre six placements de retraite par semaine que s'il est d'en vendre trois ; par contre, si l'établissement bancaire lui fixe un objectif de 15 placements hebdomadaires, il pourra le juger impossible à atteindre, et son rendement risque d'être plus faible que si on lui avait donné un objectif réaliste.

2. *Des objectifs clairs sont plus susceptibles d'entraîner un rendement accru que des objectifs inexistants, vagues ou très généraux.* Trop souvent, on ne fixe aux travailleurs que des objectifs généraux en les encourageant à *donner le meilleur d'eux-mêmes*. Les recherches prouvent que des objectifs plus précis – « Nous nous attendons à ce que vous vendiez six ordinateurs par jour » – sont plus stimulants et donnent de meilleurs résultats.

3. *La rétroaction sur le travail qu'ils ont accompli ou la connaissance de leurs résultats incitent les travailleurs à donner un rendement accru en les amenant à se fixer des objectifs toujours plus élevés.* La rétroaction permet à l'individu de savoir où il se situe par rapport aux attentes de l'organisation. Vous-mêmes, n'avez-vous pas hâte de savoir si vous avez réussi votre dernier examen ?

DU CÔTÉ DE LA RECHERCHE

Les objectifs conscients et inconscients ont un effet conjugué sur la motivation[38]

Dans un article publié par le *Journal of Applied Psychology*, Alexander D. Stajkovic, Edwin A. Locke et Eden S. Blair soulignent que les travaux portant sur la théorie de la fixation des objectifs et la motivation ont certes acquis une renommée, mais qu'ils sont limités du fait qu'ils ne prennent en considération que la motivation consciente. Dans le cadre de deux études empiriques, ces chercheurs ont tenté d'établir un lien entre cet ensemble d'observations déjà constitué et une autre série de travaux, menés dans le domaine de la psychologie sociale, au sujet des objectifs inconscients à la source de la motivation.

D'une part, les recherches sur la théorie de la fixation des objectifs ont notamment permis de constater que l'établissement d'objectifs difficiles à atteindre menait à un rendement supérieur à celui qui pouvait résulter d'un simple encouragement à faire son possible ou de la fixation d'objectifs faciles à atteindre. Cette tendance se confirme dans la mesure où trois conditions sont présentes : une rétroaction sur le rendement, un engagement à l'égard des objectifs et une connaissance des tâches à accomplir. D'autre part, un courant de recherche en psychologie sociale s'est intéressé à l'activation inconsciente d'objectifs par des amorces dans des environnements où la fixation d'objectifs est chose courante. S'appuyant sur ces études, les trois chercheurs se sont proposé d'« établir, par un examen empirique de leurs interactions, un lien entre les objectifs conscients et les objectifs inconscients ».

Une étude pilote et une étude principale ont été menées à l'aide d'échantillons constitués d'étudiants de premier cycle et des cycles supérieurs, inscrits dans une université du Midwest des États-Unis. Les participants ont été divisés en deux groupes. Les sujets du premier groupe étaient soumis à un « amorçage », c'est-à-dire qu'ils effectuaient une mise en train faisant intervenir le repérage ou l'utilisation de termes associés à la réalisation d'objectifs avant l'exécution complète d'une tâche déterminée. Les sujets du deuxième groupe, dit « sans amorçage », ne repéraient ou n'utilisaient que des termes neutres par rapport à la réalisation d'objectifs lors de la mise en train.

Confirmant les hypothèses de la théorie de la fixation des objectifs, les résultats des deux études ont montré que des objectifs conscients et difficiles à atteindre augmentent le rendement plus que l'établissement d'objectifs faciles à atteindre et que la simple consigne encourageant à « faire de son mieux ». En outre, les chercheurs ont constaté que les sujets qui avaient été soumis à un « amorçage » inconscient faisaient preuve d'un meilleur rendement que ceux qui n'en avaient pas bénéficié, et cela, qu'ils soient placés devant des objectifs faciles ou difficiles à réaliser.

En conclusion, ces études soulignent la nécessité de mener de nouvelles recherches sur les liens pouvant être établis entre les objectifs conscients, les objectifs inconscients et le rendement. Les observations réunies à ce jour tendent toutefois à montrer que la combinaison de ces deux types d'objectifs accentue leur effet sur la motivation.

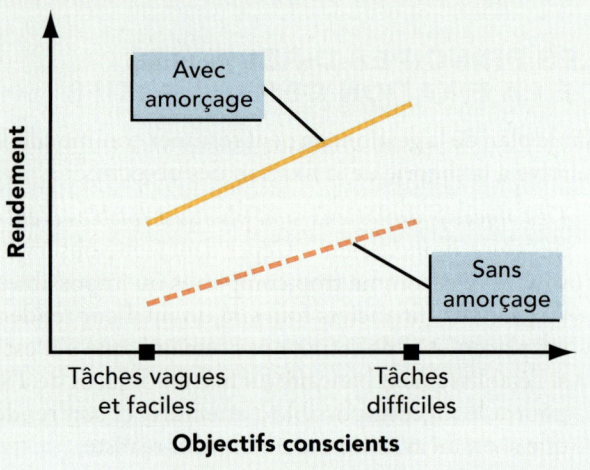

4. *Les objectifs conduisent plus sûrement à un rendement accru si les travailleurs ont les compétences requises et s'ils se croient capables de les atteindre.* Un travailleur doit être non seulement capable d'atteindre les objectifs fixés, mais convaincu de l'être. Le préposé aux services financiers de l'exemple précédent peut être capable de vendre six placements de retraite par semaine et avoir confiance en son aptitude à atteindre ce but. Par contre, si on lui fixe un objectif de 15 placements, il pourra avoir l'impression qu'il ne sera pas à la hauteur de la tâche et se décourager avant même d'avoir essayé.

Des AS de la gestion

Suer au travail[40]

Lundi, 17 h, on donne son 110 % au siège social de Souris Mini, à Cap-Rouge. Deux soirs par semaine, les patrons font suer les employés… le temps d'un cours de step!

La salle d'entraînement du siège social a de quoi faire rêver bien des travailleurs. Financée par les propriétaires, elle est moderne et compte de nombreux appareils ainsi que des accessoires d'exercice, comme des ballons. Deux fois par semaine, une monitrice vient donner des cours de step et elle est aussi disponible pour créer un programme d'entraînement personnalisé gratuitement. […]

Monique Ainsley a suivi de près la croissance de Souris Mini, bien avant de devenir vendeuse dans une des boutiques. Elle-même avait son magasin de vêtements pour enfants à l'époque où Souris Mini proposait ses collections à des boutiques déjà implantées.

M. Bellavance venait donc lui vendre ses produits. « Jamais je n'aurais pensé venir travailler pour eux ! », rigole Mme Ainsley. Elle est fidèle au poste depuis maintenant cinq ans et demi, soit à peu près depuis l'ouverture des premières boutiques de l'entreprise.

Vendeuse hors pair au dire de son patron, elle offre même à chaque semaine « Le conseil de Monique », qui est diffusé par courriel aux 25 boutiques du Québec, à celle des Maritimes et même aux magasins de Dubaï et d'Abu Dhabi, aux Émirats arabes unis.

La vente à pression est contraire à la philosophie de l'entreprise (Mme Ainsley parle d'ailleurs de « vente à passion ! »). Il n'en demeure pas moins que les quelque 300 employés des boutiques ont des objectifs de vente personnels et de groupe à atteindre, auxquels sont rattachés des bonis qui peuvent faire une bonne différence de rémunération. Et les plus performants sont récompensés par une grande fête, qui compte notamment un gala où on remet des trophées. Les gérants, les gérants adjoints ainsi que les employés sélectionnés se mettent alors sur leur 36 et sont traités aux petits oignons : souper, chambre d'hôtel, activités surprises, prix de présence. Autre plus, une bourse de 3 000 $ est tirée au sort parmi tous les étudiants employés par l'entreprise.

Mme Ainsley souligne aussi que les conseillers ne sont pas laissés à eux-mêmes : on propose des cours de vente et un outil de formation en ligne est disponible par l'intranet pour toute question relative à la marchandise.

Les propriétaires visitent régulièrement les boutiques, note Mme Ainsley. Stressant pour les employés ? Non, plutôt motivant. « Ça nous donne beaucoup d'importance. Ce qui est important pour eux, c'est le côté humain », note-t-elle.

Preuve que les employés de Souris Mini sont heureux au travail, le taux de roulement est pratiquement nul au siège social, si on exclut les femmes qui partent en congé de maternité. « Et ça, blague M. Bellavance, c'est bon pour la business ! »

5. *Les objectifs sont plus motivants si les travailleurs y adhèrent et s'engagent à les atteindre.* Cette adhésion et cet engagement s'obtiendront plus facilement si les travailleurs participent à l'élaboration des objectifs, et s'ils sentent qu'ils en sont parties prenantes, que ce sont « leurs » objectifs. Cependant, des objectifs assignés par autrui peuvent être tout aussi efficaces dans la mesure où ils proviennent d'une personne en position d'autorité pouvant exercer une influence et où les subordonnés ont la capacité d'atteindre ces objectifs. En revanche, la recherche confirme que des objectifs assignés par autrui peuvent conduire à un mauvais rendement si on ne s'est pas assuré que le travailleur est capable de les atteindre, ou *s'ils sont trop peu ou trop mal* expliqués.

LA FIXATION D'OBJECTIFS ET LA GESTION PAR OBJECTIFS

On peut difficilement traiter de la fixation d'objectifs et de son effet éventuel sur le rendement des travailleurs sans évoquer le concept de *gestion par objectifs (GPO)*, un mode de gestion qui repose essentiellement sur la fixation conjointe d'objectifs par le supérieur et le subordonné[41]. Gestionnaires et subordonnés élaborent en collaboration des programmes et des objectifs de rendement conformes aux objectifs supérieurs des unités de travail et de l'organisation dans son ensemble. Ainsi, l'effet motivateur du processus de fixation des objectifs, comme nous venons de le souligner, se manifeste. Lorsqu'un tel processus est étendu à toute l'organisation, la GPO permet d'établir très clairement la hiérarchie des objectifs à intégrer dans une chaîne buts-moyens bien précise.

La **figure 5.5** illustre toutes les étapes de ce mode de gestion, et montre bien sa cohérence avec la notion de fixation des objectifs et ses principes connexes. Vous remarquerez que les discussions entre cadre et subordonné ont lieu tant à l'étape initiale de la fixation des objectifs de rendement qu'à celle de l'évaluation des résultats, ce qui permet au subordonné de participer activement à toutes les étapes du processus. L'implantation réussie d'une stratégie de GPO exige énormément de rigueur. En effet, en plus de laisser à ses subordonnés la latitude nécessaire à l'atteinte des objectifs, le gestionnaire doit appuyer activement les efforts qu'ils déploient pour y parvenir.

Nous disposons de nombreuses études de cas sur des programmes de gestion par objectifs qui ont réussi. Cependant, les recherches rigoureuses et complètes sur le sujet sont rares, et leurs conclusions, mitigées[42]. En général, la GPO offre des possibilités intéressantes d'application de la théorie de la fixation des objectifs, mais son instauration et son maintien sont loin d'être aisés. Bien des organisations renoncent à cette approche devant les nombreuses difficultés qui surgissent aux premiers stades de son implantation. Les principaux inconvénients de la GPO se résument ainsi :

- l'importance des tâches administratives et de la paperasse ;
- un système de récompenses et de punitions trop axé sur l'atteinte des objectifs ;

> **Gestion par objectifs (GPO)**
> Mode de gestion qui repose essentiellement sur la fixation conjointe d'objectifs par le supérieur et le subordonné

Figure 5.5 Un schéma du processus de gestion par objectifs

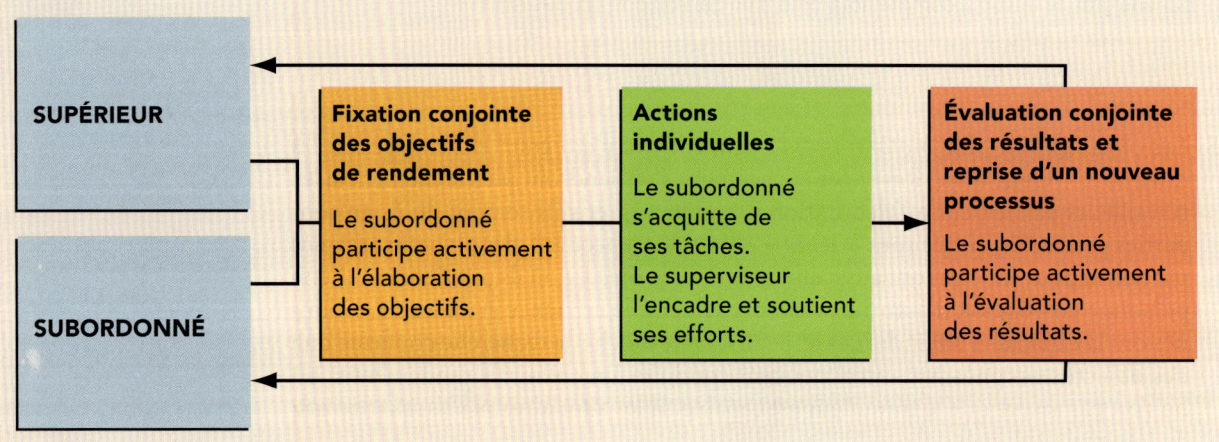

- des objectifs qui viennent du haut de la pyramide hiérarchique ;
- des objectifs simplistes, restreints à ce qui est observable et mesurable ;
- la fixation d'objectifs individuels au détriment d'objectifs collectifs.

Ajoutons que, pour que la GPO fonctionne bien, il est souvent nécessaire de l'étendre à toute l'organisation.

GUIDE DE RÉVISION

RÉSUMÉ

Qu'est-ce que la motivation ?

- La motivation au travail est l'ensemble des énergies qui sous-tendent l'orientation, l'intensité et la persistance des efforts qu'un individu consacre à son travail.
- Les théories du contenu, comme celles de Maslow, d'Alderfer, de McClelland et de Herzberg, cherchent à déterminer les besoins qui influent sur le comportement des individus dans un milieu de travail donné.
- Les théories des processus, comme celles de l'équité, des attentes et de la fixation des objectifs, portent sur les processus cognitifs qui influent sur les décisions comportementales en milieu de travail.
- On devrait être conscient du fait que la motivation de la main-d'œuvre revêt de l'importance pour les organisations du monde entier. Cependant, il faut aussi comprendre que les sources de motivation et les approches dans ce domaine peuvent différer d'une culture à l'autre.

Quels sont les principaux postulats des théories du contenu en matière de motivation ?

- Selon la théorie de la hiérarchie des besoins (Maslow), les besoins humains progressent selon la hiérarchie suivante : les besoins d'ordre inférieur – besoins physiologiques, besoin de sécurité, besoins sociaux – et les besoins d'ordre supérieur – besoin d'estime et besoin de réalisation de soi.
- La théorie ERD (Alderfer) ramène les besoins humains à trois catégories : les besoins existentiels, les besoins relationnels et les besoins de développement ; elle soutient également que l'individu peut chercher à satisfaire plus d'une catégorie de besoins à la fois.
- La théorie des besoins acquis (McClelland) met l'accent sur le besoin d'accomplissement, le besoin d'affiliation et le besoin de pouvoir ; elle postule que ces trois besoins s'acquièrent avec le temps et l'expérience.

- La théorie bifactorielle ou théorie des deux facteurs (Herzberg) distingue les facteurs à l'origine de la satisfaction professionnelle – les facteurs moteurs, comme les responsabilités, la reconnaissance et, plus généralement, la nature même du travail – de ceux qui peuvent prévenir l'insatisfaction professionnelle – les facteurs d'hygiène, comme le salaire, les conditions de travail et, plus généralement, le cadre de travail.

Quels sont les fondements de la théorie de l'équité ?

- La théorie de l'équité (Adams) se fonde sur le phénomène de la comparaison sociale et postule que l'individu compare ce qu'il reçoit pour son travail avec ce que d'autres reçoivent pour le leur.

- Toute iniquité perçue devient pour l'individu une source de motivation ; il tentera de redresser la situation afin d'éliminer la tension qui résulte de l'iniquité perçue.

- La perception d'une iniquité défavorable apparaît lorsqu'un individu a l'impression d'avoir reçu moins que les autres pour son travail ; il pourrait alors décider de diminuer ses efforts ou de démissionner.

- Le concept de justice organisationnelle se rapporte à la mesure dans laquelle les individus perçoivent comme justes et équitables les pratiques qui ont cours dans leur milieu de travail ; il se rattache à la justice distributive, la justice procédurale et la justice interactionnelle.

Quels sont les éléments clés de la théorie des attentes ?

- Selon la théorie des attentes (Vroom), la motivation au travail d'un individu dépendrait de sa conviction que les efforts déployés permettront d'atteindre le niveau de rendement visé (les *attentes*) ; sa conviction que la récompense sera proportionnelle au niveau de rendement atteint (l'*instrumentalité*) ; la valeur qu'il accorde à la récompense qu'il croit pouvoir obtenir (la *valence*).

- Selon la théorie des attentes : la motivation (M) = les attentes (A) × l'instrumentalité (I) × la valence (V). Comme il s'agit d'une multiplication, les gestionnaires doivent intervenir pour maximiser chacun de ces facteurs s'ils veulent atteindre des degrés élevés de motivation.

Quels sont les principes directeurs de la théorie de la fixation des objectifs et ses principales applications ?

- La fixation des objectifs est le processus d'élaboration, de négociation et de mise en forme des objectifs ou des cibles que le travailleur doit atteindre.

- Selon les études, des objectifs ambitieux, clairs et qui permettent une rétroaction sur les résultats incitent les travailleurs à donner un rendement accru. En outre, les objectifs sont plus motivants si les travailleurs y adhèrent et s'engagent à les atteindre.

- Les capacités individuelles et la complexité de la tâche constituent des variables modératrices qui influent sur les effets des objectifs sur le rendement.

- La gestion par objectifs est un mode de gestion qui repose essentiellement sur un processus de fixation conjointe d'objectifs par le supérieur et le subordonné ; elle concerne l'application de la théorie de la fixation des objectifs dans des pratiques de gestion quotidiennes qui peuvent s'étendre à toute l'organisation.

MOTS CLÉS

Attentes	p. 145	Justice distributive	p. 143
Besoin d'accomplissement	p. 137	Justice interactionnelle	p. 143
Besoin d'affiliation	p. 137	Justice organisationnelle	p. 143
Besoin de pouvoir	p. 137	Justice procédurale	p. 143
Besoins de développement	p. 136	Motivation au travail	p. 133
Besoins d'ordre inférieur	p. 135	Théorie bifactorielle	
Besoins d'ordre supérieur	p. 135	(ou théorie des deux facteurs)	p. 137
Besoins existentiels	p. 136	Théorie de la hiérarchie des besoins	p. 134
Besoins relationnels	p. 136	Théorie de l'équité	p. 141
Facteurs d'hygiène		Théorie des attentes	p. 144
(ou facteurs d'ambiance)	p. 138	Théorie ERD	p. 136
Facteurs moteurs	p. 138	Théories des processus	p. 133
Gestion par objectifs (GPO)	p. 152	Théories du contenu	p. 133
Instrumentalité	p. 145	Valence	p. 145

ÉVALUATION DES CONNAISSANCES

QUESTIONS À CHOIX MULTIPLE

1. La motivation au travail se définit comme l'orientation, l'intensité et la persistance _____ **a)** des efforts. **b)** du rendement. **c)** de la satisfaction des besoins. **d)** de l'instrumentalité de la performance.

2. Une théorie du contenu porte sur _____ **a)** le renforcement contingent. **b)** l'instrumentalité. **c)** l'équité. **d)** les besoins humains.

3. Une théorie des processus porte sur _____ **a)** la frustration-régression. **b)** les attentes relatives aux récompenses pouvant être obtenues à la suite de l'exécution d'une tâche. **c)** les besoins d'ordre inférieur. **d)** les besoins d'ordre supérieur.

4. Selon McClelland, une personne qui a un fort besoin d'accomplissement _____ **a)** est assurée de réussir en tant que cadre supérieur. **b)** voudra exercer son emprise sur les autres et influencer leur comportement. **c)** sera attirée par le travail d'équipe et les responsabilités collectives. **d)** appréciera les objectifs stimulants, mais réalisables.

5. Dans la théorie ERD d'Alderfer, les besoins _____ sont ceux qui se rapprochent le plus des besoins d'ordre supérieur (estime et réalisation de soi) définis par Maslow. **a)** existentiels **b)** relationnels **c)** de reconnaissance **d)** de développement

6. Selon la théorie bifactorielle de Herzberg, la satisfaction professionnelle tend à s'accroître quand on améliore _____ **a)** les conditions de travail. **b)** le salaire de base. **c)** les relations entre les pairs. **d)** le niveau des responsabilités associées au travail.

7. Selon la théorie bifactorielle de Herzberg, on peut reconnaître des facteurs _____ dans l'environnement de travail. **a)** moteurs **b)** déterminant le degré de satisfaction professionnelle **c)** d'hygiène **d)** d'enrichissement des tâches

8. Selon la théorie de l'équité, _____ est une question essentielle. **a)** la comparaison sociale des contributions et des récompenses **b)** l'égalité des récompenses **c)** l'égalité des efforts **d)** la valeur absolue des récompenses

9. Selon la théorie de l'équité, la perception d'une iniquité défavorable _____ **a)** n'est pas une source de motivation. **b)** est une source de motivation plus puissante que la perception d'une iniquité favorable. **c)** peut être une source de motivation aussi puissante que la perception d'une iniquité favorable. **d)** n'entre pas en jeu sur le plan de la motivation.

10. Un gestionnaire qui, d'un employé à l'autre, applique de façon variable la politique sur les retards au travail viole les principes de la justice _____ **a)** interactionnelle. **b)** morale. **c)** distributive. **d)** procédurale.

11. Dans la théorie des attentes, _____ correspond(ent) à la probabilité, aux yeux de l'individu, qu'un niveau donné de rendement procure telle ou telle récompense. **a)** les attentes **b)** l'instrumentalité **c)** la motivation **d)** la valence

12. Dans la théorie des attentes, _____ correspond à la valeur accordée par l'individu à la récompense qu'il croit pouvoir obtenir. **a)** l'attente **b)** l'instrumentalité **c)** la motivation **d)** la valence

13. La théorie des attentes postule que _____ **a)** la motivation au travail résulte d'un calcul rationnel. **b)** le rendement espéré par l'individu qui s'investit dans l'exécution d'une tâche est sans rapport avec sa motivation au travail. **c)** la satisfaction des besoins de l'individu est un élément crucial de sa motivation au travail. **d)** la motivation au travail dépend de la valence, c'est-à-dire de la probabilité, aux yeux de l'individu, qu'un niveau de rendement déterminé débouchera sur un large éventail de récompenses possibles.

14. Quels types d'objectifs sont les plus susceptibles d'être motivants pour les travailleurs ? **a)** Les objectifs ambitieux. **b)** Les objectifs faciles à atteindre. **c)** Les objectifs très généraux. **d)** Les objectifs qui exigent peu de rétroaction.

15. La GPO privilégie _____ comme moyen d'obtenir l'adhésion et l'engagement des travailleurs à l'égard des objectifs fixés. **a)** l'autorité **b)** la fixation conjointe d'objectifs par le supérieur et le subordonné **c)** la rétroaction aléatoire **d)** les objectifs à caractère général

QUESTIONS À RÉPONSE BRÈVE

16. À quoi correspond le principe de frustration-régression dans la théorie ERD d'Alderfer ?

17. Dans la perspective de la théorie bifactorielle de Herzberg, comment peut-on accroître la motivation des travailleurs ?

18. Qu'est-ce qui distingue la justice distributive de la justice procédurale ?

19. Décrivez l'effet multiplicateur relatif à la théorie des attentes.

QUESTION À DÉVELOPPEMENT

20. Au restaurant, vous surprenez le dialogue suivant à une table voisine :

    — Je t'assure que si tu rends tes travailleurs heureux, ils seront productifs.

    — Je n'en suis pas si certain. Si je les rends heureux, ils seront peut-être plus assidus au travail, mais rien ne garantit qu'ils travailleront dur.

    Avec laquelle de ces deux opinions êtes-vous d'accord ? Pourquoi ?

LE CO DANS LE FEU DE L'ACTION

Pour ce chapitre, nous vous suggérons les activités suivantes du *Cahier d'apprentissage en CO* (voir p. C1) :

Étude de cas	Exercices	Autoévaluation
6. C'est trop injuste !	4. Que valorisez-vous particulièrement dans un travail ?	7. Profil bifactoriel
	11. Travail d'équipe et motivation	
	17. Augmentations de salaire annuelles	

 www.erpi.com/schermerhorn

Vous trouverez dans le Compagnon Web du manuel les réponses aux questions d'évaluation des connaissances du chapitre ainsi que les autoévaluations en mode interactif.

LA MOTIVATION ET LA CONCEPTION DE POSTE

CHAPITRE 6

L'adéquation entre la personne et le poste qu'elle occupe n'est pas toujours facile à obtenir, mais une telle correspondance a une incidence indéniable sur le rendement. Ce chapitre fait le lien entre les théories de la motivation précédemment abordées et trois processus stratégiques : la conception de poste, l'intégration des technologies et la mise en place de formules novatrices en matière d'aménagement du temps de travail.

OBJECTIFS D'APPRENTISSAGE

Après l'étude de ce chapitre, vous devriez être en mesure :

- de distinguer les diverses approches en matière de conception de poste ;
- d'expliquer comment concevoir des postes stimulants pour les travailleurs ;
- de discuter du rôle que jouent les technologies dans la conception de poste ;
- de distinguer les diverses approches en matière d'aménagement du temps de travail.

PLAN DU CHAPITRE

LES DIVERSES APPROCHES EN MATIÈRE DE CONCEPTION DE POSTE

L'organisation scientifique du travail
L'élargissement des tâches et la rotation des postes
L'enrichissement des tâches

LA CONCEPTION DE POSTES STIMULANTS POUR LES TRAVAILLEURS

La théorie des caractéristiques de l'emploi
Le traitement des données sociales
L'enrichissement des tâches : des considérations d'ordres pratique et culturel

LES TECHNOLOGIES ET LA CONCEPTION DE POSTE

L'automatisation et la robotique
Les systèmes flexibles de fabrication
Les bureaux automatisés
La restructuration des processus d'affaires

L'AMÉNAGEMENT DU TEMPS DE TRAVAIL : DES APPROCHES NOVATRICES

La semaine de travail comprimée
L'horaire de travail variable
Le partage de poste
Le télétravail et le bureau virtuel
Le travail à temps partiel

GUIDE DE RÉVISION

> « La clé est l'adéquation entre la personne et le poste qu'elle occupe. »

Fini les horaires de travail

Imaginez un emploi qui vous permettrait, au besoin, de vaquer à vos occupations personnelles durant les heures habituelles de travail, qui vous laisserait de la latitude pour aménager votre horaire, à l'exception de quelques réunions obligatoires, et qui vous offrirait la possibilité de travailler à partir de la maison. Ce rêve est devenu réalité chez Best Buy depuis que le programme ROWE – *Results-Only Work Environment* (environnement de travail qui ne tient compte que des résultats) – a changé les règles du jeu pour près des deux tiers des 4 000 membres du personnel au siège social de l'entreprise à Minneapolis. *Business Week* a baptisé ce modèle *post-geographic workplace* (espace de travail postgéographique), soulignant qu'une telle conception donne aux gens la liberté « de travailler là où ils le veulent et quand ils le veulent, pour autant qu'ils réussissent à accomplir leur tâche ».

Il s'agit là d'une culture qui se concentre sur le travail accompli et sur les résultats, plutôt que sur le maintien des règles préétablies. Les employés ont la pleine maîtrise de leur temps et le rendement du travail n'est ainsi plus évalué qu'en fonction des résultats. Le succès de ce programme est tel que ses conceptrices, Cali Ressler et Jody Thompson, deux employées de Best Buy, ont lancé en 2005 leur propre boîte : CultureRx fait la promotion de ce programme auprès d'autres entreprises, notamment par l'intermédiaire de séminaires de formation. Au Canada, le siège social de Best Buy, situé à Burnaby (dans la région de Vancouver), travaille à une version adaptée du modèle pour ses employés de bureau. Mais comment cela fonctionne-t-il ?

Très bien, si on se fie à ceux qui participent au programme. Gérant des commandes en ligne, Chad Achena a coutume, par exemple, de partir plus tôt et de s'offrir un moment de détente au cinéma avant de rentrer chez lui. De son côté, Kelly McDevitt, directrice de la publicité Internet, quitte son bureau en milieu d'après-midi pour aller chercher son fils à l'école. Spécialiste de la formation en ligne, Mark Wells fait, quant à lui, la grasse matinée aussi souvent qu'il le souhaite. Et les résultats sont tout aussi probants lorsqu'on compile les retombées.

Pour l'entreprise, l'opération est couronnée de succès : chez Best Buy, les démissions ont diminué de 22 à 2 %.

> « La vieille façon de gérer et de comptabiliser le travail ne fonctionnera plus bientôt. »

Par contre, comme la pression pour l'obtention de résultats est forte et que le programme ROWE est sans pitié pour les employés non productifs, les licenciements ont augmenté de 77 %. Puisque l'entreprise parvient à retenir ses meilleurs éléments et à se départir de ceux qui sont inefficaces, elle obtient des gains de productivité de l'ordre de 35 %. J.T. Thompson, vice-président directeur, est un converti : « Pendant des années [...], dit-il, j'ai passé mon temps à vérifier si les gens étaient à leur poste. J'aurais plutôt dû considérer le travail qu'ils abattaient. »

Chez IBM Canada, le modèle d'organisation du travail se rapproche du ROWE. Environ la moitié des 2 500 employés de l'entreprise, à l'exclusion du personnel de l'usine de composants microélectroniques de Bromont, travaille dans un environnement non traditionnel et n'a même pas de poste de travail réservé au siège social. « C'est dans la culture de l'entreprise, rappelle Camille Gendreau, directrice des ressources humaines d'IBM Canada. Notre système d'évaluation du rendement repose sur des objectifs précis. Nous fondons nos évaluations sur les résultats et non sur les efforts[1]. »

Selon Cali Ressler, l'une des instigatrices du projet ROWE : « La vieille façon de gérer et de comptabiliser le travail ne fonctionnera plus bientôt. Nous voulons révolutionner la manière dont le travail s'accomplit. »

Cependant, le programme Rowe a ses détracteurs. Dans une lettre envoyée au *Business Week* en réponse à leur article sur la question, quelqu'un a fait ce commentaire : « L'absence d'horaires fixes chez Best Buy ne peut perdurer dans le contexte d'une économie mondiale. » Quelqu'un d'autre s'est interrogé : « Sauriez-vous mesurer les coûts découlant de ces situations où un employé qui a besoin d'obtenir une réponse rapide de la part d'un autre employé doit le chercher partout, ignorant s'il se trouve au bureau ou au cinéma[2] ? »

En outre, il y aura fort à faire pour changer les mentalités québécoises : selon un sondage publié par l'Ordre des conseillers en ressources humaines et en relations industrielles, les deux tiers des travailleurs du Québec croient qu'il est bien vu d'arriver tôt au travail et de partir tard ; le quart des répondants affirment qu'il est mal vu de s'absenter du bureau, même pour cause de maladie.

LES DIVERSES APPROCHES EN MATIÈRE DE CONCEPTION DE POSTE

Bien sûr, en raison du contexte ou de la nature du poste, il n'est pas toujours possible d'offrir autant de flexibilité que Best Buy en matière d'aménagement du travail. Dans tous les cas, il demeure pertinent de viser un même objectif : parvenir à la meilleure adéquation possible entre le poste à pourvoir et la personne qui l'occupera, en recherchant celle qui sera le mieux en mesure de le prendre en charge. Quand cette correspondance est réussie, les chances que la personne en fonction fasse preuve d'une grande motivation au travail et que son rendement soit élevé sont bien meilleures. L'équation suivante résume bien cette tendance de fond :

Personne + Adéquation du poste = Motivation et rendement

Cet objectif peut être atteint notamment par une conception de poste adéquate. La **conception de poste** réfère à la planification et à la spécification des tâches inhérentes à chaque poste, ainsi qu'à la détermination des conditions dans lesquelles s'accomplissent ces tâches. La figure 6.1 montre que les diverses approches en matière de conception de poste se distinguent par le degré de spécialisation des tâches et l'importance des récompenses intrinsèques associées au poste. Le poste le mieux conçu est évidemment celui qui répond le mieux aux exigences de rendement de l'organisation, tout en offrant la meilleure adéquation possible avec les besoins et les compétences de son titulaire, et en procurant à ce dernier la plus grande satisfaction professionnelle possible.

> **Conception de poste**
> Planification et spécification des tâches inhérentes à un poste, et détermination des conditions dans lesquelles s'accomplissent ces tâches.

L'ORGANISATION SCIENTIFIQUE DU TRAVAIL

On s'entend généralement pour dire que la recherche scientifique sur la conception des tâches a commencé au début du XXe siècle, avec la publication de *Scientific Management*, par Frederick Taylor[3]. Cet ingénieur américain et ses contemporains

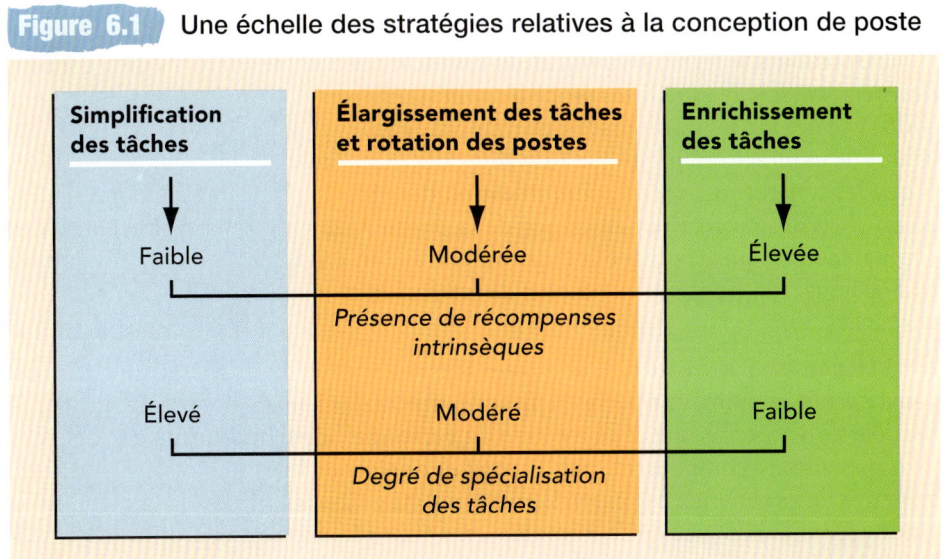

Figure 6.1 Une échelle des stratégies relatives à la conception de poste

voulaient concevoir une organisation pratique du travail afin d'optimiser l'efficience des travailleurs et des équipements. Leur approche consistait à étudier dans le détail un travail donné, à le décomposer en ses éléments les plus simples, à déterminer la durée exacte et les gestes précis qu'impliquait son exécution la plus efficace, puis à former les travailleurs à répéter ces gestes inlassablement. Les principes de l'organisation scientifique du travail mis de l'avant par Taylor peuvent être résumés comme suit :

1. Pour chaque poste, mettre au point une « méthode scientifique » qui établit les règles d'exécution des tâches, les outils qu'elles requièrent et les conditions de travail favorables à leur accomplissement.

2. Embaucher des employés qui possèdent les compétences requises.

3. Former et motiver les travailleurs à accomplir leurs tâches définies selon les principes scientifiques.

4. Afin d'aider les employés, planifier les tâches et faciliter leur exécution en ayant recours aux principes scientifiques de gestion.

Ces premières recherches préfiguraient les approches contemporaines du génie industriel axées sur l'efficience, et qui tentent de déterminer pour chaque poste les meilleurs procédés, méthodes, circuits de production et normes de productivité ainsi que la meilleure interface travailleur-équipement.

Les normes de productivité adoptées par United Parcel Service (UPS) pour orienter pas à pas le travail de ses employés en offrent un bon exemple. Dans les centres régionaux, les trieurs doivent charger les camions selon un nombre déterminé de colis à l'heure. Ayant analysé les arrêts que comportent les itinéraires habituels, les superviseurs sont généralement en mesure de prévoir à quelques minutes près le temps qu'il faudra à chaque chauffeur pour effectuer le ramassage et les livraisons. Des ingénieurs conçoivent des séquences de tâches précises qui permettent aux livreurs de gagner du temps, par exemple en leur donnant la consigne de frapper à la porte des clients plutôt que de chercher le bouton de la sonnette. L'utilisation d'ordinateurs de poche apporte encore plus d'efficacité au service de livraison. Chez UPS, ce type d'organisation scientifique du travail a eu une incidence positive notable sur la productivité.

> **Simplification des tâches**
> Approche de la conception de poste selon laquelle les procédés sont standardisés, et où les travailleurs sont confinés à des tâches normalisées, clairement définies et hautement spécialisées

De nos jours, le terme ***simplification des tâches*** décrit une approche de la conception de poste selon laquelle les procédés sont standardisés, et où les travailleurs sont confinés à des tâches normalisées, clairement définies et hautement spécialisées. La chaîne de montage qui progresse au rythme des machines en est l'exemple classique. À quelles fins recourt-on à la simplification des tâches ? La réponse habituelle est qu'on cherche à accroître l'efficience de la production en réduisant l'éventail des compétences requises pour effectuer un travail, en engageant une main-d'œuvre peu coûteuse, en limitant les besoins de formation et en privilégiant la répétitivité des tâches.

Pourtant, la nature même des postes ainsi conçus engendre des problèmes : on constate, notamment, une perte d'efficacité attribuable à une baisse de qualité, à des taux élevés d'absentéisme et de rotation du personnel, ainsi qu'à de fortes exigences salariales visant à compenser le peu d'attrait que présentent ces emplois. Aujourd'hui, ce genre de problèmes est partiellement résolu grâce aux innovations technologiques. Dans l'industrie de l'automobile, par exemple, de nombreuses tâches autrefois exécutées par des êtres humains sont maintenant confiées à des robots.

L'éthique en CO

Le présentéisme peut nuire aux affaires[4]

Le réveil a été pénible, vous vous sentez encore plus mal que la veille. Malgré les reniflements, les éternuements et la toux, vous vous rendez au travail, en espérant simplement vous rendre jusqu'au soir. Voilà certes une intention louable, mais avez-vous pris en considération toutes les personnes que vous rencontrerez au cours de cette journée de même que l'effet que votre «présentéisme» – soit le fait de vous présenter malade au travail – est susceptible d'avoir sur la productivité?

Brett Gorovsky, analyste chez CCH, une société de services d'information pour les professionnels et les entreprises, soutient que les employés qui s'acharnent à travailler même quand ils sont malades «risquent d'en payer durement le prix au bout du compte». Selon une enquête menée par CCH, 56 % des cadres dirigeants considèrent que ce comportement pose problème. Cette proportion est de 17 % supérieure à celle qu'une enquête similaire réalisée deux ans plus tôt avait révélée.

Aux États-Unis, le coût de la perte de productivité qui découle du présentéisme est estimé à 180 milliards de dollars par année. WebMD a fait état d'une étude qui tend à confirmer que la perte de productivité peut représenter des coûts supérieurs aux salaires versés durant les congés de maladie autorisés. Un fait demeure: plusieurs personnes se présentent malades au travail parce qu'elles y sont obligées si elles veulent être payées.

Questions

Sur le plan éthique, comment peut-on considérer le comportement qui consiste à se présenter malade au travail et à soumettre ainsi ses collègues à un risque de contagion? Et quant aux responsabilités de l'organisation sur le plan éthique, que pouvez-vous dire au sujet des conditions salariales qui ne permettent pas aux employés de rester à la maison quand ils ne se sentent pas en état de travailler?

L'ÉLARGISSEMENT DES TÂCHES ET LA ROTATION DES POSTES

Nous venons de le voir, la stratégie de la simplification des tâches limite considérablement la variété des tâches des travailleurs. Or, si elle facilite la maîtrise des tâches, la répétitivité engendre la monotonie et diminue la motivation. La remise en cause de la simplification des tâches a donné lieu à un deuxième type d'approches qui, elles, visent à élargir l'éventail de tâches des travailleurs.

Lorsqu'on procède à l'**élargissement des tâches**, on augmente la diversité des tâches inhérentes à un poste en combinant des tâches (deux ou plus) auparavant attribuées à des travailleurs différents. Appelée parfois *expansion horizontale des tâches*, cette approche donne de l'*étendue* au poste dans la mesure où on confie à son titulaire un plus grand nombre de tâches différentes, sans pour autant augmenter le degré de difficulté des tâches, ni le niveau de responsabilité du poste.

▸ **Élargissement des tâches**
Approche de la conception de poste selon laquelle on augmente la diversité des tâches en confiant au titulaire du poste un plus grand nombre de tâches différentes, sans pour autant augmenter le degré de difficulté des tâches, ni le niveau de responsabilité du poste

Rotation des postes
Approche de la conception de poste selon laquelle on augmente la diversité des tâches des travailleurs en les affectant périodiquement à des postes différents, sans pour autant augmenter le degré de difficulté des tâches, ni le niveau de responsabilité du poste

Dans la **rotation des postes**, une autre approche d'*expansion horizontale des tâches*, on accroît la diversité des tâches en changeant périodiquement les travailleurs de postes ; ici encore, le degré de difficulté et le niveau de responsabilité restent les mêmes. Le système de rotation des postes peut être organisé selon différentes grilles d'affectations (à l'heure, à la journée ou à la semaine). Cette approche présente un avantage notable sur le plan de la formation, puisqu'elle permet aux travailleurs de se familiariser avec diverses activités et d'augmenter ainsi tant leur expérience professionnelle que leur mobilité au sein de l'organisation.

L'ENRICHISSEMENT DES TÂCHES

Selon la théorie bifactorielle de Herzberg (voir le chapitre 5), il ne faut pas s'attendre à ce que des postes axés sur la simplification des tâches engendrent une forte motivation, pas plus que ceux qui sont axés sur l'élargissement des tâches ou sur la rotation des postes[5]. « Pourquoi, s'interroge Herzberg, un travailleur serait-il motivé par l'ajout d'une ou deux tâches fastidieuses à celles qu'il effectuait déjà, ou par l'alternance de postes tous aussi insignifiants les uns que les autres ? » De préférence à ces approches, il propose une autre stratégie de conception de poste : l'enrichissement des tâches.

Enrichissement des tâches
Approche de la conception de poste selon laquelle on rehausse la nature du travail en ajoutant aux fonctions d'exécution des fonctions de planification, d'organisation et de contrôle traditionnellement attribuées à des cadres

Dans la perspective du modèle de Herzberg, l'**enrichissement des tâches** consiste à rehausser la nature du travail en y ajoutant des *facteurs moteurs* comme la responsabilité, le sentiment d'accomplissement, la reconnaissance professionnelle et l'épanouissement personnel. Cette stratégie diffère considérablement de celles dont nous venons de parler, car elle ajoute aux fonctions d'exécution des fonctions de planification, d'organisation et de contrôle traditionnellement attribuées à des cadres. Herzberg appelle *expansion verticale des tâches* les changements qui modifient la nature d'un poste afin de lui donner de la *profondeur* (voir la rubrique *Du savoir à la pratique 6.1*). Les postes *enrichis*, affirme-t-il, aident l'individu à satisfaire ses besoins d'ordre supérieur et augmentent donc sa motivation à fournir un rendement supérieur.

Malgré l'intérêt certain des idées de Herzberg, deux questions se posent au gestionnaire :

- *L'enrichissement des tâches entraîne-t-il des coûts importants ?* Il est certain que l'enrichissement des tâches peut être coûteux pour une organisation, surtout s'il exige des changements majeurs aux installations et aux circuits de production, ou l'implantation de nouvelles technologies.

- *Les travailleurs réclameront-ils des augmentations de salaire si on les affecte à des postes enrichis ?* Selon Herzberg, si la rémunération des travailleurs est vraiment concurrentielle, les récompenses intrinsèques découlant d'un travail enrichi seront amplement satisfaisantes. D'autres chercheurs se montrent sceptiques et conseillent aux gestionnaires d'étudier la question salariale avec la plus grande attention[6].

DU SAVOIR À LA PRATIQUE 6.1

Les conseils de F. Herzberg sur l'enrichissement des tâches

- Permettez aux travailleurs de planifier eux-mêmes leurs tâches.
- Permettez aux travailleurs d'évaluer leurs résultats.
- Accordez plus d'autonomie aux travailleurs.
- Augmentez la complexité des tâches.
- Aidez les travailleurs à devenir des experts dans leurs tâches respectives.
- Donnez aux travailleurs de la rétroaction sur leur rendement.
- Responsabilisez les travailleurs par rapport à leur rendement.
- Organisez le travail en unités intégrales.

LA CONCEPTION DE POSTES STIMULANTS POUR LES TRAVAILLEURS

Les spécialistes du CO hésitent à voir dans l'enrichissement des tâches la panacée à tous les problèmes de satisfaction professionnelle et de rendement au sein des organisations. En effet, outre les coûts et les exigences salariales, il importe de prendre en considération les différences individuelles et de se demander si l'enrichissement des tâches convient à tout le monde. L'approche diagnostique, élaborée par Richard Hackman et Greg Oldham, propose un modèle plus étendu et axé sur la contingence pour la conception de postes stimulants pour les travailleurs[7]. Ce modèle offre d'énormes possibilités en matière de conception de poste personnalisée.

LA THÉORIE DES CARACTÉRISTIQUES DE L'EMPLOI

La figure 6.2 illustre la **théorie des caractéristiques de l'emploi**. Comme son nom l'indique, cette théorie se fonde sur cinq caractéristiques de l'emploi qui revêtent une importance particulière dans la conception de poste. Un poste sera considéré comme *enrichi* s'il possède, à un degré élevé, chacune des caractéristiques fondamentales suivantes :

- la *polyvalence*, c'est-à-dire la variété des tâches inhérentes à un poste et la diversité des compétences et des talents qu'il requiert ;
- l'*intégralité de la tâche*, c'est-à-dire la possibilité d'exécuter la *totalité* d'une opération, de la première à la dernière étape, avec un résultat perceptible ;
- la *valeur de la tâche*, c'est-à-dire l'importance du poste, sa portée et son incidence sur l'organisation ou sur la société en général ;
- l'*autonomie*, c'est-à-dire l'indépendance et la latitude accordées au titulaire du poste pour ce qui est de l'organisation de son travail et du choix des procédures ;
- la *rétroaction*, c'est-à-dire la quantité d'information claire et directe sur la qualité de son travail que le titulaire du poste reçoit en accomplissant ses tâches.

Hackman et Oldham recommandent à quiconque désire implanter ce modèle de déterminer préalablement dans quelle mesure un poste possède ou non chacune de ces caractéristiques[8]. On pourra ensuite modifier systématiquement celles-ci de manière à enrichir le poste et à augmenter son potentiel de motivation. L'instrument de mesure mis au point par les deux chercheurs, le *Job Diagnostic Survey* (*évaluation diagnostique des postes*), permet de procéder à l'évaluation de chacune des caractéristiques fondamentales d'un emploi, puis d'établir l'**indice du potentiel de motivation** (**IPM**), qui indique dans quelle mesure un poste peut être stimulant pour son titulaire. L'IPM est le résultat d'une équation simple :

$$\text{IPM} = \frac{\text{Polyvalence} + \text{Intégralité de la tâche} + \text{Valeur de la tâche}}{3} \times \text{Autonomie} \times \text{Rétroaction}$$

▸ **Théorie des caractéristiques de l'emploi**
Théorie qui met en lumière cinq caractéristiques fondamentales d'un emploi enrichi, qui sont particulièrement importantes dans la conception de poste : la polyvalence, l'intégralité de la tâche, la valeur de la tâche, l'autonomie et la rétroaction

Les caractéristiques fondamentales d'un emploi enrichi

▸ **Indice du potentiel de motivation (IPM)**
Indice qui permet de déterminer dans quelle mesure les caractéristiques fondamentales d'un emploi le rendent stimulant pour son titulaire

Figure 6.2 — La théorie des caractéristiques de l'emploi appliquée à l'enrichissement des tâches

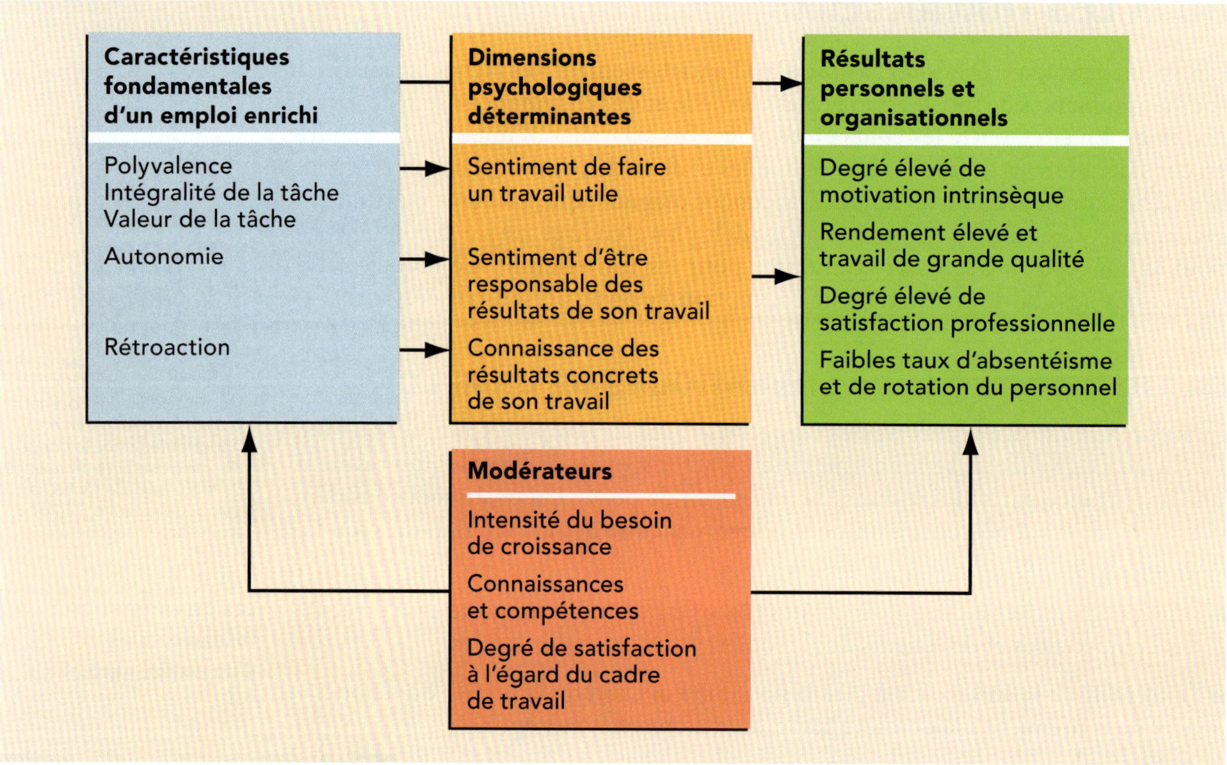

Caractéristiques fondamentales d'un emploi enrichi
- Polyvalence
- Intégralité de la tâche
- Valeur de la tâche
- Autonomie
- Rétroaction

Dimensions psychologiques déterminantes
- Sentiment de faire un travail utile
- Sentiment d'être responsable des résultats de son travail
- Connaissance des résultats concrets de son travail

Résultats personnels et organisationnels
- Degré élevé de motivation intrinsèque
- Rendement élevé et travail de grande qualité
- Degré élevé de satisfaction professionnelle
- Faibles taux d'absentéisme et de rotation du personnel

Modérateurs
- Intensité du besoin de croissance
- Connaissances et compétences
- Degré de satisfaction à l'égard du cadre de travail

On peut augmenter l'IPM d'un poste par une combinaison de tâches qui en augmentera l'étendue, par l'instauration de circuits de rétroaction qui informeront mieux le travailleur sur la qualité de son travail, par l'établissement de relations directes avec la clientèle qui favoriseront cette rétroaction ainsi que par l'expansion verticale du poste (ajout de responsabilités de planification et de contrôle).

Une fois qu'on a *enrichi* les cinq caractéristiques fondamentales d'un emploi et augmenté autant que possible son IPM, on peut s'attendre à des retombées positives sur l'état d'esprit de son titulaire, retombées qui touchent trois dimensions psychologiques déterminantes : (1) le sentiment de faire un travail utile, (2) le sentiment d'être responsable des résultats de son travail et (3) la connaissance des résultats concrets de son travail. À leur tour, ces retombées positives devraient se répercuter sur l'individu et l'organisation, et se traduire par une nette amélioration de la motivation intrinsèque, de la satisfaction professionnelle et du rendement, ainsi que par une baisse des taux d'absentéisme et de rotation du personnel.

Les modérateurs tenant aux différences individuelles

La théorie des caractéristiques de l'emploi postule que les individus ne réagissent pas tous de la même manière aux cinq caractéristiques fondamentales d'un emploi. Contrairement à la théorie de Herzberg voulant que des emplois enrichis satisfassent tout le monde, l'approche de Hackman et Oldham admet qu'on devrait concevoir les postes en visant la meilleure adéquation possible entre leurs caractéristiques fondamentales et les caractéristiques individuelles de leur titulaire : besoins, compétences, aptitudes, etc. Plus précisément, cette théorie suggère que l'enrichissement des tâches donne de bons résultats dans la mesure où cette adéquation existe. Si un poste enrichi ne convient pas à son titulaire, les résultats obtenus ont moins de chances d'être positifs, et cela risque même d'engendrer des problèmes.

La figure 6.2 met en lumière trois modérateurs liés aux différences individuelles et pouvant influer sur les préférences des gens quant à la conception de leur poste :

1. L'*intensité du besoin de croissance* réfère aux désirs d'autonomie, d'apprentissage et d'accomplissement en milieu de travail. Ce modérateur correspond aux besoins d'estime et de réalisation de soi dans la théorie de la hiérarchie des besoins de Maslow, ainsi qu'aux besoins de développement dans la théorie ERD d'Alderfer (voir le chapitre 5). Ici, il signifie que les gens qui présentent un fort besoin de croissance en milieu professionnel réagiront positivement s'ils sont affectés à un poste enrichi, alors que ceux qui ont un faible besoin de croissance seront déstabilisés par une telle affectation.

2. Les *connaissances* et les *compétences* agissent également comme modérateur. En effet, selon ce modèle, on peut s'attendre à ce que ceux dont les compétences correspondent aux exigences d'un poste enrichi réagissent positivement et fournissent un bon rendement ; par contre, ceux qui n'ont pas les compétences requises, ou qui ont l'impression de ne pas les avoir, risquent de connaître des difficultés d'adaptation.

3. La *satisfaction du travailleur à l'égard de son cadre de travail* (salaire, qualité de l'encadrement, relations avec ses collègues, conditions de travail) est également un modérateur. Toujours selon ce modèle, les travailleurs satisfaits de leur cadre de travail tendent à favoriser davantage les projets d'enrichissement de poste et réussissent mieux à accomplir des tâches enrichies que ceux qui sont insatisfaits.

Les résultats de la recherche

L'approche des caractéristiques de l'emploi a fait l'objet de multiples recherches dans les milieux de travail les plus divers : banques, cabinets dentaires, services correctionnels, entreprises téléphoniques, entreprises industrielles et organismes gouvernementaux. Les spécialistes considèrent généralement que, bien qu'encore imparfaites, la théorie des caractéristiques de l'emploi et son approche diagnostique sont effectivement des outils utiles dans la conception de poste[9]. En général, ils ont constaté que les cinq caractéristiques fondamentales d'un emploi enrichi ont un effet réel sur le rendement, mais que cette influence est sans commune mesure avec l'influence qu'elles exercent sur la satisfaction.

Aussi, les chercheurs insistent sur le rôle de l'*intensité du besoin de croissance* en tant que modérateur dans les relations entre la conception de poste et le rendement, et entre la conception de poste et la satisfaction professionnelle. Les caractéristiques fondamentales d'un emploi enrichi influent plus fortement sur le rendement des gens dont le besoin de croissance est important que sur le rendement de ceux dont le besoin de croissance est faible. Le même effet se constate en ce qui concerne la satisfaction professionnelle. En outre, les études montrent clairement que l'enrichissement des tâches sera un échec si les exigences du poste enrichi dépassent les compétences de son titulaire ou ne concordent pas avec ses intérêts.

Enfin, la perception qu'ont les travailleurs des caractéristiques d'un emploi diffère souvent de l'évaluation qu'en fait un consultant ou un cadre. Le gestionnaire aurait tort de négliger cet aspect car, en définitive, l'évaluation que le travailleur fait des caractéristiques fondamentales de son poste repose sur la perception qu'il en a. C'est donc cette perception qui détermine, en grande partie, les effets de l'enrichissement des tâches sur les résultats d'un travail.

Des AS de la gestion

Reconception des tâches dans les centres d'hébergement[10]

Il y a deux ans, huit centres d'hébergement pour personnes âgées de Québec avaient un criant besoin d'au moins 25 infirmières. Or, seulement trois ont été embauchées.

Devant ce triste score, le CSSS de la Vieille-Capitale en est venu à la conclusion qu'un sérieux coup de barre s'imposait. « On avait un problème d'attraction majeur. Il fallait faire quelque chose », lance Robert Gagné, directeur de l'hébergement dans ces huit centres qui comptent 1 315 lits et 1 290 employés.

Le plan: rehausser les compétences des infirmières, des infirmières auxiliaires et des préposés aux bénéficiaires et redonner à chaque métier les tâches qui lui reviennent.

Un virage qui ne s'est pas fait sans irritants, mais qui s'avérait nécessaire devant une clientèle âgée de plus en plus lourde et une pénurie d'infirmières qui fait craindre pour l'avenir.

Ainsi, depuis novembre 2008, des infirmières ont graduellement vu leurs tâches modifiées pour revenir à l'essence de leur pratique médicale. Certains gestes posés par des infirmières le seront dorénavant par des préposés aux bénéficiaires, présents en plus grand nombre. Les horaires ont été modifiés et plus de 170 « petits postes » d'heures coupées ont été transformés en postes plus longs et plus stables.

Au final, personne n'a perdu son emploi, bien que certains centres comptent maintenant moins d'infirmières, mais plus de préposés.

« En hébergement, on a constaté énormément de sous-classification », explique Agnès Gaudreault, directrice des soins infirmiers au CSSS de la Vieille-Capitale. « Beaucoup de soins d'assistance étaient donnés par des infirmières alors qu'on a besoin d'elles au moment où les soins sont de plus en plus complexes. L'idée était que les infirmières jouent vraiment leur rôle. »

« Avec la pénurie de personnel, les centres d'hébergement n'ont plus les moyens de payer des infirmières pour donner des bains », illustre pour sa part M. Gagné.

Même chose pour la distribution de médicaments, maintenant assurée par des infirmières auxiliaires. « Ça permet à l'infirmière de se concentrer sur des suivis thérapeutiques », explique l'infirmière Nancy Cyr, conseillère clinicienne qui a travaillé au rehaussement des compétences.

Une transition qui s'est faite graduellement, notamment pour des employés plus âgés qui avaient assimilé la routine d'effectuer certaines tâches relevant des préposés aux bénéficiaires. Plusieurs appréciaient le contact qu'elles permettaient avec les résidants. « On a accompagné dans leur mise à jour des infirmières qui n'avaient pas occupé ces fonctions depuis parfois quelques années », poursuit Mme Gaudreault. […]

Chez les employés, certains ont trouvé la refonte difficile, admet Agnès Gaudreault. « Il ne faut pas se le cacher, il y a encore du travail à faire. »

Au total, toutefois, elle juge que tout le monde sera gagnant. « C'est nécessairement une revalorisation de la profession et un rehaussement de compétence, poursuit-elle. Ceux qui ont l'impression de ne pas être gagnants sont peut-être inconfortables à rehausser leurs compétences. Mais on a des responsabilités comme établissement. On paye les gens pour des professions et je pense qu'il faut que les gens assument les rôles qui vont avec ces professions. » […]

LE TRAITEMENT DES DONNÉES SOCIALES

Gerald Salancik et Jeffrey Pfeffer remettent en question la notion selon laquelle les emplois possèdent des caractéristiques stables et objectives auxquelles les individus répondent de manière prévisible et répétée[11]. Ils abordent plutôt la question de la conception des postes en s'appuyant sur la **théorie du traitement des données sociales**, selon laquelle les besoins individuels, la perception des tâches et les réactions qui en découlent se fondent sur des réalités d'origine sociale. Dans les organisations, les données sociales influent sur la perception qu'ont les gens de leur emploi ainsi que sur leur attitude à son égard.

> **Théorie du traitement des données sociales**
> Théorie selon laquelle les besoins individuels, la perception des tâches et les réactions qui en découlent se fondent sur des réalités d'origine sociale

Cette influence se constate tout aussi bien dans une salle de cours. Si plusieurs de vos amis critiquent un cours en affirmant qu'il est ennuyeux, qu'il exige trop de travail et que le professeur est incompétent, il se pourrait bien que vous jugiez que les principales caractéristiques de ce cours sont le professeur ainsi que le contenu et la charge de travail, et qu'elles n'ont rien d'attirant. Cette appréciation influerait considérablement sur votre perception de l'enseignant et de son cours, et sur votre attitude à leur égard, et ce, quelles que soient leurs caractéristiques *objectives*.

Les recherches sur le *traitement des données sociales* semblent indiquer que, en ce qui concerne la perception des tâches et l'attitude des travailleurs à leur égard, les données sociales ont autant d'importance que les caractéristiques fondamentales de l'emploi. En effet, la perception des caractéristiques d'un emploi peut être influencée par ce qu'elles sont objectivement, mais aussi par les données sociales : les informations et les commentaires provenant du milieu de travail.

L'ENRICHISSEMENT DES TÂCHES : DES CONSIDÉRATIONS D'ORDRES PRATIQUE ET CULTUREL

Le recours à l'enrichissement des tâches peut se révéler utile pour améliorer la conception de poste, mais cette approche soulève un certain nombre de problèmes. Les questions et réponses qui suivent résument les principaux points que le gestionnaire devrait prendre en considération.

Doit-on enrichir les postes de travail de tous les individus ? La réponse est « non ». Les différences individuelles étant ce qu'elles sont, les travailleurs ne désirent pas tous assumer davantage de responsabilités. Les plus susceptibles de réagir favorablement à l'enrichissement des tâches sont ceux qui cherchent l'accomplissement, qui manifestent une forte éthique professionnelle et qui veulent que leur travail réponde à leur besoin de croissance – un besoin d'ordre supérieur. L'enrichissement des tâches semble également avoir plus de chances de réussir si les travailleurs sont satisfaits de leur cadre de travail et s'ils ont les compétences requises pour s'acquitter de leurs tâches enrichies. Ajoutons que les coûts, les contraintes techniques et l'opposition des groupes de travailleurs ou des syndicats peuvent compliquer son implantation[12].

L'enrichissement des tâches peut-il s'appliquer aux équipes de travail ? Tout à fait. D'ailleurs, dans les milieux de travail les plus divers, on recourt de plus en plus à des stratégies de conception des tâches axées sur le travail en équipe. La troisième partie de cet ouvrage traite de certaines approches novatrices dans l'organisation du travail d'équipe, notamment les équipes interfonctionnelles et semi-autonomes.

Quelle est l'influence de la culture sur l'enrichissement des tâches ? Elle est considérable, dirions-nous, et il est essentiel d'en tenir compte à l'ère de la mondialisation. Des études menées en Belgique, en Israël, au Japon, aux Pays-Bas, aux États-Unis et en Allemagne montrent que chacun de ces pays présente des caractéristiques uniques quant à la perception du travail[13]. C'est en Belgique et au Japon que le travail est le plus fortement perçu comme un déterminant social, et en Allemagne qu'il l'est le moins. Dans tous ces pays, à l'exception de la Belgique, le travail est considéré comme un moyen de gagner de l'argent. Dans la plupart, toutefois, on estime que le travail comporte à la fois une dimension économique et une dimension sociale. Ces observations, ainsi que certaines dimensions culturelles nationales, comme la *distance hiérarchique* et la tendance à l'*individualisme* ou au *collectivisme*, montrent bien l'importance d'adopter une approche fondée sur la contingence et d'accorder une attention particulière aux différences culturelles lorsqu'on envisage l'enrichissement des tâches dans une organisation.

LES TECHNOLOGIES ET LA CONCEPTION DE POSTE

> **Système sociotechnique**
> Système qui vise à intégrer les ressources humaines et les techniques dans la création de cadres de travail hautement performants

Le concept de **systèmes sociotechniques** est apparu dans le champ d'études du CO avec les théories modernes des organisations, et plus particulièrement avec l'*approche sociotechnique des organisations*. Les tenants de cette approche soulignent la nécessité d'agir sur le système technique de l'organisation autant que sur son système social pour optimiser ses résultats. Dans cette perspective, des données psychosociales servent à la résolution de problèmes d'ordre organisationnel ; les systèmes sociotechniques cherchent donc à intégrer les ressources humaines et les techniques dans la création de cadres de travail hautement performants[14].

Étant donné le rôle croissant des technologies de l'information et des communications dans les nouveaux milieux de travail, ce concept reste une base de référence fondamentale pour les gestionnaires qui envisagent des changements profonds dans la conception des postes au sein de leur organisation.

L'AUTOMATISATION ET LA ROBOTIQUE

> **Automatisation**
> Procédé qui substitue des machines aux travailleurs pour l'exécution de certaines tâches

Nous l'avons dit, les tâches simplifiées à l'excès sont une source de problèmes parce qu'elles procurent très peu de récompenses intrinsèques aux travailleurs. Trop étroites, elles ne constituent aucun défi et finissent par générer l'ennui des personnes qui doivent les répéter continuellement. Les technologies dont nous disposons aujourd'hui permettent de résoudre ce problème par l'**automatisation**, autrement dit en substituant des machines à la main-d'œuvre pour l'exécution de certaines tâches. Ce procédé s'appuie sur un recours croissant aux systèmes robotisés, qui se révèlent de plus en plus fiables et polyvalents, et dont le prix ne cesse de diminuer, tandis que les coûts de main-d'œuvre continuent d'augmenter.

Dans le domaine de la robotisation, le Japon est bon premier ; les États-Unis sont encore loin derrière, même si l'utilisation des systèmes robotisés y est en augmentation constante[15].

LES SYSTÈMES FLEXIBLES DE FABRICATION

Les ***systèmes flexibles de fabrication*** recourent à la technologie informatique et à la conception intégrée des postes pour passer aisément et rapidement de la fabrication d'un produit à celle d'un autre. Cette approche est de plus en plus répandue, en particulier dans les entreprises qui fournissent l'industrie automobile en pièces de métal usiné, comme les culasses et les boîtes de vitesses[16].

Les circuits de production y sont organisés en *cellules* regroupant plusieurs machines automatisées, lesquelles découpent, profilent, percent et soudent diverses composantes métalliques. La polyvalence de l'équipement permet de passer rapidement d'une famille de produits à une autre[17]. Les travailleurs affectés à ces cellules de production autonomes effectuent très peu des tâches routinières qu'exigent les chaînes de montage traditionnelles; ils sont plutôt là à titre d'opérateurs, pour s'assurer que tout se passe bien et pour configurer les changements de produits. L'étendue de leurs fonctions leur permet d'acquérir une expertise diversifiée, et leur poste présente certainement les caractéristiques fondamentales d'un poste très enrichi.

▶ **Système flexible de fabrication**
Système qui, grâce à la technologie informatique et à la conception intégrée des postes, permet de passer aisément et rapidement de la fabrication d'un produit à celle d'un autre

LES BUREAUX AUTOMATISÉS

Lorsque US Healthcare, un grand organisme privé de gestion intégrée des soins de santé (OGISS) aux États-Unis, a décidé d'améliorer la qualité de ses services, ses dirigeants se sont tournés vers les technologies de la bureautique. Ils ont installé un système très complet de babillards électroniques pour suivre les progrès accomplis par rapport aux objectifs de rendement poursuivis. En plus du système de courrier électronique, des robots distribuent lettres, circulaires et imprimés, et le service de réponse téléphonique est entièrement informatisé. Essentiellement, l'entreprise a tenté d'automatiser le plus grand nombre de tâches possible afin d'en décharger son personnel, qui peut ainsi s'affairer à des activités plus stimulantes.

Mutual Benefit Life a suivi une voie identique en réorganisant complètement son traitement des formulaires de souscription d'assurance, qui occupait autrefois 19 employés répartis dans 5 services. L'entreprise a institué une nouvelle fonction de gestionnaire de cas chargé de traiter les demandes, depuis leur réception jusqu'à l'émission des polices. Parallèlement à ces profonds changements dans la conception des tâches, un réseau de postes de travail et de sous-systèmes à la fine pointe de l'informatique facilite la prise de décisions[18].

Ces progrès dans le domaine de la bureautique offrent bien des possibilités d'enrichissement des tâches pour les travailleurs qui ont les compétences requises. En revanche, ce type de poste peut être source de stress et d'inconvénients pour des travailleurs qui ne possèdent pas la formation et les compétences requises[19]. En outre, il faut admettre que les gens qui travaillent continuellement à des ordinateurs peuvent présenter des problèmes de santé liés à l'utilisation du clavier et de la souris. Il est clair que l'intégration des technologies au milieu de travail moderne doit se faire en tenant compte du facteur humain.

LA RESTRUCTURATION DES PROCESSUS D'AFFAIRES

Une autre approche pour améliorer la conception de poste et le rendement s'appuie sur le concept de ***restructuration des processus d'affaires***, soit l'analyse, la rationalisation et la réorganisation des modes de fonctionnement ainsi que des tâches

▶ **Restructuration des processus d'affaires**
Démarche d'analyse, de rationalisation et de réorganisation des modes de fonctionnement d'une organisation ainsi que des tâches requises pour atteindre ses objectifs de production

requises pour atteindre les objectifs de production[20]. Cette approche de la conception des processus passe par la décomposition systématique de ces processus en procédés et en sous-tâches, puis par l'analyse de leur utilité et de leur degré de difficulté. L'étape suivante consiste à les reconfigurer afin d'éliminer autant que possible les pertes de temps, d'efforts et de ressources.

Cette analyse de la valeur des processus comprend habituellement les étapes suivantes :

1) la mise en évidence des processus de base ;
2) la schématisation des flux de travaux qui composent ces processus ;
3) l'évaluation de toutes les tâches qui entrent en jeu ;
4) la recherche de moyens permettant d'éliminer les tâches et le travail inutiles ;
5) l'élaboration de façons de faire permettant d'éliminer les retards, les erreurs et les malentendus ;
6) la quête d'une plus grande efficience dans la répartition du travail entre les employés et les services.

Prenons l'exemple classique des tâches liées à l'achat d'un nouvel ordinateur dans une organisation. La restructuration des processus exige qu'on étudie chaque tâche (recherche de l'article et du fournisseur les plus avantageux, traitement des documents nécessaires, obtention des autorisations requises, passation de la commande, réception de l'ordinateur, vérification de l'article, inscription au registre d'inventaire et installation au poste de travail) en se demandant *si elle est nécessaire ou si on peut s'en passer*.

L'AMÉNAGEMENT DU TEMPS DE TRAVAIL : DES APPROCHES NOVATRICES

L'exemple de Best Buy présenté au début de ce chapitre témoigne d'un intérêt grandissant, dans différents secteurs, pour des formules novatrices en matière d'aménagement des horaires de travail. Ces nouvelles approches visent surtout à réorganiser le modèle traditionnel de la semaine de 40 heures, où le travail se fait de 9 h à 17 h dans les locaux de l'organisation. Le but avoué de la plupart d'entre elles est d'influer positivement sur la satisfaction des travailleurs en leur permettant de concilier les exigences de leur emploi et celles de leur vie familiale et personnelle[21].

De plus en plus de gens réclament cet équilibre entre la vie professionnelle et la vie personnelle, et cherchent des employeurs plus compréhensifs à l'égard des réalités familiales[22]. Les couples à double revenu avec enfants, les étudiants à temps partiel, les travailleurs âgés (sur le point de prendre leur retraite) et les chefs de famille monoparentale comptent parmi ceux qui recherchent des horaires de travail plus souples.

Au Québec, notamment, l'emploi atypique prend de plus en plus d'importance. En effet, les salariés qui occupent un emploi permanent à temps complet dans les locaux de l'employeur et pour une durée indéterminée se font moins nombreux. Plus de 1,2 million de Québécois, soit 37 % de la population active, comparativement à 17 % en 1976, occupent un emploi atypique. Ce chiffre comprend, notamment, les

DES LEADERS PARLENT DE LEADERSHIP

À bas les horaires![23]

Dans la voiture de Gaétan Duchesne, l'horloge numérique a toujours neuf minutes d'avance. « Chaque fois, je suis soulagé de ne pas être en retard, dit-il. Ça m'enlève du stress ! » Gaétan Duchesne, 47 ans, qui ne porte ni montre au poignet ni cravate, avoue jouer avec le temps... pour en gagner. Un rythme relax qu'il a imprimé à GDG Informatique et Gestion, entreprise de services-conseils en technologies de l'information qu'il a fondée en 1997. [...]

« Dans notre entreprise, nous ne contrôlons ni les heures ni la présence sur le lieu de travail. Chacun fait ce qu'il a à faire, dit Gaétan Duchesne. Horaires flexibles, bureaux flexibles, tâches flexibles, c'est de l'anarchie organisée ! » Cela ne veut pas dire que les employés travaillent moins, au contraire. « Comme on nous fait confiance, ça nous porte à en donner davantage », dit Jean-Sébastien Darveau, 33 ans, conseiller au développement des affaires et batteur dans un groupe rock à ses heures. « Contraindre les employés à des horaires stricts est le meilleur moyen de tuer leur motivation. »

Le patron de GDG se targue d'être entouré de gens « heureux » (40 permanents et quelque 145 collaborateurs indépendants). Les employés sont fidèles et les rares qui partent s'empressent de revenir. Ainsi, Jean, informaticien, est rentré au bercail après avoir subi les contraintes d'un horaire minuté dans une autre entreprise. « Avec deux enfants à la garderie, c'était invivable. Ici, je peux mieux concilier travail et famille, et je n'ai jamais à justifier l'heure à laquelle j'arrive ou je pars. »

Question

En quoi la philosophie qui anime le leadership de Gaétan Duchesne correspond-elle aux caractéristiques de l'emploi et au potentiel de motivation associés à un poste chez GDG Informatique ?

---

travailleurs autonomes, les travailleurs à temps partiel, les contractuels engagés pour une durée déterminée, les travailleurs saisonniers et les employés d'agences de location de personnel. Les 15-24 ans comptent pour 60 % des salariés occupant un emploi atypique, selon la Commission des normes du travail[24]. En outre, la semaine de travail de quatre jours constitue, au Québec, la tendance dominante en matière de conciliation travail-famille[25].

LA SEMAINE DE TRAVAIL COMPRIMÉE

Le terme *semaine de travail comprimée* décrit tout aménagement de l'horaire de travail qui permet de répartir les tâches hebdomadaires d'un emploi à temps plein sur moins de cinq jours complets, l'aménagement le plus répandu étant la semaine de quatre journées de 10 heures.

Cette formule comporte plusieurs avantages. Pour le travailleur, les plus importants sont sans doute les moments libres plus nombreux, les week-ends de trois jours, une journée au cours de la semaine pour s'occuper de ses affaires personnelles, et les économies de temps et d'argent attribuables aux déplacements moins nombreux pour se rendre au travail. Pour l'organisation, les avantages sont, notamment, l'amélioration du recrutement et la diminution du taux d'absentéisme.

La formule peut aussi présenter certains inconvénients pour les travailleurs (fatigue accrue à cause de la longueur des journées de travail et difficultés de concilier la vie familiale avec la nouvelle formule) et pour l'organisation (complexité

> **Semaine de travail comprimée**
> Horaire de travail qui permet de répartir les tâches hebdomadaires d'un emploi à temps plein sur moins de cinq jours complets

accrue de l'établissement des horaires et plaintes de la clientèle à cause d'une baisse de la qualité du service ou d'un manque de constance). Enfin, notons que certaines législations imposent la rémunération d'heures supplémentaires dès que la journée de travail excède huit heures, et que certains syndicats s'opposent à la semaine de travail comprimée.

En règle générale, les travailleurs qui sont les plus favorables à la semaine de travail comprimée sont ceux qui ont participé à la décision de l'implanter, ceux dont les postes sont *enrichis* par le nouvel aménagement du temps de travail et ceux qui ont d'importants *besoins d'ordre supérieur*, pour reprendre le terme de Maslow[26].

L'HORAIRE DE TRAVAIL VARIABLE

> **Horaire de travail variable**
> Aménagement du temps qui laisse aux travailleurs une certaine latitude quant à leur horaire de travail quotidien, leur permettant, notamment, de choisir à leur convenance leurs heures d'arrivée et de départ

L'horaire variable est une autre de ces formules innovatrices d'aménagement du temps de travail. Appelé aussi *horaire à la carte*, *horaire libre*, *horaire flexible* ou *horaire personnalisé*, l'**horaire de travail variable** donne aux gens une certaine latitude quant à leur horaire de travail quotidien, leur permettant, notamment, de choisir à leur convenance leurs heures d'arrivée et de départ. La formule la plus courante exige qu'ils travaillent durant les quatre heures d'une *plage commune* et qu'ils répartissent à leur gré les quatre heures restantes dans les *plages libres*. Ainsi, un travailleur pourrait décider de commencer très tôt pour partir de bonne heure, tandis qu'un collègue ferait le contraire. Cette approche connaît un vif succès, car elle permet de structurer les activités professionnelles en tenant compte des besoins et des intérêts de chacun.

DU SAVOIR À LA PRATIQUE 6.2

Les avantages de l'horaire variable

Pour l'organisation :
- moins d'absentéisme et de retards, diminution de la rotation du personnel ;
- plus grand engagement du personnel ;
- rendement accru.

Pour les travailleurs :
- moins de temps perdu dans les embouteillages ;
- plus de temps libre ;
- satisfaction professionnelle accrue ;
- responsabilités accrues.

L'horaire variable présente de nombreux avantages (voir la rubrique *Du savoir à la pratique 6.2*). Le cas échéant, il permet aux travailleurs d'adapter leur horaire à celui de leurs enfants, de s'occuper de parents âgés ou d'un proche malade, ou tout simplement d'aller plus commodément à la banque, chez le médecin ou chez le dentiste. De plus, ses partisans affirment qu'accorder de la latitude aux travailleurs quant à leur horaire de travail favorise des attitudes positives et un plus grand engagement à l'égard de l'organisation.

Selon une étude de Mercer, une société qui offre des services-conseils dans le domaine des ressources humaines, 62 % des entreprises offrent des horaires flexibles[27]. Un dirigeant de la société AETNA déclarait à ce propos : « Nous n'avons pas adopté l'horaire variable pour faire plaisir aux travailleurs, mais parce que c'est bon pour les affaires[28]. »

LE PARTAGE DE POSTE

> **Partage de poste**
> Formule qui consiste à répartir la totalité des tâches d'un poste à temps plein entre deux travailleurs ou plus, selon des horaires convenus entre eux et avec l'employeur

Le **partage de poste** est une formule qui consiste à répartir la totalité des tâches d'un poste à temps plein entre deux travailleurs ou plus, selon des horaires convenus entre eux et avec l'employeur. La plupart du temps, chaque personne travaille une demi-journée, mais le partage de poste peut aussi se faire sur une base hebdomadaire ou mensuelle. Selon les spécialistes en ressources humaines, bien qu'il ne

Des AS de la gestion

Le bureau ? Quel bureau ?[29]

Depuis plusieurs années, l'univers de travail de Mikhail Bourezg, 48 ans, Daniel Percival, 45 ans, et Réjean Roy, 43 ans, possède les principaux attributs du ROWE, sinon l'appellation : pas d'horaire prédéterminé, pleine maîtrise de la prestation de travail et évaluation du rendement en fonction des résultats.

Ces cadres du secteur informatique travaillent généralement à leur domicile ou chez leurs clients, parfois d'un bureau de leur employeur.

« Si la personne obtient les résultats attendus, il n'est guère pertinent de savoir comment elle l'a fait », dit Daniel Percival, cadre chez IBM, qui dirige une équipe en sécurité informatique, le plus souvent depuis son domicile en banlieue de Montréal. Aucun de ses collaborateurs ne vit dans la région de Montréal, mais des téléconférences fréquentes aident à souder l'équipe.

Mikhail Bourezg, directeur exécutif, secteur industriel, d'IBM, dirige des équipes dispersées sur la planète. L'évaluation du rendement dépend de la satisfaction du client. « On doit d'abord s'assurer qu'un projet a répondu aux attentes et, ensuite, on évalue le rendement de chacun des membres liés à ce projet. »

Ni l'un ni l'autre ne regrettent vraiment la vie de bureau au quotidien. « Je gère mes horaires, dit M. Bourezg. J'ai une plus grande latitude que j'apprécie beaucoup. Mes supérieurs font des suivis, mais ils n'ont pas à vérifier si les employés sont entrés au travail ! »

« C'est plus tranquille et plus propice à la concentration chez moi que dans les bureaux d'IBM, ajoute Daniel Percival. Et l'heure que je n'ai pas passée dans la circulation me sert à faire autre chose. »

« Ma vie ressemble à celle d'un étudiant universitaire, raconte Réjean Roy, conseiller principal au CEFRIO (Centre francophone d'informatisation des organisations). On passe relativement peu de temps en classe et beaucoup de temps à l'extérieur à faire des recherches et des travaux. »

Réjean Roy travaille la plupart du temps de son domicile, à Ville Mont-Royal, à la préparation de rapports de recherche et d'articles. Au besoin, il rencontre des collègues au bureau ou se déplace chez des clients. « La question est moins de savoir si je suis au bureau à 10 heures que de vérifier si mon rapport est rendu dans les délais et s'il respecte le budget et les exigences de qualité. Si ces trois conditions sont réunies, alors, généralement, les gens sont satisfaits. Mon rendement est ainsi évalué sur chaque produit livré. »

Malgré l'éloignement, il dit ne pas se sentir isolé ou exclu de l'équipe d'un projet. « Je travaille dans un environnement que je maîtrise complètement. J'ai besoin d'un minimum de concentration et je l'obtiens probablement plus facilement chez moi que dans un bureau. »

Permission de faire « bureau buissonnier »[30]

Vous ne vous sentez pas bien aujourd'hui ? Vous avez une réunion à l'école de votre enfant ou un rendez-vous chez le dentiste ? Cofondateur de L-IPSE avec Marcel Dallaire, Christian Simard vous dira certainement : « Si ça ne dérange pas ton client, gère ton temps. » À cette employée qui se demandait quoi faire à la suite du décès de son père, ses patrons lui ont répondu : « Prends le temps qu'il faut pour t'occuper de ta mère. » Il lui a fallu bien plus que la maigre journée payée prévue par les normes du travail. Qu'importe. « Une personne équilibrée dégage une image positive et cela rejaillit sur la réputation de notre entreprise », croient les fondateurs, assis à la grande table de la salle de conférence de leur bureau de brique, de bois et de verre qui surplombe le Vieux-Québec.

Puisque la majorité des consultants travaillent en impartition chez les clients, L-IPSE tient des réunions huit fois par an et organise des cinq à sept et autres soirées. Si vous y assistez, vous verrez certainement les fondateurs, calepin en main, notant les idées et les observations de tous pour maintenir et enrichir cette culture à laquelle ils adhèrent.

Partage de poste

Sharon Cercone et Linda Gladziszewski vivent une expérience inusitée : elles partagent le même poste depuis 15 ans. Aux dernières nouvelles, les deux femmes étaient consultantes en rémunération pour une société de services financiers de Pittsburgh. Leur patron déclare à leur sujet : « Je pense à elles comme à une seule et même personne. » Elles viennent travailler à tour de rôle, ce qui leur assure à toutes deux du temps pour s'occuper de leurs affaires personnelles ; elles demeurent constamment en communication par courriel et inscrivent leurs notes dans une base de données commune. Leur réussite dans le partage d'un même emploi tient à leur capacité de gérer les attentes de leur patron, de même qu'à leur habileté à interagir avec celui-ci comme si elles ne faisaient qu'une, tout en se répartissant le travail selon leurs forces et faiblesses respectives.

touche encore qu'une petite proportion de travailleurs, le partage de poste est une formule des plus utiles pour aménager le temps de travail[31].

Pour les organisations, l'intérêt de cette formule réside dans le fait qu'elle leur permet de s'attacher des personnes talentueuses qu'elles ne pourraient conserver autrement. Ainsi, deux institutrices qualifiées qui ne peuvent travailler que des moitiés de journée – l'une parce qu'elle veut s'occuper de ses enfants, l'autre parce qu'elle étudie – pourraient, avec un poste partagé, prendre conjointement la charge d'une même classe. Certains titulaires d'un tel poste disent qu'ils sont moins fatigués et qu'ils arrivent toujours en forme au travail. Évidemment, il n'est pas toujours facile de trouver deux personnes qui s'entendent assez bien pour se répartir les tâches. Néanmoins, c'est possible. Ainsi, deux cadres intermédiaires de Bell Atlantic, Sue Mannix et Charlotte Schutzman, ont partagé le même poste en respectant scrupuleusement l'arrangement suivant : Schutzman travaillait le lundi, le mardi et le mercredi matin, et Mannix était au poste le reste de la semaine[32].

Il ne faut pas confondre le *partage de poste* et ce procédé plus controversé qu'on appelle le *partage du travail* (ou *travail partagé*), par lequel un employeur et son personnel s'entendent pour réduire le nombre d'heures de travail afin d'éviter des licenciements. Si l'organisation traverse une période difficile, les travailleurs acceptent, par exemple, de réduire de 20 % leur semaine de travail et leur salaire pour éviter la mise à pied de 20 % du personnel. Certaines législations interdisent ce genre de pratique.

LE TÉLÉTRAVAIL ET LE BUREAU VIRTUEL

Les technologies de l'information et des communications ont donné naissance à une autre forme d'organisation du travail, le **télétravail** : les individus travaillent chez eux, chez des clients ou dans un centre de télétravail, tout en demeurant en contact avec l'organisation grâce, notamment, aux technologies avancées de l'information et des communications. Cette pratique, parfois appelée *travail à distance*, est de plus en plus répandue dans de nombreux secteurs, depuis les universités jusqu'aux services publics, en passant par l'industrie de la transformation et la distribution de biens et services.

Selon l'enquête NETendances du Centre francophone d'informatisation des organisations (CEFRIO), 31 % des Québécois utilisent Internet à la maison à des fins professionnelles, comparativement à 20 % en 2001. Ce chiffre comprend toutes les possibilités de télétravail à la maison (temps plein, temps partiel ou occasionnel), mais exclut les travailleurs mobiles, la catégorie de télétravailleurs qu'on retrouve sur la route. Cette dernière catégorie accroîtrait le pourcentage[33].

› **Télétravail**
Aménagement du travail qui permet aux individus d'exercer leurs activités professionnelles à distance, chez eux ou ailleurs, tout en restant reliés à l'organisation grâce aux technologies de l'information et des communications

Selon Statistique Canada, le nombre de télétravailleurs canadiens, qui est passé de 600 000 en 1993 à 1,4 million en 2000, est relativement stable depuis cette date. En 2005, 1,3 million (9,8 %) de Canadiens *télétravaillaient*. À titre d'exemple, Bell a adhéré au télétravail dès le début des années 1990. Sur un total de 45 000 employés, plus de 20 000 sont équipés pour faire du télétravail et 1 000 en font à temps plein[34]. L'entreprise Hewlett-Packard (HP) y a également adhéré. Cinquante-trois pour cent de ses 4 000 employés au Canada font du télétravail. Parmi ceux-ci, 36 % travaillent sur la route, notamment à titre de représentants[35]. Finalement, mentionnons que Xerox compte, au Québec, de nombreux employés mobiles. Plus de 65 % de ses effectifs travaillent sur la route. La plupart sont représentants de service (200) ou représentants commerciaux (100). Une vingtaine de gestionnaires sont aussi appelés à travailler à l'extérieur du bureau[36].

On associe souvent la notion de télétravail à celle de *bureau virtuel*, aussi appelé *bureau électronique* ou *cyberbureau* : l'individu, qui n'a pas de lieu de travail fixe, accomplit ses tâches en se déplaçant d'un endroit ou d'un client à l'autre, en auto ou en avion, tout en restant en contact électronique avec le bureau principal[37]. Ce phénomène est en constante croissance. AT&T et Cisco Systems indiquent que plus de 50 % des membres de leur personnel sont des télétravailleurs, du moins occasionnellement[38]. La société IBM, quant à elle, s'est ouverte au travail virtuel non seulement pour favoriser la conciliation travail-vie personnelle, mais aussi dans une optique d'économie. La société informatique estime épargner plus de 100 millions de dollars chaque année du fait que 42 % de ses employés sont des télétravailleurs.

Le télétravail offre au travailleur les avantages d'une structure souple, le confort de son domicile ou le choix d'un lieu qui convient à son mode de vie. Pour l'organisation, les avantages de cette formule se traduisent souvent par une baisse des coûts, une productivité accrue et un degré élevé de satisfaction professionnelle du personnel. À titre d'exemple, chez Bell Helicopter Textron Canada, non seulement presque 100 % des employés qui bénéficient du télétravail restent fidèles à l'entreprise, mais leur productivité s'est accrue de 17 %. Quant à l'absentéisme, il est quasiment nul[39]. En outre, chez Telus, des enquêtes menées par l'entreprise de télécommunications ont permis de constater que le travail à domicile plaît aux employés qui en bénéficient. Leur satisfaction s'est traduite par une augmentation de 25 % de la productivité et une réduction de 60 % de l'absentéisme[40].

Mais cette pratique a aussi des inconvénients : les télétravailleurs se plaignent parfois d'être isolés de leurs collègues ; ils s'identifient moins bien à leur équipe de travail et peuvent éprouver des difficultés

Je suis devenu un vrai robot ![41]

Jusqu'à ce qu'il décide de déménager à Halifax pour y rejoindre sa bien-aimée, Ivan Bowman occupait un poste de technicien chez Sybase iAnywhere, une entreprise de gestion de données sans fil établie à Waterloo, en Ontario.

Mais ses patrons l'appréciaient tellement qu'ils ont refusé de le laisser partir et l'ont transformé en robot !

La téléprésence ne relève déjà plus de la science-fiction et sera de plus en plus fréquente dans nos milieux de travail.

Du lundi au vendredi, Ivan Bowman – en chair et en os – s'installe dans une pièce de sa nouvelle demeure à Halifax pour sa journée de travail. Il active ensuite une caméra Web et saisit une manette qui sont reliées à un robot installé dans un bureau de Sybase iAnywhere à Waterloo.

Le robot, baptisé Ivan Anywhere (Ivan Partout), a été spécialement conçu par les ingénieurs de Sybase. Il est alimenté en sons et en images par le logiciel Skype.

De son bureau d'Halifax, Ivan Bowman a le pouvoir de déplacer le robot d'une pièce à l'autre chez Sybase à Waterloo, dans le bureau d'un collègue, dans une salle de conférence, à la cafétéria... Et il peut ainsi interagir avec des collègues comme s'il était sur place. [...]

Des AS de la gestion

Le télétravail pour accroître votre compétitivité[42]

La compétence des employés et une bonne gestion demeurent les ingrédients de base pour réussir en affaires. Mais pour que votre recette surpasse celle de vos concurrents, ajoutez-y une bonne dose de technologies de télétravail. Prenons l'exemple de la société DMR, dont plus de 90 % des 1 300 employés sont des consultants délocalisés à temps plein chez des clients. L'entreprise québécoise spécialisée en intégration-conseil des affaires et des technologies de l'information est bien placée pour constater combien les bons outils de travail à distance peuvent faire toute la différence.

D'abord, sur le plan du service à la clientèle. « La messagerie instantanée, les zones de bavardage, les wikis, le Web 2.0 ont non seulement permis de resserrer les liens au sein de notre immense équipe d'experts dispersés à travers la province, elle a permis de moderniser nos bases de communication et de perfectionner nos échanges d'informations qui proviennent de partout dans le monde.

« Un plus pour nos clients », dit Christian Giroux, premier vice-président du bureau de Québec de DMR.

Division du groupe japonais Futjisu, DMR possède une riche base de données qu'elle partage avec plus de 500 filiales établies dans 70 pays. Un solide argument de vente qui avantage DMR face à la concurrence.

« Pouvoir offrir un soutien local à l'étranger est devenu une condition majeure, voire essentielle pour vendre nos services auprès d'entreprises d'ici qui font déjà des affaires, ou comptent en faire, sur divers marchés internationaux », souligne Yves Pelletier, premier vice-président du développement des affaires, du bureau montréalais de DMR. Il cite l'exemple d'un client qui, avant même d'entamer des discussions à propos des produits et services de l'entreprise, a demandé si DMR avait une base en Inde. « Si la réponse avait été négative, on perdait ce client », soutient M. Pelletier. [...]

DU CÔTÉ DE LA RECHERCHE

Le télétravail aurait un effet complexe sur les conflits travail-famille[43]

Selon Timothy D. Golden, John F. Veiga et Zeki Simsek, les travaux publiés sur le télétravail et les conflits travail-famille comportent des ambiguïtés : leurs conclusions amènent à penser tantôt que les horaires de travail variables réduisent les conflits travail-famille, tantôt qu'ils les accentuent. Aussi, les trois chercheurs ont-ils mené leur propre enquête auprès de 454 professionnels, afin de mieux comprendre la dynamique entre le télétravail et les conflits travail-famille.

D'entrée de jeu, les chercheurs avaient formulé l'hypothèse qu'une pratique accrue du télétravail pouvait être associée à une réduction des conflits travail-famille signalés par les répondants – soit une interférence moindre du travail avec la vie familiale. Les résultats de l'enquête ont confirmé cette tendance, qui s'explique par le fait que la flexibilité inhérente au télétravail permet à la personne de répondre de façon plus immédiate à certaines obligations familiales et la rend plus disponible, au besoin, sur le plan affectif. Les chercheurs ont vérifié une autre hypothèse voulant, cette fois, qu'une pratique accrue du télétravail soit associée à une augmentation des conflits famille-travail signalés par les répondants – soit à une interférence plus grande de la vie familiale avec le travail. Les résultats de l'enquête ont également confirmé cette deuxième tendance, qui tiendrait à la tension découlant du fait que le télétravail permet à la personne de consacrer plus de temps et d'énergie affective à des questions familiales.

Cette même étude s'est, en outre, intéressée à l'influence de variables modératrices, notamment celle de la taille du ménage, sur les relations précédemment observées. L'une des hypothèses à cet égard était que la relation négative entre le télétravail et les conflits travail-famille serait moins marquée à mesure qu'augmente la taille du ménage. Bien qu'elles aient semblé indiquer l'existence d'une telle tendance, les données ne se sont pas révélées statistiquement significatives et n'ont pas confirmé cette hypothèse. Une autre hypothèse a en revanche été validée : la relation positive entre le télétravail et les conflits famille-travail est plus marquée à mesure qu'augmente la taille du ménage. L'enquête a, par ailleurs, montré que l'autonomie au travail et les horaires variables avaient un effet modérateur positif sur la relation entre le télétravail et les conflits travail-famille.

En conclusion, les chercheurs soulignent la nécessité d'étudier de plus près les compromis que les télétravailleurs sont susceptibles de faire lorsqu'ils tentent de trouver un équilibre entre leurs responsabilités familiales et professionnelles. Ils énoncent aussi une mise en garde : le télétravail n'est pas une panacée et ne règle pas nécessairement les problèmes de conciliation travail-famille auxquels font face les employés et leurs employeurs.

techniques avec le réseau, ce qui constitue pourtant un aspect des plus cruciaux. Malgré tout, le phénomène s'amplifie de jour en jour, à tel point qu'un grand nombre d'organisations instaurent des programmes de formation en *gestion virtuelle* des télétravailleurs à l'intention de leurs cadres.

LE TRAVAIL À TEMPS PARTIEL

Le travail à temps partiel est un mode d'aménagement du temps de travail de plus en plus fréquent, et de plus en plus controversé. L'individu qui a un **travail temporaire à temps partiel** travaille moins d'heures que celui qui a une semaine de travail normale, et jouit d'un statut de *travailleur temporaire*; l'individu qui a un **travail permanent à temps partiel** travaille également moins d'heures que celui qui a une semaine normale de travail, mais jouit d'un statut de *travailleur permanent*.

En général, il est plus facile d'embaucher et de licencier des travailleurs temporaires à temps partiel en fonction des besoins de l'entreprise. De nombreuses organisations font donc appel à de tels travailleurs pour maintenir au plus bas les coûts de la main-d'œuvre, et pour mieux répondre aux pointes et aux creux du cycle économique. Un employeur peut également avoir recours à de tels travailleurs pour conserver une main-d'œuvre compétente; il fait appel à des personnes hautement qualifiées qui veulent continuer à progresser sur le plan professionnel sans pour autant occuper un emploi à temps plein. Certaines infirmières à temps partiel, entre autres, font partie de cette catégorie[44].

Travailler à temps partiel peut présenter des avantages pour ceux qui veulent avoir d'autres activités professionnelles ou qui, pour une raison ou une autre, ne tiennent pas à travailler 40 heures par semaine. Toutefois, ceux qui occupent deux emplois, dont au moins un à temps partiel, vivent un stress et une fatigue qui peuvent nuire à leur rendement dans l'un ou l'autre, voire dans les deux. De plus, les travailleurs à temps partiel n'ont souvent pas droit à des avantages sociaux comme l'assurance maladie complémentaire, l'assurance vie et la pension de retraite, et il arrive que leur salaire de base soit inférieur à celui de leurs collègues à temps plein. Néanmoins, les postes à temps partiel sont de plus en plus nombreux à cause de leurs nombreux avantages pour les organisations.

▶ **Travail temporaire à temps partiel**
Formule qui consiste, pour une personne ayant un statut de travailleur temporaire, à travailler moins d'heures que dans une semaine de travail normale

▶ **Travail permanent à temps partiel**
Formule qui consiste, pour une personne ayant un statut de travailleur permanent, à travailler moins d'heures que dans une semaine de travail normale

GUIDE DE RÉVISION

RÉSUMÉ

Quelles sont les diverses approches en matière de conception de poste?

- La conception de poste englobe la planification et la spécification des tâches inhérentes à un poste, ainsi que la détermination des conditions dans lesquelles s'accomplissent ces tâches.

- La simplification des tâches, ou organisation scientifique du travail, est une approche de la conception de poste selon laquelle les procédés sont standardisés, et où les travailleurs sont confinés à des tâches normalisées, clairement définies et hautement spécialisées.
- L'élargissement des tâches est une approche de la conception de poste selon laquelle on augmente la diversité des tâches en confiant au titulaire d'un poste un plus grand nombre de tâches différentes, sans pour autant augmenter le degré de difficulté des tâches, ni le niveau de responsabilité du poste.
- La rotation des postes est une approche de la conception de poste selon laquelle on augmente la diversité des tâches des travailleurs en les affectant périodiquement à des postes différents, sans pour autant augmenter le degré de difficulté des tâches, ni le niveau de responsabilité du poste.
- L'enrichissement des tâches consiste à rehausser la nature du travail en ajoutant aux fonctions d'exécution des fonctions de planification et de contrôle traditionnellement attribuées à des cadres.

Comment peut-on concevoir des postes stimulants pour les travailleurs?

- La théorie des caractéristiques de l'emploi propose une approche diagnostique de l'enrichissement des tâches fondée sur cinq caractéristiques fondamentales des postes à concevoir : la polyvalence, l'intégralité de la tâche, la valeur de la tâche, l'autonomie et la rétroaction.
- La théorie des caractéristiques de l'emploi ne présume pas que tout travailleur désire un poste enrichi ; elle affirme que l'enrichissement des tâches donnera de meilleurs résultats dans le cas des travailleurs qui ont un besoin de croissance important, qui possèdent les connaissances et les compétences requises par le poste, et qui sont satisfaits de leur cadre de travail.
- Selon la théorie du traitement des données sociales, la perception qu'a un travailleur de son poste et son attitude à l'égard de ce poste sont influencées par des données sociales, comme les commentaires de ses collègues et d'autres personnes.
- Enfin, il faut retenir que la formule de l'enrichissement des tâches ne devrait pas être généralisée à tous les travailleurs – on doit tenir compte de leurs caractéristiques individuelles –, qu'elle peut s'appliquer aux équipes de travail et que certains facteurs culturels peuvent influer sur son succès.

Quel rôle les technologies jouent-elles dans la conception de poste?

- Des systèmes sociotechniques bien planifiés intègrent les ressources humaines et les techniques dans des cadres de travail axés sur la performance.
- On recourt de plus en plus à la robotique et à l'automatisation pour l'accomplissement des tâches simples et routinières.
- Avec les systèmes flexibles de fabrication, les travailleurs affectés aux cellules de production autonomes se servent des technologies avancées pour allier la qualité et des cycles de production très courts.
- L'avènement des technologies de l'information et des communications (ordinateurs, Internet, intranets, etc.) a modifié la nature du travail de bureau.
- La restructuration des processus d'affaires consiste à décomposer et à analyser systématiquement tous les processus de travail afin de rationaliser les opérations et les tâches, de diminuer les coûts et d'améliorer la performance de l'organisation.

Quelles sont les nouvelles approches en matière d'aménagement du temps de travail ?

- Avec la complexité accrue de notre société, on voit apparaître de nouvelles formules d'aménagement du temps de travail conçues pour permettre aux travailleurs de concilier les exigences de leur vie personnelle et familiale avec leurs responsabilités et leur cheminement professionnels.
- La semaine de travail comprimée permet aux travailleurs de répartir les tâches hebdomadaires d'un emploi à temps plein sur moins de cinq jours complets ; l'aménagement le plus répandu est la semaine de quatre journées de 10 heures.
- L'horaire de travail variable laisse aux gens une certaine latitude quant à leur horaire de travail quotidien, leur permettant, notamment, de choisir à leur convenance l'heure d'arrivée et l'heure de départ.
- Le partage de poste est une formule qui consiste à répartir la totalité des tâches d'un poste à temps plein entre deux travailleurs ou plus, selon des conditions convenues entre eux et l'employeur.
- Le télétravail est un aménagement du travail qui permet aux gens d'exercer leurs activités professionnelles à distance, chez eux ou ailleurs, tout en restant reliés à l'organisation grâce aux technologies de l'information et des communications.
- Le travail à temps partiel est une formule qui consiste, pour un travailleur temporaire ou permanent, à travailler moins d'heures que s'il faisait une semaine de travail normale.

MOTS CLÉS

Automatisation	p. 170	Semaine de travail comprimée	p. 173
Conception de poste	p. 161	Simplification des tâches	p. 162
Élargissement des tâches	p. 163	Système flexible de fabrication	p. 171
Enrichissement des tâches	p. 164	Système sociotechnique	p. 170
Horaire de travail variable	p. 174	Télétravail	p. 176
Indice du potentiel de motivation (IPM)	p. 165	Théorie des caractéristiques de l'emploi	p. 165
Partage de poste	p. 174	Théorie du traitement des données sociales	p. 169
Restructuration des processus d'affaires	p. 171	Travail permanent à temps partiel	p. 179
Rotation des postes	p. 164	Travail temporaire à temps partiel	p. 179

ÉVALUATION DES CONNAISSANCES

QUESTIONS À CHOIX MULTIPLE

1. La simplification des tâches est associée au concept _____ mis de l'avant par Frederick Taylor. **a)** d'expansion verticale des tâches **b)** d'expansion horizontale des tâches **c)** d'organisation scientifique du travail **d)** de sentiment de compétence

2. _____ des tâches augmente _____ d'un poste en combinant plusieurs tâches sans augmenter leur complexité. **a)** La rotation ; la profondeur **b)** L'élargissement ; la profondeur **c)** La simplification ; l'étendue **d)** L'élargissement ; l'étendue

3. Lorsqu'une gestionnaire modifie la nature d'un poste par une expansion verticale des tâches, elle _____ **a)** ajoute des tâches qui correspondent à une étape antérieure dans le flux de travaux. **b)** ajoute des tâches qui correspondent à une étape postérieure dans le flux de travaux. **c)** ajoute des responsabilités de planification et de contrôle. **d)** hausse les normes de rendement.

4. Dans la théorie des caractéristiques de l'emploi, _____ correspond à l'indépendance et à la latitude accordées au titulaire du poste pour ce qui est de l'organisation de son travail et du choix des procédures. **a)** la polyvalence **b)** l'intégralité de la tâche **c)** la valeur de la tâche **d)** l'autonomie

5. Selon la théorie des caractéristiques de l'emploi, le titulaire d'un poste sera plus motivé par un enrichissement de ses tâches _____ **a)** si on lui offre une option d'achat d'actions. **b)** s'il bénéficie du soutien organisationnel. **c)** s'il subit une expansion horizontale de ses tâches. **d)** s'il est satisfait à l'égard de son cadre de travail.

6. Quelle caractéristique fondamentale de l'emploi est tout particulièrement présente lorsque le titulaire d'un poste a la possibilité d'exécuter la totalité d'une opération, par exemple le traitement d'une déclaration de sinistre, à partir de la réception de la demande jusqu'au règlement final à la satisfaction du client ? **a)** L'intégralité de la tâche. **b)** La valeur de la tâche. **c)** L'autonomie. **d)** La rétroaction.

7. Remettant en question la théorie des caractéristiques de l'emploi et son approche diagnostique, l'approche fondée sur _____ soutient que la perception des tâches se fonde sur des réalités d'origine sociale. **a)** les systèmes sociotechniques **b)** la reconfiguration des processus **c)** le potentiel de motivation **d)** le traitement des données sociales

8. _____ constitue un bon exemple d'application de l'enrichissement des tâches aux équipes de travail. **a)** Le cercle de qualité **b)** L'équipe semi-autonome **c)** Le circuit de production organisé en cellules **d)** L'expansion horizontale

9. L'influence de la culture sur l'enrichissement des tâches _____ **a)** est négligeable. **b)** peut être considérable et il faut donc la prendre en considération. **c)** n'est importante que dans les cultures où le traitement des données sociales compte pour beaucoup. **d)** n'entre pas en ligne de compte dans les cultures où les échelles salariales sont très basses.

10. Selon la logique des systèmes sociotechniques, _____ **a)** il faut intégrer les ressources humaines et les techniques. **b)** les techniques doivent passer avant les ressources humaines. **c)** les ressources humaines doivent passer avant les techniques. **d)** les techniques aliènent les êtres humains.

11. Les systèmes flexibles de fabrication _____ **a)** se révèlent particulièrement utiles dans le domaine des services de santé. **b)** s'appuient sur de l'équipement polyvalent qu'on peut reconfigurer pour passer d'une famille de produits à une autre. **c)** ont été mis de l'avant par Frederick Taylor. **d)** font ressortir, d'une part, ce qui est nécessaire et, de l'autre, ce qui pourrait être éliminé.

12. La formule « 40 heures en 4 jours » illustre un aménagement du temps de travail appelé _____ **a)** la semaine de travail comprimée. **b)** l'horaire de travail variable. **c)** le partage de poste. **d)** le travail permanent à temps partiel.

13. L'horaire de travail variable permet aux travailleurs de choisir _____ a) les jours de la semaine où ils travailleront. b) le nombre total d'heures travaillées durant la semaine. c) leur lieu de travail. d) le moment auquel commence et finit leur journée de travail.

14. _____ est un procédé par lequel un employeur et son personnel s'entendent pour réduire le nombre d'heures de travail afin d'éviter des mises à pied ou des licenciements. a) Le partage de poste b) Le partage du travail c) La rationalisation du travail d) La réduction du travail

15. Le télétravail _____ a) est semblable au travail à temps partiel. b) utilise des systèmes flexibles de fabrication. c) suppose le partage de poste. d) est souvent associé au bureau virtuel.

QUESTIONS À RÉPONSE BRÈVE

16. Comment procéderiez-vous pour enrichir des postes, c'est-à-dire pour leur donner de la profondeur ?

17. Quel rôle joue le besoin de croissance du travailleur dans la théorie des caractéristiques de l'emploi ?

18. Quels sont les avantages et les inconvénients potentiels de la semaine de travail comprimée ?

19. Quelle est la différence entre le *partage de poste* et le *partage du travail* ?

QUESTION À DÉVELOPPEMENT

20. Un magasin a fait appel à vous à titre de consultant afin que vous proposiez un programme destiné à créer un cadre de travail motivant au rayon des vêtements pour hommes et pour femmes. En vous appuyant sur ce qui a été dit dans ce chapitre au sujet de la conception de poste et de l'intégration des technologies, formulez des hypothèses pertinentes et expliquez, en les justifiant, quelles seraient vos recommandations.

LE CO DANS LE FEU DE L'ACTION

Pour ce chapitre, nous vous suggérons les activités suivantes du *Cahier d'apprentissage en CO* (voir p. C1) :

Études de cas	Exercices	Autoévaluations
7. La société Hovey & Beard	3. Mon meilleur emploi	7. Profil bifactoriel
8. La société aérienne Maritime	13. Le jeu de construction	8. Êtes-vous *universel* ?
	14. Préférences en matière de conception de poste	
	15. Un emploi de rêve	
	16. La motivation par l'enrichissement des tâches	

www.erpi.com/schermerhorn

Vous trouverez dans le Compagnon Web du manuel les réponses aux questions d'évaluation des connaissances du chapitre ainsi que les autoévaluations en mode interactif.

LA GESTION DU RENDEMENT ET LES RÉCOMPENSES

CHAPITRE 7

Rien n'est plus vrai que le vieil adage selon lequel « tout ce qui est mesuré finit par arriver ». Ce chapitre traite de la motivation et de la mise en place de systèmes de récompenses dans un contexte de gestion du rendement.

OBJECTIFS D'APPRENTISSAGE

Après l'étude de ce chapitre, vous devriez être en mesure :
- d'expliquer le lien entre la motivation et les récompenses ;
- de discuter du processus de gestion du rendement ;
- de distinguer les principales méthodes d'évaluation du rendement et de définir les erreurs courantes pouvant nuire à l'évaluation du rendement.

PLAN DU CHAPITRE

LA MOTIVATION ET LES RÉCOMPENSES
Un modèle intégré de la motivation au travail
Les récompenses intrinsèques et les récompenses extrinsèques
La rémunération selon le rendement
La rémunération fondée sur les compétences
La rémunération sous forme d'avantages sociaux

LA GESTION DU RENDEMENT
Le processus de mesure du rendement
Les objectifs de la mesure du rendement
Les normes et les critères de la mesure du rendement

L'ÉVALUATION DU RENDEMENT
Les méthodes d'évaluation du rendement
Qui procède à l'évaluation du rendement ?
Les erreurs courantes dans l'évaluation du rendement
Les mesures permettant d'améliorer les évaluations du rendement

GUIDE DE RÉVISION

« Tout ce qui est mesuré finit par arriver. »

Patagonia : la passion écologique[1]

Fabriquer les meilleurs produits tout en maintenant l'impact environnemental à son plus bas : qui ne voudrait pas adhérer à une telle vision ? Les 1 275 employés de Patagonia, une entreprise qui conçoit et fabrique des vêtements de plein air, l'ont pour leur part adoptée. Titulaire d'un MBA et embauché par Patagonia à titre de préposé aux stocks après avoir refusé un emploi au sein d'une multinationale, l'un d'eux déclare : « Je voulais travailler pour une entreprise animée par des valeurs. »

En l'occurrence, ces valeurs trouvent leur source chez Yvon Chouinard : « La plupart des gens ont de bonnes intentions, mais ne les traduisent pas en actions. Chez Patagonia, c'est un élément essentiel de notre vie », affirme le fondateur de l'entreprise, qui met de l'avant l'énoncé de mission suivant : « Fabriquer les meilleurs produits, éviter de causer des dommages inutiles, faire de l'entreprise une source d'inspiration et mettre en œuvre des solutions à la crise écologique. » Yvon Chouinard a bien compris que, pour atteindre de tels objectifs, il fallait des gens.

Au siège social de Patagonia, à Ventura, en Californie, on trouve une garderie et des services médicaux accessibles à tous les employés, qu'ils travaillent à temps plein ou à temps partiel. En retour, Yvon Chouinard se montre exigeant : chacun doit travailler avec ardeur et atteindre un rendement élevé, en faisant preuve de créativité et d'esprit de collaboration. Réfractaire à une croissance trop rapide, le fondateur de Patagonia préfère que les choses demeurent gérables, afin que ses valeurs et sa vision continuent d'être respectées.

Au moment où des sondages indiquent que plusieurs Américains ressentent moins ou plus du tout d'enthousiasme à l'égard de leur travail, en raison du stress, de mauvais employeurs ou de leurs tâches peu motivantes, Patagonia offre d'autres horizons. Même si elle accorde de bons salaires et qu'elle se situe à l'avant-garde au chapitre des avantages sociaux, l'entreprise ne place pas les bonifications pécuniaires au premier plan de son système de récompenses. La reconnaissance la plus prisée se révèle être le « congé écologique », soit des périodes rémunérées que l'employé consacre à son engagement envers des causes environnementales. Chez Patagonia, chaque nouveau poste attire 900 candidatures. Comme en convient l'un des candidats devenu employé : « C'est facile d'aller travailler quand on est payé pour faire ce qu'on aime. »

> « C'est facile d'aller travailler quand on est payé pour faire ce qu'on aime. »

LA MOTIVATION ET LES RÉCOMPENSES

Les théories de la motivation et les diverses approches en matière de conception de poste, dont nous avons traité dans les deux chapitres précédents, ont chacune soulevé, sous un angle ou sous un autre, la question des récompenses que les individus obtiennent grâce à leur travail et celle de l'influence de ces récompenses sur leur rendement. Il est maintenant temps d'examiner comment ces différentes dimensions peuvent être rassemblées et prises en considération dans un processus de gestion du rendement.

UN MODÈLE INTÉGRÉ DE LA MOTIVATION AU TRAVAIL

La **figure 7.1** schématise les principaux éléments d'un modèle intégré de la motivation au travail. Vous remarquerez que ce modèle a, notamment, plusieurs points communs avec la théorie des attentes de Vroom, présentée au chapitre 5. Dans ce modèle intégré de la motivation, le rendement et la satisfaction sont des résultantes du travail distinctes, mais potentiellement interdépendantes. Les facteurs qui

Figure 7.1 Un modèle intégré de la motivation au travail

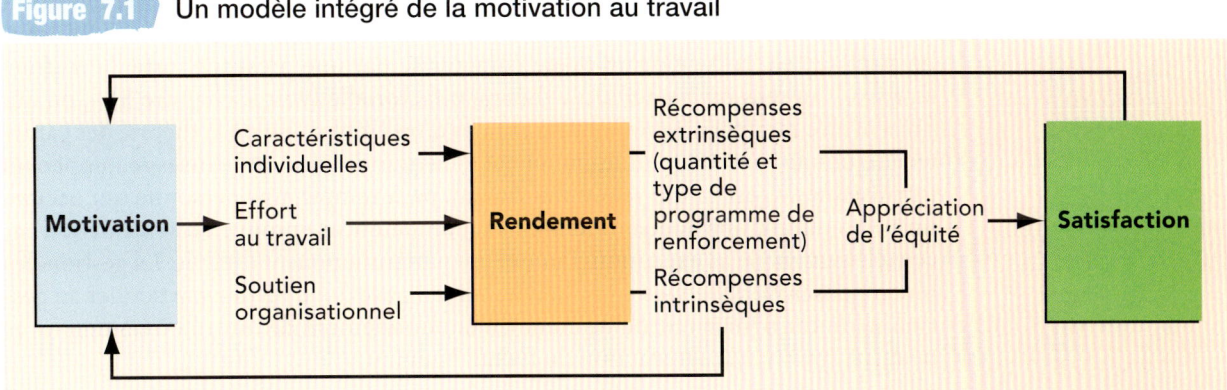

influent le plus directement sur le rendement sont les caractéristiques individuelles (compétences, expérience, etc.), le soutien organisationnel (ressources, techniques, etc.) et les efforts déployés au travail – la variable sur laquelle la motivation agit directement.

Ainsi, la motivation d'un travailleur détermine l'ampleur de l'effort qu'il fournit, d'où l'importance qu'elle revêt en CO. La clé de la motivation réside dans l'aptitude du gestionnaire à créer un cadre de travail qui réponde aux besoins et aux objectifs de chacun. Un cadre de travail sera ou non motivant pour un individu donné selon la disponibilité des récompenses et la valeur qu'il leur attribuera. Notez l'importance d'offrir des récompenses proportionnelles au rendement atteint (*loi du renforcement contingent*). Souvenez-vous aussi que la récompense doit suivre le plus rapidement possible le comportement à renforcer (*loi du renforcement immédiat*).

Remarquez également que, dans ce modèle intégré, les théories du contenu aident le gestionnaire à saisir les caractéristiques de chacun de ses subordonnés et à discerner chez eux les besoins susceptibles de conférer un effet motivant à certaines récompenses plutôt qu'à d'autres. Le fait que l'accomplissement du travail en soi et le rendement obtenu d'un individu lui procurent des récompenses intrinsèques aura une incidence directe et positive sur sa motivation. De plus, si cet individu perçoit comme équitables les *récompenses* reçues, sa motivation en sera accrue ; sinon, sa satisfaction et sa motivation en seront diminuées. À cet égard, ce modèle reprend les principes de la théorie de l'équité et met en évidence le fait que l'individu compare ce qu'il reçoit pour son travail avec ce que d'autres reçoivent pour le leur.

LES RÉCOMPENSES INTRINSÈQUES ET LES RÉCOMPENSES EXTRINSÈQUES

En général, les systèmes de récompenses mis en place par les organisations conjuguent récompenses intrinsèques et récompenses extrinsèques.

Les *récompenses intrinsèques* découlent directement de l'accomplissement du travail et du rendement obtenu ; elles ne reposent pas sur un renforcement extérieur.

▶ **Récompense intrinsèque**
Récompense qui découle directement de l'accomplissement du travail et du rendement obtenu

C'est dans une large mesure à ce type de récompenses que se rapporte la notion d'enrichissement des tâches, dont il a été question au chapitre précédent. En effet, on peut s'attendre à ce qu'un poste caractérisé par une présence forte de *facteurs moteurs* – au sens où les définit la théorie bifactorielle (voir le chapitre 5) –, ou qui présente les caractéristiques fondamentales d'un emploi – selon la théorie des caractéristiques de l'emploi (voir le chapitre 6) –, engendre de nombreuses récompenses intrinsèques. C'est ce qui se produit quand, par exemple, une personne qui occupe un poste offrant une adéquation avec ses compétences éprouve un sentiment d'accomplissement lié à l'exécution d'une tâche particulièrement difficile. La gestion des récompenses intrinsèques en milieu de travail pose donc un défi particulier au gestionnaire, car il lui incombe de créer un environnement de travail où les employés peuvent éprouver la satisfaction du travail bien fait.

Les ***récompenses extrinsèques***, quant à elles, sont des récompenses attribuées par une personne à un individu ou à un groupe dont le travail est jugé satisfaisant. Le gestionnaire peut avoir recours, judicieusement, à des récompenses extrinsèques, qu'il s'agisse simplement de félicitations sincères pour un travail bien fait ou d'une reconnaissance symbolique, telle que la désignation d'un employé du mois. La rémunération, incluant le salaire et les avantages sociaux, constitue une importante récompense extrinsèque. Comme toute récompense extrinsèque, ses effets sur la satisfaction, la motivation et le rendement dépendent de sa bonne gestion. Les pages qui suivent seront consacrées à la gestion de cette récompense extrinsèque qu'est la rémunération.

▶ **Récompense extrinsèque**
Récompense attribuée à un individu pour un travail jugé satisfaisant

LA RÉMUNÉRATION SELON LE RENDEMENT

La rémunération est une récompense extrinsèque importante, mais particulièrement complexe. Bien insérée dans une démarche intégrée de motivation au travail, elle peut contribuer à attirer et à retenir des travailleurs hautement compétents, combler ces travailleurs et les motiver à maintenir des rendements élevés. Cependant, en cas d'insatisfaction des travailleurs, elle peut aussi entraîner des effets négatifs sur la motivation et sur le rendement. Parmi les problèmes liés à une rémunération inadéquate, mentionnons la manifestation d'une mauvaise attitude, des griefs, de l'absentéisme, un taux élevé de rotation du personnel et même des problèmes d'ordre psychologique ou physique.

L'expert en gestion Edward Lawler a grandement contribué à notre compréhension de la rémunération en tant que récompense extrinsèque. Ses recherches l'ont amené à la conclusion suivante: pour que la rémunération soit une source de motivation, les travailleurs doivent considérer qu'un rendement élevé est le moyen d'obtenir une rémunération importante[3]. Une recherche menée pendant trois ans par Brian Murray et Barry Gerhart auprès d'une entreprise manufacturière aux États-Unis a conclu que la rémunération selon le rendement augmente la productivité de 58 %, tout en réduisant les coûts de main-d'œuvre de 16 %, et les pertes liées au gaspillage de 82 %, ce qui assure une qualité supérieure des produits[4].

Cima+[2]

[...] La rémunération liée à la performance est bien ancrée dans les secteurs d'activité qui font face à une pénurie de main-d'œuvre et où le maraudage va bon train.

L'ingénierie est de ceux-là. Chez Cima+, firme de génie-conseil de près de 1 300 employés, la rémunération est étroitement liée aux réalisations depuis plusieurs années. «Nous vendons notre savoir-faire. Il est donc important d'avoir à notre emploi des gens qui visent l'excellence et la qualité», souligne François Plourde, vice-président, ressources humaines.

Chaque année, l'ensemble du personnel est évalué, du patron à l'employé. Les bonis au rendement ont fait leurs preuves dans l'entreprise. Le taux de roulement y est de 7 %, comparé à une moyenne de 10 à 20 % dans ce secteur d'activité. «Nos équipes sont plus responsabilisées, elles se sentent plus concernées», estime M. Plourde. [...]

Des AS de la gestion

Un programme de reconnaissance fait voyager bon nombre d'employés[5]

Annie Descôteaux à Walt Disney avec sa famille. Pascale Bellamy en Italie à deux reprises. Line Daviault à Niagara Falls avec les siens. Trois serveuses du restaurant Pacini, à Trois-Rivières, qui ont bénéficié du programme de reconnaissance instauré par le grand patron de la chaîne, Pierre Marc Tremblay, originaire de Cap-de-la-Madeleine.

Et elles ne sont pas les seules. Cuisinier depuis 21 ans, Garcia Franklin s'est aussi rendu en Italie. Et comme c'est le cas pour cette destination, il a reçu une formation à l'Académie Culinaire Pacini, à Bassano del Grappa, de la part du grand chef de l'endroit.

Par ailleurs, une autre employée de plus de 20 ans, Lynda Toupin, vient d'apprendre qu'elle se rendra à la Riviera Maya en février prochain.

« Mon nom a été tiré lors de la journée des équipiers par excellence », se plaît-elle à raconter. « Ça donne le goût de continuer, c'est motivant », renchérit la serveuse de Batiscan.

Pour sa part, l'une de ses compagnes de travail, Mylène Chartrand, vient de vivre l'expérience de l'Italie et de ses vignobles. Sa performance sur le plancher, pour mousser la vente de vin, lui aura valu ce prix, et ce, même si elle n'y travaille que depuis moins de deux ans.

« C'est un emploi à temps partiel, étant une enseignante à l'Académie Les Estacades, au programme sports-études », confie celle qui apprécie tant le restaurant que son équipe... et ce concept de concours interne.

Le propriétaire Martin Harvey et son épouse Kirsten ont évidemment eu l'occasion de fouler le sol italien. Mais ils sont heureux de voir autant de membres de leur personnel recevoir une pareille considération.

« Et plusieurs autres ont participé à des activités de la chaîne à Montréal et à Québec, comme des feux d'artifice, des croisières sur le fleuve et des spectacles privés de Marco Calliari », énumère le restaurateur trifluvien.

À titre personnel, il vient tout juste d'amener « sa gang » au Village des sports. Il faut dire que Martin Harvey applique son propre programme de reconnaissance localement depuis l'ouverture du restaurant situé au coin des boulevards des Forges et des Récollets.

Pas étonnant qu'au niveau national, Pacini dit se distinguer comme un employeur de qualité avec son programme de reconnaissance exclusif qui souligne les années de service, l'apport à l'esprit d'équipe et les réalisations reliées aux objectifs stratégiques. On ne s'en cache pas sur le site de l'entreprise, on veut ainsi favoriser l'embauche et la rétention du personnel dans un secteur d'activité au fort taux de roulement. D'ailleurs, les résultats des dernières années sont concluants.

« Dans la chaîne, près d'une trentaine d'employés voyagent aux quatre coins du monde chaque année », conclut M. Harvey.

Toutefois, une étude réalisée par le Hudson Institute a montré qu'en matière de rémunération selon le rendement, il y a loin de la coupe aux lèvres. Quand on leur a demandé si les employés qui présentaient le meilleur rendement étaient les mieux rémunérés, 48 % des gestionnaires interrogés ont répondu par l'affirmative, tandis que seulement 31 % des répondants n'occupant pas un poste de gestionnaire étaient du même avis. Quand on leur a demandé si leur dernière augmentation salariale avait découlé de leur rendement, ces deux groupes ont répondu par l'affirmative dans une proportion de 46 % et de 29 %, respectivement[6]. Finalement, mentionnons que la proportion de la masse salariale consacrée aux primes d'intéressement annuelles était, en 2008, de 22 % pour les cadres supérieurs, de 12 % pour les cadres et professionnels et de seulement 6 % pour les employés de soutien et de production. La rémunération variable reposait sur les résultats de l'organisation dans 69 % des cas ; tandis que, dans 64 % des cas, les primes étaient liées au rendement individuel[7].

La rémunération au mérite

La *rémunération au mérite* – ou au rendement, comme on la désigne le plus souvent – est un système de rémunération selon lequel le salaire et les augmentations sont directement liés à l'évaluation du rendement pour une période donnée.

La recherche confirme la logique et les avantages théoriques de la rémunération au mérite, mais elle indique également que son instauration n'est ni aussi facile ni aussi répandue qu'on pourrait le croire. En effet, 80 % des répondants aux sondages menés ces 30 dernières années estiment ne pas avoir été récompensés pour le travail bien fait[8]. Un système de rémunération au mérite adéquatement conçu pourrait redresser cette situation.

▶ **Rémunération au mérite**
Système de rémunération selon lequel le salaire et les augmentations des travailleurs sont directement liés à l'évaluation de leur rendement pour une période donnée

Pour bien fonctionner, un système de rémunération au mérite doit s'appuyer sur une évaluation réaliste et objective du rendement des travailleurs, et convaincre ces derniers qu'ils doivent donner un rendement élevé pour obtenir une rémunération importante. De plus, l'ampleur de la récompense doit distinguer clairement des autres les travailleurs qui obtiennent de bons résultats. Enfin, les gestionnaires ne doivent pas confondre les augmentations au mérite et les augmentations automatiques, qui ne constituent qu'une indexation au coût de la vie.

200 000 fonctionnaires français payés au mérite

Instituée à compter de 2009, la rémunération au mérite des fonctionnaires français touchera progressivement les 200 000 agents de l'État de la filière administrative d'ici 2012. Ces agents seront désormais admissibles à la « prime de fonctions et de résultats » (PFR), c'est-à-dire à une part de salaire variable, au mérite. Ces derniers verront ainsi 40 % de leur salaire affecté par leur rendement individuel.

Les systèmes de rémunération au mérite sont une tentative, parmi d'autres, pour améliorer l'incidence positive de la rémunération en tant que récompense d'un travail. Cependant, certains affirment que ces systèmes ne sont plus adaptés aux exigences des organisations d'aujourd'hui, car ils ne tiennent pas compte de l'interdépendance des tâches et des fonctions des travailleurs. De plus, on l'a dit, les systèmes d'évaluation du rendement et de récompenses devraient être conformes aux stratégies d'ensemble de l'organisation ; conséquemment, le système de rémunération d'une organisation à la recherche de travailleurs hautement qualifiés et pour lesquels la demande est très forte devrait privilégier la stabilité de la main-d'œuvre plutôt que le seul rendement[9].

Gardons ces considérations à l'esprit tandis que nous nous penchons sur quelques systèmes de rémunération novateurs de plus en plus répandus : les programmes de partage des gains de productivité, de participation aux bénéfices et d'actionnariat des salariés ; les augmentations de salaire forfaitaires ; les avantages sociaux à la carte et le système de rémunération basé sur les compétences[10].

Le partage des gains de productivité

▶ **Programme de partage des gains de productivité**
Système de rémunération qui accorde aux travailleurs un supplément de rémunération proportionnel aux gains de productivité de l'organisation

Le lien entre le rendement et la rémunération est également au cœur des ***programmes de partage des gains de productivité***, qui permettent aux travailleurs de toucher un supplément de rémunération proportionnel aux gains de productivité de l'organisation.

Instauré pour la première fois en 1937 dans une aciérie américaine par un délégué syndical qui lui a donné son nom, le plan Scanlon est sans doute le plus ancien et le plus connu de ces programmes d'intéressement. Mais vous avez peut-être aussi entendu parler du Lincoln Electric Plan, du Rucker Plan^{MD} ou d'IMPROSHARE^{MD}. Ces divers programmes d'intéressement exigent qu'on évalue la productivité organisationnelle systématiquement et selon des critères bien précis, puis qu'on accorde aux travailleurs une prime dont la valeur varie selon les gains de productivité.

Les avantages des programmes de partage des gains de productivité sont nombreux. En plus d'augmenter la motivation du personnel, l'incitation pécuniaire que constitue cette forme de rémunération liée au rendement met en évidence le rôle des travailleurs dans la performance générale de l'organisation. En outre, grâce à leur dimension participative, les programmes de partage des gains de productivité peuvent favoriser l'esprit de coopération et le travail d'équipe. La recherche a encore beaucoup à nous apprendre sur cette approche, à laquelle les organisations s'intéressent de plus en plus[11].

L'éthique en CO

Récompenser l'échec chez les dirigeants d'entreprise[12]

Les modèles et les approches théoriques nous incitent à considérer que les récompenses ont une influence sur le comportement au travail et sur le rendement des travailleurs. Ce principe s'applique-t-il aussi aux cadres supérieurs ? En effet, on peut parfois se demander ce qu'il en est au sein de certains conseils d'administration, quand on constate que des dirigeants d'entreprise démontrant une performance médiocre continuent de recevoir des salaires exorbitants, souvent même accompagnés de primes.

Quand Robert Nardelli, le chef de la direction de Home Depot, a quitté ses fonctions, il a bénéficié d'une indemnité de départ de 210 millions de dollars, alors que la valeur des actions de l'entreprise avait diminué de 8 % durant son mandat à la direction. Hank McKinnell, l'ancien directeur général de Pfizer, a quant à lui reçu 213 millions de dollars, même si la valeur des actions a chuté de 40 % pendant qu'il occupait ce poste. Voici d'autres exemples d'indemnités de départ faramineuses versées à certains dirigeants d'entreprises au bord du gouffre : 19,1 millions de dollars à Alan H. Fishman, PDG de la banque Washington Mutual, et 14 millions à Martin Sullivan, PDG de l'assureur AIG. Enfin, mentionnons que Richard Fuld, qui a mené la banque Lehman Brothers à la faillite, a reçu 22 millions en argent et en options d'achat d'actions[13].

Ces nombreux exemples donnent à penser que les contrats établissant la rémunération des cadres supérieurs ne sont pas toujours très bien conçus en ce qui a trait au rendement pouvant justifier cette rémunération : on paie trop souvent ces dirigeants pour le seul fait qu'ils occupent un poste de responsabilité, plutôt que de les rémunérer en fonction de la performance de l'entreprise pendant qu'ils sont à la barre.

Question

Il est peu probable que les parachutes dorés prévus dans les contrats d'embauche des cadres supérieurs viennent à disparaître. Doit-on pour autant considérer que cette pratique est correcte ?

La participation aux bénéfices

▸ **Programme de participation aux bénéfices**
Système de rémunération qui récompense les travailleurs en liant leur rémunération à la performance globale de l'organisation

Bien qu'assez semblables, les ***programmes de participation aux bénéfices*** diffèrent des programmes de partage des gains de productivité sur certains points. Si, dans les deux cas, la rémunération des travailleurs est liée à une mesure de la performance de l'entreprise, les programmes de participation aux bénéfices ne les récompensent pas sur la base des gains de productivité. Les programmes de participation aux bénéfices récompensent les travailleurs en associant leur rémunération aux profits de l'entreprise : plus les profits sont élevés, plus le montant à distribuer sous forme de participation aux bénéfices est élevé[14].

Par ailleurs, la notion de rémunération selon le rendement est ici parfois remise en question puisque les gains ou pertes de l'entreprise ne sont pas toujours en lien avec les efforts des travailleurs. Ainsi, les pertes de l'entreprise peuvent résulter de conditions économiques difficiles. Ces programmes de participation aux bénéfices reflètent donc certains aspects sur lesquels les travailleurs n'ont aucun contrôle, comme le contexte économique.

Les régimes d'actionnariat des employés

▸ **Régime d'actionnariat des employés**
Système de rémunération qui permet aux salariés d'acquérir des actions de l'entreprise pour laquelle ils travaillent et de bénéficier d'une éventuelle hausse du cours de ces actions

Parmi les formes possibles de rémunération au rendement, on compte aussi les ***régimes d'actionnariat des employés***. En vertu de ceux-ci, des sociétés de capitaux donnent à leurs salariés des actions de l'entreprise ou leur permettent d'en acquérir à un prix inférieur à celui du marché. Ces régimes d'intéressement se fondent sur la prémisse que les salariés actionnaires feront preuve d'une grande motivation au travail afin que l'entreprise obtienne de bons résultats, qui se refléteront dans une hausse du cours des actions. En tant qu'actionnaires, les employés tirent profit de l'augmentation des bénéfices.

En revanche, ces régimes n'échappent pas aux aléas inhérents à tout investissement boursier : le cours des actions peut monter, mais aussi descendre[15]. Il y a quelques années, quand la bulle technologique a éclaté, plusieurs salariés dont la rémunération était largement constituée d'actions ou qui avaient massivement investi dans des actions de leur employeur par la voie de leur régime de retraite ont été durement touchés. Autrement dit, l'actionnariat n'est pas sans risque pour les employés, et il ne faut pas négliger ce fait lorsqu'on tente d'établir l'incidence d'un tel système de récompenses sur la motivation.

Les primes

L'octroi, par l'employeur, de primes en espèces ou de gratifications pour récompenser les gestionnaires dont le rendement est supérieur aux normes ou aux attentes de l'organisation est une pratique courante, en particulier à l'endroit de titulaires de postes de haute direction. Dans certains secteurs, les cadres supérieurs reçoivent des primes annuelles qui s'élèvent à 50 % ou plus de leur salaire de base. Toutefois, on tente de plus en plus d'étendre cet avantage aux employés de tous les échelons, qu'ils occupent ou non un poste de gestionnaire.

Les augmentations salariales forfaitaires

Tandis que la plupart des systèmes de rémunération étalent les augmentations salariales au fil des chèques de salaire réguliers, les ***programmes d'augmentations salariales forfaitaires***, qui peuvent s'avérer des plus intéressants, donnent aux travailleurs la possibilité de recevoir le montant global de l'augmentation en un ou deux versements (ou davantage). Ainsi, le travailleur pourra choisir de percevoir le montant global de l'augmentation au début de l'année, et s'en servir pour faire le premier versement de l'achat d'un véhicule ou le déposer dans un compte d'épargne. Ou encore, il pourra n'en percevoir que la moitié et conserver le reste pour des vacances d'été. Dans un cas comme dans l'autre, à cause de l'importance même de la somme ou parce qu'il l'associe à quelque chose de marquant ou de tangible, ce système devrait avoir un effet particulièrement notable sur sa motivation.

Plus controversé, le *montant* forfaitaire, différent de l'*augmentation* forfaitaire, permet à l'employeur de contenir ses coûts de main-d'œuvre tout en donnant plus d'argent aux travailleurs si les profits de l'entreprise le permettent. En vertu de ce programme, plutôt qu'une augmentation annuelle au pourcentage de leur salaire, les travailleurs reçoivent en un seul versement un montant global, souvent basé sur une formule de partage des gains. De cette façon, le salaire de base ne change pas, tandis que la rémunération globale varie selon la prime forfaitaire. Les syndicats s'opposent généralement à cette approche, car le salaire de base n'augmente pas et la direction est seule à décider du montant de la prime. Cependant, si on en croit les sondages, près des deux tiers des répondants sont assez favorables à ces programmes et estiment qu'ils ont une incidence positive sur le rendement[16].

> ▶ **Programme d'augmentations salariales forfaitaires**
>
> Système de rémunération dans lequel les travailleurs peuvent choisir de recevoir le montant de leur augmentation salariale en un ou plusieurs versements forfaitaires

LA RÉMUNÉRATION FONDÉE SUR LES COMPÉTENCES

Au lieu de récompenser le rendement, la ***rémunération fondée sur les compétences*** est fonction de l'acquisition ou du perfectionnement d'habiletés liées au travail : les travailleurs sont rémunérés selon la diversité et l'étendue de leurs compétences plutôt que selon leur affectation. Le principe de l'équipe interfonctionnelle adopté par Monsanto-Benevia est un exemple de cette approche : chacun des membres d'une telle équipe a l'occasion d'acquérir de multiples compétences dans divers domaines tels que le contrôle de la qualité, la sécurité, l'administration, la maintenance, l'accompagnement ou l'animation et la direction de groupe. Dans la plupart des cas, les habiletés recherchées et récompensées s'appuient sur les nouvelles technologies et un outillage automatisé. Les travailleurs sont payés pour les différentes compétences acquises et parce qu'ils acceptent de les mettre au service de l'organisation.

Ce système de rémunération novateur, adopté notamment par Polaroïd, est l'un de ceux qui se répandent le plus rapidement aux États-Unis[17]. En plus de sa souplesse, il comporte plusieurs avantages, entre autres : (1) la formation interfonctionnelle des travailleurs, ceux-ci apprenant à accomplir les tâches de leurs collègues ; (2) un besoin moindre de superviseurs, les travailleurs remplissant eux-mêmes certaines de leurs fonctions ; (3) une attitude moins passive du personnel en matière de rémunération, car les travailleurs savent ce qu'ils doivent accomplir pour recevoir une augmentation et peuvent ainsi prendre les mesures appropriées.

Du côté des inconvénients pour l'entreprise, notons le risque que l'augmentation des coûts (formation et salaire) ne soit pas absorbée par une productivité accrue ainsi que la difficulté d'attribuer une valeur financière juste à chaque compétence[18].

> ▶ **Rémunération fondée sur les compétences**
>
> Système de rémunération qui récompense les travailleurs pour l'acquisition ou le perfectionnement d'habiletés associées à leur travail

LA RÉMUNÉRATION SOUS FORME D'AVANTAGES SOCIAUX

En plus du salaire, la rémunération globale des travailleurs inclut une série d'avantages sociaux assumés par leur employeur, et dont la valeur représente généralement de 10 % à 40 % du salaire. On recommande maintenant aux organisations de tenir compte des caractéristiques individuelles lorsqu'elles mettent sur pied de tels programmes, sinon cette forme indirecte de rémunération risque de perdre tout effet motivant. Il existe donc une approche qui permet au travailleur de personnaliser l'assortiment des avantages que l'organisation mettra à sa disposition. Ces **programmes d'avantages sociaux à la carte** permettent au travailleur de choisir des avantages vraiment adaptés à ses besoins. Par exemple, les célibataires pourront choisir des plans de retraite et d'assurance très différents de ceux de leurs collègues mariés[19].

Notons que les entreprises d'aujourd'hui doivent adapter leur système de rémunération à la génération Y. Le salaire, l'assurance maladie collective et les autres gratifications financières ne suffisent plus pour attirer et retenir les membres de cette génération. Pour répondre à leurs attentes, les entreprises doivent faire évoluer leurs modes de rémunération et offrir la possibilité d'un plus grand nombre de congés (banque de journées de congé mobiles, congés sans solde pour voyage, études, etc.). Elles doivent également adopter des approches innovatrices en matière d'aménagement du temps de travail (horaire flexible, télétravail, semaine de travail comprimée, travail à temps partiel, etc.) et mettre en place des programmes de soutien à la famille (congé pour enfant ou conjoint gravement malade, programme de soutien aux employés ayant des aînés à charge, bourses d'études pour enfants). Enfin, les entreprises doivent satisfaire au désir de bien-être et de développement personnels de leurs employés (embauche de professionnels de la santé, gymnase sur le lieu de travail ou offre d'un abonnement à un club sportif, cafétéria avec nourriture santé, remboursement des droits de scolarité, etc.)[20].

> **Programme d'avantages sociaux à la carte**
> Système de rémunération dans lequel les travailleurs peuvent choisir des avantages sociaux adaptés à leurs besoins dans un assortiment que l'entreprise propose.

LA GESTION DU RENDEMENT

Le modèle intégré de la motivation au travail place au premier plan la relation *effort* → *rendement* → *récompense*. Tout système de rémunération au rendement repose sur cette logique. Son application représente toutefois un défi et une responsabilité de taille pour le gestionnaire, qui devra savoir mesurer le rendement avec précision et utiliser correctement ces mesures dans la prise de décision relative à la rémunération et aux autres aspects de la gestion des ressources humaines. Si on souhaite que la rémunération soit fondée sur le rendement et, en même temps, qu'elle réponde aux exigences du modèle intégré de la motivation au regard de l'équité, notamment, il faut s'assurer que la mesure du rendement soit rigoureuse et qu'elle soit acceptée par toutes les parties concernées. En termes clairs, si l'évaluation du rendement est erronée, le système de rémunération ou de récompenses sera aussi un échec sur le plan de la motivation.

LE PROCESSUS DE MESURE DU RENDEMENT

La **gestion du rendement** est un processus qui implique la mesure du rendement et qui, dans la gestion des ressources humaines, doit mener à la prise de décisions fondées sur les résultats observés. Comme l'illustre la figure 7.2, la gestion du

> **Gestion du rendement**
> Processus impliquant la mesure du rendement et devant mener à la prise de décisions conséquentes dans la gestion des ressources humaines.

Figure 7.2 — Les principales étapes du processus de gestion du rendement

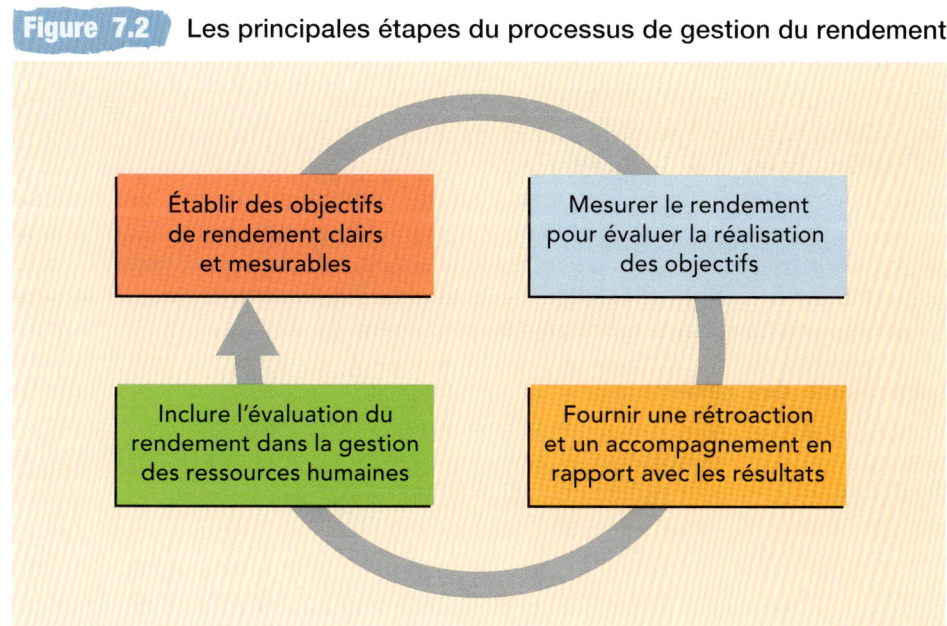

rendement comporte généralement une suite d'étapes : (1) établir des objectifs de rendement clairs et mesurables ; (2) mesurer le rendement pour suivre de près la réalisation des objectifs ; (3) fournir une rétroaction et un accompagnement en rapport avec le rendement observé ; (4) inclure l'évaluation du rendement dans la prise de décisions en matière de gestion des ressources humaines, notamment pour les décisions qui touchent les promotions, les mutations, les augmentations salariales, la formation et le perfectionnement des compétences.

LES OBJECTIFS DE LA MESURE DU RENDEMENT

Comme le montre la figure 7.2, la mesure du rendement est à la base de tout système de gestion du rendement. Cette mesure répond à deux grands objectifs :

1. **L'évaluation proprement dite** En elle-même, l'évaluation du rendement permet aux travailleurs de savoir où ils se situent par rapport à certains objectifs et à certaines normes. En outre, elle sert de fondement aux décisions relatives à l'attribution des récompenses ainsi qu'à l'administration générale des fonctions du personnel de l'organisation.

2. **La rétroaction et le perfectionnement des compétences** L'évaluation du rendement facilite aussi l'application des décisions relatives à la formation continue, qui vise le perfectionnement des subordonnés ; elle permet de bien la planifier et contribue à convaincre les travailleurs de son importance.

> **Microsoft perd du poids**
>
> En 5 ans, quelque 2 152 employés de Microsoft ont perdu, collectivement, 27 710 kilos. À 44 ans, Strom Armstrong pesait 134 kilos et souffrait d'hypertension artérielle. Au cours d'une seule année, il a ramené son poids à 81 kilos et a stabilisé son régime alimentaire à une consommation de 2 000 calories par jour. Le programme d'avantages sociaux offert par Microsoft paie 80 % des coûts associés à l'adhésion d'un employé à un programme d'amaigrissement, ce qui comprend la consultation d'un spécialiste, la participation à un groupe de soutien et les services médicaux. Cet avantage appréciable répond aussi à une logique financière. En effet, on estime que l'obésité accroît de 20% les réclamations au titre de frais médicaux.

LES NORMES ET LES CRITÈRES DE LA MESURE DU RENDEMENT

La gestion du rendement peut être une arme à deux tranchants : elle présente des possibilités, mais aussi des risques. Les organisations doivent s'assurer de mesurer les bonnes choses et de le faire correctement. Sans doute est-ce là le b.a.-ba de la gestion des ressources humaines, mais nous ne le répéterons jamais assez. Impérativement, toute mesure du rendement doit se fonder sur des critères clairs liés au travail, donner lieu à une évaluation exacte, permettre de distinguer un rendement faible d'un rendement élevé et fournir une information substantielle qui alimentera la rétroaction visant une amélioration du rendement.

La mesure des résultats

▶ **Mesure des résultats**
Évaluation du rendement par rapport aux résultats du travail

La *mesure des résultats* consiste dans l'évaluation du rendement par rapport aux résultats du travail. De nombreux emplois liés à la vente ou à la production permettent de mesurer immédiatement les résultats du travail. Par exemple, on peut fixer à un assembleur sur une chaîne de montage un objectif horaire de 15 moniteurs ; comme il est facile de calculer le nombre de moniteurs assemblés dans un temps donné, l'entreprise peut déterminer une *norme de quantité*. Dans ce cas, on évalue le rendement sous son aspect *quantitatif* – le nombre d'articles assemblés à l'heure. Mais l'entreprise pourrait y ajouter une norme de qualité ; l'ouvrier serait alors évalué non plus seulement sur le nombre de moniteurs à l'heure, mais aussi sur le nombre d'articles qui passent avec succès l'*inspection de contrôle de la qualité*.

Quantité et qualité deviennent alors deux critères essentiels, et l'ouvrier ne peut privilégier l'un au détriment de l'autre. Par exemple, si notre assembleur réussit à monter 20 moniteurs à l'heure, mais que seulement 10 d'entre eux répondent aux normes qualitatives, son rendement sera jugé insatisfaisant. Il en sera de même si tous les moniteurs qu'il assemble répondent aux normes qualitatives, mais qu'il n'en monte que 10 à l'heure.

La direction peut également se préoccuper d'autres aspects du rendement, comme la durée d'immobilisation de l'équipement utilisé pour l'assemblage des moniteurs. Pour reprendre notre exemple, notre assembleur pourrait alors être évalué non seulement sur la quantité et la qualité de sa production, mais aussi sur le temps d'arrêt de l'équipement ; la direction s'assurerait ainsi que l'ouvrier assemble au rythme souhaité un produit qui satisfait aux normes et qu'il prend également soin de l'équipement.

La mesure des activités

▶ **Mesure des activités**
Évaluation du rendement par rapport aux efforts ou des moyens mis en œuvre dans le travail

La *mesure des activités* consiste dans l'évaluation du rendement par rapport aux efforts ou des moyens mis en œuvre dans le travail. Par exemple, on évaluera le travail d'un chercheur sur son emploi de méthodes scientifiques pour résoudre des problèmes et sur la qualité de ses interactions avec ses collègues. La mesure des activités repose généralement sur l'observation, tandis que celle des résultats découle directement des rapports de production. On peut se contenter d'une mesure des activités ou la compléter par une mesure des résultats.

En fait, la mesure des activités constitue une solution de rechange quand la mesure des résultats se révèle difficile ou tout simplement impossible. Dans l'exemple précédent, l'évaluation des résultats – quantité, qualité et temps d'immobilisation de l'équipement – était relativement facile à faire. Toutefois, tel n'est pas toujours le cas quand les résultats procèdent des efforts d'une équipe, qu'ils sont difficilement mesurables ou que le travail est d'une durée telle qu'il est quasi impossible d'en rattacher les résultats à telle ou telle personne pour une période donnée.

Par exemple, évaluer le résultat du travail du scientifique voué à la recherche peut se révéler extrêmement difficile. Dans de tels cas, plutôt que l'évaluation des résultats, on privilégie l'observation du comportement et l'évaluation des activités. Ainsi, on évaluera notre chercheur, notamment, sur sa façon d'aborder les problèmes et sur ses interactions avec ses collègues.

La mesure des activités repose généralement sur les observations et l'appréciation de l'évaluateur, tandis que celle des résultats découle des rapports de production ainsi que d'autres documents et registres. Les gestionnaires se tournent souvent vers la mesure des activités d'abord et avant tout à cause de la difficulté de mesurer les résultats. Pourtant, la mesure des activités produit des données généralement plus utiles à la rétroaction et aux décisions sur le perfectionnement que celles qui sont obtenues par la mesure des résultats.

DES LEADERS PARLENT DE LEADERSHIP

La transparence à l'honneur[21]

L'entreprise montréalaise Voxco se spécialise dans le développement de logiciels de collecte et de traitement de données pour la recherche et les sondages. Son expertise est reconnue mondialement dans le domaine des études marketing et des centres d'appels, notamment. Son équipe est composée de 45 personnes à Montréal, 3 aux États-Unis et une dizaine en Europe.

Au dire de son président et chef de l'exploitation, André Gareau, les 60 employés sont extrêmement mobilisés. « Je privilégie une gestion orientée sur la transparence. Nos employés sont tenus au courant de la croissance de l'entreprise, ce qui a un effet très mobilisateur. Ils sont informés aussi bien des résultats que des embauches. Nous n'avons rien à leur cacher. J'encourage également les gestionnaires à faire preuve de transparence. J'estime que c'est une marque de respect vis-à-vis du personnel », explique M. Gareau.

L'excellente collaboration qui règne au sein de l'équipe de travail est le résultat de ce mode de gestion. « Quel que soit leur niveau hiérarchique, les employés sentent qu'ils sont véritablement partie intégrante de l'entreprise. Ils savent qu'ils peuvent faire connaître leurs idées, leurs opinions, et ainsi faire une différence. Je les encourage à adopter une attitude proactive », poursuit M. Gareau.

Le dirigeant estime que, pour une entreprise, la mobilisation est la seule façon de réussir. « On ne peut pas gérer une compagnie de façon cloisonnée. On doit partager l'expérience et les connaissances de chacun, en faisant preuve de jugement, bien entendu », souligne-t-il.

Très ouvert et attentif à son équipe, M. Gareau favorise la communication directe en ce qui concerne les évaluations de rendement.

« Je rencontre les employés individuellement. Je leur explique précisément ce que l'on attend d'eux et les points sur lesquels ils devront s'améliorer », précise-t-il.

« Mais ce n'est pas parce que je suis le président de l'entreprise que je n'ai pas moi aussi des choses à améliorer ! C'est un travail en constante évolution. »

Le suivi des réalisations et des résultats de l'entreprise est lui aussi un processus en continu, souligne M. Gareau.

« Tous les trois mois, je procède à un appel avec tous les employés pour les informer de nos résultats. Je rencontre également tous les mois le comité de direction, et toutes les semaines, le comité de gestion », conclut-il.

Question

Comment le président et chef de l'exploitation de cette entreprise spécialisée dans le développement de logiciels de collecte et de traitement de données pour la recherche et les sondages s'assure-t-il de maintenir d'excellents résultats ?

Par exemple, si un représentant ne vend que 20 polices d'assurance par mois alors que son quota est de 25, s'intéresser à ses activités – le nombre d'appels de prospection qu'il fait, le nombre de fois où il assiste à des évènements où il peut rencontrer des acheteurs potentiels, etc. – sera beaucoup plus révélateur que le simple constat qu'il n'atteint pas le quota fixé. Notons que, lorsque des postes s'y prêtent, l'analyse systématique permet de déterminer les activités essentielles.

L'ÉVALUATION DU RENDEMENT

> **Évaluation du rendement**
> Processus qui permet d'évaluer systématiquement le rendement quantitatif et qualitatif des membres du personnel, et de leur fournir une rétroaction sur laquelle ils pourront se baser pour apporter des améliorations

L'*évaluation du rendement* est un processus qui permet d'évaluer systématiquement le rendement quantitatif et qualitatif des membres du personnel, et de leur fournir une rétroaction sur laquelle ils pourront se baser pour apporter des améliorations. Comme on peut s'y attendre, les méthodes d'évaluation sont nombreuses et variées. Chacune présente des points forts et des lacunes, dont il est judicieux de tenir compte pour déterminer dans quelle situation leur utilisation se révélera la plus utile[22].

LES MÉTHODES D'ÉVALUATION DU RENDEMENT

Les méthodes d'évaluation du rendement se divisent en deux grandes catégories: les méthodes comparatives – comme le *classement*, la *comparaison par paires* et la *répartition forcée* –, et les méthodes de mesure absolue – comme l'*échelle d'évaluation graphique*, la *méthode d'évaluation par incidents critiques* et l'*échelle d'évaluation comportementale*.

Les méthodes comparatives d'évaluation du rendement cherchent à déterminer le classement relatif de chaque individu par rapport à l'ensemble de l'effectif évalué. Autrement dit, elles peuvent établir que le rendement de Claire est supérieur au rendement de Charles, qui est supérieur à ceux de Jacqueline et de Thomas. Elles peuvent indiquer qu'un travailleur réussit mieux qu'un autre sur tel ou tel aspect du rendement, mais *elles ne fournissent pas l'ordre de grandeur de cette réussite*, pas plus qu'elles ne permettent de savoir si le meilleur est *suffisamment efficace dans l'absolu*; il se pourrait, après tout, que Claire ne surpasse les autres que parce qu'ils sont vraiment inefficaces.

En revanche, les méthodes de mesure absolue du rendement mettent de l'avant des normes d'évaluation précises. Par exemple, la ponctualité peut s'évaluer sur une échelle allant de *très ponctuel* à *jamais à l'heure*.

Les méthodes comparatives

> **Classement**
> Méthode comparative d'évaluation du rendement selon laquelle on classe les personnes évaluées de la meilleure à la moins bonne pour chaque aspect du rendement visé par l'évaluation

Le classement Le *classement* est la plus élémentaire des méthodes comparatives: il consiste simplement à classer les personnes évaluées de la *meilleure* à la *moins bonne* pour chacun des aspects du rendement visé par l'évaluation. Ainsi, pour évaluer la qualité du travail de trois salariés, le gestionnaire compare leur résultat sur ce plan, puis classe X en première place, Y en deuxième et Z en troisième. Bien que des plus simples, cette méthode peut devenir très difficile à gérer s'il y a beaucoup de travailleurs à évaluer.

La comparaison par paires   La *comparaison par paires* consiste à comparer chaque travailleur à chacun de ses collègues évalués. Le nombre de fois où un individu obtient la meilleure note dans toutes les paires utilisées pour la comparaison détermine sa notation finale. Toutes les combinaisons possibles au sein du groupe de personnes évaluées sont prises en considération, comme l'illustre l'exemple qui suit (le nom du *meilleur* de chaque paire est en italique) :

Claire et Charles	*Charles* et Jacqueline	*Jacqueline* et Thomas
Claire et Jacqueline	*Charles* et Thomas	
Claire et Thomas		

Nombre de fois où Claire se classe le mieux	3
Nombre de fois où Charles se classe le mieux	2
Nombre de fois où Jacqueline se classe le mieux	1
Nombre de fois où Thomas se classe le mieux	0

Dans cet exemple, c'est Claire qui donne le meilleur rendement, suivie de Charles, puis de Jacqueline et, enfin, de Thomas, qui se classe en dernier. Lorsqu'il y a un grand nombre de personnes à évaluer, la méthode de comparaison par paires peut se révéler encore plus fastidieuse à gérer que la méthode du classement.

La répartition forcée   La *répartition forcée* est une méthode comparative d'évaluation du rendement fondée sur un nombre restreint de catégories (*excellent*, *bon*, *acceptable*, *médiocre*, *insatisfaisant*) et où on précise à l'évaluateur la proportion de personnes évaluées qui devra obligatoirement figurer dans chacune ; par exemple, 10 % dans la catégorie *excellent*, 20 % dans la catégorie *bon*, et ainsi de suite. L'évaluateur qui utilise cette méthode est *forcé* d'utiliser toutes les catégories ; on évite ainsi de retrouver tous les travailleurs dans une ou deux catégories. Évidemment, la méthode de la répartition forcée devient problématique si la plupart des personnes évaluées sont vraiment efficaces ou ont un rendement à peu près équivalent.

Les méthodes de mesure absolue

L'échelle d'évaluation graphique   L'*échelle d'évaluation graphique* est une méthode de mesure absolue qui permet d'évaluer le rendement selon divers critères qu'on estime liés à un rendement satisfaisant dans un poste donné (quantité de travail, qualité du travail, coopération, esprit d'initiative, assiduité, etc.), critères auxquels l'individu est censé satisfaire. Le gestionnaire indique sur l'échelle son appréciation relative à chacun de ces critères ; par exemple, de *excellent* à *très insatisfaisant*, comme dans la figure 7.3. On associe parfois une note (de 1 à 5 dans notre exemple) à chacun des niveaux, ce qui permet d'obtenir une indication numérique du rendement.

Outre sa simplicité d'utilisation, qui est son avantage premier, l'échelle d'évaluation graphique exige peu de temps et de ressources, et s'applique à une multitude de types d'emplois. Par contre, justement à cause de sa simplicité et de son caractère très général, il est difficile d'associer étroitement ce genre d'échelle à l'analyse de poste ou à des aspects particuliers d'un poste donné. On peut remédier à

> **Comparaison par paires**
> Méthode comparative d'évaluation du rendement selon laquelle on compare chaque travailleur à chacun de ses collègues évalués

> **Répartition forcée**
> Méthode comparative d'évaluation du rendement fondée sur un nombre restreint de catégories (excellent, bon, acceptable, médiocre, insatisfaisant) et selon laquelle on précise à l'évaluateur la proportion de personnes devant figurer dans chacune

> **Échelle d'évaluation graphique**
> Méthode de mesure absolue qui permet d'évaluer le rendement selon divers aspects qu'on estime liés à un rendement satisfaisant dans un poste donné ; l'appréciation relative à chacun de ces critères est indiquée sur une échelle

Figure 7.3 Une échelle d'évaluation graphique : exemple d'évaluation semestrielle du rendement de deux employées

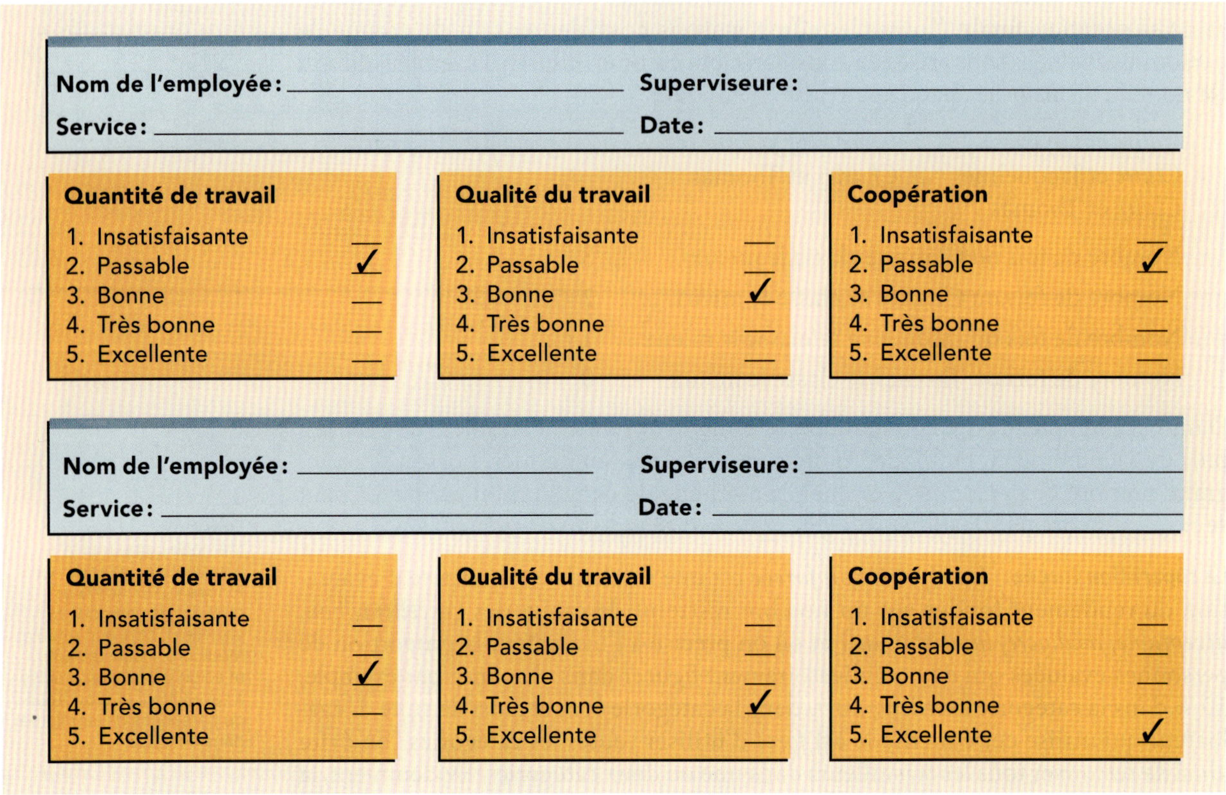

Nom de l'employée : _____ **Superviseure :** _____
Service : _____ **Date :** _____

Quantité de travail	Qualité du travail	Coopération
1. Insatisfaisante ___	1. Insatisfaisante ___	1. Insatisfaisante ___
2. Passable ✓	2. Passable ___	2. Passable ✓
3. Bonne ___	3. Bonne ✓	3. Bonne ___
4. Très bonne ___	4. Très bonne ___	4. Très bonne ___
5. Excellente ___	5. Excellente ___	5. Excellente ___

Nom de l'employée : _____ **Superviseure :** _____
Service : _____ **Date :** _____

Quantité de travail	Qualité du travail	Coopération
1. Insatisfaisante ___	1. Insatisfaisante ___	1. Insatisfaisante ___
2. Passable ___	2. Passable ___	2. Passable ___
3. Bonne ✓	3. Bonne ___	3. Bonne ___
4. Très bonne ___	4. Très bonne ✓	4. Très bonne ___
5. Excellente ___	5. Excellente ___	5. Excellente ✓

cet inconvénient en s'assurant, par une analyse rigoureuse du poste, que seules les dimensions qui s'appliquent au poste seront évaluées. Il y a donc un choix à faire : plus l'échelle est générale, plus elle s'applique à une multitude d'emplois ; plus elle est étroitement associée à l'analyse d'un poste donné, moins elle peut servir de critère de comparaison entre des titulaires de postes différents.

L'évaluation par incidents critiques Dans l'*évaluation par incidents critiques*, des superviseurs consignent dans un registre des incidents critiques liés au comportement du travailleur : succès ou échecs sortant de l'ordinaire et touchant diverses dimensions du rendement. Ces faits sont généralement inscrits au registre, quotidiennement ou hebdomadairement, dans les rubriques prévues à cet effet. Ainsi, dans le cas d'un poste de vente, le suivi des appels et la transmission des informations sur les clients pourraient faire l'objet de deux rubriques. On peut ajouter, dans chacune des rubriques, des commentaires sur le rendement de chaque vendeur.

Cette approche donne d'excellents résultats pour ce qui est de la rétroaction et du perfectionnement du personnel. Cependant, comme elle fournit des informations qualitatives plutôt que quantitatives, il est parfois difficile de s'en servir pour prendre des décisions d'ordre administratif. Pour remédier à cet inconvénient, on associe parfois la méthode des incidents critiques à une ou à plusieurs autres méthodes.

> **Évaluation par incidents critiques**
> Méthode de mesure absolue du rendement selon laquelle on consigne dans un registre des incidents critiques liés au comportement du travailleur : succès ou échecs sortant de l'ordinaire et touchant diverses dimensions du rendement

L'échelle d'évaluation comportementale Cette méthode suscite un intérêt croissant. Pour établir une *échelle d'évaluation comportementale*, il faut d'abord dresser un inventaire descriptif des comportements de travail observables, tâche qui revient habituellement aux cadres et aux spécialistes en RH. Cela fait, on évalue chacun de ces comportements pour déterminer s'il correspond à un rendement faible ou élevé, et jusqu'à quel point. Puis, on établit une échelle où des comportements typiques précis servent de références, chacun correspondant à un niveau de rendement.

La figure 7.4 montre un exemple conçu pour évaluer le rendement d'un directeur des ventes sur la dimension *encadrement des représentants*; comme vous pouvez le voir, chacun des comportements est décrit très précisément et classé dans l'échelle

> **Échelle d'évaluation comportementale**
>
> Méthode de mesure absolue du rendement selon laquelle, après avoir recensé une série de comportements observables dans un emploi donné, on établit une échelle constituée de comportements typiques précis qui servent de références, chacun correspondant à un niveau de rendement

Figure 7.4 Une échelle d'évaluation comportementale : exemple d'évaluation du rendement d'un directeur des ventes

Encadrement des représentants

Le directeur des ventes :

- Donne aux représentants une description précise de leurs tâches et de leurs responsabilités.
- Fait preuve de tact et de considération dans ses rapports avec ses subordonnés.
- Gère la répartition du travail efficacement et équitablement.
- Complète le programme de formation des représentants en agissant comme accompagnateur.
- Se tient au courant des activités professionnelles des vendeurs.
- Respecte la politique de l'entreprise dans toutes ses ententes avec ses subordonnés.

Efficace   9 Capable d'organiser une formation d'une journée sur la vente avec deux nouveaux représentants, leur permettant ainsi de se perfectionner et d'atteindre des résultats hors pair.

8 Capable d'insuffler à ses subordonnés la confiance en soi et le sens des responsabilités en leur déléguant de nombreuses tâches importantes.

7 Capable de tenir les séances de formation hebdomadaires à l'heure fixée et d'expliquer clairement à ses vendeurs ce qu'il attend d'eux.

6 Capable de faire preuve de courtoisie et de respect à l'égard de ses subordonnés.

5 Capable de rappeler aux représentants que le service aux clients passe avant les conversations privées.

4 Susceptible d'exprimer ouvertement des critiques à l'égard des normes de l'entreprise, risquant ainsi de susciter chez ses subordonnés des attitudes peu souhaitables.

3 Susceptible de demander à l'un de ses subordonnés qui téléphone pour prévenir qu'il est malade de venir travailler quand même.

2 Susceptible de ne pas tenir la promesse faite à un de ses subordonnés de pouvoir retourner dans son ancien service s'il n'aime pas sa nouvelle affectation.

1 Susceptible de promettre à quelqu'un que son salaire sera fonction du volume des ventes du service, tout en sachant qu'un tel engagement est contraire à la politique de l'entreprise.

Inefficace

selon la « note » qu'on lui a attribuée. Des échelles d'évaluation comportementale similaires permettent d'évaluer toutes les autres dimensions importantes du poste.

Comme vous le constatez, cette méthode détaillée et complexe exige du temps et des efforts. Elle permet néanmoins de cerner des comportements précis pouvant alimenter la rétroaction et contribuer à l'orientation professionnelle. De plus, elle fournit des échelles quantitatives utiles si on veut effectuer des évaluations comparatives. Les résultats des premières recherches sur cette méthode donnaient à penser qu'elle comportait moins de risques d'erreurs d'évaluation courantes que les méthodes traditionnelles. Des études récentes indiquent toutefois qu'elle ne les surpasse pas autant qu'on a pu le croire, surtout si on investit dans les autres méthodes des efforts équivalents en matière de développement[23].

Notons qu'il existe une version simplifiée de cette méthode, l'*échelle d'observation comportementale*, qui fait appel à une échelle de fréquence en cinq points (de *presque toujours* à *presque jamais*) pour chaque description de comportement.

QUI PROCÈDE À L'ÉVALUATION DU RENDEMENT ?

Traditionnellement, l'évaluation du rendement incombait au supérieur immédiat de la personne évaluée ; on estimait en effet que, ce gestionnaire étant responsable du rendement de son subordonné, il lui appartenait d'en faire l'évaluation. Bien souvent, cependant, d'autres personnes sont mieux placées pour évaluer certaines facettes du rendement d'un travailleur. Ainsi, ses collègues travaillent avec lui sur le terrain, et leur appréciation, surtout s'ils la font à plusieurs, peut être des plus valables. Les subordonnés immédiats peuvent également être une source d'information utile, à condition que leurs commentaires demeurent anonymes.

L'autoévaluation et l'évaluation par les pairs

De nos jours, la plupart des processus d'évaluation du rendement comprennent une ***autoévaluation***, par laquelle le travailleur porte un jugement sur son propre rendement. On y voit souvent un excellent point de départ pour entamer une discussion entre le supérieur et le subalterne au sujet du rendement de ce dernier. De plus en plus, les organisations ont aussi recours à l'***évaluation par les pairs***, un processus par lequel les collègues membres de son équipe de travail ou ceux qui occupent un poste semblable au sien portent un jugement sur le rendement d'un travailleur.

Dans certains cadres de travail où les postes sont étroitement liés et interdépendants, ce type d'approche est particulièrement appropriée, car il situe dans un tableau d'ensemble le rendement de l'employé, en permettant d'établir dans quelle mesure celui-ci s'intègre à son milieu et ajoute sa contribution au travail de ses collègues.

La rétroaction à 360 degrés

Afin d'être le mieux informées possible sur le rendement de leur personnel, de plus en plus d'organisations – environ 25 % aux États-Unis – utilisent maintenant, outre les évaluations menées par les patrons, les collègues et les subordonnés, l'autoévaluation ainsi que l'évaluation par les clients ou par d'autres personnes avec qui le travailleur est en contact à l'extérieur de son unité de travail. Des entreprises comme Alcoa et UPS recourent à ce type d'évaluation élargie, qu'on appelle la ***rétroaction à 360 degrés***[24].

▌ **Autoévaluation**
Processus par lequel le travailleur porte un jugement sur son propre rendement

▌ **Évaluation par les pairs**
Processus par lequel les collègues membres de son équipe de travail ou ceux qui occupent un poste semblable au sien portent un jugement sur le rendement d'un travailleur

▌ **Rétroaction à 360 degrés**
Approche de l'évaluation du rendement qui ajoute aux sources internes d'information (supérieur immédiat, collègues, subordonnés) l'évaluation par la clientèle ou par d'autres personnes avec qui le travailleur est en contact à l'extérieur de son unité de travail, ainsi que l'autoévaluation

Des AS de la gestion

Évaluation et rétroaction chez AccèsD[25]

Les dirigeants des Services AccèsD [fournisseur des services transactionnels électroniques au Mouvement Desjardins] comptent sur 200 indicateurs de performance qui leur sont fournis régulièrement.

Ces indicateurs sont analysés deux fois par mois par la direction. On applique des correctifs si des anomalies sont constatées et on témoigne des marques d'appréciation pour des améliorations sensibles au sein d'une équipe, d'une unité ou d'un centre d'appels. [...]

Ces 200 indicateurs se retrouvent dans les « 13 bases d'excellence de service », qui équivalent à autant de comportements attendus des employés et des gestionnaires.

Ces bases d'excellence découlent des trois grands objectifs de Desjardins : la satisfaction des usagers, la mobilisation des employés et l'efficacité de la gestion. Ces bases ont été établies à la suite de sondages et d'échanges avec des membres du Mouvement sur ce qu'ils attendaient de leur organisation et des gens qui en assurent les services.

Selon Mme Cormier [ex-vice-présidente des Services AccèsD et maintenant vice-présidente principale, communications stratégiques et affaires, à la direction du Mouvement], une des clés de la réussite d'AccèsD est d'avoir intégré les comportements attendus dans les objectifs de rendement fixés, d'en faire le suivi durant toute l'année et d'en tenir compte dans les évaluations annuelles.

À cela, Mme Cormier a ajouté une évaluation inversée, par laquelle la vice-présidente est évaluée sur ses valeurs et ses comportements par les cadres sous sa gouverne. Les cadres se font évaluer à leur tour par les employés sur leurs valeurs et leurs comportements. [...]

Selon la personne évaluée, le nombre d'évaluateurs varie généralement de 5 à 10. La rétroaction à 360 degrés convient particulièrement bien aux nouvelles organisations à la structure aplanie, orientées vers le travail d'équipe, et qui visent la gestion intégrale de la qualité et la haute performance. Dans de tels contextes, la diversification des sources est essentielle au processus d'évaluation du rendement.

L'informatique facilite grandement la collecte et l'analyse des données fournies par diverses formes de rétroaction à 360 degrés. Voici un exemple d'évaluation très novatrice, fondée à la fois sur l'autoévaluation d'un subordonné et l'évaluation de son supérieur. Le subordonné évalue l'importance d'une fonction de son poste par rapport à son rendement d'ensemble, puis évalue son rendement dans cette fonction ; son supérieur se livre à une évaluation semblable. Un logiciel dégage les aspects sur lesquels les deux évaluations sont les plus divergentes. Seule la personne évaluée reçoit ce rapport, et c'est à elle de décider si elle veut en discuter avec son supérieur, à quel moment elle le fera et quelles questions elle abordera.

L'évaluation des groupes de travail

On l'a dit précédemment, la tendance est à l'évaluation du rendement de groupe ou d'équipe. Ce type d'évaluation, qu'on retrouve particulièrement dans des contextes d'équipes de travail semi-autonomes, s'accompagne souvent d'un système de rémunération fondé sur le rendement des groupes. Notons-le, les systèmes d'évaluation traditionnels axés sur l'individu sont de moins en moins adéquats, et il faut leur substituer des systèmes d'évaluation de groupe (voir la rubrique *Du savoir à la pratique 7.1*).

DU SAVOIR À LA PRATIQUE 7.1

Des suggestions pour un système d'évaluation basé sur le rendement d'équipe

- Associez les résultats de l'équipe avec les objectifs de l'organisation.
- Commencez par déterminer les besoins des clients de l'équipe ainsi que le mode de fonctionnement qui permettra à l'équipe de répondre à ces besoins :
  - exigences des clients ;
  - livraison et qualité ;
  - temps improductif et temps de cycle.
- Évaluez le rendement de toute l'équipe et celui de chacun de ses membres.
- Apprenez à l'équipe à élaborer ses propres mesures de contrôle.

▸ **Effet d'indulgence**
Dans l'évaluation du rendement, erreur par laquelle l'évaluateur tend à accorder des notes exagérément élevées à la quasi-totalité des personnes évaluées

▸ **Effet de sévérité**
Dans l'évaluation du rendement, erreur par laquelle l'évaluateur tend à accorder des notes exagérément faibles à la quasi-totalité des personnes évaluées

▸ **Effet de tendance centrale**
Dans l'évaluation du rendement, erreur par laquelle l'évaluateur tend à accorder à toutes les personnes qu'il évalue des notes tournant autour de la moyenne

▸ **Erreur de faible différenciation**
Dans l'évaluation du rendement, erreur par laquelle l'évaluateur, victime de l'effet d'indulgence, de l'effet de sévérité ou de l'effet de tendance centrale, n'utilise qu'une petite partie de l'échelle d'évaluation

LES ERREURS COURANTES DANS L'ÉVALUATION DU RENDEMENT

Pour être vraiment significatif, un système d'évaluation doit à la fois être *fiable* – il doit donner des résultats constants et stables – et *valide* – il doit vraiment évaluer le rendement des gens en fonction des caractéristiques de leur poste. Or, un certain nombre d'erreurs peuvent saper la fiabilité ou la validité de cette évaluation[26]. Vous remarquerez la relation étroite entre les erreurs que nous allons maintenant décrire et les erreurs de perception et d'attribution étudiées au chapitre 4.

L'effet de halo

Une erreur attribuable à l'effet de halo se produit si, en évaluant le rendement d'un subordonné, un gestionnaire lui attribue la même note pour divers aspects de son travail parce qu'il est obnubilé par la prépondérance de l'un d'eux. C'est ce qui arrive si un représentant connu pour sa pugnacité, et donc très bien noté pour le dynamisme, obtient des notes aussi élevées – mais immértitées – pour son sérieux, son tact et d'autres dimensions du rendement. Dans ce cas, l'évaluateur n'est pas parvenu à faire la distinction entre les points forts et les points faibles de la personne évaluée, le *halo* ayant contaminé l'évaluation des autres dimensions.

Cette erreur peut avoir des répercussions considérables si les dimensions évaluées sont importantes et relativement indépendantes les unes des autres. Une variante de l'effet de halo dans l'évaluation du rendement est l'*erreur du critère unique*, qui survient lorsqu'on ne considère qu'une seule des dimensions importantes du rendement.

L'effet d'indulgence et l'effet de sévérité

À l'image de certains enseignants qui accordent facilement d'excellentes notes, certains cadres sont portés à évaluer favorablement tous leurs subordonnés ; c'est l'**effet d'indulgence**. L'attitude opposée se manifeste dans le cas des évaluateurs qui ont tendance à donner des notes faibles à tous les individus évalués ; on parle alors de l'**effet de sévérité**. Dans les deux cas, le problème tient à l'absence de distinction entre les travailleurs efficaces et ceux dont le rendement est insatisfaisant. L'effet d'indulgence peut se manifester lorsque des collègues s'évaluent les uns les autres, surtout lorsqu'on leur demande de faire connaître leurs évaluations mutuelles : il est plus facile de justifier une note élevée qu'une note faible...

L'effet de tendance centrale

L'*effet de tendance centrale* se manifeste lorsque quelqu'un – un gestionnaire, par exemple – est porté à accorder à tous une note tournant autour de la moyenne, donnant ainsi l'impression erronée qu'aucun de ses subordonnés ne se distingue dans un sens ou dans l'autre. Ici encore, on n'établit aucune distinction réelle en matière de rendement. Ce type d'erreur, de même que l'effet d'indulgence ou l'effet de sévérité, est le fait des évaluateurs victimes de l'**erreur de faible différenciation**, qui consiste à n'utiliser qu'une petite partie de l'échelle d'évaluation.

L'effet de récence

On parle d'*effet de récence* pour décrire l'erreur de l'évaluateur qui, obnubilé par des évènements récents, occulte des faits antérieurs qu'il devrait prendre en considération. Ainsi, l'évaluateur qui note mal un subordonné au chapitre de la ponctualité simplement parce que ce dernier, bien que généralement à l'heure, est arrivé une heure en retard la veille est victime de l'effet de récence.

L'effet des stéréotypes

L'*effet des stéréotypes* se fait sentir lorsque des évaluateurs laissent leurs préjugés personnels influencer leurs évaluations. Ce serait le cas, par exemple, d'un évaluateur qui, à cause de ses préjugés raciaux, surévaluerait des travailleurs blancs et sous-évaluerait les travailleurs de couleur. Les préjugés touchant certaines caractéristiques sociodémographiques comme l'âge, le sexe, l'origine ethnoculturelle ou les handicaps peuvent contaminer le jugement de l'évaluateur.

> **Effet de récence**
> Dans l'évaluation du rendement, erreur par laquelle l'évaluateur, obnubilé par des évènements récents, occulte des faits antérieurs qu'il devrait prendre en considération

> **Effet des stéréotypes**
> Dans l'évaluation du rendement, erreur par laquelle l'évaluateur laisse ses préjugés personnels touchant certaines caractéristiques sociodémographiques, comme l'origine ethnoculturelle, l'âge, le sexe ou les handicaps, influer sur son évaluation

---

DU CÔTÉ DE LA RECHERCHE

L'évaluation des employés par leurs superviseurs pourrait être teintée par les préjugés raciaux[27]

Telle est l'une des conclusions d'une étude menée par Joseph M. Stauffer et M. Ronald Buckley, récemment publiée dans le *Journal of Applied Psychology*. Les auteurs soulignent l'importance d'établir des critères de rendement et de procéder à des évaluations impartiales. Ils s'appuient, à cet égard, sur une méta-analyse de Kraiger et Ford (1985) qui a montré que les évaluateurs de race blanche ont tendance à attribuer une meilleure note aux employés de race blanche qu'aux employés de race noire, tandis que les évaluateurs de race noire manifestent un penchant semblable, à la faveur, cette fois, des employés de race noire. Par ailleurs, l'article mentionne une étude ultérieure, réalisée par Sackett et DuBois (1991), qui remet en question cette conclusion voulant que les évaluateurs tendent à favoriser les membres de leur propre groupe racial.

Stauffer et Buckley ont procédé, dans leur étude, à une nouvelle analyse des données fournies par Sackett et DuBois, afin d'examiner de façon plus approfondie les possibles interactions entre la race de l'évaluateur et celle du travailleur noté. Les données disponibles provenaient notamment d'échantillons d'employés militaires et civils ayant chacun été évalués par des superviseurs de race noire et de race blanche. Ils ont ainsi découvert que les superviseurs de race blanche attribuaient aux employés de leur propre race une note considérablement plus élevée qu'aux employés de race noire, mais que les superviseurs de race noire tendaient eux aussi à attribuer une note supérieure aux employés de race blanche.

Cependant, les deux chercheurs déclarent qu'il faut interpréter avec prudence les différences observées et se garder de les expliquer d'emblée par l'existence de préjugés raciaux. Les données, préviennent-ils, ne sont pas suffisamment consistantes pour valider cette hypothèse. En conséquence, ils suggèrent que de nouvelles études se penchent à la fois sur l'existence de préjugés raciaux dans le jugement des évaluateurs et sur les causes d'un tel phénomène. Malgré tout, leurs propos sont concluants quant aux implications des tendances qui se dessinent dans les milieux de travail : « Si vous êtes un employé de race blanche, la race du superviseur qui vous évalue importe peu. En revanche, si vous êtes un employé de race noire, la race du superviseur qui vous évalue devient un facteur important. »

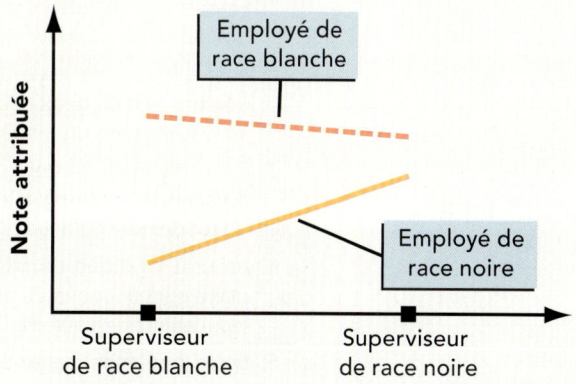

C'est exactement ce qui s'est produit à la société Monarch Paper Company, où on a rétrogradé à un poste d'entretien des hangars un ancien vice-président qui refusait une offre de préretraite ; un tribunal fédéral a condamné l'entreprise pour discrimination fondée sur l'âge[28]. Cet exemple montre à quel point il est primordial que les évaluateurs ne laissent pas leurs préjugés influer sur l'évaluation du rendement de leurs subordonnés.

L'effet des préjugés culturels

Les gestionnaires doivent prendre conscience des éléments de leur propre culture qui sont susceptibles d'influer sur leurs évaluations. Aussi devraient-ils éviter de juger négativement leurs subordonnés pour des motifs qui relèvent en fait de différences culturelles – par exemple, en ce qui concerne la perception du temps ou le rapport de chacun à la distance hiérarchique –, à moins que ces différences ne nuisent véritablement au rendement de l'employé. On peut se rapporter, pour ce qui est de la compréhension des cultures nationales, au cadre conceptuel de Hofstede, présenté au chapitre 2.

LES MESURES PERMETTANT D'AMÉLIORER LES ÉVALUATIONS DU RENDEMENT

Comme pour la plupart des questions relatives au comportement organisationnel, l'implantation d'un système d'évaluation du rendement exige du gestionnaire qu'il fasse des choix et des compromis. En plus de garder à l'esprit les avantages et les désavantages de chaque méthode, il doit prendre certaines mesures pour diminuer le risque d'erreur et améliorer la qualité des évaluations (voir la rubrique *Du savoir à la pratique 7.2*).

DU SAVOIR À LA PRATIQUE 7.2

Comment diminuer le risque d'erreur et améliorer la qualité des évaluations

1. Formez les évaluateurs afin qu'ils comprennent bien le processus d'évaluation et qu'ils puissent déceler les éventuelles sources d'erreurs.
2. Assurez-vous que les évaluateurs observent en continu les travailleurs évalués, et non pas une ou deux fois par année, notamment, durant la ou les périodes officielles d'évaluation du rendement.
3. Évitez d'évaluer un trop grand nombre de travailleurs sur une courte période ; si l'évaluation est trop vaste, la fatigue s'installe, et l'aptitude à déceler les différences de rendement diminue d'autant.
4. Assurez-vous que les critères d'évaluation ainsi que les normes de rendement sont clairement énoncés et, dans la mesure du possible, qu'ils ne présentent pas de lacunes ni de risque d'erreurs.
5. Évitez les termes vagues tels que *bon* ou *moyen*, dont le sens varie selon les évaluateurs.

Le recours à l'évaluation est un élément fondamental du processus de gestion du rendement. Toutefois, l'expérience comme la recherche révèlent l'existence de difficultés pratiques. Il est utile de rappeler que les mesures et les méthodes d'évaluation doivent respecter certaines normes juridiques. Elles doivent aussi s'appuyer sur l'analyse des exigences du poste et sur les normes de rendement qui y sont associées. Souvenez-vous qu'un système d'évaluation ne doit jamais servir à écarter des travailleurs pour des raisons d'âge, de sexe, de race ou d'origine ethnoculturelle. Voici quelques recommandations utiles pour s'assurer que le système implanté est défendable sur le plan juridique :

- L'évaluation du rendement doit s'appuyer sur l'analyse des exigences du poste et sur les normes de rendement qui y sont associées.
- L'évaluation ne se justifie que si le personnel comprend bien les normes de rendement établies par l'entreprise.
- Les critères d'évaluation doivent se fonder sur des dimensions spécifiquement liées au poste plutôt que sur des exigences globales et générales.
- Les dimensions évaluées doivent se traduire en termes comportementaux et s'appuyer sur des éléments observables.
- Si on a recours aux échelles d'évaluation, il faut éviter de leur associer des termes abstraits comme *loyauté*, à moins de les associer à des comportements observables.
- Les termes utilisés dans les échelles d'évaluation doivent être concis et cohérents.
- Le système d'évaluation choisi doit être validé, et sa dimension psychométrique ainsi que la notation des évaluateurs doivent être fondées.
- La personne évaluée doit pouvoir en appeler de l'évaluation si elle n'endosse pas ses résultats.

Mesures permettant d'améliorer les évaluations du rendement

GUIDE DE RÉVISION

RÉSUMÉ

Quel est le lien entre la motivation et les récompenses ?

- Réunissant des éléments provenant des théories motivationnelles du contenu, des processus et du renforcement, le modèle intégré de la motivation met en relation l'effort, le rendement et la récompense.
- En général, les systèmes mis en place par les organisations conjuguent récompenses intrinsèques (par exemple, le sentiment d'accomplissement lié à l'exécution d'une tâche particulièrement difficile) et récompenses extrinsèques (par exemple, une augmentation salariale).
- La rémunération selon le rendement peut prendre diverses formes, dont la rémunération au mérite, le partage des gains de productivité et la participation aux bénéfices, les augmentations salariales forfaitaires et l'actionnariat des travailleurs.

- La rémunération fondée sur les compétences est un système de plus en plus répandu, tout comme les avantages sociaux à la carte. Les avantages sociaux, qui font partie de la rémunération globale du travailleur, sont un facteur de motivation dont le poids s'est accru.

En quoi consiste le processus de gestion du rendement?

- La gestion du rendement est un processus qui implique la mesure du rendement et qui doit mener à la prise de décisions conséquentes en matière de ressources humaines.
- La mesure du rendement répond à deux grands objectifs : l'évaluation proprement dite et, par la rétroaction, l'orientation professionnelle ou le perfectionnement des compétences.
- Parmi les méthodes de mesure du rendement, on compte notamment la mesure des résultats du travail et la mesure des activités, c'est-à-dire des efforts ou des moyens mis en œuvre dans le travail.

Quelles sont les principales méthodes d'évaluation du rendement?

- Le classement, la comparaison par paires et la répartition forcée sont des exemples de méthodes comparatives d'évaluation du rendement.
- L'échelle d'évaluation graphique, l'évaluation par incidents critiques et l'échelle d'évaluation comportementale sont des exemples de méthodes absolues d'évaluation du rendement.
- En plus de l'évaluation par le supérieur immédiat, un nombre croissant d'organisations ont recours à l'autoévaluation et à l'évaluation par les pairs.
- La rétroaction à 360 degrés est une évaluation à laquelle participent toutes les personnes avec lesquelles le travailleur est en contact dans son emploi (collègues, subordonnés, fournisseurs, clients, etc.) et qui comprend également une autoévaluation.
- Plusieurs erreurs peuvent fausser l'évaluation du rendement, notamment : l'effet de halo, l'effet d'indulgence, l'effet de sévérité, l'effet de tendance centrale, l'effet de récence et l'effet des stéréotypes.
- Pour améliorer l'évaluation du rendement, le gestionnaire peut notamment s'assurer que les évaluations s'appuient sur une solide analyse des exigences du poste et qu'elles respectent les normes juridiques qui s'appliquent.

MOTS CLÉS

Autoévaluation	p. 202	Effet d'indulgence	p. 204
Classement	p. 198	Erreur de faible différenciation	p. 204
Comparaison par paires	p. 199	Évaluation du rendement	p. 198
Échelle d'évaluation comportementale	p. 201	Évaluation par incidents critiques	p. 200
		Évaluation par les pairs	p. 202
Échelle d'évaluation graphique	p. 199	Gestion du rendement	p. 194
Effet de récence	p. 205	Mesure des activités	p. 196
Effet de sévérité	p. 204	Mesure des résultats	p. 196
Effet des stéréotypes	p. 205	Programme d'augmentations salariales forfaitaires	p. 193
Effet de tendance centrale	p. 204		

Programme d'avantages sociaux à la carte	p. 194	Récompense intrinsèque	p. 188
		Régime d'actionnariat des employés	p. 192
Programme de partage des gains de productivité	p. 190	Rémunération au mérite	p. 190
		Rémunération fondée sur les compétences	p. 193
Programme de participation aux bénéfices	p. 192	Répartition forcée	p. 199
Récompense extrinsèque	p. 188	Rétroaction à 360 degrés	p. 202

ÉVALUATION DES CONNAISSANCES

QUESTIONS À CHOIX MULTIPLE

1. Selon le modèle intégré de la motivation au travail, qu'est-ce qui conditionne l'effort ? **a)** Les récompenses. **b)** Le soutien organisationnel. **c)** Les compétences. **d)** La motivation.

2. Selon le modèle intégré de la motivation au travail, une récompense n'est un facteur de motivation que si _____ **a)** elle a une valeur financière. **b)** elle est perçue comme juste et équitable. **c)** elle est intrinsèque. **d)** elle est extrinsèque.

3. Le salaire est généralement considéré comme une récompense _____, tandis que le sentiment d'accomplissement que donne la réalisation d'une tâche est un exemple de récompense _____ **a)** extrinsèque ; fondée sur les compétences. **b)** fondée sur les compétences ; intrinsèque. **c)** extrinsèque ; intrinsèque. **d)** absolue ; comparative.

4. La rémunération au mérite _____ **a)** récompense les employés pour l'acquisition de nouvelles compétences. **b)** est une forme de partage des gains de productivité. **c)** correspond à une augmentation forfaitaire. **d)** lie le salaire et les augmentations des employés à leur rendement.

5. Les programmes _____ offrent au travailleur qui améliore la productivité de l'organisation, par exemple en mettant au point une nouvelle méthode de travail, un supplément de rémunération proportionnel à cet apport. **a)** de participation aux bénéfices **b)** de partage des gains de productivité **c)** d'actionnariat des salariés **d)** de rémunération fondée sur les compétences

6. Avec un programme d'avantages sociaux à la carte, _____ **a)** les travailleurs personnalisent les avantages sociaux dont ils bénéficient selon leurs besoins individuels. **b)** les travailleurs bénéficient d'avantages importants en début de carrière, mais qui diminuent par la suite. **c)** les travailleurs bénéficient d'avantages négligeables en début de carrière, mais qui s'améliorent par la suite. **d)** les récompenses consistent en un salaire de base auquel s'ajoutent d'autres avantages et bénéfices.

7. Tout système de gestion du rendement repose sur _____ **a)** la mesure du rendement. **b)** la rémunération en fonction du rendement. **c)** l'actionnariat des salariés. **d)** la comparaison par paires.

8. La mesure du rendement répond à deux grands objectifs en matière de gestion des ressources humaines : l'évaluation proprement dite et _____ **a)** l'allocation de récompenses. **b)** le développement des compétences. **c)** l'application des mesures disciplinaires. **d)** la détermination des montants des primes.

9. _____ évaluera le rendement d'un chercheur au regard, par exemple, de son emploi de méthodes scientifiques pour résoudre des problèmes. **a)** La mesure des activités **b)** Une méthode de mesure absolue **c)** Une méthode de mesure relative **d)** La mesure des résultats

10. Le classement est une méthode d'évaluation du rendement _____ **a)** comparative. **b)** absolue. **c)** qui mesure les activités. **d)** au mérite.

11. L'évaluation par incidents critiques est une méthode d'évaluation du rendement _____ **a)** comparative. **b)** absolue. **c)** qui mesure les activités. **d)** au mérite.

12. Une méthode d'évaluation du rendement qui n'évalue pas le rendement en fonction des caractéristiques du poste _____ **a)** ne tient pas suffisamment compte des contingences. **b)** est faussée par l'effet d'indulgence. **c)** n'est pas valide. **d)** est faussée par l'effet de sévérité.

13. Quelle méthode utilise le superviseur qui consigne dans un registre les comportements du travailleur, plus précisément ses succès ou échecs touchant diverses dimensions du rendement? **a)** La répartition forcée. **b)** L'évaluation par incidents critiques. **c)** La comparaison par paires. **d)** L'échelle d'évaluation graphique.

14. Un chef d'équipe qui évalue comme « moyen » le rendement de tous les membres de l'équipe commet très probablement une erreur d'évaluation causée par _____ **a)** l'effet des stéréotypes. **b)** l'effet de récence. **c)** l'effet de halo. **d)** l'effet de tendance centrale.

15. Parmi les mesures pour améliorer l'évaluation du rendement, le gestionnaire peut notamment _____ **a)** se limiter à une seule évaluation annuelle. **b)** éviter de discuter des résultats avec la personne évaluée. **c)** s'abstenir de consigner toute observation négative. **d)** s'assurer que la personne évaluée ait droit à une révision de l'évaluation si elle n'endosse pas ses résultats.

QUESTIONS À RÉPONSE BRÈVE

16. Pourquoi un régime d'actionnariat des salariés serait-il un facteur de motivation pour les employés d'une entreprise commerciale?

17. Expliquez en quoi consiste la méthode d'évaluation du rendement dite de « rétroaction à 360 degrés ».

18. Quelles peuvent être les lacunes de la méthode de l'échelle d'évaluation graphique?

19. Expliquez ce qui distingue l'effet de halo et l'effet de récence, deux erreurs courantes dans l'évaluation du rendement.

QUESTION À DÉVELOPPEMENT

20. Imaginez que vous appartenez à une association étudiante. En vous appuyant sur des hypothèses appropriées, expliquez de manière relativement détaillée comment les notions d'évaluation de rendement et de gestion des récompenses étudiées dans ce chapitre pourraient s'appliquer à votre organisme sur le plan local ou national.

LE CO DANS LE FEU DE L'ACTION

Pour ce chapitre, nous vous suggérons les activités suivantes du *Cahier d'apprentissage en CO* (voir p. C1) :

Étude de cas	Exercices	Autoévaluations
9. Pizzeria Idéale	17. Augmentations de salaire annuelles	5. Valeurs personnelles
	30. Évaluation d'un supérieur	7. Profil bifactoriel
	31. Rétroaction à 360 degrés	8. Êtes-vous *universel* ?

 www.erpi.com/schermerhorn

Vous trouverez dans le Compagnon Web du manuel les réponses aux questions d'évaluation des connaissances du chapitre ainsi que les autoévaluations en mode interactif.

TROISIÈME PARTIE

LA DYNAMIQUE DES GROUPES ET LE TRAVAIL D'ÉQUIPE

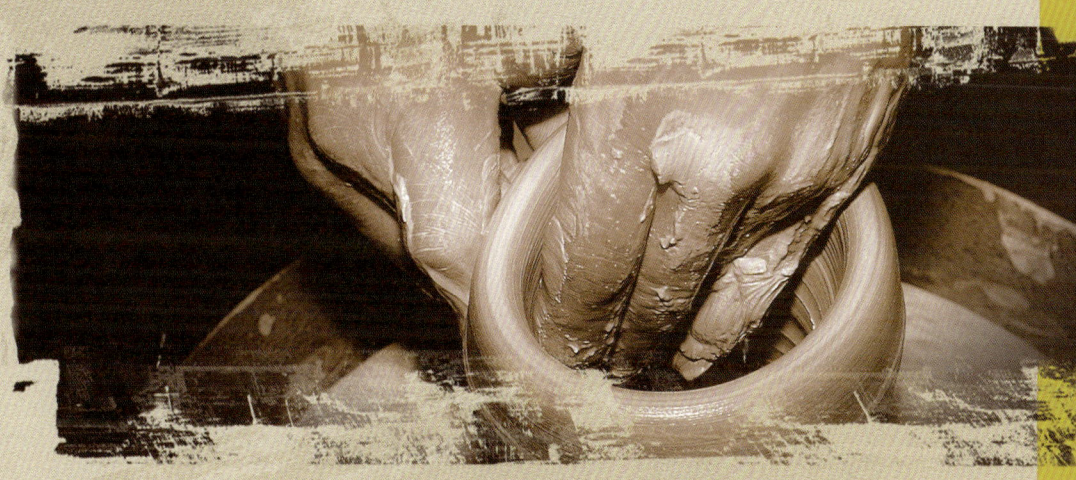

Chapitre 8   **Le fonctionnement des groupes**
Chapitre 9   **Le travail d'équipe et le rendement des équipes**

LE FONCTIONNEMENT DES GROUPES

CHAPITRE 8

Les groupes qui parviennent à fonctionner en synergie atteignent les plus hauts degrés de rendement, de créativité et d'enthousiasme. Ce chapitre devrait vous aider à comprendre les caractéristiques fondamentales des groupes en milieu de travail et leur fonctionnement.

OBJECTIFS D'APPRENTISSAGE

Après l'étude de ce chapitre, vous devriez être en mesure :
- d'expliquer les principales caractéristiques des groupes au sein des organisations ;
- de définir les étapes de l'évolution d'un groupe ;
- de discuter des fondements de l'efficacité d'un groupe ;
- de distinguer les différents modes de prise de décision au sein d'un groupe.

PLAN DU CHAPITRE

LES PRINCIPALES CARACTÉRISTIQUES DES GROUPES AU SEIN DES ORGANISATIONS

Qu'est-ce qu'un groupe efficace ?
La synergie et le potentiel de rendement des groupes
Les groupes formels
Les groupes informels

LES ÉTAPES DE L'ÉVOLUTION D'UN GROUPE

L'étape de la constitution
L'étape du tumulte
L'étape de la cohésion
L'étape du rendement
L'étape de la dissolution

LES FONDEMENTS DE L'EFFICACITÉ D'UN GROUPE

Les intrants clés du groupe
La dynamique de groupe et la dynamique intergroupes
Les réseaux de communication au sein des groupes

LE PROCESSUS DÉCISIONNEL DANS LES GROUPES

La prise de décision au sein d'un groupe
Les avantages et les inconvénients de la prise de décision collective
La pensée de groupe
Les techniques d'aide à la prise de décision collective

GUIDE DE RÉVISION

« Le but visé, c'est la synergie. »

Une équipe du tonnerre

Les nouveaux milieux de travail accordent beaucoup d'importance au changement et à l'adaptation. Productivité accrue, qualité totale, service irréprochable, satisfaction de la clientèle, qualité de vie professionnelle, voilà autant d'exigences toujours à la hausse auxquelles les organisations tentent de répondre. Cette pression ne leur donne pas le choix : elles doivent continuellement renouveler leurs façons de faire. De toutes les tendances émergentes, aucune n'est plus fondamentale que celle qui vise à tirer parti du potentiel des groupes de manière plus imaginative.

Bien des gens ignorent l'histoire du premier Macintosh, ancêtre des ordinateurs actuels d'Apple et de ses derniers rejetons, tels que le Mac mini et l'iPod. À l'origine de cette célèbre lignée, on découvre l'équipe de créateurs mise sur pied par Steve Jobs, le cofondateur d'Apple. Les membres de cette équipe talentueuse partageaient la même exaltation devant l'ambitieux projet. Réunis dans un bâtiment indépendant qui arborait le pavillon noir des pirates et des flibustiers, ils ont travaillé jour et nuit avec acharnement. Ils alliaient l'enthousiasme de la jeunesse avec une expertise poussée et un engagement total vers l'atteinte d'un but des plus motivants. Le résultat, on le connaît : la fabrication, en un temps record, d'un ordinateur qui deviendrait un point de référence de la technologie informatique. Cette capacité d'innovation est demeurée un trait distinctif d'Apple, dont l'exemple nous fournit, pour ainsi dire, une excellente synthèse de ce que la dynamique de groupe devrait offrir[1].

> « Soucieuses de satisfaire aux impératifs de la concurrence [...], les organisations les plus avancées confient ainsi plusieurs responsabilités à des groupes et à des équipes. »

Indéniablement, la réussite des organisations dépend en grande partie de l'apport des groupes formels et informels qui constituent leurs réseaux internes. De plus en plus, les organisations misent sur les groupes pour s'assurer d'obtenir les avantages espérés d'une diminution de leur taille, d'une structure organisationnelle aplanie, de l'intégration interfonctionnelle et de la mise en place de processus de production plus souples. Soucieuses de satisfaire aux impératifs de la concurrence dans des milieux ultra-complexes et déterminées à s'épanouir pleinement en tant que systèmes hautement performants, les organisations les plus avancées confient ainsi plusieurs responsabilités à des groupes et à des équipes. En ce sens, on considère aujourd'hui que les groupes sont un élément essentiel des ressources humaines et du capital intellectuel des organisations.

LES PRINCIPALES CARACTÉRISTIQUES DES GROUPES AU SEIN DES ORGANISATIONS

Il ne fait aucun doute que les groupes peuvent constituer une importante source de rendement, de créativité et d'enthousiasme pour les organisations. Pour que ce potentiel se traduise en résultats constants, il faut toutefois pouvoir compter sur un leadership éclairé et efficace, une composition adéquate des groupes ainsi qu'un engagement solide. Les voies qui mènent à une telle réussite partent toutes d'un même point : la compréhension des caractéristiques des groupes en milieu organisationnel.

QU'EST-CE QU'UN GROUPE EFFICACE ?

En CO, un *groupe* se définit comme un ensemble constitué d'au moins deux personnes qui collaborent régulièrement à l'atteinte d'objectifs communs. Dans tout véritable groupe, les membres sont interdépendants en ce qui concerne la poursuite

▸ **Groupe**
Ensemble constitué d'au moins deux personnes qui collaborent régulièrement à l'atteinte d'objectifs communs

de leurs objectifs communs – aspect structurel – et en interaction régulière sur une période assez longue – aspect relationnel[2]. Parce qu'ils contribuent à la réalisation de tâches importantes et permettent de retenir une main-d'œuvre de qualité en comblant d'importants besoins personnels, les groupes sont bénéfiques à leurs membres comme à l'organisation.

Le consultant et spécialiste en gestion Harold J. Leavitt est un réputé défenseur de la force et de l'utilité des groupes en milieu organisationnel[3]. Il y a quelque temps, il a publié une étude sur les « équipes du tonnerre », composées de passionnés constamment préoccupés par l'accomplissement de leurs tâches, qui s'épanouissent dans des situations de crise et de concurrence féroce, et dont la créativité et l'esprit novateur génèrent des retombées exceptionnelles pour leur organisation[4]. La première équipe Macintosh était une de ces équipes du tonnerre.

Un *groupe efficace* est un groupe caractérisé par un rendement élevé, la satisfaction professionnelle de ses membres et la viabilité de l'équipe. En matière de *rendement*, le groupe efficace atteint ses objectifs sur les plans quantitatif et qualitatif, tout en respectant les échéances. Pour une équipe de travail permanente affectée à la fabrication d'un bien, cela se traduira par la réalisation des objectifs quotidiens de production ; pour un groupe temporaire chargé d'élaborer une nouvelle politique organisationnelle, cela se traduira par le respect du calendrier prévu pour soumettre le projet au chef de la direction.

En matière de *satisfaction professionnelle*, le groupe efficace se distingue par le fait que ses membres valorisent leur contribution et leurs expériences professionnelles ; celles-ci répondent à des besoins personnels importants pour eux. Ils sont satisfaits de leurs tâches, de leurs réalisations et des relations interpersonnelles au sein du groupe. Ce dernier point contribue à la *viabilité* du groupe efficace : ses membres veulent continuer à travailler ensemble ou, le cas échéant, envisagent avec plaisir la perspective de travailler de nouveau ensemble s'ils en ont l'occasion. Le groupe qui réunit ces caractéristiques présente un potentiel de rendement à long terme considérable.

> **Groupe efficace**
> Groupe caractérisé par un rendement élevé, la satisfaction professionnelle de ses membres et la viabilité de l'équipe

LA SYNERGIE ET LE POTENTIEL DE RENDEMENT DES GROUPES

Les groupes efficaces aident l'organisation à accomplir des tâches particulièrement importantes, notamment à cause de leur potentiel de **synergie** – un phénomène de coordination des énergies qui fait que le tout dépasse la somme des parties. Lorsqu'il y a synergie, le groupe obtient des résultats supérieurs à ceux qu'aurait donnés la simple addition des forces et des ressources individuelles de ses membres. Dans le contexte de profonds bouleversements que nous connaissons actuellement, cette synergie est cruciale pour toute organisation qui veut rester concurrentielle et atteindre des objectifs de haut rendement à long terme.

> **Synergie**
> Phénomène de coordination des énergies qui fait que le tout dépasse la somme des parties

Vous trouverez dans la rubrique *Du savoir à la pratique 8.1* une liste succincte des effets bénéfiques potentiels des groupes sur l'organisation. Plus précisément, en matière de rendement, les groupes présentent trois avantages par rapport aux travailleurs qui agissent isolément[5] :

1. En l'absence d'un *spécialiste*, les groupes qui font face à un problème ou à une tâche qui sort de l'ordinaire tendent à faire preuve d'un meilleur jugement que l'individu moyen.

2. Lorsque les problèmes à résoudre sont complexes et exigent une répartition des tâches et un partage de l'information, les groupes réussissent généralement mieux que les individus.

3. Comme les groupes ont tendance à prendre des décisions plus risquées, ils sont souvent plus inventifs et innovateurs que les individus.

> **DU SAVOIR À LA PRATIQUE 8.1**
>
> **Comment les groupes peuvent-ils aider les organisations ?**
>
> - Les groupes ont un effet positif sur les individus.
> - Les groupes peuvent favoriser la créativité.
> - Les groupes peuvent prendre de meilleures décisions.
> - Les groupes peuvent favoriser l'engagement des travailleurs à l'égard des décisions prises.
> - Les groupes facilitent l'encadrement de leurs membres.
> - Les groupes peuvent remédier aux inconvénients liés à la grande taille d'une organisation.

Le groupe est également un milieu propice à l'apprentissage, ainsi qu'au partage des connaissances et des compétences. Sa vaste réserve d'expériences et les apprentissages qu'on y fait peuvent être mis à profit pour résoudre les problèmes les plus exceptionnels ou les plus rares. Le groupe peut, en outre, se révéler particulièrement utile pour aider et soutenir une nouvelle recrue, le temps qu'elle se familiarise avec ses tâches. Si ses membres s'entraident et s'épaulent dans l'acquisition et le perfectionnement des compétences requises au travail, le groupe peut même combler les lacunes des programmes de formation de l'organisation.

Le groupe peut aussi répondre à divers besoins de ses membres. Il offre un cadre irremplaçable d'interactions sociales. Il sécurise ses membres en leur fournissant aide et conseils techniques pour l'accomplissement de leurs tâches. Dans les moments de tension et de stress, il peut apporter un soutien sur le plan affectif. Enfin, en s'investissant dans les objectifs et les activités de leur groupe, les travailleurs peuvent combler des besoins d'estime de soi et de réalisation de soi.

En dépit de leur potentiel de rendement considérable, les groupes peuvent connaître certains problèmes. La **paresse sociale**, ou *effet Ringlemann*, se manifeste par une diminution du rendement des individus, ceux-ci étant portés à fournir moins d'efforts en situation de travail collectif qu'en situation de travail individuel[6]. L'agronome français qui a donné son nom à ce phénomène l'a constaté en demandant à des sujets de tirer de toutes leurs forces sur une corde, d'abord seuls, puis en équipe[7]. Il a découvert que la *traction* (la productivité) *moyenne* diminuait sensiblement chaque fois que des personnes supplémentaires s'attelaient à la tâche.

▸ **Paresse sociale**
Phénomène qui se manifeste par une diminution du rendement des individus en situation de travail collectif

Selon Ringlemann, deux raisons pourraient expliquer la tendance des gens à déployer moins d'efforts en groupe qu'individuellement : (1) leur propre contribution est moins évidente dans le contexte d'un travail de groupe ; (2) ils préfèrent laisser aux autres la charge du travail.

Le gestionnaire avisé en tient compte et prend les mesures nécessaires pour prévenir ou atténuer les manifestations de la paresse sociale. Il prend donc soin de :

- déterminer clairement les rôles et les tâches de chaque membre du groupe ;
- renforcer la responsabilité individuelle en rendant apparente la contribution de chacun au travail collectif ;
- lier les récompenses de chacun à sa contribution au rendement du groupe.

Des mesures pour gérer la paresse sociale

Le cadre qui gère un groupe doit également se préoccuper de l'effet qu'on appelle la ***facilitation sociale*** : dans un groupe, comme dans toute autre situation sociale, le comportement individuel a tendance à se modifier par le simple fait de la présence d'autres gens[8].

▶ **Facilitation sociale**
Tendance du comportement individuel à être modifié par le simple fait de la présence d'autres gens

Selon la *théorie de la facilitation sociale*, travailler en présence d'autres gens a un effet dynamisant et stimulant qui agit comme un catalyseur sur le rendement d'une personne, à condition toutefois que cette personne ait les compétences requises pour effectuer la tâche. Si la personne doit accomplir une tâche qui lui est familière, cette stimulation lui permettra de fournir un effort supplémentaire ; qu'on songe, par exemple, au surcroît d'énergie que déploie l'athlète accompli lorsqu'il se produit devant une foule de partisans dans sa ville natale. Par contre, si la personne maîtrise mal la tâche, l'effet de facilitation sociale peut avoir le résultat inverse ; ainsi, quelqu'un qui ne possède pas parfaitement son sujet pourra éprouver de grandes difficultés à s'exprimer en présence d'un auditoire.

LES GROUPES FORMELS

Les organisations contemporaines peuvent tirer avantage des groupes de plusieurs façons. Le ***groupe formel*** est un groupe officiellement désigné pour assumer un rôle précis au sein d'une organisation ; l'unité de travail composée d'un cadre et d'un ou de plusieurs subordonnés en est un bon exemple. L'organisation met sur pied ces unités pour accomplir une tâche précise, qui suppose généralement la transformation de ressources en produits (rapports, décisions, biens ou services). L'équipe tout entière contribue au travail, mais la personne qui dirige le groupe répond de ses réalisations et de ses résultats, et assure la liaison, verticalement et horizontalement, avec le reste de l'organisation[9]. Certains groupes formels sont permanents ; d'autres, temporaires.

▶ **Groupe formel**
Groupe désigné officiellement pour assumer un rôle précis au sein d'une organisation

Les *groupes de travail permanents* (ou *unités administratives*, dans la structure hiérarchique) correspondent souvent aux divers services qu'on trouve dans l'organigramme de l'organisation (service des études de marché, service du personnel, etc.), à ses divisions (par exemple, les diverses divisions chargées de ses différents produits) ou à ses équipes (par exemple, l'équipe d'assemblage d'un produit). Quelle que soit leur taille – certains services ou équipes se réduisent à deux ou trois personnes, tandis que certaines divisions comptent une centaine de travailleurs ou davantage –, les groupes de travail permanents sont mis sur pied pour remplir une fonction précise dans la continuité ; leur existence ne sera interrompue ou modifiée que si l'organisation apporte des changements à sa structure organisationnelle.

Les *groupes de travail temporaires*, eux, sont créés pour résoudre un problème précis ou pour accomplir une tâche ponctuelle ; une fois leur objectif atteint ou leur tâche accomplie, ils sont démantelés. Pensons aux innombrables comités ad hoc, spéciaux, provisoires ou intérimaires, aux groupes de réflexion, d'étude ou d'intervention, aux commissions, etc. : si temporaires soient-ils, ces groupes n'en demeurent pas moins des composantes importantes de bien des organisations[10].

De fait, on constate qu'il y a, dans les organisations contemporaines, une tendance marquée à recourir de plus en plus souvent à des *équipes interfonctionnelles* ou à des *groupes de travail* pour la résolution des problèmes qui sortent de l'ordinaire. Ainsi, le président d'une société peut mettre sur pied un groupe de travail dont les membres proviennent de diverses unités pour étudier la possibilité d'implanter l'horaire de travail variable pour les salariés. La plupart du temps, ces groupes temporaires se choisissent un responsable qui répondra des résultats, comme le cadre répond de ceux de son unité de travail. Le groupe temporaire peut aussi prendre la forme d'une de ces *équipes de projet*, souvent interfonctionnelles, à qui on confie une tâche particulière axée sur un objectif bien précis : par exemple, l'installation d'un nouveau logiciel de courriel ou la modification d'un nouveau produit.

Les technologies de l'information et des communications (TIC) ont donné naissance à un nouveau type de groupe dans les organisations. À l'ère d'Internet, des intranets et de la réseautique, les **équipes virtuelles** (ou **cybergroupes**), dont les membres se réunissent et travaillent ensemble à distance au moyen d'ordinateurs en réseau, se multiplient[11]. À l'aide de logiciels de plus en plus performants, conçus pour faciliter le travail collectif (*collecticiels* et autres *synergiciels*), les membres des cybergroupes parviennent à accomplir le même travail que s'ils étaient installés dans des locaux communs : ils peuvent échanger de l'information, prendre des décisions et remplir les mandats qu'on leur confie. Nous verrons au prochain chapitre le rôle déterminant des groupes ou des équipes virtuels au sein des organisations hautement performantes.

> **Équipe virtuelle (ou cybergroupe)**
> Équipe dont les membres se réunissent et travaillent ensemble à distance, grâce aux technologies de l'information et des communications (TIC)

Des AS de la gestion

Esprit d'équipe[12]

Tapez beenox.com et cliquez sur l'onglet «Culture». Vous y verrez les mines réjouies des employés lors du traditionnel Barbecue du président, qui porte le chandail de balle molle de l'équipe Beenox ou qui reçoit les honneurs au Gala Beenoxien. Dominique Brown, président-fondateur de Beenox, confirme : «Notre club social est très dynamique. Nous organisons souvent des sorties en plein air. Et chaque vendredi après-midi, on se retrouve tous à l'un des trois étages et on sort les chips.» Visiblement, on cultive le sentiment d'appartenance. Et on le mesure par des sondages internes. C'est essentiel, croit Dominique Brown : «Les jeux vidéo se créent essentiellement en équipe et chacun est un maillon important.» Il n'y a pas d'heures supplémentaires, ici : «Je considère ça comme un problème d'organisation. De plus, il y a une vie après le travail», affirme celui qui fait de la boxe, du jogging et du vélo. Se tenir en forme, Dominique Brown en aura besoin pour atteindre son objectif : conquérir le monde. Rien de moins !

Et il n'est pas seul : Beenox est désormais une filiale à part entière d'Activision, le deuxième producteur de jeux vidéo en importance dans le monde.

LES GROUPES INFORMELS

Contrairement aux groupes formels, les **groupes informels** se forment spontanément, au gré des relations personnelles ou pour répondre à certains domaines d'intérêt communs de leurs membres, sans l'intervention ou sans l'appui officiel de l'organisation. Par exemple, les *groupes d'amis* sont constitués d'individus qui ont des affinités, et qui sont portés à travailler ensemble et à se retrouver au moment de la pause, voire après le travail, pour partager leurs loisirs. Les *groupes d'intérêt* rapprochent des gens qui ont des champs d'intérêt communs, en relation avec le travail (désir d'améliorer des compétences en informatique, par exemple) ou d'ordre personnel (activités communautaires, récréatives, sportives, religieuses, etc.).

Les groupes informels interviennent souvent pour aider un de leurs membres dans ses activités professionnelles. Leur réseau de relations interpersonnelles leur permet d'accélérer les processus de production grâce à un soutien mutuel qu'on trouve rarement dans les structures hiérarchiques traditionnelles. De plus, les groupes informels permettent à certains travailleurs de satisfaire des besoins qui resteraient ignorés ou insatisfaits dans un groupe formel (besoin d'ordre social, besoin de sécurité, etc.), tout en leur procurant un fort sentiment d'appartenance.

> **Groupe informel**
> Groupe qui se forme spontanément, au gré des relations personnelles ou pour répondre à certains domaines d'intérêt communs de ses membres, sans l'intervention ou sans l'appui officiel de l'organisation

LES ÉTAPES DE L'ÉVOLUTION D'UN GROUPE

Qu'il soit formel ou informel, permanent ou temporaire, virtuel ou non, tout groupe traverse, au cours de son existence, une série d'étapes dont chacune comporte des défis particuliers pour le leader et pour les membres[13]. La **figure 8.1** illustre les cinq étapes de l'évolution d'un groupe : (1) la constitution, (2) le tumulte, (3) la cohésion, (4) le rendement et (5) la dissolution[14].

Figure 8.1 Les cinq étapes de l'évolution d'un groupe

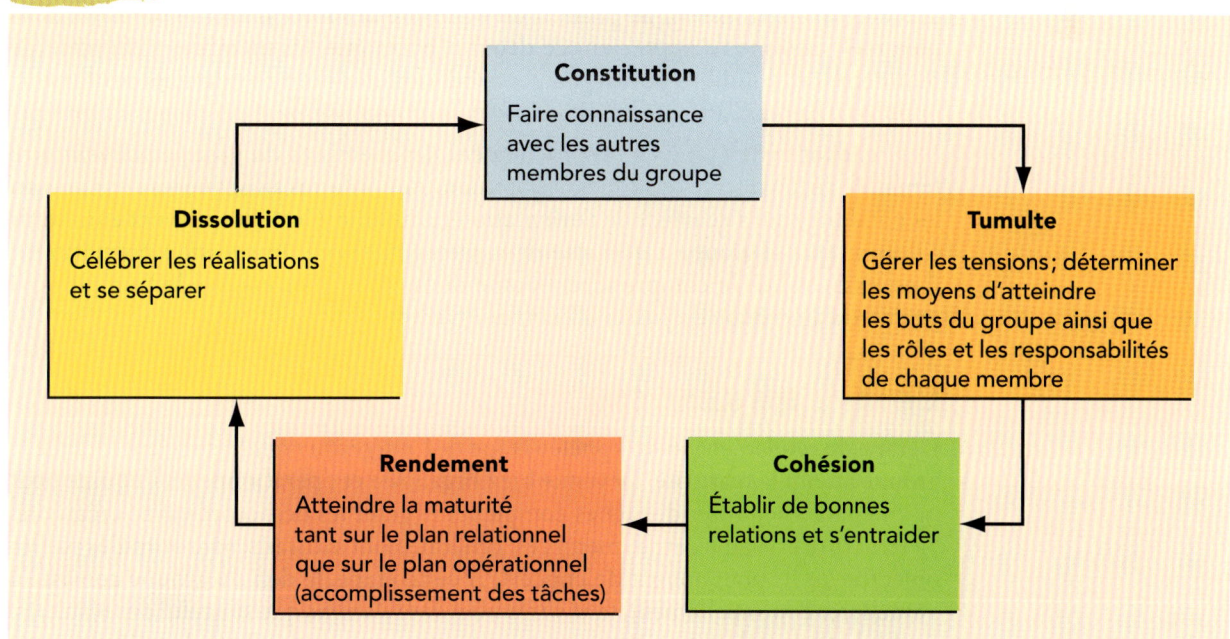

L'ÉTAPE DE LA CONSTITUTION

À l'étape de la constitution d'un groupe, les principales difficultés résident dans l'intégration des membres. Durant cette étape, chacun commence à s'identifier à d'autres membres du groupe et au groupe lui-même, et se pose un certain nombre de questions. Il se demande *ce que le groupe peut lui offrir, ce qu'on attend de lui* et *s'il pourra satisfaire ses besoins, tout en contribuant aux réalisations collectives*. Les membres cherchent alors à mieux se connaître, à déterminer plus clairement les comportements acceptés ou attendus, et à préciser la raison d'être du groupe de même que ses règles de fonctionnement.

L'ÉTAPE DU TUMULTE

L'étape du tumulte est une période riche en émotions et en tensions pour les membres du groupe. Ils vivent souvent une certaine hostilité, qui déclenche des conflits internes et entraîne des modifications de tous ordres. Les gens défendent leurs idées et leurs opinions, les opposent à celles des autres et entrent en compétition pour s'imposer au sein du groupe ; des *clans* ou des *alliances* peuvent ainsi se former.

Parfois irréalistes ou prématurées, les exigences venant de l'extérieur peuvent susciter des tensions intestines difficiles à supporter. Au cours de cette phase tumultueuse, les attentes envers chacun tendent à se préciser, et l'attention des membres se tourne vers les obstacles qui gênent la réalisation des objectifs du groupe. On commence à mieux comprendre et à mieux accepter le style de chacun, on s'efforce de trouver les meilleurs moyens d'atteindre les buts du groupe, tout en satisfaisant les besoins individuels.

L'ÉTAPE DE LA COHÉSION

L'étape de la cohésion, parfois appelée étape de l'*intégration initiale*, est celle où le groupe commence réellement à se cimenter et à se coordonner. Les conflits de la phase précédente disparaissent au profit d'un équilibre des forces, encore précaire, mais bien réel. Comme ils apprécient ce début d'harmonie, les membres s'efforcent de maintenir cet équilibre positif. La consolidation des bonnes relations peut même prendre le pas sur l'atteinte des objectifs et l'accomplissement des tâches du groupe.

Pendant cette étape de rapprochement, les membres du groupe peuvent être tentés de décourager les critiques, les opinions minoritaires ainsi que les positions ou les conduites qui s'écartent de l'orientation commune. Certains peuvent entretenir l'illusion que le groupe a déjà atteint sa pleine maturité. Impression prématurée : il est essentiel de le comprendre, l'étape de la cohésion n'est que le tremplin qui permettra au groupe de passer à l'étape suivante.

L'ÉTAPE DU RENDEMENT

L'étape du rendement, aussi appelée étape de l'*intégration totale*, survient lorsque le groupe atteint la maturité. Devenue bien organisée et opérationnelle, l'équipe peut maintenant s'acquitter de tâches complexes et gérer les désaccords avec créativité. Sa structure est stable, et ses membres, généralement satisfaits, sont stimulés par les objectifs qu'ils poursuivent de concert. À cette étape, le défi du groupe consiste à s'améliorer continuellement, tant sur le plan des relations que sur celui des résultats. Au fil du temps, il doit continuer à saisir les occasions et à relever les défis ; à cette

Figure 8.2 Les 10 critères d'évaluation de la maturité d'un groupe

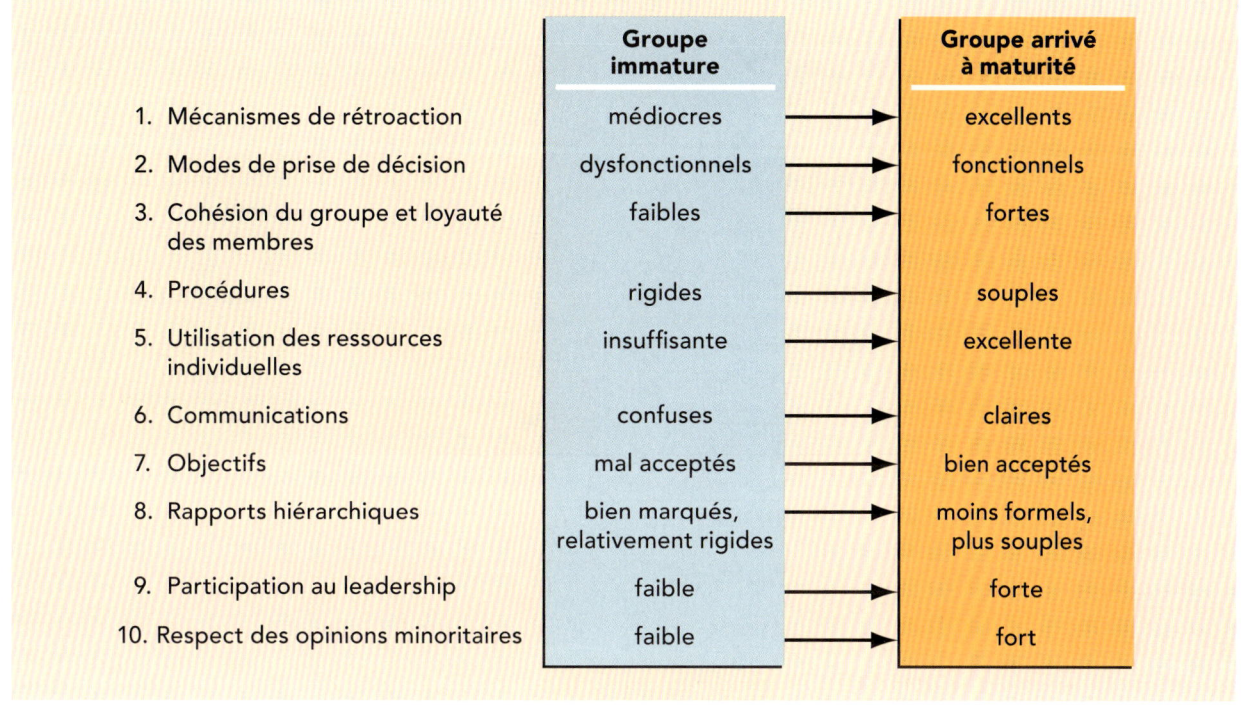

fin, ses membres doivent s'adapter aux changements. Généralement, un groupe qui parvient à l'étape du rendement obtient une excellente note au regard des 10 critères par lesquels un groupe arrivé à maturité se distingue (voir la figure 8.2).

L'ÉTAPE DE LA DISSOLUTION

Un groupe totalement intégré est capable de se dissoudre le moment venu, c'est-à-dire lorsqu'il a rempli son rôle ou accompli ses tâches. L'étape de la dissolution est particulièrement importante pour les groupes temporaires qui poussent comme des champignons dans les organisations d'aujourd'hui (groupes de travail, comités ad hoc, groupes de projet, etc.). Les membres de ces équipes doivent pouvoir se réunir rapidement, accomplir leur mission dans des délais serrés, puis se séparer, pour se regrouper de nouveau au besoin. Un excellent test de la viabilité à long terme d'un groupe consiste à juger de la promptitude de ses membres à se séparer une fois le travail fini et, le cas échéant, à collaborer à de nouveaux projets.

LES FONDEMENTS DE L'EFFICACITÉ D'UN GROUPE

Pour mieux comprendre les fondements de l'efficacité du groupe, il est utile d'envisager le groupe en tant que système ouvert. Le schéma de la figure 8.3 illustre la façon dont les groupes atteignent l'efficacité, au même titre que les organisations, en interagissant avec leur environnement pour transformer les intrants (facteurs de production) en extrants (produits)[15].

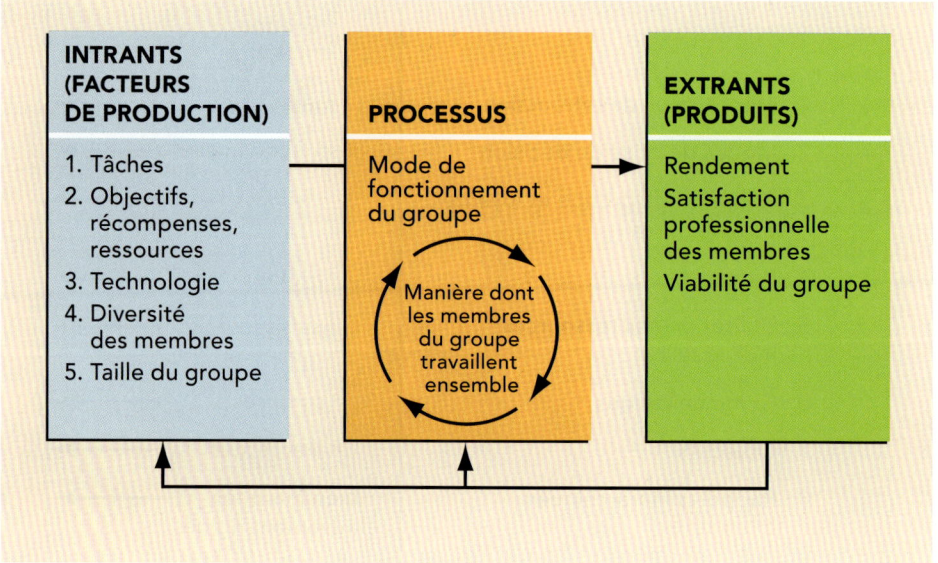

Figure 8.3 Le groupe en tant que système ouvert qui transforme des intrants en extrants

LES INTRANTS CLÉS DU GROUPE

Les intrants sont les données initiales de toute situation de groupe, les bases de toute action future. En règle générale, on peut affirmer que plus ces bases sont solides, meilleures sont les chances que le groupe atteigne l'efficacité à long terme. Les intrants clés du groupe comprennent : (1) la nature des tâches ; (2) les objectifs, le système de récompenses et les ressources ; (3) les techniques ; (4) la diversité des membres ; (5) la taille.

Les tâches

La nature des tâches se traduit par différentes exigences pour le groupe, et a donc des répercussions diverses sur son efficacité. Les *exigences d'ordre technique* des tâches d'un groupe ont trait, notamment, à leur caractère routinier, à leur degré de difficulté ou à la quantité d'information requise. Les *exigences d'ordre social*, elles, concernent les relations interpersonnelles, l'investissement de soi, les désaccords sur les buts visés et sur les moyens à prendre, et d'autres questions de cet ordre. Les tâches les plus exigeantes sur le plan technique nécessitent des solutions à la pièce et un important traitement de l'information. Quant aux tâches les plus exigeantes sur le plan social, elles entraînent des difficultés à s'entendre sur les objectifs et sur les méthodes à prendre pour les atteindre.

Évidemment, le groupe a plus de difficulté à devenir efficace quand la tâche est très complexe[16]. Pour maîtriser cette complexité et atteindre les résultats visés, ses membres devront s'appliquer, fournir tous les efforts dont ils sont capables, déployer toutes leurs compétences, et cela en étroite collaboration. Toutefois, si leurs efforts en vue de réaliser ces tâches complexes sont couronnés de succès, ils tireront probablement une grande satisfaction de ce qu'ils ont accompli ensemble.

Les objectifs, les récompenses et les ressources

Des objectifs réalistes, un système de récompenses bien conçu et des ressources adéquates sont essentiels pour atteindre et maintenir un rendement satisfaisant à long terme. Le rendement d'un groupe a ceci en commun avec celui d'un individu qu'il peut pâtir d'objectifs confus, trop timides ou imposés arbitrairement. Le même effet se fera sentir si les objectifs et les récompenses sont trop axés sur les résultats individuels, au détriment des résultats du groupe. Par contre, des ressources financières suffisantes, de bons locaux, des méthodes de travail et des procédures adéquates ainsi que des techniques de pointe favoriseront l'atteinte d'un rendement élevé. Des objectifs appropriés, un système de récompenses cohérent et l'accès aux ressources nécessaires sont donc des éléments clés de la réussite d'un groupe.

Les techniques

La technologie donne les moyens d'accomplir le travail, et il est primordial d'avoir recours à celle qui est la plus appropriée à la tâche à accomplir. La nature des techniques utilisées dans les circuits de production peut influer sur la façon dont les membres du groupe interagissent dans l'exécution de leurs tâches. Faire partie d'un groupe qui fabrique des produits sur mesure pour répondre aux demandes de clients particuliers est une chose ; être membre d'une équipe chargée d'une section d'une chaîne de montage automatisée en est une autre. Les techniques employées dans le premier cas entraîneront évidemment beaucoup plus d'interactions dans le groupe, et il s'ensuivra probablement une plus grande cohésion de l'équipe et un plus grand sentiment d'appartenance de ses membres.

La diversité des membres

Pour obtenir du succès, un groupe doit posséder les talents et les compétences requises pour résoudre les problèmes auxquels il doit faire face. Les talents sont une condition nécessaire de l'atteinte d'un rendement élevé, bien qu'ils ne suffisent pas à eux seuls. Si les compétences initiales du groupe sont déficientes, cette carence sera difficile à surmonter et pourra compromettre l'obtention des résultats escomptés.

Dans les groupes *homogènes*, où tous les membres ont sensiblement le même profil (âge, sexe, antécédents ethnoculturels, formation, expérience professionnelle, etc.), la collaboration peut sembler plus facile. L'efficacité d'un tel groupe risque toutefois d'en souffrir si celui-ci doit accomplir certaines tâches complexes exigeant une grande diversité de talents, de compétences, d'expériences et d'approches. En revanche, les groupes *hétérogènes* peuvent compter sur cet atout pour maîtriser des tâches complexes. La diversité des profils des membres d'une équipe peut toutefois devenir une source de difficultés, notamment lorsqu'il s'agit de s'entendre sur la nature d'un problème et les moyens de le régler, de partager l'information et de gérer les désaccords. À court terme, les obstacles de cet ordre peuvent être assez importants, mais, une fois que les gens apprennent à travailler ensemble, la diversité peut devenir un facteur de succès[17].

Les chercheurs ont observé un phénomène qu'on appelle la **problématique diversité–consensus** : dans un groupe, une diversité accrue tend à rendre la collaboration plus difficile, bien qu'elle augmente la somme d'aptitudes et de compétences disponibles pour la résolution des problèmes[18]. Ainsi, le défi d'une équipe multiculturelle pourra être de réussir à tirer profit de sa diversité, sans que son fonctionnement en souffre[19].

▶ **Problématique diversité–consensus**
Phénomène selon lequel une grande diversité au sein d'un groupe tend à rendre la collaboration plus difficile, bien qu'elle augmente la somme d'aptitudes et de compétences disponibles pour la résolution des problèmes

▶ **Théorie des besoins relationnels (FIRO-B)**
Théorie qui met en lumière les différences dans la façon dont les gens entrent en rapport les uns avec les autres selon leurs besoins d'exprimer des sentiments liés à l'appartenance, au pouvoir et à l'affection, et de se voir témoigner de tels sentiments

L'amalgame des personnalités est un aspect important du fonctionnement d'un groupe ou d'une équipe. La **théorie des besoins relationnels (FIRO-B)** de William Schutz met en lumière les différences dans la façon dont les gens entrent en rapport les uns avec les autres selon leurs besoins d'exprimer des sentiments liés à l'appartenance, au pouvoir et à l'affection, et de se voir témoigner de tels sentiments[20]. La théorie de Schutz prédit que les groupes dont les membres sont compatibles sur ces aspects ont plus de chances d'être efficaces que ceux dont ce n'est pas le cas. Les symptômes d'incompatibilité comprennent, notamment, le repli sur soi, les manifestations d'hostilité, les conflits de pouvoir et l'emprise exercée par quelques individus sur l'ensemble du groupe. Le chercheur résume ainsi les répercussions de sa théorie des besoins relationnels sur la gestion[21] :

> Si nous pouvons, dès le départ, constituer un groupe de personnes capables de travailler ensemble harmonieusement, nous aurons de fortes chances d'éviter les situations qui déclenchent un gaspillage d'énergie dans des conflits interpersonnels.

Le *statut*, c'est-à-dire le rang, le prestige ou la position relative d'un individu donné au sein d'un groupe, constitue une autre source de diversité dans un groupe. Le statut dépend de plusieurs facteurs : l'âge, l'ancienneté, la fonction, le degré de scolarité, le rendement ou la position acquise dans d'autres groupes, etc. Si la position d'une personne dans un groupe correspond à celle qu'elle occupe à l'extérieur du groupe, on dit qu'il y a **concordance de statut**. Si ce n'est pas le cas, c'est-à-dire s'il y a *discordance* entre le statut d'un individu dans le groupe et celui qu'il a à l'extérieur, on peut s'attendre à des problèmes.

▶ **Concordance de statut**
Situation où la position d'une personne dans un groupe correspond à celle qu'elle occupe à l'extérieur du groupe

Dans les cultures à *distance hiérarchique élevée*, comme en Malaisie, on nommera traditionnellement à la présidence d'un comité celui qui a la position hiérarchique la plus élevée. Il y aura alors concordance de statut, et les membres du groupe n'hésiteront pas à se mettre au travail. Si ce n'est pas le membre ayant le statut le plus élevé qui préside le comité, il s'ensuivra un malaise qui nuira au rendement du groupe. On peut avoir des problèmes de cet ordre si un tout jeune diplômé dirige un groupe de projet constitué de travailleurs plus âgés et plus expérimentés que lui.

La taille du groupe

La taille d'un groupe, c'est-à-dire le nombre de membres qui le constituent, influe également sur son efficacité. Plus les membres sont nombreux, plus il y a de gens pour se répartir le travail et accomplir les tâches requises, ce qui peut accroître le rendement et la satisfaction des membres. Certaines limites s'imposent cependant ; en effet, si la taille du groupe s'accroît trop, cela risque de générer des difficultés de communication et de coordination. Or, ces difficultés vont souvent de pair avec une baisse de la satisfaction professionnelle, une plus grande rotation du personnel ainsi qu'une augmentation de l'absentéisme et de la *paresse sociale*. De simples questions d'organisation, comme le choix du lieu et de l'heure d'une réunion, peuvent prendre des proportions démesurées et nuire au rendement des groupes de trop grande taille[22].

Pour l'équipe de résolution de problèmes, la taille idéale est de cinq à sept personnes. Dans un groupe plus petit, les membres risquent d'avoir du mal à répartir adéquatement les responsabilités ; à plus de sept, ils peuvent trouver difficile d'apporter leur contribution ou de nouvelles idées. On constate aussi souvent, dans les grands groupes, une tendance à tomber sous l'emprise des membres qui sont les plus dominateurs, ainsi qu'une tendance à se morceler en clans et en sous-groupes[23].

Par ailleurs, les groupes qui comptent un nombre impair de membres pourront plus facilement recourir à la règle de la majorité pour résoudre les désaccords. S'il faut agir rapidement, cette forme de gestion des conflits est des plus utiles ; le gestionnaire peut donc avoir avantage à constituer un groupe comptant un nombre impair de membres. Par contre, si les décisions à prendre exigent mûre réflexion et qu'on vise le consensus – comme c'est le cas dans les groupes qui doivent résoudre des problèmes complexes (les jurys, par exemple) –, un groupe comptant un nombre pair de membres peut se révéler plus efficace, sauf s'il aboutit à une impasse à cause d'objectifs incompatibles[24].

LA DYNAMIQUE DE GROUPE ET LA DYNAMIQUE INTERGROUPES

Comme le montre la figure 8.3, l'efficacité d'un groupe ne dépend pas seulement de la qualité des facteurs de production, mais aussi de la *manière dont les membres travaillent ensemble* à la transformation des intrants pour produire les résultats recherchés. Dès qu'on parle de gens qui « travaillent ensemble », on aborde des questions relatives à la **dynamique de groupe** (ou *dynamique intragroupe*), c'est-à-dire aux phénomènes psychosociaux qui influent sur les relations personnelles et professionnelles des membres du groupe. Dans l'optique des systèmes ouverts, cette dynamique correspond aux *processus* qui transforment les intrants en produits ou en résultats.

▶ **Dynamique de groupe**
Phénomènes psychosociaux qui influent sur les relations personnelles et professionnelles des membres du groupe

La dynamique de groupe

Nous devons à George Homans un modèle classique de la dynamique de groupe qui repose sur deux types de comportements : les comportements prescrits et les comportements spontanés. Dans une équipe de travail, les *comportements prescrits* sont ceux que l'organisation a déterminés officiellement et auxquels elle s'attend[25] ; on pense, par exemple, à la ponctualité, au respect de la clientèle et au soutien offert aux collègues. Quant aux *comportements spontanés*, ce sont ceux que les membres d'un groupe manifestent naturellement, en plus de ce que l'organisation leur demande ; ils résultent non pas des attentes extérieures aux individus, mais de leur initiative personnelle. Les comportements spontanés peuvent prendre la forme d'actes qui vont au-delà des exigences d'une tâche et qui contribuent à ce qu'elle soit exécutée le mieux possible. En revanche, les comportements spontanés peuvent nuire à l'efficacité du groupe s'ils sont contraires au système formel, c'est-à-dire aux comportements prescrits.

Il est pratiquement impossible, pour une organisation, de décrire les comportements prescrits avec une précision telle que cette description pourra correspondre aux exigences de toutes les situations susceptibles de se présenter en milieu de travail : c'est ce qui rend les comportements spontanés si essentiels. Pensons, par exemple, à une employée qui prendrait l'initiative d'envoyer un courriel à un collègue absent d'une séance de travail pour le tenir au courant des décisions prises. Le concept d'*autonomisation*, un élément clé des milieux de travail hautement performants,

DU CÔTÉ DE LA RECHERCHE

Les caractéristiques des membres d'un groupe, le processus décisionnel qu'on y utilise et la méthode d'évaluation influent sur la paresse sociale[26]

Pourquoi des personnes réduisent-elles leurs efforts ou réfrènent-elles leur contribution quand elles se retrouvent au sein d'une équipe ? Cette question, qu'ont posée les chercheurs Kenneth H. Price, David A. Harrison et Joanne H. Gavin, laisse perplexe. Elle nous renvoie à la théorie de la paresse sociale, à laquelle les trois chercheurs font référence, en précisant toutefois que cette théorie se fonde sur des observations effectuées le plus souvent en laboratoire. Aussi ont-ils conçu un protocole de recherche qui a permis d'étudier des équipes interagissant dans un milieu « naturel », en l'occurrence des étudiants travaillant à un projet de session au sein de petits groupes de travail. Cette recherche a notamment permis de vérifier une série d'hypothèses concernant la relation entre la paresse sociale et (1) l'évaluation individuelle de chaque membre, (2) le sentiment d'inutilité par rapport à la contribution personnelle et (3) la perception d'une équité dans le processus décisionnel du groupe.

Price et ses collègues ont étudié 144 groupes composés au total de 515 étudiants inscrits à des cours des différents cycles universitaires. Les participants ont répondu à un questionnaire avant le début du travail de groupe et à la fin de la session. Le questionnaire final comprenait une section dans laquelle les étudiants devaient indiquer dans quelle mesure les autres membres du groupe avaient « fait preuve de paresse en n'effectuant pas leur part des tâches, en laissant les autres faire le travail, en bâclant les choses ou en n'étant pas disponibles quand on leur demandait de l'aide » – autrement dit, dans quelle mesure chaque membre du groupe avait fait montre de paresse sociale.

L'analyse des résultats relatifs à cet échantillon d'étudiants a permis de découvrir qu'il n'y avait pas de corrélation significative entre la paresse sociale et la présence d'une méthode d'évaluation permettant de reconnaître la contribution de chaque membre du groupe. Les chercheurs ont par ailleurs démontré que la paresse sociale était moindre lorsque les étudiants percevaient une équité dans le processus décisionnel du groupe. Par contre, un lien a pu être établi entre le sentiment d'inutilité par rapport à la contribution personnelle et une plus grande paresse sociale. Toutefois, le rapport entre et le sentiment d'inutilité et la paresse sociale s'affaiblit lorsque la méthode d'évaluation permet de reconnaître les contributions individuelles. D'autre part, les compétences associées aux tâches diminueraient le sentiment d'inutilité par rapport à la contribution personnelle. Les résultats ont, en revanche, fait ressortir un lien entre ce sentiment d'inutilité et la présence de différences sur le plan relationnel parmi les membres du groupe. Enfin, les résultats indiquent que la présence de différences sur le plan relationnel a un effet négatif sur la perception d'une équité dans le processus décisionnel du groupe.

Les chercheurs considèrent que leur étude est la première à démontrer une relation entre le processus décisionnel, la justice organisationnelle et la paresse sociale au sein de groupes. Ils soulignent également que la mise en lumière du lien entre les différences sur le plan relationnel et le sentiment d'inutilité par rapport aux contributions individuelles – ainsi qu'entre ces différences sur le plan relationnel et la perception d'une équité dans le processus décisionnel – ont des implications en ce qui a trait à la gestion de la diversité au sein des groupes.

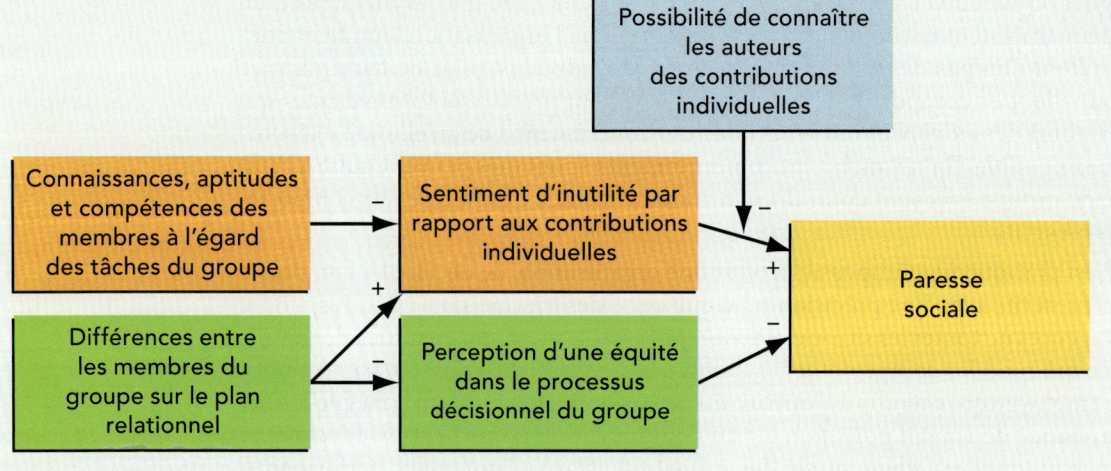

s'appuie largement sur l'idée de laisser libre cours aux aspects positifs des comportements spontanés.

Le modèle de Homans sur la dynamique de groupe décrit aussi les relations entre les membres sous trois aspects : les *activités* (tout ce que font les membres du groupe, leurs actions lorsqu'ils collaborent à l'exécution des tâches) ; les *interactions* (les relations et les communications interpersonnelles) ; les *sentiments* (les émotions éprouvées ainsi que les attitudes, les croyances et les valeurs exprimées). Ces activités, ces interactions et ces sentiments au sein d'un groupe peuvent prendre des formes tantôt prescrites, tantôt spontanées. Lorsque les manifestations spontanées viennent étayer le système formel (les comportements prescrits), les chances sont grandes pour que les processus de groupe favorisent l'efficacité collective au lieu d'y faire obstacle.

La dynamique intergroupes

On entend par **dynamique intergroupes** l'ensemble des phénomènes relationnels qui se produisent entre deux groupes ou plus. Idéalement, l'organisation fonctionne comme un système *coopératif* dont les divers éléments s'épaulent. En réalité, la rivalité et les problèmes intergroupes sont monnaie courante dans la plupart des organisations, et ils ont des répercussions à la fois positives et négatives. Du côté négatif, un conflit entre l'équipe de production et l'équipe des ventes peut générer de l'animosité et de l'hostilité entre ces équipes, et ainsi miner leurs relations et leurs communications[27].

▸ **Dynamique intergroupes**
Ensemble des phénomènes relationnels entre deux groupes ou plus

Par contre, une dynamique de rivalité peut se révéler bénéfique : l'esprit de compétition peut stimuler chaque groupe en cause et l'amener à fournir davantage d'efforts, à se concentrer sur des tâches clés et à resserrer les rangs. Il peut en découler davantage de loyauté au groupe et de satisfaction à y appartenir ainsi qu'une plus grande créativité dans la résolution de problèmes. Les organisations recourent souvent à des stratégies misant sur la compétition entre leurs unités pour accroître la motivation de l'ensemble de leur personnel.

Les organisations et leurs gestionnaires déploient des efforts considérables pour éviter les aspects négatifs de la dynamique intergroupes et pour permettre l'éclosion de ses aspects positifs. Ainsi, des groupes qui entretiennent une compétition néfaste peuvent être réorientés vers un *adversaire* ou un *objectif commun*. On peut également les amener à des *négociations directes* ou leur fournir de la *formation axée sur le travail en collaboration*. En outre, pour créer un climat de collaboration, les gestionnaires doivent éviter à tout prix le recours à un système de récompenses « tout ou rien », où un groupe ne gagne que si un autre perd. Ils doivent plutôt attribuer les récompenses selon l'apport de chacun des groupes à l'ensemble de l'organisation ou selon l'aide apportée aux autres groupes. Enfin, notons que l'augmentation des *interactions entre les groupes* tend à favoriser la coopération.

LES RÉSEAUX DE COMMUNICATION AU SEIN DES GROUPES

Un modèle approprié d'interaction et de réseau de communication peut avoir une influence très positive sur le mode de fonctionnement et la productivité des groupes organisationnels. La figure 8.4 décrit trois modèles d'interaction et de réseau de communication courants dans les organisations contemporaines[29].

Faire du bénévolat une valeur de l'entreprise[30]

Grâce au coup de main des bénévoles du cabinet d'experts-comptables KPMG, Evelyne Boissonneault a pu planter 22 arbres en une journée.

« Sans eux, je n'aurais pas eu assez de bras pour tout faire, et cela aurait donc coûté plus cher. Est-ce qu'on l'aurait fait quand même ? Pas sûr… », dit cette chargée de projet de l'Écoquartier de Cartierville, qui se consacre à l'environnement et à l'embellissement urbain.

Le 22 septembre, pour la journée *En ville sans ma voiture !* à Montréal, 21 employés de KPMG se sont rendus à l'écoquartier, dans le nord de Montréal, pour planter des arbres sur les terrains d'immeubles de logements à loyer modique et dans la cour d'un centre de la petite enfance. « Le but est de réduire les îlots de chaleur et d'améliorer la qualité de vie des citoyens vivant dans des zones défavorisées du quartier », explique Mme Boissonneault.

Cette initiative de bénévolat s'inscrit dans le cadre du « mois d'engagement et d'activités communautaires » de KMPG, qui permet aux employés qui le souhaitent de passer une journée, rémunérée, dans un OSBL, pour y réaliser des travaux de toutes sortes : déboisement, peinture, grand ménage, traitement de données, etc. […]

Lorsque cette initiative a été lancée, il y a cinq ans, le taux de participation était de 60 % et une dizaine d'organismes en bénéficiaient, comparativement à une vingtaine cette année.

« D'année en année, cela prend de l'ampleur », constate Nathalie Bernier, directrice du bureau de KPMG à Montréal. « Le taux de participation des employés a fait un grand bond depuis qu'on leur a demandé de nous suggérer des organismes à aider », poursuit M. Dilli, qui ajoute qu'au début, les activités soutenues par KPMG étaient surtout nationales, alors qu'aujourd'hui, on favorise les initiatives locales.

KPMG se targue d'avoir mis en place des conditions favorables à l'engagement social direct de ses employés. D'abord, les associés prêchent par l'exemple : leur taux de participation est de 100 %, signale Mme Bernier, qui fait du bénévolat un cheval de bataille personnel et n'hésite pas elle-même à contacter les récalcitrants.

Des compétitions entre les étages du bureau de Montréal sont organisées. De plus, la haute direction récompense les trois meilleures équipes par des dons en argent aux organismes qu'elles appuient.

Les employés vivent une expérience très riche, ajoute Nathalie Bernier, citant son propre séjour au centre Le Portage, qui héberge des femmes victimes de violence. « On échange avec les gens. On découvre des perspectives auxquelles on ne serait pas confronté autrement. »

Isabelle Petibon, directrice des communications, raconte son expérience au Centre juif Cummings pour aînés : « J'ai cuisiné avec une survivante de l'Holocauste, relate-t-elle. C'est une leçon de vie que j'ai eue ce jour-là ! »

Pour Toni Dilli, le fait que les employés travaillent en groupe dans les organismes est un bel exercice de renforcement d'équipe.

Le programme KPMG à l'œuvre s'ajoute aux autres volets de philanthropie et d'engagement communautaire de la firme : la fondation KPMG, et le soutien d'initiatives individuelles. […]

Questions

Comment la dynamique de groupe et la dynamique intergroupes permettent-elles d'expliquer le succès du programme KPMG à l'œuvre ? Comment l'entreprise y trouve-t-elle son compte ?

Figure 8.4 Trois modèles d'interaction et de réseaux de communication au sein des groupes

MODÈLE	DIAGRAMME	CARACTÉRISTIQUES
Groupe interactif Réseau de communication décentralisé		Forte interdépendance dans l'exécution d'une tâche commune Meilleure approche pour les tâches complexes
Groupe d'action parallèle Réseau de communication centralisé		Efforts individuels indépendants dans l'exécution d'une tâche commune Meilleure approche pour les tâches simples
Groupe de neutralisation Réseau de communication restreint		Sous-groupes en désaccord les uns avec les autres Exécution lente des tâches

Certaines formes d'organisation du travail reposent sur des *groupes interactifs* : leurs membres collaborent très étroitement à l'exécution des tâches et coordonnent constamment leurs activités ; la circulation et le partage de l'information se font par communication directe entre tous les membres du groupe. Ce modèle d'interaction produit un ***réseau de communication décentralisé*** – qu'on appelle parfois *réseau en étoile* ou *communication tous azimuts*[31]. C'est l'approche qui convient le mieux aux tâches complexes et non routinières, et elle donne d'excellents résultats sur le plan de la satisfaction professionnelle.

D'autres formes d'organisation du travail s'appuient sur les *groupes d'action parallèle* : leurs membres travaillent indépendamment les uns des autres, mais sont liés par un mécanisme central de coordination. Le travail à faire est réparti entre les membres, qui accomplissent leurs tâches surtout individuellement. Les activités de chaque travailleur sont coordonnées, les résultats sont mis en commun à un point de contrôle central, et l'information est dirigée vers le coordonnateur, puis redistribuée. Le coordonnateur est donc au centre des flux de l'information. Ce modèle produit ce qu'on appelle un ***réseau de communication centralisé*** – aussi appelé parfois *réseau radial* à cause des rayons du schéma. Cette approche convient particulièrement aux tâches qu'on peut aisément uniformiser ou diviser. C'est habituellement le coordonnateur – la seule personne du groupe à toucher à tous les aspects du traitement de l'information – qui retire la plus grande satisfaction professionnelle de ce type de groupe.

▶ **Réseau de communication décentralisé**
Réseau de communication dans lequel la circulation et le partage de l'information s'effectuent par communication directe entre tous les membres du groupe

▶ **Réseau de communication centralisé**
Réseau de communication dans lequel le coordonnateur du groupe centralise l'information

DES LEADERS PARLENT DE LEADERSHIP

Guy Laliberté, un visionnaire audacieux[32]

Voilà un spectacle, un cirque, une équipe. Et cette équipe est extrêmement talentueuse, étroitement tissée et hautement performante. Le premier à en témoigner sera Guy Laliberté, fondateur et chef de la direction du Cirque du Soleil, dont il détient la majorité des actions. De son point de vue, le Cirque du Soleil est une organisation complexe dont le succès « dépend de la capacité d'assurer un équilibre entre la créativité et le sens des affaires ». À cet égard, Guy Laliberté est un exemple de réussite.

Le Cirque du Soleil a connu un succès précoce, ce qui a rapidement placé son fondateur devant un premier défi sur le plan du leadership d'équipe. Les membres d'origine souhaitaient réinvestir pour améliorer le spectacle, tandis que Guy Laliberté voulait investir dans la mise sur pied de nouvelles troupes qui pourraient se produire à différents endroits. « Nous allons d'abord utiliser les bénéfices pour créer une nouvelle troupe, a-t-il proposé, puis nous allons réinvestir dans le spectacle auquel vous travaillez, et alors vous pourrez monter un nouveau spectacle. Construisons une armada. »

C'est ce qu'ils ont fait. En 2009, le Cirque, qui présente simultanément 20 spectacles dans le monde, compte plus de 4 000 employés, dont plus de 1 000 artistes. Une partie des bénéfices annuels est redistribuée parmi les artistes et les employés.

Le site Web du groupe rappelle que tout a commencé par un rêve : « Une bande d'amuseurs publics de Baie-Saint-Paul s'est rassemblée pour divertir les gens, découvrir le monde et en tirer plaisir. » Certes, il a fallu du rêve, mais aussi du talent. La réussite du Cirque résulte de sa capacité d'embaucher les bonnes personnes et d'instaurer une culture d'entreprise qui se perpétue du fait que les membres sont eux-mêmes désireux de faire en sorte que chacun soit à la hauteur des attentes mutuelles.

Question

Phénomène unique, le Cirque du Soleil est néanmoins porteur d'un message clair en matière de leadership. Quels autres exemples non traditionnels pourraient apporter un semblable éclairage concernant le leadership d'équipe ?

Réseau de communication restreint
Réseau de communication dans lequel les sous-groupes en présence sont en désaccord et campent sur leurs positions respectives, ce qui limite la circulation et le partage de l'information

On parle de *groupes de neutralisation* lorsque des sous-groupes ne s'entendent pas sur certains aspects du travail. Le désaccord peut être lié à une question ponctuelle – le meilleur moyen d'atteindre un objectif, par exemple – ou découler d'un problème à long terme – un conflit de travail entre salariés et gestionnaires, par exemple. Dans les deux cas, le modèle d'interaction qui s'installe produit un ***réseau de communication restreint*** : les sous-groupes campent sur leurs positions respectives, se contestent mutuellement et entretiennent des relations antagonistes. Comme on peut s'y attendre, la communication dans ce type de groupe est souvent limitée et tendancieuse, ce qui peut engendrer des conflits néfastes entre les sous-groupes.

LE PROCESSUS DÉCISIONNEL DANS LES GROUPES

L'une des activités les plus importantes dans un groupe est la *prise de décision*. Nous traiterons plus en détail (au chapitre 12) ce processus qui conduit à choisir entre plusieurs lignes de conduite possibles. Cependant, dans la mesure où le bien-fondé et l'à-propos des décisions et des processus qui y mènent peuvent avoir un effet notable sur l'efficacité d'un groupe, il convient d'aborder le sujet ici.

LA PRISE DE DÉCISION AU SEIN D'UN GROUPE

Edgar Schein, universitaire et conférencier de renommée internationale, s'est beaucoup consacré à l'analyse et à l'amélioration des processus décisionnels dans les groupes[33]. Il a observé que ces derniers parviennent à leurs décisions en utilisant l'un ou l'autre des six modes suivants.

1. *La décision par absence de réaction* Les idées se succèdent sans susciter de véritable discussion. Lorsque le groupe finit par en accepter une, toutes les autres ont été abandonnées ou rejetées, non pas au terme d'une analyse critique, mais par simple manque de réaction.

2. *La décision selon la règle de l'autorité* Le président du comité, le cadre supérieur ou le leader du groupe prend la décision au nom de tous les membres, avec ou sans discussion. Ce mode décisionnel a le mérite d'être expéditif. Quant au bien-fondé de la décision, il dépendra de la qualité de l'information dont dispose la personne qui décide, et de la mesure dans laquelle le groupe accepte cette façon de faire.

3. *La décision selon la règle de la minorité* Une, deux ou trois personnes parviennent à dominer le groupe et à l'amener à la décision qu'elles favorisent. Le scénario le plus fréquent consiste à lancer une suggestion, puis à forcer l'accord du groupe par des déclarations du genre : « Personne n'a d'objections ?... Alors, on passe au point suivant ! »

4. *La décision selon la règle de la majorité* La décision prise à la majorité est l'une des formes les plus courantes de processus décisionnels, surtout s'il y a des signes avant-coureurs de désaccords. On peut procéder par un vote en bonne et due forme, ou en sondant les membres pour connaître l'opinion majoritaire. Les groupes recourent souvent à ce mode de décision, inspiré du système démocratique, sans avoir conscience des problèmes qu'il peut engendrer. Le fait d'avoir recours à un vote peut faire naître des clans de perdants et de gagnants. La minorité des perdants, qui peut se sentir oubliée, négligée ou injustement traitée, risque de ne pas mettre un grand enthousiasme dans l'application de la décision des *gagnants*. Cette frustration peut persister et ainsi nuire à l'efficacité du groupe.

5. *La décision par consensus* Le **consensus** se définit comme une décision de groupe obtenue à la suite de discussions ; la solution choisie reçoit l'appui de la plupart des membres, les autres acceptant de s'y rallier. Lorsqu'on parvient à une telle décision, même ceux qui s'opposaient à la position choisie savent qu'ils ont été écoutés et qu'ils ont eu l'occasion d'influer sur le cours des évènements. Le consensus n'exige pas qu'on atteigne l'unanimité sur une question. En revanche, il exige que tout membre dissident ait la certitude raisonnable d'avoir pu s'exprimer et d'avoir été écouté[34] (voir la rubrique *Du savoir à la pratique 8.2*).

▶ **Consensus**
Décision de groupe appuyée par la plupart des membres et à laquelle les autres acceptent de se rallier

> **DU SAVOIR À LA PRATIQUE 8.2**
>
> **Les lignes directrices pour parvenir au consensus**
>
> - N'argumentez pas aveuglément ; tenez compte des réactions de vos collègues à vos points de vue.
> - Ne changez pas d'idée simplement pour parvenir plus vite à un accord.
> - Ne cherchez pas à masquer ou à éviter les conflits en soumettant la décision au vote, en la marchandant ou en tirant à pile ou face.
> - Essayez d'amener chacun à prendre part au processus décisionnel.
> - Laissez les désaccords se manifester ; faites en sorte que les nouvelles informations, les idées neuves et les opinions dissidentes fassent l'objet de discussions.
> - N'envisagez pas la prise de décision comme une compétition qui fait forcément des gagnants et des perdants ; cherchez des solutions qui conviennent à tous.
> - Discutez toutes les hypothèses, écoutez avec attention et favorisez la participation de tous les membres du groupe au processus décisionnel.

6. *La décision à l'unanimité* L'unanimité est probablement la conclusion idéale d'un processus décisionnel, puisque tous les membres du groupe sont alors entièrement d'accord avec la décision prise. C'est un mode de décision collective *parfaitement logique* et *logiquement parfait*, mais auquel il n'est pas toujours facile de recourir en milieu professionnel.

La difficulté de gérer le fonctionnement du groupe jusqu'à ce qu'il parvienne au consensus ou à l'unanimité explique que les groupes prennent parfois leurs décisions selon les règles de l'autorité, du vote majoritaire ou même de la minorité[35].

LES AVANTAGES ET LES INCONVÉNIENTS DE LA PRISE DE DÉCISION COLLECTIVE

Les groupes les plus performants ne s'en tiennent pas à un seul et même mode de prise de décision en tout temps et en toutes circonstances ; ils changent de mode de prise de décision selon le contexte et la nature du problème. En fait, il est important que le leader du groupe ait la capacité d'aider ce dernier à choisir le mode de prise de décision le plus approprié : celui qui mènera à une décision bien fondée et opportune, à laquelle les membres adhéreront vraiment. Le choix du mode de prise de décision doit tenir compte des avantages et des inconvénients de la prise de décision collective[36]. Voici ses principaux avantages.

Les avantages de la prise de décision collective

1. **La quantité d'information** Le groupe dispose d'une plus grande somme de connaissances et d'expertise pour résoudre le problème.
2. **La diversité des options** Le groupe explore un plus grand nombre de voies, ce qui évite l'étroitesse de vues.
3. **La compréhension et le consentement** Les membres du groupe comprennent et acceptent mieux la décision finale.
4. **L'engagement** Les membres du groupe se sentent plus engagés relativement à la décision et sont donc plus motivés à contribuer à sa mise en œuvre.

Cela dit, la prise de décision collective comporte également des inconvénients, notamment les suivants.

Les inconvénients de la prise de décision collective

1. **La pression des pairs** Les membres peuvent se sentir obligés d'acquiescer à ce que le groupe semble souhaiter.
2. **La prédominance d'une minorité** Un individu ou un clan peut imposer ses vues au groupe ou le manipuler pour l'amener à la décision qu'il favorise.
3. **Le temps requis** La participation d'un grand nombre de personnes aux discussions ralentit le processus décisionnel ; les décisions de groupe exigent généralement plus de temps que les décisions individuelles.

LA PENSÉE DE GROUPE

Le psychologue social Irving Janis a constaté un problème potentiel majeur dans la prise de décision collective : la ***pensée de groupe***, c'est-à-dire la tendance, chez les membres de groupes où la cohésion est très forte, à perdre tout sens critique[37]. Selon Janis, la cohésion du groupe exige un degré élevé de conformisme, de sorte que ses membres finissent par être peu disposés à critiquer les idées et les suggestions des autres. Le désir de préserver leur cohésion et d'éviter les différends les pousse à privilégier l'obtention d'accords au détriment de l'analyse critique, ce qui peut donner lieu à des décisions peu judicieuses.

Janis estime que la pensée de groupe n'est pas étrangère au désastre qu'a entraîné le manque de préparation des forces armées américaines à Pearl Harbor en 1941. On a également relié ce phénomène à certaines décisions du gouvernement américain durant la guerre du Vietnam, aux évènements qui ont conduit à l'explosion des navettes spatiales *Challenger* et *Columbia*, ainsi qu'aux erreurs commises par les services de renseignements américains concernant la présence d'armes de destruction massive en Irak.

La pensée de groupe constitue indéniablement une menace sérieuse à la qualité de la prise de décision collective. Les leaders et les membres des groupes doivent être à l'affût des signes précurseurs de la pensée de groupe et, surtout, prendre des mesures préventives pour s'en prémunir (voir la rubrique *Du savoir à la pratique 8.3*)[38]. Conscient de cette nécessité, le président Kennedy préférait s'absenter de certaines discussions stratégiques de son cabinet à l'époque de l'épisode des missiles cubains : selon certaines sources, cette précaution aurait facilité les discussions et l'ensemble du processus décisionnel qui ont permis de résoudre cette crise.

DU SAVOIR À LA PRATIQUE 8.3

Comment éviter la pensée de groupe

- Confiez à chaque membre du groupe un rôle d'évaluateur critique.
- Demandez au leader de ne pas montrer de partialité en faveur d'une position.
- Créez des sous-groupes qui travaillent à un même problème.
- Demandez aux membres de consulter des personnes extérieures et de faire part au groupe de leur avis.
- Invitez des experts à observer et à commenter le fonctionnement du groupe.
- À chaque séance de travail, demandez à l'un des membres du groupe de jouer l'avocat du diable.
- Rédigez divers scénarios sur les intentions possibles des groupes concurrents.
- Quand un consensus semble se dégager, tenez une « réunion de la dernière chance ».

▸ **Pensée de groupe**
Tendance, chez les membres de groupes où la cohésion est très forte, à perdre tout sens critique

LES TECHNIQUES D'AIDE À LA PRISE DE DÉCISION COLLECTIVE

Pour tirer le meilleur profit possible du groupe dans la prise de décision, le dirigeant doit en gérer la dynamique de façon à en réduire les inconvénients et à en maximiser les avantages[39]. Il doit, tout particulièrement, se méfier des problèmes de fonctionnement qu'entraînent souvent les séances de discussions libres sur un problème donné au cours des délibérations d'un comité ou des réunions d'équipe. Dans de tels contextes, la pression des pairs vers la conformité, la prédominance d'un membre ou d'un clan et même l'atmosphère tendue des débats peuvent détourner le groupe de son objectif premier. Dans certains cas, il peut s'avérer judicieux d'avoir recours à certaines techniques d'aide à la prise de décision collective[40].

Le remue-méninges

Au cours d'une séance de ***remue-méninges***, on invite tous les membres du groupe à émettre le plus d'idées et de suggestions possible, rapidement et sans se censurer. Le remue-méninges repose sur quatre règles essentielles.

1. *Aucune critique*   Les membres doivent s'abstenir de commenter ou de critiquer les idées émises tant que le processus n'est pas terminé.
2. *Aucune censure*   Comme le remue-méninges privilégie l'imagination et la créativité, chaque membre du groupe doit se sentir libre d'émettre les idées les plus radicales ou les plus étranges.
3. *Multiplicité des idées*   On cherche à obtenir le plus grand nombre d'idées possible en tablant sur le fait que l'une d'entre elles se démarquera.
4. *Réflexion en escalade*   On encourage chacun à reprendre les idées des autres et à les améliorer en les poussant plus loin ou en les combinant.

Cette technique de mise en commun des facultés créatrices d'un groupe favorise l'enthousiasme et l'engagement des membres ainsi qu'une circulation des idées fort utile à la résolution des problèmes.

▶ **Remue-méninges**
Technique d'aide à la prise de décision collective fondée sur la libre expression du plus grand nombre d'idées possible, sans critique immédiate

La technique du groupe nominal

Tout groupe traverse des périodes durant lesquelles les opinions des membres divergent à tel point que les discussions libres débouchent sur des désaccords et des conflits. En outre, la taille du groupe peut rendre difficile la gestion des séances de remue-méninges et de discussions libres. Dans de tels cas, le gestionnaire peut judicieusement avoir recours à la ***technique du groupe nominal***[41]. On divise le groupe en sous-groupes de six ou sept membres, et on demande à chacun de répondre individuellement et par écrit à une *question nominale* – par exemple : « Que devrait-on faire pour améliorer la productivité de notre groupe ? » –, en notant le plus grand nombre possible d'idées et de suggestions. Puis, on fait un tour de table où chaque membre du groupe fait connaître ses réponses, lesquelles sont consignées au fur et à mesure sur de grandes feuilles de papier.

Aucune critique n'est permise, mais l'animateur autorise les questions de clarification. Un nouveau tour de table permet également aux participants de préciser leurs idées s'il y a lieu ; encore là, les critiques ne sont pas permises, l'objectif n'étant que de s'assurer que tous comprennent les tenants et les aboutissants de ce qui est suggéré. Enfin, on dresse, à la suite d'un vote, une liste hiérarchisée des meilleures réponses à la question nominale. Cette technique permet d'évaluer des idées sans les problèmes d'inhibition, de conflits et de distorsion qui peuvent surgir au cours de discussions libres.

▶ **Technique du groupe nominal**
Technique d'aide à la prise de décision collective qui fait appel à des règles structurées pour générer les idées et les hiérarchiser

La technique Delphi

Cette troisième approche de la prise de décision collective a été conçue par Olaf Helmer et utilisée par la Rand Corporation lorsque les membres de ses équipes éprouvaient de la difficulté à se réunir. La ***technique Delphi*** repose sur une succession de questionnaires distribués à un groupe de décideurs. Ainsi, on envoie aux participants un premier questionnaire énonçant le problème ; leurs réponses sont synthétisées par un coordonnateur, qui leur transmet son résumé analytique accompagné d'un questionnaire de suivi. Les membres du groupe y répondent, et le processus se répète jusqu'à ce qu'un consensus émerge et qu'on parvienne à une décision claire.

▶ **Technique Delphi**
Technique d'aide à la prise de décision collective qui repose sur une succession de questionnaires distribués à de nombreux décideurs pour susciter un consensus

La technique Delphi a le mérite de permettre la prise de décision collective dans des situations où les membres ne peuvent pas se rencontrer ; par contre, certains de ses détracteurs lui reprochent de ne pas permettre aux participants d'expliquer ni de justifier leurs positions.

La prise de décision assistée par ordinateur

Les technologies de l'information et des communications (TIC) permettent au processus décisionnel de se dérouler à distance et fournissent même des logiciels d'aide à la prise de décision collective[42]. L'utilisation de plus en plus courante du *remue-méninges virtuel* est un exemple de cette tendance aux *cyber-réunions* : de leur ordinateur, les participants peuvent faire parvenir leurs idées, en interaction simultanée ou asynchrone, à un logiciel d'analyse qui compile et distribue les résultats. Évidemment, la technique Delphi et celle du groupe nominal peuvent aussi être facilitées par les nouvelles technologies. La prise de décision assistée par ordinateur offre plusieurs avantages, notamment l'anonymat, le grand nombre d'idées soumises, l'efficacité de la mise en mémoire pour utilisation future et la possibilité de prendre en charge des groupes importants et dispersés.

GUIDE DE RÉVISION

RÉSUMÉ

Quelles sont les principales caractéristiques des groupes au sein des organisations ?

- Un groupe est un ensemble constitué d'au moins deux personnes qui collaborent régulièrement à l'atteinte d'objectifs communs.
- Les groupes peuvent être bénéfiques à l'organisation en aidant leurs membres à améliorer leur rendement et en favorisant leur satisfaction au travail.
- On peut considérer l'organisation comme un réseau de groupes interdépendants, dont les responsables ont souvent une fonction de leader dans un groupe et de subordonné dans un autre.
- Un groupe parvient à la synergie lorsque ses réalisations collectives dépassent la somme des réalisations qu'auraient pu accomplir individuellement ses membres.
- Les groupes formels sont des groupes désignés officiellement par l'organisation pour assumer un rôle précis ; ils se présentent, notamment, sous forme d'unités administratives, de groupes de travail, de groupes d'étude ou de comités.
- Le groupe informel se constitue spontanément, au gré des relations personnelles ou pour répondre à certains domaines d'intérêt communs de ses membres, sans l'intervention ou sans l'appui officiel de l'organisation.

Quelles sont les étapes de l'évolution d'un groupe ?

- Tout groupe traverse, au cours de son existence, une série d'étapes dont chacune comporte des défis particuliers pour le leader et pour les membres du groupe.
- À l'étape de la constitution, les difficultés du groupe résident dans l'intégration des membres.
- À l'étape du tumulte, les difficultés du groupe résident dans la gestion des attentes individuelles et les questions de statut.
- À l'étape de la cohésion (ou étape de l'intégration initiale), les difficultés du groupe résident dans la gestion des relations entre ses membres et la coordination de leurs efforts.
- À l'étape du rendement (ou étape de l'intégration totale), les difficultés du groupe résident dans la consolidation et l'amélioration des relations interpersonnelles et du rendement collectif.
- À l'étape de la dissolution, les difficultés de groupe résident dans l'achèvement de ses tâches et la gestion du processus de démantèlement.

Quels sont les fondements de l'efficacité du groupe ?

- Un groupe efficace est un groupe caractérisé par son rendement élevé, la satisfaction professionnelle de ses membres et sa viabilité, c'est-à-dire sa capacité à maintenir des résultats probants à long terme.
- En tant que systèmes ouverts, les groupes doivent interagir avec succès avec leur environnement afin d'obtenir les intrants (facteurs de production) qu'ils transformeront en extrants (produits).
- Les divers facteurs de production dont dispose le groupe sont les fondements de son efficacité. Ils comprennent, notamment : les objectifs, le système de récompenses, les ressources, les techniques, la nature des tâches, la diversité des membres et la taille du groupe.
- La dynamique de groupe correspond aux *processus* par lesquels les intrants sont transformés en produits ou en résultats.
- La dynamique de groupe englobe les interactions, les activités et les sentiments des membres, qui peuvent prendre des formes tantôt prescrites, tantôt spontanées.
- La dynamique intergroupes correspond à l'ensemble des phénomènes relationnels qui surviennent entre deux groupes ou plus.
- Les inconvénients de la compétition intergroupes peuvent être atténués par des stratégies de gestion visant à former les groupes à la coopération et à les orienter vers des comportements de collaboration plutôt que vers des comportements de rivalité.
- Les groupes en milieu organisationnel travaillent selon différents modèles d'interaction et de réseau de communication.
- Les groupes interactifs utilisent un réseau de communication décentralisé. C'est le modèle qui convient le mieux aux tâches complexes et non routinières.
- Les groupes d'action parallèle utilisent un réseau de communication centralisé. C'est le modèle qui convient le mieux aux tâches simples, qu'on peut aisément uniformiser ou diviser.
- Les groupes de neutralisation utilisent un réseau de communication restreint. C'est le modèle qui apparaît lorsqu'il y a un désaccord entre des sous-groupes.

Comment les décisions se prennent-elles dans un groupe ?

- Un groupe peut arriver à une décision par l'absence de réaction, par la règle de l'autorité, par la règle de la majorité, par la règle de la minorité, par le consensus ou par l'unanimité.
- Les principaux avantages de la prise de décision collective sont, notamment, la quantité d'information réunie, une meilleure compréhension de la décision et un engagement plus marqué des membres à l'égard de cette décision.
- Les principaux inconvénients de la prise de décision collective sont, en particulier, la pression des pairs pour que tous endossent l'opinion générale, la prédominance d'une minorité et le temps requis.
- La pensée de groupe est la tendance, chez les membres de groupes où la cohésion est très forte, à perdre tout sens critique.
- Il existe plusieurs techniques d'aide à la prise de décision collective, notamment le remue-méninges, la technique du groupe nominal, la technique Delphi et la prise de décision assistée par ordinateur.

MOTS CLÉS

Concordance de statut	p. 226	Problématique diversité–consensus	p. 225
Consensus	p. 233	Remue-méninges	p. 236
Dynamique de groupe	p. 227	Réseau de communication centralisé	p. 231
Dynamique intergroupes	p. 229	Réseau de communication décentralisé	p. 231
Équipe virtuelle (ou cybergroupe)	p. 220		
Facilitation sociale	p. 219		
Groupe	p. 216	Réseau de communication restreint	p. 232
Groupe efficace	p. 217	Synergie	p. 217
Groupe formel	p. 219	Technique Delphi	p. 236
Groupe informel	p. 221	Technique du groupe nominal	p. 236
Paresse sociale	p. 218	Théorie des besoins relationnels (FIRO-B)	p. 226
Pensée de groupe	p. 235		

ÉVALUATION DES CONNAISSANCES

QUESTIONS À CHOIX MULTIPLE

1. La théorie des besoins relationnels (FIRO-B) se penche sur _____ au sein d'un groupe. **a)** la compatibilité des membres **b)** la paresse sociale **c)** la prédominance de certains membres **d)** le conformisme

2. Dans l'évolution d'un groupe, c'est à l'étape _____ que ses membres commencent véritablement à constituer une entité coordonnée. **a)** du tumulte **b)** de la cohésion **c)** du rendement **d)** de l'intégration totale

3. Un groupe efficace se caractérise par un rendement élevé, la satisfaction professionnelle de ses membres et _____ **a)** la coordination. **b)** l'harmonie. **c)** la créativité. **d)** la viabilité de l'équipe.

4. La nature des tâches, le système de récompenses et la taille du groupe sont des _____ qui jouent un rôle majeur dans l'efficacité du groupe. **a)** processus **b)** éléments de la dynamique de groupe **c)** intrants **d)** facteurs favorisant la loyauté du personnel

5. Pour l'équipe de résolution de problèmes, la taille idéale est de _____
   a) 3 ou 4 personnes, au maximum. b) 5 à 7 personnes. c) 8 à 10 personnes.
   d) 12 ou 13 personnes.

6. Lorsque deux groupes entrent en compétition, on peut s'attendre à _____ au sein de chacun des groupes rivaux. a) une plus grande loyauté b) une plus forte contestation des directives émises par le leader c) une diminution de l'attention et de l'énergie consacrées aux tâches d) une augmentation des conflits

7. Un groupe d'action parallèle utilise un réseau de communication _____
   a) interactif. b) décentralisé. c) centralisé. d) restreint.

8. Un problème complexe sera traité plus efficacement par un groupe utilisant un réseau de communication _____ a) tous azimuts. b) radial.
   c) électronique. d) linéaire.

9. La tendance des groupes à perdre tout sens critique au cours de la prise de décision est un phénomène appelé _____ a) la pensée de groupe.
   b) l'effet Ringlemann. c) la concordance décisionnelle. d) le consensus.

10. Lorsque l'application d'une décision requiert un engagement élevé de la part des membres, il vaut mieux que cette décision se prenne _____
    a) par la règle de l'autorité. b) par vote majoritaire. c) par consensus. d) par la pensée de groupe.

11. Pour ce qui est du comportement humain au sein d'un groupe, à quoi correspond l'effet Ringlemann ? a) À la tendance des groupes à prendre des décisions risquées. b) À la paresse sociale. c) À la facilitation sociale. d) À la satisfaction des besoins sociaux des membres.

12. Les membres d'un groupe de projet multiculturel doivent être conscients que _____ pourrait ralentir l'avancement des objectifs du groupe.
    a) la synergie b) la pensée de groupe c) la problématique diversité–consensus
    d) la dynamique intergroupes

13. L'une des stratégies recommandées pour faire face au phénomène de paresse sociale se manifestant au sein d'un groupe consiste à _____
    a) mettre le problème de côté. b) demander à un autre membre du groupe d'exercer des pressions sur la personne qui pose problème pour qu'elle travaille plus fort. c) offrir à cette personne des récompenses supplémentaires afin qu'elle se sente coupable. d) renforcer la responsabilité individuelle en rendant significative la contribution de chacun au travail collectif.

14. On dit qu'il y a _____ lorsqu'une personne qui occupe un poste prestigieux à l'extérieur d'un groupe – par exemple, celui de vice-président d'une organisation – a une position ordinaire au sein d'un groupe d'étude dont on a confié la présidence à un superviseur qui occupe une position hiérarchique moins élevée dans l'organisation. a) une insuffisance de rôle b) une surcharge de rôle c) une discordance de statut d) une problématique diversité–consensus

15. Laquelle des stratégies suivantes est recommandée pour éviter la pensée de groupe ? a) S'assurer que le leader exprime clairement ses opinions. b) Placer le groupe à l'abri de toute influence extérieure. c) À chaque séance de travail, demander à l'un des membres du groupe de jouer l'avocat du diable. d) Éviter que des sous-groupes travaillent à un même problème.

QUESTIONS À RÉPONSE BRÈVE

16. Que peuvent apporter les groupes à l'organisation ?
17. Quels types de groupes formels rencontre-t-on dans une organisation ?
18. Quelle est la différence entre les comportements prescrits et les comportements spontanés dans la dynamique de groupe ?
19. En quoi la compétition entre deux ou plusieurs groupes peut-elle nuire à l'organisation ?

QUESTION À DÉVELOPPEMENT

20. Depuis quelque temps, Alejandro Puron, leader actuel du cercle de qualité de son entreprise, est placé devant un dilemme. L'un des membres du cercle soutient que l'équipe devrait toujours parvenir à des recommandations unanimes « sinon, dit-il, nous n'aurons pas de véritable consensus ». Alejandro, lui, estime que l'unanimité, bien que souhaitable, n'est pas toujours nécessaire pour obtenir un consensus. Pour trancher la question, Alejandro fait appel à vous, qui êtes consultant en gestion et spécialiste des groupes en milieu organisationnel. Qu'allez-vous lui dire ? Justifiez votre réponse.

LE CO DANS LE FEU DE L'ACTION

Pour ce chapitre, nous vous suggérons les activités suivantes du *Cahier d'apprentissage en CO* (voir p. C1) :

Études de cas	Exercices	Autoévaluations
10. Un membre oublié	18. Double appartenance	9. Efficacité d'un groupe
11. Marc Perrot	19. Travœufs pratiques	17. Influence des heuristiques sur le processus décisionnel
	34. Incursion dans l'inconnu	

 www.erpi.com/schermerhorn

Vous trouverez dans le Compagnon Web du manuel les réponses aux questions d'évaluation des connaissances du chapitre ainsi que les autoévaluations en mode interactif.

LE TRAVAIL D'ÉQUIPE ET LE RENDEMENT DES ÉQUIPES

CHAPITRE 9

Les équipes sont une source importante de créativité en milieu de travail. Ce chapitre traite d'aspects essentiels de la réussite des organisations aujourd'hui, soit la présence en leur sein d'équipes motivées et le travail d'équipe qui assure leur succès.

OBJECTIFS D'APPRENTISSAGE

Après l'étude de ce chapitre, vous devriez être en mesure :
- d'expliquer ce qui caractérise les équipes et le travail d'équipe ;
- d'expliquer en quoi consiste la consolidation d'équipe ;
- de discuter des modes de fonctionnement d'une équipe efficace ;
- de distinguer les principaux types d'équipes dans les nouveaux milieux de travail.

PLAN DU CHAPITRE

LES ÉQUIPES ET LE TRAVAIL D'ÉQUIPE
- Les divers types d'équipes
- La nature du travail d'équipe
- La diversité et le rendement des équipes

LA CONSOLIDATION D'ÉQUIPE
- Comment se déroule le processus de consolidation d'équipe ?
- Les diverses approches en matière de consolidation d'équipe

LES MODES DE FONCTIONNEMENT D'UNE ÉQUIPE EFFICACE
- L'intégration des recrues
- Le leadership lié aux tâches et le leadership lié aux relations
- Les rôles au sein de l'équipe et leur dynamique
- Les normes de l'équipe
- La cohésion de l'équipe

LES PRINCIPAUX TYPES D'ÉQUIPES DANS LES NOUVEAUX MILIEUX DE TRAVAIL
- L'équipe de résolution de problèmes
- L'équipe interfonctionnelle
- L'équipe virtuelle
- L'équipe semi-autonome

GUIDE DE RÉVISION

« Les équipes, ça vaut la peine qu'on y travaille. »

GE vit la gestion participative au quotidien[1]

Quand Philippe Simonato se promène dans l'usine, ce cadre supérieur est impossible à distinguer des employés qui surveillent les 80 robots ou qui usinent des pièces de métal. Tout le monde le salue par son prénom. Comme eux, il porte une chemise bleue identifiée à GE Aviation, une filiale de General Electric, ce qui le rend identique aux employés de la production et aux ingénieurs.

« Nous passons la moitié de notre temps dans l'usine à discuter avec des employés et à les aider de différentes manières », nous explique-t-il au cours de cette visite guidée. C'est là un exemple de l'application de la gestion déambulatoire, une particularité de cette usine que GE exploite depuis plus de 25 ans.

« Lorsqu'un employé veut nous parler, c'est nous qui allons à lui, précise Normand Charron, directeur des ressources humaines. Nous ne le convoquons pas à nos bureaux. Cette approche facilite le dialogue et démontre que, même si on n'a pas tous les mêmes fonctions, on est solidaires sur les objectifs à atteindre. »

À voir M. Simonato circuler dans l'usine et à l'entendre expliquer le fonctionnement des robots, les caractéristiques des pièces fabriquées et les gains de productivité réalisés ici et là, on croit se trouver en présence d'un ingénieur de formation.

Erreur : il est comptable agréé. Après avoir travaillé en vérification dans un cabinet, il s'est joint à l'usine de Bromont il y a 19 ans. Il en est le directeur depuis 12 ans. L'usine compte 650 employés, dont 500 affectés à la production.

« Pas besoin d'être ingénieur pour être directeur d'usine, affirme Normand Charron. C'est une affaire de leadership. Philippe est un leader naturel. Il s'intéresse aux gens, à ce qu'ils font et aux aspects techniques de la production. Il a de la vision, il est ouvert, il communique. Cela crée le climat nécessaire à la réalisation des objectifs. » Normand Charron avait auparavant participé à la mise en place de la gestion participative à l'usine de Paccar, à Sainte-Thérèse.

L'équipe de Bromont est une référence pour les autres usines de fabrication d'aubes au sein de GE Aviation. […]

> « La gestion participative est au cœur du fonctionnement de l'usine de Bromont. »

Les aubes fabriquées à Bromont sont des pièces clés dans les compresseurs des moteurs de Boeing 737, de la série 320 d'Airbus et des jets régionaux de Bombardier et d'Embraer. Le nouveau moteur GEnx, qui équipera le futur 787 de Boeing, sera aussi doté d'aubes fabriquées à Bromont.

La gestion participative est au cœur du fonctionnement de l'usine de Bromont. Cette approche de gestion a été choisie par GE Aviation au moment même de sa conception.

Cette méthode signifie que les employés participent à tous les comités mis en place par la direction pour assurer la gestion des activités d'exploitation. Ils n'ont jamais senti le besoin de se syndiquer.

« Les employés saisissent bien les objectifs de l'usine et ses enjeux, explique M. Simonato. Ils comprennent que, si nous améliorons notre productivité, nous pourrons fabriquer davantage et nous sécuriserons nos emplois par le fait même. » […]

Selon M. Simonato, l'usine améliore sa productivité de 6 à 7 % par année. […]

La prépondérance des tâches individuelles a considérablement diminué au profit du travail d'équipe, et c'est l'une des transformations les plus frappantes que connaît aujourd'hui l'organisation du travail[2]. Dans la plupart des secteurs, on considère le travail d'équipe comme un facteur majeur – et même crucial – de l'amélioration de la productivité et de la qualité de vie professionnelle.

Il n'empêche que, pour ceux et celles qui sont habitués aux modes de fonctionnement traditionnels, appliquer au travail le concept d'équipe constitue un défi de taille. Le fait de confier à des équipes un nombre toujours accru de tâches peut engendrer des problèmes qui relèvent de la dynamique des groupes et de leur harmonisation fonctionnelle. Les entrepreneurs visionnaires et gestionnaires qui ont une intuition aiguisée de l'avenir ne peuvent se contenter de reconnaître la valeur du travail d'équipe et d'adopter des approches novatrices en la matière ; pour constituer des équipes qui seront solides, viables et hautement performantes, ils doivent soutenir et encourager les personnes qui les composent, et renforcer la qualité des liens qui les unit.

LES ÉQUIPES ET LE TRAVAIL D'ÉQUIPE

Un groupe de travail peut être considéré comme une *équipe* s'il correspond à la définition suivante : un petit groupe de travailleurs aux compétences complémentaires collaborant activement à l'atteinte d'un objectif commun, dont ils se considèrent comme collectivement responsables[3].

> **Équipe**
> Petit groupe de travailleurs aux compétences complémentaires collaborant activement à l'atteinte d'un objectif commun, dont ils se considèrent comme collectivement responsables

Les équipes sont l'une des forces les plus dynamiques dans les transformations majeures que connaissent aujourd'hui les organisations. Jay Conger, un universitaire et spécialiste de la gestion, affirme que les organisations structurées en équipes préfigurent le mode de gestion de l'avenir et qu'elles sont une réponse du monde des affaires aux impératifs de vitesse imposés par un environnement toujours plus concurrentiel[4]. Il cite en exemple un fabricant aéronautique américain qui a vu ses temps de conception et de production diminuer de 50 % après qu'il eut remplacé ses unités de travail spécialisées et traditionnelles par des équipes interfonctionnelles. Jay Conger ajoute que « les équipes interfonctionnelles sont extrêmement rapides[5] ». Il est donc primordial pour les gestionnaires d'en apprendre autant que possible sur de telles équipes et, plus particulièrement, sur le travail d'équipe dans une organisation.

LES DIVERS TYPES D'ÉQUIPES

De nos jours, l'un des grands défis de toute organisation consiste à transformer les groupes formels décrits au chapitre 8 en de véritables équipes hautement performantes. Selon le contexte et les objectifs poursuivis, celles-ci se présenteront sous l'une ou l'autre des formes suivantes[6] :

1. **L'équipe qui fait des recommandations** Constituée pour se pencher sur des problèmes précis et recommander des solutions, cette équipe doit généralement remettre son rapport à une date précise et elle se dissout une fois son mandat rempli. C'est donc une équipe provisoire – un groupe d'étude, un comité ad hoc, une équipe de projet, etc. – dont les membres doivent être capables (1) d'apprendre rapidement à travailler ensemble, (2) d'accomplir la tâche qu'on leur confie et (3) de formuler des recommandations que d'autres mettront en application.

2. **L'équipe qui dirige** Composée de personnes qui assument déjà des fonctions d'encadrement dans d'autres groupes, cette équipe de gestion peut se rencontrer à divers échelons de la structure organisationnelle. L'équipe de direction, constituée d'un directeur général entouré de cadres supérieurs, en est un exemple. Quel que soit son lieu d'intervention, ce type d'équipe peut améliorer les processus de l'organisation et apporter son expertise à la résolution de problèmes complexes ou de situations délicates. Par exemple, une équipe de direction peut se voir confier des mandats complexes touchant la

définition de la mission, des objectifs et des valeurs de l'organisation, la planification stratégique et la mise en œuvre de moyens pour amener le personnel à y adhérer[7].

3. **L'équipe qui exécute** Il s'agit du groupe ou de l'unité de travail qui effectue régulièrement des tâches telles que la commercialisation ou la fabrication. Pour parvenir à une efficacité durable, ses membres doivent entretenir de bonnes relations à long terme, disposer de systèmes d'exploitation bien conçus et bénéficier d'un soutien logistique externe adéquat. Enfin, est-il besoin de l'ajouter, il leur faut de l'énergie pour garder le rythme et relever les défis quotidiens associés à un excellent rendement.

LA NATURE DU TRAVAIL D'ÉQUIPE

Il est vital, pour toute équipe, que ses membres croient à ses objectifs et qu'ils aient la motivation nécessaire pour collaborer à l'exécution des tâches qui en découlent, qu'il s'agisse de tâches de recommandation, d'encadrement ou d'exécution. En fait, la caractéristique première d'une véritable équipe est le sentiment de responsabilité collective qu'éprouvent ses membres par rapport à ce qu'ils accomplissent[8]. Ce sentiment de responsabilité collective prépare le terrain à un authentique ***travail d'équipe***, où les membres mettent leurs compétences respectives au service d'un objectif commun[9]. Un tel engagement envers le travail d'équipe suppose que chacun soit prêt à « écouter ce que disent les autres et à y réagir constructivement ; le cas échéant, à leur accorder le bénéfice du doute ; à leur apporter son soutien ; à reconnaître leurs intérêts et leurs réalisations[10] ».

▶ **Travail d'équipe**
Travail de groupe où les membres mettent leurs compétences respectives au service d'un objectif commun

Un travail d'équipe de cette qualité est la clé de voûte de toute équipe hautement performante, mais pour parvenir à un tel résultat il faut un leadership exceptionnel, et cela, quel que soit le milieu de travail. Mettre sur pied une équipe bien rodée et efficace ne se résume pas à regrouper quelques personnes, puis à attendre qu'elles fassent du bon travail[11]. Vous trouverez dans la rubrique *Du savoir à la pratique 9.1* quelques pistes utiles à cet égard.

L'équipe hautement performante possède certaines caractéristiques qui lui permettent d'exceller dans le travail de groupe et de fournir un rendement exceptionnel :

1. *Une équipe hautement performante entretient des valeurs fondamentales* qui orientent les attitudes et les comportements de ses membres dans des directions conformes à sa mission. Ces valeurs servent de système de contrôle interne et peuvent remplacer la plupart des directives qui, autrement, viendraient d'un supérieur.

2. *Une équipe hautement performante traduit sa mission en objectifs de rendement précis.* Si la mission collective donne son orientation générale à l'équipe, c'est par l'engagement à produire des résultats tangibles, comme réduire de moitié le temps de mise en marché d'un produit, qu'elle prend

DU SAVOIR À LA PRATIQUE 9.1

Comment mettre sur pied une équipe hautement performante

- Formulez des objectifs de rendement ambitieux.
- Donnez le ton dès la première réunion de l'équipe.
- Créez un sentiment d'urgence.
- Assurez-vous que les membres de l'équipe possèdent les compétences requises.
- Fixez des règles claires sur les comportements à adopter au sein de l'équipe.
- En tant que leader, donnez l'exemple par vos propres comportements.
- Faites en sorte que l'équipe connaisse rapidement des succès.
- Fournissez constamment à l'équipe de nouvelles données.
- Faites en sorte que les membres de l'équipe passent beaucoup de temps ensemble.
- Donnez une rétroaction positive et récompensez le rendement élevé.

son sens véritable. Des objectifs précis deviennent des balises importantes dans la résolution des problèmes et des désaccords, et dictent les normes en matière de rétroaction et d'évaluation des résultats. Ils aident également les membres de l'équipe à prendre conscience de la valeur de la collaboration par rapport aux efforts individuels.

3. *Une équipe hautement performante possède la bonne combinaison de compétences*, soit les compétences techniques, les compétences conceptuelles (liées à la résolution de problèmes et à la prise de décision) et les compétences humaines.

4. *Une équipe hautement performante fait preuve de créativité.* Dans le contexte actuel, les équipes doivent mettre leur inventivité au service de l'amélioration continue des diverses activités de l'organisation, y compris celles qui sont liées à la productivité et au service à la clientèle. Elles doivent également contribuer à créer de nouveaux produits et de nouveaux marchés.

LA DIVERSITÉ ET LE RENDEMENT DES ÉQUIPES

S'il veut créer des équipes dont le rendement est très élevé et les conserver, le gestionnaire doit se préoccuper de tous les facteurs qui contribuent à l'efficacité des groupes dont nous avons traité au chapitre 8, et les gérer à bon escient. Rappelons, notamment, que la diversité au sein des groupes est un intrant clé qui joue un rôle majeur dans la dynamique des groupes de l'organisation moderne[12]. Les groupes *homogènes*, où tous les membres ont sensiblement le même profil – âge, sexe, antécédents ethnoculturels, formation, expérience professionnelle, etc. –, ont certains avantages : il sera plus facile pour les membres de nouer rapidement des liens et d'établir les prémices d'une collaboration harmonieuse. Cependant, cette homogénéité aura tendance à limiter l'expression des idées neuves, des points de vue différents et, plus généralement, de la créativité.

Dans les groupes hétérogènes, la diversité des profils crée un vaste réservoir d'information, de points de vue et de talents qui peut faciliter la résolution de problèmes et accroître la créativité ; il s'agit d'un avantage précieux, particulièrement si l'équipe se consacre à des tâches complexes et exigeantes. En revanche, les recherches montrent aussi que la diversité des membres d'une équipe peut créer certaines difficultés sur le plan du rendement au moment de la création de l'équipe et dans les premières étapes de son évolution : les tensions et les conflits engendrés par l'hétérogénéité des coéquipiers peuvent ralentir le fonctionnement du groupe sous certains aspects, par exemple lorsqu'il s'agit de nouer des relations, de s'entendre sur la nature d'un problème et les moyens de le régler, de partager l'information ou de gérer des désaccords[13].

À court terme, les obstacles de cet ordre peuvent être assez importants ; cependant, comme l'illustre la **figure 9.1**, une fois les problèmes d'adaptation résolus, la diversité devrait avoir un effet positif sur le rendement de l'équipe[14]. Par conséquent, même si la constitution d'une équipe diversifiée exige plus de temps et d'efforts, les retombées sur les plans de la créativité et du rendement en valent amplement la peine. Pour les organisations hautement performantes, le travail en équipe constitue un avantage concurrentiel d'autant plus notable que les équipes sont enrichies par la diversité.

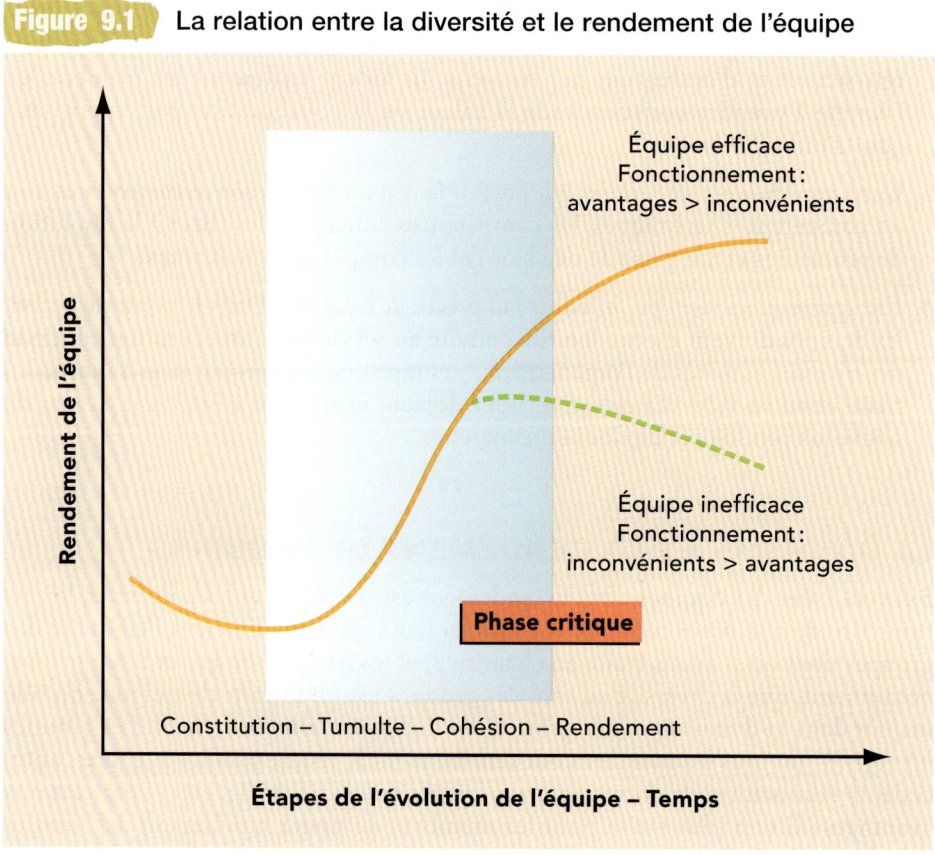

Figure 9.1 La relation entre la diversité et le rendement de l'équipe

LA CONSOLIDATION D'ÉQUIPE

Il ne suffit pas de regrouper des travailleurs pour que ceux-ci effectuent un véritable travail d'équipe ; parvenir au travail d'équipe exige beaucoup d'efforts, tant des membres du groupe que de leur leader. Dans le domaine sportif, par exemple, les entraîneurs et les gérants qui forment une nouvelle équipe travaillent très fort, en début de saison, à y instaurer une collaboration harmonieuse et efficace. Pourtant, cela n'empêche pas des équipes très expérimentées de connaître des problèmes au fur et à mesure que la saison avance : certains joueurs relâchent leurs efforts, d'autres sont mécontents, connaissent un creux ou sont échangés et vont à d'autres équipes. Même les équipes de classe mondiale traversent de mauvaises passes, et les athlètes les plus talentueux peuvent perdre leur motivation, se quereller avec leurs coéquipiers et ne plus guère contribuer au succès de leur équipe. Lorsque cela arrive, il est primordial que propriétaires, gérants, entraîneurs et joueurs fassent le point, cernent les problèmes et prennent les mesures qui s'imposent pour restaurer l'esprit d'équipe générateur de bons résultats[15].

Les équipes de travail connaissent des difficultés semblables. Celles qui sont nouvellement constituées doivent relever les défis qui attendent tout groupe aux premières étapes de son évolution. Même lorsqu'elles sont parvenues à maturité,

Des AS de la gestion

KPMG mise sur le mentorat et le travail d'équipe pour développer ses leaders[16]

KPMG est la première à appliquer les conseils qu'elle prodigue à ses clients: elle se prépare aux défis à venir en planifiant sa relève.

La stratégie a été mise en place avant même que les associés baby-boomers de la firme de services fiscaux, d'audit et de conseils commencent à prendre leur retraite. La voici résumée en six points.

1. Embaucher la crème de la crème

Défi démographique oblige, la relève n'est pas toujours facile à trouver. KPMG met donc l'accent sur le recrutement à la source: dans les universités. Chaque année, le cabinet montréalais recrute une soixantaine d'étudiants pour des postes de stagiaires. «Le processus d'embauche est rigoureux. Nous nous assurons de ne recruter que la crème de la crème», dit Philippe Grubert, associé pour la division de vérification de KPMG depuis trois ans et responsable du recrutement universitaire. KPMG vise la qualité, mais aussi la quantité, recrutant des dizaines de stagiaires par année. «Il y a une rotation du personnel tous les quatre ou cinq ans», admet Laurent Giguère, associé de KPMG depuis 19 ans.

2. Des valeurs communes

«Nous recherchons des candidats qui ont les mêmes valeurs que nous, qui les comprennent et qui les appliquent dans leur travail», dit M. Giguère.

Évidemment, les employés peuvent différer d'opinions, mais au quotidien, leur travail doit refléter des valeurs telles que la collaboration, le respect des personnes et la communication.

3. Un travail d'équipe

Embaucher des stagiaires et des employés n'est qu'une première étape du transfert de connaissances entre les générations. Il faut ensuite former des équipes de travail mixtes pour que les plus jeunes puissent développer leurs compétences et acquérir des connaissances. Quel que soit leur échelon, tous les employés de KPMG travaillent en équipe. La hiérarchie n'est d'ailleurs pas un obstacle lorsqu'il est question de collaboration entre les employés des différents niveaux.

4. Tous des mentors

Le mentorat fait partie intégrante du travail d'équipe. «Tous les employés, mis à part les stagiaires, sont des mentors, dans le cadre de programmes formels ou informels», explique Philippe Grubert.

Marie-Ève Dupont, directrice principale en vérification chez KPMG, accompagne des employés moins expérimentés. Dans l'entreprise depuis 10 ans, Mme Dupont est entrée à titre de stagiaire, puis a gravi les échelons. «Nous avons tous eu le même parcours, donc nous comprenons ce que les autres doivent faire», dit-elle. En effet, tous les employés doivent franchir des étapes importantes pour gravir les échelons de l'entreprise.

5. Reconnaître la relève

Le mentorat et le coaching permettent de reconnaître la relève, étant donné que les employés travaillent en étroite collaboration.

6. De la rétroaction, encore et toujours

Les employés de KPMG sont évalués tous les six mois et après chaque mandat, lesquels durent environ quatre semaines. Grâce à ces occasions de rétroaction, on reconnaît les employés qui se démarquent et qui sont prêts à passer une autre étape.

---

elles connaissent presque toutes, à un moment ou à un autre, des problèmes liés au manque de collaboration. Quand cela se produit ou, mieux, pour éviter que cela se produise, il peut être judicieux d'entamer un processus systématique de **consolidation d'équipe** (*team building*, parfois traduit par *harmonisation fonctionnelle d'une équipe* ou *constitution d'une équipe*), c'est-à-dire une série d'actions planifiées visant à recueillir et à analyser des données sur le fonctionnement d'une équipe, puis à amorcer des changements pour faciliter la collaboration entre les membres et améliorer l'efficacité opérationnelle de l'équipe[17].

▸ **Consolidation d'équipe**
Série d'actions planifiées visant à recueillir et à analyser des données sur le fonctionnement d'une équipe, puis à amorcer des changements pour faciliter la collaboration entre les membres et améliorer l'efficacité opérationnelle de l'équipe

COMMENT SE DÉROULE LE PROCESSUS DE CONSOLIDATION D'ÉQUIPE ?

La plupart des approches en matière de consolidation d'équipe ont en commun la démarche d'amélioration continue ou le processus présenté à la **figure 9.2**. Ce processus commence lorsque quelqu'un note l'existence d'un problème – ou d'un problème potentiel – d'efficacité collective. Alertés, les membres travaillent alors ensemble à la collecte des données relatives au problème, à leur analyse et à la planification des améliorations possibles, pour ensuite passer à l'action. L'ensemble de ce processus nécessite l'entière coopération des membres de l'équipe ; chacun doit prendre une part active à l'évaluation des activités du groupe et aux décisions concernant les mesures à adopter pour améliorer le fonctionnement de l'équipe. Un tel processus d'amélioration continue devrait faire partie des activités courantes de toute équipe, car il peut avoir un effet très bénéfique sur son efficacité à long terme.

La consolidation d'équipe est un processus participatif qui s'appuie sur une collecte de données rigoureuse. Quelle que soit la méthode utilisée – sondage par questionnaire, entrevues, *groupe nominal* ou toute autre méthode appropriée –, l'objectif de la collecte des données est de répondre à des questions cruciales comme : « Quel est notre degré d'efficacité dans l'exécution de nos tâches ? » ; « Jusqu'à quel point sommes-nous individuellement satisfaits de notre équipe et de nos méthodes de travail ? » Il existe plusieurs manières stimulantes de poser ces questions et d'y répondre en faisant appel à tout un chacun.

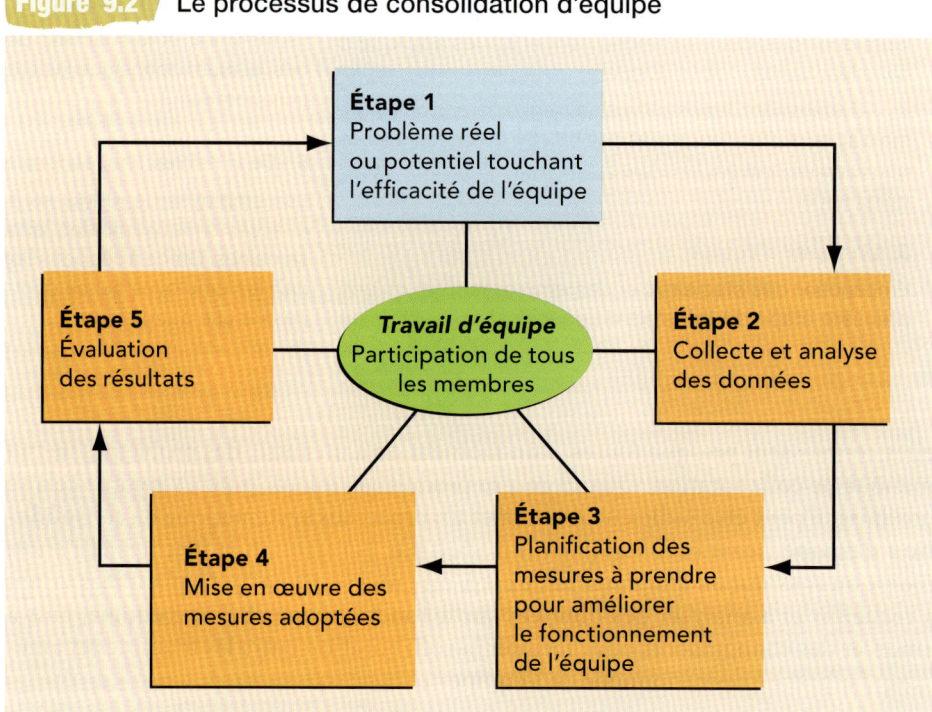

Figure 9.2 Le processus de consolidation d'équipe

> **DU SAVOIR À LA PRATIQUE** 9.2
>
> **Des moyens pour canaliser la diversité culturelle au sein d'une équipe[18]**
>
> Jeanne Brett, Kristan Behfar et Mary C. Kern se sont engagés dans l'étude des équipes interculturelles en sachant très bien qu'elles « créent de frustrants dilemmes de gestion ». Tout en représentant un très riche potentiel sur le plan des compétences et des perspectives, la diversité culturelle engendre assurément des obstacles. Voici quatre des stratégies que recommandent ces chercheurs pour améliorer la gestion des équipes interculturelles :
>
> 1. *L'adaptation* Chaque membre de l'équipe devrait reconnaître ouvertement les écarts culturels, assumer une responsabilité personnelle à l'égard de ceux-ci et faire des gestes concrets pour collaborer au-delà de ce qui sépare.
>
> 2. *L'intervention structurelle* On peut donner une nouvelle forme à l'équipe et la réorganiser afin de réduire les frictions culturelles, par exemple en créant de petits groupes de travail réunissant des membres de différentes cultures.
>
> 3. *L'intervention de gestion* L'établissement de normes claires dès le début du travail en équipe contribue à assurer que les bons processus sont mis en œuvre pour régler les problèmes découlant de la diversité culturelle.
>
> 4. *Le retrait* Tout membre perturbateur, réfractaire à coopérer ou non désireux d'apprendre à fonctionner dans un contexte de diversité culturelle peut être retiré de l'équipe.

LES DIVERSES APPROCHES EN MATIÈRE DE CONSOLIDATION D'ÉQUIPE

Il existe plusieurs approches en matière de consolidation d'équipe :

1. **La retraite** Avec l'approche de la retraite, le processus de consolidation d'équipe se déroule en une ou plusieurs journées de réflexion organisées par la direction à l'extérieur des locaux de l'entreprise. Durant la retraite, les coéquipiers se consacrent intensivement à des tâches d'évaluation et de planification de leurs activités, en commençant par une analyse du fonctionnement de l'équipe basée sur des données recueillies par sondages, par entrevues ou autrement. Les retraites consacrées à la consolidation d'équipe se déroulent souvent avec l'aide d'un consultant recruté parmi le personnel de l'organisation ou à l'extérieur. Assez courantes, elles offrent des occasions uniques de réfléchir intensivement sur les activités et les réalisations du groupe.

2. **L'amélioration continue** L'approche de l'amélioration continue exige qu'une personne (gestionnaire, chef d'équipe ou leader du groupe) ou plusieurs – l'ensemble du groupe, par exemple – prennent la responsabilité de voir régulièrement au renforcement de l'esprit et du travail d'équipe. Cette démarche de consolidation d'équipe peut se faire au cours de réunions périodiques ou, plus intensivement, au cours de retraites *autogérées* (sans consultant). Dans les deux cas, les membres s'engagent à suivre constamment et de près le cheminement et les réalisations du groupe, ainsi qu'à apporter les changements quotidiens qui garantiront son effica-

cité. Cette amélioration continue du travail d'équipe est essentielle dans le contexte de gestion intégrale de la qualité qui caractérise les organisations d'aujourd'hui.

3. **Les activités de groupe en plein air** L'approche des activités de groupe en plein air est une technique de plus en plus utilisée, seule ou combinée à d'autres, pour la consolidation d'équipe. Des activités en plein air, qui s'apparentent à des jeux, plongent les membres de l'équipe dans diverses situations physiquement exigeantes dont ils ne peuvent venir à bout que par le travail d'équipe. Le principe est le suivant: en coopérant pour surmonter les obstacles, les membres de l'équipe acquièrent de la confiance en soi, apprennent à apprécier les compétences de leurs coéquipiers et à s'engager davantage dans le travail d'équipe. Plusieurs entreprises de services se spécialisent dans la consolidation d'équipe par l'approche des activités de groupe en plein air. Pour un groupe qui n'a encore jamais entrepris de démarche de consolidation d'équipe, ce genre d'expérience peut être une façon amusante de commencer; les autres pourront y trouver une nouvelle occasion d'enrichir leur expérience de groupe.

LES MODES DE FONCTIONNEMENT D'UNE ÉQUIPE EFFICACE

Comme bien d'autres changements qui caractérisent les milieux de travail, l'importance nouvelle que prend le travail d'équipe constitue un défi pour les gens habitués à un mode de travail plus traditionnel. Étant donné que les équipes se voient confier davantage de responsabilités et que de plus en plus de cadres inférieurs doivent renoncer à leur rôle traditionnel de superviseur pour endosser celui de chef d'équipe, des difficultés sur le plan de leur fonctionnement peuvent apparaître. Et ce n'est pas tout: à mesure que les organisations intègrent le travail d'équipe et que les équipes prolifèrent, le passage de l'une à l'autre et les participations multiples peuvent aussi amener des complications.

Les chefs d'équipe et les coéquipiers doivent donc apprendre à surmonter divers problèmes, notamment à aplanir les difficultés d'intégration des nouvelles recrues, à régler les désaccords sur les objectifs et les responsabilités, à gérer les disputes et les retards liés au processus décisionnel et à résoudre les tensions et les conflits interpersonnels. La dynamique de groupe étant de nature complexe, on peut dire que la consolidation d'équipe est un travail sans fin. Il survient toujours quelque chose de nouveau qui exige des efforts supplémentaires de leadership pour améliorer le fonctionnement de l'équipe.

L'INTÉGRATION DES RECRUES

Qu'il s'agisse de créer une nouvelle équipe ou d'ajouter une ou plusieurs personnes à un groupe déjà constitué, l'intégration des nouveaux membres va rarement sans problème. Les difficultés émergent souvent quand la recrue, en proie à la nervosité et à l'embarras inhérents à l'arrivée dans un nouveau milieu social et professionnel, tente de comprendre ce qu'on attend d'elle. Généralement, ses préoccupations concernent un ou plusieurs des aspects suivants :

1. *La participation* « Est-ce qu'on me laissera participer aux décisions et aux activités du groupe ? »
2. *Les objectifs* « Est-ce que j'adhère aux mêmes objectifs que mes coéquipiers ? »
3. *L'influence* « Est-ce que j'arriverai à influer sur le cours des évènements ? »
4. *Les relations* « Arriverons-nous à nous rapprocher ? Jusqu'à quel point ? »
5. *Le fonctionnement* « Serons-nous perturbés par des conflits ? »

Les préoccupations des recrues

Edgar Schein note que certaines recrues peuvent tenter de résoudre les problèmes liés à leur intégration en adoptant des comportements égoïstes, ce qui risque d'entraver le fonctionnement de l'équipe[19]. Il dresse trois profils comportementaux typiques dans de telles situations.

1. *Le batailleur* Frustré par ses problèmes d'adaptation à son nouveau groupe, le batailleur pourra se montrer agressif ou rejeter toute autorité. Ce type de personne veut qu'on réponde à la question suivante : « Qui suis-je dans ce groupe ? »
2. *Le gentil collaborateur* Manquant d'assurance, redoutant les aléas des relations intimes et du pouvoir, le gentil collaborateur se montrera des plus attentionnés à l'égard de ses collègues, se comportera de façon très dépendante et cherchera à s'intégrer à des *clans*. Ce type de personne a besoin d'être rassurée et de se savoir appréciée.
3. *Le calculateur* Le calculateur s'inquiète de la satisfaction de ses besoins personnels au sein du groupe. Il pourra se montrer passif, réfléchi ou même obstiné tant qu'il s'échinera à résoudre la dichotomie entre ses objectifs individuels et les orientations collectives.

LE LEADERSHIP LIÉ AUX TÂCHES ET LE LEADERSHIP LIÉ AUX RELATIONS

Les recherches en psychologie sociale indiquent que, pour parvenir à un rendement élevé et soutenu en équipe, il faut satisfaire deux types de besoins : (1) les besoins relatifs aux tâches à accomplir ; (2) les besoins relatifs à l'entretien de bonnes relations[20]. Même si la personne affectée officiellement au poste de responsable de l'équipe doit contribuer à la satisfaction de ces deux types de besoins, cette tâche incombe à l'ensemble des membres. Le partage des responsabilités entre tous les membres en vue de leur contribution à la satisfaction des besoins du groupe en matière de tâches et de relations harmonieuses, appelé **leadership partagé**, est une exigence fondamentale pour la viabilité de toute équipe hautement performante.

La **figure 9.3** énumère les diverses activités par lesquelles s'exerce le leadership. Les **activités de leadership liées aux tâches** sont celles qui contribuent directement à l'accomplissement de tâches importantes qui incombent au groupe. Elles consistent, par exemple, à susciter discussions et réflexions, à fournir de l'information, à en recueillir auprès des autres membres, à clarifier ce qui est dit et à résumer le contenu des discussions[21]. L'équipe qui néglige ou qui bâcle ces activités aura du mal à atteindre ses objectifs. En revanche, l'équipe efficace les considère comme la clé de voûte de son succès et veille à ce que ses membres y contribuent autant que cela est nécessaire.

▶ **Leadership partagé**
Responsabilité collective dans la satisfaction des besoins du groupe en matière de tâches et de relations harmonieuses

▶ **Activité de leadership liée aux tâches**
Activité qui contribue directement à l'accomplissement des tâches importantes incombant à un groupe

Figure 9.3 Le leadership dans la dynamique d'équipe

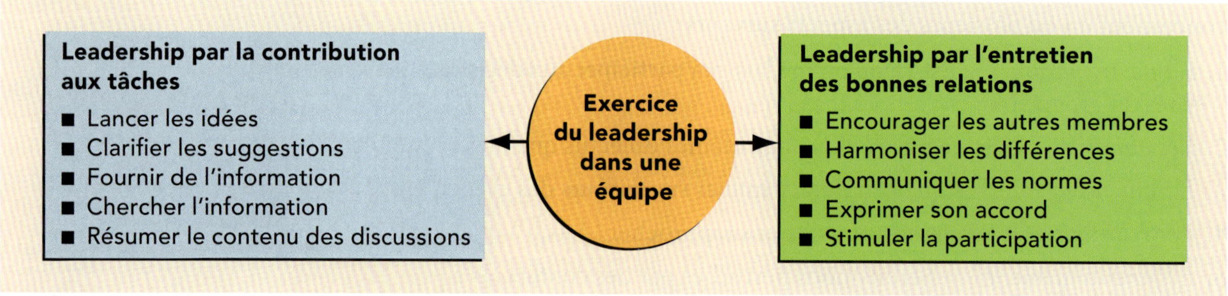

Leadership par la contribution aux tâches
- Lancer les idées
- Clarifier les suggestions
- Fournir de l'information
- Chercher l'information
- Résumer le contenu des discussions

Exercice du leadership dans une équipe

Leadership par l'entretien des bonnes relations
- Encourager les autres membres
- Harmoniser les différences
- Communiquer les normes
- Exprimer son accord
- Stimuler la participation

> **Activité de leadership liée aux relations**
> Activité qui permet à une équipe de maintenir sa cohésion et sa vitalité en tant qu'entité sociale en évolution

Les **activités de leadership liées aux relations**, quant à elles, servent à entretenir les relations collectives et interpersonnelles. Elles permettent à l'équipe de maintenir sa cohésion et sa vitalité en tant qu'entité sociale en évolution. Ainsi, un membre du groupe participe au leadership lié aux relations lorsqu'il stimule la participation des autres membres, souligne leur contribution, s'efforce d'harmoniser des différences individuelles ou donne son accord à la ligne de conduite privilégiée par le groupe. Si le groupe néglige ou bâcle ces activités, ses membres ne tarderont pas à se montrer insatisfaits les uns des autres et déçus de leur participation au groupe, situation annonciatrice de conflits qui risquent de drainer des énergies indispensables à l'exécution des tâches. Dans une équipe efficace, en revanche, les membres participent aux activités liées aux relations, ce qui raffermit les liens qui facilitent la collaboration à long terme.

En plus d'aider le groupe à satisfaire ses besoins liés à l'accomplissement des tâches et à l'entretien des rapports harmonieux, les membres ont une responsabilité collective : celle d'éviter les *comportements perturbateurs*, c'est-à-dire les comportements qui risquent de nuire au fonctionnement collectif. Le plein exercice du leadership partagé donne à chaque membre du groupe une responsabilité personnelle : celle d'éviter les comportements néfastes et d'aider les autres membres à faire de même. Voici quelques exemples de comportements perturbateurs :

> **Quelques comportements perturbateurs au sein d'une équipe**

- se montrer ouvertement agressif envers les autres membres ;
- se mettre en retrait et refuser de coopérer ;
- flâner quand il y a du travail à faire ;
- se servir du groupe comme d'une tribune, d'un confessionnal ou d'un cabinet de psychologue ;
- trop parler de sujets sans importance ;
- s'acharner à attirer l'attention ou la reconnaissance.

LES RÔLES AU SEIN DE L'ÉQUIPE ET LEUR DYNAMIQUE

> **Rôle**
> Ensemble d'attentes associées à un poste ou à une fonction au sein d'une équipe

Dans un groupe ou une équipe, les membres, nouveaux ou anciens, ont besoin de savoir ce qu'on attend d'eux et ce qu'ils peuvent attendre des autres. Un **rôle** est un ensemble d'attentes associées à un poste ou à une fonction au sein d'une équipe. Si les rôles respectifs ne sont pas clairement établis ou s'ils sont conflictuels, il peut en résulter des problèmes de rendement. Les groupes et les équipes de travail font parfois face à des difficultés liées à des carences dans la détermination ou la gestion des rôles de leurs membres.

Si un travailleur n'est pas certain du rôle qui lui revient, il y a **ambiguïté de rôle**. Pour être efficaces, les gens ont besoin de savoir ce qu'on attend d'eux. Dans les équipes ou les groupes nouvellement constitués, les ambiguïtés de rôles peuvent donner à certains l'impression que leurs efforts sont gaspillés ou que leurs coéquipiers ne les apprécient pas à leur juste valeur. Les équipes ou les groupes bien établis ne sont pas à l'abri de ce genre de malentendus, principalement à cause de l'incapacité de leurs membres à exprimer clairement leurs attentes et à s'écouter les uns les autres.

Le fait de demander trop ou trop peu aux gens peut aussi créer des problèmes. Si les attentes à l'égard d'une personne sont trop élevées et qu'elle se sent submergée par la charge de travail, on dira qu'il y a une **surcharge de rôle**. Si, au contraire, les attentes sont trop faibles et que la personne se sent sous-utilisée, on parlera d'une **insuffisance de rôle**. Dans tout groupe, il est primordial d'établir des attentes réalistes et explicites quant à la contribution de chacun.

Un **conflit de rôle** peut survenir lorsqu'une personne ne parvient pas à répondre aux attentes du reste du groupe ; elle comprend ce qu'elle doit faire, mais pour l'une ou l'autre des raisons que nous allons examiner, elle n'y arrive pas. Les tensions qui résultent de cette situation peuvent altérer sa satisfaction professionnelle, son rendement et ses relations avec les autres membres du groupe. Les quatre formes les plus courantes de conflit de rôle sont les suivantes.

1. *Le conflit de rôle créé par un émetteur* Une personne est aux prises avec des attentes contradictoires exprimées par une autre personne.
2. *Le conflit de rôle créé par plusieurs émetteurs* Une personne est aux prises avec des attentes contradictoires et incompatibles exprimées par différentes personnes.
3. *Le conflit entre la personne et le rôle qu'elle doit tenir* Les valeurs et les besoins d'une personne entrent en conflit avec les attentes liées à son rôle.
4. *Le conflit entre les divers rôles d'une même personne* Les attentes attachées aux divers rôles d'une même personne sont incompatibles (le conflit entre les exigences de la vie professionnelle et celles de la vie familiale en est un excellent exemple).

> **Ambiguïté de rôle**
> Situation où une personne a des incertitudes quant à ce qu'on attend d'elle

> **Surcharge de rôle**
> Situation où les attentes à l'égard d'une personne sont trop élevées et où celle-ci se sent submergée par la charge de travail

> **Insuffisance de rôle**
> Situation où les attentes à l'égard d'une personne sont trop faibles et où celle-ci se sent sous-utilisée

> **Conflit de rôle**
> Situation où une personne ne parvient pas à répondre aux attentes liées à son rôle parce qu'elles sont contradictoires ou incompatibles

Les diverses formes de conflit de rôle

> **Norme**
> Règle de conduite ou critère de comportement que se donnent les membres d'une équipe

LES NORMES DE L'ÉQUIPE

Les **normes** d'une équipe expriment ses idées ou ses opinions sur la façon dont ses membres devraient se conduire. On peut les considérer comme des *règles de conduite* et des *critères de comportement* que se donnent les membres d'une équipe[22]. Les normes sont utiles à plusieurs égards : elles contribuent à clarifier les attentes inhérentes à l'appartenance à un groupe donné, elles permettent à ses membres de structurer leur comportement et de prévoir celui des autres, elles aident les membres à acquérir une orientation commune et, enfin, elles renforcent la *culture* du groupe ou de l'équipe. Si un membre enfreint une des normes de son groupe, les autres membres auront généralement des réactions visant à le « ramener à l'ordre » : critiques ouvertes, réprimandes, ostracisme ou même expulsion.

> **DU SAVOIR À LA PRATIQUE 9.3**
>
> **Sept étapes pour favoriser l'adoption de normes positives**
>
> 1. Agissez de manière à être un modèle de référence.
> 2. Tenez des réunions pour arriver à une entente sur les objectifs du groupe.
> 3. Choisissez des membres qui sont capables d'efficacité et qui en feront la preuve.
> 4. Fournissez de l'encadrement et de la formation aux membres du groupe.
> 5. Renforcez et récompensez les comportements souhaitables.
> 6. Tenez des réunions de rétroaction et d'évaluation du rendement.
> 7. Tenez des réunions pour planifier les améliorations.

Les gestionnaires – responsables de groupe de projet, directeurs de comité et chefs d'équipe – doivent s'efforcer d'aider leur groupe à adopter des normes *positives* conformes aux objectifs de l'organisation (voir la rubrique *Du savoir à la pratique 9.3*). Une norme fondamentale, quel que soit le contexte, est évidemment la *norme de rendement*, qui décrit les attentes du groupe quant à l'intensité des efforts que ses membres doivent déployer ainsi qu'à la quantité et à la qualité du travail à accomplir. Cependant, d'autres normes ont aussi leur importance. Ainsi, pour assurer l'efficacité du travail d'un comité ou d'un groupe de projet, on adoptera, notamment, des normes touchant la présence aux réunions, la ponctualité, la préparation, l'expression des critiques et la façon dont les membres doivent se comporter entre eux.

Souvent, les groupes adoptent aussi des normes sur la façon de se comporter avec les supérieurs, les collègues et les clients, ainsi que des normes relatives à la probité et à l'éthique. Voici quelques exemples de normes collectives qui montrent bien comment elles peuvent avoir des effets favorables ou néfastes sur le fonctionnement et le rendement d'un groupe ou d'une organisation, selon qu'elles sont positives ou négatives[23].

Quelques exemples de normes collectives

- *Normes en matière d'éthique* « Nous nous efforçons de prendre des décisions éthiques et nous nous attendons à ce que les autres en fassent autant » (norme positive) ; « N'ayez pas peur de gonfler votre compte de frais, car tout le monde le fait ici » (norme négative).

- *Normes en matière de fierté personnelle et organisationnelle* « Ici, nous avons l'habitude de défendre l'organisation contre les accusations injustes » (norme positive) ; « Ici, ils essaient toujours de profiter de nous » (norme négative).

- *Normes en matière de réalisations* « Dans notre équipe, personne ne ménage ses efforts » (norme positive) ; « Dans notre équipe, inutile de se défoncer, personne ne le fait » (norme négative).

- *Normes en matière de soutien et d'assistance mutuelle* « Dans notre comité, les gens prêtent une oreille attentive aux idées et aux opinions des autres » (norme positive) ; « Dans notre comité, c'est chacun pour soi et sauve-qui-peut » (norme négative).

- *Normes en matière d'amélioration et de changement* « Dans notre service, les gens cherchent continuellement des moyens d'améliorer nos façons de faire » (norme positive) ; « Inutile de se casser la tête : dans notre service, les gens tiennent à leurs bonnes vieilles méthodes, même si elles sont dépassées depuis des lustres » (norme négative).

LA COHÉSION DE L'ÉQUIPE

> **Cohésion**
> Intensité du désir des membres d'une équipe d'appartenir à ce groupe et de leur motivation à y maintenir une participation active

La **cohésion** d'une équipe correspond à l'intensité du désir de ses membres d'y appartenir et de leur motivation à y maintenir une participation active[24]. La cohésion tend à être plus forte lorsque les membres du groupe ont un âge, des attitudes,

L'éthique en CO

Des tricheurs parmi les futurs MBA[25]

Inquiétante et difficile à avaler, la nouvelle s'est malheureusement révélée exacte. Selon une étude rendue publique par le professeur Donald McCabe, de l'Université Rutgers, 56 % des étudiants inscrits à un programme de MBA ayant participé à l'enquête ont déclaré avoir déjà triché, soit en plagiant, en téléchargeant des dissertations sur le Web ou d'autres façons. Le professeur estime que, dans les faits, ce pourcentage est peut-être même plus élevé, car certains étudiants ont pu taire la vérité, de peur que leur identité soit découverte. Dans une autre étude, le professeur Tim West et ses collègues de la University of Arkansas ont interrogé des étudiants qui avaient triché en obtenant en ligne les réponses à un examen de comptabilité. À une question portant sur les motifs de leur acte, les étudiants ont donné des réponses variées. Certains ont dit ne pas être certains que ce qu'ils avaient fait était une forme de tricherie, d'autres ont reproché au professeur d'avoir imposé un examen dont les réponses étaient disponibles sur le Web et d'autres, enfin, ont rationalisé leur geste en affirmant que « tout le monde triche » et que « c'est ainsi que ça fonctionne dans le milieu des affaires ».

Questions

Vraiment ? Est-ce de cette façon que les choses se passent dans le milieu des affaires ? Est-il acceptable d'adopter un comportement simplement parce que « tout le monde » agit ainsi ? « Les cinq mots les plus dangereux de notre langue sont contenus dans cette phrase : "Tout le monde le fait" », a un jour lancé Warren Buffett, le président de Berkshire Hathaway. Qu'en pensez-vous ?

---

des besoins et des antécédents assez semblables. On observe également une forte cohésion dans les groupes de petite taille, dont les membres apprécient leurs compétences respectives, adhèrent à des objectifs communs ou assument des tâches interdépendantes. Enfin, la cohésion tend à se renforcer quand les groupes sont physiquement isolés du reste de l'organisation, et quand ils connaissent des réussites sur le plan du rendement ou qu'ils font face à des crises.

Lorsque les membres d'un groupe ou d'une équipe sont solidaires et unis, ils valorisent le fait de travailler ensemble et s'efforcent d'entretenir de bonnes relations les uns avec les autres. En ce sens, les groupes ayant une forte cohésion sont bénéfiques pour leurs membres. Ces derniers tendent à travailler plus énergiquement aux tâches collectives, à s'absenter moins souvent et à se montrer plus heureux de leurs succès et plus tristes de leurs échecs que les membres des groupes moins unis. On ne s'étonnera donc pas que le taux de rotation des membres soit généralement plus faible dans les groupes très soudés, puisque ceux-ci offrent aux gens la possibilité de satisfaire un vaste éventail de besoins individuels et de trouver respect, sécurité et estime.

Le respect des normes

Si les équipes dont la cohésion est très forte présentent de nombreux avantages pour leurs membres, ces avantages ne s'étendent pas nécessairement à l'ensemble de l'organisation. Tout dépend des normes de rendement auxquelles est associée cette cohésion. La **figure 9.4** illustre l'incidence qu'a sur le rendement une règle fondamentale de la dynamique de groupe, *la règle de la conformité aux normes*. Selon cette dernière, plus la cohésion de l'équipe est forte, plus ses membres en respectent les normes.

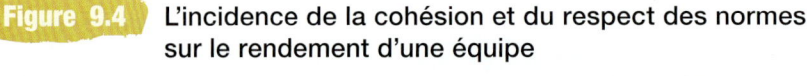

L'incidence de la cohésion et du respect des normes sur le rendement d'une équipe

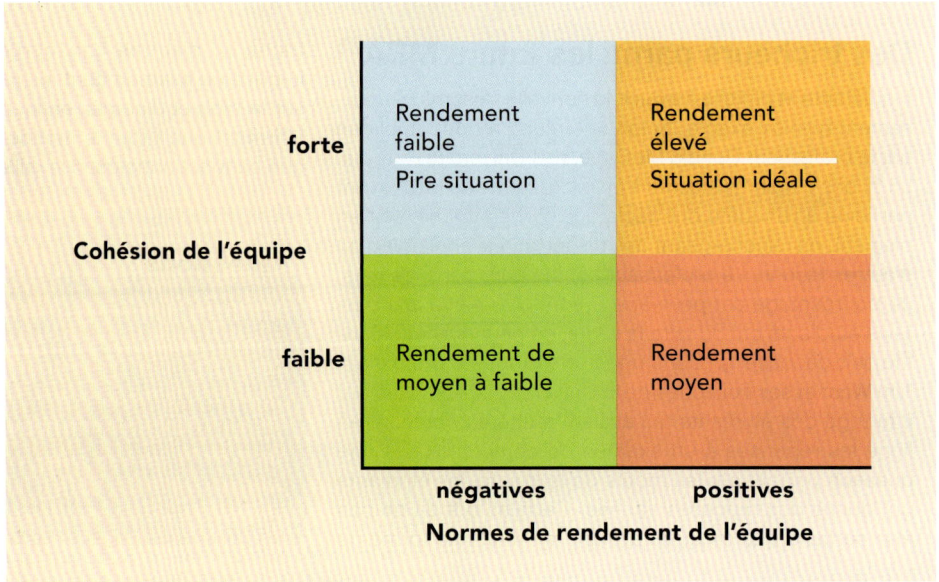

Selon la *règle de la conformité aux normes*, dans un groupe ou une équipe où la cohésion est forte, les situations suivantes peuvent se présenter :

- *Si les normes de rendement sont positives*, le fait que les membres s'y conforment aura un effet favorable sur leur rendement dans l'exécution de leurs tâches et sur leur satisfaction professionnelle – situation idéale pour tous.

- *Si les normes de rendement sont négatives*, le fait que les membres s'y conforment aura un effet néfaste sur l'organisation. En effet, on peut s'attendre à un rendement faible d'une équipe très motivée à respecter des normes qui vont à l'encontre des objectifs et des intérêts de l'organisation. Comme le montre la figure 9.4, il s'agit de la pire des situations pour l'organisation.

Entre ces deux extrêmes, le gestionnaire pourra rencontrer des situations intermédiaires où un manque de cohésion fera en sorte que les membres de l'équipe n'auront pas tellement tendance à se conformer aux normes collectives. Dans la mesure où la norme collective en matière de rendement perd alors une partie de son influence, il est difficile de prédire son effet, mais on peut généralement s'attendre à ce que le rendement de l'équipe soit moyen ou faible.

L'affaiblissement ou le renforcement de la cohésion

Les gestionnaires, chefs d'équipe et leaders doivent savoir qu'on peut renforcer la cohésion d'une équipe, ce qui leur sera particulièrement utile si ses normes de rendement sont positives. Ils doivent aussi apprendre à gérer les problèmes découlant d'une forte cohésion dans une équipe dont les normes de rendement négatives sont très respectées, et d'autant plus difficiles à changer. La **figure 9.5** contient quelques éléments de stratégies qui permettent de renforcer ou d'affaiblir la cohésion d'une

DU CÔTÉ DE LA RECHERCHE

Les clivages démographiques ont des répercussions sur la gestion des équipes au sein des organisations[26]

Alors que leurs membres ont un profil de plus en plus diversifié, les organisations comptent de plus en plus sur le travail d'équipe. Selon Dora Lau et Keith Murnighan, ces tendances soulèvent d'importantes questions de recherche. Les deux chercheurs affirment que de profonds clivages surviennent au sein d'un groupe lorsque sa diversité démographique favorise la formation de sous-groupes dont les membres se ressemblent ou s'identifient fortement les uns aux autres. Par exemple, des sous-groupes peuvent se constituer au sein d'un groupe sur la base de différences d'âge, de sexe, de race, d'origine ethnoculturelle ou de statut professionnel. Quand les clivages sont importants, les membres ont tendance à s'identifier davantage à leur sous-groupe, alors que l'identification au groupe dans son ensemble s'affaiblit. Lau et Murnighan soutiennent que ce phénomène a des incidences sur les conflits et les relations de pouvoir au sein du groupe, ainsi que sur le rendement de celui-ci.

Parmi des sujets provenant de 10 classes d'un cours universitaire en comportement organisationnel, les chercheurs ont désigné au hasard des étudiants pour former des groupes d'étude de cas constitués sur la base du sexe et de l'origine ethnoculturelle, cela afin de créer différents degrés de clivage. Une fois le travail terminé, les participants devaient répondre à un questionnaire portant sur le processus décisionnel du groupe et sur les résultats obtenus. Comme les chercheurs s'y attendaient, il est apparu que les membres de groupes caractérisés par des clivages importants évaluaient plus favorablement les membres de leur sous-groupe, comparativement à l'évaluation faite par les membres de groupes dans lesquels les clivages étaient moindres. Toutefois, ces derniers ont connu moins de conflits, ont ressenti une plus grande sécurité psychologique et ont éprouvé plus de satisfaction. La recherche a aussi montré qu'une meilleure communication au-delà des clivages influait positivement sur les résultats dans le cas des groupes caractérisés par des clivages peu marqués, mais non dans les autres groupes.

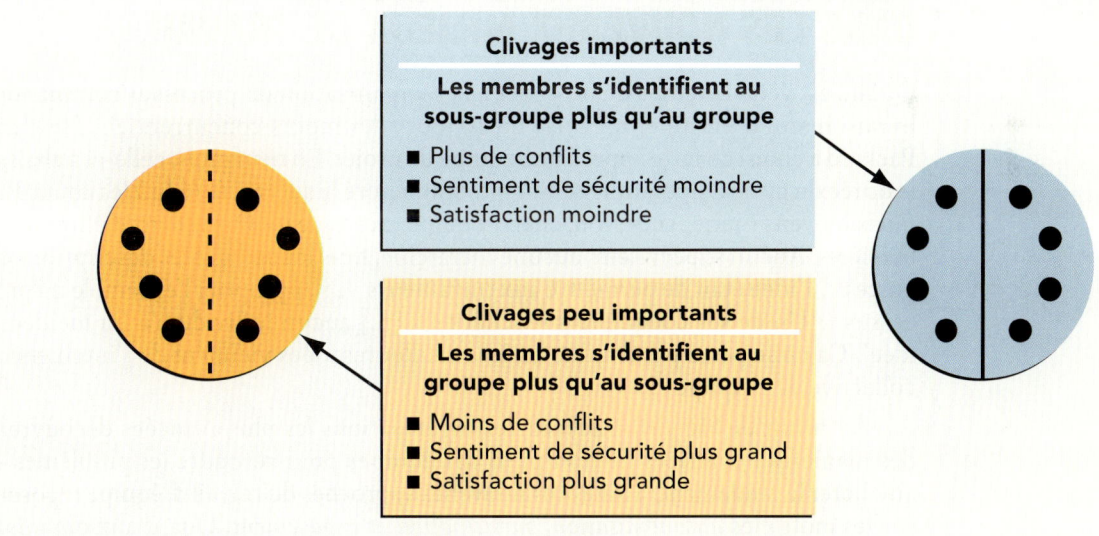

équipe en agissant sur diverses cibles : les objectifs du groupe, la composition du groupe, les interactions au sein du groupe, la taille du groupe, la dimension compétitive des activités, le système de récompenses, l'emplacement et la durée d'existence du groupe.

Figure 9.5 Des stratégies pour affaiblir ou renforcer la cohésion d'une équipe

Pour affaiblir la cohésion	CIBLES	Pour renforcer la cohésion
Susciter des désaccords	Les objectifs de l'équipe	Renforcer l'adhésion
La rendre plus hétérogène	La composition de l'équipe	La rendre plus homogène
Les restreindre	Les interactions au sein de l'équipe	Les accroître
L'augmenter	La taille de l'équipe	La réduire
La stimuler au sein de l'équipe	La compétition	L'orienter vers d'autres équipes
La lier aux résultats individuels	L'attribution des récompenses	La lier aux résultats de l'équipe
Rapprocher l'équipe des autres équipes de l'organisation	L'emplacement	Isoler l'équipe des autres équipes de l'organisation
L'abréger: démanteler l'équipe	La durée de vie de l'équipe	L'allonger: maintenir l'équipe en fonction

LES PRINCIPAUX TYPES D'ÉQUIPES DANS LES NOUVEAUX MILIEUX DE TRAVAIL

Quand est venu le temps de procéder à la réorganisation du processus commande-livraison afin d'éliminer un cycle de 26 jours des moins concurrentiels, Hewlett-Packard a choisi de faire appel à une équipe de projet. En neuf mois, celle-ci a abaissé la durée du cycle d'opérations à huit jours, amélioré le service et réduit les coûts. Par quels moyens? Julie Anderson, chef d'équipe, explique: « On a surtout éliminé les barrières. Aucun superviseur, aucune hiérarchie, finis les titres et les descriptions de postes… l'idée était de permettre aux travailleurs de s'approprier l'ensemble du processus. » Un de ses coéquipiers renchérit: « [...] aucun individu n'a "la meilleure idée". Ça ne se passe pas comme ça. Les meilleures idées viennent de l'intelligence collective de l'équipe[27]. »

À l'instar de Hewlett-Packard, les organisations les plus avancées découvrent des manières novatrices de tirer parti des équipes pour résoudre les problèmes et améliorer le rendement. Toutes ces nouvelles approches du travail d'équipe reposent sur les mots clés *autonomisation*, *participation* et *engagement*. Quant aux organisations où elles naissent, elles se caractérisent par des structures de plus en plus horizontales[28].

L'ÉQUIPE DE RÉSOLUTION DE PROBLÈMES

> **Équipe de résolution de problèmes**
> Groupe de travailleurs qui se rencontrent régulièrement pour se pencher sur des questions organisationnelles d'importance

Utiliser la créativité des équipes pour s'attaquer à des problèmes internes peut s'avérer très profitable pour les organisations. L'expression *équipe de résolution de problèmes* englobe tout un éventail d'équipes dont les membres se rencontrent régulièrement

DES LEADERS PARLENT DE LEADERSHIP

Deux pizzas pour une équipe de travail chez Amazon.com[29]

Jeff Bezos, le fondateur et chef de la direction d'Amazon.com, est à ce point créatif que, de fois en fois, les analystes sont incapables de prévoir ce qu'il sortira de son chapeau. Tandis que certains admirent ses idées et sa volonté constante de s'engager dans d'audacieuses entreprises technologiques, d'autres souhaiteraient le voir s'en tenir à assurer la bonne marche des affaires, c'est-à-dire de la boutique en ligne Amazon.com.

Son parcours vous intéresse? Regardez-le aller dans la mise en œuvre d'Elastic Compute Cloud, sa dernière initiative. Amazon EC2, comme on la désigne aussi, est un service Web qui fournit, à la demande, une puissance de calcul et de stockage de l'information à des entreprises ou à des experts en technologies qui désirent se faire un nom aux côtés des développeurs de YouTube, de MySpace et autres ressources en ligne. Le service est bon marché et fait partie des plans de Jeff Bezos, qui vise à encourager l'innovation en rendant accessibles les capacités technologiques d'Amazon. Amazon n'utilise jamais plus qu'environ 10 % de sa puissance informatique, et l'idée de son dirigeant est d'en tirer un parti maximum en vendant les surplus à d'autres. « Amazon a commencé à louer à peu près tout ce dont elle se sert elle-même comme entreprise », a-t-on pu lire dans *Business Week*.

Chez Amazon, des primes sont octroyées pour souligner le talent, la créativité et le travail en collaboration. Jeff Bezos a établi un critère permettant de déterminer la taille que doivent avoir les équipes de développement de produits : leurs membres devraient pouvoir se rassasier avec deux pizzas, et dans le cas contraire, c'est qu'ils sont trop nombreux. Ce n'est là qu'un des principes de gestion qu'il respecte afin de stimuler l'innovation, les autres étant : tout mesurer, ne pas craindre les idées bizarres, s'ouvrir aux personnes de l'extérieur et suivre de près les clients, non les concurrents. « Nous sommes prêts à traverser un certain nombre de passages sombres pour découvrir, de temps à autre, quelque chose qui en vaut le coût », affirme le dirigeant au sujet de son approche.

Blue Origin, une des plus récentes aventures de Jeff Bezos, emprunte sans contredit un chemin peu fréquenté. En effet, cette initiative place l'entreprise aux côtés d'autres coureurs qui veulent être les premiers à offrir la possibilité d'effectuer des voyages suborbitaux. Comment cette idée a-t-elle germé? Voilà une histoire qui mériterait d'être contée.

Questions

Pourquoi Jeff Bezos tient-il autant à ce que les équipes de développement de produits ne comptent pas plus de membres qu'il n'en faut pour se nourrir de deux pizzas? Le succès d'une équipe dépend-il à ce point de sa taille?

pour se pencher sur des questions organisationnelles d'importance. Ils cherchent, par exemple, des façons d'améliorer la qualité des produits ou du service, d'accroître la satisfaction de la clientèle, d'augmenter la productivité et d'améliorer la qualité de vie professionnelle. Ces équipes misant sur la participation des travailleurs permettent à ces derniers de mobiliser tout leur savoir-faire pour contribuer à la résolution des problèmes, tout en assurant à l'organisation un engagement accru de leur part dans l'application des solutions adoptées.

À titre d'exemple d'équipe de résolution de problèmes, le **cercle de qualité** est constitué d'un petit nombre de personnes qui se rencontrent régulièrement (une heure par semaine, par exemple) pour étudier et tenter de résoudre des problèmes relatifs à la qualité de la production, à la qualité de vie professionnelle, à la productivité ou aux coûts[30]. Bien que les cercles de qualité aient acquis une grande popularité, et ce, à l'échelle mondiale, on ne saurait y voir une panacée à tous les maux organisationnels.

Leur succès dépend de plusieurs facteurs, en commençant par une formation préalable des participants. Cette formation sera axée sur la dynamique de groupe, la collecte de données et les méthodes d'analyse de problèmes. Le responsable du cercle de qualité doit connaître le processus de consolidation d'équipe et savoir comment stimuler la participation des coéquipiers. Les cercles de qualité fonctionnent mieux dans les sociétés qui ont pour mission et comme objectif de privilégier la qualité, qui ont une culture organisationnelle valorisant la participation et l'autonomisation du personnel, qui misent sur la transparence et le partage de l'information importante, et qui entretiennent l'*esprit d'équipe*.

▸ **Cercle de qualité**
Groupe de travailleurs qui se rencontrent régulièrement pour trouver des moyens d'améliorer continuellement la qualité des activités et des produits au sein de leur organisation

221 directeurs des ressources humaines[31]

Au Sofitel Montréal, on encourage les employés à trouver des idées pour favoriser le travail d'équipe, à s'engager davantage et à mieux se connaître. Résultat? Les femmes de chambre ont instauré le recyclage des bouteilles de plastique et décoré à leur goût leurs espaces communs (murs peints de couleurs vives, fleurs, tableaux et photos de famille). Les barmans ont tenu un cinq à sept pour faire goûter à leurs collègues de nouveaux cocktails, qu'ils ont baptisés en fonction des qualités de chacun. Ensemble, ils ont organisé des ateliers où chacun partage sa passion (culture de bonsaïs, informatique ou survie en forêt). La cerise sur le gâteau? Une pièce de théâtre inspirée des petits travers des clients, mise en scène et jouée par les employés avec l'aide de TAC com, une société d'animation théâtrale axée sur la communication de messages clés.

L'ÉQUIPE INTERFONCTIONNELLE

Les équipes sont essentielles aux organisations qui visent une plus grande intégration de leurs diverses activités et de meilleures relations entre leurs différentes unités de travail. À cet égard, l'*équipe interfonctionnelle*, composée de travailleurs issus de différents services ou unités de travail, joue un rôle majeur. Le fait est connu: de nombreuses organisations souffrent de ce qu'on appelle le *syndrome de la compartimentation*, c'est-à-dire d'un ensemble de problèmes qui surviennent lorsque les travailleurs des divers services et unités d'une organisation se concentrent strictement sur *leurs* fonctions et limitent leurs interactions avec leurs collègues des autres unités. En ce sens, la division traditionnelle en services et en unités de travail, parce qu'elle crée des cloisons artificielles et isole les travailleurs dans des compartiments étanches, décourage plutôt qu'elle n'encourage une pensée plus intégrée et une coordination plus efficace entre les différentes composantes de l'organisation.

Ces nouvelles formes d'organisations centrées sur le travail d'équipe, dont il est question à de nombreuses reprises dans ce volume, sont conçues pour décloisonner l'organisation du travail et améliorer la circulation horizontale de l'information[32].

▸ **Équipe interfonctionnelle**
Équipe au sein de laquelle sont réunis, pour travailler à une tâche commune, des membres qui occupent diverses fonctions dans l'organisation

▸ **Syndrome de la compartimentation**
Ensemble de problèmes qui résultent d'un manque de communication et d'interactions entre les travailleurs des divers services et unités d'une organisation

Les membres des équipes interfonctionnelles peuvent résoudre les problèmes qui leur sont soumis en combinant expertises spécialisées et pensée intégrée ou systémique. De plus, ils y parviennent en étant mieux informés, et cela, plus rapidement[33]. À titre d'exemple, la société Boeing a appliqué avec succès cette forme d'organisation du travail à la conception et à la commercialisation du modèle 777 de ses avions de ligne. C'est un réseau complexe d'équipes interfonctionnelles constituées d'ingénieurs, de mécaniciens, de pilotes, de fournisseurs et de représentants de la clientèle qui a géré l'ensemble des processus, depuis la conception jusqu'à la construction.

L'ÉQUIPE VIRTUELLE

Jusqu'à récemment, le travail d'équipe se limitait, dans son concept et ses applications, aux situations où les coéquipiers pouvaient se rencontrer en personne. Cette contrainte n'est plus qu'un souvenir. Comme nous en avons fait mention au chapitre précédent, grâce aux TIC et à des logiciels appelés *collecticiels* ou *synergiciels*, les membres de l'équipe virtuelle (ou *cybergroupe*) peuvent se réunir et collaborer à un même projet malgré la distance[34]. Les organisations d'aujourd'hui, notamment dans le milieu des affaires, disposent de toute une panoplie de systèmes et d'outils qui facilitent le travail à distance sur des projets communs. Les divers collecticiels facilitent la tenue de réunions virtuelles et la prise de décision collective sous diverses formes et dans les situations les plus variées[35]. Les équipes virtuelles peuvent également bénéficier des techniques de la téléconférence, dont l'audioconférence et la vidéoconférence.

Les équipes virtuelles peuvent se révéler très profitables pour l'organisation. En plus de mettre à profit la puissance des outils informatiques pour maximiser l'efficacité de la collecte des données et du processus décisionnel, elles offrent un excellent rapport coût-efficacité et accélèrent le travail des équipes dont les membres ne peuvent pas facilement se réunir en personne[36].

Évidemment, avec la médiation de l'ordinateur, la dynamique de l'équipe virtuelle risque d'être un peu différente de celle de l'équipe qui travaille coude à coude. Si la technologie permet de triompher des distances et rend possible la communication entre des coéquipiers virtuels, ces derniers risquent, en revanche, de n'avoir que très peu de contacts personnels. Cela a le mérite de réduire au minimum l'influence des considérations affectives dans les interactions et la prise de décision – lesquelles se fonderont davantage sur des faits et des données objectives –, mais les décisions prises dans un contexte social aussi pauvre ne seront pas nécessairement les plus judicieuses. Les équipes virtuelles peuvent pâtir du manque de rapports humains et d'échanges directs entre leurs membres.

Les talents de partout mis à profit grâce aux équipes virtuelles

Les équipes virtuelles sont à la mode chez Texas Instruments. En effet, la distance géographique n'empêche aucunement les gens de travailler en collaboration. Il est tout à fait habituel que de talentueux ingénieurs de Bangalore, en Inde, participent à la conception de circuits complexes avec leurs homologues du Texas. De part et d'autre, les membres de l'équipe interagissent en profitant du décalage horaire de près d'une demi-journée. « Les problèmes qu'on mettait auparavant trois ans à résoudre sont maintenant réglés en une seule année », commente l'un des vice-présidents du groupe TI.

Comme pour tous les autres types de travail collectif, l'efficacité des équipes virtuelles dépend des efforts et de la contribution de leurs membres autant que du soutien organisationnel. Quelle que soit sa forme, le travail d'équipe est avant tout du travail! Les équipes virtuelles traversent les mêmes étapes que les autres équipes; elles réagissent généralement de la même façon aux *intrants*, et leurs exigences de fonctionnement sont généralement semblables.

Si c'est possible, le gestionnaire devrait combiner le travail en collaboration directe et le travail en équipe virtuelle afin de bénéficier de leurs avantages respectifs et d'optimiser les résultats. Enfin, il est essentiel que la technologie soit adéquate et que les coéquipiers soient bien formés à son utilisation[37]. Par ailleurs, des chercheurs ont observé que les équipes virtuelles fonctionnent mieux lorsque les tâches sont structurées et que leur accomplissement repose sur une moindre interdépendance[38]. En offrent un bon exemple ces équipes dont les membres collaborent au développement de logiciels depuis l'Inde et les États-Unis et qui progressent à chaque étape en s'appuyant sur le travail de l'autre, grâce au contact virtuel qui leur permet de franchir les fuseaux horaires et la distance géographique.

L'ÉQUIPE SEMI-AUTONOME

▸ **Équipe semi-autonome**
Équipe de travail qui a la latitude nécessaire pour planifier, organiser et évaluer ses tâches

De plus en plus répandue dans les organisations les plus avancées, l'*équipe semi-autonome* – petit groupe de travailleurs auquel ont été déléguées la planification, l'organisation et l'évaluation des tâches et des activités quotidiennes dévolues au groupe – est un autre type d'équipe de travail hautement participative[39]. Il existe plusieurs variations de cette formule et de cette appellation (*groupe de travail autogéré*, *équipe autonome*, *groupe autodirigé* ou *équipe responsable*), mais – et c'est là l'essentiel – dans une équipe semi-autonome authentique, comme le montre la figure 9.6, les coéquipiers ont toute la latitude voulue en matière d'horaires de travail, de répartition des tâches, de formation, d'évaluation du rendement, de sélection des recrues et de contrôle de la qualité. De plus, ils sont collectivement responsables de l'ensemble des résultats en matière de rendement.

Le fonctionnement d'une équipe semi-autonome

L'équipe semi-autonome est une composante permanente et officielle de la structure organisationnelle[40]. Elle remplace le groupe de travail traditionnel dirigé par un superviseur. Elle s'en distingue par le fait que ses membres assument collectivement des tâches qui incombaient jusqu'alors à un cadre de premier échelon: la planification et l'organisation des horaires de travail, l'évaluation du rendement, le contrôle de la qualité, etc.

La taille de l'équipe semi-autonome doit être assez importante pour permettre une combinaison intéressante de compétences et de ressources, mais assez réduite pour permettre un fonctionnement efficace – idéalement, entre 5 et 15 membres. On l'a dit, l'équipe décide elle-même de la cadence du travail et de la répartition des tâches. Cela est possible grâce à la **polyvalence** de ses membres, formés à remplir plusieurs fonctions au sein de leur équipe. Dans une équipe semi-autonome, on s'attend à ce que chacun puisse accomplir plusieurs tâches et même, au besoin, toutes les tâches dévolues à l'équipe. Plus les compétences sont étendues, plus le salaire de base est élevé. Les coéquipiers se chargent eux-mêmes de la formation et attestent leur maîtrise respective des tâches requises.

▶ **Polyvalence**
Capacité des travailleurs d'assumer toute une variété de fonctions et de tâches

Les retombées des équipes semi-autonomes sur les activités d'exploitation

Les avantages qu'on peut attendre des équipes semi-autonomes sont nombreux : amélioration de la productivité et de la qualité, plus grande souplesse dans la production, réponse plus rapide aux changements technologiques, diminution de l'absentéisme et de la rotation du personnel, satisfaction professionnelle accrue ainsi qu'amélioration de la qualité de vie professionnelle. Il est impossible, cependant, de garantir ces résultats.

Comme tous les changements organisationnels, le virage vers l'autonomisation des équipes de travail peut présenter des difficultés. Les modifications structurelles touchant la classification des tâches et la hiérarchie des postes ont des répercussions importantes pour les cadres et pour d'autres membres du personnel habitués à un fonctionnement plus traditionnel. En d'autres termes, avec l'équipe semi-autonome, le cadre de premier échelon devient inutile. Vous trouverez à la **figure 9.6** un schéma illustrant les incidences potentielles de ces changements. On y constate, notamment, la disparition du cadre de premier échelon, dont la plupart des fonctions traditionnelles sont dorénavant assumées par l'équipe semi-autonome.

Pour les personnes habituées à l'organisation du travail traditionnelle, ce nouvel aménagement ne va pas de soi. Le cadre intermédiaire qui doit apprendre à gérer ce type d'équipe plutôt que des individus peut se trouver en difficulté. Pour le cadre de premier échelon remplacé par une équipe semi-autonome, le changement a des répercussions encore plus personnelles et menaçantes.

Étant donné ce qui précède, bien des gestionnaires s'interrogent : *Faut-il faire de tous les groupes de travail des équipes semi-autonomes ?* La réponse est non. Les équipes semi-autonomes ne conviennent probablement pas à toutes les organisations, à tous les cadres de travail ni à tous les individus. Elles ont un énorme potentiel, mais elles exigent des conditions particulières et un soutien organisationnel approprié. À tout le moins, les principes fondateurs de toute équipe semi-autonome – *autonomisation*, *participation* et *engagement* des travailleurs – doivent correspondre aux valeurs et à la culture de l'organisation.

> **Une gestion décentralisée chez Groupe Forget audioprothésistes**[41]
>
> [...] La cinquantaine jeune, Steve Forget [président du Groupe Forget audioprothésistes] prône une gestion décentralisée, même pour les salaires : « Au début, mes employés disaient : "On a trop de travail, engagez du personnel !" Maintenant, ils sont responsables d'une enveloppe salariale qui représente 23 % des ventes, qu'ils se répartissent entre eux. Depuis lors, avant d'embaucher, ils évaluent les pratiques qui n'ont de valeur ajoutée pour personne et qui sont énergivores. Et ils proposent des solutions. » Ces solutions, ce sont les courriels « 4i », soit quatre idées pour augmenter les revenus, réduire les dépenses ou améliorer les processus d'affaires. Au siège social, on travaille chaque trimestre à l'optimisation d'un service important, comme la téléphonie. Ce qui n'empêche pas les employés de Steve Forget de trouver celui-ci très humain, malgré son souci de l'efficacité. [...]

Figure 9.6 L'équipe semi-autonome et ses répercussions sur l'organisation et le personnel d'encadrement

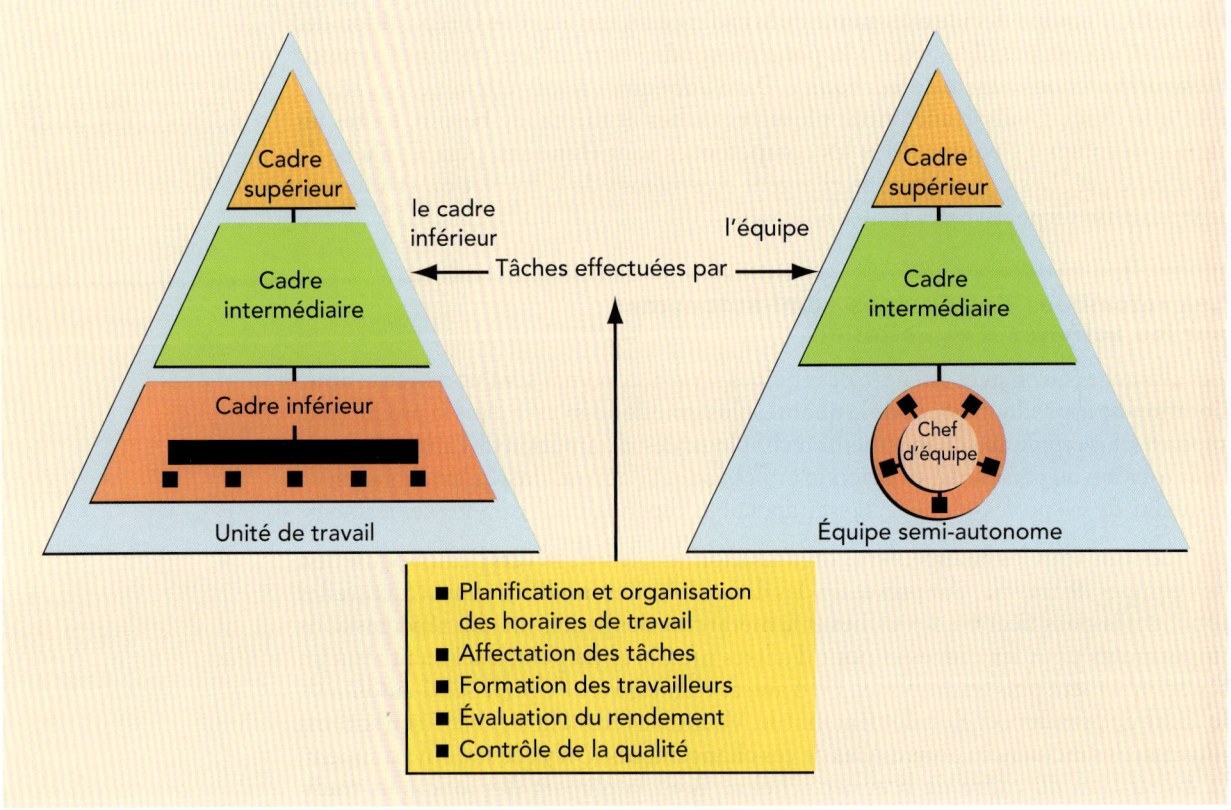

GUIDE DE RÉVISION

RÉSUMÉ

Qu'est-ce qui caractérise les équipes et le travail d'équipe ?

- Une équipe est un petit groupe de travailleurs aux compétences complémentaires collaborant activement à l'atteinte d'un objectif commun, dont ils se considèrent comme collectivement responsables.
- L'équipe hautement performante se caractérise par des valeurs fondamentales solides, des objectifs de rendement précis et une bonne combinaison de compétences ; de plus, elle fait preuve de créativité.
- Un véritable travail d'équipe exige que les coéquipiers mettent leurs compétences respectives au service de l'objectif commun.

En quoi consiste la consolidation d'équipe?

- Le processus de consolidation d'équipe consiste en une série d'actions planifiées visant à recueillir et à analyser des données sur le fonctionnement d'une équipe, puis à amorcer des changements pour faciliter la collaboration entre les membres et améliorer l'efficacité opérationnelle de l'équipe.
- La consolidation d'équipe est un processus participatif qui repose sur l'engagement de tous les coéquipiers à collaborer au processus de résolution de problèmes ainsi qu'à l'application des mesures adoptées.

Quels sont les modes de fonctionnement d'une équipe efficace?

- Qu'il s'agisse de créer une nouvelle équipe ou d'ajouter une ou plusieurs personnes à une équipe déjà constituée, l'intégration des nouveaux membres pose souvent des problèmes.
- Les activités de leadership liées aux tâches consistent, notamment, à susciter des discussions, à résumer leur contenu et à participer à l'élaboration du plan de travail de l'équipe. Quant aux activités de leadership liées aux relations, elles consistent, notamment, à stimuler la participation, à souligner la contribution de tel ou tel coéquipier et à entretenir les liens sociaux qui forment le tissu de l'équipe.
- Un coéquipier peut connaître des problèmes de rôle s'il doit faire face à des attentes ambiguës, contradictoires, trop exigeantes ou trop peu exigeantes.
- Les normes d'une équipe, c'est-à-dire les règles de conduite ou les critères de comportement que se fixent ses membres, peuvent avoir un effet considérable sur le fonctionnement et sur les résultats de l'équipe.
- Les membres d'une équipe dont la cohésion est très forte apprécient le fait d'appartenir à ce groupe et se montrent très loyaux à son égard; en outre, ils ont tendance à se conformer à ses normes.

Quels sont les principaux types d'équipes dans les nouveaux milieux de travail?

- Les membres d'une équipe de résolution de problèmes se rencontrent régulièrement pour se pencher sur des questions d'importance touchant le travail et l'organisation.
- Les membres d'un cercle de qualité se rencontrent régulièrement pour trouver des moyens d'améliorer continuellement la qualité des activités et des produits au sein de leur organisation.
- L'équipe interfonctionnelle réunit des membres qui occupent diverses fonctions dans l'organisation, tandis que les membres de l'équipe virtuelle peuvent se réunir et collaborer malgré la distance grâce aux TIC.
- Une équipe semi-autonome est un petit groupe de travailleurs auquel a été déléguée la gestion des tâches et des activités quotidiennes qui lui sont dévolues.
- Généralement, les membres d'une équipe semi-autonome planifient, exécutent et évaluent leur travail, encadrent et évaluent leur formation respective et se partagent les tâches et les responsabilités.
- Le recours aux équipes semi-autonomes a des répercussions sur la structure et sur la gestion de l'organisation, notamment, parce que ces équipes assument une grande partie des fonctions traditionnellement remplies par des cadres de premier échelon.

MOTS CLÉS

Activité de leadership liée aux relations	p. 254	Équipe interfonctionnelle	p. 262
Activité de leadership liée aux tâches	p. 253	Équipe semi-autonome	p. 264
Ambiguïté de rôle	p. 255	Insuffisance de rôle	p. 255
Cercle de qualité	p. 262	Leadership partagé	p. 253
Cohésion	p. 256	Norme	p. 255
Conflit de rôle	p. 255	Polyvalence	p. 265
Consolidation d'équipe	p. 249	Rôle	p. 254
Équipe	p. 245	Surcharge de rôle	p. 255
Équipe de résolution de problèmes	p. 260	Syndrome de la compartimentation	p. 262
		Travail d'équipe	p. 246

ÉVALUATION DES CONNAISSANCES

QUESTIONS À CHOIX MULTIPLE

1. Une des principales caractéristiques d'une véritable équipe est _____
   a) sa taille importante. **b)** sa composition homogène. **c)** sa protection contre toute influence externe. **d)** le sentiment de responsabilité collective éprouvé par ses membres.

2. Fondamentalement, le processus de consolidation d'équipe peut se définir comme un processus participatif, axé sur la collecte de données et _____
   a) axé sur les solutions à apporter aux problèmes cernés. **b)** centré sur le leader. **c)** axé sur les processus cernés. **d)** dysfonctionnel.

3. Lorsque le nouveau membre d'une équipe se demande s'il arrivera à avoir une emprise sur le cours des évènements, ses préoccupations concernent _____ **a)** les relations au sein du groupe. **b)** les objectifs. **c)** les processus. **d)** l'influence.

4. Le coéquipier qui fait face à un dilemme éthique lié à l'écart entre ses propres valeurs et les attentes de son équipe vit ce qu'on appelle _____
   a) le conflit entre la personne et le rôle qu'elle doit jouer. **b)** le conflit de rôle créé par un émetteur. **c)** le conflit de rôle créé par plusieurs émetteurs. **d)** le conflit entre les divers rôles d'une même personne.

5. Le commentaire « Dans notre équipe, personne ne ménage ses efforts » est un exemple de norme _____ **a)** de soutien et d'assistance mutuelle. **b)** de réalisations. **c)** de fierté organisationnelle. **d)** d'amélioration organisationnelle.

6. Les équipes dont la cohésion est très élevée sont généralement portées à _____ **a)** être néfastes pour l'organisation. **b)** être bénéfiques pour leurs membres. **c)** accroître la paresse sociale de leurs membres. **d)** présenter un fort taux de rotation de leurs membres.

7. _____ est un bon moyen de renforcer la cohésion d'une équipe. **a)** Augmenter sa taille **b)** Accroître la diversité de ses membres **c)** L'isoler des autres équipes de l'organisation **d)** Diminuer les exigences en matière de rendement

8. L'équipe semi-autonome _____ **a)** exige moins de polyvalence de la part de chacun de ses membres. **b)** assume en bonne partie les fonctions du cadre de premier échelon. **c)** dépend largement de la formation extérieure pour

maintenir les compétences requises par ses tâches. **d)** fait augmenter les frais généraux en ajoutant un niveau d'encadrement.

9. Laquelle de ces affirmations sur l'équipe semi-autonome est exacte ? L'équipe semi-autonome_____ **a)** peut améliorer le rendement, mais pas la satisfaction professionnelle. **b)** devrait détenir un pouvoir décisionnel restreint. **c)** devrait fonctionner sans responsable. **d)** devrait laisser ses membres établir leurs horaires de travail.

10. Un coéquipier qui résume bien le contenu des discussions, suggère de nouvelles solutions et clarifie les propositions des autres membres de l'équipe assume ce qu'on appelle des activités _____ **a)** prescrites. **b)** perturbatrices. **c)** de leadership liées aux tâches. **d)** de leadership liées aux relations.

11. La phase critique qui détermine souvent le rendement d'un groupe, son succès ou son échec, survient généralement au cours de l'étape du tumulte ou _____ de l'évolution d'un groupe. **a)** de la constitution **b)** de la cohésion **c)** du rendement **d)** de la conformité aux normes

12. Dans le processus de consolidation d'équipe, l'analyse des données relatives à un problème et la planification des améliorations possibles doivent être prises en charge par _____ **a)** tous les membres. **b)** le responsable de l'équipe. **c)** la direction. **d)** un consultant externe.

13. Se montrer agressif, faire des blagues déplacées, trop parler de sujets sans importance au cours d'une réunion, voilà autant d'exemples _____ **a)** de comportements perturbateurs. **b)** d'activités de leadership liées aux relations. **c)** d'activités de leadership liées aux tâches. **d)** de la dynamique des rôles.

14. Si vous entendiez un employé d'une banque locale affirmer : « Ici, nous avons l'habitude de défendre la banque contre les accusations injustes », vous pourriez présumer que les employés de cet établissement ont adopté de solides normes en matière _____ **a)** de soutien et d'assistance mutuelle. **b)** de fierté personnelle et organisationnelle. **c)** d'éthique. **d)** d'amélioration et de changement.

15. Lorsqu'on sait que la cohésion d'un groupe de travail est très forte, on peut s'attendre à _____ **a)** un rendement très élevé. **b)** un degré élevé de satisfaction parmi ses membres. **c)** des normes positives en matière de réalisations. **d)** une concordance de statut.

QUESTIONS À RÉPONSE BRÈVE

16. En quoi consiste le processus de consolidation d'équipe ?
17. Comment le responsable d'une équipe peut-il contribuer à l'adoption de normes positives au sein du groupe ?
18. Comment la cohésion et le respect des normes de l'équipe influent-ils sur le rendement d'une équipe ?
19. En général, qu'attend-on des membres d'une équipe semi-autonome ?

QUESTION À DÉVELOPPEMENT

20. En naviguant dans Internet, vous trouvez ce message posté dans votre forum de discussion favori :

   J'ai besoin d'aide ! Mon entreprise vient de m'affecter à la direction d'une équipe de conception de produits. La directrice de mon service attend beaucoup de cette équipe… et de moi. Mais depuis l'obtention de mon diplôme, il y a quatre ans, j'ai toujours travaillé à titre d'ingénieur concepteur. Je n'ai jamais encadré et géré qui que ce soit, encore moins toute une équipe. Et la pression est forte ! La directrice me répète sans cesse qu'elle est convaincue que je vais mettre sur pied une « équipe hautement performante ». Y a-t-il un internaute qui pourrait me donner des conseils et m'aider à relever ce défi ? J'ai besoin de vous ! Signé : Galahad

En bon citoyen du cyberespace, vous décidez de répondre à cet internaute anonyme. Qu'allez-vous lui suggérer ?

LE CO DANS LE FEU DE L'ACTION

Pour ce chapitre, nous vous suggérons les activités suivantes du *Cahier d'apprentissage en CO* (voir p. C1) :

Études de cas	Exercices	Autoévaluation
12. Les écuries de la NASCAR	11. Travail d'équipe et motivation	9. Efficacité d'un groupe
13. Le cas de la nouvelle cage	20. Consolidation d'équipe : la chasse aux trésors	
	21. Dynamique d'une équipe de travail	
	22. Détermination des normes de groupe	
	23. Culture de groupe de travail	
	24. La chaise vide	

 www.erpi.com/schermerhorn

Vous trouverez dans le Compagnon Web du manuel les réponses aux questions d'évaluation des connaissances du chapitre ainsi que les autoévaluations en mode interactif.

QUATRIÈME PARTIE

LE LEADERSHIP ET LES PROCESSUS ORGANISATIONNELS

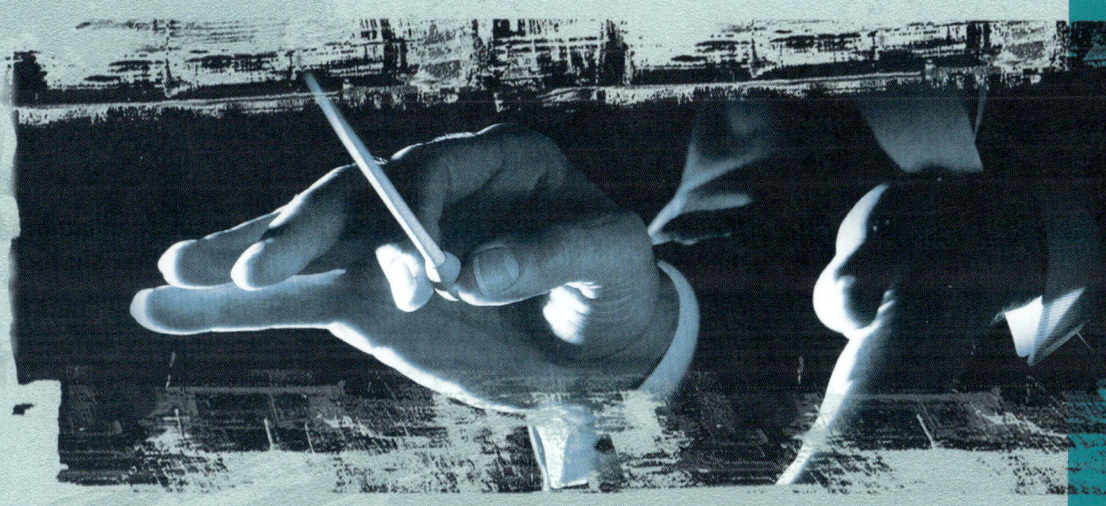

Chapitre 10   Le pouvoir et le jeu politique
Chapitre 11   Le leadership
Chapitre 12   Le processus décisionnel
Chapitre 13   La communication
Chapitre 14   Les conflits et la négociation
Chapitre 15   Le changement et le stress en milieu organisationnel

LE POUVOIR ET LE JEU POLITIQUE

CHAPITRE 10

Quand les gens décident de travailler pour une organisation donnée, ils le font pour des raisons qui leur sont propres et en fonction d'objectifs qui leur sont également propres. Il en découle que chaque travailleur défend ses intérêts personnels dans la structure hiérarchique de l'organisation. Nous verrons dans ce chapitre que l'analyse du pouvoir et du jeu politique qui s'exercent au sein des organisations peut apporter un éclairage crucial en ce qui a trait au comportement humain dans un contexte organisationnel.

OBJECTIFS D'APPRENTISSAGE

Après l'étude de ce chapitre, vous devriez être en mesure :
- de discuter du pouvoir et de l'influence en milieu organisationnel ;
- de distinguer les diverses sources de pouvoir et d'influence au sein d'une organisation ;
- d'expliquer le processus d'habilitation du personnel ;
- de saisir ce qu'est le « jeu politique » en milieu organisationnel.

PLAN DU CHAPITRE

LE POUVOIR ET L'INFLUENCE EN MILIEU ORGANISATIONNEL
- L'interdépendance, la légitimité et le pouvoir
- L'obéissance
- L'acceptation de l'autorité et la zone d'indifférence

LES SOURCES DE POUVOIR ET D'INFLUENCE AU SEIN D'UNE ORGANISATION
- Le pouvoir hiérarchique
- Le pouvoir personnel
- L'acquisition et l'usage du pouvoir et de l'influence

L'HABILITATION DU PERSONNEL
- Les éléments clés du processus d'habilitation du personnel
- Le pouvoir en tant que ressource expansible
- Au-delà de l'habilitation, la valorisation du personnel

LE JEU POLITIQUE EN MILIEU ORGANISATIONNEL
- Le jeu politique en milieu organisationnel : deux perspectives
- Le jeu politique et la défense des intérêts personnels
- Le jeu politique et la gouvernance organisationnelle

GUIDE DE RÉVISION

« Accroître sa capacité d'influer sur le cours des choses. »

Le pouvoir des réseaux

John Chambers, président et chef de la direction chez Cisco Systems, termine souvent ses messages par la formule « bon leadership et bonne gestion ». Cisco, le premier fournisseur mondial de solutions réseau pour Internet, se remet de la débâcle technologique qui a marqué le tournant du siècle et envisage maintenant l'avenir autrement. Après la dégringolade, le dirigeant a été prompt à imposer d'importantes compressions, notamment en délestant l'entreprise d'un inventaire désuet d'une valeur de 2 milliards de dollars et en orientant résolument ses efforts vers l'avenir.

> « Dans le contexte actuel, il faut revenir à l'essentiel... »

Voici comment il voit les choses : « Dans le contexte actuel, il faut revenir à l'essentiel, c'est-à-dire se concentrer sur ce que l'entreprise est en mesure d'influencer et de contrôler : générer des liquidités, accroître sa part du marché, augmenter sa productivité, demeurer rentable et poursuivre l'innovation technologique. Ce sont ces facteurs qui détermineront quelles entreprises parviendront à relever les défis économiques et à survivre. »

Selon John Chambers, nous nous dirigeons vers une ère où le travail et le capital devront impérativement sortir de l'isolement et interagir. Il prévoit que l'enrichissement des réseaux va entraîner des hausses phénoménales de la productivité, un peu de la même façon que les alliances entre transporteurs aériens ont propulsé le billet électronique. Il estime aussi que, loin de réduire le rôle des travailleurs, l'importance croissante des interactions favorisera ceux qui seront en mesure de contribuer à la valeur et au contenu des réseaux[1].

LE POUVOIR ET L'INFLUENCE EN MILIEU ORGANISATIONNEL

John Chambers souligne l'importance des interactions. Y a-t-il un lien entre celles-ci, le pouvoir et le jeu politique ? Oui, sans conteste. Le pouvoir de même que le jeu politique sont déterminés par le degré d'interdépendance entre les individus[2]. Par exemple, au sein d'une entreprise, chacun cherche à atteindre ses buts personnels, mais chacun doit aussi composer avec les intérêts des autres, entre autres raisons parce que les ressources – argent, personnel, temps ou autorité – ne suffisent jamais à combler les attentes de chacun. Par ailleurs, les gestionnaires peuvent percevoir un écart de pouvoir[3].

Tout au long de ce chapitre, nous examinerons le double visage du pouvoir et du jeu politique. D'une part, ils constituent le côté parfois sombre de la gestion, du fait que les organisations ne sont pas, à l'instar des démocraties, fondées sur le partage égal du pouvoir entre les personnes. Certaines personnes ont beaucoup plus de poids que d'autres. Les batailles pour l'obtention de ressources ou de récompenses font des gagnants et des perdants. D'autre part, le pouvoir et le jeu politique constituent des outils organisationnels importants que tout gestionnaire doit utiliser à bon escient pour que le travail soit fait. En outre, le nombre de « gagnants » sera d'autant plus élevé que le gestionnaire parviendra à mettre au jour les situations dans lesquelles les intérêts de l'organisation et les intérêts personnels de ses membres sont mutuellement compatibles.

En comportement organisationnel, le ***pouvoir*** se définit, selon la perspective, comme la capacité d'amener autrui à accomplir une tâche qu'on veut voir menée à bien, ou d'influer sur le cours des évènements. L'essence même du pouvoir se situe dans la capacité qu'a celui ou celle qui le détient d'influer sur le comportement

▶ **Pouvoir**
Selon la perspective : (1) capacité d'un individu à amener autrui à accomplir une tâche qu'il veut voir menée à bien ; (2) outil ou ressource qui permet d'influer sur le cours des évènements

d'autrui[4]. Le pouvoir est la force à laquelle un individu recourt pour que les choses se passent comme il le désire, tandis que l'*influence* est l'effet sur autrui du pouvoir qu'un individu exerce, c'est-à-dire la réaction comportementale à l'exercice du pouvoir. Le présent chapitre s'intéresse à des aspects sous-jacents à l'exercice des diverses sources de pouvoir. Le chapitre suivant traite du leadership en montrant comment cette forme particulière d'influence interpersonnelle est toute désignée pour influer sur le cours des choses.

▶ **Influence**
Effet sur autrui du pouvoir qu'exerce un individu; réaction comportementale à l'exercice du pouvoir

L'INTERDÉPENDANCE, LA LÉGITIMITÉ ET LE POUVOIR

À l'instar de John Chambers, dont il a été question en introduction de ce chapitre, rappelons que le pouvoir est essentiellement fondé sur l'interdépendance. Le sort de chacun des membres d'une organisation est déterminé par les agissements des autres membres, du moins en partie. Tous sont, dans une certaine mesure, interdépendants. Bien entendu, les personnes entretiennent des liens tout particulièrement étroits avec les membres de leur équipe de travail, avec les membres d'équipes connexes et avec leurs supérieurs immédiats. Dans les organisations modernes, cette interdépendance – et dès lors le pouvoir et le jeu politique – s'appuie sur un système d'autorité et de contrôle[5]. Les organisations bénéficient d'un appui sociétal qui les incite à vouloir atteindre des objectifs légitimes par des moyens légitimes.

Dans la plupart des organisations, la légitimité du pouvoir repose sur un ordre moral et technique implicite. Comme nous le verrons dans ce chapitre, du berceau à la retraite, en passant par l'école et le monde du travail, tous les membres de notre société apprennent à obéir à « l'autorité supérieure ». Dans les entreprises occidentales, cette autorité supérieure correspond aux plus hautes sphères de la direction, à ceux qui se trouvent au sommet de la pyramide organisationnelle. Dans d'autres groupes ou sociétés, indépendamment de toute considération hiérarchique ou organisationnelle, l'autorité peut appartenir aux détenteurs de l'autorité morale : chefs de tribu, leaders religieux, etc.

Dans nos organisations, la légitimité du pouvoir des dirigeants est de plus en plus liée à leur statut de représentants de diverses constituantes. Il s'agit là d'un rôle technique ou instrumental. Par exemple, des cadres supérieurs vont justifier leur position élevée par le fait qu'ils représentent les actionnaires. L'importance des actionnaires, à son tour, tient à ce qu'ils sont les assises du système économique capitaliste. Par ailleurs, plusieurs dirigeants lient leur rôle en tant que figures d'autorité à leur engagement dans la défense de causes éthiques ou sociales. Plusieurs entreprises reconnaissent que l'éthique est une dimension fondamentale du pouvoir institutionnel. L'éthique et la contribution sociale fournissent à la légitimité son fondement moral.

Au bout du compte, cependant, aucune des justifications invoquées ne conduirait des personnes à répondre à des ordres si nous n'étions pas enclins, comme êtres humains, à obéir.

L'OBÉISSANCE

Comme nous l'avons souligné, le pouvoir est la capacité d'influer sur le comportement d'autrui; l'autorité est, quant à elle, la capacité d'exercer cette influence par la légitimité que confère la position hiérarchique. Mais pourquoi les subordonnés devraient-ils se plier d'emblée à l'autorité ou au *droit de commander* d'un supérieur hiérarchique ? Enfin, à supposer que les subordonnés consentent à obéir, qu'est-ce qui détermine les limites de leur obéissance ?

Le mythe de l'indépendance et de l'individualisme effréné des Nord-Américains est si fermement enraciné que nous devons nous arrêter sur la question suivante : Comment se fait-il que la plupart d'entre nous soyons manifestement tout disposés à obéir aux ordres ? Une analyse des fameuses études de Stanley Milgram nous aidera à mieux comprendre le phénomène de l'obéissance[6]. Ce chercheur a conçu une expérience visant à établir dans quelle mesure les gens sont prêts à obéir aux ordres émis par une figure d'autorité, même si, ce faisant, ils croient mettre en danger la vie d'une autre personne. Les sujets, des hommes de 20 à 50 ans, exerçaient des métiers divers (ingénieur, vendeur, enseignant, ouvrier, etc.). Ils recevaient un dédommagement symbolique en contrepartie de leur participation à cette recherche.

Les responsables de cette expérience firent croire aux sujets que l'étude consistait à évaluer les effets de la punition sur l'apprentissage – ce qui n'était évidemment pas le cas. Les sujets jouaient le rôle de *professeur*. L'*élève*, un compère de Milgram, était attaché à une chaise dans une pièce voisine, une électrode fixée au poignet. Le *chercheur*, un autre compère de Milgram, portait la blouse blanche du scientifique. D'une mine impassible, et même sévère, il ordonnait au professeur de lire à l'élève une liste de paires de mots. Le professeur devait ensuite relire le premier mot d'une paire ainsi que quatre autres termes. La tâche de l'élève consistait à désigner lequel de ces quatre termes était apparié au premier dans la liste initiale. Pour ce faire, il devait appuyer sur un bouton qui faisait clignoter un voyant sur le tableau de commande devant lequel le professeur était assis.

Le professeur avait reçu comme instruction d'administrer une décharge électrique à l'élève en cas de réponse erronée. On lui avait expliqué que l'intensité des décharges devait augmenter chaque fois que l'élève se trompait. Il manipulait des interrupteurs censés envoyer des décharges de 15 volts à 450 volts ; ces chiffres étaient clairement indiqués sur le tableau de commande. En réalité, l'élève ne recevait pas de décharge électrique ; il jouait la comédie, commettant volontairement de nombreuses erreurs et réagissant de plus en plus vivement aux décharges reçues, en fonction de leur supposée intensité.

Si le professeur (en fait, le véritable sujet de l'expérience) refusait d'administrer la décharge, le chercheur recourait successivement à quatre exhortations pour le convaincre de se conformer aux consignes : (1) « Continuez, je vous prie » ; (2) « Pour les besoins de l'expérience, vous devez continuer » ; (3) « Il est absolument indispensable que vous continuiez » ; (4) « Vous n'avez pas le choix, vous devez continuer ». Si le professeur refusait encore après la quatrième exhortation, l'expérience prenait fin. À votre avis, à quel stade les professeurs, c'est-à-dire les sujets de l'expérience, se sont-ils rebellés ?

C'est la question que Milgram a posée à certains de ses étudiants et de ses collègues. La plupart ont répondu que personne ou presque ne dépasserait le stade de la *très forte décharge*. En fait, 26 sujets, soit 65 % de l'échantillon, ont poursuivi l'expérience jusqu'à son terme, administrant ainsi des décharges maximales à l'élève. Les 14 autres sujets ont cessé d'obéir au chercheur à des stades intermédiaires divers, mais aucun n'a arrêté avant les 300 volts, stade auquel l'élève cognait contre les murs en signe de souffrance…

Ces résultats ont beaucoup surpris les observateurs, y compris Milgram lui-même. Pourquoi, se demandaient-ils, les gens acceptent-ils d'obéir aux ordres dans des conditions aussi extrêmes ? Milgram a tenté de répondre à la question en menant d'autres expériences, qui lui ont permis de constater que les sujets avaient tendance à obéir un peu moins : (1) quand l'expérience avait lieu dans un bureau délabré (au lieu d'un laboratoire d'université) ; (2) quand la victime se trouvait physiquement plus près d'eux ; (3) quand le chercheur se tenait plus loin d'eux ; (4) quand ils pouvaient observer d'autres sujets qui refusaient de se plier aux volontés du chercheur.

Le degré d'obéissance restait toutefois très supérieur à celui auquel on se serait attendu a priori. En fait, ces études révèlent notre tendance à nous conformer aux ordres, à obéir, à suspendre notre jugement personnel pour faire ce que nous demande une figure d'autorité.

L'ACCEPTATION DE L'AUTORITÉ ET LA ZONE D'INDIFFÉRENCE

En milieu organisationnel, la rébellion ouverte et l'opposition directe à celui qui dicte des manières nouvelles et différentes d'accomplir les tâches sont plutôt rares. Si la tendance à se conformer aux ordres est tellement forte et l'insurrection tellement exceptionnelle, comment expliquer alors que tant d'organisations semblent avoir sombré dans le chaos ?

L'acceptation de l'autorité

Les travaux de Chester Barnard, auteur réputé dans le domaine du management, apportent un éclairage révélateur sur la question[7]. Barnard s'est intéressé davantage au *consentement des subordonnés* qu'aux droits des dirigeants. Selon lui, certaines conditions bien précises doivent être remplies pour que les subordonnés acceptent les directives du patron et s'y conforment, notamment les quatre suivantes :

1. Le subordonné doit comprendre la directive.

2. Le subordonné doit se sentir physiquement et mentalement apte à se conformer à la directive.

3. Le subordonné doit estimer que la directive ne va pas à l'encontre de la mission de l'organisation.

4. Le subordonné doit estimer que la directive ne va pas à l'encontre de ses intérêts personnels.

La formulation de ces conditions a son importance. Par exemple, il n'est pas indispensable que le subordonné *comprenne* en quoi l'action demandée aide l'organisation pour accepter un ordre et s'y conformer ; il lui suffit d'être convaincu qu'elle n'est pas incompatible avec la mission de l'organisation. Le gestionnaire avisé ne tient jamais ces quatre conditions pour acquises ; quand il donne ses directives aux subordonnés, il n'oublie pas que l'adhésion n'est pas automatique. Afin de rendre compte de la complexité inhérente à la question des intérêts personnels, Barnard a introduit dans son analyse l'idée d'un contrat psychologique entre l'individu et l'organisation.

La zone d'indifférence

La plupart des gens cherchent à maintenir un équilibre satisfaisant entre ce qu'ils donnent à l'organisation (leur contribution) et ce qu'ils en retirent en contrepartie (les incitations). Dans les limites de leur contrat psychologique, les travailleurs acceptent de faire plusieurs choses pour l'organisation parce qu'ils considèrent que tel est leur devoir. En échange de certaines incitations, les subordonnés reconnaissent l'autorité de l'organisation et de ses dirigeants, et acceptent que ces derniers puissent les commander jusqu'à un certain point. Se fondant sur ce principe d'acceptation de l'autorité, Chester Barnard appelle ***zone d'indifférence*** la zone à l'intérieur de laquelle les subordonnés consentent à obéir aux directives[8].

La zone d'indifférence désigne donc l'éventail des demandes de ses supérieurs auxquelles un subordonné accepte de se conformer sans les juger ni les critiquer. À l'intérieur de la zone d'indifférence, les directives sont suivies sans discussion; en dehors, elles ne sont pas considérées comme légitimes par rapport aux termes du contrat psychologique et, selon les cas, le subordonné décidera de s'y conformer ou non. La **figure 10.1** illustre la relation entre la zone d'indifférence et le contrat psychologique.

La zone d'indifférence n'est pas fixée une fois pour toutes. Si le patron souhaite que le subordonné accomplisse une tâche ou adopte un comportement qui se situe en dehors de sa zone d'indifférence, il doit élargir cette zone jusqu'à ce qu'elle englobe l'action en question. Pour ce faire, il devra généralement offrir au subordonné des récompenses supplémentaires, car son autorité ne suffira pas à le convaincre d'agir. D'ailleurs, dans certains cas, aucun pouvoir hiérarchique ne pourra forcer un subordonné à produire le résultat voulu.

> **Zone d'indifférence**
> Éventail des demandes de ses supérieurs auxquelles un subordonné accepte de se conformer sans les juger ni les critiquer

Figure 10.1 Un exemple de contrat psychologique d'un adjoint administratif

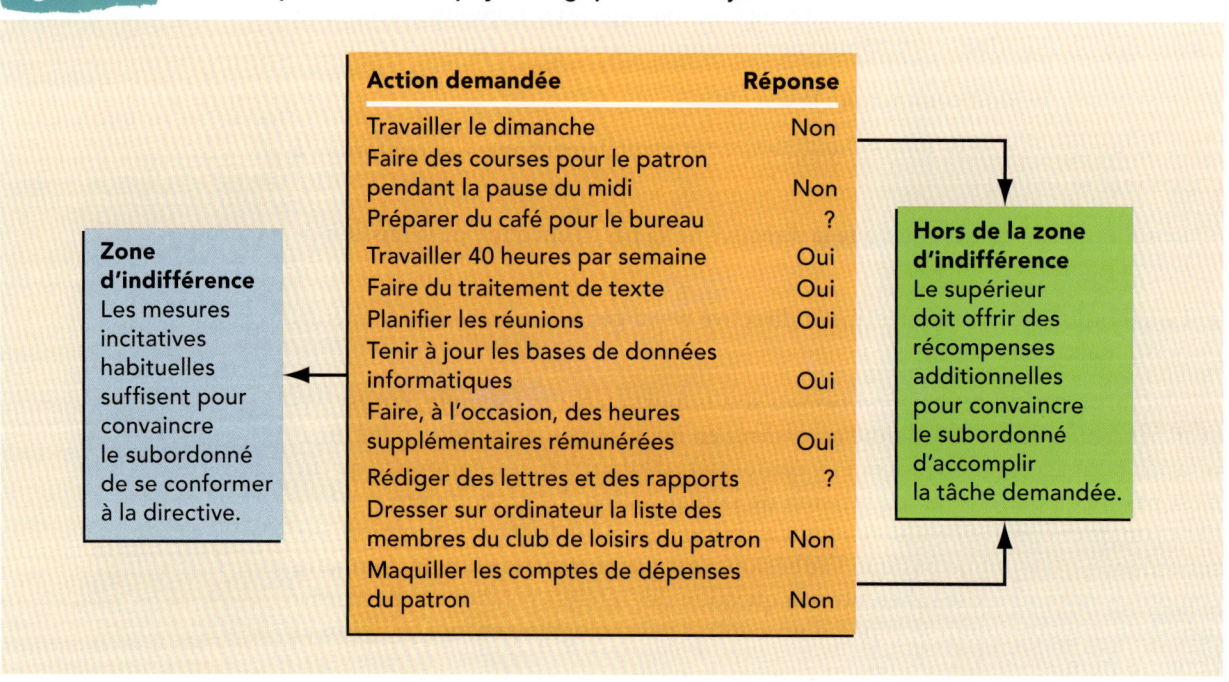

Faites le point sur votre propre zone d'indifférence : Jusqu'où êtes-vous prêt à vous soumettre à l'autorité ? Dans quelles circonstances opposeriez-vous un refus catégorique à votre patron ? Dans quelles circonstances seriez-vous porté à lui dire « non » ? Certaines situations sont très délicates sur le plan de l'éthique – par exemple, si un supérieur hiérarchique vous demande de commettre des actes illégaux ou non conformes à l'éthique, voire les deux.

Un certain nombre de demandes posent un problème éthique. Elles se situent à la limite ou au-delà de la zone d'indifférence. Les recherches sur l'éthique et la gestion montrent que les cadres exercent parfois des pressions sur leurs subordonnés pour les inciter à défendre une position erronée, à signer de faux documents, à fermer les yeux sur leurs inconduites ou à faire affaire avec leurs amis[9]. La plupart d'entre nous ont eu ou auront à affronter ce type de dilemme éthique au cours de leur carrière. Il n'existe pas de solutions toutes faites à ces problèmes, qui font plutôt appel au jugement personnel.

Le refus d'obéir ou de respecter la loi du silence peut s'avérer difficile et lourd de conséquences. Parfois, un subordonné acquiescera aux demandes d'un supérieur, mais pas à celles d'un autre. On peut en déduire que les gestionnaires ne s'appuient pas uniquement sur leur pouvoir hiérarchique ; ils ont également accès à un autre type de pouvoir : le pouvoir personnel[10].

LES SOURCES DE POUVOIR ET D'INFLUENCE AU SEIN D'UNE ORGANISATION

Le pouvoir dont jouit une personne au sein de toute organisation dépend à la fois de sa position hiérarchique et de son pouvoir personnel, ainsi que de sa capacité à bien conjuguer ces deux sources de pouvoir.

LE POUVOIR HIÉRARCHIQUE

Dans les entreprises modernes, une large partie du pouvoir d'un individu découle de la position qu'il occupe dans la hiérarchie organisationnelle. Ce pouvoir, dit hiérarchique, revêt six formes principales : le *pouvoir légitime*, le *pouvoir de récompense*, le *pouvoir de coercition*, le *pouvoir associé à la maîtrise des processus*, le *pouvoir d'information* et le *pouvoir de représentation*[11].

Ce qui a été dit précédemment au sujet de l'obéissance et de l'acceptation de l'autorité aide à comprendre ce qu'est le **pouvoir légitime**, soit celui qui découle de l'autorité hiérarchique. Plus précisément, le pouvoir légitime réfère à la capacité qu'a le gestionnaire d'influer sur le comportement de ses subordonnés en s'appuyant sur leur conviction que *le patron a le droit de commander*. Par exemple, le patron peut avoir l'autorité nécessaire pour approuver ou rejeter certaines requêtes de ses subordonnés – mutations, achat d'équipement, congés, heures supplémentaires, etc.

▶ **Pouvoir légitime**
Capacité qu'a un individu d'influer sur le comportement d'autrui en s'appuyant sur l'autorité hiérarchique qu'il détient

Le pouvoir légitime est donc une forme particulière de pouvoir dont dispose le gestionnaire parce que les subordonnés trouvent légitime que les titulaires des postes de gestion commandent. Si cette légitimité disparaît, les subordonnés n'acceptent plus l'autorité.

Pouvoir de récompense
Capacité qu'a un individu d'influer sur le comportement d'autrui en lui offrant des récompenses ou en mettant fin à une situation désagréable

Le pouvoir de récompense, quant à lui, est la capacité qu'a un individu d'influer sur le comportement d'autrui en lui offrant des récompenses ou en mettant fin à une situation désagréable. Ainsi, le gestionnaire peut influer sur le comportement de ses subordonnés en leur offrant des récompenses extrinsèques – primes, promotions, compliments, etc., en créant un contexte professionnel favorisant les récompenses intrinsèques – enrichissement des tâches, habilitation du personnel, etc., ou en retirant des punitions – réprimandes, mesures disciplinaires, etc. Bien que tous les gestionnaires puissent dispenser un certain nombre de récompenses, leur façon d'y accéder et d'en faire usage pour influer sur autrui sera plus ou moins efficace selon leurs compétences personnelles.

S'il peut passer par la récompense, le pouvoir peut aussi s'exercer par la sanction. Par exemple, le gestionnaire peut menacer un subordonné de suspendre son augmentation salariale, de le muter, de le rétrograder ou de recommander son renvoi s'il ne se conforme pas à ses ordres. Cette capacité qu'a un individu d'influer sur le comportement d'autrui en lui refusant les récompenses qu'il convoite ou en le punissant s'appelle le ***pouvoir de coercition***. L'étendue et l'importance du pouvoir de coercition varient, notamment, selon les organisations et selon le statut des personnes. Entre autres, la présence de syndicats et la politique organisationnelle en matière de ressources humaines peuvent encadrer son usage de manière très stricte et en réduire grandement la portée.

Pouvoir de coercition
Capacité qu'a un individu d'influer sur le comportement d'autrui en lui refusant les récompenses qu'il convoite ou en le punissant

Le ***pouvoir associé à la maîtrise des processus*** est celui qui s'exerce par l'entremise des méthodes de production et d'analyse. Une personne en dispose dans la mesure où elle est placée en position d'influer sur la façon dont les ressources de l'organisation, de l'un de ses services ou même d'une petite équipe seront transformées en produits ou en résultats. Il peut s'agir, par exemple, des spécialistes des processus auxquels les entreprises font souvent appel de nos jours pour assurer, en collaboration avec les gestionnaires, une production efficiente et efficace.

Pouvoir associé à la maîtrise des processus
Capacité d'influer sur les méthodes de production et d'analyse

Cette forme de pouvoir peut aussi reposer sur la maîtrise des processus analytiques menant à la prise de décision. Ainsi, plusieurs organisations comptent dans leurs rangs des analystes financiers appelés à examiner des propositions provenant des unités en vue de futurs investissements. Ces personnes acquièrent un pouvoir qui ne découle pas de leurs calculs financiers en tant que tels, mais plutôt du fait qu'on leur attribue la tâche d'établir les procédés analytiques qui seront utilisés pour évaluer les propositions.

Il arrive qu'une séparation se crée entre le pouvoir associé à la maîtrise des processus et le pouvoir légitime en raison de la complexité des opérations de l'entreprise. Un gestionnaire peut avoir l'autorité requise pour prendre des décisions, mais avoir besoin, pour ce faire, des méthodes d'un analyste ou des conseils d'un spécialiste des processus concernant l'efficacité de la mise en œuvre. On constate aisément que la question du pouvoir hiérarchique peut très vite devenir assez complexe dans le cas d'opérations hautement spécialisées. Voilà qui nous conduit à une forme connexe de pouvoir, liée au rôle crucial de l'information dans la dynamique des organisations.

Pouvoir d'information
Forme de pouvoir qui résulte de l'accès à l'information et de la mainmise qu'on a sur elle

Le ***pouvoir d'information*** est celui qui résulte de l'accès à l'information et de la mainmise qu'un individu a sur elle. C'est l'un des aspects les plus importants de la légitimité. Le « droit de savoir » et d'utiliser l'information peut être accordé – et le sera souvent – en raison du poste que la personne occupe dans la hiérarchie de l'organisation. Le pouvoir d'information vient alors appuyer le pouvoir légitime.

Cependant, il peut aussi être attribué à des spécialistes et à des gestionnaires qui sont au cœur du système d'information de l'entreprise. Ainsi, il arrive que le chef du service de l'information ait non seulement le contrôle de tout le système informatique, mais aussi un accès pratiquement illimité à l'information.

Les gestionnaires défendent jalousement le « droit de savoir » qui leur est conféré, car ils se trouvent, grâce à lui, en position d'exercer une influence sur le cours des évènements, au lieu d'être réduits à y réagir. À cet égard, la plupart des chefs de la direction estiment être en droit de tout savoir, ou presque, au sujet de *leur* entreprise. Aux échelons inférieurs, les gestionnaires protègent souvent l'information à laquelle ils ont accès en invoquant le fait que des tiers ne seront pas en mesure de la comprendre – rarement autorisera-t-on, par exemple, la circulation de plans et de devis à l'extérieur du service d'ingénierie.

Dans d'autres cas, il s'agit de s'assurer que l'information demeure à l'abri du regard de la concurrence. Ainsi, les stratégies de commercialisation seront classées *Top secret*. Officiellement, cette mainmise sur l'information ne vise qu'à protéger les intérêts de l'organisation, mais en réalité sa raison d'être est souvent de préserver et d'accroître le pouvoir des détenteurs d'information.

Le ***pouvoir de représentation*** résulte du droit, accordé officiellement par l'organisation, de prendre la parole au nom d'un groupe éventuellement important (intérieur ou extérieur à l'organisation) ou de s'adresser à un tel groupe à titre de représentant de l'organisation. Le fonctionnement et le rendement de la plupart des organisations complexes sont susceptibles de subir l'influence non négligeable d'une diversité de parties intéressées, parmi lesquelles des regroupements d'actionnaires, de clients ou d'alliés stratégiques, ainsi que, bien sûr, des syndicats.

▶ **Pouvoir de représentation**
Droit, accordé officiellement par l'organisation, de prendre la parole au nom d'un groupe éventuellement important ou de s'adresser à un tel groupe à titre de représentant de l'organisation

Dans bien des cas, les gestionnaires astucieux embauchent des personnes qui agiront comme représentants de ces parties, ou auprès de ces parties, afin de s'assurer que leur influence ne se transforme pas en domination. Ainsi, on attendra d'un responsable des relations avec les investisseurs qu'il réponde aux demandes courantes provenant des petits actionnaires, qu'il prévoie les questions qui seront posées par les analystes financiers et, plus largement, qu'il transmette aux cadres supérieurs l'état d'esprit et les opinions des actionnaires. On demandera aussi parfois à ce gestionnaire de prévoir les questions qui pourraient survenir de la part des investisseurs et de conseiller la direction générale quant à la façon d'y réagir. L'influence de la personne qui occupe un poste de ce genre repose en partie sur le mandat qui consiste à représenter les intérêts d'un groupe important.

LE POUVOIR PERSONNEL

Le pouvoir personnel émane de l'individu lui-même ; il n'est pas lié au poste qu'il occupe. Pourtant, son importance s'avère considérable dans de nombreuses organisations des mieux gérées. Le pouvoir personnel repose essentiellement sur l'*expertise*, la *persuasion rationnelle*, la valeur de *référence* et les *coalitions*[12].

DES LEADERS PARLENT DE LEADERSHIP

Une carrière dans les ligues majeures[13]

Il se peut que son nom vous soit inconnu, mais vous fréquentez peut-être chaque jour l'un de ses établissements. Céline Rousseau est à la tête de Compass Québec, le chef de file québécois des services alimentaires avec 3 800 employés, 300 cafétérias et des revenus d'environ 100 millions de dollars.

Cette dirigeante fait partie du cercle restreint des 10 femmes qui dirigent une des grandes entreprises du Québec en fonction du nombre d'employés. Elle se classe ainsi cinquième, derrière Monique Leroux, de Desjardins, Jocyanne Bourdeau, de Loblaw et Maxi & cie, de Micheline Martin, de RBC Banque Royale, et de Karen Radford, de Telus.

Céline Rousseau a joint les rangs du Groupe Compass en 1996 quand celui-ci a acheté Service d'Alimentation Universel, l'entreprise de gestion de services alimentaires qu'elle avait cofondée 23 ans plus tôt. Depuis qu'elle est en poste, elle a mené avec succès quatre fusions d'entreprises. Une réalisation dont peu de dirigeants peuvent se vanter.

« Il est plus difficile de fusionner des organisations que d'en créer une de toutes pièces avec notre propre culture », remarque Céline Rousseau, qui a vécu les deux situations. Cette femme discrète préfère toutefois accorder le mérite de cette réussite à son équipe, pour laquelle elle ne tarit pas d'éloges.

Du même souffle, elle déplore le fait que les métiers de la gestion des services alimentaires soient si peu valorisés. « Il faut redonner ses lettres de noblesse au secteur pour que les jeunes soient tentés d'y entrer. »

C'est pourquoi elle s'engage dans différentes organisations dont la mission consiste à soutenir les métiers et l'industrie des services alimentaires et de la restauration. Elle est notamment membre des conseils d'administration de l'Institut de tourisme et d'hôtellerie du Québec ainsi que de sa fondation. La gestionnaire est aussi mentor de deux jeunes entrepreneurs désireux de se lancer en affaires dans le secteur alimentaire. « J'ai le devoir de partager mon expérience avec la nouvelle génération », estime-t-elle.

« Ne perdez jamais de vue que l'esprit d'équipe est à la base des grandes réalisations. Le rôle du leader est de susciter le désir et la joie de bâtir ensemble. C'est la clé de la réussite. »

Question

Quelles sont les principales sources du pouvoir que possède Mme Rousseau ?

Pouvoir d'expertise
Capacité qu'a un individu d'influer sur le comportement d'autrui grâce aux connaissances, à l'expérience ou au discernement qui lui sont propres, et dont d'autres, qui ne les possèdent pas, ont besoin

Pouvoir de persuasion rationnelle
Capacité qu'a un individu d'influer sur le comportement d'autrui en l'amenant à admettre le bien-fondé d'un objectif donné et des moyens proposés pour l'atteindre

Par *pouvoir d'expertise*, on entend la capacité qu'a un individu d'influer sur le comportement d'autrui grâce aux connaissances, à l'expérience et au discernement qui lui sont propres, et dont d'autres, qui ne les possèdent pas, ont besoin. Ainsi, un subordonné obéit au cadre qui a un pouvoir d'expertise parce qu'il considère que son supérieur en sait généralement plus long que lui sur ce qu'il faut faire et sur la manière de le faire. Le pouvoir d'expertise est un pouvoir relatif, et non absolu.

Le *pouvoir de persuasion rationnelle* se définit comme la capacité qu'a un individu d'influer sur le comportement d'autrui en l'amenant à admettre le bien-fondé d'un objectif donné et des moyens proposés pour l'atteindre. La plupart des tâches quotidiennes du cadre supposent le recours à la persuasion rationnelle, que ce soit avec ses supérieurs, ses pairs ou ses subordonnés. En définitive, la persuasion rationnelle consiste à expliquer pourquoi il est souhaitable de produire les résultats voulus et à démontrer comment certaines mesures proposées permettront de les obtenir ; elle est essentiellement basée sur la confiance. La rubrique *Du savoir à la pratique 10.1* présente les éléments essentiels à l'établissement du climat de confiance sur lequel repose ce type de pouvoir.

Le ***pouvoir de référence*** est la capacité qu'a un individu d'influer sur le comportement d'autrui parce que celui-ci veut s'identifier à la source de pouvoir. Ici, le subordonné obéit au supérieur sur qui il cherche à modeler ses comportements, ses perceptions et ses convictions ; cette obéissance se manifeste, notamment, quand le subordonné s'efforce de faire les choses comme son patron le désire parce qu'il l'apprécie sur le plan personnel. En un sens, le subordonné cherche ainsi à éviter tout comportement qui risquerait de détériorer la relation agréable et satisfaisante qu'il entretient avec son supérieur.

Le pouvoir de référence du patron peut être accru si ce dernier évoque l'ordre moral ou indique clairement une voie à long terme vers un but moral. Dans le langage courant, on dit des gestionnaires qui exploitent ces aspects plus *ésotériques* de la vie organisationnelle qu'ils ont du *charisme* ou qu'ils ont une *vision*. Les subordonnés se plient à leurs consignes non pas pour obtenir une récompense en contrepartie de leurs actions ou de leur rendement, mais pour avoir accès à ce que leur patron incarne, c'est-à-dire un moyen de s'élever.

Le ***pouvoir de coalition*** correspond à la capacité qu'a un individu d'influer indirectement sur le comportement d'autrui parce que celui-ci se sent redevable en vertu d'un intérêt collectif supérieur. Fréquemment, en effet, des coalitions se forment autour d'intérêts communs[14]. Les individus négocient alors des compromis pour en arriver à une position commune. Parfois, ils vont s'engager dans des tractations informelles, en s'échangeant des promesses d'appui réciproque. Ces compromis et ces marchandages engendrent des obligations mutuelles tacites. Ainsi, un membre d'une coalition peut demander à un autre membre d'endosser une position déterminée et d'agir selon ses souhaits. S'il obtient ce qu'il désire, il se retrouvera débiteur d'un appui équivalent à l'égard de celui qui a acquiescé à sa demande.

C'est ainsi que se maintiennent des coalitions. Les obligations mutuelles peuvent s'étendre à tout un réseau. À cette échelle, elles constituent un puissant bouclier collectif qui protège les membres de la coalition et leurs intérêts communs.

> **DU SAVOIR À LA PRATIQUE 10.1**
>
> **Gagner la confiance**
>
> L'une des façons d'accroître votre pouvoir tout en demeurant conforme à l'éthique consiste à établir des relations de confiance. Pour y parvenir, à tout le moins :
> - Honorez tout contrat social, implicite ou explicite ;
> - Tentez de prévenir, d'empêcher et de corriger les préjudices à autrui ;
> - Respectez les besoins propres à chacun.

▸ **Pouvoir de référence**
Capacité qu'a un individu d'influer sur le comportement d'autrui parce que celui-ci désire s'identifier à la source de pouvoir

▸ **Pouvoir de coalition**
Capacité qu'a un individu d'influer indirectement sur le comportement d'autrui parce que celui-ci se sent redevable en vertu d'un intérêt collectif supérieur

L'ACQUISITION ET L'USAGE DU POUVOIR ET DE L'INFLUENCE

Une bonne partie du temps de travail des gestionnaires est consacrée à des *comportements axés sur le pouvoir*, c'est-à-dire à des actions visant essentiellement à établir ou à utiliser des relations avec des gens qui sont disposés à se conformer, du moins jusqu'à un certain point, à leurs attentes et à leurs souhaits[15]. La **figure 10.2** illustre les trois formes d'influence – ascendante, descendante et horizontale – que doit exercer le gestionnaire pour réussir, ainsi que les types de pouvoir qui y correspondent.

Figure 10.2 Les trois formes d'influence du gestionnaire et les types de pouvoirs correspondants

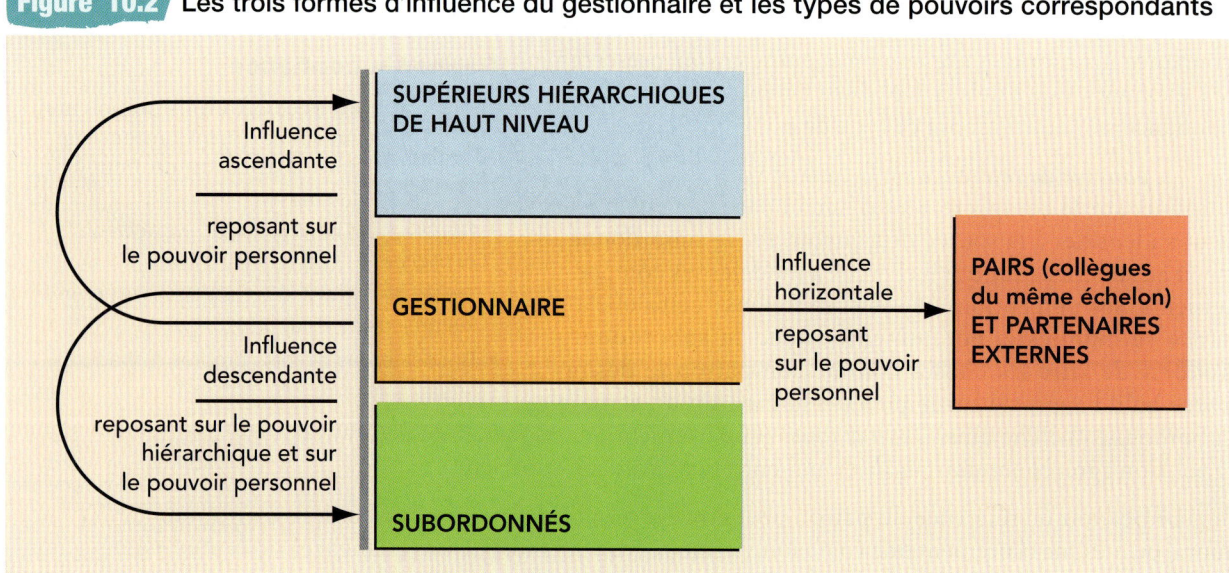

Le gestionnaire efficace est celui qui réussit, au fil du temps, à acquérir et à conserver beaucoup de pouvoir hiérarchique et de pouvoir personnel. S'il détient suffisamment de pouvoirs de divers types – et à cette condition seulement –, le gestionnaire pourra exercer l'influence ascendante (c'est-à-dire sur ses supérieurs hiérarchiques), descendante (sur ses subordonnés) et horizontale (sur ses collègues de même niveau et sur ses partenaires externes) dont il a besoin pour agir.

Accroître son pouvoir hiérarchique

Pour accroître son pouvoir hiérarchique, le gestionnaire doit prouver aux autres que son unité de travail contribue largement à la concrétisation des objectifs organisationnels et qu'elle peut répondre aux besoins urgents de l'organisation. Supposons qu'un cadre souhaite jouer un rôle plus stratégique dans l'enchaînement global des tâches (le déroulement du travail) et occuper ainsi une place plus centrale et plus déterminante dans l'organisation. Ce cadre pourra alors, par exemple, s'imposer comme un point de passage obligé de l'information, s'organiser pour qu'une partie de ses responsabilités professionnelles n'incombe qu'à lui, élargir son réseau de communication et de relations, ou encore occuper un bureau qui lui permettra d'avoir l'œil sur les principales allées et venues.

Le gestionnaire peut également rendre ses tâches et celles de son unité de travail plus cruciales pour l'organisation en recourant à diverses stratégies. Par exemple, il pourra s'approprier un rôle de coordonnateur interne ou de représentant externe de l'organisation, ou proposer que ses subordonnés assument ces responsabilités – surtout si l'organisation met en œuvre un processus de rationalisation. Si l'organisation exerce ses activités dans un contexte technologique très dynamique, il pourra aussi fournir aux autres unités certains services et renseignements que nul autre ne saurait leur procurer. Cette dernière stratégie se révèle particulièrement efficace si le cadre réussit à obtenir que son groupe participe aux décisions directement liées à la concrétisation des grands objectifs organisationnels.

DES LEADERS PARLENT DE LEADERSHIP

Un patron rigoureux, mais qui sait inspirer l'OSM[16]

Kent Nagano a succédé à un chef reconnu pour son caractère autoritaire, Charles Dutoit, à qui il voue du reste le plus grand respect.

Les deux hommes possèdent des styles de leadership radicalement différents. Tout aussi exigeant que son prédécesseur, Kent Nagano est de nature plus calme, disent ses musiciens. C'est un doux.

Il ne sacrifie pas pour autant à la rigueur. « C'est le grand paradoxe. On ne peut pas avancer, en art, sans effort. On ne peut pas se fier qu'à son talent. Il faut faire comprendre aux musiciens que, pour obtenir le meilleur résultat possible, ils doivent se rallier à une vision commune. Ils doivent comprendre que l'excellence n'est possible que par la force du groupe. Il faut parvenir à se faire respecter pour faire en sorte que les musiciens adhèrent à cette vision commune », dit le chef.

De toute évidence, Kent Nagano réussit fort bien. L'OSM, qui risquait de devenir un orchestre provincial dans les mois qui ont suivi le départ de Charles Dutoit, a repris son élan et figure toujours parmi les grands orchestres du monde. Le moral des musiciens est au beau fixe, et personne ne conteste le leadership du

maestro qui, selon le basson solo Stéphane Lévesque, sait imposer son autorité tout en donnant l'impression aux musiciens d'être « un des leurs ».

Kent Nagano en convient : le leadership, c'est aussi avoir une vision claire et savoir y rallier son équipe. L'une des préoccupations du directeur musical de l'OSM consiste à démocratiser la musique dite classique.

L'idée qu'il faudrait avoir une certaine éducation ou appartenir à une certaine frange de la société pour comprendre cette musique le rebute au plus haut point. « C'est faux », insiste-t-il.

Dans le même esprit, il soutient que la musique classique demeure actuelle. « Même une œuvre composée il y a 200 ans nous parle encore de façon très moderne. »

Question

Selon vous, les forces d'un leader comme Kent Nagano résultent-elles de sa personnalité ?

Pour renforcer son pouvoir hiérarchique, le gestionnaire pourra également déléguer les tâches les plus routinières, attribuer des tâches diversifiées et stimulantes à ses subordonnés, proposer des idées neuves et prendre part aux nouveaux projets. Nous reviendrons sur le sujet lorsque nous traiterons du processus d'habilitation des travailleurs.

Les moyens que prennent les gestionnaires pour étendre leur influence n'ont pas tous un effet positif sur l'organisation. Ainsi, un gestionnaire peut acquérir plus d'influence en concevant des tâches difficilement évaluables, par exemple par l'élaboration de descriptions de postes ambiguës ou par l'utilisation d'un jargon hermétique pour décrire le travail de son groupe.

Accroître son pouvoir personnel

Nous l'avons dit, le pouvoir personnel découle des caractéristiques propres à l'individu, et non de la place qu'il occupe dans la hiérarchie ni des autres aspects de son poste. De toutes les caractéristiques qui peuvent aider les gestionnaires à renforcer leur pouvoir personnel dans une organisation, quatre s'avèrent déterminantes : l'expertise, le sens politique, le charme et l'ardeur au travail.

La plus évidente est sans conteste l'*expertise*. La formation et le perfectionnement, la participation à des associations professionnelles et la collaboration à des projets dès leurs premiers stades sont d'excellents moyens de constituer une expertise.

Bien qu'elle soit moins évidente, une autre façon de renforcer son pouvoir personnel est de développer son *sens politique*, c'est-à-dire d'apprendre à négocier plus efficacement, à se montrer plus persuasif, et à mieux distinguer les objectifs et les moyens auxquels tel ou tel individu est le plus susceptible de souscrire. Car si le néophyte pense que les gens sont tous plus ou moins les mêmes – qu'ils tendent vers les mêmes objectifs et qu'ils sont prêts à emprunter les mêmes voies pour les atteindre –, le gestionnaire astucieux reconnaît les différences individuelles et sait en tirer parti, notamment en construisant des coalitions et en constituant un réseau d'obligations mutuelles.

Pour accroître son pouvoir de référence, on peut aussi jouer de son *charme*, c'est-à-dire miser sur une personnalité agréable, des façons d'agir plaisantes et une allure attirante.

Montrer de l'*ardeur au travail* permet aussi de renforcer le pouvoir d'expertise et le pouvoir de référence, et par conséquent le pouvoir personnel global. Quand une personne s'investit visiblement dans son travail, son entourage s'attend généralement à ce qu'elle en sache passablement long et a tendance à lui demander conseil. Il est probable que ses efforts lui vaudront également le respect de cet entourage, qui peut même finir par s'en remettre à elle pour qu'elle continue à fournir ces efforts.

Utiliser l'information et les techniques d'influence

Pour les besoins de l'analyse, on considère en général que les sources de pouvoir s'appuient soit sur les caractéristiques personnelles, soit sur la position hiérarchique. Mais, dans les faits, la plupart des actions et des comportements qui visent à influer sur autrui tiennent à la fois du pouvoir hiérarchique et du pouvoir personnel.

Accroître sa visibilité et sa mainmise sur l'information

La plupart des gestionnaires cherchent à accroître la visibilité de leurs réussites, c'est-à-dire à faire mieux connaître les bons résultats qu'ils produisent. Pour ce faire :

1. Ils multiplient les contacts avec les cadres supérieurs.
2. Ils font des présentations orales de leurs rapports écrits.
3. Ils participent à des groupes de travail chargés de résoudre des problèmes particuliers.
4. Ils diffusent des notes de service sur les réussites de leur unité.
5. Ils saisissent toutes les occasions de faire circuler leur nom et d'accroître leur notoriété personnelle.

La plupart des gestionnaires savent que l'accès à l'information ou la mainmise qu'on a sur elle joue un rôle déterminant dans les relations entre les supérieurs et les subordonnés. La rétention d'information critique peut raffermir temporairement le pouvoir d'expertise du cadre, mais elle peut aussi nuire à l'efficacité de ses subordonnés. De même, le cadre peut restreindre l'accès aux décideurs clés de l'organisation. Si ses subordonnés peuvent communiquer informellement avec les décideurs clés, ces contacts directs neutraliseront, au moins en partie, les désavantages de ce blocus. D'ailleurs, les cadres supérieurs chevronnés ont l'habitude d'instaurer des circuits parallèles qui leur permettent de communiquer directement avec les travailleurs de la base, cela afin de contrecarrer la tendance des cadres intermédiaires à retenir l'information ou à faire écran entre leurs subordonnés et eux.

Le pouvoir d'expertise est généralement de nature relationnelle et il est intimement lié au contexte organisationnel. Les décisions d'importance se prennent souvent en dehors des voies habituelles, sous l'influence de personnes clés qui ont le savoir requis. En créant et en utilisant des coalitions et des réseaux, un individu peut également renforcer son pouvoir d'expertise. Par leur entremise, il peut infléchir la circulation de l'information et modifier les paramètres d'analyse. Les cadres créent aussi des coalitions et des réseaux pour élargir leur accès à l'information et leurs occasions de participer aux décisions et aux projets clés.

Déterminer les prémisses décisionnelles

Les cadres s'efforcent aussi de déterminer, ou du moins d'influencer, les prémisses décisionnelles, c'est-à-dire les bases qui servent à définir le problème et à choisir une option. Si le problème est défini d'une manière telle qu'il correspond parfaitement au champ de compétence d'un cadre, c'est naturellement à ce cadre que sera confiée la mission de le résoudre. Cette stratégie lui aura permis de raffermir subtilement son pouvoir hiérarchique.

Souvent, les cadres qui veulent accroître leur pouvoir exposent très clairement leurs objectifs et leurs besoins, et s'attachent ensuite à prouver qu'ils sont prioritaires pour l'organisation, non pas en brandissant leurs sources de pouvoir, mais plutôt en faisant œuvre de *persuasion rationnelle*, c'est-à-dire en convainquant leur entourage du bien-fondé des priorités qu'ils défendent. En d'autres termes, les cadres les plus avisés ne menacent pas et n'invoquent pas les sanctions possibles pour accroître leur pouvoir. Ils vont plutôt miser à la fois sur leur pouvoir personnel et sur la position stratégique de leur unité de manière à accroître leur pouvoir *global*. Comme le contexte organisationnel change au fil du temps, telle ou telle source de pouvoir personnel pourra prendre plus d'importance, en elle-même ou combinée au pouvoir hiérarchique. Accroître son pouvoir est tout un art !

Perfectionner ses stratégies d'influence

Savoir user de son pouvoir hiérarchique et de son pouvoir personnel pour exercer l'influence voulue sur son entourage n'est pas facile pour la plupart des gestionnaires. En pratique, ils recourent à diverses stratégies pour y parvenir, les plus courantes étant[17] :

- *la raison*, en étayant l'argumentation logique par des faits et des données ;
- *l'amabilité*, en tablant sur la flatterie, la bonne volonté et les impressions favorables ;

Les stratégies d'influence les plus importantes

- *la coalition*, en se servant de ses relations pour obtenir du soutien ;
- *la négociation*, en offrant des contreparties ;
- *l'affirmation de soi*, en utilisant une approche personnelle, directe et musclée ;
- *l'autorité supérieure*, en s'assurant de l'appui d'un ou de plusieurs supérieurs hiérarchiques ;
- *les récompenses et les punitions*, en recourant aux récompenses et aux sanctions organisationnelles.

Les recherches montrent (1) que la raison est la plus utilisée de toutes ces stratégies ; (2) que l'amabilité, l'affirmation de soi, la négociation et l'autorité supérieure servent plus souvent pour influencer des subordonnés que des supérieurs hiérarchiques[18]. Ces constats recoupent ce qui a été dit précédemment, à savoir que l'influence descendante (qui s'exerce sur les subordonnés) repose souvent sur des sources hiérarchiques et personnelles de pouvoir, alors que l'influence ascendante (qui s'exerce sur les supérieurs) fait plutôt appel au seul pouvoir personnel.

Rares sont les chercheurs qui ont étudié les mécanismes de l'influence ascendante dans les organisations. Ce fait est regrettable, car les gestionnaires vraiment efficaces sont ceux qui savent exercer une influence sur leurs supérieurs aussi bien que sur leurs subordonnés.

Selon une étude, les supérieurs et les subordonnés s'entendent pour dire que la raison, c'est-à-dire l'exposé logique des idées, est la stratégie d'influence ascendante la plus répandue[19]. Quand on les interroge sur les raisons des échecs et des réussites dans ce domaine, les deux groupes ont des réponses qui présentent certaines similitudes, mais aussi des divergences.

Les supérieurs et les subordonnés s'accordent sur les raisons du succès d'une tentative d'influence ascendante : la proposition est pertinente et bien présentée, et elle vient d'un subordonné compétent en la matière[20]. En revanche, les deux groupes ne s'entendent pas sur les causes de l'échec d'une stratégie d'influence ascendante. Les subordonnés l'attribuent à l'étroitesse d'esprit du supérieur, au manque de pertinence de la proposition et à la piètre qualité des relations personnelles avec le supérieur ; les supérieurs l'imputent plutôt au manque de pertinence de la proposition, à une présentation défavorable et au manque de compétences du subordonné en la matière.

L'HABILITATION DU PERSONNEL

L'*habilitation* est un processus par lequel le gestionnaire accorde un pouvoir décisionnel accru aux membres de son personnel, permettant ainsi à ces derniers de prendre les décisions qui les concernent directement et qui ont certaines répercussions sur leur travail. À noter que cette notion d'habilitation, utilisée dans la perspective du gestionnaire qui octroie de plus grands pouvoirs aux membres de son personnel, se distingue du concept d'*autonomisation*, employé lorsqu'on se place du point de vue des travailleurs qui acquièrent la maîtrise des moyens leur permettant d'utiliser leurs talents et leur savoir-faire pour jouir d'une plus grande liberté d'action.

Aujourd'hui plus que jamais, les organisations à l'avant-garde s'attendent non seulement à ce que les cadres sachent déléguer du pouvoir à leurs subordonnés, mais aussi à ce qu'ils se sentent très à l'aise lorsqu'ils le font. Au lieu de considérer le

▶ **Habilitation**
Processus par lequel le gestionnaire accorde un pouvoir décisionnel accru aux membres de son personnel, permettant ainsi à ces derniers de prendre les décisions qui les concernent directement et qui ont certaines répercussions sur leur travail

pouvoir comme une chasse gardée des échelons supérieurs de la pyramide hiérarchique traditionnelle, ils doivent le considérer comme une ressource qui peut et qui doit être partagée entre tous ceux qui travaillent dans des structures aplanies et plus collégiales[21].

L'habilitation du personnel est l'un des changements majeurs qui bouleversent actuellement les organisations. Avec les compressions de personnel, la suppression de certains échelons d'encadrement et l'accroissement de la charge de travail (d'autant plus considérable que l'effectif est réduit), les cadres sont de moins en moins nombreux et doivent de plus en plus déléguer leurs pouvoirs pour mener à bien leurs tâches quotidiennes. En fait, la délégation s'impose comme l'un des fondements des équipes semi-autonomes – ou autogérées – et autres équipes de résolution de problèmes, qui sont de plus en plus courantes dans les organisations (voir le chapitre 9).

LES ÉLÉMENTS CLÉS DU PROCESSUS D'HABILITATION DU PERSONNEL

La notion d'habilitation s'appuie sur une toute nouvelle conception du pouvoir. Jusqu'ici, notre réflexion a surtout porté sur le pouvoir que certaines personnes exercent sur d'autres ; selon cette conception traditionnelle, le pouvoir est donc une relation qui met en présence des personnes. En revanche, l'habilitation des travailleurs repose sur leur capacité d'influer sur le cours des évènements ; le pouvoir reste de nature relationnelle, mais il s'exerce par rapport à des problèmes à résoudre et à des occasions à saisir – et non plus uniquement par rapport à des personnes.

Il est bien difficile de s'y retrouver dans le maquis rhétorique que les organisations développent actuellement autour de la notion d'habilitation, tant ce terme est en vogue chez les gestionnaires. Retenons que toute tentative d'habilitation des travailleurs doit être scrutée à la lumière des effets qu'elle risque d'avoir sur la dynamique du pouvoir dans l'organisation (voir la rubrique *Du savoir à la pratique 10.2*).

> **DU SAVOIR À LA PRATIQUE 10.2**
>
> **Quelques lignes directrices pour la mise en œuvre d'un programme d'habilitation du personnel**
>
> - L'autorité doit être déléguée aux échelons inférieurs d'une manière claire, sans ambiguïté aucune.
> - La planification doit être participative et intégrée à tous les échelons.
> - Les cadres de tous les échelons, mais surtout ceux des plus élevés, doivent manifester de solides habiletés de communication.

L'évolution du pouvoir hiérarchique

Quand une organisation veut déplacer le pouvoir vers les échelons inférieurs de sa hiérarchie, elle doit aussi modifier la structure du pouvoir hiérarchique. Or, ce changement soulève des questions cruciales : Les travailleurs *habilités* peuvent-ils distribuer des récompenses et des sanctions en fonction des résultats obtenus ? Leur nouvelle marge de manœuvre est-elle légitimée par un surcroît d'autorité ?

Trop souvent, les tentatives de délégation de pouvoir désorganisent des modèles hiérarchiques bien rodés et menacent les cadres des échelons intermédiaires et inférieurs. Comme le disait un cadre inférieur : « Toute cette histoire de délégation, ça a l'air formidable pour les cadres supérieurs. Mais ce ne sont pas eux qui doivent courir un peu partout pour obtenir les autorisations préalables à l'application des suggestions de mon équipe. Ils ne m'ont jamais donné l'autorité de procéder à ces changements. Tout ce que je peux faire, c'est demander des permissions ! »

Des AS de la gestion

La passion d'abord[22]

Quatrième meilleur employeur au Canada en 2007 dans la catégorie des entreprises de 50 à 399 employés selon *The Globe and Mail*. Le magazine *Affaires Plus* le consacre, en 2005, meilleur employeur au Québec du côté des entreprises de 200 à 500 employés.

Quel est donc le secret de Boa-Franc, ce fabricant de planchers de bois franc de la collection Mirage de Saint-Georges ?

« Le feu sacré et la passion des 392 employés de nos deux usines », répond le président, Pierre Thabet, dans un entretien au *Soleil*.

« Un bon boss, avouons-le, avec des qualités de visionnaire et qui s'arrange pour garder son monde au travail en dépit de conditions de marché difficiles aux États-Unis comme c'est le cas présentement », constate Donald Roy, président du syndicat affilié aux métallos de la FTQ.

Pour ses 20 ans de service chez Boa-Franc, M. Roy vient de recevoir un chèque de 400 $. Sa montre, il l'a eue au bout de cinq ans de service. « J'en connais qui doivent attendre 30 ans avant d'obtenir un cadeau de leur patron ! »

Dès qu'il a fait l'acquisition de la compagnie, en 1983, Pierre Thabet a implanté une philosophie de gestion basée sur le « gros bon sens » et la contribution de tous les employés à la mission ultime de propulser Boa-Franc au rang de meilleur fabricant de planchers de bois franc en Amérique du Nord.

L'entreprise accorde beaucoup d'autonomie à ses travailleurs. Ils sont d'ailleurs fortement impliqués dans l'élaboration des plans d'action annuels de leur département.

Et lors d'un bon coup d'un employé, il est assuré qu'il sera invité à participer à des projets de développement. Et c'est sans compter le coup de chapeau bien mérité.

« Mon rôle, c'est d'être le gardien de la philosophie de gestion et de m'assurer que le message se rende partout », explique Pierre Thabet, qui, mensuellement, rencontre tous les employés pour leur faire part des derniers chiffres de vente, des prévisions, etc. « Et il rentre pas mal dans les détails », commente Donald Roy.

Malgré le phénomène de la rareté de la main-d'œuvre, ne devient pas salarié de Boa-Franc qui veut. L'attitude passe loin devant les compétences. Pierre Thabet et Guillaume Jacques – le vice-président des ressources humaines – veulent voir le « feu sacré » briller dans les yeux des candidats.

Une fois embauché, le nouvel employé se retrouve au cœur d'un environnement dont l'objectif est d'entretenir cette flamme. [...]

L'élargissement de la zone d'indifférence

Avant d'entreprendre un processus d'habilitation des travailleurs, la direction de l'organisation doit bien circonscrire la zone d'indifférence, puis prendre des mesures concrètes et systématiques pour l'élargir. Trop souvent, sans doute parce qu'ils voient dans la délégation une meilleure méthode de gestion, les dirigeants tiennent pour acquis que leurs directives en vue d'habiliter les travailleurs seront suivies. Soulignons l'importance d'expliquer aux personnes visées les avantages que leur apporte ce transfert des responsabilités, et l'importance d'adopter les mesures incitatives nécessaires à l'élargissement de leur zone d'indifférence.

LE POUVOIR EN TANT QUE RESSOURCE EXPANSIBLE

Les travailleurs doivent être formés à exercer le pouvoir et l'influence que leur confère l'habilitation. Comme elle modifie la dynamique entre supérieurs et subordonnés, cette formation s'avère une tâche des plus délicates pour les gestionnaires à qui elle incombe, et un défi de taille pour les travailleurs qu'elle vise. Le secret de la réussite consiste à modifier la conception du pouvoir dans l'organisation. Celui-ci doit être vu comme un outil, une ressource qui permet d'influer sur le cours des évènements, plutôt que comme une force exercée par une personne sur d'autres. Selon cette nouvelle définition, tous les travailleurs peuvent acquérir du pouvoir, quel que soit leur niveau hiérarchique.

Préciser les rôles et les responsabilités de chacun peut aider les gestionnaires à habiliter leurs subordonnés. Ainsi, les cadres supérieurs peuvent choisir de se concentrer sur la planification à long terme et sur les rajustements d'envergure, tâche que rend nécessaire le jeu des forces stratégiques qui s'exercent dans l'environnement externe. Si la direction entend consacrer l'essentiel de son énergie aux enjeux à long terme et fournir simplement des balises trimestrielles à ses subordonnés, il est indispensable qu'à tous les échelons hiérarchiques les membres de l'organisation soient aptes et disposés à prendre d'importantes décisions opérationnelles pour maintenir la rentabilité.

En offrant aux membres du personnel la possibilité de résoudre eux-mêmes les problèmes quotidiens et en leur accordant la latitude dont ils ont besoin pour agir, l'habilitation véritable accroît le pouvoir global dans l'organisation. En d'autres termes, les cadres supérieurs n'ont pas à céder du pouvoir pour que les travailleurs des échelons inférieurs en acquièrent. En revanche, les cadres supérieurs devront renoncer à l'illusion du contrôle – c'est-à-dire à la fausse impression qu'ils peuvent dicter leurs actions aux travailleurs des cinq ou six échelons qui relèvent d'eux.

Ces principes s'appliquent à toutes les relations cadre-subordonné. L'habilitation suppose que tous les cadres trouvent de nouvelles manières d'exercer leur influence, qu'ils recourent à la raison plutôt qu'aux spectres de l'autorité supérieure et des sanctions, à la complicité plutôt qu'à la coercition, à la négociation plutôt qu'aux ordres.

On ne le sait que trop, historiquement, les organisations ont toujours privilégié la coercition et l'obéissance. Aujourd'hui, elles doivent aider leurs travailleurs à s'approprier le pouvoir sur les évènements et les activités. En général, les cadres redoutent que leurs subordonnés opposent une résistance passive à la délégation en continuant implicitement à réclamer des directives auxquelles obéir ou désobéir. Or, trop souvent, leurs craintes se réalisent. Pourquoi ? Parce que les cadres intermédiaires et supérieurs ne modifient vraiment ni leur conception du pouvoir ni l'usage qu'ils font de leurs sources de pouvoir hiérarchique et personnel. La clé du succès consiste donc à orienter au lieu d'imposer, à récompenser au lieu de sévir, à construire au lieu de détruire, à prendre de l'expansion au lieu de rétrécir. L'élargissement de la zone d'indifférence exige aussi l'élargissement des incitations : celles-ci doivent récompenser la réflexion et les initiatives, et non plus simplement l'obéissance.

AU-DELÀ DE L'HABILITATION, LA VALORISATION DU PERSONNEL

Un certain nombre de spécialistes du CO soutiennent que, pour détenir un avantage concurrentiel dans une économie de plus en plus mondialisée, les entreprises nord-américaines doivent non seulement se préoccuper de l'habilitation de leur personnel, mais aussi transformer leur façon de considérer leurs salariés[23]. Le conseil que donne Jeffrey Pfeffer consiste à placer le personnel au centre des stratégies et de mettre en œuvre sinon toutes, du moins une partie des mesures suivantes :

1. Offrir une sécurité d'emploi à l'issue d'un recrutement très sélectif du personnel.
2. Accorder des salaires élevés, une rémunération selon le rendement et la possibilité, pour les employés, d'acquérir des actions de l'entreprise.
3. Encourager le partage de l'information et la participation, notamment par le travail en équipes semi-autonomes.
4. Mettre l'accent sur la formation et le perfectionnement professionnel, en favorisant le transfert des compétences et des apprentissages.
5. Viser l'*égalitarisme* (du moins symboliquement), en évitant, le plus possible, les diminutions salariales et en multipliant les possibilités de promotions internes.

Bien sûr, une telle approche requiert une perspective à long terme, en même temps qu'une évaluation systématique de l'efficacité des mesures appliquées. La démarche sera boiteuse si elle ne s'appuie pas, en outre, sur une philosophie de gestion appropriée. Voilà beaucoup d'exigences. Toutefois, celles-ci s'harmonisent tout à fait avec les propos de John Chambers, le dirigeant de Cisco, qui recommande d'accorder la plus grande importance aux liens d'interdépendance entre les individus et aux réseaux (voir l'introduction de ce chapitre).

LE JEU POLITIQUE EN MILIEU ORGANISATIONNEL

Toute étude sur le pouvoir et l'influence amène inévitablement à parler de *politique*. Pour plusieurs, ce mot évoque les transactions illicites, les faveurs et les relations personnelles bien placées – une vision qui nous vient peut-être du *Prince* de Machiavel, œuvre à laquelle nous avons fait référence au chapitre 2. Dans ce classique du XVIe siècle, Machiavel, tout en expliquant comment obtenir et garder le pouvoir par le jeu politique, finissait par décrire la politique comme un ramassis de pratiques douteuses, sinon carrément malhonnêtes, visant un résultat fort discutable. Dans le contexte qui nous occupe, il est important d'adopter un point de vue plus large sur le jeu politique au sein des organisations[24].

LE JEU POLITIQUE EN MILIEU ORGANISATIONNEL : DEUX PERSPECTIVES

> **Jeu politique en milieu organisationnel**
> Selon la perspective : (1) exercice du pouvoir pour parvenir à des fins que l'organisation désapprouve ou pour obtenir des résultats qu'elle approuve, mais par des moyens qu'elle réprouve ; (2) art d'élaborer des compromis originaux pour concilier des intérêts rivaux

On trouve deux perspectives passablement différentes dans l'analyse du *jeu politique en milieu organisationnel*.

La première perspective s'appuie sur la philosophie de Machiavel et associe le jeu politique à la *promotion d'intérêts personnels* et au *recours à des moyens peu scrupuleux*. Dans cette optique, le jeu politique en milieu organisationnel consisterait à exercer le pouvoir pour parvenir à des fins que l'organisation désapprouve ou pour obtenir des résultats qu'elle approuve, mais par des moyens qu'elle réprouve[25]. On considérera donc qu'un gestionnaire se livre au jeu politique quand il privilégie ses propres objectifs, qu'il utilise des méthodes que l'organisation interdit ou qu'il outrepasse les limites de la légalité.

Selon la deuxième perspective, on envisage le jeu politique comme une fonction nécessaire en raison des divergences entre les intérêts personnels des divers acteurs. Le jeu politique en milieu organisationnel se définirait alors comme l'art d'élaborer des compromis originaux pour concilier des intérêts rivaux.

Dans une société hétérogène, les gens ne s'entendent pas toujours : Aux intérêts particuliers de quels membres la priorité devrait-elle être accordée ? Les préoccupations personnelles de quels autres membres devraient céder le pas à l'intérêt collectif ? Le jeu politique découle tout simplement de la nécessité, pour les membres d'une société ou d'un groupe donné, d'éviter les confrontations et de parvenir à des compromis pour vivre ensemble.

Il en va de même dans les organisations : si les gens se rassemblent, travaillent ensemble et se côtoient toute la journée, c'est en définitive parce qu'ils y trouvent personnellement leur compte. De plus, il ne faut pas oublier que c'est en négociant les unes avec les autres que les personnes les plus puissantes et les plus influentes fixent les objectifs de l'organisation et les moyens acceptables d'y parvenir. Le jeu politique au sein des organisations peut donc aussi être envisagé comme une manière d'exercer le pouvoir en vue de déterminer, selon des critères socialement acceptables, tant les fins qu'elles poursuivent que les moyens à prendre pour concilier les intérêts personnels et ceux de la collectivité.

Quel que soit l'angle sous lequel vous considérez le jeu politique, vous pouvez améliorer votre habileté en cette matière. Vous trouverez, dans la rubrique *Du savoir à la pratique 10.3*, des pistes d'apprentissage.

L'interprétation politique

On retrouve ces deux conceptions du jeu politique en milieu organisationnel dans ce que disent les gestionnaires à propos des effets de ce jeu sur eux et sur leur organisation. Selon une étude consacrée à ce sujet, 53 % des gestionnaires interrogés estiment que le jeu politique aide l'organisation à atteindre ses objectifs et à survivre, tandis que 44 % considèrent, au contraire, qu'il détourne les travailleurs des objectifs organisationnels[27]. Dans cette même enquête, 60 % des répondants indiquent que le jeu politique stimule l'avancement professionnel, alors que 39 % pensent qu'il entraîne une perte de pouvoir, de prestige et de crédibilité.

En soi, le jeu politique qui s'exerce dans l'organisation n'est ni bon ni mauvais. Comme le montre la rubrique *Du savoir à la pratique 10.4*, il y aurait même un lien entre l'habileté politique et le faible degré de stress observé chez certains cadres supérieurs. En outre, le jeu politique en milieu

---

DU SAVOIR À LA PRATIQUE 10.3

Affûtez votre habileté politique[26]

Vous souhaitez tirer un meilleur parti du jeu politique au sein de votre entreprise ? Selon Gerald Ferris, Sherry Davidson et Pamela Perrewe, l'habileté politique peut s'acquérir. Ceux-ci proposent un apprentissage en quatre points :

1. Aiguisez votre intelligence sociale et votre compréhension des agissements d'autrui en prenant conscience des préoccupations qui les animent.
2. Travaillez à améliorer votre capacité d'influence interpersonnelle, notamment votre façon de communiquer et d'entretenir des relations amicales.
3. Renforcez votre capacité de réseautage en entrant en contact avec des personnes qui, autant à l'intérieur qu'à l'extérieur de votre entreprise, partagent vos intérêts.
4. Perfectionnez votre sincérité apparente, de sorte que les autres vous perçoivent comme une personne qui se soucie vraiment du bien-être d'autrui.

DU SAVOIR À LA PRATIQUE 10.4

L'habileté politique, un antidote au stress

Vous êtes-vous déjà demandé pourquoi certains cadres supérieurs qui font face chaque jour à d'énormes pressions ne connaissent pas l'épuisement professionnel ? Selon certains, ces gestionnaires seraient à l'abri de ce problème grâce à leur habileté politique, et en particulier grâce aux capacités suivantes :

- Ils font preuve d'intelligence pratique (plutôt qu'analytique ou créative).
- Ils peuvent être calculateurs et astucieux dans l'établissement de liens sociaux.
- Ils dégagent de l'assurance et inspirent la confiance.
- Ils savent traiter avec une grande variété de personnes dont les antécédents, le style et la personnalité diffèrent.

organisationnel peut remplir certaines fonctions importantes, notamment en aidant le gestionnaire à surmonter ses lacunes personnelles, à faire face aux changements et à remédier à certains problèmes d'autorité :

1. *Surmonter des lacunes personnelles*   Dans toute organisation, on constate parfois des décalages entre les caractéristiques des individus et les exigences de leur poste. Même dans les organisations dont la gestion est irréprochable, il peut arriver que, pour une raison ou pour une autre – période d'apprentissage, surmenage, insuffisance de formation ou de compétences, surqualification ou insuffisance de ressources, etc. –, ces décalages touchent les gestionnaires. Le jeu politique s'avère alors un outil précieux pour instaurer des mécanismes qui comblent ces lacunes et permettent d'atteindre les résultats visés.

2. *Faire face aux changements*   Le jeu politique dans l'organisation peut aussi favoriser l'adaptation aux changements dans l'environnement de l'organisation ou dans la technologie qu'elle utilise. En effet, il aide les gestionnaires à diagnostiquer les nouveaux problèmes et peut propulser au premier plan les plus désireux de s'y attaquer et les plus aptes à les résoudre. Comme son action est plus rapide que la restructuration, le jeu politique permet à l'organisation de régler des problèmes imprévus concernant les gens ou les ressources avant qu'ils ne deviennent insolubles.

3. *Remédier à des problèmes d'autorité*   Il peut arriver que l'autorité d'un cadre s'effrite ou se révèle inopérante dans certaines circonstances. Le jeu politique peut alors empêcher que ce gestionnaire perde trop d'influence. En y recourant, ce dernier pourra maintenir le bon fonctionnement des activités et assurer l'exécution des tâches dans des cas où la perte d'autorité risquerait, autrement, de poser problème.

La prévision politique

Le gestionnaire pourra mieux comprendre les rouages du jeu politique s'il essaie de se mettre à la place des autres acteurs qui interviennent dans les décisions critiques ou les évènements majeurs touchant l'organisation. Toute décision et toute action peuvent être envisagées sous l'angle des avantages et des inconvénients qu'elles présentent pour chacune des parties en présence. Quand le prix à payer est supérieur aux bénéfices, le gestionnaire peut adopter une conduite politique susceptible de protéger sa position et ses intérêts.

La **figure 10.3** représente une matrice des gains et des pertes pour deux gestionnaires, Lucille et Louis, aux prises avec le dilemme suivant : affecter ou non des ressources à un projet donné. Or, la situation est épineuse. Si tous deux débloquent des ressources, le projet sera mené à terme dans les délais, et l'organisation gardera un gros client. En revanche, cette décision obligera nos deux gestionnaires à dépasser leurs limites budgétaires, ce qui risquerait d'entacher leur dossier professionnel respectif. Nous supposons néanmoins que l'organisation acceptera sans problème les écarts budgétaires, à condition qu'ils lui permettent de garder son client. Donc, si

Figure 10.3 Une matrice des gains et des pertes dans le cas de l'affectation de ressources à un projet fictif

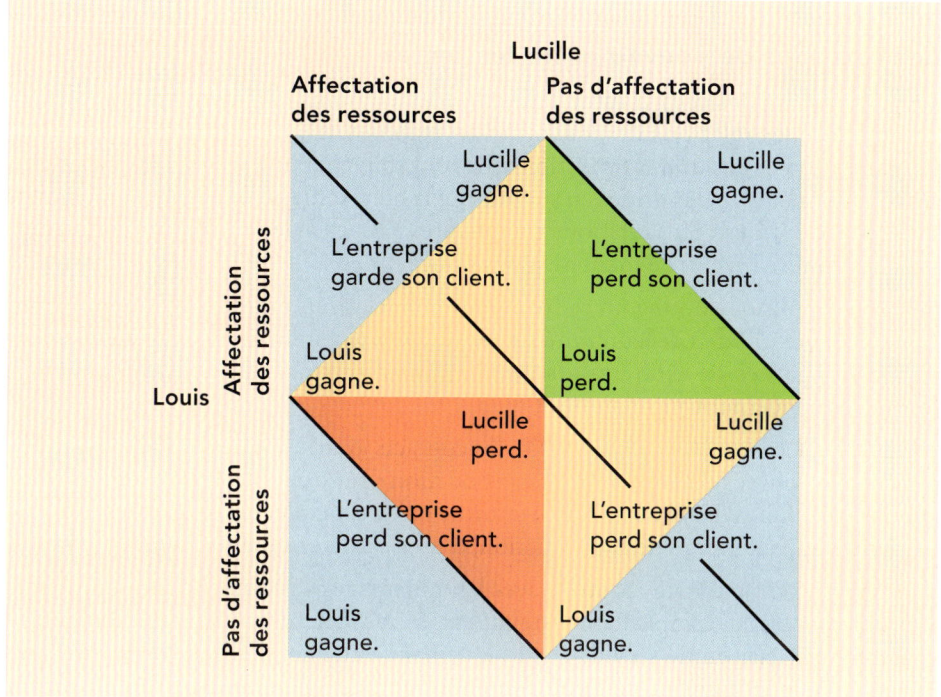

Louis et Lucille acceptent tous deux d'affecter les ressources nécessaires au projet, ils sortiront gagnants de cette situation, de même que l'organisation. Cette situation correspond au quadrant supérieur gauche de la figure; il s'agit, évidemment, de l'issue la plus favorable pour toutes les parties.

Supposons maintenant que Lucille débloque les ressources requises, mais pas Louis. L'entreprise perd le client, et Lucille a dépassé son budget pour rien, mais Louis reste dans les limites des dépenses autorisées. Ici, l'entreprise et Lucille sont perdantes, mais Louis sort vainqueur. Cette situation est décrite dans le quadrant inférieur gauche de la figure. Le quadrant supérieur droit correspond à la situation inverse: Louis débloque les ressources, mais pas Lucille. Elle remporte la victoire, mais Louis et l'entreprise sortent perdants. Enfin, si les deux gestionnaires décident de ne pas affecter les ressources au projet, tous deux restent dans les limites de leur budget et sortent ainsi gagnants de l'exercice, mais l'entreprise perd son client.

De toute évidence, l'entreprise aurait avantage à ce que Louis et Lucille décident d'affecter les ressources au projet. Le feront-ils? Prendriez-vous le risque de dépasser votre budget, sachant que votre collègue sera peut-être plus prudent? En définitive, le dilemme se ramène à une question de confiance. Or, l'instauration d'une relation de confiance entre collègues, qu'ils soient gestionnaires ou salariés, est une tâche délicate qui prend du temps. Dans certains cas, il sera indispensable que des cadres d'échelons supérieurs interviennent pour régler la situation.

En pratique, dans bon nombre d'organisations, il est fort probable que ni Louis ni Lucille n'affecteraient les ressources nécessaires. Pourquoi? Parce que, trop souvent, la culture de l'organisation et le climat qui y règne incitent les cadres et les salariés à protéger autant que possible leurs intérêts personnels en prenant un minimum de risques.

Les relations de pouvoir entre les unités

Le gestionnaire désireux d'intervenir efficacement dans le jeu politique gagnera à comprendre les relations de pouvoir qui s'établissent entre les unités au sein de l'organisation[28]. Les unités opérationnelles ont souvent plus de pouvoir que les unités fonctionnelles, et les unités au sommet de la hiérarchie en ont généralement plus que celles de la base. Les relations entre unités situées à des niveaux égaux ou rapprochés vont se révéler de manière plus nuancée.

Le jeu politique donne un cadre officiel aux relations entre les gestionnaires en tant que représentants de leur unité respective. Les gestionnaires sont généralement parties prenantes de cinq grands types de relations intergroupes horizontales, lesquelles concernent[29] :

> **Les cinq grands types de relations intergroupes horizontales**

- *Le déroulement du travail*, c'est-à-dire les contacts avec les unités qui se trouvent en aval ou en amont dans la chaîne de production : par exemple, le contremaître responsable d'une chaîne de montage informe un de ses collègues, qui est responsable d'une étape ultérieure de la production, d'un retard dont il devra tenir compte.

- *Le service*, c'est-à-dire les contacts avec les unités chargées d'aider à la résolution de problèmes : par exemple, le contremaître responsable d'une chaîne de montage établit une relation de service quand il demande au chef de l'entretien de réparer de toute urgence une pièce d'équipement importante.

- *Le conseil*, c'est-à-dire les contacts avec les unités fonctionnelles qui ont une expertise spécialisée : par exemple, un cadre demande conseil au directeur du personnel au sujet de l'évaluation du personnel.

- *La vérification*, c'est-à-dire les contacts avec les unités qui ont le droit d'évaluer le travail des autres après coup : par exemple, le responsable de la qualité refuse la livraison de certains produits et demande à son collègue chargé de la fabrication de la reprendre.

- *L'approbation*, c'est-à-dire les contacts avec les unités dont l'approbation est indispensable pour prendre une décision ou mettre en œuvre un projet : par exemple, le directeur du marketing soumet une description de poste au responsable de l'équité en matière d'emploi pour obtenir son aval avant d'entamer le processus d'embauche d'un nouveau vendeur.

En général, plus une unité approuve ou vérifie le travail des autres, plus elle a du pouvoir. Une relation fondée sur le déroulement du travail confère plus de pouvoir qu'une simple relation de conseil, mais toutes deux donnent davantage de pouvoir que les relations basées sur le service.

LE JEU POLITIQUE ET LA DÉFENSE DES INTÉRÊTS PERSONNELS

Si le jeu politique peut aider l'organisation dans son ensemble, c'est dans la défense des intérêts personnels qu'il est le plus évident et le mieux compris[30]. Quelle que soit l'organisation, et que ses dirigeants le veuillent ou non, tous les travailleurs font passer leurs intérêts personnels en priorité. D'ailleurs, dans la plupart des organisations, si les travailleurs ne se protègent pas eux-mêmes, personne ne le fera à leur place. Pour se protéger, les travailleurs disposent de trois stratégies : (1) éviter d'agir et de prendre des risques ; (2) reporter sur d'autres leur responsabilité ou leur imputabilité ; (3) défendre leur territoire, voire l'accroître.

L'évitement

La stratégie de l'évitement est assez courante dans les situations délicates où le travailleur risquerait de se tromper ou de recevoir une sanction s'il agissait. Dans de tels cas, la réaction d'autodéfense la plus courante consiste à *s'en tenir aux règlements*, c'est-à-dire à appliquer strictement les règles et les procédures en vigueur, sans en dévier d'un iota. L'une des techniques d'évitement les plus efficaces, quoique frustrante, consiste à *faire l'imbécile*. Nous y recourons tous de temps à autre : « La vitesse est limitée à 40 km/h dans le quartier ? J'le savais pas, m'sieur l'agent ! Sinon, vous pensez bien que je n'aurais pas roulé à 60… »

Si l'application stricte des règles et la comédie de l'imbécillité sont monnaie courante, les travailleurs d'expérience se tournent habituellement vers des stratagèmes plus subtils pour se protéger, notamment les suivants.

- *La dépersonnalisation des rapports*, qui consiste à traiter les partenaires professionnels – les clients ou les subordonnés, par exemple – comme des numéros ou des objets. Ainsi, les cadres supérieurs ne « congédient » jamais un travailleur de longue date ; c'est l'organisation qui « rationalise ses opérations », « allège son effectif » ou « aplanit sa structure ».
- *Le ralentissement du travail*, soit simplement la diminution de la cadence pour faire traîner la tâche en longueur tout en donnant l'illusion de travailler dur. Utilisée avec doigté, cette tactique permet de se poser en farouche défenseur des objectifs et des projets de l'organisation… tout en retardant autant que possible leur implantation.

Le transfert de responsabilités

Les gens qui ont la fibre politique bien développée maîtrisent l'art de se prémunir contre les conséquences fâcheuses de leurs actes. Il existe plusieurs techniques éprouvées de transfert de responsabilités. La plus répandue consiste à *refiler l'addition* à quelqu'un d'autre, c'est-à-dire à définir la tâche de telle sorte que la responsabilité en incombe à autrui, du moins officiellement. L'étendue et la diversité des moyens auxquels on recourt dans les organisations pour redéfinir un problème de manière à ne pas agir ou à reporter sa responsabilité sur un collègue sont proprement stupéfiantes.

Il y a d'autres façons d'échapper aux responsabilités : *faire des excès de zèle* et *s'entourer d'une forteresse de pièces justificatives*. Autrement dit, ne pas agir tant que tous les papiers voulus ne sont pas dûment remplis et signés, donc tant qu'il n'apparaît pas clairement aux yeux de tous qu'on ne fait qu'appliquer les procédures d'une manière irréprochable. Une technique voisine de l'accumulation de pièces justificatives consiste à *recourir à la note de service occulte*, qui formule une ou plusieurs objections à un projet mis en œuvre par son auteur lui-même. Dans cette situation, la tâche demandée est accomplie, mais la note occulte est prête si jamais l'initiative est contestée. Les politiciens font merveille dans ce domaine. Ils vont rencontrer un lobbyiste, puis mentionner ce fait sur une note de service qui prendra directement le chemin des dossiers. Toute ressemblance entre ce document et le contenu de la discussion est fortuite.

Comme le montre l'exemple précédent, *réécrire l'histoire* est une façon très commode pour les gestionnaires d'éviter d'assumer leurs responsabilités. Si un programme fonctionne, le cadre clame sur tous les toits qu'il l'a appuyé dès le début ; en cas d'échec, qu'il a toujours émis de sérieuses réserves à son égard. Si le recours à la note de service classée dans les dossiers est souvent bien pratique pour établir a posteriori leur statut de défenseurs enthousiastes ou d'adversaires éclairés de la première heure, certains cadres ne s'encombrent pas de tels raffinements. Ils se contentent de se présenter à une réunion ou d'en convoquer une, et de récapituler d'entrée de jeu ce qui a été fait de façon à se donner le beau rôle.

Les esprits vraiment retors recourent à trois autres tactiques pour se délester de leurs responsabilités[31]. La première consiste à *accuser un individu ou un groupe mal placé pour se défendre* : les travailleurs licenciés, les partenaires externes de même que les détracteurs et autres opposants font d'excellents boucs émissaires. La deuxième consiste à *évoquer des évènements imprévus*. Attention : les cadres vraiment habiles ne s'en tiennent pas aux bonnes vieilles excuses du genre « Le chien a mangé mon devoir... » ; ils misent plutôt sur une rhétorique plus subtile, dans le genre : « Étant donné le ralentissement imprévu et malheureusement très marqué que nous avons observé récemment dans l'économie, la rentabilité de l'entreprise est légèrement inférieure aux prévisions, pourtant raisonnables, que nous avions établies. » Traduction : l'entreprise a perdu une fortune, mais ce n'est pas ma faute !

Enfin, si les deux tactiques précédentes ne suffisent pas, il reste un dernier espoir. Face à l'échec d'un programme, le gestionnaire peut *réaffirmer fermement sa confiance totale en la stratégie mise en œuvre*. Alors même que tout semble perdu, il répète inlassablement que sa foi en ce projet est entière et que tous les problèmes viennent de l'insuffisance des ressources affectées à son implantation. Tandis qu'il exhorte ses troupes à redoubler d'efforts pour remporter la victoire, secrètement il espère être promu ou avoir pris sa retraite avant la débâcle. C'est ce qu'on appelle marcher, voire courir sur des œufs[32].

La défense et l'expansion de son territoire

Cette tradition très ancienne est toujours à l'honneur dans la plupart des grandes organisations. Comme nous l'avons vu dans ce chapitre, les cadres qui veulent consolider leur pouvoir s'efforcent souvent d'élargir les tâches et les responsabilités de leur équipe. La stratégie de défense et d'expansion du territoire tient à la nature même de l'organisation. En effet, par définition, l'organisation est une coalition, c'est-à-dire un regroupement de services, de groupes et d'individus qui, malgré des intérêts rivaux, s'allient en vue d'une action commune. Mais chacun, en tentant d'accroître son influence, en vient à marcher sur les plates-bandes des autres. La stratégie de défense ou d'expansion du territoire est chose courante en milieu organisationnel, et ce, à tous les échelons de la hiérarchie.

LE JEU POLITIQUE ET LA GOUVERNANCE ORGANISATIONNELLE

De Jay Gould – requin de l'industrie des années 1890 – à Bill Gates – le président actuel de Microsoft –, les *grands patrons* ont toujours fasciné. Les récents remous concernant des actes criminels allégués puis établis, mettant en cause des personnes haut placées chez WorldCom et Enron ainsi que l'homme d'affaires et escroc américain Bernard Madoff ont attisé l'intérêt des médias et levé partiellement le voile sur le jeu politique aux échelons supérieurs des organisations[33]. Au Québec, les différents faits et spéculations de l'affaire Norbourg, impliquant une entreprise de gestion de fonds de placement ainsi que son PDG, Vincent Lacroix, ont régulièrement fait la manchette. Une analyse des dynamiques à l'œuvre dans les cercles dirigeants nous permettra de dissiper certains mystères.

La théorie de l'agence

De nos jours, en matière de pouvoir, un des problèmes fondamentaux auxquels fait face l'entreprise moderne découle de la séparation entre les actionnaires et les gestionnaires. Selon un ensemble de travaux regroupés sous le nom de **théorie de l'agence**, les sociétés ouvertes peuvent fonctionner efficacement même si leurs gestionnaires cherchent à défendre leurs intérêts personnels et n'assument pas inévitablement toutes les conséquences de leurs pratiques de gestion. Cette théorie s'articule autour des arguments suivants :

1. La protection des intérêts des actionnaires sert l'ensemble des intérêts de la société.
2. Les actionnaires ont un intérêt évident dans l'augmentation du rendement de leurs investissements.
3. Les gestionnaires tiennent à protéger leurs intérêts personnels et, comme ils ne sont pas prêts à sacrifier ces intérêts (en particulier au profit des actionnaires), il faut s'assurer de mettre en place un contrôle de gestion.

Le terme *théorie de l'agence* traduit l'idée que les gestionnaires sont les *agents* des actionnaires.

▶ **Théorie de l'agence**
Théorie selon laquelle les sociétés ouvertes peuvent fonctionner efficacement même si leurs gestionnaires cherchent à défendre leurs intérêts personnels et n'assument pas inévitablement toutes les conséquences de leurs pratiques de gestion

Quels types de contrôle devrait-on, conséquemment, instituer? Il existe plusieurs possibilités. Une première consiste à s'assurer que ce qui est bon pour les actionnaires est bon pour les gestionnaires. Cette convergence d'intérêts peut être favorisée par un régime de rémunération assorti d'incitatifs appropriés. Par exemple, on peut convenir que le personnel de direction sera payé en proportion du cours des actions de l'entreprise, principalement sous la forme d'options d'achat de ces actions.

Un deuxième type de contrôle consiste à former un conseil d'administration solide et indépendant, étant entendu que cette instance représente les actionnaires. Bien que cela puisse paraître inhabituel, il n'est pas si rare qu'un chef de la direction choisisse la majorité des membres du conseil et inclue parmi ceux-ci plusieurs cadres supérieurs.

Une troisième possibilité pour les actionnaires importants est de jouer un rôle actif au sein du conseil d'administration. Dans cette optique, on confie parfois à des gestionnaires de fonds communs de placement le mandat d'exercer une surveillance de la gestion.

Mentionnons enfin le fameux marché de la prise de contrôle qui, par exemple, peut conduire au remplacement d'un cadre de la direction, dont le rendement laisse à désirer, par une personne complètement extérieure à l'organisation[34].

Le problème que posent tous ces mécanismes de contrôle, ou du moins leur simple application, c'est que même les actionnaires ne semblent pas vraiment y trouver leur compte, alors que les autres parties, selon certains, n'en tirent absolument aucun avantage[35]. La rubrique *Du côté de la recherche* présente une illustration récente de ce phénomène, tel qu'il est décrit par des spécialistes du comportement organisationnel.

DU CÔTÉ DE LA RECHERCHE

Des options d'achat d'actions « hors du cours » accordées aux chefs de la direction[36]

Dans le but de favoriser la convergence d'intérêts entre les chefs de la direction et les actionnaires, de nombreux tenants de la théorie de l'agence préconisent qu'on offre aux cadres supérieurs des options d'achat d'actions. Voici comment fonctionne ce genre d'ententes. Par exemple, si le cours de l'action se situe à 100 $, le conseil d'administration pourrait accorder au chef de la direction 10 000 options pour l'achat d'actions à 110 $, en espérant que le gestionnaire sera suffisamment dynamique pour faire grimper le cours de l'action bien au-dessus de 110 $. Car il s'agit d'une option d'achat à 110 $, et personne ne voudra s'en prévaloir lorsque le prix est de 100 $. Quand le « prix de levée de l'option », aussi appelé « prix d'exercice », est inférieur au prix courant, on dit, dans le jargon, que l'option d'achat est « hors du cours ».

Mais qu'arrive-t-il si le cours de l'action chute, disons, à 50 $? L'écart devient immense. Le conseil d'administration révisera-t-il alors le prix de l'option ? Une recherche récente de Pollock, Fischer et Wade a révélé que, dans de telles circonstances, le conseil d'administration pourrait proposer une meilleure entente au chef de la direction. Les chances que le cadre supérieur en sorte avantagé augmentent (1) quand l'écart entre le prix de l'option d'achat et le prix courant est plus grand et (2) quand le chef de la direction est aussi président du conseil d'administration. Ces résultats ne sont pas vraiment étonnants.

Cette autre observation l'est davantage : plus le nombre de membres du conseil d'administration nommés par le chef de la direction est élevé et plus leurs mandats sont échelonnés, moins il est probable que le gestionnaire en question bénéficie d'une réévaluation favorable. Pourquoi ? Selon les trois chercheurs, le fait d'accorder au chef de la direction des options révisées serait un geste tellement manifeste qu'il attirerait l'attention des actionnaires et du public. Un conseil d'administration faible, sous la coupe du chef de la direction, craindrait de perdre ainsi sa légitimité. En refusant de réviser le prix des options d'achat, il enverrait un message visant à faire entendre qu'il est plus fort qu'il n'y paraît.

À l'instar de plusieurs autres études portant sur le pouvoir et le jeu politique, cette recherche bouleverse bien des idées reçues. Que penser, au bout du compte, des ententes qui consistent à offrir des options d'achat d'actions aux chefs de la direction des entreprises ? Les auteurs en arrivent à la conclusion qu'il ne s'agit pas d'un bon moyen de rapprocher les intérêts respectifs du chef de la direction et des actionnaires.

La récente controverse au sujet de la rémunération des chefs de la direction illustre ce à quoi peut mener une simple application de la théorie de l'agence pour exercer un contrôle sur les gestionnaires. Traditionnellement, aux États-Unis, un chef de la direction gagnait environ entre 25 et 30 fois plus que le travailleur moyen, ce qui correspondait, à peu de chose près, aux échelles salariales en vigueur en Europe et au Japon[37]. Aujourd'hui, la rémunération des chefs de la direction est 400 fois plus élevée que le salaire moyen des travailleurs[38]. Comment se fait-il qu'ils se soient enrichis à ce point ? En même temps que les spécialistes en rémunération du personnel de direction sont apparus des régimes grâce auxquels les cadres supérieurs sont payés en fonction des hausses à court terme du cours des actions de l'entreprise.

Comme on peut s'y attendre, les cadres bénéficiant de ce type de traitement sont devenus tellement obsédés par l'augmentation rapide du cours des actions qu'ils ont eu tendance à négliger d'autres objectifs ainsi que d'autres intérêts en jeu[39]. Il est bien sûr facile, pour un chef de la direction, de faire grimper en flèche les bénéfices et le cours des actions en réduisant les effectifs, en faisant appel à la main-d'œuvre de pays étrangers, en se lançant dans des projets de fusion en série ou en éliminant des avantages sociaux tels que les régimes de soins de santé destinés aux travailleurs. Même si de telles orientations risquent de mettre en péril la santé à long terme de l'entreprise, peu de cadres supérieurs semblent capables de résister à la tentation.

Il n'est donc guère étonnant que la question de la gouvernance des entreprises nord-américaines soit remise à l'ordre du jour. Plutôt que de vous proposer une solution miracle fondée sur une théorie de l'entreprise dont la portée est limitée, nous vous suggérons de prendre en considération une diversité de points de vue sur le jeu politique dans le cercle du chef de la direction. En adoptant une perspective large, vous serez en position de mieux comprendre les rapports de pouvoir tels qu'ils se présentent dans l'entreprise moderne.

Des primes malgré le ralentissement économique[40]

En 2008, la majorité des grandes entreprises québécoises ont subi une chute du cours de leur action, jumelée, dans la moitié des cas, à une baisse de rentabilité. Pourtant, seulement quatre entreprises sur les 48 recensées dans notre palmarès ont décidé de retenir la prime destinée aux PDG en 2008. Il s'agit de Transat, Industrielle Alliance, Garda et Quebecor.

« La rémunération totale des plus grands patrons de Transat a reculé de deux millions en 2008, à la suite de mauvais résultats de l'entreprise, souligne Julie Legault, analyste en gouvernance pour le Groupe Investissement Responsable, un organisme-conseil dans l'exercice des droits de vote des actionnaires. On n'a pas trouvé beaucoup d'exemples d'entreprises québécoises qui ont posé un tel geste. »

Transat a perdu 50 millions pour l'exercice clos le 31 octobre 2008 et son action a perdu 71 % de sa valeur pendant la même période.

Le débat sur les primes versées aux dirigeants avait fait la manchette, en février [2009], lorsque les conseils d'administration de trois grandes banques canadiennes (BMO, RBC et CIBC) avaient décidé d'octroyer de généreuses primes à leur PDG respectif… pour finalement y renoncer, face à la grogne populaire.

Les banquiers québécois Louis Vachon, de la Banque Nationale, et Réjean Robitaille, de la Laurentienne, eux, ont choisi de conserver leur prime, qui s'établit à 743 900 $ et 388 125 $ au comptant, respectivement.

D'autres entreprises québécoises ont versé des primes à leurs dirigeants malgré une année difficile : Cascades, par exemple, a remis 790 000 $ à Alain Lemaire, en 2008.

Le bénéfice d'exploitation des activités maintenues de Cascades a fondu de 90 %, à 15 millions de dollars, en 2008. Depuis 2003, l'actionnaire de Cascades a réalisé un rendement global cumulatif de -20,6 %, tandis que la rémunération totale des membres de la haute direction a augmenté de 21 % pendant la même période.

« Sans parler de cas spécifique, je pense qu'il y a de l'exagération et, dans certains cas, un manque de rigueur [dans le rapport] entre les résultats de l'entreprise et l'octroi de certains incitatifs. La rémunération versée est déconnectée de la performance de l'organisation », affirme Jérôme Côté, conseiller principal du Groupe Hay, à Montréal, des consultants indépendants en matière de rémunération des membres de haute direction.

M. Côté explique que les entreprises craignent de perdre leurs gestionnaires si elles ne leur versent pas la prime attendue. « Souvent, les objectifs de performance ne sont pas liés aux bénéfices, mais à d'autres éléments de l'exploitation, ou bien ils sont laissés à la discrétion du comité de rémunération. » […]

« On voit déjà des impacts de la récession sur la rémunération des patrons », soutient Jérôme Côté. La popularité du vote consultatif sur la rémunération, dont le principe a été accepté, cette année, par les actionnaires des grandes banques canadiennes, et qui entrera en vigueur à compter de 2010, en est la preuve. Tout comme le projet de loi de la sénatrice Céline Hervieux-Payette, qui vise à plafonner le salaire des PDG demandant de l'aide de l'État fédéral à 20 fois le salaire industriel moyen, environ 800 000 $.

Question

L'octroi de primes est-il justifié en période de ralentissement économique ?

La dépendance par rapport aux ressources

La conduite politique du dirigeant peut parfois s'expliquer par la dépendance de son organisation par rapport aux ressources, c'est-à-dire par le fait que son organisation a besoin de ressources qui appartiennent à d'autres[41]. D'une manière générale, la dépendance par rapport aux ressources augmente dans les circonstances suivantes :

1. Les ressources dont l'organisation a besoin se raréfient.
2. Les acteurs externes resserrent leur mainmise sur les ressources.
3. Les ressources sont concentrées entre les mains d'agents externes peu nombreux, et les produits de remplacement sont plus difficiles à trouver.

L'un des rôles politiques du chef de la direction consiste donc à établir des compromis viables avec les propriétaires des ressources dont il a besoin, compromis qui raffermiront son pouvoir. Pour cela, il doit faire le point sur le pouvoir relatif des différents acteurs externes et élaborer une stratégie pour chacun des fournisseurs de ressources.

Dans les grandes organisations, la stratégie retenue consiste souvent à réduire le degré de dépendance à l'égard des acteurs externes. Par exemple, l'organisation prend le contrôle des ressources dont elle a besoin par des fusions ou des acquisitions. Elle peut aussi tenter de modifier les règles du jeu pour se mettre à l'abri des attaques ou des revirements des fournisseurs les plus puissants. Ainsi, Netscape a fait appel au gouvernement des États-Unis pour se prémunir contre les offensives de Microsoft. Les marchés peuvent aussi être défendus au moyen de barrières douanières. En outre, aux États-Unis, les lois sur le *droit au travail* permettent de limiter l'influence des syndicats. Toutefois, même les plus grandes et les plus puissantes organisations ne peuvent exercer un contrôle absolu sur toutes les contingences externes majeures.

La concurrence internationale a réduit considérablement les possibilités d'action qui s'offrent aux dirigeants ; ceux-ci ne peuvent plus ignorer l'étranger, le vaste monde qui commence à leurs frontières. Nombre d'entre eux devront, si ce n'est déjà fait, repenser complètement leurs manières de travailler. Ainsi, des organisations qui pouvaient autrefois très bien fonctionner sans aide étrangère voient aujourd'hui leurs dirigeants favoriser la création d'entreprises conjointes et la conclusion d'alliances stratégiques avec des partenaires du monde entier. Ces associations permettent aux divers partenaires d'accéder aux ressources et aux technologies dont ils ont besoin, mais aussi de bénéficier d'un accroissement de leurs marchés et d'une baisse de leurs coûts de production[42].

La gouvernance organisationnelle

Une fois qu'on sait en quoi consiste la théorie de l'agence et qu'on commence à saisir comment entre en jeu la dépendance de l'organisation par rapport aux ressources, on comprend beaucoup plus facilement ce qu'est la gouvernance organisationnelle. On appelle ***gouvernance organisationnelle*** le système que la direction met en place en matière d'autorité, d'influence et de normes de comportement des gestionnaires. Ce système détermine ce qui est important, comment les problèmes sont posés, qui doit ou ne doit pas prendre les décisions les plus cruciales et quelles sont les limites acceptables de leur application.

▸ **Gouvernance organisationnelle**
Système mis en place par la direction en matière d'autorité, d'influence et de normes de comportement des gestionnaires

Les chercheurs soulignent que la gouvernance organisationnelle est en grande partie le fait d'une *coalition dominante* composée des principaux acteurs de l'organisation[43]. Comme on peut s'y attendre, plusieurs des cadres supérieurs de l'organisation font partie de cette coalition, mais il arrive aussi que celle-ci comprenne certains acteurs externes qui ont accès aux ressources clés. Par conséquent, toute analyse de la gouvernance organisationnelle repose sur une analyse de la dépendance par rapport aux ressources, laquelle dévoile le contrôle réel exercé par les membres de la coalition dominante sur les plus critiques de ces ressources. Elle reconnaît aussi le pouvoir relatif des principales parties intéressées, dont celui des actionnaires tel qu'il est mis en relief par la théorie de l'agence.

Dans cette optique des cercles dirigeants, la gouvernance organisationnelle quotidienne consiste à cerner et à résoudre les problèmes à mesure qu'ils surviennent.

Par l'entremise de ce système de gouvernance organisationnelle, les membres de la coalition dominante tentent de modeler la réalité. En acceptant ou en rejetant les propositions des subordonnés, en orientant les objectifs et les stratégies en fonction des intérêts des acteurs externes les plus puissants, et en sélectionnant des personnes apparemment porteuses de telles ou telles valeurs et qualités, ils peuvent établir graduellement leur système de gouvernance organisationnelle. En outre, ce système repose – du moins en partie – sur des bases éminemment politiques.

Autrefois, la gouvernance organisationnelle se définissait et s'exerçait dans les limites de l'organisation, et incombait même très souvent à un nombre restreint de personnes. Aujourd'hui, les débats et les controverses la transportent de plus en plus souvent sur la place publique. Si certains observateurs estiment que les dirigeants des entreprises ne défendent pas suffisamment les intérêts des actionnaires, d'autres considèrent au contraire qu'ils négligent, voire trahissent, les intérêts des autres composantes et du public en général. Tout dirigeant devrait être en mesure de discerner les fondements de son pouvoir et de sa légitimité.

> **Qui sont les as du développement durable?** [44]
>
> Encana, la Banque Royale, Telus, la Banque TD et TransCanada font partie de l'élite mondiale des entreprises championnes en développement durable.
>
> C'est du moins ce qu'on peut déduire d'un classement publié par le Forum économique mondial de Davos.
>
> Développée par Corporate Knights et le cabinet-conseil Innovest Strategic Value Advisors, la liste appelée Global 100 est constituée de grandes sociétés cotées en Bourse évaluées par rapport à leurs pairs. Les critères retenus sont la capacité à gérer les risques liés à l'environnement, à la société et à la gouvernance.
>
> Les promoteurs de la liste font valoir qu'environnement et performance boursière vont de pair. Depuis ses débuts en 2005, ce classement des 100 meilleures entreprises en développement durable affiche des rendements boursiers annuels de 480 points supérieurs à ceux de son indice de référence, le MSCI World Index, selon Innovest.
>
> Des 100 entreprises choisies, 20 proviennent des États-Unis, 19 du Royaume-Uni et 15 du Japon. La France arrive au quatrième rang, avec 8 entreprises.

Le jeu politique, la gouvernance organisationnelle et l'éthique

Le grand public s'inquiète de plus en plus des pratiques de certaines entreprises, notamment celles qui travaillent dans les secteurs des technologies à haut risque, comme le traitement des produits chimiques, les techniques médicales, les manipulations génétiques et le raffinage pétrolier.

Des lacunes sur le plan de la gouvernance organisationnelle peuvent aussi empêcher les entreprises de gérer efficacement leurs activités internationales. Les dirigeants nord-américains peuvent bien imputer à des facteurs externes – les lois sur les échanges commerciaux, par exemple – leurs piètres résultats, notamment face à des pays concurrents comme le Japon et d'autres pays asiatiques, mais, selon leurs détracteurs, c'est leur incompétence en matière de gestion internationale qui freine les entreprises qu'ils sont censés diriger. En fait, la gouvernance organisationnelle est trop étroitement liée aux intérêts immédiats des actionnaires et à la rémunération du PDG.

Cela étant dit, tout n'est pas sombre au royaume de la gestion: divers indices laissent croire que la gouvernance des entreprises en Amérique du Nord commence à dépasser les seuls intérêts de leurs propriétaires pour s'étendre à ceux de leurs travailleurs et des collectivités.

Les études sur les questions d'éthique liée au pouvoir et au jeu politique ont permis l'élaboration du modèle intégré d'analyse du comportement politique apparaissant à la **figure 10.4**. D'après ce modèle de Cavanagh, Moberg et Velasquez, la gouvernance organisationnelle doit reposer sur un code d'éthique, et tous les

Figure 10.4 Un modèle intégré d'analyse du comportement politique au sein de l'organisation

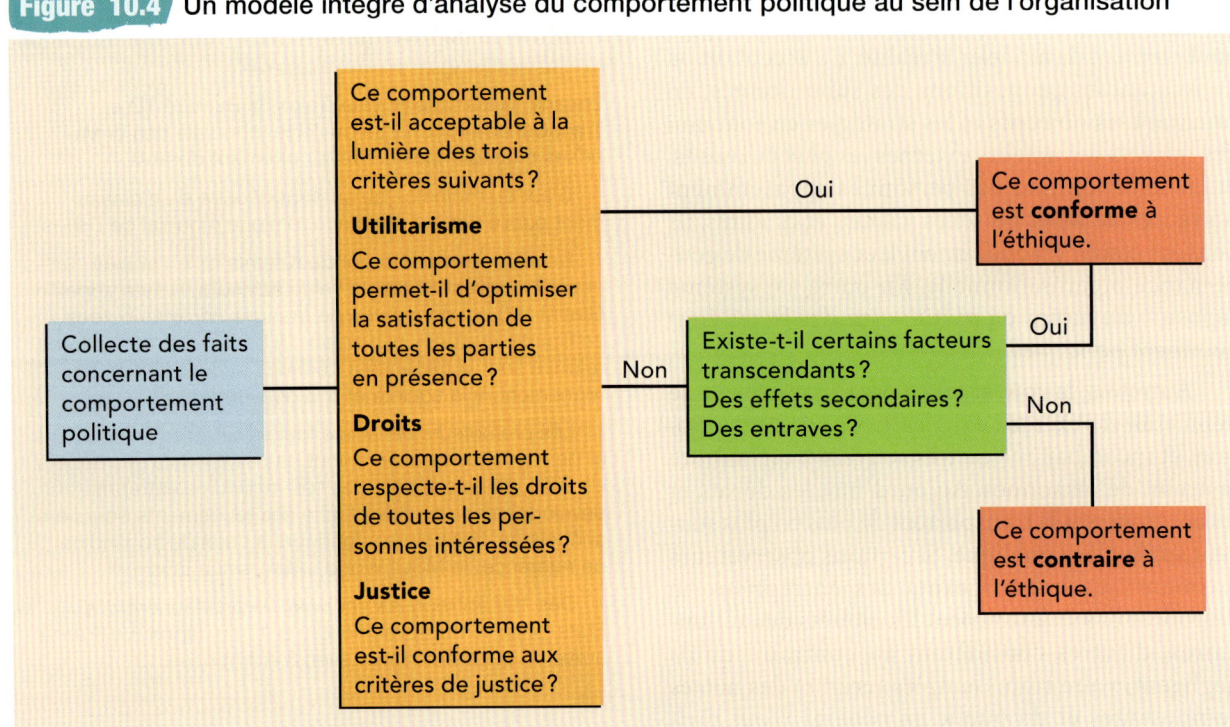

membres de l'organisation, du salarié le plus modeste jusqu'au PDG, devraient avoir un comportement conforme à l'éthique, c'est-à-dire un comportement qui satisfait aux critères suivants[45] :

- Il engendre « le plus grand bien pour le plus grand nombre »; autrement dit, il optimise la satisfaction des personnes tant à l'intérieur qu'à l'extérieur de l'organisation (*point de vue utilitariste*).
- Il respecte les droits de toutes les parties, notamment les droits de la personne suivants : droit à la liberté de consentement, de parole et de conscience ; droit au respect de la vie privée et à un procès équitable (*point de vue moraliste*).
- Il respecte les règles et les procédures organisationnelles dans tous les cas où elles s'appliquent – justice procédurale – et garantit à toutes les personnes un traitement juste et équitable – justice distributive (*point de vue de la justice sociale*).

Toutefois, un comportement qui ne respecte pas tous ces critères n'est pas nécessairement contraire à l'éthique. Il pourrait se justifier d'un point de vue éthique dans des situations particulières où interviennent des *facteurs transcendants*, qui peuvent se résumer ainsi :

- *Il y a conflit entre les divers critères.* Le comportement adopté présente à la fois des conséquences positives et des conséquences négatives. Par exemple, un gestionnaire met l'un des membres de son personnel sur table d'écoute, brimant ainsi ses droits, parce que c'est la seule façon de prouver qu'il s'adonne à des pratiques frauduleuses préjudiciables à l'organisation et, le cas échéant, à des tiers.
- *L'application d'un critère est conflictuelle.* Des moyens discutables sont utilisés pour parvenir à une fin positive. Par exemple, un gestionnaire met en place un programme

Philanthropie et gouvernance font bon ménage[46]

Telus prend très au sérieux la gouvernance de ses œuvres philanthropiques. Dans chaque région où elle est active, la société de téléphonie a mis sur pied un comité d'investissements communautaires chargé de sélectionner les projets auxquels elle apportera son soutien. À ce comité siègent des gens qui proviennent de l'extérieur de la société.

Au Québec, le comité de 14 personnes en compte 8 de l'extérieur de Telus, parmi lesquelles de grosses pointures comme Bernard Lamarre, Isabelle Hudon, Larry Smith et Mélanie Turgeon. [...]

« Nous voulions des gens d'expérience, des chefs de file bien branchés sur leurs communautés, alors nous sommes allés chercher les meilleurs », dit Karen Radford, présidente de Telus au Québec.

Chaque membre externe, ajoute-t-elle, vient d'un secteur considéré comme « pilier » pour la philanthropie de Telus. Ainsi, Larry Smith, président de l'équipe de football les Alouettes, et Mélanie Turgeon, championne de ski, aideront Telus à choisir les activités sportives que soutiendra l'entreprise. Les autres piliers sont les arts et la culture, l'éducation et la santé.

Le conseil d'administration de chaque comité d'investissements communautaires – il y en a deux au Québec, un à Montréal et l'autre à Rimouski – se réunit quatre fois par année pour examiner les demandes. C'est le légendaire Bernard Lamarre, homme d'affaires et philanthrope de 77 ans, qui mène les réunions.

« On n'est pas seulement là pour avaliser le choix d'une ou deux personnes comme cela arrive dans 90 % des cas », dit Larry Smith lorsqu'on lui demande pourquoi il a accepté de siéger à ce comité, malgré son emploi du temps chargé.

« Ici, je sais que je jouerai un véritable rôle dans le processus de décision. Le comité est bien structuré, la façon de travailler est stimulante et l'entreprise a vraiment le désir d'écouter et de s'adapter, ajoute-t-il. De plus, l'argent suit. » [...]

Telus s'est également associée à l'Université McGill et à l'École Rotman de management de l'Université de Toronto pour dispenser gratuitement une formation de trois jours en gouvernance d'organismes de bienfaisance.

Autre preuve que Telus prend son engagement social au sérieux, elle vient de créer un poste à temps plein pour gérer les demandes de dons. Valérie Dubreuil, qui vient du milieu caritatif, reçoit des centaines de demandes, les traite et en soumet quinze à chaque réunion du comité.

Elle fait une première évaluation en fonction de cinq critères : le montant demandé par rapport au nombre de personnes aidées, l'occasion de faire du bénévolat, la composante technologique, la présence d'autres donateurs et la réputation du demandeur.

Le comité, lui, évalue les demandes en fonction d'une grille de pointage. « Cette grille n'est pas immuable, souligne Mme Dubreuil. Ce sont vraiment les membres du comité qui décident. »

Telus ne soutient pas plus de deux années consécutives un même organisme. « On ne veut pas créer de dépendance », indique Karen Radford. De plus, l'entreprise préfère s'associer à d'autres bailleurs de fonds dans un projet, pour que son don ait un effet de levier.

L'entreprise ne donne pas non plus à un organisme, mais bien à un projet spécifique, lequel doit toucher les jeunes – la clientèle cible de Telus. Et s'il a une composante technologique, c'est encore mieux.

Le mandat des membres du comité est de trois ans, renouvelable seulement pour le tiers des membres. Les deux autres tiers doivent partir. « Le problème, c'est qu'ils nous ont tous dit qu'ils voulaient rester », affirme Mme Radford. Beau problème !

Question

Selon vous, l'entreprise qui incorpore la dimension éthique à sa stratégie et à sa gouvernance peut-elle également offrir un rendement intéressant à ses actionnaires ?

---

de rationalisation qui, parce qu'il améliore la rentabilité financière et le rendement des investissements des actionnaires, assure la survie de l'entreprise ; cependant, ce programme suppose d'importantes compressions de personnel, ainsi qu'une détérioration des conditions d'emploi et une surcharge de travail pour les *survivants*.

- *Il y a impossibilité d'appliquer les critères.* Le comportement s'appuie sur des données erronées ou incomplètes. Par exemple, un gestionnaire approuve des modifications dans la fabrication de certains produits, mais il ignore les effets néfastes qu'auront à long terme les nouveaux matériaux sur l'environnement.

Adopter et maintenir un comportement éthique exige souvent qu'on consente à faire d'importants sacrifices personnels. Cela suppose qu'on renonce aux habituelles rationalisations qu'utilisent les PDG et les autres membres de l'organisation pour justifier leurs entorses à l'éthique : (1) ce comportement n'est pas vraiment illégal, il peut donc être considéré comme moralement acceptable ; (2) ce comportement va, somme toute, dans le sens des intérêts de l'organisation ; (3) ce comportement n'aura pas de conséquences puisqu'il ne sera sans doute jamais découvert, et encore moins révélé au grand jour ; (4) ce comportement est une preuve de loyauté envers le patron ou l'organisation, ou du désir de servir les intérêts à court terme des actionnaires.

Même si elles sont séduisantes a priori, de telles rationalisations doivent être soumises à un examen scrupuleux, sinon tout le système de gouvernance organisationnelle risque de basculer du côté le plus discutable et le plus sordide du jeu politique.

GUIDE DE RÉVISION

RÉSUMÉ

Qu'est-ce que le pouvoir et l'influence en milieu organisationnel ?

- Le pouvoir est, selon la perspective qu'on adopte, (1) la capacité d'un individu à amener autrui à accomplir une tâche qu'il veut voir menée à bien ou (2) un outil, une ressource qui permet d'influer sur le cours des évènements.

- L'influence est l'effet sur autrui du pouvoir qu'un individu exerce, c'est-à-dire la réaction comportementale à l'exercice du pouvoir.

- Parce qu'ils ont été socialisés en ce sens, les gens acceptent généralement le pouvoir (la capacité d'influer sur le comportement d'autrui) et l'autorité (la capacité d'exercer cette influence par la légitimité que confère la position hiérarchique).

- Les expériences de Milgram révèlent que les gens ont tendance à obéir aux ordres provenant de personnes qu'ils associent au pouvoir et à l'autorité.

- En définitive, le pouvoir et l'autorité ne sont opérants que dans la mesure où les gens sur lesquels ils s'exercent les *acceptent*.

- La zone d'indifférence est l'éventail des demandes de ses supérieurs auxquelles un subordonné accepte de se conformer sans les juger ni les critiquer.

Quelles sont les principales sources de pouvoir et d'influence au sein d'une organisation?

- Le gestionnaire puise son pouvoir à deux sources : l'une organisationnelle, l'autre individuelle.

- Le pouvoir hiérarchique, soit celui qui est attribué au gestionnaire par la position qu'il occupe dans la hiérarchie de l'organisation, revêt six formes principales : le pouvoir légitime, le pouvoir de récompense, le pouvoir de coercition, le pouvoir associé à la maîtrise des processus, le pouvoir d'information et le pouvoir de représentation.

- Par contre, le pouvoir personnel émane de l'individu lui-même ; il n'est pas lié au poste qu'il occupe. Il repose essentiellement sur l'expertise, la persuasion rationnelle, la valeur de référence et les coalitions.

- Les gestionnaires peuvent acquérir et accroître leur pouvoir hiérarchique et leur pouvoir personnel par divers moyens.

- Pour exercer une influence ascendante, descendante et horizontale, les gestionnaires peuvent recourir à diverses stratégies comme la raison, l'amabilité, la coalition, la négociation, l'affirmation de soi, l'autorité supérieure, les récompenses et les punitions.

Qu'est-ce que l'habilitation du personnel?

- L'habilitation est un processus par lequel le gestionnaire accorde un pouvoir décisionnel accru aux membres de son personnel, permettant ainsi à ces derniers de prendre les décisions qui les concernent directement et qui ont certaines répercussions sur leur travail.

- Pour réussir un processus d'habilitation du personnel, il est indispensable que l'autorité soit clairement déléguée, que la planification soit participative et intégrée à tous les échelons, et que les cadres de tous les échelons, surtout les plus élevés, manifestent de solides habiletés de communication.

- L'habilitation repose sur la conception du pouvoir comme un outil ou une ressource qui permet d'influer sur le cours des évènements, plutôt que comme la capacité d'un individu à amener autrui à accomplir une tâche qu'il veut voir menée à bien.

Qu'entend-on par «jeu politique» en milieu organisationnel?

- Selon la perspective adoptée, le jeu politique peut être vu comme : (1) l'exercice du pouvoir pour parvenir à des fins que l'organisation désapprouve ou pour obtenir des résultats qu'elle approuve, mais par des moyens qu'elle réprouve ; ou (2) l'art d'élaborer des compromis originaux pour concilier des intérêts rivaux.

- Les gestionnaires recourent souvent au jeu politique dans le contexte du processus décisionnel quand ils doivent concilier leurs intérêts personnels et ceux d'autrui – qu'il soit gestionnaire ou non.

- Les gestionnaires recourent aussi au jeu politique quand leurs unités respectives manœuvrent pour accroître leur pouvoir et améliorer leur position relative.

- Le jeu politique peut aussi servir des fins stratégiques.

- Dans le jeu politique entourant la défense des intérêts personnels, on observe trois stratégies : l'évitement, le transfert de responsabilité, ainsi que la défense et l'expansion de son territoire.

- Selon la théorie de l'agence, les cadres supérieurs sont des agents des actionnaires. Toutefois, on peut aussi considérer que les dirigeants des entreprises recourent au jeu politique pour aborder stratégiquement la dépendance de leur organisation par rapport à son environnement extérieur pour l'approvisionnement en ressources.
- La gouvernance organisationnelle est le système mis en place par la direction en matière d'autorité, d'influence et de normes de comportement des gestionnaires.
- Les PDG et les gestionnaires peuvent et doivent mettre sur pied un système de gouvernance organisationnelle conforme à l'éthique et exempt de toute justification douteuse.

MOTS CLÉS

Gouvernance organisationnelle	p. 302	Pouvoir de persuasion rationnelle	p. 282
Habilitation	p. 288	Pouvoir de récompense	p. 280
Influence	p. 275	Pouvoir de référence	p. 283
Jeu politique en milieu organisationnel	p. 292	Pouvoir de représentation	p. 281
		Pouvoir d'expertise	p. 282
Pouvoir	p. 274	Pouvoir d'information	p. 280
Pouvoir associé à la maîtrise des processus	p. 280	Pouvoir légitime	p. 279
		Théorie de l'agence	p. 299
Pouvoir de coalition	p. 283	Zone d'indifférence	p. 278
Pouvoir de coercition	p. 280		

ÉVALUATION DES CONNAISSANCES

QUESTIONS À CHOIX MULTIPLE

1. Trois des bases du pouvoir hiérarchique sont _____ **a)** la récompense, l'expertise et la coercition. **b)** l'autorité, l'expérience et le discernement. **c)** le savoir, l'expérience et le discernement. **d)** la récompense, la coercition et l'autorité.

2. _____ est la capacité qu'a un individu d'influer sur le comportement d'autrui en l'amenant à admettre le bien-fondé d'un objectif donné et des moyens proposés pour l'atteindre. **a)** Le pouvoir de persuasion rationnelle **b)** Le pouvoir légitime **c)** Le pouvoir de récompense **d)** Le pouvoir de coercition

3. Quand le subordonné agit de manière à préserver sa relation avec son supérieur, c'est que ce dernier exerce sur lui un pouvoir _____ **a)** d'expertise. **b)** de récompense. **c)** d'approbation. **d)** de référence.

4. L'une des lignes directrices concernant l'habilitation du personnel stipule que _____ **a)** la délégation de l'autorité ne doit pas être trop précise pour laisser place aux interprétations personnelles. **b)** la planification doit être traitée à part et selon le degré de délégation. **c)** la direction doit être raisonnablement certaine que ses directives quant à la responsabilisation seront appliquées à la lettre. **d)** l'autorité doit être déléguée aux échelons inférieurs d'une manière claire et précise.

5. Nous avons tiré des expériences de Milgram un certain nombre d'enseignements majeurs, notamment que _____ **a)** les Nord-Américains sont très indépendants et réfractaires à l'autorité. **b)** les gens sont disposés à

obéir dans la mesure où leur comportement ne risque pas de blesser qui que ce soit. **c)** les gens ont tendance à obéir aux figures d'autorité, même s'il semble que cela puisse blesser quelqu'un. **d)** les gens obéissent toujours aux figures d'autorité.

6. L'éventail des demandes de ses supérieurs auxquelles un subordonné accepte de se conformer sans les juger ni les critiquer s'appelle _____ **a)** le contrat psychologique. **b)** la zone d'indifférence. **c)** les expériences de Milgram. **d)** le niveau fonctionnel du jeu politique.

7. Les trois formes d'influence que le gestionnaire doit acquérir pour réussir sont l'influence _____ **a)** ascendante, descendante et horizontale. **b)** ascendante, descendante et diagonale. **c)** descendante, horizontale et diagonale. **d)** descendante, horizontale et externe.

8. Le cadre peut recourir à la fois à son pouvoir hiérarchique et à son pouvoir personnel lorsqu'il cherche à exercer une influence _____ **a)** ascendante. **b)** horizontale. **c)** descendante. **d)** sur le déroulement du travail.

9. Pour _____, le gestionnaire peut recourir à diverses stratégies, comme la raison, la coalition, la négociation et l'autorité supérieure. **a)** renforcer son pouvoir personnel **b)** renforcer son pouvoir hiérarchique **c)** exercer son pouvoir de référence **d)** exercer une influence

10. Négocier l'interprétation d'une clause de la convention collective est une activité qui relève _____ **a)** du jeu politique en milieu organisationnel. **b)** des relations horizontales. **c)** d'une relation d'approbation. **d)** d'une relation de contrôle.

11. _____ est la capacité qu'a un individu d'influer sur le comportement d'autrui grâce aux connaissances, à l'expérience ou au discernement qui lui sont propres et dont d'autres ont besoin. **a)** Le pouvoir de coercition **b)** Le pouvoir d'expertise **c)** Le pouvoir d'information **d)** Le pouvoir de représentation

12. _____ peut être envisagé(e) comme l'art d'élaborer des compromis originaux pour concilier des intérêts rivaux. **a)** La zone d'indifférence **b)** L'autorité **c)** Le pouvoir **d)** Le jeu politique

13. On appelle _____ le processus par lequel le gestionnaire accorde un pouvoir décisionnel accru aux membres de son personnel, permettant ainsi à ces derniers de prendre les décisions qui les concernent directement et qui ont certaines répercussions sur leur travail. **a)** jeu politique **b)** philosophie de gestion **c)** autorité **d)** habilitation

14. On appelle _____ le système mis en place par la direction en matière d'autorité, d'influence et de normes de comportement des gestionnaires. **a)** gouvernance organisationnelle **b)** théorie de l'agence **c)** pouvoir **d)** jeu politique

15. Selon _____, les sociétés ouvertes peuvent fonctionner efficacement même si leurs gestionnaires cherchent à défendre leurs intérêts personnels et n'assument pas inévitablement toutes les conséquences de leurs mesures de gestion. **a)** la théorie du pouvoir **b)** la philosophie de gestion **c)** la théorie virtuelle **d)** la théorie de l'agence

QUESTIONS À RÉPONSE BRÈVE

16. Expliquez en quoi les divers types de pouvoir hiérarchique et de pouvoir personnel s'appliquent ou non aux relations entre le professeur et l'étudiant dans un contexte scolaire. Précisez quels types de pouvoir les étudiants peuvent exercer sur leurs professeurs.

17. Expliquez au moins trois des moyens que peuvent prendre les gestionnaires pour accroître **a)** leur pouvoir hiérarchique et **b)** leur pouvoir personnel.

18. Expliquez au moins quatre des stratégies d'influence qui s'offrent aux gestionnaires en milieu organisationnel. Illustrez par des exemples comment chacune d'elles s'applique ou non à l'exercice **a)** de l'influence descendante et **b)** de l'influence ascendante.

19. Définissez la notion de *jeu politique en milieu organisationnel* et illustrez par un exemple **a)** son bon côté et **b)** son côté plus sordide.

QUESTION À DÉVELOPPEMENT

20. Comment expliqueriez-vous les fusions et les acquisitions s'il était prouvé qu'elles ont rarement des retombées financières positives pour les actionnaires ?

LE CO DANS LE FEU DE L'ACTION

Pour ce chapitre, nous vous suggérons les activités suivantes du *Cahier d'apprentissage en CO* (voir p. C1) :

Études de cas	Exercices	Autoévaluations
14. L'autonomisation du corps enseignant et l'évolution de l'environnement universitaire 15. Analyse du comportement politique	25. Entrevue avec un dirigeant 42. Les cercles du pouvoir	13. Propension à la délégation 14. Machiavélisme 15. Votre profil de pouvoir

www.erpi.com/schermerhorn

Vous trouverez dans le Compagnon Web du manuel les réponses aux questions d'évaluation des connaissances du chapitre ainsi que les autoévaluations en mode interactif.

LE LEADERSHIP

CHAPITRE 11

Dans le premier chapitre de cet ouvrage, nous avons traité des gestionnaires et de leurs fonctions, leurs rôles, leurs tâches et leurs compétences. Le présent chapitre examine plus particulièrement les rapports entre ces différents aspects de la gestion et le leadership. Nous traiterons aussi des principales approches en matière de leadership, en commençant par les théories traditionnelles pour terminer avec les plus récentes.

OBJECTIFS D'APPRENTISSAGE

Après l'étude de ce chapitre, vous devriez être en mesure :
- de saisir les fondements du leadership ;
- d'expliquer l'approche situationnelle en matière de leadership ;
- d'expliquer les modèles implicites du leadership ;
- de distinguer leadership charismatique, leadership transactionnel et leadership transformateur ;
- de discuter du leadership moral et de ses diverses formes ;
- de discuter des nouvelles perspectives en matière de leadership, plus particulièrement du leadership partagé et du leadership interculturel.

PLAN DU CHAPITRE

LES FONDEMENTS DU LEADERSHIP
Les gestionnaires et les leaders
Les théories des traits personnels du leader
Les théories des comportements du leader

LES THÉORIES DU LEADERSHIP SITUATIONNEL
La théorie de la contingence de Fiedler
La théorie du cheminement critique de House
La théorie du leadership situationnel de Hersey et Blanchard
La théorie des échanges leader-membres de Graen
La théorie des substituts du leadership

LES MODÈLES IMPLICITES DU LEADERSHIP
Le leadership et le processus d'attribution
Les prototypes du leadership

LE LEADERSHIP CHARISMATIQUE, LE LEADERSHIP TRANSACTIONNEL ET LE LEADERSHIP TRANSFORMATEUR
Le leadership charismatique
Le leadership transactionnel et le leadership transformateur
Quelques considérations sur le leadership charismatique et le leadership transformateur

LE LEADERSHIP MORAL
Le leadership éthique
Le leadership authentique
Le leadership au service des autres
Le leadership spirituel

DE NOUVELLES PERSPECTIVES EN MATIÈRE DE LEADERHSIP
Le leadership partagé
Le leadership interculturel : le projet GLOBE

GUIDE DE RÉVISION

« Les leaders font avancer les choses. »

Lâcher prise et cocréer[1]

« La danse contemporaine est dérivée du ballet, explique le chorégraphe Harold Rhéaume, fondateur de la troupe Le fils d'Adrien danse. Dans la tradition classique, le maître de ballet est tout-puissant et autoritaire, et les danseurs sont des exécutants soumis à sa vision. »

Plusieurs chefs d'entreprise dirigent comme des maîtres de ballet, ce qui fonctionne de moins en moins, constate Harold Rhéaume, qui recueille les confidences des gens d'affaires lors des ateliers qu'il anime depuis quatre ans. « Certains leaders se sentent à l'étroit dans ce rôle autoritaire », poursuit le chorégraphe de 43 ans, qui connaît bien leur malaise. « Il y a vingt ans, je suis tombé dans le même piège. J'ai imposé mes idées et ma vision à mes danseurs, comme mes maîtres me l'avaient appris. » Mais à l'époque, il a la chance de naviguer entre deux rôles au gré des contrats ; il est tantôt chorégraphe, tantôt danseur pour d'autres maîtres. « Cela m'a ouvert les yeux sur les ravages de la gestion autoritaire et sur le contrôle excessif que celle-ci exerce sur mes collègues et moi. Je pouvais difficilement ne pas en tenir compte lorsque je redevenais chorégraphe. » […]

Lorsqu'il évoque les vertus de la délégation et de la cocréation, il en fixe aussi les marges et les exigences. Il faut beaucoup de confiance en soi. « Nous pouvons difficilement attendre cela d'un leader qui est en train de se bâtir, parce que la confiance en ses capacités est encore fragile. Comment accepter qu'on nous remette en question lorsque nous doutons de nous ? », dit le chorégraphe. Lâcher prise consiste à donner une direction à ce qui doit être accompli pour ensuite en confier l'exécution à d'autres. « Cela équivaut à desserrer le poing pour ouvrir votre main. Des choses en glisseront, mais d'autres s'y déposeront. Si vous gardez le poing fermé, vous ne pourrez jamais tendre la main à personne, aucune relation ne sera possible. »

Déléguer comporte des risques. Car certains employés ne souhaitent qu'une chose : exécuter. Les leaders autocratiques, ceux qui décident de tout eux-mêmes, les rassurent et les déresponsabilisent. À partir du moment où un dirigeant répartit les rôles, cela signifie que son équipe prend le relais. Elle doit être prête. « Lorsque je commence un nouveau spectacle, je communique l'idée de base. Par exemple, un homme et une femme qui s'approchent l'un de l'autre sans jamais se toucher. Autour d'eux, la mort rôde. Cela dit, mes danseurs entrent en scène. Je m'efface et j'observe. » Les erreurs de parcours des danseurs – tout comme celles des employés – peuvent donner une couleur imprévue au spectacle – ou à un projet. « Comme tout patron, il y a des choses auxquelles je n'ai plus accès une fois le projet lancé. Je dois m'en remettre à eux. » Cette confiance que le chorégraphe accorde à ses danseurs lui est rendue sous forme d'informations. « S'ils me font confiance, ils me tiendront au courant des mille et un détails auxquels je n'ai pas accès et qui me permettront de rectifier le tir et d'améliorer le spectacle. »

Harold Rhéaume parle de cocréation ; dans l'univers des affaires, on parle de travail d'équipe. Mais tous ne sont pas des joueurs d'équipe. Il y a aussi des prima donna. « Les structures autoritaires misent sur les vedettes, explique le chorégraphe. Il existe des patrons-vedettes, mais aussi des employés-vedettes. La hiérarchie fait l'affaire des employés au sommet de la pyramide. Et lorsque le patron lâche prise, les prima donna ne sont pas nécessairement prêtes à faire de même. » Il faut laisser certaines personnes dans la coulisse. « Je viens de le vivre avec un danseur qui voulait une place privilégiée. Il a fallu le laisser aller », confie-t-il.

Malgré sa voix douce, Harold Rhéaume assume entièrement son leadership et les responsabilités qui s'y rattachent. « Je n'oublie jamais mon rôle. Nous ne sommes pas tous égaux. L'entreprise a besoin d'une vision, de quelque chose qui la différencie des autres, sinon elle fermera ses portes. Et c'est le dirigeant qui insuffle cette vision. Même lorsque je délègue, je reste le leader. Celui qui doit répondre aux questions, aux objections, et qui doit aussi trancher. » […]

« Le leader doit être comme le roseau, résume Harold Rhéaume : assez souple pour plier et s'adapter, et assez solide pour résister aux tempêtes. » Comme quoi entre la danse et les affaires, il n'y a qu'un pas.

> « Lâcher prise consiste à donner une direction à ce qui doit être accompli pour ensuite en confier l'exécution à d'autres. »

LES FONDEMENTS DU LEADERSHIP

Dans le présent ouvrage, le *leadership* est défini comme le processus par lequel un individu exerce une influence sur d'autres personnes afin qu'elles comprennent et partagent sa vision de ce qui doit être fait et de la manière de le faire, en même temps que le processus permettant de soutenir les efforts individuels et collectifs en vue de l'atteinte d'objectifs communs[2].

Le leadership se manifeste sous deux formes, soit :

1) le *leadership formel*, exercé par des gens nommés ou élus à un poste qui leur confère une autorité officielle au sein de l'organisation ;

2) le *leadership informel*, exercé par des gens dont l'ascendant tient à des compétences particulières leur permettant de répondre aux besoins de leurs collègues ou à des traits de caractère bien particuliers qui font en sorte que leurs collègues veulent s'identifier à eux et les imiter.

Bien que ces deux types de leadership soient importants en milieu organisationnel, ce chapitre porte essentiellement sur le leadership formel.

Le leadership a donné lieu à une profusion de publications qui étudient cette notion sous divers angles[3]. Ainsi, une revue de la littérature scientifique anglophone indique que plus de 3 000 textes, articles et monographies traitant du leadership ont été rédigés depuis les 40 dernières années[4]. La façon la plus simple d'aborder l'étude de ces recherches et de leurs applications consiste à procéder chronologiquement, en commençant par les théories traditionnelles, pour s'intéresser ensuite aux nouvelles perspectives en matière de leadership, qui revêtent une pertinence toute particulière dans les milieux de travail d'aujourd'hui.

Ce chapitre présente donc, dans un premier temps, les théories des traits personnels et les théories des comportements du leader, les théories du leadership situationnel, les modèles implicites du leadership, ainsi que les théories du leadership charismatique et du leadership transformateur. Nous nous pencherons par la suite sur le leadership moral (éthique, authentique, au service des autres et spirituel), le leadership partagé et le leadership interculturel. La plupart de ces approches recouvrent en réalité plusieurs modèles, dont vous pourrez certainement découvrir tour à tour l'utilité. Néanmoins, tout comme nous vous l'avons suggéré au chapitre 6 à propos des théories de la motivation, nous vous invitons à combiner les éléments de ces différentes approches de la façon qui vous paraîtra la plus appropriée à un cadre de travail donné. Cet exercice d'intégration, qui s'effectue par « essais et erreurs », vous aidera à dégager et à agencer les apports des divers modèles selon vos besoins en tant que gestionnaire ou leader.

> **Leadership**
> Processus par lequel un individu exerce une influence sur d'autres personnes afin qu'elles comprennent et partagent sa vision de ce qui doit être fait et de la manière de le faire ; également, processus permettant de soutenir les efforts individuels et collectifs en vue de l'atteinte d'objectifs communs

LES GESTIONNAIRES ET LES LEADERS

On tend à tenir pour acquis que quiconque occupe un poste de gestionnaire est un leader. La question, pourtant, est aujourd'hui matière à débat. Nous avons tous été témoins de situations où un gestionnaire ne démontrait que de faibles qualités de leadership, tout comme nous avons en tête des exemples de personnes qui excellent en tant que leader sans pour autant assumer un rôle de gestion. Des auteurs ont alimenté la controverse en affirmant que le fait de ne pas reconnaître clairement la différence entre la gestion et le leadership menait parfois à de fausses représentations. Ils montraient ainsi du doigt une série de recherches menées en principe sur le thème du leadership, mais qui portaient en réalité sur la gestion[5].

Gestion et leadership peuvent être distingués ainsi : le rôle de la gestion est de favoriser la stabilité de l'organisation et de lui permettre de fonctionner sans heurts, tandis que le leadership vise à faciliter l'adaptation et à instaurer les changements nécessaires[6]. Selon le cas, les titulaires d'un poste de direction pourraient se livrer à la fois à des activités de gestion et de leadership, ou privilégier les unes au détriment des autres. Cependant, comme gestion et leadership sont également indispensables, les dirigeants qui n'assument pas les deux types de responsabilités doivent impérativement s'entourer de gens qui se chargent des tâches négligées. Avant tout, il est important de ne pas présumer que le leadership est semblable à la gestion.

Des AS de la gestion

Michelin veut plus de leaders, moins de gestionnaires[7]

Fondée en 1889 par les frères Michelin, l'entreprise de pneus Michelin en a vu passer, des modèles de gestion au fil des époques et des besoins du marché. Et la dernière petite révolution qu'elle vient d'amorcer transformera en profondeur la culture de l'organisation à travers le monde.

« Nous voulons changer le rôle du gestionnaire pour en faire un leader, un coach, qui s'occupera moins de la supervision quotidienne des employés », dit Lise Sabourin, responsable du développement organisationnel au siège social de Michelin Canada, à Laval.

La multinationale française, qui compte 69 usines réparties dans 19 pays, sur 4 continents, a lancé ce programme de leadership au début de 2008. De concert avec la direction, le groupe de formation de Michelin, en France, a élaboré la vision et les objectifs, mais ce sont les divisions régionales du groupe qui ont la responsabilité de mettre en œuvre ce plan stratégique.

Au Canada, les gestionnaires (une vingtaine au Québec seulement) ont tous reçu une formation de quatre jours consacrée aux méthodes et aux stratégies pour devenir des leaders. Si le programme est standardisé, son application est assez flexible pour tenir compte de la réalité socioculturelle de chacune des divisions dans le monde.

Concrètement, Michelin veut que les gestionnaires délaissent les fonctions de supervision et de travail sur le terrain – plusieurs d'entre eux sont en fait des techniciens – pour consacrer la majeure partie de leur temps à coacher leur personnel.

Au hockey, par exemple, l'entraîneur ne compte pas de buts, mais il encadre et stimule les joueurs et élabore la stratégie que ces derniers doivent exécuter pour tenter de vaincre l'adversaire. C'est un peu ce que veut faire Michelin avec ses responsables : ils doivent guider les employés, mais sans faire le travail à leur place ou leur prendre la main. À terme, ceux-ci seront plus autonomes dans leur champ d'activité.

« On veut que les employés deviennent des experts et les gestionnaires, des chefs d'orchestre », mentionne Lise Sabourin. Mais cette approche est tout un défi, surtout au siège social de Michelin Canada, spécialisé en vente et en marketing. Beaucoup d'employés travaillent sur la route pour rencontrer des clients, ce qui rend plus difficile le coaching par les nouveaux leaders.

Le programme de leadership ne vise pas qu'à développer le coaching ; il cherche aussi à simplifier les structures hiérarchiques de la multinationale. « La direction a décidé qu'il ne devait pas y avoir plus de sept niveaux entre l'employé et le président de Michelin », souligne Mme Sabourin, qui précise qu'il s'agit d'une réduction de plusieurs échelons.

Comme plusieurs grandes entreprises, Michelin a créé au fil des ans de nombreux postes de superviseur, mettant ainsi en place une structure lourde et verticale de moins en moins efficace. « Plus il y a de niveaux, plus les directives de la haute direction sont longues et difficiles à transmettre », affirme-t-elle. [...]

LES THÉORIES DES TRAITS PERSONNELS DU LEADER

Selon les ***théories des traits personnels du leader***, ce sont principalement des attributs personnels qui permettent de distinguer les leaders des non-leaders – les leaders devant posséder les « dispositions nécessaires[8] » – et de prédire les succès d'un leader ou les résultats organisationnels. Vieille de plus d'un siècle, la théorie des grands personnages a été la première tentative d'étude du leadership. Axée sur les différences entre les leaders et les non-leaders, cette théorie part de la question suivante : Quels sont les traits personnels qui distinguent les grands personnages de la masse ? En quoi, par exemple, Catherine la Grande différait-elle de ses sujets[9] ? Par la suite, d'autres recherches ont porté sur les différences entre les leaders et les non-leaders, ainsi que sur la prédiction des résultats selon des traits personnels. Pour diverses raisons, notamment des problèmes de théorisation et de mesure des traits, aucune de ces études n'a donné de résultats concluants.

Des travaux plus récents ont cependant porté leurs fruits : les chercheurs sont parvenus à dégager plusieurs traits qui, en plus de correspondre aux points forts des leaders (voir la **figure 11.1**), permettent de prédire les résultats d'un leadership donné[10].

En général, les leaders sont énergiques et leur comportement s'avère stable (ni imprévisible ni capricieux). Ils aspirent au pouvoir non pas en tant que fin en soi, mais en tant que moyen de concrétiser une vision ou d'atteindre des objectifs. Les leaders se révèlent aussi très ambitieux et animés par un fort désir d'accomplissement.

> **Théories des traits personnels du leader**
> Théories du leadership selon lesquelles ce sont en grande partie des attributs personnels qui permettent de distinguer les leaders et les non-leaders, et de prédire les succès d'un leader ou les résultats organisationnels

Figure 11.1 Les traits personnels associés au succès du leader

Vitalité et résistance au stress   Vigueur physique et résilience

Désir de pouvoir essentiellement altruiste   Fort besoin d'exercer le pouvoir, mais essentiellement au bénéfice d'autrui

Désir d'accomplissement   Volonté de mener des projets à bien, de réussir, d'exceller ; acceptation des responsabilités ; détermination à atteindre les objectifs associés aux tâches

Maturité émotionnelle   Équilibre ; absence de troubles psychologiques majeurs

Confiance en soi   Confiance générale en soi-même et en sa capacité d'assumer les responsabilités du leader

Intégrité   Adéquation entre les comportements et les valeurs personnelles ; honnêteté, sens éthique, fiabilité

Persévérance ou ténacité   Capacité de surmonter les obstacles ; force de caractère ; volonté

Aptitudes cognitives, intelligence, compétences sociales   Capacité de recueillir, d'assimiler, d'organiser et d'interpréter l'information ; intelligence supérieure à la moyenne, discernement ; compréhension approfondie du contexte social

Connaissance approfondie de la tâche   Connaissance de l'organisation, du domaine d'activité et des aspects techniques du travail

Flexibilité   Capacité de réagir adéquatement aux changements qui surviennent dans l'environnement

Denise Filiatrault[11]

Adoptée à la naissance, Denise Filiatrault ne saurait trop dire d'où elle tient les qualités de leadership qu'on lui reconnaît aujourd'hui. Mais pour la femme de théâtre et de cinéma, il n'y a aucun doute que le leadership a toujours fait partie de sa vie.

« J'ai l'impression que je suis née avec. En quelque sorte, ce n'est pas quelque chose qu'on m'a appris. Le leadership, j'ai l'impression d'avoir ça dans le sang ! »

Élevée sur le Plateau Mont-Royal des années 1930, elle se souvient qu'enfant, elle prenait la tête de sa classe lorsque venait le temps d'organiser des spectacles ou des processions de la Saint-Jean.

« Les copines me faisaient confiance. Elles me suivaient dans chacune de mes aventures. Je ne le savais pas à l'époque, mais déjà, fillette, je faisais de la mise en scène. »

Denise Filiatrault a une idée précise de ce que sont les leaders. « Nous sommes des gens qui savons ce que nous voulons. On tente des choses. Quitte à faire des erreurs parfois, c'est vrai. Mais avec le temps, on apprend en tâchant de s'améliorer. » […]

Ils manifestent une maturité émotionnelle qui leur permet de reconnaître leurs forces et leurs faiblesses et ils travaillent constamment à s'améliorer. Ils doivent être intègres ; sans la confiance de ceux qui les suivent, ils perdraient leur appui. Ce sont des personnes qui ne se découragent pas facilement ; elles s'en tiennent à la voie qu'elles se sont tracée et mettent tout en œuvre pour atteindre leurs buts. Elles doivent posséder des aptitudes cognitives suffisantes pour traiter efficacement l'immense quantité d'informations à laquelle elles sont exposées, mais elles n'ont pas à être exceptionnellement brillantes ou douées : une intelligence supérieure à la moyenne suffit. Les leaders doivent avoir une bonne compréhension de leur environnement social. Enfin, ils doivent posséder des connaissances vastes et précises dans leur domaine d'activité ainsi que sur leur organisation et leur travail.

LES THÉORIES DES COMPORTEMENTS DU LEADER

▶ **Théories des comportements du leader**
Théories du leadership selon lesquelles ce sont principalement les comportements du leader qui permettent de prédire le rendement et les autres résultats organisationnels

Comme les théories des traits personnels que nous venons d'étudier, les ***théories des comportements du leader*** ont pour postulat que le leader a un effet déterminant sur le rendement et les autres résultats organisationnels. Toutefois, au lieu de s'intéresser aux traits personnels du leader, celles-ci mettent l'accent sur ses comportements. Deux programmes de recherche bien connus, ceux de la University of Michigan et de la Ohio State University, ouvrent des pistes de réflexion très intéressantes sur les comportements associés au leadership.

Les études de la University of Michigan

À la fin des années 1940, des chercheurs de la University of Michigan ont lancé un programme de recherche sur les comportements associés au leadership, l'objectif étant de dégager les comportements les plus susceptibles de produire un rendement efficace. Après avoir interrogé des groupes hautement performants et d'autres peu performants dans diverses organisations, les chercheurs ont conclu que les comportements des leaders se répartissent en deux grandes catégories : les *comportements axés sur les travailleurs* et les *comportements axés sur la production*.

Les dirigeants axés sur les travailleurs accordent une grande importance au bien-être de leurs subordonnés, tandis que les dirigeants axés sur la production se préoccupent davantage de l'exécution du travail. Les recherches ont établi que les groupes de travail des dirigeants axés sur les travailleurs obtiennent généralement un meilleur résultat que ceux des dirigeants axés sur la production[12].

 *L'éthique en CO*

Le sport universitaire et la corruption[13]

Au cours d'une partie de volley-ball, le joueur A envoie le ballon de l'autre côté du filet. Le ballon effleure les doigts du joueur B et rebondit à l'extérieur du terrain. Toutefois, l'arbitre n'a pas vu le joueur B toucher le ballon. Le joueur B affirme : « C'est l'arbitre qui a la responsabilité de signaler les infractions ; je ne suis donc pas tenu de déclarer ma faute. » Partagez-vous son point de vue ?

Lorsqu'on leur pose cette question, de plus en plus d'athlètes universitaires répondent qu'ils sont « tout à fait d'accord » avec l'affirmation du joueur B. Autrement dit, aux yeux de ces jeunes, la victoire est plus importante que l'esprit sportif.

Voilà une illustration des travaux que mène Sharon Stoll, professeure et administratrice à la University of Idaho, afin de déterminer si les athlètes sont aussi développés sur le plan moral que le reste de la population. Selon l'étude qu'elle a réalisée sur une période de 20 ans auprès de quelque 80 000 athlètes des niveaux collégial, universitaire et professionnel, les réponses qu'ils donnent aux questions qui appellent un raisonnement moral sont pires que les réponses fournies par les autres répondants. À partir du moment où ces athlètes masculins entrent dans les ligues majeures, leur raisonnement moral ne s'améliore pas et va même jusqu'à décliner. Le même phénomène peut être observé depuis peu chez les athlètes féminines.

Jouant un rôle de leader devant ce problème, Sharon Stoll a élaboré un programme éducatif sur le thème « Gagner avec un sens moral ». La University of Georgia et

la University of Maryland offrent à leurs étudiants, entre autres programmes athlétiques, la possibilité de participer chaque semaine à des discussions de groupe sur les situations qui posent problème.

Questions

Auriez-vous cru que les réponses des athlètes et celles des non-athlètes à l'égard de ce problème éthique seraient différentes ? Quels sujets auriez-vous à suggérer, par exemple, pour alimenter les discussions de groupe hebdomadaires ?

On peut voir ces comportements comme appartenant à une même échelle : les comportements des dirigeants axés sur les travailleurs se trouveraient à une extrémité, et ceux des dirigeants axés sur la production, à l'autre. Notons qu'on désigne parfois ces deux catégories sous les termes plus généraux de *comportements axés sur les relations* et de *comportements axés sur la tâche*.

Les études de la Ohio State University

Presque à la même époque que celle des études menées à la University of Michigan, un important programme de recherche sur le leadership voyait le jour à la Ohio State University. Les chercheurs ont fait passer, dans des établissements industriels et militaires, un questionnaire visant à mesurer les perceptions des subordonnés par rapport aux comportements de leadership de leurs supérieurs. Ils ont ainsi pu dégager

> **Leadership axé sur la considération pour autrui**
> Type de leadership où le dirigeant, axé sur les travailleurs, est très sensible à ce que ressentent ses subordonnés et s'efforce de les satisfaire

> **Leadership axé sur la structuration des activités**
> Type de leadership où le dirigeant, axé sur la tâche, cherche surtout à en préciser les exigences et à clarifier les autres aspects du travail

deux dimensions similaires à celles qui ont été mises en évidence par le programme de recherche de la University of Michigan : le ***leadership axé sur la considération pour autrui*** et le ***leadership axé sur la structuration des activités***[14].

Comme le dirigeant axé sur les travailleurs, le leader qui a beaucoup de considération pour autrui est très sensible à ce que ressentent ses subordonnés et il s'efforce de les satisfaire. Par contre, le leader qui privilégie la structuration des activités veille plutôt à préciser les exigences liées à la tâche et à clarifier les autres aspects du travail, s'apparentant en cela au leader axé sur la production. On parle parfois de ces deux types de leadership comme du *leadership socio-émotif* et du *leadership axé sur la tâche*.

Les chercheurs de la Ohio State University ont d'abord pensé que les subordonnés des leaders qui sont axés sur la considération et qui privilégient la dimension socio-émotive se distingueraient par une satisfaction professionnelle plus élevée et un meilleur rendement. Cependant, des études ultérieures ont établi que les leaders doivent à la fois avoir de la considération pour autrui et se soucier de la structuration de la tâche. La grille du leadership présentée ci-dessous rend compte de l'importance de ces deux dimensions.

La grille du leadership de Blake et Mouton

Conçue par Robert Blake et Jane Mouton[15], la ***grille du leadership*** (voir la **figure 11.2**) est l'une des applications les plus connues des modèles comportementaux. On commence par déterminer l'intérêt que le gestionnaire porte à l'élément humain, d'une part, et à la tâche, d'autre part. Puis, on inscrit les résultats obtenus dans une grille

> **Grille du leadership de Blake et Mouton**
> Modèle comportemental du leadership conçu par Robert Blake et Jane Mouton, qui permet d'apprécier le leader par rapport à son orientation vers les personnes ou vers les tâches et de le situer dans une grille dont l'abscisse (intérêt envers la tâche) et l'ordonnée (intérêt envers autrui) présentent chacune neuf graduations

Figure 11.2 La grille du leadership de Blake et Mouton

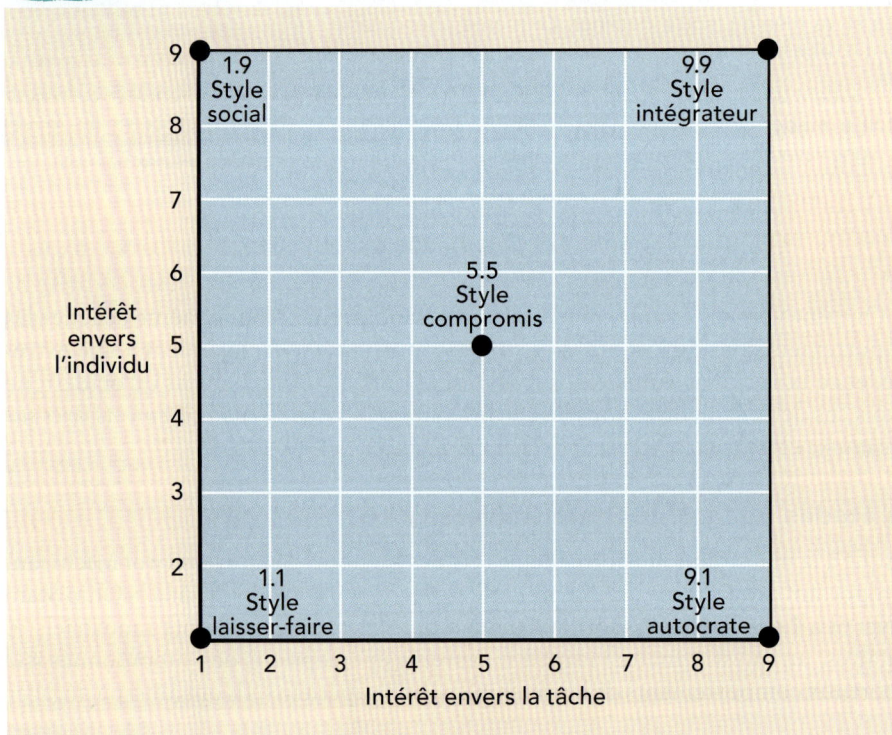

dont l'abscisse (intérêt envers la tâche) et l'ordonnée (intérêt envers autrui) présentent chacune neuf graduations. Par exemple, le gestionnaire qui obtient 1.9 (1 pour l'intérêt envers la tâche et 9 pour l'intérêt envers autrui) se caractérise par un style « social ». Une note de 1.1 dénote un style relâché ou « laisser-faire ». Une note de 9.1 correspond à un style « autocrate » strictement axé sur la tâche, et une note de 5.5 témoigne d'un style « compromis ». Enfin, le gestionnaire qui obtient une note de 9.9 accorde beaucoup d'importance aux deux dimensions et adopte un style « intégrateur » ; dans la perspective du modèle de Blake et Mouton, il s'agit du style idéal.

Les dimensions interculturelles

Il est important de savoir si les aspects comportementaux que nous venons d'analyser se manifestent de la même manière d'un pays à l'autre. Certaines études menées aux États-Unis, en Grande-Bretagne, à Hong Kong et au Japon indiquent que les comportements semblent se manifester différemment selon le contexte culturel. Par exemple, en Grande-Bretagne, on dira qu'un dirigeant a de la considération pour ses subordonnés s'il leur explique comment utiliser l'équipement ; pour jouir de la même réputation, le dirigeant japonais devra les aider à résoudre leurs problèmes personnels[16].

Des AS de la gestion

Le hasard n'a pas sa place chez BCF[17]

Claire, structurée, dynamique, la stratégie du cabinet d'avocats BCF ne laisse rien au hasard pour débusquer et former des leaders au sein de l'organisation. « Nous devons préparer nos leaders pour les défis de demain », dit André Morrissette, associé codirecteur de BCF. Le cabinet fondé en 1995 nourrit l'ambition de devenir une organisation de « classe mondiale » dans les prochaines décennies.

« Nous avons une vision fondamentale : construire une organisation qui va nous survivre, qui va passer l'épreuve du temps et prospérer », précise M. Morrissette.

En matière de leadership, la stratégie de BCF suit une vision à très long terme qui s'appuie sur des mesures concrètes à court terme. L'entreprise y investit des centaines de milliers de dollars par année.

Dans un premier temps, l'organisation a déterminé quelles compétences clés ses leaders devaient développer pour incarner la vision et les valeurs de BCF dans l'avenir. La direction a ensuite ciblé ses employés présentant un fort potentiel à cet égard.

« Nous faisons une évaluation de chacun des professionnels chez BCF, du stagiaire à l'associé senior, pour reconnaître ceux qui sont capables de devenir des leaders dans l'organisation ou de continuer à l'être », souligne André Morrissette.

L'entreprise donne aussi l'occasion aux jeunes avocats de réaliser des mandats parfois difficiles afin qu'ils puissent « exprimer » leur talent, explique Pierre T. Allard, associé de BCF, lui-même un jeune leader devenu un pilier de l'entreprise. « On apprend beaucoup de ces mandats. »

Contrairement à beaucoup d'entreprises, BCF n'essaie pas de corriger systématiquement les faiblesses des leaders émergents. Le cabinet se concentre plutôt sur leurs forces pour les développer. « Nous préférons combiner les forces de chacun pour constituer une équipe efficace, plutôt que d'essayer de faire de chacun un leader parfait », précise André Morrissette. Dans ce contexte, il va sans dire que l'entreprise accepte que ses futurs leaders fassent des erreurs.

Rares sont les entreprises qui ont une approche aussi structurée que BCF pour développer leurs leaders. Le cabinet se donne de 7 à 10 ans pour former des avocats qui deviendront des professionnels de haut niveau et des associés. Un processus en cinq étapes : intégration et orientation ; développement des habiletés en gestion et en conseil ; consolidation et gestion de premiers dossiers ; coaching du jeune leader ; rayonnement de ce dernier auprès de ses pairs et des clients, mais aussi à l'interne. […]

LES THÉORIES DU LEADERSHIP SITUATIONNEL

Selon les théories des traits personnels et les théories des comportements du leader, le leadership, en tant que tel, exerce une influence majeure sur les résultats. Mais, selon une autre approche, celle des **théories du leadership situationnel**, il ne suffit pas d'analyser les traits personnels et les comportements du dirigeant pour prédire les résultats d'un leadership donné ; il faut aussi tenir compte des *caractéristiques de la situation*.

Selon House et Aditya, l'influence des traits personnels du leader dépend en partie de la situation où il se trouve – ou, plus précisément, de l'adéquation entre ses traits personnels et les exigences de cette situation[18]. Ainsi, un fort besoin d'accomplissement chez le dirigeant aura d'autant plus d'importance que la tâche est difficile à mener à bien et qu'elle exige qu'il fasse preuve d'initiative et se sente pleinement responsable des résultats. La souplesse du dirigeant produira des effets plus marqués s'il travaille dans un environnement instable ou s'il est amené à superviser diverses personnes au fil du temps. Un fort besoin de pouvoir motivé par le désir de servir autrui sera plus important pour un dirigeant travaillant dans une organisation complexe, où la mise en œuvre des décisions exige beaucoup de persuasion et un fort ascendant sur les gens. Enfin, les traits personnels du dirigeant n'auront pas le même effet selon que le milieu de travail est plus ou moins rigide.

Ainsi, dans une organisation très hiérarchisée où on trouve d'innombrables règlements, procédures et autres contraintes, l'influence des traits personnels du dirigeant sera plus faible que dans une organisation peu structurée et souple. Encadré et restreint par la rigidité de la structure, le dirigeant pourra difficilement exprimer son dynamisme. En revanche, dans d'autres contextes, les traits personnels sont plus directement liés aux résultats et peuvent déterminer si une personne donnée est ou non un leader. Ils peuvent aussi influer sur les comportements du leader : par exemple, un dirigeant très énergique sera porté à prendre spontanément en charge les projets qui doivent être menés à terme et à adopter des comportements en conséquence[19].

LA THÉORIE DE LA CONTINGENCE DE FIEDLER

Les travaux de Fred Fiedler ont marqué, au milieu des années 1960, l'avènement de « l'ère situationnelle »[20]. Selon ce spécialiste, l'efficacité d'un groupe repose sur l'adéquation entre le style du leader – style associé à un trait personnel – et les exigences de la situation. Fiedler s'intéresse plus particulièrement à la **maîtrise situationnelle** – c'est-à-dire la marge de manœuvre dont jouit le leader pour déterminer les comportements des membres de son groupe, et sa capacité à prévoir les retombées des actions et des décisions de ces membres.

Pour évaluer le style de leadership d'une personne donnée, Fiedler utilise un instrument appelé le **questionnaire du collègue le moins apprécié (CMA)** (que vous trouverez reproduit dans le *Cahier d'apprentissage en CO*, à la page C 137). Les répondants doivent décrire la personne avec laquelle leurs relations professionnelles ont été les plus difficiles – le collègue qu'ils ont le moins apprécié – en la situant sur divers axes dont les extrémités correspondent à des adjectifs contraires.

Théories du leadership situationnel
Théories du leadership selon lesquelles ce sont les caractéristiques situationnelles qui, associées aux traits et aux comportements du leader, permettent de prédire les résultats d'un leadership donné

Maîtrise situationnelle
Marge de manœuvre dont jouit le leader pour déterminer les comportements des membres de son groupe, et capacité du leader à prévoir les retombées des actions et des décisions de ces membres

Questionnaire du collègue le moins apprécié (CMA)
Instrument de mesure qui permet de déterminer si le style de leadership d'un dirigeant est axé sur les relations ou sur la tâche

On aurait, par exemple :

Inamical	—	—	—	—	—	—	—	—	Amical
	1	2	3	4	5	6	7	8	
Déplaisant	—	—	—	—	—	—	—	—	Plaisant
	1	2	3	4	5	6	7	8	

Selon Fiedler, les leaders dont l'indice CMA est le plus élevé (c'est-à-dire ceux qui décrivent en des termes très positifs le collègue qu'ils apprécient pourtant le moins) pratiquent un style de leadership axé sur les relations, tandis que ceux qui présentent un indice CMA faible pratiquent un style de leadership axé sur la tâche. Fiedler estime que cette propension à privilégier l'une ou l'autre de ces deux dimensions (la tâche ou les relations) est un trait personnel qui, selon le degré de maîtrise situationnelle dont jouit le leader, s'avérera bénéfique ou non.

La **figure 11.3** illustre que, selon cette théorie, les leaders axés sur la tâche obtiennent de meilleurs résultats lorsque la maîtrise situationnelle est forte ou faible, et les leaders axés sur les relations, lorsque la maîtrise situationnelle est moyenne. Comme le montre également cette figure, Fiedler détermine trois degrés de maîtrise situationnelle – faible, moyen, élevé – selon la combinaison des trois variables suivantes :

- les *relations entre le leader et les membres du groupe* (bonnes ou médiocres), c'est-à-dire le soutien que les membres du groupe apportent au leader ;
- la *structure de la tâche* (forte ou faible), soit la rigueur et la précision des objectifs, procédures et directives associés à la tâche du groupe que dirige le leader ;
- le *pouvoir hiérarchique* (fort ou faible), autrement dit l'autorité que possède le leader étant donné la position qu'il occupe dans la structure hiérarchique, ainsi que le pouvoir d'attribuer des récompenses et des punitions que lui confère son poste.

Les trois variables de la maîtrise situationnelle selon Fiedler

Figure 11.3 Les prédictions du modèle de la contingence de Fiedler

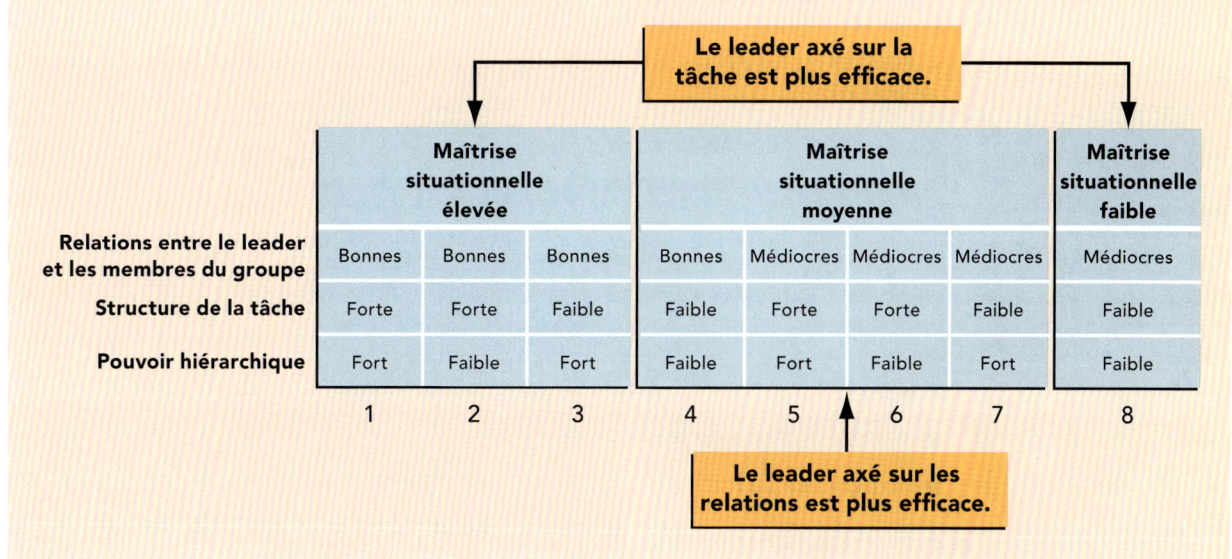

Prenons d'abord l'exemple du cadre qui supervise une équipe chargée de fabriquer des pièces pour des ordinateurs personnels. Il est à la tête d'un groupe dont la tâche est très structurée et il jouit du plein appui de ses subordonnés, ainsi que du pouvoir de les engager ou de les licencier et de leur accorder des augmentations. Ce cadre bénéficie donc d'une maîtrise situationnelle élevée et se trouve dans la situation 1 de la figure 11.3. S'il se trouvait dans les situations 2 ou 3, son degré de maîtrise situationnelle serait moindre, mais resterait élevé. Dans les situations où le degré de maîtrise situationnelle est élevé, le leader axé sur la tâche qui adopte un comportement directif maximiserait l'efficacité de son groupe.

Considérons maintenant le cas du directeur d'un département universitaire : la plupart des membres du département bénéficient de la permanence d'emploi et apprécient grandement leur leader. Nous sommes ici dans la situation 4 de la figure 11.3, qui correspond à une maîtrise situationnelle moyenne : relations harmonieuses entre le leader et les membres du groupe, tâche peu structurée et pouvoir hiérarchique faible. Pour être pleinement efficace dans cette situation, le leader devrait accorder la priorité aux relations, éviter les comportements directifs et manifester beaucoup de considération à l'égard des membres du département.

Enfin, prenons l'exemple du président d'un conseil étudiant constitué de bénévoles et dont le pouvoir hiérarchique est très faible. Supposons que les membres du conseil soient insatisfaits du travail de leur président et que leur tâche soit peu structurée – par exemple, ils doivent organiser un « Carrefour de l'emploi » pour faciliter les relations entre les futurs diplômés et les employeurs éventuels. Le dirigeant du groupe se trouve dans la situation 8 de la figure 11.3 : sa maîtrise situationnelle est très faible. Ici, le leader le plus efficace serait donc celui qui accorde la priorité à la tâche et qui adopte un comportement directif pour maintenir la cohésion du groupe et concentrer les efforts sur cette tâche floue ; en fait, une telle situation exige ce type de leadership.

La théorie des ressources cognitives de Fiedler

Par la suite, Fiedler a fait avancer sa théorie de la contingence en élaborant la théorie des ressources cognitives – les ressources cognitives étant des aptitudes et des compétences[21]. Selon cette théorie, les variables situationnelles ou contingences qui déterminent si le leader doit adopter un comportement directif ou non directif sont les suivantes :

- les aptitudes ou les compétences du leader et des membres de son groupe ;
- le degré de stress du leader ;
- l'expérience du leader ;
- le soutien que les subordonnés offrent au leader.

La théorie des ressources cognitives est particulièrement intéressante parce que, contrairement à la plupart des autres modèles de leadership, elle tient compte des aptitudes du leader et des subordonnés.

Selon la théorie des ressources cognitives, quand le leader est compétent, détendu et soutenu par les membres de son équipe, un comportement directif améliore les résultats. Si ces conditions sont réunies, le groupe est disposé à accepter un style de leadership directif, et cette approche devient le moyen de communication le plus efficace. Par contre, si le leader est sous pression, il ne peut consacrer toute son énergie à la tâche ; l'expérience prime alors les aptitudes. Si le leader ne jouit pas de l'appui des membres de son équipe, ces derniers seront peu réceptifs à ses ordres et son influence sera moindre. Les aptitudes des membres du groupe s'avèrent d'autant plus importantes que le leader n'est pas directif et qu'il jouit du soutien de ses subordonnés. Par contre, si les subordonnés ne font pas confiance à leur leader, alors des variables comme la difficulté inhérente à la tâche auront une plus grande influence que le leader ou ses subordonnés.

L'évaluation et les applications

L'origine du modèle de la contingence de Fiedler remonte aux années 1960, et cette théorie a suscité depuis des réactions tantôt favorables, tantôt défavorables. Ses détracteurs s'interrogent surtout sur ce que l'indice CMA mesure véritablement. Certains observateurs doutent aussi de la validité de l'interprétation avancée par Fiedler selon laquelle les comportements des leaders varient selon le degré de maîtrise qu'ils peuvent exercer dans une situation donnée. Enfin, selon d'autres études, les prédictions les plus exactes de cette théorie sont celles qui correspondent aux situations 1, 8, 4 et 5 (voir la figure 11.3), les résultats étant moins probants dans les autres situations[22]. Quant à la théorie des ressources cognitives, les conclusions des chercheurs qui s'y sont intéressés sont mitigées[23].

Pour ce qui est des applications de sa théorie, Fiedler a mis au point le ***programme de formation « adéquation leader-situation »***, auquel ont eu recours certaines organisations, notamment Sears. Les leaders y apprennent à analyser la situation où ils se trouvent afin d'harmoniser leur indice CMA à la maîtrise situationnelle qu'elle leur confère. Comme nous l'avons vu dans la figure 11.3, le degré de maîtrise situationnelle se mesure selon trois variables : les relations entre le leader et les membres de son groupe, la structuration de la tâche et le pouvoir hiérarchique du leader. Dans ce programme de formation, les leaders apprennent comment, lorsque la situation où ils se trouvent et leur indice CMA ne concordent pas, ils peuvent arranger les choses en modifiant les variables de la maîtrise situationnelle. Notons que l'adéquation entre la situation et l'indice CMA des leaders peut également s'obtenir par le processus de sélection ou d'affectation : par exemple, on affectera les leaders dont l'indice CMA est élevé à des postes présentant un degré de maîtrise situationnelle moyen[24].

Comme sa théorie de la contingence, le programme de formation « adéquation leader-situation » de Fiedler a fait l'objet de nombreuses études destinées à vérifier son efficacité. Bien qu'elles ne soient pas unanimes, plus d'une douzaine d'entre elles révèlent tout de même une amélioration des résultats du groupe à la suite du programme de formation suivi par le leader[25].

> **Programme de formation «adéquation leader-situation»**
> Programme de formation où les leaders apprennent à analyser la situation dans laquelle ils se trouvent afin d'harmoniser leur indice CMA à la maîtrise situationnelle qu'elle leur confère

En conclusion, bien que plusieurs questions sur la théorie de la contingence de Fiedler restent à élucider – notamment la véritable signification de l'indice CMA –, ce modèle et le programme de formation « adéquation leader-situation » qui en est issu semblent assez bien appuyés[26]. Ils se révèlent particulièrement intéressants par la réflexion qu'ils suscitent en ce qui a trait aux variables situationnelles et à l'influence de ces dernières sur l'efficacité de tel ou tel style de leadership.

LA THÉORIE DU CHEMINEMENT CRITIQUE DE HOUSE

En s'appuyant sur les travaux de plusieurs de ses prédécesseurs, Robert House a formulé une autre théorie bien connue du leadership situationnel[27]. La **théorie du cheminement critique** de House se fonde sur la théorie des attentes que nous avons étudiée au chapitre 5, intitulé « Les théories de la motivation ». Le terme « cheminement critique » fait référence à l'influence du leader sur les perceptions qu'ont ses subordonnés de leurs objectifs professionnels et de leurs objectifs personnels, ainsi que des liens – ou chemins – entre ces deux catégories d'objectifs.

Selon la théorie du cheminement critique de House, la fonction clé du leader consiste à adapter ses comportements aux caractéristiques d'une situation donnée, notamment celles qu'on trouve dans le milieu de travail, de manière à en combler les manques. House croit que les subordonnés apprécient d'autant plus leur leader qu'il est en mesure de remédier aux carences du milieu professionnel. Par exemple, le dirigeant peut dissiper l'ambiguïté des descriptions de poste ou montrer qu'un bon rendement se traduira par une augmentation salariale. Le rendement devrait ainsi s'améliorer à mesure que les *chemins* qui mènent des efforts aux résultats (attentes), et des résultats à des récompenses (instrumentalité) qui sont valorisées (valence), deviennent plus clairs.

La **figure 11.4** résume la théorie de House. Elle présente quatre types de leadership – le *leadership directif*, le *leadership de soutien*, le *leadership orienté vers les objectifs* et le *leadership participatif* – et deux catégories de variables situationnelles – les *caractéristiques des subordonnés* et les *caractéristiques du milieu de travail*. Le dirigeant doit adapter ses comportements de manière à compenser les facteurs situationnels déficients afin d'accroître la satisfaction de ses subordonnés, d'être mieux accepté d'eux et de les inciter à donner un meilleur rendement.

- Le **leadership directif** consiste à expliquer de façon très détaillée les tâches que les subordonnés doivent accomplir ainsi que la manière dont celles-ci doivent être accomplies – ce qui revient sensiblement à la structuration des activités.

- Le **leadership de soutien** accorde la priorité aux besoins et au bien-être des subordonnés et favorise l'instauration et le maintien d'un climat de travail amical – ce qui revient sensiblement à adopter des comportements empreints de considération pour autrui.

- Le **leadership orienté vers les objectifs** met l'accent sur la fixation d'objectifs stimulants et sur l'obtention d'un rendement élevé ; il repose sur une confiance inébranlable en la capacité des membres du groupe d'atteindre les résultats visés, si ambitieux soient-ils.

- Le **leadership participatif** est axé sur la consultation : le dirigeant invite les subordonnés à lui faire part de leurs suggestions et en tient compte dans ses prises de décisions.

▶ Théorie du cheminement critique
Théorie du leadership selon laquelle la fonction clé du leader consiste à adapter ses comportements aux caractéristiques d'une situation donnée de manière à en combler les manques

▶ Leadership directif
Type de leadership qui consiste à expliquer de manière très détaillée les tâches que les subordonnés doivent accomplir ainsi que la manière dont ils doivent le faire

▶ Leadership de soutien
Type de leadership qui accorde la priorité aux besoins et au bien-être des subordonnés et qui favorise l'instauration et le maintien d'un climat de travail amical

▶ Leadership orienté vers les objectifs
Type de leadership qui met l'accent sur la fixation d'objectifs stimulants et sur l'obtention d'un rendement élevé, et qui repose sur une confiance inébranlable en la capacité des membres du groupe à atteindre les résultats visés, si ambitieux soient-ils

▶ Leadership participatif
Type de leadership axé sur la consultation, où le dirigeant invite les subordonnés à lui faire part de leurs suggestions et en tient compte dans ses prises de décisions

Figure 11.4 — Un résumé des principales relations établies par House dans sa théorie du cheminement critique

STYLES DE LEADERSHIP	VARIABLES SITUATIONNELLES	RÉSULTATS POUR LE SUBORDONNÉ
Comportements du leader Leadership directif Leadership de soutien Leadership orienté vers les objectifs Leadership participatif	**Caractéristiques des subordonnés** Penchant pour l'autoritarisme Orientation interne ou externe Aptitudes **Caractéristiques du milieu de travail** Tâches Système hiérarchique officiel Groupe de travail	**Satisfaction professionnelle** La personne retire de son travail des récompenses qu'elle valorise. **Acceptation du leader** Le leader accorde des récompenses valorisées. **Motivation** *Attentes*: les efforts fournis permettront d'atteindre les buts visés. *Instrumentalité*: ce rendement vaudra des récompenses au travailleur. *Valence*: les récompenses attribuées ont de la valeur aux yeux du travailleur.

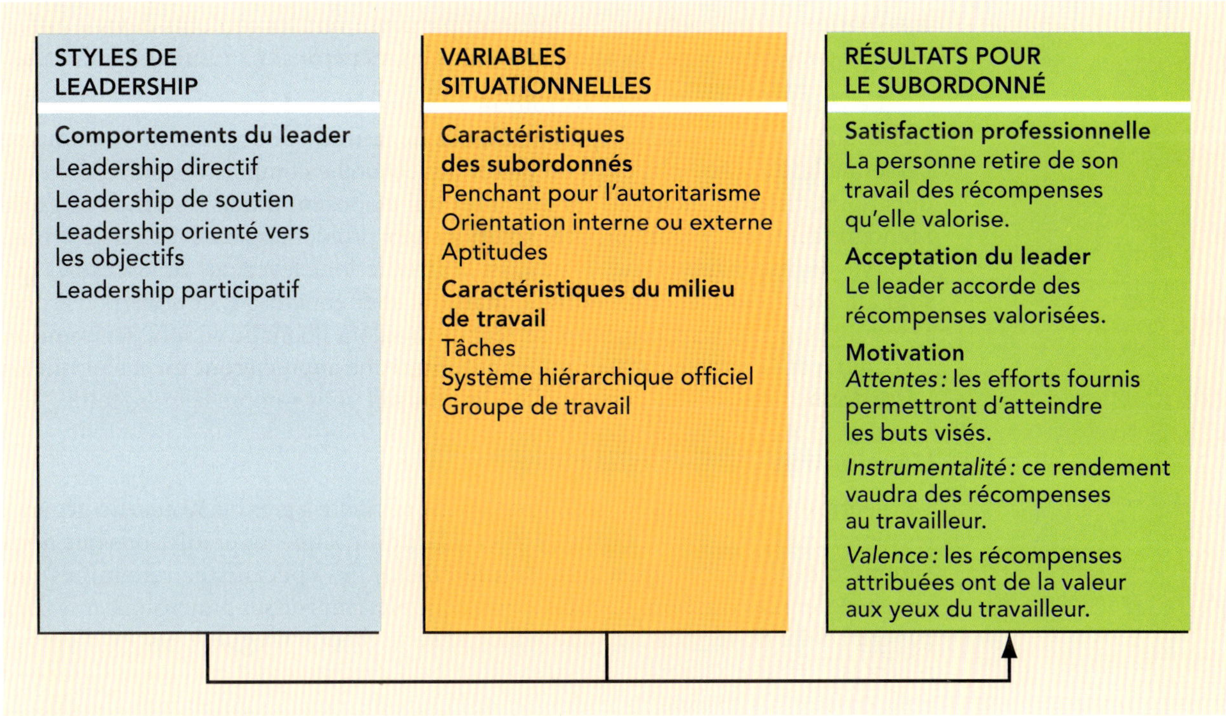

En ce qui a trait aux caractéristiques des subordonnés, le modèle de House accorde de l'importance à la tendance à l'*autoritarisme* (étroitesse d'esprit, rigidité), à l'*orientation interne ou externe* (lieu de contrôle) et aux *aptitudes*. En ce qui concerne le milieu de travail, le modèle étudie les variables suivantes : la *nature des tâches des subordonnés* (structure des tâches), le *système hiérarchique officiel* et le *groupe de travail*.

Les prédictions de la théorie du cheminement critique

Selon ce modèle, le *leadership directif* devrait avoir un effet positif sur les subordonnés si les tâches sont floues, et un effet négatif si, au contraire, elles sont extrêmement précises. Dans le premier cas, le comportement directif du leader pallie le peu de structuration des tâches, tandis que dans le deuxième cas les subordonnés perçoivent la directivité du leader comme une entrave. Cette théorie prédit aussi que, si les tâches ne sont pas clairement structurées, le leader aura avantage à se montrer encore plus directif à l'égard de subordonnés étroits d'esprit et ayant un fort penchant pour l'autoritarisme.

Le *leadership de soutien* augmenterait la satisfaction des travailleurs auxquels incombent des tâches très répétitives et perçues comme désagréables, stressantes ou peu gratifiantes. En manifestant de la considération à ses subordonnés, le leader compense la difficulté de leurs conditions de travail. Par exemple, le travail sur une chaîne de montage automobile traditionnelle passe souvent pour être très répétitif, voire désagréable et frustrant ; en manifestant son soutien aux membres de son groupe, le superviseur peut rendre leur travail plus agréable.

Le *leadership axé sur les objectifs* devrait inciter les subordonnés à fournir un meilleur rendement et leur donner confiance en leur capacité d'atteindre des objectifs ambitieux. En ce qui concerne les subordonnés chargés de tâches mal définies (floues), mais variées (non répétitives), le leadership orienté vers les objectifs devrait raffermir leur conviction que des efforts soutenus les mèneront aux résultats souhaités.

Le *leadership participatif* accroîtrait la satisfaction des subordonnés dont les tâches sont variées et qui disposent d'assez de latitude pour y mettre une touche personnelle. Par exemple, dans un projet de recherche complexe et difficile, le leadership participatif inciterait les membres qui disposent d'une certaine marge de manœuvre à trouver leurs propres solutions aux problèmes soulevés par le projet. Ce style de leadership entraînerait aussi la satisfaction élevée des subordonnés qui sont affectés à des tâches répétitives, mais qui sont conciliants et ouverts d'esprit. Dans un groupe de travailleurs qui serrent des boulons du matin au soir, par exemple, ceux qui n'ont pas de penchant pour l'autoritarisme apprécieront un leader qui les laisse donner une touche personnelle à leur travail pour rompre la monotonie.

L'évaluation et les applications

La théorie du cheminement critique de House remonte à plus de 30 ans. En général, les premières recherches confirmaient sa validité ainsi que les prédictions que nous venons d'évoquer[28]. Cependant, dernièrement, des spécialistes renommés ont conclu de leurs évaluations de cette théorie que plusieurs de ses dimensions n'avaient pas fait l'objet de vérifications adéquates, et cette théorie n'a guère suscité d'études récentes[29]. House a lui-même revu sa théorie du cheminement critique et l'a élargie pour en faire la « théorie du leadership de l'unité de travail ». Analyser ici les détails de cette nouvelle théorie sort de notre propos. Mentionnons simplement qu'elle repose sur une liste de comportements du leader plus étoffée que celle de la théorie du cheminement critique et qu'elle prend en considération à la fois certaines dimensions des théories traditionnelles du leadership ainsi que certaines dimensions des nouvelles perspectives en matière de leadership[30]. Reste à voir l'intérêt qu'elle suscitera parmi les chercheurs.

En ce qui concerne les applications, les résultats des recherches portant sur la théorie initiale du cheminement critique sont assez probants pour nous permettre d'avancer deux conclusions. Premièrement, une formation appropriée peut effectivement permettre au leader d'adapter ses comportements en fonction des caractéristiques de la situation où il se trouve. Deuxièmement, comme nous l'avons d'ailleurs vu dans le programme de formation « adéquation leader-situation », le leader peut apprendre à évaluer la situation et à modifier certaines variables situationnelles.

LA THÉORIE DU LEADERSHIP SITUATIONNEL DE HERSEY ET BLANCHARD

À l'instar des autres théories situationnelles, celle de Paul Hersey et Kenneth Blanchard repose sur l'hypothèse qu'il n'existe pas de « recette miracle » en matière de leadership[31]. La variable clé étudiée par ces auteurs est la maturité des subordonnés, c'est-à-dire la capacité et la volonté des subordonnés d'exécuter les tâches qui leur sont assignées. Pour Hersey et Blanchard, le leadership situationnel exige du leader qu'il adapte ses comportements – axés sur la tâche (par exemple, orienter et guider les subordonnés dans leur travail) ou axés sur les relations (par exemple, leur offrir du soutien socio-émotif) – selon le degré de maturité de ses subordonnés.

Comme le montre la **figure 11.5**, le modèle de Hersey et Blanchard dégage quatre styles de leadership : le leadership de délégation, le leadership de participation, le leadership de motivation et le leadership autocratique. Chacun repose sur

Figure 11.5 Le modèle du leadership situationnel de Hersey et Blanchard

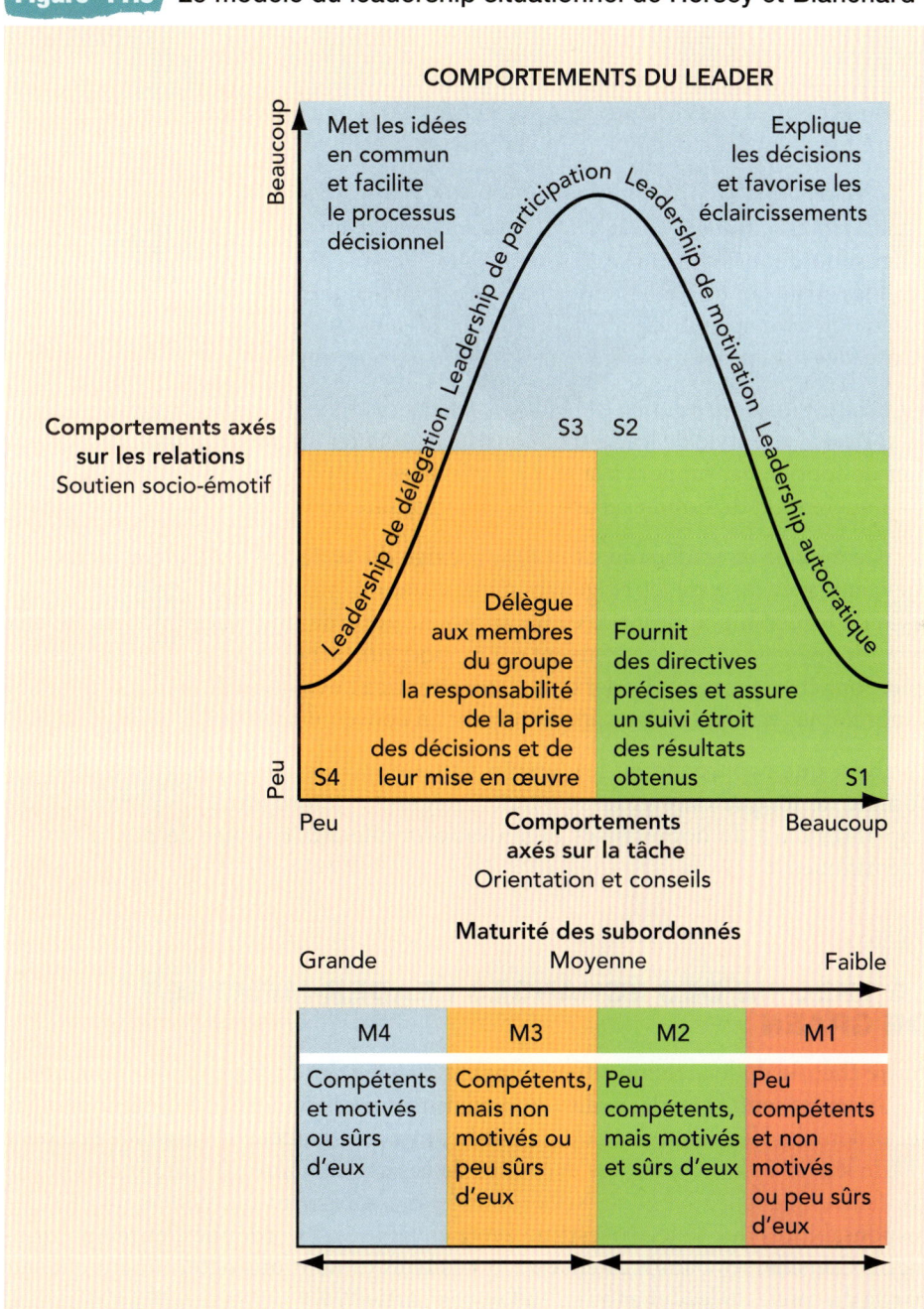

une combinaison particulière de comportements de leadership axés sur la tâche et de comportements de leadership axés sur les relations. La figure 11.5 indique également le style de leadership le plus approprié à chacun des degrés de maturité des subordonnés :

- *Le leadership autocratique convient mieux aux subordonnés dont la maturité est faible.* Il consiste à préciser les rôles des travailleurs qui ne peuvent ni ne veulent prendre de responsabilités ; en éliminant toute ambiguïté quant à la tâche à effectuer, on fait disparaître tout sentiment d'insécurité.

- *Le leadership de motivation convient mieux aux subordonnés dont la maturité est de faible à moyenne.* Ce style de leadership permet à la fois d'orienter la tâche des travailleurs qui souhaitent assumer des responsabilités sans avoir toutes les aptitudes nécessaires pour le faire, et de leur offrir le soutien nécessaire. Afin de maintenir l'enthousiasme, il faut ajouter aux directives les explications et les renforcements.

- *Le leadership de participation convient mieux aux subordonnés dont le degré de maturité est de moyen à élevé.* Ce style de leadership donne de bons résultats avec des subordonnés qui ont toutes les aptitudes requises pour prendre des responsabilités, mais qui ne souhaitent pas le faire. Ceux-ci ont besoin d'appui et de considération pour accroître leur motivation. En les invitant à prendre part aux décisions, le leader stimule leur volonté de s'investir dans leur travail.

- *Le leadership de délégation convient bien aux subordonnés dont le degré de maturité est élevé.* Ce style de leadership consiste à procurer un minimum d'encadrement et de soutien par rapport à la tâche à effectuer ; il permet donc aux subordonnés compétents et déterminés d'assumer la responsabilité du travail à accomplir.

Ce modèle de leadership situationnel exige du leader qu'il acquière la capacité d'évaluer avec justesse les exigences de la situation, puis de choisir et d'adopter le style de leadership approprié. Cette approche accorde une place importante aux subordonnés et à ce qu'ils éprouvent par rapport aux tâches à accomplir ; elle postule que, pour être efficace, le leader doit rester attentif à l'évolution de la maturité de ses subordonnés et adapter son comportement en conséquence.

Bien que l'approche du leadership situationnel de Hersey et Blanchard soit connue de longue date et fasse partie intégrante de programmes de formation implantés dans de nombreuses organisations, elle a fait l'objet de peu d'études scientifiques[32].

LA THÉORIE DES ÉCHANGES LEADER-MEMBRES DE GRAEN

▶ **Théorie des échanges leader-membres**
Théorie du leadership qui se concentre sur la qualité des échanges leader-membres

Autre théorie du leadership situationnel, la ***théorie des échanges leader-membres*** de Graen est centrée sur la qualité de la relation professionnelle entre le leader et ses subordonnés. L'échelle en sept points inhérente à ce modèle mesure (1) le respect que le leader éprouve pour les capacités de ses subordonnés, et vice-versa ; (2) la confiance que le leader et ses subordonnés se témoignent mutuellement ; (3) les responsabilités que le leader estime avoir envers ses subordonnés, et réciproquement. Considérées dans leur ensemble, ces trois dimensions déterminent qui fait partie du cercle du leader et qui n'en fait pas partie[33].

Les membres du cercle du leader font généralement office d'assistants, de lieutenants ou de conseillers et ils tendent à avoir des échanges plus profonds et plus personnalisés avec le leader que ceux qui ne font pas partie de son cercle. Ces derniers tendent à privilégier les exigences professionnelles plus officielles, et l'influence qu'ils exercent sur leur leader ainsi que l'influence que leur leader exerce sur eux sont assez faibles. À cause des rapports plus personnalisés qui s'instaurent dans le cercle du leader, typiquement, ce dernier confie à ceux qui en font partie des tâches intéressantes, leur délègue d'importantes responsabilités, partage avec eux l'information dont il dispose et les fait participer au processus décisionnel, en plus de leur offrir d'autres bénéfices comme son approbation, son appui personnel et des horaires de travail plus avantageux.

Les recherches montrent que les groupes où les échanges leader-membres sont de meilleure qualité se caractérisent par une productivité et une satisfaction professionnelle accrues, un taux de roulement plus faible, des salaires plus élevés et un avancement professionnel plus rapide. Ces résultats sont encourageants, de sorte que les études sur cette approche se multiplient, notamment au Japon. Naturellement, de nombreuses questions restent toujours en suspens. Par exemple, que se passe-t-il si les travailleurs sont traités très différemment selon qu'ils appartiennent ou non au cercle du leader? Les travailleurs à l'écart du cercle risquent-ils d'en éprouver du ressentiment et de saboter le travail de l'équipe? Il nous reste aussi beaucoup à apprendre sur la manière dont s'instaure la dynamique des échanges entre les membres du cercle et les autres, de même que sur l'évolution de leurs relations[34].

> **DU SAVOIR À LA PRATIQUE 11.1**
>
> **Bâtir une relation professionnelle de qualité avec ses subordonnés[35]**
>
> Nous faisons valoir, dans ce chapitre, que la qualité des échanges entre le leader et ses subordonnés est avantageuse pour tous, notamment parce qu'elle tend à accroître la productivité et la satisfaction professionnelle, à diminuer le taux de roulement et à accélérer l'avancement professionnel. Voici quelques conseils pratiques pour améliorer ces échanges.
>
> - Dans une première étape d'exploration mutuelle, rencontrez individuellement vos subordonnés afin que vous puissiez, de part et d'autre, évaluer vos motivations et vos attitudes, ainsi que les ressources que vous pourriez échanger, en clarifiant vos attentes réciproques.
> - Lorsque l'exploration mutuelle se révèle prometteuse, faites évoluer les échanges initiaux et développez une confiance mutuelle, ainsi qu'une attitude de loyauté et de respect parmi les membres du «cercle» qui en viennent à vous entourer.
> - Certaines de ces relations progresseront jusqu'à une troisième étape, celle de la maturité, qui se caractérise par le fait que l'échange jusque-là fondé sur l'intérêt personnel se transforme en un engagement mutuel envers la vision, la mission et les objectifs de l'unité de travail. En retour de leur zèle, récompensez ces membres de votre «cercle» qui atteignent la deuxième ou la troisième étape en leur offrant un meilleur statut, une plus grande possibilité d'influence et d'autres avantages, tout en demeurant attentif à leurs besoins et en prenant la peine de les convaincre et de les consulter sur une base régulière.
> - Assurez un suivi par des observations ou des discussions quotidiennes et cherchez à accroître le nombre de membres qui composent votre «cercle».

LA THÉORIE DES SUBSTITUTS DU LEADERSHIP

La dernière théorie du leadership situationnel que nous examinons dans ce chapitre est celle des substituts du leadership qui postule que, dans certains cas, l'effet du leadership hiérarchique est pratiquement nul[36]. Steven Kerr et John Jermier, notamment, affirment que certaines caractéristiques des subordonnés, de la tâche ou de l'organisation peuvent soit tenir lieu de leadership, soit neutraliser l'influence du leader sur ses subordonnés. La **figure 11.6** présente quelques-uns de ces facteurs.

Les **substituts du leadership** remplacent l'influence exercée par le leader et la rendent ainsi moins nécessaire, voire superflue. Comme vous pouvez le voir à la figure 11.6, il serait inutile, peut-être même impossible, que le leader fournisse à ses subordonnés des directives précises par rapport à leur travail si leurs aptitudes, leur

> **Substituts du leadership**
> Caractéristiques des subordonnés, de la tâche ou de l'organisation qui remplacent l'influence exercée par le leader et qui la rendent ainsi moins nécessaire, voire superflue

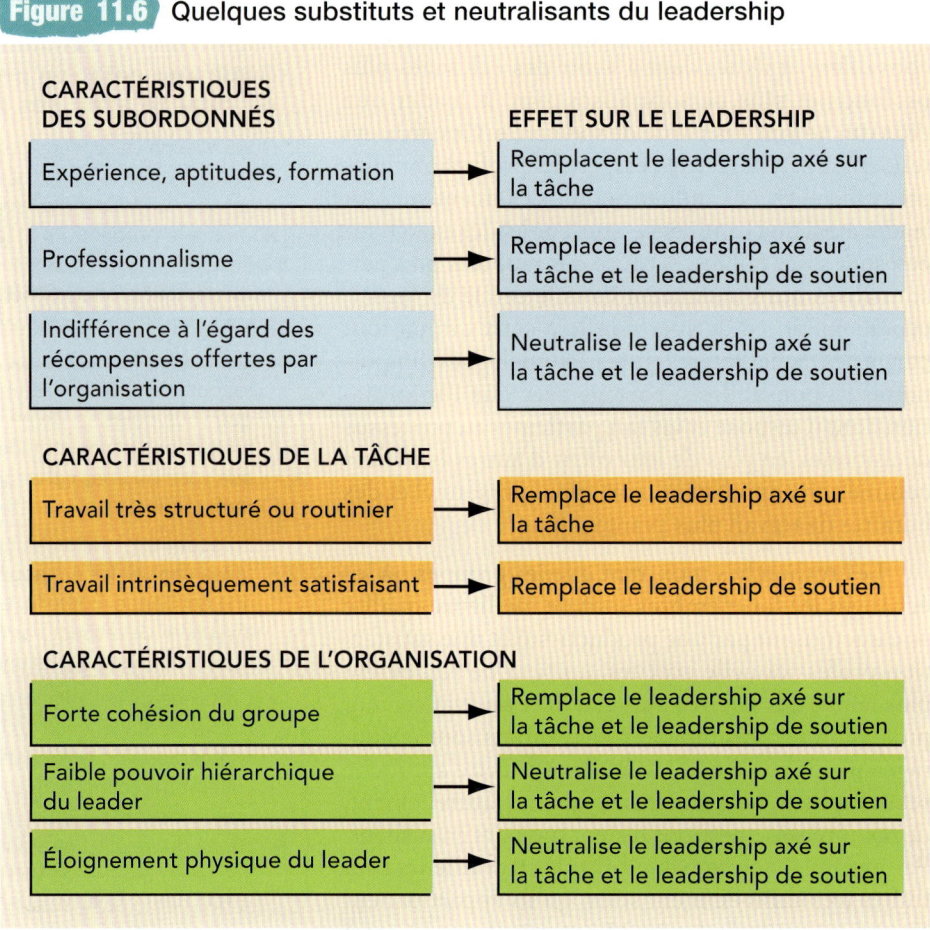

Figure 11.6 Quelques substituts et neutralisants du leadership

> **Neutralisants du leadership**
> Caractéristiques des subordonnés, de la tâche ou de l'organisation qui empêchent le leader d'adopter certains comportements ou annulent les effets de ses actions

expérience et leur formation leur permettent de s'en tirer très bien seuls. Par ailleurs, les **neutralisants du leadership** empêchent le leader d'adopter certains comportements ou annulent les effets de ses actions. Par exemple, le fait que le dirigeant ait peu d'autorité ou soit séparé physiquement de son équipe risque de réduire son influence à néant, même si ses subordonnés ont besoin d'encadrement.

Certaines recherches sur les substituts du leadership menées auprès de travailleurs du Mexique, des États-Unis et du Japon concluent à la fois à des similitudes et à des différences d'un pays à l'autre. Toutefois, une analyse de 17 de ces recherches menées aux États-Unis et dans d'autres pays ne donne pas de résultats probants quant à la validité de la théorie des substituts du leadership. Les chercheurs soulignent, notamment, qu'il faudrait élargir les catégories de caractéristiques et les comportements du leader. Ils ajoutent que cette approche semble particulièrement importante pour les équipes semi-autonomes; en effet, de telles équipes peuvent fixer elles-mêmes leurs propres normes de rendement, lesquelles se substitueront aux normes et aux moyens édictés par un leader hiérarchique adoptant des comportements axés sur la tâche[37].

Étroitement liées à la théorie des substituts du leadership, les études de Jeffrey Pfeffer ont porté sur ce qui se passe quand les dirigeants d'une organisation sont remplacés. Pfeffer est l'un des chercheurs qui estiment que même les PDG des grandes entreprises n'exercent, en définitive, qu'une incidence minime sur les bénéfices et sur l'efficacité de l'organisation, en comparaison des forces qui s'exercent dans son champ d'activité et dans son environnement plus général (par exemple, la réduction du budget fédéral dans son domaine). En outre, ces dirigeants doivent justifier auprès de tellement de groupes et de partenaires différents l'utilisation qu'ils font des ressources que cette contrainte limite fortement leur leadership. Selon Pfeffer, ces forces et ces contraintes sont même si puissantes que l'influence des dirigeants est essentiellement symbolique. Les dirigeants et leurs collègues se contenteraient, en fait, d'élaborer des explications pour justifier leurs décisions[38].

L'exagération de l'effet réel du leader ou l'attribution de résultats collectifs au seul leader se produit surtout quand le résultat est très faible ou très élevé, ou encore lorsque plusieurs personnes peuvent en être tenues responsables. James Meindl et ses collègues appellent *mirage du leadership* le phénomène qui consiste à attribuer au leader des qualités et des vertus mystérieuses ou envoûtantes, presque surnaturelles[39]. Prenons le cas d'une équipe de hockey qui perd tous ses matchs, et dont le directeur général congédie l'entraîneur. En fait, personne, ni le directeur général ni les autres, ne sait vraiment comment expliquer les piètres résultats de l'équipe. Mais, comme il ne peut pas congédier tous les joueurs en bloc, il remplace l'entraîneur pour symboliser le changement de cap, la mise en œuvre d'un leadership neuf qui, à coup sûr, relancera l'équipe...

▶ **Mirage du leadership**
Phénomène qui consiste à attribuer au leader des qualités et des vertus mystérieuses ou envoûtantes, presque surnaturelles

LES MODÈLES IMPLICITES DU LEADERSHIP

Après avoir traité des substituts du leadership et de sa dimension symbolique, nous en venons tout naturellement à parler des modèles implicites du leadership. Au milieu des années 1970, des chercheurs ont soutenu que « les facteurs à la base du leadership se trouvent dans l'esprit de ceux sur qui s'exerce l'influence. Il reste à établir s'ils en sont ainsi limités[40] ». Nous allons voir comment cette notion générale est reprise par deux approches, celle du *leadership fondé sur l'inférence* et celle des *prototypes du leadership*.

LE LEADERSHIP ET LE PROCESSUS D'ATTRIBUTION

Remémorez-vous maintenant la théorie de l'attribution, présentée au chapitre 4, qui porte sur la manière dont les différents acteurs d'une situation donnée tentent d'en comprendre les causes, de déterminer les responsabilités de chacun et d'évaluer les qualités personnelles des parties prenantes. Cette théorie apporte un éclairage important sur le phénomène du leadership.

Pensez à un groupe de travail ou à une équipe qui, selon vous, fonctionne vraiment bien. Supposons maintenant qu'on vous demande de situer son leader sur l'une des échelles du leadership que nous avons précédemment présentées dans ce chapitre. Étant donné l'excellent rendement du groupe, il est probable que, comme tous ceux qui se sont prêtés à cet exercice avant vous, vous décririez son leader en des termes très élogieux. Autrement dit, vous lui *attribueriez* certains comportements et certaines qualités en vous fondant sur les résultats de son groupe.

De la même façon, souvenez-vous que les dirigeants *attribuent* des causes aux comportements de leurs subordonnés et agissent en conséquence. Par exemple, si un leader attribue le piètre rendement d'un travailleur à sa paresse ou à sa négligence, il sera tenté de le réprimander ; par contre, s'il attribue son piètre rendement à un facteur externe, comme une surcharge de travail, il aura plutôt tendance à chercher une solution pour régler le problème.

De nombreuses études confirment que leaders et subordonnés sont sujets à ce phénomène d'attribution[41]. De là, des chercheurs ont élaboré un modèle du ***leadership fondé sur l'inférence***, selon lequel le leadership résulte d'un raisonnement déductif de la part des subordonnés. Ceux-ci se fondent sur leur perception du résultat du groupe ou de l'organisation[42]. Autrement dit, si le groupe ou l'organisation en arrivent à de bons résultats, les subordonnés tendent à attribuer une bonne capacité de leadership au dirigeant. Dans le cas contraire, ils verront en lui une faible capacité de leadership.

▸ **Leadership fondé sur l'inférence**
Leadership résultant d'un raisonnement déductif de la part des subordonnés, qui se fondent sur leur perception du résultat du groupe ou de l'organisation

LES PROTOTYPES DU LEADERSHIP

On peut aussi considérer que le leadership est une question de perception parce qu'il existe d'abord sous la forme de prototypes dans l'esprit du subordonné. À l'appui de cette seconde approche, les études montrent que chacun se fait une idée personnelle des qualités qui caractérisent le « bon leader » et des comportements qu'adopte le « vrai leader » dans telles ou telles circonstances. Cette représentation mentale du leader idéal est ce qu'on appelle un ***prototype du leadership***[43]. Se distinguant du leadership par inférence, cette appréciation du leadership s'appuie sur la reconnaissance : on sait qu'on a affaire à un leader parce qu'on retrouve chez lui ou chez elle certains traits caractéristiques. Bien que le leadership se fonde dans certains cas sur l'inférence et dans d'autres cas sur la reconnaissance, il arrive que les deux types de raisonnement interviennent de façon conjuguée[44].

▸ **Prototype du leadership**
Représentation mentale du leader idéal

Le ***leadership fondé sur la reconnaissance*** découle de modèles implicites ou de prototypes qui se composent généralement d'une combinaison de caractéristiques précises et de caractéristiques plus générales. Ainsi, le prototype du président d'une grande banque serait bien différent de celui d'un militaire de haut rang. Cependant, ils auraient en commun certaines caractéristiques fondamentales qui sont attribuées à tous les leaders dans notre société, par exemple l'intégrité et le sentiment de compétence[45].

▸ **Leadership fondé sur la reconnaissance**
Leadership qui découle de l'adéquation des caractéristiques d'une personne à la représentation mentale qu'ont les subordonnés du leader idéal

Par ailleurs, on peut s'attendre à ce que les modèles du leader idéal diffèrent d'un pays à l'autre ou d'un groupe culturel à l'autre. Menée auprès d'un petit échantillon, une des premières études sur cette question a permis de comparer les caractéristiques les plus souvent associées à un dirigeant d'entreprise au Japon et aux États-Unis[46]. Il en avait résulté les portraits suivants :

- Au Japon, le dirigeant d'entreprise modèle assume ses responsabilités ; il est très scolarisé, digne de confiance, intelligent et discipliné.
- Aux États-Unis, le dirigeant d'entreprise modèle est déterminé ; il concentre tous ses efforts sur la concrétisation des buts ; il est éloquent, assidu et persévérant.

Une compréhension plus approfondie des prototypes du leadership et de leur dimension culturelle nous est fournie par une importante étude empirique intitulée GLOBE et dont nous traiterons ultérieurement dans ce chapitre. Une étude conceptuelle récente nous propose un autre angle d'analyse intéressant, en prenant appui sur des recherches telles que celle de Hofstede, dont il a été question au chapitre 2[47]. Ses auteurs soutiennent que les dimensions permettant de cerner les grandes caractéristiques des cultures nationales pourraient contribuer à déterminer si les membres de ces cultures auront tendance à recourir à la reconnaissance ou plutôt à l'inférence pour évaluer l'efficacité du leadership exercé par une personne.

Par exemple, en se référant aux dimensions définies par Hofstede, les auteurs de l'étude avancent que, dans les cultures caractérisées par une faible distance hiérarchique, les subordonnés fondent davantage sur l'inférence leurs perceptions relatives au leadership. Cela tiendrait au fait que, dans les sociétés où la distance hiérarchique est peu marquée, l'égalité relative a pour conséquence que les gens perçoivent bien qui est responsable des résultats du travail et peuvent aisément attribuer à cette personne des qualités de leader.

Au-delà de l'influence de la culture sur le recours à l'inférence ou à la reconnaissance, on peut chercher à déterminer si les représentations mentales du leader découlant de ces raisonnements évoluent au fil du temps. Une étude a révélé que plusieurs des dimensions observées se retrouvent assez uniformément au sein de divers groupes, mais qu'au fil du temps elles tendent à se rapprocher de la structure suivante: plus de sensibilité, d'intelligence, de dévouement et de dynamisme; moins de tyrannie et de masculinité. Selon les auteurs, une telle compréhension des fondements d'un leadership efficace milite en faveur d'approches de formation qui tiennent compte des représentations mentales du leader idéal que se créent les subordonnés[48].

LE LEADERSHIP CHARISMATIQUE, LE LEADERSHIP TRANSACTIONNEL ET LE LEADERSHIP TRANSFORMATEUR

Avec cette analyse des modèles implicites du leadership et de ses dimensions symboliques, nous nous éloignons graduellement des perspectives traditionnelles du leadership pour aborder les approches charismatique et transformatrice du leadership, ainsi que divers aspects de la vision qui leur sont associés.

LE LEADERSHIP CHARISMATIQUE

Robert House et ses collègues ont beaucoup travaillé sur des développements de la théorie du leadership charismatique formulée antérieurement par House. (Ne pas confondre ce modèle charismatique du leadership avec la théorie du cheminement critique, également de House, ni avec son prolongement, que nous avons étudiés dans le présent chapitre[49].) La nouvelle théorie de House est intéressante, notamment parce qu'elle s'appuie à la fois sur les traits personnels et sur les comportements pour expliquer le leadership.

Le *leadership charismatique*, tel que défini par House, est celui qu'exerce le dirigeant qui, uniquement grâce à sa personnalité, parvient à exercer une influence forte et profonde sur ses subordonnés. De tels leaders se distinguent par un fort besoin de pouvoir, ainsi que par leur confiance en leurs capacités et en la justesse

) **Leadership charismatique**
Type de leadership où le dirigeant, uniquement grâce à sa personnalité, parvient à exercer une influence forte et profonde sur ses subordonnés

morale de leurs convictions. En d'autres termes, leur besoin de pouvoir, renforcé par leur foi absolue en la rectitude morale de leurs points de vue, les pousse à devenir des leaders, ce dont ils se sentent tout à fait capables grâce au sentiment de compétence qui les habite. Ces traits personnels suscitent, en retour, l'adoption de comportements charismatiques : projection d'un modèle à suivre, édification de l'image, formulation d'objectifs (surtout des objectifs simples et clairement circonscrits), détermination d'attentes élevées, manifestation d'une solide confiance en soi et mobilisation des subordonnés.

L'une des études les plus intéressantes et les plus importantes sur certains aspects de la théorie du leadership charismatique porte sur plusieurs présidents des États-Unis[50]. Cette recherche révèle une forte corrélation positive entre le leadership charismatique d'un président donné et son succès. Elle montre aussi que les types de traits personnels décrits par House ainsi que la manière de réagir aux situations de crise, entre autres facteurs, permettent de distinguer, parmi l'échantillon de présidents étudiés, les leaders charismatiques des autres. D'autres études sur des

DU CÔTÉ DE LA RECHERCHE

L'emploi de la métaphore, le leadership et le charisme[51]

Des chercheurs ont examiné le processus par lequel les leaders charismatiques en viennent à inspirer et à motiver des partisans. Ils se sont intéressés, en particulier, à l'emploi de la métaphore en tant que procédé de clarification du sens, source d'inspiration et outil de motivation. Ce sont les discours de présidents des États-Unis qu'ils ont choisi d'analyser dans cette optique, en formulant les hypothèses suivantes :

- Les présidents charismatiques – soit ceux dont la pensée est articulée et qui possèdent des habiletés rhétoriques – utilisent davantage la métaphore que les présidents non charismatiques.
- L'emploi de la métaphore est plus marqué dans les passages particulièrement inspirants que dans l'ensemble du discours.

Les chercheurs ont ainsi procédé à l'analyse de 36 discours d'investiture présidentiels. Afin de prendre en considération leur longueur, ils ont divisé le nombre de métaphores relevé par le nombre total de mots contenus dans le discours, pour en arriver à des taux de densité reflétant l'emploi de la métaphore. Afin de vérifier la seconde hypothèse, ils ont remis à deux groupes d'étudiants inscrits à des cours terminaux de premier cycle en science politique la version écrite des discours, en leur demandant de souligner les passages qui leur paraissaient les plus inspirants. Chaque discours politique a été soumis, selon cette méthode, à l'évaluation de quatre à sept étudiants. L'analyse comprenait le compte du nombre de mots inspirants soulignés par les évaluateurs.

Les résultats suivants ont été observés, relativement aux deux hypothèses :

	Densité métaphorique du discours	Densité métaphorique des passages inspirants
Charismatiques	0,0059	0,0112
Non charismatiques	0,0030	0,0059

On en déduit que les leaders charismatiques et les leaders non charismatiques diffèrent les uns des autres de façon statistiquement significative à 0,05 ou à 0,01.

À la lumière de leurs observations, les chercheurs ont conclu que les présidents charismatiques tendent à utiliser plus de métaphores que les présidents non charismatiques et que les passages les plus inspirants des discours présidentiels tendent à contenir un nombre plus élevé de métaphores.

présidents américains révèlent, par ailleurs, que les électeurs qui considéraient Bill Clinton comme un personnage charismatique votaient ensuite pour lui[52]. La rubrique *Du côté de la recherche* montre que l'emploi de la métaphore par un président renforce la perception qu'on peut avoir de lui comme leader charismatique.

House et ses collègues résument d'autres travaux qui appuient, en partie, leur théorie. Certaines études particulièrement intéressantes indiquent que les leaders charismatiques négatifs – ou « nuisibles » – ont tendance à utiliser leur pouvoir personnel pour satisfaire uniquement leurs propres intérêts; les leaders charismatiques positifs – ou « bénéfiques » – privilégient au contraire un pouvoir essentiellement altruiste, qui favorise l'autonomisation des subordonnés et les responsabilise. Cette constatation expliquerait la différence entre des leaders « nuisibles », comme Adolf Hitler et David Koresh, et des leaders « bénéfiques », par exemple Martin Luther King[53].

Jay Conger et Rabindra Kanungo ont élaboré un modèle du leadership charismatique qui met en évidence trois étapes[54].

- Dans la première étape, le leader évalue d'un œil critique l'état actuel des choses, fait le point sur les lacunes de la situation et fixe les grandes lignes des objectifs à atteindre. Il établit le bilan des ressources disponibles ainsi que des contraintes et obstacles qui risquent d'entraver la concrétisation de ces objectifs. Il prend également la mesure des capacités et des aptitudes de ses subordonnés, de leurs besoins et de leur degré de satisfaction professionnelle.
- Dans la deuxième étape, le leader exprime avec précision les objectifs à atteindre, la vision à adopter et l'idéal vers lequel tendre. Ici, ce sont surtout ses compétences à communiquer clairement une vision et à gérer des impressions qui sont mises à contribution.
- Dans la troisième et dernière étape, le leader explique comment concrétiser ces objectifs et cette vision et il propose des moyens inhabituels et novateurs d'y arriver.

Telles sont les trois étapes que Martin Luther King a traversées dans sa démarche non violente de défense des droits civiques, par laquelle il a modifié en profondeur la dynamique raciale aux États-Unis.

Selon Conger et Kanungo, si, plutôt que de s'en tenir au statu quo, le leader articule une vision, manifeste une sensibilité à son environnement et adopte des comportements non traditionnels, ses subordonnés le considéreront comme un leader charismatique. Les dirigeants de ce type semblent agir très différemment de leurs homologues « non charismatiques »[55].

Enfin, une question particulièrement importante se pose au sujet du leadership charismatique : Est-il décrit de la même façon selon que le leader côtoie ses subordonnés ou en est éloigné ? Boas Shamir a récemment étudié cette question en Israël, pour découvrir que les descriptions des leaders charismatiques éloignés de leurs subordonnés – par exemple, l'ancienne première ministre israélienne Golda Meir – et celles des leaders charismatiques proches, comme un professeur, présentent plus de différences que de similitudes[56].

La **figure 11.7** résume les conclusions de la recherche de Shamir. Il en ressort clairement qu'un leader peut être considéré comme charismatique dans les deux cas : qu'il maintienne un contact étroit avec ses subordonnés ou qu'il n'ait avec eux que des contacts sporadiques, voire inexistants. Toutefois, les traits personnels et les comportements du leader sont bien différents selon que le leader est proche ou éloigné.

Figure 11.7 Les caractéristiques des leaders charismatiques proches et éloignés

Les leaders charismatiques qui ont des contacts rares, voire inexistants, avec leurs subordonnés devraient présenter les caractéristiques suivantes :
- persévérance
- éloquence
- courage
- courage social (exprimer son opinion personnelle au lieu de se conformer à l'avis général)
- fortes convictions idéologiques

Les leaders charismatiques qui ont des contacts fréquents avec leurs subordonnés devraient présenter les caractéristiques suivantes :
- sociabilité
- expertise
- humour
- dynamisme, vitalité
- apparence physique agréable
- intelligence
- exigences élevées
- originalité

Qu'ils soient proches ou distants, les leaders charismatiques devraient présenter les caractéristiques suivantes :
- confiance en soi
- honnêteté
- fiabilité
- dévouement

LE LEADERSHIP TRANSACTIONNEL ET LE LEADERSHIP TRANSFORMATEUR

En s'appuyant sur des notions venant de James MacGregor Burns, ainsi que sur les travaux de House, Bernard Bass a conçu une théorie qui porte sur le *leadership transactionnel* et le *leadership transformateur*[57].

Le **leadership transactionnel** repose sur les échanges nécessaires entre le leader et ses subordonnés pour atteindre au jour le jour le rendement convenu. Ces échanges se caractérisent, de la part du leader, par l'un ou l'autre des quatre comportements suivants :

1. *L'attribution de récompenses en fonction du rendement*   Quand les travailleurs atteignent les objectifs fixés, le leader leur accorde les récompenses correspondantes.

2. *La gestion par exceptions active*   Le leader cherche à détecter les écarts par rapport aux règles et aux normes et il adopte les mesures correctives qui s'imposent.

3. *La gestion par exceptions passive*   Le leader intervient uniquement si les normes ne sont pas atteintes.

4. *Le laisser-faire*   Le leader se défile, n'assume pas ses responsabilités et évite de prendre des décisions.

En revanche, le **leadership transformateur** va au-delà du rendement habituel ou quotidien. Pour Bass, il survient lorsque le leader : (1) amène ses subordonnés à élargir leurs horizons, à mieux comprendre les objectifs et la mission du groupe et à se les approprier ; (2) incite les subordonnés à voir au-delà de leur propre intérêt pour envisager celui d'autrui.

▶ **Leadership transactionnel**
Type de leadership qui repose sur les échanges nécessaires entre le dirigeant et ses subordonnés pour atteindre au jour le jour le rendement convenu

▶ **Leadership transformateur**
Type de leadership où le dirigeant : (1) amène ses subordonnés à élargir leurs horizons, à mieux comprendre les objectifs et la mission du groupe et à se les approprier ; (2) incite les subordonnés à voir au-delà de leur propre intérêt pour envisager celui d'autrui

Les dimensions du leadership transformateur

Le leadership transformateur se fonde sur quatre dimensions : le charisme, l'inspiration, la stimulation intellectuelle et la reconnaissance individuelle.

- Grâce à son *charisme*, le leader rallie les autres autour d'une vision et il leur transmet de la fierté, du respect, de la confiance et la conviction d'accomplir une mission importante. Par exemple, Steve Jobs, le fondateur d'Apple Computer, a montré son charisme en insistant sur la nécessité de faire du Macintosh un ordinateur radicalement nouveau, différent de tous les autres ; il s'ensuivit des produits comme le iPod.

- En tant que source d'*inspiration*, le leader insuffle du courage, recourt aux symboles pour renforcer et focaliser les efforts de tous, et exprime des objectifs importants en termes simples. À titre d'exemple, pensez à cette image du film *Patton*, où George C. Scott se tient debout sur une estrade, face à ses troupes, pistolet à crosse de nacre à la ceinture, devant un gigantesque drapeau des États-Unis.

- En misant sur la *stimulation intellectuelle*, le leader fait appel à l'intelligence, à la rationalité et à la rigueur dans la résolution des problèmes. Par exemple, votre patron vous incite à envisager un problème ardu sous un tout nouvel angle.

- Par la *reconnaissance individuelle*, le leader accorde à tout un chacun une attention particulière et traite chaque personne comme un être unique. Par exemple, votre patron vient vous voir et vous adresse quelques mots qui vous valorisent en tant qu'individu.

Bass conclut que, si le leadership transformateur est probablement plus commun dans les hautes sphères de la direction – où les leaders ont davantage de chances de proposer et de transmettre une vision –, il n'y est pas restreint ; on le retrouve à tous les échelons de l'organisation. En outre, le leadership transformateur peut aller de pair avec le leadership transactionnel, lequel s'apparente à la plupart des approches traditionnelles du leadership mentionnées précédemment. Pour réussir, les dirigeants doivent exercer à la fois un leadership transformateur et un leadership transactionnel, tout comme ils doivent miser à la fois sur le leadership et sur la gestion[58].

L'évaluation et les applications

Les quelques analyses de grande envergure qui ont visé à synthétiser les nombreuses études suscitées par la théorie de Bass rapportent l'existence de liens positifs et significatifs entre, d'une part, les dimensions du leadership transformateur définies par Bass et, d'autre part, différents aspects du rendement et de la satisfaction professionnelle des travailleurs, de même que des efforts accrus, une réduction de l'épuisement professionnel et du stress, et une plus grande manifestation de créativité et d'innovation chez les subordonnés. Si les liens les plus forts concernent le charisme et l'inspiration, les autres

Bush et Obama, deux leaderships[59]

L'ancien président américain George W. Bush a essuyé bien des critiques dans sa guerre au terrorisme. Mais son style de leadership aussi peut être remis en question.

Comme le dit Jim Fisher, professeur à l'École de gestion Rotman de l'Université de Toronto, l'acharnement de M. Bush à poursuivre des objectifs à court terme était étonnant. Selon M. Fisher, il s'agit d'un exemple parfait de leader qui fixe des objectifs sans penser aux conséquences à long terme, ni à la relève qui les subira.

Son successeur, Barack Obama, incarne un style de leadership à l'opposé de celui de George W. Bush, soutient M. Fisher. [...] le vice-recteur estime que le leadership de M. Obama est clairement plus axé sur le long terme. « Il se concentre sur les questions d'avenir : où s'en va le pays ? Quel pays voulons-nous laisser aux générations futures ? » [...]

dimensions du leadership transformateur sont également importantes. Ces conclusions confirment celles d'autres études et montrent que le leadership transformateur peut susciter des retombées plus étendues que celles associées à d'autres styles de leadership présentés précédemment[60].

QUELQUES CONSIDÉRATIONS SUR LE LEADERSHIP CHARISMATIQUE ET LE LEADERSHIP TRANSFORMATEUR

Maintenant, nous allons examiner deux questions de fond relatives aux approches charismatique et transformatrice du leadership.

Le leadership charismatique et le leadership transformateur peuvent-il s'apprendre au moyen de programmes de formation?

Oui, répondent les chercheurs qui se sont penchés sur le sujet. Bass et ses collègues, par exemple, ont élaboré plusieurs programmes de formation de ce type. Dans l'un des ateliers qu'ils proposent, les responsables évaluent les compétences initiales des participants à la lumière des critères de Bass, puis leur fournissent une rétroaction. Par la suite, les participants adaptent leur programme de perfectionnement de manière à améliorer leurs points faibles et ils travaillent en collaboration avec les formateurs pour développer leurs aptitudes de leadership.

Les études de Bass et de Bass et Avolio montrent les effets bénéfiques de tels programmes; ces chercheurs font également état de formations dispensées à des équipes entières et de programmes conçus sur mesure en fonction des besoins d'une organisation donnée[61]. Conger et Kanungo proposent aussi des programmes visant à favoriser l'acquisition des comportements décrits dans leur modèle (voir la rubrique *Du savoir à la pratique 11.2*)[62].

Les modèles de leadership qui accordent une place centrale à la vision donnent souvent beaucoup d'importance à la formation. Kouzas et Posner décrivent les résultats d'un programme d'une semaine implanté chez AT&T. Ce programme consistait, notamment, à sensibiliser les leaders à des dimensions qui permettent d'élaborer, de communiquer et de renforcer une vision commune. Selon Kouzas et Posner, dix mois après l'instauration du programme, on a observé chez les participants une augmentation moyenne de 15 % des comportements visionnaires[63].

Dans le même ordre d'idées, Sashkin et Sashkin ont établi un modèle de leadership qui met l'accent sur divers aspects de la vision et du changement culturel en milieu organisationnel. Ils ont étudié plusieurs formations permettant aux dirigeants de perfectionner leurs aptitudes visionnaires, d'apprendre à stimuler le changement culturel dans l'organisation et de mieux le gérer[64]. Tous ces programmes de formation exploitent largement les exercices pratiques; les dirigeants ne se contentent pas de lire des textes sur la vision, ils doivent aussi appliquer les principes étudiés.

DU SAVOIR À LA PRATIQUE 11.2

Cinq compétences du leader charismatique

- *La sensibilité aux contextes les plus propices à l'exercice du charisme* Capacité de procéder à un bilan critique de la situation et de détecter des problèmes
- *La vision* Recours à la pensée créatrice pour apprendre et pour concevoir d'importants projets de changement
- *La communication* Maîtrise de la langue parlée et écrite
- *La gestion des impressions* Adoption de comportements pouvant servir de modèle, apparence générale soignée, maîtrise du langage corporel et verbal
- *L'autonomisation* Communication d'attentes élevées en matière de rendement, accroissement de la participation des subordonnés au processus décisionnel, assouplissement des contraintes bureaucratiques, établissement d'objectifs significatifs et instauration de systèmes de récompenses appropriés

Le leadership charismatique et le leadership transformateur sont-ils toujours utiles et bénéfiques ?

Comme nous l'avons souligné, certains dirigeants charismatiques « nuisibles », par exemple Adolf Hitler, peuvent exercer un effet négatif sur leurs subordonnés ou leurs partisans. De même, le leadership charismatique et le leadership transformateur ne sont pas toujours nécessaires ni souhaitables. Dans certains cas, le temps et les efforts consacrés à la vision font perdre de vue des activités quotidiennes cruciales. Notons aussi que le leadership charismatique et le leadership transformateur ne sont pas suffisants en soi : ils doivent être exercés conjointement avec les styles de leadership décrits dans les théories présentées précédemment. Enfin, le leadership charismatique et le leadership transformateur ne sont pas utiles ou bénéfiques uniquement aux échelons supérieurs ; de nombreux experts s'accordent sur le fait qu'ils peuvent s'appliquer à tous les échelons de l'organisation.

LE LEADERSHIP MORAL

En rapport avec le leadership transformateur, abordons maintenant la question du leadership moral. Comme nous le savons tous, des scandales impliquant des dirigeants de grandes entreprises telle Enron, d'autres mettant en cause des leaders politiques ou religieux ont récemment avivé les préoccupations à ce sujet. En même temps que le problème devenait d'intérêt public, un nombre croissant de travaux ont touché des thèmes tels que le leadership éthique, le leadership authentique, le leadership au service des autres et le leadership spirituel, qui sont aussi ceux auxquels nous prêtons attention tour à tour dans cette partie consacrée au leadership moral.

LE LEADERSHIP ÉTHIQUE

Commençons cette étude du leadership moral par le leadership éthique, en le présentant sous un angle comparatif. La **figure 11.8** distingue le leadership éthique de trois formes rapprochées, soit le leadership spirituel, le leadership authentique et le leadership transformateur. L'un des principaux points communs à toutes ces formes de leadership, c'est la fonction de modèle de rôle, qui est au cœur de la théorie de l'apprentissage social. Il est aussi notable que toutes incluent l'altruisme, ou l'intérêt pour autrui, et l'intégrité.

Le leader authentique se distingue toutefois par l'accent qu'il met sur l'authenticité et par la conscience de soi. Quant au leader éthique, c'est sa préoccupation morale qui ressort, alors que le leader spirituel se différencie par la projection d'une vision, l'espoir et la foi, tout comme par l'idée d'une vocation qui surplombe celle du travail. Enfin, comme nous l'avons mentionné précédemment, le leader transformateur se caractérise par l'importance qu'il accorde aux valeurs, à la vision et à la stimulation intellectuelle.

Les travaux sur le sujet contiennent des propositions qui contribuent à préciser en quoi consiste le leadership éthique et à dégager un certain nombre d'aspects qui lui sont particuliers. Certaines études exploratoires ont, en outre, porté sur la façon de mesurer le leadership éthique. Toutes ces approches revêtent un intérêt certain, tant pour les recherches empiriques que pour les élaborations théoriques plus poussées. Le leadership au service des autres, qui ne figure pas dans le tableau comparatif, pourrait aussi se prêter au développement des connaissances si les chercheurs intéressés avaient envie de pousser plus loin leurs observations[65].

L'éthique en CO

Marie Saint Pierre habille les enfants pauvres[66]

Dans l'arène de la mode, la bataille est féroce. Difficile pour les designers de se tailler une place dans les chics magasins de New York. L'arme secrète de Marie Saint Pierre? L'engagement social, qui a contribué à lui ouvrir les portes de la prestigieuse enseigne japonaise Takashimaya, sur la 5e Avenue, à Manhattan.

Habiller des enfants chaudement pour l'hiver, organiser des collectes de fonds pour une maison d'hébergement pour femmes violentées, concevoir une boîte à lunch au profit du Club des petits déjeuners, vendre un pull griffé pour l'organisme Dr Clown : la liste des engagements de la créatrice «made in Québec» est longue. Tellement qu'en 2006, elle lui a valu d'être nommée Chevalière de l'Ordre national du Québec.

Porter des vêtements signés Marie Saint Pierre revient à endosser une bonne cause. Une réputation qui a dépassé les frontières du Québec, raconte la créatrice. «Cet engagement contribue à notre image de marque. Par exemple, quand j'ai rencontré la directrice du magasin Takashimaya, elle avait déjà fait des recherches sur moi. Elle m'a dit que mon produit se vendrait, mais surtout que mon engagement concordait avec leur philosophie.»

L'engagement de la designer dépasse toutefois la question de l'image. «Je considère que je dois redonner quelque chose à la société, même si c'est un choix très personnel. Je suis privilégiée. J'ai un travail que j'aime, deux beaux enfants en santé.»

La créatrice et entrepreneure s'est toujours préoccupée du sort des femmes. «C'est sûr que c'est mon marché, mais je trouve aussi qu'on parle peu de leur situation. Quand on sait que les mères monoparentales sont les plus pauvres de notre société, ça me touche directement en tant que femme et en tant que mère», illustre-t-elle. C'est pourquoi, pendant plusieurs années, elle a mis l'épaule à la roue pour organiser des défilés-bénéfice au profit de La Dauphinelle, une maison d'hébergement pour femmes violentées. «Organiser un tel évènement prend six mois de travail à temps plein. Mais c'est l'occasion de faire connaître la situation à nos contacts, à notre clientèle.»

Après cet engagement auprès des femmes, Marie Saint Pierre s'est tournée vers les enfants. Une façon pour elle de soutenir les mères. En déménageant ses ateliers au cœur du quartier Saint-Henri de Montréal, en 2004, elle est frappée de voir le nombre de petits insuffisamment vêtus en hiver. C'est ce qui lui donne l'idée de créer le Fonds sous zéro. En récoltant argent et vêtements neufs, l'initiative a fourni habits de neige et accessoires à plus de 1 200 écoliers montréalais.

Pour dénicher des dons, Marie Saint Pierre utilise son réseau de contacts. Des compagnies comme Louis Garneau ou Deux par deux acceptent de contribuer. «Moi, je ne crée pas de vêtements pour enfants. Il a donc fallu solliciter des manufacturiers dans ce domaine pour qu'ils nous fournissent des habits de neige ou encore de l'argent. La clé, c'est vraiment d'établir des ponts avec les bonnes personnes.» Faute de temps pour organiser l'opération de A à Z, elle n'a pas hésité à confier la gestion du projet au Centre communautaire Hochelaga, en contact direct avec les enfants en difficulté. […]

Pour M. Barbier, le succès du Fonds sous zéro va de pair avec l'engagement de Marie Saint Pierre. Plusieurs de ses clients se rendent directement dans Hochelaga-Maisonneuve, les bras chargés de manteaux neufs. D'autres envoient d'importantes sommes pour soutenir la cause. […]

Pourtant, la créatrice agit avec discrétion. Depuis le grand défilé qui a lancé le projet, en 2004, son engagement n'a pas été souligné par un grand évènement médiatique. Son site Internet ne le mentionne même pas. «On ne le crie pas sur les toits. Les enfants n'ont pas besoin de savoir d'où viennent les vêtements. Ils les trouvent dans leur casier, comme un cadeau. C'est une façon de préserver leur dignité.» Pourtant, le nombre de petits Montréalais qui bénéficient du fonds ne cesse de grandir. «C'est un franc succès, indique Roland Barbier. En 2004, nous avons habillé 89 enfants, alors que cet hiver, nous prévoyons donner entre 500 et 550 habits de neige.»

Questions

À la lumière des éléments présentés dans ce chapitre, quels défis Marie Saint Pierre doit-elle relever en tant que leader? Quelles approches du leadership mettriez-vous à contribution – et comment les conjugueriez-vous – pour faire face à ces défis?

Figure 11.8 Une comparaison entre le leadership éthique et trois autres types de leadership, soit le spirituel, l'authentique et le transformateur[67]

	Principales similitudes avec le leadership éthique	Principales différences par rapport au leadership éthique
Leadership authentique	■ Intérêt pour autrui (altruisme) ■ Prise de décision éthique ■ Intégrité ■ Rôle de modèle	■ Leader éthique : accent mis sur la gestion morale (plus transactionnelle) et la conscience de l'autre ■ Leader authentique : accent mis sur l'authenticité et la conscience de soi
Leadership spirituel	■ Intérêt pour autrui (altruisme) ■ Intégrité ■ Rôle de modèle	■ Leader éthique : accent mis sur la gestion morale ■ Leader spirituel : accent mis sur la projection d'une vision, l'espoir ou la foi, le travail comme vocation
Leadership transformateur	■ Intérêt pour autrui (altruisme) ■ Prise de décision éthique ■ Intégrité ■ Rôle de modèle	■ Leader éthique : accent mis sur les normes éthiques et la gestion morale (plus transactionnelle) ■ Leader transformateur : accent mis sur la vision, les valeurs et la stimulation intellectuelle

LE LEADERSHIP AUTHENTIQUE

Le leadership authentique est essentiellement conforme à la prescription de Socrate : « Connais-toi toi-même[68]. » Cela implique que le leader possède une somme d'éléments formant son expérience personnelle (valeurs, pensées, émotions et croyances) et qu'il agit en accord avec sa vraie personnalité et ses convictions profondes, en exprimant ce qu'il pense et croit vraiment. Personne en ce monde n'est parfaitement authentique, mais l'authenticité demeure un idéal vers lequel il faut tendre. Cette qualité traduit le libre arbitre de l'être authentique ou profond qui s'exprime au quotidien. En outre, l'authenticité est à la base de toutes les autres dimensions susceptibles d'être évoquées pour définir le leadership, quel que soit le modèle ou la théorie.

Les personnes très authentiques, soutient-on, jouissent d'une estime de soi très élevée, ou du moins d'une estime vraie, stable et cohérente, par opposition à une estime fragile et largement dépendante du regard d'autrui. La rubrique *Des leaders parlent de leadership* qui présente un portrait de Matthieu Ricard en offre un exemple éloquent. Le message de ce moine bouddhiste met en lumière l'authenticité des rapports que le leader entretient avec ceux qu'il dirige tout comme avec ses collaborateurs, une qualité à laquelle s'ajoutent la transparence, l'ouverture, la confiance et l'émulation. Tous ces traits font appel au bien-être psychologique en tant que valeur fondamentale au sein de la psychologie positive[69].

Cet état dépend, notamment, des dispositions suivantes : le *sentiment de compétence*, soit la confiance que individu place dans sa capacité d'accomplir une tâche déterminée, comme nous l'avons défini au chapitre 2 ; l'**optimisme**, soit l'anticipation

▸ Optimisme
Anticipation d'un résultat positif

DES LEADERS PARLENT DE LEADERSHIP

La méthode ReGain^MC : pour mieux se connaître et se voir à travers les personnages d'Hergé[70]

S'inspirant des célèbres personnages de la bande dessinée *Tintin*, Renée Rivest, diplômée en relations industrielles ainsi qu'en psychoéducation et consultante en management depuis 1993, a conçu une typologie originale des personnalités. Selon elle, tout un chacun intègre en lui-même les différents personnages d'Hergé, mais évidemment dans des proportions variables.

Les personnes à dominance *Tintin* sont des êtres de vision qui cherchent à rester intègres par rapport à leurs valeurs et à leurs idéaux ; ils adoptent un *leadership de sens*. Les « grands » *Milou*, quant à eux, cherchent à jouer le mieux possible leurs rôles, prennent le temps d'analyser une situation et basent leur réflexion sur des faits objectifs ; un *leadership stratégique* les caractérise. Énergiques et dynamiques, s'affirmant de façon authentique et spontanée, exigeants envers eux-mêmes et les autres ainsi que fidèles aux personnes qu'ils estiment, les personnes à dominance *Haddock* privilégient un *leadership d'action*. Quant aux dominants *Tournesol*, leurs principales caractéristiques – innovateurs, solitaires, autonomes et passionnés – les poussent vers un *leadership d'expertise et de créativité*. Finalement, les « forts » *Dupond-t*, empathiques et animés par le désir d'établir des relations harmonieuses et dépourvues de conflits, favorisent un *leadership relationnel*.

La méthode ReGain^MC, qui est issue de cette typologie, s'avère un outil non menaçant et amusant qui permet aux personnes de se voir et de voir les autres à travers les personnages d'Hergé, accédant ainsi à une meilleure connaissance d'elles-mêmes. Sur le plan collectif, cette méthode permet aux dirigeants de mobiliser chaque membre de son équipe et d'utiliser au mieux ses aptitudes ; en outre, elle permet d'équilibrer les forces au sein d'une équipe de travail, dans le respect des différences.

Au-delà des personnages, l'important, selon Mme Rivest, c'est d'accepter de devenir son *Hergé* (maître de soi) et de demeurer « observateur » de ce qui se passe en nous et autour de nous. C'est devenir conscient de ses réactions et de ses attitudes afin de proposer des choix de dialogue et de collaboration au service d'un projet commun. De plus, les interventions menées auprès de clientèles canadienne, allemande, belge, française, italienne, espagnole, africaine et

suisse ont clairement montré le caractère universel de l'approche ReGain^MC.

Note : Attention, c'est du sérieux ! Recevoir l'autorisation de Moulinsart SA d'utiliser l'œuvre d'Hergé est déjà un tour de force, et n'enseigne pas la méthode ReGain^MC qui veut. Par-delà le côté ludique, cette dernière met en scène des dynamiques humaines, donc de la complexité. C'est pourquoi seules les personnes accréditées par ReGain^MC groupe-conseil peuvent diffuser la méthode.

Question
Quels sont les avantages, pour un dirigeant, de savoir à quels personnages d'Hergé les membres de son équipe peuvent l'associer ou à quels personnages il associe lui-même ses coéquipiers ?

> **Espoir**
> Tendance à envisager des voies de rechange pour atteindre ce qu'on désire
>
> **Résilience**
> Capacité à retomber sur ses pieds et à continuer d'aller de l'avant après un échec

d'un résultat positif ; l'*espoir*, c'est-à-dire la tendance à envisager des voies de rechange pour atteindre ce qu'on désire ; la *résilience*, qui est cette capacité à retomber sur ses pieds et à continuer d'aller de l'avant après un échec. Quand un de ces facteurs est à la hausse, les autres facteurs tendent à augmenter aussi. Dès lors, il devient très important pour un leader de manifester ces attitudes, qui sont susceptibles d'influencer positivement ses subordonnés. La fonction de modèle, à la base de l'apprentissage social, entre alors en jeu. Certains ont même suggéré de recourir à la notion de « subordonné authentique » pour faire écho, dans cette optique, à celle de « leader authentique ».

Le leadership authentique commence à peine à susciter un intérêt théorique, et les recherches empiriques sur le sujet sont encore rares. S'il nous est difficile de poursuivre la discussion pour l'instant, nous tendons à croire qu'il ne s'agit pas d'un simple engouement, d'autant plus qu'il est possible d'établir un rapport avec d'autres formes de leadership qui lui sont de toute évidence apparentées. Penchons-nous maintenant sur deux de celles-ci : le leadership au service des autres et le leadership spirituel.

LE LEADERSHIP AU SERVICE DES AUTRES

La notion de leadership au service des autres a été proposée dès 1946 par Robert Greenleaf, qui a repris par la suite plusieurs de ses idées dans des articles et, surtout, dans deux ouvrages publiés en 1977 et 1978[71]. Essentiellement, Greenleaf soutient que le but premier de toute entreprise devrait être de représenter un apport positif pour ses salariés et sa communauté. Le leader demeure attentif à des valeurs spirituelles fondamentales et, en les respectant, il sert les autres, que ce soit ses collègues, son organisation ou la société.

De ce point de vue, le leadership au service des autres n'est pas tant une forme particulière de leadership qu'une forme particulière de service. Le leader au service des autres aide ceux-ci à découvrir leur vie intérieure, en gagnant et en conservant leur confiance. Il se place véritablement à l'écoute d'autrui et est capable d'agir en ne mettant pas ses propres intérêts au premier plan. On trouve le plus souvent ces qualités chez les personnes qui ont d'abord et avant tout une vision et un désir de servir, plutôt qu'une simple ambition d'être leader.

Il existe, disséminés partout dans le monde, 11 centres Greenleaf internationaux. Ils font la promotion du leadership au service des autres, que plusieurs considèrent comme un mouvement philosophique. Ce type de leadership n'a pas fait l'objet d'études empiriques et systématiques, un tel exercice n'étant d'ailleurs pas d'un grand intérêt aux yeux des personnes qui soutiennent l'approche. Par ses orientations philosophiques, il n'en demeure pas moins proche des autres types de leadership présentés dans ce chapitre.

LE LEADERSHIP SPIRITUEL

Quoique ni l'un ni l'autre n'ait encore été beaucoup étudié, on peut considérer que le leadership spirituel est un champ de recherche à l'intérieur du domaine de la spiritualité en milieu de travail[73]. Pour l'essentiel, ces approches se fondent sur la théologie et la pratique des religions, ainsi que sur l'éthique et les

---

DU SAVOIR À LA PRATIQUE 11.3

Le réseautage en faveur d'un leadership moral[72]

Un grand nombre d'employés ont un penchant philanthropique qui les motive à consacrer temps et argent à des causes qui dépassent leur propre personne. À leur intention, vous pouvez valoriser le leadership moral et encourager la création de comités de bienfaisance au sein de votre organisation. De tels comités peuvent être complètement indépendants, être liés de façon informelle à d'autres comités ou se rattacher, sur une base volontaire, à une organisation de bienfaisance reconnue. Voici quelques conseils concernant leur mise sur pied :

- Tentez de déterminer qui, parmi les employés, pourrait être intéressé à participer à un comité de bienfaisance et à fournir une contribution régulière en temps ou en argent pour appuyer une cause.
- Une fois le comité mis sur pied, diffusez l'horaire des réunions et fournissez boissons et grignotines aux participants.
- Donnez à un nombre approprié de personnes (selon la taille du comité) le mandat de proposer une cause à appuyer.
- Faites un travail actif d'éducation afin d'inciter les employés à s'engager davantage.
- Entretenez des liens avec d'autres regroupements de bienfaisance ou organisations de bénévoles.
- Déterminer l'envergure de la cause à appuyer, en précisant son échelle et en prévoyant dans quelle mesure les critères pourront varier.

valeurs du leadership. Il n'y a toutefois pas consensus, dans les écrits à ce sujet, concernant la similitude ou la distinction à apporter entre la spiritualité et la religion. Pour certains, les religions organisées se distinguent de la spiritualité du fait qu'elles impliquent des rituels, des usages et des cérémonies qui peuvent servir de véhicule au déploiement de la spiritualité. Bien sûr, une personne peut adopter des rituels religieux, sans pour autant avoir une vie spirituelle. À l'inverse, une personne peut posséder une spiritualité sans être religieuse.

Des travaux récents sur le leadership spirituel commencent néanmoins à étayer une théorie du leadership spirituel, ou *spiritual leadership theory* (SLT). Il s'agit d'une approche causale du leadership qui vise la transformation organisationnelle par la création d'une organisation apprenante et intrinsèquement motivée. Le leadership spirituel comprend des valeurs, des attitudes et des comportements jugés nécessaires pour l'engagement en faveur d'une évolution spirituelle. Autrement dit, le leader qui lance l'appel de même que les personnes qui adhèrent à sa vision estiment avoir trouvé un sens à leur vie et être en mesure de changer le cours des choses, en se sentant compris et appréciés. Ce sens de la survie chez le leader et ses subordonnés tend à assurer la cohérence des valeurs tant à l'échelle individuelle qu'au sein de l'équipe stratégique, qui se trouve dès lors renforcée. Il en résulte une augmentation de l'engagement organisationnel, de la productivité et du bien-être des employés. La **figure 11.9** résume ce modèle causal.

Parmi les éléments clés du schéma de la figure 11.9 apparaissent les qualités associées au leadership spirituel : la vision, qui définit une quête et un parcours, traduit des idéaux élevés et encourage l'espoir ou la foi ; l'amour altruiste, fait de confiance ou de loyauté, de pardon, d'acceptation ou de gratitude, d'honnêteté, de courage et d'humilité de la part de l'organisation et des subordonnés ; l'espoir et la foi, qui impliquent l'endurance, la persévérance, la capacité de faire les gestes requis et de se fixer des objectifs élevés.

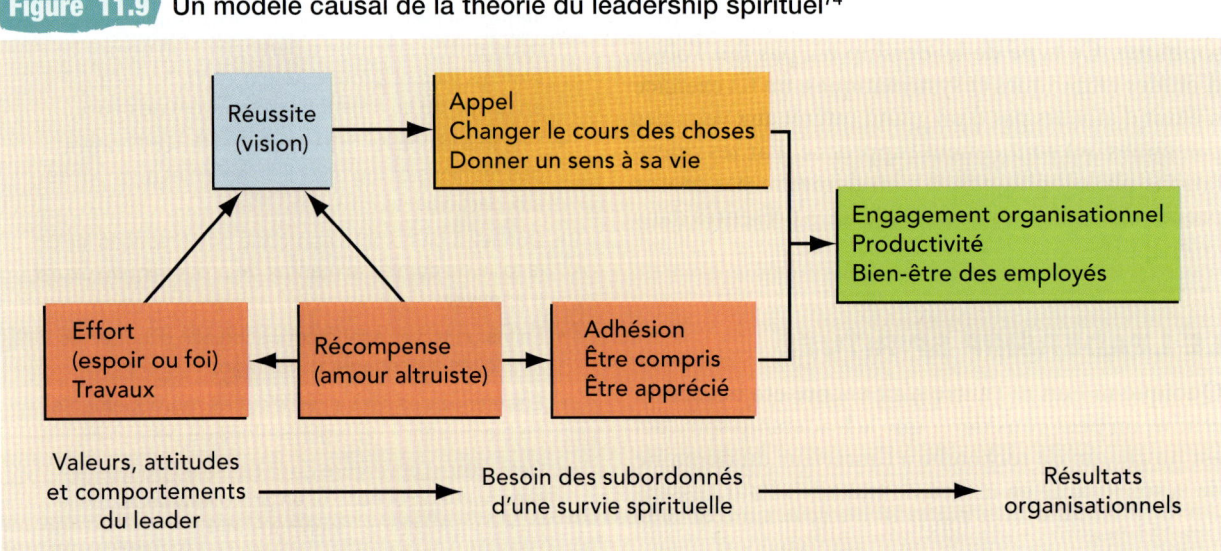

Figure 11.9 Un modèle causal de la théorie du leadership spirituel[74]

DES LEADERS PARLENT DE LEADERSHIP

Donner l'exemple[75]

Parmi les conférenciers du très couru Sommet de Davos, Matthieu Ricard détonne. Vêtu de la traditionnelle robe bouddhiste et dégageant un calme hors du commun, il apporte un peu de paix dans l'atmosphère fébrile de ce chassé-croisé entre riches et puissants. En marge des jeux de coulisses et des séances de signatures de contrats entre géants, ce moine vient parler de BNB : le bonheur national brut. Et on l'écoute. Car force est de constater que le phénomène Ricard attire. D'ailleurs, la « ricardmania » a atteint le Québec. […]

Rien ne destinait ce scientifique au monde des affaires ni à celui de la spiritualité. Après des études de génétique cellulaire à l'Institut Pasteur de Paris, il entame une carrière prometteuse de scientifique. Toutefois, un séjour en Inde en 1967 bouleverse sa vie. Son coup de foudre : le bouddhisme. Quelques années s'écoulent avant qu'il n'abandonne la science, laissant tout derrière lui, et déménage dans l'Himalaya pour y étudier pendant près de vingt ans les textes tibétains. […]

La responsabilité d'un leader est énorme, dit d'entrée de jeu Matthieu Ricard. La position qu'il occupe donne à un dirigeant le pouvoir d'influencer la société de façon constructive. « Il inspire par l'exemple. Ses actions, ses paroles et ses pensées sont en adéquation avec ce qu'il prône. Ses qualités personnelles donnent de la force à ses interventions. » […]

« Si vous sentez que votre dirigeant est bon et que ses intentions sont nobles, vous aurez envie de le suivre », précise le moine. Faut-il comprendre qu'un leader doit être parfait ? « Ce serait beaucoup lui demander, répond-il. Mais il doit faire un effort constant pour devenir une meilleure personne et essayer de le faire paraître aussi bien dans ce qu'il est que par ses actes. Alors les gens le respecteront et seront heureux de travailler avec lui. » Et s'il commet des erreurs, « il doit être assez humble pour les reconnaître et les corriger », poursuit le moine.

Cohérence, humilité et transparence : voilà les caractéristiques fondamentales du leader exemplaire. Toutefois, dans le monde des affaires, il peut être inquiétant de se départir de sa façade. Comment diriger sans elle ? « La solution consiste à développer davantage ses qualités. Il s'agit finalement de la manière d'être la plus confortable qui soit. Personne n'a envie de mettre tous ses défauts en vitrine. » Donner l'exemple ne signifie pas nier ses faiblesses, mais les accepter, insiste Matthieu Ricard. « Les leaders doivent admettre qu'ils sont des êtres humains, dit-il. Si nous n'agissons pas de la sorte, nous nous plaçons dans une situation inconfortable, car toute notre énergie servira à prétendre que nous sommes quelqu'un que nous ne sommes pas. » Il marque une pause et ajoute : « Les leaders authentiques seront toujours plus inspirants. On tire une force de la vérité. Celui qui cultive une façade créera chez les autres un malaise qui faussera ses relations avec eux. » […]

Devenir un vrai leader est exigeant, plus encore qu'on ne l'imagine. Car le changement auquel on doit se soumettre pour y parvenir n'est ni cosmétique ni superficiel. […]

En somme, le paradoxe du leader tient au fait que celui-ci est à la fois un être humain comme les autres et un individu dont on attend plus que la moyenne. « À partir du moment où quelqu'un est en position d'influencer la vie des autres, ses valeurs humaines sont encore plus importantes que celles d'une personne qui vit seule dans son coin et qui n'a aucun impact sur la société », remarque Matthieu Ricard.

Question

Quelles qualités associées au leadership les dirigeants qui évoluent dans les organisations d'aujourd'hui doivent-ils manifester ?

DE NOUVELLES PERSPECTIVES EN MATIÈRE DE LEADERHSIP

À la lumière des théories que nous avons présentées, le leadership a essentiellement été envisagé jusqu'à maintenant comme une influence qui s'exerce selon un axe vertical. Ainsi, le leader arriverait comme un sauveur sur son blanc destrier, et le tour serait joué. De plus en plus de spécialistes, toutefois, commencent à considérer que le leadership ne se limite pas à une influence verticale et que le leader ne correspond pas à cette figure du héros solitaire. Le leadership ne reposerait pas sur l'influence hiérarchique d'un seul individu; d'autres personnes pourraient y prendre part.

LE LEADERSHIP PARTAGÉ

> **Leadership partagé**
> Processus d'influence dynamique et interactif qui s'établit parmi les membres d'un groupe dont l'intention est de se conduire mutuellement vers l'atteinte des objectifs du groupe ou de l'organisation

C'est cette autre façon de voir les choses que traduit la notion de ***leadership partagé***. Celle-ci désigne le processus d'influence dynamique et interactif qui s'établit parmi les membres d'un groupe dont l'intention est de se conduire mutuellement vers l'atteinte des objectifs du groupe ou de l'organisation. Ce processus implique souvent une influence latérale ou des pairs, mais parfois aussi une influence hiérarchique vers le haut ou vers le bas. Ce qui distingue essentiellement le leadership partagé des modèles traditionnels de leadership, c'est que le processus d'influence va au-delà du simple ascendant d'un supérieur désigné ou élu sur des subalternes. Non pas centralisé entre les mains de la personne qui joue le rôle du supérieur, le leadership est plutôt largement distribué parmi un ensemble d'individus[76].

Nous pouvons discuter de la distinction entre le leadership partagé et le leadership vertical ou hiérarchique en prenant l'exemple des équipes semi-autonomes.

Le leadership dans les équipes semi-autonomes

Jusqu'à maintenant, dans cet ouvrage, il a été question des équipes semi-autonomes à plusieurs reprises, et il est vrai qu'elles comptent parmi les voies d'avenir prometteuses. Cependant, nous nous sommes peu attardés à la dimension du leadership, lequel, dans ce cas, peut s'exercer soit de l'extérieur, soit de l'intérieur de l'équipe. Dans cette dernière situation, c'est-à-dire celle où le leadership s'exerce de l'intérieur de l'équipe, cette fonction peut être attribuée à une seule personne, assumée à tour de rôle par les membres de l'équipe, ou même partagée avec souplesse, selon les besoins et l'évolution de l'équipe.

En revanche, lorsque le leadership s'exerce de l'extérieur de l'équipe, cette responsabilité peut être confiée soit à une personne officiellement désignée, tel un superviseur de premier échelon ou un contremaître, soit à un autre individu qui n'est pas membre de l'équipe et qui agit plutôt à titre de *coordonnateur* ou de *facilitateur*. Les tâches de ce dernier différeront passablement de celles du superviseur traditionnel : elles consisteront principalement à fournir à l'équipe les ressources dont elle a besoin et à assurer un lien avec les autres composantes de l'organisation, mais sans les prérogatives associées à l'autorité hiérarchique. Les fonctions traditionnelles de gestion et de leadership tendent alors à être assumées à l'intérieur de l'équipe, les membres les prenant en charge parallèlement à leurs activités de production.

Les activités et les fonctions sont des éléments qui varient d'un cadre de travail à l'autre. Certaines équipes vont attribuer des rôles précis à leurs membres. D'autres vont se doter de paramètres plus généraux et simplement mettre en place un processus visant à soutenir le rendement (« quels que soient les moyens requis »). C'est dans ce genre d'équipe qu'on recourt le plus souvent à la rotation des postes, ainsi qu'à la rémunération fondée sur les compétences – système par lequel, comme nous l'avons vu au chapitre 7, les travailleurs sont rémunérés selon la diversité et l'étendue de leurs compétences plutôt que selon leur affectation.

Au-delà de la contribution de chacun, le rendement d'une équipe dépend, pour une large part, des conditions propices qu'on parvient à mettre en place et à maintenir. Dans cette optique, il est important de tenir compte des enjeux présentés ci-dessous[77].

L'efficacité et l'orientation vers un but Il s'agit avant tout, dans ce cas, de coordonner les efforts à la fois à l'intérieur et à l'extérieur de l'équipe, et c'est aux leaders que revient souvent ce rôle crucial. La chose est plus difficile qu'il n'y paraît, car il faut tour à tour coordonner les efforts individuels avec ceux de l'équipe, puis ceux de l'équipe avec ceux de l'organisation, et parfois même avec ceux d'une entité plus large. Dans ce contexte, la présence d'éléments rassembleurs – une vision, des buts communs – constitue un appui important.

Les ressources adéquates Les équipes comptent sur leurs leaders pour leur procurer l'équipement et les fournitures nécessaires à l'atteinte des buts visés. Comme nous l'avons mentionné précédemment, cette responsabilité échoit souvent à un facilitateur externe. L'allocation des ressources suppose presque toujours des négociations à l'intérieur comme à l'extérieur de l'équipe, et c'est au facilitateur que revient alors la tâche de négocier avec les instances externes concernées.

Les compétences et la motivation Les membres d'une équipe doivent aussi s'appuyer sur des connaissances, des compétences et des capacités concrètes, de même que sur une solide dose de motivation, pour accomplir collectivement leurs tâches. Une des façons pour un leader d'accroître l'efficacité et le rendement d'ensemble consiste à intervenir sur le plan de la composition de l'équipe. Cette stratégie est fréquemment employée lorsqu'on forme des équipes ponctuelles, telles que des groupes d'étude, et aussi parfois quand on met sur pied des équipes d'étudiants.

Un climat de collaboration On cherchera généralement à renforcer le plus possible la cohésion, la confiance mutuelle et la coopération au sein d'une équipe. Il arrive que ces atouts fassent partie intégrante de la dynamique interpersonnelle qui existe entre les membres, mais les leaders peuvent aussi contribuer à l'instauration d'un tel climat en donnant eux-mêmes l'exemple et en encourageant les interactions qui vont dans le bon sens. Ils pourront, en outre, chercher à raffermir la confiance de l'équipe en sa propre efficacité et en ses capacités collectives.

L'amélioration continue et l'adaptation au changement Une équipe vraiment solide devrait être capable d'évoluer pour faire face à des conditions nouvelles. Voilà un autre aspect au regard duquel les leaders sont appelés à jouer un rôle, qu'ils soient à l'intérieur de l'équipe, ou à l'extérieur.

Dans les conditions que nous venons de décrire, les équipes vont souvent prendre en charge jusqu'aux activités de leadership les plus essentielles, sans l'intervention ou avec l'intervention minimale d'un leader externe – voire en l'absence d'un leader interne. Les activités de leadership que les coéquipiers assument eux-mêmes peuvent être considérées comme un substitut partiel du leadership hiérarchique, même si un coordonnateur les encourage. Bien qu'ils ne relèvent pas obligatoirement d'un leadership charismatique ou d'un leadership transformateur, ces comportements rayonneront davantage s'ils sont empreints de la touche particulière que peut apporter – de l'intérieur ou de l'extérieur de l'équipe – un leader qui possède du charisme et la capacité d'amener les gens à ouvrir leurs horizons.

Les activités d'autoleadership

Qu'elles soient exercées dans un contexte de leadership hiérarchique ou partagé, ces activités décrites ci-dessus favorisent l'autoleadership, ce qui, en retour, apporte un soutien à chacun des membres et à l'équipe tout entière. L'autoleadership est constitué d'un éventail de stratégies d'auto-influence, dont on estime qu'elles ont une incidence positive, entre autres, sur le comportement individuel et sur les processus de pensée. Il est fréquent qu'on regroupe les activités d'autoleadership en trois grandes catégories, selon que les stratégies sont orientées vers le comportement, vers la récompense naturelle ou vers la pensée constructive[78].

Les stratégies orientées vers le comportement Les stratégies centrées sur le comportement tendent à accroître la conscience de soi, pour en venir à gérer les comportements rattachés à des tâches nécessaires, mais qui ne sont pas toujours agréables. Parmi ces stratégies, mentionnons l'*autosurveillance*, l'*autofixation des objectifs*, l'*autorécompense* et l'*autocorrection*.

L'*autosurveillance* consiste à examiner son propre comportement en vue de mieux comprendre dans quelles circonstances et pour quelles raisons on agit de telle ou telle façon. Il est alors possible de déterminer quels comportements devraient être changés, améliorés ou éliminés. Par exemple, si le rendement laisse à désirer, il peut être indiqué de relever par écrit l'apparition de comportements improductifs dans le milieu de travail. Cette prise de conscience est la première étape vers un changement de comportement.

Les stratégies orientées vers la récompense naturelle Conjuguée à la stratégie précédente, l'*autorécompense* peut se révéler fort utile pour orienter les comportements vers l'atteinte d'objectifs. Les gratifications peuvent être tangibles (par exemple, un bon repas) ou imaginaires (par exemple, s'imaginer devant un bon repas). La répétition des comportements désirés avant leur actualisation dans une situation réelle peut aussi s'avérer efficace.

Les stratégies orientées vers la pensée constructive Le recours à la *pensée constructive* amènera les membres d'une équipe à mettre en œuvre ou à modifier certains processus cognitifs. L'autoanalyse et l'amélioration du système de croyances, la visualisation de la réussite et l'automotivation positive peuvent donner lieu à des résultats intéressants. Ces trois activités, qui misent sur l'influence et sur le contrôle de la pensée, consistent en des stratégies cognitives conçues pour aider chacun à adopter des façons de penser susceptibles d'améliorer le rendement de l'équipe. Dans une certaine mesure, elles tendent à se substituer au leadership hiérarchique, bien qu'elles puissent être encouragées dans un contexte de leadership partagé.

* *

Terminons cette discussion sur le leadership partagé en soulignant que, même si on ne souhaite plus aujourd'hui s'en remettre uniquement au leadership hiérarchique qui s'incarne dans la figure du sauveur, le leadership partagé ne constitue pas une solution unique. D'une part, comme nous l'avons vu, il se présente sous plusieurs formes. D'autre part, il se combine souvent, en pratique, avec le leadership hiérarchique. Tout comme pour les autres approches du leadership qui ont été présentées précédemment, l'importance qui doit être accordée au leadership partagé et au leadership hiérarchique – respectivement et dans leur complémentarité – dépend d'une diversité de facteurs situationnels.

LE LEADERSHIP INTERCULTUREL : LE PROJET GLOBE

Le projet GLOBE (*Global leadership and organizational behavior effectiveness research project*, ou « Projet de recherche sur le leadership mondial et l'efficacité du comportement organisationnel ») est un ambitieux programme auquel participent environ 17 000 gestionnaires de 951 organisations en activité dans 62 pays et 140 cochercheurs, en plus d'une équipe de coordination et de quatre associés de recherche. Dirigé par Robert House, le projet est toujours en cours et devrait donner lieu à la publication de plusieurs livres et articles au cours des prochaines années. Le résumé que nous en faisons s'appuie sur le premier d'une série d'ouvrages, soit *Culture, Leadership, and Organizations*, publié en codirection par Robert J. House, et sur quelques travaux connexes[79].

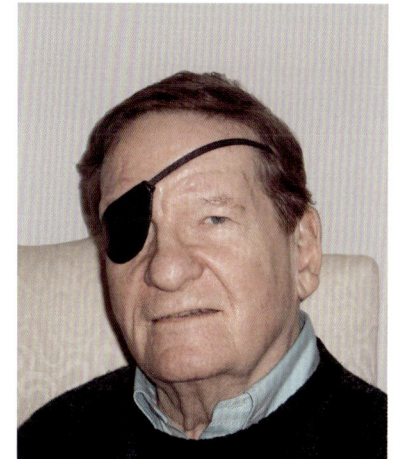

L'étude repose sur l'utilisation de mesures multiples et, pour une large part, sur le recours à des questionnaires élaborés autour de l'hypothèse selon laquelle des variables en rapport avec le leadership et des variables culturelles peuvent s'appliquer significativement à l'échelle sociétale et à l'échelle organisationnelle. L'échantillon est composé de cadres intermédiaires des domaines des finances, des télécommunications et de l'alimentation. La **figure 11.10** présente une version simplifiée du modèle théorique mis au point par le projet GLOBE.

La principale hypothèse à la base de ce modèle, c'est que les attributs et les entités qui distinguent une culture déterminée laissent présager les usages organisationnels ainsi que les attributs et les comportements de leadership qui se manifesteront le plus fréquemment et qui se révéleront les plus efficaces dans cette culture. Les hypothèses qui constituent le modèle sont numérotées selon une séquence de 1 à 10 et mises en relief dans la figure 11.10.

1. Les valeurs partagées et les usages communs qui constituent la norme au sein des cultures sociétales influent sur le comportement des leaders. Les fondateurs et les membres originels des organisations sont aussi plongés dans leur propre culture sociétale. Ils sont, en outre, le reflet des usages organisationnels dans leur secteur d'activité.

2. Le leadership influe sur la structure, la culture et les usages des organisations : les fondateurs et les leaders subséquents influencent ou entretiennent la culture organisationnelle.

3. Les valeurs et les usages au sein de cultures sociétales ont aussi une incidence sur la culture et les usages des organisations : la culture sociétale a un effet direct sur la culture organisationnelle et, au fil du temps, les cultures organisationnelles influent à leur tour sur la culture sociétale.

Figure 11.10 — Une version simplifiée du modèle théorique du projet GLOBE[80]

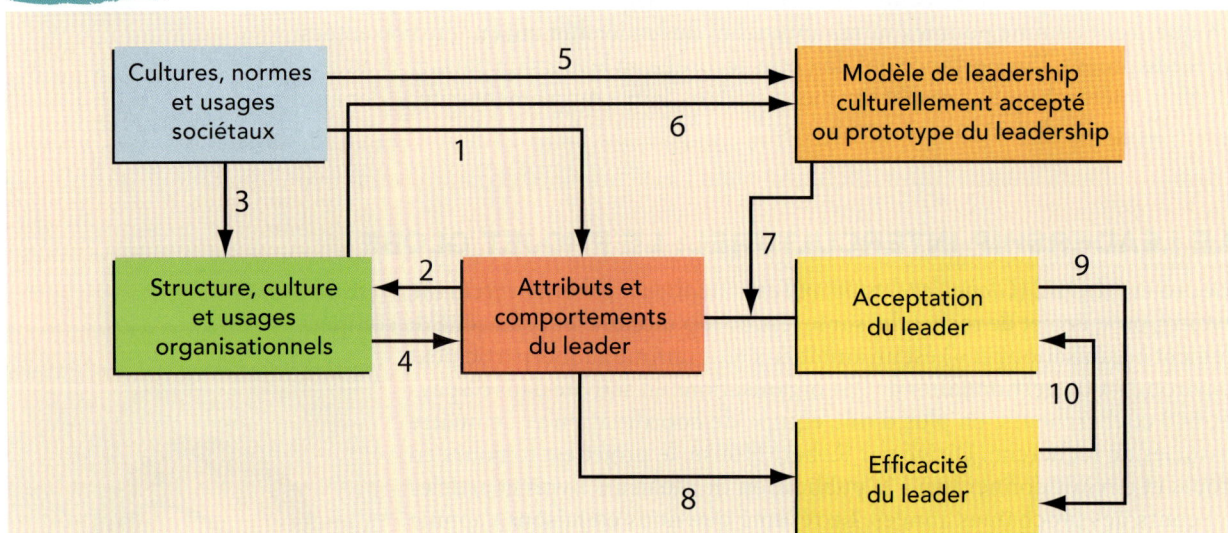

4. La culture et les usages organisationnels influent aussi sur le comportement des leaders : au fil du temps, les fondateurs et les leaders subséquents des organisations réagissent à la culture organisationnelle et modifient leurs comportements ou leur style de leadership.

5 et 6. Les usages au sein des cultures sociétales et des cultures organisationnelles influent sur le processus par lequel les gens en viennent à accepter un modèle de leadership qui devient commun : au fil du temps, des profils de leadership se développent dans chaque culture sous l'effet de la culture et des usages qui caractérisent les cultures sociétales et les cultures organisationnelles.

7. L'acceptation du leader est fonction de l'interaction entre, d'une part, le modèle de leadership culturellement accepté et, d'autre part, les attributs et les comportements du leader. Les attributs et les comportements qui correspondent aux modèles de leadership culturellement acceptés bénéficient d'une meilleure acceptation que ceux qui n'y correspondent pas.

8. L'efficacité du leader est fonction de l'interaction entre, d'une part, les éléments stratégiques liés à la situation de l'organisation (*non indiqués dans le schéma*) et, d'autre part, les attributs et les comportements du leader. Les attributs et les comportements qui répondent aux exigences stratégiques de l'organisation donnent lieu à une augmentation de l'efficacité du leader.

9. L'acceptation du leader par les subordonnés favorise l'efficacité de celui-ci : comparativement à ce que ressentent les leaders qui sont acceptés par les membres d'une organisation, ceux qui ne sont pas acceptés trouvent davantage qu'il est difficile d'exercer une influence sur les membres.

10. Progressivement, l'efficacité d'un leader accroît l'acceptation dont il jouit : les leaders efficaces finissent par démontrer leur efficacité du fait même qu'ils le sont.

Cette démonstration modifie les comportements de certains membres de l'organisation à l'égard du leader, ce qui augmente encore l'efficacité de celui-ci. Peu à peu, les subalternes qui n'acceptent pas le leader vont quitter l'organisation de leur plein gré ou contre leur volonté.

Neuf dimensions ont été retenues pour rendre compte tant de la culture sociétale que de la culture organisationnelle. Certaines proviennent de travaux antérieurs de Hofstede; l'initiale « H » aidera, ci-dessous, à les reconnaître. Ces neuf dimensions sont donc, en résumé, les suivantes:

1) l'*assertivité*, qui comprend l'affirmation de soi, l'attitude conflictuelle et l'agressivité dans les relations;

2) l'*orientation à long terme*, qui se traduit par des comportements tels que la gratification différée ou l'investissement dans l'avenir (H);

3) l'*égalité entre les hommes et les femmes*, correspondant à une diminution des inégalités entre les sexes à l'échelle de la collectivité (H);

4) la *maîtrise de l'incertitude*, soit le fait de s'appuyer sur les normes et les règles sociales pour atténuer le caractère imprévisible de l'avenir (H);

5) la *distance hiérarchique*, qui renvoie au degré d'acceptation des inégalités de statut ou de pouvoir (H);

6) l'*orientation collectiviste ou individualiste des institutions*, selon que l'organisation ou la société privilégie ou non les ressources et les actions collectives (H);

7) le *collectivisme intragroupe*, par lequel les individus expriment de la fierté, de la loyauté ou d'autres attitudes similaires à l'égard de leur organisation ou de leur famille (H);

8) l'*orientation au regard du rendement*, selon que la collectivité encourage ou récompense l'amélioration du rendement;

9) l'*orientation vers l'humain*, selon que la collectivité encourage ou récompense les individus pour des qualités telles que le sens de la justice, la générosité, la bonté, etc.

Le projet GLOBE a, par ailleurs, eu recours à 6 grandes dimensions du leadership, qui comprennent à leur tour 21 dimensions plus précises et plusieurs attributs ou éléments associés au leadership:

1) le *caractère charismatique* du leadership ou le fait qu'il *repose sur des valeurs*, ce qui peut en faire une source d'inspiration, de motivation et d'ambition à atteindre un rendement supérieur;

2) l'*importance accordée au travail d'équipe*, d'abord par la mise sur pied d'équipes, puis par l'adoption d'objectifs communs auxquels adhèrent les membres de ces équipes;

3) la *participation*, selon que plusieurs membres sont partie intégrante de la mise en œuvre des objectifs;

4) l'*orientation vers l'humain*, soit la capacité d'apporter un soutien, de tenir compte de l'autre, de faire preuve de compassion et de générosité;

5) l'*autonomie*, qui est le fait d'un leadership indépendant et individualiste;

6) l'*autoprotection*, qui comprend l'engagement à assurer sa sécurité, l'égocentrisme et l'importance de ne pas perdre la face.

L'étude a conduit à regrouper les 62 pays représentés en 10 groupes culturels. La **figure 11.11** montre où se situe, pour chaque groupe de pays, la moyenne (note haute : H ; note moyenne : M ; note faible : F) en ce qui a trait à l'effet des modèles de leadership culturellement acceptés (une notion équivalente à celle de prototype du leadership, évoquée précédemment) sur chacune des dimensions du leadership. Le schéma indique le nombre de pays compris dans chaque groupe culturel. Ce qu'il présente de plus intéressant, c'est toutefois la synthèse comparative qui permet de voir dans quelle mesure chaque groupe culturel risque d'endosser ou de réfuter l'importance des six dimensions pouvant caractériser le leadership. Entre autres choses, la figure 11.11 nous informe de l'existence de différences marquées, pour ce qui est des prototypes du leadership, entre le groupe anglo-saxon (dont fait partie le Canada) et celui du Moyen-Orient.

Enfin, le projet GLOBE a cherché si certains attributs du leadership étaient universellement reconnus parmi les pays représentés dans l'échantillon comme relevant d'un leadership efficace ou inefficace. L'intégrité, le charisme visionnaire, le charisme source d'inspiration et l'orientation vers le long terme ont été reconnus par tous comme des traits d'un leadership exceptionnel. En revanche, l'irritabilité, l'égocentrisme, l'absence d'esprit de collaboration, la malveillance, le fait d'être solitaire, le tempérament dictatorial et impitoyable ont été jugés comme des signes d'un leadership inefficace.

Par ailleurs, l'individualisme, la sensibilité au statut, l'audace et l'autosacrifice sont apparus comme des caractéristiques dont l'acceptation varie largement d'une culture à l'autre.

Figure 11.11 L'acceptation des prototypes du leadership dans différents groupes culturels[81]

Pays représentés et nombre de pays dans le groupe culturel	Groupes culturels	Dimensions du modèle de leadership culturellement accepté					
		Charisme et valeurs sous-jacentes	Importance accordée à l'équipe	Participation	Orientation vers l'humain	Autonomie	Autoprotection
Russie – 8	Europe de l'Est	M	M	F	M	H	H
Argentine – 4	Amérique latine	H	H	M	M	F	H
France – 6	Europe latine	H	M	M	F	F	M
Chine – 6	Asie confucéenne	M	H	F	H	M	H
Suède – 3	Europe du Nord	H	M	H	F	M	F
Canada – 7	Anglo-saxon	H	M	H	H	M	F
Nigéria – 5	Afrique subsaharienne	M	M	M	H	F	F
Inde – 5	Asie du Sud	H	H	F	H	M	H
Allemagne – 4	Europe germanique	H	F	H	M	H	F
Égypte – 6	Moyen-Orient	F	F	F	M	M	H

Note : H = haute ; M = moyenne ; F = faible, selon le degré d'acceptation des différentes dimensions du modèle de leadership.

GUIDE DE RÉVISION

RÉSUMÉ

Quels sont les fondements du leadership?

- Le leadership est le processus par lequel un individu exerce une influence sur d'autres personnes afin qu'elles comprennent et partagent sa vision de ce qui doit être fait et de la manière de le faire, ainsi que le processus permettant de soutenir les efforts individuels et collectifs en vue de l'atteinte d'objectifs communs.

- On considère généralement que le rôle de la gestion est de favoriser la stabilité de l'organisation et de lui permettre de fonctionner sans heurts, tandis que le leadership vise à faciliter l'adaptation et à instaurer les changements nécessaires.

- Selon les théories des traits personnels du leader, ce sont principalement des attributs personnels qui permettent de distinguer leaders et non-leaders et de prédire le succès d'un leader ou les résultats organisationnels.

- Les traits personnels seraient largement innés et difficiles à modifier.

- Comme les théories des traits personnels, les théories des comportements du leader reposent sur l'hypothèse que le leader a une influence déterminante sur les résultats; cependant, selon ces théories, ce sont principalement les comportements du leader qui permettent de prédire ses succès ou les résultats organisationnels.

- Les comportements du leader sont au cœur des études de la University of Michigan et de la Ohio State University et de la grille du leadership de Blake et Mouton.

- Les théories des comportements du leader se prêtent bien à l'élaboration de programmes de formation en leadership.

Que sont les théories du leadership situationnel?

- Selon les théories du leadership situationnel, ce sont les caractéristiques situationnelles qui, associées aux traits et aux comportements du leader, permettent de prédire les résultats d'un leadership donné.

- Les traits personnels ont un effet d'autant plus marqué qu'ils correspondent bien aux exigences de la situation dans laquelle se trouve le leader.

- Les traits personnels du leader n'auront pas le même effet selon qu'il a une forte ou une faible maîtrise situationnelle.

- Les principales théories du leadership situationnel sont la théorie de la contingence de Fiedler, la théorie du cheminement critique de House, la théorie du leadership situationnel de Hersey et Blanchard, la théorie des échanges leader-membres de Graen et la théorie des substituts du leadership de Kerr et Jermier.

- Selon l'approche des substituts du leadership, certaines caractéristiques des subordonnés, de la tâche ou de l'organisation peuvent soit tenir lieu de leadership, soit neutraliser l'influence du leader sur ses subordonnés.

Que sont les modèles implicites du leadership?

- Dans la mesure où elle montre que le leadership et ses principaux effets ne peuvent pas toujours être déterminés avec exactitude et mesurés objectivement, la théorie de l'attribution est un complément intéressant aux théories traditionnelles du leadership.
- Les leaders attribuent des causes aux comportements de leurs subordonnés et agissent en conséquence; les subordonnés font de même à l'égard des comportements de leurs supérieurs.
- Quand un groupe obtient de bons résultats, leaders et subordonnés en concluent généralement que le leadership exercé est efficace, ce qui illustre le leadership fondé sur l'inférence.
- Leaders et subordonnés se font souvent une représentation mentale du leader idéal; ils comparent le leader avec ce prototype et, selon qu'il y correspond ou non, concluent qu'il est un bon ou un mauvais dirigeant. Ce comportement illustre le leadership fondé sur la reconnaissance.
- Certains experts estiment que le leadership n'exerce en fait qu'un effet minime sur les résultats organisationnels et qu'il est essentiellement de nature symbolique. D'autres, les partisans du mirage du leadership, reprennent à leur compte cette dimension symbolique, mais en parant le leadership de qualités ou de vertus presque surnaturelles.

Qu'est-ce qui distingue le leadership charismatique, le leadership transactionnel et le leadership transformateur?

- Les dirigeants à qui les subordonnés attribuent charisme et vision peuvent, par la suite, inciter ces derniers à atteindre des objectifs qui transcendent leur intérêt personnel, ce qui contribuera à transformer l'organisation.
- Les modèles les plus importants en matière de leadership charismatique sont ceux élaborés respectivement par House et par Conger et Kanungo, alors que celui concernant le leadership transformateur a été conçu par Bass.
- Le leadership transformateur a une portée plus large que le leadership charismatique; il intègre généralement le charisme comme une dimension du leadership parmi d'autres.
- D'une manière générale, le leadership charismatique et le leadership transformateur sont importants parce qu'ils vont au-delà du leadership traditionnel en favorisant le changement, ce qui est crucial dans un contexte en rapide évolution.
- Il existe des programmes de formation qui privilégient les approches charismatique et transformatrice. De tels programmes ont été mis au point notamment par Bass et ses collègues, Conger et Kanungo, ainsi que par Kouzos et Posner.
- Comme nous en fait prendre conscience l'exemple négatif d'Adolph Hitler, le leadership charismatique et le leadership transformateur ne servent pas toujours de bonnes fins.

- Le leadership charismatique et le leadership transformateur ne sont pas toujours utiles, malgré leur valeur intrinsèque. Dans certains cas, ils peuvent faire dévier l'attention et les efforts qui devraient être consacrés à d'autres types de leadership.
- Le leadership charismatique et le leadership transformateur sont importants non seulement aux échelons supérieurs, mais à tous les échelons de l'organisation.

Qu'est-ce que le leadership moral?

- Le leadership moral regroupe le leadership éthique, le leadership authentique, le leadership au service des autres et le leadership spirituel.
- Le leadership éthique met l'accent sur les questions morales.
- Le leadership authentique se rapporte au fait que le leader possède une somme d'éléments formant son expérience personnelle et agit en accord avec sa vraie personnalité et ses convictions profondes, en exprimant ce qu'il pense et croit vraiment. L'authenticité est pour ainsi dire à la base de toutes les autres dimensions susceptibles d'être invoquées pour définir le leadership.
- Le leadership au service des autres fait référence à un leader qui est attentif à des valeurs spirituelles fondamentales et qui, en les respectant, sert les autres, que ce soit ses collègues, son organisation ou la société.
- Le leadership spirituel est un champ de recherche à l'intérieur du domaine de la spiritualité en milieu de travail; il comprend des valeurs, des attitudes et des comportements jugés nécessaires pour se motiver et motiver les autres, de façon intrinsèque, à s'engager en faveur d'une évolution sur le plan spirituel, par l'appel et l'adhésion.

Quelles sont les nouvelles perspectives en matière de leadership et pourquoi revêtent-elles une importance particulière dans les organisations contemporaines?

- Le leadership partagé désigne le processus d'influence dynamique et interactif qui s'établit parmi les membres d'un groupe dont l'intention est de se conduire mutuellement vers l'atteinte des objectifs du groupe ou de l'organisation. Ce processus d'influence implique le plus souvent une influence latérale ou des pairs, mais parfois aussi une influence hiérarchique vers le haut ou vers le bas. Bien que distribué plus largement que le leadership vertical traditionnel, le leadership partagé peut être conjugué à celui-ci.
- Dans les équipes semi-autonomes, particulièrement importantes dans les organisations actuelles, le rôle du coordonnateur externe consiste généralement à encourager l'équipe et à l'aider à s'autogérer. Les comportements des coordonnateurs d'équipe semblent être plus efficaces lorsqu'ils sont le fait de dirigeants qui possèdent du charisme, qui ont la capacité d'amener les gens à ouvrir leurs horizons et qui favorisent l'autonomisation.
- Le leadership interculturel fait référence au projet GLOBE (*Global leadership and organizational behavior effectiveness research project*, ou « Projet de recherche sur le leadership mondial et l'efficacité du comportement organisationnel »), un programme auquel participent 951 organisations réparties dans 62 pays et près de

140 cochercheurs de différents pays. Ce modèle suppose que les attributs et les entités qui distinguent une culture déterminée laissent présager les usages organisationnels ainsi que les attributs et les comportements de leadership qui se manifesteront le plus fréquemment et qui se révéleront les plus efficaces dans cette culture.

MOTS CLÉS

Espoir	p. 342	Maîtrise situationnelle	p. 320
Grille du leadership de Blake et Mouton	p. 318	Mirage du leadership	p. 331
		Neutralisants du leadership	p. 330
Leadership	p. 313	Optimisme	p. 341
Leadership axé sur la considération pour autrui	p. 318	Programme de formation « adéquation leader-situation »	p. 323
Leadership axé sur la structuration des activités	p. 318	Prototype du leadership	p. 332
		Questionnaire du collègue le moins apprécié (CMA)	p. 320
Leadership charismatique	p. 333		
Leadership de soutien	p. 324	Résilience	p. 342
Leadership directif	p. 324	Substituts du leadership	p. 329
Leadership fondé sur la reconnaissance	p. 332	Théorie des échanges leader-membres	p. 328
Leadership fondé sur l'inférence	p. 332	Théorie du cheminement critique	p. 324
Leadership orienté vers les objectifs	p. 324	Théories des comportements du leader	p. 316
Leadership partagé	p. 346		
Leadership participatif	p. 324	Théories des traits personnels du leader	p. 315
Leadership transactionnel	p. 336		
Leadership transformateur	p. 336	Théories du leadership situationnel	p. 320

ÉVALUATION DES CONNAISSANCES

QUESTIONS À CHOIX MULTIPLE

1. Selon _____, le leader a un effet déterminant sur les résultats organisationnels. **a)** les théories des traits personnels et des comportements **b)** la théorie de l'attribution **c)** les théories du leadership situationnel **d)** la théorie des substituts du leadership

2. Comment le leadership se distingue-t-il de la gestion ? **a)** Le leadership favorise la stabilité alors que la gestion favorise le changement. **b)** Le leadership favorise le changement alors que la gestion favorise la stabilité. **c)** Le leadership est une compétence innée, alors que la gestion s'apprend. **d)** Il n'y a pas de différence entre le leadership et la gestion.

3. Selon la théorie _____, la principale fonction du leader consiste à remédier aux carences de la situation. **a)** des traits personnels du leader **b)** des comportements du leader **c)** du cheminement critique **d)** des influences multiples

4. Le prototype du leadership _____ **a)** sert avant tout à sélectionner et à former les leaders. **b)** repose en grande partie sur l'indice CMA. **c)** est une représentation mentale du leader idéal. **d)** énumère les aptitudes requises pour devenir un leader.

5. _____ ne joue pas un rôle crucial dans le modèle de Conger et Kanungo relativement aux compétences du leadership charismatique. **a)** La gestion par exceptions active **b)** La vision **c)** La sensibilité aux contextes les plus propices à l'exercice du charisme **d)** L'autonomisation
6. Le modèle du leadership situationnel de Hersey et Blanchard _____ **a)** substitue la gestion au leadership. **b)** accorde une très grande importance au pouvoir hiérarchique. **c)** s'appuie sur un nombre considérable de recherches empiriques. **d)** met l'accent sur le degré de maturité des subordonnés.
7. Le leadership transformateur _____ **a)** est semblable au leadership transactionnel. **b)** est particulièrement utile lorsqu'il se conjugue à un leadership transactionnel. **c)** n'est aucunement lié au leadership charismatique. **d)** est étudié depuis plus d'un siècle.
8. En ce qui a trait à l'évaluation des incidences du leadership, certains ont soutenu que _____ **a)** les leaders n'exercent tout au plus qu'une influence minime. **b)** seul le leadership charismatique peut avoir des incidences importantes. **c)** le leadership charismatique a des incidences plus importantes que le leadership transformateur. **d)** l'incidence du leadership dépend uniquement des contingences situationnelles.
9. On appelle « mirage du leadership » le phénomène qui consiste à _____ **a)** établir des objectifs séduisants, mais inatteignables. **b)** prêcher dans le désert. **c)** attribuer au leader des résultats qu'on ne peut vraiment expliquer. **d)** remplacer la gestion traditionnelle par le leadership.
10. Le leadership charismatique et le leadership transformateur _____ **a)** peuvent s'apprendre au moyen d'un programme de formation. **b)** correspondent essentiellement à des capacités innées. **c)** ne sont ni l'un ni l'autre aussi importants que le leadership transactionnel. **d)** tendent tous les deux à s'orienter vers la gestion.
11. Les traits personnels du leader _____ **a)** sont pris en considération par des théories aujourd'hui largement dépassées. **b)** peuvent très bien remplacer les comportements associés au leadership. **c)** sont aujourd'hui combinés aux comportements pour expliquer le leadership. **d)** sont définis par des catégories trop rigides pour être utiles à l'analyse du leadership.
12. Le leadership partagé _____ **a)** met l'accent sur le leadership vertical. **b)** peut être associé à l'image d'un sauveur sur son blanc destrier. **c)** a pratiquement remplacé le leadership vertical. **d)** revêt une importance grandissante dans les organisations modernes.
13. Le projet GLOBE _____ **a)** se penche à la fois sur la culture et sur le leadership. **b)** n'est plus un programme pertinent. **c)** a pris fin en 2004. **d)** n'a rien à voir avec le leadership interculturel.
14. Le leadership authentique _____ **a)** est à peu près identique au leadership éthique. **b)** se rattache à une approche qui n'a pas encore reçu beaucoup d'attention. **c)** n'implique pas qu'on accorde une importance particulière à la connaissance de soi. **d)** est susceptible de se trouver à la base de plusieurs autres théories.
15. Le leadership spirituel _____ **a)** est une forme de religion. **b)** commence à générer un courant de recherche. **c)** est à peu près identique au leadership authentique. **d)** réunit les notions de leadership partagé et de leadership interculturel.

QUESTIONS À RÉPONSE BRÈVE

16. Définissez le leadership et dites en quoi il se distingue de la gestion.
17. Analysez et distinguez le rôle des théories des traits personnels et des comportements et celui des théories situationnelles dans l'étude du leadership.
18. Expliquez les postulats des modèles implicites du leadership.
19. Expliquez comment s'exerce le leadership au sein des équipes semi-autonomes.

QUESTION À DÉVELOPPEMENT

20. À la suite d'une émission de télévision au cours de laquelle il a été souligné que le leadership n'est qu'une question de perception et n'existe que dans l'esprit des subordonnés, votre patron vous demande votre réaction à ce sujet. Plus particulièrement, il vous demande de lui rédiger un rapport commentant ce point de vue et ses conséquences pour lui, à titre de dirigeant.

LE CO DANS LE FEU DE L'ACTION

Pour ce chapitre, nous vous suggérons les activités suivantes du *Cahier d'apprentissage en CO* (voir p. C1) :

Études de cas	Exercices	Autoévaluations
16. Un nouveau vice-recteur pour Mid-West U	1. Mon meilleur patron	2. Le gestionnaire du XXIe siècle
17. L'innovateur en chef de Motorola	25. Entrevue avec un dirigeant	4. Indice de préparation à la mondialisation
	26. Inventaire des compétences en leadership	10. Questionnaire du collègue le moins apprécié
	27. Leadership et participation au processus décisionnel	11. Style de leadership
	28. Mon meilleur patron II	12. Leadership transactionnel et leadership transformateur
		13. Propension à la délégation

 www.erpi.com/schermerhorn

Vous trouverez dans le Compagnon Web du manuel les réponses aux questions d'évaluation des connaissances du chapitre ainsi que les autoévaluations en mode interactif.

LE PROCESSUS DÉCISIONNEL

CHAPITRE 12

La réussite d'une organisation dépend de la qualité des décisions que prennent ses membres jour après jour. Les répercussions de ces décisions se font en effet sentir tant sur la productivité à long terme de l'organisation que sur son image, telle que la perçoivent son personnel, sa clientèle et le reste de la société. Ce chapitre porte sur les multiples aspects du processus décisionnel en milieu organisationnel.

OBJECTIFS D'APPRENTISSAGE

Après l'étude de ce chapitre, vous devriez être en mesure :
- d'expliquer les fondements du processus décisionnel en milieu organisationnel ;
- de distinguer les divers modèles décisionnels ;
- d'expliquer les rôles de l'intuition, du jugement et de la créativité dans le processus décisionnel ;
- de préciser les éléments clés de la gestion du processus décisionnel.

PLAN DU CHAPITRE

LE PROCESSUS DÉCISIONNEL EN MILIEU ORGANISATIONNEL
- Le processus décisionnel étape par étape
- Les fondements culturels et éthiques du processus décisionnel
- Les contextes décisionnels
- Les types de décisions

LES DIVERS MODÈLES DÉCISIONNELS
- Les modèles décisionnels classique et comportemental
- Le modèle décisionnel de la poubelle
- Les réalités du processus décisionnel

L'INTUITION, LE JUGEMENT ET LA CRÉATIVITÉ DANS LE PROCESSUS DÉCISIONNEL
- L'intuition
- L'influence des heuristiques sur le jugement
- Le processus de créativité

LA GESTION DU PROCESSUS DÉCISIONNEL
- Le choix des problèmes à régler
- Le choix et le rôle des participants au processus décisionnel
- L'abandon d'un plan d'action décidé antérieurement

GUIDE DE RÉVISION

« Prendre les bonnes décisions, telle est la clé de la réussite. »

La force de l'intuition[1]

Quand il a pris la direction de Restaurants Pacini, au début des années 2000, Pierre Marc Tremblay a dû affronter un problème de taille : le taux de roulement des employés s'élevait alors à plus de 146 %. Incapable de les retenir, l'entreprise perdait une énergie considérable à renouveler son personnel. Pierre Marc Tremblay et son équipe ont alors mis en place une nouvelle politique de gestion des ressources humaines axée sur la reconnaissance de l'ancienneté et les récompenses. Résultat ? Le taux de roulement se limite désormais à 40 %, et les restaurants Pacini ont plus que jamais le vent dans les voiles, au point d'avoir récolté plusieurs prix d'affaires prestigieux.

Aussi propriétaire des restaurants végétariens Le Commensal depuis 2006, Pierre Marc Tremblay possède une feuille de route impeccable. On imagine un leader pragmatique et rationnel, un homme à l'esprit cartésien qui aime les plans austères et rigoureux. Erreur. Sa vraie force réside ailleurs. « Derrière la plupart des décisions que je prends, il y a une bonne part d'intuition, une bonne part d'instinct », confie-t-il.

De plus en plus d'entrepreneurs ont recours à leur intuition quand vient le moment de prendre de petites ou de grandes décisions. Et ils ne s'en cachent plus. Dans un milieu où le rationnel et les chiffres priment, ils osent utiliser la force de leur instinct, même si ce concept aux allures vaguement mystiques ne fait pas l'unanimité et fait même parfois sourire. Plutôt que de peser le pour et le contre d'une décision pendant des heures, d'avoir recours à des études et de consulter leurs pairs, ils prennent des décisions spontanément, en se fiant à leur expérience et à leur jugement. [...]

> « De plus en plus d'entrepreneurs ont recours à leur intuition quand vient le moment de prendre de petites ou de grandes décisions. »

Pour Pierre Marc Tremblay, l'intuition en affaires consiste surtout à savoir écouter. « La plupart de mes employés appartiennent à la génération Y. Pour eux, la qualité de vie revêt une importance capitale. En les écoutant, je les ai compris et j'ai adapté ma politique de gestion des ressources humaines en conséquence. » De la même manière, il a senti que ses jeunes employés avaient une conscience environnementale aiguë. C'est pourquoi il a établi, de concert avec eux, un système de recyclage des bouteilles d'eau dans ses succursales. C'est l'intuition qui le guide aussi, quand vient le moment d'embaucher des collaborateurs, ajoute cet homme d'affaires pas comme les autres qui s'offre régulièrement des périodes de silence et de méditation. [...]

LE PROCESSUS DÉCISIONNEL EN MILIEU ORGANISATIONNEL

Les gestionnaires doivent favoriser des processus décisionnels qui permettent la libre circulation des idées et leur renouvellement, et qui soutiennent les efforts des personnes déterminées à mettre leurs idées en pratique au bénéfice de l'organisation. Tout comme le succès d'une organisation, la réussite d'une carrière repose sur la qualité des décisions que nous prenons, plus particulièrement celles qui concernent notre emploi et notre cheminement professionnel.

LE PROCESSUS DÉCISIONNEL ÉTAPE PAR ÉTAPE

> **Prise de décision** (ou **processus décisionnel**)
> Processus qui consiste à choisir un plan d'action pour régler un problème ou saisir une occasion

On peut définir la **prise de décision** (ou **processus décisionnel**) comme le processus qui consiste à choisir un plan d'action pour régler un problème ou saisir une occasion[2]. Fondamentalement, le processus décisionnel comporte cinq étapes que voici :

Les cinq étapes du processus décisionnel

1) constater et définir le problème ou l'occasion qui se présente ;
2) déterminer et analyser les actions possibles en évaluant leurs effets respectifs sur le problème ou sur l'occasion ;

3) choisir un plan d'action ;

4) mettre en œuvre le plan d'action choisi ;

5) évaluer les résultats du plan d'action choisi et faire le suivi nécessaire.

Cependant, précisons-le tout de suite, dans les milieux qui connaissent de profonds bouleversements ou qui doivent s'adapter à des technologies nouvelles, cette approche étape par étape ne s'applique pas toujours. À l'occasion, une approche décisionnelle moins orthodoxe – voire fondée sur l'intuition, comme l'illustre l'exemple présenté en introduction – peut très bien fonctionner, et même donner de meilleurs résultats.

LES FONDEMENTS CULTURELS ET ÉTHIQUES DU PROCESSUS DÉCISIONNEL

Prendre des décisions signifie faire des choix. Chaque aspect du processus décisionnel implique un choix. Certains considèrent que ces décisions de gestion se fondent exclusivement sur l'atteinte des objectifs de l'organisation, mais nous vous suggérons d'aller un peu plus au fond des choses. Vous devriez alors être en mesure de constater que les choix que font les gestionnaires ont des assises culturelles et éthiques.

Les fondements culturels du processus décisionnel

« La culture est la façon dont un groupe d'individus règle les problèmes », affirme Fons Trompenaars[3]. Dès lors, on peut s'attendre à ce que les différences culturelles se traduisent par des différences dans le choix des problèmes à régler et dans la façon de faire ce choix. Ainsi, historiquement, on constate des préférences culturelles en matière de résolution de problèmes. Dans ce chapitre, nous avons privilégié l'approche nord-américaine : axée sur la rapidité, l'esprit de décision et la sélection individuelle d'une des actions possibles, elle insiste davantage sur le choix d'une solution que sur son application. Comme nous le verrons, l'application d'une décision peut en effet être vue comme une étape presque indépendante des autres aspects de la prise de décision.

Dans d'autres cultures, on insiste moins sur le choix individuel d'une solution que sur l'élaboration d'une solution qui donne des résultats. Plutôt que de comparer la situation du moment avec une quelconque situation optimale, comme le prône le modèle classique, on part de ce qui est praticable et qui fonctionne[4]. Si un changement peut améliorer une situation donnée, les cadres subalternes pourront l'implanter, et ce même si cette situation ne préoccupe nullement les cadres supérieurs. Ces derniers informeront ensuite leurs supérieurs de l'amélioration obtenue.

Les organisations qui, sous-estimant l'importance des changements implantés en douceur, se lancent tête baissée dans des transformations d'envergure auraient intérêt à adopter des systèmes qui s'inspirent du *ringi* japonais. Dans ce processus de décision collective, les paliers inférieurs de l'organisation doivent approuver par écrit les décisions des paliers supérieurs avant qu'elles soient appliquées. Précisons-le, cette approbation ne porte pas sur le bien-fondé du changement proposé, mais simplement sur sa *faisabilité* aux yeux du groupe concerné[5].

La différence culturelle la plus marquée par rapport au processus décisionnel concerne non pas la façon de résoudre les problèmes, mais le choix des problèmes que l'organisation peut résoudre. Ainsi, le simple fait qu'une procédure soit ancienne rend celle-ci plus suspecte aux yeux des Nord-Américains qu'aux yeux des Français[6]. Par ailleurs, les façons de voir nord-américaines sont encore trop imprégnées de la pensée bureaucratique occidentale[7].

Les cultures ne sont pas toutes aussi pluralistes, brutalement compétitives ou impersonnelles que la culture nord-américaine. Dans d'autres parties du monde, la loyauté peut intervenir dans le processus décisionnel, et préserver l'harmonie peut sembler plus important que d'augmenter la productivité d'un cran. Bref, l'analyse et la résolution des problèmes peuvent être orientées davantage sur des dimensions humaines et sociales que sur des dimensions purement bureaucratiques. Comme vous pouvez le voir dans la rubrique *Des as de la gestion* ci-dessous, malgré les distinctions culturelles relatives au processus décisionnel, la société Nokia a adopté une approche très intéressante du processus décisionnel dans le contexte de ses activités mondiales.

Les fondements éthiques du processus décisionnel

S'il est indéniable que la culture joue un rôle important dans le processus décisionnel, nous soutenons que celui-ci devrait aussi reposer, pour une large part, sur l'éthique. Au chapitre 10, nous avons présenté un cadre d'analyse pour la prise de décisions conformes à l'éthique[8]. En outre, nous avons précédemment défini le *dilemme éthique* comme une situation où une personne doit décider de faire ou de ne pas faire quelque chose qui, bien qu'avantageux pour l'organisation ou pour elle-même, peut être considéré comme contraire à l'éthique.

Les dilemmes éthiques surviennent souvent dans des contextes de risque ou d'incertitude, ou en présence de problèmes exceptionnels ou inédits. La façon dont vous gérerez vos décisions dans ces circonstances – que vous connaîtrez inévitablement au cours de votre carrière – pourrait fort bien mettre à l'épreuve vos normes éthiques

Des AS de la gestion

La prise de décision à la façon de Nokia[9]

Finlandaise à l'origine, la société Nokia est devenue le deuxième plus grand fabricant mondial de téléphones portables et l'un des premiers fournisseurs de réseaux fixes et numériques. Sa capacité de demeurer chef de file dans un secteur qui connaît une croissance aussi fulgurante repose directement sur ses employés et sur la façon dont ceux-ci prennent les décisions.

Cette manière de faire les choses n'est pas seulement finlandaise, elle est propre à Nokia. La bureaucratie y étant réduite, le processus décisionnel est principalement orienté vers le développement technologique et l'atteinte des objectifs. C'est ce qui permet à Nokia de mettre en application et de perfectionner rapidement les technologies de pointe. La prise de décision intègre quatre valeurs éthiques : la satisfaction du client, le respect de la personne, l'accomplissement et l'apprentissage continu. Chez Nokia, les gestionnaires reconnaissent que la mise en pratique de ces valeurs, leur importance relative et leur prise en considération dans le processus décisionnel varieront considérablement d'une culture à l'autre.

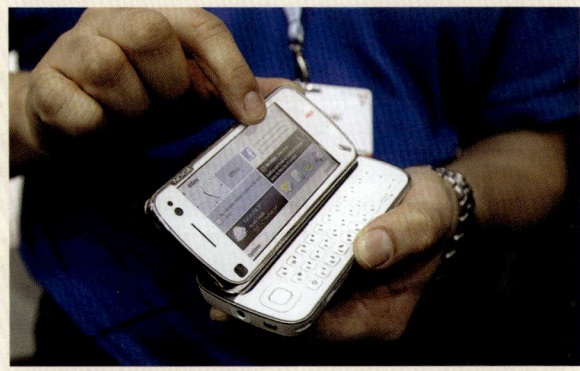

personnelles. Comme gestionnaire, vous aurez aussi la responsabilité d'incorporer la prise de décision éthique dans votre sphère d'influence au sein de l'organisation. La rubrique *Du savoir à la pratique 12.1* vous fournit quelques conseils à cet égard.

Lorsqu'on aborde la dimension éthique du processus décisionnel, il faut se pencher sur les critères qu'utilisent les gens pour définir les problèmes et sur les valeurs que sous-tendent ces critères[10]. De toute évidence, le choix des problèmes à régler, la sélection des personnes qui participeront au processus décisionnel, l'évaluation des effets potentiels des diverses actions envisagées et le choix d'une solution soulèvent des questions d'ordre moral.

Une conduite conforme à l'éthique ne découle pas des regrets qu'on éprouverait après le fait. Comme le souligne Fineman[11] :

> Si les gens sont incapables d'anticiper la honte ou la culpabilité qu'ils pourront ressentir s'ils posent certains actes, c'est que les codes moraux sont sans effet [...]. Les décisions peuvent être entachées de mensonge, de tromperie, de fraude, de négligence inavouée – agissements condamnés dans la plupart des cultures. Mais la vigilance éthique doit aller bien au-delà des considérations pragmatiques sur les préjudices que peuvent causer de tels actes.

> **DU SAVOIR À LA PRATIQUE 12.1**
>
> **Suggestions pour intégrer la prise de décision éthique dans l'organisation**
>
> Inclure la dimension éthique dans le processus décisionnel n'est pas une mince tâche. Voici quelques recommandations sur lesquelles s'entendent plusieurs spécialistes de la question :
>
> - Élaborez un code d'éthique et respectez-le.
> - Établissez une procédure de dénonciation des infractions.
> - Faites participer les employés à la définition des enjeux éthiques.
> - Effectuez un suivi du comportement en matière d'éthique.
> - Récompensez les comportements conformes à l'éthique.
> - Faites connaître les efforts déployés.

Autrement dit, si vous êtes le décideur, prendre une décision ne consiste pas seulement à choisir et à appliquer la meilleure solution pour le bien de l'organisation. Que vous le vouliez ou non, c'est un processus qui engage vos valeurs et votre code moral. Donc, le choix d'une solution et son application ne doivent pas seulement résoudre un problème ou générer de bons résultats ; ils doivent correspondre à vos valeurs personnelles et être bénéfiques aux autres. En ce sens, la prise de décision sera sans doute le plus grand défi de votre carrière.

LES CONTEXTES DÉCISIONNELS

Dans les organisations, les décisions visant à résoudre des problèmes ou à saisir des occasions peuvent se prendre dans trois types de contextes : la certitude, le risque et l'incertitude[12].

Dans un ***contexte décisionnel de certitude***, les décideurs disposent de suffisamment d'information pour prévoir les résultats de chacune des actions qu'ils envisagent. C'est le cas, par exemple, des gens qui placent de l'argent dans un compte d'épargne en étant certains du montant des intérêts qu'ils en retireront pour une période donnée. Le contexte de certitude est évidemment idéal pour prendre des décisions de gestion et résoudre des problèmes organisationnels, puisqu'il s'agit simplement de choisir la solution parfaite ou la meilleure des solutions possibles. Malheureusement, loin d'être la règle, la certitude est l'exception dans l'univers décisionnel des gestionnaires.

Dans un ***contexte décisionnel de risque***, les décideurs n'ont pas de certitude absolue quant aux résultats des diverses actions qu'ils envisagent, mais ils connaissent les probabilités qui y sont associées. La *probabilité* d'un phénomène est une estimation des chances qu'il se produise. Les probabilités peuvent s'évaluer par des méthodes

▶ **Contexte décisionnel de certitude**
Contexte dans lequel les décideurs disposent de suffisamment d'information pour prévoir les résultats de chacune des actions qu'ils envisagent

▶ **Contexte décisionnel de risque**
Contexte dans lequel les décideurs n'ont pas de certitude absolue quant aux résultats des diverses actions qu'ils envisagent, mais où ils connaissent les probabilités qui y sont associées

statistiques objectives ou par intuition. Ainsi, un gestionnaire pourra estimer statistiquement combien de produits d'un lot de fabrication seront rejetés pour non-conformité aux normes de qualité, alors qu'un dirigeant chevronné pourra parvenir au même résultat en se fondant sur son expérience. Le contexte décisionnel de risque est le plus fréquent dans les organisations contemporaines.

Dans un *contexte décisionnel d'incertitude*, les décideurs disposent de si peu d'information qu'il leur est impossible d'évaluer les probabilités associées aux résultats des actions qu'ils envisagent. C'est évidemment le contexte décisionnel le plus délicat des trois. L'incertitude oblige les décideurs à s'en remettre essentiellement à la créativité individuelle ou collective pour résoudre les problèmes. Elle exige qu'ils trouvent des solutions de rechange inédites et novatrices aux comportements habituels. En situation d'incertitude, il faut souvent miser sur l'intuition, la perspicacité et le flair. Qui plus est, le contexte décisionnel d'incertitude est souvent caractéristique d'un milieu organisationnel qui connaît des changements rapides en ce qui regarde (1) son environnement externe, (2) les TIC utilisées pour l'analyse et la prise de décision et (3) le personnel qui influe sur la définition des problèmes et le choix du plan d'action.

> **Contexte décisionnel d'incertitude**
> Contexte dans lequel les décideurs disposent de si peu d'information qu'il leur est impossible d'évaluer les probabilités associées aux résultats des actions qu'ils envisagent

On qualifie souvent d'*anarchie contrôlée* (ou *anarchie organisée*) le climat qui règne dans une organisation ou une division durant une période de transition caractérisée par des changements très rapides et un manque de hiérarchie légitimée et de collégialité. S'il fut une époque où une telle situation était exceptionnelle, force est de constater que nombre d'entreprises de haute technologie et d'organisations qui étendent leurs activités à l'échelle mondiale présentent, de nos jours, plusieurs caractéristiques de l'anarchie contrôlée[13].

> **Anarchie contrôlée (ou anarchie organisée)**
> Climat qui règne dans une organisation ou une division durant une période de transition caractérisée par des changements très rapides et un manque de hiérarchie légitimée et de collégialité

Par exemple, KPMG, l'une des plus grandes et des plus prestigieuses sociétés d'experts-conseils du monde, possède une vaste expérience en matière de gestion des risques de l'entreprise, processus par lequel elle aide le client à cerner les risques, puis à les gérer. Quels que soient le milieu organisationnel où ils interviennent et la culture que privilégient ses gestionnaires, les consultants de KPMG savent qu'ils doivent aller bien au-delà des stratégies traditionnelles d'atténuation du risque, qui se limitent aux mesures visant à réduire l'exposition au risque. Systématiquement, ces experts-conseils demandent aux gestionnaires de différencier :

1) les risques stratégiques, soit les menaces au succès global de l'entreprise ;

2) les risques opérationnels, soit les menaces inhérentes à l'utilisation des technologies nécessaires au succès de l'entreprise ;

3) les risques relatifs à la réputation, soit les menaces à la renommée d'un produit ou à celle de l'entreprise elle-même.

Ils vont aussi évaluer la menace que peut constituer la réglementation, tout en accordant une attention particulière aux menaces d'ordre financier, aux risques touchant les systèmes d'information, aux initiatives de la concurrence, ainsi qu'aux nouveaux éléments susceptibles d'avoir une incidence sur le cadre concurrentiel (récession, catastrophes, etc.). Ils incitent leurs clients à se concentrer sur les risques critiques, à élaborer des stratégies pour les dissiper et à préciser les responsabilités de chacun dans la mise en œuvre de celles-ci. Ils accompagnent les cadres supérieurs dans une démarche visant à mesurer leur degré de tolérance à l'égard du risque et à envisager progressivement les risques dans le cadre de la gestion stratégique de l'entreprise. Ces dirigeants sont ainsi amenés à reconnaître le contexte de risque dans lequel ils travaillent et à intégrer cette perspective au processus décisionnel. En outre, du fait qu'elles s'engagent dans un processus systématique, les organisations peuvent mieux discerner les éléments de leur environnement et de leurs activités qui constituent un risque et ceux qui sont vraiment incertains.

LES TYPES DE DÉCISIONS

Les types de décisions que prennent les gestionnaires varient selon qu'il s'agit de régler des problèmes courants ou des problèmes exceptionnels. Comme les problèmes courants surviennent régulièrement, on peut y répondre par des solutions uniformisées. La ***décision programmée*** répond à un problème par une solution uniformisée ayant fait ses preuves. Le réapprovisionnement automatique des stocks dès qu'ils atteignent un certain seuil et l'avertissement écrit au dossier d'un travailleur qui enfreint la procédure organisationnelle sont de bons exemples de décisions programmées.

Les activités courantes étant celles qui mobilisent le plus leur énergie, bon nombre d'organisations découvrent que l'utilisation de nouvelles technologies en ligne permet d'accélérer et d'améliorer leur réponse à des situations qui appellent des décisions programmées, à l'interne ou dans les relations avec la clientèle. C'est dans cette optique que la société Recreational Equipment (REI) a créé un lien entre son site Web et un système de contrôle des stocks afin d'offrir sans délai des rabais sur les stocks excédentaires[14].

Par définition, les problèmes exceptionnels ou inédits se présentent rarement ou pour la première fois. Comme on ne peut y répondre par une solution uniformisée, ils exigent des solutions novatrices. La ***décision non programmée*** répond à un problème par une solution conçue sur mesure. Généralement, les cadres supérieurs consacrent la majeure partie de leur temps à la résolution de problèmes inhabituels. C'est le cas, par exemple, du responsable du marketing qui doit réagir à l'arrivée sur le marché du nouveau produit d'un concurrent étranger. Son expérience de situations similaires peut lui servir; cependant, dans l'immédiat, le problème exige une solution inédite, fondée sur les caractéristiques particulières du marché à ce moment précis. La rubrique *Du savoir à la pratique 12.2* fournit quelques conseils, prodigués par un expert, quant aux erreurs qu'il faut savoir éviter dans de telles situations.

Dans les organisations qui connaissent une anarchie contrôlée ou qui en présentent certaines caractéristiques, on peut envisager un troisième type de décision : la ***décision par association***, qui répond vaguement à un problème ennuyeux et récurrent par une solution qui, bien qu'elle n'ait pas été conçue spécifiquement pour le résoudre, peut y être associée. Étant donné la nature chaotique du cadre de travail, la nécessité d'agir plutôt que d'attendre et la capacité des travailleurs de transformer en succès à peu près n'importe quelle décision, une série de décisions par association peut permettre d'améliorer la situation, même si les problèmes ne sont pas résolus.

▸ **Décision programmée**
Décision qui répond à un problème par une solution uniformisée ayant fait ses preuves

▸ **Décision non programmée**
Décision qui répond à un problème par une solution conçue sur mesure

▸ **Décision par association**
Décision qui répond vaguement à un problème ennuyeux et récurrent par une solution qui, bien qu'elle n'ait pas été conçue spécifiquement pour le résoudre, peut y être associée

---

DU SAVOIR À LA PRATIQUE 12.2

Sachez éviter les erreurs courantes dans vos prises de décision[15]

Paul Nutt est un expert en processus décisionnel. Selon lui, plusieurs décisions qui tournent mal résultent de façons de procéder erronées, d'engagements prématurés et d'une mauvaise affectation des ressources. Pour éviter ces écueils, il formule les conseils suivants :

1. Prenez le temps de considérer les problèmes éthiques qui n'apparaissent pas au premier regard.
2. Assurez-vous de prendre en considération les forces sociales et politiques susceptibles d'opposer une résistance à votre décision.
3. Gardez le cap sur des objectifs clairs.
4. Explorez un large éventail de solutions possibles.
5. Évaluez les risques.
6. Écartez les mesures incitatives risquant d'avoir des effets pervers.

LES DIVERS MODÈLES DÉCISIONNELS

Historiquement, le CO a mis l'accent sur deux types d'approches concernant la prise de décision ; l'une classique, l'autre comportementale (ou *behavioriste*)[16].

LES MODÈLES DÉCISIONNELS CLASSIQUE ET COMPORTEMENTAL

> **Modèle décisionnel classique**
> Modèle selon lequel le décideur évolue dans un univers de certitude absolue

> **Modèle décisionnel comportemental**
> Modèle selon lequel le décideur agit seulement en fonction de ce qu'il perçoit d'une situation donnée

Selon le **modèle décisionnel classique**, le décideur évolue dans un univers de certitude absolue. Selon le **modèle décisionnel comportemental**, fondée sur la notion de *rationalité limitée*, le décideur agit seulement en fonction de la perception qu'il a d'une situation donnée. La **figure 12.1** résume ces deux approches.

Idéalement, le gestionnaire fait face à un problème clairement défini, connaît toutes les actions possibles ainsi que leurs conséquences, et est donc en mesure de choisir la meilleure des solutions possibles, la solution optimale. C'est la façon idéale de prendre des décisions. De nature normative, cette approche classique est souvent présentée aux gestionnaires comme le modèle à suivre.

Les TIC en prolongement du modèle décisionnel classique

> **Intelligence artificielle**
> Simulation par ordinateur du fonctionnement du cerveau d'un expert humain

Il est indéniable que l'*intelligence artificielle* – simulation par ordinateur du fonctionnement du cerveau d'un expert humain – permettra de remplacer un grand nombre de décideurs par des ordinateurs[17]. Herbert Simon, lauréat du prix Nobel d'économie en 1978 et spécialiste du processus décisionnel, était convaincu que l'*intelligence* de l'ordinateur finira par surpasser celle de l'être humain. De nos jours, l'intelligence artificielle contribue déjà notablement à la prise de décision.

Plusieurs parmi nous avons déjà accès, dans nos organisations, à des applications de l'intelligence artificielle aux processus décisionnels. Les gestionnaires peuvent

Figure 12.1 Le processus décisionnel selon les modèles classique et comportemental

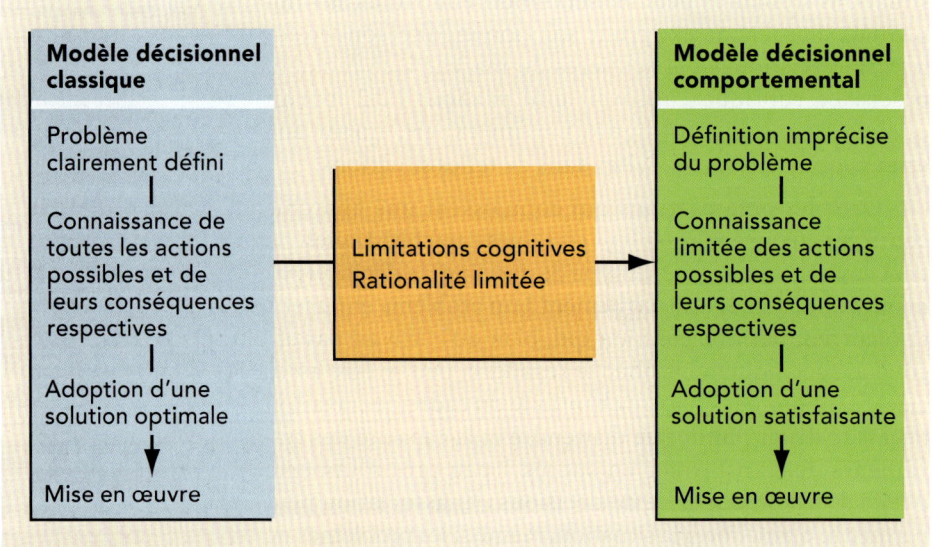

aujourd'hui recourir à des systèmes experts d'aide à la décision. Dans une certaine mesure, ces systèmes raisonnent comme des experts humains et ils procèdent à des déductions en appliquant la règle du « soit…, soit… ». Par exemple, si vous composez un numéro sans frais afin d'obtenir un prêt hypothécaire, il se peut que vous tombiez non pas sur un être humain, mais sur un logiciel chargé de recueillir l'information pertinente et, éventuellement, de vous confirmer l'attribution du prêt. De même, dans les usines, des systèmes d'aide à la décision permettent d'optimiser la productivité des machines et des travailleurs.

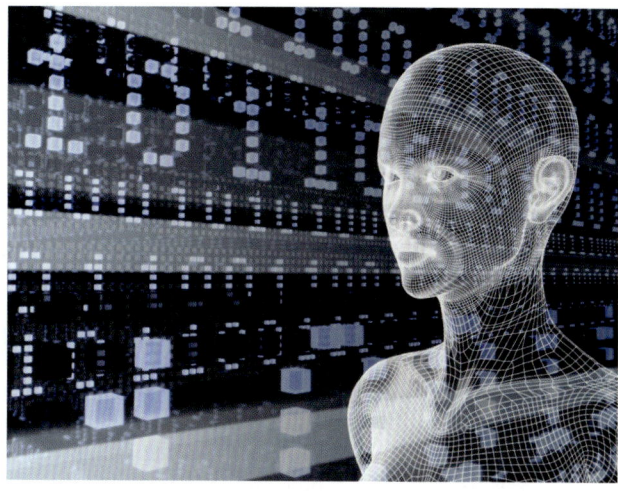

Des logiciels capables de dépasser les opérations booléennes pour raisonner par logique floue ainsi que des réseaux neuromimétiques capables de raisonner par induction en reproduisant les capacités de traitement du cerveau deviennent de plus en plus fonctionnels et permettent de prendre des décisions plus complexes que les décisions programmées actuelles. De tels systèmes trouvent des applications innombrables et se propagent partout, aussi bien dans les hôpitaux – où ils servent notamment à confirmer les diagnostics des médecins – que dans les sociétés de financement – où ils permettent d'analyser les portefeuilles de placement[18].

Les spécialistes du comportement doutent de l'applicabilité du modèle décisionnel classique à la plupart des situations, même dans son prolongement par l'intelligence artificielle. Ils reconnaissent que l'esprit humain est un formidable outil, capable des plus grandes réalisations, mais ils savent aussi que les êtres humains ont des *limites cognitives* qui restreignent leur capacité à traiter de l'information. Le manque ou encore la surcharge d'information empêche les décideurs de parvenir à la certitude absolue ; par conséquent, il leur est généralement impossible de procéder selon le modèle classique. Autant dans le choix des problèmes à résoudre, dans l'analyse des solutions possibles, ou même dans l'élaboration de systèmes d'intelligence artificielle eux-mêmes, les décideurs sont soumis à la rationalité limitée.

La *rationalité limitée* est le terme consacré signifiant que, si les êtres humains peuvent se montrer logiques et rationnels, ils ont tout de même des limites. En tant qu'être humain, le décideur comprend et interprète les choses en fonction de ses propres caractéristiques et de son cadre de référence personnel, qui est une vision simplifiée d'une réalité complexe. Le modèle décisionnel classique ne décrit donc pas complètement et exactement la façon dont la plupart des décisions se prennent dans une organisation[19].

Par ailleurs, le modèle décisionnel comportemental tient compte de la rationalité limitée et postule que les gens agissent seulement en fonction de ce qu'ils perçoivent d'une situation donnée. Comme ces perceptions sont souvent imparfaites, la majeure partie des décisions prises dans les organisations ne sont pas adoptées dans un contexte de certitude absolue. Selon cette approche, la plupart du temps, le décideur agit dans un contexte d'incertitude et ne dispose que d'une information limitée. En milieu organisationnel, les décideurs font souvent face à des problèmes flous et, dans bien des cas, ils n'ont qu'une connaissance fragmentaire des actions possibles et de leurs conséquences.

> **Approche décisionnelle satisfaisante**
>
> Approche selon laquelle le décideur choisit la première possibilité qui lui semble donner une solution satisfaisante ou acceptable à un problème donné

Ces contraintes engendrent un phénomène que Herbert Simon, précurseur de l'analyse des processus décisionnels, a appelé l'*approche décisionnelle satisfaisante* : les décideurs choisissent la première possibilité qui leur semble donner une solution satisfaisante ou acceptable à un problème donné. Simon affirme ceci[20] :

> Pour l'individu comme pour l'organisation, prendre des décisions consiste presque toujours à chercher et à adopter des solutions satisfaisantes. Ce n'est qu'exceptionnellement que la prise de décision consiste à découvrir et à adopter des solutions optimales.

LE MODÈLE DÉCISIONNEL DE LA POUBELLE

> **Modèle décisionnel de la poubelle**
>
> Modèle selon lequel les principales composantes du processus décisionnel – problèmes, solutions, intervenants et contexte décisionnel – se trouvent pêle-mêle dans la «poubelle» de l'organisation

Il existe une troisième approche de la prise de décision, issue du ***modèle décisionnel de la poubelle***[21]. Selon ce modèle, les principales composantes du processus décisionnel – problèmes, solutions, intervenants et contexte décisionnel – se trouvent pêle-mêle dans la « poubelle » de l'organisation. Dans la plupart des organisations où le contexte est stable et où on utilise depuis un certain temps une technologie qu'on connaît bien, la tradition, la stratégie et la structure administrative permettent de faire de l'ordre dans le contenu de la « poubelle ». Des problèmes donnés trouvent ainsi leur solution propre ; on peut maintenir l'ordonnancement du processus et appliquer l'approche comportementale de la prise de décision. Cependant, si le contexte est dynamique, que la technologie change, que les besoins sont conflictuels ou que les objectifs sont obscurs, la situation peut se compliquer. On privilégie alors l'action plutôt que la réflexion. Les solutions apparaissent comme des *possibilités* – des moyens indépendants des problèmes ou des occasions – qui émergent non pour résoudre des problèmes particuliers, mais comme des leçons tirées de l'expérience d'autres organisations. Ces nouvelles solutions ou possibilités peuvent se concrétiser par l'embauche de nouveaux travailleurs, par le recours à des experts ou à des consultants, ou encore par des rapports sur les meilleures interventions. On peut donc appliquer des solutions qui ne sont pas associées à des problèmes précis, surtout si aucune autre solution n'a permis de résoudre un problème chronique et persistant. Bien que les solutions adoptées apportent des changements au sein de l'organisation, il est peu probable qu'elles puissent vraiment résoudre des problèmes précis.

Le modèle de la poubelle soulève une caractéristique importante du processus décisionnel dans beaucoup de grandes organisations : souvent, les gens qui choisissent les solutions ne sont pas ceux qui les appliquent. En effet, la tâche de concrétiser les décisions des supérieurs incombe généralement aux subordonnés. Comme ceux-ci doivent à la fois interpréter les intentions de leurs supérieurs et régler les problèmes pratiques au fur et à mesure qu'ils se posent, ils ont l'occasion de modifier les solutions privilégiées par les paliers supérieurs de la hiérarchie. Autrement dit, la solution initiale et la solution implantée peuvent être assez différentes, et la relation entre les deux risque d'être encore plus ténue lorsque les cadres supérieurs se montrent imprécis ou ne suivent pas de très près la mise en œuvre de la décision. Il peut s'ensuivre des écarts importants entre les résultats prévus par les décideurs et les résultats obtenus par ceux qui implantent les décisions.

Le modèle de la poubelle met en lumière un autre aspect du processus décisionnel : de nombreux problèmes organisationnels restent non résolus. Autrement dit, toute organisation souffre de déficiences chroniques qui ne semblent jamais s'arranger. Selon le modèle de la poubelle, la persistance de tels problèmes s'explique par le fait que les décideurs n'arrivent pas à s'entendre sur les actions possibles, à choisir une solution et à l'appliquer au moment opportun et avec cohérence, ou encore par le fait que les décideurs ne savent pas comment régler leurs problèmes chroniques. Comme dans le cas des autres modèles, l'adéquation entre problème, solution et décision se réalise seulement lorsque le problème « trouve » sa solution et qu'un décideur est vraiment déterminé à l'appliquer. Pour le gestionnaire avisé, l'enjeu clé consiste donc à établir les liens appropriés entre les problèmes et les solutions.

LES RÉALITÉS DU PROCESSUS DÉCISIONNEL

Les trois modèles que nous venons de décrire font ressortir certaines caractéristiques des processus décisionnels complexes inhérents à la fonction de gestionnaire. La différence entre le gestionnaire qui peut prendre une décision *optimale* – selon le modèle classique – et celui qui doit se contenter d'une solution *satisfaisante* – selon le modèle comportemental – réside dans la quantité d'information dont il dispose. Les facteurs bien réels de la rationalité limitée et des limites cognitives influent sur la façon dont les gestionnaires définissent les problèmes, déterminent les actions possibles et choisissent des plans d'action. Par conséquent, la plupart des décisions qui sont prises en milieu organisationnel exigent bien plus qu'un choix rationnel posé au terme d'un processus linéaire, contrairement à ce que présentent trop souvent les modèles théoriques.

Si le processus décisionnel au sein des organisations n'est probablement pas aussi chaotique que le présente le modèle de la poubelle, il est rarement aussi rationnel que le décrit le modèle comportemental. Autrement dit, en milieu organisationnel, les décisions qui portent souvent sur des problèmes inhabituels ou exceptionnels sont prises dans un contexte de risque ou d'incertitude, où les décideurs manquent à la fois de temps et d'information. Nous espérons que leurs décisions auront, malgré tout, un fondement éthique.

▸ **Intuition**
Faculté de connaître ou de déceler rapidement et sans hésiter les possibilités d'une situation donnée

L'INTUITION, LE JUGEMENT ET LA CRÉATIVITÉ DANS LE PROCESSUS DÉCISIONNEL

Les décisions gardent toujours l'empreinte caractéristique des gens qui les prennent, du jeu politique dans l'organisation et des enjeux auxquels font face les décideurs. En pratique, il est tout aussi essentiel de comprendre les rôles de l'intuition, du jugement et de la créativité dans le processus décisionnel que de savoir comment les décisions sont prises. Pour la prise de décision dans un contexte de risque ou d'incertitude, l'intuition est un élément clé.

L'INTUITION

L'*intuition* peut se définir comme la faculté de connaître ou de déceler rapidement et sans hésiter les possibilités d'une situation donnée[23]. Comme l'intuition introduit dans le processus décisionnel des éléments

Kent Nagano[22]

Courtisé par les grands orchestres du monde, Kent Nagano a choisi Montréal parce qu'il avait eu un coup de cœur pour l'OSM quand il avait été invité à le diriger pour la première fois, en 2003. Il a alors « senti » qu'il pourrait entraîner l'Orchestre vers les plus hauts sommets. C'est cette intuition qui, ultimement, a pesé dans la balance en faveur de Montréal.

qui tiennent de la personnalité du décideur et de sa spontanéité, elle a un grand potentiel de créativité et d'innovation. Il y a quelques années, les spécialistes ne s'entendaient pas sur la façon dont les gestionnaires devaient planifier leurs actions et prendre leurs décisions[24]. Selon certains, la planification pouvait se dérouler méthodiquement, étape par étape. D'autres estimaient, au contraire, que la nature même du travail de gestion rendait cette approche quasi impraticable. Nous le savons aujourd'hui, les gestionnaires privilégient la communication orale. Par conséquent, ils sont plus enclins à recueillir des données et à prendre leurs décisions dans un climat relationnel et interactif qu'à respecter étape par étape une démarche méthodique[25].

DU SAVOIR À LA PRATIQUE 12.3

Comment améliorer l'intuition

Techniques de relaxation

- Oubliez pour un temps le problème qui vous préoccupe.
- Isolez-vous dans un endroit calme.
- Essayez de mettre de l'ordre dans vos idées.

Exercices mentaux

- Pratiquez la visualisation (imagerie mentale).
- Laissez venir les idées sans vous fixer d'objectif précis.

Comme les gestionnaires doivent souvent se fier à des impressions lorsqu'ils tentent d'avoir un portrait global de la situation afin de redéfinir les problèmes et de les associer à diverses solutions, ils ont tendance à synthétiser les données plutôt qu'à les analyser. Ils travaillent vite, se livrent à des tâches très diverses et sont souvent interrompus. Les gestionnaires n'ont donc pas beaucoup de temps pour réfléchir seuls, planifier leurs actions et prendre des décisions avec méthode. La rubrique *Du savoir à la pratique 12.3* propose quelques moyens pouvant être utiles aux gestionnaires prêts à ralentir et qui souhaitent améliorer leur intuition.

Dans son ouvrage intitulé *Intuition*[26], Malcolm Glaswell soutient qu'une « décision prise instantanément peut être aussi judicieuse qu'une décision mûrement réfléchie. Cependant, nos instincts peuvent aussi nous induire en erreur. D'où l'importance de savoir quand on peut s'y fier et quand on doit s'en méfier[27]. »

Sa thèse, c'est que la première impression est souvent la meilleure et qu'on peut très bien faire fausse route à partir d'une analyse qu'on pense soignée. Car la première impression permet souvent de saisir des détails significatifs, qui autrement se noient dans la multitude d'informations qu'on évalue pour faire le choix le plus éclairé possible. L'expérience – et l'expertise qui l'accompagne – est à la base de bonnes décisions éclair, tandis que les préjugés s'avèrent de mauvais guides. Tous les problèmes ne se règlent pas en un clin d'œil, même si on peut trouver la faille en un instant[28].

Guy Laliberté[29]

Cet ancien cracheur de feu n'a pas de formation de gestionnaire, mais il a tout de même bâti le Cirque du Soleil, une multinationale du spectacle. L'exemple parfait du leader intuitif. Il écoute son instinct, mais s'entoure de gestionnaires rigoureux et pragmatiques.

Les gestionnaires ont-ils raison de privilégier une approche plus intuitive que méthodique ? Les environnements chaotiques et l'usage de technologies de pointe qui caractérisent tant d'organisations contemporaines favorisent sans aucun doute le recours à une démarche intuitive. Malheureusement, trop d'entreprises d'affaires ont encore le réflexe d'emprunter ailleurs des solutions toutes faites, plutôt que de chercher des solutions sur mesure à leurs problèmes. Il est certain que les gestionnaires d'aujourd'hui travaillent dans des contextes chaotiques et que, en qualité de décideurs, ils doivent faire confiance à leurs capacités intuitives. Cependant, pour trouver les solutions inédites et ingénieuses que requièrent les problèmes complexes auxquels ils font face, ils doivent également recourir à la démarche analytique. Bref, ils doivent apprendre à combiner judicieusement les démarches analytique et intuitive.

DES LEADERS PARLENT DE LEADERSHIP

La force de l'intuition[30]

Nommé en août 2008 au poste de directeur de Muséums nature de Montréal, la société qui regroupe le Biodôme, l'Insectarium, le Jardin botanique et le Planératium, Charles-Mathieu Brunelle a fondé avec trois partenaires la Cité des arts du cirque (maintenant la Tohu), en 1999. « Il fallait le faire ! » Bâtir un pareil complexe sur un ancien site d'enfouissement et sur l'ancienne carrière Miron, en plein cœur du quartier Saint-Michel, demandait beaucoup d'audace », ajoute Julie Bourbonnais [psychologue industrielle qui travaille avec des dirigeants de grandes entreprises afin de les aider à devenir des leaders plus innovateurs et plus visionnaires].

Charles-Mathieu Brunelle et les autres visionnaires qui l'accompagnaient dans cette aventure voulaient que la Tohu fasse de Montréal la capitale internationale des arts du cirque et contribue à réhabiliter le Complexe environnemental de Saint-Michel et à revitaliser le quartier Saint-Michel. Quand il a quitté son poste, l'automne dernier, il a pu dire : « Mission accomplie ! »

Président de la Fondation Matthieu-Ricard (un moine bouddhiste français auteur de plusieurs ouvrages et mondialement connu), Charles-Mathieu Brunelle appartient à cette nouvelle race de gestionnaires qui mettent leur intuition à profit et qui revendiquent une certaine spiritualité. Levé dès 5 h 30, il s'adonne à une séance de méditation, tous les matins. « Ensuite, la pensée s'organise mieux, tout au long de la journée. »

La Tohu connaît un succès inespéré et est reconnue sur la scène internationale. Certains se sont donc étonnés de voir Charles-Mathieu Brunelle en quitter la direction. Le principal intéressé reconnaît qu'il a vécu un deuil. « Les deuils les plus durs sont ceux que l'on s'inflige. Je sentais tout de même une sorte d'appel. Il ne faut pas que notre besoin de sécurité nous empêche de saisir des occasions. La peur est souvent notre pire ennemie », dit-il.

Charles-Mathieu Brunelle avait l'intuition qu'il devait bouger. « C'est souvent l'intuition qui, en bout de piste, nous guide dans ces moments-là », reconnaît-il. À Muséums nature

de Montréal, les défis ne manqueront pas. Il veillera notamment à la création du nouveau Planétarium de Montréal et tentera de faire prendre aux musées de la nature montréalais « un virage vers l'action environnementale » en s'inspirant de son expérience à la Tohu. […]

Question

En quoi l'intuition peut-elle favoriser le succès d'un gestionnaire ?

L'INFLUENCE DES HEURISTIQUES SUR LE JUGEMENT

Le jugement, autrement dit le recours à l'intellect, revêt une très grande importance dans tous les aspects du processus décisionnel. Ainsi, lorsque nous remettons en question la dimension éthique d'une décision, ce que nous mettons en doute, c'est le *jugement* de la personne qui l'a prise. Les recherches montrent que les gens sont portés à commettre des erreurs à cause d'idées préconçues qui altèrent souvent la qualité du processus décisionnel[31]. Ces idées préconçues résultent des ***heuristiques***, c'est-à-dire des stratégies ou des procédés simplificateurs utilisés dans la prise de décision.

▶ **Heuristique**
Stratégie ou procédé simplificateur utilisé dans la prise de décision

Les heuristiques peuvent être utiles pour affronter l'incertitude et l'insuffisance d'information inhérentes à certains problèmes, mais elles risquent également d'entraîner des erreurs de jugement récurrentes qui nuisent à la qualité des décisions, ou à leur justesse sur le plan de l'éthique. Il est donc utile de connaître les heuristiques les plus courantes qui peuvent fausser le jugement : l'heuristique de l'accessibilité mentale, l'heuristique de la représentativité et l'heuristique des données de référence[32].

> **Heuristique de l'accessibilité mentale**
> Procédé qui consiste à juger un évènement présent à la lumière des situations passées qui reviennent le plus facilement à la mémoire

On appelle *heuristique de l'accessibilité mentale* le procédé qui consiste à juger un évènement présent à la lumière des situations passées qui reviennent le plus facilement à la mémoire. On peut penser, par exemple, au spécialiste en R&D qui déciderait de ne pas lancer de nouveau produit parce qu'il se souvient de l'échec du dernier produit lancé. Ici, l'échec passé influe négativement – et peut-être à tort – sur le jugement de l'individu et sur sa décision de lancer ou non le nouveau produit.

> **Heuristique de la représentativité**
> Procédé qui consiste à évaluer la probabilité d'un évènement sur la base des similitudes qu'il présente avec d'autres situations à propos desquelles on entretient des idées préconçues

L'*heuristique de la représentativité* est le procédé qui consiste à évaluer la probabilité d'un évènement sur la base des similitudes qu'il présente avec d'autres situations à propos desquelles on entretient des idées préconçues. Ainsi, un chef d'équipe pourrait recruter un nouveau membre non pas en fonction de ses compétences particulières, mais parce qu'il est diplômé d'une université qui a la réputation de former des « supercadres ». Ici, plutôt que de se fonder sur les compétences réelles du travailleur, ce chef d'équipe se laisserait influencer par la réputation d'une université et de certains de ses diplômés.

> **Heuristique des données de référence**
> Procédé qui consiste à évaluer un évènement présent sur la base de données provenant d'un précédent historique ou d'une source extérieure et adaptées aux circonstances actuelles

L'*heuristique des données de référence* est un procédé qui consiste à évaluer un évènement présent sur la base de données provenant d'un précédent historique ou d'une source extérieure et adaptées aux circonstances actuelles. Prenons l'exemple d'un cadre qui ferait des recommandations sur les augmentations de salaire de ses subordonnés en ajoutant simplement un pourcentage fixe à leur salaire du moment. Ici, le salaire de base sert de *donnée de référence* pour les augmentations ultérieures. Or, dans certains cas, ce critère peut s'avérer inadéquat ; il se pourrait, par exemple, que la valeur d'un des subordonnés de ce cadre soit devenue de beaucoup supérieure à son nouveau salaire.

> **Piège de la confirmation**
> Erreur consistant à chercher les informations qui confirment ce qu'on croit être vrai et à ignorer ou à négliger celles qui pourraient infirmer cette conviction

> **Piège du jugement a posteriori**
> Erreur qui consiste à surestimer rétrospectivement ce qu'on aurait pu ou dû prévoir d'un évènement

En plus de recourir à ces heuristiques, le décideur est enclin à des erreurs de jugement d'ordre plus général. Ainsi, il peut tomber dans le *piège de la confirmation*, erreur consistant à chercher les informations qui confirment ce qu'on croit être vrai et à ignorer ou à négliger celles qui pourraient infirmer cette conviction. Forme de *perception sélective*, cette erreur amène le décideur à ne voir dans une situation donnée que les éléments qui corroborent une opinion toute faite. Autre erreur qui guette le décideur, le *piège du jugement a posteriori* consiste à surestimer rétrospectivement ce qu'on aurait pu ou dû prévoir d'un évènement. C'est un piège, car agir ainsi peut engendrer l'insécurité ou même le sentiment d'incompétence de l'individu au moment de prendre d'autres décisions.

LE PROCESSUS DE CRÉATIVITÉ

> **Créativité**
> Dans le processus décisionnel, capacité d'élaborer des réponses originales et ingénieuses aux problèmes ou aux occasions qui se présentent

La *créativité* intervient dans le processus décisionnel dans la mesure où elle permet d'élaborer des réponses originales et ingénieuses aux problèmes ou aux occasions qui se présentent. Dans un environnement dynamique où fourmillent les problèmes inhabituels, la capacité d'élaborer des solutions sur mesure et inédites détermine souvent la réussite des individus et des organisations aux prises avec des enjeux complexes[33]. La créativité peut aussi être mise en œuvre pour rendre les choix de

L'éthique en CO

Pella combine de façon créatrice ses gammes de produits à ses responsabilités éthiques et environnementales[34]

Pella est l'un des premiers fabricants mondiaux de portes et fenêtres de qualité supérieure. Son PDG, Gary Christensen, souhaite que les responsabilités éthiques et environnementales soient partie intégrante de toutes les activités de l'entreprise. Pour ce faire, le dirigeant mise sur la créativité. Les résultats sont tangibles : une grande partie des fenêtres Pella sont aujourd'hui faites de bois écologiquement certifié, d'aluminium recyclé et même, dans certains cas, de verre recyclé. Certes, l'utilisation d'autres matériaux représenterait des coûts moins élevés, mais Gary Christensen entend continuer dans cette voie et encourage ses employés à faire preuve d'une semblable créativité.

Question

Seriez-vous prêt à payer un peu plus cher pour une fenêtre Pella, en sachant qu'elle a été fabriquée dans le respect des critères environnementaux ?

fabrication d'une entreprise conformes à ses préoccupations éthiques. C'est ce que fait la société Pella, dont il est question dans la rubrique *L'éthique en CO* ci-dessus, au regard de critères environnementaux.

Nous l'avons souligné dans la troisième partie de cet ouvrage, le groupe peut améliorer de beaucoup la créativité du processus décisionnel. En ce sens, l'utilisation judicieuse du *remue-méninges*, du *groupe nominal* ou de la *technique Delphi* peut aider les individus et les organisations à augmenter considérablement leur potentiel créateur. Et l'apport de l'informatique aux réunions à distance et aux outils d'aide à la décision accroît encore davantage ce potentiel.

Les étapes de la pensée créatrice

On peut voir la pensée créatrice comme un processus en cinq étapes :

1) *la préparation* : engagement dans un processus d'apprentissage actif et d'observation continue essentiel pour affronter un environnement complexe[35] ;

2) *la réflexion* : définition et clarification des problèmes afin de dégager diverses façons d'y faire face ;

3) *l'incubation* : étude des problèmes sous divers angles afin de découvrir des solutions inédites auxquelles on ne pourrait parvenir avec une approche strictement méthodique et linéaire ;

4) *l'illumination* ou *les éclairs de génie* : faculté de voir soudainement comment tous les morceaux d'un casse-tête jusque-là insoluble peuvent s'emboîter ;

5) *la vérification* : analyse rationnelle des actions envisagées pour s'assurer de leur bien-fondé[36].

Pour que la pensée créatrice se manifeste, l'organisation doit la favoriser en soutenant ses membres à chacune de ces étapes. Cependant, il faut se souvenir que plusieurs facteurs peuvent inhiber la pensée créatrice au moment du processus décisionnel. Notamment, les heuristiques que nous avons décrites peuvent restreindre l'éventail des actions qu'envisagent les décideurs et les amener à négliger des solutions intéressantes. De même, des blocages liés à la culture et à l'environnement peuvent limiter la créativité : c'est le cas lorsque les décideurs sont dissuadés d'envisager certaines solutions parce qu'elles vont à l'encontre de normes culturelles ou organisationnelles.

Nourrir la créativité

L'apport le plus important de la recherche sur la créativité a sans doute été la reconnaissance, en cette matière, du rôle essentiel joué par le groupe et le milieu organisationnel. Selon plusieurs spécialistes de la question, les décideurs peuvent nourrir la créativité :

1) en diversifiant la composition des équipes de travail par l'inclusion de membres dont les antécédents, la formation et les points de vue diffèrent ;

2) en encourageant le recours au raisonnement analogique, un mode de pensée qui consiste à transférer un concept ou une idée d'un domaine à un autre ;

3) en préconisant des temps de réflexion silencieuse ;

4) en consignant toutes les idées proposées, ce qui évite de « réinventer la roue » ;

5) en établissant des attentes élevées au chapitre de la créativité ;

6) en créant un environnement qui favorise l'expression d'idées amusantes et divergentes[37].

Force est de reconnaître que, dans les processus décisionnels axés sur la pensée créatrice, la qualité des idées résulte souvent de leur quantité[38].

Par ailleurs, une série d'études ont montré qu'on pouvait alimenter la créativité en réunissant certaines conditions favorables à l'échelle de l'individu, du groupe et de l'organisation[39]. Sur le plan individuel, la personnalité et les capacités cognitives de la personne, notamment ses compétences linguistiques, sa volonté de recourir à des modes de pensée autres que le raisonnement logique et son intelligence, jouent un rôle important. En outre, on a observé que la créativité tend à s'accroître quand les personnes sont motivées par leur tâche et qu'elles retirent de la satisfaction de son accomplissement. Les décideurs peuvent aussi créer un terrain propice à la créativité en fournissant des occasions de la mettre en œuvre, en éliminant toutes les contraintes inutiles et en récompensant l'effort créatif[40].

Selon une recherche récente, la créativité apparaît d'abord et avant tout comme un processus mettant en jeu l'interaction entre les personnes à l'intérieur d'un cadre organisationnel donné[41]. Le décideur peut souligner l'importance de s'engager dans un processus créatif et, en veillant à ce que la démarche demeure constructive, inciter les personnes à partager leurs idées. Dans cette optique, la créativité fonctionne comme un mouvement de flux et de reflux qui mobilise tour à tour les représentants de parties quelque peu différentes de l'organisation[42].

Les décideurs devraient encourager leurs subordonnés à accepter l'ambiguïté, à interagir avec des personnes ayant des points de vue différents des leurs et à s'ouvrir aux changements considérables que risque de provoquer en eux la quête de nouvelles façons d'appréhender les problèmes, leurs causes et leurs solutions. Souvent, les subordonnés devront faire appel à des personnes qui n'ont qu'un lien indirect avec leur propre service au sein de l'organisation[43]. À long terme, le développement de la créativité suppose l'élargissement des réseaux créatifs qui suscitent une évolution des idées à l'échelle individuelle[44].

Les outils informatiques d'aide à la décision collective, incluant l'Internet et les intranets, ont libéré la réunion traditionnelle des contraintes de l'interaction directe. Les logiciels dont nous disposons aujourd'hui permettent à des équipes virtuelles de définir les problèmes et de prendre des décisions, quelle que soit la distance physique qui sépare leurs membres. Nous savons déjà que ces logiciels se révèlent particulièrement utiles pour générer des idées – qu'on pense aux cyberséances de remue-méninges – et pour réduire les délais de la prise de décision. En outre, les équipiers dont la collaboration passe par la médiation de l'ordinateur ont tendance à se concentrer davantage sur les tâches, ce qui réduit les conflits interpersonnels et autres problèmes associés aux délibérations en personne. Par contre, le fait que les décisions soient prises par des *groupes virtuels* risque d'entraîner une déshumanisation du processus, et peut-être même un engagement moindre à l'égard des actions décidées et de leur suivi[45].

LA GESTION DU PROCESSUS DÉCISIONNEL

Comme nous venons de le voir au sujet de la pensée créatrice, les membres d'une organisation – peu importe sa taille, son type et son champ d'activité – doivent faire bien plus que prendre des décisions : quelle que soit leur position hiérarchique, ils doivent prendre les bonnes décisions, de la bonne manière et au bon moment[46]. Or, la gestion du processus décisionnel suppose elle-même des décisions parfois critiques, notamment en ce qui concerne (1) le choix des problèmes à régler, (2) le choix et le rôle des participants au processus décisionnel et (3) l'abandon d'un plan d'action décidé antérieurement.

LE CHOIX DES PROBLÈMES À RÉGLER

La plupart des gens sont trop occupés par beaucoup d'autres choses importantes pour prendre eux-mêmes les décisions sur tous les problèmes et à toutes les occasions qui se présentent. S'il est efficace, le gestionnaire ou le chef d'équipe sait comment établir les priorités, quand déléguer la prise de décision et quand ne pas intervenir. Lorsqu'on se demande s'il faut s'attaquer ou non à un problème donné, il peut être utile de se poser les questions suivantes[47] :

1. *Le problème est-il facile à régler ?* Les problèmes mineurs ne devraient pas réclamer autant d'attention et de temps que les problèmes importants. Si le problème est mineur, une décision erronée sera peu coûteuse. En outre, il est possible que le

problème se règle de lui-même. Lorsqu'on établit des priorités, les problèmes mineurs viennent en dernier. Étonnamment, lorsqu'on y arrive enfin, on constate souvent qu'ils se sont réglés d'eux-mêmes ou que quelqu'un d'autre y a vu. Moins de problèmes à régler, c'est plus de temps et d'énergie à mettre ailleurs.

2. *Est-ce à moi de prendre une décision ?* Nombre de problèmes peuvent être résolus par d'autres personnes. Il faut cependant veiller à déléguer la prise de décision aux gens les mieux préparés ; idéalement, elle devrait revenir aux gens qu'elle touche directement dans leur travail.

3. *Compte tenu du contexte organisationnel, est-il possible de régler ce problème ?* Le décideur avisé fait la différence entre les problèmes qu'on peut envisager de régler avec réalisme et ceux qui sont pratiquement insolubles.

LE CHOIX ET LE RÔLE DES PARTICIPANTS AU PROCESSUS DÉCISIONNEL

Les gestionnaires et les chefs d'équipe novices commettent souvent l'erreur de croire qu'ils doivent régler tous les problèmes en prenant eux-mêmes toutes les décisions[48]. En fait, les bonnes décisions organisationnelles se prennent, selon le cas, individuellement et par voie d'autorité, par consultation ou collectivement.

Paul Nutt, une autorité en matière de processus décisionnel en milieu organisationnel, soutient que la moitié des décisions qui sont prises au sein des entreprises finissent par échouer[49]. Pourquoi ? Parce que les gestionnaires ont le plus souvent recours aux tactiques décisionnelles les plus vouées à l'échec. En fait, ils prennent trop de raccourcis. Trop fréquemment, ils se contentent d'imiter les solutions que d'autres avant eux ont choisies, en tentant de les vendre à leurs subordonnés. Bien que cette méthode puisse séduire par son aspect pragmatique, elle se révèle peu utile pour faire face aux difficultés imprévisibles et aux autres aléas susceptibles de survenir.

Il n'y a pas deux entreprises identiques, et même si une solution a déjà fait ses preuves, on ne peut généralement pas l'emprunter sans nuance. Aux yeux de ses subordonnés, le gestionnaire qui se satisfait de copier autrui ne fait qu'user de son influence, plutôt que de travailler dans le meilleur intérêt de tous. On observe aussi, chez les gestionnaires, une tendance à mettre l'accent sur les problèmes et la recherche de solutions, tendance qui est associée à l'importance excessive accordée à l'action immédiate. Les tactiques associées à la réussite demeurent sous-utilisées. Les gestionnaires devraient se concentrer non pas sur les problèmes, mais sur les résultats qu'ils veulent obtenir. Surtout, ils devraient miser davantage sur la participation.

Dans l'esprit déjà évoqué du *ringi* japonais, il nous paraît crucial qu'une décision soit suivie de sa mise en application effective. Victor Vroom, Philip Yetton et Arthur Jago ont conçu une grille d'analyse pour aider les gestionnaires à choisir la méthode décisionnelle la plus appropriée à telle ou telle situation, qui conduira à la fois au meilleur choix et à une implantation réussie[50]. Comme les processus qui mènent à faire des choix sont en eux-mêmes complexes, les recommandations de ces chercheurs, schématisées à la **figure 12.2**, pourront sembler difficiles à déchiffrer si vous n'avez jamais eu l'occasion d'utiliser un arbre de décision. Ces recommandations consistent en une suite ordonnée de paramètres clés qui devraient guider le choix des participants à un processus décisionnel. Le paramètre le plus important demeure la qualité technique de la décision. Un impératif de qualité élevé oriente le décideur

Figure 12.2 Le choix d'une méthode décisionnelle : la grille d'analyse de Vroom, Yetton et Jago

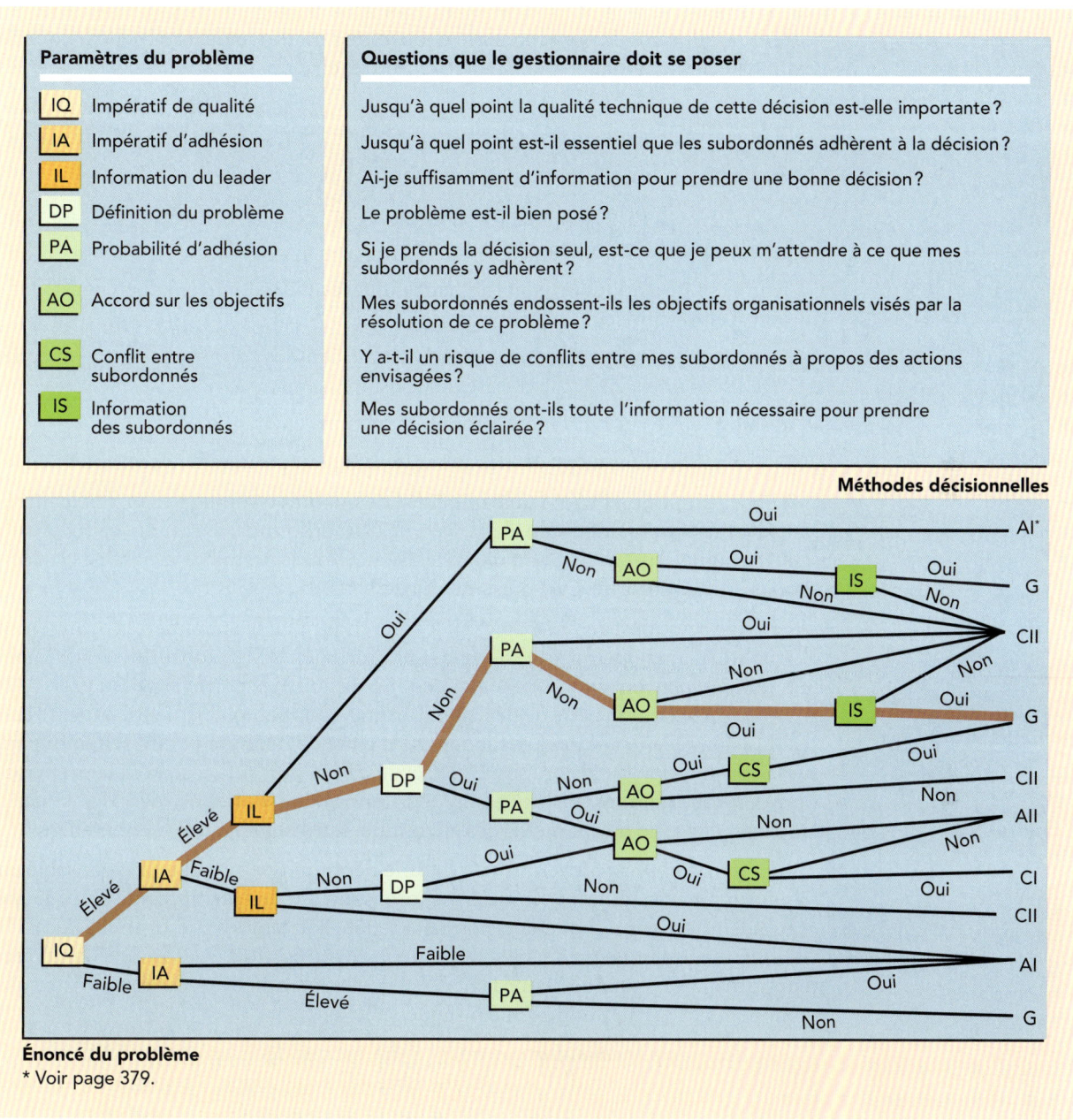

vers une série particulière d'embranchements correspondant aux autres facteurs qu'il devra prendre en considération. Un impératif de qualité faible le conduira vers un moins grand nombre de ramifications.

Cette grille d'analyse est-elle trop complexe ou trop abstraite ? Non, pas vraiment. L'efficacité d'une décision est largement tributaire du choix de la méthode décisionnelle la plus appropriée au problème à résoudre. Les gestionnaires chevronnés ayant connu la réussite prennent habituellement en considération les facteurs apparaissant dans ce modèle, qui résume tout simplement certaines leçons que l'expérience se charge durement, dans les faits, de nous apprendre.

Alors, sur quoi doit-on fonder le choix d'une méthode décisionnelle ? Comme le montre le schéma, il y a lieu de prendre en considération les paramètres suivants :

1) l'impératif de qualité de la décision ;

2) l'impératif d'adhésion de la part des subordonnés ;

3) la somme d'information détenue par le leader ;

4) la définition du problème ;

5) la probabilité d'adhésion, soit les chances que les subordonnées adhèrent à la décision si elle est prise uniquement par le leader ;

6) l'accord sur les objectifs, soit le degré d'adhésion des subordonnés aux objectifs organisationnels visés par la prise de décision ;

7) le conflit entre subordonnés à propos des actions envisagées ;

8) l'information dont disposent les subordonnés pour prendre une décision éclairée.

Par exemple, lorsqu'un faible impératif de qualité se conjugue à un faible impératif d'adhésion à la décision de la part des subordonnés, le responsable devrait, selon ce modèle, prendre lui-même la décision. (Voir la première variante de la décision par voie d'autorité (AI) présentée ci-dessous.)

L'analyse qui est requise amène à comprendre que les paramètres d'impératif de qualité, d'impératif d'adhésion des subordonnés et de probabilité d'adhésion, notamment, peuvent avoir une incidence sur le choix des participants au processus et sur leur rôle dans la prise de décision. L'exercice rappelle également qu'un processus décisionnel efficace peut se fonder sur la prise de décision par un seul individu, sur la consultation ou encore sur le consensus. Pour gérer efficacement la participation des subordonnés au processus décisionnel, l'essentiel est de savoir quand employer chacune de ces méthodes et comment utiliser chacune d'entre elles.

La **décision par voie d'autorité** est une décision que prend un responsable en s'appuyant sur les données dont il dispose, sans que les membres de son groupe participent. Cette méthode décisionnelle reflète souvent les prérogatives liées à la position hiérarchique du décideur au sein de l'organisation. Par exemple, un directeur de magasin peut décider de la nécessité de la rotation des salariés pour la pause du midi et établir un horaire en conséquence.

La **décision par consultation**, quant à elle, est une décision que prend un responsable après avoir demandé l'avis des membres de son groupe. Revenons à l'exemple précédent : le directeur de magasin peut informer les salariés de la nécessité d'établir une rotation pour la pause du midi et leur demander d'exprimer leurs préférences et leurs raisons avant de prendre une décision sur l'horaire.

Enfin, en plus de consulter les membres de son groupe, le gestionnaire peut les inviter à participer au choix de la solution. La véritable **décision collective** (ou **décision consensuelle**) est celle à laquelle participent tous les membres d'un groupe donné. Par exemple, notre directeur de magasin pourrait organiser une réunion afin d'obtenir l'accord de tous les salariés sur un horaire donné ou sur une façon d'établir un horaire.

▶ **Décision par voie d'autorité**
Décision que prend un responsable en s'appuyant sur l'information dont il dispose, sans que les membres de son groupe participent

▶ **Décision par consultation**
Décision que prend un responsable après avoir demandé l'avis des membres de son groupe

▶ **Décision collective** (ou **décision consensuelle**)
Décision prise par l'ensemble des membres d'un groupe

Plus précisément, Vroom et ses collègues distinguent ainsi les méthodes décisionnelles :

1. **AI** (*première variante de la décision par voie d'autorité*) Le gestionnaire règle le problème ou prend la décision individuellement, en s'appuyant sur l'information dont il dispose sur le moment.

2. **AII** (*deuxième variante de la décision par voie d'autorité*) Avant de décider d'une solution, le gestionnaire obtient l'information nécessaire de ses subordonnés ou d'autres membres du groupe. Le gestionnaire peut ou non les informer de la nature du problème sur lequel il se penche. Les subordonnés fournissent l'information requise, mais ils ne génèrent pas les possibilités d'action ni ne les évaluent.

3. **CI** (*première variante de la décision par consultation*) La consultation se fait individuellement. Le gestionnaire informe ses subordonnés ou d'autres membres du groupe du problème sur lequel il se penche, et il reçoit leurs idées et suggestions. Le gestionnaire prend ensuite une décision qui pourra ou non en tenir compte.

4. **CII** (*seconde variante de la décision par consultation*) La consultation se fait collectivement. Le gestionnaire informe ses subordonnés ou d'autres membres du groupe du problème sur lequel il se penche, et il reçoit les idées et suggestions qui découlent d'une réflexion collective. Le gestionnaire prend ensuite une décision qui pourra ou non en tenir compte.

5. **G** (*décision collective ou décision par consensus*) Le gestionnaire informe collectivement les subordonnés du problème, puis invite le groupe à parvenir à une décision consensuelle.

La figure 12.2 représente, sous la forme d'une série d'embranchements, les paramètres qui, en fonction du problème à résoudre, devraient présider au choix d'une méthode décisionnelle. Chacune des combinaisons possibles mène à une recommandation. Faites l'exercice : prenez un problème organisationnel qui vous est familier et procédez étape par étape, selon le processus illustré.

L'ABANDON D'UN PLAN D'ACTION DÉCIDÉ ANTÉRIEUREMENT

Le désir bien légitime de l'organisation de poursuivre un plan d'action retenu après mûre réflexion renforce certaines tendances, naturelles elles aussi, qu'on observe chez les décideurs[51]. Lorsque le douloureux processus décisionnel semble enfin avoir abouti, les dirigeants s'engagent publiquement à appliquer un plan d'action donné, et sa mise en œuvre commence ; dès lors, les gestionnaires seront réticents à admettre qu'ils se sont trompés et à faire marche arrière. Plutôt que de revenir sur une décision dont les résultats sont manifestement mauvais, ils auront tendance à s'acharner. La ***surenchère irrationnelle*** – c'est-à-dire l'investissement d'efforts supplémentaires dans un plan d'action dont tout indique qu'il est un échec – se traduit par le vieux précepte « Vingt fois sur le métier remettez votre ouvrage ».

Dès leurs premiers cours, les étudiants en finance découvrent la fatalité des « coûts irrécupérables » – l'argent dépensé est disparu à tout jamais. La décision de poursuivre une action est une décision. Comme toute autre décision, elle doit être examinée en fonction des investissements qu'elle requiert et du rendement attendu. Nous touchons ici à l'une des dimensions du processus décisionnel que les dirigeants

▶ **Surenchère irrationnelle**
Investissement d'efforts supplémentaires dans un plan d'action dont tout indique qu'il est un échec

et les cadres supérieurs ont le plus de mal à saisir, pour une raison bien simple : la plupart sont parvenus aux postes qu'ils occupent pour avoir transformé en réussite des plans d'action qui semblaient voués à l'échec[52].

La tendance à redoubler d'efforts l'emporte donc souvent sur les raisons que les décideurs auraient d'interrompre le processus. Ainsi, le décideur pourra assimiler tout commentaire défavorable à une réaction passagère, ménager son orgueil en refusant d'admettre que sa décision était une erreur, parler des résultats négatifs comme des *occasions d'apprendre* ou réaffirmer que des efforts supplémentaires permettront de surmonter les difficultés.

Il n'est pas facile d'inverser cette tendance, d'admettre une erreur et de changer de plan d'action. La surenchère irrationnelle est l'un des pièges de la prise de décision ; elle conduit le décideur à adopter une ligne de conduite que les faits ne justifient pas. Le gestionnaire devrait donc veiller à repérer les erreurs et se montrer prêt à revenir sur les mauvaises décisions ou à renoncer aux plans d'action qui se révèlent impraticables[53]. Plus facile à dire qu'à faire, bien entendu… Mais, encore une fois, le bon décideur est prêt à faire marche arrière ; il sait quand s'arrêter et quand cesser d'investir du temps et des ressources dans un plan d'action stérile. Comme l'aurait grommelé l'acteur et réalisateur américain W.C. Fields : « Si ça ne marche pas tout de suite, essaie, essaie encore, puis laisse tout tomber. »

DU CÔTÉ DE LA RECHERCHE

Un suivi pour éviter la surenchère irrationnelle[54]

Dans ce chapitre, nous avons souligné le problème de la surenchère irrationnelle, cette tendance qui se manifeste quand une personne continue dans une voie même si tout indique qu'il s'agit d'une impasse et qu'il est clair, aux yeux des autres, qu'elle devrait changer de cap. McNamara, Moon et Bromiley se sont demandé, dans le cadre d'une étude menée auprès de responsables des prêts dans un établissement bancaire, si un suivi de la part de supérieurs plus chevronnés pouvait contribuer à réduire le phénomène.

À première vue, les données recueillies semblaient indiquer qu'un tel suivi donnait des résultats positifs. En effet, dans le cas de clients présentant une faible crédibilité financière et qu'on avait préalablement regroupés sous la catégorie « à risque élevé », il est apparu que la surenchère diminuait lorsqu'on effectuait un suivi plus étroit des offres de prêts. Un examen plus approfondi a cependant révélé que les responsables des prêts étaient réticents à classer dans la catégorie « à risque élevé » les clients dont la crédibilité financière s'était détériorée, étant entendu qu'ils feraient alors eux-mêmes l'objet d'un suivi plus serré. Il y avait donc une surenchère relativement à ce type de clients.

Les auteurs de la recherche utilisent l'expression « évitement de l'intervention » pour désigner la réticence des responsables à changer de catégorie les clients jugés insolvables. La problématique de la surenchère irrationnelle, soutiennent-ils, est plus complexe que ce qu'on a longtemps cru, et elle pourrait mettre en cause une multitude de facteurs d'ordre organisationnel qui influeraient indirectement sur la tendance des individus à persister dans des décisions non souhaitables.

GUIDE DE RÉVISION

RÉSUMÉ

Qu'est-ce que le processus décisionnel en milieu organisationnel ?

- La prise de décision (ou le processus décisionnel) est un processus qui consiste à choisir un plan d'action pour régler un problème ou saisir une occasion.

- Les différences culturelles influent sur le choix des problèmes à régler, sur la sélection de ceux qui participent au processus décisionnel, sur la façon de choisir les solutions ainsi que sur les motifs qui sous-tendent ces décisions.

- L'éthique intervient à chaque étape du processus décisionnel. Le choix d'une solution et son application ne doivent pas seulement résoudre un problème ou générer de bons résultats, ils doivent correspondre aux valeurs personnelles du décideur et être bénéfiques aux autres.

- En milieu organisationnel, les décisions se prennent souvent dans un contexte de risque ou d'incertitude, où les décideurs font face à des problèmes flous et ne disposent que d'une information fragmentaire sur les actions possibles et leurs conséquences.

- Les problèmes routiniers et récurrents peuvent être résolus par des décisions programmées. Les problèmes exceptionnels ou inédits exigent des décisions non programmées, conçues sur mesure pour répondre à la situation.

Quels sont les divers modèles décisionnels ?

- Le modèle classique, le modèle comportemental et le modèle de la poubelle sont trois approches de la prise de décision qui se révèlent souvent utiles.

- Le modèle décisionnel classique postule que le décideur fait face à des problèmes clairement définis, qu'il connaît toutes les actions possibles ainsi que leurs conséquences, et qu'il est donc en mesure de choisir la solution optimale.

- Selon le modèle décisionnel comportemental, le décideur agit seulement en fonction de la perception qu'il a d'une situation donnée. La plupart du temps, il fait face à des problèmes mal définis, ne dispose que d'une information limitée et adopte une solution satisfaisante, c'est-à-dire la première solution qui semble acceptable ou opportune dans les circonstances.

- Selon le modèle décisionnel de la poubelle, les composantes principales du processus de prise de décision – problèmes, solutions, intervenants et contexte décisionnel – se trouvent pêle-mêle dans la « poubelle » de l'organisation.

- Les contraintes de temps et le manque d'information sont deux réalités importantes du processus décisionnel.

Quels rôles jouent l'intuition, le jugement et la créativité dans le processus décisionnel?

- Les approches méthodique et intuitive de la prise de décision peuvent toutes deux se révéler fort utiles dans les environnements complexes qui caractérisent les organisations contemporaines.

- L'intuition est la faculté de connaître ou de déceler rapidement et sans hésiter les possibilités d'une situation donnée.

- Les heuristiques sont des stratégies ou des procédés simplificateurs utilisés dans la prise de décision. Si elles peuvent être utiles pour affronter l'incertitude et l'insuffisance d'information inhérentes à certains problèmes, elles risquent également d'entraîner des erreurs de jugement récurrentes qui nuisent à la qualité des décisions ou à leur justesse sur le plan de l'éthique.

- L'heuristique de l'accessibilité mentale consiste à juger un évènement présent à la lumière des situations passées qui reviennent le plus facilement à la mémoire. L'heuristique de la représentativité consiste à évaluer la probabilité d'un évènement en se fondant sur les similitudes qu'il présente avec d'autres situations à propos desquelles on entretient des idées préconçues. L'heuristique des données de référence consiste à évaluer un évènement présent en se fondant sur des données provenant d'un précédent historique ou d'une source extérieure et adaptées aux circonstances actuelles.

- La recherche de solutions originales et ingénieuses aux problèmes organisationnels exige de la créativité; celle-ci peut être améliorée par des stratégies individuelles ou collectives de résolution de problèmes.

Comment peut-on gérer le processus décisionnel?

- Le gestionnaire averti sait comment établir les priorités, quand déléguer les décisions et quand ne pas intervenir.

- Surtout s'ils sont novices, les gestionnaires et les chefs d'équipe commettent souvent l'erreur de croire qu'ils doivent régler tous les problèmes en prenant eux-mêmes toutes les décisions. En fait, les bonnes décisions organisationnelles se prennent, selon le cas, individuellement et par voie d'autorité, par consultation ou collectivement.

- La grille d'analyse conçue par Vroom, Yetton et Jago aide le gestionnaire à choisir la méthode décisionnelle la plus appropriée au problème à résoudre. L'impératif de qualité, l'accessibilité de l'information, l'adhésion des subordonnés, la définition du problème, la probabilité d'adhésion, l'accord sur les objectifs, le conflit entre subordonnés et l'information dont disposent les subordonnés constituent les paramètres clés de ce modèle.

- En milieu professionnel, il faut se méfier de la tendance à la surenchère irrationnelle, c'est-à-dire la tendance des gestionnaires à investir des efforts supplémentaires dans un plan d'action dont tout indique qu'il est un échec.

MOTS CLÉS

Anarchie contrôlée		Heuristique	p. 371
(ou anarchie organisée)	p. 364	Heuristique de l'accessibilité mentale	p. 372
Approche décisionnelle satisfaisante	p. 368	Heuristique de la représentativité	p. 372
Contexte décisionnel de certitude	p. 363	Heuristique des données de référence	p. 372
Contexte décisionnel de risque	p. 363	Intelligence artificielle	p. 366
Contexte décisionnel d'incertitude	p. 364	Intuition	p. 369
Créativité	p. 372	Modèle décisionnel classique	p. 366
Décision collective		Modèle décisionnel comportemental	p. 366
(ou décision consensuelle)	p. 378	Modèle décisionnel de la poubelle	p. 368
Décision non programmée	p. 365	Piège de la confirmation	p. 372
Décision par association	p. 365	Piège du jugement a posteriori	p. 372
Décision par consultation	p. 378	Prise de décision	
Décision par voie d'autorité	p. 378	(ou processus décisionnel)	p. 360
Décision programmée	p. 365	Surenchère irrationnelle	p. 379

ÉVALUATION DES CONNAISSANCES

QUESTIONS À CHOIX MULTIPLE

1. Une fois qu'un plan d'action a été choisi et mis en œuvre, l'étape suivante du processus décisionnel consiste à _____ **a)** répéter le processus. **b)** chercher d'autres problèmes ou possibilités. **c)** évaluer les résultats. **d)** fournir les documents étayant la décision.

2. Dans quel contexte décisionnel le décideur doit-il composer avec les probabilités concernant les actions possibles et leurs conséquences ? **a)** Le contexte de certitude. **b)** Le contexte de risque. **c)** L'anarchie contrôlée. **d)** Le contexte d'incertitude.

3. Les décisions par association sont généralement prises dans un contexte _____ **a)** d'anarchie contrôlée. **b)** de certitude. **c)** de risque. **d)** d'incertitude.

4. Le gestionnaire qui dispose d'une information limitée et qui agit dans un contexte relativement risqué prendra probablement des décisions fondées sur _____ **a)** l'approche de la décision optimale. **b)** le modèle décisionnel classique. **c)** le modèle décisionnel comportemental. **d)** la surenchère irrationnelle.

5. Le responsable du marketing qui décide de ne pas lancer un produit parce que le dernier produit lancé sur le marché a été un échec est influencé par l'heuristique _____ **a)** des données de référence. **b)** de l'accessibilité mentale. **c)** de l'ajustement. **d)** de la représentativité.

6. Les cinq étapes du processus de la pensée créatrice sont la préparation, _____, l'illumination et la vérification. **a)** l'extension, l'évaluation **b)** la réduction, la réflexion **c)** l'adaptation, l'extension **d)** la réflexion, l'incubation

7. Selon le modèle de Vroom, Yetton et Jago, pour choisir entre une méthode de décision individuelle ou collective, on doit se fonder, notamment, sur des critères comme l'impératif de qualité, l'accès à l'information et _____ a) l'impératif d'adhésion. b) la taille de l'organisation. c) le nombre d'intervenants. d) la position hiérarchique du leader.

8. La maxime « Vingt fois sur le métier remettez votre ouvrage » illustre la tendance des décideurs _____ a) à la pensée de groupe. b) au piège de la confirmation. c) à la surenchère irrationnelle. d) à la décision par association.

9. Les spécialistes de l'intelligence artificielle tentent actuellement de mettre au point des ordinateurs capables de résoudre des problèmes en raisonnant par induction grâce _____ a) à des réseaux neuromimétiques. b) à des systèmes experts. c) à la logique floue. d) aux remue-méninges virtuels.

10. Les préférences quant à ceux qui doivent participer au processus décisionnel _____ a) varient d'une culture à l'autre. b) ne sont importantes que dans les cultures individualistes. c) ne sont importantes que dans les cultures à distance hiérarchique élevée. d) sont similaires d'une culture à l'autre.

11. L'expression _____ désigne une décision qui répond vaguement à un problème ennuyeux et récurrent par une solution qui, bien qu'elle n'ait pas été conçue spécifiquement pour le résoudre, peut y être associée. a) « décision programmée » b) « décision par association » c) « décision par voie d'autorité » d) « intelligence artificielle »

12. Selon lequel de ces modèles les principales composantes du processus décisionnel – problèmes, solutions, intervenants et contexte décisionnel – se trouvent-elles pêle-mêle ? a) Le modèle de la poubelle. b) Le modèle comportemental. c) Le modèle de la turbulence. d) Le modèle classique.

13. _____ est un procédé qui consiste à évaluer la probabilité d'un évènement en se fondant sur les similitudes qu'il présente avec d'autres situations à propos desquelles on entretient des idées préconçues. a) L'heuristique de la représentativité b) L'heuristique des données de référence c) Le piège de la confirmation d) Le piège du jugement a posteriori

14. _____ est un procédé qui consiste à évaluer un évènement présent en se fondant sur des données provenant d'expériences passées ou d'une source extérieure et adaptées aux circonstances actuelles. a) L'heuristique de la représentativité b) L'heuristique des données de référence c) Le piège de la confirmation d) Le piège du jugement a posteriori

15. _____ est une erreur consistant à chercher les informations qui confirment ce qu'on croit être vrai et à ignorer ou à négliger celles qui pourraient infirmer cette conviction. a) L'heuristique de la représentativité b) L'heuristique des données de référence c) Le piège de la confirmation d) Le piège du jugement a posteriori

QUESTIONS À RÉPONSE BRÈVE

16. Expliquez ce que sont les heuristiques et décrivez leurs effets potentiels sur le processus décisionnel.

17. Qu'est-ce qui différencie la décision collective, la décision par consultation et la décision par voie d'autorité ?

18. Qu'est-ce que la surenchère irrationnelle ? Pourquoi est-il important d'en tenir compte au cours du processus décisionnel ?

19. Quelles questions devrait se poser un gestionnaire ou un chef d'équipe pour choisir les problèmes à résoudre et établir les priorités ?

QUESTION À DÉVELOPPEMENT

20. Sachant que vous suivez un cours en CO, vos amis s'amusent à vous montrer des bandes dessinées de Dilbert, où des cadres prennent des décisions qui n'ont aucun rapport avec les problèmes qui se posent. Que pouvez-vous leur expliquer pour leur permettre de mieux comprendre les dessins de Dilbert ?

LE CO DANS LE FEU DE L'ACTION

Pour ce chapitre, nous vous suggérons les activités suivantes du *Cahier d'apprentissage en CO* (voir p. C1) :

Étude de cas	Exercices	Autoévaluations
18. Jean Durant	32. Analyse et négociation de rôle	16. Êtes-vous intuitif ?
	33. Les naufragés	17. Influence des heuristiques sur le processus décisionnel
	34. Incursion dans l'inconnu	

 www.erpi.com/schermerhorn

Vous trouverez dans le Compagnon Web du manuel les réponses aux questions d'évaluation des connaissances du chapitre ainsi que les autoévaluations en mode interactif.

LA COMMUNICATION

CHAPITRE 13

L'interaction est le fondement de toute action réussie. Ce chapitre traite de la communication organisationnelle et de la communication interpersonnelle comme voies menant à des interactions efficaces au sein de l'organisation.

OBJECTIFS D'APPRENTISSAGE

Après l'étude de ce chapitre, vous devriez être en mesure :
- de définir les fondements du processus de communication en milieu organisationnel ;
- d'expliquer les éléments clés de la communication interpersonnelle ;
- de distinguer les principaux obstacles à la communication ;
- de discuter des enjeux actuels de la communication organisationnelle.

PLAN DU CHAPITRE

LA COMMUNICATION ORGANISATIONNELLE
- Le processus de communication
- La rétroaction et la communication
- Les canaux de communication
- La circulation de l'information

LA COMMUNICATION INTERPERSONNELLE
- La communication efficace et la communication efficiente
- La communication non verbale
- L'écoute active

LES PRINCIPAUX OBSTACLES À LA COMMUNICATION
- Les différences culturelles
- Les sources de distraction environnementales
- Les problèmes sémantiques
- Les messages contradictoires
- L'absence de rétroaction
- Les effets de la position hiérarchique

LES ENJEUX ACTUELS DE LA COMMUNICATION ORGANISATIONNELLE
- La communication électronique
- La protection de la vie privée
- La communication et le contexte social

GUIDE DE RÉVISION

« Interagissez avant d'agir. »

Un patron accessible fait toute la différence[1]

« Ma porte est toujours ouverte. » Un mythe dans bien des entreprises, où les employés, invités à s'adresser librement au patron, se heurtent plutôt à un mur.

Ce n'est pas le cas à l'hôtel de luxe Sofitel de Montréal. « Je suis toujours étonné de constater que tous les hôtels ne mettent pas ce concept en pratique », explique Dominic Arel, directeur de l'exploitation. Celui-ci dit connaître le prénom de chacun de ses 220 employés, qu'il appelle ses collaborateurs.

La communication doit être ancrée dans les valeurs et dans la mission de l'entreprise, croit M. Arel. C'est d'ailleurs pourquoi le directeur de l'hôtel et le directeur général de l'établissement, Jean-Christophe Gras, organisent une table ronde mensuelle autour de laquelle les représentants de chacun des 10 services expriment leurs interrogations, questions, soucis et autres frustrations.

Des suggestions issues de ces rencontres ont été mises en application : par exemple, un programme de soins pour les chiens des clients et le recyclage des bouteilles de plastique. Les préposés aux chambres ont aussi eu la possibilité de décorer leurs espaces communs à leur goût avec des photos, des tableaux et des fleurs. Banales pour certains, ces réalisations, obtenues grâce aux efforts de communication entre la direction et les collaborateurs, valorisent toutefois les employés. « Il faut faire de l'écoute sincère et avoir à cœur le bien-être de nos employés », soutient M. Arel.

> « La communication doit être ancrée dans les valeurs et dans la mission de l'entreprise... »

La direction se préoccupe tellement de ce que pense le personnel que, tous les mois, elle charge un collaborateur d'évaluer tous les services de l'hôtel : restaurants, chambres, voiturier, etc. L'employé relate ensuite son expérience et suggère des améliorations, dont tous tirent profit. Pour travailler dans un hôtel, il faut comprendre comment se sentent les clients, croit la direction de l'hôtel.

Pour marquer sa reconnaissance pour le travail de ses collaborateurs, Sofitel ne se contente pas des rencontres d'évaluation. La reconnaissance commence le jour même de l'embauche : chaque nouvel employé se fait offrir une nuit à l'hôtel. […]

LA COMMUNICATION ORGANISATIONNELLE

La communication est le ciment qui assure la cohésion de toute organisation. C'est par cette voie que nous partageons l'information, des idées, des objectifs, des orientations, des attentes, des impressions et des émotions dans le contexte d'une action coordonnée. Mais jusqu'à quel point sommes-nous, dans les faits, de bons communicateurs ? Les répondants à un sondage de l'American Management Association, par exemple, n'ont accordé aux gestionnaires de leur organisation qu'une note de 63 % en matière de « communication de l'information et des directives », tandis que les travailleurs interrogés pour un autre sondage touchant cette fois la « capacité d'écoute » et la « capacité de poser des questions » n'ont donné aux gestionnaires qu'une moyenne de 3,36 points sur une échelle de 5[2]. De toute évidence, beaucoup reste à faire au chapitre de la communication dans les milieux de travail et de gestion !

LE PROCESSUS DE COMMUNICATION

La **communication** se définit comme un processus d'émission et de réception de messages porteurs de sens. La **figure 13.1** schématise les éléments fondamentaux de ce processus. Vous y noterez la présence d'une *source*, l'*émetteur*, qui encode un message pour transmettre le sens voulu, et celle d'un *récepteur*, qui *décode* le message

▶ **Communication**
Processus d'émission et de réception de messages porteurs de sens

Figure 13.1 Le processus de communication et six causes potentielles de bruit parasite

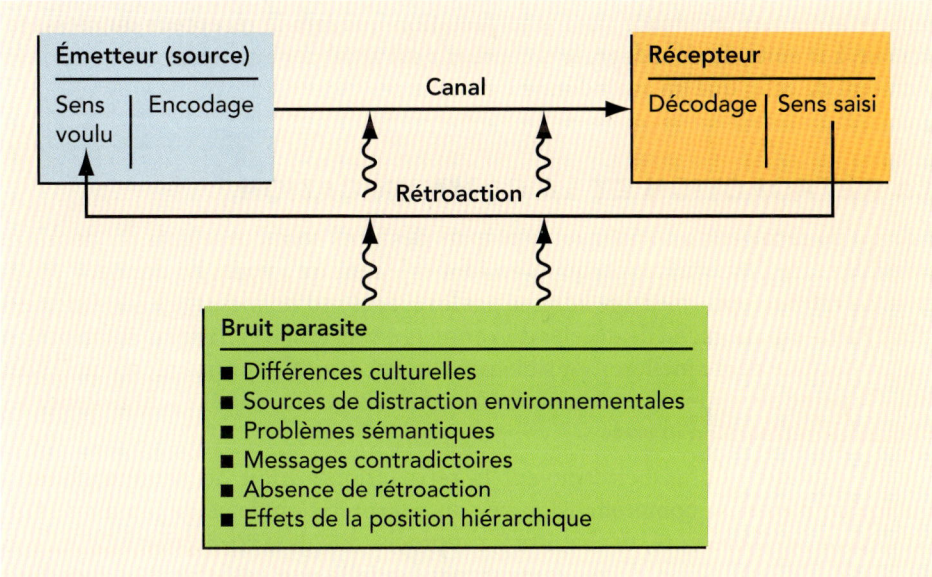

reçu pour en saisir le sens. Selon les cas, il pourra y avoir ou non une *rétroaction* du récepteur. Bien que ce processus semble des plus élémentaires, ce qui se produit au cours d'un tel échange est plus complexe qu'il n'y paraît. Notamment, le message peut être brouillé par un **bruit parasite**, terme désignant toute perturbation qui interfère dans la transmission du message et interrompt le processus de communication.

L'émetteur – la source d'information – est un individu ou un groupe d'individus qui tente de communiquer avec quelqu'un d'autre, notamment pour modifier les attitudes, les connaissances ou le comportement du récepteur. Par exemple, un chef d'équipe pourrait vouloir communiquer au directeur de sa division les raisons pour lesquelles son équipe a besoin de plus de temps ou de ressources pour mener à bien le projet qui lui est assigné. La communication commence donc par un *encodage*, c'est-à-dire par la traduction d'une idée ou d'une pensée en un message constitué de symboles verbaux, écrits ou non verbaux (comme les gestes), d'un ou de plusieurs types à la fois.

Le message est ensuite transmis par divers **canaux de communication** – rencontre en personne, téléphone, courriel, lettre, note de service, messagerie vocale, etc. Le choix d'un canal peut avoir un effet important sur le processus lui-même. Certaines personnes utilisent plus efficacement certains canaux, et certains canaux conviennent mieux à certains types de messages. Pour reprendre notre exemple, le canal que choisira le chef d'équipe pour communiquer son message pourrait influer sensiblement sur la réaction du directeur de la division.

Le processus de communication ne s'arrête évidemment pas une fois le message envoyé. Pour qu'un sens soit attribué à ce message, il faut que son *destinataire*, l'individu ou le groupe à qui il s'adresse, le reçoive et l'interprète, le *décode*. Ce processus

▶ **Bruit parasite**
Toute perturbation qui interfère dans la transmission du message et interrompt le processus de communication

▶ **Canal de communication**
Voie empruntée pour la transmission d'un message (rencontre en personne, téléphone, lettre, note de service, courriel, messagerie vocale, etc.)

de décodage se trouve compliqué par de nombreux facteurs, notamment les connaissances et l'expérience du récepteur ainsi que sa relation avec l'émetteur. D'autres points de vue, comme ceux des amis, des collègues ou des supérieurs, peuvent également avoir une incidence sur l'interprétation que fera le récepteur du message. En fait, à la suite du décodage, le récepteur peut attribuer au message un sens bien différent de celui que lui avait donné l'émetteur.

LA RÉTROACTION ET LA COMMUNICATION

Lorsqu'ils reçoivent un message, la plupart des gens sont conscients du décalage possible entre l'interprétation qu'ils en font et le sens qu'a voulu lui donner l'émetteur. La **rétroaction** – message adressé par le récepteur d'un message à son émetteur de départ – est une façon de déceler d'éventuels décalages. L'échange d'information qui en découle peut améliorer sensiblement le processus de communication. Il vaut donc la peine de rappeler ce conseil traditionnel aux gestionnaires : « Maintenez les canaux de rétroaction *ouverts*. »

> **Rétroaction**
> Dans le processus de communication, message qu'adresse à son tour le récepteur d'un message à son émetteur de départ, généralement pour transmettre sa compréhension ou son interprétation de ce que ce dernier a dit ou fait

En pratique, on associe souvent la rétroaction au fait de communiquer à quelqu'un d'autre sa compréhension ou son interprétation de ce qu'il a dit ou fait. Nous avons déjà présenté, au chapitre 7, l'approche dite de la *rétroaction à 360 degrés* en matière d'évaluation du rendement, par laquelle non seulement le supérieur immédiat, mais aussi les collègues de travail et les subordonnés, notamment, contribuent à l'appréciation du rendement. Un nombre de plus en plus grand d'organisations découvrent les avantages de cette façon de procéder, qui place la barre un peu plus haut, mais qui peut enrichir le processus de rétroaction. Comme toute approche faisant appel à des appréciations, la rétroaction à 360 degrés exige que chacune des parties prenne la démarche au sérieux et manifeste des compétences interpersonnelles[3].

DU SAVOIR À LA PRATIQUE 13.1

Comment fournir une rétroaction constructive

- Instaurez une atmosphère de confiance mutuelle et soyez direct.
- Ne restez pas dans le vague ; soyez précis et fournissez des exemples clairs.
- Donnez votre rétroaction au moment le plus propice pour la personne qui la reçoit.
- Soyez certain de ce que vous affirmez ; vérifiez vos perceptions auprès d'autres personnes avant de les formuler.
- Concentrez-vous sur ce qui est vraiment du ressort de la personne qui reçoit la rétroaction.
- Limitez la quantité d'information transmise à chaque intervention.

Fournir une rétroaction de telle sorte que la personne qui la reçoit l'accepte et s'en serve d'une manière constructive exige une grande habileté. Des remarques qui se voulaient courtoises et utiles peuvent fort bien être perçues comme déplaisantes et même hostiles. Ce risque est particulièrement important quand vient le temps de faire des évaluations de rendement. Le cadre ou le chef d'équipe ne doit donc pas se contenter de glisser le formulaire d'évaluation dûment rempli dans le dossier de la personne évaluée. Pour répondre à ses besoins de développement, il doit lui fournir une rétroaction, c'est-à-dire lui communiquer adéquatement les résultats de l'évaluation – les félicitations comme les critiques (voir la rubrique *Du savoir à la pratique 13.1*).

LES CANAUX DE COMMUNICATION

> **Canal de communication formel**
> Canal de communication qui suit la ligne d'autorité établie par la structure hiérarchique

L'information en milieu organisationnel emprunte aussi bien des canaux formels qu'informels. Les ***canaux de communication formels*** suivent la ligne d'autorité établie par la structure hiérarchique. Ainsi, l'organigramme indique le chemin que les messages officiels doivent emprunter d'un palier à l'autre. Comme une certaine image d'autorité est rattachée aux canaux formels, il est d'usage de les utiliser pour transmettre des annonces officielles, surtout si elles visent des politiques et des procédures qu'on tient à faire respecter.

Cela dit, une bonne part du réseautage s'effectue à travers les **canaux de communication informels** qui, eux, ne sont pas associés à la ligne d'autorité établie par la structure hiérarchique de l'organisation[4]. Tout en coexistant fort bien avec les canaux plus officiels, les canaux informels permettent de sauter certains paliers hiérarchiques et de transmettre l'information plus rapidement à travers la structure hiérarchique. Ils contribuent également à créer une atmosphère de communication ouverte et garantissent, dans une certaine mesure, les contacts entre les bonnes personnes[5].

L'un des canaux informels les plus courants est le **téléphone arabe**, soit les réseaux d'amis et de connaissances par lesquels circulent les rumeurs et les informations officieuses. Ce bouche à oreille a l'avantage de transmettre l'information rapidement et avec efficience. De plus, il remplit certains besoins chez ceux qui y prennent part : il peut donner un sentiment de sécurité, l'impression de faire partie d'un réseau et d'être dans le coup lorsque des évènements importants surviennent. Comme il s'agit d'une communication interpersonnelle, il peut également combler des besoins d'ordre social. Cependant, le téléphone arabe a aussi des inconvénients, le premier étant que les informations transmises ne sont pas nécessairement exactes ni à jour. En outre, les rumeurs peuvent faire du tort aux individus comme à l'organisation. Pour éviter cela, le gestionnaire doit s'assurer, dès le départ, que l'information juste parvient aux personnes clés dans les réseaux informels.

Aujourd'hui, dans les milieux de travail, le téléphone arabe traditionnel s'appuie souvent sur les TIC. Sa forme la plus courante est alors probablement le courriel, mais en ce domaine, tout continue d'évoluer. Dans un nombre croissant d'organisations, les personnes communiquent formellement et informellement par l'entremise d'un *blogue* – soit un site Web dans lequel une personne publie son point de vue sur des évènements et des situations, communique son opinion ou raconte une histoire – ou d'un *wiki* – soit un site Web collaboratif où chaque personne peut contribuer à la rédaction du contenu et réviser ce que les autres y ont publié. Preuve du pouvoir de ce type d'utilisation des TIC, l'armée des États-Unis a établi des règles strictes sur les blogues après avoir pris conscience de la multiplication du nombre de blogueurs parmi le personnel en service en Irak et la quantité de messages diffusés par ceux-ci. Par ailleurs, selon des études, en 2009, dans le monde entier, au moins 50 % des organisations avaient recours à des wikis comme outils pour améliorer les communications[6].

Canal de communication informel
Canal de communication qui emprunte d'autres voies que la ligne d'autorité établie par la structure hiérarchique

Téléphone arabe
Transmission de rumeurs et d'informations officieuses à travers les réseaux d'amis et de connaissances

Blogue
Site Web dans lequel une personne communique son point de vue sur des évènements et ses opinions

Wiki
Site Web collaboratif où chaque personne peut contribuer à la rédaction du contenu et réviser ce que les autres y ont publié

Figure 13.2 La valeur des canaux de communication

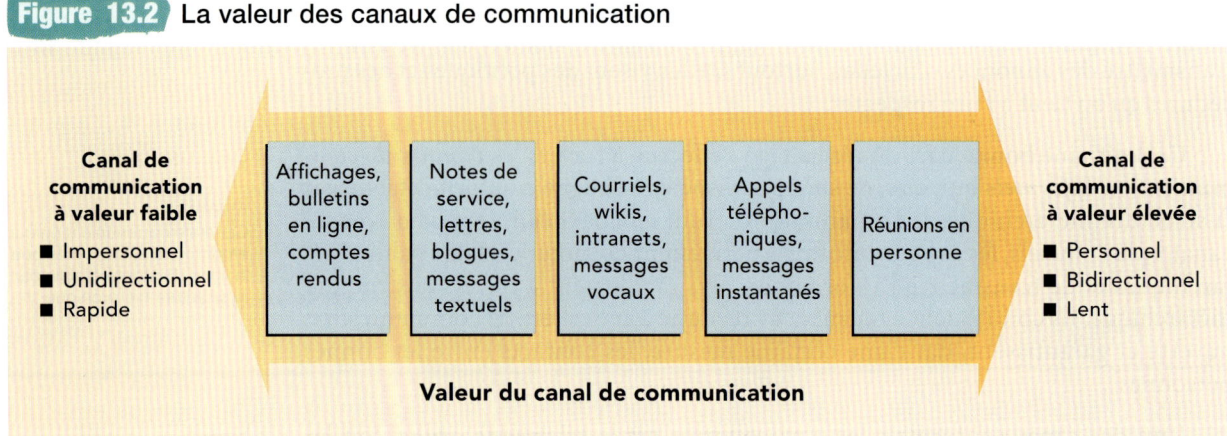

Valeur du canal de communication
Capacité du canal de communication à transmettre efficacement l'information

Aujourd'hui plus que jamais, la technologie informatique joue un rôle déterminant dans la façon dont l'information est partagée et utilisée en milieu organisationnel. Des recherches sur la *valeur des canaux de communication*, c'est-à-dire sur leur capacité à transmettre efficacement l'information, ont démontré l'importance du choix du canal selon le type de message à communiquer[7]. Comme le montre la **figure 13.2**, il est généralement admis que le canal dont la valeur est la plus élevée est l'échange direct, en personne. Viennent ensuite le téléphone, le courrier électronique, la note de service et la lettre. Le canal dont la valeur est la moins élevée est le tableau d'affichage, bien qu'il puisse convenir pour des messages routiniers ou peu compliqués, comme l'annonce du lieu d'une réunion. Lorsqu'il s'agit de messages complexes et exigeant des réponses, la communication doit emprunter des canaux de meilleure qualité pour être efficace.

LA CIRCULATION DE L'INFORMATION

La communication entre les membres du personnel, ainsi qu'entre ces derniers et les clients, les fournisseurs, les distributeurs, les partenaires et une multitude d'autres personnes, est une source d'information vitale pour l'organisation. Le terme *communication organisationnelle* désigne le processus par lequel l'information circule et s'échange façon descendante, ascendante et horizontale à travers les structures formelles et informelles d'une organisation[8].

Communication organisationnelle
Processus par lequel l'information circule et s'échange de façon descendante, ascendante et horizontale à travers les structures formelles et informelles d'une organisation

La *communication descendante* circule des paliers supérieurs vers les paliers inférieurs de la hiérarchie. Comme le montre la **figure 13.3**, ses principales fonctions sont d'informer les subordonnés sur les stratégies organisationnelles élaborées par leurs supérieurs et sur les objectifs poursuivis, de leur rappeler régulièrement les politiques, les procédures et les directives clés, ou de leur annoncer les changements technologiques. En outre, en ce qui concerne la communication descendante, la rétroaction sur le rendement est particulièrement importante. Le partage de ces informations contribue à diminuer la propagation de rumeurs et d'inexactitudes quant aux intentions des dirigeants; il crée un sentiment de sécurité et favorise l'engagement des subordonnés, qui n'ont pas l'impression d'être tenus à l'écart[9].

Figure 13.3 La circulation de l'information en milieu organisationnel

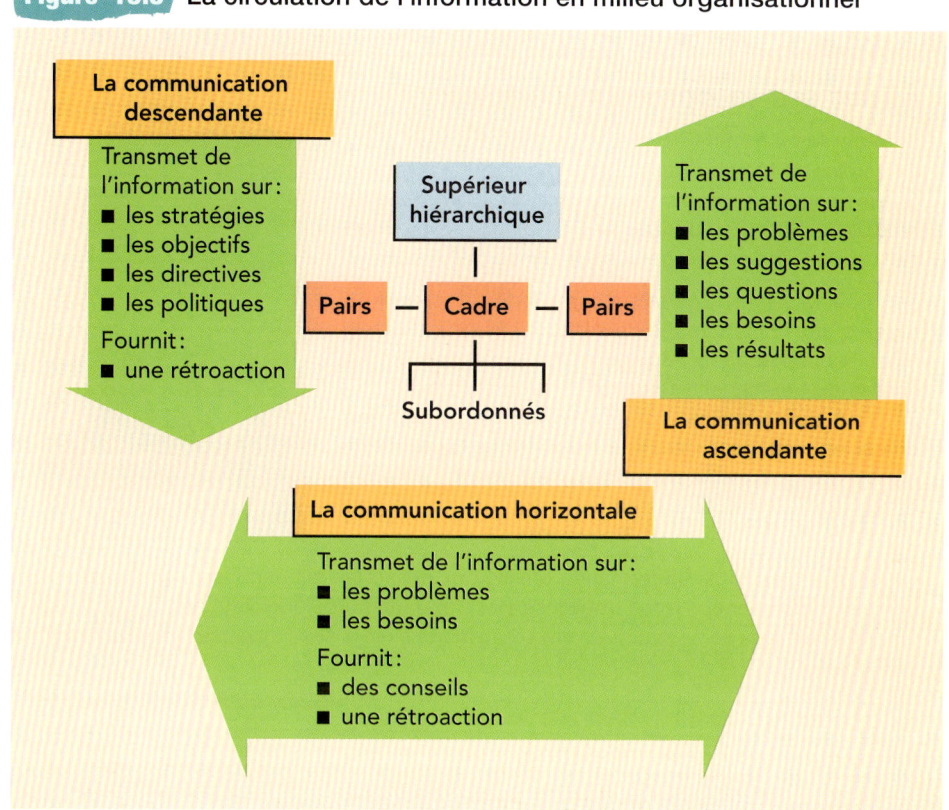

Selon les spécialistes, la déficience de la communication descendante est une erreur de gestion malheureusement fréquente. À propos des questions de restructuration, par exemple, un sondage a révélé que 64 % des salariés interrogés ne croyaient pas ce que leur disaient les gestionnaires, que 61 % se considéraient comme mal informés sur les projets de l'organisation et que 54 % se plaignaient du manque d'explications quant aux décisions prises par les dirigeants.

La *communication ascendante*, quant à elle, circule des paliers inférieurs vers les paliers supérieurs de la hiérarchie. Comme le montre la figure 13.3, elle informe les paliers supérieurs de la hiérarchie de ce que font les subordonnés, des problèmes qu'ils éprouvent, des améliorations qu'ils suggèrent ; plus généralement, elle leur permet de savoir ce que les subordonnés pensent de leur emploi et de leur organisation. Cela dit, on ne doit jamais perdre de vue les effets de la position hiérarchique sur l'efficacité de la communication ascendante.

Nous avons souligné, à plusieurs reprises, l'importance de la *communication horizontale* dans les milieux de travail contemporains. De nos jours, les organisations doivent se montrer particulièrement sensibles aux réactions de leurs clients ; elles ont donc besoin d'une rétroaction précise et à jour, ainsi que de renseignements détaillés sur leurs produits. Pour répondre aux besoins des clients, elles doivent obtenir rapidement la bonne information et pouvoir la transmettre dans les meilleurs délais aux membres du personnel. À l'intérieur de l'organisation, les membres doivent

Des AS de la gestion

Miser sur la communication[10]

[...] Pour Marc Pominville, directeur général de la Caisse Desjardins de Mercier-Rosemont, l'important est de créer un environnement propice au développement de chaque employé. « C'est la responsabilité de la direction de se soucier du bien-être de son personnel », lance-t-il.

Pour y parvenir, cette succursale de 110 employés, répartis dans cinq centres de service, mise sur des réunions hebdomadaires d'équipe et des rencontres bimensuelles du personnel. « Dans les réunions, les gens sont invités à parler et à faire connaître leur opinion sur tout ce qui les préoccupe dans leur travail. Nous les écoutons et nous donnons suite à ce qu'ils nous disent. Le succès est lié à un perpétuel ajustement entre l'équipe de gestion et les employés », dit M. Pominville.

À titre d'exemple, la formation offerte aux gestionnaires est aussi donnée à l'ensemble du personnel. « Nous trouvons cela important, parce que cette pratique aide les employés à mieux comprendre les enjeux du marché et les choix que nous avons à faire », souligne-t-il. [...]

être capables de communiquer efficacement d'un service ou d'une division à l'autre, et être disposés à le faire ; ils doivent se traiter mutuellement comme des *clients internes* et être à l'écoute de leurs besoins respectifs.

De nombreuses organisations se tournent vers les nouvelles structures organisationnelles qui favorisent la communication horizontale par l'institution de comités, d'équipes et de groupes de projets interservices ; certaines organisations adoptent une structure matricielle. En outre, on s'intéresse de plus en plus à l'*écologie organisationnelle*, c'est-à-dire à la façon dont l'architecture et l'aménagement des lieux favorisent la communication et la productivité, notamment en améliorant les échanges horizontaux. Enfin, grâce aux innovations dans le domaine des TIC, il est possible d'acheminer l'information, de la partager et d'y accéder selon des modes renouvelés et opportuns. Ainsi, les wikis, par leur caractère collaboratif, aident les organisations à fonctionner de façon plus horizontale, moins hiérarchique. La participation à un wiki permet en effet à des individus qui exercent diverses fonctions, occupent différents postes et se trouvent dans différents lieux de lancer des idées, de discuter de problèmes et de solutions possibles, et de construire une base de connaissances qui devient accessible, en tout temps, à tous les membres de l'organisation.

LA COMMUNICATION INTERPERSONNELLE

Les organisations contemporaines sont des milieux très axés sur l'information et, de plus en plus, sur la haute technologie. Cependant, ne l'oublions jamais, ce sont encore les êtres humains qui font *tourner la machine*. Et, pour mettre en commun leur énergie et leurs talents et collaborer efficacement à l'édification d'organisations hautement performantes, ils doivent exceller dans les communications interpersonnelles.

LA COMMUNICATION EFFICACE ET LA COMMUNICATION EFFICIENTE

Toute communication entre les gens soulève au moins deux questions cruciales : l'exactitude de la communication – une question d'efficacité – et son coût – une question d'efficience.

Nous pouvons dire qu'il y a **communication efficace** lorsque le sens que l'émetteur donne à son message et le sens saisi par le récepteur sont pratiquement identiques[11]. Cette adéquation, qui devrait être le but de toute communication, n'est pas toujours atteinte. Par exemple, en écrivant ces lignes, nous nous demandons si l'interprétation que vous allez en faire correspondra exactement à ce que nous voulions exprimer. Nous serions sans doute moins inquiets si nous étions avec vous dans une salle de cours où vous pourriez nous poser des questions. Il faut multiplier les occasions de fournir de la rétroaction et de poser des questions, car ce sont là d'excellents moyens d'accroître l'*efficacité* de la communication.

Quant à la **communication efficiente**, c'est celle qui offre le meilleur rapport possible entre le coût en ressources et les résultats. Nous savons que le temps est une ressource importante. Imaginez que votre professeur doive communiquer individuellement avec chacun de ses étudiants pour transmettre son enseignement ; le coût en temps serait si exorbitant qu'une telle situation est à peine envisageable. Au travail, les gens évitent souvent de se déplacer lorsqu'ils ont un message à communiquer ; ils misent sur l'efficience des notes de service, des babillards, des réunions, du courriel, du téléphone et de la messagerie vocale.

Cependant, si efficients soient-ils, ces canaux de communication ne sont pas toujours *efficaces*. Communiquer par courriel le changement d'une politique de l'organisation peut épargner du temps à l'émetteur, mais il n'est pas sûr que la directive sera interprétée et respectée comme il le voudrait. Inversement, une communication efficace n'est pas toujours efficiente. Le patron qui rendrait visite personnellement à chacun des membres du personnel pour les prévenir d'un changement de procédure se serait assuré que tout le monde a compris, mais le coût d'une telle démarche serait énorme.

> **Communication efficace**
> Communication où le sens donné par l'émetteur à son message et le sens saisi par le récepteur sont pratiquement identiques

> **Communication efficiente**
> Communication qui offre le meilleur rapport possible entre le coût en ressources et les résultats

LA COMMUNICATION NON VERBALE

Tout le monde le sait, les gens communiquent par d'autres moyens que la parole et l'écrit. Par conséquent, il faut aussi comprendre et maîtriser la **communication non verbale**, qui passe, notamment, par l'expression faciale, le regard, la position du corps ou la mimique. La communication non verbale sert souvent à clarifier ou à renforcer ce qui est dit, mais elle peut aussi avoir lieu sans qu'aucun mot ne soit prononcé ; elle n'accompagne donc pas toujours la communication verbale. La *kinésique*, c'est-à-dire l'étude des gestes et des postures du corps, a maintenant sa place dans les études et les théories sur la communication[12].

> **Communication non verbale**
> Communication qui passe, notamment, par l'expression faciale, le regard, la position du corps ou la mimique

L'éthique en CO

Difficile de communiquer quand on ne sait pas lire[13]

John Wood est un entrepreneur social. Jadis confortablement installé dans une carrière de cadre supérieur chez Microsoft, il allait donner à sa vie un sens nouveau au cours d'un séjour dans les montagnes de l'Himalaya, au Népal. Il a été en effet bouleversé par l'absence d'écoles dans cette région du monde. Et cette prise de conscience a éveillé en lui une passion qui allait le pousser à amorcer ce qu'il appelle le « deuxième chapitre » de son existence : procurer à des enfants pauvres les bénéfices à long terme auxquels donne accès l'éducation. Il a donc quitté son emploi chez Microsoft et a mis sur pied un organisme sans but lucratif qu'il a baptisé Room to Read. Au moment d'écrire ces lignes, Room to Read avait construit plus de 220 écoles et 3 300 bibliothèques dans des pays tels que le Cambodge, l'Inde, le Népal, le Viêtnam et le Laos.

Quelque 850 millions de personnes ne savent pas lire ni écrire dans les pays en développement, ce qui représente un septième de la population mondiale. « Je ne vois pas comment nous allons résoudre les problèmes du monde sans l'alphabétisation », affirme John Wood. Le modèle efficacement mis au point par Room to Read permet la construction d'une école à un coût aussi peu élevé que 6 000 $. Le magazine *Time* a consacré Wood et son équipe « héros de l'Asie », tandis que *Fast Company* mettait Room to Read en nomination pour un Social Capitalist Award.

Question

Comment l'engagement de John Wood en faveur de l'alphabétisation s'appliquerait-il dans votre communauté ?

La dimension non verbale de la communication révèle souvent ce qu'un individu veut dire ou ce qu'il pense réellement. Elle peut également influer sur les impressions que les autres auront de lui. Ainsi, les gens qui mènent des entrevues sont généralement mieux disposés à l'égard de ceux qui émettent des signaux non verbaux positifs (regard franc, posture droite, etc.) qu'envers ceux qui dégagent des signaux plus négatifs (yeux baissés, posture avachie, etc.). Pour faire bonne impression en entrevue et dans d'autres situations, il faut soigner à la fois les aspects verbaux et non verbaux de la communication, y compris la ponctualité, la tenue vestimentaire et le maintien.

L'agencement physique de l'espace (des bureaux, par exemple) est une autre dimension de la communication non verbale. La *proxémique*, l'étude de l'utilisation que les êtres humains font de l'espace, nous apprend beaucoup sur la communication[14]. La **figure 13.4** illustre trois agencements du bureau d'un cadre, accompagnés des messages non verbaux qu'ils peuvent transmettre à ses visiteurs. Comparez ces schémas avec l'agencement de votre propre bureau, de celui d'un supérieur ou de quelqu'un de votre entourage en vous demandant quel est le message transmis aux visiteurs[15].

Figure 13.4 L'agencement d'un bureau et la communication non verbale

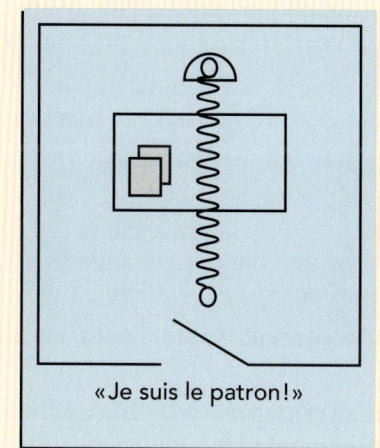
« Je suis le patron ! »

« Je suis le patron, mais discutons. »

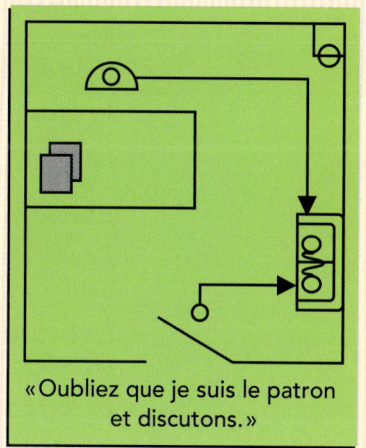
« Oubliez que je suis le patron et discutons. »

L'ÉCOUTE ACTIVE

La capacité de bien écouter est un atout primordial pour ceux et celles dont la fonction repose sur des activités de communication. Car, rappelons-le, le processus de communication comporte deux volets : (1) envoyer un message ou *dire*, (2) recevoir un message ou *écouter*. Malheureusement, trop de gens sont davantage préoccupés par le fait de dire que par celui d'écouter[16].

Dans les milieux de travail contemporains, tout le monde devrait acquérir de bonnes compétences en **écoute active**, c'est-à-dire développer la capacité d'aider l'émetteur à exprimer ce qu'il veut vraiment dire. Ce concept est né des travaux de conseillers et de thérapeutes formés à aider les gens à manifester leurs pensées ou leurs sentiments et à parler de ce qui leur tient à cœur[17]. Prenez un moment pour réfléchir aux règles de base de l'écoute active présentées dans l'encadré *Du savoir à la pratique 13.2*, puis lisez attentivement les conversations rapportées dans les deux exemples qui suivent. Constatez la différence d'attitude de la directrice de succursale selon qu'elle pratique ou non l'écoute active. Comment vous sentiriez-vous si vous étiez le chef d'équipe dans l'une et l'autre de ces situations[18] ?

▶ **Écoute active**
Façon d'écouter qui aide l'émetteur à exprimer ce qu'il veut vraiment dire

DU SAVOIR À LA PRATIQUE 13.2

Les règles de base de l'écoute active

1. Cherchez à déceler le contenu du message ; essayez d'entendre exactement ce qu'on vous dit.
2. Soyez à l'écoute des émotions de votre interlocuteur ; essayez de comprendre ce qu'il ressent.
3. Réagissez aux émotions de votre interlocuteur ; faites-lui savoir que vous comprenez ses sentiments.
4. Prêtez attention à tous les signaux verbaux ou non verbaux.
5. Transmettez à l'interlocuteur ce que vous avez compris ; reformulez ce que vous croyez avoir entendu et saisi.

Exemple 1

Le chef d'équipe : Hé ! Johanne ! Qu'est-ce que c'est que cette commande ? On ne peut pas s'en occuper aujourd'hui, on est débordés. Pour qui nous prennent-ils ?

La directrice de succursale : Mais c'est une commande ! Alors, occupez-vous-en le plus rapidement possible. Nous subissons tous d'énormes pressions cette semaine.

Le chef d'équipe : Mais ils devraient savoir que nous sommes déjà en retard à cause de ce problème de logiciel dont je t'ai parlé…

La directrice de succursale : Écoute, ce n'est pas moi qui décide ce qui se passe en haut. Mon travail est de m'assurer qu'ils auront ce qu'ils veulent, et c'est ce que je suis en train de faire.

Le chef d'équipe : Attends de voir la réaction de mes gars ! Ils ne vont pas aimer ça…

La directrice de succursale : Tu vas devoir régler ça avec eux, pas avec moi.

Exemple 2

Le chef d'équipe : Hé ! Marcelle ! Qu'est-ce que c'est que cette commande ? On ne peut pas s'en charger aujourd'hui, on est débordés. Pour qui nous prennent-ils ?

La directrice de succursale : Tu sembles être furieux contre eux. Cette situation te met en colère, n'est-ce pas ?

Le chef d'équipe : Évidemment ! Juste comme on allait rattraper le retard qu'a entraîné ce problème de logiciel, ils nous arrivent avec cette commande supplémentaire !

La directrice de succursale : Comme si vous n'en aviez pas assez sur les bras, hein ?

Le chef d'équipe : Exactement ! Je n'ai aucune idée de ce que je vais dire à l'équipe. Ils sont déjà tellement tendus aujourd'hui ! On dirait que tout ce qu'on fait ici est urgent, très urgent et encore plus urgent.

La directrice de succursale : Je suppose que tu trouves injuste de leur en demander plus.

DES LEADERS PARLENT DE LEADERSHIP

Apprendre à se taire pour mieux communiquer[19]

Est-il possible de communiquer sans faire de bruit ? Rémi Tremblay, président d'Esse Leadership, en est convaincu.

« Je m'inquiète du manque de tranquillité intérieure chez les leaders », dit M. Tremblay, qui a séjourné au Népal pendant 18 jours, en mars 2008, avec 26 patrons et Matthieu Ricard, un moine bouddhiste français.

M. Tremblay, qui croit que la paix intérieure permet aux leaders de devenir de meilleures personnes et de meilleurs gestionnaires, offrira sa première « expérience de silence », en avril. Pendant deux jours, dans les Jardins intérieurs du Lac, à Bromont, 20 personnes prendront le temps de faire une réflexion sur elles-mêmes et de découvrir les bienfaits du silence. « Il faut savoir accueillir le silence dans notre quotidien », croit Rémi Tremblay, dont l'entreprise est établie dans la Vieille Capitale.

« À travers la parole, à un certain point, on n'entend plus », note M. Tremblay. Le silence permet d'écouter et nous confronte à nous-mêmes, ajoute celui qui pratique le silence tous les jours depuis quelques années.

Pour le président d'Esse Leadership, l'écoute est fondamentale pour tout gestionnaire. « Si on veut communiquer adéquatement, il faut d'abord savoir écouter les autres et cesser d'être mal à l'aise dans les moments de silence. »

Question

Quels seraient, selon vous, d'excellents moyens de favoriser l'écoute en milieu organisationnel ?

Le chef d'équipe : Eh bien… oui. Je sais que c'est la même chose dans les autres services… Enfin, si on n'a pas le choix, je vais me débrouiller pour leur en parler.

La directrice de succursale : J'apprécie beaucoup. Faites votre possible et, de mon côté, je vais voir ce que je peux faire pour que, à l'avenir, on s'en tienne à ce qui est prévu.

La directrice de succursale de notre deuxième exemple manifeste de réelles habiletés d'écoute active. Elle a répondu aux doléances de son subordonné de manière à le faire parler, ce qui lui a permis d'en apprendre davantage sur la situation. Quant au chef d'équipe, il se sentait mieux ensuite parce qu'il a pu s'exprimer et qu'il a le sentiment d'avoir été écouté.

LES PRINCIPAUX OBSTACLES À LA COMMUNICATION

Il importe de bien connaître la nature et les effets de six types importants de *bruits parasites* qui interfèrent couramment dans les échanges interpersonnels. Comme nous l'avons vu à la figure 13.1, ces obstacles potentiels au processus de la communication sont, notamment : (1) les différences culturelles ; (2) les sources de distraction environnementales ; (3) les problèmes sémantiques ; (4) les messages contradictoires ; (5) l'absence de rétroaction ; (6) les effets de la position hiérarchique.

LES DIFFÉRENCES CULTURELLES

L'externalisation internationale, c'est bien connu, est de nos jours une voie potentiellement lucrative. On tend toutefois à oublier que la réussite de l'externalisation internationale dépend souvent de la qualité de la communication interculturelle. Et, sur ce plan, il y a place à l'amélioration. Parmi les participants à une étude menée récemment par Accenture auprès de grandes entreprises, une proportion de 92 % ont affirmé que la communication est le plus gros défi à relever lorsqu'on fait appel à des fournisseurs d'autres pays[20]. Les gens devraient toujours se montrer prudents lorsqu'ils s'engagent dans une communication interculturelle, qu'elle se passe entre gens d'un même pays, mais d'origines ethnoculturelles différentes, ou entre gens de pays différents.

Au chapitre de la communication interculturelle, le problème le plus courant est l'*ethnocentrisme*, soit la tendance à penser que les façons de faire de sa propre culture sont les meilleures ou les seules valables. L'ethnocentrisme s'accompagne souvent d'un refus d'essayer de comprendre d'autres points de vue et de prendre au sérieux les valeurs qu'ils sous-tendent, état d'esprit qui peut aisément engendrer des problèmes de communication entre gens d'origines diverses. L'*esprit de clocher* – soit la tendance à présumer que les façons de faire de sa propre culture sont universelles – peut également nuire aux communications interculturelles. Ainsi, l'esprit de clocher pourrait amener une femme d'affaires américaine à insister pour que tous ses interlocuteurs parlent anglais, et son ethnocentrisme pourrait lui faire estimer que quiconque mange autrement qu'avec une fourchette et un couteau ne sait pas se conduire à table.

Les difficultés de communication interculturelle les plus évidentes tiennent évidemment aux différences linguistiques. Ainsi, les messages publicitaires qui

▸ **Ethnocentrisme**
Tendance à penser que les façons de faire de sa propre culture sont les seules valables

▸ **Esprit de clocher**
Tendance à présumer que les façons de faire de sa propre culture sont universelles

connaissent beaucoup de succès dans un pays n'ont pas nécessairement la même portée ni le même sens dans la langue d'un autre pays. L'introduction par Ford de son modèle européen Ka a posé quelques problèmes au Japon, car le terme *ka* désigne un moustique en japonais ; les analystes se demandaient si une voiture qui a le nom d'un insecte porteur de maladies peut inspirer confiance. Les gestes peuvent également avoir un sens différent selon les cultures : se tenir assis les jambes croisées est tout à fait acceptable en Angleterre, mais offensant en Arabie saoudite, surtout si la plante du pied est tournée vers une autre personne. Faire un signe de la main pour attirer l'attention de quelqu'un est correct au Canada, mais impoli en Asie[21].

La dimension linguistique de la communication interculturelle renvoie à d'autres éléments parfois très subtils. L'anthropologue Edward T. Hall estime que plusieurs malentendus résultent des différences importantes qui existent dans la manière même dont la langue est utilisée d'une culture à l'autre[22]. Dans les **cultures à contexte pauvre**, les locuteurs sont très explicites dans leur utilisation du discours ou de l'écrit. En Australie, au Canada ou aux États-Unis, par exemple, le message est *en grande partie* transmis par les mots utilisés plutôt que par le contexte. Par contre, les **cultures à contexte riche** ne transmettent qu'*une partie* du message par les mots, le reste devant souvent être déduit ou interprété selon la situation, le langage corporel, le lieu, les liens entretenus avec l'interlocuteur ou d'autres facteurs proprement culturels qui complètent le sens de la communication. En Asie, au Moyen-Orient et en Afrique, on trouve de nombreuses cultures *à contexte riche*, alors que la plupart des cultures occidentales sont *à contexte pauvre*.

> **Culture à contexte pauvre**
> Culture où les locuteurs ont tendance à être très explicites dans leur utilisation du discours ou de l'écrit, le message étant en grande partie transmis par les mots utilisés plutôt que par le contexte

> **Culture à contexte riche**
> Culture où les locuteurs ont tendance à ne transmettre par les mots qu'une partie du message, le reste devant être interprété selon la situation, le langage corporel ou d'autres indices contextuels

Des experts en commerce international recommandent d'apprendre au moins les rudiments de la langue du pays avec lequel on fait affaire, car c'est l'une des meilleures façons d'en venir à comprendre les différences culturelles. « Le fait de parler et de comprendre la langue locale procure une certaine vision de l'intérieur, ce qui permet d'éviter des malentendus », explique un gestionnaire à l'emploi d'une organisation mondiale. Évoquant son expérience au sein du conseil d'administration d'une multinationale allemande, un Américain témoigne dans le même sens : « La maîtrise de la langue permet au membre [non allemand] du conseil de mieux saisir ce qui se passe… pas seulement les faits et les chiffres, mais la texture et les nuances[23]. » Certes, la perspective de faire l'apprentissage d'une nouvelle langue peut en rebuter certains. La rubrique *Du savoir à la pratique 13.3* montre pourtant que le jeu en vaut la chandelle[24].

DU SAVOIR À LA PRATIQUE 13.3

Pourquoi apprendre une nouvelle langue ?

Parler et comprendre la langue du pays d'accueil :

- donne de l'assurance lorsqu'on voyage ;
- est une marque de respect envers les hôtes locaux ;
- facilite le contact avec les gens du pays ;
- aide à gagner la confiance et le respect des gens du pays ;
- permet de mieux saisir la culture locale ;
- peut être un recours utile en cas d'urgence ;
- rend les relations interpersonnelles plus agréables ;
- réduit la frustration causée par le choc culturel.

LES SOURCES DE DISTRACTION ENVIRONNEMENTALES

De nombreuses sources de distraction provenant de l'environnement peuvent compromettre l'efficacité d'une tentative de communication. La scène qui suit, où nous surprenons les bribes d'un entretien entre Georges et son patron Louis, en fournit quelques exemples[25].

« Très bien, Georges, parlez-moi de votre problème. » Le téléphone sonne, le patron décroche, promet un rapport quelconque à son interlocuteur « dès que je l'aurai

DES LEADERS PARLENT DE LEADERSHIP

La nouvelle PDG de Pepsi parle hindi![26]

La nomination d'Indra Nooyi au plus haut poste de direction chez Pepsi avait réjoui l'Inde entière, alors que l'*Economic Times* titrait : « Nooyi hisse le drapeau indien au-dessus du siège social de Pepsi. » Née en Inde et âgée d'à peine 50 ans, elle a réalisé de nombreux projets au cours de ses 12 premières années dans l'entreprise, dont deux acquisitions – Tropicana et Quaker Oats – et deux reventes – Pizza Hut et Kentucky Fried Chicken. Selon le communiqué de presse qui a annoncé sa nomination, la nouvelle PDG avait su mener des dossiers cruciaux impliquant des rapprochements entre secteurs d'activité. Indra Nooyi avait apporté à Pepsi non seulement sa solide expérience comme cadre de direction, mais aussi sa personnalité unique. À l'université, elle était membre d'un groupe rock entièrement féminin. Faut-il s'étonner qu'elle se soit spontanément mise à fredonner la chanson *Day-O* lorsqu'elle a eu plus tard à présenter Harry Belafonte, invité comme conférencier lors d'une activité de promotion de la diversité organisée par Pepsi ?

Indra Nooyi est perçue comme une leader transformatrice et comme une excellente stratège. Et elle sait comment communiquer. Quand on lui a confié, en plus de ses autres fonctions, celle de présidente du conseil d'administration, elle a déclaré : « Je suis incroyablement honorée de la confiance que me manifeste le conseil, et c'est pour moi une chance extraordinaire que de suivre les traces de Steve Reinemund et de tous mes illustres prédécesseurs. » Véritable histoire de réussite, sa carrière nous réserve peut-être encore d'autres surprises.

Questions

Qu'est-ce qu'Indra Nooyi essayait de communiquer lorsqu'elle a rendu hommage à ses prédécesseurs au moment d'être nommée présidente du conseil d'administration ? L'expérience interculturelle que possède sa PDG représente-t-elle pour Pepsi un atout que Coke aura de la difficulté à égaler ?

---

moi-même obtenu », et raccroche. « Bon, alors, où en étions-nous, Georges ? Ah ! oui, vous avez un problème avec les gens du marketing ; vous avez l'impression que... » La secrétaire apporte à Louis des documents à signer. Il les signe et la secrétaire repart. « Euh, vous dites qu'ils ne sont pas très coopératifs ? Eh bien ! Je vais vous donner mon point de vue... » Nouvel appel téléphonique, suivi de la visite d'un collègue avec qui Louis a rendez-vous. « Bon, écoutez Georges, essayez donc de régler ça directement avec eux. Désolé, mais là, il faut que j'y aille. »

Dès le départ, Louis n'était manifestement pas intéressé par les problèmes de son subordonné. Mais il y a plus : il a laissé des sources environnementales le submerger d'informations qui l'ont distrait à plusieurs reprises. Sa discussion avec Georges en a grandement souffert, et ce dernier repart totalement insatisfait. Louis pourrait éviter ce genre d'erreur en établissant des priorités et en planifiant les moments réservés à une communication pleine et entière. Si Georges avait quelque chose à dire à son patron, celui-ci aurait dû prévoir un moment propice au dialogue, durant lequel il ne se serait pas laissé distraire par le téléphone ou par l'arrivée d'un visiteur. À tout le moins, Louis aurait pu fermer la porte de son bureau et prévenir sa secrétaire qu'il ne voulait pas être dérangé.

LES PROBLÈMES SÉMANTIQUES

Dans la mesure où ils brouillent le sens du message et peuvent même le rendre complètement indéchiffrable, un mauvais choix de mots et l'utilisation de termes hermétiques sont d'importants obstacles à la communication. Voici deux exemples de la langue de bois qui, à une époque, a failli s'imposer comme le modèle de la communication officielle[27] :

A. « Nous vous invitons à nous faire parvenir toute recommandation que vous jugeriez pertinente et nous vous assurons que lesdites recommandations seront examinées avec la plus grande attention. »

B. « Des éléments représentatifs de la clientèle continuent à insister sur la nécessité fondamentale d'une stabilisation de la structure des prix à un niveau inférieur à celui qui a cours actuellement. »

Ne serait-il pas plus simple de dire (a) « Envoyez-nous vos recommandations » et (b) « Les consommateurs réclament une baisse des prix » ? Il existe en anglais une devise de gestion qu'on appelle le *KISS principle*, pour *Keep it short and simple*. Un principe à retenir. Après tout, pourquoi embrouiller ce qui peut être clair et net ?

LES MESSAGES CONTRADICTOIRES

Il y a souvent un décalage entre les mots que prononce un individu et ce que révèlent ses gestes et son langage corporel ; c'est ce qu'on appelle un ***message contradictoire***. Il est important de détecter ce genre de décalage, car les signaux non verbaux peuvent révéler les intentions et sentiments véritables de l'émetteur[28].

Au cours d'une réunion d'affaires, par exemple, un interlocuteur peut très bien prononcer un « oui » prudent, alors que son visage indique l'inquiétude et qu'il recule sur son siège ; son langage corporel exprime ainsi des réserves et dément l'accord exprimé verbalement.

> **Message contradictoire**
> Décalage entre les mots que prononce un individu et ce que révèlent ses gestes et son langage corporel

L'ABSENCE DE RÉTROACTION

La communication unidirectionnelle va de l'émetteur au récepteur sans qu'il y ait de réponse ou de rétroaction immédiate du récepteur ; c'est le cas, par exemple, quand une note de service est émise ou qu'un message vocal est laissé. La communication bidirectionnelle, elle, va dans les deux sens ; c'est normalement le cas dans une conversation. Les recherches indiquent que, bien que plus coûteuse en temps et en argent, la communication bidirectionnelle est plus précise et plus efficace que la communication à sens unique. Cependant, à cause de leur efficience, les canaux de communication unidirectionnels – notes de service, courrier postal, courriel, messagerie vocale, etc. – sont très utilisés en milieu de travail. Malheureusement, s'ils facilitent les choses pour l'émetteur, les messages unilatéraux peuvent être frustrants pour le récepteur qui n'est pas certain de comprendre ce que leur auteur désire ou veut dire exactement.

LES EFFETS DE LA POSITION HIÉRARCHIQUE

Dans les organisations, les différences de statut peuvent devenir des obstacles à la communication entre personnes de paliers hiérarchiques différents. D'une part, à cause de l'autorité que leur confère leur position, les cadres peuvent être portés à *dire* beaucoup plus qu'à *écouter*. D'autre part, nous savons que les messages en provenance des échelons inférieurs sont souvent déformés lorsqu'ils parviennent aux échelons supérieurs de la hiérarchie, si toutefois ils y parviennent[29].

Il arrive que des subordonnés *filtrent* l'information et transmettent seulement ce que, selon eux, leurs supérieurs veulent entendre. On appelle parfois **effet « motus »** le phénomène qui consiste à rester *bouche cousue* par politesse ou par réticence à transmettre une mauvaise nouvelle[30]. Que l'effet « motus » soit motivé par la crainte des représailles à la suite d'une mauvaise nouvelle, par le refus d'admettre une erreur ou par le désir de plaire, le résultat est le même : le supérieur, induit en erreur par les informations incomplètes, inexactes ou tendancieuses qu'on lui fournit, risque de prendre des décisions inadéquates.

▶ **Effet « motus »**
Phénomène qui consiste à rester bouche cousue par politesse ou par réticence à transmettre une mauvaise nouvelle

DU CÔTÉ DE LA RECHERCHE

La décoration du bureau et l'identité en milieu de travail[31]

Une recherche menée par Kimberly D. Elsbach nous aide à comprendre comment les éléments de décoration d'un bureau peuvent constituer des marques d'identité et influer sur la façon dont l'occupant est perçu par ses collègues. L'identité en milieu de travail, puisque c'est de cela qu'il s'agit, se définit comme « le statut principal conféré durablement à une personne, ainsi que les divers groupes particuliers auxquels cette personne est associée, en fonction de caractéristiques distinctives, dans son milieu de travail ». En s'appuyant sur une méthodologie de recherche qualitative, la chercheuse a effectué des entrevues auprès de deux échantillons d'employés en poste dans des bureaux d'entreprise, à qui elle a demandé comment ils interprétaient diverses variantes dans l'aménagement permanent d'un bureau – ameublement, photographies, objets décoratifs, œuvres d'art, souvenirs personnels, ordre, etc.

L'étude a révélé que ces « marques d'identité matérielles » sont utilisées pour indiquer ou affirmer l'identité de la personne dans son milieu de travail. De plus, elle a permis de constater que certaines marques d'identité matérielles indépendantes de la personne – par exemple, la qualité ou l'aspect luxueux de l'ameublement – sont liées, sur le plan des perceptions, au statut conféré à cette personne par son milieu de travail plutôt qu'aux caractéristiques distinctives à la base des divers groupes particuliers auxquels est associée cette personne.

Les résultats ont contribué à confirmer que la décoration du bureau et d'autres marques matérielles telles que l'habillement se conjuguent à des marques comportementales pour influer sur l'acquisition de l'identité en milieu de travail. Selon l'auteure de la recherche, il en découle que des employés pourraient, en fait, dans certains cadres de travail, désirer une décoration de bureau qui reflète l'identité à laquelle ils aspirent.

EXEMPLES DE MARQUES D'IDENTITÉ DANS LA DÉCORATION DU BUREAU

Photos de famille Importance de la famille, équilibre, place non centrale du travail

Photos et objets liés à un passe-temps Ambition, sociabilité, personnalité épanouie

Objets farfelus Sens de l'humour, excentricité, accessibilité

Prix et diplômes Ardeur au travail, réussite, prétention

Articles professionnels Identification à l'entreprise, compétence fonctionnelle

> **Gestion par déambulation**
> Stratégie de gestion qui consiste, pour le gestionnaire, à sortir régulièrement de son bureau pour aller parler à ses subordonnés à leur poste de travail

Pour éviter ce genre de problèmes, les gestionnaires et les chefs d'équipe doivent entretenir avec leurs subordonnés et les membres de leur équipe des relations de travail fondées sur la confiance et saisir toutes les occasions pour les rencontrer et leur parler en personne. Une méthode simple, mais dont l'efficacité est désormais reconnue pour instaurer ce climat de confiance, est la ***gestion par déambulation***, qui consiste, pour le gestionnaire, à sortir régulièrement de son bureau pour aller parler à ses subordonnés à leur poste de travail[32]. En se livrant à ces *promenades*, les cadres peuvent réduire la distance hiérarchique qui les sépare de leurs subordonnés et favoriser la libre circulation de l'information entre les divers paliers de l'organisation. Cette attitude améliorera la quantité et la qualité des informations à la disposition des décideurs, et leurs décisions refléteront mieux les besoins des travailleurs sur le terrain.

LES ENJEUX ACTUELS DE LA COMMUNICATION ORGANISATIONNELLE

Ces dernières années, l'un des changements majeurs dans les organisations – comme dans toute la société, d'ailleurs – a été l'explosion des TIC. Nous avons soudainement quitté l'ère du téléphone, du courrier postal, de la photocopie et des rencontres en personne pour nous retrouver à l'ère du message vocal, du courriel, de la messagerie instantanée, des blogues, des wikis, des groupes de discussion et des dialogues en ligne, de la vidéoconférence, de la téléconférence informatisée, etc. En fait, la maîtrise de tous les aspects de la télématique est aujourd'hui une habileté essentielle à la réussite.

Compte tenu de la vitesse et de l'ampleur de ces changements et en raison aussi d'un contexte social qui connaîtra encore plusieurs évolutions, il est impératif que nous restions tous attentifs aux nouveaux enjeux de la communication organisationnelle et que nous nous tenions prêts à relever les défis qui se présentent.

LA COMMUNICATION ÉLECTRONIQUE

Comme nous le voyons tout au long de cet ouvrage, les multiples effets des TIC sur la gestion se manifestent dans la conception de poste et la croissance du télétravail, la conception organisationnelle et le réseautage d'entreprises, le travail d'équipe et la mise au point de logiciels de rencontres virtuelles et de prise de décision, pour ne mentionner que quelques-unes de leurs innombrables applications. L'évolution des TIC permet maintenant aux organisations:

1) de diffuser l'information plus rapidement;
2) de mettre en circulation un plus grand volume d'information;
3) de donner un accès plus étendu et plus immédiat à cette information;
4) d'inciter tout le personnel à partager l'information et à s'en servir;
5) d'intégrer les systèmes et les fonctions et d'utiliser l'information pour se relier à leur environnement plus étroitement que jamais auparavant.

Il importe, cependant, de reconnaître les désavantages potentiels de la communication électronique. Pour commencer, les TIC restent essentiellement impersonnelles: les gens interagissent par la médiation des machines, et non plus directement.

Pour la plupart, les indices non verbaux de la communication, qui pourraient ajouter une dimension contextuelle, disparaissent au cours de ces échanges. Des études révèlent que les destinataires d'un courriel saisissent avec exactitude le ton et l'intention de l'expéditeur dans moins de 50 % des cas[33].

Un des principaux problèmes de la communication électronique réside dans la difficulté à en saisir les aspects émotionnels ; même si le message est accompagné de binettes, sa dimension affective n'est pas toujours comprise adéquatement. En outre, le média électronique ne favorise pas le contrôle des émotions, aptitude jugée essentielle en matière de communication interpersonnelle. Certains disent, par exemple, qu'il permet plus facilement que la communication directe d'avoir des attitudes brusques, exagérément critiques et insensibles – on va jusqu'à parler de *fusillade* pour désigner certains propos enflammés qui s'échangent dans le cyberespace. Bref, la médiation de l'ordinateur peut désinhiber les gens et les inciter à laisser libre cours à leur impatience[34].

▶ **Fusillade**
Échanges de propos enflammés dans le cyberespace.

L'autre risque est celui de la surabondance d'information, l'*infobésité*. Dans certains cas, les réseaux, les systèmes de courriels ou les serveurs intranet finissent par être surchargés par un trop grand volume d'information. Ce problème peut survenir à l'échelle de l'organisation, mais aussi à l'échelle individuelle, comme le démontre la rubrique *Du savoir à la pratique 13.4*. Il peut devenir extrêmement stressant et frustrant pour les individus de trier un tel afflux d'information. Même un géant des TI tel qu'Intel éprouve des problèmes de courrier. « Nous sommes noyés sous un tel flot de courriels internes que nous n'avons plus le temps de nous occuper des

---

DU SAVOIR À LA PRATIQUE 13.4

Ne laissez pas votre BlackBerry vous abattre !

Regardez autour de vous, à l'aéroport, au travail, dans la rue ou ailleurs : les BlackBerry sont en train de tout envahir. Le problème ne se limite pas à tout ce temps passé à utiliser un service de courriel qui désormais nous suit partout. C'est aussi un peu de notre qualité de vie dont il est question. Ne pensez-vous pas que le moment est venu de rationaliser la gestion de votre courriel et, du même coup, votre emploi du temps ? Voici quelques conseils tirés d'une formation en entreprise[35] :

- Lisez une fois chaque message.
- Veillez immédiatement à y répondre, à le classer dans un dossier ou à le supprimer.
- Purgez régulièrement vos dossiers des messages périmés.
- Ne faites des envois collectifs et n'utilisez la fonction « répondre à tous » que si c'est vraiment nécessaire.
- Retirez-vous des listes de distribution qui n'apportent pas de valeur ajoutée à votre travail.
- Inscrivez l'information essentielle dans la ligne d'objet, en éliminant ce qui serait le corps du message.
- Mettez les fichiers volumineux sur un site Web au lieu de les envoyer comme pièces jointes.
- N'envoyez pas de messages confidentiels, personnels ou embarrassants par courriel.
- Désactivez l'option de signal sonore à l'arrivée d'un nouveau courriel.

Cachez ce gadget[36]

La dernière tendance à émaner de Silicon Valley a de quoi surprendre : la Mecque américaine de la technologie s'emballe pour les réunions… « low-tech »! De plus en plus de compagnies de la région demandent à leurs employés de laisser téléphones cellulaires BlackBerry et ordinateurs portatifs à l'entrée lorsqu'ils assistent à des rencontres, histoire de garder leur attention sur les discussions. Selon les organisations qui tentent l'expérience, les réunions débranchées sont plus productives et l'information y est communiquée de façon plus efficace. Les petits rigolos étant toujours aux aguets, ces réunions sans « laptop » ont vite été rebaptisées les « topless meetings ». Ça change du « casual Friday »!

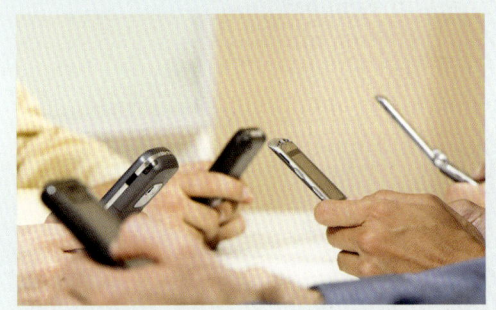

rapports avec l'extérieur », commente un des membres de son personnel. Intel a décidé d'offrir une formation en traitement du courriel afin que son personnel puisse bénéficier des avantages de la messagerie électronique, sans en subir les inconvénients. On peut affirmer, sans risque de se tromper, que plus de 200 milliards de messages seront envoyés au cours des 12 prochains mois, et que ce nombre augmentera de 20 % annuellement[37].

LA PROTECTION DE LA VIE PRIVÉE

La question de la protection de la vie privée est un autre sujet de controverse lié à la communication dans les milieux organisationnels contemporains. L'inquiétude soulevée par la possibilité que les employeurs *espionnent* les travailleurs qui utilisent le système de messagerie électronique de l'organisation en est un exemple. Selon une étude de l'American Management Association, la surveillance électronique du rendement des employés se serait accrue de 45 % en une seule année. Plusieurs seront surpris d'apprendre que, d'après des sondages, les éléments les plus fréquemment surveillés par les employeurs sont, dans l'ordre : le nombre d'appels téléphoniques et le temps passé au téléphone (39 %), le courrier électronique (27 %), les fichiers informatiques (21 %), les conversations téléphoniques (11 %) et le message vocal (6 %)[38].

Le droit à la vie privée n'interdit pas la surveillance des communications privées d'un salarié lorsque l'employeur a de sérieuses raisons d'agir ainsi. Les raisons permettant la surveillance d'Internet et des courriels doivent cependant être définies dans une politique organisationnelle en cette matière. La surveillance permanente serait abusive. À titre d'exemple, Bell permet à ses salariés d'utiliser raisonnablement Internet et le courrier électronique à des fins personnelles. « Écouter trois minutes de musique sur Internet est acceptable, explique Jean-Marc Côté, conseiller principal du service d'information chez Bell. Par contre, il y a peut-être un problème si ça dure 30 minutes[39]. » En outre, un logiciel pour repérer les sites utilisés par les salariés ainsi qu'un logiciel coupe-feu pour bloquer l'accès à certains sites tels que des sites pornographiques peuvent être installés[40].

Les organisations les plus avant-gardistes établissent une politique interne sur la confidentialité des communications du personnel, et les législateurs s'intéressent de près à ces initiatives. En Illinois, une loi autorise maintenant l'écoute, par les employeurs, des appels téléphoniques du personnel – bien qu'un certain flou subsiste quant à ses limites. Ce genre de contrôle est courant dans certains domaines de services, notamment les réservations aériennes ; il s'agit là d'une tendance qui alimente l'inquiétude des milieux syndicaux, pour qui le syndrome *Big Brother* ressemble de moins en moins à de la science-fiction. L'enjeu du respect de la vie privée va sans doute demeurer d'actualité, puisque les TIC rendent le contrôle du rendement et des communications du personnel plus facile pour les employeurs.

LA COMMUNICATION ET LE CONTEXTE SOCIAL

La complexité du contexte social des organisations d'aujourd'hui soulève de nombreuses questions en matière de communication. Ainsi, l'étude des différences entre les styles de communication des hommes et des femmes suscite un intérêt qui ne se dément pas. Dans les nombreux ouvrages qu'elle a consacrés au sujet, notamment *Talking from 9 to 5*, la réputée sociolinguiste Deborah Tannen affirme que l'apprentissage et les processus de socialisation des hommes et des femmes diffèrent tellement qu'il en résulte des difficultés de communication entre les sexes[41]. Ses recherches indiquent notamment que, dans leurs façons respectives de communiquer, les femmes seraient davantage axées sur l'établissement de relations au sein du groupe, et les hommes, davantage préoccupés par l'établissement de leur statut dans le groupe[42]. Comme nous avons tendance à nous entourer de gens dont le style de communication s'apparente au nôtre, chacun des sexes dominerait les communications dans des situations où il est majoritaire[43].

Dans le même ordre d'idées, de plus en plus de gens se posent la question suivante : « Les femmes communiquent-elles mieux que les hommes ? » Selon une étude menée par l'agence de consultants Lawrence A. Pfaff and Associates, ce pourrait être le cas[44]. L'étude indique que les superviseurs classent les cadres féminins au-dessus de leurs collègues masculins sur le plan de la communication, de la disponibilité, de l'évaluation du personnel et de l'habilitation des travailleurs ; de plus, leurs réponses sont corroborées par celles des subordonnés. L'une des explications possibles serait que l'éducation et la socialisation des femmes aideraient celles-ci à acquérir, dès l'enfance, des compétences facilitant le processus de communication et aiguisant leur sensibilité aux relations interpersonnelles. Au contraire, l'éducation et la socialisation des hommes renforceraient, dès l'enfance, des comportements susceptibles de nuire à la communication – comme l'agressivité, la compétition et l'individualisme[45]. Cependant, les personnes qui se penchent sur cette question doivent éviter de tomber dans les stéréotypes liés au sexe et se concentrer sur le plus important : la façon d'améliorer l'efficacité de la communication dans l'organisation[46].

En outre, la rectitude politique dans la communication organisationnelle prend une importance croissante dans notre société. La langue du travail évolue, elle aussi ; les euphémismes se multiplient pour ne pas blesser ni choquer certains individus ou certains groupes. Il n'y a pas si longtemps, on désignait bien autrement les « aînés », les « minorités visibles », ou encore les « personnes handicapées physiquement », etc., et notre vocabulaire continuera probablement d'évoluer. La plupart des organisations sont conscientes de ce changement, et elles sont nombreuses à offrir des programmes de formation axés spécifiquement sur l'élimination de toute marque d'intolérance et d'insensibilité dans les communications.

GUIDE DE RÉVISION

RÉSUMÉ

Qu'est-ce qui caractérise la communication en milieu organisationnel ?

- La communication est un processus d'émission et de réception de messages porteurs de sens.
- Le processus de communication comporte plusieurs étapes : l'encodage du message (traduction d'une idée ou d'une pensée en un ou plusieurs symboles), la transmission du message par un canal de communication, la réception du message et son décodage par le récepteur, qui attribue un sens à ce message.
- On appelle bruit parasite toute perturbation qui interfère dans la transmission du message et interrompt le processus de communication.
- La rétroaction est le processus par lequel le récepteur d'un message adresse à son tour un message à l'émetteur de départ, généralement pour transmettre sa compréhension et son interprétation de ce que ce dernier a dit ou fait.
- Pour être constructive, la rétroaction doit être directe, explicite et fournie en temps opportun.
- La communication organisationnelle est le processus par lequel l'information circule et s'échange à travers les structures formelles et informelles de l'organisation.
- Pour fonctionner efficacement, l'organisation dépend de la circulation de l'information à travers des réseaux complexes de communication ascendante, descendante et horizontale.

Quels sont les éléments clés de la communication interpersonnelle ?

- La communication est efficace lorsqu'il y a adéquation entre le sens que l'émetteur donne à son message et le sens que lui donne le récepteur.
- La communication est efficiente lorsqu'elle offre le meilleur rapport possible entre le coût en ressources et les résultats.
- La communication non verbale passe, notamment, par l'expression faciale, le regard, la position du corps et la mimique.
- L'écoute active favorise la libre circulation d'une information complète entre l'émetteur et le récepteur ; celui qui la pratique doit s'abstenir de tout jugement et inciter l'émetteur à s'exprimer.
- La communication organisationnelle peut emprunter divers canaux de communication formels et informels. Le choix d'un canal peut avoir un effet important sur le processus lui-même ; certaines personnes utilisent plus efficacement certains canaux, et certains canaux conviennent mieux à certains types de messages.

Quels sont les principaux obstacles à la communication ?

- Les différences culturelles, les sources de distraction environnementales, les problèmes sémantiques, les messages contradictoires, l'absence de rétroaction et les effets de la position hiérarchique peuvent faire obstacle à la communication en créant des bruits parasites.
- En matière de communication interculturelle, l'esprit de clocher et l'ethnocentrisme constituent deux problèmes courants pouvant miner son efficacité.
- Le message contradictoire – qui témoigne d'un décalage entre les mots que prononce un individu et ce que révèlent ses gestes et son langage corporel – brouille le processus de communication.
- En l'absence de rétroaction, il peut être difficile de savoir si le sens donné au message a été reçu sans erreur.
- Les effets de la position hiérarchique peuvent entraîner un filtrage des informations et une réduction des échanges entre les subordonnés et leurs supérieurs.

Quels sont les enjeux actuels de la communication organisationnelle ?

- Les TIC modifient le milieu de travail. Cette évolution s'accompagne de nombreux avantages, notamment la rapidité et l'accroissement des capacités de traitement de l'information.
- Les TIC présentent également des désavantages, notamment la dépersonnalisation du processus de communication, lequel perd, notamment, sa dimension affective.
- Les chercheurs s'intéressent à l'existence de différences éventuelles entre les styles de communication des hommes et des femmes et, le cas échéant, à l'efficacité comparée de ces styles de communication différents dans les nouveaux milieux de travail.
- Les questions relatives au respect de la vie privée et à la rectitude politique en matière de communication organisationnelle suscitent beaucoup de débats actuellement.

MOTS CLÉS

Blogue	p. 391	Écoute active	p. 397
Bruit parasite	p. 389	Effet « motus »	p. 403
Canal de communication	p. 389	Esprit de clocher	p. 399
Canal de communication formel	p. 390	Ethnocentrisme	p. 399
Canal de communication informel	p. 391	Fusillade	p. 405
Communication	p. 388	Gestion par déambulation	p. 404
Communication efficace	p. 395	Message contradictoire	p. 402
Communication efficiente	p. 395	Rétroaction	p. 390
Communication non verbale	p. 395	Téléphone arabe	p. 391
Communication organisationnelle	p. 392	Valeur du canal de communication	p. 392
Culture à contexte pauvre	p. 400	Wiki	p. 391
Culture à contexte riche	p. 400		

ÉVALUATION DES CONNAISSANCES

QUESTIONS À CHOIX MULTIPLE

1. La communication est dite _____ lorsqu'elle offre le meilleur rapport possible entre le coût en ressources et les résultats, et elle est dite _____ lorsque l'émetteur et le récepteur donnent le même sens au message. **a)** efficace ; électronique **b)** efficiente ; électronique **c)** électronique ; en personne **d)** efficiente ; efficace

2. Une critique émise à l'égard d'un salarié devrait _____ **a)** être générale et non particulière. **b)** être communiquée au moment le plus propice pour l'émetteur. **c)** viser des éléments qui sont de son ressort. **d)** couvrir tous les aspects de la question de manière à en finir une fois pour toutes.

3. Quel est le canal le plus approprié pour la transmission d'un message qui est complexe et qui exige une réponse ? **a)** La conversation en personne. **b)** La note de service. **c)** Le courriel. **d)** L'appel téléphonique.

4. Si les mots que prononce une personne sont contredits par les signaux non verbaux de son langage corporel, on est en présence _____ **a)** d'un message ethnocentrique. **b)** d'un message contradictoire. **c)** d'un problème sémantique. **d)** de l'effet de la position hiérarchique.

5. La gestion par déambulation peut contribuer à surmonter les obstacles à la communication, notamment _____ **a)** les effets de la position hiérarchique. **b)** les problèmes sémantiques. **c)** les distractions environnementales. **d)** les questions de proxémique.

6. Des méthodes de communication suivantes, laquelle possède davantage les caractéristiques de la communication bidirectionnelle ? **a)** Le courriel. **b)** Le blogue. **c)** La messagerie vocale. **d)** La messagerie instantanée.

7. _____ fait participer, notamment, le superviseur et les collègues de travail à l'appréciation du rendement de l'employé. **a)** La rétroaction à 360 degrés **b)** Le message contradictoire **c)** L'effet « motus » **d)** Le téléphone arabe

8. Les technologies de la communication (TIC) permettent la circulation d'un volume important d'information, mais elles peuvent aussi rendre _____ la communication entre les membres des organisations. **a)** moins accessible **b)** moins immédiate **c)** plus informelle **d)** moins personnelle

9. L'étude des gestes et des postures du corps en tant que dimensions de la communication relève _____ **a)** de la kinésique. **b)** de la proxémique. **c)** de la sémantique. **d)** des canaux de communication informels.

10. Dans une communication _____, l'émetteur sera sans doute plus à l'aise ; dans une communication _____, le récepteur sera probablement mieux informé. **a)** unidirectionnelle ; bidirectionnelle **b)** descendante ; ascendante **c)** ascendante ; descendante **d)** bidirectionnelle ; unidirectionnelle

11. On peut dire du gestionnaire qui sort régulièrement de son bureau pour aller parler à ses subordonnés à leur poste de travail qu'il met en pratique _____
    a) le *Kiss principle*. **b)** la gestion par déambulation. **c)** la gestion par objectifs. **d)** le téléphone arabe.

12. _____ favorise le réseautage et la communication horizontale dans les nouveaux milieux de travail. **a)** L'effet de la position hiérarchique **b)** L'effet « motus » **c)** L'écologie organisationnelle **d)** La communication non verbale

13. La personne qui s'intéresse à la proxémique afin d'améliorer sa communication avec autrui accordera une grande attention _____ **a)** à l'agencement physique de son bureau. **b)** à la position hiérarchique. **c)** aux compétences d'écoute active. **d)** à la rétroaction à 360 degrés.

14. Parmi les règles de base de l'écoute active, il est important _____
    a) de prêter attention uniquement aux signaux verbaux envoyés par son interlocuteur. **b)** de ne pas réagir aux émotions de son interlocuteur. **c)** de prêter attention uniquement aux signaux non verbaux envoyés par son interlocuteur. **d)** de reformuler, à l'intention de son interlocuteur, ce qu'on croit avoir entendu et saisi.

15. L'incidence du contexte social sur la communication organisationnelle se traduit par une préoccupation accrue pour _____ **a)** la rectitude politique de la langue du travail. **b)** les compétences en informatique. **c)** la surveillance électronique du rendement et les atteintes à la vie privée. **d)** la diffusion de courriels agressifs ou malveillants.

QUESTIONS À RÉPONSE BRÈVE

16. Pourquoi le concept de la *valeur* des divers canaux de communication peut-il être utile aux gestionnaires ?

17. Quelle est la place des canaux de communication informels dans les organisations d'aujourd'hui ?

18. Pourquoi y a-t-il souvent un filtrage des communications entre les paliers inférieurs et supérieurs de l'organisation ?

19. Y a-t-il une différence entre les styles de communication des hommes et des femmes ?

QUESTION À DÉVELOPPEMENT

20. « Dans notre organisation, les gens ne se parlent plus. Tout le monde ne jure que par le courrier électronique. Si quelqu'un nous met en colère, nous lui expédions un courriel, bien à l'abri derrière notre ordinateur ! » C'est en ces mots que Richard exprime sa frustration devant ce qui se passe chez Delta General. Sa collègue, Xiaomei, réagit à ses doléances : « Je suis d'accord avec toi, mais le directeur général devrait pouvoir trouver le moyen d'améliorer la communication organisationnelle sans que nous renoncions pour autant aux avantages du courriel ! » À titre de consultant, que conseilleriez-vous au directeur général pour l'aider à relever le défi que lui lance Xiaomei ?

LE CO DANS LE FEU DE L'ACTION

Pour ce chapitre, nous vous suggérons les activités suivantes du *Cahier d'apprentissage en CO* (voir p. C1) :

Étude de cas	Exercices	Autoévaluations
19. L'histoire du morse qui n'en savait pas assez	7. Signaux culturels 24. La chaise vide 29. Écoute active 30. Évaluation d'un supérieur 31. Rétroaction à 360 degrés 34. Incursion dans l'inconnu	12. Leadership transactionnel et leadership transformateur 13. Propension à la délégation

 www.erpi.com/schermerhorn

Vous trouverez dans le Compagnon Web du manuel les réponses aux questions d'évaluation des connaissances du chapitre ainsi que les autoévaluations en mode interactif.

LES CONFLITS ET LA NÉGOCIATION

CHAPITRE 14

Le travail de gestion est, dans une large mesure, une question de relations interpersonnelles. Le fait de dire « oui » quand on traite avec autrui est souvent le premier pas vers la réussite. Ce chapitre portera sur le conflit et la négociation, deux processus cruciaux en milieu organisationnel.

OBJECTIFS D'APPRENTISSAGE

Après l'étude de ce chapitre, vous devriez être en mesure :
- d'expliquer les caractéristiques du conflit en milieu organisationnel ;
- de distinguer les principales stratégies de gestion des conflits ;
- de définir le processus de négociation en milieu organisationnel ;
- de distinguer les principales stratégies en matière de négociation.

PLAN DU CHAPITRE

LE CONFLIT EN MILIEU ORGANISATIONNEL
- Le conflit de fond et le conflit émotionnel
- Les divers niveaux de conflits
- Le conflit constructif et le conflit destructeur
- La culture et les conflits

LA GESTION DES CONFLITS
- Les phases d'un conflit
- Les types de situations conflictuelles et leurs principales causes
- Les stratégies de gestion indirecte des conflits
- Les stratégies de gestion directe des conflits

LA NÉGOCIATION EN MILIEU ORGANISATIONNEL
- Qu'est-ce que la négociation ?
- Les objectifs et les résultats de la négociation
- Les aspects éthiques de la négociation
- Les types de négociations en milieu organisationnel
- La culture et la négociation

LES STRATÉGIES DE NÉGOCIATION
- La négociation distributive
- La négociation raisonnée
- Comment parvenir à une entente dans une négociation raisonnée ?
- Les obstacles les plus fréquents à la négociation
- Le rôle d'un tiers dans la négociation

GUIDE DE RÉVISION

« Un "oui" permet d'ouvrir bien des portes. »

Les bonnes filles sont mal payées[1]

C'est un matin comme les autres, ou presque. Vous sautez dans votre tailleur, vous filez au boulot et vous saluez votre collègue le plus proche. En bavardant avec lui, vous apprenez le montant de son salaire. Il gagne plus que vous pour exécuter les mêmes tâches. Beaucoup plus. Pourtant, il a moins de scolarité, moins d'expérience et moins d'ancienneté que vous !

C'est l'histoire vécue par Anne Panasuk, il y a six ans. Après avoir encaissé le choc, cette journaliste a voulu documenter cette injustice. Au cours de leur participation à deux émissions de Radio-Canada, *Zone libre* et *Enjeux*, ses collègues féminines touchaient de 62 900 $ à 75 000 $, alors que leurs collègues masculins, eux, empochaient de 76 200 $ à 155 000 $.

« Aucune des filles ne gagnait autant que le gars le moins bien payé », constate d'un ton factuel la reporter, passée de *Zone libre* au *Téléjournal*. Ce qu'une étude indépendante a confirmé.

Comment ces inégalités salariales ont-elles pu survenir ? À Radio-Canada, les journalistes perçoivent un salaire conventionné. Toutefois, les heures supplémentaires sont rétribuées au cas par cas. Alors que les hommes négociaient gaillardement la valeur des heures travaillées en surplus, les femmes, elles, ignoraient que cela se faisait. « Je ne pouvais même pas imaginer que les heures supplémentaires se négociaient », admet Anne Panasuk. Et on ne parle pas des primes au rendement, à l'affectation ou à la notoriété. [...]

Et si ce trou dans le porte-monnaie de Madame était dû en partie à une attitude différente face à la négociation ? C'est la thèse qu'a défendue Linda Babcock, professeure en économie à l'université Carnegie Mellon de Pennsylvanie, dans son essai *Women Don't Ask*, un best-seller de 2003.

La chercheuse a demandé à des finissants à la maîtrise de son université s'ils avaient tenté de négocier le salaire de leur premier emploi. Chez les hommes, 57 % avaient osé. Chez les femmes, 7 % ! Ceux qui avaient négocié avaient obtenu une hausse moyenne de 7,4 %, soit environ 4 000 dollars. Cet écart peut se chiffrer en dizaines de milliers de dollars à la fin d'une carrière.

« Les femmes ont peur de demander. Elles ne sont pas toujours sûres de leur valeur », constate Nicole Beaudoin, présidente du Réseau des femmes d'affaires du Québec. Cette comptable agréée et MBA en finances a occupé des postes de direction dans les industries du papier et du transport. Et elle avait le même salaire que les hommes. Il reste qu'elle a été témoin de bien des inégalités salariales. Aujourd'hui, son organisme offre des conférences sur l'art de négocier. « Les femmes se font dire qu'elles doivent rester discrètes, mais ce n'est pas comme ça qu'on obtient ce qu'on veut ! »

> « Les femmes ont peur de demander. Elles ne sont pas toujours sûres de leur valeur... »

Pendant des siècles, la société a inculqué aux femmes les vertus de la modestie. Avec une admirable efficacité, hélas... Cela les dessert dans le nouveau marché de l'emploi. La pénurie de main-d'œuvre incite les entreprises à prendre soin de leurs employés ; au-delà du tarif horaire, elles accordent des primes et des bonus, des indemnités de transport ou de représentation, des avantages tels que l'horaire variable ou le télétravail. Mais tout cela se négocie souvent à la pièce. Il faut donc savoir se vendre. [...]

« Entendre que les femmes négocient mal me hérisse. Les patrons doivent aussi reconnaître que leur expérience vaut autant que celle des hommes », dit Anne Panasuk. Depuis que celle-ci a sonné l'alarme, Radio-Canada a créé un comité de vigilance pour l'attribution des primes. Mais les sept journalistes féminines des émissions *Enjeux* et *Zone libre* attendent toujours leur dû, quatre ans après le dépôt du grief.

La leçon a profité à la reporter. Lorsqu'elle a été recrutée au *Téléjournal*, elle s'est informée du salaire de ses collègues masculins. Et s'est assurée de recevoir le même. « Je n'accepterai pas d'être payée moins parce que je suis une femme. Question de principe. »

LE CONFLIT EN MILIEU ORGANISATIONNEL

Le travail quotidien des gens au sein des organisations repose incontestablement sur la communication et les relations interpersonnelles. Dans les milieux où on a établi une communication franche et où l'information circule librement, les conflits interpersonnels sont beaucoup moins nombreux. L'implicite et le non-dit peuvent entretenir les différends. Pour être en mesure de faire face à des situations professionnelles souvent difficiles et contraignantes, gestionnaires et salariés doivent donc posséder les compétences interpersonnelles essentielles à la collaboration[2].

Il y a **conflit** lorsque surviennent des désaccords sur des questions de fond ou des frictions créées par des problèmes relationnels entre des individus ou des groupes[3]. La plupart des gestionnaires et des chefs d'équipe consacrent un temps considérable à gérer des conflits[4]. Tantôt ils y sont directement mêlés et y prennent part en tant que protagonistes ; tantôt ils y interviennent à titre d'arbitres ou de médiateurs pour aider des individus ou des groupes à résoudre leurs conflits. Dans les deux cas, ils doivent être solidement préparés. Pour que le conflit ne les prenne pas au dépourvu, ils doivent être capables de reconnaître les situations potentiellement conflictuelles et d'y réagir en répondant tant aux besoins de l'organisation qu'à ceux des différentes parties en cause[5].

▶ **Conflit**
Désaccord sur des questions de fond ou des frictions résultant de problèmes relationnels entre des individus ou des groupes

LE CONFLIT DE FOND ET LE CONFLIT ÉMOTIONNEL

Au quotidien, le conflit en milieu organisationnel peut se présenter sous la forme d'un conflit de fond ou d'un conflit émotionnel.

Le **conflit de fond** est un désaccord fondamental sur les objectifs à poursuivre ou sur les moyens d'y parvenir[6]. Une dispute avec un patron au sujet d'un plan d'action, comme la stratégie de mise en marché d'un nouveau produit, est un exemple de conflit de fond. Lorsque des gens travaillent ensemble jour après jour, il est tout à fait normal qu'ils aient des divergences de vues sur diverses questions d'ordre professionnel : les objectifs du groupe ou de l'organisation, la répartition des ressources, l'attribution des récompenses, les orientations et les procédures, la répartition des tâches, etc. La plupart des gestionnaires doivent surmonter quotidiennement des conflits de ce genre.

▶ **Conflit de fond**
Désaccord fondamental sur les objectifs à poursuivre ou sur les moyens d'y parvenir

Le **conflit émotionnel**, lui, tient à des problèmes relationnels qui se manifestent, notamment, par des sentiments de colère, de méfiance, d'animosité, de crainte et de rancune[7]. Le *conflit de personnalité*, comme on l'appelle communément, peut drainer l'énergie des gens touchés et les détourner de leurs priorités professionnelles. Les conflits émotionnels peuvent survenir dans toutes sortes de situations, tant entre collègues qu'entre supérieurs et subordonnés. Pour les personnes en cause, cette dernière forme de conflit émotionnel est peut-être la plus pénible à vivre. Malheureusement, à cause des impératifs d'une conjoncture hautement concurrentielle et des restructurations et réductions de personnel qui en découlent, les situations où la dureté du patron peut provoquer des conflits émotionnels se multiplient.

▶ **Conflit émotionnel**
Problème relationnel qui se manifeste, notamment, par des sentiments de colère, de méfiance, d'animosité, de crainte et de rancune

LES DIVERS NIVEAUX DE CONFLITS

Lorsqu'on doit affronter soi-même des conflits en milieu de travail, la première question à se poser est la suivante : « Est-ce que j'ai la préparation nécessaire pour affronter différents types de conflits et les résoudre ? » Les conflits en milieu de travail peuvent se situer sur les plans de l'individu (la personne vit un conflit intérieur qui ne touche qu'elle), des relations interpersonnelles (conflit entre deux ou plusieurs individus), des relations entre des groupes au sein d'une organisation ou des relations entre des organisations.

Certains conflits qui ont une incidence sur le comportement au sein de l'organisation ne concernent qu'une seule personne. On parle de *conflit intrapersonnel* lorsqu'une personne vit un déchirement intérieur découlant d'un choix qu'elle a à faire; ou encore lorsqu'elle vit un déchirement intérieur issu de l'incompatibilité, réelle ou perçue, entre ses attentes ou ses objectifs, d'une part, et les attentes qu'on entretient à son égard ou les objectifs qu'on lui fixe, d'autre part. Il s'agit, par exemple, du conflit entre la personne et le rôle qu'elle doit jouer.

▶ **Conflit intrapersonnel**
Déchirement intérieur découlant d'un choix qu'une personne a à faire; ou encore déchirement intérieur issu de l'incompatibilité, réelle ou perçue, entre les attentes ou les objectifs d'une personne, d'une part, et les attentes qu'on entretient à son égard ou les objectifs qu'on lui fixe, d'autre part

DES LEADERS PARLENT DE LEADERSHIP

Le conflit travail-famille[8]

Tous les vendredis, Isabelle Bergeron prend son temps pour conduire son garçon à la garderie, puis elle va faire ses courses. Parfois, elle fait une sieste l'après-midi, surtout depuis qu'elle est enceinte de son deuxième enfant. Ensuite, elle va chercher son petit Jérémie et elle est prête pour passer le week-end en famille.

Vous croyez qu'Isabelle est une femme au foyer? Loin de là! Isabelle est comptable agréée et directrice principale chez Samson Bélair/ Deloitte & Touche. Au retour de son congé de maternité, elle a opté pour la semaine de quatre jours. «J'ai renoncé à 20 % de mon salaire, mais j'étais prête à ça pour pouvoir passer des fins de semaine plus relaxes en famille.»

Isabelle n'est pas la seule à privilégier un meilleur équilibre entre sa vie professionnelle et personnelle. Certains employeurs s'adaptent à ces nouvelles réalités pour attirer et retenir la main-d'œuvre, surtout dans les milieux traditionnellement féminins, remarque Caroline Coutu, conseillère en ressources humaines agréée.

«Toutefois, dans les milieux plus masculins, la semaine de cinq jours est encore souvent la norme», nuance-t-elle. [...]

Isabelle n'a pas eu à se battre avec son employeur pour obtenir sa semaine de quatre jours. «Mais, ça peut arriver que je doive travailler un peu le soir. Le vendredi, il m'arrive de prendre un appel ou de répondre à un courriel et même, dans les périodes très occupées, de devoir rentrer au travail. Mais mon employeur me donne beaucoup, alors c'est normal que je fasse preuve d'ouverture.»

Il semble d'ailleurs que les entreprises proactives en matière de conciliation travail-famille prennent une longueur d'avance sur les autres auprès de la génération Y. [...]

Isabelle peut encore gravir un échelon chez Samson, Bélair/ Deloitte & Touche – devenir associée – et elle compte bien y arriver.

«Faire des semaines de quatre jours ne m'en empêchera pas, mais c'est certain que ça va moins vite que si je travaillais des heures de fous. Mais c'est normal et de toute façon, je ne suis pas pressée», dit la maman de 36 ans.

Question
Quelles limites tenterez-vous d'établir afin de préserver un équilibre entre vos objectifs professionnels et vos responsabilités personnelles ou familiales?

En outre, on distingue habituellement les trois formes suivantes de conflits intrapersonnels :

- le *conflit approche-approche*, où l'individu doit choisir entre deux possibilités tout aussi positives et alléchantes l'une que l'autre – par exemple, lorsqu'il a le choix entre une promotion très intéressante ou un poste des plus séduisants dans une autre organisation ;
- le *conflit évitement-évitement*, où l'individu doit choisir entre deux possibilités tout aussi négatives et rebutantes l'une que l'autre – par exemple, lorsqu'il a le « choix » entre une mutation dans une ville qui lui déplaît ou le licenciement pur et simple ;
- le *conflit approche-évitement*, où l'individu est ambivalent quant à une possibilité qui comporte à la fois des aspects positifs et négatifs – par exemple, lorsqu'il reçoit une offre de poste mieux rémunéré, mais qui aura des répercussions déplaisantes sur sa vie personnelle.

Le **conflit interpersonnel** oppose deux individus ou plus. Il peut s'agir d'un conflit de fond (par exemple, entre deux cadres qui ne s'entendent pas sur l'embauche d'un candidat à un poste donné), d'un conflit émotionnel (par exemple, entre deux travailleurs qui critiquent constamment leurs attitudes et leurs modes de vie respectifs, et qui n'arrivent pas à travailler ensemble) ou d'une combinaison des deux. Le processus traditionnel d'évaluation du rendement par lequel le supérieur transmet son appréciation au subordonné, sans que ce dernier ait l'occasion de lui faire part de son propre examen, est aussi souvent propice à l'émergence d'un conflit interpersonnel. En outre, sans rétroaction, ce processus unidirectionnel ne favorise pas la motivation du subordonné, ni l'amélioration de son rendement.

▸ **Conflit interpersonnel**
Conflit qui oppose deux individus ou plus

Le **conflit intergroupes** oppose deux groupes ou plus. Là encore, il peut s'agir d'un conflit de fond, d'un conflit émotionnel ou d'une combinaison des deux. Relativement fréquents dans les organisations, les conflits intergroupes peuvent rendre difficiles la coordination et l'intégration des tâches[9]. L'exemple typique est le conflit entre deux unités opérationnelles, comme la production et le marketing. Le recours de plus en plus courant à des équipes interfonctionnelles et à des groupes de projet est l'un des moyens dont disposent les gestionnaires pour mettre fin à ce type de conflit et pour favoriser la créativité et l'efficacité dans leurs activités.

▸ **Conflit intergroupes**
Conflit qui oppose deux groupes ou plus

Le **conflit interorganisationnel** oppose deux organisations ou plus. Il s'agit souvent de concurrence et de rivalité entre des organisations qui ont des activités dans les mêmes marchés. On n'a qu'à penser à la lutte constante que se livrent les entreprises canadiennes et leurs rivales étrangères. Cependant, loin de se réduire à cette concurrence interentreprises, le concept de conflit interorganisationnel s'étend par exemple aux litiges qui opposent les syndicats et les organisations qui emploient leurs membres, les organismes de réglementation et les organisations qui leur sont assujetties, les organisations et leurs fournisseurs, ou certains groupes de pression et les organisations sur lesquelles ils cherchent à exercer de l'influence.

▸ **Conflit interorganisationnel**
Conflit qui oppose deux organisations ou plus

LE CONFLIT CONSTRUCTIF ET LE CONFLIT DESTRUCTEUR

Les conflits en milieu organisationnel peuvent être déstabilisants, tant pour les protagonistes que pour leur entourage. Travailler dans un climat d'hostilité constante peut devenir très pénible. Cependant, comme le montre la **figure 14.1**, les spécialistes en CO considèrent que le conflit peut être tantôt constructif, tantôt destructeur.

Figure 14.1 Les deux dimensions du conflit : le conflit constructif et le conflit destructeur

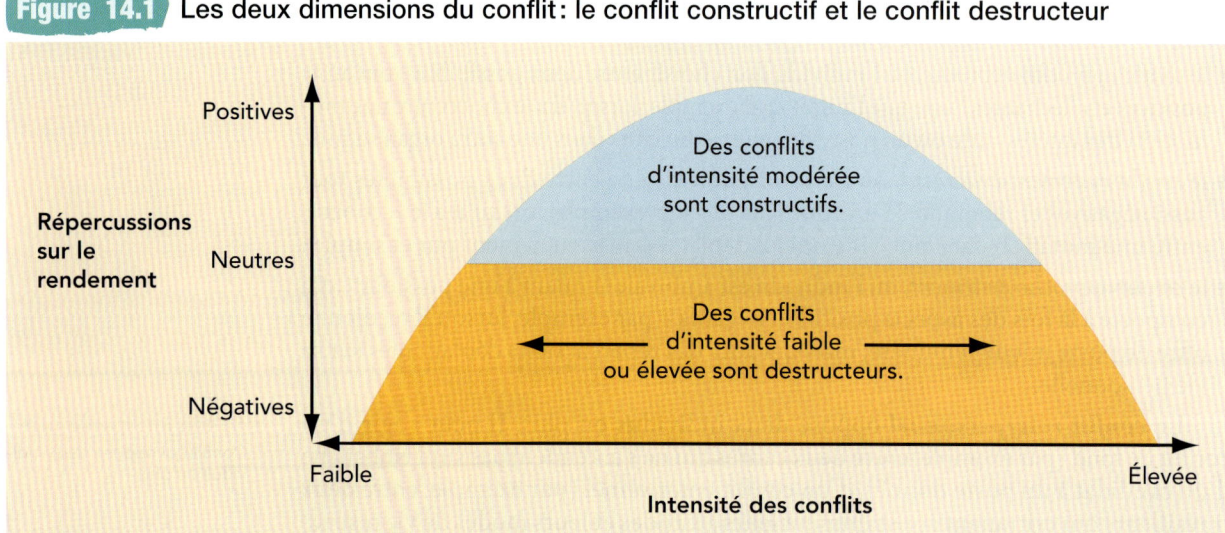

Conflit constructif
Conflit qui a des retombées positives pour les individus, les groupes ou l'organisation

Conflit destructeur
Conflit qui a des retombées négatives pour les individus, les groupes ou l'organisation

Le ***conflit constructif*** est celui qui a des retombées positives pour les individus, les groupes ou l'organisation. Le conflit peut être constructif dans les cas suivants : s'il met au jour des problèmes qui, autrement, resteraient latents ; s'il pousse les parties à étudier de plus près une décision, voire à la reconsidérer, pour vérifier que la bonne ligne de conduite a été adoptée ; s'il augmente l'information dont disposent les décideurs ; ou s'il stimule une créativité propice à l'amélioration du rendement individuel, du rendement de groupe ou du rendement organisationnel. Le gestionnaire efficace sait comment provoquer un conflit constructif dans des situations où se satisfaire du statu quo empêcherait des changements ou une évolution qui s'imposent.

Au contraire, le ***conflit destructeur*** a des retombées négatives pour les individus, les groupes ou l'organisation. Il détourne les énergies, nuit à la cohésion du groupe, favorise les manifestations d'hostilité et, en général, crée un environnement néfaste pour les travailleurs. On en a l'exemple lorsque deux collègues n'arrivent pas à travailler ensemble à cause de divergences d'ordre personnel (un conflit émotionnel destructeur) ou lorsque le travail des membres d'un comité piétine parce qu'ils ne parviennent pas à s'entendre sur les objectifs du groupe (un conflit de fond destructeur). Des conflits destructeurs de ce type risquent de diminuer à la fois la productivité et la satisfaction professionnelle et peuvent même devenir des causes d'absentéisme et de roulement accru du personnel. Les gestionnaires doivent être à l'affût des conflits destructeurs et y réagir promptement afin de les enrayer ou, du moins, d'en atténuer les conséquences.

LA CULTURE ET LES CONFLITS

La société contemporaine présente de nombreux signes d'une détérioration des relations sociales : tensions entre les races, entre les générations, entre les hommes et les femmes, entre les hétérosexuels et les homosexuels, et ainsi de suite. D'une façon ou

L'éthique en OC

Le gourou de la gestion apporte un nouveau souffle à la Libye[10]

Lybie, leadership, formation, entreprenariat, réforme... Est-il possible de rassembler ces mots dans une même phrase, par surcroît positive ? Une telle association peut paraître tirée par les cheveux, mais elle est tout à fait sensée aux yeux de Michael Porter, le gourou de la gestion stratégique et professeur à Harvard. Avec des collègues de la société-conseil Monitor, celui-ci s'est engagé dans un programme visant à aider la Libye à revitaliser son secteur des affaires et son développement économique. Dans cette optique, Michael Porter collabore avec Mouammar al Kadhafi, qui encore récemment était considéré comme un voyou sur la scène mondiale, mais qui est toujours à la tête d'un gouvernement tout-puissant.

La Libye de Kadhafi a été très isolée, puis elle a été soumise aux sanctions économiques des États-Unis et des Nations Unies, jusqu'à ce que son dirigeant annonce qu'elle abandonnait son programme d'armes de destruction massive et rétablissait des liens avec Washington. Michael Porter et son équipe ont travaillé au programme de leadership destiné aux cadres supérieurs en Libye ; ils ont étroitement collaboré avec le fils de Kadhafi, Saif al Islam, un diplômé de la London School of Economics, et ont contribué à la mise en œuvre de plusieurs réformes gouvernementales. Michael Porter explique : « Je ne me suis pas engagé parce qu'il s'agissait d'une grande économie. L'enjeu était plutôt symbolique. Si on peut réussir ici, d'autres pays seront capables de progresser. »

Il y a là, en effet, un symbole. Cet exemple nous indique que le moment est peut-être venu de raviver l'immense potentiel que représentent la collaboration et l'engagement, plutôt que le conflit et l'isolement, comme voies de solution aux problèmes mondiaux. N'est-il pas intéressant de découvrir que, dans le domaine des relations internationales, le travail d'un professeur et conseiller en gestion contribue à ouvrir les portes de la Libye au reste du monde ?

Question

Certains pourraient soutenir que les efforts de Michael Porter en Libye s'appuient sur de bonnes intentions d'un point de vue éthique, mais qu'ils sont mal orientés, car ils ne font au bout du compte que renforcer un gouvernement totalitaire. D'autres pourraient voir dans son travail un exemple qui illustre comment, par un engagement constructif, il est possible de mettre un terme à des affrontements destructeurs et d'aider à résoudre des problèmes mondiaux. Mais qu'en est-il des évènements du quotidien ? Combien de fois vous arrive-t-il, dans votre vie personnelle autant que professionnelle, de laisser passer des occasions de vous engager de façon constructive ?

d'une autre, ces tensions découlent toutes de différences entre les gens. Voilà qui nous rappelle le potentiel conflictuel important des différences culturelles.

Lorsque nous avons décrit les diverses dimensions d'une culture nationale au chapitre 2, nous avons noté, entre autres différences, celles qui ont trait à l'orientation temporelle, à la dimension individualisme – collectivisme ainsi qu'à la distance hiérarchique. Lorsque des gens issus d'une culture orientée vers le court terme, comme la culture nord-américaine, essaient de travailler avec des gens issus d'une culture orientée vers le long terme, les risques de conflits sont importants. Il en va de même lorsque des individualistes travaillent avec des collectivistes ou que des gens issus d'une culture à distance hiérarchique élevée sont en relation professionnelle avec des gens qui proviennent d'une culture à distance hiérarchique faible[11].

Dans tous ces cas, les personnes incapables d'accepter et de respecter l'influence de la culture sur le comportement peuvent contribuer à l'apparition de situations dysfonctionnelles et destructrices. Par contre, en faisant preuve de sensibilité et de respect dans les relations professionnelles interculturelles, on peut trouver des façons de travailler ensemble sans trop de difficultés et même mettre à profit les avantages du conflit constructif.

Prêtez attention à ces commentaires de deux membres d'un groupe de projet conjoint France – États-Unis chez Corning. « Un genre de magie s'opère », explique John Thomas, ingénieur de projet, pour décrire la collaboration à la résolution de problèmes entre scientifiques européens et américains des centres de recherche de Corning. « Les Européens ont une pensée très créative, affirme-t-il, et ils prennent le temps de réfléchir au problème afin de proposer la meilleure solution théorique possible. Nous, Américains, avons davantage l'esprit pratique. Nous voulons passer sans tarder à la mise au point d'une solution fonctionnelle. » Son partenaire du centre de Fontainebleau, en France, ajoute : « Nous, Français, sommes plutôt axés sur les idées et les concepts. Quand survient un blocage dans l'exécution de ce que notre esprit a conçu, nous sommes portés à abdiquer. Les Américains n'ont pas cette réaction. Ils accordent plus d'attention aux détails, aux processus et aux calendriers de travail. Ils veillent à être bien préparés et s'assurent que tous leurs collaborateurs participent au processus de planification afin de ne pas subir de retards. L'idéal demeure la combinaison des deux approches. C'est ainsi qu'on parvient finalement aux meilleurs résultats[12]. »

LA GESTION DES CONFLITS

Il y a bien des façons de réagir à un conflit, mais l'objectif primordial devrait toujours être de jeter les bases d'une véritable **résolution de conflit**, c'est-à-dire d'éliminer les causes sous-jacentes du conflit. Ce processus passe d'abord par une bonne compréhension des causes du conflit, mais il est également essentiel de déterminer à quelle phase le conflit est parvenu.

> **Résolution de conflit**
> Situation où les causes sous-jacentes d'un conflit ont été éliminées

LES PHASES D'UN CONFLIT

La plupart des conflits traversent les diverses phases qu'illustre la **figure 14.2**. Les gestionnaires doivent savoir que des conflits non résolus ouvrent la voie à d'autres conflits de même nature. Plutôt que de nier leur existence ou de se contenter d'en supprimer temporairement les manifestations, il vaut souvent mieux s'attaquer de front aux conflits importants et les résoudre une fois pour toutes[13]. Les *antécédents* du conflit sont des conditions propices à l'apparition d'un conflit. Lorsque celles-ci finissent par entraîner des différends sur des questions de fond ou des antagonismes d'ordre émotionnel, on entre dans la phase du *conflit perçu*. Notons que la perception d'un conflit peut n'être le fait que d'un des antagonistes. Il est essentiel de distinguer

Figure 14.2 Les phases d'un conflit

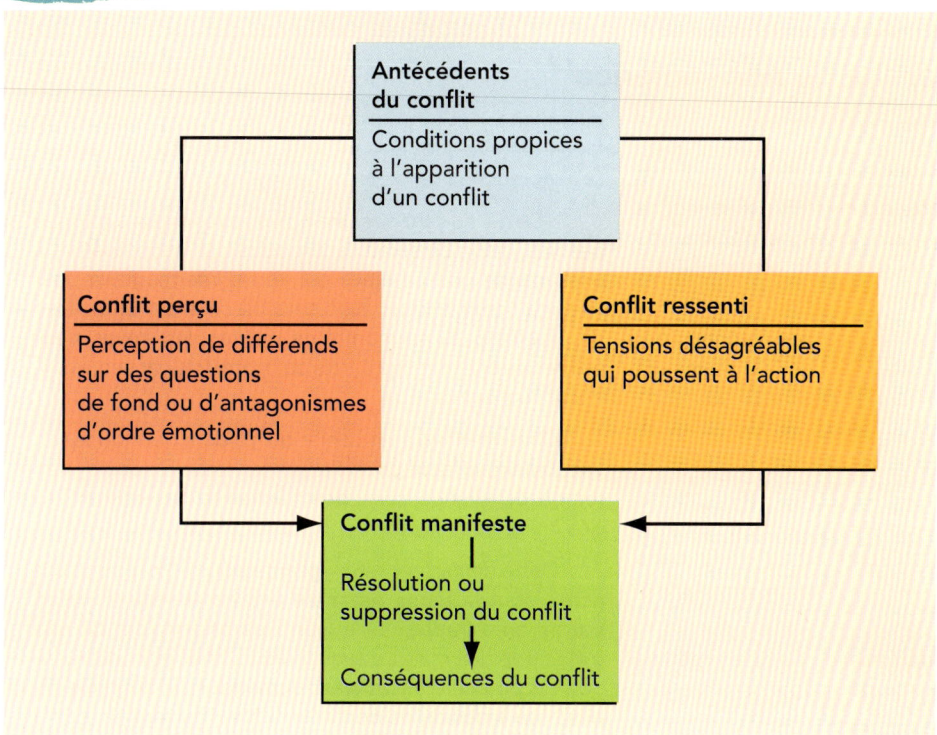

le *conflit perçu* du *conflit ressenti*. La personne qui *ressent* le conflit éprouve une tension désagréable qui la pousse à agir afin de se sentir soulagée. Pour qu'un conflit puisse être résolu, il faut que toutes les parties perçoivent son existence et ressentent le besoin d'agir.

Lorsque le différend s'exprime ouvertement, qu'il se traduit par des comportements, le conflit devient *manifeste*. À cette phase, on peut résoudre le conflit en éliminant ses antécédents ou en y remédiant. On peut également le *supprimer* : ses manifestations disparaîtront, mais les conditions qui l'ont suscité resteront inchangées ; il ne s'agit que d'un traitement de surface. C'est ce qui se passe, par exemple, lorsqu'une des deux parties décide d'oublier momentanément le désaccord qui l'oppose à l'autre. La *suppression* n'est qu'une façon superficielle et souvent temporaire de « régler » le conflit.

En fait, comme nous l'avons dit, le conflit supprimé et le conflit non résolu appartiennent à la même catégorie. Tous deux risquent de s'envenimer et d'engendrer ultérieurement des problèmes du même ordre. Cependant, supprimer le conflit est parfois la meilleure solution à court terme dont dispose le gestionnaire, du moins jusqu'à ce qu'il parvienne à en modifier les antécédents.

Les conflits de fond non résolus peuvent engendrer des problèmes émotionnels d'envergure ; ils risquent de dégénérer en conflits émotionnels destructeurs. Par contre, un conflit vraiment résolu peut créer des conditions favorables qui diminueront les risques de discordes ultérieures et faciliteront la résolution de celles qui pourraient survenir. Le gestionnaire ne doit donc jamais perdre de vue les *conséquences* à long terme d'un conflit.

Des AS de la gestion

Audacieuse démarche de non-violence[14]

« J'étais dans une autre école. J'ai déménagé. Les deux écoles ne se comparent pas. Ici, je suis vraiment bien. Là-bas, si je faisais des choses que j'aimais mais que d'autres n'aimaient pas, je pouvais me faire pousser dans le mur ou lancer des noms », raconte Gabrielle Dubé, une élève de la classe de Marie-Claire Roy, enseignante à l'École des Merisiers, de Sainte-Blandine, à Rimouski.

Voilà l'un des nombreux témoignages entendus par *Le Soleil* lors d'une visite à cette école de 300 élèves qui vit depuis quatre ans une démarche qui change la relation entre les gens. Il y a d'abord eu le vouvoiement, puis les bases d'un code de comportement qui entraîne le respect des élèves entre eux et avec leurs enseignants.

Mme Roy, une jeune enseignante, a initié bénévolement cette démarche avec l'appui de collègues dans cette école qui dispense le cours primaire et le début du secondaire. […]

Alors qu'il est beaucoup question dans les médias de violence dans des écoles ou d'intimidation entre des élèves, quel est donc ce choix fait à l'École des Merisiers, comment parvient-on à aplanir certains différends et à améliorer les relations dans l'école ?

Mme Roy admet que cette approche a été mise en place avec patience, et parfois avec difficulté, pour doter l'école d'un code de comportement. Une nouvelle vie sociale émerge dans l'établissement, basée sur le vouvoiement, la communication non violente et le compagnonnage entre élèves pour résoudre les conflits*.

« Le savoir-être des élèves, la dimension affective, l'estime de soi ne sont pas des préoccupations qui sont sur le même pied que les savoirs. On attend que les enfants soient adultes pour le savoir-être..., soutient Mme Roy. Il faut aller plus loin que d'entendre un élève dire « Je me sens mal ». Savoir, par exemple, si un élève est frustré ou pourquoi il se sent seul. Il faut bien s'exprimer pour qu'on puisse comprendre. La demande devient plus claire. Il n'y a rien de magique. Communiquer de façon authentique. Être moins « branché tête » et davantage « branché cœur ».

« Ce qui ne veut pas dire qu'on va répondre à tous les besoins, sinon ce serait l'anarchie. Ainsi, chaque élève a un « acolyte » ou un élève qui sert d'intermédiaire pour l'aider à communiquer avec celui ou celle qui lui a causé un problème. Si par contre ça va bien, les élèves s'envoient des étoiles jusqu'à trois ou quatre fois par semaine », décrit l'enseignante.

Chaque élève a un cahier qui l'aide à développer un vocabulaire affectif pour s'exprimer, pour respecter des temps de silence près des vestiaires notamment, et des feuilles de réflexion.

Cette démarche est exigeante pour le corps professoral, dont la tâche première est... d'enseigner. « L'an passé, on a frappé notre mur. Des profs m'ont dit que c'était trop dur, mais il y avait toujours chez eux une intention de poursuivre. On s'est demandé : on continue ou pas ? On a décidé de continuer... Nous faisons un pas à chaque année, même si c'est un petit pas... Nous avons sans doute l'air d'idéalistes. À tout le moins, on sème des graines. Quand on a goûté à la magie de la communication avec l'enfant, ça vaut la peine d'arrêter un cours de maths en plein milieu et d'en faire un meilleur le lendemain. La communication, c'est un moyen gagnant. »

Les enseignants se sont aussi mis... à l'apprentissage de cette méthode. « Il y a eu la formation des profs du primaire pour qu'ils puissent donner un atelier d'une heure par semaine aux élèves. Trois profs ont été dans des stages intensifs », explique Mme Roy.

---

* La démarche mise en place s'inspire entre autres de la communication non violente de Marshall Rosenberg, de l'écologie rationnelle et de la méthode E.S.P.E.R.E. de Jacques Salomé, et de celle de l'Institut Pacifique sur la résolution de conflit par les pairs.

LES TYPES DE SITUATIONS CONFLICTUELLES ET LEURS PRINCIPALES CAUSES

Un processus efficace de gestion des conflits suppose une connaissance préalable des divers types de situations conflictuelles et commence par un diagnostic des causes du problème.

Le *conflit vertical* oppose des personnes ou des groupes de paliers hiérarchiques différents. Il se manifeste souvent par des litiges entre subordonnés et supérieurs à propos des ressources, des objectifs, des délais ou des résultats en matière de rendement. En revanche, le *conflit horizontal* met aux prises des personnes ou des groupes d'un même échelon hiérarchique. Leurs mésententes peuvent découler, notamment, d'objectifs incompatibles, du manque de ressources ou de facteurs purement interpersonnels. Le conflit horizontal se manifeste souvent sous la forme d'un *conflit entre une unité opérationnelle et une unité fonctionnelle* qui apparaît, notamment, lorsque les deux parties veulent s'approprier le pouvoir de trancher telle ou telle question : embauche, congédiement, etc.

Également fréquent en milieu de travail, le *conflit de rôle* survient souvent lorsque les attentes en matière de tâches sont exprimées de manière inadéquate ou déstabilisante. Nous l'avons vu au chapitre 9 à propos du travail d'équipe, les problèmes de cet ordre viennent souvent de ce qu'un ou plusieurs émetteurs expriment des attentes contradictoires ou incompatibles. Il arrive aussi que les valeurs et les besoins d'une personne entrent en conflit avec les attentes liées à son rôle ou que les attentes attachées aux divers rôles d'une même personne soient incompatibles.

Les situations d'*interdépendance dans le circuit de production* peuvent être une source importante de conflits. Des mésententes ou des disputes ouvertes peuvent surgir entre des individus ou des unités qui doivent coopérer pour atteindre des objectifs ambitieux[15]. Les conflits seront plus fréquents si l'interdépendance est très étroite, c'est-à-dire lorsqu'une personne ou un groupe dépend d'une autre personne ou d'un autre groupe pour atteindre ses objectifs. Ainsi, dans les restaurants, les rapports entre le personnel de la cuisine et le personnel du service tournent souvent au vinaigre lorsque les plats tardent à sortir de la cuisine. En outre, les conflits peuvent dégénérer lorsqu'il y a *ambiguïté des rôles*, c'est-à-dire lorsque les tâches et les objectifs de chacun sont mal définis, ou lorsqu'il y a *ambiguïté en matière de responsabilités*, c'est-à-dire lorsque les champs de responsabilités et l'étendue de l'autorité ne sont pas clairement délimités.

Qu'elle soit réelle ou perçue comme telle, l'*insuffisance des ressources* peut également susciter une concurrence destructrice entre diverses composantes d'une même organisation. Lorsque les ressources se raréfient, les relations de travail risquent de se détériorer. Cela est particulièrement vrai quand l'organisation connaît des difficultés financières ou qu'elle procède à des compressions de personnel ou de budget. De tels contextes poussent certains individus ou certains groupes à rivaliser pour obtenir ou conserver le plus possible des ressources qui se raréfient. Ils risquent également de s'opposer à une nouvelle répartition des ressources ou de mettre en place des contre-mesures pour empêcher qu'une part de leurs ressources ne soit attribuée à d'autres.

Enfin, les relations de travail peuvent engendrer des conflits quand il y a *asymétrie de pouvoir* ou *asymétrie de valeurs*, c'est-à-dire quand il y a un trop grand écart entre la position hiérarchique et l'influence, ou entre les valeurs de personnes ou de groupes interdépendants. Ce type de conflit peut apparaître, notamment, lorsqu'une personne qui a peu de pouvoir a besoin de l'aide d'un collègue à la fois mieux placé et peu coopératif, lorsque des gens dont les valeurs divergent radicalement sont forcés de collaborer à une tâche commune, ou lorsqu'une personne haut placée doit interagir avec un collègue qui occupe une position inférieure et qu'elle dépend de lui à certains égards.

LES STRATÉGIES DE GESTION INDIRECTE DES CONFLITS

Les diverses stratégies de gestion indirecte des conflits ont ceci en commun qu'elles ne s'attaquent pas de front aux problèmes, pas plus qu'elles ne tentent de les résoudre en réunissant les personnes concernées. Parmi ces stratégies de gestion indirecte des conflits, les principales sont : la diminution de l'interdépendance, l'appel aux objectifs communs, le recours aux supérieurs hiérarchiques et la modification des scénarios et des mythes organisationnels.

La diminution de l'interdépendance

Si les conflits sont liés aux circuits de production, le gestionnaire peut revoir le degré d'interdépendance des unités ou des individus[16]. Il dispose pour cela d'une solution très simple : la *dissociation*, qui consiste à éliminer ou à restreindre les contacts entre les parties en conflit. Dans certains cas, on peut réorganiser les tâches des unités en diminuant le nombre de points de coordination qu'elles requièrent. Les unités en conflit peuvent ensuite être séparées de sorte que chacune dispose d'un accès direct aux ressources dont elle a besoin. La dissociation peut apaiser les relations, mais elle peut aussi déboucher sur un dédoublement des tâches ou une mauvaise répartition des ressources.

Lorsque les intrants d'un groupe sont constitués des extrants d'un autre groupe, le *recours à des stocks tampons* peut être une autre façon de diminuer l'interdépendance. Il s'agit, notamment, de constituer des stocks de sécurité entre les groupes en conflit afin d'éliminer les répercussions que d'éventuelles variations de la production d'intrants auront sur le groupe cible. Bien que cette méthode puisse effectivement atténuer les manifestations conflictuelles, elle est de moins en moins utilisée à cause des coûts élevés de stockage. En fait, elle va à l'encontre de la *livraison juste-à-temps*, qui est maintenant la tendance privilégiée en gestion des opérations.

Désigner quelqu'un qui servira de *courroie de transmission* entre les groupes antagonistes peut faciliter la gestion d'un conflit lié à l'interdépendance des tâches[17]. La personne appelée à améliorer la coopération et l'exécution des tâches communes (la coordonnatrice de projet, par exemple) doit évidemment avoir une bonne connaissance des groupes en cause, de leurs activités, de leurs membres, de leurs besoins et de leurs normes respectives. Malgré son coût élevé, cette méthode est souvent utilisée lorsque des groupes spécialisés dans des domaines différents, comme l'ingénierie et la commercialisation, doivent collaborer à des projets complexes et de longue haleine.

L'appel aux objectifs communs

L'appel à des objectifs communs peut recentrer l'attention des parties potentiellement antagonistes sur une conclusion souhaitable pour tous. Le fait de resituer les désaccords potentiels dans un cadre où les parties doivent reconnaître leur interdépendance dans l'atteinte d'objectifs communs peut aider celles-ci à modifier leurs points de vue et les convaincre de renoncer aux querelles mesquines. Cependant, il sera difficile de parvenir à ce résultat si le rendement antérieur est faible et que les parties ne s'entendent pas sur les moyens de remédier à la situation. Le gestionnaire devra alors tenir compte de l'*effet de complaisance*, qui pousse les gens à attribuer à autrui ou à des conditions externes la responsabilité des échecs. Pour résoudre le conflit, il devra donc, dans un premier temps, s'assurer que toutes les parties assument leur part de responsabilités.

Le recours aux supérieurs hiérarchiques

Il s'agit d'une stratégie de résolution de conflits qui s'appuie sur la chaîne de commandement. Le recours aux supérieurs hiérarchiques consiste simplement à transmettre les problèmes aux supérieurs hiérarchiques pour qu'ils trouvent des solutions[18]. Bien que ce moyen donne des résultats probants dans certains cas, il a aussi ses limites. Si le conflit est sérieux et récurrent, le recours continuel aux supérieurs ne permettra peut-être jamais d'aboutir à une véritable résolution du problème. Distraits de leurs responsabilités quotidiennes, les cadres obligés d'intervenir risquent de ne pas diagnostiquer correctement les causes réelles du conflit, et la résolution du problème ne sera que superficielle. Signalons que les gestionnaires débordés peuvent être enclins à associer la plupart des conflits

qu'on leur soumet à leur seule dimension émotionnelle ; ils risquent alors d'y réagir de manière expéditive en remplaçant la personne qui, à leurs yeux, présente un *problème de personnalité*.

La modification des scénarios et des mythes organisationnels

Dans certaines situations, le gestionnaire gère le conflit superficiellement en recourant à des *scénarios*, c'est-à-dire à des comportements routiniers qui finissent par faire partie de la culture organisationnelle[19]. Ces scénarios deviennent des rituels qui permettent aux parties en litige d'évacuer leurs frustrations et d'admettre leur interdépendance au sein de cette entité plus vaste qu'est l'organisation.

À titre d'exemple, citons la réunion mensuelle des responsables de service qui est censée viser des objectifs de coordination et de résolution de problèmes, mais qui, en fait, n'est souvent qu'un forum courtois où on entérine des accords superficiels[20]. Dans de tels cas, les responsables de service savent parfaitement qu'ils ne pourront résoudre véritablement aucun conflit d'envergure. Ainsi, en respectant point par point le scénario, en exprimant à peine leurs divergences et en s'empressant de faire comme si tout était réglé, ils semblent s'attaquer officiellement aux problèmes et leur trouver des solutions. De tels scénarios peuvent toutefois être modifiés de manière à favoriser la reconnaissance des conflits et la confrontation active des points de vue divergents.

LES STRATÉGIES DE GESTION DIRECTE DES CONFLITS

La **figure 14.3** présente une grille d'analyse qui décrit les cinq stratégies de gestion directe des conflits selon le degré de coopération et d'affirmation de soi qu'elles supposent. Comme l'explique la rubrique *Du savoir à la pratique 14.1*, chacune de ces stratégies peut être appropriée dans certaines circonstances.

Les consultants et les chercheurs s'entendent pour dire qu'un conflit n'est vraiment résolu qu'une fois que ses causes sous-jacentes ont été mises au jour – raisons de fond ou d'ordre émotionnel – et qu'une solution où toutes les parties sont *gagnantes* a été trouvée[21]. La meilleure façon d'aborder la question cruciale « *Qui y gagne ?* » est de l'envisager du point de vue de chacune des parties en présence.

Figure 14.3 — Une grille d'analyse des cinq stratégies de gestion directe des conflits

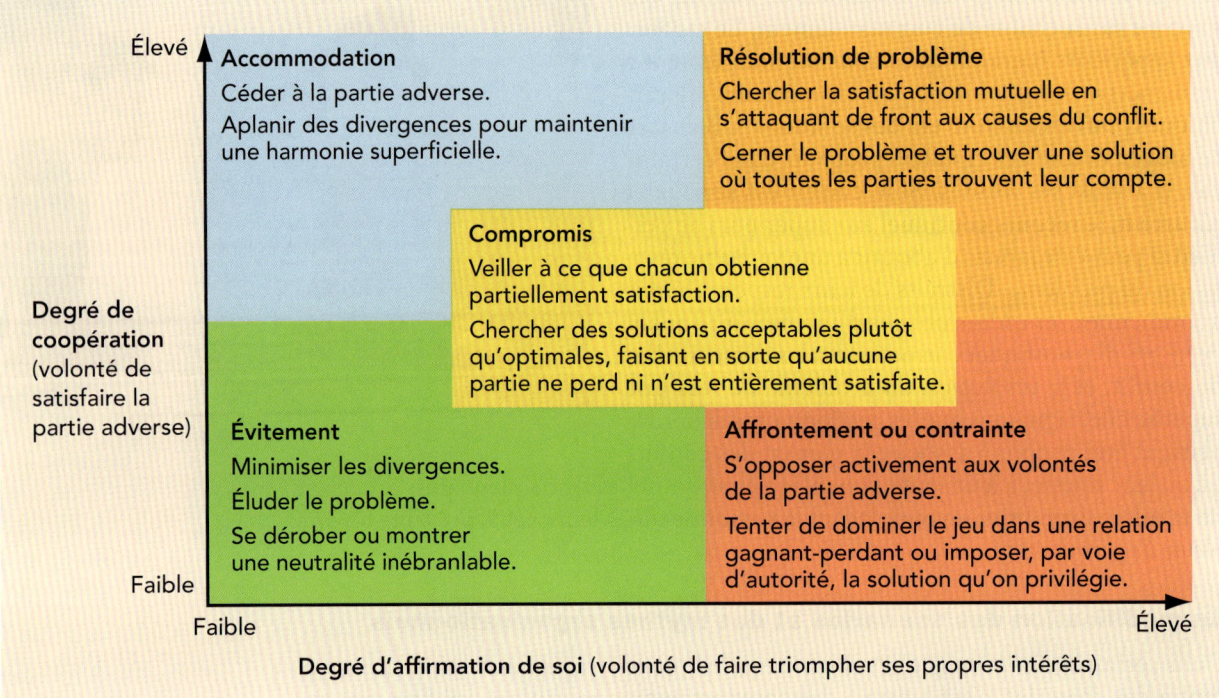

DU SAVOIR À LA PRATIQUE — 14.1

La gestion directe des conflits : quand recourir à telle ou telle stratégie ?

- La *stratégie de résolution de problème* est à privilégier si les ressources nécessaires, notamment le temps et l'argent, sont disponibles et que chaque partie souhaite parvenir à une véritable résolution du conflit, c'est-à-dire en éliminer les causes sous-jacentes.
- L'*évitement* peut être une solution appropriée si le problème est banal, si des questions plus urgentes mobilisent l'attention ou s'il est nécessaire de calmer le jeu et de donner aux parties intéressées le temps d'envisager la situation sous un angle différent.
- La *contrainte* peut être une solution appropriée si la situation exige une intervention rapide et décisive ou si une mesure impopulaire s'impose.
- L'*accommodation* peut être une solution appropriée si l'enjeu revêt plus d'importance pour l'autre partie que pour soi ou si l'obtention d'un « crédit » pourrait être utile ultérieurement.
- Le *compromis* peut être une solution appropriée si on veut obtenir un accord temporaire sur des questions complexes ou si une solution rapide s'impose.

La situation qui ne fait que des perdants

Dans cette situation, caractérisée par l'absence ou une faiblesse d'affirmation de soi, aucune des parties n'obtient entière satisfaction. On aboutit généralement à ce type de situation lorsqu'on a opté pour l'une ou l'autre des stratégies suivantes :

1) l'*évitement* (ou *fuite*), lorsque tout un chacun élude le problème en se comportant comme s'il n'existait pas, parfois dans l'espoir qu'il se dissipe de lui-même ;

2) l'*accommodation*, lorsqu'on aplanit les divergences et qu'on se concentre sur les ressemblances et les points d'entente pour préserver la *coexistence pacifique*, mais le problème reste entier et risque d'engendrer frustrations et rancœur ;

3) Le *compromis*, lorsque chaque partie cède à l'autre sur un point important.

Dans les trois cas, comme personne n'obtient entière satisfaction et que les antécédents du conflit restent inchangés, tout est en place pour que des conflits ultérieurs de même nature éclatent.

La situation qui fait un gagnant et un perdant

Dans cette situation, caractérisée par un degré élevé d'affirmation de soi et un faible degré de collaboration, une partie l'emporte sur l'autre. On se trouve généralement dans ce cas lorsqu'on a opté pour l'une ou l'autre des stratégies suivantes :

1) l'*affrontement*, lorsque la victoire revient à celle des parties qui a réussi à s'imposer par sa force, par la supériorité de ses compétences ou par son influence ;

2) la *contrainte*, lorsque l'une des parties impose sa solution en s'appuyant sur son autorité et spécifie les gains et les pertes de chacune.

Dans les deux cas, on ne s'attaque pas aux racines du conflit et on tend à étouffer les désirs d'une des parties en présence ; on peut donc s'attendre à d'autres conflits autour des mêmes questions.

La situation qui ne fait que des gagnants

Ce n'est qu'à condition de pouvoir miser sur des degrés élevés de coopération et d'affirmation de soi qu'on pourra parvenir à cette situation optimale qui ne fait que des gagnants[22]. La stratégie de *résolution de problème* suppose, en effet, que toutes les parties reconnaissent l'existence d'un problème et acceptent d'y prêter attention. Elle mise sur un processus de prise de décision et de résolution de conflit qui s'appuie sur la collecte et l'évaluation de l'information pertinente. En adoptant une telle stratégie, on élimine les antécédents du conflit, c'est-à-dire les raisons de maintenir ce dernier ou de le faire renaître. On doit donc veiller à ne négliger ni étouffer aucun de ses aspects. Toutes les questions appropriées doivent être soulevées et discutées ouvertement.

On peut affirmer qu'on est bel et bien parvenu à une situation qui ne fait que des gagnants si toutes les parties :

1) estiment avoir atteint leurs objectifs respectifs ;

2) jugent la solution acceptable pour chacune d'elles ;

3) s'engagent à se montrer honnêtes et ouvertes tant en ce qui concerne les faits que leurs sentiments.

Si c'est le cas, le conflit est vraiment réglé.

> **Évitement** (ou **fuite**)
> Stratégie de gestion des conflits par laquelle tout un chacun élude le problème en se comportant comme s'il n'existait pas
>
> **Accommodation**
> Stratégie de gestion des conflits par laquelle on aplanit les divergences et on se concentre sur les ressemblances et les points d'entente
>
> **Compromis**
> Stratégie de gestion des conflits par laquelle chaque partie cède à l'autre sur un point important
>
> **Affrontement**
> Stratégie de gestion des conflits par laquelle la victoire revient à celle des parties qui réussit à s'imposer par sa force, par la supériorité de ses compétences ou par son influence
>
> **Contrainte**
> Stratégie de gestion des conflits par laquelle l'une des parties, s'appuyant sur son autorité hiérarchique, impose sa solution et spécifie les gains et les pertes de chacune
>
> **Résolution de problème**
> Stratégie de gestion des conflits qui s'appuie sur une collecte et une évaluation de l'information pertinente et des discussions franches entre les parties pour éliminer les antécédents du conflit

Bien que la stratégie de la résolution de problème soit généralement celle qu'on favorise, elle présente un désavantage majeur : elle peut être coûteuse en temps et en énergie. De plus, elle n'est possible que si toutes les parties manifestent un haut degré d'affirmation de soi et de coopération. Enfin, elle sera difficilement applicable si la coopération n'est pas une des valeurs dominantes de la culture organisationnelle[23].

LA NÉGOCIATION EN MILIEU ORGANISATIONNEL

Mettez-vous maintenant dans la peau d'un cadre. Vous avez commandé récemment un ordinateur bloc-notes à la fine pointe de la technologie. Entre-temps, un collègue d'un autre service a, lui aussi, commandé un ordinateur bloc-notes, mais il a préféré un modèle différent. Votre patron vient vous informer qu'un seul modèle sera commandé et, bien entendu, vous estimez que vous avez choisi ce qui se fait de mieux. Voilà une belle situation conflictuelle en puissance...

Imaginez cette fois qu'on vous a offert un poste alléchant dans une autre ville – vous êtes fort tenté d'accepter, mais le salaire qu'on vous propose est inférieur à vos attentes. Vous vous rappelez avoir appris, sur les bancs d'école, que les employeurs acceptent parfois de réviser leur première offre concernant la rémunération et les avantages sociaux... dans la mesure, évidemment, où le candidat sait comment présenter les choses[24]. Comme vous estimez que votre réinstallation entraînera des coûts, vous souhaitez obtenir une prime à la signature, ainsi que l'assurance que votre salaire sera rapidement revu. Comment dénouerez-vous cette situation délicate dont l'enjeu vous concerne directement ?

QU'EST-CE QUE LA NÉGOCIATION ?

Les situations que nous venons de décrire ne sont que deux exemples des multiples situations qui amènent les gestionnaires et autres protagonistes à s'engager dans une ***négociation***, processus par lequel des parties qui privilégient des positions divergentes tentent de parvenir à une décision commune[25]. En milieu organisationnel, où les sujets de désaccord potentiels sont innombrables (échelle salariale, objectifs de productivité, évaluation du rendement, attribution des tâches, horaires de travail, aménagement de l'espace, etc.), la négociation est cruciale.

> **Négociation**
> Processus par lequel des parties qui privilégient des positions divergentes tentent de parvenir à une décision commune

LES OBJECTIFS ET LES RÉSULTATS DE LA NÉGOCIATION

Dans toute négociation, deux types d'objectifs doivent être pris en considération :

- les *objectifs liés au contenu*, qui concernent la teneur des questions sur lesquelles porte la négociation : par exemple, les montants chiffrés d'une entente salariale dans le cadre d'une négociation collective ;
- les *objectifs liés aux relations*, qui concernent la façon dont les personnes engagées dans la négociation et, éventuellement, les groupes qu'elles représentent arriveront à travailler ensemble une fois le processus mené à terme : par exemple, la capacité des représentants syndicaux et patronaux d'établir une collaboration efficace après le règlement d'un désaccord contractuel.

Malheureusement, bien des négociations se soldent par une dégradation des relations, essentiellement parce que les parties en présence ont accordé trop d'importance aux objectifs liés au contenu ainsi qu'à leurs propres intérêts, et ont négligé les objectifs relationnels. En revanche, une *négociation efficace* règle des questions de contenu en préservant – ou même en améliorant – les relations de travail. Elle favorise la conciliation des intérêts respectifs et débouche sur des décisions communes « pour le bien de tous ». Les trois critères déterminants d'une négociation fructueuse sont la qualité de l'accord, l'harmonie et l'efficience (voir la rubrique *Du savoir à la pratique 14.2*).

> **DU SAVOIR À LA PRATIQUE 14.2**
>
> **Les critères d'une négociation efficace**
>
> - *Qualité de l'accord* Les résultats de la négociation débouchent sur un accord de qualité qui est judicieux et satisfaisant pour toutes les parties.
> - *Harmonie* La négociation se déroule dans l'harmonie et elle favorise de bonnes relations interpersonnelles plutôt que de les inhiber.
> - *Efficience* La négociation est efficiente ; elle ne requiert pas plus de temps et d'argent qu'il n'est nécessaire.

LES ASPECTS ÉTHIQUES DE LA NÉGOCIATION

S'ils tiennent à garder de bonnes relations professionnelles, les gestionnaires et les autres protagonistes doivent respecter des normes éthiques rigoureuses tout au long des négociations. Cependant, même si les parties sont résolues à se conduire de manière irréprochable, au fil des pourparlers, leurs intérêts respectifs risquent de faire flancher cette détermination. Dans le feu de l'action, l'envie de chacun d'obtenir plus que son vis-à-vis ou la conviction qu'il n'y a pas suffisamment de ressources pour satisfaire toutes les parties prend souvent le pas sur les bonnes intentions[26].

Lorsque la tension retombe, les participants tentent souvent de justifier des comportements très discutables sur le plan de l'éthique en alléguant qu'ils étaient anodins, inévitables ou justifiés. Pourtant, à long terme, les inconvénients de ces rationalisations a posteriori l'emportent souvent sur leurs avantages. Ainsi, la partie qui a eu des comportements contraires à l'éthique ne parviendra pas nécessairement à satisfaire ses desiderata ; de plus, elle s'expose aux représailles des protagonistes lésés. Enfin, notons qu'une fois qu'ils ont enfreint les règles de l'éthique, les gens ont tendance à récidiver[27].

LES TYPES DE NÉGOCIATIONS EN MILIEU ORGANISATIONNEL

En milieu organisationnel, les gestionnaires et les chefs d'équipe doivent se préparer à prendre part à au moins quatre types de négociations :

- la *négociation bilatérale*, où le gestionnaire négocie directement avec un autre protagoniste ;
- la *négociation de groupe*, où le gestionnaire négocie avec les autres membres de son groupe ou de son équipe pour parvenir à une décision collective ;
- la *négociation intergroupes*, où le groupe auquel appartient le gestionnaire négocie avec un autre groupe pour régler un problème ou une situation qui les concerne tous ;

- la *négociation sectorielle*, où le gestionnaire négocie, à titre de représentant d'une composante de l'organisation, avec des représentants d'une autre composante ; la négociation menée par les représentants de la direction et des syndicats pour arriver à un accord qui prendra la forme d'une convention collective en est un exemple.

LA CULTURE ET LA NÉGOCIATION

Les différences culturelles qui sont liées à l'orientation temporelle, à la dimension individualisme – collectivisme ainsi qu'à la distance hiérarchique peuvent avoir une incidence notable sur une négociation. Ainsi, lorsque des gens d'affaires nord-américains tentent d'accélérer des négociations avec leurs homologues chinois, c'est souvent dans l'intention de conclure, dès que possible, un accord définitif qui liera les deux parties et régira leurs relations ultérieures. Mais la culture chinoise ne joue pas en faveur des Nord-Américains sur ce plan. En effet, l'homme d'affaires chinois

---

DU SAVOIR À LA PRATIQUE 14.3

Une meilleure augmentation, oui c'est possible

Qui n'a pas déjà regretté de ne pas avoir demandé un salaire de départ plus élevé ou une meilleure augmentation salariale ? Pourquoi, alors, ne l'avons-nous pas fait ? Et si nous avions osé, aurions-nous obtenu le résultat escompté ? Très souvent, les gens négocient leur salaire sans être bien préparés. Et cette lacune se révèle, dans bien des cas, coûteuse. Les conseils provenant de différentes sources ne manquent pourtant pas en matière de négociation salariale. En voici quelques-uns[29].

- *Préparez-vous adéquatement.* Faites vos recherches et sachez combien gagnent les personnes qui occupent des postes semblables à l'intérieur et à l'extérieur de votre organisation. N'oubliez pas de prendre en considération non seulement le salaire, mais aussi les avantages sociaux, les suppléments de rémunération, les primes de productivité et tous les autres à-côtés.

- *Montez et mettez en valeur votre dossier.* Déterminez et soulignez votre valeur. Faites valoir vos réalisations, en mettant en relief les économies et les bénéfices que vos anciens employeurs peuvent vous attribuer. Démontrez les avantages que pourra tout autant retirer un futur employeur de vos qualités et compétences.

- *Défendez votre cause et osez présenter vos demandes.* Soyez votre meilleur avocat. En matière de négociation salariale, la règle d'or, c'est « Ne demandez rien, vous n'obtiendrez rien ». Toutefois, n'agissez pas avec précipitation : la question du salaire doit d'abord être abordée par votre patron ou par la personne qui mène l'entrevue.

- *Gardez le cap sur votre objectif.* Votre but, c'est de satisfaire vos intérêts dans la plus large mesure possible. Cela peut vouloir dire des gratifications à court terme ou un meilleur positionnement en vue d'avantages à long terme.

- *Comprenez le point de vue de l'autre partie.* Mettez vos demandes à l'épreuve en adoptant le point de vue de l'employeur. Demandez-vous alors si elles sont raisonnables, convaincantes et justes. Demandez-vous comment votre patron pourra justifier une décision favorable à ce que vous demandez devant ses supérieurs et devant vos pairs.

- *Ne réagissez pas exagérément aux contrariétés.* Évitez les gestes impulsifs si vous n'obtenez pas ce que vous désirez. Soyez prêt à rechercher et à envisager d'autres possibilités d'emploi.

typique envisage la négociation comme un processus beaucoup plus lent, où l'établissement de bonnes relations interpersonnelles est un préalable essentiel à tout accord. De plus, en cas d'entente, il sera réticent à tout mettre par écrit et s'attendra même à ce qu'un accord puisse être modifié ultérieurement au gré des circonstances[28]. Bref, son approche de la négociation est aux antipodes de celle du négociateur nord-américain, dont la culture est axée sur le court terme et l'individualisme.

LES STRATÉGIES DE NÉGOCIATION

Les cadres et les salariés doivent souvent négocier les uns avec les autres l'accès à des ressources organisationnelles toujours rares : argent, temps, personnel, installations et équipement. Quel que soit l'objet de la négociation, la façon dont on l'aborde et la stratégie qu'on adopte peuvent avoir une influence majeure sur les résultats. Ainsi, la *négociation distributive* est centrée sur les *positions* respectives des parties en conflit, chacune luttant pour obtenir sa part du gâteau. Par contre, la *négociation raisonnée* (ou *négociation à gains mutuels*) est centrée sur l'évaluation des questions à régler et des intérêts en jeu, toutes les parties cherchant conjointement une solution qui maximise leurs gains mutuels[30].

LA NÉGOCIATION DISTRIBUTIVE

Les stratégies axées sur la négociation distributive reposent sur la question suivante : Qui maximisera ses gains ? Dans la mesure où elle va façonner les attitudes de chacun, cette question aura une influence majeure sur le processus de négociation et sur ses résultats. La négociation distributive se présente sous deux formes : la version dure et la version douce, l'une et l'autre donnant rarement des résultats optimaux.

- *La version dure*   Dans ce type de négociation distributive, les parties adoptent la ligne dure. Elles tiennent absolument à satisfaire leurs intérêts personnels, ce qui mène à un affrontement où chacune cherche à dominer l'autre et à maximiser ses propres gains. Cette stratégie, fondée sur l'affirmation de soi, débouche soit sur une situation qui fait un gagnant et un perdant, une partie s'imposant et remportant la victoire, soit sur une impasse.

- *La version douce*   Dans ce type de négociation distributive, en revanche, au moins une des parties se montre prête à faire des concessions pour parvenir à une solution et cherche à répondre aux desiderata de l'autre partie. Cette situation débouche soit sur l'accommodation de la partie la plus conciliante, soit sur un compromis, chacune des parties acceptant de céder du terrain pour parvenir à un accord. Dans les deux cas, on peut s'attendre à un certain degré d'insatisfaction. Même s'il y a eu compromis, c'est-à-dire si les parties ont coupé la poire en deux, ni l'une ni l'autre ne sont entièrement satisfaites puisque ni l'une ni l'autre n'ont obtenu tout ce qu'elles voulaient à l'origine.

La **figure 14.4** illustre les principaux éléments d'une *négociation distributive bilatérale* typique en prenant pour exemple le cas d'une jeune diplômée qui négocie une offre d'emploi avec le recruteur d'une grande société[31]. Du point de vue de cette diplômée, la situation est la suivante : sa demande initiale au recruteur est un salaire

▶ **Négociation distributive**
Négociation centrée sur les positions respectives des parties, chacune luttant pour maximiser ses propres gains.

▶ **Négociation raisonnée** (ou **négociation à gains mutuels**)
Négociation centrée sur l'évaluation des questions à régler et des intérêts en jeu, et où toutes les parties cherchent conjointement une solution qui maximise leurs gains mutuels.

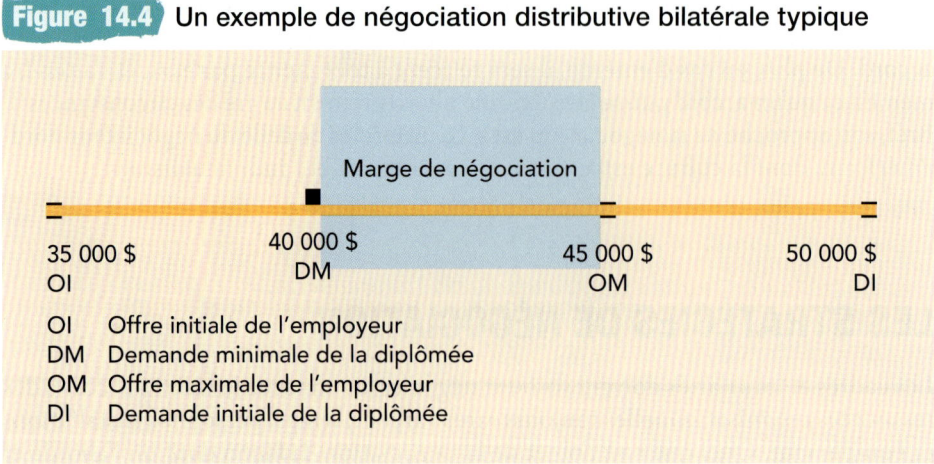

Figure 14.4 Un exemple de négociation distributive bilatérale typique

- OI : Offre initiale de l'employeur
- DM : Demande minimale de la diplômée
- OM : Offre maximale de l'employeur
- DI : Demande initiale de la diplômée

de 50 000 $, mais elle est prête à transiger jusqu'à un *minimum* de 40 000 $, soit le salaire le plus bas qu'elle accepterait pour ce poste. Du point de vue du recruteur, la situation se présente tout autrement : son offre initiale à la jeune diplômée est un salaire de 35 000 $, mais il se réserve la possibilité de transiger jusqu'à un *maximum* de 45 000 $, soit le salaire le plus élevé qu'il serait prêt à accorder au nom de l'entreprise.

L'écart entre les montants acceptables respectifs – minimal pour l'un, maximal pour l'autre – des protagonistes d'une négociation s'appelle la **marge de négociation**. La figure 14.4 illustre cette marge, qui se situe, dans l'exemple présenté, entre 40 000 $ et 45 000 $. Comme les montants acceptables des deux parties se chevauchent, il s'agit d'une marge de négociation positive, ce qui signifie que les protagonistes peuvent formuler des propositions et des contre-propositions. En revanche, si le salaire minimal que notre jeune diplômée était prête à accepter pour ce poste était de 47 000 $, c'est-à-dire supérieur à l'offre maximale du recruteur, il leur serait pratiquement impossible de transiger.

La négociation bilatérale typique comporte toujours la tâche délicate de découvrir les positions de chacun, pour ensuite progresser vers un accord qui est acceptable pour chacune des parties, c'est-à-dire qui se situe quelque part à l'intérieur de la marge de négociation.

> **Marge de négociation**
> Écart entre les montants acceptables respectifs – minimal pour l'un, maximal pour l'autre – des protagonistes d'une négociation

LA NÉGOCIATION RAISONNÉE

Les stratégies axées sur la négociation raisonnée reposent, quant à elles, sur la question suivante : Comment pouvons-nous maximiser l'utilisation des ressources ? Notons-le, la question est très différente de celle que sous-tend la négociation distributive. La négociation raisonnée est beaucoup moins susceptible de déboucher sur des affrontements, et elle amène les parties à envisager un éventail de solutions beaucoup plus vaste au cours du processus. Ici, les parties s'orientent vers la recherche conjointe d'une solution mutuellement satisfaisante ; elles visent une situation qui ne fait que des gagnants.

Dans le meilleur des cas – et il n'est pas rare –, la négociation raisonnée donne effectivement lieu à une véritable coopération : les participants s'engagent conjointement dans un processus de *résolution de problème* pour parvenir à un accord qui maximise les gains mutuels.

Cependant, la négociation raisonnée peut aussi conduire à l'*évitement* si les parties jugent que des questions plus importantes réclament leur temps et leur attention, ou encore si elles estiment que les résultats qu'elles peuvent escompter de la négociation ne valent pas le temps, l'énergie et les efforts exigés.

Enfin, la négociation raisonnée peut aussi déboucher sur un *compromis* où chaque partie cède sur un point qu'elle juge moins important que ce qu'elle reçoit en contrepartie. Pour reprendre l'exemple mentionné précédemment, la jeune diplômée et le recruteur pourraient inclure dans leurs pourparlers la question de la date d'entrée en fonction. Étant donné qu'une fois embauchée elle ne pourra plus prendre de vacances avant un an, notre candidate serait peut-être prête à réduire ses exigences salariales en échange de la possibilité d'occuper son poste quelques semaines plus tard.

COMMENT PARVENIR À UNE ENTENTE DANS UNE NÉGOCIATION RAISONNÉE ?

Nous l'avons dit, la négociation raisonnée vise la maximisation des gains pour toutes les parties. Mais ce résultat ne va pas de soi. Pour parvenir à de véritables accords raisonnés, il faut réunir certaines conditions essentielles : des attitudes propices, des comportements constructifs et une information appropriée[32].

Les attitudes essentielles   Trois attitudes sont essentielles pour permettre une entente raisonnée. D'abord, chaque partie doit s'engager dans la négociation avec une certaine *confiance* en l'autre partie, ce qui explique pourquoi l'éthique et les bonnes relations sont si importantes au moment des négociations. Deuxièmement, chaque partie doit signifier à l'autre qu'elle est *prête à partager l'information* qu'elle détient. Si ce n'était pas le cas, il serait très difficile d'envisager une résolution efficace des problèmes. Troisièmement, chaque partie doit manifester une *volonté de poser des questions concrètes et de répondre à celles de l'autre partie*, ce qui facilitera le partage de l'information.

Les comportements essentiels   Tout comportement adopté au cours d'une négociation revêt une importance considérable, tant à cause de ses véritables effets que de l'impression qu'il laisse à autrui. Par conséquent, tout bon négociateur doit adopter les comportements suivants, qui sont essentiels à la conclusion d'une entente raisonnée :

- aborder objectivement le problème et ne pas y mêler des questions personnelles afin d'éviter que des considérations d'ordre émotionnel n'interviennent dans le processus de négociation ;
- se concentrer sur les intérêts en jeu, et non sur les positions ;
- éviter de porter des jugements prématurés ;
- séparer le brassage d'idées de l'évaluation des solutions possibles ;
- régler les différends et choisir les solutions en s'appuyant sur des normes ou des critères objectifs.

Les comportements essentiels à une entente raisonnée

L'information essentielle   Le partage de l'information est une dimension primordiale de la négociation raisonnée. Notamment, toutes les parties doivent se familiariser avec le concept de *meilleure solution de rechange* (MESORE), selon lequel chaque partie doit savoir ce qu'elle fera si aucun accord n'est obtenu. Cela signifie que chaque partie doit déterminer et comprendre ses intérêts propres dans les questions négociées. Chacune doit savoir ce qui est le plus important pour elle, tâcher de comprendre les intérêts de l'autre et saisir l'importance relative de ces derniers. Aussi difficile que cela puisse paraître, chaque partie doit comprendre ce qui a de la valeur pour l'autre partie, au point de pouvoir déterminer sa MESORE.

LES OBSTACLES LES PLUS FRÉQUENTS À LA NÉGOCIATION

Il faut admettre que le processus de négociation est très complexe sur le plan culturel et sur bien d'autres plans. De plus, il est caractérisé par les nombreux risques de confusion liés à l'imprévisibilité de la dynamique des individus et des groupes. Par conséquent, toute personne engagée dans une négociation doit au moins tâcher d'en éviter les écueils les plus courants[33].

1. Les gens qui participent à une négociation ont tendance à établir leurs positions en partant de l'hypothèse erronée qu'un gain ne peut s'obtenir qu'en retirant quelque chose à l'autre partie. Ce *mythe du jeu à somme nulle* est typique de la négociation distributive. La négociation raisonnée, quant à elle, repose sur le principe qu'il est possible de parvenir à une entente qui maximise les avantages retirés par toutes les parties.

2. Comme les parties entament souvent la négociation avec des exigences extrêmes, il y a un risque de *surenchère irrationnelle*. Une fois leurs demandes exprimées, les protagonistes peuvent, en effet, se sentir liés par elles et hésiter à reculer. L'orgueil et la crainte de perdre la face peuvent les pousser à refuser de céder du terrain, ce qui risque de compromettre tout espoir de règlement. Il est donc vital de lutter contre cette tendance.

3. Les négociateurs font souvent preuve d'une *assurance excessive* à l'égard de leur position, jugeant que c'est la meilleure, sinon la seule possible. Ce manque d'ouverture peut les empêcher de comprendre les besoins et les intérêts de l'autre partie. Certains négociateurs sont incapables de voir le bien-fondé des arguments de l'autre partie, bien-fondé qui n'échapperait pas à un observateur impartial. Avec une telle attitude, il devient très difficile de parvenir à une entente positive et raisonnée.

4. Des problèmes de communication peuvent aussi compliquer la négociation, et même la faire échouer. La négociation doit être un « processus de communication réciproque en vue de prendre une décision commune[34] ». Ce processus risque d'être freiné par un *problème de discours* – les parties ne se parlent pas vraiment, n'essaient pas vraiment de bien se faire comprendre – ou par un *problème d'écoute* – les parties font la sourde oreille ou sont incapables de comprendre ce que leur dit l'autre partie. Il est certain qu'une négociation raisonnée a plus de chances de réussir si les protagonistes pratiquent l'écoute active et posent des questions qui clarifient les positions. De temps à autre, chaque partie doit *se mettre à la place de l'autre* pour essayer de comprendre la situation selon le point de vue de l'autre[35].

DU CÔTÉ DE LA RECHERCHE

Le choix des mots conditionne la résolution de conflits en ligne[36]

Des chercheurs qui se sont penchés sur la résolution de conflits entre des vendeurs et des acheteurs sur eBay ont découvert que l'utilisation de termes qui marquent le respect conduisait plus souvent à une entente entre les parties que l'emploi de termes désobligeants. Jeanne Brett, Marla Olekans, Ray Friedman, Nathan Goates, Cameron Anderson et Cara Cherry ont examiné des litiges réels portés à l'attention de Square Trade, le service de résolution de conflits en ligne vers lequel eBay dirige les clients insatisfaits. Selon la National Consumer League, ont-ils noté, 41 % des personnes qui prennent part à des échanges commerciaux en ligne font face à des problèmes, qui concernent souvent des retards dans la livraison. Aux fins de leur recherche, ils ont défini un « litige » comme étant une forme de conflit où l'une des parties à une transaction formule une plainte que l'autre partie rejette.

Les chercheurs soulignent que la plupart des recherches menées à ce jour sur la résolution de conflits ont mis l'accent sur les caractéristiques de la situation et des participants. Eux-mêmes ont plutôt adopté une approche axée sur le langage, basée sur une théorie de l'image de soi. Essentiellement, ils soutiennent que les mots employés par un participant pour atteindre et attaquer l'image de l'autre partie ont une incidence majeure sur le dénouement du conflit. Parmi ces termes négatifs, on trouve des qualificatifs tels que « nerveux », « en colère », « inquiet », « méprisant », « frustré », « furieux » et « détestable ».

L'étude a porté sur 386 litiges traités par Square Trade. L'analyse des mots utilisés dans le premier échange entre les parties montre que l'expression d'émotions négatives et le fait de donner des ordres à l'autre partie réduisaient la possibilité qu'il y ait résolution du conflit. En revanche, une entente se révèle plus probable lorsque la personne, selon le cas, explique les causes du problème, formule des suggestions et s'exprime avec fermeté. Les chercheurs avaient avancé l'hypothèse que l'expression d'émotions positives augmentait les probabilités quant à la résolution du conflit, mais celle-ci n'a pas été confirmée. L'étude a aussi montré que plus le temps passe, moins grandes sont les chances d'en arriver à une entente.

Les chercheurs soulignent les implications pratiques de leurs observations : « Faites attention à ce que vous dites. Évitez d'attaquer l'image de l'autre, que ce soit en dirigeant votre colère contre la personne ou en lui exprimant votre mépris. Par ailleurs, évitez d'exposer de la faiblesse, soyez ferme dans vos demandes. Fournissez des explications en assumant vos responsabilités et faites preuve de respect à l'égard de l'autre. » Ces principes de base, selon eux, ne s'appliquent pas uniquement à la résolution de litiges commerciaux en ligne, mais à plusieurs autres situations où on souhaite parvenir à une entente.

> **La résolution du conflit est moins probable si la partie concernée :**
> - exprime des émotions négatives ;
> - donne des ordres.
>
> **La résolution du conflit est plus probable si la partie concernée :**
> - fournit des explications ;
> - formule des suggestions ;
> - communique avec fermeté.

LE RÔLE D'UN TIERS DANS LA NÉGOCIATION

Lorsque la négociation piétine, que les parties sont dans une impasse et qu'il semble impossible de trouver une solution, l'intervention d'un tiers peut devenir nécessaire pour faire avancer les pourparlers et, éventuellement, parvenir à un accord. Les parties en négociation peuvent alors recourir à un **mode substitutif de règlement des conflits**, soit un processus par lequel un tiers neutre les aidera à se sortir de l'impasse et à régler leur différend.

Ce mode de solution peut prendre, principalement, deux formes. L'*arbitrage* est le règlement d'un différend effectué par un tiers neutre qui agit à titre d'arbitre et qui, après avoir entendu les arguments respectifs des parties, prend une décision par laquelle celles-ci sont liées. Chez les sportifs professionnels, les questions salariales

▶ **Mode substitutif de règlement des conflits**
Processus de règlement des différends par lequel un tiers neutre aide les parties à résoudre les impasses dans la négociation et à régler leurs litiges

▶ **Arbitrage**
Processus de règlement des différends par lequel un tiers neutre agit comme arbitre et, après avoir entendu les arguments respectifs des parties, prend une décision par laquelle celles-ci sont liées

Médiation
Processus de règlement des différends par lequel un tiers neutre tente, par la persuasion et des arguments rationnels, d'amener les parties à une solution négociée

se règlent souvent par arbitrage. La *médiation* est, quant à elle, un processus où un tiers neutre tente, par la persuasion et des arguments rationnels, d'amener les parties à une solution négociée. Notons que, contrairement à l'arbitre, le médiateur ne peut imposer de solution. La médiation est un procédé courant dans les négociations travailleurs – employeur : les parties en présence acceptent l'intervention de médiateurs professionnels pour dénouer des situations sans issue.

GUIDE DE RÉVISION

RÉSUMÉ

Qu'est-ce qui caractérise le conflit en milieu organisationnel ?

- On peut dire qu'il y a conflit lorsque surviennent des désaccords sur des questions de fond, ou que des frictions naissent des problèmes relationnels entre des individus ou des groupes.
- En milieu de travail, le conflit peut se présenter sous deux formes : (1) le conflit de fond, qui est un désaccord fondamental sur les objectifs à poursuivre ou sur les moyens d'y parvenir ; (2) le conflit émotionnel, qui tient à des problèmes relationnels et se manifeste, notamment, par des sentiments de colère, de méfiance, d'animosité, de crainte et de rancune.
- Si on le contient dans des limites raisonnables, le conflit peut être source de créativité et d'accroissement du rendement ; sinon, il peut devenir destructeur.

Comment peut-on gérer adéquatement les conflits ?

- La plupart du temps, un conflit progresse par phases. On peut distinguer : la phase des antécédents du conflit ; la phase du conflit perçu ; la phase du conflit ressenti et la phase du conflit manifeste.
- Des conflits non résolus ouvrent la voie à d'autres conflits de même nature.
- Les situations conflictuelles en milieu organisationnel surviennent dans les relations verticales et horizontales ainsi que dans les relations entre les unités fonctionnelles et opérationnelles. Le conflit de rôle est également fréquent en milieu de travail.
- Les approches indirectes de gestion des conflits privilégient des stratégies comme la diminution de l'interdépendance, l'appel aux objectifs communs, le recours aux supérieurs hiérarchiques et la modification des scénarios et des mythes organisationnels.
- La gestion directe d'un conflit repose sur des stratégies comme l'évitement, l'accommodation, le compromis, l'affrontement ou la contrainte, et la résolution de problème. Ces stratégies correspondent à diverses combinaisons d'affirmation de soi et de coopération des parties en conflit.

- L'affrontement comme la contrainte débouchent sur une situation qui fait un gagnant et un perdant. Dans les deux cas, on ne s'attaque pas aux racines du conflit et on tend à étouffer les désirs d'une des parties en présence. On peut donc s'attendre à d'autres conflits autour des mêmes questions.
- L'évitement (ou la fuite), l'accommodation et le compromis débouchent sur une situation qui ne fait que des perdants. Dans les trois cas, personne n'obtient entière satisfaction et les antécédents des conflits restent inchangés ; tout est prêt pour des conflits ultérieurs de même nature.
- Il est préférable d'opter pour une véritable résolution de conflit, qui débouche sur une situation qui ne fait que des gagnants. On y parvient par l'approche de la résolution de problème.

Qu'est-ce qui caractérise la négociation en milieu organisationnel ?

- La négociation est un processus par lequel des parties qui privilégient des positions divergentes tentent de parvenir à une décision commune.
- Les gestionnaires peuvent être engagés dans divers types de négociations : bilatérales, de groupe, intergroupes et sectorielles.
- La négociation est efficace si les questions de fond sont résolues et si les relations de travail sont préservées ou améliorées au cours du processus.
- Une conduite conforme à l'éthique est essentielle pour réussir une négociation.

Quelles sont les principales stratégies en matière de négociation ?

- La négociation distributive est centrée sur les positions respectives des parties, chacune luttant pour maximiser ses propres gains.
- La négociation raisonnée (ou négociation à gains mutuels) est centrée sur l'évaluation des questions à régler et des intérêts en jeu ; toutes les parties cherchent conjointement une solution qui maximise leurs gains mutuels.
- La réussite d'une négociation repose sur la capacité des parties à établir une bonne communication et à éviter les écueils les plus fréquents.
- En faisant appel à un tiers dans la négociation, les parties peuvent recourir à un mode substitutif de règlement du conflit tel que l'arbitrage ou la médiation.

MOTS CLÉS

Accommodation	p. 427	Contrainte	p. 427
Affrontement	p. 427	Évitement (ou fuite)	p. 427
Arbitrage	p. 435	Marge de négociation	p. 432
Compromis	p. 427	Médiation	p. 436
Conflit	p. 415	Mode substitutif de règlement	
Conflit constructif	p. 418	des conflits	p. 435
Conflit de fond	p. 415	Négociation	p. 428
Conflit destructeur	p. 418	Négociation distributive	p. 431
Conflit émotionnel	p. 415	Négociation raisonnée	
Conflit intergroupes	p. 417	(ou négociation à gains mutuels)	p. 431
Conflit interorganisationnel	p. 417	Résolution de conflit	p. 420
Conflit interpersonnel	p. 417	Résolution de problème	p. 427
Conflit intrapersonnel	p. 416		

ÉVALUATION DES CONNAISSANCES

QUESTIONS À CHOIX MULTIPLE

1. Le _____ se manifeste sous la forme d'un désaccord fondamental sur les objectifs à atteindre ou sur les moyens d'y parvenir. **a)** conflit relationnel **b)** conflit émotionnel **c)** conflit de fond **d)** conflit de procédures

2. En gestion de conflit, _____ est une approche indirecte qui s'appuie sur la chaîne de commandement. **a)** le recours aux supérieurs hiérarchiques **b)** la fuite **c)** la restructuration organisationnelle **d)** l'appel à des objectifs communs

3. En règle générale, les conflits qui s'avèrent finalement « constructifs » pour les individus et l'organisation sont _____ **a)** d'intensité élevée. **b)** d'intensité modérée. **c)** de faible intensité. **d)** inexistants.

4. L'un des problèmes associés à la suppression des conflits, c'est que cela _____ **a)** fait des gagnants et des perdants. **b)** ne constitue qu'une solution temporaire et ouvre la voie à des conflits ultérieurs de même nature. **c)** permet uniquement de régler les conflits émotionnels. **d)** permet uniquement de régler les conflits de fond.

5. Le gestionnaire qui recentre l'attention des parties antagonistes sur la mission et le but de l'organisation, en tentant de resituer les désaccords dans ce cadre, emploie une stratégie de gestion des conflits axée sur_____ **a)** la diminution de l'interdépendance. **b)** la constitution de stocks tampons. **c)** l'accroissement des ressources. **d)** l'appel aux objectifs communs.

6. Dans laquelle des circonstances suivantes l'accommodation pourrait-elle être une stratégie de gestion de conflits appropriée ? **a)** Une intervention rapide et décisive s'impose. **b)** On veut accumuler un « crédit » qui pourrait être utile dans le futur. **c)** On veut donner aux protagonistes le temps de se calmer et d'envisager la situation sous un angle différent. **d)** On veut régler temporairement un problème complexe.

7. Laquelle des solutions suivantes correspond à une stratégie de gestion indirecte des conflits ? **a)** La constitution de stocks tampons. **b)** La situation qui fait un gagnant et un perdant. **c)** L'interdépendance dans le circuit de production. **d)** L'asymétrie de pouvoir.

8. Parmi les approches suivantes, laquelle aboutit généralement à une situation qui ne fait que des perdants ? **a)** La désignation d'une personne appelée à servir de courroie de transmission entre les antagonistes. **b)** La modification des scénarios et des mythes organisationnels. **c)** L'accommodation. **d)** La résolution de problème.

9. Selon la grille d'analyse des diverses stratégies de gestion directe des conflits, _____ se caractérise par des degrés élevés d'affirmation de soi et de coopération. **a)** l'affrontement **b)** le compromis **c)** l'accommodation **d)** la résolution de problème

10. _____ sont deux dimensions à considérer au moment d'une négociation. **a)** Le rendement et l'évaluation **b)** La tâche et les questions de fond **c)** Les questions de fond et les relations entre les personnes engagées dans la négociation **d)** La tâche et le rendement

11. Les critères d'une négociation efficace sont _____ **a)** la qualité de l'accord, l'harmonie et l'efficience. **b)** l'efficience et l'efficacité. **c)** le respect de l'éthique, l'aspect pratique et l'efficience. **d)** la qualité, l'aspect pratique et la productivité.
12. Lequel des énoncés suivants est vrai ? **a)** La négociation raisonnée débouche sur l'accommodation. **b)** La négociation distributive version dure débouche sur la résolution de problème. **c)** La négociation distributive version souple débouche sur l'accommodation ou le compromis. **d)** La négociation distributive version dure débouche sur une situation qui ne fait que des gagnants.
13. La négociation raisonnée est aussi appelée _____ **a)** « arbitrage ». **b)** « médiation ». **c)** « négociation à gains mutuels ». **d)** « accommodation ».
14. Quel obstacle à la négociation survient quand les gens qui participent à celle-ci partent de l'hypothèse erronée qu'un gain ne peut s'obtenir qu'en retirant quelque chose à l'autre partie ? **a)** Le mythe du jeu à somme nulle. **b)** Une surenchère irrationnelle. **c)** Une assurance excessive. **d)** Un problème d'écoute.
15. _____ est un mode de règlement des différends par lequel un tiers neutre agit comme « juge » et décide d'un règlement du différend. **a)** La médiation **b)** L'arbitrage **c)** La conciliation **d)** La collaboration

QUESTIONS À RÉPONSE BRÈVE

16. Énumérez et expliquez trois types de situations conflictuelles auxquelles doit faire face le gestionnaire.
17. Énumérez et expliquez les principales stratégies de gestion indirecte de conflits.
18. Dans quelles circonstances un gestionnaire devrait-il avoir recours (1) à l'évitement ? (2) à l'accommodation ?
19. Comparez la négociation distributive et la négociation raisonnée. En quoi diffèrent-elles ? Laquelle est la plus souhaitable ? Pourquoi ?

QUESTION À DÉVELOPPEMENT

20. Décrivez les obstacles que vous pourriez rencontrer si vous aviez à négocier le salaire d'un nouvel emploi et expliquez comment vous y feriez face.

LE CO DANS LE FEU DE L'ACTION

Pour ce chapitre, nous vous suggérons les activités suivantes du *Cahier d'apprentissage en CO* (voir p. C1) :

Études de cas	Exercices	Autoévaluation
20. Le cas de l'augmentation manquée	32. Analyse et négociation de rôle	18. Styles de gestion de conflit
21. Conflit chez Burger Mart	34. Incursion dans l'inconnu	
22. L'assistante technique compétente et motivée	35. Le casse-tête des congés	
	36. Les oranges Ugli	
	37. Conflits et dialogues	

www.erpi.com/schermerhorn

Vous trouverez dans le Compagnon Web du manuel les réponses aux questions d'évaluation des connaissances du chapitre ainsi que les autoévaluations en mode interactif.

LE CHANGEMENT ET LE STRESS EN MILIEU ORGANISATIONNEL

CHAPITRE 15

Les organisations contemporaines doivent évoluer au rythme de leur environnement. Ce chapitre traite du sujet crucial qu'est le changement, puis examine les effets du stress dans les milieux organisationnels d'aujourd'hui, qui ne cessent de se transformer et auxquels tout un chacun doit s'adapter.

OBJECTIFS D'APPRENTISSAGE

Après l'étude de ce chapitre, vous devriez être en mesure :
- d'expliquer la dynamique du changement en milieu organisationnel ;
- de distinguer les principales stratégies de changement planifié ;
- de préciser les principales causes de la résistance au changement et de déterminer les meilleures façons d'y faire face ;
- de définir le stress, ses causes et ses conséquences ;
- de distinguer les principales stratégies de gestion du stress.

PLAN DU CHAPITRE

LE CHANGEMENT EN MILIEU ORGANISATIONNEL
Le changement planifié et le changement non planifié
Le changement planifié : les forces motrices et les cibles organisationnelles
Les étapes du changement planifié

LES DIVERSES STRATÉGIES DE CHANGEMENT PLANIFIÉ
La coercition
La persuasion rationnelle
Le partage du pouvoir

LA RÉSISTANCE AU CHANGEMENT
Pourquoi les gens résistent-ils au changement ?
Comment réagir à la résistance au changement ?

LA DYNAMIQUE DU STRESS
Qu'est-ce que le stress ?
Les sources de stress
Les conséquences du stress

LES DIVERSES STRATÉGIES DE GESTION DU STRESS
Les stratégies organisationnelles de gestion du stress
Les stratégies individuelles de gestion du stress
Le bien-être personnel et la gestion du stress

GUIDE DE RÉVISION

« Les turbulences des milieux organisationnels actuels nous poussent à faire du changement une façon de vivre. »

Tous stressés[1]

[...] Trois suicides chez Renault, six chez PSA, quatre à la centrale nucléaire de Chinon, un à La Poste, un à la BNP... Et le travail, le stress, la souffrance professionnelle sont désignés comme la cause déterminante du geste fatal. En 2001, grâce à la psychiatre Marie-France Hirigoyen, les Français découvraient le harcèlement moral, ces malveillances des petits chefs qui faisaient craquer leurs salariés. Près de 400 000 exemplaires vendus ! Depuis, le mal s'est enraciné. Précarité de l'emploi, course inlassable à la productivité, mise au rebut des cadres... Plus de trente ans de restructuration économique, de réorganisation des entreprises et de rationalisation des tâches et des administrations sont en passe de produire ce résultat alarmant. « Les facteurs de risques psychosociaux qui pèsent sur les salariés augmentent de façon massive », martèle Hélène Sultan, économiste de l'Institut national de Recherche et de Sécurité (INRS) [en France], spécialisé dans la prévention des accidents du travail et des maladies professionnelles. [...]

Le danger, ce n'est pas le stress « ordinaire » que chacun peut ressentir lorsqu'une tâche difficile se présente ou que ça barde au bureau. Non, la véritable souffrance au travail survient lorsqu'un salarié ne parvient plus à faire face aux épreuves, petites ou grandes, de la vie professionnelle. Lorsqu'il perd ses moyens, panique, somatise et craque. Tout est question d'intensité...
Et nous sommes tous concernés ! Car nul ne peut prétendre se soustraire tout à fait à la pression économique (peur du chômage), aux conditionnements sociaux (« Travailler plus pour gagner plus » !), au fardeau toujours plus pesant des responsabilités individuelles, ou encore à l'aliénation des nouvelles technologies – téléphones mobiles, ordinateurs portables et Internet – qui créent une véritable « laisse électronique ». Personne n'est à l'abri d'une dégradation de ses conditions de travail, de vexations d'un supérieur hiérarchique, et finalement d'une mise au ban du groupe social que constitue toute entreprise. « À force d'introduire la compétition dans les organisations, c'est le règne du chacun pour soi. Le collectif n'existe plus », constate le médecin du travail Dorothée Ramaut. Bref, aucun de nous n'est protégé contre l'excès de stress qui peut mener au « burn-out », cet incendie intérieur qui ravage les travailleurs surmenés et les laisse prostrés pendant de longues semaines. [...]

Toujours plus, c'est ce qu'on a demandé aux salariés du technocentre de Renault, à Guyancourt, dans les Yvelines. Un temple de l'innovation. Hervé, 55 ans, adhérent CGT [Confédération générale du travail], raconte : « Avant Carlos Ghosn, une voiture était conçue en cinq ans. Aujourd'hui, c'est trente-six mois. Avant, on avait un chef d'équipe, avec qui on pouvait discuter. Aujourd'hui, on n'a plus de repères, et trop de projets. Moi, je m'occupe de la conception de tout ce qui entoure le volant d'un véhicule. Je dois rendre des comptes à des dates précises. Je reçois des mails : on ne se parle plus comme avant. Je suis devenu agressif, j'avais d'énormes problèmes de dos. En fait, c'était une dépression. Je me suis arrêté pendant deux mois. J'errais dans la maison en pyjama toute la journée. Ma femme ne comprenait pas. Oui, j'ai connu deux des trois cadres qui se sont donné la mort. Les psychologues nous ont expliqué que le passage à l'acte se faisait très vite, en vingt, trente minutes. »

> « Plus de trente ans de restructuration économique, de réorganisation des entreprises et de rationalisation des tâches et des administrations sont en passe de produire ce résultat alarmant. »

Depuis ces tragédies, la direction a lancé un « plan de soutien » : 350 embauches cette année, interdiction de quitter le technocentre après 20 h 30, une « journée de l'équipe » où tout le monde s'arrête de travailler pour parler. Pour la direction, la première journée, en novembre, a été un succès. Hervé : « Un écran de fumée. Avec les mails et les portables, vous pouvez quitter l'entreprise à 20 h 30, vous êtes toujours poursuivi. » Emmanuel Couvreur, responsable CFDT [Confédération française démocratique du travail] de l'animation des groupes « santé au travail » chez Renault : « On sait qu'on ne pourra pas rendre la copie dans les délais. On sait que le travail sera mal fait. Alors on culpabilise. » Christophe Dejours, psychanalyste, chercheur au Cnam [Conservatoire national des arts et métiers] : « La qualité totale, cela n'existe pas. Il y a toujours des imprévus, des anomalies. Alors les gens mentent. Mais ils se sentent malhonnêtes. Ils finissent par se sentir nuls. » [...]

Tout au long de cet ouvrage, nous soulignons l'importance de respecter et de valoriser les personnes dans toute leur diversité, et au regard de l'éventail des talents dont elles font profiter les organisations[2]. Les meilleurs gestionnaires contribuent à créer des cadres de travail propices au rendement professionnel et à la satisfaction personnelle des membres de leur organisation. Bien que les entreprises soient soumises à une concurrence accrue et qu'elles soient forcées d'évoluer et d'innover sans répit pour survivre, elles ne peuvent faire fi des personnes qui travaillent pour elles et des besoins de celles-ci. Vous-même aurez, comme chacun de nous, à prendre les bonnes décisions concernant votre avenir professionnel – à quel endroit travailler, pour quel employeur et à quelles conditions. L'organisation idéale demeure sans doute celle qui sait tenir les rênes du changement tout en préservant, à l'intention de son personnel, un milieu de travail sain et gratifiant.

Un article paru dans la *Harvard Business Review* affirmait d'entrée de jeu : « La nouvelle économie a ouvert la voie à d'extraordinaires occasions d'affaires… et à de grands bouleversements. Les enjeux associés au changement et à notre façon d'y faire face n'ont jamais été aussi élevés depuis la révolution industrielle[3]. » On peut, sans exagérer, qualifier d'agité, de turbulent et même de houleux l'environnement actuel des affaires et de la gestion. La mondialisation de l'économie, avec son lot de problèmes et de possibilités, réserve sans cesse de nouvelles surprises, même aux gens d'affaires les plus chevronnés. Il n'est possible de relever avec brio les défis du changement que si on reconnaît le rôle absolument crucial que jouent les individus dans le fonctionnement des organisations. C'est ce qui rend la compréhension du comportement organisationnel si essentielle lorsqu'on tente de provoquer et de diriger une dynamique de transformation.

Trois mots d'ordre orientent les nouveaux milieux de travail : flexibilité, compétence et engagement. Les gens doivent être capables de s'adapter, de changer continuellement. On leur demande d'augmenter la productivité, d'apprendre des succès d'autrui, de viser la qualité totale et l'amélioration continue. En outre, on s'attend à ce qu'ils puissent générer et intégrer le changement et l'innovation, tout en gérant adéquatement le stress qui en résulte inévitablement. Le consultant, auteur et conférencier Tom Peters, qui est connu mondialement comme le père du management moderne, affirme[4] :

> Les turbulences du marché nous poussent à faire de l'innovation une façon de vivre. Nous devons tous apprendre, en tant qu'individus et en tant qu'organisations, à accueillir l'innovation et le changement aussi résolument que nous nous y sommes opposés dans le passé.

LE CHANGEMENT EN MILIEU ORGANISATIONNEL

« Changement » : ce simple mot, qui a pris une valeur de slogan pour d'innombrables organisations, voire pour la plupart, décrit une transformation plus ou moins profonde selon les cas. Le changement en profondeur, ou *changement radical*, est celui qui donne lieu à une révision majeure de l'organisation ou de certaines de ses composantes[5]. Dès lors, on parlera d'un **changement transformateur**, car il résulte d'une modification de caractéristiques fondamentales de l'organisation, telles que sa raison d'être et sa mission, les valeurs et les croyances qui l'animent, ainsi que les structures et les stratégies sur lesquelles elle s'appuie[6].

▶ **Changement transformateur**
Révision majeure des caractéristiques fondamentales d'une organisation

Dans le monde des affaires actuel, ce type de changement est souvent la conséquence d'un évènement déterminant, comme l'arrivée d'un nouveau directeur général ou d'un nouveau propriétaire à la suite d'une fusion ou d'une acquisition, ou une chute spectaculaire des résultats d'exploitation. Lorsqu'un tel évènement survient dans l'existence d'une organisation, il peut déclencher un changement radical intense qui englobera toutes les dimensions de la réalité organisationnelle.

Cependant, le changement organisationnel n'est pas toujours aussi draconien. Très fréquent et moins traumatisant, le *changement graduel*, ou *changement superficiel*, fait partie de l'évolution normale d'une organisation. Il se caractérise, notamment, par l'introduction de nouveaux produits, de nouvelles technologies, de nouveaux systèmes ou de nouveaux procédés. Le changement graduel ne modifie pas fondamentalement la nature de l'organisation, mais ses modes d'exploitation, pour les améliorer ou leur donner de nouvelles extensions. Dans le contexte actuel, savoir pratiquer l'amélioration continue par une stratégie de changement graduel est un atout de taille pour une organisation.

La réussite d'un changement organisationnel, qu'il soit radical ou graduel, dépend en bonne partie de l'**agent de changement** qui le suscite et le soutient, c'est-à-dire l'individu ou le groupe qui prend en charge la modification des schèmes de comportement d'une personne ou d'un système social. Bien que des consultants de l'extérieur puissent tenir ce rôle, le contexte dynamique des organisations contemporaines exige de tout dirigeant qu'il joue également le rôle de promoteur de changement ; cette responsabilité est maintenant considérée comme inhérente au leadership. Bref, aujourd'hui, le véritable leader se définit comme un « catalyseur de changement ».

> **Agent de changement**
> Individu ou groupe qui prend en charge la modification des schèmes de comportement d'une personne ou d'un système social

LE CHANGEMENT PLANIFIÉ ET LE CHANGEMENT NON PLANIFIÉ

Le changement organisationnel n'est pas toujours inspiré par un agent de changement. Ainsi, le **changement non planifié** survient spontanément ou par hasard. S'il est susceptible de causer de graves perturbations – une grève sauvage risque d'entraîner la fermeture d'une usine, par exemple –, il peut aussi présenter des avantages. En effet, un conflit intergroupes peut donner lieu à de nouvelles procédures qui facilitent le déroulement des opérations entre deux services. Lorsque des forces instigatrices d'un changement non planifié se manifestent, le gestionnaire doit réagir rapidement pour en atténuer les effets néfastes et en maximiser les bienfaits potentiels. Il est souvent possible de tirer parti de changements non planifiés.

> **Changement non planifié**
> Changement qui survient spontanément ou par hasard, sans l'intervention d'un agent de changement

Le **changement planifié**, lui, résulte des efforts délibérés d'un agent de changement en réaction à un ***écart de rendement*** perçu. Les écarts de rendement, c'est-à-dire les écarts entre le rendement constaté et le rendement désiré, peuvent se présenter comme des problèmes à surmonter, mais aussi comme des occasions à saisir. La plupart des changements organisationnels planifiés peuvent être envisagés comme un déploiement d'efforts visant à répondre à des écarts de rendement d'une manière avantageuse pour l'organisation et pour ses membres. Dans un processus d'amélioration continue, le gestionnaire doit faire preuve d'une vigilance constante afin de déceler rapidement tout écart de rendement et d'y réagir adéquatement.

> **Changement planifié**
> Changement qui résulte des efforts délibérés d'un agent de changement en réaction à un écart de rendement perçu
>
> **Écart de rendement**
> Écart entre le rendement constaté et le rendement désiré

LE CHANGEMENT PLANIFIÉ : LES FORCES MOTRICES ET LES CIBLES ORGANISATIONNELLES

Indépendamment de leur nature et de leur taille, les organisations contemporaines sont soumises à des forces de changement qui viennent à la fois de l'intérieur et de la périphérie. Ces forces se manifestent comme suit :

1. *Dans les relations entre l'organisation et son environnement*   Fusions, alliances stratégiques et cessions d'actifs ne sont que quelques-unes des réponses possibles

aux défis d'un environnement économico-politique de plus en plus dynamique et complexe.

2. *Dans le cycle de vie de l'organisation* Les modifications structurelles et culturelles que connaît toute organisation au fil du temps et de sa croissance, notamment, sont des mesures d'adaptation à son évolution.

3. *Dans les relations de pouvoir au sein de l'organisation* Les changements apportés aux mécanismes de contrôle interne, y compris les systèmes de récompenses et d'avantages, sont des tentatives de s'adapter aux jeux politiques qui apparaissent.

Comme le montre la **figure 15.1**, le changement planifié qu'entraîne l'une ou l'autre de ces forces peut cibler plus particulièrement une ou plusieurs des composantes organisationnelles, notamment la raison d'être de l'organisation, ses stratégies, sa structure et son personnel, de même que ses objectifs, sa culture, ses tâches et sa technologie. Cependant, toutes ces composantes sont intimement liées, de sorte que tout changement de l'une d'elles risque fort de se répercuter sur d'autres. Ainsi, un changement dans les tâches fondamentales de l'organisation entraîne

Figure 15.1 Les cibles organisationnelles d'un changement planifié

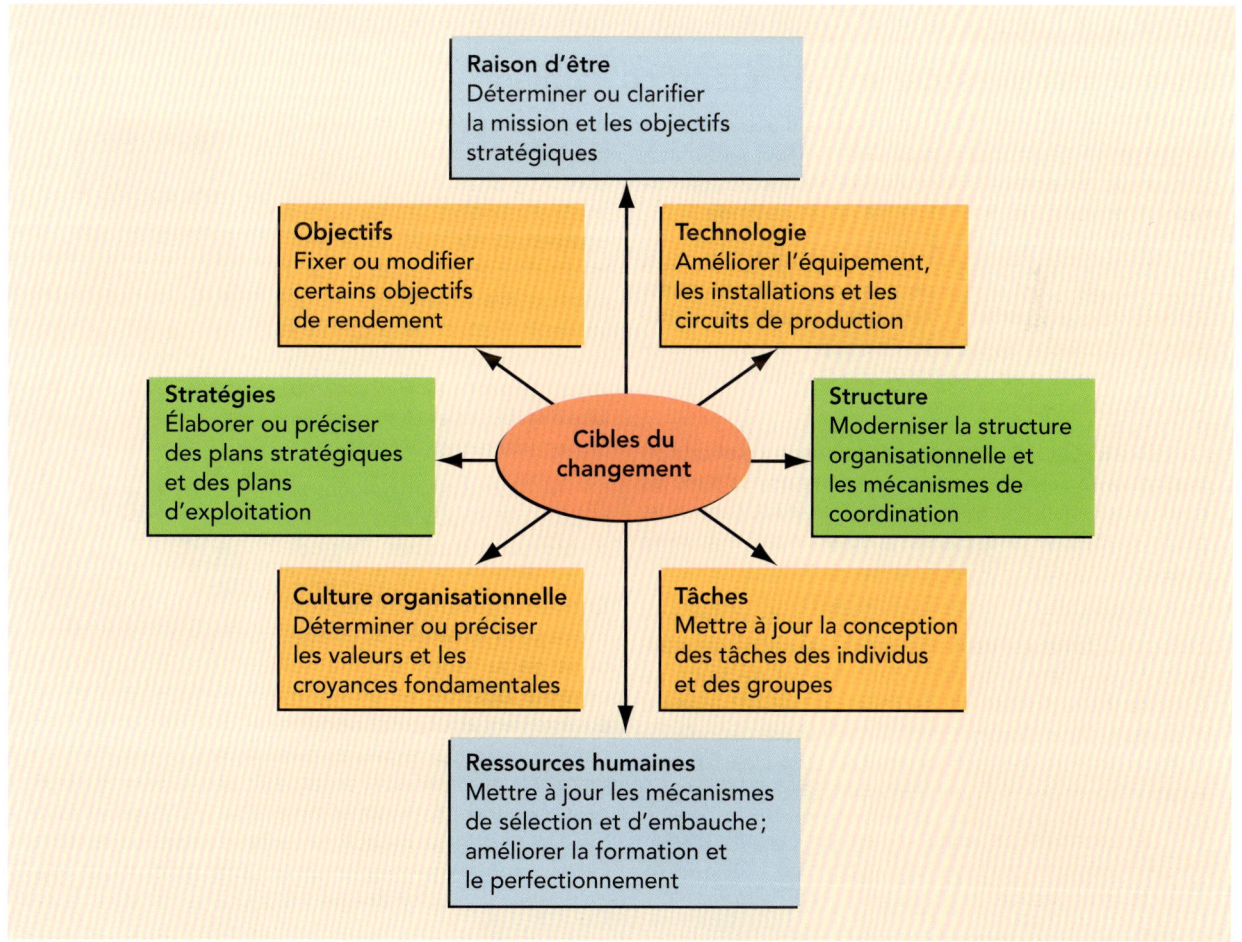

presque inévitablement un changement dans sa technologie, c'est-à-dire la façon d'exécuter les tâches. En outre, le fait de modifier les tâches et la technologie d'une organisation suppose généralement qu'on change quelque peu la structure organisationnelle, c'est-à-dire la hiérarchie de l'autorité, les réseaux de communication ainsi que les rôles des travailleurs. À leur tour, les changements technologiques et structurels peuvent exiger des transformations sur le plan des connaissances, des compétences et des comportements des travailleurs, donc des modifications qui touchent le personnel de l'organisation[7].

Évidemment, quelle que soit la cible du changement, il faut lutter contre la tendance à se rabattre sur des solutions toutes faites faciles à implanter, mais dont les résultats sont douteux.

LES ÉTAPES DU CHANGEMENT PLANIFIÉ

Des recherches indiquent que les tentatives de changement organisationnel atteindraient un taux d'échec aussi élevé que 70 %[9]. Comme le montre la rubrique *Du savoir à la pratique 15.1*, le défi est de taille quand on effectue un changement trans-

Des AS de la gestion

Savoir se réinventer même quand ça va bien[8]

« Il ne faut pas qu'une entreprise attende d'aller mal pour se réinventer. C'est quand ça va bien qu'il faut se demander ce que l'on pourrait faire pour être encore plus performant. C'est ce qu'on a toujours fait chez Lassonde. »

Voilà la recette du fabricant de jus de fruits A. Lassonde, selon son président et chef de la direction, Jean Gattuso. Et la recette est payante, car l'entreprise accroît sans cesse sa part de marché au Canada. Son approche d'amélioration continue lui a valu, en 2007, une Grande Mention du Mouvement québécois de la qualité.

Pour M. Gattuso, cet honneur couronne les efforts du personnel de bureau et des employés des usines dans les nombreux projets d'amélioration continue de A. Lassonde, qui fut fondée en 1918. Elle est la doyenne des Industries Lassonde.

« L'amélioration de la qualité des produits et des processus d'affaires est dans nos gènes. Lassonde est d'ailleurs la première entreprise dans les jus de fruits au Canada à avoir obtenu la certification HACCP [Hasard Analysis Critical Control Point]. Cette culture découle de la vision des fondateurs de l'entreprise. On y croit, à l'amélioration continue », souligne l'homme d'affaires de 52 ans.

L'entreprise se fixe annuellement des objectifs d'amélioration tant pour ses recettes que pour ses procédés de fabrication et gestion.

« Pour innover, explique M. Gattuso, il faut quitter nos zones de confort. » Lassonde a été la première à proposer des jus dans des contenants de plastique sans agent de conservation grâce à une nouvelle technologie. « Il fallait avoir le souci de la qualité et vouloir relever le défi de s'améliorer », explique M. Gattuso, titulaire d'un MBA de l'UQAM et d'un bac en marketing de McGill.

M. Gattuso dit rencontrer régulièrement tous les employés de bureau et d'usines. Des comités ont été mis sur pied pour favoriser la communication. « On présente la situation de l'entreprise de la façon la plus accessible possible et on répond ouvertement aux questions des employés. Il faut leur expliquer où s'en va notre bateau. On est sur l'océan, il y a des vagues, et il faut passer au travers. Le consommateur est exigeant. Il faut toujours lui offrir un produit de qualité à un prix compétitif. On leur rappelle qu'on doit toujours s'améliorer. Il faut que ça devienne un automatisme. » [...]

formateur[10]. Une des façons d'accroître les chances de succès d'une démarche de transformation consiste à bien saisir le processus de changement social en milieu organisationnel. Le psychologue Kurt Lewin recommande de considérer tout effort de changement comme un processus comportant trois étapes distinctes, dont aucune ne doit être négligée pour que le changement visé réussisse : la *décristallisation*, l'*instauration du changement* et la *recristallisation*[11].

Selon Lewin, on aurait trop tendance à se centrer sur l'étape intermédiaire, celle du changement lui-même, au détriment des phases de décristallisation et de recristallisation. Malgré le caractère continu du changement, il arrive souvent, dans la réalité des organisations actuelles, que ces étapes se chevauchent. Néanmoins, le modèle de Lewin s'avère très utile à notre compréhension du processus de changement planifié et de ses difficultés.

> **DU SAVOIR À LA PRATIQUE 15.1**
>
> **Comment favoriser le succès des efforts de changement transformateur**
>
> - Créez un sentiment d'urgence.
> - Créez une coalition directrice puissante.
> - Élaborez une vision convaincante.
> - Communiquez efficacement la vision.
> - Déléguez du pouvoir aux subordonnés.
> - Célébrez les gains à court terme.
> - Consolidez les acquis.
> - Ancrez les nouvelles pratiques dans la culture organisationnelle.

La décristallisation

Selon le modèle de Lewin, la responsabilité de la **décristallisation**, étape préliminaire durant laquelle des attitudes et des comportements présents sont remis en question pour que le besoin de changement soit clairement ressenti, incombe à la direction. Plusieurs facteurs peuvent favoriser la décristallisation, notamment des pressions de l'environnement, un déclin du rendement, le constat de l'existence d'un problème ou la découverte d'une meilleure façon de procéder. Trop souvent, les innovations ne sont pas mises à l'essai ou échouent, parce que l'étape de la décristallisation a été négligée ou bâclée.

> **Décristallisation**
> Étape préliminaire du changement planifié, durant laquelle des attitudes et des comportements présents sont remis en question pour que le besoin de changement soit clairement ressenti

Les grandes organisations semblent particulièrement enclines à ce qu'on appelle le *syndrome de la grenouille ébouillantée*, terme qui fait référence à un curieux phénomène : si on plonge une grenouille dans une casserole d'eau bouillante, elle saute immédiatement à l'extérieur ; par contre, si on l'immerge dans une casserole d'eau froide qu'on amène lentement à ébullition, elle y reste jusqu'à ce que la chaleur de l'eau la tue[12]. De même, si les gestionnaires, plongés dans l'action, cessent d'être attentifs à ce qui se passe dans leur environnement, s'ils ne perçoivent pas les tendances déterminantes et le besoin de changement, l'organisation risque de se dégrader et de perdre peu à peu ses avantages concurrentiels. Souvent, les indices d'un besoin de changement sont là, mais ils passent inaperçus ou sont négligés jusqu'à ce qu'il soit trop tard. Les meilleures organisations sont dirigées par des gens vigilants qui ont compris l'importance de l'étape de la décristallisation dans le processus de changement.

L'instauration du changement

L'étape de l'*instauration du changement* est celle durant laquelle l'agent de changement prend des mesures pour transformer la situation en modifiant des paramètres comme les tâches, la structure, la technologie ou l'effectif de l'organisation. Selon Lewin, les agents de changement sont portés à aller trop vite : ils sautent l'étape de décristallisation et commencent tout de suite à changer les choses. Même s'ils sont bien intentionnés, ils courent souvent à l'échec parce qu'ils ne préparent pas

> **Instauration du changement**
> Étape intermédiaire du changement planifié, durant laquelle l'agent de changement prend des mesures pour transformer la situation en modifiant des paramètres comme les tâches, la structure, la technologie ou l'effectif de l'organisation

adéquatement le changement. Apporter des changements est une opération assez difficile en soi pour qu'on ne s'y lance pas tête baissée.

La recristallisation

La dernière étape du processus de changement planifié est celle de la ***recristallisation***, durant laquelle les acquis du changement sont consolidés et assimilés à long terme. À cette étape, il est essentiel :

1) de maintenir l'élan qui a présidé au changement ;

2) d'encourager les succès ;

3) d'intensifier le soutien en cas de difficulté ;

4) de faire en sorte qu'à long terme le changement soit intégré au mode de fonctionnement habituel.

Cette dernière étape repose donc sur une évaluation des progrès et des résultats du changement, de même que de son coefficient coûts-bénéfices. Au besoin, l'agent de changement pourra corriger le tir pour assurer la réussite à long terme du changement instauré. Si tout ce suivi est négligé ou si l'étape de la recristallisation est bâclée, le changement risque de ne pas être instauré complètement ou d'être abandonné à courte échéance.

> **Recristallisation**
> Étape finale du changement planifié, durant laquelle les acquis du changement sont consolidés et assimilés à long terme

LES DIVERSES STRATÉGIES DE CHANGEMENT PLANIFIÉ

Les gestionnaires et autres agents de changement recourent à diverses stratégies pour exercer leur pouvoir, avoir de l'influence sur les autres et obtenir d'eux qu'ils soutiennent le changement planifié. Comme le montre la **figure 15.2**, ces stratégies s'appuient sur les divers types de pouvoir que nous avons étudiés au chapitre 10. Notons que chacun de ces types de pouvoir a des répercussions assez différentes sur le processus de changement planifié[13].

LA COERCITION

> **Stratégie de coercition**
> Stratégie par laquelle l'agent de changement s'appuie sur son pouvoir légitime (l'autorité), sur son pouvoir de récompense ou sur son pouvoir de coercition pour amener les personnes à se soumettre au changement qu'il propose

Lorsqu'il recourt à la ***stratégie de coercition***, l'agent de changement s'appuie sur son pouvoir légitime (l'autorité), sur son pouvoir de récompense ou sur son pouvoir de coercition pour amener certaines personnes à se soumettre au changement qu'il propose. Ce faisant, il agit unilatéralement et s'appuie sur l'autorité que lui confère sa position pour dicter le changement, il le suscite par la promesse de récompenses alléchantes ou il l'impose par la menace de punitions. Les personnes touchées se plient au changement essentiellement parce qu'elles ont peur d'être punies si elles s'y opposent ou parce qu'elles convoitent les récompenses promises si elles se soumettent. Mais cette soumission est généralement temporaire : elle dure tant que l'agent de changement maintient la pression et exerce visiblement son autorité ou que la possibilité des sanctions ou des récompenses reste évidente.

Figure 15.2 Les types de pouvoir et les stratégies de changement

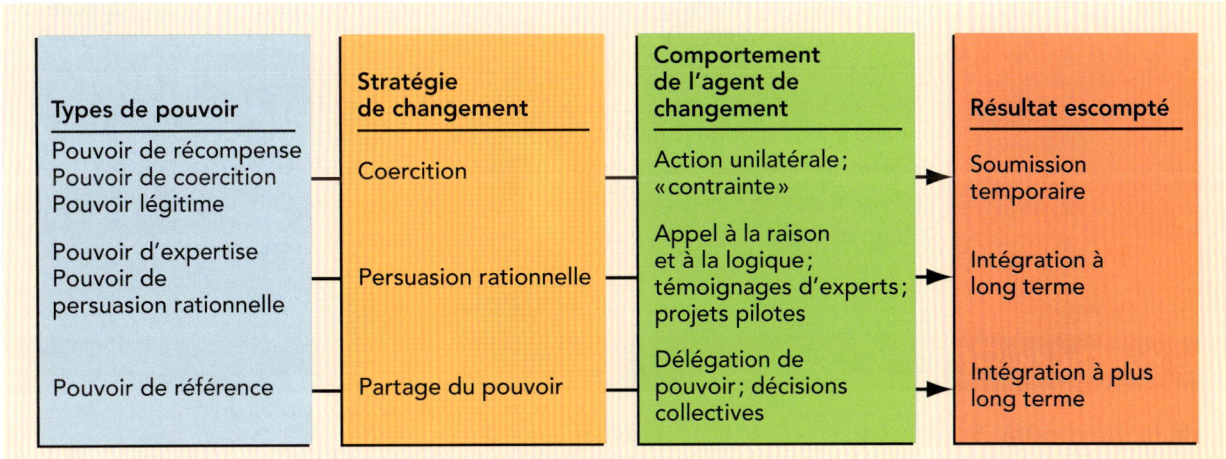

L'agent de changement qui recourt à une stratégie de coercition se reconnaîtra dans la description suivante[14] :

> Vous estimez que les gens agissent essentiellement par intérêt personnel, c'est-à-dire en fonction des gains et des pertes que peut leur réserver une situation donnée. Comme vous croyez que seuls ces mobiles peuvent les amener à changer, vous tentez de découvrir leurs intérêts, et vous faites pression sur eux. Si vous avez de l'autorité, vous vous en servez ; sinon, vous faites miroiter des récompenses ou vous brandissez des menaces. Dès que vous découvrez un point faible, vous l'exploitez, et vous *manœuvrez* pour vous faire des alliés chaque fois que l'occasion se présente.

LA PERSUASION RATIONNELLE

Lorsqu'il recourt à la ***stratégie de persuasion rationnelle***, l'agent de changement s'appuie sur son pouvoir d'expertise ou sur son pouvoir de persuasion rationnelle pour convaincre les personnes qu'elles ont avantage à adhérer au changement qu'il propose. On qualifie parfois d'*approche rationnelle-empirique* cette stratégie selon laquelle ce sont la raison et la logique qui guident les gens lorsqu'ils décident de soutenir un changement ou de s'y opposer. L'agent de changement s'appuie ici sur ses connaissances, son expérience et son discernement pour convaincre les indécis que le changement qu'il propose leur sera bénéfique. Lorsqu'elle réussit, cette stratégie donne généralement lieu à un changement mieux intégré et plus durable que celui qu'on obtient par la coercition.

▶ **Stratégie de persuasion rationnelle**
Stratégie par laquelle l'agent de changement s'appuie sur son pouvoir d'expertise ou sur son pouvoir de persuasion rationnelle pour convaincre les personnes qu'elles ont avantage à adhérer au changement qu'il propose

L'agent de changement qui recourt à la stratégie de persuasion rationnelle se reconnaîtra dans la description suivante[15] :

> Vous estimez que les gens sont fondamentalement rationnels, que c'est la raison qui guide leurs actes et leurs décisions. Vous présumez que, pour peu qu'on leur démontre les avantages qu'ils retireront du changement proposé, la logique et la raison les amèneront à l'endosser. Votre approche du changement consiste donc à transmettre de l'information et des faits, en insistant sur l'intérêt que présente votre proposition de changement pour les personnes que vous cherchez à persuader. Vous êtes certain qu'elles y adhéreront si vous parvenez à les convaincre de sa logique.

LE PARTAGE DU POUVOIR

> **Stratégie de partage du pouvoir**
> Stratégie par laquelle l'agent de changement s'appuie sur son pouvoir de référence pour favoriser sincèrement et activement la participation des personnes concernées par le changement qu'il propose à sa planification et à son implantation

L'agent de changement qui recourt à la **stratégie de partage du pouvoir** s'appuie sur son pouvoir de référence pour favoriser sincèrement et activement la participation des personnes touchées par le changement qu'il propose à sa planification et à son implantation. Cette stratégie vise à orienter et à soutenir le changement au moyen de l'engagement et de la délégation de pouvoir. Parfois appelée *approche normative-rééducatrice*, elle se fonde notamment sur des valeurs personnelles, des normes collectives et des objectifs communs, de sorte que l'adhésion au changement proposé se fait naturellement. Les gestionnaires qui recourent à cette stratégie misent sur

DU CÔTÉ DE LA RECHERCHE

Le leadership et les subtilités du changement radical[16]

Leaders et chercheurs tentent depuis longtemps de comprendre tous les rouages du changement organisationnel. Le rythme, les phases et la nature même du changement radical revêtent un intérêt particulier à cet égard. D'après Amis, Slack et Hinings (qui ont effectué une recension des écrits sur la question du changement), ces dimensions devraient être explorées davantage. Les trois auteurs rapportent les résultats d'une vaste étude menée au Canada auprès de 36 fédérations nationales de sport reconnues par le Comité olympique canadien. Leur recherche s'est étendue sur 12 années qui correspondent, au dire des chercheurs, à la période probablement la plus agitée de l'histoire du sport amateur canadien. Elle a permis de constater certaines tendances dans les organisations qui réussissaient le mieux à se transformer.

Il est apparu notamment que les fédérations sportives qui réussissaient le mieux faisaient alterner les périodes de changement avec des périodes de consolidation, au cours desquelles elles s'attachaient à instaurer la confiance et les relations de travail pouvant soutenir le processus. En outre, ces fédérations respectaient un certain processus dans l'amorce du changement, axé d'abord sur les éléments organisationnels clés ; elles signalaient ainsi à tous les autres membres l'importance du changement mis en œuvre.

Les chercheurs relèvent quelques-unes des difficultés associées à la réalisation d'une étude échelonnée sur une si longue période et menée auprès d'un ensemble d'organisations. Ils estiment que d'autres recherches permettraient de mieux expliquer pourquoi et comment le rythme, les phases et la linéarité influent sur la réussite des changements organisationnels.

QUELQUES CONSEILS EN MATIÈRE DE CHANGEMENT RADICAL

- Prenez garde aux changements précipités.
- Prenez le temps de rallier les principales parties intéressées.
- Visez en priorité à changer les éléments clés.
- Préparez-vous à rencontrer une résistance élevée chez les personnes les plus touchées par le changement.

leur réputation et leur charisme et délèguent une partie de leur pouvoir aux personnes concernées pour leur permettre de participer à la planification et à la mise en œuvre du changement. Comme cette approche exige un engagement important des participants, elle produit généralement un changement mieux intégré et plus durable que celui qu'on obtient par la persuasion rationnelle.

L'agent de changement qui recourt à la stratégie de partage du pouvoir se reconnaîtra dans la description suivante[17] :

> Vous estimez que les mobiles des gens sont complexes. Vous pensez que les normes socioculturelles auxquelles ils souscrivent et qu'ils s'efforcent de respecter guident leurs comportements. Vous savez que transmettre de l'information et des connaissances sur le changement proposé et en démontrer logiquement le bien-fondé ne suffit pas à modifier ces tendances, que cela suppose aussi des changements sur le plan des attitudes, des valeurs, des compétences et des relations. Ainsi, lorsque vous cherchez à faire changer les autres, vous prenez en considération les effets incitatifs ou inhibiteurs des normes et des pressions du groupe. Lorsque vous travaillez avec les gens, vous essayez de connaître leur point de vue et de découvrir leurs sentiments et leurs attentes.

LA RÉSISTANCE AU CHANGEMENT

Le terme *résistance au changement* désigne tout comportement ou toute attitude indiquant le refus de soutenir ou d'apporter la modification proposée. Généralement, en milieu organisationnel, les agents de changement considèrent à tort cette résistance comme un obstacle à la réussite du changement. Cette résistance peut en effet être envisagée comme une forme de rétroaction dont l'agent de changement peut tirer parti pour faciliter l'atteinte des objectifs du changement[18]. Cette approche constructive postule que, lorsque les gens résistent à un changement, ils le font pour préserver quelque chose qu'ils jugent important et qui leur semble menacé.

> **Résistance au changement**
> Tout comportement ou toute attitude indiquant le refus de soutenir ou d'apporter la modification proposée

POURQUOI LES GENS RÉSISTENT-ILS AU CHANGEMENT ?

La résistance au changement liée à des facteurs individuels Certaines caractéristiques propres aux personnes soumises au changement peuvent expliquer leur opposition. La peur de l'inconnu, l'anxiété, la préférence pour la stabilité, l'attachement aux bonnes vieilles habitudes ou la remise en cause des compétences comptent parmi les principales sources de résistance liée à des facteurs individuels. Ainsi, les membres d'une équipe peuvent s'opposer à l'installation d'ordinateurs ultraperfectionnés à leur poste de travail parce qu'ils éprouvent de l'appréhension devant un système d'exploitation qu'ils n'ont jamais utilisé, parce qu'ils redoutent que l'efficacité de ces ordinateurs serve de prétexte pour se « débarrasser » de certains d'entre eux, ou encore parce qu'ils estiment qu'ils s'acquittent bien de leurs tâches et qu'ils n'ont pas besoin de ces ordinateurs. Des raisons de cet ordre peuvent engendrer une résistance aux plus judicieux et aux mieux fondés des changements.

La résistance liée à la nature même du changement Il arrive que l'agent de changement constate une résistance à la nature même du changement qu'il propose. Les gens s'y opposent parce que, selon eux, il ne vaut pas le temps, les efforts et l'attention qu'ils devront y consacrer. Pour diminuer ce type de résistance, l'agent de changement doit d'abord s'assurer que sa proposition respecte les conditions suivantes et veiller à ce que toutes les personnes touchées la perçoivent ainsi[19] :

Les conditions d'un changement réussi

1. *Le changement est bénéfique.* Il doit comporter un ou plusieurs avantages notables pour les personnes touchées et représenter une amélioration par rapport à ce qui se faisait jusque-là.

2. *Le changement est conciliable avec les caractéristiques des gens touchés.* Il doit être aussi compatible que possible avec leurs valeurs et leur expérience.

3. *Le changement est relativement simple.* Il ne doit pas être trop complexe, de sorte que les personnes touchées soient en mesure de le comprendre et de le mettre en œuvre.

4. *Le changement s'accompagne d'une période d'essai.* Les personnes touchées peuvent le mettre à l'essai graduellement et apporter les modifications qui s'imposent au fur et à mesure de son implantation.

La résistance liée à la stratégie de changement Les agents de changement doivent aussi se préparer à affronter une résistance liée à la stratégie de changement qu'ils adoptent. Ils doivent tenir compte notamment de ceci :

- Une *stratégie de coercition* peut engendrer la résistance des gens qui n'aiment pas la gestion autoritaire ni le recours aux menaces.

- Une *stratégie de persuasion rationnelle* peut engendrer de la résistance si les données sur lesquelles s'appuie le changement ou l'expertise de ses promoteurs sont douteuses.

- Une *stratégie de partage du pouvoir* peut engendrer une résistance si les gens la jugent hypocrite et ont l'impression d'être manipulés.

La résistance liée à l'agent de changement La résistance liée à l'agent de changement est dirigée vers la personne qui le met en œuvre. Elle découle souvent de conflits de personnalités ou d'autres différences entre le promoteur du changement et les gens touchés. Les agents de changement qui risquent plus particulièrement de déclencher des réactions de résistance sont ceux qui n'ont pas de contact étroit avec les personnes touchées par le changement, ceux qui semblent avoir un intérêt personnel dans le changement qu'ils proposent ou encore ceux qui s'investissent beaucoup sur le plan émotif. Les études indiquent également que les agents de changement dont les caractéristiques individuelles (âge, formation et caractéristiques socioéconomiques) sont très différentes de celles des personnes touchées par le changement déclenchent une résistance accrue[20].

La résistance au changement liée à des facteurs organisationnels et de groupe Certaines caractéristiques organisationnelles et de groupe peuvent aussi favoriser la résistance au changement. Ainsi, une structure organisationnelle bureaucratique génère davantage de résistance qu'une structure plus souple. En outre, une culture organisationnelle forte favorise souvent la ritualisation des conduites ou le conformisme et entraîne une opposition à tout changement allant à l'encontre des valeurs qui la caractérisent. Cette résistance au changement se manifeste au sein de groupes très cohésifs et solidaires qui privilégient le maintien des liens interpersonnels déjà créés. Finalement, des accords intergroupes peuvent aussi freiner l'introduction de certains changements.

COMMENT RÉAGIR À LA RÉSISTANCE AU CHANGEMENT ?

L'agent de changement avisé connaît plusieurs façons de réagir positivement à toute forme de résistance au changement[21]. Les six principales sont présentées à la **figure 15.3**. En voici une brève description.

1. *Information et communication*   Avant d'implanter le changement, l'agent de changement informe les personnes qui seront touchées, afin qu'elles en comprennent bien les motifs. Cette approche semble donner de meilleurs résultats lorsque la résistance résulte d'une information inexacte ou incomplète.

2. *Participation et engagement*   L'agent de changement permet aux personnes touchées de contribuer à la conception et à l'implantation du changement, soit en leur demandant leurs points de vue et leurs suggestions, soit en les intégrant au comité ou au groupe qui pilote le projet. Cette approche est particulièrement utile lorsque l'agent de changement ne possède pas toute l'information nécessaire pour traiter la situation problématique.

3. *Facilitation et soutien*   L'agent de changement fournit de l'aide matérielle et psychologique aux personnes qui éprouvent des difficultés liées au changement. Le gestionnaire qui s'appuie sur cette méthode pour faire face à la résistance au changement de ses subordonnés prête une oreille attentive à leurs problèmes et à leurs doléances, leur propose une formation adéquate et les aide à faire face aux exigences de rendement. Cette approche est particulièrement utile lorsque les contraintes et les difficultés liées à l'implantation du changement engendrent des frustrations.

4. *Négociation et entente*   L'agent de changement offre des incitatifs à ceux qui manifestent ou pourraient manifester de la résistance au changement ; autrement dit, il leur accorde certains avantages en échange de la promesse de ne pas bloquer les changements institués. Cette approche est particulièrement utile dans le cas d'individus ou de groupes pour qui le changement planifié représente une perte importante.

5. *Manipulation*   L'agent de changement manœuvre pour influencer les personnes touchées par le changement en sélectionnant l'information qui leur est transmise et en organisant le déroulement des évènements de telle sorte que le changement souhaité ait lieu. Parfois, il est possible « d'acheter » le soutien des meneurs de la résistance en négociant des ententes particulières avec eux. La manipulation est une pratique courante lorsque les autres tactiques ne fonctionnent pas ou sont jugées trop coûteuses.

6. *Coercition explicite ou implicite*   L'agent de changement recourt à son autorité pour amener les récalcitrants à se plier au changement prévu. Il peut ainsi les menacer de diverses sanctions s'ils n'acceptent pas de se soumettre. Cette approche peut être utile lorsque le changement doit être instauré de toute urgence.

Quelle que soit l'approche choisie, il faut se souvenir qu'une résistance au changement dénote généralement la nécessité de prendre des mesures pour obtenir une meilleure adéquation entre le changement planifié, la situation et les personnes touchées. Un bon agent de changement saura y faire face en se montrant ouvert à la rétroaction et en agissant en conséquence.

Figure 15.3 Les méthodes pour faire face à la résistance au changement

Méthode	À utiliser lorsque...	Avantages	Inconvénients
Information et communication	... l'information est insuffisante ou inexacte.	Elle suscite chez les personnes touchées le désir de contribuer au changement.	Elle peut exiger beaucoup de temps.
Participation et engagement	... les personnes touchées détiennent de l'information importante ou ont le pouvoir de résister au changement.	Elle améliore la planification du changement par l'augmentation de la quantité d'information disponible et favorise l'engagement des personnes touchées.	Elle peut exiger beaucoup de temps.
Facilitation et soutien	... la résistance au changement est liée à des problèmes de ressources ou d'adaptation.	Elle répond directement à des besoins précis sur le plan des ressources ou de l'adaptation.	Elle peut exiger beaucoup de temps et entraîner des coûts importants.
Négociation et entente	... le changement peut occasionner des pertes importantes pour certains individus ou certains groupes.	Elle permet d'éviter que la résistance ne prenne trop d'ampleur.	Elle peut être coûteuse et elle comporte le risque que d'autres personnes exigent des ententes similaires.
Manipulation	... les autres stratégies s'avèrent inefficaces ou sont jugées trop coûteuses.	Elle peut donner des résultats rapides et est peu coûteuse.	Elle peut causer d'autres problèmes si les personnes touchées se sentent manipulées.
Coercition explicite ou implicite	... l'agent de changement est en position d'autorité et qu'il faut agir vite.	Elle est rapide et permet de venir à bout de toute forme de résistance.	Elle peut causer d'autres problèmes si les personnes touchées se mettent en colère.

LA DYNAMIQUE DU STRESS

Les impératifs de changement en milieu organisationnel s'accompagnent souvent d'un surcroît de stress pour les personnes visées. Il est grand temps de considérer le stress comme un phénomène que le gestionnaire doit gérer. À ce titre, nous vous présentons l'expérience de trois cadres qui doivent faire face à un grand stress professionnel[22].

Marie Marie, jeune titulaire d'une maîtrise en administration des affaires, a passé une nuit blanche à préparer le premier exposé qu'elle doit faire devant le conseil de direction de son nouvel employeur. Elle travaille depuis six mois à ce rapport, et cet exposé lui permettra de tester, pour la première fois, son potentiel de cadre. L'exposé de Marie dure cinq minutes, puis les membres du comité lui posent des questions pendant dix minutes. Le président la remercie pour la qualité de son travail et lui demande de quitter la réunion. Marie se précipite alors dans la salle la plus proche pour relâcher sa tension nerveuse et se met à trembler de la tête aux pieds.

Robert Jeanne, l'épouse de Robert, est de plus en plus inquiète au sujet de son mari. Il y a plusieurs mois, Robert a failli être promu au rang de directeur d'usine, une promotion qu'il était convaincu de mériter après 15 ans de bons et loyaux services. Auparavant, Robert rentrait généralement fourbu de son travail, mais de très bonne humeur, et il passait une heure à jouer avec ses fils. Aujourd'hui, son comportement a radicalement changé. Dès que Robert rentre du travail, il se sert une bière et s'affale sur le divan devant la télévision, qu'il délaisse uniquement pour le souper. Il passe la soirée à regarder la télévision et à siroter sa bière. Il ne parle presque plus, ni à Jeanne ni aux enfants. Jeanne n'en peut plus. Elle supplie son mari d'aller consulter un médecin. « Je vais très bien, rétorque-t-il. Qu'est-ce que tu vas imaginer ! »

Raymond Raymond est un chef de publicité et un cadre auquel la réussite sourit. Comme d'habitude, il vient de terminer un repas d'affaires copieusement arrosé avec un client potentiel. Mais Raymond est soucieux. Ses brûlures d'estomac et le diagnostic dont le médecin lui a fait part hier accaparent toute son attention : il souffre de colites spasmodiques liées à son mode de vie. Raymond, qui vient de divorcer, sait pertinemment que sa consommation d'alcool et de tabac ainsi que ses journées de travail de 12 heures nuisent à sa santé ; mais, pour le moment, toute sa vie tourne autour de son travail, d'autant plus que ses affaires commencent à connaître une réussite qui va au-delà de toutes ses espérances. Il décide donc de ne plus prêter attention à sa santé et concentre tous ses efforts sur la signature d'un contrat important avec son client.

QU'EST-CE QUE LE STRESS ?

Le *stress* peut être défini comme un état de tension qu'une personne ressent lorsqu'elle est soumise à des exigences, à des contraintes ou à des demandes inhabituelles[23]. Dans le cas de Marie, le stress est lié au fait de devoir faire un exposé décisif pour sa carrière. En ce qui concerne Robert, le stress est le résultat d'une contrainte, c'est-à-dire l'impossibilité d'obtenir une promotion. Quant à Raymond, il est tiraillé entre les recommandations de son médecin et les exigences d'un emploi particulièrement stressant.

Le stress est donc la *résultante* d'évènements auxquels les personnes doivent s'adapter, et plus particulièrement de la perception qu'elles en ont. Il se traduit par diverses réactions :

- des réactions physiologiques : augmentation de la tension artérielle et du rythme cardiaque, insomnie, tensions musculaires, troubles gastro-intestinaux, affections dermatologiques, etc. ;

▶ **Stress**
État de tension qu'une personne ressent lorsqu'elle est soumise à des exigences, à des contraintes ou à des demandes inhabituelles

Les réactions liées au stress en milieu de travail

- des réactions psychologiques : anxiété, apathie, frustration, perte d'estime de soi, humeur dépressive, etc. ;
- des réactions comportementales : abus de drogues, d'alcool, de tabac et de nourriture ; absentéisme ; comportements impulsifs, etc. ;
- des réactions sur le plan cognitif : difficultés à prendre de bonnes décisions, problèmes de concentration, difficultés de jugement.

Il serait parfaitement irréaliste d'imaginer votre avenir de gestionnaire sans tenir compte du stress et de ses réactions, puisqu'il sera présent tout au long de votre vie professionnelle[24]. Penchons-nous, à ce sujet, sur la déclaration d'un psychologue qui travaille avec des cadres supérieurs présentant de graves problèmes d'alcoolisme : « Tous les dirigeants doivent faire face au stress, faute de quoi ils ne se seraient jamais hissés à cette position. Certains le gèrent bien. D'autres pas. » Si vous comprenez le stress et la façon dont il agit en milieu professionnel, vous serez certainement mieux à même d'y faire face, qu'il s'agisse du stress que vous vivez ou de celui que vivent vos subordonnés.

LES SOURCES DE STRESS

> **Facteur de stress**
> Agent de stress

À une époque aussi mouvementée que la nôtre, quiconque réfléchit sur sa carrière doit prendre en considération le stress auquel personne n'échappe[25]. Les **facteurs de stress** en milieu professionnel sont de plus en plus nombreux et variés. Ainsi, une étude réalisée par la Chaire en gestion de la santé et de la sécurité du travail dans les organisations de l'Université Laval, à Québec, auprès d'entreprises québécoises, a révélé que les plus importantes sources de stress en milieu organisationnel sont, en ordre décroissant[26] :

- la surcharge quantitative de travail ;
- le peu de reconnaissance ;
- les piètres relations avec le supérieur ;
- le manque de participation aux décisions et la circulation insuffisante de l'information.

Le cadre doit comprendre et reconnaître ces facteurs ainsi que les autres éléments qui sont potentiellement à l'origine du stress professionnel et qui, à leur tour, se répercutent sur les attitudes et les comportements au travail. La **figure 15.4** indique quatre catégories de facteurs ayant une incidence sur le degré de stress vécu en milieu de travail, à savoir les facteurs professionnels, individuels et socioéconomiques et les facteurs relatifs à la vie privée.

Les facteurs de stress liés à la vie professionnelle

Personne n'en doute, le travail peut être stressant, et les exigences d'un emploi peuvent rompre l'équilibre entre notre vie professionnelle et notre vie personnelle. À l'échelle canadienne, la situation est alarmante. D'après l'*Enquête sociale générale du Canada sur l'emploi du temps*[27] réalisée par Statistique Canada, près du tiers des Canadiens actifs de 19 à 64 ans se déclarent bourreaux de travail. En outre, près de 40 % d'entre eux s'affairent plus de 50 heures par semaine. En fait, 30,8 % des

Figure 15.4 Quatre catégories de facteurs de stress en milieu de travail

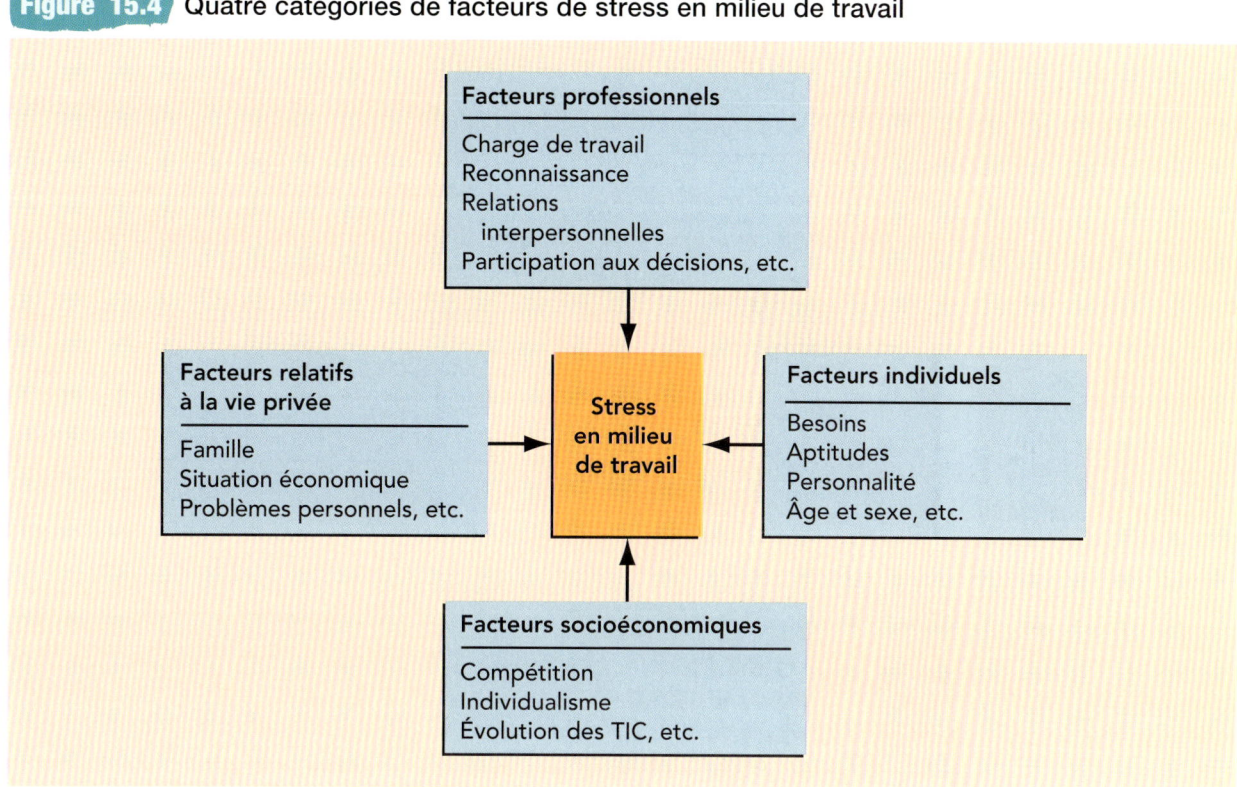

travailleurs canadiens affirment que la plupart de leurs journées de travail sont considérablement ou extrêmement stressantes. Selon une autre étude publiée par Statistique Canada[28], un stress élevé constitue la première raison invoquée par les employés qui sont insatisfaits au travail.

Le stress professionnel a plusieurs causes, notamment[29] :

- *La surcharge quantitative de travail*   La personne doit accomplir une trop grande quantité de travail.
- *Le manque de reconnaissance*   La personne ne se sent pas appréciée et estimée à sa juste valeur.
- *Les problèmes de relations interpersonnelles*   La personne vit des relations tendues avec ses supérieurs, ses collègues ou ses clients.
- *Le manque de participation aux décisions*   La personne n'a pas voix au chapitre en ce qui concerne les stratégies et les objectifs organisationnels ou les décisions qui concernent directement son travail.
- *Le manque d'information*   La personne n'est pas tenue au courant des stratégies et des objectifs organisationnels, ou ne dispose pas de toutes les données qui lui permettraient d'accomplir ses tâches le mieux possible.
- *La surcharge qualitative de travail*   La personne doit accomplir des tâches qu'elle estime être trop complexes compte tenu de ses connaissances, de ses aptitudes et de son expérience.

Les principaux facteurs de stress liés à la vie professionnelle

- *La sous-charge qualitative de travail* La personne doit accomplir des tâches monotones et répétitives qui ne lui permettent pas d'utiliser au maximum l'ensemble de ses aptitudes et d'en cultiver de nouvelles.
- *La sous-charge quantitative de travail* La personne doit accomplir une trop faible quantité de travail.
- *Les contraintes de temps* La personne est soumise à des cadences de travail élevées.
- *L'ambiguïté de rôle* La personne a des incertitudes concernant ce qu'on attend d'elle ou les critères qui serviront à évaluer son rendement.
- *Le conflit de rôle* La personne ne parvient pas à répondre à certaines attentes liées à son rôle, parce qu'elles sont contradictoires ou incompatibles.
- *Le pouvoir décisionnel* La personne n'a pas la latitude qu'il faut pour planifier et organiser son travail comme bon lui semble.
- *Les horaires de travail* La personne doit travailler de longues heures ou des heures irrégulières.
- *Le rythme de la progression professionnelle* La personne a un cheminement de carrière trop rapide (les promotions viennent trop vite) ou trop lent (les promotions tardent à venir), ou encore elle fait face à un *plafonnement professionnel* (elle constate qu'elle a cessé de gravir les échelons de la hiérarchie organisationnelle et qu'elle ne pourra probablement pas assumer de responsabilités professionnelles plus importantes).
- *La structure organisationnelle* La structure organisationnelle est centralisée et bureaucratique, et elle ne favorise donc pas la participation de la personne aux prises de décisions, l'autonomie et le partage d'information.
- *Le dilemme éthique* La personne doit choisir de poser ou non un acte qui présente des avantages potentiels tout en étant contraire à l'éthique.
- *Le harcèlement psychologique au travail* Un supérieur, un collègue ou un client adopte une conduite vexatoire à l'égard de la personne, c'est-à-dire un comportement ou une parole hostile, qui porte atteinte à son intégrité physique ou psychologique et qui nuit au climat de travail.
- *Des conditions physiquement éprouvantes* La personne travaille dans de mauvaises conditions : bruit, manque d'intimité, pollution ou autres conditions de travail déplaisantes.

Les facteurs de stress liés à la vie personnelle

Des problèmes extérieurs à la vie professionnelle des travailleurs deviennent souvent une source importante, bien que moins évidente, de stress en milieu organisationnel. Des évènements familiaux (naissance, séparation, divorce, etc.), des difficultés financières (perte considérable liée à un mauvais investissement, etc.) ou d'autres problèmes personnels se révèlent parfois extrêmement stressants. Comme il est difficile, voire impossible, d'établir une frontière entre la vie professionnelle et la vie personnelle, les facteurs de stress liés à la vie personnelle peuvent influer sur les attitudes et les comportements au travail comme à l'extérieur du travail.

En outre, en matière de conciliation travail – vie personnelle, une nouvelle réalité émerge : la « génération sandwich », soit celle qui doit s'occuper à la fois de jeunes enfants et de parents âgés. Selon Statistique Canada, 3 parents sur 10, ayant entre 45 et 64 ans, prennent soin à la fois de leurs enfants et d'un parent âgé. La très grande majorité de ces personnes (80 %) occupent également un emploi. Ce phénomène résulte essentiellement de changements sociodémographiques : grossesses tardives et vieillissement de la population. Évidemment, plus la vie personnelle est exigeante, plus la vie professionnelle est affectée. Ainsi, 15 % de la « génération sandwich » a dû réduire ses heures de travail, 20 % a dû modifier son horaire et 10 % a subi une perte de revenus[30].

L'échelle d'évaluation de la réadaptation sociale de Holmes et Rahe présentée dans la **figure 15.5** est un moyen très utilisé pour mesurer le stress ressenti par une personne. Remarquez que cette échelle intègre les facteurs de stress liés à la vie professionnelle et à la vie personnelle.

> **La Chaire en gestion de la santé et de la sécurité du travail dans les organisations de l'Université Laval**
>
> La Chaire en gestion de la santé et de la sécurité du travail dans les organisations de l'Université Laval, à Québec, a pour mission de contribuer au développement des connaissances et des pratiques en gestion de la santé et de la sécurité du travail et de favoriser la prise en charge de la prévention dans la gestion des organisations. Dans son site Internet (cgsst.fsa.ulaval.ca) figurent, notamment, quatre sections traitant respectivement de la gestion de la santé et de la sécurité au travail, de la violence au travail, de la reconnaissance au travail et de la santé psychologique au travail. Cette dernière fournit de l'information sur les principaux problèmes de santé psychologique se manifestant dans les organisations ainsi que sur les outils de mesure, les facteurs de risque individuels et organisationnels et les stratégies de prévention. Vous y trouverez également une liste d'organismes du domaine de la santé mentale ainsi qu'un répertoire des groupes de recherche et des chercheurs dans ce domaine.

Vous souhaitez peut-être remplir cette grille pour vous-même ou pour un proche. Il suffit d'encercler la valeur moyenne de chaque évènement que vous avez vécu au cours des derniers mois. Faites le total pour déterminer votre degré de stress. Selon les études, on interprète les notes obtenues ainsi :

- 150 ou moins est signe de bonne santé ;
- de 150 à 300 points indique qu'il existe de 35 % à 50 % de risque de souffrir de maladies liées au stress ;
- plus de 300 points signale que les probabilités de tomber malade en raison du stress s'élèvent à 80 %.

Si vous comprenez bien l'incidence potentielle de ces évènements personnels sur le bien-être général de la personne, vous maîtriserez mieux leurs conséquences néfastes.

Le stress et les caractéristiques individuelles

Qu'ils soient liés à la vie professionnelle ou à la vie personnelle, les divers facteurs de stress que nous venons d'énumérer n'ont pas le même effet sur tous les gens. En fait, deux personnes soumises à un même facteur de stress le percevront différemment et y réagiront en fonction de leurs caractéristiques propres – traits de personnalité, valeurs, attitudes, besoins, antécédents, compétences, âge, sexe, etc. Les caractéristiques individuelles ont donc une incidence déterminante sur l'intensité du stress qu'éprouve une personne. Par exemple, le stress se révèle plus rapidement destructeur dans le cas des personnes très émotives ou qui ont une faible estime de soi. Les individus qui perçoivent une adéquation entre les exigences de leur emploi et leurs compétences semblent mieux tolérer le stress que ceux pour qui ce n'est pas le cas[31].

Certaines dimensions fondamentales de la personnalité entrent également en jeu. Par exemple, l'impatience, le désir de réussite et le perfectionnisme, caractéristiques des gens qui ont une personnalité de type A, peuvent occasionner un stress

Figure 15.5 L'échelle d'évaluation de la réadaptation sociale de Holmes et Rahe[32]

Évènement	Valeur moyenne
1. Décès du conjoint	100
2. Divorce	73
3. Séparation d'avec le conjoint	65
4. Détention en prison ou dans un autre établissement	63
5. Décès d'un parent proche	63
6. Blessure ou maladie grave	53
7. Mariage	50
8. Licenciement	47
9. Réconciliation avec le conjoint	45
10. Départ à la retraite	45
11. Changement important dans la santé ou le comportement d'un des membres de la famille	44
12. Grossesse	40
13. Problèmes d'ordre sexuel	39
14. Naissance	39
15. Changement important au travail	39
16. Changement important dans la situation financière	38
17. Décès d'un ami proche	37
18. Changement de poste	36
19. Augmentation importante des querelles avec le conjoint	35
20. Hypothèque ou emprunt pour un gros achat	31
21. Saisie de biens à la suite d'un défaut de paiement d'hypothèque ou d'emprunt	30
22. Changement important dans les responsabilités professionnelles	29
23. Départ du foyer d'un des enfants	29
24. Difficulté avec les beaux-parents	29
25. Exploit personnel marquant	28
26. Début ou fin de l'emploi du conjoint en dehors du foyer	26
27. Début ou fin d'un programme d'études	26
28. Changement important dans les conditions de vie	25
29. Modification des habitudes personnelles	24
30. Problèmes avec le supérieur	23
31. Changement important dans les horaires ou les conditions de travail	20
32. Déménagement	20
33. Changement d'école des enfants	20
34. Changement important du type ou du temps de loisir	19
35. Changement important dans les activités religieuses	19
36. Changement important dans les activités sociales	18
37. Hypothèque ou emprunt pour un achat de moindre importance	17
38. Changement important dans les habitudes de sommeil	16
39. Changement important dans la fréquence des réunions de famille	15
40. Changement important dans les habitudes alimentaires	15
41. Vacances	13
42. Noël	12
43. Infractions mineures à la loi	11

élevé dans un milieu de travail que d'autres trouveront peu stressant[33]. Dans ce sens, les personnalités de type A s'exposent particulièrement au stress. Un individu ayant une *personnalité de type A*, que nous avons décrite au chapitre 2, se caractérise par les comportements suivants[34] :

- Il ne cesse de bouger, de marcher et de manger sur le pouce.
- Les choses ne vont jamais assez vite pour lui ; il bouscule les autres et déteste attendre.
- Il fait plusieurs choses en même temps.
- Il se sent coupable lorsqu'il se détend.
- Il essaie d'en faire toujours plus en un laps de temps toujours plus court.
- Ses gestes sont nerveux. Il serre les poings et tapote sur les tables.
- Il n'a pas le temps de profiter de la vie.

Il est intéressant de s'attarder sur les avantages et les inconvénients de la personnalité de type A en milieu de travail. D'une part, les caractéristiques de cette personnalité risquent fort de servir les gestionnaires qui sont au début ou au milieu de leur carrière. En effet, les caractéristiques propres à la personnalité de type A et l'efficacité professionnelle qui peut en découler permettent souvent à ces individus d'atteindre rapidement les échelons supérieurs de la hiérarchie. Mais, pour ce qui est du travail au sommet, ce type de personnalité ne s'avérera pas forcément des plus bénéfiques. Le cadre supérieur de type A risque de manquer de la patience nécessaire pour faire preuve d'un raisonnement équilibré, satisfaire à des exigences multiples et contradictoires en matière de rendement et faire face aux immanquables retards. Sa réussite dépendra de son aptitude à modifier ou à moduler les caractéristiques de type A qui lui sont propres afin de répondre aux différentes obligations d'un cadre supérieur. Soulignons que l'aptitude à gérer le stress est capitale pour parvenir à cette souplesse. Elle est également indispensable pour rester en bonne santé et répondre aux normes de rendement exigées à toutes les étapes d'une carrière.

Le stress et la société

L'environnement socioéconomique dans lequel évolue une personne peut aussi favoriser l'apparition des symptômes du stress[35]. À titre d'exemple, l'expansion des TIC et la mondialisation de l'économie ont accru les pressions sur les travailleurs. L'obsession de la performance ainsi que la compétitivité à outrance peuvent conduire à des situations intenables pour bon nombre de personnes. En outre, l'individualisme découlant de la précarité d'emploi entraîne souvent une diminution de l'engagement et de la motivation, puis un retrait du travail.

LES CONSÉQUENCES DU STRESS

Le stress et le rendement

Les propos que nous venons de tenir peuvent vous donner l'impression que le stress n'exerce qu'une influence néfaste sur nos vies. En fait, comme le montre la **figure 15.6**[36], le stress a deux facettes : l'une est bonne, et l'autre, mauvaise. Le **bon stress** (ou *eustress*), qui se traduit par une tension modérée, a des effets bénéfiques tant pour l'individu que pour l'organisation : augmentation des efforts et de l'application au travail, stimulation de la créativité et amélioration du rendement. Ce bon stress se manifeste

▶ **Bon stress (ou eustress)**
Stress ayant des effets bénéfiques tant pour l'individu que pour l'organisation

lorsqu'il y a adéquation entre les capacités d'une personne et les exigences de son milieu professionnel, ou entre ses besoins et ceux que son travail lui permet de combler. Vous avez probablement déjà éprouvé les effets de ce type de stress : dans un cours difficile que vous croyez pouvoir réussir, vous êtes plus attentif en classe, vous étudiez plus intensément avant l'examen et vous augmentez vos efforts pour terminer à temps le travail de session.

DU CÔTÉ DE LA RECHERCHE

Santé mentale : Quels travailleurs sont les plus à risque ?[37]

Les personnes exerçant certaines fonctions ou appartenant à certains corps de métiers sont-elles plus à risque de développer des problèmes de santé mentale que d'autres ? Gestionnaires, enseignants, infirmières ou policiers sont-ils les plus vulnérables ? À cette dernière question, une étude menée par Alain Marchand, de l'École des relations industrielles de l'Université de Montréal et publiée dans l'*International Journal of Law and Psychiatry*, répond « non »[38].

Cette recherche a été effectuée auprès d'un échantillon de 77 377 travailleurs canadiens occupant 139 emplois différents dans 95 secteurs d'activité. Les résultats sont basés sur la banque de données constituée par Statistique Canada suite à son enquête sur la santé dans les collectivités canadiennes menée en 2003. Les répondants évaluaient eux-mêmes leur santé mentale. Une moins bonne santé mentale peut ainsi être associée à des épisodes d'épuisement professionnel (*burn-out*), de dépression ou de détresse psychologique. Environ le quart des répondants ont dit avoir une « moins bonne » santé mentale, selon les termes utilisés dans l'enquête. Dans le cadre de l'étude du professeur Marchand, ces réponses furent recoupées avec le type d'emploi et le secteur d'activité, en utilisant les classifications faites elles aussi par Statistique Canada. En outre, les variables généralement reconnues comme ayant un effet sur la santé mentale ont été contrôlées : sexe, âge, éducation, statut matrimonial, revenu familial.

Les résultats de cette recherche démontrent que ce sont les personnes occupant des fonctions de direction dans des bibliothèques, des musées, des galeries d'art, des maisons d'édition, des studios de production cinématographique et des organisations offrant des programmes de sports et de loisirs qui font état d'une santé mentale plus stable. Ainsi, seulement 9,3 % des directeurs dans les arts, la culture et les sports ont rapporté une moins bonne santé mentale. La proportion est de 9,8 % chez les pompiers et les policiers, et de 12,4 % chez les professeurs d'université.

En ce qui concerne les réponses fournies par les cadres supérieurs, elles confirment les résultats obtenus par d'autres recherches menées ailleurs dans le monde indiquant que les personnes qui occupent des postes de direction ont moins de problèmes de santé mentale : la possibilité de prendre des décisions atténue la pression subie par les dirigeants.

En plus des occupations citées ci-dessus, les risques de souffrir de problèmes de santé mentale sont particulièrement bas chez les secrétaires, les vendeurs, les athlètes, les enseignants et les infirmières.

À l'inverse, 32,7 % des journaliers en construction et 43,1 % des personnes opérant des machines à coudre ont rapporté une moins bonne santé mentale. Ainsi, selon les réponses fournies, les personnes les plus sujettes à développer des problèmes de santé mentale sont celles qui actionnent des machines à coudre ou des machines de fabrication, le personnel de montage, le personnel des chemins de fer, les grutiers-foreurs-dynamiteurs, les manœuvres, les travailleurs d'ateliers de meubles, les travailleurs du secteur forestier ainsi que les nettoyeurs. Suivent les caissiers et les caissières, le personnel de soutien dans la santé, les mécaniciens, les machinistes et les employés de restaurant. Ce sont, dans l'ensemble, des salariés qui ont peu ou pas de contrôle sur leur travail. Le fait de simplement obéir aux ordres et de faire un travail routinier, sans possibilité de prendre des initiatives, semble compromettre l'équilibre des exécutants et nuire à leur bien-être mental.

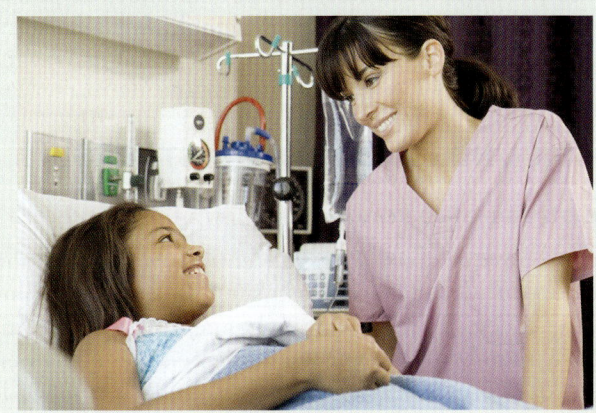

Figure 15.6 L'intensité du stress et le rendement individuel : le bon stress et le mauvais stress

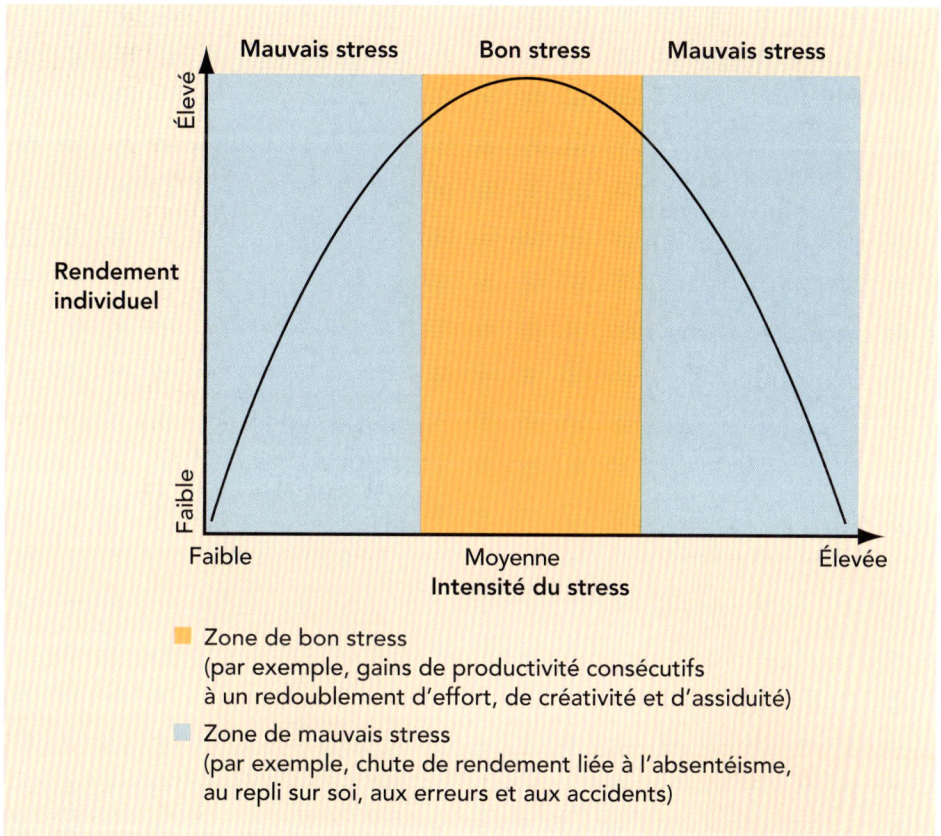

En revanche, le **mauvais stress** (ou **détresse**) a des effets néfastes tant pour l'individu que pour l'organisation : insatisfaction, baisse de motivation et de rendement, absentéisme, erreurs, comportements contraires à l'éthique, maladies et roulement de personnel accru. Ce mauvais stress peut être associé à une tension très faible ou à un excès de tension ; il se manifeste lorsqu'il y a discordance entre les capacités d'une personne et les exigences de son milieu professionnel, ou entre ses besoins et ceux que son travail lui permet de combler.

Ainsi, lorsque les demandes de l'environnement sont trop faibles et que les capacités d'une personne sont sous-utilisées, il est possible de voir apparaître un état d'apathie et les symptômes du mauvais stress. Une personne très compétente qui est réduite à effectuer des tâches simples, répétitives et monotones pourrait en faire l'expérience. De même, une personne soumise à des exigences qui excèdent ses capacités ne pourra répondre adéquatement aux attentes ; comme l'excès de stress affaiblit les défenses psychologiques et physiologiques, les symptômes du mauvais stress risquent d'apparaître.

Ce mauvais stress prend parfois la forme de l'*épuisement professionnel*, état qui résulte de conditions de travail stressantes et qui se manifeste, notamment, par la perte d'intérêt envers le travail, des attitudes négatives au travail et un faible sentiment

▶ **Mauvais stress (ou détresse)**
Stress ayant des effets néfastes tant pour l'individu que pour l'organisation

▶ **Épuisement professionnel**
Syndrome d'épuisement physique et émotionnel qui résulte de conditions de travail stressantes et qui se manifeste, notamment, par la perte d'intérêt envers le travail, des attitudes négatives au travail et un faible sentiment d'accomplissement personnel

d'accomplissement personnel. La personne atteinte de ce syndrome ressent un épuisement physique et émotionnel ; elle se sent incapable de répondre aux exigences de son travail et d'en tirer parti. Les médias ont rapporté les réactions encore plus extrêmes d'individus qui sont allés jusqu'à attaquer leurs collègues ou leur employeur, se livrant ainsi à des actes criminels qu'on désigne sous le terme de « rage au bureau » ou « rage au travail ».

Jeffrey Pfeffer, professeur à Stanford et consultant de renommée internationale, critique sévèrement les organisations où sévissent de telles situations, les accusant de créer des milieux de travail délétères[39]. Ce type d'organisation transmet implicitement à son personnel le message suivant : « Nous allons vous placer dans un environnement où vous devrez travailler à un rythme et dans des conditions insoutenables. Nous vous garderons ici jusqu'à ce que vous soyez épuisés. Ensuite, vous pourrez partir[40]. »

Le stress et la santé

Comme on le sait, le stress peut être néfaste à la santé. À long terme, l'anxiété et la frustration qu'engendre le mauvais stress peuvent compromettre le bien-être physique et mental de l'individu[41]. Les ennuis de santé associés au mauvais stress comprennent les troubles cardiaques et les accidents cardiovasculaires, l'hypertension, la migraine, les ulcères gastriques, les abus de substances toxiques, la suralimentation, la dépression et les douleurs musculaires, pour n'en nommer que quelques-uns. Les cadres et les chefs d'équipe devraient être à l'affût des signes d'un mauvais stress, chez eux comme chez leurs collègues (voir la rubrique *Du savoir à la pratique 15.2*). Le principal symptôme du mauvais stress est un changement du comportement habituel : l'assiduité se transforme en absentéisme, la ponctualité en retards fréquents, le travail soigné en travail bâclé, l'attitude positive en attitude négative, l'ouverture au changement en résistance, l'esprit d'équipe en hostilité, etc. Près de 50 % de l'absentéisme au travail est lié aux troubles de santé mentale, et cela représente entre 70 et 80 % du nombre de jours perdus[42].

Selon une étude publiée par la Global Business and Economic Roundtable on Addiction and Mental Health – une table ronde de gens d'affaires et de scientifiques canadiens voués à la recherche sur la santé mentale au travail –, les coûts directs et indirects liés aux problèmes de santé mentale dont souffrent les salariés s'élèvent à 33 milliards de dollars annuellement. Ce chiffre inclut le montant des indemnités versées par les employeurs et les sociétés d'assurance aux employés en congé d'invalidité pour des raisons psychologiques. Il comprend aussi les coûts associés aux absences occasionnelles, à la baisse d'efficacité et de rendement de personnes souffrant d'un problème de santé psychologique qui se forcent à aller au travail (problème appelé « présentéisme »), ainsi qu'à l'embauche et à la formation des remplaçants des salariés absents. De ce montant, 11 milliards de dollars sont attribuables à des troubles reconnus sur le plan médical, comme la dépression et l'anxiété. Le reste relève, notamment, du stress et de l'épuisement professionnel, qui ne sont pas reconnus comme des maladies mentales, mais qui peuvent y conduire[43].

DU SAVOIR À LA PRATIQUE 15.2

Reconnaître les signes d'un mauvais stress

- Changement dans les habitudes alimentaires
- Augmentation de la consommation d'alcool ou de tabac
- Sensation de ne pas être en bonne santé, douleurs, maux d'estomac
- Impatience, incapacité à se concentrer, troubles du sommeil
- Tension, agitation, susceptibilité, nervosité
- Désorientation, accablement, humeur dépressive, irritabilité

L'Organisation mondiale de la santé prévoit qu'en 2020 la dépression sera la deuxième cause d'invalidité dans le monde, après les maladies cardiovasculaires. Au Canada, un congé d'invalidité sur trois est lié à des problèmes d'ordre psychologique, estime l'Association canadienne des sociétés d'assurances de personne (ACCAP)[44].

LES DIVERSES STRATÉGIES DE GESTION DU STRESS

LES STRATÉGIES ORGANISATIONNELLES DE GESTION DU STRESS

Le rôle du stress en milieu professionnel est pour le moins complexe. Nous savons déjà que le bon stress peut favoriser l'efficacité du travailleur. En revanche, le mauvais stress peut réduire son rendement et altérer sa santé. Ainsi, le gestionnaire efficace devra trouver un équilibre entre les caractéristiques de l'employé, le milieu de travail et le degré de stress professionnel acceptable. Un équilibre adéquat stimule la productivité sans avoir d'incidence néfaste sur la santé. Il s'agit de parvenir à une gestion efficace du stress, d'y faire face, le cas échéant, et de se maintenir dans un état de bien-être.

Sur le plan organisationnel, les stratégies de gestion de stress peuvent être classées ainsi[45] :

- *1er groupe* : stratégies visant à réduire ou à éliminer certains agents de stress au travail ;
- *2e groupe* : stratégies visant à augmenter la résistance au stress de la personne ;
- *3e groupe* : stratégies visant à traiter les personnes qui souffrent, notamment, de problèmes de santé psychologique au travail.

Les stratégies visant à réduire ou à éliminer certains agents de stress au travail

Les stratégies de gestion du stress du premier groupe s'attaquent directement aux causes et aux sources du stress présentes en milieu organisationnel pour les réduire ou les éliminer complètement. Plusieurs types d'interventions permettent de diminuer les effets néfastes des agents de stress présents en milieu de travail ; en voici quelques exemples :

- clarifier les tâches et les responsabilités ;
- tenir régulièrement des réunions d'équipe favorisant l'échange d'information sur les activités de l'entreprise et la rétroaction ;
- offrir de la formation aux salariés, afin de leur permettre d'éviter la surcharge qualitative de travail, de progresser dans leur carrière et d'accepter plus de responsabilités et de pouvoir ;
- redistribuer la charge de travail selon les capacités et les champs d'intérêt personnels ;
- mettre en place des pratiques de reconnaissance ;
- procéder à des appréciations de la contribution des salariés ;
- augmenter la participation aux décisions des salariés ;

- augmenter l'autonomie de la personne et le contrôle qu'elle exerce sur ses activités professionnelles ;
- implanter des pratiques de conciliation travail-famille ;
- mettre en place des horaires de travail flexibles.

Les stratégies visant à augmenter la résistance au stress des personnes

Les stratégies de gestion du stress du deuxième groupe, en agissant sur les facteurs personnels, ont pour but d'aider les personnes à s'adapter à leur environnement de travail. Elles font en sorte de les aider à acquérir des connaissances et des habiletés qui leur permettront de mieux reconnaître et gérer leurs réactions face au stress. Le contenu et la forme de ces interventions peuvent varier considérablement, mais elles comprennent généralement des activités de sensibilisation et d'information ainsi que des programmes de développement des habiletés.

Plus particulièrement, les activités de sensibilisation et d'information comprennent la publication de textes traitant du stress ou de l'épuisement professionnel, la tenue de conférences portant sur les causes du stress professionnel et ses conséquences ainsi que la présentation de séminaires sur la prévention des problèmes de santé psychologique au travail.

Quant aux programmes de développement des habiletés, ils se traduisent par des formations sur la gestion du stress, des sessions de conditionnement physique, des séances de méditation, de yoga ou de relaxation, des cours d'alimentation saine ou des programmes pour cesser de fumer. L'élaboration d'un programme de bien-être personnel fait évidemment partie de ces stratégies visant à augmenter la résistance au stress de la personne.

Les stratégies visant à traiter les personnes qui souffrent, en particulier de problèmes de santé psychologique au travail

Les stratégies de gestion du stress du troisième groupe visent à apaiser la souffrance des personnes qui éprouvent des problèmes de santé physique ou psychologique ou des problèmes de comportement au travail. Ces stratégies peuvent se traduire, notamment, par des rencontres avec un psychologue qui leur apportera soutien et écoute.

Ainsi, en milieu organisationnel, on préconise de plus en plus la mise en place de *programmes d'aide au personnel*, dont le but est d'apporter un soutien aux employés qui font face à des problèmes personnels ou professionnels générateurs de stress. Ces programmes permettent de diriger les individus vers les ressources appropriées, selon la nature de leurs difficultés – violence conjugale, toxicomanie, difficultés financières, problèmes juridiques, etc. L'employeur s'assure ainsi, à tout le moins, que la personne a accès à l'information pertinente et qu'elle est orientée vers les conseils professionnels et, dans certains cas, le traitement requis. Plus de 25 % des travailleurs canadiens du secteur privé ont accès à un programme d'aide aux employés[46].

> **Programme d'aide au personnel**
> Programme dont le but est d'apporter un soutien aux employés qui font face à des problèmes personnels ou professionnels générateurs de stress

Entreprise en santé[47]

Concoctée par le Bureau de normalisation du Québec et le Groupe de promotion pour la prévention en santé (GP2S), la norme BNQ 9700-800, *Prévention, promotion et pratiques organisationnelles favorables à la santé en milieu de travail*, communément appelée «Entreprise en santé», vise le maintien et l'amélioration durable de l'état de santé des personnes en milieu de travail par:

- l'intégration de la valeur de la santé des personnes dans le processus de gestion des entreprises;
- la création de conditions favorables à la responsabilisation du personnel à l'égard de sa santé;
- l'acquisition de saines habitudes de vie et le maintien d'un milieu de travail favorable à la santé.

Cette norme amène ainsi les entreprises à agir sur quatre aspects reconnus pour avoir un effet significatif sur la santé des personnes en milieu de travail et leur rendement:

1. *Les pratiques de gestion* (la reconnaissance au travail, le respect au travail, le soutien social, l'adéquation de la charge de travail, la participation aux décisions, la clarté des rôles, etc.);
2. *L'équilibre entre le travail et la vie personnelle* (mesures de conciliation travail – vie personnelle, horaires flexibles, garderie en milieu de travail, congés pour des raisons familiales, retour progressif à la suite d'absence pour raisons de santé, etc.);

3. *L'environnement de travail* (distributrices d'aliments santé, aires de stationnement sécuritaires pour les vélos, programmes de soutien aux travailleurs ayant des malaises physiques, aménagement d'aires de relaxation, etc.);
4. *Les habitudes de vie du personnel* (services-conseils en nutrition, programmes de sensibilisation à l'activité physique, formation sur la gestion du stress, activités d'éducation sur différentes maladies, etc.).

Question

En quoi l'intégration de cette norme dans les pratiques de gestion des entreprises québécoises est-elle une action concrète et probante du développement durable au sein de notre société?

LES STRATÉGIES INDIVIDUELLES DE GESTION DU STRESS

La gestion du stress est aussi une question individuelle. Vous pouvez gérer votre stress par la prévention ou en tentant d'atténuer l'incidence des facteurs de stress liés au travail et à la vie personnelle. Vous pouvez aussi le gérer par la recherche active du bien-être, en adoptant des mesures ou des habitudes de vie favorables à votre santé physique et mentale, de manière à mieux résister au stress.

Nous vous présentons cinq lignes directrices très utiles pour gérer un stress excessif[48].

1. *Maîtrisez la situation.* Évitez les échéances irréalistes. Faites de votre mieux sans jamais dépasser vos limites. Il est impossible de répondre aux attentes de tout le monde; acceptez ce fait. Apprenez à déterminer les facteurs de stress qui vous font réagir très fortement et évitez d'avoir à y faire face.

2. *Utilisez des techniques de gestion du temps.* Évitez de faire trop de choses en même temps. C'est le meilleur moyen de ne rien accomplir du tout, ou du moins pas grand-chose. Fixez-vous des objectifs réalistes et planifiez votre journée en fonction du temps dont vous disposez. Le gestionnaire efficace doit pouvoir éviter ou du moins réduire ces sources de stress. De plus, il manifeste une attitude positive en créant un climat de confiance et de respect; il doit également clarifier les objectifs et définir les tâches afin d'éviter l'incertitude et la confusion en matière d'attentes liées au rendement.

3. *Trouvez votre rythme.* Planifiez votre journée avec souplesse. N'essayez pas de faire deux ou plusieurs choses en même temps. Évitez de mettre la charrue avant les bœufs, ce qui s'avère toujours très peu productif, et forcez-vous à ralentir votre rythme. Réfléchissez avant de réagir à des situations défavorables ou à des personnes négatives.

4. *N'hésitez pas à vous confier.* Parlez de vos problèmes, de vos inquiétudes, de vos frustrations et des sources de tension avec vos proches. Lorsque vous doutez, souriez! Un sourire sincère désamorce l'émotion et lance un pont vers autrui.

5. *Faites de l'exercice et détendez-vous.* Pratiquez régulièrement une activité physique comme le jogging ou la natation; faites de la bicyclette, jouez au tennis, marchez ou patinez. (Consultez votre médecin si vous n'êtes pas en excellente condition physique.) Lorsque vous êtes tendu, reposez-vous pendant quelques minutes. Pour ce faire, rien de plus simple:

- Asseyez-vous confortablement dans un endroit calme et fermez les yeux.
- Mentalement, répétez lentement un mot ou une phrase qui vous détend.
- Respirez profondément sans pour autant forcer votre respiration; inspirez par le nez et expirez par la bouche.
- Ne laissez pas vos pensées vous distraire ou vagabonder; maintenez un état mental neutre.

LE BIEN-ÊTRE PERSONNEL ET LA GESTION DU STRESS

▶ **Bien-être**
État de satisfaction du corps et de l'esprit qui passe par une bonne santé physique et mentale et qui permet de mieux résister au stress

Le **bien-être** est un état de satisfaction du corps et de l'esprit qui passe par une bonne santé physique et mentale et qui permet de mieux résister au stress. En vertu de ce concept, la personne assume la responsabilité de son bien-être en adoptant un mode de vie qui favorise sa santé physique et mentale. Ainsi, elle doit surveiller son poids, son régime alimentaire, sa consommation d'alcool et de tabac, et suivre un programme de mise en forme. Un mode de vie qui traduit un engagement réel envers la santé est l'essence même du bien-être.

Comme le stress peut être préjudiciable à la santé, le bien-être fait partie de la catégorie des stratégies permettant de mieux résister au stress organisationnel. Le gestionnaire qui saisit tous les moyens nécessaires au maintien de sa santé sera certainement mieux armé pour faire face aux inévitables facteurs de stress propres à sa fonction. Il pourra même tirer profit du stress qui, autrement, deviendrait destructeur.

Le gestionnaire est également responsable du bien-être de ses subordonnés, qu'il peut influencer en donnant le bon exemple, en prodiguant des encouragements, en se montrant sensible ou en appliquant les principaux concepts et techniques d'une gestion adéquate du personnel que nous vous présentons dans ce manuel. Lorsque le cadre parvient à créer un climat de travail sain, il améliore la capacité des travailleurs de faire face au changement et au stress qui sont indissociables de leur vie professionnelle, ce qui ne peut qu'être profitable pour tout le monde. Au sein des organisations ayant intégré des programmes de santé basés sur l'amélioration des saines habitudes de vie et de l'environnement de travail, les chiffres démontrent que chaque dollar investi dans de tels programmes a généré de 1,50 $ à 3 $ en gains de productivité dans les cinq années suivant leur lancement.

DES LEADERS PARLENT DE LEADERSHIP

À employés heureux, patron comblé[49]

Classée première au palmarès 2008 des meilleurs employeurs du Canada, D.L.G.L. a la santé de ses employés à cœur.

« On encourage nos gens à faire de l'activité physique. On a deux gymnases, dont le premier depuis 1992, et des appareils de type Nautilus. On a aussi un entraîneur à temps plein qui évalue la condition physique, prépare les programmes d'entraînement, assure le suivi et mesure les résultats. Environ 85 % de notre personnel y participe », explique Jacques Guénette, président de l'entreprise de Blainville spécialisée dans la conception, l'implantation et le soutien complet de systèmes de gestion informatiques.

L'entraîneur organise également différentes campagnes de sensibilisation, notamment sur la bonne alimentation. « Deux fois par jour, une personne circule dans l'entreprise avec un chariot de fruits », ajoute M. Guénette.

À ses yeux, ces pratiques ne sont toutefois pas ce qu'il y a de plus important pour que les employés soient en bonne santé. « On a des objectifs d'entreprise "intelligents", affirme l'entrepreneur. On ne se donne pas de missions impossibles ni d'objectifs de croissance inaccessibles qui obligeraient nos employés à travailler 70 heures par semaine. »

Selon Jacques Guénette, cette mauvaise pratique de gestion est la principale source de stress dans les entreprises. « Les gens travaillent 38 heures par semaine en moyenne, parfois davantage dans le cas d'un projet particulier, mais cette situation est temporaire. On ne veut pas empiéter sur la vie familiale et sociale de nos employés. On ne veut pas être un facteur de déséquilibre dans la vie des gens. »

Les résultats sont convaincants : excellente rentabilité, très haut taux de satisfaction des employés et aucun roulement de personnel.

« On est le plus petit acteur de notre industrie et on continue de progresser. C'est grâce aux employés qui sont performants parce qu'ils sont heureux et en santé. L'absentéisme est presque inexistant chez nous. Notre philosophie de gestion repose sur la qualité de vie. Une entreprise dépend de la qualité des décisions qui se prennent. Des gens en bonne santé prennent de meilleures décisions, sont confiants et n'ont pas peur de relever des défis », dit M. Guénette, qui joue au hockey pour se tenir en bonne forme.

Question
Pourquoi les dirigeants devraient-ils élaborer des programmes visant l'amélioration de la santé des membres de leur personnel ?

Les organisations qui créent des milieux de travail sains et qui investissent à fond dans les membres de leur personnel sont les mieux placées pour bénéficier pleinement des talents et des compétences des travailleurs. Comme le disait Jeffrey Pfeffer[50] :

> Ce qui vous distingue de vos concurrents, c'est le savoir, les talents, les compétences et l'engagement des gens qui travaillent pour vous. Les entreprises qui traitent bien leur personnel recevront beaucoup en retour.

Une petite phrase qui résume l'essence même du comportement organisationnel.

GUIDE DE RÉVISION

RÉSUMÉ

Qu'est-ce que le changement en milieu organisationnel ?

- Il est question de changement planifié lorsqu'un agent de changement, individu ou groupe, déploie des efforts délibérés en réaction à un écart de rendement perçu.
- Le changement transformateur correspond à une révision majeure des caractéristiques fondamentales – raison d'être et mission, valeurs et croyances, structures et stratégies – de l'organisation.
- Les principales cibles organisationnelles du changement planifié sont : la raison d'être, les stratégies, les objectifs, la culture, la structure, les tâches, la technologie et le personnel.
- Le processus de changement planifié comporte trois étapes, toutes essentielles à sa réussite : la décristallisation, l'instauration du changement et la recristallisation.

Quelles sont les diverses stratégies de changement planifié ?

- Selon les situations, l'agent de changement peut recourir à diverses stratégies pour modifier les comportements des individus et des systèmes sociaux.
- Lorsqu'il recourt à une stratégie de coercition, l'agent de changement s'appuie sur son autorité, son pouvoir de récompense ou son pouvoir de coercition pour contraindre les personnes à se soumettre au changement qu'il propose.
- Lorsqu'il recourt à une stratégie de persuasion rationnelle, l'agent de changement s'appuie sur son pouvoir d'expertise ou son pouvoir de persuasion rationnelle pour convaincre les personnes qu'elles ont avantage à adhérer au changement qu'il propose.
- Lorsqu'il recourt à une stratégie de partage du pouvoir, l'agent de changement s'appuie sur son pouvoir de référence pour favoriser la participation des personnes touchées par le changement qu'il propose à sa planification et à son implantation.

Quelles sont les principales causes de la résistance au changement et quelles sont les meilleures façons d'y faire face ?

- Le gestionnaire doit s'attendre à une certaine résistance au changement. Plutôt que de la craindre, il doit y voir une source de rétroaction dont il pourra se servir pour améliorer le changement planifié.

- Généralement, les gens s'opposent au changement pour défendre quelque chose qu'ils estiment important et qu'ils croient menacé. Leur résistance peut être liée à des facteurs individuels, à la nature du changement, à la stratégie employée, à l'agent de changement lui-même ou à des facteurs organisationnels et de groupe.

- Le gestionnaire dispose de plusieurs moyens pour vaincre la résistance au changement, notamment : l'information et la communication ; la participation et l'engagement ; la facilitation et le soutien ; la négociation et l'entente ; la manipulation ; la coercition explicite ou implicite.

Qu'est-ce qui caractérise la dynamique du stress et quels sont ses causes et ses effets en milieu organisationnel ?

- Le stress est un état de tension qu'une personne ressent lorsqu'elle est soumise à des exigences, à des contraintes ou à des demandes inhabituelles. Les principaux facteurs de stress liés à la vie professionnelle sont, notamment : la surcharge ou la sous-charge, qualitative ou quantitative, de travail ; le manque de reconnaissance ; le manque de participation aux décisions ; le manque d'information ; l'ambiguïté ou le conflit de rôle ; le dilemme éthique ; les problèmes de relations interpersonnelles ; le rythme de la progression professionnelle ; les conditions de travail physiquement éprouvantes.

- Des évènements familiaux, des difficultés financières ou d'autres problèmes personnels peuvent être très stressants pour le travailleur ; ce stress lié à la vie personnelle peut déborder sur la vie professionnelle.

- Chaque individu perçoit les facteurs de stress et y réagit en fonction de ses caractéristiques propres. Les caractéristiques individuelles – traits de personnalité, valeurs, attitudes, besoins, antécédents, compétences, âge, sexe, etc. – ont une incidence déterminante sur l'intensité du stress qu'éprouve une personne.

- Certaines caractéristiques de l'environnement socioéconomique dans lequel évolue et travaille une personne peuvent aussi favoriser l'apparition des symptômes du stress : l'expansion des TIC, la mondialisation de l'économie ou la forte concurrence.

Comment gérer efficacement le stress ?

- Sur le plan organisationnel, trois types de stratégies de gestion de stress sont possibles : les stratégies visant à réduire ou à éliminer certains agents de stress au travail, les stratégies visant à augmenter la résistance au stress des personnes et les stratégies visant à traiter les personnes qui souffrent, notamment, de problèmes de santé psychologique au travail.

- Sur le plan individuel, il est possible de gérer le stress par la prévention, en tentant d'atténuer l'incidence des facteurs de stress liés au travail et à la vie personnelle. Il est possible de le gérer par la recherche active du bien-être, en adoptant des mesures ou des habitudes de vie favorables à la santé physique et mentale, de manière que l'individu résiste mieux au stress.

- La personne doit veiller à son bien-être en adoptant une bonne hygiène de vie afin de mieux supporter des situations stressantes. Les organisations ont intérêt à contribuer au bien-être de leur personnel. Celles qui créent des milieux de travail sains et qui investissent à fond dans leurs ressources humaines sont les mieux placées pour bénéficier pleinement des talents et des compétences des membres de leur personnel.

MOTS CLÉS

Agent de changement	p. 444	Instauration du changement	p. 447
Bien-être	p. 468	Mauvais stress (ou détresse)	p. 463
Bon stress (ou eustress)	p. 461	Programme d'aide au personnel	p. 466
Changement non planifié	p. 444	Recristallisation	p. 448
Changement planifié	p. 444	Résistance au changement	p. 451
Changement transformateur	p. 443	Stratégie de coercition	p. 448
Décristallisation	p. 447	Stratégie de partage du pouvoir	p. 450
Écart de rendement	p. 444	Stratégie de persuasion rationnelle	p. 449
Épuisement professionnel	p. 463	Stress	p. 455
Facteur de stress	p. 456		

ÉVALUATION DES CONNAISSANCES

QUESTIONS À CHOIX MULTIPLE

1. Signes que des changements s'imposent, les écarts de rendement peuvent représenter des problèmes à résoudre ou _____ **a)** des dépenses à éviter. **b)** des employés à congédier. **c)** des structures à modifier. **d)** des occasions à saisir.

2. Dans un processus de changement planifié, la prise de conscience de la nécessité d'un changement est une question relative à l'étape _____ **a)** du diagnostic. **b)** de l'évaluation. **c)** de la décristallisation. **d)** de l'instauration du changement.

3. La stratégie _____ est une stratégie de changement planifié où l'agent de changement s'appuie essentiellement sur son pouvoir d'expertise ainsi que sur une argumentation logique. **a)** de coercition **b)** de persuasion rationnelle **c)** de partage du pouvoir **d)** de l'autorité

4. La stratégie _____ débouche souvent sur une soumission temporaire au changement planifié. **a)** de coercition **b)** de persuasion rationnelle **c)** de partage du pouvoir **d)** normative-rééducative

5. L'agent de changement avisé _____ la résistance au changement pour mieux parvenir à ses objectifs. **a)** élimine **b)** ne tient pas compte de **c)** prend en considération **d)** évite

6. L'une des conditions d'un changement planifié réussi suppose qu'il est perçu comme une amélioration par rapport à ce qui se faisait auparavant. Laquelle ? **a)** Le changement doit être bénéfique. **b)** Le changement doit s'accompagner d'une période d'essai. **c)** Le changement doit être relativement simple. **d)** Le changement doit être conciliable avec les caractéristiques des gens touchés.

7. Donner de la formation sur l'utilisation d'une nouvelle technologie informatique est un exemple de gestion de la résistance au changement fondée sur _____ **a)** la participation et l'engagement. **b)** l'encouragement et le soutien. **c)** la négociation et l'entente. **d)** l'information et la communication.

8. Le changement graduel _____ **a)** est plus traumatisant que le changement radical. **b)** est moins traumatisant que le changement radical. **c)** est très fréquent. **d)** représente généralement des coûts élevés.

9. La stratégie _____ est une stratégie de changement planifié où l'agent de changement s'appuie essentiellement sur son pouvoir de référence. **a)** de coercition **b)** de persuasion rationnelle **c)** de partage du pouvoir **d)** de l'autorité

10. La surcharge qualitative et quantitative de travail ainsi que le manque de participation aux décisions sont des facteurs de stress _____ ; en revanche, des difficultés financières et un divorce sont des facteurs de stress _____ **a)** liés à la vie professionnelle ; liés à la vie personnelle. **b)** liés à la vie professionnelle ; liés à la personnalité. **c)** collectifs ; personnels. **d)** réels ; imaginaires.

11. Le stress éprouvé par une personne qui ne sait pas ou qui ne comprend pas ce qu'on attend d'elle est attribuable à _____ **a)** un conflit de rôle. **b)** une surcharge quantitative de travail. **c)** des problèmes de relations interpersonnelles. **d)** une ambiguïté de rôle.

12. _____ est un exemple typique de facteur de stress lié à la vie personnelle. **a)** Un cheminement de carrière trop rapide **b)** L'absence d'un espace de travail individuel **c)** Un problème matrimonial ou amoureux **d)** L'obligation de faire des heures de travail excessives

13. Phénomène associé à un stress excessif, la « rage au bureau » ou « rage au travail » peut être un signe que la personne _____ **a)** fait face à des dilemmes éthiques. **b)** souffre d'épuisement professionnel. **c)** possède une personnalité de type A. **d)** possède une personnalité de type B.

14. Le terme _____ désigne l'incidence des problèmes personnels ou familiaux des travailleurs sur leurs attitudes et comportements en milieu professionnel. **a)** ambiguïté de rôle **b)** prévention du stress **c)** débordement **d)** milieu de travail délétère

15. Lequel des éléments suivants est un exemple de gestion du stress axée sur une stratégie de bien-être ? **a)** La négociation de rôle. **b)** L'autonomisation. **c)** Les exercices physiques réguliers. **d)** Les horaires de travail flexibles.

QUESTIONS À RÉPONSE BRÈVE

16. Que devrait faire le gestionnaire qui décèle l'apparition de forces instigatrices d'un changement non planifié ?

17. Quelles sont les forces internes et externes instigatrices d'un changement organisationnel planifié ?

18. Que nous apprend le *syndrome de la grenouille ébouillantée* sur les réactions au changement en milieu organisationnel ?

19. Comment le stress peut-il avoir une incidence sur le rendement des travailleurs ?

QUESTION À DÉVELOPPEMENT

20. Lorsque Jorge Maldanado est devenu directeur du centre de loisirs de sa municipalité, il en est rapidement venu à la conclusion que de nombreux changements s'imposaient pour que l'organisme devienne une véritable ressource communautaire. Comme le centre venait d'obtenir une subvention, il disposait de fonds pour l'achat de nouveau matériel et le lancement de nouveaux programmes d'activités. Encore fallait-il convaincre le personnel de l'intérêt d'innover dans ce domaine… Or, les premiers efforts de Jorge pour moderniser le centre ont suscité une résistance considérable. Les commentaires du personnel ont été sans équivoque : « Pourquoi tous ces changements ? Tout allait bien jusqu'à maintenant ! » À quelles stratégies décrites dans ce chapitre Jorge pourrait-il avoir recours pour faire avancer ses projets ?

LE CO DANS LE FEU DE L'ACTION

Pour ce chapitre, nous vous suggérons les activités suivantes du *Cahier d'apprentissage en CO* (voir p. C1) :

Études de cas	Exercices	Autoévaluations
23. Le bouleversement des fusions départementales 24. L'arrivée de Mme Roy	32. Analyse et négociation de rôle 38. Analyse du champ des forces	3. Tolérance à l'agitation 6. Degré de tolérance à l'ambiguïté 19. Votre type de personnalité 20. Comment gérez-vous votre temps ?

 www.erpi.com/schermerhorn

Vous trouverez dans le Compagnon Web du manuel les réponses aux questions d'évaluation des connaissances du chapitre ainsi que les autoévaluations en mode interactif.

CINQUIÈME PARTIE

LA CULTURE ET LA STRUCTURE ORGANISATIONNELLES

Chapitre 16 — La culture et le développement organisationnels
Chapitre 17 — Les caractéristiques fondamentales des organisations
Chapitre 18 — La conception organisationnelle et l'acquisition de compétences stratégiques

LA CULTURE ET LE DÉVELOPPEMENT ORGANISATIONNELS

CHAPITRE 16

Beaucoup plus que de simples lieux de travail, les organisations sont des environnements où les individus passent une très grande partie de leur vie adulte. La culture qui s'y déploie est, dans cette optique, d'une importance incontournable. Dans ce chapitre, nous allons nous pencher sur les principales dimensions de la culture organisationnelle, puis examiner comment un gestionnaire avisé peut la gérer ou recourir au développement organisationnel pour la transformer.

OBJECTIFS D'APPRENTISSAGE

Après l'étude de ce chapitre, vous devriez être en mesure :
- de définir la culture organisationnelle et d'expliquer ses principales fonctions ;
- de décrire les trois dimensions d'une culture organisationnelle et leur rôle respectif ;
- d'expliquer comment les gestionnaires peuvent agir sur la culture organisationnelle ;
- de décrire les caractéristiques clés du processus de développement organisationnel et d'en préciser les principales méthodes.

PLAN DU CHAPITRE

LA CULTURE ORGANISATIONNELLE
Les fonctions de la culture organisationnelle
La culture dominante, les sous-cultures et les contre-cultures
La culture nationale et la culture organisationnelle

LES TROIS DIMENSIONS D'UNE CULTURE ORGANISATIONNELLE
La culture apparente
Les valeurs communes
Les hypothèses communes

LA GESTION DE LA CULTURE ORGANISATIONNELLE
La philosophie de gestion
Créer, consolider et changer la culture organisationnelle

LE DÉVELOPPEMENT ORGANISATIONNEL
Les postulats fondamentaux du DO
Les valeurs et les principes du DO
Les fondements de la recherche-action appliqués au DO
Les méthodes de DO
Le DO et l'évolution de la culture organisationnelle

GUIDE DE RÉVISION

« Travailler, vivre et réaliser des choses ensemble. »

L'ADN des meilleurs employeurs[1]

François, Marie-Claude, Yohan, Sly ou Édith. Au fil de leurs confidences, les mêmes mots reviennent : confiance, honnêteté, flexibilité. Nous ne sommes pas dans l'antre d'un groupe de croissance personnelle, mais sur le site Internet de L-IPSE Services conseil. Cette entreprise de consultation en affaires électroniques mise sur les témoignages d'employés pour recruter des professionnels qui adhèrent aux valeurs de Christian Simard et Marcel Dallaire, les fondateurs. Parce qu'ils en avaient assez des irritants qui existaient dans d'autres firmes de consultation, ils ont façonné un modèle qui leur ressemble et qu'ils appellent leur « zone de confort » : pas d'épinglette avec le logo de l'entreprise sur le revers du veston ; pas de patron, mais des « coachs » ; quatre semaines de vacances dès l'embauche et un congé familial pendant la période des fêtes ; et surtout, pas de feuille de temps. Personne n'appelle au bureau pour dire qu'il a un rendez-vous chez le dentiste ou une réunion à l'école de son enfant. « La seule chose que nous voulons connaître, ce sont les heures « facturables » aux clients. Pour le reste, nous leur faisons confiance », affirme Christian Simard.

> « Le secret de L-IPSE ? Sa culture d'entreprise unique, fondée sur la confiance et les résultats. »

Cette méthode, au début, a fait sourire les concurrents : « On nous disait qu'à 25 employés, on n'aurait pas d'autre choix que d'imposer des mesures de contrôle », dit Marcel Dallaire. Soixante-quinze employés plus tard, il n'a toujours pas serré la vis. Mieux : non seulement L-IPSE Services conseil fait de bonnes affaires, mais elle remporte la palme du Défi Meilleurs Employeurs 2007 dans la catégorie des entreprises de 50 à 199 employés [ainsi que le Fidéide 2008 de la catégorie Actif humain]. Le secret de L-IPSE ? Sa culture d'entreprise unique, fondée sur la confiance et les résultats.

LA CULTURE ORGANISATIONNELLE

▶ **Culture organisationnelle** (ou **culture d'entreprise**)
Ensemble des attitudes, des valeurs et des croyances communes qu'acquièrent les membres d'une organisation et qui guident leur comportement

La **culture organisationnelle** (ou **culture d'entreprise**, dans les milieux d'affaires) se définit comme l'ensemble des attitudes, des valeurs et des croyances communes qu'acquièrent les membres d'une organisation et qui guident leur comportement[2]. Comme la personnalité d'un individu, la culture d'une organisation est unique : il n'y en a pas deux identiques. De plus en plus, les spécialistes et les consultants en gestion s'entendent pour dire que la culture distinctive d'une organisation peut avoir un effet déterminant sur ses résultats globaux et sur la qualité de vie professionnelle de ses membres.

LES FONCTIONS DE LA CULTURE ORGANISATIONNELLE

C'est par leur expérience collective que les membres d'une organisation parviennent à résoudre deux questions capitales liées à sa pérennité : celle de l'*adaptation externe* – que faut-il accomplir précisément et comment y arriver ? – et celle de l'*intégration interne* – comment régler les problèmes quotidiens liés au fait de travailler ensemble et de se côtoyer[3] ?

L'adaptation externe

▶ **Adaptation externe**
Capacité de l'organisation d'atteindre ses objectifs et de composer avec les forces de l'environnement ; plus précisément, elle concerne les tâches à accomplir ainsi que les méthodes à employer pour atteindre les objectifs organisationnels et, le cas échéant, pour assumer les succès et les échecs

Par **adaptation externe**, on entend la capacité de l'organisation d'atteindre ses objectifs et de composer avec les forces de l'environnement. Plus précisément, l'adaptation externe concerne les tâches à accomplir ainsi que les méthodes à employer pour atteindre les objectifs organisationnels et, le cas échéant, pour assumer les succès et les échecs.

À travers les expériences qu'ils partagent, les membres d'une organisation peuvent acquérir des perspectives communes qui les guident dans leurs activités de tous les jours. Mais pour cela, il est essentiel qu'ils connaissent la véritable mission de l'organisation, et pas seulement les énoncés relatifs à certains de ses éléments constitutifs – les actionnaires, par exemple. Au fil de leurs interactions, les travailleurs en viendront naturellement à comprendre leur rôle dans l'accomplissement de cette mission. Selon les cas, ils pourront se voir comme des ressources humaines de première importance, comme des rouages de la machine ou comme un simple coût à réduire.

La mission de l'organisation et la perception qu'ont ses membres de sa contribution sociétale sont étroitement liées aux questions de responsabilité, d'objectifs et de méthodes. Chez 3M, par exemple, les travailleurs estiment qu'il leur incombe d'innover et de se montrer créatifs. Pour eux, cette responsabilité est liée aux objectifs organisationnels d'innovation et d'amélioration continue des produits et des procédés.

Dans une organisation, chaque groupe de travailleurs a également tendance à :

1) départager les forces externes les plus importantes et les moins importantes ;

2) trouver des façons d'évaluer ses réalisations ;

3) fournir des explications sur le fait que les objectifs ne sont pas toujours atteints.

Par exemple, chez le fabricant d'ordinateurs Dell, les cadres n'évaluent plus leur progrès en fonction de cibles précises, mais plutôt en fonction de l'avancement d'un processus global de croissance. Au lieu d'expliquer un échec en invoquant la situation économique ou en blâmant la direction, ils se sont donné des objectifs extrêmement exigeants et ils ont redoublé d'efforts pour accroître la participation et l'engagement de leurs subordonnés[4].

L'adaptation externe vise également deux autres aspects – souvent négligés et pourtant cruciaux – liés à la façon de composer avec les forces de l'environnement. Premièrement, les travailleurs doivent trouver des manières d'informer les gens de l'extérieur de leurs réussites réelles. Par exemple, les travailleurs de 3M parlent de la quantité et de la qualité des produits utiles que leur entreprise a apportés au marché. Deuxièmement, les travailleurs doivent savoir quand le moment est venu d'admettre collectivement un échec. Toujours chez 3M, on a trouvé une solution simple pour les produits en développement : au tout début du processus d'élaboration, les travailleurs se fixent des critères d'abandon de projet ; dès qu'ils constatent qu'ils font fausse route, ils suspendent leurs efforts et les réorientent[5].

En résumé, l'adaptation externe repose sur une compréhension commune de la part des membres de l'organisation concernant d'importantes questions de survie et d'adaptation à l'environnement :

- Quelle est notre mission, et comment pouvons-nous contribuer à la remplir ?

- Quels sont nos objectifs, et comment pouvons-nous les atteindre ?

- Quelles sont les principales forces externes auxquelles nous devons faire face ?

- Comment allons-nous évaluer nos résultats ?

- Que ferons-nous si nous n'atteignons pas certains objectifs ?

- Comment ferons-nous savoir aux autres à quel point nous sommes excellents ?
- Quand devrons-nous abandonner un projet ?

L'intégration interne

La culture organisationnelle apporte également des solutions aux problèmes d'intégration interne de l'organisation. Par *intégration interne*, on entend la capacité des membres de l'organisation de se donner une identité collective et d'harmoniser leurs façons de travailler ensemble et de se côtoyer.

Le processus d'intégration interne commence souvent par l'émergence d'un sentiment d'unité ou d'une identité propre, c'est-à-dire que chaque groupe ou chaque « sous-culture » parvient à définir son unicité au sein de l'organisation. Par le dialogue et l'interaction, les membres commencent à se faire une idée de l'environnement dans lequel ils évoluent. Selon le cas, ils pourront y voir un univers en évolution ou un univers figé, un univers riche en possibilités ou un univers menaçant. Lorsque ces divers groupes ou sous-cultures prennent collectivement conscience du fait qu'ils peuvent changer des aspects importants de cet univers et que ce qui leur apparaissait comme une menace est en fait une occasion d'évoluer, c'est déjà un grand pas de fait dans le sens de l'innovation.

Essentiellement, le fait de travailler en groupe suppose trois choses :

1) qu'on décide qui est membre du groupe et qui ne l'est pas ;

2) qu'on détermine informellement les comportements acceptables et inacceptables ;

3) qu'on distingue les alliés des adversaires.

Ces questions sont importantes autant pour les membres du groupe que pour les gestionnaires. Les tenants de la gestion intégrale de la qualité affirment que les membres des sous-ensembles d'une organisation ont besoin de considérer leur supérieur immédiat comme un des leurs et s'attendent à ce que celui-ci les représente auprès de cadres supérieurs compréhensifs. Le processus d'amélioration de la qualité pourrait rapidement échouer si les cadres supérieurs ne manifestent pas la compréhension requise.

Pour travailler ensemble efficacement, les gens doivent régler collectivement des questions relatives au pouvoir, à l'autorité et au statut de chacun, et s'entendre sur l'attribution des récompenses et des punitions liées à tel ou tel comportement. Trop de gestionnaires négligent ces dimensions de l'intégration interne. À titre d'exemple, un gestionnaire peut se montrer incapable d'expliquer clairement les raisons d'une promotion et de démontrer que cette récompense ainsi que le statut et le pouvoir qui s'y rattachent vont dans le sens des convictions de l'ensemble des travailleurs.

Les divers groupes doivent aussi se donner les moyens de communiquer et d'établir des liens d'amitié au sein de l'organisation. Ces dimensions de l'intégration interne peuvent sembler bizarres à certains, mais elles sont indispensables. Pour agir efficacement en équipe, les gens doivent accepter l'idée que les rapprochements et les liens d'amitié entre certains équipiers sont inévitables[6].

Régler ces points d'intégration interne favorise, chez les membres, un sentiment d'appartenance et un engagement envers l'organisation, ce qui contribue à la stabilité à long terme et au sentiment de participer à un projet collectif. En somme, l'intégration interne passe par la résolution de problèmes importants liés au fait de

▶ **Intégration interne**
Capacité des membres de l'organisation de se donner une identité collective et d'harmoniser leurs façons de travailler ensemble et de se côtoyer

travailler ensemble et de se côtoyer, et qu'on peut résumer par les questions suivantes :

- Quelle est notre identité collective distinctive ?
- Comment envisageons-nous notre univers de travail, et qui en fait pleinement partie ?
- Comment réglons-nous collectivement les aspects relatifs au pouvoir, à l'autorité et au statut de chacun ?
- Comment communiquons-nous entre nous et avec les autres ?
- Sur quoi se fondent nos liens d'amitié ?

Il est crucial que les membres du personnel répondent à ces questions, car une organisation n'est pas seulement un milieu de travail[7].

LA CULTURE DOMINANTE, LES SOUS-CULTURES ET LES CONTRE-CULTURES

Généralement, les organisations de petite taille possèdent une seule culture organisationnelle, cimentée par un ensemble d'attitudes, de valeurs et de croyances communes. Dans les organisations de plus grande taille, en revanche, on constate souvent l'existence de plusieurs *sous-cultures* ainsi que d'une ou plusieurs *contre-cultures*[8].

Les sous-cultures

On entend par *sous-culture* une philosophie et des valeurs qui sont propres à un groupe, mais qui ne se définissent pas par opposition à la culture dominante de l'organisation[9]. Notons que, dans une organisation, les sous-cultures fortes sont souvent le fait d'équipes ou de groupes hautement performants, leur émergence renforçant les liens entre des gens qui doivent collaborer à une tâche particulière. Ainsi, à l'usine Boeing de Renton (près de Seattle), on trouve des sous-cultures très fortes chez les ingénieurs-vérificateurs de matériaux ainsi que chez les ingénieurs de liaison – deux groupes très spécialisés chargés de résoudre des problèmes techniques extrêmement complexes touchant la sécurité des appareils. Cependant, l'existence de ces sous-cultures n'empêche nullement ces groupes d'ingénieurs d'endosser les valeurs fondamentales de Boeing.

▸ **Sous-culture**
Philosophie et valeurs qui sont propres à un groupe, mais qui ne se définissent pas par opposition à la culture dominante de l'organisation

Les contre-cultures

En revanche, le terme *contre-culture* désigne une philosophie et des valeurs qui sont propres à un groupe et qui se définissent par opposition à la culture dominante de l'organisation[10]. Dès que Stephen Jobs a réintégré Apple pour en prendre la direction générale, il a créé une contre-culture au sein même de la société. Les 18 mois qui ont suivi ont été riches en conflits, car les partisans de l'ancien directeur (Gil Amelio) se sont battus pour conserver leur place au sein de l'entreprise. C'est finalement le nouveau directeur qui l'a emporté, et Apple par la même occasion. La contre-culture de Jobs est devenue la culture dominante de la société[11].

▸ **Contre-culture**
Philosophie et valeurs propres à un groupe, qui se définissent par opposition à la culture dominante de l'organisation

Toute organisation de grande taille qui recrute sa main-d'œuvre dans l'environnement où elle est implantée est susceptible d'importer, du même coup, des sous-groupes sociaux ou ethnoculturels parfois importants. Dans les entreprises nord-américaines, les sous-cultures et les contre-cultures se créent naturellement en fonction de caractéristiques telles que l'origine ethnoculturelle, le sexe, l'âge ou même le quartier de résidence. Au Japon, la date d'obtention du diplôme, le sexe et l'origine régionale sont des éléments clés de la création de sous-cultures en milieu organisationnel. Dans les entreprises européennes, ce sont l'origine ethnoculturelle, la langue ainsi que le sexe qui jouent un rôle majeur dans l'apparition de sous-cultures et de contre-cultures. Finalement, dans la plupart des pays émergents, les sous-cultures et les contre-cultures organisationnelles se forment à partir de caractéristiques telles que la langue, l'éducation, la religion ou le statut social de la famille.

En outre, les acquisitions et les fusions peuvent faire émerger une ou plusieurs contre-cultures, les organisations nouvellement acquises ou fusionnées pouvant fort bien entretenir des valeurs et des croyances contraires à la culture de l'acquéreur ou de l'organisation principale. On appelle ce phénomène le *choc des cultures organisationnelles*[12]. De plus en plus d'entreprises se mondialisent et misent sur les fusions ou sur l'acquisition d'autres entreprises pour assurer leur croissance. Dès lors, elles doivent souvent composer à la fois avec l'importation de sous-cultures et avec le choc des cultures organisationnelles.

LA CULTURE NATIONALE ET LA CULTURE ORGANISATIONNELLE

Les valeurs très largement partagées dans une organisation proviennent souvent de la culture du pays où elle est implantée. Ainsi, la culture de Sony, axée sur les réalisations collectives, et celle de Zenith, axée sur l'excellence individuelle, reflètent toutes deux la culture de leur société d'appartenance : la culture collectiviste des Japonais et la culture individualiste des Nord-Américains. Les valeurs liées à une culture nationale peuvent influer sur les attentes des éléments constitutifs de l'organisation, de même que sur les solutions préconisées et largement acceptées pour répondre à certains problèmes.

Lorsqu'ils passent d'un pays à l'autre, les gestionnaires doivent donc être conscients des différences culturelles pour ne pas agir en contradiction avec des valeurs communes de la culture nationale. Toute organisation qui a des activités à l'échelle internationale doit savoir que les actions qui contredisent ces valeurs communes risquent de choquer les travailleurs et d'avoir un effet désastreux sur sa performance, et ce, même si les gestionnaires sont bien intentionnés. Par exemple, afin de remonter le moral des cadres de sa filiale française, la Compagnie Générale de Radiologie qu'elle venait d'acquérir, les dirigeants américains de General Electric ont invité tous les cadres européens à un séminaire de bienvenue près de Paris et leur ont distribué des t-shirts portant le slogan de GE, « Go for One » – comme le veut la pratique courante lors des séminaires de formation en Amérique du Nord. Or, les Français n'ont pas du tout apprécié le cadeau, l'un d'entre eux allant jusqu'à assimiler ce geste à un comportement nazi : « On se serait cru sous Hitler. Vouloir nous forcer à porter ces *uniformes*, c'était humiliant. » Comme vous pouvez le constater, instaurer une culture commune fondée sur de solides valeurs éthiques ne va pas sans difficulté. Les efforts de Flowserve pour progresser en ce sens en sont une bonne illustration (voir la rubrique *L'éthique en CO*).

L'importation de sous-groupes sociaux ou ethnoculturels

Au-delà de la nécessité de s'ouvrir aux différences liées aux cultures nationales, des difficultés peuvent surgir relativement à l'importation de sous-groupes issus de la

Un code déontologique international[13]

On tient souvent pour acquis que la culture organisationnelle doit être éthique. Prenons l'exemple de Flowserve, un des premiers fournisseurs mondiaux de pompes, de valves et de joints d'étanchéité. Répondant aux besoins d'une clientèle industrielle très diversifiée, l'entreprise compte plus de 14 000 employés, départis dans 56 pays. Elle possède des bureaux dans les Amériques, en Australie, en Eurasie et au Moyen-Orient. La solution qu'a trouvée Flowserve pour préserver une culture organisationnelle éthique repose, d'une part, sur un code déontologique rigoureusement élaboré ainsi que sur l'accent qui est mis, au sein de l'entreprise, sur l'intégrité et la confiance. Les mots clés, dans toutes ses installations, sont «engagement», «créativité», «compétence», «réputation», «confiance» et «collaboration».

Depuis 2003, son code de déontologie s'applique tant aux États-Unis que dans ses activités internationales. Les dirigeants de Flowserve ont intégré au code international des éléments relatifs aux cultures nationales et aux lois des différents pays. Les employés peuvent dès lors se référer à des règles éthiques très précises et dans leur propre langue. Si un problème survient, ils n'ont qu'à communiquer avec une ligne d'appel direct, choisir la langue qu'ils préfèrent et recevoir les consignes appropriées au problème qu'ils ont à résoudre.

Question

Quel équilibre doit-on viser entre les intérêts et les valeurs pour qu'une culture organisationnelle unifiée puisse traverser les frontières et s'appuyer sur des normes éthiques qui respectent et prennent en considération les différentes cultures nationales et les lois de chaque pays?

société environnante. Certaines de ces sous-cultures peuvent représenter un apport pour l'organisation, alors que d'autres risquent de se révéler nuisibles. Au pire, il se peut que les cadres supérieurs, parce qu'ils acceptent mal les différences, privilégient l'uniformité et le respect des valeurs de la culture dominante. Cette approche engendre essentiellement trois types de problèmes.

Premièrement, les sous-groupes de travailleurs unis par une même religion ou une même origine ethnoculturelle seront enclins à créer une contre-culture et à consacrer plus d'énergie à améliorer leur statut collectif qu'à assurer la pérennité de l'organisation.

Deuxièmement, l'organisation risque d'avoir beaucoup de mal à s'adapter à des changements culturels plus profonds. Par exemple, on sait qu'en Amérique du Nord les attitudes à l'égard des femmes, des personnes handicapées et des minorités ont beaucoup évolué depuis 25 ans. Les organisations qui gardent leurs vieux préjugés et leurs attitudes traditionnelles ont perdu plus de personnel qualifié et connu davantage de problèmes de communication et de conflits interpersonnels que les organisations qui manifestent de l'ouverture et du respect à l'égard de la diversité de la main-d'œuvre.

DES LEADERS PARLENT DE LEADERSHIP

Les trois visages d'Isabelle Rodriguez[14]

Québécoise d'origine, elle a travaillé au Japon et vit maintenant à Paris. Selon Isabelle Rodriguez, être un bon manager transculturel, c'est savoir s'adapter et cela demande de « se connaître, se respecter, être en paix avec soi-même, avoir une très grande confiance en soi, et une très forte base familiale ».

« Je sais que je suis la même peu importe où je suis, dit-elle. J'ai mes idées, mes valeurs, mes buts à atteindre. J'appelle ça mon hardware. Toutefois, le software, c'est-à-dire ma façon d'exprimer mon identité à l'extérieur et d'arriver à mes fins, tout cela est différent selon la culture où je suis. »

Isabelle Rodriguez se décrit comme une personne fondamentalement « très logique, pragmatique, décidée » et sûre d'elle-même. « En Amérique du Nord, cela cadre très bien, car on dit les choses comme elles sont, sans passer par quatre chemins. Au Japon, toutefois, ce n'est pas le meilleur moyen d'arriver à ses fins. Mieux vaut faire passer le message subtilement, délicatement, adroitement par quelqu'un d'autre qui est plus proche de la personne à laquelle il est destiné. »

En Europe du Sud (France, Espagne, Italie et Portugal), il faut user du sentiment pour arriver à ses fins. « Il faut insister, répéter, négocier, remettre les choses sur la table... Un tel comportement au Japon serait inévitablement perçu comme enfantin. »

Question

Quelles sont les principales qualités que doit manifester le leader qui fait carrière à l'échelle internationale ?

Troisièmement, les organisations qui endossent ces préjugés et ces divisions sociales – et qui les reproduisent en leur sein – risquent d'éprouver de grandes difficultés à mener des activités internationales importantes. Ainsi, plusieurs sociétés japonaises ont eu beaucoup de mal à s'adapter aux politiques nord-américaines de non-discrimination à l'égard des femmes[15].

Bâtir en s'appuyant sur la diversité culturelle nationale

Les gestionnaires peuvent intervenir pour éradiquer toute sous-culture ou contre-culture qui émerge au sein de leur organisation. De nombreuses entreprises tentent actuellement d'appliquer un modèle préconisé par le chercheur Taylor Cox : celui de l'*organisation multiculturelle*, c'est-à-dire l'organisation qui valorise la diversité culturelle, mais qui prend les moyens pour empêcher les sous-cultures issues de l'environnement de pénétrer le tissu social qui lui est propre[16]. Comme Cox travaille sur des problèmes propres aux États-Unis, ses recommandations pourraient ne pas s'appliquer aux organisations établies dans des pays à population plus homogène. Voici, néanmoins, son programme en cinq étapes pour créer une organisation multiculturelle :

1. L'organisation doit soutenir le pluralisme, tout en visant une socialisation fondée sur la diversité. Pour cela, les membres des divers groupes *naturels* doivent apprendre les uns des autres afin d'être mieux informés et de mieux se connaître, ce qui permettra d'éliminer les stéréotypes.

2. L'organisation doit veiller à ce que sa structure intègre la diversité à tous les échelons, de sorte qu'il soit impossible d'associer tel ou tel groupe à tel ou tel type de poste ou de tâches ; par exemple, elle doit éviter la sexualisation des tâches.

3. L'organisation doit essayer d'intégrer les réseaux informels en éliminant les barrières et en accentuant la participation du personnel, et ainsi démanteler les groupes informels fondés sur des divisions qu'on trouve dans la société.
4. L'organisation doit faire disparaître les liens qui l'associent à un groupe particulier. Autrement dit, elle doit veiller à ne pas donner l'impression d'être réservée aux jeunes, aux aînés, aux hommes, aux femmes, etc.
5. L'organisation doit travailler activement à éliminer les conflits interpersonnels fondés sur l'appartenance à un groupe donné ou sur une réaction brutale du groupe dominant à l'égard d'une minorité particulière.

Les dirigeants avisés savent faire preuve de souplesse et de pragmatisme dans la mise en application du programme de Cox. Ils reconnaissent que certains regroupements naturels peuvent l'aider à atteindre ses objectifs. À titre d'exemple, pour suivre à la lettre le programme de Cox, les travailleurs de chaque groupe d'âge, y

Des AS de la gestion

Gérer la diversité avec brio[17]

« Nous ne voyons pas la diversité comme un défi, mais comme un atout qu'on peut mettre à profit. » Avec des artistes, metteurs en scène, techniciens et employés administratifs de 40 nationalités, le Cirque du Soleil est un bel exemple de cohabitation quotidienne, comme l'explique sa vice-présidente, intégrité et qualité des spectacles, Murielle Cantin. […]

Reconnu à l'échelle mondiale pour ses spectacles hors de l'ordinaire, le Cirque doit son succès à la créativité et à l'individualité de ses employés. La diversité des points de vue et des origines culturelles et sociales suscite l'émulation parmi les créateurs. Se mettant constamment au défi les uns les autres, ils conçoivent des spectacles hors du commun.

Au Cirque, tous peuvent s'approprier la créativité. « Ici, c'est tout sauf de la complaisance », souligne Mme Cantin.

Toutefois, gérer des dizaines de nationalités n'est pas toujours de tout repos.

D'une part, c'est un défi de communication. Comment des artistes, des metteurs en scène et des techniciens provenant des quatre coins de la planète arrivent-ils à se comprendre alors qu'ils parlent des langues différentes ?

Par leur art ! Le langage corporel est un outil de communication efficace. C'est donc par l'art, par le corps et par les yeux que les artistes du Cirque apprennent à se connaître et arrivent à se comprendre. « Je suis toujours épatée de constater à quel point on peut échanger à travers l'art. C'est un langage international », dit la Québécoise, qui se considère comme une citoyenne du monde.

D'autre part, des accrochages surviennent, surtout entre les artistes, en raison des différentes valeurs et croyances de certaines cultures.

Il faut alors prendre le temps d'expliquer qu'il n'y a pas qu'une manière de procéder, rappeler les valeurs du Cirque et trouver un terrain d'entente.

« Il faut faire preuve d'ouverture d'esprit et de délicatesse », souligne Mme Cantin. Ce qui est logique pour l'un est peut-être absurde pour l'autre. Chacun s'efforce de gérer ces oppositions, car l'objectif ultime de tous les employés est la réussite des spectacles, ajoute Mme Cantin. Une personne qui n'a pas d'ouverture d'esprit, enchaîne-t-elle, n'a pas sa place au Cirque du Soleil.

« Nous pourrions donner des cours aux Nations Unies sur la gestion de la diversité, lance-t-elle. Au-delà de la plaisanterie, la vice-présidente raconte qu'il arrive que deux personnes originaires de deux pays en guerre travaillent de concert.

La vice-présidente avoue ne pas tout savoir à propos des multiples cultures qu'elle côtoie dans les corridors du Cirque et à l'étranger, mais explique qu'elle s'efforce de se documenter sur celles-ci. Il y a quelques années, très peu de gens connaissaient la culture chinoise, cite-t-elle en exemple. Mais aujourd'hui, l'entreprise a appris à connaître les mœurs et les valeurs de ce pays émergent, dont proviennent plusieurs de ses artistes.

« Une autre raison pour laquelle nos employés doivent faire preuve d'un esprit de collaboration, d'entraide et de tolérance, conclut Murielle Cantin, est qu'ils représentent les valeurs de l'entreprise à l'étranger. » Des ambassadeurs, en quelque sorte.

compris ceux dans la vingtaine, devraient être représentés proportionnellement à leur nombre au sein de la direction. Or, dans la plupart des organisations, on exige des cadres supérieurs un jugement aiguisé par un degré d'expérience que peu de gens aussi jeunes possèdent. Cela, soulignons-le au passage, n'empêche pas les dirigeants de trouver d'autres moyens pour se rapprocher de cette tranche d'âge.

LES TROIS DIMENSIONS D'UNE CULTURE ORGANISATIONNELLE

L'analyse de la culture d'une organisation permet d'en dégager trois dimensions, dimensions qui se révèlent l'une après l'autre, un peu comme des couches superposées : d'abord la *culture apparente*, puis les *valeurs communes* et, enfin, les *hypothèses communes*[18]. Plus une dimension est profondément enfouie, plus elle est difficile à découvrir, mais plus les éléments qui la composent sont fondamentaux. C'est ce qu'on voit à la **figure 16.1**, qui représente ces trois dimensions dans une forme pyramidale.

La première dimension de la culture d'une organisation, la *culture apparente*, décrit « la manière dont on fait les choses ici », c'est-à-dire les méthodes établies par le groupe et enseignées aux nouveaux venus. La culture apparente englobe aussi les récits, les cérémonies et les rituels qui constituent l'histoire de l'organisation ou de l'un de ses groupes.

La deuxième dimension de la culture d'une organisation est celle des *valeurs communes*. Leur rôle est crucial, car elles relient les gens et peuvent agir comme un puissant mécanisme de mobilisation des membres de l'organisation. De nombreux consultants conseillent d'ailleurs aux organisations d'instaurer un « ensemble cohérent et dominant de valeurs communes »[19]. Sur le plan de l'analyse culturelle, la notion de communauté de valeurs implique que le groupe forme un tout : certains membres peuvent ne pas adhérer entièrement à ces valeurs, mais tous ont conscience de leur existence, et on leur a souvent répété à quel point elles étaient primordiales. Ainsi, chez Hewlett-Packard, le terme *qualité* revient sur toutes les lèvres ; l'entreprise s'est édifiée sur la conviction que chacun avait un rôle à jouer dans la création de produits de qualité.

Figure 16.1 Les trois dimensions d'une culture organisationnelle

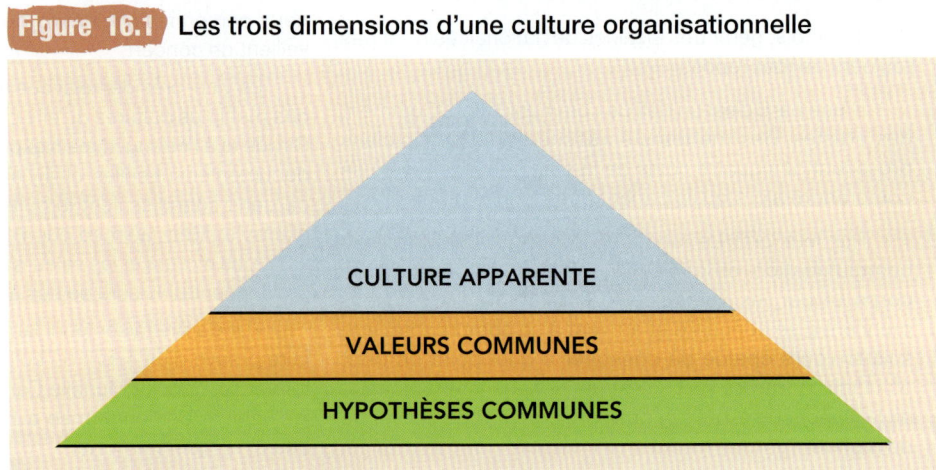

Enfin, la dimension la plus profonde de la culture organisationnelle est celle des *hypothèses communes* – les vérités allant de soi – que les divers groupes de l'organisation ont élaborées et acquises au fil de leur expérience collective. Ces hypothèses communes sont souvent très difficiles à cerner, mais lorsqu'on y parvient, on comprend mieux l'omniprésence de la culture dans tous les aspects de la vie organisationnelle.

Prenons maintenant le temps d'approfondir ces trois dimensions de la culture organisationnelle, telles qu'elles se révèlent l'une après l'autre.

LA CULTURE APPARENTE

D'importants aspects de la culture d'une organisation émergent de l'expérience collective de ses membres, lui conférant son originalité et, souvent, un avantage concurrentiel. Certains de ces aspects s'observent dans les pratiques quotidiennes; d'autres doivent être découverts, par exemple en demandant aux travailleurs de raconter des évènements marquants de l'histoire de leur organisation. C'est souvent à travers le récit d'évènements précis que se révèlent certains aspects uniques d'une culture organisationnelle donnée. On peut donc commencer à comprendre la culture d'une organisation en observant les travailleurs qui vaquent à leurs activités, en écoutant leurs histoires et en leur demandant leur interprétation de ce qui se passe au jour le jour. La culture apparente englobe, entre autres, les récits, les rites et les rituels qui créent l'histoire de l'organisation ou de l'un de ses groupes.

Les récits, les rites, les rituels et les symboles culturels

Les organisations regorgent d'histoires de gagnants et de perdants, de succès et d'échecs. De tous ces récits, le plus important est sans doute celui de la fondation de l'organisation, qui transmet les leçons de quelque valeureux entrepreneur luttant pour concrétiser un rêve, ainsi que la vision qui l'animait et qui guide peut-être encore l'organisation[20].

Lorsque cette histoire est embellie par le temps, elle prend l'allure d'une *épopée* – récit légendaire de tout ce que le *héros* a accompli[21]. Les épopées sont importantes pour l'organisation, car elles servent à enseigner aux nouvelles recrues sa mission réelle, son mode de fonctionnement et sa manière d'intégrer les gens. Cela dit, le récit de la fondation de l'organisation est rarement tout à fait exact et passe souvent sous silence les aspects les moins reluisants. Tel est le cas de l'entreprise Monterey Pasta.

▶ **Épopée**
Récit légendaire qui raconte les exploits du héros

Sur son site Web, Monterey Pasta retrace ainsi son histoire[22]:

> Monterey Pasta a vu le jour en 1989, dans un établissement de 37 m² ayant pignon sur Lighthouse Avenue, à Monterey, en Californie. […] Les fondateurs ont mis sur pied cette petite entreprise de pâtes fraîches afin de satisfaire l'intérêt croissant du public pour les produits fins et les aliments santé. La clientèle a manifesté un enthousiasme de plus en plus grand à l'endroit des pâtes fraîches, en raison de leur qualité supérieure, de leur valeur nutritive et de leur facilité de préparation. […] Peu après, l'entreprise acceptait un premier contrat important en tant que fournisseur auprès d'un détaillant. […] En 1993, elle émettait ses premières actions.

Le site Web de Monterey Pasta passe toutefois sous silence les erreurs qui ont pu être commises en début de parcours. Ainsi, on ne dit pas qu'elle s'est aventurée dans le secteur de la restauration au milieu des années 1990, ni que cette tentative a créé un éparpillement néfaste et entraîné des pertes importantes jusqu'à ce que l'entreprise se recentre avec succès sur le commerce de détail. Pourquoi, dira-t-on, ruiner un bon récit de fondation ?

Si vous avez quelque expérience du monde du travail, vous avez sans doute déjà prêté l'oreille à des anecdotes qui tournaient autour de ces questions : Comment le patron réagit-il devant une erreur ? Quelqu'un qui commence au bas de l'échelle a-t-il des chances de se rendre aux plus hauts échelons ? Qu'est-ce qui pourrait entraîner mon licenciement ? Ce sont là des sujets d'histoires très populaires dans la plupart des organisations[23]. Ces récits recèlent souvent des informations valables et autrement inaccessibles : Qui « est plus égal que les autres » ? Jusqu'où va vraiment la sécurité d'emploi ? Comment s'exercent véritablement la supervision et le contrôle ? Essentiellement, les récits qui courent dans une organisation permettent d'entrevoir la vision du monde et la vie collective de ses membres.

Quant aux rites et rituels, ils sont sans doute les manifestations les plus apparentes d'une culture organisationnelle[24]. Les **rites** sont des activités planifiées, standardisées et récurrentes auxquelles on recourt à un moment précis afin d'influer sur la perception et sur le comportement des membres de l'organisation ; les **rituels**, eux, sont des ensembles de rites.

Dans les entreprises japonaises, par exemple, les travailleurs de tous les échelons commencent souvent leur journée de travail en se livrant à des exercices de gymnastique et en chantant en chœur l'*hymne de l'entreprise*. Isolément, la séance de gymnastique et le chant sont des rites ; ensemble, ils constituent un rituel. Autre exemple : chez Mary Kay Cosmetics, on organise à dates fixes des cérémonies inspirées du concours Miss America (un rituel), à la fois pour encourager la fixation d'objectifs de rendement ambitieux et pour souligner les réussites exceptionnelles en décernant des *trophées* (broches d'or ou de diamants, étoles de fourrure, etc.).

Certains rites et rituels sont propres à tel ou tel groupe de l'organisation. La technologie utilisée dans une unité, la spécificité de ses activités et le regroupement de spécialistes dont elle est issue peuvent favoriser l'émergence de sous-cultures. Un langage commun peut suffire à établir les frontières d'une sous-culture. Souvent, le langage particulier d'une sous-culture ainsi que ses rites et ses rituels apparaissent aux autres comme une sorte de jargon. Ces jargons débordent parfois les frontières de l'organisation et se répandent dans la société. Il en est ainsi de certaines expressions spécialisées, tels *liens hypertexte* et *mise en forme automatique*, forgées par les concepteurs Word de Microsoft. Heureusement que les logiciels destinés au grand public comprennent une fonction d'aide !

Les symboles d'une organisation sont un autre aspect apparent de sa culture. Un **symbole culturel** est un objet, une action ou un évènement qui transmet un message d'ordre culturel. Par exemple, les uniformes des facteurs de Postes Canada et des livreurs de UPS constituent des symboles culturels. Bien que les symboles culturels soient souvent très faciles à voir, leur signification et leur portée ne sont pas toujours évidentes.

Rite
Activité planifiée, standardisée et récurrente à laquelle on recourt à un moment précis afin d'influer sur la perception et sur le comportement des membres de l'organisation

Rituel
Ensemble de rites

Symbole culturel
Objet, action ou évènement qui transmet un message d'ordre culturel

Des AS de la gestion

Proximédia soigne ses employés[25]

Roger Gauthier, président du Centre d'interaction Proximédia, refuse les contrats qui risquent de miner le moral de ses troupes. « Je serais gêné de saluer les employés en sachant qu'ils passent leurs journées à se faire raccrocher au nez. » Si le dirigeant de ce centre d'appels de Rouyn-Noranda est aux petits soins pour ses quelque 184 employés, c'est aussi pour mieux les retenir. « Ici, c'est le plein emploi. Alors, il faut que le personnel ait du plaisir au travail. » Comme le jour où tout le monde est venu au bureau en pyjama!

Ou quand le Proxi-Band, un groupe composé de sept employés et du grand patron, présente un spectacle. Ce groupe au style éclectique pratique pendant quatre mois chaque année afin d'être fin prêt pour la réception de Noël de l'entreprise. « Nous avons créé plusieurs autres rituels qui soudent l'équipe et qui augmentent le sentiment d'appartenance », dit Roger Gauthier, qui joue du clavier et de la guitare. Par exemple, le poste de travail de chaque employé est décoré de guirlandes et de ballons le jour de son anniversaire.

Ces gestes amusants font partie d'une philosophie beaucoup plus large axée vers une préoccupation sincère des besoins du personnel. […]

Les normes et les rôles

La culture organisationnelle précise souvent quand certains comportements sont appropriés, ainsi que la position de chacun dans le système social de l'organisation. Ces normes et ces rôles culturels font partie des mécanismes de contrôle de l'organisation et transparaissent dans ses activités courantes[26]. Par exemple, chaque organisation a sa façon propre de présenter et de diffuser à tel ou tel moment les consignes de la direction.

Dans une organisation donnée, les réunions peuvent être des moments propices à la négociation et au dialogue dans un climat participatif : les gestionnaires établissent l'ordre du jour, mais laissent ensuite fuser les idées, les critiques et les suggestions. Les normes peuvent être très différentes dans une autre organisation, où le patron se rendra à la réunion avec des attentes précises : les idées et les critiques ayant été émises en privé avant la rencontre, celle-ci servira essentiellement à annoncer les décisions aux participants et à leur transmettre des ordres sur ce qu'ils devront faire à l'avenir.

LES VALEURS COMMUNES

Pour vraiment décrire la culture d'une organisation, il faut aller au-delà de ses aspects apparents. Selon de nombreux chercheurs et gestionnaires, les valeurs communes sont au cœur de la culture organisationnelle. Elles contribuent à transformer des activités routinières en activités importantes et appréciables, relient l'organisation à des valeurs significatives de la société où elle est implantée, et peuvent même lui procurer un avantage concurrentiel notable.

Dans les organisations, ce qui fonctionne pour quelqu'un est souvent présenté et enseigné à de nouvelles recrues comme la bonne manière de penser et d'agir. Des valeurs fondamentales sont ainsi accolées aux solutions trouvées pour résoudre les problèmes quotidiens. En établissant une telle relation entre des valeurs et des actions, l'organisation puise dans l'une des dimensions les plus puissantes et les plus profondes de l'être humain. Les tâches quotidiennes de l'individu acquièrent ainsi, en plus d'une signification, une valeur : ce qu'il fait n'est plus simplement utilitaire, mais bon et important.

Certaines organisations florissantes ont en commun des caractéristiques d'ordre culturel[27]. Les organisations dotées d'une culture forte se caractérisent par un système de valeurs largement partagées et profondément enracinées. Des valeurs communes distinctives peuvent renforcer l'identité organisationnelle, améliorer l'engagement collectif, créer un système social interne stable et amoindrir la nécessité des contrôles formels et bureaucratiques.

Cependant, une culture forte peut devenir une arme à double tranchant. Un système de valeurs communes largement partagées et une culture fortement ancrée peuvent engendrer une vision monolithique de l'organisation et de son environnement. Si des changements radicaux s'imposent, cela risque de freiner l'évolution de l'organisation.

L'éthique en CO

L'éthique au sein d'une culture organisationnelle

Ethics Quality a élaboré divers tests, destinés à des groupes d'employés, qui permettent de vérifier si une organisation possède une culture éthique. En voici un en 10 points auxquels on répond par « oui » ou « non ».

1. Êtes-vous fier de l'éthique de votre groupe ?
2. L'éthique de votre groupe s'avère-t-elle favorable à tout un chacun ?
3. Les membres du groupe coopèrent-ils pour résoudre les problèmes et explorer de nouvelles possibilités ?
4. Le groupe est-il engagé dans l'amélioration constante des processus ?
5. Les améliorations apportées ont-elles un effet tangible et durable ?
6. Y a-t-il une forte résistance aux changements ?
7. Y a-t-il un degré de confiance et d'ouverture suffisant pour résoudre les problèmes ?
8. Certaines des normes en vigueur sont-elles préjudiciables ?
9. Les dirigeants donnent-ils l'exemple et récompensent-ils les comportements conformes à l'éthique ?
10. Des comportements répréhensibles sur le plan éthique nuisent-ils au rendement de l'organisation ou l'exposent-ils à des risques ?

Question

En quoi ces questions pourraient-elles vous être utiles dans le choix d'un premier emploi ?

LES HYPOTHÈSES COMMUNES

Dans la plupart des cultures organisationnelles, on trouve un certain nombre d'hypothèses communes, connues et largement endossées par tout le personnel : « Nous sommes différents » ; « Notre force, c'est... » ; « Nous possédons des compétences insoupçonnées ». Ainsi, chez Cisco Systems, les cadres de direction partagent des postulats du type : « Nous sommes de bons gardiens des biens qui nous ont été confiés » ; « Nous sommes des gestionnaires compétents » ; « Nous sommes des innovateurs dotés d'un sens pratique ». Tout comme les valeurs, ces postulats finissent par se refléter dans la culture organisationnelle.

Les significations communes

Lorsqu'on observe ce qui se passe au sein d'une organisation, il importe de garder à l'esprit les trois dimensions d'une culture organisationnelle précédemment mentionnées. Ce qui est perceptible à l'observateur extérieur ne correspond pas toujours à ce que ses membres perçoivent de l'intérieur, car ces derniers sont susceptibles d'établir une relation entre les actions et des valeurs ou des hypothèses tacites[28].

Ainsi, au lendemain des évènements du 11 septembre 2001, on a vu à l'œuvre plusieurs opérateurs de grue dont la tâche consistait à extirper les débris d'un tas de blocaille de plus de sept hectares et à les charger dans des camions rangés en file d'attente. Un peu plus loin sur le chantier, on pouvait observer des métallurgistes en train de tailler des poutres, tandis que des policiers se trouvaient à proximité et discutaient avec quelques pompiers. Si on envisage cette situation sous l'angle des valeurs et des hypothèses, le travail de ces personnes acquiert une tout autre dimension : elles ne faisaient pas que dégager les restes des tours jumelles du World Trade Center, elles étaient engagées dans la reconstruction de l'Amérique. Ces travailleurs avaient investi leur tâche d'une signification commune plus large, d'un sens plus vaste.

En ce sens plus profond, la culture organisationnelle est un ensemble de significations et de perceptions communes. Les circonstances sont rarement aussi dramatiques qu'elles l'ont été à Ground Zero, mais il demeure que, dans la plupart des organisations, les employés créent et acquièrent des éléments partagés qui constituent la strate la plus profonde de leur culture.

Les mythes organisationnels

Dans la plupart des organisations, la philosophie de gestion est renforcée par un ensemble de mythes organisationnels, c'est-à-dire des croyances non fondées qui circulent dans l'organisation et que la plupart de ses membres acceptent tacitement sans les remettre en cause. Au cours d'une étude menée sur la sécurité dans plusieurs centrales nucléaires, on a demandé aux cadres supérieurs s'ils estimaient que la sécurité y était en partie sacrifiée au profit de l'efficience. La réponse a été sans équivoque : « Une centrale sécuritaire est une centrale efficiente. » Pourtant, la plupart de ces cadres avaient eu sous les yeux des données démontrant qu'il n'existe pas de corrélation entre les mesures de sécurité adoptées et l'efficience. Mais admettre l'existence d'un compromis soulevait la question d'un choix à faire entre ces deux points. Tous voulaient se convaincre que respecter l'un revenait à promouvoir l'autre[29].

Même si certains se moquent de ce genre d'attitude et voudraient qu'une réflexion sérieuse et rationnelle remplace la *mythologie organisationnelle*, il reste que toute organisation a besoin d'un certain nombre de mythes[30]. Ceux-ci permettent aux dirigeants d'aborder les problèmes insolubles selon une perspective différente, en les décomposant en éléments plus faciles à gérer. Ils peuvent faciliter l'expérimentation, la créativité et la gestion.

LA GESTION DE LA CULTURE ORGANISATIONNELLE

Les gestionnaires avisés doivent être en mesure de soutenir et de consolider une culture organisationnelle forte qui existe déjà depuis un certain temps. En outre, ils doivent être capables de contribuer à créer, au besoin, une culture résiliente. Deux stratégies globales de gestion de la culture organisationnelle retiennent particulièrement l'attention des chercheurs en CO.

La première de ces stratégies fait appel aux dirigeants et s'appuie sur une modification directe des aspects apparents de la culture organisationnelle, ainsi que de ses valeurs et hypothèses communes. En tant que gestionnaire, vous serez probablement appelé à bâtir une culture organisationnelle forte. La rubrique *Du savoir à la pratique 16.1* présente des moyens d'y parvenir. Quant à la seconde stratégie, elle repose sur des méthodes de *développement organisationnel*, qui sont traitées dans la prochaine section du chapitre. Ces méthodes visent à faciliter le changement organisationnel planifié et à améliorer la façon dont l'organisation aborde les problèmes qui se posent sur les plans de l'adaptation externe et de l'intégration interne.

> **Philosophie de gestion**
> Philosophie organisationnelle qui relie les questions clés relatives aux objectifs de l'organisation aux questions clés relatives à la collaboration entre ses membres pour déterminer les méthodes générales que l'organisation devrait adopter dans la conduite de ses affaires

DU SAVOIR À LA PRATIQUE 16.1

Développer une culture organisationnelle forte

Pour développer une culture organisationnelle, assurez-vous que les éléments clés suivants sont présents :

- une compréhension commune réelle – largement acceptée et souvent résumée dans des slogans – de la raison d'être de l'organisation ;
- la primauté de la personne, qui doit passer avant les directives, les orientations, les procédures et la conformité aux exigences d'un poste ;
- la mise en valeur de héros dont les actions reflètent la philosophie et les préoccupations de l'organisation ;
- le recours aux rituels et aux cérémonies pour rapprocher les membres de l'organisation et construire une identité collective ;
- une compréhension commune des règles informelles et des attentes tacites, de manière à ce que tous les membres de l'organisation sachent ce qu'on attend d'eux ;
- la conviction que ce que fait chaque membre de l'organisation est important, quel que soit son rang hiérarchique, et qu'il est primordial de partager l'information et les idées.

LA PHILOSOPHIE DE GESTION

La gestion de la culture organisationnelle requiert une bonne compréhension de la sous-culture propre à l'équipe de direction de l'organisation et une capacité de bien faire la distinction entre ce qui peut être changé et ce qui doit demeurer intact. Pour les dirigeants d'une organisation, la première étape du processus consiste donc à reconnaître leur propre sous-culture. Cette sous-culture associée au personnel supérieur est souvent désignée par l'expression *philosophie de gestion* dans le domaine du CO.

La ***philosophie de gestion*** relie les questions clés relatives aux objectifs de l'organisation aux questions clés relatives à la collaboration entre ses membres pour déterminer les méthodes générales que l'organisation devrait adopter dans la conduite de ses affaires[31]. Une philosophie de gestion bien élaborée est très importante pour l'organisation. Elle doit :

1) fixer des limites qui s'appliquent à tous ses membres et que la plupart comprennent bien ;

2) fournir à ses membres un modèle cohérent pour aborder les situations nouvelles et originales ;

3) contribuer à souder ses membres en leur garantissant une voie connue vers la réussite.

Par exemple, Cisco Systems applique une philosophie de gestion très claire, qui associe les enjeux stratégiques que sont la croissance, la rentabilité et le service à la clientèle à des aspects apparents de la culture et à certaines valeurs sous-jacentes qu'elle estime souhaitables. Dans une perspective de croissance et de rentabilité, Cisco Systems a établi que le service à la clientèle reposait sur les éléments suivants :

1) l'habilitation du personnel, auquel on donne la latitude nécessaire pour trouver rapidement les meilleures solutions et les appliquer avec succès ;

2) l'embauche des meilleurs candidats, car la réussite découle avant tout des idées et des ressources intellectuelles des personnes à l'emploi de l'entreprise ;

3) la collecte et la diffusion d'information afin de s'illustrer dans le monde des idées.

Les principaux éléments d'une philosophie de gestion peuvent figurer officiellement dans un plan d'entreprise ou dans l'énoncé de mission d'une organisation, mais le cœur d'une philosophie de gestion d'envergure tient à l'essence qui se dégage de ces documents écrits – et que tous finissent par retenir[32].

CRÉER, CONSOLIDER ET CHANGER LA CULTURE ORGANISATIONNELLE

Les gestionnaires peuvent modifier les aspects les plus apparents de la culture organisationnelle : langage, récits, épopées, rites et rituels. Ils peuvent réorienter les leçons à tirer des histoires qui circulent, et même encourager les gens à adopter leur point de vue sur la réalité de l'organisation. En raison de leur statut, les cadres supérieurs peuvent réinterpréter certaines situations et modifier la signification des évènements marquants de l'organisation. Ils peuvent aussi instituer de nouveaux rites et rituels, ce qui exige temps et énergie, mais qui peut être avantageux à long terme.

Parmi les principaux moyens qui sont à la disposition des gestionnaires pour influer sur la culture organisationnelle, il faut certes compter sur les systèmes de récompenses. Dans plusieurs grandes entreprises nord-américaines, le système de récompenses est intégré à une stratégie d'ensemble et renforce la culture qui, ainsi, s'enracine dans quotidien. Deux modèles sont particulièrement courants, et chacun d'eux englobe le système de récompenses, les stratégies et la culture organisationnelle.

Le premier modèle consiste en une stratégie axée sur la stabilité, associée à des récompenses hiérarchiques et qui cadre avec ce qu'on pourrait appeler une « culture de clan ». Plus précisément, le système de récompenses souligne et renforce une culture qui se caractérise par l'engagement à long terme, l'aide mutuelle, les intérêts communs et la collégialité, tandis que les pairs exercent une forte pression à la conformité et que les supérieurs jouent le rôle de mentors. Les entreprises qui possèdent ce profil se retrouvent notamment dans les secteurs de la production d'énergie électrique, des produits chimiques, des mines et de l'industrie pharmaceutique.

En contraste, le second modèle met l'accent sur l'évolution et le changement. Le système de récompenses souligne et renforce davantage une culture de marché. Concrètement, les récompenses mettent en évidence le lien contractuel entre l'employé et l'employeur, sont axées sur les résultats à court terme et valorisent les initiatives individuelles. Les pressions dans le sens de la conformité se font peu sentir de la part des pairs, et le rôle des superviseurs est d'attribuer des ressources. Les entreprises qui présentent ce profil se concentrent dans les secteurs de la restauration, des produits de grande consommation et des services aux entreprises[33].

Au-delà des systèmes de récompenses, les dirigeants peuvent donner le ton à la culture organisationnelle et aux changements culturels. Ainsi, les dirigeants de la société d'assurances Aetna ont misé sur sa tradition humaniste pour favoriser l'acquisition de compétences essentielles par un personnel très motivé, mais sous-qualifié. Même dans une industrie sidérurgique où sévit une concurrence impitoyable, le président de Nucor, F. Kenneth Iverson, s'est appuyé sur les valeurs fondamentales de l'entrepreneuriat nord-américain pour réduire de moitié le nombre de paliers hiérarchiques.

Ces exemples montrent comment les gestionnaires peuvent intervenir directement pour favoriser une culture organisationnelle capable de répondre aux importantes questions d'adaptation externe et d'intégration interne. Les recherches récentes sur les liens entre la culture d'une organisation et ses résultats financiers confirment la nécessité d'aider les travailleurs à s'adapter à l'environnement. Toutefois, ces travaux indiquent aussi que cela ne suffit pas, tout comme il ne suffit pas de se consacrer aux actionnaires ou aux clients pour garantir la réussite économique à long terme d'une entreprise. Les gestionnaires doivent travailler sur ces trois dimensions simultanément.

Mais privilégier à la fois les actionnaires, la clientèle et le personnel signifie faire passer au second plan la satisfaction des intérêts de la direction. L'ère des bureaux immenses, des salaires mirobolants, des *parachutes dorés* (postes protégés ou généreuses indemnités de départ pour les cadres supérieurs en cas d'achat par une grande entreprise), des avions réservés aux dirigeants, des salles à manger luxueuses et des clubs privés semble bel et bien révolue. La nécessité de maintenir un équilibre entre les intérêts de toutes les parties intéressées saute aux yeux quand des cadres supérieurs transgressent les normes éthiques et les lois, par exemple dans les cas de fausses déclarations, comme ceux qui sont évoqués dans la rubrique *Du côté de la recherche*.

Les premières études consacrées à la culture organisationnelle et au changement culturel privilégiaient souvent les interventions directes des dirigeants pour modifier les valeurs et les hypothèses des gens en les resocialisant[34]. Or, ces interventions revenaient, en fait, à essayer de modifier leurs sentiments en espérant que leurs pensées et leurs actions suivraient, l'objectif étant d'établir un vaste consensus à l'échelle de l'organisation. Des travaux plus récents donnent à penser que cette approche unificatrice axée sur les valeurs n'est peut-être ni souhaitable ni réalisable[35].

Les dirigeants qui tentent de modifier les valeurs des gens par une approche autoritaire, sans changer le fonctionnement de l'organisation ni reconnaître l'importance des individus, font fausse route. L'exemple de Cisco Systems est encore une fois éclairant à cet égard. Les gestionnaires de cette société ont, en effet, réalisé qu'une culture dynamique, axée sur le changement et la satisfaction professionnelle, ne peut venir que de la combinaison d'interventions de gestion, de choix technologiques et d'initiatives venant de tous les membres de l'organisation. Les valeurs ne s'imposent pas d'en haut. Elles émergent de l'ensemble des membres de l'organisation et elles peuvent même varier, de façon subtile mais importante, d'une installation à l'autre, selon qu'on se trouve à Ottawa, en Caroline du Nord ou en Australie.

DU CÔTÉ DE LA RECHERCHE

Le prix à payer pour truquer les comptes : la perte de réputation[36]

Jonathan Karpoff, D. Scott Lee et Gerald Martin ont étudié les conséquences auxquelles doivent faire face les entreprises qui se font prendre à gonfler leurs profits. Ils ont découvert que les amendes imposées par le législateur et les tribunaux n'étaient que la pointe de l'iceberg : le vrai prix à payer, pour ces entreprises, est autrement plus élevé.

Les chercheurs se sont penchés sur les cas des grandes entreprises citées, au cours d'une période de 20 ans, par la Securities and Exchange Commission (SEC) [la Commission des valeurs mobilières des États-Unis] pour fausses déclarations relativement à leurs profits. Leur démarche prend acte du fait que plusieurs politiciens et même des dirigeants d'entreprises ont déclaré que les amendes imposées à ceux qui sont pris à « truquer les comptes » sont relativement peu élevées et que la sanction qui découle de cette violation des règles éthiques et juridiques n'a pas de quoi impressionner. Toutefois, l'analyse a révélé que le véritable prix à payer pour ces entreprises résulte plutôt de la perte de leur réputation dans le monde des affaires. Les clients n'ont plus confiance en elles, les fournisseurs exigent des garanties plus solides et, bien sûr, les milieux financiers les sous-évaluent. En conséquence, il leur en coûte plus cher pour emprunter, le cours de leurs actions descend et elles doivent se soumettre à des examens plus minutieux.

À combien se chiffre la sanction au bout du compte ? L'amende imposée à une entreprise est en moyenne de 23 millions de dollars américains. Quant au coût financier associé à la perte de réputation, il est estimé à 7,5 fois cette somme, ce qui conduit à une perte totale d'environ 196 millions de dollars.

Les dirigeants qui tentent de relancer une organisation en édictant des changements majeurs au mépris des valeurs communes commettent également une erreur. Les choses peuvent changer en surface, mais un examen plus approfondi de la situation révélera souvent que des services entiers résistent à ce changement et que des personnes clés refusent de s'engager dans la voie qu'on leur indique. De telles réactions dénotent souvent que les gestionnaires n'ont pas pris la mesure des effets des changements qu'ils veulent instaurer sur les valeurs communes. Ils ne se sont pas demandé si ces changements heurtaient les valeurs des membres de l'organisation, ni s'ils allaient à l'encontre de vieilles hypothèses communes profondément enracinées dans la culture organisationnelle ou, pire, dans la culture nationale du pays où l'organisation est implantée.

À titre d'exemple, Stephen Jobs, dont il a été question précédemment dans ce chapitre, a préféré agir pour faire valoir ses idées au sein d'Apple. Plutôt que de procéder unilatéralement aux changements qu'il souhaitait apporter, il a collaboré avec d'autres à des transformations touchant la stratégie organisationnelle, la structure de l'entreprise, ses produits et ses activités de commercialisation, en prenant appui sur des hypothèses communes profondément enracinées parmi les employés de longue date.

LE DÉVELOPPEMENT ORGANISATIONNEL

L'organisation d'aujourd'hui doit veiller constamment à ce que sa culture continue à évoluer et à lui conférer un avantage concurrentiel. Pour relever ce défi, elle doit s'engager résolument dans un processus d'autoévaluation continue et de changement planifié, démarche qui lui permettra de faire face aux problèmes et aux occasions qui se présentent à elle dans un environnement complexe et exigeant.

> **Développement organisationnel (DO)**
> Approche globale de changement planifié, s'appuyant sur les connaissances issues des sciences du comportement, conçue pour améliorer à long terme la capacité d'adaptation des organisations aux changements de l'environnement ainsi que leur efficacité dans la résolution des problèmes internes

Le *développement organisationnel (DO)* est une approche globale de changement planifié conçue pour améliorer l'efficacité générale des organisations. Plus précisément, il s'agit d'une application des connaissances issues des sciences du comportement en vue d'améliorer à long terme la capacité d'adaptation des organisations aux changements de l'environnement ainsi que leur efficacité dans la résolution des problèmes internes[37]. Cette approche est conçue pour traiter des problèmes sur les plans de l'adaptation externe et de l'intégration interne.

Fait à noter, le DO cherche à instaurer le changement de manière à ce que tous les travailleurs y participent activement et se sentent capables d'assurer l'évolution de la culture de leur organisation ainsi que son efficacité à long terme. À cet égard, la réussite d'un programme de DO tient en bonne partie à ses postulats et à ses valeurs, ainsi qu'aux fondements de la *recherche-action* sur lesquels il repose.

LES POSTULATS FONDAMENTAUX DU DO

Le développement organisationnel repose sur un ensemble de postulats concernant les individus, les groupes et les organisations, postulats qui orientent la démarche de changement.

Pour ce qui est des *individus*, les principes directeurs du DO témoignent d'un profond respect des personnes et d'une grande confiance en leurs capacités. Voici les deux postulats :

1. L'individu a plus de chances de satisfaire ses besoins de croissance et de développement si son environnement de travail le soutient et le motive.
2. La plupart des gens sont capables d'assumer des responsabilités et de contribuer au succès de leur organisation.

Pour ce qui est des *groupes*, les principes directeurs du DO reflètent la conviction qu'ils peuvent être avantageux, tant pour les individus que pour l'organisation. Voici les deux postulats :

1. Les groupes aident leurs membres à satisfaire d'importants besoins individuels, tout en contribuant à la réalisation des objectifs organisationnels.
2. Des gens qui travaillent ensemble pour satisfaire à la fois des besoins individuels et des besoins organisationnels peuvent former des groupes efficaces.

Enfin, pour ce qui est des *organisations*, les principes directeurs du DO traduisent une prise en considération de leur complexité en tant que systèmes constitués d'éléments interdépendants. Voici les deux postulats :

1. Des changements dans un élément de l'organisation se répercuteront sur ses autres éléments.
2. Il est possible de concevoir une structure organisationnelle ainsi que des postes qui répondent aux besoins respectifs des individus, des groupes et de l'organisation.

LES VALEURS ET LES PRINCIPES DU DO

L'approche systématique de changement planifié que propose le DO vise deux types d'objectifs : les *objectifs axés sur les résultats* (essentiellement des enjeux liés à l'adaptation externe) et les *objectifs axés sur les processus* (essentiellement des enjeux liés à l'intégration interne). Les objectifs axés sur les résultats concernent l'accroissement de l'efficacité opérationnelle par l'amélioration des capacités d'adaptation externe; ils se concentrent sur ce qui est accompli par les efforts des individus et des groupes. En revanche, les objectifs axés sur les processus concernent l'amélioration de la collaboration entre les membres de l'organisation et de l'intégration interne; ils se concentrent sur des aspects tels que la communication entre les membres de l'organisation, leurs interactions et le processus décisionnel.

Le DO sert l'organisation et son personnel dans la poursuite de ces objectifs, de la façon suivante:

1) en instaurant un climat propice à la résolution de problèmes dans l'ensemble de l'organisation;

2) en ajoutant au pouvoir formel le pouvoir personnel lié au savoir et aux compétences;

3) en amenant la responsabilité décisionnelle aux endroits où l'information pertinente est disponible;

4) en créant un climat de confiance et en optimisant la collaboration entre les individus et les groupes;

5) en renforçant le sentiment de propriété des travailleurs à l'égard de leur organisation;

6) en facilitant l'autonomisation et l'autoévaluation des travailleurs dans leur cadre de travail[38].

Toute démarche de DO s'appuie donc, du moins implicitement, sur ces valeurs. Autrement dit, le DO sert à améliorer la contribution des membres de l'organisation à l'atteinte des objectifs organisationnels. Pour ce faire, on traite ces membres comme des adultes responsables qui méritent de travailler dans un milieu stimulant et gratifiant.

LES FONDEMENTS DE LA RECHERCHE-ACTION APPLIQUÉS AU DO

Pour les spécialistes du DO, le processus de *recherche-action* englobe les éléments suivants:

1) la collecte systématique de données pertinentes sur une organisation, ses groupes ou ses membres;

2) des mécanismes de rétroaction qui mènent à la planification des actions à entreprendre;

3) l'évaluation des résultats par la collecte et l'analyse de nouvelles données obtenues une fois le plan d'action mis en œuvre.

Il s'agit donc d'une approche d'évaluation organisationnelle et de résolution de problèmes qui repose sur des données factuelles et qui est axée sur la collaboration. Lorsqu'on l'utilise dans une démarche de développement organisationnel,

▶ **Recherche-action**
Approche d'évaluation organisationnelle et de résolution de problèmes qui repose sur une collecte systématique de données, suivie d'une rétroaction qui mène à la planification des actions à entreprendre, puis de l'évaluation des résultats par la collecte et l'analyse de nouvelles données obtenues une fois le plan d'action mis en œuvre

la recherche-action permet de dégager et d'orienter les actions susceptibles d'améliorer l'efficacité de l'organisation. La **figure 16.2** schématise le déroulement typique d'une telle démarche.

Le processus s'enclenche lorsque quelqu'un décèle un *écart de rendement* (le rendement constaté est inférieur au rendement souhaité) et entreprend d'analyser la situation sous tous ses aspects afin de cerner les problèmes et les occasions qu'elle comporte. Il se poursuit selon les étapes suivantes : collecte de données, rétroaction sur les données, analyse des données et élaboration du plan d'action. Une fois ce plan d'action à l'œuvre, on procède à l'évaluation des résultats. Si l'étape de l'évaluation ou de la réévaluation des résultats permet de déceler un autre écart de rendement, un nouveau cycle de recherche-action s'enclenche.

LES MÉTHODES DE DO

Le processus de recherche-action devrait engager les membres de l'organisation dans diverses activités qui permettront de poser les diagnostics adéquats, puis d'élaborer et de mettre en œuvre le plan d'action qui amènera des changements constructifs.

Figure 16.2 Un modèle de recherche-action dans une démarche de développement organisationnel

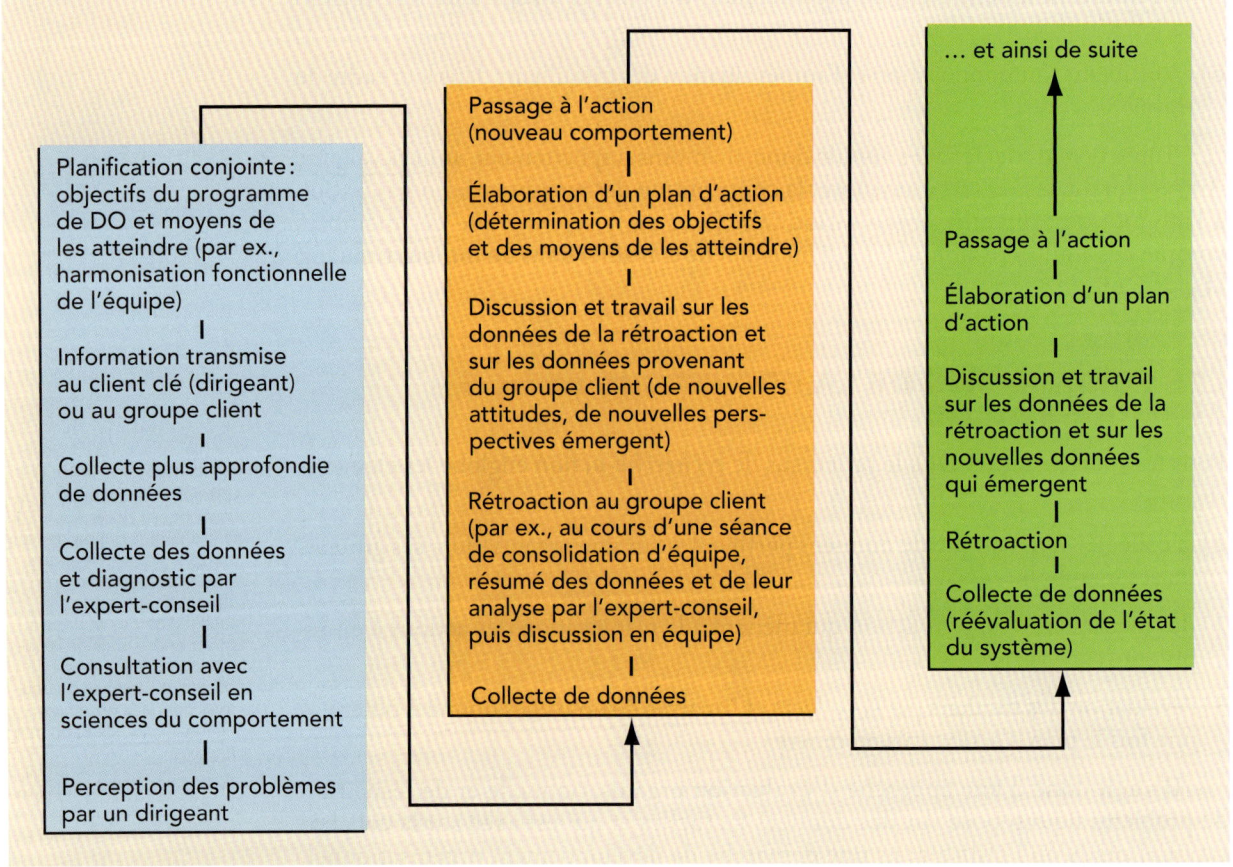

Les démarches de recherche-action, de collecte de données et de diagnostic se conjuguent et se concrétisent par le choix et l'utilisation des méthodes de DO. Les ***méthodes de développement organisationnel*** sont des activités lancées par un spécialiste en DO pour faciliter le changement organisationnel planifié et aider ceux qui y sont engagés à améliorer leur capacité de résolution de problèmes. De nombreux gestionnaires y recourent plus informellement pour comprendre et améliorer leurs propres activités. On peut classer les principales méthodes de DO en trois catégories, selon qu'elles sont axées sur l'organisation dans son ensemble, sur les groupes et les relations intergroupes ou sur les individus[39].

Les méthodes de DO axées sur l'organisation dans son ensemble

Pour être efficace, une organisation doit atteindre ses principaux objectifs de performance, tout en assurant à son personnel une excellente qualité de vie professionnelle. Les principales méthodes de DO visant l'ensemble de l'organisation sont l'*enquête de rétroaction*, les *séances d'échange de vues*, la *réorganisation structurelle* et l'*organisation parallèle*.

- L'***enquête de rétroaction*** repose sur une collecte de données au moyen d'un questionnaire adressé à tous les membres de l'organisation ou à un échantillon représentatif. En se basant sur les résultats de l'enquête, on amorce un processus collectif d'interprétation des données qui débouche sur l'élaboration d'un plan d'action.

- La ***séance d'échange de vues*** sert à déterminer et à implanter rapidement les mesures susceptibles d'améliorer le fonctionnement de l'organisation[40]. L'expert en DO réunit pour une journée-rencontre un échantillon représentatif des membres de l'organisation, y compris la direction. Dans une démarche très structurée, les participants dressent d'abord des listes individuelles de suggestions susceptibles d'améliorer la situation, puis en discutent et les peaufinent en petits groupes jusqu'à ce qu'ils en tirent un plan d'action, que la direction approuve et met immédiatement en œuvre. Le plus difficile est souvent d'amener les cadres supérieurs à admettre que des changements s'imposent à leur palier. Or, si les changements proposés ne concernent que les subordonnés et négligent la direction, cette démarche se soldera par un échec.

- La ***restructuration organisationnelle*** consiste à modifier la structure de l'organisation ou ses principaux sous-systèmes pour en améliorer l'efficacité opérationnelle. La restructuration organisationnelle vise évidemment à établir la meilleure adéquation possible entre la structure, les technologies, l'environnement, la taille et la stratégie de l'organisation. Dans le contexte actuel de changement constant où les organisations s'engagent de plus en plus dans des activités internationales et où les TIC évoluent à toute vitesse, une structure organisationnelle peut vite devenir désuète. La restructuration organisationnelle est donc une méthode clé en DO pour favoriser l'adéquation entre la structure organisationnelle et les exigences contextuelles.

- L'***organisation parallèle*** est conçue pour activer un mécanisme créatif de résolution de problèmes. Périodiquement, un échantillon représentatif des membres de l'organisation se retire de la structure formelle pour se livrer, en petits groupes, à des séances de résolution de problèmes[41]. Ces structures parallèles – ou *collatérales* – sont temporaires. Leurs activités ne se substituent pas à celles de la structure officielle, elles s'y ajoutent et les enrichissent.

▸ **Méthode de développement organisationnel**
Activité mise en œuvre par un spécialiste en développement organisationnel pour faciliter le changement organisationnel planifié et aider ceux qui y sont engagés à améliorer leur capacité de résolution de problèmes

▸ **Enquête de rétroaction**
Méthode de développement organisationnel qui repose sur une collecte de données au moyen d'un questionnaire adressé à tous les membres de l'organisation ou à un échantillon représentatif

▸ **Séance d'échange de vues**
Méthode de développement organisationnel qui sert à déterminer et à implanter rapidement les mesures susceptibles d'améliorer le fonctionnement de l'organisation

▸ **Restructuration organisationnelle**
Méthode de développement organisationnel qui consiste à modifier la structure de l'organisation ou ses principaux sous-systèmes pour en améliorer l'efficacité opérationnelle

▸ **Organisation parallèle**
Méthode de développement organisationnel conçue pour activer un mécanisme créatif de résolution de problèmes au cours de rencontres en petits groupes d'un échantillon représentatif de toute l'organisation

Les méthodes de DO axées sur le groupe et les relations intergroupes

Les méthodes de DO axées sur le groupe et les relations intergroupes sont conçues pour augmenter l'efficacité d'un ou de plusieurs groupes au sein de l'organisation. Elles comprennent, notamment, la *consolidation d'équipe*, la *consultation sur le fonctionnement du groupe* et la *consolidation des relations inter-équipes*.

- La *consolidation d'équipe*, dont nous avons déjà traité au chapitre 9, est également une méthode de DO. Un cadre ou un expert-conseil en DO invite les membres d'un groupe à se livrer à une série d'actions planifiées visant à recueillir et à analyser des données sur son fonctionnement, puis à amorcer des changements visant à faciliter la collaboration entre les membres et à améliorer l'efficacité opérationnelle de l'équipe. Comme l'*enquête de rétroaction* menée à l'échelle de l'organisation, la consolidation d'équipe exige une collecte de données et de la rétroaction ; cependant, ces éléments clés sont l'évaluation collective des données et le consensus sur les mesures à prendre. Les séances de consolidation d'équipe ont souvent lieu à l'occasion d'une retraite ou d'une rencontre à l'extérieur du lieu de travail, durant laquelle les équipiers se consacrent intensivement à ce processus de réflexion, d'analyse et de planification.

- La **consultation sur le fonctionnement du groupe** consiste en une série d'activités structurées, animées par un expert-conseil et visant, comme la consolidation d'équipe, à améliorer l'efficacité fonctionnelle du groupe. Cependant, comme son nom l'indique, cette consultation se concentre sur les *modes de fonctionnement* qui déterminent la collaboration entre les équipiers. Le consultant tente donc d'aider le groupe à améliorer ses modes de fonctionnement en travaillant, entre autres, à sa cohésion, à ses normes, à ses processus décisionnels, à ses modes de communication, à ses conflits internes, ainsi qu'aux activités de leadership liées aux relations et aux tâches.

- La **consolidation des relations inter-équipes** est une variante de la consolidation d'équipe qui vise à améliorer les relations de travail entre deux ou plusieurs groupes et, du même coup, leur efficacité respective. Le spécialiste en DO propose aux membres des groupes touchés (ou à leurs représentants) des activités destinées à leur faire prendre conscience de la façon dont ils se perçoivent mutuellement ; cette étape franchie, des activités conjointes de résolution de problèmes pourront améliorer sensiblement la coordination entre ces groupes et les inciter à se soutenir mutuellement en tant qu'éléments importants d'une même organisation.

Les méthodes de DO axées sur les individus

Les méthodes de DO peuvent également être axées sur les individus pour soutenir la démarche de changement planifié touchant l'organisation ou les groupes. Ces méthodes comprennent, notamment, la négociation de rôle et la redéfinition de poste.

- La **négociation de rôle** est un processus qui permet à des individus de clarifier leurs attentes respectives et mutuelles – ce qu'ils s'attendent à donner et à recevoir – dans leurs relations professionnelles. Comme les rôles et le personnel changent avec le temps, la négociation de rôle peut être un bon moyen de s'assurer que les travailleurs comprennent le leur.

- La **redéfinition de poste** est un processus qui vise à établir une adéquation durable entre les besoins et compétences d'un travailleur et les exigences de son poste.

▶ Consultation sur le fonctionnement du groupe
Méthode de développement organisationnel qui vise l'amélioration des modes de fonctionnement du groupe et qui porte, entre autres, sur sa cohésion, ses normes, ses processus décisionnels, ses modes de communication, ses conflits internes, ainsi que sur les activités de leadership liées aux relations et aux tâches

▶ Consolidation des relations inter-équipes
Méthode de développement organisationnel qui vise à améliorer les relations de travail entre deux ou plusieurs groupes et, du même coup, leur efficacité respective

▶ Négociation de rôle
Méthode de développement organisationnel qui permet à des individus de clarifier leurs attentes respectives et mutuelles dans le cadre de leurs relations professionnelles

▶ Redéfinition de poste
Méthode de développement organisationnel qui vise à établir une adéquation durable entre les besoins et compétences d'un travailleur et les exigences de son poste

L'approche diagnostique élaborée par Richard Hackman et Greg Oldham pour l'enrichissement des tâches et présentée au chapitre 6 en est un bon exemple[42]. Vous vous souviendrez qu'ils suggéraient, en particulier, (1) d'analyser les caractéristiques fondamentales du poste, (2) d'évaluer les besoins et les compétences de son titulaire et (3) de modifier les caractéristiques fondamentales du poste afin d'obtenir la meilleure adéquation possible avec les caractéristiques du travailleur.

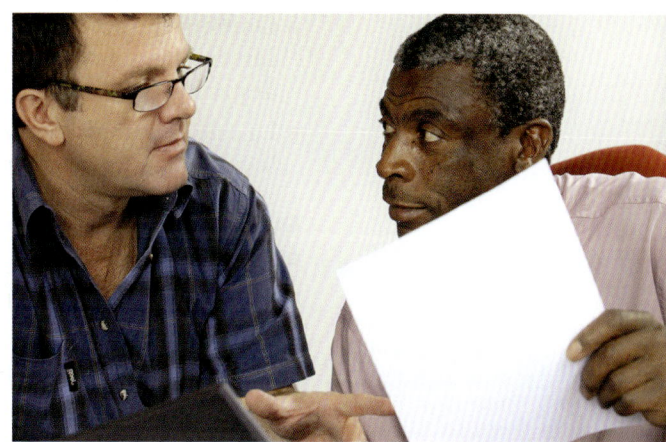

LE DO ET L'ÉVOLUTION DE LA CULTURE ORGANISATIONNELLE

Aujourd'hui, un grand nombre d'entreprises de haute technologie fort prospères recourent aux principes et aux méthodes du DO sans pour autant utiliser le terme *développement organisationnel*. Il n'est pas question pour ces sociétés d'essayer d'imposer des changements à leur personnel. Les dirigeants de ces organisations ont une approche très pragmatique de la gestion de la culture organisationnelle : ils acceptent l'existence de sous-cultures, comprennent la nécessité de régler les problèmes d'adaptation externe et d'intégration interne et recourent aux méthodes de DO pour y faire face. Ils n'élaborent pas des systèmes de valeurs et des hypothèses en vase clos ; ils y travaillent avec leur personnel, de manière à consolider et à orienter continuellement leur culture organisationnelle. De plus, ils collaborent avec leurs partenaires au sein d'un réseau organisationnel élargi afin de diffuser ces méthodes modernes de gestion et contribuent à rendre l'environnement plus accueillant pour toutes les organisations.

GUIDE DE RÉVISION

RÉSUMÉ

Qu'est-ce que la culture organisationnelle ?

- On appelle culture organisationnelle – ou culture d'entreprise – l'ensemble des attitudes, des valeurs et des croyances communes qu'acquièrent les membres d'une organisation et qui guident leur comportement.
- La culture d'une organisation peut contribuer à la résolution des problèmes d'adaptation externe et d'intégration interne.

- On trouve, dans la plupart des organisations, de multiples sous-cultures et, dans certains cas, une ou plusieurs contre-cultures susceptibles d'engendrer des conflits destructeurs.
- La culture organisationnelle reflète aussi les valeurs et les hypothèses implicites de la culture du pays où l'organisation est implantée.

Quels sont les trois dimensions d'une culture organisationnelle et leur rôle respectif ?

- On peut analyser une culture organisationnelle en étudiant ses trois dimensions : les aspects apparents de la culture, les valeurs communes et les hypothèses communes.
- Les aspects apparents d'une culture organisationnelle incluent, entre autres, les récits, les rites et les rituels ainsi que les symboles communs aux membres de l'organisation.
- Les normes et les rôles véhiculés par la culture organisationnelle précisent le moment où certains comportements sont appropriés, ainsi que la place des membres de l'organisation dans son système social.
- Les valeurs communes sont au cœur de la culture organisationnelle : elles contribuent à transformer des activités routinières en activités importantes et appréciables, relient l'organisation à des valeurs importantes de la société où elle est implantée, et peuvent même lui procurer un avantage concurrentiel notable.
- Des valeurs communes distinctives peuvent renforcer l'identité organisationnelle, améliorer l'engagement collectif, créer un système social interne stable et amoindrir la nécessité des contrôles formels et bureaucratiques.
- Toutefois, un système de valeurs communes largement partagées et une culture fortement ancrée peuvent engendrer une vision monolithique de l'organisation et de son environnement. Si des changements radicaux s'imposent, cela risque de freiner l'évolution de l'organisation.
- Les hypothèses communes – ou vérités allant de soi – que les divers groupes de l'organisation ont élaborées et acquises au fil de leur expérience collective constituent la dimension la plus profonde de la culture organisationnelle.
- Les significations communes que les travailleurs élaborent avec le temps leur donnent le sentiment de contribuer à un objectif plus vaste, auquel ils associent leurs activités quotidiennes.
- Les mythes organisationnels sont des croyances non fondées qui circulent dans l'organisation et que la plupart de ses membres acceptent tacitement sans les remettre en cause.
- La culture organisationnelle reflète aussi les valeurs et les hypothèses implicites de la culture du pays où l'organisation est implantée.

Comment peut-on gérer une culture organisationnelle ?

- Les dirigeants peuvent gérer directement plusieurs aspects apparents de la culture organisationnelle.
- Le renforcement de valeurs communes au sein d'une organisation constitue un défi de taille pour ses dirigeants.
- Même lorsqu'elles émanent des échelons supérieurs, les décisions ont une portée limitée du fait qu'elles doivent tenir compte des perceptions largement partagées par les membres de l'organisation.

Comment un processus de développement organisationnel peut-il consolider ou régénérer la culture d'une organisation ?

- Tout gestionnaire désireux de gérer, d'entretenir et de réorienter la culture organisationnelle peut employer les méthodes de DO.
- Le DO est une approche globale de changement planifié conçue pour améliorer à long terme l'efficacité générale des organisations ; cette démarche repose sur l'application des connaissances provenant des sciences du comportement.
- Le DO a recours aux principes fondamentaux des sciences du comportement concernant l'individu, le groupe et l'organisation. Il repose sur des valeurs humanistes et suppose un effort collectif soutenu.
- Le DO vise deux types d'objectifs : les objectifs axés sur les résultats (essentiellement des enjeux liés à l'adaptation externe) et les objectifs axés sur les processus (essentiellement des enjeux liés à l'intégration interne).
- Pour les spécialistes du DO, la recherche-action est un processus qui englobe notamment la collecte systématique de données pertinentes sur une organisation, ses groupes ou ses membres.
- Les principales méthodes de DO axées sur l'ensemble de l'organisation sont l'enquête de rétroaction, la séance d'échange de vues, la restructuration organisationnelle et l'organisation parallèle.
- Les principales méthodes de DO axées sur le groupe et les relations intergroupes sont la consolidation d'équipe, la consultation sur le fonctionnement du groupe et la consolidation des relations inter-équipes.
- Les principales méthodes de DO axées sur l'individu sont la négociation de rôle et la redéfinition de poste.

MOTS CLÉS

Adaptation externe	p. 478	Méthode de développement organisationnel	p. 499
Consolidation des relations inter-équipes	p. 500	Négociation de rôle	p. 500
Consultation sur le fonctionnement du groupe	p. 500	Organisation parallèle	p. 499
		Philosophie de gestion	p. 492
Contre-culture	p. 481	Recherche-action	p. 497
Culture organisationnelle (ou culture d'entreprise)	p. 478	Redéfinition de poste	p. 500
		Restructuration organisationnelle	p. 499
Développement organisationnel (DO)	p. 496	Rite	p. 488
Enquête de rétroaction	p. 499	Rituel	p. 488
Épopée	p. 487	Séance d'échange de vues	p. 499
Intégration interne	p. 480	Sous-culture	p. 481
		Symbole culturel	p. 488

ÉVALUATION DES CONNAISSANCES

QUESTIONS À CHOIX MULTIPLE

1. La culture organisationnelle concerne tous ces éléments, sauf un. Lequel ? _____ **a)** Les hypothèses communes des membres de l'organisation. **b)** Les capacités acquises des membres de l'organisation. **c)** La personnalité du dirigeant. **d)** Les croyances communes des membres de l'organisation.

2. Les trois dimensions de la culture organisationnelle décrites dans ce chapitre sont _____ **a)** les aspects apparents de la culture organisationnelle, les valeurs communes et les hypothèses communes. **b)** les récits, les rites et les rituels. **c)** les symboles, les mythes et les récits. **d)** la culture apparente, la culture latente et les objets tangibles.

3. Le terme « adaptation externe » désigne _____ **a)** les croyances non fondées des cadres supérieurs. **b)** le processus qui permet à l'organisation de composer avec les forces de l'environnement. **c)** la vision du fondateur. **d)** le processus de collaboration au sein de l'organisation.

4. Le terme « intégration interne » désigne _____ **a)** le processus visant à déterminer l'identité collective des membres de l'organisation et la façon dont ils travailleront ensemble. **b)** un ensemble de croyances non fondées et acceptées inconditionnellement pour justifier les procédés en vigueur dans l'organisation. **c)** des sous-groupes qui possèdent leurs propres valeurs et rejettent celles de la collectivité. **d)** le processus qui permet à l'organisation de composer avec les forces de l'environnement.

5. La coutume qui veut que les ouvriers japonais commencent leur journée en faisant de la gymnastique et en chantant en chœur l'hymne de l'organisation est un exemple _____ **a)** de symbole. **b)** de mythe organisationnel. **c)** d'hypothèse commune. **d)** de rituel.

6. Le terme _____ désigne le sentiment de contribuer à un objectif plus vaste que les travailleurs associent à leurs activités quotidiennes et qu'ils acquièrent au fil de leurs interactions. **a)** rite **b)** symbole culturel **c)** mythe de la fondation **d)** signification commune

7. L'histoire d'un redressement miraculeux attribuable aux efforts d'un gestionnaire visionnaire est un exemple _____ **a)** d'épopée. **b)** de mythe fondateur. **c)** d'intégration interne. **d)** de concrétisation d'une culture latente.

8. Le DO est conçu avant tout pour améliorer _____ **a)** l'efficacité globale de l'organisation. **b)** les relations intergroupes. **c)** la synergie. **d)** le processus de changement planifié.

9. Les trois étapes d'un processus de recherche-action sont _____ **a)** le diagnostic, l'intervention et le renforcement. **b)** la collecte de données, l'intervention et l'évaluation. **c)** le diagnostic, l'intervention et le renforcement. **d)** la planification, l'implantation et l'évaluation.

10. Le DO est une démarche de changement planifié enrichie par _____ **a)** l'évaluation. **b)** l'intervention. **c)** l'amélioration de la capacité de se renouveler de l'organisation. **d)** le renforcement.

11. On appelle _____ un objet, une action ou un évènement qui transmet un message d'ordre culturel. **a)** philosophie de gestion **b)** symbole culturel **c)** rite **d)** épopée

12. _____ relie les questions clés relatives aux objectifs de l'organisation aux questions clés relatives à la collaboration entre ses membres pour déterminer les méthodes générales que l'organisation devrait adopter dans la conduite de ses affaires. **a)** La philosophie de gestion **b)** Le symbole culturel **c)** Le rite **d)** L'épopée

13. Le terme _____ désigne une application des connaissances issues des sciences du comportement en vue d'améliorer à long terme la capacité

d'adaptation des organisations aux changements de l'environnement ainsi que leur efficacité dans la résolution des problèmes internes. **a)** amélioration des processus **b)** intervention organisationnelle **c)** cycle positif **d)** développement organisationnel (DO)

14. On appelle _____ une philosophie et des valeurs propres à un groupe, et qui se définissent en opposition à la culture dominante de l'organisation. **a)** épopée **b)** développement organisationnel (DO) **c)** rituel **d)** contre-culture

15. _____ est une méthode de développement organisationnel qui consiste à modifier la structure de l'organisation ou ses principaux sous-systèmes pour en améliorer l'efficacité opérationnelle. **a)** La restructuration organisationnelle **b)** L'intervention organisationnelle **c)** La gestion des processus **d)** L'orientation professionnelle

QUESTIONS À RÉPONSE BRÈVE

16. Décrivez les cinq étapes recommandées par Taylor Cox pour créer une organisation multiculturelle.

17. Quelles sont les trois questions essentielles que soulève le fait de travailler en groupe? Illustrez-les par des exemples.

18. Expliquez la façon dont les normes et les rôles culturels influent sur l'atmosphère d'une salle de classe. Donnez des exemples tirés de votre expérience personnelle.

19. Comment soutenir et consolider une culture organisationnelle forte?

QUESTION À DÉVELOPPEMENT

20. Qu'est-ce que le développement organisationnel (DO)? Comment les fondements de la recherche-action s'appliquent-ils au DO?

LE CO DANS LE FEU DE L'ACTION

Pour ce chapitre, nous vous suggérons les activités suivantes du *Cahier d'apprentissage en CO* (voir p. C1):

Étude de cas	Exercices	Autoévaluations
25. Jamais le dimanche…	6. Un poste à l'étranger	8. Êtes-vous *universel*?
	9. Comment percevons-nous les différences?	9. Efficacité d'un groupe
	23. Culture de groupe de travail	21. Préférence en matière de structure organisationnelle
	40. D'un hamburger à l'autre…	22. Quelle est la culture qui vous convient?
	41. Une invasion extraterrestre	

www.erpi.com/schermerhorn

Vous trouverez dans le Compagnon Web du manuel les réponses aux questions d'évaluation des connaissances du chapitre ainsi que les autoévaluations en mode interactif.

LES CARACTÉRISTIQUES FONDAMENTALES DES ORGANISATIONS

CHAPITRE 17

Au chapitre 1, nous avons défini l'organisation comme étant un regroupement d'individus qui travaillent à la production de biens et services pour la société. Ce chapitre-ci examine les différents objectifs que se donnent les organisations et se penche sur les façons dont elles peuvent, en pratique, adapter les divers éléments de leur structure en vue de les atteindre[1].

OBJECTIFS D'APPRENTISSAGE

Après l'étude de ce chapitre, vous devriez être en mesure :
- de préciser les différents types d'objectifs organisationnels ;
- de décrire la structure formelle d'une organisation et sa représentation graphique ;
- d'expliquer comment la spécialisation verticale répartit l'autorité formelle au sein de l'organisation ;
- de décrire les principales activités de contrôle en milieu organisationnel ;
- de distinguer les trois principaux types de départementalisation – structure fonctionnelle, structure divisionnaire et structure matricielle – et de discuter de leurs avantages et inconvénients respectifs ;
- de déterminer les modes interpersonnels et les modes formels de coordination ;
- de comparer les différents modèles de bureaucratie.

PLAN DU CHAPITRE

LES OBJECTIFS ORGANISATIONNELS
- La contribution de l'organisation à la société
- Les objectifs de production de l'organisation
- Les objectifs stratégiques de l'organisation

LA STRUCTURE FORMELLE ET LA DIVISION DU TRAVAIL
- L'organigramme

LA SPÉCIALISATION VERTICALE
- La ligne hiérarchique et l'éventail de subordination
- Les unités opérationnelles et les unités fonctionnelles

LE CONTRÔLE
- Le contrôle des résultats
- Le contrôle des processus
- Le pouvoir décisionnel : la centralisation et la décentralisation

LA SPÉCIALISATION HORIZONTALE
- La structure fonctionnelle
- La structure divisionnaire
- La structure matricielle

LA COORDINATION
- Les modes interpersonnels de coordination
- Les modes formels de coordination

LA BUREAUCRATIE ET SES MODÈLES LES PLUS COURANTS
- Le modèle mécaniste
- Le modèle organique
- Les configurations hybrides

GUIDE DE RÉVISION

« Se structurer en fonction des objectifs, voilà la clé. »

Pour en finir avec la bureaucratie[2]

L'histoire se passe au Danemark, en 1990. Lars Kolind, un mathématicien devenu redresseur d'entreprises, tente depuis deux ans de faire le ménage chez Oticon, un grand manufacturier d'appareils auditifs dont il est le patron.

Fondée en 1904, l'entreprise était reconnue comme une pionnière dans son domaine, jusqu'à ce qu'elle devienne une grosse boîte bureaucratique déficitaire, incapable d'innover et de concurrencer ses nouveaux adversaires.

M. Kolind essaie d'abord les recettes habituelles : réduction radicale des coûts d'exploitation par un suivi serré des dépenses. Mais il s'aperçoit rapidement que cela ne suffit pas. Il lui faut réinventer Oticon.

En avril 1990, il invite ses employés à « penser l'impossible » et dévoile la nouvelle structure de l'organisation.

Surprise ! Tous les services et les postes sont abolis ! Il n'y a plus de hiérarchie. Dorénavant, l'entreprise sera organisée en fonction des projets à accomplir. Au lieu de superviser les employés, les cadres intermédiaires deviendront des leaders de projets, des gourous pour assurer les meilleurs standards professionnels, ou bien des mentors auprès des employés.

Quant aux employés, en plus d'accomplir leurs tâches courantes, ils devront effectuer une ou deux autres tâches au sein des projets. Par exemple, un ingénieur pourra travailler dans le domaine des ventes.

Chaque employé choisira ses projets et ses mentors. S'il y a des projets qui n'attirent personne, tant pis ! C'est parce qu'ils ne sont pas intéressants. Quant aux tâches que personne ne veut accomplir, on les donne en impartition.

L'information sur les projets est accessible à tous : c'est la transparence totale.

Les bureaux disparaissent. Même le président n'a plus le sien ! Le matin, chacun se rendra au lieu choisi pour le projet auquel il travaille à ce moment-là. Les cloisons sont remplacées par des plantes et des plants d'arbres posés sur des plateaux à roulettes – il y en a près de 1 000 dans le nouveau siège social de l'entreprise.

> « Tous les services et les postes sont abolis ! Il n'y a plus de hiérarchie. »

« En gros, nous allons faire plus souvent les choses que nous aimons, nous allons abolir les barrières et nous travaillerons comme une grande équipe », dit M. Kolind à ses employés, lui qui ne mettra qu'un an à mettre en œuvre son nouveau modèle.

Il nomme cette structure l'« organisation spaghetti », parce qu'elle lui fait penser à un plat de spaghettis qui s'enchevêtrent pour former un tout inséparable.

Résultat : en trois ans, Oticon réduit de 30 % ses coûts unitaires de fabrication et en cinq ans, ses profits décuplent. Son cas est l'une des histoires à succès les plus étudiées dans les écoles de gestion […].

Dans un environnement de profonds bouleversements et de changements constants, les organisations contemporaines doivent pouvoir s'adapter rapidement. À l'instar d'Oticon, elles doivent trouver de nouvelles manières d'organiser leurs diverses composantes et établir de nouvelles structures qui leur permettront d'accroître leur productivité et d'améliorer la qualité de leurs produits. Parmi les tendances émergentes en matière de structure organisationnelle, on constate une réduction des échelons hiérarchiques, une plus grande marge de manœuvre accordée aux travailleurs, une division du travail moins marquée et des mécanismes formels de contrôle moins nombreux. Les organisations tendent de plus en plus à éliminer la lourdeur administrative paralysante ainsi que les règles et directives stériles, pour privilégier la souplesse et la flexibilité, bien qu'on reconnaisse qu'il n'existe aucune structure organisationnelle idéale en toutes circonstances.

Si elle omet de prendre en considération les caractéristiques structurelles, même la plus prospère des organisations risque de connaître des revers de fortune. Comme nous le verrons dans ce chapitre, ce sont ces caractéristiques qui créent le cadre dans lequel s'exercent les activités individuelles et collectives des membres, cadre qui, selon le cas, peut être épanouissant ou contraignant pour les gens qui y travaillent.

LES OBJECTIFS ORGANISATIONNELS

Quels que soient le lieu de notre naissance, les écoles que nous avons fréquentées, les emplois que nous en venons à occuper ou les activités que nous choisirons à la retraite, les organisations font partie intégrante de notre vie et du monde qui nous entoure. Aussi comprenons-nous aisément qu'elles aient à se donner des objectifs. Sans les multiples organisations orientées vers des buts bien précis, nos sociétés modernes cesseraient tout simplement de fonctionner. Il nous faudrait alors revenir aux anciennes formes d'organisation sociale, fondées sur le pouvoir monarchique, le clan ou la tribu.

Les objectifs organisationnels sont à ce point omniprésents que, la plupart du temps, nous les remarquons à peine. Le gestionnaire avisé sait très bien quelles sont les visées de son entreprise. Il voit quelle peut être sa contribution sociétale, connaît la clientèle qu'elle dessert et peut envisager une multitude de mesures qui permettraient d'améliorer son rendement. Il sait pertinemment que les objectifs de son organisation sont multidimensionnels et, à certains égards, contradictoires. Il comprend aussi que ses membres vont adhérer aux buts de l'organisation dans la mesure où ces buts vont, du moins en partie, dans le sens de leurs intérêts personnels. Il saisit, en outre, que l'ensemble des objectifs organisationnels qu'on choisit de mettre de l'avant peut contribuer à la motivation des employés et à un appui provenant de l'extérieur.

Aucune entreprise ne peut, à elle seule, satisfaire toutes les attentes. Lorsqu'elles se donnent des objectifs, les organisations définissent ce qu'elles sont et, du même coup, ce qu'elles visent à devenir. Ce choix inclut la contribution qu'elles envisagent de faire à la société et le type de résultats qu'elles souhaitent atteindre. Il revient aux gestionnaires de décider des conditions qui devront être réunies pour maintenir cette double perspective, tout en assurant la pérennité de l'organisation. C'est sur la base de ces choix, en apparence élémentaires, que les dirigeants peuvent collaborer avec leurs subordonnés à l'élaboration des moyens qui permettent d'atteindre les cibles établies.

LA CONTRIBUTION DE L'ORGANISATION À LA SOCIÉTÉ

Les activités d'une organisation ne se déroulent pas en vase clos ; elles reflètent les besoins et les attentes de la société dans laquelle elles opèrent. Les ***objectifs sociétaux*** de l'organisation sont des objectifs relatifs à la contribution qu'une organisation entend apporter à l'ensemble de la société[3]. Généralement, une organisation remplit une fonction sociale particulière ou répond à un besoin profond de la société. Les dirigeants avisés tablent sur la contribution sociétale à laquelle prétend leur organisation en prenant soin de relier ses activités et ses tâches particulières à ses objectifs d'ordre supérieur. C'est la contribution particulière que l'organisation dit vouloir apporter à la société qui légitime sa prétention à mobiliser des ressources et des individus, à accéder à des marchés et à fournir des produits ou services.

Souvent, l'***énoncé de mission*** de l'organisation, c'est-à-dire la déclaration écrite qui décrit sa raison d'être, définit ses objectifs sociétaux. Pour les dirigeants de l'organisation, élaborer un énoncé de mission qui traduise ses objectifs en moyens, de manière à orienter et à mobiliser le personnel, est un mandat de toute première importance. Un bon énoncé de mission précise qui l'organisation entend servir et comment elle compte atteindre ses objectifs sociétaux[4].

▶ **Objectif sociétal**
Objectif organisationnel relatif à la contribution que l'organisation entend apporter à l'ensemble de la société

▶ **Énoncé de mission**
Déclaration écrite qui décrit la raison d'être d'une organisation

Un parti politique peut se donner pour mission une redistribution de la richesse plus équitable pour l'ensemble des citoyens. Les universités se vouent à la production et à la transmission du savoir. Les tribunaux doivent faire respecter les droits individuels et collectifs. Finalement, on attend des entreprises qu'elles voient à la subsistance économique et au bien-être matériel de la société. Les organisations qui parviennent le mieux à mettre en valeur leur raison d'être et leur contribution sociétale ont une longueur d'avance sur leurs concurrents.

Les dirigeants assez adroits pour associer leur organisation à une mission honorable peuvent susciter une motivation d'autant plus forte qu'elle s'appuie sur le sentiment commun de travailler à une noble cause. Des dirigeants d'entreprises et des consultants utilisent l'expression « vision stratégique » pour désigner un projet de contribution sociétale lié à des objectifs hautement prioritaires aux yeux de la collectivité[5]. Une étude menée auprès de dirigeants d'entreprises a révélé que 99 % d'entre eux estimaient posséder une « vision stratégique » et être capables de l'exposer clairement en une seule phrase. Ces répondants ont généralement formulé des visions positives, orientées vers l'avenir et qui précisaient le profil de la contribution que leur entreprise entendait apporter à la société.

LES OBJECTIFS DE PRODUCTION DE L'ORGANISATION

Afin que leurs efforts ciblent le plus précisément possible un groupe particulier, les organisations affinent leurs objectifs sociétaux[6]. Aux États-Unis, on s'attend généralement à ce que les premiers bénéficiaires des entreprises d'affaires soient ceux qui détiennent une part de leur capital, c'est-à-dire leurs actionnaires. Fait intéressant à noter, au Japon, on accorde beaucoup plus d'importance aux travailleurs, les actionnaires étant placés sur un pied d'égalité avec les banques et autres institutions financières. Bien que toute organisation puisse avoir un premier bénéficiaire, son énoncé de mission peut également reconnaître les intérêts de plusieurs autres parties. Ainsi, les organisations précisent souvent dans leur énoncé de mission leur intention de servir les consommateurs, de remplir leurs obligations envers les travailleurs et d'appuyer la collectivité.

Nombre de grandes organisations ont compris l'importance de délimiter avec soin leur champ d'activité particulier et de l'énoncer clairement[7]. Cet énoncé pourra servir de base au processus de planification à long terme ; il pourra même éviter aux très grandes organisations de consacrer trop de ressources à des activités accessoires. Le fait de bien délimiter leur champ d'activité peut amener certaines organisations à clarifier la nature des biens ou services qu'elles veulent offrir. Ces objectifs relatifs aux biens ou services constituent un critère important d'appréciation de l'organisation. Les ***objectifs de production*** de l'organisation délimitent son champ d'activité et précisent les aspects généraux de son énoncé de mission.

> **Objectif de production**
> Objectif de l'organisation qui délimite son champ d'activité et précise les aspects généraux de son énoncé de mission

LES OBJECTIFS STRATÉGIQUES DE L'ORGANISATION

Moins de 10 % des entreprises lancées chaque année atteindront leur 20ᵉ année d'exploitation[8]. Même si la survie de leur entreprise ne semble pas menacée dans l'immédiat, les gestionnaires cherchent constamment à réunir les conditions particulières qui pourraient diminuer les risques de son déclin et assurer sa pérennité. Leur vision de ces conditions se traduit par les objectifs stratégiques de l'organisation.

Les ***objectifs stratégiques*** concernent les conditions censées accroître les chances de survie de l'organisation. La liste des objectifs stratégiques possibles est pratiquement infinie, chaque gestionnaire et chaque chercheur établissant des liens différents entre les conditions vécues à un moment donné et la situation future. Cependant, un grand nombre d'organisations ont en commun des objectifs tels que la croissance, la productivité, la stabilité, l'harmonie, la flexibilité, le prestige et la fidélisation de leurs ressources humaines.

Dans certains secteurs, les analystes estiment que la part du marché et la rentabilité à court terme constituent d'importants objectifs stratégiques. Des études récentes indiquent que deux autres facteurs, l'innovation et la qualité, sont également d'une grande importance[9]. D'un point de vue très pragmatique, les objectifs stratégiques reflètent les caractéristiques organisationnelles à court terme que les dirigeants de l'entreprise cherchent à promouvoir. Souvent, on doit faire en sorte que les objectifs stratégiques s'équilibrent les uns les autres pour éviter, par exemple, qu'une volonté exagérée de productivité et d'efficience ne vienne diminuer la flexibilité et la capacité d'adaptation de l'organisation.

On demande fréquemment aux diverses composantes de l'organisation de poursuivre des objectifs stratégiques différents. Ainsi, les dirigeants d'une entreprise pourraient demander aux unités de production de viser l'efficience, talonner le service de recherche et développement pour qu'il produise des innovations et enjoindre au service des finances de veiller à l'équilibre budgétaire.

L'importance relative des divers objectifs stratégiques peut varier considérablement selon la nature de l'organisation. S'il est normal que l'Université Laval et l'Université de Montréal privilégient le prestige et l'innovation, il serait étonnant de voir Pepsi et AT&T subordonner leur croissance et leur rentabilité au prestige organisationnel.

Les objectifs stratégiques sont essentiels à l'organisation, car – un peu comme une carte routière sur laquelle figurerait l'itinéraire menant à une destination donnée – ils orientent ses diverses unités, tout en leur indiquant le but commun qui les rallie et qui garantira sa survie. Des objectifs stratégiques établis avec rigueur sont pragmatiques et faciles à comprendre ; ils attirent l'attention des gestionnaires sur ce qui doit être fait, tout en leur laissant une certaine latitude dans le choix des moyens pour atteindre des cibles d'importance. Ils peuvent aussi servir à équilibrer les exigences, les contraintes auxquelles l'organisation doit faire face et les occasions qui s'offrent à elle. Enfin, ils peuvent fournir les assises de la division du travail au sein de l'organisation – les assises de sa *structure formelle*.

> **Objectif stratégique**
> Objectif de l'organisation qui énonce une condition censée accroître ses chances de survie

LA STRUCTURE FORMELLE ET LA DIVISION DU TRAVAIL

Les organisations prospères se dotent d'une structure adaptée à l'ensemble des objectifs déterminés par leurs dirigeants[10]. En d'autres termes, les décisions relatives à ce qu'on désire accomplir doivent s'accompagner de décisions correspondantes sur la manière de s'organiser pour y parvenir. La structure formelle indique la configuration générale et planifiée des postes, des tâches associées à ces postes ainsi que des lignes hiérarchiques qui unissent les diverses composantes de l'entreprise. En optant pour une configuration particulière, l'organisation précise les forces qu'elle entend développer en vue d'atteindre certains objectifs bien distincts.

DES LEADERS PARLENT DE LEADERSHIP

Canatal continue d'améliorer ses façons de faire[11]

Qu'ont en commun le Natick Mall, le Boston College et le Springfield Civic Center, aux États-Unis ? Leurs promoteurs ont tous fait confiance à Canatal pour la fabrication de leurs structures d'acier.

Fondée en 1990, l'entreprise de Thetford Mines est rapidement devenue un des fournisseurs les plus importants en Amérique du Nord. Et cette année, en tant que lauréate du concours Les 50 sociétés les mieux gérées au Canada, Canatal continue de se démarquer. « On a toujours eu pour objectif de fournir des produits et des services de la plus haute qualité adaptés aux exigences de chacun de nos clients et de respecter les plans, les devis et les délais. On a toujours continué d'améliorer nos façons de faire. On a aussi toujours misé sur le recrutement des meilleurs employés et sur la formation et le coaching », explique Ralph Poulin, fondateur de Canatal.

Comptant 300 employés, l'entreprise est le plus important employeur de Thetford Mines. « Canatal doit sa réussite à ses employés. C'est notre force et c'est ce qui nous différencie de nos compétiteurs », souligne l'entrepreneur de 46 ans qui a à cœur le bien-être de ses employés. Canatal est d'ailleurs la première PME à avoir été certifiée OHSAS (Occupational Health and Safety Assessments Series) au Québec en 2006. Il s'agit d'une référence internationale en santé-sécurité en usine. « On manœuvre des pièces qui pèsent lourd. On voulait mettre en place un système rigoureux de procédures nous permettant d'assurer la sécurité de nos gens. »

Les ventes, qui dépassent 100 millions de dollars, ont progressé de 17 % depuis trois ans. […]

Question

Quels sont les objectifs stratégiques sur lesquels M. Ralph Poulin mise pour assurer la croissance de son organisation ?

Traditionnellement, la structure formelle de l'organisation était aussi désignée par le terme *division du travail*. Certains utilisent encore cette terminologie pour faire la distinction entre ce qui touche directement la structure formelle de l'organisation et des questions telles que la répartition des marchés ou l'adoption d'une technologie donnée.

Dans ce chapitre, nous expliquons en quoi la structure est le fondement de l'action des gestionnaires ; nous examinerons, dans le chapitre suivant, l'influence de facteurs tels que la taille, les technologies et l'environnement de l'organisation. Pour l'instant, voyons comment la structure formelle indique ce qui doit être fait, comment elle désigne (par la fonction) la ou les personnes qui effectueront telle ou telle activité et comment elle montre les manières dont l'organisation accomplira l'ensemble de ses tâches. Bref, la structure formelle est le squelette de l'organisation.

L'ORGANIGRAMME

▸ **Organigramme**
Représentation graphique de la structure formelle d'une organisation

L'*organigramme* est la représentation graphique de la structure formelle, c'est-à-dire du squelette de l'organisation. Ordinairement, l'organigramme donne des indications sur les divers postes de l'organisation, sur les détenteurs de ces postes et sur les lignes hiérarchiques qui les unissent. Ainsi, comme vous pouvez le voir à la **figure 17.1**, l'organigramme de l'Université Laval à Québec permet aux membres

CHAPITRE 17 LES CARACTÉRISTIQUES FONDAMENTALES DES ORGANISATIONS 513

Figure 17.1 Organigramme de l'Université Laval

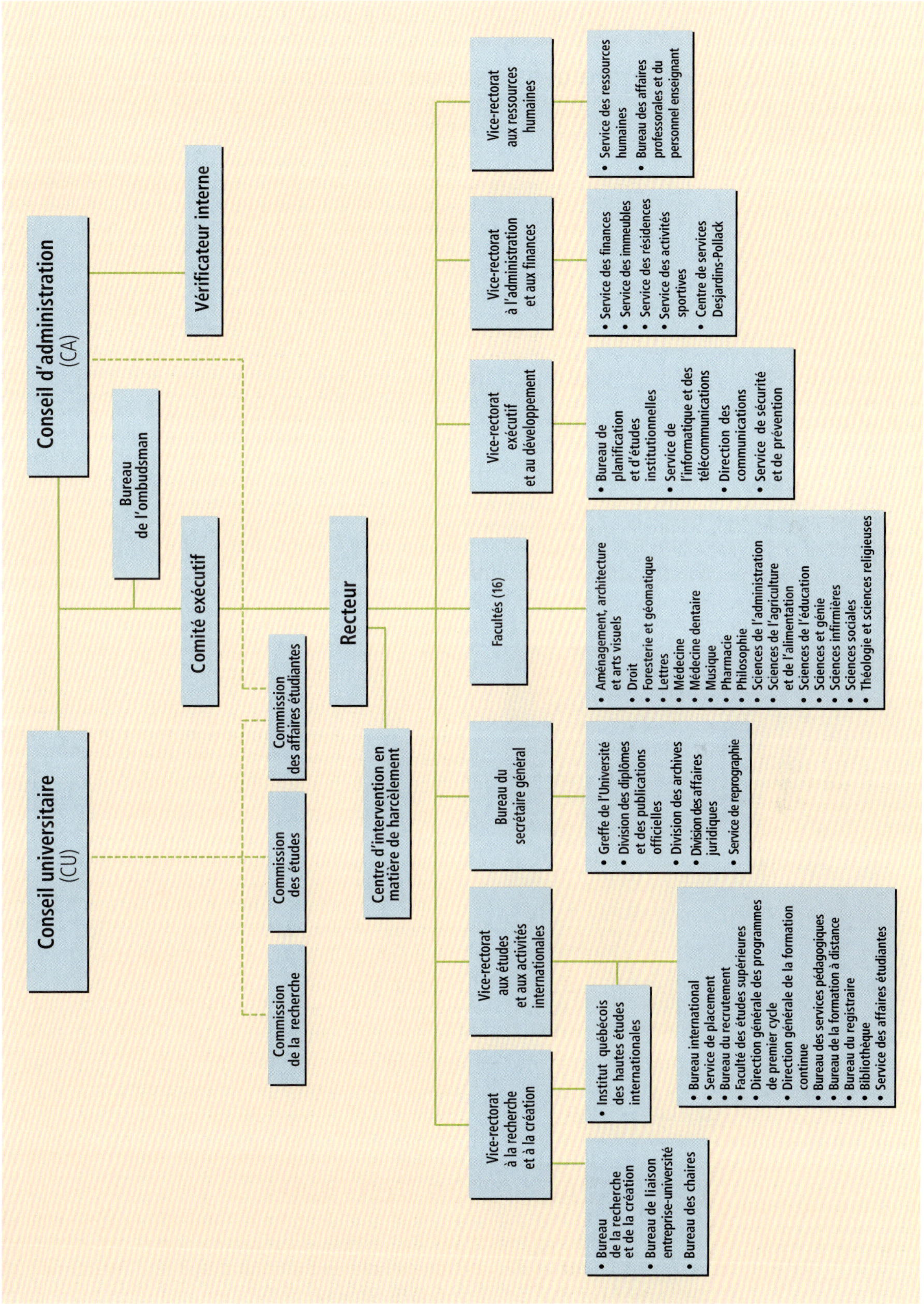

Des AS de la gestion

Telops adapte sa structure organisationnelle[12]

[…] Entreprise spécialisée dans l'optique, Telops a compris, pour sa part, l'importance du marketing stratégique. « Nous avons remis en question la façon dont nous sélectionnions nos futurs produits », expose le président de la compagnie, Jean Giroux.

Cette réflexion a poussé Telops à modifier sa structure organisationnelle en créant un poste de responsable du développement de produits qui relèvera non pas de l'équipe de RD, mais plutôt de celle des ventes et du marketing. « Nous voulons ainsi orienter le développement de nouveaux produits en fonction des besoins des clients et non pas seulement pour pousser sur la technologie », explique M. Giroux en soulignant que son coach attitré avait collaboré à la description du profil et des tâches du nouveau responsable de développement de produits et avait participé aux entrevues avec les candidats.

« La commercialisation, c'est le nerf de la guerre », renchérit Steve Couture, pdg du Groupe Frima. « En nous mettant les yeux devant les trous, les spécialistes du MIT nous répètent que le succès d'une entreprise repose essentiellement sur ses ventes. C'est bien beau d'aller chercher du financement, de créer des produits et de mettre en ligne le plus beau site Web, mais s'il n'y a pas de ventes, il n'y a pas de business », précise le vice-président stratégie corporative chez Frima Studio, Pierre Moisan.

L'attention apportée aux employés est aussi une clé du succès des entreprises.

« Pour aligner les intérêts des employés à ceux de l'entreprise, les sociétés américaines, contrairement à nous, ont recours aux options, à la bonification salariale et aux primes au rendement », mentionne Stéphane Bergeron, président de Brain Center International.

L'entreprise spécialisée en neuroscience et créatrice de logiciels qui permettent de garder le cerveau en santé a revu sa structure de rémunération pour faire en sorte que sa vingtaine d'employés aient à cœur le succès de la compagnie. […]

de cet établissement de savoir où ils se situent dans la structure formelle de l'organisation et de connaître les lignes hiérarchiques qui les rattachent à d'autres membres du personnel. Par exemple, cet organigramme montre que le vice-recteur exécutif et au développement dépend du recteur, mais a autorité, notamment, sur la personne responsable du Service de l'informatique et des télécommunications ainsi que sur la personne responsable du Bureau de planification et d'études institutionnelles.

Lorsque vous étudiez un organigramme comme celui-ci, ne perdez pas de vue qu'il s'agit de la représentation graphique de la structure formelle d'une organisation à un moment précis de son existence, c'est-à-dire d'une structure qui se modifie sans cesse. En effet, une structure organisationnelle évolue en fonction, notamment, de ses stratégies et objectifs, des changements dans son environnement, de sa taille et de sa maturité. L'organigramme et la structure qu'elle représente ne sont donc pas statiques et figés, mais dynamiques et changeants.

LA SPÉCIALISATION VERTICALE

Spécialisation verticale
Division hiérarchique du travail qui répartit l'autorité et détermine les échelons auxquels se prennent les décisions importantes

Dans les grandes organisations, on observe une répartition très précise et très explicite de l'autorité et des responsabilités en fonction du palier hiérarchique. Cette distinction correspond à la **spécialisation verticale**, division hiérarchique du travail qui répartit l'autorité et détermine les échelons auxquels se prennent les décisions importantes. Cette forme de division du travail crée une *hiérarchie de l'autorité*, c'est-à-dire une ordonnance des postes de travail en fonction du pouvoir décisionnel qui y est associé.

En Amérique du Nord, la répartition hiérarchique de l'autorité se manifeste généralement de manière évidente par les responsabilités dévolues aux cadres. Les dirigeants ou les cadres supérieurs planifient la stratégie globale de l'organisation et préparent son avenir à long terme[13]. De plus, ils arbitrent les conflits internes et décident des promotions, des projets de restructuration et des autres activités de même nature. Les cadres intermédiaires supervisent les activités quotidiennes de l'organisation, participent à l'établissement de ses politiques et concrétisent les décisions des dirigeants en élaborant des directives plus précises. Les cadres inférieurs, quant à eux, encadrent les activités de leurs subordonnés et veillent à l'application des stratégies établies par la direction ainsi qu'au respect des directives élaborées par les cadres intermédiaires.

Au Japon, la répartition des responsabilités est assez différente de celle qu'on trouve en Amérique du Nord. Plutôt que d'élaborer eux-mêmes la stratégie générale de l'organisation, les cadres supérieurs supervisent un processus auquel participent les cadres intermédiaires, processus qui nécessite des discussions approfondies sur ce que l'organisation doit faire. Les cadres inférieurs participent également à ce processus en défendant les idées et les suggestions de leurs subordonnés. La stratégie de l'organisation japonaise est donc le résultat de consultations et de discussions, et son application se fera selon les suggestions des cadres inférieurs et des salariés.

En Europe, où un grand nombre de cadres supérieurs ont une formation très poussée dans le champ d'activité de leur organisation, il est fréquent que les dirigeants d'une entreprise manufacturière aient un doctorat en ingénierie, par exemple. C'est ce qui explique que de nombreux cadres supérieurs européens participent directement à la planification des dimensions techniques de l'avenir de leur organisation, alors que très peu de cadres supérieurs nord-américains ou japonais possèdent la formation technique qu'exigent des responsabilités de cet ordre.

Malgré ces différences – et bien d'autres – observées au Japon, en Europe et en Amérique du Nord, toutes les organisations présentent une *spécialisation verticale*. De plus, de récentes recherches ont montré que, peu importe le pays, les subordonnés souhaitent retrouver, chez leurs supérieurs, une cohérence entre les paroles et les actes (voir la rubrique *L'éthique en CO*).

LA LIGNE HIÉRARCHIQUE ET L'ÉVENTAIL DE SUBORDINATION

La ligne hiérarchique relie les cadres supérieurs, les cadres intermédiaires, les cadres inférieurs et les salariés en spécifiant, à l'échelle de l'organisation, qui est sous la responsabilité de qui. Selon un principe classique de gestion, chaque individu devrait dépendre d'un seul supérieur, et chaque unité de travail ne devrait avoir qu'un seul responsable. On considère alors qu'il y a une *unité de commandement*, laquelle serait nécessaire pour parer à toute éventualité sans aucune confusion possible et faire en sorte que toute responsabilité soit clairement dévolue à un individu particulier et que les canaux de communication au sein de l'organisation soient

L'éthique en CO

L'intégrité, un fondement de l'éthique[14]

L'une des clés de voûte dans la promotion de comportements éthiques est l'intégrité. En termes simples, on peut définir l'intégrité comme la cohérence entre les paroles et les actes d'un individu. Récemment, des chercheurs ont tenté de vérifier s'il existait un lien entre l'intégrité d'un gestionnaire et le degré de satisfaction et d'engagement de ses subordonnés. En outre, ils se sont demandé si des différences pouvaient être observées, à cet égard, d'un pays à l'autre.

Une douzaine d'études portant sur une variété d'entreprises établies dans différents pays ont convergé vers un même résultat : plus le gestionnaire est intègre aux yeux de ses subordonnés, plus ces derniers manifesteront des degrés de satisfaction et d'engagement élevés. En quoi cela se rapporte-t-il à l'éthique ? Cette recherche s'ajoute, en fait, à plusieurs autres qui confirment à quel point il est bénéfique, pour les entreprises, d'adopter des conduites éthiques. Si les dirigeants souhaitent que les employés clés demeurent en poste, la promotion de l'intégrité est un choix intelligent aussi bien que moral.

Questions

Si la promotion de l'intégrité est un choix intelligent aussi bien que moral, pourquoi des gestionnaires déclarent-ils qu'il est très difficile de demeurer intègre ? Quelles circonstances, lorsqu'elles surviennent, sont susceptibles de placer le gestionnaire sur la corde raide en matière d'intégrité ?

---

clairement établis. En outre, selon un autre principe classique de gestion, un supérieur hiérarchique ne peut être directement responsable que d'un nombre limité d'individus.

À ce nombre d'individus dépendant d'un même supérieur hiérarchique correspond une notion appelée *éventail de subordination* (ou **effectif sous responsabilité directe**). Normalement, si les tâches sont complexes, si les subordonnés manquent d'expérience ou de formation, ou encore si les tâches exigent un travail d'équipe, l'éventail de subordination doit être restreint.

> **Éventail de subordination (ou effectif sous responsabilité directe)**
> Nombre d'individus qui dépendent d'un même supérieur hiérarchique

Malheureusement, des éventails de subordination étroits amènent une multiplication des paliers hiérarchiques, ce qui donne une structure coûteuse, mais aussi trop rigide pour permettre à l'organisation de réagir rapidement aux changements. En outre, dans ce type d'organisation, la communication perd de son efficacité parce qu'elle est filtrée et déformée à plusieurs reprises, de sorte que des améliorations subtiles, mais néanmoins nécessaires, ne se font pas. Qui plus est, la multiplication des échelons hiérarchiques éloigne les cadres de l'action et les isole du reste des membres de l'organisation.

Les technologies de l'information et des communications (TIC) permettent maintenant aux organisations – nous verrons comment au prochain chapitre – d'élargir leur éventail de subordination et d'aplanir leur structure formelle, tout en conservant le contrôle de leurs activités d'exploitation les plus complexes. À titre d'exemple, les cadres supérieurs de Nucor ont mis en pratique le concept de *miniateliers* dans l'industrie métallurgique et élaboré ce qu'ils appellent une *gestion allégée* (notamment par la réduction des paliers hiérarchiques). Parallèlement, la direction élargissait l'éventail de subordination en s'appuyant sur une formation intensive des travailleurs, soutenue par des systèmes de gestion de l'information très avancés. Les résultats sont éloquents : la structure hiérarchique de Nucor ne comporte plus que quatre paliers de gestion[15].

LES UNITÉS OPÉRATIONNELLES ET LES UNITÉS FONCTIONNELLES

Une bonne façon d'étudier la division verticale du travail consiste à distinguer deux types d'unités organisationnelles : les unités opérationnelles et les unités fonctionnelles. Les **unités opérationnelles** assument les activités premières de l'organisation, notamment la production et le marketing. Elles sont secondées par les **unités fonctionnelles**, qui leur fournissent de l'expertise et des services spécialisés, comme la comptabilité ou les relations publiques.

Ainsi, les facultés de l'Université Laval (voir l'organigramme de la figure 17.1) sont des unités opérationnelles, puisqu'elles assument les activités premières de l'université, soit l'enseignement et la recherche. Par contre, le Vice-rectorat à l'administration et aux finances représente une unité fonctionnelle, tout comme le Vice-rectorat aux ressources humaines.

Lorsqu'on parle d'unités opérationnelles et fonctionnelles, deux précisions s'imposent.

La première concerne la nature des liens hiérarchiques qui relient une unité à d'autres unités de l'organisation. Comme vous pouvez le voir dans l'organigramme de l'Université Laval, un service fonctionnel – le Vice-rectorat à l'administration et aux finances, par exemple – peut être subdivisé en unités subordonnées : Service des finances, Service des résidences, Service des immeubles, etc. D'un point de vue organisationnel, toute unité subordonnée à une unité fonctionnelle est elle-même considérée comme une unité fonctionnelle. Il n'en demeure pas moins que certaines de ces unités fonctionnelles assument les activités premières de l'unité à laquelle elles sont subordonnées ; leur lien avec l'échelon supérieur de la hiérarchie est donc un lien opérationnel. Ainsi, dans la figure 17.1, le Service des finances, le Service des résidences et le Service des immeubles sont des unités fonctionnelles, mais ils ont un lien opérationnel avec l'unité qui les supervise, soit le Vice-rectorat à l'administration et aux finances. Pourquoi cet imbroglio apparent ? Il est d'origine historique : les notions d'opérationnel et de fonctionnel nous viennent de l'organisation militaire, laquelle a toujours accordé la primauté au concept de *commandement*. Au sens que lui donne l'armée, la vice-rectrice à l'administration et aux finances est d'abord et avant tout une *chef* ; elle supervise les activités de nature fonctionnelle des unités qui lui sont subordonnées et elle en est l'unique responsable.

La seconde précision concerne le type et l'ampleur des relations qu'entretiennent les unités opérationnelles et fonctionnelles avec des personnes et des entités extérieures à l'organisation. Certaines unités sont plutôt tournées vers l'organisation elle-même, tandis que d'autres sont davantage tournées vers l'extérieur. Généralement, les unités opérationnelles internes (la production, par exemple) sont axées sur la transformation de matières premières ou de données en biens et services, tandis que les unités opérationnelles externes (le marketing, par exemple) sont axées sur les relations avec les fournisseurs, les distributeurs et la clientèle. Les unités fonctionnelles internes (la comptabilité, par exemple) secondent les unités opérationnelles dans leurs fonctions ; habituellement, elles se spécialisent dans des activités d'ordre technique ou financier. Les unités fonctionnelles externes (les relations publiques, par exemple) secondent également les unités opérationnelles mais, par leurs activités, elles sont plutôt axées sur les relations de l'organisation avec son environnement.

> **Unité opérationnelle**
> Groupe de travail qui assume les activités premières de l'organisation
>
> **Unité fonctionnelle**
> Groupe de travail qui seconde les unités opérationnelles de l'organisation en leur fournissant de l'expertise et des services spécialisés

Pour résumer par un exemple les deux précisions que nous venons de faire, nous dirons que, dans l'organigramme de la figure 17.1, le Service de l'informatique et des télécommunications est une unité fonctionnelle interne, qui a un lien opérationnel avec le Vice-rectorat exécutif et au développement.

Le personnel des unités fonctionnelles, et particulièrement le personnel fonctionnel interne, contribue indirectement à l'atteinte des objectifs de l'organisation en lui fournissant des connaissances et des compétences spécialisées. Traditionnellement, il se vouait aux tâches administratives, à l'embauche et à la formation des travailleurs, ainsi qu'à des activités de recherche et développement.

L'organisation peut choisir de placer le personnel fonctionnel à des paliers différents de la pyramide hiérarchique, en le rattachant plus particulièrement aux cadres supérieurs, aux cadres intermédiaires ou aux cadres inférieurs. Lorsque le personnel fonctionnel est rattaché principalement aux gestionnaires qui sont au sommet de la pyramide hiérarchique, la capacité des cadres supérieurs de résoudre des problèmes et de prendre des décisions s'en trouve considérablement accrue. La direction a alors la mainmise sur l'information, sur les orientations et sur l'application de ses décisions. Le degré de spécialisation verticale est alors très élevé, puisque ce sont les cadres supérieurs qui planifient, décident et contrôlent, avec l'aide d'un personnel fonctionnel centralisé.

Depuis l'avènement des technologies de l'information et des communications, de moins en moins d'organisations optent pour une structure organisationnelle qui concentre au sommet la majeure partie du personnel fonctionnel. Elles préfèrent remplacer le personnel fonctionnel interne par des systèmes de gestion de l'information et affecter les individus talentueux à des échelons inférieurs de la structure hiérarchique. Par exemple, les dirigeants d'O-I, fabricant mondial d'emballage en verre, ont déplacé le personnel fonctionnel du sommet de la hiérarchie à un palier intermédiaire de gestion. Cette façon de procéder permet de déléguer des responsabilités accrues aux cadres intermédiaires, tout en leur fournissant le soutien nécessaire (expertise et compétences du personnel fonctionnel) pour accroître leur rôle.

Et ce n'est pas tout : un grand nombre d'organisations ne sont plus du tout convaincues de l'utilité de conserver en permanence, en leur sein, certaines fractions du personnel fonctionnel, ni même certaines unités fonctionnelles dans leur intégralité. Il en résulte de la *sous-traitance*, phénomène qui vise à confier les tâches d'ordre fonctionnel à des personnes extérieures à l'organisation. Ainsi, de nombreuses entreprises manufacturières allègent considérablement leurs unités fonctionnelles en confiant à de petites agences spécialisées une partie – souvent la majeure partie – de secteurs comme la comptabilité, les ressources humaines et les relations publiques[16]. De plus en plus répandue dans les grandes entreprises, la sous-traitance de certains services devient une véritable manne pour d'innombrables PME.

Enfin, soulignons qu'une des tendances actuelles prédominantes en gestion est le recours aux technologies de l'information et des communications (TIC) pour rationaliser les activités et réduire le personnel. L'opération vise évidemment à diminuer les coûts d'exploitation et à accroître la productivité[17]. L'une des voies qui s'offrent au gestionnaire consiste à fournir au personnel opérationnel l'information et les outils nécessaires – des techniques de gestion conçues pour améliorer les capacités d'analyse et de décision – afin qu'il puisse remplacer le personnel fonctionnel interne[18]. Nous allons approfondir ce sujet au prochain chapitre, qui porte, notamment, sur les TIC et leur rôle dans l'évolution actuelle des organisations. Toutefois, comme il est essentiel de ne pas séparer les notions de contrôle et de division du travail, nous allons maintenant nous pencher sur les questions relatives au contrôle au sein de l'organisation.

LE CONTRÔLE

Le *contrôle*, complément à la spécialisation verticale, constitue un ensemble de mécanismes qui servent à maintenir les activités et la production d'une organisation dans des limites prédéterminées. Les activités de contrôle comprennent donc la fixation des objectifs, l'évaluation des résultats en fonction des objectifs et l'instauration de mesures correctives. Il importe de souligner que, pour être efficace, le contrôle doit s'amorcer avant l'application proprement dite de telles mesures. Ainsi, la fixation des objectifs exige du gestionnaire qu'il établisse préalablement ce sur quoi portera l'évaluation et quels seront les critères de réussite.

Il existe un large éventail de contrôles organisationnels qui, pour l'essentiel, se répartissent en trois grandes catégories : le contrôle des résultats, le contrôle des processus et le contrôle social. Nous avons traité de ce dernier type de contrôle dans le chapitre consacré à la culture organisationnelle, mentionnant que cette dernière amoindrit la nécessité des contrôles formels et bureaucratiques. Dans ce chapitre, nous allons nous pencher sur les systèmes de contrôle formels mis en place par les gestionnaires.

> **Contrôle**
> Ensemble de mécanismes qui servent à maintenir les activités et la production d'une organisation dans des limites prédéterminées

LE CONTRÔLE DES RÉSULTATS

En début de chapitre, nous avons mentionné le fait que les objectifs stratégiques sont essentiels à l'organisation, car ils orientent ses diverses unités – un peu comme une carte routière sur laquelle figurerait l'itinéraire menant à une destination donnée –, tout en leur indiquant le but commun qui les rallie et qui garantira sa survie. La fixation de critères d'évaluation et d'objectifs, l'évaluation des résultats par rapport à ces objectifs et l'instauration de mesures correctives constituent les diverses étapes de l'application des mécanismes de contrôle des résultats[19]. Le *contrôle des résultats* porte sur des objectifs précis et permet aux gestionnaires d'utiliser leurs propres méthodes pour les atteindre. La plupart des organisations modernes ont recours à des mécanismes de contrôle des résultats dans le cadre plus général de la *gestion par exception*, un mode de gestion qui consiste à surveiller les écarts importants entre les résultats réels et les prévisions et à analyser les motifs de ces écarts.

> **Contrôle des résultats**
> Ensemble de mécanismes de contrôle organisationnel qui consistent à fixer des critères d'évaluation et des objectifs, à évaluer les résultats par rapport à ces critères et objectifs et, au besoin, à instaurer des mesures correctives

Les mécanismes de contrôle des résultats sont très populaires parce qu'ils favorisent la souplesse et la créativité, tout en facilitant les discussions sur les mesures correctives à prendre. En effet, adopter le contrôle des résultats permet de séparer le *quoi* du *comment* : les discussions concernant la fixation des objectifs (ce qu'il y a à faire) sont bien distinctes de celles qui portent sur les méthodes à utiliser (le comment). Cette distinction peut aussi faciliter une décentralisation du pouvoir : les cadres supérieurs ont l'assurance que le personnel, à tous les paliers hiérarchiques, travaillera à l'atteinte des objectifs que la direction juge importants, et ce, même si les cadres des échelons inférieurs innovent et implantent de nouvelles méthodes pour atteindre ces objectifs.

LE CONTRÔLE DES PROCESSUS

Très peu d'organisations s'en tiennent aux mécanismes de contrôle des résultats. Lorsqu'ils ont trouvé et implanté avec succès la solution à un problème, les gestionnaires, pour éviter qu'il ne se reproduise, instaurent des mécanismes de contrôle des processus. Le *contrôle des processus* vise à spécifier la façon dont les tâches doivent être accomplies. Il existe plusieurs types de mécanismes de contrôle des processus, mais les trois principaux sont : (1) les politiques, les procédures et les directives de l'organisation, (2) la formalisation et la standardisation et (3) la gestion intégrale de la qualité. La rubrique *Du savoir à la pratique 17.1* formule une mise en garde qu'il peut être utile d'avoir en tête avant de voir en quoi consistent ces mécanismes.

> **Contrôle des processus**
> Ensemble de mécanismes de contrôle organisationnel qui spécifient la façon dont les tâches doivent être accomplies.

Les politiques, les procédures et les directives

La plupart des organisations mettent en place toute une panoplie de politiques, procédures et directives afin de spécifier les façons d'atteindre les objectifs qu'elles se sont fixés.

Une *politique* est un ensemble de principes directeurs qui indiquent la ligne de conduite à adopter, afin de guider les membres de l'organisation dans la gestion de leurs tâches. Une politique laisse donc une certaine latitude aux travailleurs et leur permet de faire de petits changements, sans qu'il soit expressément nécessaire d'obtenir l'autorisation d'un cadre d'un échelon supérieur.

Les *procédures*, elles, indiquent les meilleures méthodes à suivre pour exécuter les tâches, soulignent les aspects les plus importants de ces méthodes et spécifient les mécanismes d'attribution des récompenses.

Bien des organisations ne font pas de distinction entre les procédures et les directives. Cependant, il faut savoir qu'une *directive* est beaucoup plus précise, stricte et officielle qu'une procédure. Généralement, les directives décrivent en détail la façon d'accomplir une tâche ou une série de tâches ainsi que ce qui doit être évité. Elles sont conçues pour s'appliquer à tous les travailleurs qui peuvent se retrouver dans une situation donnée. Ainsi, de nombreux concessionnaires d'automobiles reçoivent des instructions détaillées sur la marche à suivre pour faire réparer

---

DU SAVOIR À LA PRATIQUE 17.1

Le contrôle, oui, mais pas trop!

L'un des mythes les plus persistants dans le domaine de la gestion est certainement l'illusion du contrôle. Parmi les variantes possibles de ce mythe, on trouve en première place une confiance souvent exagérée à l'égard des systèmes de contrôle formels. Plusieurs gestionnaires veulent croire qu'ils peuvent préciser tous les objectifs pertinents à l'intention des subordonnés, puis établir avec exactitude de quelle façon ces objectifs devront être atteints. Qu'il s'agisse des résultats ou des processus, la présence d'un trop grand nombre d'objectifs semble laisser très peu de marge de manœuvre aux subordonnés. Toutefois, la multiplication des moyens de contrôle des résultats et des processus entraîne de plus en plus de conflits entre ces mécanismes, ce qui incite les subordonnés à sélectionner, parmi l'ensemble, les formes de contrôle auxquelles ils tenteront de satisfaire. Le gestionnaire peut être convaincu que les subordonnés dirigent leurs efforts vers les objectifs qu'il a définis, mais cette impression n'est alors qu'illusoire.

un véhicule neuf sous garantie et doivent respecter des directives très strictes pour obtenir un remboursement de la part du fabricant.

Les politiques, les procédures et les directives servent souvent de substituts à une supervision directe. L'organisation peut diriger très précisément les activités d'un grand nombre de travailleurs à l'aide de procédures et de directives écrites. Celles-ci permettent d'assurer un traitement presque identique dans plusieurs installations, même lorsqu'elles se trouvent éloignées les unes des autres. Si le hamburger et les frites de McDonald's ont un goût sensiblement identique de Hong Kong à Chicoutimi ou de Genève à Longueuil, c'est simplement parce que des procédures et des directives écrites spécifient les ingrédients et les méthodes de cuisson.

La formalisation et la standardisation

En plus d'être un processus de substitution à une supervision directe des dirigeants, la *formalisation* – c'est-à-dire la présentation écrite des politiques, procédures et directives – sert souvent à simplifier les tâches. En outre, elle permet au travailleur dont la formation est incomplète de s'acquitter quand même de tâches relativement complexes. Enfin, l'existence de procédures écrites garantit que, au besoin, les travailleurs pourront exécuter correctement une séquence donnée de tâches, même si elle ne leur est pas familière.

La plupart des organisations se sont, par ailleurs, dotées de méthodes complémentaires pour gérer des situations ou des problèmes récurrents en standardisant les façons d'y faire face. On entend par *standardisation* le fait d'imposer une limite aux actions permises dans l'accomplissement d'une tâche ou d'une série de tâches. Toutes les méthodes de standardisation visent la détermination de lignes de conduite très précises afin que des activités similaires soient toujours accomplies de la même manière. Par exemple, si vous ne réglez pas à temps le montant minimal exigé sur le solde de votre carte de crédit, l'établissement financier appliquera la procédure standardisée correspondant à cette situation : elle vous fera parvenir un avis et entamera un processus interne de surveillance de votre compte. De telles méthodes peuvent avoir été mises au point après de nombreuses expériences dans la gestion de situations récurrentes, ou encore avoir été acquises par une formation à l'extérieur de l'organisation.

La gestion intégrale de la qualité

Les mécanismes de contrôle des processus que nous venons de présenter – les politiques, les procédures et les directives ; la formalisation et la standardisation – reposent essentiellement sur l'expérience accumulée au sein d'une organisation. Les gestionnaires les mettent en place au fil du temps, un par un, habituellement sans philosophie globale sur le rôle des mécanismes de contrôle dans l'amélioration de l'ensemble des activités de l'organisation. Il existe cependant une autre approche de l'instauration de contrôles des processus : la gestion intégrale de la qualité.

W. Edwards Deming, maintenant disparu, a été le fondateur du mouvement qui a prôné la gestion intégrale de la qualité[20]. Accueillies plutôt froidement en Amérique du Nord, ses idées ont eu un immense écho au Japon, où leur application a donné naissance à ce que certains estiment être les meilleures approches japonaises en matière de gestion.

Essentiellement, l'approche de Deming consiste en un processus d'amélioration continue fondé sur l'analyse statistique de chacune des activités de l'organisation.

> **Formalisation**
> Mécanisme de contrôle des processus qui consiste à présenter par écrit les politiques, procédures et directives de l'organisation

> **Standardisation**
> Mécanisme de contrôle des processus qui consiste à imposer une limite aux actions permises dans l'accomplissement d'une tâche ou d'une série de tâches, et qui résulte en la détermination de lignes de conduite très précises afin que des activités similaires soient toujours accomplies de la même manière

Autour de cette idée, Deming a formulé 14 recommandations à l'intention des gestionnaires désireux de l'appliquer. Vous remarquerez l'importance qu'il accorde à la collaboration entre les cadres et les salariés dans l'utilisation des contrôles statistiques visant l'amélioration. Les 14 recommandations de Deming sont les suivantes :

Les 14 recommandations de W.E. Deming

1. Établissez vos objectifs organisationnels en pensant à :
    a) innover ;
    b) investir dans la recherche et la formation ;
    c) investir dans l'équipement et les nouveaux outils d'aide à la production.
2. Familiarisez-vous avec une nouvelle philosophie de la qualité visant à améliorer chaque système.
3. Exigez des données statistiques fiables du contrôle des processus et éliminez les contrôles de la production strictement financiers.
4. Exigez des données statistiques fiables du contrôle des achats des matières premières, ce qui se traduira par une réduction du nombre de vos fournisseurs.
5. Instaurez des méthodes statistiques qui permettent de cerner l'origine d'un problème.
6. Instaurez des programmes de formation sur le tas qui sont à jour.
7. Améliorez l'encadrement afin que des leaders inspirés se manifestent.
8. Éliminez la crainte de l'autorité et stimulez l'envie d'apprendre.
9. Éliminez les barrières entre les services.
10. Éliminez les objectifs de nature quantitative et les slogans « creux » appelant à l'augmentation de la productivité.
11. Améliorez constamment vos méthodes de travail.
12. Instaurez de vastes programmes de formation sur les méthodes statistiques à l'intention du personnel.
13. Formez vos ressources humaines ; faites en sorte qu'elles acquièrent de nouvelles compétences.
14. Mettez sur pied une structure interne qui favorise l'application des 13 points précédents.

Un programme de gestion intégrale de la qualité doit engager tous les paliers de gestion. Les cadres doivent améliorer la supervision, former les travailleurs, leur faire acquérir de nouvelles compétences et créer une structure appropriée à ce programme de gestion intégrale de la qualité. Lorsque les éléments clés des objectifs de l'organisation sont clairement déterminés (comme c'est le cas pour la plupart des activités de transformation industrielle) et qu'ils sont appuyés par une gestion participative axée sur l'habilitation du personnel, l'approche de Deming consistant à accorder la primauté à la qualité semble très bien fonctionner.

LE POUVOIR DÉCISIONNEL : LA CENTRALISATION ET LA DÉCENTRALISATION

Selon les organisations, les combinaisons de spécialisation verticale, de contrôle des résultats, de contrôle des processus et de techniques de gestion destinées à répartir l'autorité ou le pouvoir décisionnel peuvent varier grandement[21]. Plus le pouvoir de dépenser des fonds, d'embaucher du personnel et de prendre des décisions de cet ordre est concentré au sommet de la pyramide hiérarchique, plus grande est la ***centralisation***. À l'inverse, plus ce pouvoir est délégué à des échelons inférieurs, plus la ***décentralisation*** est importante.

En période de crise, lorsque sa survie est en jeu, l'organisation a tendance à centraliser son fonctionnement ; il n'est donc pas très étonnant que la structure des forces armées soit très centralisée, ni que les entreprises au bord de la faillite soient enclines à la centralisation.

En général, la décentralisation augmente la satisfaction professionnelle des subordonnés et permet un règlement plus rapide de divers types de problèmes. En outre, elle facilite la formation sur le tas qu'on donne aux subordonnés pour qu'ils puissent occuper des postes plus élevés. Un nombre croissant d'organisations optent pour une certaine décentralisation. De grandes sociétés comme Union Carbide et Hewlett-Packard ont résolument pris cette voie et délèguent de plus en plus de responsabilités aux échelons inférieurs de leur hiérarchie. Dans chacun de ces cas, les dirigeants espèrent améliorer ainsi la qualité de la production et la capacité d'adaptation de l'entreprise.

La décentralisation des structures est étroitement associée à la notion de *participation des travailleurs*. Il y a participation dès qu'un gestionnaire délègue une partie de son pouvoir décisionnel à des subordonnés afin d'intégrer ces derniers au processus décisionnel. Nombreux sont les travailleurs qui veulent participer aux décisions relatives à leur travail et avoir voix au chapitre en ce qui concerne les objectifs de leur unité et les moyens de les atteindre[22].

▶ **Centralisation**
Concentration du pouvoir décisionnel aux échelons supérieurs de la hiérarchie organisationnelle

▶ **Décentralisation**
Délégation du pouvoir décisionnel aux échelons inférieurs de la hiérarchie organisationnelle

Des AS de la gestion

Le secret de Simplex est sa gestion décentralisée[23]

Location d'outils Simplex est une habituée du concours Les 50 sociétés les mieux gérées au Canada. La montréalaise s'est classée pour la huitième année d'affilée, ce qui lui confère le titre de Platine.

« C'est un succès collectif qui repose sur plusieurs éléments, dit Yvon Arseneault, v.-p., finance et administration. Notre équipe est dynamique et motivée. C'est le point de départ. On a une gestion décentralisée permettant à nos employés d'être autonomes et responsables. De plus, notre équipe est soutenue par un excellent réseau de succursales et par un système informatique performant. Notre santé financière est également excellente. »

Simplex se classe à la 29ᵉ place en importance parmi les entreprises de location d'équipement en Amérique du Nord et à la 46ᵉ place au monde pour la quantité de nacelles et de plateformes élévatrices (2 000 unités). Elle a 36 succursales, trois ateliers mécaniques et 600 employés. […]

« Notre but est d'offrir un excellent service à la clientèle. La rapidité de livraison et la disponibilité des outils et équipements nous ont permis de nous démarquer », explique le comptable agréé de 56 ans. L'entreprise a connu une croissance phénoménale au cours des 10 dernières années, ses ventes étant passées de 19 millions de dollars, en 1998, à 75 millions, en 2008. Cette performance s'explique par la notoriété de l'entreprise et sa connaissance du marché, par les investissements soutenus dans les équipements et par l'agrandissement de son réseau.

Aujourd'hui, même les organisations les plus conservatrices expérimentent de nouvelles formes de décentralisation de certaines de leurs activités et incitent les gestionnaires à accroître la participation de leurs subordonnés. Par ailleurs, des sociétés comme Intel Corporation, Eli Lilly, Texas Instruments et Hoffman-Laroche ont adopté ces nouvelles approches et sont même allées plus loin. Constatant que le fait de diminuer le nombre de paliers hiérarchiques ne suffisait pas, elles ont senti le besoin de modifier leurs mécanismes de contrôle afin qu'ils soient davantage orientés vers la qualité, d'insister sur une amélioration continue de la production et d'adapter d'autres aspects fondamentaux de leur structure organisationnelle. Tout en changeant leur degré de spécialisation verticale, ces entreprises ont modifié la division du travail entre les unités; autrement dit, leur spécialisation horizontale.

LA SPÉCIALISATION HORIZONTALE

Si elles sont deux dimensions importantes de la structure organisationnelle, la spécialisation verticale et le contrôle, dont nous venons de discuter, ne donnent que la moitié du tableau. Encore faut-il que les gestionnaires divisent l'ensemble du travail à accomplir en tâches précises, puis qu'ils regroupent les ressources et les travailleurs affectés à des activités similaires[24]. La **spécialisation horizontale**, appelée également *départementalisation*, est une division du travail basée sur le regroupement de compétences ou de ressources de même type, qui mène à la création d'unités ou de groupes de travail au sein de l'organisation. Il en existe plusieurs formes, que nous allons maintenant étudier.

> **Spécialisation horizontale**
> Division du travail basée sur le regroupement de compétences ou de ressources de même type, qui mène à la création d'unités ou de groupes de travail au sein de l'organisation

Lorsqu'ils procèdent à une division du travail en regroupant les compétences ou les ressources de même type, les gestionnaires doivent impérativement se soucier de la façon dont les efforts de chacun des groupes ainsi créés s'intégreront les uns aux autres. L'intégration des diverses composantes de l'organisation relève de la coordination. Nous verrons un peu plus loin comment les cadres conjuguent, à cette fin, des modes interpersonnels et des modes formels de coordination.

LA STRUCTURE FONCTIONNELLE

> **Structure fonctionnelle**
> Structure organisationnelle qui regroupe les individus par compétences, connaissances et activités

Le regroupement des individus par compétences, connaissances et activités crée une **structure fonctionnelle**. Dans l'organigramme présenté à la figure 17.1, on voit que chaque service de l'Université Laval a une spécialité ou une fonction administrative particulière. De même, le marketing, les finances, la production et la gestion des ressources humaines sont des fonctions importantes dans une entreprise. Cette forme de départementalisation est celle qui prédomine dans les PME. Les grandes sociétés l'utilisent aussi, principalement dans leurs champs d'activité hautement techniques.

La **figure 17.2** souligne les avantages et les inconvénients de la structure fonctionnelle. L'importance des avantages explique que ce type de structure soit si répandu; il se rencontre dans la plupart des organisations, particulièrement aux niveaux inférieurs de la pyramide hiérarchique. La structure fonctionnelle comporte cependant des inconvénients, et l'organisation qui l'étend à tous les échelons de sa hiérarchie peut s'attendre à voir apparaître, avec le temps, les tendances

Figure 17.2 Les principaux avantages et inconvénients de la structure fonctionnelle

Avantages	Inconvénients
1. Elle conduit à une détermination des tâches très précise, correspondant à la formation du travailleur. 2. Les travailleurs d'un même service peuvent s'appuyer sur leurs compétences, leur formation et leur expérience respectives. 3. Elle fournit un lieu de formation privilégié pour les jeunes cadres. 4. Elle est facile à expliquer. 5. Elle met à profit les compétences techniques de l'employé.	1. Elle peut entraîner une spécialisation excessive. 2. Elle peut conduire à la création de postes étroits, routiniers et monotones. 3. Elle rend difficile la circulation de l'information d'un service à l'autre. 4. La direction risque d'être débordée par des problèmes interfonctionnels. 5. Les travailleurs peuvent être portés à attendre l'orientation et le renforcement de leurs supérieurs hiérarchiques plutôt que de se concentrer sur les produits, les services ou la clientèle.

suivantes: recherche de la qualité surtout axée sur l'aspect technique, résistance aux changements et difficultés à coordonner les activités de services fonctionnels distincts.

LA STRUCTURE DIVISIONNAIRE

Le regroupement des individus et des ressources par produits, secteurs géographiques, types de services, clients ou entités juridiques crée une ***structure divisionnaire***[25]. La **figure 17.3** illustre la départementalisation en divisions par produits, secteurs géographiques et clientèles d'un fabricant de pièces automobiles. On adopte souvent cette structure organisationnelle pour réagir à des menaces ou à des occasions venant de l'environnement. Comme vous pouvez le voir à la figure 17.3, les principaux avantages de la structure divisionnaire sont sa souplesse face aux exigences de l'environnement, sa rapidité de réaction aux changements, sa capacité d'intégration des travailleurs spécialisés aux sous-structures profondes de l'organisation et la primauté accordée à la spécificité des produits en fonction de clients particuliers.

En revanche, la structure divisionnaire peut entraîner la répétition superflue des mêmes efforts d'une division à l'autre, la tendance des divisions à privilégier leurs propres intérêts au détriment de ceux de l'organisation dans son ensemble ainsi que des querelles intestines parmi les divisions. En outre, cette structure n'étant pas la plus propice à la formation des travailleurs dans des domaines techniques, l'organisation qui l'adopte risque de se faire devancer par ceux de ses concurrents qui ont opté pour une structure fonctionnelle.

Les très grandes sociétés qui ont des marchés à l'échelle nationale ou internationale choisissent souvent une départementalisation par *secteurs géographiques*; ce type de structure permet de substantielles économies de temps, d'efforts et de déplacements, et chaque division territoriale peut s'adapter aux différences régionales.

> **Structure divisionnaire**
> Structure organisationnelle qui regroupe les individus et les ressources par produits, secteurs géographiques, types de services, clients ou entités juridiques

Figure 17.3 La structure divisionnaire : départementalisation par produits, secteurs géographiques et clientèles d'un fabricant de pièces automobiles

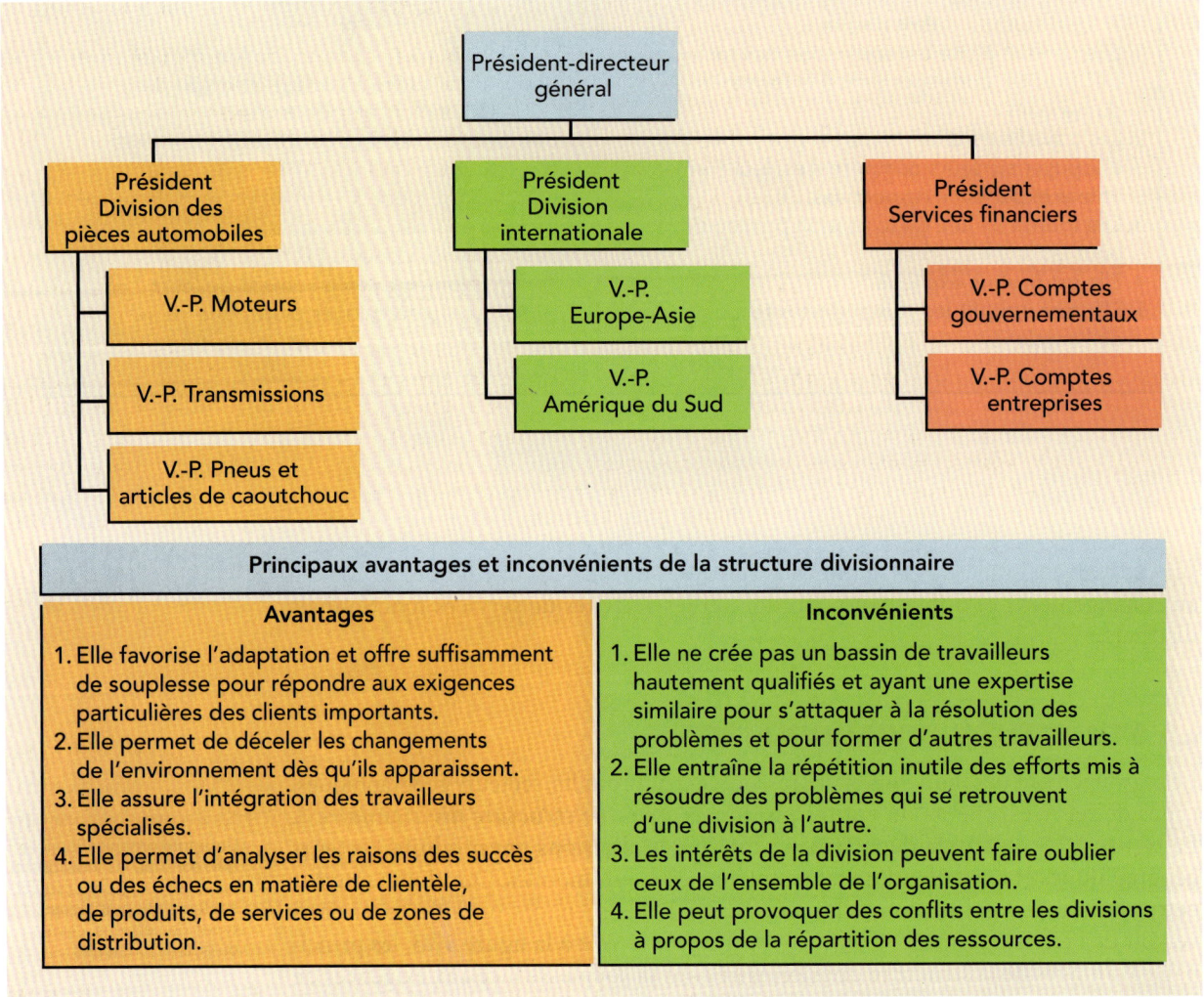

L'organisation qui ne compte que quelques gros clients peut structurer l'affectation de ses ressources et de son personnel en fonction de ses clients, en se concentrant sur la satisfaction de leurs besoins particuliers[26]. Dans la mesure où ces demandes sont distinctes d'un client à l'autre, la départementalisation par clients simplifie le traitement et augmente la synergie.

L'organisation qui étend ses activités aux marchés internationaux peut donc décider de mettre sur pied des divisions distinctes pour répondre aux exigences parfois complexes des pays d'accueil à l'égard de la propriété étrangère. Ainsi, NEC, Sony, Nissan et un grand nombre d'entreprises japonaises ont créé des filiales nord-américaines pour servir leurs clients dans ce secteur géographique ; des multinationales européennes comme Philips ou Nestlé ont adopté une structure semblable lors de leur implantation aux États-Unis. Les multinationales américaines comme IBM, GE et DuPont ont également intégré la structure divisionnaire à leurs activités internationales.

LA STRUCTURE MATRICIELLE

Il existe une autre forme de départementalisation, très particulière et de plus en plus répandue, soit la structure matricielle, qui est née dans l'industrie aérospatiale[27]. Dans ce secteur industriel, les projets sont d'une extrême complexité technique et font intervenir des centaines de sous-traitants situés aux quatre coins du globe. Il est donc essentiel de mettre en place des mesures rigoureuses d'intégration et de contrôle s'appliquant à une grande variété de fonctions et d'organisations. Sur ce plan, les structures fonctionnelle et divisionnaire sont rarement suffisantes, car de nombreuses sociétés se montrent très réticentes à l'idée de sacrifier la souplesse et le dynamisme de la structure divisionnaire aux avantages qu'offre la structure fonctionnelle sur le plan technique. La ***structure matricielle*** allie ces deux formes d'organisation. La **figure 17.4** montre la structure matricielle d'une division aérospatiale. Notez que les services fonctionnels sont situés d'un côté de l'organigramme, et les projets spéciaux, de l'autre. Les travailleurs et les cadres des services intermédiaires, au centre de la matrice, dépendent de deux autorités, l'une fonctionnelle et l'autre attachée à un projet.

▶ **Structure matricielle**
Structure organisationnelle qui combine des éléments des structures fonctionnelle et divisionnaire où le travailleur est assigné à plus d'un type d'unité

La figure 17.4 résume aussi les principaux avantages et inconvénients d'une telle forme de départementalisation. Son inconvénient majeur est la disparition de l'unité

Figure 17.4 La structure matricielle d'une division aérospatiale

Les principaux avantages et inconvénients de la structure matricielle

Avantages	Inconvénients
1. Elle associe les points forts des structures fonctionnelle et divisionnaire.	1. Elle est très onéreuse.
2. Dans un environnement de plus en plus complexe, elle permet à l'organisation d'associer les compétences techniques et la connaissance du marché.	2. Elle élimine l'unité de commandement (les travailleurs relèvent de plus d'un supérieur).
3. Elle permet à de nombreux cadres de communiquer efficacement tant avec le personnel technique qu'avec celui du marketing.	3. Parce que l'autorité et les responsabilités des cadres se chevauchent parfois, elle peut générer des conflits et des divergences entre les unités, ainsi que des incohérences dans l'établissement des priorités.
	4. Elle est difficile à expliquer aux travailleurs.

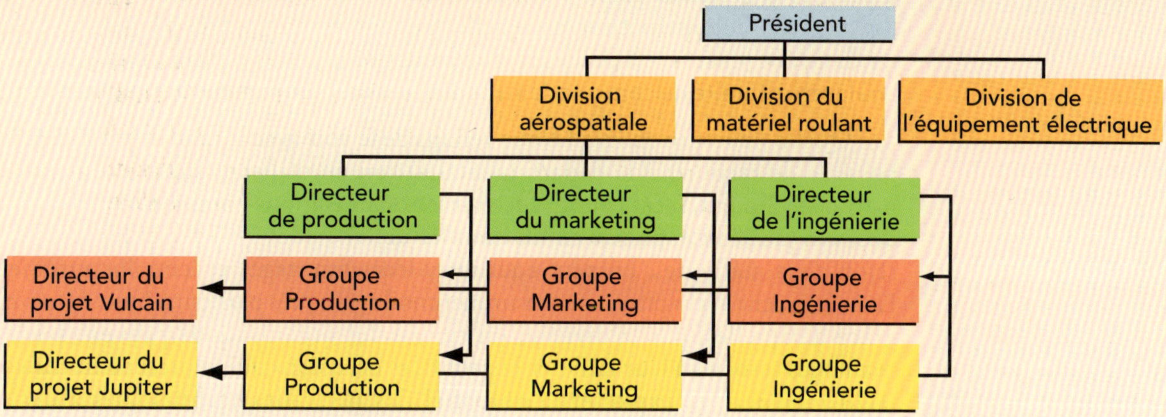

- Président
  - Division aérospatiale
  - Division du matériel roulant
  - Division de l'équipement électrique

Division aérospatiale :
- Directeur de production
- Directeur du marketing
- Directeur de l'ingénierie

- Directeur du projet Vulcain ← Groupe Production ← Groupe Marketing ← Groupe Ingénierie
- Directeur du projet Jupiter ← Groupe Production ← Groupe Marketing ← Groupe Ingénierie

de commandement; il peut en résulter une certaine incertitude des travailleurs à propos de leurs tâches, de la personne qui les supervise dans telle ou telle activité et de la gestion d'un projet dont plusieurs cadres partagent la responsabilité. Cette structure peut également se révéler très onéreuse, dans la mesure où il revient à différents cadres de coordonner les efforts de tous les intervenants, jusqu'aux échelons les plus bas de l'organisation. D'ailleurs, vous remarquerez, à la figure 17.4, que le nombre de gestionnaires est presque le double de celui qu'on trouve dans une structure fonctionnelle ou divisionnaire.

En dépit de ses limites, la structure matricielle permet d'équilibrer les priorités de chacune des deux autres formes de structure. En pratique, bien des problèmes se règlent sur le plan opérationnel, là où il est possible de concilier au mieux les aspects techniques, les coûts, les préoccupations du client et celles de l'organisation.

La structure matricielle convient parfaitement à une entreprise telle que NBBJ, une des plus importantes sociétés d'architecture du monde. NBBJ s'engage dans toute une variété de projets: aménagement de bureaux et d'immeubles, de complexes sportifs et de divertissement, de centres de recherche et de développement, de résidences pour personnes âgées, de pavillons universitaires, etc. L'agence relève ces divers défis grâce à une structure matricielle qui lui permet de faire appel aux spécialistes rattachés à l'un ou l'autre de ses bureaux mondiaux pour réaliser certains projets de grande ampleur. En plus du personnel de son siège social, situé à Seattle, NBBJ puise parmi une réserve de spécialistes prêts à se mettre à l'œuvre depuis Columbus, Los Angeles, San Francisco, New York, Shanghai, Pékin ou Londres. La grande agence compte sur le personnel chevronné des ateliers de conception locaux pour déterminer les besoins particuliers du client, puis elle met à contribution, au sein de son réseau mondial, les individus dont les compétences uniques sont requises pour mener à bien le projet.

Bien des organisations choisissent parfois de mettre en application des éléments de la structure matricielle sans utiliser expressément le terme. Ainsi, la création d'équipes de projet, de comités de coordination et de groupes d'étude peut préfigurer l'avènement d'une structure matricielle. Ces entités provisoires peuvent aussi exister dans une structure à prédominance fonctionnelle ou divisionnaire, et ce, sans bouleverser l'unité de commandement ni nécessiter l'embauche de nouveaux cadres.

Quelle structure choisir? Nous venons de le voir avec le modèle matriciel, il est possible de recourir à la départementalisation en utilisant simultanément deux méthodes. En fait, il est courant de voir les organisations combiner des structures, décision judicieuse, puisqu'en divisant les activités des groupes et les ressources, selon deux méthodes, on peut équilibrer leurs avantages et leurs inconvénients. Dans le prochain chapitre, nous examinerons de plus près plusieurs structures mixtes grâce auxquelles, par la division du travail, les organisations peuvent saisir les avantages associés à leur taille, tirer profit des occasions qui se présentent dans leur environnement et exploiter le potentiel des nouvelles technologies à des fins stratégiques.

DU CÔTÉ DE LA RECHERCHE

La coordination au sein d'organisations temporaires[28]

Dans le monde actuel, un grand nombre de personnes ont un profil professionnel qui les amène à assumer des fonctions dans des cadres de travail temporaires, tels qu'un groupe de travail d'entreprise, une alliance ou un projet spécial. La coordination des efforts des membres de ces entités temporaires pose souvent problème. Toutefois, une recherche menée par Beth Bechky apporte, en cette matière, un éclairage utile. Celle-ci s'est intéressée aux personnes qui travaillent sur des plateaux de tournage, non pas les acteurs, mais les membres des équipes qui installent et font fonctionner l'équipement de production, qui procèdent au tournage et qui sont responsables du son. Le plus souvent, il s'agit de contractants « indépendants », qui doivent savoir rapidement collaborer, alors que l'équipe n'est parfois constituée que depuis quelques heures. Comment y parviennent-ils, dans une organisation aussi éphémère qu'un plateau de tournage ?

Ils y arrivent en négociant leurs rôles respectifs. Chacun a sa propre spécialité et des tâches assignées, mais il faut assurer la coordination de l'ensemble. Alors que chacun reconnaît l'avancement professionnel des autres (certains possèdent plus d'expérience et on tendra à faire appel à leur aide), tous considèrent que les postes qu'ils convoiteront plus tard dépendent de leur présente affectation. Ils font donc du mieux qu'ils peuvent afin de prendre part au prochain tournage. Les membres chevronnés n'hésiteront pas à féliciter le reste de l'équipe ou, s'ils ont à corriger des membres moins expérimentés, ils vont le faire avec politesse. Pour contribuer à l'instauration d'un certain ordre et faciliter la coordination, ces travailleurs utilisent l'humour. Ils se taquinent de façon polie et, s'ils peuvent émettre des commentaires sarcastiques, ils manifestent rarement de la colère devant le groupe, ce qui serait d'ailleurs mal perçu. Ces mécanismes permettent à l'équipe de tournage de fonctionner, dès les premières heures de leur nouvelle affectation, comme une entité intégrée.

LA COORDINATION

À toute démarche de différenciation ou de division horizontale du travail doivent correspondre des mécanismes d'intégration[29]. La **coordination** est un ensemble de mécanismes que l'organisation utilise pour établir un lien cohérent entre les activités de ses diverses unités. La majeure partie des tâches de coordination au sein d'une unité incombent à son gestionnaire. Les PME peuvent s'en remettre à la hiérarchie pour assurer la cohérence et l'intégration nécessaires mais, avec l'expansion de l'organisation, les cadres seront rapidement débordés, et il deviendra crucial de mettre en place des mécanismes de coordination plus efficaces et plus efficients.

▶ **Coordination**
Ensemble des mécanismes qu'utilise l'organisation pour établir un agencement cohérent des activités de ses diverses unités

LES MODES INTERPERSONNELS DE COORDINATION

Les modes interpersonnels de coordination créent la synergie indispensable à une organisation en favorisant le dialogue, la discussion, l'innovation, la créativité et l'apprentissage, à la fois à l'intérieur de ses diverses unités et entre elles. Ils permettent à l'organisation de s'occuper simultanément des besoins particuliers des différentes unités et des individus. Les modes interpersonnels de coordination sont multiples[30], le plus répandu étant sans doute le contact direct entre les membres du personnel. L'utilisation des TIC permet maintenant d'instaurer et d'entretenir des réseaux de contacts encore plus efficients. Ainsi, nombre de gestionnaires, en plus de communiquer de vive voix, entrent aussi en contact par l'entremise d'outils tels que le courrier électronique ou le téléphone cellulaire, ou de certains logiciels.

Toutefois, la communication directe et personnelle est aussi associée au *téléphone arabe* et à ses effets néfastes. Le fait est notoire, le téléphone arabe n'est pas nécessairement fiable lorsqu'il colporte les potins et les rumeurs au sein de l'organisation. Il reste que c'est un moyen de communication qui peut se révéler assez juste et rapide pour que les gestionnaires ne puissent l'ignorer purement et simplement. Mieux vaudrait donc en tirer profit et s'en servir pour alimenter la *machine à rumeurs* en informations exactes.

Les cadres participent souvent à un grand nombre de comités destinés à améliorer la coordination entre les services. Même si les comités ont mauvaise réputation et sont généralement onéreux, il est possible d'en faire un mécanisme interpersonnel fort efficace pour assurer la coordination entre les directeurs de service et leur permettre de prendre les mesures qui s'imposent. Les comités peuvent servir à communiquer des données qualitatives et des informations complexes ainsi qu'à aider les cadres dont les unités doivent régler ensemble les questions d'horaires, de tâches et d'affectations afin d'améliorer leur productivité.

À une époque où elles tendent à aplanir leur structure et à favoriser une plus grande délégation d'autorité, les organisations découvrent l'utilité des groupes de projet. Contrairement aux comités, qui se distinguent par leur longévité, les groupes de travail ont généralement un mandat ponctuel et une plus courte durée de vie. Ils regroupent des individus provenant des diverses unités de l'organisation et servent, notamment, à diagnostiquer et à résoudre des problèmes *interfonctionnels*, c'est-à-dire qui concernent simultanément plusieurs services, mais qui souvent ne relèvent d'aucun en particulier.

Il n'existe aucune combinaison miracle des modes interpersonnels de coordination pouvant s'adapter universellement aux compétences, aux aptitudes et aux expériences individuelles de tous les subordonnés. Le gestionnaire doit connaître les personnes avec qui il travaille, leurs préférences ainsi que les approches que privilégient les diverses unités au sein de l'organisation. Il est tout à fait possible d'adapter les modes interpersonnels de coordination aux individus (voir la rubrique *Du savoir à la pratique 17.2*). Ils ne constituent d'ailleurs qu'un volet des outils de coordination dont dispose le gestionnaire, ce dernier pouvant aussi instaurer des mécanismes de coordination formels.

DU SAVOIR À LA PRATIQUE 17.2

Comment personnaliser ses efforts de coordination

Le gestionnaire avisé sait tenir compte des particularités des individus ou des unités dans ses efforts de coordination. Il n'oublie jamais ceci:

- Certains ont leurs propres idées sur la meilleure façon d'atteindre les objectifs de l'organisation.
- Certains voient des problèmes immédiats et des solutions rapides, tandis que d'autres débusquent les problèmes sous-jacents et proposent des solutions à long terme.
- Certains ont leur propre jargon professionnel et leurs habitudes de communication.
- Certains ont une préférence marquée soit pour les modes interpersonnels de coordination, soit pour les modes formels de coordination.

LES MODES FORMELS DE COORDINATION

De nature plus impersonnelle, les modes formels de coordination suscitent la synergie en privilégiant la cohérence et la standardisation pour assurer un agencement logique des activités des diverses unités. Bien souvent, ils prolongent et complètent les contrôles des processus en privilégiant la formalisation et la standardisation. La plupart des grandes organisations se servent de politiques et de procédures écrites – prévisions, budgets et programmes, etc. – pour faire en sorte que les activités de diverses unités aboutissent à un résultat d'ensemble cohérent et prévisible.

Historiquement, les organisations avaient recours à des unités fonctionnelles spécialisées pour assurer la coordination entre toutes leurs unités. Cependant, cette méthode se révèle très coûteuse et elle aboutit souvent à une trop grande rigidité. Le mode formel de coordination le plus élaboré est celui qui découle de l'adoption d'une structure matricielle. Comme nous l'avons vu, cette forme de départementalisation est expressément conçue pour coordonner les efforts de diverses unités fonctionnelles.

En revanche, plusieurs organisations choisissent de faire appel à des groupes de travail interfonctionnels, plutôt que de maintenir une unité fonctionnelle spécialisée ou de mettre en place une structure matricielle. Ces groupes de travail sont constitués, en général, dans le but de résoudre un problème de coordination particulier, puis ils sont dissous une fois leur mandat accompli. Ils peuvent réclamer l'adoption de nouvelles procédures, la redistribution des tâches ou l'instauration de méthodes plus personnelles pour s'assurer que les efforts des diverses unités se complètent efficacement et sans heurt.

Le dernier exemple de mode formel de coordination que nous allons vous présenter est en train de se transformer radicalement dans un grand nombre d'organisations. Il fut un temps où les systèmes de gestion de l'information étaient conçus pour que les gestionnaires puissent coordonner et contrôler les activités de diverses unités dont ils avaient la responsabilité. Ces systèmes constituaient des versions informatisées des prévisions, budgets et autres données de même ordre. Dans certaines organisations, le système de gestion de l'information continue de fonctionner comme un mécanisme combiné de mode formel de coordination et de contrôle des processus. Toutefois, utilisé judicieusement, un système de gestion de l'information devient un réseau de liens électroniques entre tous les membres du personnel. Par l'utilisation de systèmes de communication décentralisés, appuyés par le bon vieux téléphone, le télécopieur et le courriel, un système auparavant centralisé peut devenir, pour le gestionnaire, un atout qui s'ajoute aux modes interpersonnels de coordination.

Aux États-Unis, un pays où l'individualité, la démocratie et le libre arbitre sont culturellement valorisés, on observe une aversion à l'endroit du contrôle. Les gestionnaires mettent donc souvent en place des mécanismes de contrôle sous le couvert de la coordination. Ils soutiennent que, certaines des techniques utilisées pouvant servir au contrôle comme à la coordination, tous les efforts déployés visent finalement la coordination. Il est extrêmement important de séparer « contrôle » et « coordination », pour la simple et bonne raison qu'ils suscitent chacun des réactions passablement différentes.

La logique sous-jacente au contrôle implique l'établissement d'objectifs, la mesure des résultats et l'instauration de mesures correctives afin d'atteindre les buts normalement fixés par la direction. Par conséquent, plusieurs subordonnés risquent de percevoir le renforcement des mécanismes de contrôle comme une menace associée à la présomption qu'ils ont fait quelque chose de répréhensible. En revanche, la coordination vise à amener les unités qui composent l'organisation à agir en concertation, comme autant d'éléments d'un tout unifié. Tandis que le contrôle suppose l'exercice de l'autorité hiérarchique à des fins de mesure et de correction, la coordination met l'accent sur la coopération et la résolution de problèmes. La plupart des travailleurs chevronnés savent faire la différence entre le contrôle et la coordination, quel que soit le vocabulaire utilisé par leurs supérieurs. Il est très rare qu'on règle un problème de coordination en accentuant le contrôle, tout comme on a peu de chances de résoudre une question de contrôle en se concentrant sur la coordination.

LA BUREAUCRATIE ET SES MODÈLES LES PLUS COURANTS

Dans les pays industrialisés, la plupart des organisations sont des bureaucraties, terme qui, dans le domaine du comportement organisationnel, n'a pas la connotation négative qu'on lui donne habituellement. Selon le célèbre sociologue allemand Max Weber, c'est en devenant une **bureaucratie**, c'est-à-dire en s'appuyant sur l'autorité, la logique et l'ordre, que l'organisation peut prospérer[31]. La division du travail, le contrôle hiérarchique, l'avancement au mérite, les possibilités de carrière à long terme et une gestion fondée sur des directives constituent les fondements de cette forme d'organisation.

Max Weber estimait que la nature rationnelle et logique de la bureaucratie était de loin supérieure aux structures fondées sur le charisme du dirigeant ou sur les traditions culturelles. L'organisation de type *charismatique*, avec une personnalité exceptionnelle à sa tête, dépend trop des talents d'un seul individu et risque de s'effondrer lorsque le leader disparaît. Quant à l'organisation qui s'appuie sur les traditions culturelles, elle fait obstacle à l'innovation, étouffe l'initiative, nuit à l'efficacité et est souvent loin d'être équitable. Weber souhaitait, au contraire, que la bureaucratie, qui privilégie l'efficacité, l'ordre et le rationnel, soit juste pour les travailleurs et accorde davantage de place à l'expression individuelle. Il prédisait que la bureaucratie – ou l'une des variantes de ce qu'il considérait comme la forme *idéale* d'organisation – dominerait le monde moderne. Il ne s'est guère trompé.

Bien que les traditions culturelles et le leadership fondé sur le charisme jouent encore un rôle important aujourd'hui, ce sont l'efficacité, la rationalité et l'autorité qui dominent au sein des organisations contemporaines. N'empêche que, poussées à l'extrême, certaines caractéristiques d'une bureaucratie peuvent nuire à l'efficacité fonctionnelle :

- spécialisation à outrance favorisant une divergence d'intérêts entre les unités et une incapacité de gérer les problèmes qui en résultent ;
- recours exagéré à la hiérarchie ; insistance sur le respect des voies officielles plutôt que sur la résolution des problèmes de la base au sommet ;
- apparition d'une élite de cadres supérieurs considérés comme infaillibles en tout et assimilés à des dirigeants politiques plutôt qu'à des individus dont le rôle est d'aider l'ensemble de l'organisation à atteindre ses objectifs ;
- insistance démesurée sur l'obligation de la conformité, même dans les choses insignifiantes, au détriment de l'épanouissement personnel ;
- directives et règlements considérés comme des fins en soi plutôt que comme de piètres mécanismes de contrôle et de coordination.

La notion de bureaucratie a évolué avec le temps. Nous présentons ci-dessous les modèles les plus courants : le modèle mécaniste, le modèle organique et les configurations hybrides, plus particulièrement la bureaucratie divisionnaire et le conglomérat. Chacune de ces formes d'organisation est une combinaison particulière des caractéristiques fondamentales décrites dans ce chapitre, et chaque combinaison donne naissance à des organisations possédant leur éventail particulier de compétences et leurs tendances propres. Autrement dit, chaque type de bureaucratie accroît l'efficacité de l'organisation dans la poursuite de certains objectifs plutôt que d'autres.

Bureaucratie

Forme d'organisation, idéale selon le sociologue allemand Max Weber, qui s'appuie sur l'autorité, la logique et l'ordre, et dont la division du travail, le contrôle hiérarchique, l'avancement au mérite, les possibilités de carrière à long terme et une gestion fondée sur des directives constituent les fondements.

LE MODÈLE MÉCANISTE

Le ***modèle mécaniste*** (ou ***bureaucratie mécaniste***) privilégie la spécialisation verticale et le contrôle[32]. L'organisation qui adopte ce modèle met l'accent sur les directives, les politiques et les procédures ; elle détermine les méthodes de prise de décisions et utilise surtout des mécanismes de contrôle très documentés, renforcés par un important personnel d'encadrement intermédiaire et un personnel fonctionnel centralisé. Parallèlement, on constate souvent une utilisation poussée de la structure fonctionnelle à tous les échelons. Henry Mintzberg parlait de *bureaucratie mécaniste* pour décrire l'organisation entièrement structurée selon ce modèle[33].

Le modèle mécaniste, qui est souvent adopté par les entreprises misant sur une stratégie de leadership des coûts, résulte d'une gestion privilégiant la routine pour atteindre l'efficacité. Jusqu'à l'apparition des TIC, la plupart des organisations d'importance dans les principaux secteurs économiques étaient des bureaucraties mécanistes – constructeurs d'automobiles, banques, sociétés d'assurances, aciéries, grands magasins, fonction publique, etc. Ces organisations parvenaient à l'efficacité en combinant une très forte spécialisation verticale et une très forte spécialisation horizontale, liées par des mécanismes très poussés de contrôle et de coordination formelle.

Toutefois, il y a des limites aux bienfaits de la spécialisation soutenue par des contrôles stricts. La plupart des travailleurs n'aimant pas les structures rigides, leur motivation faiblit dans un tel cadre de travail. De plus, pour protéger les salariés de contrôles hiérarchiques de plus en plus nombreux, les syndicats s'attachent à des descriptions de tâches toujours plus restreintes et exigent des directives et des règles précises relativement à la manière d'accomplir leurs activités. Des travailleurs clés peuvent même quitter l'organisation. En outre, une bureaucratie mécaniste peut contrecarrer les efforts d'adaptation d'une organisation aux nouvelles technologies ou à l'évolution de son environnement. Vous avez probablement déjà fait face à l'immobilisme d'un tel système : votre école secondaire, sous la houlette d'un directeur, était probablement organisée selon le modèle mécaniste.

> **Modèle mécaniste (ou bureaucratie mécaniste)**
> Type de bureaucratie qui privilégie la spécialisation verticale et le contrôle, qui recourt à des modes formels de coordination et qui s'appuie fortement sur la standardisation, la formalisation, les directives, les politiques et les procédures

LE MODÈLE ORGANIQUE

Dans le ***modèle organique*** (ou ***bureaucratie professionnelle***), la structure verticale est beaucoup moins importante que dans le modèle mécaniste ; la spécialisation horizontale est privilégiée. Les procédures se réduisent au minimum, et celles qui restent ne sont pas aussi strictes. L'organisation s'en remet au jugement des spécialistes et a recours à des modes interpersonnels de coordination. Si elle met en place des mécanismes de contrôle, ils se fondent généralement sur la socialisation, la formation et le renforcement individuel. La plupart du temps, le personnel fonctionnel est placé à un palier intermédiaire de la pyramide hiérarchique. Comme c'est là une configuration courante dans les organisations qui regroupent des professionnels, Mintzberg l'a appelée la *bureaucratie professionnelle*[34].

Votre université est sans doute une bureaucratie professionnelle : sa structure ressemble à une pyramide à large base, avec un renflement au palier intermédiaire correspondant à l'ensemble des fonctions de soutien logistique exercées par le personnel fonctionnel. Dans cette configuration, le pouvoir repose sur le savoir. De plus, traditionnellement, le personnel fonctionnel appuyant les cadres opérationnels sans posséder de véritable pouvoir officiel, sinon la capacité de bloquer l'action, était nombreux. Dans ce type de bureaucratie, le contrôle est assuré par la standardisation

> **Modèle organique (ou bureaucratie professionnelle)**
> Type de bureaucratie qui privilégie la spécialisation horizontale, recourt à des modes interpersonnels de coordination et réduit au minimum les directives, les politiques et les procédures

des compétences professionnelles et l'adoption de routines et de standards professionnels. La plupart des hôpitaux et des agences de santé et de services sociaux ont également adopté une structure de type bureaucratie professionnelle.

Bien que moins efficiente que la bureaucratie mécaniste, la bureaucratie professionnelle donne de meilleurs résultats pour ce qui est de la résolution de problèmes et répond mieux aux besoins particuliers des clients. L'insistance sur les relations entre les travailleurs de même palier et sur la coordination de leurs activités diminue la nécessité d'un contrôle centralisé au niveau de la direction. Cette configuration permet donc à l'organisation de déceler les changements de l'environnement et de s'adapter aux nouvelles technologies, mais en renonçant aux avantages d'une direction centralisée[35]. Ainsi, plusieurs doyens et recteurs vous diront, à ce propos, que la gestion du corps professoral et des clientèles étudiantes est pratiquement chose impossible. Enfin, les organisations qui optent pour ce modèle parviennent plus facilement à mettre en œuvre des stratégies axées sur la qualité du produit, la satisfaction rapide du client et l'innovation.

LES CONFIGURATIONS HYBRIDES

Nombreuses sont les très grandes organisations qui considèrent que ni le modèle mécaniste ni le modèle organique ne conviennent parfaitement à l'ensemble de leurs activités. D'un côté, l'adoption d'une bureaucratie mécaniste surchargerait les cadres supérieurs et créerait un nombre trop élevé d'échelons hiérarchiques; de l'autre, la configuration organique entraînerait une perte de contrôle et une perte d'efficience. Les dirigeants de ces organisations optent donc souvent pour une des configurations hybrides.

Nous avons déjà présenté les deux configurations hybrides les plus courantes. La première, parfois appelée *bureaucratie divisionnaire*, est un prolongement de la structure divisionnaire. Différentes divisions, qui peuvent être plus ou moins organiques ou mécanistes, sont alors traitées comme des entités séparées, même si elles partagent un même énoncé de mission et des mêmes objectifs stratégiques et de production[36].

▶ **Conglomérat**
Société formée par la concentration de plusieurs organisations exerçant des activités diversifiées sans rapport entre elles

La deuxième configuration hybride est le **conglomérat** – société formée par la concentration de plusieurs organisations exerçant des activités diversifiées sans rapport entre elles. Cette société s'apparente à la bureaucratie divisionnaire, mais le terme *conglomérat* est utilisé lorsqu'il n'y a aucun lien réel entre les divisions[37]. C'est le cas de General Electric, un conglomérat qui regroupe des divisions travaillant dans des domaines et des secteurs industriels très éloignés, allant de la fabrication d'ampoules électriques ou de moteurs d'avion à la conception et à l'entretien de réacteurs nucléaires, en passant par l'exploitation du réseau NBC. Au Canada, les gouvernements fédéral et provinciaux sont en quelque sorte des conglomérats regroupant des divisions aux activités disparates; un premier ministre serait ainsi un PDG à la tête d'unités chargées de dispenser des services aussi éloignés que l'éducation, la santé, la sécurité publique et les transports.

La configuration en conglomérat illustre également trois points essentiels qui seront au centre du chapitre suivant:

1. Toute structure est une combinaison d'éléments fondamentaux.
2. Il n'existe pas de structure idéale; tout dépend de facteurs tels que la taille de l'organisation, son environnement, sa technologie et sa stratégie.
3. L'organisation ne fonctionne pas en vase clos, mais fait partie d'un réseau plus large d'organisations qui entrent en concurrence avec d'autres réseaux.

GUIDE DE RÉVISION

RÉSUMÉ

Quels sont les différents types d'objectifs organisationnels ?

- Les objectifs sociétaux de l'organisation décrivent la contribution que l'entreprise entend apporter à l'ensemble de la société, et cette contribution peut être une source de légitimité.

- L'organisation cherche à satisfaire ses premiers bénéficiaires ; ce choix peut être explicitement mentionné dans son énoncé de mission.

- Nombre de grandes organisations ont compris l'importance de délimiter avec soin leur champ d'activité particulier et de l'énoncer clairement.

- Les objectifs de production de l'organisation délimitent son champ d'activité et précisent les produits ou services qu'elle veut offrir.

- Les objectifs stratégiques énoncent les conditions qui, selon la direction, peuvent accroître les chances de survie et de croissance de l'organisation.

- Croissance, productivité, stabilité, harmonie, flexibilité, prestige et fidélisation des ressources humaines constituent des exemples d'objectifs stratégiques.

Qu'est-ce que la structure formelle d'une organisation ? Qu'entend-on par division du travail ?

- La structure formelle de l'organisation est la configuration générale planifiée des postes, des tâches associées à ces postes et des lignes hiérarchiques qui unissent les diverses composantes de l'organisation.

- Traditionnellement, la structure formelle de l'organisation était aussi désignée par le vocable *division du travail*.

- L'organigramme est la représentation graphique de la structure formelle de l'organisation.

Comment la spécialisation verticale répartit-elle l'autorité formelle au sein de l'organisation ?

- La spécialisation verticale est une division hiérarchique du travail qui répartit l'autorité et fixe les échelons auxquels se prennent les décisions importantes.

- Généralement, il existe une structure hiérarchique qui établit des liens d'autorité entre les cadres supérieurs et les travailleurs des échelons inférieurs.

- Selon un principe classique de gestion, au sein d'une organisation, chaque individu devrait dépendre d'un seul supérieur et chaque unité de travail ne devrait avoir qu'un seul responsable ; on considère alors qu'il y a une unité de commandement.

- La distinction entre unités opérationnelles et unités fonctionnelles indique également comment se répartit l'autorité au sein de l'organisation : les unités opérationnelles assument les activités premières de l'organisation, tandis que les unités fonctionnelles leur fournissent un soutien logistique.
- En mettant à la disposition de ses cadres opérationnels des outils de gestion et des logiciels spécialisés conçus pour améliorer leurs capacités d'analyse et de prise de décision, l'organisation diminue ses besoins en personnel fonctionnel.

Comment l'organisation contrôle-t-elle les activités de son personnel ?

- Le contrôle est un ensemble de mécanismes servant à maintenir les activités et la production d'une organisation dans des limites prédéterminées.
- Le contrôle des résultats consiste à fixer des critères d'évaluation et des objectifs, à évaluer les résultats par rapport à ces critères et objectifs et, au besoin, à instaurer des mesures correctives.
- Le contrôle des processus consiste à spécifier les détails de l'exécution des tâches par : (1) les politiques, les directives et les procédures ; (2) la formalisation et la standardisation ; (3) la gestion intégrale de la qualité.
- Les organisations contemporaines sont en train de découvrir que la décentralisation comporte des avantages substantiels.
- Dans une organisation dont la structure est centralisée, le pouvoir décisionnel est concentré aux échelons supérieurs de la hiérarchie.
- Dans une organisation dont la structure est décentralisée, le pouvoir décisionnel est délégué aux échelons inférieurs de la hiérarchie.

Quels sont les divers modèles de spécialisation horizontale ?

- La spécialisation horizontale – ou départementalisation – est une division du travail basée sur le regroupement de compétences ou de ressources de même type, qui mène à la création d'unités ou de groupes de travail au sein de l'organisation.
- Il existe trois types principaux de départementalisation qui créent trois formes particulières de structures : la structure fonctionnelle, la structure divisionnaire et la structure matricielle. Chacune comporte des avantages et des inconvénients.
- L'organisation peut décider d'adopter l'une ou l'autre de ces structures, ou encore une structure mixte ; quel que soit son choix, il sera judicieux si la structure adoptée correspond à ses besoins.

À quels modes interpersonnels ou formels de coordination l'organisation devrait-elle recourir ?

- La coordination est l'ensemble des mécanismes qu'utilise l'organisation pour établir un agencement cohérent des activités de ses diverses unités.
- Les modes interpersonnels de coordination créent une synergie dans l'organisation en favorisant la communication, la discussion, l'innovation, la créativité et l'apprentissage, à la fois à l'intérieur de ses diverses unités et entre elles.
- Les modes formels de coordination créent de la synergie en mettant l'accent sur la cohérence et la standardisation afin d'assurer un agencement logique des activités de diverses unités.

Qu'est-ce que la bureaucratie et quels sont ses modèles les plus courants?

- La bureaucratie est une forme d'organisation fondée sur l'autorité, la logique et l'ordre.
- Le modèle mécaniste met l'accent sur la spécialisation verticale et le contrôle.
- Le modèle organique met l'accent sur la spécialisation horizontale et la coordination.
- Les configurations hybrides, notamment la bureaucratie divisionnaire et le conglomérat, combinent des éléments des modèles mécaniste et organique.

MOTS CLÉS

Bureaucratie	p. 532	Modèle organique	
Centralisation	p. 523	(ou bureaucratie professionnelle)	p. 533
Conglomérat	p. 534	Objectif de production	p. 510
Contrôle	p. 519	Objectif sociétal	p. 509
Contrôle des processus	p. 520	Objectif stratégique	p. 511
Contrôle des résultats	p. 519	Organigramme	p. 512
Coordination	p. 529	Spécialisation horizontale	p. 524
Décentralisation	p. 523	Spécialisation verticale	p. 514
Énoncé de mission	p. 509	Standardisation	p. 521
Éventail de subordination		Structure divisionnaire	p. 525
(ou effectif sous		Structure fonctionnelle	p. 524
responsabilité directe)	p. 516	Structure matricielle	p. 527
Formalisation	p. 521	Unité fonctionnelle	p. 517
Modèle mécaniste		Unité opérationnelle	p. 517
(ou bureaucratie mécaniste)	p. 533		

ÉVALUATION DES CONNAISSANCES

QUESTIONS À CHOIX MULTIPLE

1. Les types d'objectifs les plus importants, pour la plupart des organisations, sont les objectifs _____ **a)** sociétaux, personnels et de production. **b)** sociétaux, de production et stratégiques. **c)** personnels et impersonnels. **d)** de rentabilité, de responsabilité organisationnelle et personnels.

2. La représentation graphique de la structure formelle d'une organisation est _____ **a)** un diagramme environnemental. **b)** un organigramme. **c)** un diagramme horizontal. **d)** une description matricielle.

3. Ce qui distingue l'unité opérationnelle de l'unité fonctionnelle a trait _____ **a)** à la quantité de ressources dont elles disposent. **b)** aux liens entre leurs tâches et les objectifs de l'organisation. **c)** à la scolarité et à la formation de leurs membres. **d)** à leur utilisation des systèmes de communication informatisés.

4. La division du travail qui, basée sur le regroupement de compétences ou de ressources de même type, mène à la création d'unités ou de groupes de travail se nomme _____ **a)** la spécialisation. **b)** la coordination. **c)** la départementalisation. **d)** la spécialisation verticale.

5. Lequel des éléments suivants ne fait pas partie des activités de contrôle ? **a)** L'évaluation des résultats. **b)** La fixation d'objectifs. **c)** L'instauration de mesures correctives. **d)** La sélection de la main-d'œuvre.

6. Le regroupement des individus et des ressources en fonction des produits, des services, des clients, des secteurs géographiques ou des entités juridiques correspond à la structure _____ **a)** divisionnaire. **b)** fonctionnelle. **c)** matricielle. **d)** hybride.

7. Le regroupement des ressources en fonction, à la fois, des services fonctionnels et des projets spéciaux est un exemple de la structure _____ **a)** fonctionnelle. **b)** divisionnaire. **c)** verticale. **d)** matricielle.

8. La structure matricielle _____ **a)** renforce l'unité de commandement. **b)** n'est pas onéreuse. **c)** est facile à expliquer aux travailleurs. **d)** a pour effet que certains travailleurs ont deux patrons.

9. _____ est un ensemble de mécanismes qu'utilise l'organisation pour établir un lien cohérent entre les activités de ses diverses unités. **a)** Le contrôle **b)** La coordination **c)** La spécialisation **d)** La départementalisation

10. Comparée à la bureaucratie mécaniste, la bureaucratie professionnelle (ou modèle organique) _____ **a)** est plus efficace pour les activités de routine. **b)** privilégie la spécialisation verticale et les mécanismes de contrôle. **c)** est de plus grande taille. **d)** privilégie la spécialisation horizontale et les mécanismes de coordination.

11. On appelle _____ la déclaration écrite qui fait état de la raison d'être d'une organisation. **a)** contribution sociétale **b)** objectif de production **c)** énoncé de mission **d)** politique organisationnelle

12. _____ est un ensemble de mécanismes qui servent à maintenir les activités et la production d'une organisation dans des limites prédéterminées. **a)** La coordination **b)** La départementalisation **c)** Le contrôle **d)** L'autorité

13. Le regroupement des individus par compétences, connaissances et activités constitue _____ **a)** une structure divisionnaire. **b)** une structure fonctionnelle. **c)** une structure matricielle. **d)** un conglomérat.

14. Les mécanismes de contrôle qui visent à spécifier la façon dont les tâches doivent être accomplies correspondent au _____ **a)** contrôle des résultats. **b)** contrôle des unités organisationnelles. **c)** contrôle des processus. **d)** contrôle de gestion.

15. _____ est un ensemble de mécanismes qu'utilise l'organisation pour établir un agencement cohérent des activités de ses diverses unités. **a)** La coordination **b)** Le contrôle **c)** L'autorité **d)** L'énoncé de mission

QUESTIONS À RÉPONSE BRÈVE

16. Comparez les objectifs de production et les objectifs stratégiques en dégageant ce en quoi ils diffèrent.

17. Décrivez les divers mécanismes de contrôle auxquels une organisation a généralement recours.

18. Quels sont les principaux avantages et inconvénients de la structure fonctionnelle ?

19. Quels sont les principaux avantages et inconvénients de la structure matricielle ?

QUESTION À DÉVELOPPEMENT

20. Selon vous, quelles peuvent être les conséquences néfastes des mécanismes de contrôle dans une grande organisation structurée selon le modèle mécaniste, comme la Société canadienne des postes ?

LE CO DANS LE FEU DE L'ACTION

Pour ce chapitre, nous vous suggérons les activités suivantes du *Cahier d'apprentissage en CO* (voir p. C1) :

Études de cas	Exercices	Autoévaluations
26. La financière First Community	13. Le jeu de construction	2. Le gestionnaire du XXIe siècle
27. CSI	39. Les coulisses des organisations	21. Préférence en matière de structure organisationnelle
28. Fabrication Laurentides	40. D'un hamburger à l'autre…	
	41. Une invasion extraterrestre	

 www.erpi.com/schermerhorn

Vous trouverez dans le Compagnon Web du manuel les réponses aux questions d'évaluation des connaissances du chapitre ainsi que les autoévaluations en mode interactif.

LA CONCEPTION ORGANISATIONNELLE ET L'ACQUISITION DE COMPÉTENCES STRATÉGIQUES

CHAPITRE 18

Dans ce chapitre, nous allons montrer comment les organisations peuvent recourir à un éventail d'options en matière de configuration structurelle afin de satisfaire les exigences liées à leur taille, à leur environnement et aux technologies qu'elles utilisent. Ces différentes options les aideront également à façonner l'environnement concurrentiel auquel elles doivent faire face et à mettre en œuvre leur stratégie.

OBJECTIFS D'APPRENTISSAGE

Après l'étude de ce chapitre, vous devriez être en mesure :
- de définir le concept de stratégie organisationnelle ;
- de décrire le processus d'innovation en milieu organisationnel ;
- de décrire le processus d'apprentissage organisationnel ;
- d'expliquer le processus de conception organisationnelle ;
- d'expliquer comment la taille de l'organisation influe sur la conception organisationnelle ;
- d'expliquer comment les technologies influent sur la conception organisationnelle ;
- d'expliquer comment la conception organisationnelle coévolue avec l'environnement ;
- de préciser les caractéristiques de l'organisation sans frontières.

PLAN DU CHAPITRE

LA STRATÉGIE ORGANISATIONNELLE

L'INNOVATION EN MILIEU ORGANISATIONNEL
  Le processus d'innovation
  Les caractéristiques des organisations novatrices

L'APPRENTISSAGE ORGANISATIONNEL
  L'acquisition du savoir
  La diffusion de l'information
  L'interprétation de l'information
  La conservation de l'information
  La relation entre la stratégie organisationnelle, l'innovation et l'apprentissage organisationnel

LA CONCEPTION ORGANISATIONNELLE
  La conception organisationnelle et les décisions stratégiques
  La conception organisationnelle et la coévolution

LA CONCEPTION ORGANISATIONNELLE ET LA TAILLE DE L'ORGANISATION
  La petite taille de l'organisation et la structure simple
  Les risques de la croissance et du vieillissement
  Les scénarios de gestion
  Les mythes

LA CONCEPTION ORGANISATIONNELLE ET LES TECHNOLOGIES
  La conception organisationnelle et les technologies liées aux activités d'exploitation
  Le recours à l'adhocratie pour stimuler l'innovation et l'apprentissage organisationnel
  La conception organisationnelle et les technologies de l'information et des communications (TIC)
  Les TIC et les affaires électroniques

LA CONCEPTION ORGANISATIONNELLE ET L'ENVIRONNEMENT
  La complexité de l'environnement
  Les organisations en réseau et les alliances interentreprises

L'ORGANISATION SANS FRONTIÈRES
  Le renforcement des compétences dynamiques au-delà des frontières
  Transformer ses aptitudes en compétences dynamiques

GUIDE DE RÉVISION

> « Se doter d'un avantage concurrentiel dans le contexte dynamique actuel. »

Une restructuration fait le succès de Rideau[1]

Rideau, le plus grand fournisseur canadien de programmes de reconnaissance et de fidélisation des employés et des clients, a une feuille de route impressionnante. En 2008, le magazine *Profit* a classé l'entreprise de Montréal parmi les sociétés ayant eu une croissance des plus rapides. Ses ventes ont bondi de 301 %, à 70 millions de dollars, au cours des cinq dernières années.

Cette croissance phénoménale reflète ses innovations en technologies de l'information, son orientation axée sur les besoins de ses clients, sa percée aux États-Unis et sa capacité à s'entourer des meilleurs.

Ce leader de l'industrie de la reconnaissance en Amérique du Nord compte parmi sa clientèle des entreprises aussi réputées que Boeing, RBC Groupe Financier, Telus, Best Buy, Lucent Technologies, H&R Block et Rona. L'entreprise a par ailleurs reçu une « Grande Mention » aux Grands Prix québécois de la qualité, en 2008, en reconnaissance de ses efforts en matière d'amélioration continue de ses processus d'affaires et de sa production.

« Nous avons misé sur les technologies de l'information pour nous démarquer. C'est le moteur de l'entreprise. Aujourd'hui, plus de 94 % des activités de Rideau reposent sur le Web », indique Peter Hart, pdg, qui a pour sa part été finaliste au Grand Prix de l'Entrepreneur d'Ernst & Young 2008. Reconnu pour sa créativité et son leadership, l'homme d'affaires de 57 ans a réussi à faire entrer dans le 21ᵉ siècle l'entreprise âgée, elle, de 95 ans. […]

« Notre mission est d'aider nos clients à bâtir de meilleures relations d'affaires avec leurs employés, leurs clients et leurs autres partenaires grâce à nos systèmes de reconnaissance, de récompenses et de fidélisation », souligne l'entrepreneur.

L'entreprise fondée en 1912 a été rachetée par les parents de Peter Hart, en 1968. Dix ans plus tard, les enfants Hart prennent la relève. Le premier défi fut de diversifier la clientèle, car 90 % du chiffre d'affaires provenait de la vente de bijoux de fantaisie à son client Avon.

L'entreprise se tourne alors vers la fabrication et la vente de bijoux par commande postale et explore d'autres marchés. Elle connaît un succès fou, surtout du côté de l'Europe, en Angleterre, en France, en Hollande et en Allemagne.

En 1982, rien ne va plus, et Rideau réagit promptement en commençant à produire toutes les récompenses de reconnaissance du gouvernement canadien tout en continuant à produire des articles promotionnels et des bijoux de fantaisie.

L'entreprise a eu aussi à faire face à un autre grand défi vers la fin des années 1980 : la concurrence asiatique. « Nos ventes baissaient, car nous n'étions plus compétitifs par rapport à la Chine et à Taiwan. L'avenir était sombre. Ce défi fut encore plus grand que celui de restructurer l'entreprise. »

> « Cette croissance phénoménale reflète ses innovations en technologies de l'information, son orientation axée sur les besoins de ses clients… »

Visionnaire, M. Hart réoriente la stratégie de l'entreprise du côté des programmes de reconnaissance en entreprises. Rideau offre aujourd'hui une gamme complète de programmes de reconnaissance et de performance. Rideau emploie 250 personnes et possède des bureaux au Canada et aux États-Unis. Elle assure aussi une présence en Asie et en Angleterre. […]

L'entreprise a désormais le vent dans les voiles. « Notre succès repose sur notre équipe. Nous avons des gens très talentueux et notre taux de roulement de l'effectif est très faible. Notre modèle d'entreprise, soit d'être un guichet unique et d'offrir tous les différents programmes, nous donne un avantage compétitif. C'est pour cette raison que Boeing nous a choisis. Nos programmes personnalisés pour nos clients nous distinguent également. »

M. Hart veut explorer d'autres voies de croissance. « Je souhaite faire le lien direct entre la reconnaissance et l'engagement des employés, la santé-sécurité et le taux de roulement. Rideau peut aller encore plus loin. »

LA STRATÉGIE ORGANISATIONNELLE

La stratégie organisationnelle, comme nous l'avons mentionné au chapitre 1, est un processus qui consiste à positionner l'organisation dans son environnement concurrentiel et à implanter les mesures qui lui permettront de soutenir efficacement la concurrence. Il s'agit d'un agencement particulier dans une suite de décisions[2]. Les organisations commencent habituellement à se doter d'une stratégie par l'ensemble des choix et des mesures qu'elles mettent de l'avant concernant la contribution qu'elles souhaitent apporter à la société, les clientèles qu'elles entendent desservir et ce qu'elles désirent exactement leur offrir.

La stratégie organisationnelle réfère à un processus continu. Elle devrait mobiliser tous les membres de l'entreprise, à tous ses échelons et dans ses divers secteurs d'activité, de manière à dégager un profil cohérent et reconnaissable, qui projette l'image de compétences supérieures à celles de la concurrence. Ce profil reconnaissable de compétences dynamiques, éventuellement propre à l'organisation, est multidimensionnel.

De toute évidence, loin d'évoluer en vase clos, une stratégie réussie sera mue par les objectifs sur lesquels on entend mettre l'accent et elle aura été définie en tenant compte de la taille, des capacités technologiques et du milieu environnant de l'organisation, ainsi que de la structure appropriée à sa mise en œuvre. Dans ce chapitre, nous nous intéresserons à deux éléments clés qui, lorsqu'ils viennent renforcer les compétences dynamiques, sont généralement associés à une stratégie fructueuse et sont particulièrement cruciaux pour les entreprises qui entrent en concurrence en ce XXIe siècle : l'innovation et l'apprentissage organisationnel.

Des AS de la gestion

D.L.G.L. se sert de sa petite taille pour faire sa place[3]

Reconnue comme l'une des 50 sociétés les mieux gérées au Canada pour une huitième année consécutive, D.L.G.L. mise sur sa taille pour se frayer un chemin. « Notre petite taille nous permet de respecter les spécificités de nos clients et d'adapter nos systèmes à leurs besoins. Chaque client est différent. Certains sont liés par une quarantaine de conventions collectives et d'autres, une vingtaine. Espérer que cela va se ressembler en passant d'un à l'autre est un vœu pieux. Nos concurrents, qui sont très gros, préfèrent livrer des produits plus standards », souligne Jacques Guénette, président et fondateur de D.L.G.L., une entreprise de Blainville spécialisée dans la conception et l'implantation de systèmes intégrés de gestion en ressources humaines, de la paie, du cycle du temps, des régimes de retraite et du recrutement en ligne qui compte 94 employés. « Plus les projets sont complexes, meilleurs

nous sommes. On a dépensé jusqu'à maintenant la moitié de notre budget en R-D pour nous donner des outils nous permettant de gérer cette spécificité. C'est ce qui nous distingue. Cela nous permet de courtiser des multinationales et de gagner la bataille contre des concurrents plus gros que nous », explique le diplômé des HEC.

Fondée en 1980, D.L.G.L. s'occupe d'environ 700 000 employés. Loto-Québec, CP Rail et Tim Hortons font notamment partie de sa clientèle. Le Canada représente 92 % de son marché. Le reste provient des États-Unis.

L'INNOVATION EN MILIEU ORGANISATIONNEL

L'innovation et l'apprentissage sont fort probablement les deux plus importantes caractéristiques d'une stratégie susceptible de conduire à des succès constants et durables. Dans le contexte extrêmement concurrentiel et très mouvant que nous connaissons aujourd'hui, les entreprises qui ne font pas preuve d'innovation se font rapidement distancer[4].

Les organisations phares ne connaissent pas la stagnation. Non seulement elles innovent, mais elles innovent continuellement: elles valorisent et favorisent l'innovation à tel point que celle-ci s'intègre à leurs activités d'exploitation quotidiennes. L'*innovation* est un processus qui consiste à générer et à appliquer des idées nouvelles, lesquelles finissent par s'intégrer aux activités quotidiennes de l'organisation. Idéalement, elles contribuent à mieux servir la clientèle ou à améliorer la productivité[5]. L'*innovation en matière de produits* permet de mettre en marché des produits (biens ou services) nouveaux et améliorés afin de mieux répondre aux besoins de la clientèle. L'*innovation en matière de procédés* permet la mise au point de méthodes de travail et d'activités d'exploitation nouvelles et améliorées.

▶ **Innovation**
Processus qui consiste à générer et à appliquer des idées nouvelles

▶ **Innovation en matière de produits**
Mise en marché de produits (biens ou services) nouveaux et améliorés afin de mieux répondre aux besoins de la clientèle

▶ **Innovation en matière de procédés**
Mise au point de méthodes de travail ou d'activités d'exploitation nouvelles et améliorées

LE PROCESSUS D'INNOVATION

De l'exploration à l'exploitation, l'innovation se déploie en fait comme une suite d'activités[6]. Aux premiers stades, beaucoup de temps, d'énergie et d'efforts doivent être consacrés à l'exploration des possibilités. Toutefois, le fait de trop s'attarder à cette étape – bien qu'il puisse en résulter une réserve impressionnante d'idées nouvelles concernant les produits et les procédés, les clients et les marchés potentiels – risque de ne rapporter que peu de gains tangibles. Il importe donc de mettre l'accent sur l'exploitation pour tirer profit de la démarche d'exploration[7].

Le processus ne se termine qu'une fois franchie la dernière étape, celle de l'application. Autrement dit, avoir une idée, même géniale, ne suffit pas pour innover; ce n'est qu'une fois qu'elle aura traversé toutes les étapes du processus d'innovation qu'on en connaîtra vraiment la valeur. La **figure 18.1** illustre les principales étapes d'un processus d'innovation typique en milieu organisationnel:

1. *L'imagination* Découverte d'une idée grâce à la créativité spontanée, à l'ingéniosité et au traitement de l'information.
2. *L'expérimentation* Détermination de la valeur et des applications potentielles de l'idée.
3. *L'étude de faisabilité* Détermination des coûts et des bénéfices prévus.
4. *L'application* Production et mise en marché du nouveau bien ou service, ou mise en place du nouveau procédé.

LES CARACTÉRISTIQUES DES ORGANISATIONS NOVATRICES

Le contexte actuel impose aux organisations et à leurs membres de fortes exigences en matière d'innovation continue. La détermination à innover, tout particulièrement en matière de procédés, peut être essentielle au maintien d'une efficacité à long terme. Les organisations doivent dès lors s'engager dans l'exploration et l'exploitation d'idées novatrices pour demeurer concurrentielles[8].

Figure 18.1 Le processus d'innovation : exemple de la conception d'un nouveau produit

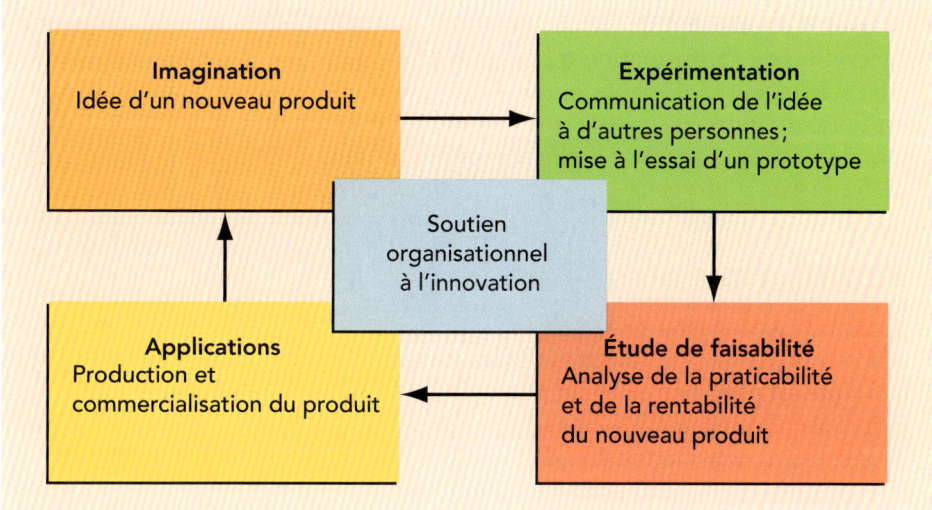

Lorsqu'on examine les caractéristiques des organisations novatrices, on constate certains traits communs, dont voici les principaux :

- Leur *stratégie* et leur *culture* sont axées sur l'innovation, ce qui suppose, notamment, une certaine tolérance à l'égard des erreurs et des idées bien intentionnées qui n'aboutissent pas.

- Elles adoptent des *structures* qui soutiennent l'innovation, favorisent la créativité en privilégiant le travail d'équipe et l'intégration interfonctionnelle, et compensent l'incidence négative de leur grande taille par la décentralisation et la délégation de pouvoir.

- Elles ont une politique de *dotation en personnel* axée sur l'innovation ; elles accordent une attention particulière au rôle déterminant que peuvent avoir les générateurs d'idées, les détenteurs de l'information, les créateurs de produits et les meneurs de projets.

- Elles bénéficient du *soutien de la direction* ; en effet, les cadres supérieurs donnent l'exemple à leurs collaborateurs, éliminent les obstacles à l'innovation et tentent de faciliter l'apparition d'idées nouvelles.

- Elles recherchent des *environnements* qui à la fois sollicitent et récompensent l'innovation.

Dans la suite de ce chapitre, nous mettrons en relief les liens qui existent entre l'innovation et les principales caractéristiques de l'organisation, notamment sa taille, les technologies qu'elle utilise, son environnement et sa structure. Nous démontrerons également comment cette dernière peut être modifiée pour que l'innovation devienne le moteur de l'organisation dans son entier ou de l'une de ses divisions. Toutefois, afin de souligner l'importance des compétences dynamiques, nous traiterons d'abord de l'élément qui doit impérativement accompagner toute démarche en faveur de l'innovation : l'apprentissage organisationnel.

L'APPRENTISSAGE ORGANISATIONNEL

Comme nous l'avons défini au chapitre 1, l'apprentissage organisationnel est un processus d'acquisition de savoir, ainsi que de diffusion, d'interprétation et de conservation de l'information à l'échelle de l'organisation. Ce processus vise à accroître le potentiel d'adaptation de l'entreprise[9]. Dit plus simplement, l'apprentissage organisationnel suppose que l'organisation et ses membres modifient leurs façons de faire en s'appuyant sur leur expérience et sur celle d'autres intervenants. Le défi consiste à *faire pour apprendre* et à *apprendre à faire*.

L'ACQUISITION DU SAVOIR

Au cours de leur existence, toutes les organisations apprennent en acquérant de l'information de diverses façons et à des rythmes variables. L'information la plus importante est peut-être celle qui provient de sources extérieures au moment de la création de l'organisation. Durant ses premières années d'exploitation, ses dirigeants *imitent* ce qu'ils considèrent être des pratiques fructueuses, ou s'inspirent de telles pratiques[10]. Avec le temps, cependant, l'organisation peut également apprendre par l'expérience et par la recherche systématique.

L'imitation

> **Imitation**
> Procédé qui consiste, pour une organisation, à reproduire des pratiques qui ont démontré leur efficacité dans d'autres organisations

L'*imitation* – procédé qui consiste à reproduire des pratiques qui ont démontré ailleurs leur efficacité – est importante pour une organisation nouvellement créée, car (1) elle lui fournit des solutions qui, sans être toujours idéales, ont le mérite d'être applicables, (2) elle réduit le nombre de décisions qui exigent une analyse en profondeur, ce qui permet aux gestionnaires de se concentrer sur les questions cruciales, et (3) elle légitime les décisions des dirigeants et favorise l'acceptation de leurs choix par le personnel, les fournisseurs et la clientèle, tout en réduisant le nombre d'orientations qui doivent être expliquées et justifiées.

Lorsqu'on réfléchit sur l'imitation, il convient de se poser, entre autres, la question clé suivante : Jusqu'à quel point les gestionnaires tentent-ils de saisir les relations de cause à effet ? Se contenter de copier ce que font les autres, sans essayer d'en saisir toutes les facettes, mène souvent tout droit à l'échec. Les exemples d'organisations qui ont misé sur les cercles de qualité, l'habilitation du personnel et la décentralisation sous prétexte que d'autres en avaient fait la clé de leur réussite abondent. Trop d'entre elles ont ensuite délaissé ces pratiques, leurs gestionnaires n'ayant pas compris pourquoi et dans quelles conditions elles avaient réussi ailleurs. Lorsqu'il a recours à l'imitation, le gestionnaire doit adapter ce qu'il imite au contexte particulier de son organisation. La rubrique *Du savoir à la pratique 18.1* vous indique comment soumettre à une évaluation comparative les processus susceptibles d'être imités.

L'expérience

Une des premières sources de savoir est l'expérience. Toutes les organisations et tous les gestionnaires peuvent apprendre de cette façon. Outre l'apprentissage par l'action, les gestionnaires peuvent lancer systématiquement des programmes structurés visant à tirer des leçons de leurs actions, qu'elles aient réussi ou non. Ainsi, tout programme de recherche et développement bien conçu doit permettre aux gestionnaires d'apprendre aussi bien de leurs réussites que de leurs échecs[11].

> **DU SAVOIR À LA PRATIQUE**   **18.1**
>
> **Comment améliorer l'évaluation comparative des processus**
>
> Pour réussir à améliorer un processus administratif inspiré de ce qui se fait ailleurs, comprenez l'utilité des étapes suivantes :
>
> 1. Établissez avec soin quel processus doit être étudié, en comparant les activités courantes de votre organisation avec les meilleures pratiques observables à l'intérieur comme à l'extérieur de celle-ci.
> 2. Systématisez les efforts mis en œuvre en planifiant les étapes, en déterminant sur quoi portera l'étude, qui sera chargé de l'effectuer, de même qu'à quel endroit et selon quelle méthode elle sera réalisée.
> 3. Après avoir comparé les pratiques de votre organisation aux meilleures pratiques, donnez la priorité à certaines mesures en fonction de leur facilité d'application et des bénéfices projetés, en étant sensible aux différences entre les caractéristiques de votre unité et celles de l'unité qui vous sert de modèle.
> 4. Interrogez-vous précisément sur l'applicabilité des changements proposés, en vous demandant s'ils conviennent au profil de votre organisation.
> 5. Discutez des mesures envisagées avec toutes les parties concernées et faites un suivi de leur application, dans une optique d'apprentissage.

Apprendre en agissant intelligemment est un concept fondamental dans les nombreuses entreprises japonaises qui privilégient le contrôle statistique de la qualité, les cercles de qualité et d'autres pratiques de même nature. Dans bien des cas, elles ont découvert que la somme des petits rajustements peut se traduire par une amélioration notable de la qualité et de l'efficacité. L'inconvénient majeur de l'apprentissage par l'action réside dans le fait qu'on ne peut prévoir ni la nature exacte des changements ni leurs effets. Les gestionnaires doivent donc avoir la conviction que des améliorations peuvent être faites, se montrer ouverts aux suggestions et procéder aux changements qui s'imposent. Cependant, il est plus facile de dire que d'agir…[12]

L'apprentissage vicariant

L'apprentissage vicariant (ou *apprentissage par modèle*) se fait en tirant profit des expériences des autres. En matière de stratégies d'apprentissage vicariant, les gestionnaires ont souvent recours à l'*étalonnage concurrentiel*, au *greffage* ou à la *sous-traitance*[13].

L'étalonnage concurrentiel   L'*étalonnage concurrentiel* consiste, pour une organisation, à comparer ses produits, ses services ou ses méthodes avec ceux de ses concurrents les plus sérieux et des chefs de file dans son champ d'activité, et ce, dans une démarche d'amélioration continue[14]. Les gestionnaires avisés peuvent contribuer à l'apprentissage organisationnel en étudiant leur environnement et en évaluant, par un processus de comparaison, leurs méthodes de production et leurs systèmes de gestion. Ainsi, une organisation peut étudier le produit fini d'un concurrent (composition et caractéristiques techniques) et en reproduire rapidement toutes les caractéristiques normalisées ; c'est ce qu'on appelle la *rétroconception*. En outre, l'entreprise qui se prête à une exploration systématique des solutions proposées par les fournisseurs se donne la chance de faire partie des précurseurs qui bénéficieront les premiers des progrès réalisés par ces fournisseurs.

▶ **Étalonnage concurrentiel**

Procédé qui s'inscrit dans une démarche d'amélioration continue et qui consiste, pour une organisation, à comparer ses produits, ses services ou ses méthodes avec ceux de ses concurrents les plus sérieux et des chefs de file dans son champ d'activité

Greffage
Processus d'acquisition d'individus, d'unités ou d'organisations visant à accroître le savoir de l'organisation qui s'en porte acquéreur

Sous-traitance
Opération qui consiste à confier l'exécution de certaines activités à des fournisseurs extérieurs à l'organisation

Le greffage Le *greffage* est un processus d'acquisition d'individus, d'unités ou d'organisations visant à accroître le savoir de l'organisation qui s'en porte acquéreur. Presque toutes les organisations cherchent à « débaucher » des travailleurs expérimentés qui sont au service d'autres organisations en espérant tirer parti de leur expérience et des solutions nouvelles qu'ils apporteront.

La sous-traitance À l'inverse du greffage, la ***sous-traitance*** consiste à confier l'exécution de certaines activités à des fournisseurs extérieurs à l'organisation. Dans une certaine mesure, toutes les organisations recourent à l'impartition. Néanmoins, le choix des activités qui seront maintenues dans une organisation reste une décision cruciale pour ses gestionnaires.

LA DIFFUSION DE L'INFORMATION

Une fois l'information obtenue, les gestionnaires doivent mettre en place des mécanismes qui assureront la diffusion de celle qui est pertinente aux personnes qui en ont besoin. Pour les organisations de grande taille, l'un des enjeux consiste à déterminer rapidement qui possède de l'information et à qui elle pourrait être utile. Souvent, l'implantation d'un ou de plusieurs réseaux informatisés de type intranet reliant diverses unités peut résoudre une partie du problème.

Bien qu'elle soit indispensable, la collecte de données ne suffit pas. Pour qu'elles se transforment en information utile, les données doivent être interprétées.

L'INTERPRÉTATION DE L'INFORMATION

Dans une organisation, l'information repose sur la connaissance et la compréhension qu'ont ses membres des objectifs organisationnels – énoncés ou non –, ainsi que sur leur appréciation de la pertinence des données au regard de ces objectifs et des circonstances du moment. Malheureusement, le processus d'interprétation de l'information qui permet d'établir de multiples liens entre des données, des objectifs et un contexte est trop souvent entravé ou enrayé par un certain nombre de problèmes courants, dont l'interprétation intéressée, soit la tendance du gestionnaire à interpréter les évènements, les circonstances et l'histoire à son avantage[15]. Gestionnaires ou non, les travailleurs voient généralement ce qu'ils veulent voir ou ce qu'ils ont déjà vu, et rarement ce qui est ou ce qui pourrait être.

LA CONSERVATION DE L'INFORMATION

En milieu organisationnel, la conservation de l'information utile repose essentiellement sur sept éléments clés : les gens, la culture organisationnelle, les mécanismes de transformation, les structures formelles, les structures matérielles (l'écologie), les archives externes ainsi que les technologies de l'information et des communications (TIC)[16].

1. Les *gens* sont les principaux dépositaires de l'information dont disposent les organisations. Les organisations qui maintiennent un groupe assez nombreux et relativement stable de personnes qualifiées ont généralement une plus grande capacité d'acquérir de l'information, de la conserver et de la retrouver en temps utile.

2. La *culture organisationnelle* est une importante réserve d'information sur les expériences partagées par les membres d'une organisation. Souvent, elle garde la

mémoire de l'organisation bien vivante en véhiculant des histoires et des anecdotes qui sont riches en information, saisissantes, pleines de sens, et qui survivent aux protagonistes des évènements qu'elles relatent.

3. Les documents, les recueils de politiques, les manuels de procédures, les directives écrites, et même les méthodes courantes non écrites, sont autant de *mécanismes de transformation* servant à conserver l'information accumulée. Pour des opérations très complexes et rarement effectuées, les sources d'information écrites se révèlent précieuses. Ainsi, une centrale nucléaire possède un centre de documentation : on peut y trouver les plans complets de la centrale, ceux qui attestent les modifications faites depuis son ouverture, ainsi que des plans d'intervention étape par étape pour la quasi-totalité des scénarios d'accident envisageables.

4. La *structure formelle* de l'organisation ainsi que les divers postes qu'elle comporte constituent également des mécanismes – moins évidents, mais tout aussi importants – de conservation de l'information. Par exemple, lorsqu'un appareil atterrit sur un porte-avions des Forces armées canadiennes, il y a généralement des dizaines de personnes sur le pont, apparemment pour assister à son atterrissage. En fait, chacune est là pour une raison précise. Et chacune pourrait décrire l'*historique* de la place qu'elle occupe et la relier à quelque accident antérieur qui aurait pu être évité si, comme aujourd'hui, quelqu'un avait été affecté à cet endroit précis.

5. Les *structures matérielles* (ou l'*écologie*, dans le langage des théoriciens de l'apprentissage) offrent également un potentiel de conservation de l'information important, quoique sous-utilisé. Ainsi, il existe un système traditionnel de gestion des stocks de pièces et composants appelé *système à double casier* : l'un des deux casiers sert de réserve et, dès que quelqu'un l'ouvre, il lance automatiquement les procédures de commande de renouvellement du stock afin que l'usine, l'atelier ou le magasin ne manquent pas de pièces.

6. Les *archives externes* peuvent fournir de l'information très utile à la plupart des grandes organisations. Les anciens travailleurs de l'organisation, les analystes boursiers, les fournisseurs, les distributeurs et les médias peuvent être d'importantes sources d'information. Ces archives externes ont une valeur indéniable, puisqu'elles peuvent donner de certains évènements une interprétation assez différente de celle provenant de l'intérieur de l'organisation.

7. Enfin, les *TIC* de l'organisation sont un mécanisme puissant et taillé sur mesure pour conserver de l'information. Trop souvent, cependant, les gestionnaires ne les utilisent pas stratégiquement, ou s'en servent pour traiter et transmettre de l'information, mais négligent son potentiel de conservation.

LA RELATION ENTRE LA STRATÉGIE ORGANISATIONNELLE, L'INNOVATION ET L'APPRENTISSAGE ORGANISATIONNEL

Il ressort de ce bref survol des principales questions relatives à la stratégie organisationnelle, à l'innovation et à l'apprentissage organisationnel qu'il existe une variété de stratégies, plusieurs façons d'innover et plusieurs sources d'apprentissage. Historiquement, ces trois concepts ont été traités séparément. Toutefois, plusieurs spécialistes du CO reconnaissent aujourd'hui que, pour survivre dans l'économie mondialisée du XXIe siècle, les individus, les services et les organisations doivent faire preuve d'un esprit d'innovation et d'une volonté d'apprendre.

Une société établie dans un pays développé ne peut parvenir à concurrencer les entreprises des pays émergents en misant simplement sur une plus grande efficience, tout comme les travailleurs de l'Europe de l'Ouest et de l'Amérique du Nord ne peuvent déclasser les travailleurs de ces pays émergents sur ce plan de l'efficience. Les écarts dans les coûts de la main-d'œuvre sont, en effet, trop considérables, alors que la technologie de production est aujourd'hui disponible à l'échelle mondiale, que le transport des produits est peu coûteux et que la livraison de plusieurs services fait fi des frontières. Pour autant, il n'y a pas lieu d'affirmer que les sociétés établies dans les pays développés sont vouées à la ruine. Elles sont en position de mieux connaître leurs marchés locaux, elles peuvent choisir de façon éclairée ce que seront leurs produits ou leurs services, sélectionner avec soin leurs fournisseurs et la façon d'accroître leurs compétences. Ces sociétés sont, en revanche, tenues d'innover et doivent rechercher un équilibre stratégique entre l'exploration et l'exploitation des idées novatrices[17]. Enfin, elles doivent instaurer l'apprentissage continu à l'échelle de toute l'organisation afin que cette démarche axée sur l'innovation soit une source d'enseignements[18].

Il importe de souligner que le maintien d'une stratégie concurrentielle conduisant à une innovation soutenue et aux apprentissages requis ne peut pas reposer uniquement sur l'engagement individuel : cela exige une adaptation systématique de la structure et des processus de l'organisation aux changements qui touchent l'ampleur et la portée des activités, les technologies choisies et le milieu environnant. On appelle « conception organisationnelle » le processus par lequel s'effectue cette adaptation dynamique.

LA CONCEPTION ORGANISATIONNELLE

> **Conception organisationnelle**
> Processus qui consiste à déterminer la structure appropriée à l'organisation et à la mettre en œuvre

La **conception organisationnelle** est un processus qui consiste à déterminer la structure appropriée à l'organisation et à la mettre en œuvre[19]. Cette démarche ne consiste pas uniquement à préciser la relation entre les paliers hiérarchiques et la configuration des postes dans chaque unité. En effet, le processus de conception organisationnelle s'appuie sur les éléments structurels fondamentaux présentés au chapitre 17, mais les façonne selon les désirs, les exigences, les contraintes et les décisions de l'organisation. Le choix de la structure adéquate est tributaire de plusieurs facteurs, notamment :

1) la taille de l'organisation ;
2) les technologies qu'elle utilise dans ses activités d'exploitation et dans le traitement de l'information ;
3) son environnement ;
4) la stratégie qu'elle privilégie pour assurer sa croissance et sa pérennité.

Le gestionnaire doit donc orienter la conception organisationnelle de manière à tirer profit, notamment, de la taille, du profil technologique et de l'environnement de l'organisation, même si l'exercice consiste à modifier chacun de ces éléments dans l'optique d'un renforcement des compétences et de la mise en œuvre de sa stratégie. Les organisations ont besoin de croître, mais elles doivent reconnaître les limites inhérentes à leur taille de départ. En même temps qu'elles doivent chercher à exercer une influence positive sur leur environnement, elles ont à s'adapter à la présence de forces puissantes dans ce même environnement. Quand on examine de plus près chacun des facteurs – la stratégie de l'organisation, sa taille, son utilisation des technologies et son environnement –, on constate qu'un éventail d'options s'offre au gestionnaire qui souhaite renforcer les compétences de son organisation dans une perspective à long terme.

Ainsi, les dirigeants d'IBM ont attribué à chacune des composantes de l'entreprise une structure particulière qui reflète sa contribution à l'ensemble. Globalement, la structure organisationnelle choisie correspond aux défis techniques que doit relever IBM, ce qui permet à celle-ci d'évoluer constamment et de se positionner activement par rapport à la concurrence. Avant tout, cette conception favorise le perfectionnement professionnel des employés, mais chacune des sous-structures qui composent l'ensemble privilégie certaines aptitudes et habiletés en particulier. Dans les pages qui suivent, nous allons examiner les principaux facteurs dont est tributaire le choix d'une structure organisationnelle appropriée et mettre ces options en relation avec certains aspects de l'innovation et de l'apprentissage.

LA CONCEPTION ORGANISATIONNELLE ET LES DÉCISIONS STRATÉGIQUES

Afin de montrer la relation complexe qui se tisse entre stratégie et conception organisationnelles, il est utile de revenir à la notion dualiste de stratégie, dont nous pouvons maintenant élargir la portée[20]. Nous avons vu que la *stratégie organisationnelle* consiste à positionner l'organisation dans son environnement de manière qu'elle puisse soutenir efficacement la concurrence. Cette notion, avons-nous ajouté, désigne aussi un agencement particulier dans une suite de décisions. Dans cette double perspective, nous avons souligné l'importance des objectifs ainsi que des éléments clés de la structure de l'organisation. Nous mettons maintenant en relief la nécessité, pour l'organisation, d'appuyer ses intentions sur une certaine capacité de mise en œuvre dans un cadre favorable à sa réussite.

À une certaine époque, on répétait aux cadres supérieurs que les organisations n'avaient à leur disposition qu'un éventail limité de stratégies génériques fondées sur des facteurs tels que l'efficience et l'innovation[21]. L'organisation en quête d'efficience devait adopter le modèle de la bureaucratie mécaniste, c'est-à-dire un type de bureaucratie qui, comme nous l'avons mentionné au chapitre précédent, privilégie la spécialisation verticale et le contrôle, recourt à des modes formels de coordination et s'appuie fortement sur la standardisation, la formalisation, les directives, les politiques et les procédures. L'organisation orientée vers l'innovation devait, quant à elle, opter pour un modèle plus organique, en réduisant les procédures et en mettant l'accent sur la coordination. De nos jours, le monde des affaires et des organisations se révèle autrement plus complexe et les dirigeants ont découvert des moyens beaucoup plus subtils de se faire concurrence.

Bon nombre de dirigeants actuels attachent une grande importance aux aptitudes et aux habiletés sur lesquelles leur organisation doit pouvoir compter, non seulement pour soutenir la concurrence, mais aussi pour demeurer agile et dynamique dans un monde qui évolue très vite[22]. En plus de faciliter les réalisations expressément souhaitées par la direction, la configuration structurelle de l'organisation – en d'autres termes, la conception organisationnelle – devrait permettre à ses membres d'explorer la portée de leurs compétences, de les consolider et d'en acquérir de nouvelles. C'est là une des conditions pour que la stratégie organisationnelle puisse évoluer[23].

Avec le temps, au fil des légers correctifs que les cadres intermédiaires et inférieurs sont susceptibles d'apporter pour résoudre divers problèmes, l'organisation peut acquérir des compétences techniques et administratives particulières. À l'instar de ces gestionnaires, l'organisation est capable d'apprentissage dans la mesure, cependant, où on y favorise le transfert des acquis, à la fois horizontalement et verticalement, d'un échelon à l'autre de la hiérarchie, jusqu'au sommet. Éventuellement, si elle sait les reconnaître, la direction pourra réviser la stratégie globale de l'organisation en tirant parti des habiletés nouvelles ou renforcées des gestionnaires et des travailleurs subalternes.

LA CONCEPTION ORGANISATIONNELLE ET LA COÉVOLUTION

Les organisations qui sont aux mains de dirigeants habiles parviennent à coévoluer, c'est-à-dire qu'elles réussissent à s'adapter aux changements issus de l'environnement, tout en façonnant à leur tour certains des défis auxquels ce dernier doit s'attaquer. La coévolution est un processus qui consiste, notamment, à repositionner l'organisation dans son environnement, alors que celui-ci se trouve lui-même en transformation[24]. L'organisation peut devoir modifier l'échelle de ses activités en réponse à un changement des conditions qui l'entourent. Il arrive aussi que les dirigeants tiennent véritablement les rênes du processus de positionnement et de repositionnement. La coévolution appelle parfois aussi des changements technologiques. C'est ce qui se produit, par exemple, lorsqu'une entreprise lance une technologie nouvelle ou un produit inédit sur de nouveaux marchés.

L'organisation qui entend ainsi modeler son environnement peut vouloir forger des alliances pour être plus concurrentielle. Cependant, la direction doit, pour cela, avoir réuni les compétences internes appropriées. Elle ne lancera pas de nouveaux produits si elle ne dispose pas de compétences poussées en développement de produits, non plus qu'elle ne se précipitera sur un nouveau marché sans en avoir une compréhension approfondie. L'acquisition des compétences requises par l'entremise de la conception organisationnelle traduit un aspect dynamique de la coévolution.

Nous avons souligné un deuxième aspect de la stratégie organisationnelle, soit qu'elle est aussi un agencement particulier dans une suite de décisions. La rubrique *Des leaders parlent de leadership* présente les résultats d'une enquête qui donne une idée des agencements que tendent à préconiser les chefs de la direction.

La conception organisationnelle peut aider une entreprise à mieux concentrer ses efforts et fournir un cadre favorable au développement professionnel continu des employés. Les transformations de l'environnement, de même que les changements stratégiques et technologiques, se traduiront par une évolution correspondante de la structure et des compétences de l'organisation.

On a longtemps accolé à IBM le surnom de *Big Blue,* associé à l'image du traditionnel costume-cravate de ses employés – mais aussi, faut-il l'admettre, à son statut d'imitateur dont le principal produit demeure l'ordinateur central, alors qu'un concurrent plus dynamique le devance depuis le premier tour. La voie qu'emprunte aujourd'hui IBM est totalement différente. Grâce à l'innovation, cette société est devenue un acteur incontournable dans le domaine du commerce électronique et elle se trouve à la fine pointe des plus récents progrès en tant qu'intégrateur de systèmes, d'équipement et de services. Pour s'assurer une réussite durable, l'entreprise continuera de miser sur l'audace de ses employés, leur volonté de parfaire leurs habiletés et leur désir de collaborer de façon créative.

Au chapitre 17, nous avons montré comment les éléments clés de la structure organisationnelle mettent l'accent, selon la configuration adoptée, sur diverses compétences – par exemple, la structure divisionnaire qui regroupe les individus et les ressources par produits mise sur la connaissance du marché, tandis que la structure fonctionnelle met à profit les compétences techniques de l'employé. Dans ce chapitre, nous voyons comment, par l'entremise de la conception organisationnelle, l'interaction de différentes forces contribue à façonner le comportement et à orienter le perfectionnement des aptitudes au sein de l'organisation. Même si la conception organisationnelle relève d'un processus de coévolution, les gestionnaires doivent reconnaître qu'une stratégie gagnante s'appuie sur les habiletés des travailleurs. En effet, ces habiletés, si elles sont mises en valeur par une gestion avisée et soutenues par une structure qui favorise la participation des travailleurs, deviennent un élément clé de la réussite d'une organisation.

DES LEADERS PARLENT DE LEADERSHIP

Samuel Palmisano d'IBM[25]

Samuel Palmisano est président et chef de la direction chez IBM. En 2004, il résumait en ces simples mots la stratégie de son entreprise : « Nous avons mobilisé toutes les forces de notre entreprise, de même que notre réseau toujours croissant de partenaires, afin que se concrétise notre stratégie d'affaires électroniques sur demande. » Dans une récente allocution, il soutenait que les leaders qui réussissent le mieux sont ceux qui choisissent une nouvelle avenue – celle de l'innovation.

En se fondant sur des entrevues qu'IBM a réalisées auprès de quelque 750 chefs de la direction et leaders du gouvernement, Palmisano souligne que, premièrement, ces chefs de direction considèrent l'innovation comme l'avenue menant le plus assurément à la croissance : les deux tiers des personnes interrogées rapportent qu'elles étaient submergées par le changement, la nouvelle concurrence et la banalisation, et que la seule façon de s'en sortir était d'innover. Deuxièmement, ces dirigeants reconnaissent que la cible première de l'innovation doit être leur modèle d'affaires, puisque celui-ci ne touche pas uniquement la gamme de produits, mais aussi les processus, la gestion et la culture de l'entreprise. Troisièmement, ils sont convaincus que l'innovation est un processus coopératif, basé à la fois sur le travail en équipe au sein de l'entreprise et sur la collaboration interentreprises. Enfin, les cadres supérieurs avouent que leur entreprise et eux-mêmes ne sont pas allés assez loin, notamment dans le recours à l'information, pour promouvoir l'innovation et l'apprentissage.

Pour ce qui est de l'entreprise IBM elle-même, Palmisano affirme : « Nous nous sommes entièrement voués au [...] leadership en matière d'innovation. »

Question
Comment Palmisano, par l'importance qu'il donne à l'esprit d'innovation, peut-il servir de guide à ceux qui cherchent à façonner leurs propres compétences ?

LA CONCEPTION ORGANISATIONNELLE ET LA TAILLE DE L'ORGANISATION

La structure d'une organisation doit s'harmoniser avec sa taille. Pour une multitude de raisons, les grandes organisations ne peuvent se contenter d'être des versions géantes des petites organisations.

- D'abord, si le nombre de travailleurs que compte une organisation suit une progression arithmétique, la quantité des relations potentielles entre ces travailleurs progresse, elle, de façon exponentielle. Autrement dit, les grandes organisations doivent gérer les relations interpersonnelles directes entre tous leurs membres.

- De plus, la configuration structurelle des PME dépend directement de la technologie sur laquelle repose leur principale activité d'exploitation, alors que les grandes entreprises, qui ont plusieurs activités d'exploitation, recourent à plusieurs technologies dans de nombreuses unités opérationnelles beaucoup plus spécialisées.

- Enfin, pour les entreprises de très grande taille, la clé de la réussite réside dans l'efficience que permettent les économies d'échelle, c'est-à-dire la réduction du coût de production unitaire des biens ou services grâce à la quantité produite. La spécialisation de la main-d'œuvre, de l'équipement et des services est une façon de réaliser des économies d'échelle. Cependant, accroître la spécialisation exige un contrôle et une coordination accrus, car il faut s'assurer que les diverses activités de l'organisation visent des objectifs communs et se relient de manière rationnelle.

En résumé, les grandes entreprises sont souvent des entités plus complexes que les PME, et cette complexité exige une structure organisationnelle plus élaborée et bureaucratique.

LA PETITE TAILLE DE L'ORGANISATION ET LA STRUCTURE SIMPLE

▸ **Structure simple**
Configuration structurelle caractérisée par des mécanismes formels de coordination peu nombreux et peu élaborés, une forte centralisation, un contrôle exercé par le dirigeant, une spécialisation horizontale peu poussée et un personnel fonctionnel peu nombreux

La ***structure simple*** est une configuration structurelle caractérisée par des mécanismes formels de coordination – recueils de politiques, manuels de procédures, directives écrites, etc. – peu nombreux et peu élaborés, une forte centralisation, un contrôle exercé par le dirigeant, une spécialisation horizontale peu poussée et un personnel fonctionnel peu nombreux. La structure simple tend donc à réduire le plus possible les dimensions bureaucratiques et elle repose surtout sur le leadership du dirigeant.

Le modèle de la structure simple est bien adapté aux PME, et plus particulièrement à l'entreprise familiale, au magasin de vente au détail ou à la petite entreprise manufacturière[26]. Ses avantages résident dans sa simplicité, sa flexibilité et sa capacité de se plier aux volontés du principal gestionnaire – généralement, le propriétaire. Comme la structure simple s'appuie largement sur le leadership d'un seul individu, son efficacité dépend du savoir-faire de cette personne.

L'agence de voyages B&A est un bon exemple de structure simple. Cette agence de voyages relativement petite appartient à Hélène Drouin. Subordonnée à celle-ci, on trouve une employée à temps partiel, Johanne Blouin, qui s'occupe de la comptabilité et des finances. Quant aux activités d'exploitation, elles sont dirigées par Jean Savard, qui supervise huit agents de voyages et voit au bon fonctionnement du système informatique spécialisé. Bien que chacun des principaux agents soit un spécialiste d'une destination géographique, tous, sauf Suzanne Cormier et Bruno Matte, répondent aux demandes relatives à tous les types de voyages. Suzanne Cormier s'occupe de trois importants comptes d'affaires, tandis que Bruno Matte est responsable d'un circuit touristique. Tous ces agents relèvent directement d'Hélène Drouin. La coordination du travail s'effectue par le réseau intranet dédié et par Internet. Johanne Blouin tient, en outre, des réunions de coordination hebdomadaires, auxquelles s'ajoutent de nombreux échanges avec la propriétaire de l'agence. Le contrôle est facilité grâce au système de réservation informatisé que tous utilisent. Hélène Drouin s'assure que chaque agent ait des cibles de ventes mensuelles. Elle s'enquiert régulièrement, auprès des clients importants, de leur degré de satisfaction. La propriétaire dit avoir compris qu'il valait la peine d'encourager la participation de tous les membres de l'agence, y compris des nouveaux associés, pour que le plaisir soit aussi au rendez-vous dans l'environnement de travail.

LES RISQUES DE LA CROISSANCE ET DU VIEILLISSEMENT

À mesure que l'organisation accumule les années d'existence et croît au-delà d'une structure simple, elle tend à se rigidifier, à devenir inflexible et réfractaire au changement[27]. Autant ses dirigeants que leurs subalternes en viennent à croire que les réussites passées se poursuivront dans le futur sans qu'il soit nécessaire d'investir dans l'innovation et l'apprentissage. L'organisation offre ainsi un terrain fertile à des scénarios de gestion qui se figent en routines et à des mythes organisationnels.

LES SCÉNARIOS DE GESTION

On parle de scénarios de gestion pour décrire les routines qu'acquièrent à la longue les gestionnaires d'une même organisation, tant dans leur façon de diagnostiquer et d'analyser les problèmes que dans celle d'envisager les solutions possibles[28]. Ces scénarios, qui varient selon les organisations, reposent souvent sur ce qui a déjà fait ses preuves dans le passé. Jusqu'à un certain point, on peut y voir une série de rituels qui reflètent le contenu de la *mémoire collective* de l'organisation. Mais, en s'attachant à ce qu'ils ont déjà vu et appris, les gestionnaires risquent de ne pas voir ce qui se passe et d'être incapables de désapprendre.

Un scénario peut être assez complexe pour fournir un ensemble de solutions apparemment éprouvées, puisqu'elles se basent sur l'expérience de l'organisation. La structure des organisations les plus grandes et les plus anciennes est généralement axée sur l'efficience plutôt que sur l'apprentissage. Autrement dit, leur configuration structurelle privilégie la répétition, le volume et la routine. Pour apprendre, l'organisation doit être capable de désapprendre, de changer ses routines afin d'obtenir rapidement des données brutes ainsi que diverses interprétations des évènements du moment, plutôt que de se rabattre sur des archives externes.

Très peu de gestionnaires remettent en question un scénario qui a fait ses preuves. La plupart tentent ainsi de résoudre les problèmes d'aujourd'hui avec des solutions d'hier. D'abord dans le milieu scolaire, puis dans leur milieu professionnel, les gestionnaires sont formés pour générer des actions correctives selon une même vision passéiste du monde. Autrement dit, les gestionnaires privilégient des améliorations pondérées et progressives au lieu d'inventer de nouvelles façons d'aborder le diagnostic et la résolution des problèmes.

LES MYTHES

Mythe organisationnel
Croyance non fondée qui circule dans l'organisation et que la plupart de ses membres acceptent tacitement sans la remettre en question

On qualifie de ***mythe organisationnel*** une croyance non fondée qui circule dans l'organisation et que la plupart de ses membres acceptent tacitement sans la remettre en question[29]. Le fait que les mythes soient sans fondement n'empêche pas les membres de l'organisation de baser leur interprétation des problèmes ou des occasions sur ces idées qui peuvent être fausses. Voici trois des mythes les plus répandus qui empêchent souvent l'apparition d'autres interprétations.

1. Le premier mythe postule qu'il n'existe qu'*une seule vérité au sein de l'organisation*. Il s'exprime souvent en ces termes : « Le jugement des autres peut être subjectif ; moi, je garde mon objectivité lorsqu'il s'agit de cerner les problèmes et de trouver des solutions. » Il s'agit là d'un mythe, parce que l'objectivité absolue n'existe pas. À divers degrés et de diverses manières, nous sommes tous enclins aux erreurs d'interprétation. Par ailleurs, plus l'enjeu est complexe, plus les interprétations valables peuvent être nombreuses.

2. Le second mythe est la *présomption de compétence*. À tous les échelons de la hiérarchie, les gestionnaires sont portés à croire que la partie de l'organisation dont ils sont responsables se porte bien et ne réclame que des changements mineurs. Comme nous le montrons dans cet ouvrage, c'est rarement le cas. La gestion des organisations est en pleine révolution, et tout gestionnaire doit réévaluer son approche globale de la gestion du comportement humain dans les organisations.

3. Le troisième mythe concerne le *refus des compromis*. La plupart des gestionnaires estiment que leur équipe, leur unité ou leur organisation peut refuser les compromis, tout en satisfaisant chaque intervenant. Cette attitude courante peut avoir des suites désastreuses. Par exemple, lorsqu'on recourt à des technologies complexes et dangereuses, les impératifs de sécurité entraînent souvent une baisse d'efficience. Mais certains dirigeants peuvent refuser tout compromis qui pourrait miner celle-ci et prendre des actions énergiques pour l'améliorer au mépris de la sécurité, prétextant qu'une activité efficiente est nécessairement une activité sécuritaire. Un accident grave risque de s'ensuivre[30].

Quand l'organisation croît et prend de l'âge, ces trois mythes et d'autres qui lui sont propres risquent grandement d'entraver l'innovation et l'apprentissage organisationnel.

LA CONCEPTION ORGANISATIONNELLE ET LES TECHNOLOGIES

Technologies liées aux activités d'exploitation
Combinaison des ressources, du savoir et des techniques qui crée un extrant (bien ou service) pour l'organisation

Technologies de l'information et des communications (TIC)
Combinaison de l'équipement, du matériel, des procédures et des systèmes utilisés pour recueillir, emmagasiner, analyser et diffuser l'information afin qu'elle puisse se traduire en savoir

La structure d'une organisation doit refléter sa taille, mais elle doit aussi être adaptée aux occasions et aux exigences liées à son environnement technologique[31]. Dans les entreprises prospères, on constate que les structures internes sont organisées en fonction des principales technologies liées aux activités d'exploitation et, plus récemment, en fonction des possibilités qu'offrent les technologies de l'information et des communications (TIC)[32]. Par ***technologies liées aux activités d'exploitation***, on entend la combinaison des ressources, du savoir et des techniques qui crée un extrant – bien ou service – pour l'organisation[33]. Quant au terme ***technologies de l'information et des communications (TIC)***, il désigne la combinaison de l'équipement, du matériel, des procédures et des systèmes utilisés pour recueillir, emmagasiner, analyser et diffuser l'information afin qu'elle puisse se traduire en savoir[34].

LA CONCEPTION ORGANISATIONNELLE ET LES TECHNOLOGIES LIÉES AUX ACTIVITÉS D'EXPLOITATION

Depuis plus de 30 ans, les chercheurs en CO ont mis en lumière les liens entre les technologies liées aux activités d'exploitation et la configuration structurelle. Deux classifications de ces technologies, celles de Thompson et de Woodward, ont soulevé un intérêt considérable.

Les technologies selon Thompson

James D. Thompson a classé les technologies selon leur degré de spécification et le degré d'interdépendance des diverses activités d'exploitation, créant ainsi trois catégories : la technologie intensive, la technologie médiatrice et la chaîne technologique[35].

Avec la *technologie intensive* (ou *technologie interactive*), il y a toujours une part d'incertitude quant à la façon de procéder pour atteindre les résultats souhaités. L'organisation doit réunir un groupe de spécialistes qui, en *interaction*, appliqueront diverses techniques pour résoudre les problèmes complexes qui se posent, par exemple, dans un service des urgences ou un laboratoire de recherche. Lorsqu'on recourt à ce type de technologie, la coordination et l'échange des connaissances sont des facteurs cruciaux.

La *technologie médiatrice* (ou *technologie d'appariement*) associe des entités distinctes qui cherchent à établir des liens d'interdépendance. Ainsi, une banque met en contact des prêteurs et des emprunteurs et gère les fonds et l'information afin de faciliter leurs transactions. Prêteurs et emprunteurs sont en interdépendance indirecte, la fiabilité de leurs échanges étant garantie par la banque, qui fait office de *médiateur*. La technologie médiatrice réduit substantiellement la nécessité de la coordination des tâches individuelles, et la gestion de l'information prend plus d'importance que l'application coordonnée des connaissances.

Avec la *chaîne technologique* (ou *production de masse*), la façon de procéder pour obtenir les résultats souhaités est connue. Les tâches sont décomposées en une succession d'étapes. Un exemple des plus évidents est la chaîne de montage d'automobiles. Ici, le contrôle est crucial et la coordination se limite à l'harmonisation des liens entre les étapes.

Les technologies selon Woodward

Joan Woodward classe également les technologies en trois catégories : la production en petite série, la production de masse et la production en continu[36].

Dans les unités de *production en petite série*, l'éventail de produits est varié, car ceux-ci sont fabriqués pour répondre spécifiquement aux demandes de clients particuliers ; c'est le cas des complets faits sur mesure, par exemple. Généralement, l'équipement et les machines utilisés ne sont pas très complexes, mais ce type de production exige souvent une connaissance approfondie du métier.

La *production de masse* sert à la fabrication d'un éventail restreint de produits sur des chaînes de montage. Le travail d'un groupe donné dépend alors largement du travail du groupe précédent, l'équipement est généralement très complexe et les travailleurs reçoivent des consignes très détaillées. C'est ainsi qu'on fabrique les réfrigérateurs et les automobiles, par exemple.

L'éthique en CO

Quand l'éthique fait partie de la conception et de la stratégie organisationnelles

Millennium Chemicals est une importante société internationale de produits chimiques de base, industriels et spéciaux, dont la clientèle est répartie sur les cinq continents. Son objectif est de mettre au point des solutions qui, au-delà des substances chimiques, lui permettront d'offrir à ses clients des conseils en résolution de problèmes, de l'information pertinente et des services scientifiques sur mesure. L'entreprise a la ferme volonté d'établir une relation de confiance avec toutes les parties intéressées, de contribuer à la protection de l'environnement et de favoriser au maximum la santé et la sécurité en milieu de travail. Loin de constituer un ajout superficiel à son désir d'enrichir les actionnaires, son engagement éthique à l'égard du client, de l'environnement et des employés fait partie intégrante de sa stratégie d'ensemble pour atteindre l'excellence.

Question

Selon vous, l'entreprise qui incorpore la dimension éthique à sa stratégie et à sa conception organisationnelles peut-elle également offrir un rendement intéressant à ses actionnaires ?

Enfin, la *production en continu* est le fait de l'entité qui ne fabrique que quelques produits en recourant largement à l'automatisation, comme les usines de produits chimiques et les raffineries de pétrole. Les activités de Millennium Chemicals sont une bonne illustration du processus de fabrication en continu décrit par Woodward. Comme le montre la rubrique *L'éthique en CO*, cette société de produits chimiques, à l'instar d'autres entreprises innovatrices, incorpore des normes éthiques dans ses activités d'exploitation quotidiennes et dans sa stratégie organisationnelle.

Les recherches de Joan Woodward l'ont amenée à la conclusion suivante : l'adéquation entre la structure organisationnelle et la technologie est un facteur critique dans la réussite des organisations. En d'autres mots, lorsque les technologies et la configuration structurelle s'harmonisent, l'entreprise réussit mieux. Plus précisément, Woodward a observé que, lorsque la production se fait en petite série ou en continu, les organisations qui réussissent bien ont une structure souple et s'appuient sur de petites équipes de travail, tandis que celles qui ont une structure plus rigide réussissent moins bien. Par contre, les organisations caractérisées par des activités de production de masse couronnées de succès présentent une structure plus rigide et s'appuient sur des équipes de travail de grande taille.

Depuis les recherches de Woodward, diverses études ont confirmé cet impératif technologique, dont nous savons aujourd'hui qu'il n'est que l'un des facteurs de réussite d'une organisation[37].

LE RECOURS À L'ADHOCRATIE POUR STIMULER L'INNOVATION ET L'APPRENTISSAGE ORGANISATIONNEL

L'influence des technologies liées aux activités d'exploitation est plus évidente dans les PME et dans certains services particuliers des entreprises de grande taille. Dans certains cas, gestionnaires et autres salariés ignorent tout simplement la meilleure manière de fournir un service à un client ou de fabriquer un produit donné. On pourra trouver cet exemple extrême de la technologie intensive, dont parlait Thompson, dans les productions en petite série où une équipe de travailleurs doit élaborer un produit précis pour un client particulier.

Selon Mintzberg, le recours à l'adhocratie peut être la solution structurelle à ces situations technologiques extrêmes[38]. L'***adhocratie*** est une structure organisationnelle caractérisée par : la rareté des politiques, procédures et directives ; une décentralisation marquée ; un processus décisionnel participatif ; une spécialisation horizontale poussée (chaque membre d'une unité pouvant avoir sa spécialité propre) ; un petit nombre de paliers hiérarchiques ; l'absence quasi totale de mécanismes de contrôle formels. Ce type de structure favorise l'innovation et l'apprentissage.

L'adhocratie est particulièrement utile lorsque les technologies liées aux activités d'exploitation de l'organisation posent les problèmes suivants : (1) les tâches varient considérablement et comportent de nombreuses exceptions, comme dans une firme d'ingénieurs-conseils, ou (2) les problèmes sont difficiles à cerner et à résoudre[39]. L'adhocratie place le professionnalisme et la coordination au premier plan afin de favoriser la résolution des problèmes[40].

Pour parvenir à cerner et à résoudre les problèmes avec autant de créativité, les grandes organisations peuvent mettre sur pied des groupes de projet temporaires, créer des comités spéciaux, et même engager des experts-conseils. C'est la démarche adoptée par Microsoft, qui crée des services autonomes pour encourager la création de nouveaux logiciels par ses travailleurs talentueux. De même, Allied Chemicals et 3M ont créé des équipes semi-autonomes pour travailler à de nouvelles idées de produits.

> **Adhocratie**
> Structure organisationnelle caractérisée par : la rareté des politiques, procédures et directives ; une décentralisation marquée ; un processus décisionnel participatif ; une spécialisation horizontale poussée ; un petit nombre de paliers hiérarchiques ; l'absence quasi totale de mécanismes de contrôle formels

LA CONCEPTION ORGANISATIONNELLE ET LES TECHNOLOGIES DE L'INFORMATION ET DES COMMUNICATIONS (TIC)

Comme nous l'avons mentionné précédemment, les *technologies de l'information et des communications* désignent la combinaison de l'équipement, du matériel, des procédures et des systèmes utilisés pour recueillir, emmagasiner, analyser et diffuser l'information afin qu'elle puisse se traduire en savoir[41]. Les technologies de l'information et des communications, le Web et l'ordinateur sont trois éléments quasi indissociables qui ont profondément transformé la conception organisationnelle en permettant aux entreprises d'acquérir de nouvelles compétences[42]. Pour certains, l'abréviation TIC désigne seulement l'ensemble des systèmes informatisés qui servent à la gestion de l'organisation, mais nous, nous adoptons un point de vue plus large[43]. Étant donné les progrès substantiels accomplis dans le domaine des télécommunications, on peut certainement affirmer que les perfectionnements que connaît l'ordinateur en tant que machine sont beaucoup moins profonds que les changements apportés à la gestion des organisations par l'ensemble des TIC.

La plupart des sociétés financières ne pourraient pas exister sans les TIC, car celles-ci sont aujourd'hui à la base du fonctionnement de ce secteur d'activité. Celles qui ont été les premières à les adopter ont véritablement créé de nouveaux segments qui ont enrichi ledit secteur, fournissant des contributions majeures à notre économie, mais la soumettant aussi à des menaces inédites qu'il faut prendre au sérieux.

Le « monstre » se réorganise

TMP World est devenu Monster.com, en reconnaissance de la technologie qui est la clé de sa réussite. Monster.com est l'un des meilleurs sites Web de liaison pour trouver un nouvel emploi. Récemment, la société a réorganisé ses activités à l'échelle mondiale en les ciblant par régions, soit l'Europe, l'Asie et l'Amérique du Nord, afin de favoriser une communication plus directe avec les entreprises et les clients locaux.

Par exemple, les TIC sont la pierre angulaire de marchés financiers internationaux de plusieurs trillions de dollars et sur lesquels sont offerts des produits exotiques dont on n'avait pas idée il y a 20 ans.

Il est important de comprendre les effets exacts des TIC du point de vue organisationnel, et non du seul point de vue de l'utilisateur de l'ordinateur. Ainsi, du point de vue organisationnel, les TIC peuvent jouer plusieurs rôles, notamment :

1) servir de substituts à certaines activités d'exploitation ainsi qu'à certains mécanismes de contrôle des processus et des modes formels de coordination ;
2) représenter un potentiel stratégique ;
3) constituer des outils d'apprentissage transformant l'information en savoir.

Les TIC, substituts d'activités d'exploitation ainsi que de mécanismes de contrôle des processus et de coordination

Si les bureaucraties traditionnelles ont prospéré et prédominé sur les autres formes de structure organisationnelle, c'est notamment parce qu'elles permettaient une production plus efficiente grâce à leur haut degré de spécialisation et à leur façon de traiter l'information. Là où on recourait à la technologie médiatrice ou à la chaîne technologique, le modèle de la bureaucratie mécaniste s'imposait presque toujours, car il permettait à l'organisation d'appliquer rigoureusement ses politiques, procédures et directives ainsi que ses multiples mécanismes de contrôle des processus, et ce, avec un traitement minimal de l'information[44]. À titre d'exemple, la Société canadienne des postes émettait même des directives sur la façon dont les postiers devaient tenir le courrier pendant le tri.

Dans un grand nombre d'organisations, l'apparition des TI, qui n'étaient pas encore intégrées aux technologies des communications (TC), a modifié les postes de travail plus routiniers, les plus spécialisés et les plus répétitifs[45]. Pour ce qui est des tâches administratives, la comptabilité générale, la préparation des chèques de paie et le suivi des ventes ont été les premières activités touchées par l'arrivée de l'informatique. À la Société canadienne des postes, la première application de l'informatisation visait essentiellement le tri du courrier, où des dispositifs de lecture automatisés ont remplacé le traitement manuel, une innovation qui a exigé l'implantation du code postal. Les TI se sont ainsi substituées à certaines activités d'exploitation.

Dans un deuxième temps, les TIC ont commencé à se substituer à certains mécanismes de contrôle des processus et à certains modes formels de coordination. Des systèmes d'aide à la décision ont ainsi pu remplacer certains manuels de politiques, procédures et directives. Des choix routiniers et répétitifs ont pu être programmés, liés à des banques de données et traités par des logiciels. Dès lors, si vous remplissez un formulaire de demande de carte de crédit, un programme informatique peut vérifier votre solvabilité et vos caractéristiques financières. Si votre demande répond à divers critères préétablis, vous obtenez votre carte ; sinon, votre demande est rejetée ou transmise à un être humain pour une analyse plus poussée.

Les TIC, potentiel stratégique

Il est vite devenu évident que les TIC pouvaient être source de compétences diverses[46]. Pendant plus de 20 ans, les spécialistes ont suggéré le recours à ces technologies pour améliorer l'efficacité, la rapidité d'adaptation et le rendement des activités d'exploitation. Associées aux machines, les TIC sont devenues des technologies de production avancées lorsque la conception assistée par ordinateur (CAO) a été combinée à la fabrication assistée par ordinateur (FAO) pour créer de nouveaux îlots de production automatisés. Des systèmes d'aide à la décision toujours plus performants ont fourni aux cadres intermédiaires et subalternes des logiciels d'analyse qui leur permettent d'étudier des problèmes complexes plutôt que de ratifier des choix routiniers. Les rapports informatisés donnent même la possibilité à des cadres supérieurs de suivre le rendement du plus modeste de leurs représentants.

Aujourd'hui, plutôt que de se substituer aux activités d'exploitation de l'organisation ou à ses mécanismes de contrôle des processus, les TIC donnent aux travailleurs de tous les paliers hiérarchiques l'information dont ils ont besoin pour dresser des plans, faire des choix, coordonner leurs actions à celles des autres et contrôler leurs propres activités.

Les TIC, outils d'apprentissage organisationnel

La connectivité est aujourd'hui le mot d'ordre. Le domaine des télécommunications évoluant à la vitesse d'un modem de pointe, il en a bientôt émergé tout un monde de commerce électronique, de téléconférences – avec transfert de données, d'images et de sons – et de transmissions sans fil. Les TIC sont devenues des outils d'apprentissage à part entière, qui nous permettent, par exemple, de vous suggérer à la fin de chaque chapitre d'aller vérifier sur notre site Internet les connaissances que vous avez acquises en lisant le chapitre.

En outre, les systèmes informatisés peuvent stimuler l'autonomisation des salariés et donnent plus de portée à leur poste, le rendant plus intéressant et plus motivant. Au lieu de mettre l'accent, comme autrefois, sur des postes étroitement décrits et encadrés par des mécanismes de contrôle imposés par les cadres intermédiaires, on peut maintenant privilégier la création de tâches stimulantes fondées sur des processus informatisés possédant leurs propres mécanismes de contrôle des résultats.

Il est plus que probable que vous aurez affaire, un jour ou l'autre, en matière de définition et de résolution de problèmes, à des groupes de travail et à des équipes temporaires qui se regroupent en un réseau *virtuel*, dont les membres ne sont reliés que par une connexion électronique. Une étude récente menée auprès de participants au mouvement *open-software* (« logiciel libre »), qui mettent au point ou perfectionnent des applications Linux, indique qu'il vous faudra repenser la signification même du terme « gérer ». Plutôt que de dire aux autres ce qu'ils doivent faire, vous serez mieux avisé de traiter vos collègues comme des travailleurs bénévoles qui s'attendent à prendre part à la direction des réunions et qui ne seront motivés que s'ils se sentent engagés dans une démarche de reconnaissance et de résolution de problèmes[47]. Vous trouverez dans la rubrique *Du savoir à la pratique 18.2* quelques conseils sur l'exercice de la gestion dans un environnement virtuel.

Pour ce qui est du volet production des entreprises qui utilisent la chaîne technologique (les usines de montage d'automobiles ou les conserveries, par exemple),

> **DU SAVOIR À LA PRATIQUE** 18.2
>
> **Comment gérer un projet virtuel[49]**
>
> Voici ce que vous devriez faire lorsque vous êtes appelé à gérer un projet virtuel.
>
> 1. Établissez des motifs de participation convergents au sein de l'équipe, dont l'accès aux avantages découlant de la réussite du projet.
> 2. Mettez l'accent sur l'autonomie de l'équipe et assurez-vous que celle-ci comprend un nombre raisonnable de participants hautement compétents.
> 3. Dégagez un ensemble de règles générales que les membres de l'équipe pourront adapter à leurs besoins particuliers.
> 4. Favorisez l'évaluation conjointe et l'application de sanctions au sein de l'équipe.
> 5. Mettez l'accent sur les valeurs, les normes et les comportements communs.
> 6. Mettez en place des structures de travail et des processus efficaces à l'aide de logiciels de gestion de projet.
> 7. Encouragez le recours aux technologies de communication et précisez des normes relatives à leur utilisation.

les TIC peuvent être associées à la gestion intégrale de la qualité (GIQ) et s'intégrer à un équipement de plus en plus élaboré et raffiné. Dans ce domaine, les données sur les activités peuvent servir à améliorer le savoir-faire et, donc, la qualité et l'efficacité. Plus généralement, l'introduction des TIC a remis en question la vision de robots sans cervelle que les organisations avaient souvent de leurs travailleurs, car la gestion intégrale de la qualité, par l'entremise des TIC, confère à tout un chacun des rôles de planification, d'action et de contrôle. Comme nous l'avons souligné au chapitre 6 lorsque nous avons traité de la conception de poste et de l'enrichissement des tâches, l'association des TIC et de la GIQ à l'autonomisation et à la participation des travailleurs est devenue un facteur crucial de la réussite des organisations contemporaines[48].

LES TIC ET LES AFFAIRES ÉLECTRONIQUES

Au tournant du siècle, les affaires électroniques sont apparues dans le paysage[50]. Progressivement, nous voyons ces entreprises se transformer en organisations virtuelles, tout comme les équipes de projet sur place se sont muées en équipes de projet virtuelles.

Qu'il s'agisse du commerce électronique interentreprises ou du commerce électronique de détail, toute une nouvelle génération de sociétés point-coms fondées sur les TIC est apparue. L'une des entreprises dont l'entrée dans le monde du commerce électronique grand public a été parmi les plus remarquées est sans contredit Amazon.com[51]. À sa création, en 1995, celle-ci se limitait à la vente de livres, par Internet, à des consommateurs. Très rapidement, l'éventail des produits offerts s'est élargi pour inclure les jeux et jouets, les produits de beauté et de santé, les jeux électroniques et vidéo, ainsi que les appareils photo et les caméscopes. Amazon.com est aujourd'hui un véritable magasin général virtuel. Après plusieurs années de pertes, la société a connu, à compter de 2003, une période de bons profits.

Sa structure organisationnelle a connu des transformations qui illustrent de façon fort intéressante la notion de coévolution. Amazon.com avait, au départ, adopté une structure simple. Au fil de sa croissance, conséquemment à l'ajout de divisions correspondant aux domaines de produits, l'entreprise s'est complexifiée. Par ailleurs, on a choisi d'éviter la lourdeur bureaucratique afin de préserver la souplesse de l'organisation et de favoriser son développement sur les plans du volume d'activité et des compétences des employés. Amazon.com compte encore très peu d'échelons de gestion. On a plutôt mis en place des composantes organisationnelles distinctes, fondées sur des catégories de produits (selon le modèle divisionnaire décrit au chapitre 17), avec des règles, politiques et procédures réduites au minimum.

Bref, la structure organisationnelle adoptée s'avérait plutôt traditionnelle. Ce qui l'était moins, en revanche, c'était la façon dont l'entreprise utilisait les TIC pour réunir des renseignements sur sa clientèle, de même que pour assurer la coordination et le suivi des opérations. Son site Web n'était peut-être pas à la fine pointe de la technologie, mais il permettait au client de placer facilement une commande et d'effectuer le suivi de la livraison, tout en n'ayant aucun doute que le produit lui parviendrait comme promis. Ces dernières années, Amazon.com s'est servie de ses atouts dans le domaine des TIC pour nouer des alliances stratégiques avec des entreprises traditionnelles et, ainsi, transformer le paysage concurrentiel.

Le revers malheureux d'Amazon et de son utilisation poussée du Web réside dans le conflit qui surgit entre les valeurs et l'éthique qu'elle tente de se donner comme organisation et la logique de neutralité qui caractérise Internet et qui fait de celui-ci, en quelque sorte, une zone franche sur le plan des valeurs et de l'éthique. Vous en trouverez un exemple dans la rubrique *L'éthique en CO*.

Par comparaison avec Amazon.com, un grand nombre de sociétés point-coms ont adopté comme structure organisationnelle des variantes de l'adhocratie. L'idée sous-jacente à ce choix, c'est que les affaires électroniques diffèrent fondamentalement des activités de l'entreprise traditionnelle et que la mise au point de nouveaux produits et services en ligne requiert une structure organisationnelle entièrement repensée. Au fur et à mesure que ces entreprises ont connu une certaine croissance, leurs gestionnaires ont malheureusement oublié de prendre en considération deux écueils importants de l'adhocratie. D'abord, l'adhocratie cesse d'être efficace quand

Questions d'éthique chez Amazon.com

Amazon.com l'affirme clairement dans son code d'éthique : « [...] aucune discrimination illégale ne sera tolérée. » Cependant, au moins une composante d'Amazon.com semble promouvoir la discrimination fondée sur l'âge : IMDB (International Movie Database). Cette filiale établie sur le Web, et dont Amazon possède 100 % des parts, fournit aux amateurs de télé et de cinéma hollywoodien toute l'information qu'on peut imaginer sur à peu près toutes les stars et figurants, sur les réalisateurs, les producteurs, voire sur ces personnalités que la popularité a à elle seule rendues illustres. Quel problème éthique cela pose-t-il donc ? IMDB diffuse des renseignements tels que l'âge d'une actrice et refuse de les supprimer lorsqu'on lui en fait la demande. Et alors ? On sait que les professionnels d'Hollywood ont recours à toutes les ressources du site et que les régisseurs de distribution se servent régulièrement du critère de l'âge pour refuser des contrats à des actrices d'un « certain âge » – en clair, mieux vaut ne pas avoir plus de 30 ans. Au bout du compte, qui est responsable de cette discrimination fondée sur l'âge par la voie d'IMDB ? Jeff Bezos, bien sûr, fondateur et chef de la direction chez Amazon.com Books. C'est lui, après tout, qui est à la tête de l'entreprise qui possède IMDB.

Question

Comment le chef de la direction d'une entreprise établie sur le Web peut-il avoir une emprise sur les choix éthiques de ses filiales qui défendent la position « libre de valeurs » propre à Internet ?

l'organisation dépasse une certaine taille. Ensuite, la prestation effective des produits ou services n'exige pas tant un processus constant d'innovation qu'une réceptivité aux besoins du client et la capacité de demeurer efficient. La structure choisie par ces sociétés s'était donc révélée inadéquate. Malgré leurs magnifiques sites Web, elles n'ont pas pu être à la hauteur. Bon nombre ont sombré aussi vite qu'elles étaient apparues.

LA CONCEPTION ORGANISATIONNELLE ET L'ENVIRONNEMENT

Pour être efficace, une configuration structurelle doit non seulement s'harmoniser avec certains facteurs internes tels que la stratégie, la taille et les technologies de l'organisation, mais aussi s'adapter à de puissantes forces extérieures. En tant que *système ouvert*, l'organisation doit recevoir des intrants de son environnement afin de les transformer en extrants qu'elle vendra à ce même environnement. Comprendre cet environnement dans toute sa complexité est devenu primordial[52].

L'*environnement global* d'une organisation correspond à l'ensemble des conditions culturelles, économiques, politico-juridiques et éducationnelles qui existent dans les milieux où elle est implantée. Les sociétés qui connaissent une expansion à l'échelle mondiale doivent composer avec plus d'un environnement global.

Les actionnaires, les fournisseurs, les distributeurs, les organismes publics et les concurrents avec lesquels l'organisation doit transiger pour croître et survivre constituent, en revanche, son *environnement immédiat*. Généralement, l'organisation a beaucoup plus de choix quant à ce qui constitue son environnement immédiat qu'elle n'en a pour son environnement global, puisqu'elle peut adopter des politiques et des stratégies qui vont modifier la combinaison de fournisseurs, de distributeurs, de concurrents, etc., avec lesquels elle entretient des relations.

Pour des raisons de commodité, on distingue souvent les influences qu'exerce l'environnement global sur une organisation de celles qu'exerce l'environnement immédiat, mais les gestionnaires doivent tenir compte de leurs effets conjugués. Pour l'organisation, décider de pénétrer un champ d'activité donné peut, en effet, signifier qu'elle aura à affronter une concurrence mondiale dotée des TIC les plus avancées.

LA COMPLEXITÉ DE L'ENVIRONNEMENT

Lorsqu'on analyse l'environnement d'une organisation, une des questions fondamentales est celle de sa complexité. Plus un environnement est complexe, plus il génère d'occasions à saisir et de problèmes à résoudre. Par **complexité de l'environnement**, on entend l'ampleur des problèmes et des occasions que présente l'environnement organisationnel immédiat et global, telle que la révèlent trois variables majeures : sa *richesse*, l'étroitesse de ses liens d'*interdépendance* avec l'organisation et le degré d'*incertitude* qu'il génère.

La richesse de l'environnement

En général, l'environnement est plus riche lorsque l'économie est en croissance, lorsque le degré de scolarité des gens s'améliore et lorsque ceux dont l'organisation dépend prospèrent. Pour une entreprise, un environnement riche signifie des condi-

▶ **Complexité de l'environnement**
Ampleur des problèmes et des occasions que présente l'environnement organisationnel immédiat et global, telle que la révèle trois variables majeures : sa richesse, l'étroitesse de ses liens d'interdépendance avec l'organisation et le degré d'incertitude qu'il génère

tions économiques qui s'améliorent, des consommateurs qui dépensent davantage et une volonté plus affirmée des fournisseurs (notamment les banques) d'investir dans l'avenir de l'entreprise. Dans un tel environnement, les organisations sont plus nombreuses à survivre, et ce, même si leur configuration structurelle n'est pas la plus appropriée. Cette richesse de l'environnement influe aussi sur les occasions qui s'offrent aux organisations et sur leur dynamisme – leur potentiel d'adaptation aux changements. La configuration structurelle doit permettre à l'organisation de déceler ces occasions et d'en tirer profit.

Un environnement en déclin, par contre, sera beaucoup moins fertile pour les organisations. Ainsi, une récession généralisée offrira aux entreprises un environnement appauvri. Bien que les organisations ne réagissent pas toutes de la même manière aux difficultés qu'elles éprouvent dans un environnement en déclin, certaines réactions courantes méritent notre attention. Par exemple, en Amérique du Nord, la tradition veut que les entreprises réagissent au déclin en commençant par mettre à pied les travailleurs sans tâches d'encadrement, quitte à poursuivre en montant dans la pyramide hiérarchique si leur environnement continue à s'appauvrir. En Europe, pour de nombreuses entreprises, il est difficile, légalement, de mettre à pied des travailleurs permanents lorsque l'économie se détériore. Si le déclin économique se prolonge, nombre d'entre elles demandent donc l'aide du gouvernement. En dernier recours, les dirigeants européens se tournent vers des allègements structurels comme ceux auxquels procèdent leurs homologues nord-américains, solution de plus en plus inévitable pour résister à la concurrence mondiale.

L'interdépendance de l'organisation et de l'environnement

La relation entre la conception organisationnelle et les liens d'interdépendance que l'organisation entretient avec son environnement est souvent subtile et indirecte. Ainsi, l'organisation peut coopter de puissants éléments extérieurs en les intégrant à sa structure, comme le font les grandes sociétés dont les conseils d'administration comptent des représentants des institutions financières ou des sociétés d'assurances.

L'organisation peut aussi revoir sa conception organisationnelle, adaptant sa structure de manière à amortir ou à neutraliser les exigences d'un élément extérieur très influent. Ce type de stratégie se concrétise le plus souvent par la mise sur pied d'un service voué aux questions relatives à cet élément extérieur. Ainsi, dans la quasi-totalité des grandes sociétés nord-américaines, on trouve près du sommet de la pyramide une unité chargée des relations avec les pouvoirs publics. Si le service à quelques gros clients se révèle crucial pour l'organisation, souvent celle-ci passera d'une structure fonctionnelle à une structure divisionnaire[53].

L'incertitude et l'instabilité de l'environnement

L'instabilité de l'environnement et l'incertitude qu'il génère peuvent être particulièrement néfastes aux bureaucraties de grande taille. En période de changement, les biens d'investissement deviennent rapidement obsolètes et les modes de fonctionnement habituels, infructueux. Sur le plan de la conception organisationnelle, la réaction la plus évidente à ces facteurs déstabilisateurs consiste à adopter une structure organisationnelle plus *organique*; dans des conditions extrêmes, le passage à l'*adhocratie* peut s'imposer.

Cependant, ces pressions externes en faveur d'une structure flexible peuvent être incompatibles avec la taille et les technologies de l'organisation. Dans de tels cas, le passage à une structure plus souple peut être trop difficile ou trop long ; l'organisation devra alors lutter tant bien que mal pour survivre, tout en modifiant peu à peu sa configuration structurelle.

LES ORGANISATIONS EN RÉSEAU ET LES ALLIANCES INTERENTREPRISES

De nos jours, étant donné la complexité accrue de l'économie mondiale, la conception organisationnelle doit dépasser les frontières traditionnelles de l'entreprise[54]. Les organisations doivent apprendre à coévoluer en modifiant leur environnement. Deux approches sont de plus en plus monnaie courante : la gestion de réseaux et le recours à des alliances. Plusieurs sociétés nord-américaines apprennent de leurs équivalents européens et japonais à tisser des réseaux susceptibles de les relier aux entreprises clés dont elles dépendent. En Europe, on parle d'*associations informelles* ou de *cartels* : une entente de coopération entre concurrents établit leurs parts respectives du marché afin de limiter l'incertitude et d'améliorer les conditions commerciales pour les parties. Au Canada et aux États-Unis, de telles ententes sont très souvent jugées illégales.

Au Japon, dans de nombreux secteurs, le réseautage d'entreprises bien établies prend la forme du *keiretsu*, dont il existe deux modèles courants. Le premier est le keiretsu organisé autour d'une banque, où les liens interentreprises découlent d'une participation croisée ou de liens historiques avec l'établissement financier ; le groupe Mitsubishi en est un exemple éloquent. Dans le second type de keiretsu, vertical, un fabricant d'envergure est à la tête d'un réseau de fournisseurs et de distributeurs ; le fabricant jouit alors de contrats d'approvisionnement à long terme, souvent dans le cadre de participations croisées. Dans une certaine mesure, ce type de keiretsu isole les entreprises japonaises des actionnaires et leur fournit un mécanisme de partage de technologies ainsi que de recherche et développement. Toyota, par exemple, est au cœur d'un keiretsu vertical.

Une forme bien particulière d'organisation en réseau a également commencé à faire des adeptes en Amérique du Nord. Dans cette configuration structurelle, l'entreprise centrale, ou le donneur d'ordres, se spécialise dans une activité particulière, comme la conception ou l'assemblage, et travaille à long terme avec quelques fournisseurs à la création des composants et à l'amélioration de l'efficacité de la production. Elle est le cœur d'un réseau et les autres membres de ce réseau comptent sur elle plus qu'elle-même ne dépend d'eux. À titre d'exemple, Bombardier est le chef de file de ce type de relations interentreprises.

Plus spécifiquement, l'***organisation en réseau*** est un regroupement d'entreprises en perpétuelle mutation, qui a une société à sa tête et dont les membres mettent en commun leurs compétences, leurs ressources et leur expérience afin de prospérer ensemble.

Ce regroupement, qui ne cesse d'évoluer, est le plus souvent constitué d'un noyau relativement stable (habituellement des sociétés indépendantes), composé en général de clients, de centres de recherche, de fournisseurs et de distributeurs. L'organisation à laquelle un rôle de direction est confié possède des compétences cruciales dont les autres ont besoin. Il peut s'agir d'une technologie clé ou d'un accès à la clientèle. Au fil du temps, les membres peuvent aller et venir, au gré des changements technologiques ou des transformations de l'environnement. Soulignons, en

▶ **Organisation en réseau**
Regroupement d'entreprises en perpétuelle mutation, qui a une société à sa tête et dont les membres mettent en commun leurs compétences, leurs ressources et leur expérience afin de prospérer ensemble

outre, que la présence de clients clés est un élément essentiel de l'organisation en réseau. Non seulement ceux-ci sont des acheteurs, mais aussi ils participent à la mise au point de nouveaux produits ou de nouvelles technologies. En résumé, l'organisation en réseau coévolue en intégrant divers types d'entreprises.

Les organisations en réseau ne fonctionnent que si elles adoptent des règles qui leur sont propres et un mode de direction peu conventionnel.

En premier lieu, le système de production qui permet de fournir les produits ou les services que désirent les clients doit prendre la forme d'un réseau de partenaires composé d'entreprises indépendantes, dont le rapprochement repose sur la confiance mutuelle et un sens de la survie collective. Selon l'évolution des attentes de la clientèle, ou parfois conséquemment à l'introduction d'une nouvelle technologie, la part du travail effectuée par chacune des entreprises membres peut varier, tout comme la composition de l'organisation peut se modifier.

En deuxième lieu, le réseau de partenaires ainsi constitué doit établir et maintenir :

1) une technologie de l'information évoluée, susceptible de remplacer avantageusement les rencontres en personne ;

2) des rapports de confiance et de réciprocité en ce qui a trait aux problèmes et aux solutions ;

3) une culture commune (voir le chapitre 16).

L'acquisition de ces caractéristiques n'est pas une mince affaire, mais l'organisation en réseau peut se révéler hautement résiliente et posséder des qualités remarquables – compétences, capacité d'innovation, efficacité – qui compenseront généralement certaines lacunes. En fait, elle est tout à fait outillée pour soutenir efficacement la concurrence à l'échelle mondiale, dans des cadres complexes où on fait appel à des technologies de pointe.

Le rôle de la société à la tête de ce regroupement est plutôt inhabituel, mais c'est en fait grâce à elle qu'un simple réseau d'entreprises devient une organisation en réseau. La société à la tête d'une organisation en réseau assume une responsabilité d'ensemble et coordonne les actions ainsi que les initiatives de changement des entreprises membres, qui demeurent autonomes. Ses cadres doivent avoir une compréhension ample des enjeux afin d'amener le réseau de participants à s'appuyer sur un schéma d'action suffisamment cohérent pour soutenir la concurrence, tout en demeurant en mesure de réagir rapidement aux changements technologiques et aux nouvelles conditions de l'environnement. Les dirigeants de l'organisation en réseau doivent aussi savoir communiquer une vision et inspirer les personnes qui travaillent au sein des entreprises indépendantes qui y sont rattachées. Mieux encore, ils devraient accepter de les traiter avec les mêmes égards que s'il s'agissait de bénévoles. Si elle souhaite atteindre et rassembler de la sorte diverses entreprises indépendantes, la société dirigeante doit finalement être prête à réévaluer, avec le concours de son personnel, sa propre structure et sa gestion interne.

Aujourd'hui, rares sont les grandes sociétés nord-américaines qui n'ont pas amplement recours à la sous-traitance, décision que leurs dirigeants justifient par la quête d'une main-d'œuvre bon marché, mais il y aurait lieu d'examiner la pertinence de ce choix en matière de conception organisationnelle au regard de la stratégie organisationnelle et des technologies sur lesquelles elles s'appuient. Par exemple, la sous-traitance ne satisferait vraisemblablement pas les exigences opérationnelles d'une société qui commercialise des produits haut de gamme accompagnés, en principe, d'un service de qualité correspondant, et il est très possible que les clients potentiels d'une entreprise qui le ferait se tourneraient vers un concurrent ne confiant pas à un fournisseur la responsabilité du service. La rubrique *Du côté de la recherche* fait état d'une recherche qui montre qu'il est important d'occuper une place centrale au sein d'un réseau, mais que cela ne suffit pas.

On voit apparaître des versions encore plus poussées de cette configuration en réseau, qui visent à répondre simultanément aux exigences contradictoires de la stratégie, de la taille, des technologies et de l'environnement en matière de structure organisationnelle. Des entreprises abandonnent leurs unités fonctionnelles pour réduire leur taille et profiter de toutes les possibilités qu'offrent les TIC. Par exemple, plusieurs centres d'appel assurant un service de soutien informatique ont été externalisés en Inde. La sous-traitance à outrance risque de rendre les organisations trop dépendantes des autres et de leur faire perdre la souplesse nécessaire pour saisir les possibilités qui se présentent à elles. En ce sens, le recours à des centres d'appel situés à l'étranger empêche l'information de circuler entre la clientèle et la société principale. Pour faire face à ces changements environnementaux et tirer avantage des TIC, il importe avant tout de faire des choix éclairés et de ne pas réagir aveuglément.

▶ **Alliance interentreprises**
Rapprochement stratégique d'entreprises indépendantes sous forme d'accords de coopération ou de coparticipation

On peut aussi avoir recours à des **alliances interentreprises** – rapprochements stratégiques d'entreprises indépendantes sous forme d'accords de coopération ou de coparticipation – ou *coentreprises* (*joint ventures*)[55]. Ces accords interviennent souvent entre des sociétés situées dans plusieurs pays. Dans les domaines de haute technologie et les secteurs dominés par les TIC – la robotique, par exemple, ou encore l'industrie des semi-conducteurs, des matériaux de pointe (céramiques et fibres de carbone) ou des systèmes de traitement de l'information –, il est fréquent qu'une entreprise ne puisse posséder à elle seule tout le savoir nécessaire à la commercialisation de nouveaux produits. Aussi, les rapprochements stratégiques y sont-ils très courants. Grâce à des alliances internationales, ces entreprises de haute technologie visent deux objectifs: la mise au point de nouveaux produits et une certaine garantie que les solutions élaborées deviendront des normes en vigueur dans le reste du monde.

Selon plusieurs spécialistes, contrairement à l'organisation en réseau, qui se bâtit autour d'un donneur d'ordres et cherche à établir des liens à long terme avec les partenaires, l'alliance interentreprises est un rapprochement ponctuel de partenaires relativement égaux qui est conçu pour ne pas durer au-delà de la satisfaction du besoin pour lequel elle a été créée.

L'établissement et la gestion efficace d'une alliance constituent un défi de taille pour les gestionnaires. Les alliances demandent aux entreprises de coopérer plutôt que de s'affronter dans un esprit de concurrence. Les sociétés qui prennent part à une entente ont généralement leur propre stratégie, une culture bien à elles et des attentes particulières relativement à cette alliance. Les gestionnaires de l'alliance – tout comme la direction des sociétés participantes – doivent faire preuve de patience, de souplesse et de créativité dans la poursuite des objectifs de l'alliance et de ses membres. En réalité, il n'est guère étonnant qu'un si grand nombre d'ententes se terminent prématurément[56].

> ### DU CÔTÉ DE LA RECHERCHE
>
> **Des facteurs d'innovation et de rendement[57]**
>
> En matière d'innovation et de rendement du capital investi, les responsables de division au sein des organisations visent presque toujours des objectifs supérieurs aux attentes. Wepin Tsai a examiné ces deux mesures des résultats et vérifié la validité de trois idées qui circulent dans les écrits récents sur la gestion :
>
> 1. Les divisions qui occupent une place centrale dans le réseau de leur entreprise ont un rendement supérieur à celui des autres.
> 2. Les divisions dont le personnel est plus compétent (possédant une plus vaste expérience relativement à un plus grand nombre de nouveaux produits) devancent les autres sur le plan du rendement.
> 3. La place occupée au sein du réseau et le degré de compétence exercent une incidence conjuguée sur le rendement.
>
> Ces trois hypothèses ont été confirmées. La principale conclusion est donc la suivante : l'atteinte de résultats supérieurs aux attentes en matière d'innovation et de rendement du capital investi est le fait des divisions qui, à la fois, occupent une place centrale dans un réseau étendu et qui possèdent les compétences requises pour tirer parti de cet avantage.

L'ORGANISATION SANS FRONTIÈRES

En s'appuyant sur une synthèse qui fait état d'expériences de gestion menées avec succès par General Electric et ses partenaires, un groupe de consultants et d'universitaires a réuni une liste des transformations que les entreprises devraient envisager d'effectuer afin de soutenir la concurrence mondiale dans des cadres qui évoluent rapidement sur le plan technique[58]. Ils ont donné au profil qu'ils proposent le nom d'« organisation sans frontières », désignation qui reprend des termes chers à GE.

LE RENFORCEMENT DES COMPÉTENCES DYNAMIQUES AU-DELÀ DES FRONTIÈRES

Au XXIe siècle, affirment plusieurs spécialistes, le défi de la gestion est d'éliminer les barrières verticales, horizontales, externes et géographiques qui font obstacle à l'action souhaitée. Ils font notamment référence aux barrières suivantes :

1. Le fait de trop considérer les relations hiérarchiques, celles-ci pouvant empêcher la communication de bas en haut et de haut en bas au sein de l'organisation.
2. Une insistance exagérée sur les fonctions, les produits et les unités organisationnelles, ce qui nuit à une coordination efficace.
3. Le maintien d'une ligne de démarcation rigide entre l'organisation et ses partenaires, qui risque de conduire celle-ci à l'isolement.
4. Le renforcement des frontières naturelles, culturelles, nationales et géographiques, qui peuvent entraver la coordination des activités à l'échelle mondiale.

La notion d'« organisation sans frontières » ne vise nullement l'élimination complète des frontières, mais signifie qu'on s'attache à les rendre beaucoup plus perméables. À notre avis, cet effort pour traverser les frontières, conjugué à des mécanismes de coordination à grande échelle, est un élément clé du profil de l'organisation du XXIe siècle[59].

Des études récentes mettent en lumière les raisons pour lesquelles certaines organisations ne parviennent pas à coévoluer, tandis que d'autres s'adaptent rapidement. Certains facteurs importants associés aux cycles négatifs des organisations restent à découvrir, mais, dans l'état actuel de la recherche, trois d'entre eux ressortent déjà nettement[60] :

1. *L'inertie organisationnelle* Il est toujours difficile de changer une organisation, et plus elle est grande, plus elle tend à l'inertie.

2. *L'orgueil* Trop peu de cadres supérieurs se montrent prêts à remettre en question leurs actions ou celles de leur organisation, parce qu'ils se réfèrent toujours aux réussites passées. Ils se refusent à admettre que des pratiques qui étaient novatrices hier puissent être dépassées aujourd'hui.

3. *Le détachement* Les dirigeants sont souvent convaincus d'être capables de gérer une multitude d'activités grâce à la simple analyse de rapports et de dossiers financiers. Ils perdent ainsi contact avec la réalité et négligent de procéder aux rajustements uniques et particuliers qu'exige toute organisation.

L'inertie, l'orgueil et le détachement sont des maux répandus, mais certainement pas une fatalité à laquelle l'organisation ne peut échapper. Comme nous l'avons montré à plusieurs reprises, certains gestionnaires essaient de réinventer leur organisation au quotidien. Ils espèrent ainsi enclencher un ***cycle positif*** – phénomène caractérisé par une adaptation réussie de l'organisation, suivie d'autres améliorations[61]. Cisco et Microsoft sont de bons exemples d'entreprises qui sont dans un cycle positif. Dans ce cas, les mêmes problèmes ne se reproduisent pas et l'organisation réussit à instaurer des mécanismes d'apprentissage adéquats. Même si la société connaît certaines difficultés majeures dans le processus d'apprentissage, ses gestionnaires tentent continuellement de favoriser l'acquisition de savoir et d'améliorer la diffusion, l'interprétation et la conservation de l'information à l'échelle organisationnelle.

▌ **Cycle positif**
Phénomène caractérisé par une adaptation réussie de l'organisation, suivie d'autres améliorations

TRANSFORMER SES APTITUDES EN COMPÉTENCES DYNAMIQUES

Nous savons que votre avenir ne ressemblera pas au passé. Nous vous voulons capable d'exercer un rôle de leader dans la révolution qui fera éclater les frontières. Comment y parviendrez-vous ? Nous croyons que vous y arriverez en appliquant systématiquement les notions qui sont présentées dans cet ouvrage pour renforcer les compétences que vous commencez à acquérir. Vous êtes sur le point de terminer votre formation de base et le moment est venu de faire le bilan de ce que vous avez appris. Il est aussi temps pour vous d'utiliser ces connaissances pour vous lancer avec confiance dans cet univers où règne la concurrence.

Vous devez d'abord constituer un tableau des compétences requises, puis déterminer quels sont vos points forts et ce que vous irez chercher chez des partenaires. Selon le modèle « sans frontières », l'organisation n'est pas seule : elle fait partie d'un réseau. Vous non plus n'êtes pas seul. Vous devrez toutefois examiner systématiquement la culture de toute organisation que vous envisagerez de rallier ou que vous choisirez comme partenaire. La culture de cette organisation est-elle compatible avec la décision stratégique de traverser les frontières ? Au chapitre 16, nous avons traité des éléments qui composent la culture, et vous êtes donc très conscient des difficultés inhérentes à toute tentative de transformer les valeurs fondamentales et les hypothèses de base d'une organisation. Par ailleurs, vous avez aussi appris qu'il est important de renforcer les processus d'innovation et d'apprentissage, au sein de l'organisation et vers l'extérieur. La réussite du modèle « sans frontières » repose sur la contribution des individus qui se trouvent au milieu et au bas de la structure hiérarchique et sur le soutien que leur apportent les dirigeants. En conséquence, choisissez avec le plus grand soin l'entreprise à laquelle vous vous joindrez ainsi que vos partenaires.

Bien sûr, pour mettre en œuvre une stratégie, les organisations doivent avoir la structure organisationnelle appropriée. Vous devrez donc vous assurer que, dans l'organisation que vous aurez choisie, la spécialisation verticale et horizontale s'accorde à ce qui est visé. Prenez la peine de vérifier si les mécanismes de contrôle et de coordination qu'elle a mis en place sont efficaces. Nous avons largement discuté de ces questions au chapitre 17 ; vous savez donc quelles conditions sont requises.

Pour qu'une mise en œuvre soit efficace, il importe aussi d'harmoniser la reddition de comptes afin de pouvoir s'assurer que l'attribution des crédits correspond à ce qui doit être réalisé. Ces aspects ayant été abordés en détail au chapitre 7, vous êtes bien au fait des principaux enjeux de la gestion du rendement et de l'instauration de systèmes de récompenses dans le but de susciter les comportements recherchés.

En ce XXIe siècle, l'organisation qui fait son entrée dans l'univers de la concurrence mondiale avec l'intention stratégique de traverser les frontières doit accorder une attention particulière aux processus organisationnels nécessaires pour apprendre, innover et renforcer constamment les capacités technologiques et les compétences humaines requises. Les dynamiques du pouvoir au sein de chacune des divisions de l'organisation doivent être orientées en fonction de la nouvelle arène mondiale (voir le chapitre 10). Les anciens pouvoirs bureaucratiques doivent céder la place à la négociation constructive (voir les chapitres 10 et 14). Le processus de prise de décision doit permettre d'établir quels sont les problèmes importants, de choisir les personnes les mieux placées pour les résoudre et de saisir les bonnes occasions lorsqu'elles se présentent (voir le chapitre 12). L'ensemble de ces nouvelles exigences appelle une réévaluation des processus de travail associée à une démarche de conception des postes (voir le chapitre 6) afin de s'assurer que les membres de l'organisation sont effectivement motivés à consacrer des efforts à la construction d'un avenir qui leur paraît prometteur (voir le chapitre 5).

Évidemment, rien de tout cela ne repose sur les épaules d'une seule personne. Comme ces défis exigent plutôt la contribution de groupes (voir le chapitre 8), vous serez à peu près certainement appelé, en tant que gestionnaire, à mettre sur pied une équipe efficace (voir le chapitre 9). Pour cela, vous devrez être capable de reconnaître les traits distinctifs sur le plan de la personnalité, les émotions qu'éprouvent les membres de l'équipe, de même que leurs valeurs – l'idée étant de réunir la satisfaction professionnelle et le rendement pour en faire une expérience significative (voir les chapitres 2 et 3). Bien entendu, ces défis vous paraissent aujourd'hui comme une mission impossible. Toutefois, vous avez déjà amorcé la démarche en acquérant une compréhension profonde de ce qu'est l'apprentissage (rappelez-vous le chapitre 4).

Nous avons gardé le dernier élément pour la fin parce que c'est celui qui sera pour vous le plus important, mais qui est peut-être aussi le plus difficile à comprendre. Vous avez consulté cet ouvrage et suivi le cours qui lui est associé parce que vous vous préparez à jouer un rôle de leader. Il se peut que vous manquiez encore de confiance en vous, mais il y a en fait de fortes possibilités que vous ayez à jouer un rôle important dans l'avenir d'une organisation. Afin de vous appuyer dans le développement de vos habiletés de base et de vous transmettre des connaissances qui vous aideront à utiliser le leadership pour provoquer des changements positifs, nous avons consacré au leadership un chapitre (voir le chapitre 11) et plusieurs encadrés au fil de l'ouvrage. Nous savons que vous perfectionnerez ces compétences sur le terrain, en tant que gestionnaire. Nous savons que vous ne cesserez jamais d'apprendre. Nous savons que vous contribuerez activement à l'innovation. Nous savons enfin que vous ferez face à la concurrence à l'échelle mondiale.

Nous croyons que l'avenir vous appartient. Il vous revient de le façonner en collaboration avec d'autres. Vous serez probablement un leader dans votre milieu. Une grande question subsiste : si vous avez une influence sur les autres, où les conduirez-vous ? Nous espérons que ce sera vers un avenir meilleur.

GUIDE DE RÉVISION

RÉSUMÉ

Qu'est-ce que la stratégie organisationnelle ?

- La stratégie organisationnelle est un processus qui consiste à positionner l'organisation dans son environnement concurrentiel et à implanter les mesures qui lui permettront de faire face à cette concurrence avec succès. C'est un agencement particulier dans une suite de décisions.
- La stratégie organisationnelle est un processus continu.

Comment les organisations innovent-elles ?

- L'innovation est un processus qui consiste à générer et à appliquer des idées nouvelles, lesquelles finissent par s'intégrer aux activités quotidiennes de l'organisation ; idéalement, elles contribuent à améliorer sa productivité ou son service à la clientèle.
- L'innovation en matière de produits permet à l'organisation de mettre en marché des produits (biens ou services) nouveaux ou améliorés afin de mieux répondre aux besoins de sa clientèle. L'innovation en matière de procédés permet la mise au point de méthodes de travail ou d'activités d'exploitation nouvelles et améliorées.
- L'innovation est un processus. Ses principales étapes sont : l'imagination, l'expérimentation, l'étude de faisabilité et l'application.
- Les organisations les plus novatrices ont ceci en commun que leur stratégie, leur culture, leurs structures, leur politique de dotation en personnel et le leadership des dirigeants soutiennent explicitement et activement l'innovation.

Comment assurer l'apprentissage organisationnel continu ?

- L'apprentissage organisationnel est un processus d'acquisition du savoir, ainsi que de diffusion, d'interprétation et de conservation de l'information à l'échelle de l'organisation.
- L'imitation, l'expérience et l'apprentissage vicariant constituent d'importantes sources de savoir.
- L'étalonnage concurrentiel, le greffage et la sous-traitance constituent trois méthodes d'apprentissage vicariant auxquelles les gestionnaires peuvent avoir recours.
- Une fois l'information obtenue, les gestionnaires doivent mettre en place des mécanismes qui assureront la diffusion de l'information pertinente aux personnes qui en ont besoin.
- Le processus d'interprétation de l'information, qui permet d'établir de multiples liens entre des données, des objectifs et un contexte, peut être entravé ou enrayé par un certain nombre de problèmes courants, tels que l'interprétation intéressée.
- En milieu organisationnel, la conservation de l'information repose essentiellement sur les éléments suivants : les gens, la culture organisationnelle, les mécanismes de transformation, les structures formelles, les structures matérielles, les archives externes et les TIC.
- Pour se mesurer à la concurrence au sein de l'économie mondialisée du XXIe siècle, les individus, les unités et les organisations devront s'engager dans la voie de l'innovation et favoriser l'apprentissage, en raison de l'étendue nouvelle de leurs activités d'exploitation, de leurs moyens technologiques et de leur environnement.

Qu'est-ce que la conception organisationnelle ?

- La conception organisationnelle est un processus qui consiste à déterminer la structure appropriée à l'organisation et à la mettre en œuvre.
- La structure d'une organisation devrait être organisée en fonction : de la stratégie qu'elle privilégie pour assurer sa croissance et sa pérennité ; de sa taille ; des technologies qu'elle utilise dans ses activités d'exploitation et dans le traitement de l'information ; de son environnement.
- Pour que la configuration structurelle d'une organisation soit un gage de réussite, elle doit soutenir sa stratégie organisationnelle.
- Les organisations qui sont aux mains de dirigeants habiles parviennent à coévoluer, c'est-à-dire que ces derniers réussissent à repositionner l'organisation dans son environnement, alors que celui-ci se trouve lui-même en transformation.

Comment la taille de l'organisation influe-t-elle sur la conception organisationnelle ?

- La structure d'une organisation devrait être adaptée à sa taille.
- Les organisations de petite taille se caractérisent souvent par une structure simple, dont les avantages résident dans la simplicité, la flexibilité et la capacité de se plier aux volontés du gestionnaire principal ; les plus grandes organisations, elles, se caractérisent par une structure bureaucratique.
- À mesure que les organisations croissent et prennent de l'âge, elles sont sujettes à des scénarios de gestion qui se figent en routines et à des mythes organisationnels.

Comment les technologies influent-elles sur la conception organisationnelle ?

- La structure organisationnelle devrait être organisée en fonction des technologies liées aux activités d'exploitation pour que l'entreprise soit en mesure de produire les biens ou les services attendus.
- En présence d'une technologie intensive et d'une production en petite série, on a souvent recours à l'adhocratie, qui est une structure organisationnelle très décentralisée.
- La structure organisationnelle devrait aussi être organisée en fonction des technologies de l'information et des communications. Les TIC peuvent servir de substituts à diverses activités d'exploitation ainsi qu'à certains mécanismes de contrôle et modes formels de coordination ; elles peuvent également représenter un potentiel stratégique et constituer des outils d'apprentissage organisationnel transformant l'information en savoir.
- Le terme *technologies de l'information et des communications* (TIC) désigne la combinaison de l'équipement, du matériel, des procédures et des systèmes qu'on utilise pour recueillir, emmagasiner, analyser et diffuser l'information, afin que celle-ci puisse se traduire en savoir.
- Les TIC ont connu des progrès tels qu'elles peuvent aujourd'hui constituer un élément essentiel d'un ensemble de décisions organisationnelles et de mesures mises en œuvre pour s'adapter à l'environnement.
- Les TIC et les affaires électroniques vont de pair, et les affaires électroniques font maintenant partie du jeu pour bon nombre d'organisations.

La conception organisationnelle peut-elle coévoluer avec l'environnement ?

- Les organisations les plus efficaces s'adaptent aux changements externes, mais façonnent à leur tour leur environnement.
- L'analyse de l'environnement doit tenir compte de l'environnement global (les conditions générales du milieu) et de l'environnement immédiat (les principaux intervenants, la concurrence).
- Plus un environnement organisationnel est riche, plus il présente des liens d'interdépendance avec l'organisation et plus il doit composer avec l'incertitude, plus il s'agit d'un environnement complexe.
- Plus l'environnement d'une organisation est complexe – et plus grandes sont les demandes auxquelles celle-ci doit répondre –, plus la structure de l'organisation doit, elle aussi, être complexe.
- Aucune organisation ne se suffit à elle-même. Les entreprises ne doivent pas se replier sur elles-mêmes, mais plutôt prendre part à des réseaux et à des alliances pour faire face à la complexité de l'environnement.
- Une organisation en réseau est un regroupement d'entreprises en perpétuelle mutation, qui a une société à sa tête et dont les membres mettent en commun leurs compétences, leurs ressources et leur expérience afin de prospérer ensemble.
- L'organisation en réseau est en mesure de réagir rapidement à d'importants changements technologiques et aux nouvelles conditions de l'environnement.

En ce XXIe siècle, comment réunir les conditions optimales pour faire face à la concurrence ?

- Pour composer tout à la fois avec les enjeux associés à sa stratégie, à sa taille, à ses activités d'exploitation compliquées, à sa haute technicité et à son environnement complexe, une organisation peut travailler à éliminer les barrières verticales et horizontales en son sein, entre ses divisions et parmi ses partenaires.
- En affûtant les connaissances acquises à la lecture de cet ouvrage, vous pourrez perfectionner vos compétences et jouer avec succès un rôle de leader dans l'univers hautement concurrentiel que nous connaissons au XXIe siècle.

MOTS CLÉS

Adhocratie	p. 559	Innovation en matière de produits	p. 544
Alliance interentreprises	p. 568	Mythe organisationnel	p. 556
Complexité de l'environnement	p. 564	Organisation en réseau	p. 566
Conception organisationnelle	p. 550	Sous-traitance	p. 548
Cycle positif	p. 570	Structure simple	p. 554
Étalonnage concurrentiel	p. 547	Technologies de l'information et des communications (TIC)	p. 556
Greffage	p. 548		
Imitation	p. 546	Technologies liées aux activités d'exploitation	p. 556
Innovation	p. 544		
Innovation en matière de procédés	p. 544		

ÉVALUATION DES CONNAISSANCES

QUESTIONS À CHOIX MULTIPLE

1. La structure d'une organisation doit s'adapter à tous ces facteurs, sauf un. Lequel ? **a)** Son environnement. **b)** Sa stratégie organisationnelle. **c)** Sa taille. **d)** Les travailleurs qu'elle embauchera.

2. _____ consiste(nt) en une combinaison des ressources, du savoir et des techniques qui permettent à l'organisation de créer un bien ou un service. **a)** Les TIC **b)** La stratégie **c)** L'apprentissage organisationnel **d)** Les technologies liées aux activités d'exploitation **e)** L'environnement global

3. _____ consiste(nt) en une combinaison de l'équipement, du matériel, des procédures et des systèmes utilisés pour recueillir, emmagasiner, analyser et diffuser l'information, afin que celle-ci puisse se traduire en savoir. **a)** L'environnement immédiat **b)** La stratégie **c)** Les technologies liées aux activités d'exploitation **d)** Les TIC

4. Laquelle des affirmations suivantes s'applique le mieux à l'adhocratie ? **a)** Cette structure facilite l'échange d'information et l'apprentissage organisationnel. **b)** Elle se caractérise par un très grand nombre de directives et de politiques. **c)** Elle n'a que très peu recours aux TIC. **d)** Elle traite les problèmes courants avec une grande efficacité.

5. L'ensemble des conditions culturelles, économiques, politico-juridiques et éducationnelles qu'on trouve dans les milieux où l'organisation est implantée s'appelle _____ **a)** l'environnement des tâches. **b)** l'environnement immédiat. **c)** le champ d'activité. **d)** l'environnement global.

6. Le segment de l'environnement qui concerne les autres sociétés avec lesquelles l'organisation doit entrer en interaction à la fois pour obtenir des intrants et pour écouler ses produits s'appelle _____ **a)** l'environnement global. **b)** l'environnement stratégique. **c)** le milieu d'apprentissage organisationnel. **d)** l'environnement immédiat.

7. Les _____ sont des accords de coopération ou de coparticipation entre deux entreprises indépendantes. **a)** fusions **b)** acquisitions **c)** alliances interentreprises **d)** adhocraties

8. Le processus d'acquisition de savoir, ainsi que de diffusion, d'interprétation et de conservation de l'information à l'échelle de l'organisation s'appelle _____ **a)** l'apprentissage vicariant. **b)** l'expérience. **c)** l'apprentissage organisationnel. **d)** le mythe organisationnel.

9. _____ sont trois méthodes d'apprentissage vicariant. **a)** L'étalonnage concurrentiel, le greffage et la sous-traitance **b)** Le greffage, la sous-traitance et l'expérience **c)** L'étalonnage concurrentiel, le greffage et l'imitation **d)** L'expérience, l'imitation et l'étalonnage concurrentiel

10. _____ constituent trois facteurs qui sont associés aux cycles négatifs des organisations et qui minent leur capacité de coévoluer. **a)** Le détachement, l'étalonnage concurrentiel et les mythes organisationnels **b)** Les interprétations intéressées, le détachement et les mythes organisationnels **c)** Les scénarios de gestion, la spécialisation inadaptée et les mythes organisationnels **d)** L'inertie organisationnelle, l'orgueil et le détachement

11. _____ est une structure organisationnelle caractérisée par une décentralisation marquée ; un processus décisionnel participatif ; une spécialisation horizontale poussée ; un petit nombre de paliers hiérarchiques ; une absence quasi totale de mécanismes de contrôle formels ; la rareté des politiques, procédures et directives. **a)** La bureaucratie **b)** La bureaucratie professionnelle **c)** L'adhocratie **d)** La structure simple

12. On appelle _____ le procédé qui s'inscrit dans une démarche d'amélioration continue et qui consiste, pour une organisation, à comparer ses produits, ses services et ses méthodes avec ceux de ses concurrents les plus sérieux et des chefs de file dans son champ d'activité. **a)** prise de décision **b)** étalonnage concurrentiel **c)** expérience **d)** greffage

13. On parle de _____ pour décrire les routines qu'acquièrent, à la longue, les gestionnaires d'une même organisation, tant dans leur façon de diagnostiquer et d'analyser les problèmes que dans leur façon d'envisager les solutions possibles. **a)** scénarios de gestion **b)** cycle négatif **c)** cycle positif **d)** mythe organisationnel

14. L'expression _____ désigne le processus qui consiste à déterminer la structure appropriée à l'organisation et à la mettre en œuvre. **a)** organisation en réseau **b)** alliance interentreprises **c)** stratégie organisationnelle **d)** conception organisationnelle

15. _____ est une croyance non fondée qui circule dans l'organisation et que la plupart de ses membres acceptent tacitement sans la remettre en question. **a)** La stratégie organisationnelle **b)** Le mythe organisationnel **c)** L'organisation en réseau **d)** Le scénario de gestion

QUESTIONS À RÉPONSE BRÈVE

16. Énumérez les raisons pour lesquelles une grande organisation ne peut se contenter d'une structure simple.

17. Décrivez l'historique de l'implantation des TIC en milieu organisationnel ainsi que leurs rôles.

18. Décrivez, selon les points de vue respectifs de Thompson et de Woodward, l'effet qu'ont sur l'organisation les technologies auxquelles elle recourt pour ses activités d'exploitation.

19. Quels sont les trois principaux facteurs qui déterminent le degré de complexité d'un environnement organisationnel ?

QUESTION À DÉVELOPPEMENT

20. Pourquoi un constructeur d'automobiles choisirait-il d'adopter une structure matricielle pour le volet conception et mise au point de ses véhicules, tout en s'abstenant d'étendre cette configuration à ses activités de fabrication et de montage ?

LE CO DANS LE FEU DE L'ACTION

Pour ce chapitre, nous vous suggérons les activités suivantes du *Cahier d'apprentissage en CO* (voir p. C1) :

Étude de cas	Exercices	Autoévaluations
29. Mission Management and Trust	13. Le jeu de construction	2. Le gestionnaire du XXIe siècle
	39. Les coulisses des organisations	21. Préférence en matière de structure organisationnelle
	41. Une invasion extraterrestre	

 www.erpi.com/schermerhorn

Vous trouverez dans le Compagnon Web du manuel les réponses aux questions d'évaluation des connaissances du chapitre ainsi que les autoévaluations en mode interactif.

MODULE COMPLÉMENTAIRE

LES FONDEMENTS DE LA RECHERCHE EN COMPORTEMENT ORGANISATIONNEL

Le comportement organisationnel (CO) est une science appliquée qui allie théorie fondamentale et applications. Étant donné que cette discipline s'intéresse aux gens à l'intérieur des organisations, vous trouverez sur votre chemin plusieurs sources qui formuleront des avis sur des questions se rapportant au CO. Certaines recommandations s'appuient sur des concepts et des méthodes scientifiques solides ; d'autres sont de caractère empirique. Sans doute aurez-vous parfois de la difficulté à faire la part des choses. Pour savoir quoi prendre et quoi laisser parmi cet éventail de connaissances fondamentales et d'applications qui s'offrira à vous, vous devrez être en mesure de reconnaître les caractéristiques d'une bonne théorie et être capable de poser les bonnes questions.

LA THÉORIE DANS LE DOMAINE DU CO

Dans un sens très large, une théorie est simplement un récit qui décrit ce qu'on doit chercher, la relation entre les divers éléments qu'on observe et les raisons pour lesquelles ceux-ci s'imbriquent ou non pour former une histoire significative. La théorie vise à expliquer et à prédire. Une théorie est d'autant meilleure qu'elle fournit des explications et des prévisions solides. En termes plus scientifiques, une **théorie** est un ensemble de concepts, de définitions et d'hypothèses en interrelation, qui propose une vue systématique d'un phénomène afin d'expliquer ses manifestations et de les prédire[1].

▸ **Théorie**
Ensemble de concepts, de définitions et d'hypothèses en interrelation, qui propose une vue systématique d'un phénomène afin d'expliquer ses manifestations et de les prédire

Certains spécialistes du CO intègrent un autre aspect dans une théorie, soit celui de la mise en application. De leur point de vue, une bonne théorie doit pouvoir s'appliquer en toute confiance. John Miner, qui privilégie cette approche, a dégagé des critères de base pour juger de la valeur des théories dans le domaine du comportement organisationnel[2]. Celles-ci devraient, notamment :

1) favoriser la compréhension et la prévision des phénomènes et permettre d'influer sur ceux-ci ;

2) établir des limites claires relativement à leur mise en application ;

3) orienter les efforts vers des enjeux importants, voire hautement prioritaires ;

4) produire des résultats généralisables au-delà d'un cadre unique ;

5) être vérifiées à l'aide de concepts clairement définis et d'indicateurs opérationnels ;

6) manifester une cohérence à la fois interne et par rapport aux études qui en découlent ;

7) être énoncées clairement.

Voilà certes un défi de taille, et nous savons très bien qu'en CO aucune théorie ne satisfait entièrement tous ces critères. Certaines se révèlent nettement meilleures que d'autres. Une théorie peut s'avérer solide sur le plan de l'explication, mais très faible au chapitre de la prédiction ; tandis qu'une autre sera relativement utile du point de vue de la prédiction, mais ne permettra pas d'influer sur les phénomènes.

Par exemple, on peut parier, sans grand risque de se tromper, qu'une personne répétera un comportement donné si les circonstances demeurent à peu près les mêmes. Malheureusement, ce genre de prédiction est rarement fondé sur une théorie qui explique l'origine du comportement observé. Comme gestionnaire, vous ne pouvez vous contenter de reconnaître qu'un employé a tendance à agir de telle ou telle façon : il vous faut aussi savoir comment modifier son comportement. Et cela vaut pour de multiples situations au sein des organisations.

En fin de compte, théorie et recherche vont de pair. La théorie indique ce qu'on doit chercher et la recherche rapporte ce qui a été trouvé. À leur tour, ces découvertes stimulent d'autres quêtes. Il est important de comprendre que ce qui n'a pas été conceptualisé risque d'échapper au regard. Il faut aussi garder à l'esprit qu'une théorie ne parviendra à être admise que dans la mesure où elle peut être examinée, comprise et vérifiée par autrui. Les chercheurs en CO ont généralement recours à la méthode scientifique pour mener à bien ce processus qui implique l'observation, la compréhension et la vérification.

LA MÉTHODE SCIENTIFIQUE

Élément clé de la recherche en CO, la **méthode scientifique** repose sur les quatre étapes suivantes :

1. Élaborer la problématique de recherche, c'est-à-dire préciser la *question* ou le *problème* qui fait l'objet de la recherche.

2. Formuler une ou plusieurs *hypothèses* sur ce que la recherche devrait démontrer, ou des *explications* sur l'objectif que la recherche devrait atteindre. Ces hypothèses ou ces explications peuvent émaner de diverses sources, notamment des recherches antérieures et d'une recension des écrits relatifs à la question ou au problème de recherche.

3. Établir un *protocole de recherche*, c'est-à-dire déterminer le plan ou la stratégie d'ensemble qui encadrera la recherche et permettra soit de vérifier la ou les hypothèses, soit d'atteindre l'objectif.

4. Procéder à la *collecte des données*, à leur *analyse* et à leur *interprétation*[3].

LE VOCABULAIRE DE LA RECHERCHE : QUELQUES TERMES USUELS

Dans le reste de ce module, nous allons approfondir certains aspects de la méthode scientifique, que nous venons de décrire succinctement, notamment en nous penchant sur les divers protocoles de recherche. Mais avant d'aller plus loin, il nous

▸ **Méthode scientifique**
Démarche de recherche qui repose essentiellement sur les quatre étapes suivantes : (1) l'élaboration de la problématique ; (2) la formulation d'une ou plusieurs hypothèses de recherche ou d'explications sur l'objectif établi ; (3) l'élaboration d'un protocole de recherche ; (4) la collecte, l'analyse et l'interprétation des données de la recherche

semble important de clarifier quelques termes usuels de la recherche afin de faciliter votre compréhension des explications qui vont suivre et, plus généralement, du vocabulaire utilisé dans les études scientifiques en CO[4].

La variable

Une *variable* est une mesure utilisée pour décrire un phénomène du monde réel. Ainsi, un chercheur pourra compter le nombre de pièces fabriquées en une semaine par les travailleurs d'une unité pour évaluer leur rendement individuel.

▶ **Variable**
Mesure utilisée pour décrire un phénomène du monde réel

L'hypothèse de recherche

En nous appuyant sur ce que nous en avons déjà dit, nous pouvons définir l'*hypothèse de recherche* comme une supposition quant à l'existence d'une relation entre deux ou plusieurs variables, supposition qu'on va tenter de confirmer, d'infirmer ou de nuancer grâce à la recherche. Par exemple, des chercheurs en CO ont avancé l'hypothèse suivante : la gestion participative entraîne une augmentation du rendement. Les hypothèses sont des énoncés prévisionnels. Une fois confirmées par la recherche, elles peuvent être suivies d'applications concrètes.

▶ **Hypothèse de recherche**
Supposition quant à l'existence d'une relation entre deux ou plusieurs variables, qu'on va tenter de confirmer, d'infirmer ou de nuancer grâce à la recherche

Ainsi, la confirmation de la relation prédite entre la gestion participative et le rendement individuel pourrait avoir l'application concrète suivante : si vous voulez accroître le rendement individuel dans une unité de travail, favorisez davantage la participation des travailleurs aux décisions qui les concernent.

La variable dépendante

La variable dépendante est, comme nous l'avons mentionné dans le chapitre 1, un fait ou un évènement auquel le chercheur s'intéresse et qui, selon son hypothèse de recherche, devrait varier sous l'effet d'un autre facteur (la variable indépendante). En CO, par exemple, le rendement individuel est une variable dépendante sur laquelle on se penche est très souvent : les chercheurs tentent de déterminer les facteurs qui permettraient de prédire une amélioration du rendement.

La variable indépendante

La variable indépendante est, comme nous l'avons également mentionné dans le chapitre 1, un fait ou un évènement qui, selon l'hypothèse de recherche, devrait avoir une incidence sur le fait ou l'évènement étudié (la variable dépendante). Dans notre exemple de recherche portant sur le rendement individuel, la gestion participative constitue la variable indépendante.

La variable intermédiaire

La *variable intermédiaire* est un fait ou un évènement qui favorise la relation présumée entre une variable indépendante et une variable dépendante, et qui permet de la préciser. Ainsi, des chercheurs ont émis l'hypothèse suivante : la gestion participative (variable indépendante) augmente la satisfaction professionnelle (variable intermédiaire) et, par conséquent, améliore le rendement (variable dépendante).

▶ **Variable intermédiaire**
Fait ou évènement qui favorise la relation présumée entre une variable indépendante et une variable dépendante, et qui permet de la préciser

La variable modératrice

La *variable modératrice* est un fait ou un évènement qui, s'il est modifié systématiquement, a une incidence sur la relation entre une variable indépendante et une variable dépendante. La relation entre ces deux variables évolue en fonction de la

▶ **Variable modératrice**
Fait ou évènement qui, s'il est modifié systématiquement, a une incidence sur la relation entre une variable indépendante et une variable dépendante

valeur de la variable modératrice, valeur qui peut être un degré (élevé-faible), une catégorie (jeune-âgé ou homme-femme), etc.

Ainsi, l'hypothèse émise dans l'exemple précédent (la gestion participative influe positivement sur le rendement individuel) pourrait se vérifier seulement si les travailleurs ont l'impression que leur participation est réelle et légitimée (variable modératrice). Ou encore, elle pourrait se vérifier chez les travailleurs du Canada, mais pas chez ceux du Brésil – et alors la variable modératrice serait le pays.

La validité

> **Validité**
> Qualité des résultats de recherche exacts et utilisables

La *validité* est la qualité des résultats de recherche exacts et utilisables. Plus le chercheur réussit à éviter les erreurs au cours de la recherche, plus la validité des résultats qu'il obtient est grande[5]. En d'autres termes, le degré de validité indique le degré de confiance qu'on peut avoir en ses résultats. On distingue les deux types de validité suivants :

- La *validité interne*, c'est-à-dire la qualité des résultats de recherche qui mesurent exactement ce qu'ils sont censés mesurer. La validité interne est plus grande s'il est possible d'écarter à coup sûr toute autre interprétation des résultats de la recherche que celle qui est fournie dans l'hypothèse[6]. Par exemple, des données montrant une amélioration du rendement lorsqu'on adopte des pratiques de gestion participative auront une plus grande validité interne si on peut exclure la possibilité que l'amélioration observée soit plutôt attribuable au remplacement des anciennes machines par de nouvelles, plus efficaces.

- La *validité externe*, c'est-à-dire la qualité des résultats de recherche qui peuvent être appliqués à toute une population, à tous les contextes, etc.[7]. Il ne peut y avoir de validité externe sans validité interne ; on doit être convaincu que les résultats découlent bien des causes déterminées par l'étude avant de pouvoir les généraliser.

La fiabilité

> **Fiabilité**
> Qualité d'un instrument de mesure qui donne des résultats constants et stables

La *fiabilité* est la qualité d'un instrument de mesure qui donne des résultats constants et stables. La fiabilité est indispensable à la validité, à l'exactitude. Imaginez-vous en train de tirer sur une cible. Si les points d'impact sont éparpillés sur toute la cible, vos tirs n'ont ni fiabilité (constance) ni validité (exactitude). Si les points d'impact sont groupés, mais en dehors du cercle extérieur de la cible, vos tirs sont fiables, mais ils ne sont pas valides. Si les points d'impact sont groupés au centre de la cible, vos tirs sont à la fois fiables et valides[8].

La causalité

> **Causalité**
> Relation entre deux variables dont l'une est la cause et l'autre, l'effet

La *causalité* est la relation entre deux variables dont l'une est la cause et l'autre, l'effet. Lorsque, dans une recherche expérimentale, on émet l'hypothèse que la modification de la variable indépendante aura une incidence sur la variable dépendante, on prédit qu'il y a une relation de causalité entre ces deux variables.

Il est très difficile d'établir la présence d'une relation causale dans le cadre des recherches en CO. Démontrer la causalité exige trois types de preuves :

1. Il faut établir un lien ou une association entre les variables.

2. Une variable doit précéder l'autre dans le temps.

3. Il ne doit y avoir aucun autre facteur causal[9].

Par exemple, si nous observons que la participation des travailleurs et leur rendement augmentent parallèlement, nous établissons un lien entre ces deux variables. Et si nous pouvons aussi prouver que l'augmentation de la participation a précédé celle du rendement et que cette augmentation ne peut être attribuable à aucun autre facteur (installation de nouvelles machines, etc.), nous pouvons dire que la participation accrue est probablement la cause de l'amélioration du rendement.

LES PROTOCOLES DE RECHERCHE

Comme nous l'avons déjà mentionné, le ***protocole de recherche*** est le plan ou la stratégie d'ensemble qui permettra à la recherche de vérifier la ou les hypothèses avancées, ou d'atteindre son objectif. Les cinq protocoles de recherche les plus répandus sont l'expérimentation en laboratoire, l'expérimentation sur le terrain, le protocole quasi expérimental, l'étude de cas et l'enquête[10].

> **Protocole de recherche**
> Plan ou stratégie d'ensemble qui permettra à la recherche de vérifier la ou les hypothèses avancées, ou d'atteindre l'objectif fixé

L'EXPÉRIMENTATION EN LABORATOIRE

L'***expérimentation en laboratoire*** est un protocole de recherche par lequel, dans un milieu artificiel, les chercheurs manipulent une ou des variables indépendantes dans des conditions rigoureusement contrôlées. Ce contrôle très strict, que permettent des conditions de laboratoire, favorise la validité interne de la recherche ; cependant, sa validité externe peut pâtir du caractère artificiel de la situation.

> **Expérimentation en laboratoire**
> Protocole de recherche par lequel, dans un milieu artificiel, les chercheurs manipulent une ou des variables indépendantes dans des conditions rigoureusement contrôlées

À titre d'exemple, imaginons un chercheur dont la problématique de recherche concerne l'effet de trois programmes incitatifs sur le taux de présence au travail. Tous trois consistent dans une loterie, mais les récompenses varient : le premier offre un prix en argent ; le deuxième, un prix en congés payés ; le troisième, un objet de valeur, comme une automobile. Le chercheur choisit des individus au hasard parmi l'effectif d'une organisation et leur demande de se présenter à son bureau pour participer à son étude.

Dans ce type d'expérimentation, l'échantillonnage aléatoire est important : il garantit que les variables non mesurées seront réparties au hasard parmi les sujets, ce qui devrait éviter que des variables externes n'influent d'une manière ou d'une autre sur les résultats éventuels. Notons qu'il est souvent impossible de constituer un échantillonnage aléatoire en milieu organisationnel, car les sujets désignés par le sort risquent de ne pas pouvoir se dégager de leurs tâches pour participer à l'expérience.

Toujours au hasard, le chercheur assigne ensuite chacun des participants à un des trois programmes incitatifs (groupes expérimentaux) ou à un quatrième groupe dont les sujets ne sont soumis à aucun programme incitatif (groupe témoin ou groupe de contrôle). À partir de là, les sujets vont travailler à leur nouveau poste de travail, dans des conditions complètement artificielles, mais rigoureusement contrôlées. Leur taux de présence au début et à la fin de l'expérience est mesuré. Le chercheur se livre ensuite à des comparaisons statistiques entre tous ces groupes pour analyser les données recueillies. Finalement, il interprète ces données concernant les conséquences de chacun des modes de loterie sur la présence au travail.

Le chercheur a réalisé un échantillonnage aléatoire, a soigneusement mesuré le taux de présence des sujets de chacun des trois programmes au début et à la fin de l'expérience et a comparé ces données avec celles qui ont été recueillies auprès du groupe témoin. Par conséquent, si les données de l'expérience indiquent un taux d'absentéisme significativement plus faible chez les sujets d'un des trois groupes, il pourra être raisonnablement certain que le programme incitatif en est la cause.

Cependant, comme cette expérience s'est déroulée dans un milieu artificiel et que les programmes incitatifs (loteries) avaient été très simplifiés pour en permettre le contrôle, notre chercheur aurait des raisons de douter de la validité externe de son expérience. Idéalement, il essayera de la vérifier en réalisant une étude complémentaire avec un autre protocole de recherche.

L'EXPÉRIMENTATION SUR LE TERRAIN

> **Expérimentation sur le terrain**
> Protocole de recherche comprenant une expérience qui se déroule dans un milieu naturel, par lequel les chercheurs manipulent une ou des variables indépendantes en s'efforçant de contrôler la situation aussi rigoureusement que possible

L'*expérimentation sur le terrain* est un protocole de recherche comprenant une expérience qui se déroule, cette fois, dans un milieu naturel, par lequel les chercheurs manipulent une ou des variables indépendantes en s'efforçant de contrôler la situation aussi rigoureusement que possible.

Par exemple, pour la même question de recherche, supposons que notre chercheur veuille maintenant tester l'effet des trois programmes incitatifs sur l'absentéisme des travailleurs non plus en milieu artificiel, mais dans leur milieu naturel. Avec la permission de la direction de l'entreprise, il choisit quatre services semblables sur le plan des caractéristiques de leurs membres. Il attribue à trois d'entre eux l'un des trois programmes incitatifs, tandis que le quatrième, le groupe témoin, garde son système de rémunération habituel.

La suite de la recherche se déroule sensiblement comme l'expérimentation en laboratoire, à ceci près qu'en milieu naturel la situation est plus réaliste, mais moins bien contrôlée. De plus, pour des raisons d'horaire et d'organisation du travail, obtenir une affectation aléatoire des sujets est souvent extrêmement difficile en milieu naturel.

LE PROTOCOLE QUASI EXPÉRIMENTAL

> **Protocole quasi expérimental**
> Protocole de recherche avec expérience se caractérisant par le fait que les sujets ne sont pas affectés au hasard à des groupes et que les variables externes échappent au contrôle parfait du chercheur

Même quand l'affectation aléatoire des sujets est impossible, les chercheurs peuvent manipuler d'autres variables et obtenir des résultats valides. Lorsque les sujets ne sont pas assignés au hasard à des groupes ou que les variables externes échappent au contrôle parfait du chercheur, on parle d'un *protocole quasi expérimental*.

L'ÉTUDE DE CAS

> **Étude de cas**
> Protocole de recherche qui repose sur l'analyse en profondeur d'une ou de quelques unités (individu, milieu, organisation, évènement, etc.)

L'*étude de cas* est un protocole de recherche qui repose sur l'analyse en profondeur d'une ou de quelques unités (individu, milieu, organisation, évènement, etc.). L'étude de cas est particulièrement utile aux chercheurs qui s'intéressent à un phénomène peu connu et qui veulent le fouiller en profondeur pour tenter d'en saisir les concepts les plus pertinents. L'étude de cas peut aussi aider le chercheur à élaborer une théorie, laquelle pourra ensuite être évaluée à l'aide d'un autre protocole de recherche.

Reprenons notre exemple de l'étude de l'effet des programmes incitatifs sur le taux de présence au travail. Ici, le chercheur pourrait s'intéresser à quatre entreprises qui ont conçu et implanté de tels programmes et passer au crible les raisons de leur succès ou de leur échec. Les résultats d'une telle recherche pourraient fort bien révéler de nouvelles dimensions du problème, qu'on continuera à explorer au moyen d'autres études de cas ou d'autres protocoles de recherche.

Les grands avantages de l'étude de cas résident dans son réalisme et dans l'abondance et l'intérêt des éléments d'information qu'elle permet de recueillir. Pour ce qui est de ses inconvénients, notons le fait que le chercheur n'exerce aucun contrôle, la difficulté d'interpréter les résultats à cause de leur profusion, ainsi que le temps et les coûts que ce type d'étude peut impliquer.

L'ENQUÊTE

L'*enquête* est un protocole de recherche qui repose sur un questionnaire et qui vise à décrire ou à prédire un phénomène. Généralement menée auprès d'un échantillon représentatif d'une population, elle cherche à déceler des relations entre des variables. Elle offre deux avantages importants: la flexibilité ainsi que la possibilité d'examiner et de décrire rapidement et à peu de frais de vastes segments de la population. On peut s'en servir pour mener divers types de recherches en CO, par exemple pour vérifier certaines hypothèses et théories ou pour évaluer certains programmes. L'enquête suppose que le chercheur maîtrise suffisamment le sujet pour poser les bonnes questions; parfois, des recherches antérieures lui fournissent de l'information utile.

> **Enquête**
> Protocole de recherche qui repose sur un questionnaire et qui vise à décrire ou à prédire un phénomène

Reprenons notre exemple de l'étude des effets des programmes incitatifs sur l'absentéisme. Après avoir réuni de l'information sur des entreprises dotées de tels programmes et procédé à une recension des écrits sur le sujet, le chercheur élabore son questionnaire. Son objectif de recherche est de dresser le profil des entreprises qu'il étudie et de déterminer quels programmes ont fait diminuer le taux d'absentéisme.

La grande limite de l'enquête est le peu de contrôle que le chercheur exerce sur la situation: il ne peut pas manipuler les variables et, parfois, même le choix des répondants et du moment où ils répondront aux questions lui échappe. Autre limite: les réponses à un questionnaire manquent de substance, de sorte que le chercheur obtient parfois des données superficielles.

LA COLLECTE, L'ANALYSE ET L'INTERPRÉTATION DES DONNÉES

Une fois le protocole de recherche établi, on passe à la collecte et à l'analyse des données, puis à leur interprétation, dernière étape de la démarche scientifique.

LA COLLECTE DES DONNÉES

Les techniques de collecte de données les plus courantes sont l'entrevue, l'observation, le questionnaire et les méthodes non réactives[11].

L'entrevue

L'*entrevue* est une technique de collecte de données qui repose sur un entretien, en personne, au téléphone ou par l'entremise de systèmes informatisés, durant lequel les répondants sont interrogés sur divers sujets d'intérêt. Dans une *entrevue structurée*,

> **Entrevue**
> Technique de collecte de données qui repose sur un entretien, en personne, au téléphone ou par l'entremise de systèmes informatisés, durant lequel les répondants sont interrogés sur divers sujets d'intérêt

on pose les mêmes questions, dans le même ordre, à tous les répondants. L'*entrevue non structurée* se déroule plus spontanément et n'exige pas un format normalisé pour tous. Souvent, les deux méthodes sont combinées. L'entrevue permet de poser des questions approfondies et d'obtenir des réponses détaillées ; cependant, elle exige généralement beaucoup de temps et, selon sa structure et sa profondeur, elle peut nécessiter des degrés élevés de formation et de compétence.

L'observation

> **Observation**
> Technique de collecte de données qui consiste à observer un évènement, un objet ou une personne et à en consigner ses caractéristiques

L'*observation* est une technique de collecte de données qui consiste à observer un évènement, un objet ou une personne et à en consigner les caractéristiques. Dans certains cas, l'observateur est un chercheur qui n'a aucun lien avec les participants et qui observe la situation de l'extérieur. Dans d'autres cas, l'observateur prend part à la situation (par exemple, il est membre de l'unité de travail observée) et il résume ses observations dans une sorte de journal de bord. Enfin, l'observateur peut choisir d'observer les sujets à leur insu, derrière un miroir sans tain ou à l'aide de caméras de surveillance.

L'observation a deux grands avantages :

1. On observe le comportement au moment où il survient, plutôt que de le décrire après coup, en réponse à des questions.
2. L'observateur peut obtenir des données que les sujets ne veulent pas ou ne peuvent pas dévoiler.

Du côté des inconvénients, notons des coûts élevés et la faillibilité des observateurs, lesquels ne fournissent pas toujours des données complètes et exactes.

Le questionnaire

> **Questionnaire**
> Instrument de collecte de données qui permet d'interroger les répondants sur leurs opinions, leurs attitudes et leurs perceptions touchant divers sujets

Le *questionnaire* est un instrument de collecte de données qui permet d'interroger les répondants sur leurs opinions, leurs attitudes et leurs perceptions touchant divers sujets – en CO, des sujets liés à leur travail. Le questionnaire s'appuie généralement sur des instruments de recherche qui existent déjà. Normalement, les répondants remplissent le questionnaire – les questions peuvent être ouvertes, dichotomiques (*vrai* ou *faux*) ou à choix multiple –, puis le transmettent au chercheur.

Le questionnaire offre deux avantages appréciables : un coût modeste et l'anonymat, ce dernier favorisant la franchise et l'honnêteté des réponses. Par contre, le taux de réponse est souvent faible, ce qui réduit la possibilité d'une généralisation, et les réponses manquent souvent de substance.

Les méthodes non réactives

> **Méthodes non réactives**
> Techniques de recherche qui permettent de recueillir des données sans perturber la situation étudiée

Les *méthodes non réactives* sont des techniques de recherche qui permettent de recueillir des données sans perturber la situation étudiée. Elles mettent l'accent sur les *indices matériels*, les *archives* et l'*observation dissimulée*. Par indices matériels, on entend le genre de renseignements récoltés par John Fry, de 3M, qui distribua des lots tests de Post-it aux membres du personnel et découvrit ainsi qu'ils les utilisaient davantage que le Scotch Tape, produit champion de 3M[12]. Les archives sont des données que conservent les organisations au fil de leurs activités quotidiennes : comptes rendus, dossiers, relevés de production, etc.

Le grand avantage des méthodes non réactives est qu'elles ne perturbent pas la situation étudiée. Comme le chercheur n'intervient pas, sa présence ne modifie pas les réactions des participants. Par contre, leur caractère indirect peut entraîner des déductions erronées, aussi est-il sage d'associer ces méthodes à des évaluations plus directes.

L'ANALYSE ET L'INTERPRÉTATION DES DONNÉES

Une fois les données recueillies, il faut les analyser. Le plus souvent, l'analyse des données s'appuie sur une forme ou une autre de méthode statistique, depuis le simple décompte et la catégorisation jusqu'aux méthodes à variables multiples les plus élaborées[13]. La description de ce vaste domaine dépasse largement notre propos; soulignons néanmoins l'importance de ces méthodes. On utilise, notamment, les tests statistiques pour valider des hypothèses de recherche, pour vérifier la fiabilité des diverses techniques de collecte de données, et pour fournir de l'information sur la causalité et sur de nombreux autres aspects de l'analyse.

Après avoir analysé systématiquement ses données, le chercheur interprète les résultats et prépare un rapport de recherche[14]. Il peut arriver que ce rapport soit utilisé immédiatement par la direction de l'organisation, présenté dans des colloques ou publié dans des revues spécialisées. Enfin, les résultats des recherches en CO finissent souvent par être publiés dans des ouvrages comme le nôtre.

L'ÉTHIQUE SCIENTIFIQUE

Compte tenu de la place que nous accordons aux considérations éthiques dans ce livre, quoi de plus approprié que de conclure ce module par les aspects éthiques de la recherche en CO?

Quatre entités sont concernées par la recherche en général, et plus particulièrement par la recherche en CO : la société, les sujets, les clients et les chercheurs. Et chacune de ces entités a des droits[15].

- Les droits de la *société*, soit ceux de l'entité la plus importante au regard de la recherche en CO, comprennent le droit à l'information sur les résultats de la recherche, le droit à l'objectivité des résultats et le droit à la vie privée (droit de ne pas être importuné).

- Les droits des *sujets* comprennent le droit de consentement, le droit au respect de leur intégrité et le droit d'être informés des objectifs de la recherche.

- Les droits des *clients* de la recherche consistent essentiellement dans le droit d'obtenir des recherches de qualité et le droit à la confidentialité.

- Les droits des *chercheurs* sont essentiellement le droit de chercher et le droit au respect des règles éthiques de la part de leurs clients et de leurs sujets.

Toutes les parties concernées doivent connaître leurs droits et s'engager à respecter ceux des autres parties. De plus en plus, les organisations qui se livrent à des recherches scientifiques se dotent de codes déontologiques. Dans le champ d'étude du CO, c'est le cas, par exemple, de l'Ordre des psychologues du Québec, de la Société canadienne de psychologie et de l'Academy of Management.

MOTS CLÉS

Causalité	p. 582	Observation	p. 586
Enquête	p. 585	Protocole de recherche	p. 583
Entrevue	p. 585	Protocole quasi expérimental	p. 584
Étude de cas	p. 584	Questionnaire	p. 586
Expérimentation en laboratoire	p. 583	Théorie	p. 579
Expérimentation sur le terrain	p. 584	Validité	p. 582
Fiabilité	p. 582	Variable	p. 581
Hypothèse de recherche	p. 581	Variable intermédiaire	p. 581
Méthode scientifique	p. 580	Variable modératrice	p. 581
Méthodes non réactives	p. 586		

CAHIER
D'APPRENTISSAGE EN *eo*

I. RECUEIL DE JOSSEY-BASS ET PFEIFFER

A. Inventaire des pratiques de leadership de l'étudiant, de Kouzes et Posner

Activités	Aperçu
1. Inventaire des pratiques de leadership de l'étudiant – Cahier de l'étudiant	Ce cahier comprend une fiche récapitulative qui facilite l'examen de la rétroaction et l'établissement d'un plan d'action pour chacune des pratiques de leadership évaluées, des sections portant sur la comparaison des résultats par rapport à un échantillon normatif et sur la mise en commun de la rétroaction ainsi que plusieurs étapes concrètes à l'intention de l'étudiant désireux de s'améliorer.
2. Inventaire des pratiques de leadership de l'étudiant – Autoévaluation	Cet inventaire de 30 éléments aidera l'étudiant à déterminer dans quelle mesure il se comporte comme un leader efficace. Grâce à un processus d'autoévaluation simple, il pourra se doter d'un plan d'action pour améliorer ses propres compétences de leadership.
3. Inventaire des pratiques de leadership de l'étudiant – Observateur	Cette version de l'inventaire permet de comparer les perceptions qu'a l'étudiant de ses pratiques de leadership avec les tendances observées par d'autres personnes.

B. Exercices expérientiels extraits des manuels de formation que publie annuellement Pfeiffer

Exercices	Chapitres suggérés	Autres sujets de référence
1. Séance de questions : définir les problèmes et les besoins par des interrogations	1. Introduction au comportement organisationnel	Dynamique de groupe ; communication.
2. Gestion efficace des conflits : savoir choisir la stratégie appropriée	14. Les conflits et la négociation	Communication ; processus décisionnel ; dynamique de groupe et travail d'équipe.
3. Favoriser la créativité : facteurs de motivation intrinsèques et extrinsèques	5. Les théories de la motivation 15. Le changement et le stress en milieu organisationnel	Conception de poste ; gestion du rendement et récompenses.

II. ÉTUDES DE CAS

Cas	Chapitres suggérés	Autres sujets de référence
1. Panera Bread : on ne vit pas que de pain	1. Introduction au comportement organisationnel	Gestion du rendement et récompenses ; culture organisationnelle ; innovation ; technologies de l'information et des communications ; leadership.
2. Des frontières à franchir	2. Les valeurs, la personnalité et les différences individuelles	Perception et attribution ; gestion du rendement et récompenses ; conception de poste ; communication ; processus décisionnel et conflits.

Cas	Chapitres suggérés	Autres sujets de référence
3. Les enfants terribles	2. Les valeurs, la personnalité et les différences individuelles	Motivation ; conception de poste ; culture organisationnelle ; processus décisionnel.
4. SAS	3. Les émotions, les attitudes et la satisfaction professionnelle	Culture organisationnelle, mondialisation, innovation, motivation.
5. La société MagRec	4. La perception, l'attribution et l'apprentissage	Éthique et diversité ; conflits et négociation ; conception et structure organisationnelles ; culture organisationnelle ; processus décisionnel ; changement organisationnel.
6. C'est trop injuste !	5. Les théories de la motivation	Perception et attribution ; gestion du rendement et récompenses ; communication ; éthique et processus décisionnel.
7. La société Hovey & Beard	6. La motivation et la conception de poste	Changement organisationnel ; dynamique de groupe et travail d'équipe ; culture organisationnelle ; gestion du rendement et récompenses ; communication ; processus décisionnel.
8. La société aérienne Maritime	6. La motivation et la conception de poste	Changement organisationnel ; culture et développement organisationnels ; dynamique de groupe et travail d'équipe.
9. Pizzeria Idéale	7. La gestion du rendement et les récompenses	Motivation, conception de poste et rendement ; structure organisationnelle ; dynamique de groupe et travail d'équipe.
10. Un membre oublié	8. Le fonctionnement des groupes	Travail d'équipe ; motivation ; personnalité et différences individuelles ; perception et attribution ; gestion du rendement et récompenses ; communication ; conflit ; leadership.
11. Marc Perrot	8. Le fonctionnement des groupes	Travail d'équipe ; conflit ; motivation ; conception de poste.
12. Les écuries de la NASCAR	9. Le travail d'équipe et le rendement des équipes	Culture organisationnelle ; leadership ; motivation ; communication.
13. Le cas de la nouvelle cage	9. Le travail d'équipe et le rendement des équipes	Changement organisationnel ; leadership ; processus décisionnel ; conflit ; communication.
14. L'autonomisation du corps enseignant et l'évolution de l'environnement universitaire	10. Le pouvoir et le jeu politique	Changement, innovation et stress ; conception de poste ; communication ; conflits et négociation.
15. Analyse du comportement politique	10. Le pouvoir et le jeu politique	Valeurs, personnalité et différences individuelles ; conflit ; culture organisationnelle.

Cas	Chapitres suggérés	Autres sujets de référence
16. Un nouveau vice-recteur pour Mid-West U	11. Le leadership	Changement et stress ; gestion du rendement et récompenses ; personnalité et différences individuelles ; communication ; conflits et négociation ; pouvoir et influence.
17. L'innovateur en chef de Motorola	11. Le leadership	Innovation ; conflits et négociation ; changement et stress en milieu organisationnel.
18. Jean Durant	12. Le processus décisionnel	Conflits et négociation ; leadership ; communication ; changement organisationnel ; culture organisationnelle ; pouvoir et jeu politique ; dynamique de groupe.
19. L'histoire du morse qui n'en savait pas assez	13. La communication	Leadership ; conflit ; perception et attribution.
20. Le cas de l'augmentation manquée	14. Les conflits et la négociation	Gestion du rendement et récompenses ; motivation ; conception de poste ; changement organisationnel ; innovation et stress ; pouvoir et jeu politique.
21. Conflit chez Burger Mart	14. Les conflits et la négociation	Communication ; émotions et attitudes ; personnalité et différences individuelles.
22. L'assistante technique compétente et motivée	14. Les conflits et la négociation	Motivation ; conception de poste ; pouvoir et jeu politique ; communication.
23. Le bouleversement des fusions départementales	15. Le changement et le stress en milieu organisationnel	Personnalité et différences individuelles ; motivation.
24. L'arrivée de Mme Roy	15. Le changement et le stress en milieu organisationnel	Personnalité et différences individuelles ; communication ; pouvoir et jeu politique ; motivation.
25. Jamais le dimanche…	16. La culture et le développement organisationnels	Éthique et diversité ; conception et structure organisationnelles ; processus décisionnel ; changement organisationnel.
26. La financière First Community	17. Les caractéristiques fondamentales des organisations	Conception et structure organisationnelles ; conflit ; gestion du rendement et récompenses ; culture organisationnelle.
27. CSI	17. Les caractéristiques fondamentales des organisations	Conception et structure organisationnelles ; culture organisationnelle ; conflit ; communication.
28. Fabrication Laurentides	17. Les caractéristiques fondamentales des organisations	Conception et structure organisationnelles ; conflit ; communication ; culture organisationnelle.
29. Mission Management and Trust	18. La conception organisationnelle et l'acquisition de compétences stratégiques	Culture organisationnelle ; éthique ; gestion du rendement et récompenses.
30. Le dilemme de la formation des cadres	Module complémentaire : Les fondements de la recherche en comportement organisationnel	Éthique et prise de décisions ; communication ; conflits et négociation.

III. EXERCICES

Exercices	Chapitres suggérés	Autres sujets de référence
1. Mon meilleur patron	1. Introduction au comportement organisationnel 2. Les valeurs, la personnalité et les différences individuelles 11. Le leadership	Pouvoir et jeu politique ; émotions, attitudes et satisfaction professionnelle.
2. Les mots de la fin : remue-méninges et idées en vrac	1. Introduction au comportement organisationnel	Personnalité et différences individuelles ; perception et attribution ; communication.
3. Mon meilleur emploi	1. Introduction au comportement organisationnel 2. Les valeurs, la personnalité et les différences individuelles 6. La motivation et la conception de poste	Théories de la motivation ; culture organisationnelle.
4. Que valorisez-vous particulièrement dans un travail ?	2. Les valeurs, la personnalité et les différences individuelles 3. Les émotions, les attitudes et la satisfaction professionnelle 5. Les théories de la motivation	Conception de poste ; gestion du rendement et récompenses.
5. Mon actif	2. Les valeurs, la personnalité et les différences individuelles 3. Les émotions, les attitudes et la satisfaction professionnelle	Perception et attribution ; gestion du rendement et récompenses.
6. Un poste à l'étranger	2. Les valeurs, la personnalité et les différences individuelles 16. La culture et le développement organisationnels	Perception et attribution ; processus décisionnel ; gestion du rendement et récompenses.
7. Signaux culturels	13. La communication	Mondialisation ; leadership ; perception et attribution ; diversité et différences individuelles ; processus décisionnel ; conflit ; dynamique de groupe et travail d'équipe.
8. Les préjugés au quotidien	2. Les valeurs, la personnalité et les différences individuelles 3. Les émotions, les attitudes et la satisfaction professionnelle 4. La perception, l'attribution et l'apprentissage	Dynamique de groupe et travail d'équipe ; conflit ; processus décisionnel ; communication.
9. Comment percevons-nous les différences ?	4. La perception, l'attribution et l'apprentissage 16. La culture et le développement organisationnels	Mondialisation ; diversité et différences individuelles ; processus décisionnel ; communication ; conflit ; dynamique de groupe et travail d'équipe.

Exercices	Chapitres suggérés	Autres sujets de référence
10. La rivière aux alligators	2. Les valeurs, la personnalité et les différences individuelles 4. La perception, l'attribution et l'apprentissage	Processus décisionnel ; communication ; conflit ; dynamique de groupe et travail d'équipe.
11. Travail d'équipe et motivation	5. Les théories de la motivation 9. Le travail d'équipe et le rendement des équipes	Gestion du rendement et récompenses ; conception de poste ; fonctionnement des groupes.
12. Les désavantages des mesures disciplinaires	4. La perception, l'attribution et l'apprentissage	Théories de la motivation ; gestion du rendement et récompenses.
13. Le jeu de construction	6. La motivation et la conception de poste 17. Les caractéristiques fondamentales des organisations 18. La conception organisationnelle et l'acquisition de compétences stratégiques	Culture organisationnelle ; dynamique de groupe et travail d'équipe ; leadership.
14. Préférences en matière de conception de poste	6. La motivation et la conception de poste	Théories de la motivation ; personnalité et différences individuelles ; émotions, attitudes et satisfaction professionnelle.
15. Un emploi de rêve	6. La motivation et la conception de poste	Théories de la motivation ; personnalité et différences individuelles ; émotions, attitudes et satisfaction professionnelle.
16. La motivation par l'enrichissement des tâches	6. La motivation et la conception de poste	Théories de la motivation ; perception et attribution ; personnalité et différences individuelles ; changement.
17. Augmentations de salaire annuelles	5. Les théories de la motivation 7. La gestion du rendement et les récompenses	Structure organisationnelle ; changement.
18. Double appartenance	8. Le fonctionnement des groupes	Dynamique intergroupes ; travail d'équipe ; rôles ; communication ; conflit ; stress.
19. Travœufs pratiques	8. Le fonctionnement des groupes	Travail d'équipe ; diversité et différences individuelles ; communication ; leadership.
20. Consolidation d'équipe : la chasse aux trésors	9. Le travail d'équipe et le rendement des équipes	Groupe ; leadership ; diversité et différences individuelles ; communication.
21. Dynamique d'une équipe de travail	9. Le travail d'équipe et le rendement des équipes	Groupe ; motivation ; processus décisionnel ; conflit ; communication.
22. Détermination des normes de groupe	9. Le travail d'équipe et le rendement des équipes	Groupe ; communication ; perception et attribution.
23. Culture de groupe de travail	9. Le travail d'équipe et le rendement des équipes 16. La culture et le développement organisationnels	Groupe ; communication ; perception et attribution ; conception de poste.

Exercices	Chapitres suggérés	Autres sujets de référence
24. La chaise vide	9. Le travail d'équipe et le rendement des équipes 13. La communication	Groupe ; conflits et négociation ; pouvoir et jeu politique ; leadership ; culture organisationnelle.
25. Entrevue avec un dirigeant	10. Le pouvoir et le jeu politique 11. Le leadership	Gestion du rendement et récompenses ; motivation ; conception de poste ; nouveaux milieux de travail ; changement organisationnel et stress.
26. Inventaire des compétences en leadership	11. Le leadership	Personnalité et différences individuelles ; perception et attribution ; processus décisionnel.
27. Leadership et participation au processus décisionnel	11. Le leadership	Processus décisionnel ; communication ; théories de la motivation ; dynamique de groupe et travail d'équipe.
28. Mon meilleur patron II	2. Les valeurs, la personnalité et les différences individuelles 11. Le leadership	Pouvoir et jeu politique ; perception et attribution.
29. Écoute active	13. La communication	Dynamique de groupe et travail d'équipe ; perception et attribution.
30. Évaluation d'un supérieur	7. La gestion du rendement et les récompenses 13. La communication	Processus décisionnel ; perception et attribution ; théories de la motivation.
31. Rétroaction à 360 degrés	7. La gestion du rendement et les récompenses 13. La communication	Processus décisionnel ; perception et attribution ; théories de la motivation.
32. Analyse et négociation de rôle	12. Le processus décisionnel 14. Les conflits et la négociation 15. Le changement et le stress en milieu organisationnel	Communication ; dynamique de groupe et travail d'équipe ; perception et attribution.
33. Les naufragés	12. Le processus décisionnel	Communication ; dynamique de groupe et travail d'équipe ; conflits et négociation ; leadership.
34. Incursion dans l'inconnu	8. Le fonctionnement des groupes 12. Le processus décisionnel 13. La communication 14. Les conflits et la négociation	Travail d'équipe ; perception et attribution ; leadership.
35. Le casse-tête des congés	14. Les conflits et la négociation	Communication ; processus décisionnel.
36. Les oranges Ugli	14. Les conflits et la négociation	Communication ; processus décisionnel.
37. Conflits et dialogues	14. Les conflits et la négociation	Communication ; perception ; stress.
38. Analyse du champ des forces	15. Le changement et le stress en milieu organisationnel	Processus décisionnel ; conception et structure organisationnelles ; culture organisationnelle.

Exercices	Chapitres suggérés	Autres sujets de référence
39. Les coulisses des organisations	17. Les caractéristiques fondamentales des organisations 18. La conception organisationnelle et l'acquisition de compétences stratégiques	Culture organisationnelle ; conception de poste ; gestion du rendement et récompenses.
40. D'un hamburger à l'autre…	16. La culture et le développement organisationnels 17. Les caractéristiques fondamentales des organisations	Conception organisationnelle ; conception de poste.
41. Une invasion extraterrestre	16. La culture et le développement organisationnels 17. Les caractéristiques fondamentales des organisations 18. La conception organisationnelle et l'acquisition de compétences stratégiques	Mondialisation ; diversité et différences individuelles ; perception et attribution.
42. Les cercles du pouvoir	10. Le pouvoir et le jeu politique	Leadership ; conception et structure organisationnelles ; gestion du changement.

IV. AUTOÉVALUATIONS

Tests	Chapitres suggérés	Autres sujets de référence
1. Les postulats d'un gestionnaire	1. Introduction au comportement organisationnel 2. Les valeurs, la personnalité et les différences individuelles 4. La perception, l'attribution et l'apprentissage	Leadership.
2. Le gestionnaire du XXIe siècle	1. Introduction au comportement organisationnel 11. Le leadership 17. Les caractéristiques fondamentales des organisations 18. La conception organisationnelle et l'acquisition de compétences stratégiques	Valeurs, personnalité et différences individuelles ; émotions, attitudes et satisfaction professionnelle ; processus décisionnel ; mondialisation.
3. Tolérance à l'agitation	1. Introduction au comportement organisationnel 2. Les valeurs, la personnalité et les différences individuelles 15. Le changement et le stress en milieu organisationnel	Leadership ; émotions, attitudes et satisfaction professionnelle ; perception.
4. Indice de préparation à la mondialisation	3. Les émotions, les attitudes et la satisfaction professionnelle 11. Le leadership	Diversité et différences individuelles ; culture ; perception ; compétences en gestion ; préparation à une carrière.

Tests	Chapitres suggérés	Autres sujets de référence
5. Valeurs personnelles	2. Les valeurs, la personnalité et les différences individuelles 3. Les émotions, les attitudes et la satisfaction professionnelle 7. La gestion du rendement et les récompenses	Théories de la motivation ; conception de poste ; perception.
6. Degré de tolérance à l'ambiguïté	4. La perception, l'attribution et l'apprentissage 15. Le changement et le stress en milieu organisationnel	Leadership ; personnalité et différences individuelles ; théories de la motivation.
7. Profil bifactoriel	5. Les théories de la motivation 6. La motivation et la conception de poste 7. La gestion du rendement et les récompenses	Personnalité et différences individuelles.
8. Êtes-vous *universel* ?	6. La motivation et la conception de poste 7. La gestion du rendement et les récompenses 16. La culture et le développement organisationnels	Personnalité et différences individuelles.
9. Efficacité d'un groupe	8. Le fonctionnement des groupes 9. Le travail d'équipe et le rendement des équipes 16. La culture et le développement organisationnels	Conception et structure organisationnelles ; leadership.
10. Questionnaire du collègue le moins apprécié	11. Le leadership	Personnalité et différences individuelles ; dynamique de groupe et travail d'équipe ; perception.
11. Style de leadership	11. Le leadership	Personnalité et différences individuelles ; dynamique de groupe et travail d'équipe ; perception.
12. Leadership transactionnel et leadership transformateur	11. Le leadership 13. La communication	Personnalité et différences individuelles ; dynamique de groupe et travail d'équipe ; perception.
13. Propension à la délégation	2. Les valeurs, la personnalité et les différences individuelles 10. Le pouvoir et le jeu politique 11. Le leadership 13. La communication	Dynamique de groupe et travail d'équipe ; perception et attribution.
14. Machiavélisme	2. Les valeurs, la personnalité et les différences individuelles 10. Le pouvoir et le jeu politique	Leadership ; théories de la motivation.

Tests	Chapitres suggérés	Autres sujets de référence
15. Votre profil de pouvoir	10. Le pouvoir et le jeu politique	Leadership ; personnalité et différences individuelles ; théories de la motivation.
16. Êtes-vous intuitif ?	12. Le processus décisionnel	Personnalité et différences individuelles.
17. Influence des heuristiques sur le processus décisionnel	4. La perception, l'attribution et l'apprentissage 8. Le fonctionnement des groupes 12. Le processus décisionnel	Travail d'équipe ; communication.
18. Styles de gestion de conflit	14. Les conflits et la négociation	Personnalité et différences individuelles ; communication ; leadership.
19. Votre type de personnalité	2. Les valeurs, la personnalité et les différences individuelles 15. Le changement et le stress en milieu organisationnel	Conception de poste ; motivation.
20. Comment gérez-vous votre temps ?	15. Le changement et le stress en milieu organisationnel	Personnalité et différences individuelles.
21. Préférence en matière de structure organisationnelle	16. La culture et le développement organisationnels 17. Les caractéristiques fondamentales des organisations 18. La conception organisationnelle et l'acquisition de compétences stratégiques	Conception de poste ; personnalité et différences individuelles.
22. Quelle est la culture qui vous convient ?	16. La culture et le développement organisationnels	Perception ; personnalité et différences individuelles.

RECUEIL
de Jossey-Bass et Pfeiffer

A **INVENTAIRE DES PRATIQUES DE LEADERSHIP DE L'ÉTUDIANT, DE KOUZES ET POSNER**

1. **Inventaire des pratiques de leadership de l'étudiant – Cahier de l'étudiant**

   Les comportements de leaders
   Foire aux questions sur l'*IPL de l'étudiant*
   La compilation de vos résultats
   L'interprétation de vos résultats
   Fiche récapitulative et plan d'action

2. **Inventaire des pratiques de leadership de l'étudiant – Autoévaluation**

3. **Inventaire des pratiques de leadership de l'étudiant – Observateur**

B **EXERCICES EXPÉRIENTIELS EXTRAITS DES MANUELS DE FORMATION QUE PUBLIE ANNUELLEMENT PFEIFFER**

1. **Séance de questions : définir les problèmes et les besoins par des interrogations**

2. **Gestion efficace des conflits : savoir choisir la stratégie appropriée**

3. **Favoriser la créativité : facteurs de motivation intrinsèques et extrinsèques**

A Inventaire des pratiques de leadership de l'étudiant, de Kouzes et Posner[1]

Ceux et celles qui deviennent des leaders ne vont pas toujours au-devant des défis. Parfois, ce sont les défis qui viennent à eux.

1. INVENTAIRE DES PRATIQUES DE LEADERSHIP DE L'ÉTUDIANT – CAHIER DE L'ÉTUDIANT

Les comportements des leaders

« Le leadership est à la portée de tous. » Telle est la conclusion à laquelle nous en sommes venus après quasi deux décennies de recherche sur les comportements des personnes qui exercent une influence déterminante dans leur milieu, que ce soit au sein d'une grande organisation, d'un club social, d'une équipe sportive, d'une classe, d'un regroupement communautaire ou, tout simplement, d'une famille. En effet, nous avons constaté que le leadership correspond à un ensemble de pratiques observables, dont il est possible de faire l'apprentissage.

Selon certaines idées reçues, il faudrait voir dans le leadership un processus mystérieux et presque surnaturel, qui échappe à la compréhension du commun des mortels. Mais il en est autrement : dans la mesure où elle a la possibilité de s'y exercer en bénéficiant d'une rétroaction, toute personne déterminée à jouer un rôle de leader, c'est-à-dire à faire évoluer les choses autour d'elle, peut considérablement accroître ses compétences en matière de leadership.

L'*Inventaire des pratiques de leadership* (IPL) fait partie d'un vaste projet de recherche portant sur les comportements quotidiens de personnes qui, à tous les échelons et dans divers cadres organisationnels, assument un rôle de leader. Notre démarche nous a d'abord permis de dégager cinq pratiques communes à tous ces exemples de leadership. Par la suite, en collaboration avec d'autres chercheurs, nous avons élargi nos observations afin qu'elles incluent les leaders étudiants et rendent compte du contexte scolaire ou universitaire.

C'est ainsi que nous avons élaboré cette version de l'IPL destinée aux étudiants[2]. L'IPL est un outil, et non un test d'évaluation. Conçu pour vous aider à évaluer vos compétences actuelles en leadership, il vous servira à reconnaître vos forces, tout comme les aspects que vous devriez encore perfectionner. Il vous aidera à découvrir dans quelle mesure vous avez adopté, en tant que leader d'un groupe ou d'une organisation d'étudiants, les cinq pratiques de leadership suivantes.

Remettre en question les processus

Les leaders sont des pionniers. À l'affût de nouvelles possibilités, ils ne craignent pas d'ébranler le statu quo. Ils innovent, expérimentent des façons inédites de faire les choses et explorent diverses avenues afin d'améliorer l'organisation. Ils considèrent les erreurs comme autant d'occasions d'apprentissage et se tiennent prêts à affronter toutes les difficultés qui se présenteront sur leur route. Remettre en question les processus signifie, notamment :

- rechercher de nouvelles possibilités ;
- expérimenter et prendre des risques.

À titre d'exemple, un étudiant raconte comment ses idées novatrices l'ont aidé à gagner une élection au sein de sa classe : « J'ai remis les processus en question de plus d'une façon. Premièrement, parce que je voulais faire comprendre aux gens que les élections ne sont pas nécessairement des concours de popularité, j'ai fait porter ma campagne sur de vrais enjeux et je n'ai fait aucune promesse irréalisable. Deuxièmement, j'ai contesté les prétentions des représentants sortants qui croyaient en une victoire facile du seul fait qu'ils avaient occupé un poste et je leur ai montré que personne n'avait, en cette matière, de droits acquis. »

Une autre étudiante, trésorière de son association, a remis en question la façon dont elle concevait le leadership : « Auparavant, j'adhérais à la fameuse maxime "On n'est jamais mieux servi que par soi-même", mais j'ai appris, à mes dépens, qu'il est impossible de tout faire… Un jour, alors que j'étais sur le point de démissionner parce que la charge me paraissait trop lourde, ma conseillère a remarqué que j'étais débordée et a prononcé ces mots magiques : "Fais appel à ton comité." Le meilleur conseil que je donnerais aujourd'hui à mon tour, c'est que, pour être un leader efficace, il ne faut pas hésiter à confier des tâches à d'autres personnes. »

Inspirer une vision commune

Les leaders ont le regard tourné vers l'horizon et voient même au-delà de celui-ci. Ils ont un esprit positif et envisagent l'avenir avec confiance. Ils sont expressifs et, que ce soit au sein d'une équipe ou dans une grande organisation, leur authenticité exerce une force d'attraction. Les leaders savent communiquer et montrer aux autres comment les intérêts de chacun peuvent être servis par l'adhésion à un but commun. Inspirer une vision commune signifie, notamment :

- envisager l'avenir avec optimisme ;
- rallier les autres autour d'objectifs communs.

Un étudiant décrit ainsi son expérience à titre de président de classe au secondaire : « Notre vision, c'était de rallier toute la classe en vue d'un projet de coopération internationale en Amérique du Sud [...]. J'ai dit à mon équipe que nous pourrions réaliser tout ce que nous avions en tête. Il faut avoir confiance en nous et croire en notre capacité d'accomplir des choses. »

Susciter l'engagement des autres

Les leaders insufflent leur dynamisme et leur assurance aux personnes qu'ils côtoient, en établissant avec elles des relations fondées sur la confiance mutuelle. Ils mettent l'accent sur la collaboration et les objectifs communs. Ils incitent activement les autres à participer à la planification des activités, en leur donnant de la latitude pour prendre leurs propres décisions. Les leaders font en sorte que les personnes autour d'eux se sentent solides et compétentes. Susciter l'engagement des autres signifie, notamment :

- favoriser la collaboration ;
- renforcer les aptitudes des personnes.

Il n'est pas nécessaire d'occuper une fonction officielle de direction pour mettre ces principes en pratique. Voici comment un étudiant décrit le rôle déterminant qu'il a joué comme simple membre d'une équipe sportive : « J'ai aidé mes coéquipiers à se sentir forts et capables d'affronter l'adversaire en encourageant chaque joueur à s'entraîner avec autant d'intensité que s'il s'agissait d'un match. Il y a eu des progrès dans cette direction tout au long de l'année et, comme je le souhaitais, tous les membres de l'équipe ont fini par s'engager à fond, en se motivant mutuellement à se dépasser, même à l'entraînement. »

Montrer la voie

Les leaders expriment clairement leurs valeurs personnelles et leurs points de vue. Ils font en sorte que les personnes maintiennent le cap sur les projets, en agissant eux-mêmes conformément à leurs valeurs et en montrant par l'exemple ce qu'ils attendent des autres. Les leaders planifient aussi des projets et les décomposent en étapes réalisables, qui sont autant d'occasions de remporter de petites victoires. Du fait qu'ils orientent les efforts vers les priorités, ils aident chacun à atteindre des objectifs. Montrer la voie signifie, notamment :

- donner l'exemple ;
- obtenir de petites victoires.

C'est en occupant un emploi en entreprise qu'une étudiante a compris l'importance, pour un leader, de montrer la voie : « J'étais la première arrivée au bureau et la dernière à partir, et cela a prouvé mon sérieux. Je me présentais toujours bien préparée et je m'assurais que mon équipe avait à sa disposition les outils nécessaires. Je travaillais en collaboration avec elle, sans jamais avoir une attitude de supériorité. L'idée, c'était que nous étions tous dans le même bateau. »

Nourrir la passion

Les leaders encouragent les personnes à persévérer dans leurs efforts. Ils associent aux réalisations de chacun une forme de reconnaissance et soulignent les diverses contributions à la vision commune. Ils manifestent leur fierté devant les réalisations de l'équipe ou de l'organisation, en faisant sentir aux autres qu'ils apprécient leurs efforts. Les leaders trouvent aussi des façons de célébrer les étapes marquantes. Ils alimentent l'esprit d'équipe, ce qui motive chacun à continuer. Nourrir la passion signifie, notamment :

- reconnaître les contributions individuelles ;
- célébrer les réalisations collectives.

Une étudiante explique ainsi comment, en tant qu'organisatrice et directrice d'un camp de jour, elle a reconnu l'apport des bénévoles et souligné concrètement leurs réalisations : « Le dernier jour du camp, nous avons fait une fête et servi de la pizza aux enfants. Nous avons, par la suite, remis aux bénévoles des cartes de remerciements et, à titre de "précieux bénévoles", ils ont reçu des mentions spéciales signées par les participants au camp de jour. Toutes ces attentions visaient à renforcer la fierté et l'enthousiasme des bénévoles, dans l'espoir de pouvoir de nouveau compter sur eux l'année suivante. »

> *Un jour ou l'autre, le leader qui se trouve en chacun de nous peut être sollicité et répondre à l'appel.*

Foire aux questions sur l'*IPL de l'étudiant*

Question 1 : *Quelles sont les bonnes réponses ?*

Réponse : Il n'y a pas de bonnes réponses universelles en matière de leadership. Toutefois, des recherches ont montré que plus vous donnerez l'impression d'avoir adopté les comportements présentés dans l'*IPL de l'étudiant*, plus on aura tendance à vous percevoir comme un leader efficace. Plus vous obtiendrez des résultats élevés au questionnaire *IPL de l'étudiant – Observateur*, plus il paraîtra aux yeux des autres que :

1) vous possédez une crédibilité personnelle ;
2) vous dirigez efficacement les réunions ;
3) vous représentez avec succès votre équipe ou votre organisation auprès des non-membres ;
4) vous suscitez l'enthousiasme et la collaboration ;
5) vous avez une équipe hautement performante.

Des études ont aussi mis en évidence une corrélation étroite et positive entre la mesure dans laquelle les personnes considèrent que leur leader adopte ces cinq pratiques de leadership et les degrés de rendement, de motivation et d'engagement ressentis.

Question 2 : *Jusqu'à quel point l'*IPL de l'étudiant *est-il fiable et valide ?*

Réponse : La fiabilité de l'*IPL de l'étudiant* peut être considérée de deux points de vue. Premièrement, il s'agit d'un instrument psychométrique solide et éprouvé. L'échelle relative à chaque pratique de leadership présente une fiabilité interne, en ce sens qu'il existe une forte corrélation entre tous les énoncés correspondant à une même pratique. Deuxièmement, une analyse multivariée a montré que les énoncés correspondant à une même pratique étaient plus fortement corrélés (ou associés) que les énoncés répartis dans l'ensemble des cinq pratiques.

Pour ce qui est de la valeur des résultats auxquels il donne lieu, l'*IPL de l'étudiant* présente une bonne validité à la fois apparente et prédictive. D'une part, les personnes concernées peuvent comprendre ce que signifie la notation. D'autre part, les résultats permettent de différencier clairement les leaders hautement performants de ceux qui réussissent moins bien en cette matière. Que l'évaluation soit effectuée par le leader lui-même, par ses pairs ou par le personnel des services aux étudiants, les leaders étudiants qui adoptent le plus souvent les cinq pratiques de leadership s'avèrent plus efficaces que ceux qui y ont moins recours.

Question 3 : *Mes propres perceptions concernant mes pratiques de leadership doivent-elles correspondre à l'évaluation qu'en font les autres personnes ?*

Réponse : Les recherches indiquent qu'il est essentiel que les autres personnes au sein d'une équipe, d'un groupe ou d'une grande organisation aient confiance dans le leader pour qu'elles en viennent à le suivre au fil du temps. Il doit leur paraître sensé, crédible et digne de confiance. La confiance, que ce soit envers un leader ou toute autre personne, se fonde sur la constance du comportement de cette personne. En outre, pour qu'elle se renforce, il faut qu'il y ait une certaine correspondance entre les paroles et les actes.

Cela ne veut pas dire pour autant que tous, en toutes circonstances, vous percevront de la même façon. Selon qu'ils sont plus ou moins en contact avec vous, ceux qui vous évaluent pourraient vous accorder une cote différente pour un même comportement. Certains vous connaissent tout simplement mieux que d'autres. Il se pourrait aussi qu'occasionnellement, par exemple en situation de crise, vous soyez justifié de modifier votre comportement habituel. Les attentes à votre égard peuvent aussi varier d'une personne à l'autre. Enfin, on peut supposer que tous n'interpréteront pas de la même manière des fréquences telles que « rarement » ou « fréquemment ».

Par conséquent, le plus important n'est pas tant que les résultats de votre autoévaluation coïncident exactement avec les cotes qui vous seront attribuées par d'autres, mais plutôt que ces derniers perçoivent une cohérence entre le comportement que vous prétendez avoir et la façon dont vous agissez dans les faits. Et la seule manière pour vous de savoir ce qu'il en est, c'est de solliciter leur point de vue. Le questionnaire de l'*IPL de l'étudiant* destiné à l'observateur a été conçu à cette fin.

Des recherches ont mis en évidence que les gens sont enclins à se voir eux-mêmes sous un jour plus favorable que les autres le font. En règle générale, l'utilisation des questionnaires de l'*IPL de l'étudiant* confirme cette tendance : l'autoévaluation tend à donner des résultats plus élevés que les résultats accordés par des observateurs. On remarque, en outre, que les outils destinés à évaluer les compétences en leadership chez des étudiants mènent le plus souvent à l'établissement de cotes supérieures à celles qui sont attribuées à des gestionnaires et à des cadres dirigeants chevronnés, dans les secteurs tant privé que public.

Question 4 : *Puis-je modifier mes pratiques de leadership ?*

Réponse : Il est assurément possible, même pour un gestionnaire chevronné, d'acquérir de nouvelles compétences. Certaines conditions favoriseront tout particulièrement votre cheminement en ce sens, sachez en tirer profit : sollicitez une rétroaction afin d'évaluer votre rendement relativement à une habileté en particulier, observez des modèles en cette matière, fixez-vous des objectifs d'amélioration, exercez-vous à mettre en pratique l'habileté en question, refaites appel à la rétroaction, puis établissez vos prochains objectifs. Les pratiques réunies dans l'*IPL de l'étudiant* peuvent toutes s'acquérir par apprentissage.

Cela dit, certaines choses ne peuvent être changées que si cela répond à un désir intérieur fort et authentique. Ainsi, il est peu probable qu'une formation ou l'attribution de nouvelles tâches puissent, à elles seules, générer l'enthousiasme d'une personne en faveur d'une cause : ce genre d'engagement doit venir du fond de soi.

> Utilisez le contenu de l'*IPL de l'étudiant* pour mieux comprendre comment vous vous comportez en tant que leader, à la fois de votre propre point de vue et du point de vue d'autres personnes. Remarquez les points de convergence et de divergence. Tentez de discerner les pratiques de leadership qui vous mettent à l'aise et celles qui créent chez vous une certaine gêne. Déterminez les comportements que vous pouvez améliorer et allez concrètement de l'avant pour renforcer vos capacités et votre confiance lorsqu'il s'agit de diriger des personnes et des groupes. Les outils présentés dans les pages qui suivent vous aideront à accroître l'efficacité de votre leadership.

> *On ne connaît probablement ses vraies forces que lorsqu'on est poussé à les mettre en œuvre.*

La compilation de vos résultats

Les pages qui suivent contiennent différentes grilles qui vous permettront de compiler les résultats que vous obtiendrez à l'aide des outils d'évaluation de l'*IPL de l'étudiant*. La première grille, intitulée « Remettre en question les processus », sert à réunir les résultats correspondant aux propositions 1, 6, 11, 16, 21 et 26 des questionnaires *IPL de l'étudiant – Autoévaluation* et *IPL de l'étudiant – Observateur*. Ces énoncés portent sur les comportements associés plus particulièrement à cette pratique de leadership, en l'occurrence : rechercher de nouvelles possibilités, expérimenter et prendre des risques. Chacune des propositions est reprise en abrégé devant la grille pour en faciliter l'utilisation.

Dans la première colonne, sous le titre « Autoévaluation », inscrivez la cote que vous vous êtes vous-même attribuée. Si d'autres personnes ont accepté de vous évaluer et de vous transmettre les résultats, ajoutez ces résultats sous le titre « Cotes des observateurs ». Utilisez une colonne distincte pour chaque répondant (A, B, C, D, E…) et transcrivez simplement du questionnaire *IPL de l'étudiant – Observateur* les nombres que chacun a entourés. La grille permet de rassembler les cotes attribuées par un maximum de 10 observateurs.

Après avoir entré tous les résultats correspondant à une pratique de leadership – dans cet exemple, « Remettre en question les processus » –, faites la somme de chaque colonne et inscrivez les résultats à la ligne des totaux. Additionnez ensuite tous les totaux qui rendent compte des cotes des observateurs, sans inclure le total de la colonne « Autoévaluation », puis inscrivez ce total général dans la case « Cote totale des observateurs ». Par la suite, faites la moyenne en divisant ce total par le nombre de personnes qui ont rempli le questionnaire de l'observateur, puis reportez ce nombre à l'endroit désigné à cette fin. Voici, ci-dessous, à quoi ressemblerait une grille qui présenterait les résultats d'une autoévaluation et d'évaluations fournies par cinq observateurs.

Exemple de grille présentant les résultats d'une autoévaluation et d'évaluations faites par cinq observateurs

Remettre en question les processus

	AUTO-ÉVALUATION	COTE DES OBSERVATEURS									
		A	B	C	D	E	F	G	H	I	J
1. Recherche les défis.	5	4	2	4	4	2					
6. Se tient à jour.	4	4	3	4	4	3					
11. Prend l'initiative d'expérimenter.	3	3	2	2	2	1					
16. Cherche à apporter des améliorations.	4	3	2	3	5	3					
21. Pose la question : « Qu'est-ce que cela nous apprend ? »	2	3	2	3	3	2					
26. Laisse les autres prendre des risques.	5	3	3	2	3	2					
TOTAUX	23	20	14	18	21	13					COTE TOTALE DES OBSERVATEURS : 86
TOTAL DE L'AUTOÉVALUATION	23	COTE MOYENNE DES OBSERVATEURS									17,2

Les quatre autres grilles doivent être remplies de la même manière.

Sous le titre « Inspirer une vision commune », la deuxième grille sert à compiler les résultats correspondant aux énoncés 2, 7, 12, 17, 22 et 27, qui concernent la capacité d'envisager l'avenir avec optimisme et d'obtenir l'appui des autres.

La troisième grille, intitulée « Susciter l'engagement des autres », correspond aux énoncés 3, 8, 13, 18, 23 et 28, qui touchent l'aptitude à favoriser la collaboration et à renforcer les aptitudes des autres.

« Montrer la voie », la quatrième grille, permet d'inscrire les cotes relatives aux énoncés 4, 9, 14, 19, 24 et 29, qui se rapportent au fait de donner l'exemple et d'obtenir de petites victoires.

Enfin, sous le titre « Nourrir la passion », la cinquième grille résume les cotes relatives aux énoncés 5, 10, 15, 20, 25 et 30, sur la reconnaissance des contributions individuelles et la célébration des réalisations collectives.

Grilles de compilation des résultats de l'*IPL* de l'étudiant

Les résultats devraient être compilés dans les grilles qui suivent selon les indications données à la page C15. Gardez en tête le système de cotation utilisé :

« 1 » signifie que vous n'adoptez *jamais* ou que *très rarement* le comportement en question.

« 2 » signifie que vous adoptez *rarement* ce comportement.

« 3 » signifie que vous adoptez *parfois* ce comportement.

« 4 » signifie que vous adoptez *fréquemment* ce comportement.

« 5 » signifie que vous adoptez *très fréquemment* ou *toujours* ce comportement.

Après avoir compilé toutes vos cotes, puis calculé les totaux et les moyennes, reportez-vous à la page C19 et prenez connaissance des indications qui sont données au sujet de l'interprétation des résultats.

Remettre en question les processus

	AUTO-ÉVALUATION	COTE DES OBSERVATEURS										COTE TOTALE DES OBSERVATEURS
		A	B	C	D	E	F	G	H	I	J	
1. Recherche les défis.												
6. Se tient à jour.												
11. Prend l'initiative d'expérimenter.												
16. Cherche à apporter des améliorations.												
21. Pose la question : « Qu'est-ce que cela nous apprend ? »												
26. Laisse les autres prendre des risques.												
TOTAUX												
TOTAL DE L'AUTOÉVALUATION		COTE MOYENNE DES OBSERVATEURS										

Inspirer une vision commune

	AUTO-ÉVALUATION	COTE DES OBSERVATEURS										COTE TOTALE DES OBSERVATEURS
		A	B	C	D	E	F	G	H	I	J	
2. Décrit les compétences idéales de l'organisation.												
7. Regarde vers l'avenir et communique son point de vue sur ce qui pourrait un jour toucher l'organisation.												
12. Est un communicateur positif et optimiste.												
17. Trouve des terrains d'entente.												
22. Communique le but et le sens des actions.												
27. Est enthousiaste devant les nouvelles possibilités.												
TOTAUX												
TOTAL DE L'AUTOÉVALUATION		COTE MOYENNE DES OBSERVATEURS										

Susciter l'engagement des autres

	AUTO-ÉVALUATION	COTE DES OBSERVATEURS										
		A	B	C	D	E	F	G	H	I	J	
3. Inclut les autres dans la planification.												
8. Traite les autres avec respect.												
13. Appuie les décisions des autres.												
18. Entretient avec les autres des rapports de coopération.												COTE TOTALE DES OBSERVATEURS
23. Accorde aux autres une grande liberté d'action et de décision.												
28. Laisse les autres diriger.												
TOTAUX												
TOTAL DE L'AUTOÉVALUATION		COTE MOYENNE DES OBSERVATEURS										

Montrer la voie

	AUTO-ÉVALUATION	COTE DES OBSERVATEURS										
		A	B	C	D	E	F	G	H	I	J	
4. Fait part de sa vision du leadership.												
9. Décompose les projets en étapes.												
14. Donne l'exemple.												
19. Met de l'avant des valeurs phares.												COTE TOTALE DES OBSERVATEURS
24. Tient ses promesses.												
29. Établit des plans et des objectifs clairs.												
TOTAUX												
TOTAL DE L'AUTOÉVALUATION		COTE MOYENNE DES OBSERVATEURS										

Nourrir la passion

	AUTO-ÉVALUATION	COTE DES OBSERVATEURS									
		A	B	C	D	E	F	G	H	I	J
5. Encourage les autres.											
10. Reconnaît les contributions des autres.											
15. Félicite les personnes pour la qualité de leur travail.											
20. Donne son soutien et exprime sa reconnaissance.											
25. Célèbre publiquement les réussites.											
30. Fait connaître les réalisations de l'organisation.											
TOTAUX											
TOTAL DE L'AUTOÉVALUATION		COTE MOYENNE DES OBSERVATEURS									

COTE TOTALE DES OBSERVATEURS

Les leaders jouent un rôle unique, celui de nous conduire là où nous ne sommes encore jamais allés.

L'interprétation de vos résultats

Cette section vous aidera à interpréter vos résultats, en vous incitant à les examiner sous divers angles et à prendre note des éléments que vous pouvez améliorer en vue de devenir un leader plus efficace.

Le classement de vos cotes

En vous référant aux explications données aux pages C15 à C19 sur la compilation des résultats, attardez-vous d'abord à la ligne portant l'indication « Total de l'autoévaluation », au bas de chaque grille. Ce total représente, dans chacun des cas, vos réponses aux six énoncés concernant la pratique de leadership en question. Il peut se situer entre 6, le résultat le plus faible, et 30, le résultat le plus élevé.

Sur la liste de classement ci-contre, inscrivez le nombre 1 à gauche de la pratique de leadership dont le total de l'autoévaluation est le plus élevé, puis le nombre 2 près de celle qui vient au deuxième rang, et ainsi de suite. Ce classement met en lumière les pratiques par rapport auxquelles vous vous sentez le plus à l'aise et celles par rapport auxquelles vous vous sentez le moins à l'aise, selon un ordre décroissant jusqu'à la cote 5.

En vous référant toujours aux pages précédentes, relevez le résultat que vous avez obtenu, pour chaque pratique de leadership, à la ligne « Cote moyenne des observateurs ». Ce nombre rend compte de l'évaluation effectuée par toutes les personnes qui ont rempli le questionnaire *IPL de l'étudiant – Observateur*. Comme pour le total de l'autoévaluation, ce nombre peut se situer entre 6 et 30.

Sur la même liste, inscrivez le nombre 1 à droite de la pratique de leadership dont la cote moyenne des évaluateurs est la plus élevée, puis le nombre 2 près de celle qui vient au deuxième rang, et ainsi de suite. Ce classement suit un ordre décroissant et représente la fréquence à laquelle, aux yeux d'autres personnes, vous adoptez ces pratiques.

Autoévaluation		Observateurs
_____	Remettre en question les processus	_____
_____	Inspirer une vision commune	_____
_____	Susciter l'engagement des autres	_____
_____	Montrer la voie	_____
_____	Nourrir la passion	_____

La comparaison des résultats

Afin de comparer les cotes attribuées à l'aide des questionnaires *IPL de l'étudiant – Autoévaluation* et *IPL de l'étudiant – Observateur*, utilisez le « Diagramme de mes résultats » fourni à la page suivante. Vous y indiquerez les cotes que vous vous êtes données pour les cinq pratiques de leadership – remettre en question les processus, inspirer une vision commune, susciter l'engagement des autres, montrer la voie et nourrir la passion – en inscrivant un *A* majuscule aux endroits appropriés, puis en reliant ces points par un *trait plein*, au bout duquel vous noterez « Autoévaluation ».

Si d'autres personnes ont accepté de vous évaluer, vous ajouterez au tableau la cote moyenne des observateurs qui paraît au bas de chaque grille de compilation des résultats en inscrivant un *O* majuscule aux endroits appropriés et en reliant ces points par un *pointillé*, au bout duquel vous noterez « Observateurs » (voir l'exemple de tableau).

Ces étapes vous permettront de constituer, sous la forme d'un trait plein et d'un trait discontinu, une représentation graphique du rapport entre votre autoévaluation et les observations d'autres personnes.

Exemple d'un diagramme de résultats

Rang centile	Remettre en question les processus	Inspirer une vision commune	Susciter l'engagement des autres	Montrer la voie	Nourrir la passion
100ᵉ	30 29 28	30 29	30	30 29 28	30
	27	28	29		29
90ᵉ	26	27		27	
	25	26	28	26	28
80ᵉ		25			27
	24		27	25	
70ᵉ					26
	23		26	24	
60ᵉ		23			
	22			23	
50ᵉ		22	25		24
		21	24		23
40ᵉ					
	20	20		21	22
30ᵉ		19	23	20	21
20ᵉ	19	18	22	19	20
	18	17	21	18	19
10ᵉ	17	16 15	20	17	18
	16 15	14	19 18	16	17 16

Diagramme de mes résultats

Rang centile	Remettre en question les processus	Inspirer une vision commune	Susciter l'engagement des autres	Montrer la voie	Nourrir la passion
100ᵉ	30, 29, 28	30, 29	30	30, 29, 28	30
	27	28	29	27	29
90ᵉ	26	27			
			28	26	28
	25	26			
80ᵉ					27
	24	25	27	25	
70ᵉ					26
		24		24	
	23		26		
60ᵉ					25
		23			
	22			23	
50ᵉ					24
		22	25		
	21			22	23
40ᵉ		21			
			24		
		20			22
30ᵉ	20			21	
		19	23		21
				20	
20ᵉ	19				20
		18	22	19	
	18	17	21		19
10ᵉ				18	
	17	16, 15	20	17	18
	16	14	19	16	17
	15		18		16

Le rang centile

Toujours sur le « Diagramme de mes résultats », examinez cette fois la colonne d'extrême gauche, qui représente le rang centile de plus de 1 200 leaders étudiants ayant rempli le questionnaire *IPL de l'étudiant – Autoévaluation*. Le rang centile est établi en fonction du pourcentage de personnes qui ont obtenu un résultat égal ou inférieur à une cote donnée. Par exemple, si le total de votre autoévaluation pour « Remettre en question les processus » se trouve à la hauteur du 60e rang centile sur le diagramme comparatif, cela signifie que vous vous êtes attribué une cote supérieure à celle que se sont donnée 60 % des personnes qui ont rempli l'*IPL de l'étudiant*, ce qui vous classerait dans le premier 40 % pour cette pratique de leadership.

D'après les études, un rang égal ou supérieur au 70e centile est considéré comme « élevé » et un rang égal ou inférieur au 30e centile est estimé « faible », tandis que les résultats qui se situent entre ces deux pôles traduisent un rang « moyen ».

Sur la base de ces critères, encerclez les lettres É (élevé), M (moyen) et F (faible) pour chacune des pratiques sur le tableau « Fourchette de résultats » fourni ci-dessous. Où vous situez-vous comparativement aux autres leaders étudiants dont les pratiques de leadership ont déjà été évaluées ? (Selon une distribution normale, la plupart des personnes devraient se classer « moyen ».)

Fourchette de résultats

Pratique	Cote	
	De mon point de vue	Du point de vue des autres
Remettre en question les processus	É M F	É M F
Inspirer une vision commune	É M F	É M F
Susciter l'engagement des autres	É M F	É M F
Montrer la voie	É M F	É M F
Nourrir la passion	É M F	É M F

L'examen des comportements de leadership

Examinez vos grilles de compilation des résultats et passez en revue les 30 énoncés de l'*IPL de l'étudiant* regroupés selon les pratiques. Il est probable que, sur chaque grille, un ou deux des comportements aient une cote supérieure ou inférieure aux autres. Si tel est le cas, les écarts observés concernent quels comportements en particulier ? Que suggèrent ces différences ? Sur quels énoncés y a-t-il consensus ? Écrivez vos réflexions dans les espaces prévus à cette fin ci-dessous.

Remettre en question les processus

_____
_____
_____
_____

Inspirer une vision commune

_____
_____
_____
_____

Susciter l'engagement des autres

_____
_____
_____
_____

Montrer la voie

_____
_____
_____
_____

Nourrir la passion

_____
_____
_____
_____

La comparaison des réponses des observateurs

Comparez, pour chacune des cinq pratiques de leadership, les cotes que vous ont attribuées les observateurs en réponse au questionnaire de l'*IPL de l'étudiant*. Y a-t-il des écarts importants entre les répondants ? Si tel est le cas, cela se limite-t-il aux points de vue divergents d'un ou deux observateurs ? Au sujet de quelles pratiques de leadership y a-t-il consensus parmi les répondants ? Sur quelles pratiques leurs avis ne concordent-ils pas ? Dans la mesure où vous essayez de vous comporter à peu près de la même façon avec toutes les personnes qui vous ont évalué, comment expliquez-vous les différences dans les cotes qu'elles vous ont accordées ? Écrivez ci-dessous vos réflexions.

_____
_____
_____
_____
_____
_____
_____
_____
_____
_____
_____

> *La volonté de diriger et la confiance en ses capacités constituent le point de départ sur la voie du leadership. Le leadership est un art, un art de la scène dans lequel on est soi-même l'instrument.*

Fiche récapitulative et plan d'action

Prenez un moment pour résumer la rétroaction que vous avez obtenue grâce à l'*IPL de l'étudiant* en remplissant la « Fiche récapitulative des points forts et des possibilités d'amélioration » fournie ci-dessous. Référez-vous, pour ce faire, au « Diagramme de mes résultats », à la « Fourchette des résultats » ou à toutes les autres notes que vous avez prises.

À la suite de la fiche récapitulative, vous trouverez quelques suggestions qui devraient vous aider à progresser et à relever le défi du leadership. Tout en gardant ces conseils à l'esprit, examinez la rétroaction que vous avez reçue grâce à l'*IPL de l'étudiant* et décidez comment vous allez passer à l'action afin de devenir un leader encore plus efficace. Remplissez ensuite le « Plan d'action » pour dégager les étapes que vous entendez franchir. (Une fiche « Plan d'action » vous est fournie à la page C24 de cet ouvrage. Comme vous voudrez probablement établir un plan d'action pour chacune des pratiques ou des comportements que vous comptez améliorer, nous vous conseillons de faire des copies de cette fiche avant de la remplir. Vous pouvez aussi dresser vos plans d'action en utilisant des feuilles vierges.)

Fiche récapitulative des points forts et des possibilités d'amélioration

Points forts

Quelles pratiques ou quels comportements de leadership vous mettent le plus à l'aise ? Pourquoi ? Pouvez-vous faire mieux ?

_____
_____
_____
_____
_____

Possibilités d'amélioration

Comment pouvez-vous en venir à adopter plus fréquemment une pratique de leadership ? Qu'est-ce qui contribuerait à vous rendre plus à l'aise ?

_____
_____
_____
_____
_____

Voici 10 suggestions qui devraient vous aider à progresser dans la voie du leadership.

Conseils pour relever le défi du leadership

Remettre en question les processus
- Réglez un problème.
- Adoptez les « bonnes idées » des autres.

Inspirer une vision commune
- Exprimez ce que vous ressentez.
- Relatez vos plus grandes réussites.

Susciter l'engagement des autres
- Utilisez toujours le « nous ».
- Manifestez votre admiration pour d'autres personnes.

Montrer la voie
- Donnez d'abord l'exemple.
- Créez des occasions de remporter de petites victoires.

Nourrir la passion
- Écrivez des mots de remerciement.
- Célébrez des réussites, en soulignant les valeurs de votre organisation.

Plan d'action

1. Quelles pratiques ou quels comportements aimeriez-vous améliorer ?

2. Quelles mesures précises comptez-vous prendre ?

3. Quelles mesures prendrez-vous en priorité ? Qui sont les personnes concernées ? Quand prévoyez-vous commencer ?

   Mesures

   Personnes concernées

   Date prévue

4. Complétez la phrase suivante : « Je saurai que j'ai amélioré cette compétence de leadership quand… »

5. Quand évaluerez-vous vos progrès ?

2. INVENTAIRE DES PRATIQUES DE LEADERSHIP DE L'ÉTUDIANT – AUTOÉVALUATION

Nom :

Marche à suivre

Cet outil d'autoévaluation comprend 30 énoncés qui décrivent divers comportements de leadership. Lisez attentivement chacun de ces énoncés, puis évaluez *vous-même* la *fréquence* à laquelle vous adoptez le comportement en question. *Il ne s'agit pas d'un examen* (il n'y a pas de bonne ni de mauvaise réponse).

Transposez chaque énoncé dans le contexte du groupe scolaire ou universitaire (par exemple, à l'échelle d'un club, d'une équipe, d'une association, d'une classe, d'un département, d'une résidence universitaire, d'un programme ou d'un projet) au sein duquel vous êtes le plus engagé. L'échelle d'évaluation offre cinq possibilités de réponse :

1. Si vous n'adoptez **jamais** ou que **très rarement** le comportement décrit dans l'énoncé, encerclez le chiffre 1.
2. Si vous adoptez **rarement** le comportement décrit, encerclez le chiffre 2.
3. Si vous adoptez **parfois** le comportement décrit, encerclez le chiffre 3.
4. Si vous adoptez **fréquemment** le comportement décrit, encerclez le chiffre 4.
5. Si vous adoptez **très fréquemment** ou **toujours** le comportement décrit, encerclez le chiffre 5.

Veuillez répondre à tous les énoncés.

Choisissez votre réponse en essayant d'évaluer avec *réalisme* la fréquence à laquelle vous adoptez le comportement en question. Indiquez comment vous vous comportez *habituellement*, et non comment vous souhaiteriez ou devriez agir. La rétroaction issue de cet inventaire ne vous sera utile que dans la mesure où vous serez honnête avec vous-même à propos de chacun des comportements.

Le premier énoncé se lit comme suit : « Je suis à l'affût des occasions de mettre à l'épreuve mes compétences et mes capacités. » Si, par exemple, vous croyez adopter *rarement* ce comportement, vous devriez encercler le chiffre 2. Si vous estimez être *fréquemment* à la recherche de ce genre de défi, vous devriez encercler le chiffre 4.

Après avoir répondu aux 30 énoncés, transcrivez vos résultats dans le tableau prévu à cette fin à la page C27, en suivant les indications qui y sont données.

Inventaire des pratiques de leadership de l'étudiant – Autoévaluation

Habituellement, à quelle fréquence adoptez-vous les comportements suivants ?

1 *jamais* ou *très rarement*   **2** *rarement*   **3** *parfois*   **4** *fréquemment*   **5** *très fréquemment* ou *toujours*

1. Je suis à l'affût des occasions de mettre à l'épreuve mes compétences et mes capacités.	1	2	3	4	5
2. J'explique clairement aux autres membres de notre groupe ce que nous devrions être capables d'accomplir.	1	2	3	4	5
3. J'inclus les autres dans la planification des activités et des projets de notre groupe.	1	2	3	4	5
4. J'exprime mon point de vue sur le fonctionnement de notre groupe et la manière de le rendre plus efficace.	1	2	3	4	5
5. J'encourage les autres membres de notre groupe tandis qu'ils travaillent à la réalisation d'activités ou de projets.	1	2	3	4	5
6. Je me tiens à jour en ce qui a trait aux évènements et aux activités susceptibles d'avoir une incidence sur notre groupe.	1	2	3	4	5
7. Je regarde vers l'avenir et exprime mon point de vue sur ce qui pourrait un jour nous toucher.	1	2	3	4	5
8. Je traite les autres avec respect et dignité.	1	2	3	4	5
9. Je décompose les projets de notre groupe en étapes gérables.	1	2	3	4	5
10. Je m'assure que la contribution des membres de notre groupe est reconnue.	1	2	3	4	5
11. Je fais preuve d'initiative dans l'expérimentation de nouvelles façons de faire au sein de notre groupe.	1	2	3	4	5
12. Je suis optimiste et positif lorsqu'il est question des activités de notre groupe.	1	2	3	4	5
13. J'appuie les décisions que des membres de notre groupe prennent de leur propre initiative.	1	2	3	4	5
14. Je montre par l'exemple ce que j'attends des autres.	1	2	3	4	5
15. Je félicite les gens pour la qualité de leur travail.	1	2	3	4	5
16. Je cherche toujours des façons d'améliorer les projets ou les tâches dans lesquels je suis engagé.	1	2	3	4	5
17. Je discute avec les autres et fais valoir comment les intérêts de chacun peuvent être servis par l'adhésion à un but commun.	1	2	3	4	5
18. Je favorise la coopération plutôt que la compétition dans mes rapports avec mes collègues.	1	2	3	4	5
19. Je parle des valeurs et des principes qui guident mes actions.	1	2	3	4	5
20. J'apporte mon soutien aux membres de notre groupe et je les remercie pour leur contribution.	1	2	3	4	5
21. Je pose la question : « Quelle leçon pouvons-nous tirer de cette expérience ? » lorsque les choses ne se déroulent pas comme prévu.	1	2	3	4	5
22. Je parle avec conviction du sens de ce que nous faisons et des objectifs supérieurs que nous devrions viser.	1	2	3	4	5
23. J'accorde aux autres une grande liberté d'action et je les laisse décider comment faire leur travail.	1	2	3	4	5
24. Je tiens mes promesses et les engagements que je prends dans ce groupe.	1	2	3	4	5
25. Je trouve des façons de célébrer publiquement nos réussites.	1	2	3	4	5
26. Je laisse les autres expérimenter et prendre des risques, en sachant que le résultat est incertain.	1	2	3	4	5
27. Je manifeste mon enthousiasme par rapport aux activités de notre groupe.	1	2	3	4	5
28. Je fournis aux autres l'occasion d'assumer des responsabilités de leadership.	1	2	3	4	5
29. Je m'assure que nous établissons des objectifs et des plans précis pour tous les projets que nous entreprenons.	1	2	3	4	5
30. Je me fais un devoir de faire connaître notre groupe et tout ce que celui-ci réalise.	1	2	3	4	5

Transcription des résultats

Après avoir répondu aux 30 énoncés de l'*IPL de l'étudiant – Autoévaluation*, transcrivez vos réponses dans le tableau ci-dessous, ce qui en facilitera le calcul. Notez que la numérotation est *horizontale*. Assurez-vous de transcrire chaque cote à côté du numéro qui lui correspond et de n'en oublier aucune.

1. _____	2. _____	3. _____	4. _____	5. _____
6. _____	7. _____	8. _____	9. _____	10. _____
11. _____	12. _____	13. _____	14. _____	15. _____
16. _____	17. _____	18. _____	19. _____	20. _____
21. _____	22. _____	23. _____	24. _____	25. _____
26. _____	27. _____	28. _____	29. _____	30. _____

Nom : _____

Inscrivez votre nom et apportez ce formulaire à l'atelier de formation auquel vous participez. S'il y a lieu, veuillez l'acheminer au destinataire suivant :

_____
_____
_____

    Si vous désirez obtenir la rétroaction d'autres personnes, demandez-leur de remplir le questionnaire *IPL de l'étudiant – Observateur*. Leurs réponses devraient vous fournir un nouvel éclairage, en vous indiquant comment vos comportements de leadership sont perçus par les gens autour de vous.

3. INVENTAIRE DES PRATIQUES DE LEADERSHIP DE L'ÉTUDIANT – OBSERVATEUR

Nom du leader :

Marche à suivre

Cet outil d'évaluation comprend 30 énoncés qui décrivent divers comportements de leadership. Lisez attentivement chacun de ces énoncés, puis évaluez la *fréquence* à laquelle *la personne qui vous a demandé de remplir ce questionnaire* adopte habituellement le comportement en question. *Il ne s'agit pas d'un test d'évaluation* (il n'y a pas de bonne ni de mauvaise réponse).

Transposez chaque énoncé dans le contexte du groupe scolaire ou universitaire (par exemple, à l'échelle d'un club, d'une équipe, d'une association, d'une classe, d'un département, d'une résidence universitaire, d'un programme ou d'un projet) au sein duquel cette personne est le plus engagée et dans laquelle vous avez eu le plus souvent l'occasion de l'observer. L'échelle d'évaluation offre cinq possibilités de réponse :

1. Si cette personne n'adopte *jamais* ou que *très rarement* le comportement décrit dans l'énoncé, encerclez le chiffre 1.
2. Si cette personne adopte *rarement* le comportement décrit, encerclez le chiffre 2.
3. Si cette personne adopte *parfois* le comportement décrit, encerclez le chiffre 3.
4. Si cette personne adopte *fréquemment* le comportement décrit, encerclez le chiffre 4.
5. Si cette personne adopte *toujours* ou *très fréquemment* le comportement décrit, encerclez le chiffre 5.

Veuillez répondre à tous les énoncés.

Choisissez votre réponse en essayant d'évaluer avec *réalisme* la fréquence à laquelle cette personne adopte le comportement en question. Indiquez comment elle se comporte *habituellement*, et non comment vous souhaiteriez qu'elle agisse ou comment vous estimez qu'elle devrait agir. La rétroaction issue de cet inventaire ne sera utile que dans la mesure où vous serez honnête à propos de ce que vous avez observé.

Le premier énoncé se lit comme suit : « Cette personne est à l'affût des occasions de mettre à l'épreuve ses compétences et ses capacités. » Si, par exemple, vous croyez qu'elle adopte *rarement* ce comportement, vous devriez encercler le chiffre 2. Si vous estimez qu'elle est *fréquemment* à la recherche de ce genre de défi, vous devriez encercler le chiffre 4.

Après avoir répondu aux 30 énoncés, transcrivez vos résultats dans le tableau prévu à cette fin à la page C30, en suivant les indications qui y sont données.

Inventaire des pratiques de leadership de l'étudiant – Observateur

Habituellement, à quelle fréquence cette personne adopte-t-elle les comportements suivants?

1 *jamais* ou *très rarement* **2** *rarement* **3** *parfois* **4** *fréquemment* **5** *très fréquemment* ou *toujours*

1. Est à l'affût des occasions de mettre à l'épreuve ses compétences et ses capacités.	1 2 3 4 5
2. Explique clairement aux autres membres de notre groupe ce que nous devrions être capables d'accomplir.	1 2 3 4 5
3. Inclut les autres dans la planification des activités et des projets de notre groupe.	1 2 3 4 5
4. Exprime son point de vue sur le fonctionnement de notre groupe et la manière de le rendre plus efficace.	1 2 3 4 5
5. Encourage les autres membres de notre groupe tandis qu'ils travaillent à la réalisation d'activités ou de projets.	1 2 3 4 5
6. Se tient à jour en ce qui a trait aux évènements et aux activités susceptibles d'avoir une incidence sur notre groupe.	1 2 3 4 5
7. Regarde vers l'avenir et exprime son point de vue sur ce qui pourrait un jour nous toucher.	1 2 3 4 5
8. Traite les autres avec respect et dignité.	1 2 3 4 5
9. Décompose les projets de notre groupe en étapes gérables.	1 2 3 4 5
10. S'assure que la contribution des membres de notre groupe est reconnue.	1 2 3 4 5
11. Fait preuve d'initiative dans l'expérimentation de nouvelles façons de faire au sein de notre groupe.	1 2 3 4 5
12. Est optimiste et favorable lorsqu'il est question des activités de notre groupe.	1 2 3 4 5
13. Appuie les décisions que des membres de notre groupe prennent de leur propre initiative.	1 2 3 4 5
14. Montre par l'exemple ce qu'elle attend des autres.	1 2 3 4 5
15. Félicite les gens pour la qualité de leur travail.	1 2 3 4 5
16. Cherche toujours des façons d'améliorer les projets ou les tâches dans lesquels elle est engagée.	1 2 3 4 5
17. Discute avec les autres et fait valoir comment les intérêts de chacun peuvent être servis par l'adhésion à un but commun.	1 2 3 4 5
18. Favorise la coopération plutôt que la compétition dans ses rapports avec ses collègues.	1 2 3 4 5
19. Parle des valeurs et des principes qui guident ses actions.	1 2 3 4 5
20. Apporte son soutien aux membres de notre groupe et les remercie pour leur contribution.	1 2 3 4 5
21. Pose la question : « Quelle leçon pouvons-nous tirer de cette expérience? » lorsque les choses ne se déroulent pas comme prévu.	1 2 3 4 5
22. Parle avec conviction du sens de ce que nous faisons et des objectifs supérieurs que nous devrions viser.	1 2 3 4 5
23. Accorde aux autres une grande liberté d'action et les laisse décider comment faire leur travail.	1 2 3 4 5
24. Tient ses promesses et les engagements qu'elle prend dans ce groupe.	1 2 3 4 5
25. Trouve des façons de célébrer publiquement nos réussites.	1 2 3 4 5
26. Laisse les autres expérimenter et prendre des risques, en sachant que le résultat est incertain.	1 2 3 4 5
27. Manifeste son enthousiasme par rapport aux activités de notre groupe.	1 2 3 4 5
28. Fournit aux autres l'occasion d'assumer des responsabilités de leadership.	1 2 3 4 5
29. S'assure que nous établissons des objectifs et des plans précis pour tous les projets que nous entreprenons.	1 2 3 4 5
30. Se fait un devoir de faire connaître notre groupe et tout ce que celui-ci réalise.	1 2 3 4 5

Transcription des résultats

Après avoir répondu aux 30 énoncés de l'*IPL de l'étudiant – Observateur,* transcrivez vos réponses dans le tableau ci-dessous, ce qui en facilitera le calcul. Notez que la numérotation est *horizontale*. Assurez-vous de transcrire chaque cote à côté du numéro qui lui correspond et de n'en oublier aucune.

1. _____	2. _____	3. _____	4. _____	5. _____
6. _____	7. _____	8. _____	9. _____	10. _____
11. _____	12. _____	13. _____	14. _____	15. _____
16. _____	17. _____	18. _____	19. _____	20. _____
21. _____	22. _____	23. _____	24. _____	25. _____
26. _____	27. _____	28. _____	29. _____	30. _____

Nom : _____

Veuillez apporter ce formulaire à l'atelier de formation ou l'acheminer au destinataire suivant :

_____
_____
_____

B Exercices expérientiels extraits des manuels de formation que publie annuellement Pfeiffer

1. SÉANCE DE QUESTIONS : DÉFINIR LES PROBLÈMES ET LES BESOINS PAR DES INTERROGATIONS[3]

Marche à suivre

Cette activité donne l'occasion de découvrir les questions et les problèmes que les étudiants veulent soumettre à la classe. Le professeur ou l'instructeur choisit un sujet dans la liste ci-dessous et invite les participants à poser toutes les questions qui leur viennent à l'esprit sur ce sujet. Personne ne répond aux questions au cours de cet exercice. Le but est de formuler le plus grand nombre de questions possible dans le temps alloué. Chacun est libre de poursuivre sur la lancée de questions déjà posées ou de formuler une question entièrement différente.

Liste de sujets pour lancer la séance de questions

La clientèle
La communication
La formation
La gestion
La messagerie instantanée
La mission
La personnalité
La qualité
La réussite
L'encadrement
Les activités sociales
Le service
Les exigences du cours
Les exigences professionnelles
Les priorités
Les projets prioritaires
Les règlements
Les réunions
Les styles de travail
Les valeurs
Le temps
Le travail en équipe
L'évaluation du rendement
L'incertitude de la tâche

Questions à débattre

- Quelles sont vos impressions sur cet exercice ?
- Est-ce que des thèmes communs ressortent des questions posées ?
- À quelles questions auriez-vous le plus aimé répondre ?

2. GESTION EFFICACE DES CONFLITS : SAVOIR CHOISIR LA STRATÉGIE APPROPRIÉE[4]

Marche à suivre

Formez des équipes de trois personnes.

Supposez que vous êtes un groupe de cadres supérieurs responsables d'une organisation qui réunit sept services. En équipe, choisissez la stratégie appropriée pour intervenir dans les situations décrites ci-dessous, au moment où il serait impératif de trouver une manière de gérer le conflit. Vous avez le choix entre plusieurs stratégies : *l'évitement, l'accommodation, la résolution de problème, le compromis* et *la contrainte*. Référez-vous à la liste ci-dessous, qui présente certaines des caractéristiques relatives à chacune d'elles. Indiquez la stratégie choisie par votre équipe au-dessus de chaque situation décrite, après le numéro. Engagez ensuite un débat dirigé par le professeur ou l'instructeur.

Gestion des conflits : les diverses stratégies et leurs conséquences

L'évitement

Quand l'utiliser ? (avantages)

- Quand vous devez éviter de prendre parti.
- Quand il vous manque des renseignements importants.
- Quand le problème est extérieur au groupe.
- Quand d'autres ont la compétence requise et qu'il est préférable de déléguer.
- Quand votre pouvoir d'agir est limité.

Que faut-il considérer ? (désavantages)

- La stratégie d'évitement justifie la suspension des mesures.
- La circulation directe d'information est interrompue.
- Le résultat peut être considéré comme un échec.
- Cette stratégie ne peut pas servir en situation de crise.

L'accommodation

Quand l'utiliser ? (avantages)
- Quand il est souhaitable de laisser retomber la poussière.
- Quand le problème n'est pas important.
- Quand les relations interpersonnelles sont importantes.

Que faut-il considérer ? (désavantages)
- Le problème peut s'aggraver.
- Vous pourriez paraître faible et inefficace.

La résolution de problème

Quand l'utiliser ? (avantages)
- Quand une résolution collective du problème est requise.
- Quand l'exploration de nouvelles solutions est prometteuse.
- Quand l'engagement de tout un chacun est nécessaire.
- Quand vous voulez miser sur l'ouverture et la confiance.

Que faut-il considérer ? (désavantages)
- Les objectifs du groupe doivent primer les objectifs individuels.
- Le dialogue exige plus de temps.
- La résolution de problème ne fonctionne pas avec des personnes rigides ou blasées.

Le compromis

Quand l'utiliser ? (avantages)
- Quand le pouvoir est également réparti.
- Quand les ressources sont limitées.
- Quand on recherche un règlement rapide et acceptable pour toutes les parties.

Que faut-il considérer ? (désavantages)
- L'engagement des parties dans cette « troisième voie » peut être faible.
- Il y a un risque d'inflation.
- La négociation peut exiger la présence d'une tierce partie.

La contrainte

Quand l'utiliser ? (avantages)
- Quand l'impasse perdure.
- Quand d'autres n'ont pas la compétence requise.
- Quand le temps est limité (situation de crise).
- Quand la décision appropriée fait peu d'adeptes.
- Quand la survie de l'organisation est en jeu.

Que faut-il considérer ? (désavantages)
- Les émotions peuvent rapidement s'intensifier.
- La contrainte favorise la dépendance.
- Il y aura des gagnants et des perdants.

Situation 1

Deux employés de soutien veulent bénéficier de leur congé annuel de deux semaines pendant la même période. Eux seuls ont reçu la formation requise pour utiliser un programme informatique complexe et long à maîtriser. Vous avez incité d'autres employés à en faire l'apprentissage afin qu'ils puissent les remplacer au besoin à ce poste, mais, en raison de la lourdeur de la charge de travail, aucun n'a finalement reçu cette formation.

Situation 2

Un chef des ventes a demandé une augmentation salariale parce que deux vendeurs à commission bénéficient d'un salaire supérieur au sien. Cependant, son rendement actuel ne justifie pas le montant qu'il demande. Il a, notamment, remis en retard des rapports importants et manqué plusieurs jours de travail. L'équipe de vente que dirige cette personne est l'une des mieux cotées au sein de l'organisation, mais ces résultats semblent provenir du rendement élevé des membres de l'équipe plutôt que de l'efficacité de son chef.

Situation 3

Il est devenu évident que le photocopieur situé près du comptoir de service à la clientèle est utilisé à diverses fins personnelles, y compris pour photocopier des blagues obscènes, dont on a même retrouvé des copies sur le plancher, à proximité de la machine, à l'heure de la fermeture. Bien que vous ayez mentionné le problème dans le bulletin destiné aux employés, vous avez récemment remarqué que les choses continuent de plus belle. La plupart des employés semblent impliqués.

Situation 4

Trois plaintes sont parvenues jusqu'à vous, de la part d'employés ayant de longs états de service, au sujet d'une personne récemment embauchée. Celle-ci a le nez orné d'un perçage et porte un tatouage. Son rendement est satisfaisant et son travail ne la met pas en contact direct avec la clientèle. Malgré tout, les plaignants estiment que son apparence nuit à l'image professionnelle de l'aire de bureau.

Situation 5

L'organisation a adopté un horaire variable qui prévoit une période de présence obligatoire entre 10 heures et 15 heures, du lundi au vendredi. Deux chefs de service se sont plaints du fait que cette politique n'est pas toujours appliquée dans un autre service. Le chef du service en question invoque de récentes mises à pied ainsi que l'attribution de responsabilités supplémentaires dans son service pour justifier des exceptions à cette politique.

Situation 6

À la suite d'une réduction de l'effectif, un bureau situé dans un endroit convoité est devenu vacant. Trois employés ont demandé au chef de service que ce bureau leur soit attribué, et le chef de service a choisi de recommander l'un d'eux. Il s'agit de l'employé dont le rendement est le plus élevé, mais dont on sait qu'il a obtenu son poste grâce à l'appui du même chef de service, qui est un bon ami de sa famille. Ses collègues préfèrent ne pas travailler avec lui, car il manifeste un faible esprit d'équipe.

Situation 7

Deux chefs de service ont demandé une augmentation des budgets alloués à leur service pour les déplacements et pour l'équipement informatique. Chacun d'eux sollicite l'appui du conseil de direction auquel vous appartenez. Toutefois, la décision finale revient non pas au conseil, mais uniquement au chef de la direction. Vous savez que tous les fonds supplémentaires accordés à un service se traduiront par une diminution des fonds de l'autre service, car le budget total pour les postes en question est déjà établi.

Situation 8

Peu de membres du personnel de direction ont participé au pique-nique de la fête nationale qui a eu lieu l'été dernier à la maison de campagne d'un chef de service. Ce cadre, qui depuis 21 ans manifeste sa loyauté, son enthousiasme et son esprit d'équipe au sein de l'organisation, compte inviter de nouveau ses collègues cette année. Plusieurs d'entre vous ont trouvé le pique-nique précédent fort ennuyant, les convives n'ayant pas d'autre chose à faire que de manger en se faisant la conversation. Quelques chefs de service suggèrent déjà de tenir l'évènement à un autre endroit, en modifiant la formule, ou de l'annuler.

Situation 9

Vous avez appris qu'un cadre et une employée du même service entretiennent ouvertement une relation amoureuse. Tous les deux sont par ailleurs mariés. Ils ont pris l'habitude de prolonger leurs périodes de dîner, mais de quitter le bureau après tous les autres pour terminer leur travail. Leurs collègues ont commencé à se plaindre du fait que ni l'un ni l'autre n'est disponible au milieu de la journée et qu'ils tardent à répondre aux messages qu'on leur laisse.

Situation 10

Deux chefs de service dont la loyauté est reconnue ont émis des réserves concernant le fait qu'un cadre récemment embauché, qui doit se déplacer en fauteuil roulant, bénéficie de conditions nettement supérieures aux prescriptions de la loi assurant l'exercice des droits des personnes handicapées. Ils ont demandé qu'on leur accorde de semblables avantages, qui leur faciliteraient aussi la vie. Ils voudraient, notamment, jouir d'un bureau plus grand et mieux situé.

3. FAVORISER LA CRÉATIVITÉ : FACTEURS DE MOTIVATION INTRINSÈQUES ET EXTRINSÈQUES[5]

Marche à suivre

Cette activité interactive et fondée sur l'expérience vise à éveiller l'esprit créateur des participants et à les engager dans un processus créatif.

1. En ayant en tête un emploi actuel ou passé, répondez aux questions 1 et 2 sur les facteurs de motivation intrinsèques et extrinsèques (*voir le questionnaire ci-dessous*).
2. Formez des équipes, mettez vos résultats en commun et dressez une liste des réponses à la question 1.
3. Discutez des résultats, en comparant les cotes attribuées aux principales activités professionnelles

mentionnées en réponse à la question 2. Faites-en la liste, en incluant au moins deux des réponses de chaque participant.

4. Inscrivez individuellement vos réponses aux questions 3 et 4. Reformez des équipes, mettez vos résultats en commun et constituez une liste à partir des réponses de chacun.

5. Comparez individuellement vos réponses aux questions 1 et 2 avec vos réponses aux questions 3 et 4, puis répondez à la question 5. En équipe, mettez de nouveau vos résultats en commun, puis constituez une liste des réponses à la question 5 et transcrivez-la sur un tableau à feuilles mobiles.

Questions à débattre

- Quelle partie de cette activité a été, pour vous, la plus importante ?
- Qu'avez-vous appris au sujet de la motivation ?
- Quelle incidence votre participation à cette activité aura-t-elle sur votre engagement lorsque vous retournerez au travail ?
- Comment ce que vous avez appris modifiera-t-il votre style de leadership ou votre façon de prendre part aux activités du groupe ?
- Que comptez-vous faire différemment à la lumière de cette activité ?

Questionnaire sur les facteurs de motivation intrinsèques et extrinsèques

1. Comment pourriez-vous faire votre travail de façon plus créative ? Énumérez ci-dessous quelques possibilités.

2. Dans la colonne de gauche du tableau ci-dessous, énumérez quatre ou cinq tâches ou activités professionnelles d'importance que vous effectuez régulièrement. En utilisant une échelle de 1 (faible) à 7 (élevé), évaluez chaque élément de votre liste par rapport à trois aspects : (a) son degré de difficulté ; (b) son aspect motivant ; (c) son potentiel de valeur ajoutée pour l'organisation.

Activité professionnelle importante	Degré de difficulté	Aspect motivant	Potentiel de valeur ajoutée
1.			
2.			
3.			
4.			
5.			

3. Énumérez cinq facteurs de motivation ou types de récompenses qui vous inciteraient à faire votre travail de façon plus créative.

_____
_____
_____
_____
_____
_____
_____
_____

4. Inscrivez, dans la colonne de gauche du tableau, les trois facteurs de motivation ou types de récompenses qui, selon vous, *augmenteraient certainement votre créativité*. Indiquez s'il est réaliste ou irréaliste d'envisager l'application de ces éléments dans votre cadre de travail actuel. Précisez s'il s'agit de facteurs intrinsèques ou extrinsèques.

Facteur de motivation	Réaliste ou irréaliste	Intrinsèque	Extrinsèque
1.			
2.			
3.			

5. Énumérez trois types d'activités professionnelles que vous aimeriez exercer, ainsi que les facteurs de motivation ou les récompenses qui stimuleraient ou renforceraient votre créativité.

Activité professionnelle	Récompense qui stimulerait ou renforcerait votre créativité
1.	
2.	
3.	

ÉTUDES DE CAS

CAS N° 1
PANERA BREAD : ON NE VIT PAS QUE DE PAIN[1]

Panera Bread est en activité pour satisfaire sa clientèle en lui offrant du pain tout juste sorti du four, des soupes maison et un service efficace. Relativement nouvelle, cette chaîne de boulangeries-cafés connaît un succès qui dépasse toutes les attentes. Mais comment une jeune entreprise innovante a-t-elle pu croître à ce point et aussi rapidement ? Réponse : en observant les tendances du marché et en se synchronisant soigneusement avec celles-ci.

L'historique de l'entreprise

Bien que comptant un très grand nombre de restaurants, Panera Bread est une chaîne relativement récente. Si elle est connue sous ce nom depuis 1997, ses débuts remontent néanmoins à 1981, année où Louis Kane et Ron Shaich ont fondé Au Bon Pain – fusion entre les trois boulangeries Au Bon Pain, de M. Kane, et la boutique Cookie Jar, de M. Shaich. La chaîne de boulangeries à la française offrait du pain baguette, du café et des sandwichs servis sur du pain ou des croissants. Les affaires allaient très bien sur la côte Est, alors qu'Au Bon Pain dominait le marché dans la catégorie « boulangeries-cafés », faisant même une percée internationale.

En 1993, Au Bon Pain a élargi ses activités en acquérant la St. Louis Bread et en dotant cette division d'un nouveau nom, Panera. De toute évidence, les choses ont bien fonctionné : entre 1993 et 1997, la croissance moyenne du volume d'affaires des restaurants a été de 75 %.

Les dirigeants d'Au Bon Pain ont vu le potentiel de ce nouveau concept de restaurant et se sont investis dans la construction de leur marque, y consacrant toutes les ressources financières de leur société. En 1999, ils ont vendu toutes les entités commerciales de la société pour ne conserver que les Panera. Au terme de cette réorganisation, ils ont baptisé leur entreprise, tout naturellement, Panera Bread.

Depuis ce moment, la nouvelle marque a cherché à se distinguer dans la catégorie « boulangeries-cafés ». Son menu s'est étoffé pour inclure, outre les soupes et les sandwichs, des soufflés, des salades, des paninis ainsi qu'un choix de pâtisseries et de desserts. La plupart des éléments du menu rendent hommage, en quelque sorte, au nom et à l'héritage de l'entreprise : le pain. L'entreprise Panera est très fière de préciser que ses pains sont fabriqués sur place et frais du jour. Afin de tirer le meilleur parti possible de l'espace dans les points de vente au détail – et aussi pour rationaliser la formation des employés –, plusieurs des pâtes à pain sont fabriquées, non pas sur place, mais à l'une des 17 usines que possède la société. La pâte est livrée quotidiennement par camion – les véhicules parcourant en moyenne 15,6 millions de kilomètres chaque année – jusqu'aux restaurants, où elle est façonnée et enfournée.

Des goûts et des tendances modernes

Le succès de Panera repose, notamment, sur sa capacité à prédire les tendances à long terme du marché et à orienter l'entreprise dans le sens de l'innovation pour satisfaire sa clientèle. Panera se percevait comme un fournisseur de pain bien avant l'engouement actuel pour le pain frais et la multiplication des boulangeries artisanales dans les grandes villes américaines. De façon proactive, à l'écoute des réticences nouvelles à l'égard des gras trans, Panera a pris l'initiative d'éliminer ceux-ci de ses menus. Tom Gumper, le directeur de la mise au point des produits, explique : « Panera a reconnu que ses clients, de même que la communauté médicale, manifestaient de l'inquiétude à l'endroit des gras trans. Dès lors, il devenait prioritaire pour nous de les retirer de notre menu. »

Ron Shaich, le PDG de Panera, exprime l'avis suivant : « On ne connaît pas de vraies réussites si on se contente de réagir aux multiples pressions quotidiennes. La clé, pour être chef de file, c'est la compréhension des tendances à long terme et la volonté de se préparer pour y faire face. »

La création de la valeur et la satisfaction de la clientèle

Comme chaîne de boulangeries-cafés, Panera Bread a fait progresser le concept de restauration rapide haut de gamme au-delà de ce que propose la concurrence. Chacun de ses établissements offre un décor dans les tons de terre, avec un foyer et de confortables canapés, et même les journaux du jour. Les clients commandent et paient au comptoir, puis on les appelle lorsque leur nourriture est prête. Ils trouvent, au menu, un large éventail de sandwichs à la carte, faits de pain artisanal tout juste sorti du four, des desserts, des salades fraîches, des soupes maison et des boissons de qualité.

À la différence des autres endroits, où on doit se contenter de couverts en carton et en plastique, la nourriture est ici servie dans des paniers ou dans de la vaisselle en porcelaine, accompagnée d'ustensiles en métal. Les clients sont encouragés à s'attarder, voire à s'installer pour lire, et on accueille à bras ouverts les réunions d'affaires et les clubs de lecture. Il y a, en outre, un comptoir distinct de pains et pâtisseries à emporter. Selon les termes de Ron Shaich, le chef de la direction, les boulangeries-cafés Panera « ne se limitent pas à l'ambiance ni au menu offert. Il faut y voir un ensemble d'éléments. C'est l'endroit où on se rend tous les jours pour reprendre son souffle et se rafraîchir. »

Panera a vite saisi qu'il y avait une demande pour des points d'accès sans fil à Internet. Plus de 700 des restaurants offrent maintenant ce service. Selon Julie Somers, sa porte-parole, la décision d'aller en ce sens a été prise dans l'optique d'offrir à la clientèle un avantage qui distinguerait Panera de la concurrence et de créer une atmosphère encore plus accueillante dans les restaurants. « Nous offrons à nos clients un environnement où ils se sentent à l'aise, souligne Julie Somers. Que ce soit pour prendre une bouchée ou un café, pour lire le journal ou utiliser l'ordinateur, ils sont libres de s'attarder aussi longtemps qu'ils le souhaitent. » Elle ajoute : « Nous avons constaté que le principal avantage, pour nous, tient au fait que les clients qui utilisent le service d'accès sans fil remplissent les périodes creuses entre les heures habituelles de repas. »

Le vice-président directeur, Neal Yanofsky, abonde dans le même sens : « C'est une raison de plus pour fréquenter nos cafés. » Et la tendance des internautes à rester de longues heures dans le restaurant n'est pas du tout un problème à ses yeux. « Ils finissent par acheter de la nourriture », conclut-il.

La dotation en personnel et le capital humain

Bien que la stratégie de croissance dynamique adoptée par Panera suppose l'ouverture de plusieurs établissements chaque année, l'obtention d'une franchise exige un investissement financier considérable ainsi qu'une solide expérience des affaires. En plus de présenter une valeur nette de 7,5 millions de dollars et de disposer de 3 millions de dollars en liquidités, les candidats doivent avoir déjà exploité des restaurants à plusieurs succursales. Contrairement à la plupart des chaînes, Panera exige de ses franchisés qu'ils s'engagent à ouvrir non pas une seule, mais au moins 15 boulangeries-cafés sur une période de 6 ans, dans les limites d'un territoire donné.

Les gérants et les gérants adjoints reçoivent un salaire et des avantages sociaux concurrentiels et peuvent, en outre, bénéficier d'une prime trimestrielle. Les exigences de l'emploi varient selon l'endroit, mais elles ne sauraient exclure des compétences en relations humaines, une formation dans un cadre reconnu et une expérience professionnelle dans le secteur de la restauration. Ces employés à temps plein supervisent le travail de plusieurs associés qui effectuent le service au comptoir et préparent les aliments. Ces travailleurs, par l'entremise desquels s'établit principalement la relation entre Panera Bread et sa clientèle, sont généralement payés un peu au-dessus du salaire minimum, ne reçoivent pas de pourboires et ont, de préférence, une certaine expérience dans la restauration, ou plus particulièrement dans la restauration rapide. À moins qu'ils ne soient employés à temps plein, ils ne bénéficient pas d'avantages sociaux.

Conclusion

Panera Bread est une entreprise américaine qui connaît une croissance rapide. Dès sa mise sur pied, elle s'est révélée très rentable et sa percée dans le créneau de la restauration rapide haut de gamme est considérée comme une réussite enviable. Depuis sa création, Panera Bread est reconnue par le magazine *Business Week* comme l'une des 100 entreprises ayant la plus forte croissance (« 100 Hot Growth Companies »). L'avenir de cette organisation dépendra de sa capacité à répondre aux attentes de ses parties intéressées. Pour y parvenir, il lui faudra continuer à satisfaire sa clientèle, demeurer attentive à l'évolution des environnements d'affaires et s'adapter au profil de plus en plus diversifié de la main-d'œuvre.

Questions

1. Comment décririez-vous le but, la mission et la stratégie de Panera ? Visitez le site www.panerabread.com et étayez votre réponse à la lumière de ce que vous y trouverez.
2. Dans quelle mesure Ron Shaich est-il parvenu à tirer parti du modèle de l'organisation comme système ouvert pour faire progresser Panera Bread dans son environnement concurrentiel ?
3. Quels défis représente la croissance rapide de Panera sur le plan des processus de gestion ? Quels problèmes Ron Shaich doit-il, à votre avis, résoudre pour que l'entreprise continue sur sa trajectoire de réussite ?
4. Rendez-vous dans un restaurant Panera ou chez un concurrent et, en vous fondant sur votre expérience comme client, décrivez les forces et les faiblesses de l'établissement.

CAS N° 2
DES FRONTIÈRES À FRANCHIR[2]

Cette étude de cas s'appuie sur l'expérience vécue par Angelica Garza, une Américaine d'origine mexicaine qui a travaillé pendant 10 ans aux ressources humaines (RH) d'une multinationale fabriquant des produits médicaux. La *maquiladora* dont il est question ici se trouve à Tijuana, grande ville mexicaine située en face de San Diego (Californie), juste de l'autre côté de la frontière. Les maquiladoras sont des usines mexicaines à capital étranger installées dans les zones limitrophes des États-Unis pour profiter de lois favorables et d'une main-d'œuvre à bon marché.

Cette usine de Tijuana appartenait à USMed, propriétaire de six autres installations situées dans divers États américains, dont la Floride. Outre son travail dans cette maquiladora, où elle passait le plus clair de son temps, Angelica était responsable des ressources humaines d'une petite unité administrative située à Chula Vista, du côté américain de la frontière. Le personnel comptait au total 34 Américains (12 du côté mexicain et 22 du côté américain) et près de 1 100 Mexicains.

Les relations étaient pratiquement inexistantes entre Angelica et les cadres aux RH des autres installations d'USMed aux États-Unis ou au Mexique. Selon elle, USMed n'avait aucune politique générale en matière de gestion des ressources humaines, et encore moins en matière de gestion de la diversité.

L'adaptation d'Angelica aux réalités mexicaines n'a pas été facile, car rien dans son expérience américaine ne l'avait préparée à ce qui l'attendait au sud de la frontière. Ses collègues d'origine anglo-saxonne ne savaient que très vaguement ce qui se déroulait à Tijuana et ne voyaient pas l'intérêt d'essayer de comprendre la main-d'œuvre mexicaine, ni de s'en rapprocher. Grâce à son éducation mâtinée de culture latino-américaine, Angelica pouvait, en partie, comprendre la culture et les valeurs des travailleurs mexicains. Sa maîtrise de l'espagnol lui permettait également de communiquer avec eux, mais ses connaissances et ses liens étaient loin de correspondre à ce qu'imaginaient les dirigeants américains, inconscients des nombreuses différences sur le plan culturel entre Angelica et le personnel mexicain.

« Rétrospectivement, je suis étonnée de la situation dans laquelle j'étais plongée à l'époque. En fait, je n'y comprenais pas grand-chose. Ainsi, je me suis aperçue que les gens croient que les Américains d'origine mexicaine sont les mieux préparés pour travailler avec des Mexicains. Je suppose que tout le monde estimait que, venant d'une famille *chicano*, j'allais automatiquement savoir comment me fondre dans cette culture complètement différente de la mienne. »

Angelica a donc connu bien des frustrations et s'est heurtée à un mur d'incompréhension. Ses tentatives de médiation entre les gestionnaires mexicains et américains se traduisaient souvent en méfiance de la part de ses collègues américains, qui n'appréciaient pas ses idées ni ses suggestions. Étant donné son statut d'Américaine, les Mexicains éprouvaient pour elle des sentiments ambigus où se mêlaient incompréhension et ressentiment, alors que l'organisation américaine ne lui offrait guère de soutien.

« J'ai découvert que mes collègues mexicaines, deux femmes qui travaillaient à la comptabilité depuis cinq ans, m'en voulaient. Ce qui m'a sauvée, c'est le fait d'être Américaine, parce que les femmes mexicaines considéraient les Américains comme supérieurs. Mais elles m'en voulaient de leur retirer une partie de leurs tâches. Pour elles, c'était comme si on avait estimé qu'elles ne travaillaient pas bien et qu'on nous envoyait là pour leur ôter des responsabilités. Alors, moi, en tant que femme parachutée là, j'étais d'autant plus surveillée par ces deux collègues mexicaines. Je ne pouvais obtenir la moindre information de leur part. Elles m'en donnaient le moins possible, ne m'aidaient pas et critiquaient tout ce que je faisais dès que j'empiétais sur leur domaine.

« Vous savez, en y repensant, je comprends les craintes des travailleurs mexicains. Nous débarquions, sûrs et certains de ce que nous avions à faire. Et USMed ne s'embarrassait pas de subtilités – un échec sur tel ou tel point, et vous perdiez votre emploi. Au moindre faux pas, c'était la porte. Il était donc difficile de convaincre les Mexicains de suivre nos protocoles et nos procédures. Le changement n'est jamais facile, mais obtenir d'eux qu'ils suivent certaines de ces règles tenait vraiment du défi. »

Angelica a fini par comprendre que les attitudes des individus à l'égard du travail étaient avant tout d'origine culturelle et qu'elles prenaient racine dans les conditions locales. L'expansion rapide des maquiladoras s'est traduite par un grand nombre de changements, dont des attentes nouvelles et des styles différents de la part des cadres. Dans les premiers temps, les travailleurs n'étaient pas familiarisés avec ces nouvelles attentes, et les employeurs devaient les former pour qu'ils puissent y répondre. Or, cela se produisait dans un contexte d'affrontement entre deux cultures, et Angelica, dans sa position, s'estimait davantage Américaine que Mexicaine, tout en se sachant différente de ses collègues anglo-saxons. C'est à elle que revenait le rôle d'introduire les styles d'encadrement, les attentes et la formation à l'américaine.

« Bien entendu, je suis Américaine, une cadre américaine, et j'apportais tout ce bagage avec moi. En outre, j'étais poussée à imaginer des approches visant à faire disparaître les malentendus ou les problèmes. Étant Mexicano-Américaine, je croyais qu'il me serait plus facile de travailler au Mexique parce que j'avais, dans une certaine mesure, baigné dans cette culture, mais le choc culturel a été des plus rudes. J'étais face à un groupe d'individus socio-économiquement différents de moi. Beaucoup d'entre eux étaient d'origine rurale, ils venaient de *ranchitos* sans toilettes ni douches. Et à Tijuana, il n'y avait aucune infrastructure.

« La situation s'est améliorée en une vingtaine d'années, et c'est nettement mieux maintenant. À l'époque, on allait travailler en empruntant des chemins de terre qui traversaient des arrière-cours, et les cadavres de chiens servaient de repères pour se souvenir de l'itinéraire ! Je crois que si vous alliez à Tijuana aujourd'hui – ça fait 20 ans que les maquiladoras y sont installées –, vous rencontreriez un plus grand nombre de gestionnaires, de contremaîtres ou d'administrateurs mexicains qualifiés. À l'époque, trouver des ingénieurs ou des secrétaires bilingues, c'était comme chercher une aiguille dans une botte de foin.

« D'autre part, ce n'était pas facile d'être la seule femme dans un environnement et parmi des réseaux constitués uniquement d'hommes. À cela s'ajoutait le milieu mexicain, et les hommes à qui j'avais affaire me méprisaient à cause de mon sexe. C'est encore mon statut d'Américaine qui m'a sauvée. Si j'avais été Mexicaine, je crois que cela aurait été pire. Par exemple, j'avais à travailler en étroite relation avec le chef du service de la comptabilité, un Mexicain. Je l'entends encore me répéter que je m'étais trompée dans mes chiffres, que je n'avais pas fait ceci ou cela comme il fallait et autres gentillesses. Je révisais mes données et j'en arrivais à la conclusion que la seule différence notable résidait dans la façon de calculer. Ainsi, lui estimait un salaire annuel sur la base de 365 jours, tandis que je partais de 52 semaines. On arrivait tout à fait aux mêmes résultats, et c'est bien normal ; mais moi, je suivais l'approche privilégiée par les Américains, celle à laquelle ils s'attendaient. »

Questions

1. Quelles sont les compétences qui garantiraient une plus grande efficacité des travailleurs américains tra-

vaillant dans des maquiladoras ou dans d'autres entreprises à l'étranger ?

2. Quelles sont certaines des conséquences qu'entraîne un manque de sensibilité à l'égard de la diversité ? Quels avantages aurait pu tirer cette organisation d'une meilleure compréhension des différences culturelles ?

3. Sur le plan des ressources humaines, quels étaient les enjeux exceptionnels auxquels Angelica devait faire face à diverses étapes de son travail chez USMed ?

4. Angelica travaillait dans une usine située à l'extérieur des États-Unis. Que peut-on tirer de ses expériences et de ses commentaires qui soit applicable aux activités locales de l'entreprise ?

CAS N° 3
LES ENFANTS TERRIBLES[3]

Lorsque Catherine Forgues quitte son poste de directrice de la publicité chez Dunston Vierra, une grande agence de relations publiques, pour prendre son congé de maternité, elle a la ferme intention de rester à la maison avec son bébé et de profiter du congé parental d'un an. Cette « bûcheuse » invétérée et extrêmement ambitieuse compte les jours qui précèdent son accouchement. Cependant, après six semaines d'absence, son besoin de reprendre le collier commence à se faire sentir. La naissance de sa fille Caroline est une expérience enrichissante, conforme à ses attentes, mais n'a nullement atténué ses ambitions professionnelles. En fait, c'est l'inverse qui s'est produit. Depuis la naissance du bébé, Catherine est encore plus avide de réussite qu'avant.

Frank Vierra, le président de Dunston Vierra, est ravi lorsque Catherine lui annonce qu'elle souhaite reprendre son poste beaucoup plus tôt que prévu. Celle-ci s'occupait de plusieurs clients importants qui sont sur le point de lancer des campagnes substantielles, et c'est avec réticence que Frank avait confié ces dossiers à l'un des collègues de Catherine, déjà débordé et loin de posséder ses compétences et son énergie.

Mais le soulagement de Frank n'est que de courte durée. La condition que Catherine attache à son retour le déconcerte. « Je sais que cela peut paraître un peu étrange, mais je veux garder Caroline avec moi pendant la journée. Je veux l'allaiter et passer le plus de temps possible avec elle. Il va de soi qu'elle ne pourra pas rester dans mon bureau, mais j'ai pensé à une solution. Il y a, au bout du couloir, une petite pièce vide. J'aimerais y installer Caroline avec sa gardienne. Je pourrais l'allaiter dans cette pièce et rester avec elle pendant l'heure du repas ou chaque fois que j'aurais quelques minutes libres. Je décorerais la pièce et je vous paierais un loyer, s'il le faut. »

Frank ne sait que répondre. Il tient à ce que Catherine reprenne son travail rapidement. Il a besoin d'elle non seulement pour orchestrer les campagnes à venir, mais également parce qu'elle est son bras droit et qu'il a l'habitude de la consulter sur des sujets d'importance concernant l'ensemble de l'agence. Aussi est-il désorienté depuis son départ. Néanmoins, il s'inquiète des difficultés qui pourraient surgir s'il accédait d'emblée à sa demande. Il lui répond donc qu'il doit réfléchir avant de lui donner une réponse.

La requête de Catherine préoccupe Frank pour deux raisons. Tout d'abord, il se demande si elle pourra mener de front son travail et les soins du bébé. Il l'imagine quittant une réunion parce que Caroline a de la fièvre ou est malade. Il craint également que Catherine passe son temps avec sa fille, au détriment de son travail.

En second lieu – et c'est essentiellement ce point qui inquiète Frank –, Dunston Vierra emploie 60 personnes, dont plus de la moitié sont des femmes dans la trentaine ou qui en approchent. Rares sont celles qui ont des enfants, mais Frank sait que cela pourrait facilement changer. En fait, il avait même prévu que la décision de Catherine d'avoir un enfant risquerait de faire tache d'huile. Si l'avenir lui donne raison, il ne pourra que s'incliner. Mais que se passerait-il si toutes les employées décidaient d'amener leur bébé au travail ? S'il autorise Catherine à le faire, comment pourra-t-il refuser ce même droit aux autres ?

Une solution consisterait à aménager une garderie dans les locaux de l'agence. Pourtant, l'aspect financier du projet tracasse Frank : il n'a pas entrepris d'étude de coûts, mais il pense que cela doit être onéreux. Un coup de téléphone à David Moore, son avocat, provoque une réaction similaire. « Je peux te garantir, sans hésiter, que tu vas te compliquer la vie, lui répond David. D'abord, il y a la question de l'assurance. Pourras-tu obtenir une police sans être obligé d'entreprendre des rénovations afin de respecter les normes gouvernementales, qui sont sûrement très strictes dans le cas des garderies? Et même si c'était le cas, as-tu pensé aux coûts? Disposes-tu d'une salle de bains et d'une cuisine supplémentaires? Veux-tu réellement que des membres de ton personnel consacrent une partie de leur temps à l'administration de ce projet? Je te conseille vivement d'y réfléchir à deux fois avant de prendre une décision pareille. »

Frank en arrive donc à la conclusion que le plus simple serait de dire « non » à Catherine, en espérant que son intérêt pour sa carrière l'emportera sur son instinct maternel. Cependant, il est sensible à ses besoins. Divorcé et père de deux enfants, il sait combien le lien entre la mère et l'enfant est capital. Il serait même prêt à consentir à une période d'essai pour savoir si Catherine pourrait tout à la fois travailler et s'occuper de Caroline. Mais ce sont les conséquences possibles de cette expérience qui le font hésiter.

Questions

1. De quelle façon la gestion de la diversité s'applique-t-elle à ce cas?
2. Compte tenu de votre réponse à la question 1, Frank Vierra prend-il suffisamment en considération les principales variables inhérentes aux différences individuelles?
3. La solution proposée par Catherine est-elle viable?
4. Imaginez que vous soyez le président de Dunston Vierra; que décideriez-vous et pourquoi?
5. Compte tenu de vos connaissances du CO, évaluez l'importance des questions soulevées dans cette étude de cas, eu égard à l'efficacité organisationnelle.

CAS N° 4
SAS

Fondée en 1976 par James Goodnight et John Sall, tous deux professeurs à la North Carolina State University, SAS est un leader de l'informatique décisionnelle. SAS, acronyme de Statistical Analysis Software, a son siège social à Cary, en Caroline du Nord. Avec plus de 100 succursales dans le monde et environ 10 000 employés, c'est la plus importante société fermée dans le domaine du logiciel. Elle fournit à plus de 40 000 entreprises dans le monde – notamment à 90 % des sociétés faisant partie de la liste *Fortune 500* –, des solutions décisionnelles[4]. S'appuyant sur une plateforme décisionnelle intégrée et un ensemble de solutions adaptées, SAS permet à ses clients de tirer le meilleur parti des systèmes d'information pour répondre à leurs besoins particuliers.

Fast Company décrit SAS à la fois comme une entreprise bien de son temps et comme un royaume dans un univers magique : « Cette entreprise est résolument moderne : elle est équipée des ordinateurs les plus récents, elle offre les meilleurs services de garderie, ses murs sont pratiquement tous couverts d'œuvres d'art et elle dispose d'installations sportives à faire saliver un entraîneur de la NBA. Pourtant, cette boîte a quelque chose qui relève du conte de fées. Ses habitants sont heureux, productifs, équilibrés, comblés d'une manière qu'on voit rarement de nos jours. Ils sont loyaux envers le royaume et son roi, lequel, en retour, est le modèle même du chef bienfaiteur. Le roi, croyez-le ou non, s'appelle Goodnight. »

SAS est résolument vouée au bien-être de ses employés. L'entreprise s'efforce d'embaucher des gens de talent et fait d'incommensurables efforts pour rendre ses employés heureux. James Goodnight, le chef de la direction, explique : « Nous avons fait un effort conscient pour nous assurer que nous embauchons et gardons à notre service des personnes compétentes, susceptibles de contribuer au développement maximal de nos produits et de servir le mieux possible notre clientèle. Et pour aller chercher ces personnes et les conserver dans nos rangs, il est essentiel d'appliquer de hauts standards en matière de relations avec le personnel. »

SAS est réputée pour ses programmes favorisant l'équilibre travail-vie personnelle et pour l'importance qu'elle accorde à la satisfaction de ses employés. L'entreprise a été récompensée dans ses efforts de diverses façons : elle a été reconnue par le magazine *Working Mothers* comme l'une des « 100 meilleures entreprises pour les mères au travail » et par le magazine *Fortune* comme l'une des « 100 meilleures entreprises pour lesquelles travailler aux États-Unis ». SAS a fait partie de la liste de *Working Mothers* 13 fois et elle a figuré dans la liste de *Fortune* durant 6 années consécutives.

SAS rémunère ses employés de façon concurrentielle, visant la moyenne des salaires dans l'industrie du logiciel. Contrairement à plusieurs sociétés du même type, l'entreprise n'offre pas d'actions à ses employés. Plutôt que de s'en remettre à ce genre de stratégies – comme le font tant d'entreprises dans le domaine du logiciel – pour attirer et garder les travailleurs à son service, SAS a opté pour un autre type d'approche. Elle met tout en œuvre pour offrir à ses employés des conditions de travail stimulantes et enrichissantes et elle encourage le travail d'équipe. SAS offre aussi un éventail d'avantages sociaux qui séduisent ses employés et qui contribuent à leur degré de satisfaction. Comme le dit un employé de SAS qui a accepté une baisse de salaire de 10 % pour y travailler : « Mieux vaut être plus heureux et avoir un peu moins d'argent. »

Les employés bénéficient de la liberté, de la flexibilité, du pouvoir décisionnel et des ressources nécessaires pour bien faire leur boulot. Ils ont aussi des comptes à rendre quant aux résultats obtenus. Les gestionnaires sont conscients de la contribution de chaque employé et ils travaillent main dans la main avec ceux-ci, jusque dans l'écriture du code machine. « L'entreprise embauche très peu d'employés contractuels et très peu de personnel à temps partiel, ce qui contribue à maintenir, dans toute la boîte, un bel esprit de groupe. » Visiblement, les employés de SAS s'impliquent dans leur travail. Kathy Passarella, qui en fait partie, souligne : « Ici, lorsque vous vous promenez dans les corridors, il est très rare que vous entendiez les gens parler d'autre chose que de travail. »

Au nombre des différents avantages sociaux qu'offre SAS à ses employés, on retrouve : l'adhésion à un centre de conditionnement physique et de loisirs, l'accès à un service de buanderie, une cafétéria où les frais de repas sont en grande partie assumés par l'entreprise, des concerts de piano proposés dans cette même cafétéria, une garderie subventionnée en milieu de travail et l'accès gratuit à un centre de santé. Tous ces avantages sociaux visent à offrir aux employés une expérience de travail plus enrichissante et un meilleur équilibre entre leur vie professionnelle et leur vie personnelle. L'engagement de SAS dans l'équilibre travail-vie personnelle se manifeste notamment par la semaine de 35 heures privilégiée par SAS, qui reflète clairement l'importance qu'accorde celle-ci à la vie de ses employés en dehors de l'entreprise.

À propos des généreux avantages sociaux de SAS, David Russo, directeur des ressources humaines, fait cette réflexion : « Aux yeux de certaines personnes, tout cela peut sembler trop beau pour être vrai. Cependant, ce n'est pas le cas. Cela fait partie d'une stratégie bien orchestrée. » Cette stratégie vise à « faire en sorte que les membres de l'entreprise ne puissent pas ne pas faire leur travail ».

Déployant d'immenses efforts pour s'assurer de la satisfaction de ses employés, l'entreprise s'attend, en retour, à ce que ceux-ci soient productifs et elle exige d'eux un rendement exemplaire. Les propriétaires de SAS veulent que leurs employés soient contents de leur sort, car ils sont convaincus que des employés heureux sont des employés qui se donnent à fond et offrent un service exceptionnel à leurs clients. « Lorsqu'on fait sentir aux employés qu'ils sont importants pour la bonne marche de l'entreprise, ils se comportent en conséquence [...]. La satisfaction des employés se traduit par la satisfaction de la clientèle. » Ce point de vue est celui d'une entreprise qui sait où réside son intérêt et qui fait montre de ce qu'on pourrait appeler un *réalisme éclairé*. Qui dit employés satisfaits dit clients satisfaits, et la satisfaction des clients se convertit en flux de rentrées et en profits pour SAS.

Les dirigeants de SAS sont conscients à la fois des bénéfices et des coûts associés à la satisfaction de leurs employés. Un des avantages les plus cruciaux pour SAS est un taux annuel de rotation du personnel très bas, soit de moins de 4 %, en comparaison avec un taux d'environ 25 % pour l'industrie en général. Ce taux représente annuellement, pour l'entreprise, une économie d'environ 70 millions de dollars en coûts de remplacement. Ces stratégies ont toutefois leur prix – en l'occurrence, les coûts associés aux différents programmes. David Russo affirme que les coûts moins élevés de remplacement des employés compensent largement les généreux avantages sociaux de l'entreprise. « C'est là toute la beauté de la chose, dit-il. Je n'arrive même pas à dépenser tout l'argent que nous économisons. »

Du côté des coûts associés aux stratégies de l'entreprise, il y a quand même le risque que le rendement ne soit pas aussi élevé qu'il le faudrait. Commentant les attentes de l'entreprise relatives au rendement de ses employés, Goodnight déclare : « J'aime m'entourer de personnes heureuses, mais quand elles ne remplissent pas leurs engagements, elles ne sont pas heureuses très longtemps. » Réfléchissant à la possibilité que les employés de SAS puissent profiter de l'ambiance de l'entreprise pour se la couler douce, John Sall, le copropriétaire, fait observer : « J'arrive mal à imaginer que quelqu'un puisse trouver plus intéressant de jouer au tennis de table que de travailler. » David Russo ajoute : « Si vous êtes absent durant six mois pour cause de maladie, on vous fera porter des cartes et des fleurs et les gens iront vous mitonner des petits plats. Si vous êtes absent six lundis de suite, on vous mettra à la porte. Nous attendons de nos employés qu'ils se comportent en adultes. »

De toute évidence, la gestion des ressources humaines chez SAS repose sur la réciprocité. L'entreprise cultive des stratégies en ressources humaines et autres politiques apparentées qui attirent, motivent et retiennent des travailleurs hautement compétents. Ceux-ci, en contrepartie, contribuent significativement à la réussite sans cesse renouvelée de leur employeur. Goodnight et les autres dirigeants de SAS s'attendent à rien de moins qu'un rendement supérieur de la part de leurs employés, et jusqu'à maintenant ils l'ont toujours obtenu. Les employés sont loyaux et dévoués envers l'entreprise et ils sont productifs – en fait, ils sont si loyaux, dévoués et productifs que seul un faible pourcentage d'entre eux démissionnent après avoir été embauchés par SAS.

Des employés de qualité désireux de demeurer à votre service : n'est-ce pas là l'objectif de tout service de gestion des ressources humaines et le défi qui devrait animer toute entreprise ?

Questions

1. Quelle est la philosophie de gestion de base qui préside à la gestion des relations humaines chez SAS ?
2. Comment la stratégie, les politiques et les pratiques en matière de gestion des ressources humaines chez SAS influencent-elles les émotions, l'attitude et la satisfaction professionnelle de ses employés ?
3. Quelles leçons les autres employeurs pourraient-ils tirer de l'expérience de SAS ? Quels éléments seraient transférables à d'autres milieux de travail, à d'autres fonctions ou à des employés qui présentent d'autres caractéristiques ?

CAS N° 5
LA SOCIÉTÉ MAGREC[5]

M. Leed, brillant ingénieur (dépositaire de plusieurs brevets) et directeur de groupe chez Fairchild Republic, fonde la société MagRec en 1960. L'entreprise produit des têtes d'enregistrement – un composant essentiel servant à lire, à écrire et à effacer les données sur les bandes magnétiques et les disques utilisés à l'époque. La demande pour ce produit est forte et son avenir semble assuré. L'industrie de l'informatique en est alors à ses balbutiements et MagRec n'a pas de véritables concurrents. En fait, presque tous les fabricants de têtes d'enregistrement utilisent encore aujourd'hui des méthodes, des techniques et des procédés mis au point et testés par MagRec.

Comme toute entreprise émergente, MagRec a connu des débuts modestes, marqués notamment par des problèmes techniques et un manque de liquidités. Ce départ plutôt lent a toutefois été suivi d'un essor rapide. Vers le milieu des années 1970, elle avait déjà acquis 35 % du marché des têtes d'enregistrement et en était le deuxième fournisseur en Amérique du Nord. MagRec a dû faire face à de graves problèmes financiers dans les années 1980, à cause de l'érosion des prix provoquée par la concurrence asiatique. Contrairement à bon nombre de ses concurrents occidentaux, elle a toutefois supporté l'épreuve et n'a jamais transféré ses activités manufacturières à l'étranger, ce qui n'a pas empêché, cependant, les pertes de s'accumuler.

Vers le milieu des années 1980, MagRec était au bord de la faillite. Face à une situation sans issue, la société s'est lancée dans une coexploitation internationale de grande envergure avec la participation de gouvernements étrangers à titre de propriétaires minoritaires (20 % des actions). Elle a alors reçu des commandes garanties de grandes entreprises japonaises telles que Fujitsu. L'avenir semblait prometteur, mais un évènement inattendu allait bouleverser l'existence de l'entreprise.

Le dilemme de Pat

Lorsque Fred Marsh m'a offert le poste de directeur des ventes, j'étais aux anges. Maintenant, six mois plus tard, j'ai le sentiment d'être en enfer. C'est véritablement la première fois de ma vie que je dois prendre seul certaines décisions. Jusqu'à maintenant, j'ai toujours travaillé en collaboration. Ce que je ne pouvais résoudre malgré mes efforts, je le transmettais aux échelons supérieurs. C'est bien différent aujourd'hui, parce que c'est moi le patron… mais le suis-je vraiment ? Je suis redevable à Fred de tout ce qu'il m'a enseigné. Il a été mon mentor et, lorsqu'il est devenu vice-président, il a pensé à moi pour le poste qu'il occupait à ce moment. Je l'ai toujours respecté et je me suis maintes fois fié à son jugement. Pourtant, quand j'y repense, je me demande si j'ai bien fait de l'écouter en ce qui concerne ce problème particulier.

Tout a commencé un vendredi après-midi. Je comptais appeler mon client de la côte Ouest, Partco, pour discuter de certaines clauses de notre contrat. Je voulais régler cela rapidement. Partco, qui venait d'être acquis par la société Volks, était un client de longue date, resté fidèle même pendant les périodes difficiles. En outre, c'était un client des plus importants. J'étais sur le point de passer ce coup de fil lorsque Dinah Coates est entrée dans mon bureau, un dossier à la main. Je travaillais depuis trois ans avec Dinah et je l'appréciais. J'ai vite compris que mon appel devrait attendre. En classant de vieux dossiers, elle avait découvert un rapport qui faisait état d'anomalies dans la conception et la fabrication de têtes destinées à Partco. Ce rapport datait de neuf ans et commençait par la note suivante :

Destinataire : Ken Smith,
    directeur du marketing

Expéditeur : Rich Grillo,
    vice-président à l'exploitation

Objet : Calendrier de production des têtes
    destinées à Partco

Je dois vous informer que, en raison de problèmes de conception, toutes les têtes Partco (514 unités) ont échoué aux tests de contrôle. Ces composantes ne satisfont pas les critères de fiabilité requis pour la lecture. Une erreur de calcul dans la conception est à l'origine du problème, mais il serait possible de la corriger. Cependant, cette correction devrait nous prendre au moins six mois. D'autre part, Ron Scott, de la production, vient de m'informer que le lot annuel de 5 000 têtes a déjà été fraisé, et que celles-ci risquent de présenter les mêmes problèmes.

Ken, je n'ai pas besoin d'insister sur la gravité de cette affaire. Comment pouvons-nous les accepter et les livrer à Partco, tout en sachant que, une fois installées, elles vont provoquer des erreurs de lecture ? Les équipes d'ingénierie et de production ont très bien compris qu'il s'agit d'une priorité exceptionnelle. Si nous retardons les livraisons à Systems Tech, nous pouvons envisager de reprendre la production normale d'ici six mois. En attendant, je pourrais modifier les têtes de Global Widgets, ce qui nous permettrait de livrer au moins un certain nombre d'articles à Partco. Il existe toutefois une solution de rechange : si nous disposions de six unités de commande de Partco, Michaels et son équipe estiment que, après quelques modifications rapides et faciles au chemin du ruban, ils pourraient réussir à faire fonctionner les têtes. Si cela se vérifie, nous pourrions revenir à la normale d'ici six à huit semaines.

Il y avait également cette annexe au rapport.

Confidentiel
(Notes rédigées à la suite d'une rencontre avec Don Updyke et Rich Grillo)

Solution au problème concernant les têtes destinées à Partco

Nous pourrions réusiner toutes les têtes de Partco (48 minutes par unité – coût minime). Pour résoudre le problème de lecture, nous pourrions polir 0,763 mm de plus du sommet de la tête. Ainsi, aucune erreur de lecture ne se produirait. Les têtes répondront alors à toutes les normes de qualité sauf une, la durée. Selon Don, la réduction de l'épaisseur de la couche de chrome (employé pour contrer l'usure) fera passer la durée de vie des têtes de 6 000 à 2 500 heures d'utilisation.

D'après notre expérience, nos clients ne tiennent pas de suivi précis de l'utilisation et de la durée d'existence des têtes qu'ils emploient. En outre, les coûts ne nous concernent pas, puisque Partco vend ses unités de commande à MegaComputer, qui vend ses systèmes aux utilisateurs. Le client n'est pas vraiment conscient des coûts supplémentaires engendrés par le remplacement d'une tête au bout de 12 ou 18 mois, au lieu de la durée normale de 2 ans. S'il l'est, il y a rarement des plaintes à ce propos. En outre, les techniciens d'entretien fournissent souvent des explications très plausibles et convaincantes, telles que la température excessive ou une grande utilisation de l'ordinateur.

J'ai fait entreprendre le réusinage des têtes pour les expédier à Partco. J'ai également demandé à John d'informer Partco que, à cause du mauvais temps, nous allions expédier leur commande de cette semaine avec celle de la semaine prochaine.

Dinah était sidérée. Selon elle, notre société avait délibérément planifié la vente de produits tout en sachant qu'ils ne répondraient pas aux normes de durabilité. « C'est prendre le risque de ruiner notre réputation de fournisseur exigeant. Partco et les autres clients achètent nos têtes en croyant qu'elles sont les meilleures. N'est-ce pas de l'escroquerie que de présenter les choses de façon aussi trompeuse ? », a-t-elle ajouté. Elle a insisté pour que j'intervienne. Je lui ai répondu que j'allais étudier la question et lui donner ma réponse d'ici la fin de la semaine suivante.

Pendant le week-end, je n'ai guère pensé à autre chose qu'à cette histoire de pièces défectueuses. Nous n'avions reçu aucune plainte, et Partco s'était toujours montrée satisfaite de nos produits et de notre soutien technique. Nous étions même son seul fournisseur. En outre, nous étions sur la liste des distributeurs privilégiés, depuis l'expédition jusqu'à l'entreposage, de MegaComputer. Cette entreprise utilisait même nos propres critères de qualité pour évaluer ses autres distributeurs. Le service du contrôle de la qualité de MegaComputer n'examinait jamais nos produits et les évaluait encore moins.

Dès le lundi matin, j'ai montré le rapport à Fred. Il s'en est souvenu immédiatement et a commencé à m'expliquer ce qui s'était passé. MagRec subissait alors d'intenses pressions et était en croissance rapide. « Cette année-là, nous avons emménagé dans de nouveaux locaux de près de 15 000 m² et nous sommes passés d'une soixantaine de travailleurs à plus de 300. Les ventes ont grimpé spectaculairement. » Fred dirigeait le service des achats à ce moment-là, et les critères concernant les matières premières changeaient chaque semaine.

« Nous avons commencé en nous servant des normes générales pour nos contrats annuels. Elles nous assuraient le droit d'augmenter la production de 100 % tous les 3 mois, et l'objectif était de maintenir le rythme. La perte de Partco aurait pu déclencher un effet domino : finies les inquiétudes, mais également les clients ! »

Fred m'a ensuite expliqué que le problème n'avait pas duré et qu'ils l'avaient corrigé dans le courant de l'année sans éveiller les soupçons de qui que ce soit. Il m'a conseillé d'oublier l'incident et de classer le dossier aux archives. J'ai acquiescé après avoir réfléchi aux contrecoups possibles. Il était vrai que c'était de l'histoire ancienne. Pourquoi aurais-je dû m'en préoccuper ? Je n'étais même pas là lorsque cela s'est produit.

Le vendredi suivant, Dinah m'a demandé ce que j'avais découvert. Je lui ai résumé l'opinion de Fred sur la question, ajoutant que ses arguments étaient assez convaincants. Dinah s'est emportée, me disant que j'avais changé depuis ma promotion et que j'étais aussi coupable que les escrocs qui avaient roulé les clients en faisant passer des têtes à courte durée pour des produits de longue durée. Après lui avoir demandé de se calmer, je lui ai expliqué que la décision remontait à plusieurs années et qu'il n'y avait pas eu de conséquences graves – ces têtes n'étaient pas *vraiment* défectueuses puisqu'elles ne provoquaient aucune erreur de lecture.

Je n'étais pas très fier, mais je ne voyais pas comment j'aurais pu agir autrement. Pour moi, la question était réglée, et je suis retourné à ce que j'avais à faire. Je ne me doutais pas que ce dossier était loin d'être clos.

Ce soir-là, Fred m'a téléphoné vers 22 heures. Il voulait que je le retrouve immédiatement au bureau. Je me suis habillé en me demandant quelle était l'urgence. Quand je suis arrivé à son bureau, ça sentait le café. Charlie (le directeur du personnel) était déjà là, ainsi que Rich Grillo (le V.-P. à l'exploitation), assis à l'autre bout de la table de conférence. Je m'y suis dirigé instinctivement parce que c'était le coin des buveurs de café.

Ken, le directeur du marketing, nous a rejoints un quart d'heure plus tard, et nous nous sommes installés. Fred a commencé la réunion en nous remerciant d'être venus, puis il a informé toutes les personnes présentes de la découverte du dossier concernant Partco et leur a fait un résumé de la situation. Le problème urgent, c'était que Dinah avait appelé Partco et parlé au vice-président, Tim Rand. Rand avait téléphoné à Fred vers 20 heures pour lui dire qu'il prenait un vol de nuit et qu'il avait l'intention de faire la lumière sur cette histoire dès le lendemain matin.

Nous avons passé une nuit exténuante, suivie de quelques semaines plutôt tendues. Partco a envoyé une équipe de techniciens pour revoir nos dossiers de tests, de contrôle de qualité et de fabrication. La production a alors diminué, et le moral de tous était au plus bas.

M. Leed s'est rendu en personne en Californie, où il a passé une semaine afin de convaincre Partco que cela ne se reproduirait plus jamais. Nous avons surmonté la crise, mais n'en sommes pas sortis indemnes. Nous avons cessé d'être le fournisseur unique de Partco. Quoique nous ayons conservé 60 % de ses commandes, nous avons dû accepter de diminuer nos prix, ce qui a eu de graves conséquences. Bien que Partco n'ait jamais divulgué les raisons de ces changements (nous avions des accords de non-divulgation), le bruit a commencé à circuler qu'elle payait moins qu'auparavant, et nous ne pouvions expliquer à nos autres clients ce qui avait motivé cette diminution.

Selon moi, Joe Byrne était à l'origine de la rumeur. C'était un ingénieur de chez Systems Tech qui avait été embauché par Partco et qui aurait raconté à ses anciens collègues que Partco était doué pour négocier des prix à la baisse. Il ne savait rien, bien entendu, des vraies raisons. Toutefois, nous avons connu des ennuis parce que nos clients avaient l'impression de n'être pas traités équitablement. Si nous baissions nos prix, nous allions enregistrer une perte de revenus, mais ne pas le faire risquait de nous faire perdre des clients. Au cours des six mois qui ont suivi, nos ventes ont décliné de près de 40 %. À titre de directeur des ventes, je me sentais mal chaque fois que je présentais les chiffres à Fred.

En ce qui concernait Dinah, j'étais face à un problème de taille. À l'interne, le sentiment général était de l'éviter à tout prix. La décroissance risquait d'entraîner des mises à pied, et les employés l'estimaient responsable des congédiements effectués à la production. Les frictions ont empiré. Dinah avait de plus en plus de mal à communiquer avec ses collègues et avec les autres services, au point de ne plus pouvoir accomplir normalement ses tâches.

Deux mois après l'incident Partco, Fred m'a convoqué à son bureau et m'a suggéré de congédier Dinah. Il s'inquiétait pour notre rendement et, même s'il n'avait aucun ressentiment personnel, il estimait qu'elle devait partir, car cela se répercutait sur la productivité générale de mon service. J'ai pris la défense de Dinah en affirmant que l'histoire Partco allait se calmer et qu'avec le temps je pouvais arranger les choses. Je lui ai rappelé ce qu'avait accompli Dinah et j'ai insisté pour la garder. Fred ne s'est pas obstiné, mais j'avais toujours le même problème sur les bras.

La situation s'est d'ailleurs envenimée et j'ai décidé d'essayer de la résoudre moi-même. Je connaissais Dinah depuis plusieurs années, et nous avions de bonnes relations avant cet épisode malheureux. Je l'ai invitée à dîner pour que nous puissions aborder la question. J'ai admis que l'incident des pièces Partco lui avait causé beaucoup de stress et je lui ai suggéré d'aller sur la côte Ouest pour s'occuper de ce secteur indépendamment.

Ulcérée par ma suggestion, Dinah m'a demandé pourquoi je ne la renvoyais pas tout simplement. J'ai réagi en lui rappelant qu'elle avait tout déclenché en prenant contact avec Partco. Elle a contre-attaqué en m'accusant de jouer les laquais, d'avoir soulevé la question avec Fred et de lui apporter maintenant la réponse de la direction. Elle a affirmé que je n'avais même pas tenté de trouver une solution et que je n'avais pas le cran de défendre ce qui était juste. Selon elle, je protégeais mes arrières en ménageant Fred. À titre de directeur, j'aurais dû la défendre et la soulager d'une partie de ce qu'elle subissait. Finalement, Dinah a refusé d'être mutée ou de démissionner. Elle me dit que je n'avais qu'à la congédier, puis elle s'est levée et a quitté le restaurant.

Je suis resté stupéfait, la regardant partir et me demandant en quoi je m'étais trompé et me posant une multitude de questions : Moralement, est-ce que Dinah avait pris la bonne décision ? Avais-je eu raison de défendre la position de MagRec ? Aurais-je dû m'opposer à Fred ? Est-ce que j'aurais dû passer par-dessus lui pour présenter le problème à M. Leed ? Étais-je en train de mal agir ? Aurais-je dû écouter Fred et congédier Dinah ? Et si je ne le faisais pas, comment ramener la paix dans mon service ? Mais si Dinah avait raison, n'aurais-je pas dû prendre sa défense plutôt que celle de l'entreprise ?

Questions

1. Mettez-vous à la place de ce cadre supérieur, Pat. Que devriez-vous faire maintenant ? Connaissant tous les détails de cette affaire, agiriez-vous différemment à l'avenir ?
2. Estimez-vous que Dinah avait raison ? Pourquoi ? À sa place, auriez-vous agi différemment ? Si oui, sur quel plan et pour quelles raisons ?
3. En vous fondant sur la théorie de la dissonance cognitive, expliquez les décisions prises par Pat, Dinah et Fred.

CAS N° 6

C'EST TROP INJUSTE ![6]

Étudiante de dernière année à l'Université du Québec à Montréal (UQAM), Marie Lalonde avait passé plusieurs entrevues d'emploi. Elle faisait partie des meilleurs étudiants de sa classe, participait activement à nombre d'activités parascolaires et avait mérité le respect de ses professeurs. Chaque société qui l'avait reçue en entrevue lui avait fait des propositions. Après mûre réflexion, elle décida finalement d'accepter l'offre d'une multinationale, Produits universels. Le salaire proposé (50 000 $) et les avantages étaient excellents, et il semblait y avoir des possibilités intéressantes de promotion.

Marie prit son poste quelques semaines après l'obtention de son diplôme et maîtrisa très rapidement ses tâches et responsabilités. À plusieurs occasions, on lui demanda de prolonger sa journée de travail, car les délais de remise de certains rapports étaient serrés. Elle acceptait sans hésiter même si, en tant qu'employée exemptée, elle n'était pas rémunérée pour ses heures supplémentaires. De plus, elle rapportait assez souvent du travail chez elle pour pousser plus loin certaines analyses. Elle venait même parfois au bureau les fins de semaine pour faire le point sur l'avancement de ses projets ou simplement pour se mettre à jour dans la montagne de courrier accumulé.

L'occasion se présenta pour son directeur de lui confier une tâche relativement difficile. Apparemment, une usine située au Costa Rica connaissait des problèmes de production. La qualité de l'un des produits était très douteuse, et les rapports obtenus sur cette question étaient assez déroutants. On demanda à Marie de faire partie de l'équipe chargée de se pencher sur les problèmes de qualité ainsi que ceux liés à l'élaboration des rapports. L'usine était située près de ses sources de matières premières, en plein cœur de la jungle ; aussi, pendant trois semaines, l'équipe envoyée sur place a-t-elle dû s'accommoder de conditions de séjour difficiles. Elle parvint cependant, au cours de cette période, à trouver l'origine du problème, à corriger la situation et à améliorer les procédures d'élaboration des rapports.

Le chef d'équipe, un ingénieur qualité, fit parvenir la note suivante au directeur de Marie : « Je tenais à vous informer de l'excellent travail effectué par Marie Lalonde lors de notre séjour au Costa Rica. Ses suggestions et ses idées à l'égard des procédures d'élaboration des rapports ont été précieuses. Sans son aide, nous aurions sans doute dû rester trois semaines de plus et, personnellement, j'en avais plus qu'assez des moustiques ! Merci de nous l'avoir envoyée. »

Comme la plupart des entreprises, Produits universels possède un système d'évaluation annuelle du rendement des employés. Puisque Marie venait de passer un peu plus de 12 mois au sein de la société, le temps de son évaluation était venu. Lorsqu'elle entra dans le bureau de son directeur, elle était nerveuse, car c'était sa première évaluation et elle ne savait trop à quoi s'attendre. Une fois la porte fermée, ils échangèrent quelques plaisanteries pour détendre l'atmosphère, puis Robert entra dans le vif du sujet.

Robert – Comme je vous l'ai dit la semaine dernière, Marie, cette rencontre va me permettre de vous faire part de mon appréciation de votre travail. Vous n'êtes pas sans savoir que rendement et rémunération vont de pair. Puisque la philosophie de notre société est de récompenser les éléments performants, nous abordons ces évaluations avec beaucoup de sérieux. J'ai consacré pas mal de temps à penser à votre rendement au cours de l'année écoulée mais, avant de commencer, j'aimerais connaître vos impressions sur Produits universels, sur vos tâches, ainsi que sur moi en tant que directeur.

Marie – Sincèrement, Robert, je n'ai pas à me plaindre. Tout ce qui concerne Produits universels et mon poste correspond à ce qu'on m'avait présenté. J'aime beaucoup travailler ici. Le personnel est très obligeant et, dans mon équipe, l'atmosphère est agréable. Mon poste offre amplement de défis à relever. Je sens qu'on m'apprécie et j'ai l'impression d'avoir un rôle à jouer. Vous-même, vous vous êtes montré patient et prévenant à mon égard. Dès mon arrivée, vous m'avez permis de m'engager pleinement et vous avez bien accueilli mes opinions. J'ai beaucoup appris avec vous et je vous en remercie. Donc, en résumé, je suis heureuse d'être ici.

Robert – Parfait, Marie, j'espérais vous entendre dire tout cela parce que, de mon point de vue, la plupart des personnes avec qui vous travaillez ressentent la même chose. Mais avant d'aborder la dimension qualitative de cette évaluation, permettez-moi d'examiner avec vous la dimension quantitative. Comme vous le savez, le classement va de la note 1, la plus basse, à la note 5, la plus élevée. Examinons chaque catégorie, et je vous donnerai des détails sur mon raisonnement pour chacune d'entre elles.

Robert commença par la catégorie 1 (quantité de travail) et finit par la catégorie 10 (travail en équipe). Il accorda à Marie, selon la catégorie, la note 4 ou 5. En fait, elle n'obtint que deux fois la note 4, et Robert lui expliqua que cela était normal et correspondait à des domaines qui requéraient une certaine amélioration de la part de la majorité des employés.

Robert – Comme vous pouvez le voir, je suis très satisfait de votre rendement. Vous avez reçu les notes les plus élevées jamais accordées à l'un de mes subordonnés. Votre attitude, votre motivation et votre contribution sont des plus appréciées. L'équipe en mission au Costa Rica n'a eu que des louanges à votre égard, et la directrice de l'usine m'a confié que personne avant vous n'avait pu lui expliquer aussi bien les procédures d'établissement des rapports. Devant une telle performance de votre part, que je qualifierais d'épatante, je suis ravi de vous accorder dès aujourd'hui une augmentation de 10 % !

Marie (bouche bée et les yeux brillants) – Robert, franchement, je n'en reviens pas ! Je ne sais pas quoi dire… je vous remercie beaucoup. J'espère pouvoir mériter votre confiance et continuer à faire un aussi bon travail. Merci, vraiment, merci !

Marie prit congé de Robert, le remercia encore vivement et sortit de son bureau avec un large sourire. Elle était aux anges. Non seulement l'évaluation de son rendement lui avait paru des plus cordiales, mais ses notes étaient remarquables et l'augmentation de salaire la satisfaisait pleinement. Elle savait pertinemment, pour en avoir discuté avec des collègues, que Produits universels n'accordait en moyenne que des augmentations de 5 %. Elle s'était préparée à se satisfaire de cela, ou peut-être d'un 6 % ou 7 %, mais 10 % !… Super ! Incroyable !

En se rendant à son bureau, elle croisa Suzanne, une collègue.

Suzanne – Eh ! Marie ? Perdue dans tes pensées ? T'as l'air en forme ! On dirait que tu as eu des bonnes nouvelles. Quoi de neuf ?

Suzanne Gauthier, récemment engagée, travaillait également avec Robert. Elle aussi était diplômée de l'UQAM, de la promotion qui avait suivi celle de Marie. Elle avait été une étudiante brillante, parmi les meilleurs, autant dans ses études que dans les activités parascolaires. Ses professeurs l'avaient chaudement recommandée.

Marie – Oh ! excuse-moi, Suzanne. Je pensais à Produits universels et aux avantages de travailler ici.

Suzanne – Oui, c'est vraiment magn…

Marie – Et j'arrive de ma première évaluation de rendement. Il n'y a vraiment pas de quoi fouetter un chat ! En fait, ça m'a vraiment remonté le moral, j'ai trouvé ça stimulant. J'ai obtenu un très bon classement et je suis impatiente de recommencer l'an prochain ! On a de la chance de travailler ici.

Suzanne – Tu peux le dire. J'étais sidérée qu'ils m'engagent dès la fin de mes études et surtout à un tel salaire. Entre toi et moi… je commence à 58 000 $! Non mais, t'imagines ! Je n'en croyais pas mes oreilles !… Marie ? Marie, où vas-tu ? Marie, pourquoi me dis-tu que c'est injuste ?… Marie…

Questions

1. Décrivez l'attitude de Marie avant et après sa conversation avec Suzanne. Y a-t-il eu un changement et, si oui, pourquoi ?
2. À votre avis, que va faire Marie maintenant ? Et plus tard ?
3. Quelles sont les théories de la motivation qui s'appliqueraient le mieux à ce scénario ? Justifiez votre réponse.

CAS N° 7
LA SOCIÉTÉ HOVEY & BEARD[7]

La société Hovey & Beard fabriquait différents jouets en bois : animaux, jeux de construction, jouets à traction, etc. Une phase de la fabrication consistait à vaporiser de la peinture sur les jouets encore partiellement assemblés. Des jeunes femmes accomplissaient ce travail.

Les pièces étaient découpées, polies et à moitié assemblées, puis trempées dans la laque avant d'être définitivement peintes. La plupart des jouets étaient bicolores, à l'exception de quelques-uns qui étaient multicolores.

Pendant des années, ces jouets avaient été peints à la main, chaque travailleuse assumant au complet la peinture d'un jouet donné. Afin de répondre à une augmentation considérable des commandes, les ingénieurs de l'usine avaient entièrement réorganisé ce processus, de telle sorte que les huit travailleuses qui peignaient les jouets étaient désormais assises les unes à côté des autres, le long d'une chaîne sans fin munie de crochets. Continuellement en mouvement, ces crochets passaient devant elles avant d'entrer dans un long four horizontal. Chaque jeune femme était assise dans une cabine construite de façon à éliminer les vapeurs et à arrêter l'excès de peinture. L'employée prenait un jouet sur le plateau, le maintenait avec une pince, vaporisait la couleur voulue en suivant le dessin, puis le suspendait au crochet qui passait. Les ingénieurs avaient déterminé le mouvement des crochets afin que chaque travailleuse, une fois expérimentée, ait le temps de peindre un jouet, puis de l'accrocher à la chaîne avant que le crochet ne fût hors d'atteinte.

On avait institué un système de récompenses pour les jeunes femmes préposées à la peinture. Comme elles n'étaient pas accoutumées à ce travail, elles recevaient une prime d'apprentissage, qui diminuait régulièrement au fil des mois, pour finir par disparaître au bout de six mois. À ce moment-là, elles étaient censées avoir atteint les normes établies et percevoir la prime de groupe accordée lorsqu'un niveau de production déterminé était dépassé.

Au cours du deuxième mois d'apprentissage, des difficultés surgirent. Le progrès des ouvrières était plus lent que prévu et il sembla que leur production allait se situer bien en deçà du seuil fixé. De nombreux crochets étaient inutilisés. Les jeunes femmes se plaignaient que ceux-ci défilaient trop vite et que l'expert qui avait déterminé le rythme de la production avait mal calculé la vitesse du mécanisme. Quelques employées démissionnèrent et durent être remplacées, ce qui compliqua le problème de l'apprentissage. L'esprit d'équipe que la prime de groupe devait créer automatiquement, au dire de la direction, n'apparaissait pas ; ou, plutôt, il se manifestait dans ce que les ingénieurs appelaient un mouvement de « résistance ». La jeune femme que le groupe considérait comme leader – et qui, aux yeux de la direction, passait pour être le chef de bande – exposa carrément à la contremaîtresse les divers griefs de l'équipe : c'était un travail sale, les crochets avançaient trop rapidement, la prime d'encouragement était mal calculée et la chaleur intense que dégageait le four était très incommodante.

On retint les services d'une consultante, qui travailla en collaboration avec la contremaîtresse. Plusieurs entretiens eurent lieu, puis la consultante exprima l'avis qu'il fallait d'abord réunir les ouvrières afin de procéder à un examen général des conditions de travail. La contremaîtresse hésita quelque peu, puis finit par donner son accord pour qu'on adopte cette solution.

Les huit jeunes femmes participèrent à la première réunion, qui eut lieu à 16 h, soit en dehors des heures de travail. Les ouvrières répétèrent leurs arguments : les crochets passaient trop rapidement ; le travail était très sale ; la pièce était surchauffée et fort mal aérée. Chose curieuse, elles se plaignaient surtout de l'aération défectueuse. La contremaîtresse promit de discuter avec les ingénieurs du problème de la ventilation et de la température et convint d'une autre réunion où elle leur communiquerait le résultat de ses démarches. La contremaîtresse eut plusieurs entretiens avec les ingénieurs au cours des jours qui suivirent. Les ingénieurs et le directeur de l'usine croyaient qu'il s'agissait d'une fabulation et qu'un réaménagement efficace nécessiterait des frais énormes.

La contremaîtresse était assez inquiète en arrivant à la deuxième réunion. De leur côté, les travailleuses ne paraissaient pas trop pessimistes, peut-être parce qu'elles-mêmes avaient une proposition à faire. Elles pensaient que la situation serait de beaucoup améliorée si on installait plusieurs gros ventilateurs qui feraient circuler l'air à leurs pieds. On discuta, puis la contremaîtresse convint que l'installation pouvait être essayée. La contremaîtresse et la consultante soumirent la proposition au directeur de l'usine, et trois gros ventilateurs furent achetés.

On livra les ventilateurs à la grande joie des jeunes femmes. Pendant plusieurs jours, les appareils furent placés dans différents endroits de la pièce, jusqu'au moment où on trouva les positions qui convenaient à tout le monde. Les résultats paraissaient satisfaire les ouvrières et leurs relations avec la contremaîtresse s'améliorèrent très sensiblement.

Après cette expérience encourageante, la contremaîtresse pensa que d'autres réunions pourraient se révéler utiles. Elle demanda donc aux jeunes femmes si elles aimeraient se réunir à nouveau, afin d'examiner d'autres aspects de leur travail. Elles le désiraient vivement. Une nouvelle réunion eut lieu et la discussion tourna bientôt autour du mouvement des crochets. Les travailleuses soutenaient qu'on en avait exagéré la vitesse et qu'elles ne pourraient jamais utiliser tous les cochets pour percevoir la prime.

La discussion atteignit son point culminant quand la leader du groupe expliqua que la difficulté ne se trouvait pas dans le fait qu'elles ne pouvaient pas suivre le mouvement des crochets, mais en ce qu'elles ne pouvaient maintenir ce rythme toute la journée. La contremaîtresse voulut approfondir cette question. Les jeunes femmes reconnaissaient qu'elles pouvaient, si elles le voulaient, accorder leur cadence avec celle de la chaîne pendant de courtes périodes. Mais, elles ne le voulaient pas car, pensaient-elles, on exigerait alors qu'elles maintiennent ce rythme toute la journée. La réunion se termina par la formulation d'une demande inusitée : « Laissez-nous régler nous-mêmes la vitesse de la chaîne. » Il fut convenu que la contremaîtresse soumettrait cette requête au directeur de l'usine et aux ingénieurs.

Les ingénieurs accueillirent défavorablement cette suggestion. Néanmoins, il fut admis, après plusieurs réunions, qu'on pouvait, jusqu'à un certain point, varier la vitesse des crochets sans nuire à la qualité du produit. Après maintes discussions avec les ingénieurs, on s'entendit pour mettre à l'essai le système suggéré par les travailleuses.

Non sans appréhension, la contremaîtresse fit installer dans la cabine du leader du groupe un cadran de contrôle indiquant les degrés : lent, moyen, rapide. Il lui était désormais possible d'ajuster la vitesse à n'importe quel degré, à l'intérieur des limites fixées par les ingénieurs.

Les ouvrières étaient enchantées et elles passèrent plusieurs heures allouées pour les repas à essayer de déterminer à quelle vitesse, selon les moments de la journée, la chaîne devrait être réglée. Après une semaine d'essai, elles décidèrent que, pendant la première demi-heure, le travail serait accompli à une cadence qu'elles considéraient comme une vitesse moyenne, celle-ci étant fixée à un degré légèrement au-dessus du cran marqué moyen. Pendant les deux heures et demie suivantes, on travaillerait à la vitesse maximale ; pendant la demi-heure précédant et suivant l'heure du repas, le rythme était lent. Le reste de l'après-midi, la vitesse était fixée à son point maximal, sauf pendant les quarante-cinq dernières minutes de la journée, alors que la tâche se déroulerait à la vitesse moyenne.

Il est intéressant de remarquer que la vitesse constante fixée à l'origine par les ingénieurs était légèrement en dessous du cran marqué moyen. La vitesse moyenne à laquelle les jeunes femmes travaillaient correspondait à la grande vitesse du cadran de contrôle. De plus, très peu ou pas de crochets vides ne pénétraient dans le four. À l'examen, on constata que le nombre de jouets rejetés provenant de la salle de peinture n'avait pas augmenté.

La production augmenta et, en moins de trois semaines – deux mois avant la fin de la période fixée pour la prime d'apprentissage –, elle se situait entre 30 % et 50 % au-dessus de l'objectif prévu dans le plan original. Bien entendu, les salaires des ouvrières étaient aussi plus élevés qu'on ne s'y attendait. Elles recevaient leur salaire de base plus la prime de groupe liée au rendement atteint ainsi que la prime d'apprentissage, qui, on s'en souviendra, devait décroître avec le temps. Les jeunes femmes gagnaient maintenant plus que plusieurs ouvriers spécialisés œuvrant dans d'autres services de l'usine.

Nombreuses furent les plaintes formulées auprès de la direction : on n'acceptait pas pareille injustice. La tension monta entre le directeur de l'usine et la contremaîtresse, entre les ingénieurs et la contremaîtresse, entre le directeur de l'usine et les ingénieurs. La situation devint intenable lorsque le directeur de l'usine annula la prime d'apprentissage et rétablit les choses au point où elles étaient auparavant, dans la salle de peinture.

La vitesse constante de la chaîne fut ramenée au rythme qu'elle avait au début ; la production baissa de nouveau et, en moins d'un mois, six des huit travailleuses avaient quitté leur emploi. Quant à la contremaîtresse, elle resta à son poste pendant quelques mois encore, puis, s'estimant lésée, donna sa démission.

Questions

1. Selon les critères de la théorie des caractéristiques de l'emploi, comment se caractérise le travail effectué par les peintres avant et après les changements apportés ? Comment peut-on expliquer l'incidence positive de la nouvelle conception de leur poste ?

2. La prime d'apprentissage a-t-elle été utilisée adéquatement dans ce cas ? Comment peut-on expliquer son incidence sur la motivation ? Est-ce que d'autres approches susceptibles de conduire à de semblables résultats auraient pu être envisagées ?

3. Comment expliquez-vous la situation exposée dans le dernier paragraphe ? Par quelles actions de gestion un tel résultat aurait-il pu être évité ?

CAS N° 8
LA SOCIÉTÉ AÉRIENNE MARITIME[8]

La société aérienne Maritime a été fondée en 1938. Cette entreprise emploie un peu plus de 15 000 personnes, exploite un parc de 107 avions et occupe le 19e rang mondial des transporteurs aériens. Malgré sa réussite, Maritime fait face actuellement à une vive concurrence : les itinéraires qui étaient autrefois sa chasse gardée sont désormais desservis par plusieurs sociétés, qui veulent prendre une part du marché. Toutefois, l'entreprise est convaincue qu'elle peut conserver la sienne et même l'élargir. C'est pourquoi elle a lancé un ambitieux programme de 4 milliards de dollars, s'échelonnant sur une période de 10 ans, afin d'améliorer le moral des employés de première ligne.

L'une des premières étapes de cette réforme a été la mise en place d'un programme d'amélioration du travail (PAT), visant les employés affectés au hangar d'entretien aéroportuaire. Andreas Speer, le concepteur du PAT, est un psychologue industriel de renom ; il a reçu de nombreux éloges pour un projet similaire réalisé pour le compte de la société de téléphone du Nouveau-Brunswick et qui a donné d'excellents résultats. La productivité et la satisfaction au travail se sont grandement améliorées, tandis que le roulement du personnel et l'absentéisme ont baissé. Un an après l'entrée en vigueur du PAT chez Maritime, l'approche de M. Speer s'avérait de nouveau très efficace.

La même année, les autres services de Maritime ont commencé à s'intéresser au programme de M. Speer. Se rendant très vite compte de ses effets sur le moral et la productivité des employés, ils ont demandé à en bénéficier également.

L'Association des employés des compagnies aériennes du Canada, en particulier, perçut immédiatement les avantages du système de M. Speer. Ce syndicat représente quelque 3 000 agents de réservation et préposés à l'accueil des passagers. À cette époque, il négociait sa convention collective avec Maritime. La société fit une concession au syndicat : le Service des réservations serait le prochain à bénéficier du PAT. Cette nouvelle se répandit rapidement chez Maritime. La société profita de l'optimisme ambiant, lié à la réussite du PAT dans le hangar d'entretien, et proclama que le programme serait le plus bel exemple de sa philosophie de « qualité de vie au travail ». Le PAT éliminerait enfin les tâches ingrates : les agents allaient redevenir des êtres humains à part entière ; on ne pourrait plus les considérer comme de simples excroissances de l'ordinateur. L'enthousiasme des employés grandissait.

Pourtant, personne au sein du service des réservations n'avait pris le temps de se poser la question suivante : « Comment le PAT va-t-il effectivement changer mon travail quotidien ? »

Le Service des réservations employait plus de 300 agents, dont 16 superviseurs, 3 chefs de service, un chef d'entretien pour le matériel informatique et un chef des réservations. Chaque superviseur était responsable d'une équipe composée d'une vingtaine d'agents de réservation. Ces derniers étaient chargés de répondre au téléphone, de communiquer les tarifs et d'effectuer les réservations. Ils devaient consacrer 80 % de leur temps de travail à ces tâches. Chaque employé répondait à près de 115 appels téléphoniques par jour. L'objectif du chef des réservations consistait à atteindre un indice de rapidité du service (RDS) de 80 %, c'est-à-dire que les agents répondent à 80 % des appels dans les 20 secondes suivant la première sonnerie. À cette époque, l'indice RDS avoisinait les 65 %.

Selon une étude entreprise quelques mois auparavant, le moral des membres de l'Association des employés des compagnies aériennes du Canada était au plus bas, comme le confirmaient un taux d'absentéisme élevé et une faible productivité. D'après les résultats de l'étude, seuls les employés relevant de la section « Vols nolisés et circuits touristiques » étaient satisfaits de leur travail. Dans cette unité qui faisait partie du service des réservations, la surveillance était réduite au minimum et il n'y avait pas de pointeuse. En outre, les agents fixaient leurs priorités de travail. Toute personne souhaitant être mutée dans cette unité devait faire preuve d'une très grande compétence. À la lumière de ces résultats, M. Speer décida que le PAT serait d'abord implanté dans les différentes sections du service des réservations, avant celle des « Vols nolisés et circuits touristiques », où il serait appliqué en dernier.

Lors de la mise en œuvre du PAT au sein du Service des réservations, M. Speer analysa et décomposa les tâches de chaque agent, puis regroupa les agents en fonction de leur savoir-faire. Ainsi, un agent type travaillait normalement avec un terminal à écran cathodique ; il répondait aux appels à l'aide d'un casque téléphonique ; il indiquait les tarifs et réservait les billets d'avion, les voitures et les chambres d'hôtel. Selon M. Speer, toutes les nouvelles équipes devaient être autonomes et se composer du personnel suivant :

- un spécialiste des questions relatives aux avions et au matériel ;
- un spécialiste des circuits touristiques ;
- un spécialiste des tarifs parfaitement au fait des barèmes souvent complexes et déroutants ;
- une personne chargée de diriger l'équipe en l'absence du superviseur attitré.

Chaque équipe aurait le droit d'élire un membre pour la représenter lorsque la direction étudierait les possibilités d'appliquer de nouvelles règles et pratiques.

Les problèmes surgirent dès la mise en place du PAT. Les équipes allèrent au-delà du système de M. Speer en désignant des remplaçants pour chacun des spécialistes. Ces derniers passaient de longues heures à aider leurs collègues au lieu d'exécuter leurs tâches courantes. Si un spécialiste était occupé, l'agent aux prises avec un problème consultait le remplaçant du spécialiste, le détournant ainsi de son travail habituel. De plus, chaque spécialiste appartenant à une équipe participait également à un comité qui se réunissait au moins une fois par mois. Avant l'entrée en vigueur du PAT, il était exceptionnel que trois ou quatre agents discutent ou circulent dans un bureau, sauf pendant la pause. Après la mise en place du programme, il n'était pas rare de voir plus de trois ou quatre agents ailleurs qu'à leur poste de travail : tous se déplaçaient et discutaient. Les employés semblaient faire la pause en permanence. Les superviseurs s'étaient vu assigner un rôle d'observateur qui leur accordait très peu de pouvoir pour mettre un terme aux abus des agents. L'indice RDS tomba bientôt sous le seuil des 50 %.

Huit mois plus tard, la direction adressa une directive au Service des réservations, notifiant au syndicat la fin du PAT. En moins de temps qu'il ne faut pour le dire, les spécialistes de l'équipe retrouvèrent leur poste de préposé au téléphone et les superviseurs eurent carte blanche pour rappeler à l'ordre quiconque enregistrait un indice RDS inférieur à 80 %. L'entreprise fit installer un système informatique plus perfectionné pour compiler les statistiques relatives au rendement de chaque agent. Ce système enregistrait les données suivantes : le nombre d'appels auxquels les agents répondaient, la diligence des agents à atteindre le seuil de RDS fixé, l'indice de fatigue et la durée moyenne de l'appel. Les informations étaient regroupées par agent, par équipe et pour le service dans son ensemble, et ce, sur une base horaire, journalière, mensuelle et annuelle. La direction de Maritime voulait ainsi s'assurer que le rendement des agents, des superviseurs et des cadres était suivi de très près. Et il semblait bien que des concepts aussi vagues que l'enrichissement et l'élargissement des tâches ou la qualité de la vie au travail ne seraient plus pris en considération avant longtemps, voire plus jamais.

Six mois après la fin du PAT au sein du service des réservations, l'indice RDS avait atteint un niveau tout à fait satisfaisant de 83 %.

Questions

1. Cernez les trois raisons principales de l'échec du PAT au sein du Service des réservations et analysez-les.
2. D'après vous, cette version du PAT était-elle adaptée au Service des réservations ? Justifiez votre réponse.
3. Si vous faisiez partie de la haute direction de Maritime, feriez-vous de nouveau appel aux services de M. Speer ? Comment voyez-vous le rôle du consultant, d'une part, en matière de conception et d'enrichissement des tâches et, d'autre part, en matière de motivation ?
4. Quelles mesures suggéreriez-vous pour améliorer l'efficacité du Service des réservations ?

CAS N° 9
PIZZERIA IDÉALE

Le restaurant Pizzeria Idéale de Charlesbourg, au nord de Québec, est la deuxième plus grande franchise de la chaîne au Canada. Le siège social de l'entreprise est situé à Montréal. Malgré ses succès financiers, cette franchise de la région de Québec est aux prises avec des problèmes de gestion des ressources humaines.

Chacune des franchises est dirigée par un gérant de restaurant, un gérant adjoint ainsi que deux à cinq gérants de nuit. Le gérant de chaque pizzeria est sous la responsabilité d'un directeur régional. Les critères pour être gérant de restaurant ou pour devenir gérant adjoint ne sont pas clairement établis. L'entreprise n'offre pas de période de formation formelle aux gérants. On n'exige pas d'études universitaires pour occuper ces postes. Au cours des quatre années pendant lesquelles l'auteur du cas a travaillé au restaurant Pizzeria Idéale, les gérants successifs étaient relativement jeunes (âgés de 24 à 27 ans) et un seul possédait un diplôme universitaire. Ces gérants avaient tous été soit gérant de nuit, gérant adjoint ou encore, ils avaient occupé les deux postes.

Les gérants de nuit des différentes franchises sont choisis en fonction de leurs habiletés à exécuter le travail des employés réguliers. Les gérants adjoints, pour leur part, consacrent deux heures par jour, à l'heure du dîner, cinq jours par semaine, à se familiariser avec la comptabilité et la gestion de la franchise. Chez Pizzeria Idéale, les gérants de restaurant sont contraints de demeurer gérants, à moins qu'ils ne veuillent investir dans la société.

La plupart des employés de la franchise de Charlesbourg étudient au cégep; les autres fréquentent l'école secondaire. Ces derniers sont confinés aux tâches les moins stimulantes. Étant donné le marché de l'emploi difficile qui prévaut dans la région québécoise, le restaurant n'a aucune difficulté à pourvoir ses postes vacants. Tout le personnel, à l'exception du gérant de restaurant, travaille à temps partiel. Les employés sont rémunérés au salaire minimum.

Le système de Pizzeria Idéale est conçu de telle sorte que les coûts et les profits de la nourriture et des boissons permettent de calculer un ratio. Si le ratio de nourriture non vendue – ou endommagée de quelque façon que ce soit – est très faible, le gérant obtient une prime. Par contre, si ce ratio est élevé, le gérant ne reçoit pas de prime et ne touche que son salaire de base.

Plusieurs raisons peuvent expliquer les fluctuations de ce ratio. Premièrement, en l'absence du gérant, qui ne peut évidemment pas être présent dans le restaurant 24 heures par jour, certains employés compensent leur faible salaire en se servant à leur guise de nourriture. Deuxièmement, lorsqu'un ami commande une pizza, on la garnit généreusement d'ingrédients. Troisièmement, le ratio est accru par le grignotage occasionnel d'une vingtaine d'employés tout au long de la journée. Finalement, un contenant de sauce peut être renversé ou une pizza, brûlée.

Si une des situations décrites précédemment se présente, le règlement du restaurant stipule que le membre du personnel qui commet l'erreur doit rembourser les frais encourus. Cependant, à cause de la pression du groupe, il est rare que le gérant de nuit fasse payer la facture à l'employé fautif. C'est le restaurant qui absorbe la perte et l'erreur passe inaperçue jusqu'à la fin du mois, quand on dresse l'inventaire. C'est à ce moment que le gérant du restaurant découvre que le ratio est élevé et qu'il ne recevra pas de prime.

Dans le cas qui nous intéresse plus particulièrement, le gérant prit des mesures de représailles. Auparavant, pour chaque période de six heures de travail, un employé avait droit à une pizza et à une salade gratuites ainsi qu'aux boissons gazeuses à volonté. Cette pratique fut changée par le gérant, qui fit passer de six à neuf le nombre d'heures de travail requis pour avoir droit à ces privilèges. Cependant, les employés avaient bénéficié pendant longtemps de cette nourriture et de ces boissons gratuites. Ils ont donc réagi à ces mesures de représailles en profitant de la situation chaque fois que le gérant et son adjoint étaient absents du restaurant. Bien qu'en principe, le gérant de nuit exerçait un contrôle total sur les opérations pendant la soirée, il n'était pas respecté de son personnel comme l'étaient le gérant et son adjoint. On peut expliquer ce manque de considération à l'endroit du gérant de nuit par le fait que ce dernier recevait un salaire identique à celui des employés réguliers. Il lui était donc très difficile de réprimander les autres employés, d'autant plus qu'il avait à peu près le même âge qu'eux; il arrivait même qu'il soit plus jeune.

Il y eut donc de plus en plus d'apathie au sein de la pizzeria et le fossé se creusa entre les employés et la direction qui, auparavant, formaient un groupe uni. Étant persuadé que ces problèmes disparaîtraient d'eux-mêmes, le gérant du restaurant ne déploya aucun effort pour y faire face. Il pensait que les employés insatisfaits quitteraient leur emploi ou qu'ils s'accommoderaient des nouveaux règlements. En fait, plusieurs employés donnèrent leur démission. Le gérant n'eut aucune difficulté à pourvoir les postes vacants. Toutefois, la perte de certains employés clés s'avéra fort coûteuse pour la franchise.

Étant donné le roulement élevé du personnel, le gérant estima qu'il devait passer plus de temps dans la cuisine, non seulement pour y exercer une surveillance étroite, mais aussi, parfois, pour remplacer des travailleurs inexpérimentés. Il contrevenait ainsi directement à un règlement de la chaîne qui stipule que le gérant du restaurant dirige, mais qu'en aucun moment, il ne doit participer à la préparation de la nourriture. Le gérant travaillant à leurs côtés, les employés étaient soumis à une surveillance de tous les instants. De plus, les divergences d'opinions entre le gérant et les travailleurs expérimentés concernant la façon d'exécuter certaines tâches nuisaient à la bonne marche de l'entreprise.

Après avoir agi de cette façon pendant une période de deux mois, le gérant put retourner à son bureau et laisser les employés se charger de toutes les opérations. Effectivement, pendant cette période de deux mois, le ratio des pertes redevint bas et le gérant reçut sa prime mensuelle. Le gérant considéra que son problème était réglé et que les conditions ne changeraient pas, puisque le nouveau personnel était formé adéquatement.

Les nouveaux employés ne tardèrent pas à subir l'influence des anciens. Dès que le gérant se consacra de nouveau essentiellement à ses fonctions de gestionnaire, le ratio des pertes recommença à augmenter. Cette fois, le gérant prit des mesures plus draconiennes. Il retira tous les avantages dont les employés bénéficiaient. Il n'y avait donc plus de pizza, de salade ou de boisson gratuites. Étant donné la situation du marché du travail qui se détériorait, la plupart des employés n'eurent d'autre choix que de rester. À cette époque, un nouveau directeur régional entra en fonction et son bureau fut installé à Charlesbourg, ce qui empêcha le gérant de travailler derrière le comptoir avec ses employés.

Le gérant dut donc changer sa façon de s'y prendre pour contrôler l'augmentation des pertes de nourriture et pour obtenir sa prime. Ainsi, il fit savoir par un avis sur le tableau d'affichage que, si le ratio des pertes demeurait élevé, tous les employés seraient soumis à un interrogatoire à l'aide d'un détecteur de mensonges. Tous ceux déclarés coupables de prendre ou de gaspiller de la nourriture ou des boissons seraient congédiés sur-le-champ. Ces menaces n'eurent pas l'effet escompté. Les employés savaient pertinemment que s'ils étaient tous soumis à cet interrogatoire, ils seraient tous déclarés coupables et que le gérant devrait les congédier. Il va sans dire que ce dernier se trouverait ainsi dans une situation pire que la précédente. À la suite de l'affichage de l'avis, le gérant s'attendait à ce que le ratio du mois soit élevé. De toute évidence, il avait été informé par l'un des gérants de nuit des sentiments et de la réaction des employés face à son avis. Cependant, il n'avait pas envisagé que le ratio des pertes atteindrait un sommet inégalé.

Questions

1. Examinez la décision du gérant de porter de six heures à neuf heures la période de travail requise pour bénéficier de nourriture et de boissons gazeuses gratuites. Essayez d'appliquer chacune des théories de la motivation pour expliquer ce qui s'est produit. Laquelle de ces théories offre l'explication la plus appropriée ? Pourquoi ?

2. Reprenez la question précédente et répondez-y, cette fois, en vous penchant sur la décision du gérant de travailler pendant un certain temps aux côtés des employés, puis de regagner son bureau.

3. Reprenez la question 1 et répondez-y, cette fois, en vous penchant sur la situation qui a cours à la fin du cas.

4. Mettez au point et justifiez un programme de motivation fondé sur une ou plusieurs des théories de la motivation afin de résoudre le problème tel qu'il existe au moment où le cas se termine.

CAS Nº 10
UN MEMBRE OUBLIÉ[9]

Le cours *Comportement organisationnel* semble fournir aux étudiants de nombreuses occasions de mettre en application plusieurs des notions présentées dans le manuel de référence et traitées lors des discussions en classe, et même d'y prendre plaisir. Christine Spencer, une étudiante zélée et studieuse, a cumulé jusqu'à maintenant de nombreux « A ». Si les connaissances et les aptitudes acquises pendant ses études revêtent une grande importance pour elle, les notes qu'elle obtient sont loin de la laisser indifférente. Elle estime qu'elles lui donneront un avantage capital lorsqu'elle se mettra en quête d'un emploi, ce qui ne saurait tarder, puisqu'elle en est à sa dernière année d'études.

Dimanche après-midi, 14 h, Christine est plongée dans un devoir de comptabilité sans parvenir à se concentrer. Elle s'en sort très bien dans tous ses cours, sauf en comportement organisationnel. Un pourcentage important de la note de ce cours dépend de la qualité du travail d'équipe ; elle a donc l'impression de ne pas être totalement maître de sa destinée, plus particulièrement de la note qu'elle obtiendra. Elle se remémore les évènements des cinq dernières semaines. L'enseignante, Sandra Thiel, les a répartis en équipes de cinq afin qu'ils effectuent un travail d'envergure comptant pour 30 % de la note finale. Il s'agit d'analyser un cas et de rédiger un rapport d'une douzaine de pages. Mme Thiel a, en outre, demandé aux équipes de présenter leur analyse en classe comme s'ils s'adressaient aux « membres du conseil d'administration de l'entreprise en question » qui évalueraient la façon dont le chef d'équipe et ses collaborateurs ont traité le problème qui leur a été soumis.

Dès la première réunion, Diane, Janet, Steve et Mike ont élu Christine *chef d'équipe*. De nature réservée, Diane se risque très rarement à faire des suggestions mais, si on le lui demande, elle a toujours d'excellentes idées. Mike est le boute-en-train de l'équipe. Christine se souvient d'avoir suggéré qu'ils se rencontrent avant chaque cours de CO pour discuter de l'étude de cas de la semaine, et Mike a bondi : « Pas question ! Le cours commence à 8 h 30 et j'ai déjà du mal à arriver à l'heure ! En plus, je vais rater mon émission de télévision, *Salut, bonjour !* » Ils n'ont pu s'empêcher d'éclater de rire en le voyant si indigné. Steve a déjà une allure d'homme d'affaires, veillant à ce que chaque réunion ait son ordre du jour et notant les résultats, atteints ou non, à la fin de chaque rencontre. Janet est la personne de confiance par excellence et elle en fait toujours plus que ce qu'on lui demande. Quant à Christine, elle se considère comme méticuleuse, organisée et donnant le meilleur d'elle-même dans tout ce qu'elle entreprend.

Cinq semaines se sont donc écoulées depuis le début de la session, et Christine réfléchit sérieusement au travail de CO. Elle a appelé ses coéquipiers pour organiser une réunion à un moment qui conviendrait à tous, mais elle semble se heurter à un obstacle : Mike ne peut être présent, car il doit, paraît-il, travailler ce soir-là pour le service de sécurité du campus. En fait, il rate la plupart de leurs réunions, faisant parvenir de petites notes à Christine pour qu'elle en aborde le contenu à sa place avec les autres. Elle ne sait comment réagir. Elle se remémore également un incident survenu la semaine précédente. Avant le début du cours, elle se tenait dans le couloir avec Diane, Janet et Steve, et ils échangeaient des plaisanteries, pour passer le temps en attendant Mme Thiel. Aucun d'entre eux n'avait remarqué l'arrivée discrète de Mike, qui était allé s'asseoir sans dire un mot.

Elle se souvient d'un autre incident qui s'est produit deux semaines auparavant. Ce matin-là, elle n'avait pas eu le temps de prendre de petit-déjeuner ; elle avait dû se dépêcher pour ne pas arriver en retard à son cours de comptabilité. Après ce cours, elle se rendit donc à la cafétéria pour manger rapidement quelque chose. La préposée lui avait tendu son sandwich et elle allait s'asseoir, lorsqu'elle aperçut les membres de son équipe. Elle se joignit à eux et la conversation reprit, détendue et agréable comme c'était toujours le cas lorsqu'ils se rencontraient à l'improviste. Mike entra dans la cafétéria, s'approcha de leur table et clama : « Personne ne m'a prévenu que nous avions une réunion ! » Surprise, Christine lui répondit qu'ils venaient de se rencontrer par hasard et qu'il pouvait se joindre à eux. Mike les regarda d'un air sceptique, marmonna « Ouais… je vois… » et s'éloigna.

Mme Thiel leur a dit à plusieurs reprises que, en cas de problèmes au sein d'une équipe, les membres devraient d'abord faire l'effort de s'y attaquer de front. S'ils ne pouvaient les résoudre, ils devraient venir lui en parler. Et l'attitude distante de Mike contrastait tellement avec l'exubérance qu'il avait manifestée lors de leur première réunion…

Une heure s'est écoulée. Il est maintenant 15 h, et Christine se rend compte qu'elle mordille nerveusement son stylo. Ils doivent remettre leur analyse la semaine suivante. Chacun d'eux s'est acquitté de la section qui lui revenait, mais Mike ne leur a remis qu'un brouillon de notes. Il a appelé Christine la semaine précédente pour lui dire que, en plus de ses cours et de son emploi sur le campus, il éprouve des problèmes avec sa petite amie. Christine a beau faire preuve d'empathie, il s'agit tout de même d'un projet collectif. En outre, la note que leur accordera Mme Thiel sera pondérée en fonction de leur évaluation de la contribution au travail d'équipe de chaque membre. Christine a donc toutes les raisons d'être très inquiète. Elle sait que Mike est créatif et que ses idées originales pourraient faire monter leur note globale. Elle s'inquiète également pour lui. Tout en écoutant la musique ambiante, elle se demande ce qu'elle devrait faire.

Questions

1. Dans une telle situation de leadership, comment une bonne compréhension des étapes de développement d'un groupe pourrait-elle aider Christine ?

2. Comment, en s'appuyant sur sa compréhension de la contribution individuelle à un travail collectif, Christine pourrait-elle établir un fonctionnement d'équipe qui profite à la performance commune ?

3. Christine fait-elle preuve d'un leadership efficace dans cette situation ? Détaillez votre réponse.

CAS Nº 11
MARC PERROT[10]

Après avoir obtenu mon diplôme d'études secondaires, j'ai travaillé pendant un an, ce qui m'a permis de réfléchir à la question suivante : Devrais-je retourner sur les bancs d'école ou entrer pour de bon sur le marché du travail ? J'étais affecté à la plateforme d'expédition d'une grande entreprise de vente par correspondance, où je chargeais dans des remorques la marchandise vendue par catalogue aux différents détaillants. L'édifice dans lequel je travaillais avait un certain âge et se trouvait à côté du siège social. L'expédition ne représentait qu'une petite partie de l'exploitation de l'entreprise, mais elle jouait un rôle essentiel.

Le service d'expédition se composait de sept personnes (Paul, Constantin, Lorne, Vito, Jean, Pierre et moi), du contremaître (Thomas) et du superviseur (René). Le directeur (Gérard) était responsable de notre service ainsi que de la vérification des marchandises, du quai de déchargement et du centre de tri. La plateforme d'expédition, où un petit bureau était aménagé pour le superviseur, était séparée du quai de déchargement. Le contremaître remplissait des formulaires sur une table qui se trouvait à l'extérieur du bureau. Sur la plateforme d'expédition, formée de huit travées, on dénombrait cinq convoyeurs pour chaque employé. À l'étage supérieur, sur une table ronde, Constantin triait les boîtes en fonction de leur destination et les faisait ensuite parvenir à chacun d'entre nous qui, à notre tour, les déposions sur le convoyeur pour qu'elles soient chargées dans la remorque appropriée. Généralement, je faisais équipe avec Paul sur la plateforme d'expédition.

René et Thomas avaient pour mission la bonne gestion des plateformes. René travaillait dans l'entreprise depuis plus de 20 ans et connaissait toutes les ficelles de l'expédition. De plus, il était capable de faire face à toutes les situations. Il avait gravi les échelons jusqu'au poste de superviseur et était apprécié par les employés. À plusieurs reprises, pendant que j'étais au service de l'entreprise, j'avais été témoin de problèmes. Il pouvait s'agir, par exemple, d'un convoyeur qui tombait en panne. René évaluait alors immédiatement la gravité de la situation et chargeait les employés affectés à la maintenance de réparer la machine. René avait également une certaine influence sur Gérard, le chef du service. Les deux hommes se rencontraient d'ailleurs souvent pour discuter. C'est René qui m'a présenté à toute l'équipe et qui a demandé à Paul d'assurer ma formation. Après quelques semaines, René venait me voir de temps à autre. Il me racontait des blagues et m'assignait certaines tâches. Il n'effectuait lui-même aucun travail physique.

Des conflits se déclaraient parfois sur la plateforme. Ainsi, Pierre et Jean, qui faisaient équipe, entretenaient généralement de bonnes relations et s'entraidaient. Mais Pierre était très impulsif : s'il estimait qu'on ne l'aidait pas quand il en avait besoin, il se mettait en colère. À plusieurs reprises, on entendit Pierre et Jean s'injurier et menacer de se battre. René ou Thomas intervenait pour les calmer. Ensuite, les deux compères ne se parlaient plus ni ne s'aidaient. Ces disputes éclataient régulièrement, mais ni René ni Thomas ne prirent les mesures adéquates pour y mettre définitivement un terme. La seule solution que Thomas trouva fut de me demander d'aider Pierre ou Jean lorsque cela était nécessaire. Je m'aperçus vite que je travaillais bien plus que tous les autres. Pierre attendait trop de moi et il ne m'aidait jamais lorsque j'étais débordé. Il était du genre à solliciter l'aide des autres, mais il ne renvoyait jamais l'ascenseur. Je me suis donc retrouvé dans une situation conflictuelle avec lui. Dès lors, il ne m'a plus adressé la parole et je ne l'aidais plus, à moins que ce ne fût absolument nécessaire.

Thomas, le contremaître, n'était pas particulièrement apprécié. Il ne savait pas s'affirmer. Il est arrivé plusieurs fois qu'un employé lui dise d'aller « se faire voir ». Thomas appelait immédiatement René à l'aide. Il n'était capable ni de maintenir le moral des employés, ni de les faire travailler en équipe, ni de donner suite à leurs récriminations. Personne ne l'aimait ni ne le respectait, à l'exception de Paul, qui était son protégé. Thomas autorisait Paul à s'acquitter des tâches administratives qui lui revenaient normalement ainsi que des autres fonctions de contremaître. Il semblait vouloir former Paul à ce poste. C'est pourquoi, lorsque j'étais dans l'entreprise, je devais travailler deux fois plus sur le convoyeur central, auquel deux travailleurs étaient normalement affectés. Thomas avait également pris l'habitude de me demander d'aider les autres, surtout Pierre, lorsqu'ils étaient débordés. Cette habitude ne me plaisait guère : j'évitais donc par tous les moyens d'aider qui que ce soi, car personne ne me dépannait lorsque j'avais beaucoup de travail.

Du fait que Paul était le protégé de Thomas et qu'il jouissait de certains privilèges, les autres ne l'aimaient pas tellement, à commencer par Lorne et Pierre, qui le méprisaient ouvertement et refusaient de lui adresser la parole. Paul était rarement là pour m'aider. Il préférait traîner un peu partout ou remplir les papiers de Thomas. C'est la seule raison pour laquelle je ne l'estimais pas.

À cause de tous ces conflits, l'équipe du service d'expédition ne faisait preuve d'aucune cohésion. Il s'agissait plutôt de personnes qui travaillaient dans leur coin pour toucher leur chèque à la fin du mois. La responsabilité de cette situation revenait à René et à Thomas, qui se montraient incapables de résoudre les conflits. Malgré tout, notre productivité n'en souffrait pas ; même si nous n'œuvrions pas réellement en équipe, le travail était fait et nous étions assez efficaces. Seuls Pierre et Paul n'étaient pas appréciés ; les autres membres du groupe entretenaient de bonnes relations. Nous jouions même aux cartes pendant la pause. Depuis que je suis parti, certains changements sont intervenus : Paul travaille désormais de nuit, Lorne et Vito ont été mutés dans d'autres services et René est employé dans un autre édifice. Pierre et Jean sont toujours là, mais un autre employé fait office de « tampon » entre eux. Thomas et René avaient probablement dû les séparer, car ils ne s'entendaient plus du tout.

La motivation posait également un problème. En effet, nos tâches ne rimaient pas avec responsabilité, défi, autonomie et développement de nos compétences. Le travail était ennuyeux et peu enrichissant. Jour après jour, nous devions nous contenter de charger les remorques. L'aire de travail était très froide en hiver, chaude et humide en été. La plateforme était sale et la pièce dans laquelle nous prenions nos repas était dégoûtante et ne ressemblait en rien à une salle à manger. La plus grande partie du matériel, comme les rouleaux qui permettaient d'entraîner les boîtes dans les remorques, était cassée et jamais réparée. Par ailleurs, il était impossible d'obtenir une promotion à moins d'avoir passé plusieurs années dans l'entreprise ou de demander continuellement à être muté. Compte tenu de cette situation, je n'avais plus qu'un seul choix : poursuivre mes études pour obtenir un emploi plus stimulant. Le moral de la plupart des travailleurs était au plus bas, et pas uniquement sur la plateforme d'expédition. Beaucoup d'entre eux buvaient leur paie, essayant d'oublier leur travail. En fait, ils étaient nombreux à vivre au jour le jour, pris dans une sorte d'engrenage.

Malgré tout, les horaires de travail étaient décents (huit heures par jour) ; nous avions une pause d'une heure pour le repas et deux pauses de quinze minutes pour prendre un café. Très souvent, nous étions autorisés à partir quelques minutes plus tôt. Le régime de participation aux bénéfices ainsi qu'une « boîte à idées » permettaient aux employés dont l'une des suggestions était retenue d'arrondir leur fin de mois. Je ne pouvais toutefois pas bénéficier du régime de participation aux bénéfices, car je n'avais pas encore un an d'ancienneté. Le nombre de jours de congé était des plus honnêtes, de même que la période des vacances : après trois ans seulement, on pouvait prendre trois semaines de vacances. L'entreprise offrait un régime collectif d'assurance, des allocations d'invalidité et un régime de retraite. Pour que le personnel ait le sentiment de faire partie d'une grande famille, des notes de service et des avis annonçaient les évènements qui se produisaient dans l'organisation. L'entreprise avait également une équipe de baseball et une équipe de hockey. Les nouveaux employés recevaient des livrets présentant l'entreprise et, avant qu'ils commencent leur travail, on leur communiquait succinctement, lors d'une réunion, les règlements ayant cours et divers renseignements sur l'entreprise en général.

Même si René et Thomas nous informaient de ce qui se déroulait dans l'entreprise, notamment de la date des réunions, la communication sur la plateforme d'expédition était surtout ascendante. Ainsi, lorsque j'ai demandé à René d'être muté à un poste administratif, il en a parlé à Gérard, le chef de service. J'ai passé des tests au service du personnel, dont les résultats ne m'ont jamais été communiqués et personne n'a plus évoqué ma demande de mutation.

On notait pourtant certains efforts de communication, notamment la tenue de réunions officielles pour discuter de la participation aux bénéfices, de même que des plans et des suggestions visant l'amélioration de la sécurité. Finalement, des radiateurs furent installés sur la plateforme pour l'hiver. Mais rien ne fut envisagé pour améliorer l'intérêt du travail. J'imagine qu'on ne pouvait pas faire grand-chose à ce sujet. La direction pensait peut-être que l'amélioration des conditions de travail et de la sécurité ainsi que la participation aux bénéfices compenseraient ce problème.

Je vous ai présenté un résumé de ma première expérience de travail à temps complet, expérience que je ne suis pas prêt d'oublier.

Questions

1. Un gestionnaire doit être à même d'offrir à ses subordonnés un climat de travail qui les encourage à atteindre un rendement élevé. Quel est le rôle du superviseur ou du chef de service en cette matière ? D'après vous, Thomas, René et Gérard se sont-ils montrés à la hauteur de leurs responsabilités ?
2. Dans ce récit, quelles sont les causes des conflits qui minent l'efficacité du groupe ? Comment a-t-on géré les conflits ? Qu'auriez-vous fait dans une situation semblable ?
3. Si vous étiez à la place de René, le superviseur, quelles mesures auriez-vous prises pour améliorer :
   a) l'efficacité du groupe ?
   b) la motivation des employés affectés à la plateforme d'expédition ?

CAS N° 12
LES ÉCURIES DE LA NASCAR[11]

Si on demande aux Américains de citer le sport le plus populaire, la plupart d'entre eux pensent au basket-ball, au baseball ou au football (ballon ovale ou ballon rond). Cependant, si on se fonde sur le nombre total de spectateurs, le titre va aux courses de *stock-cars*. La plus importante organisation sportive dans ce domaine est la National Association for Stock Car Auto Racing (NASCAR). Le coup d'envoi de la série de courses est donné en février et la saison se termine en novembre.

La NASCAR est devenue une puissante locomotive commerciale. Non seulement ses courses attirent dans les gradins plus de 12 millions d'aficionados, mais il faut ajouter à ce nombre 250 millions de téléspectateurs, sans compter l'intérêt que suscite la participation régulière de pilotes à des émissions de télé diffusées sur les chaînes du câble ou à des émissions de radio transmises par les réseaux nationaux. Le site Web de la NASCAR est parmi les plus fréquentés du cyberespace. Des entreprises telles que Coca-Cola profitent de sa popularité en y associant une diversité de produits ou d'articles promotionnels (objets de collection, vêtements, accessoires, jouets, etc.). Quant aux voitures elles-mêmes, on les a déjà décrites comme des panneaux d'affichage roulant à 320 km à l'heure.

La victoire de toute une équipe

Jeff Gordon est l'un des meilleurs et des plus réputés pilotes de la NASCAR. Il faisait déjà sensation au volant des karts qu'il conduisait à l'âge de cinq ans et il n'a cessé, depuis, d'impressionner. À titre de pilote d'une automobile gagnante, Gordon n'est que l'élément le plus visible d'une organisation incroyablement complexe – un système hautement performant dont le rendement ultime se joue sur la piste, le jour de la course. Pendant plusieurs années, la voiture de Gordon était prise en charge par les Rainbow Warriors, une équipe de mécaniciens dirigée par Ray Evernham. Sur le mur de l'atelier du chef d'équipe, lui-même réputé pour être le meilleur dans son domaine, une affiche rappelle ce qui suit : « La réussite est un adversaire redoutable et trompeur qui nous flatte, entretient nos points faibles et nous pousse à une confiance excessive. »

Si Gordon est la vedette, ils sont nombreux à estimer qu'Evernham a été le véritable ciment de l'organisation. À la tête d'un groupe de plus de 120 techniciens et mécaniciens dont le budget annuel avoisinait les 12 millions de dollars américains, il avait une idée bien précise de ce qu'il fallait pour toujours finir premier : une préparation minutieuse, un travail d'équipe où l'ego n'a pas de place, une stratégie originale et sans faille – des principes qui s'appliquent à toute organisation hautement performante.

Ray Evernham croyait que l'essai de nouvelles méthodes et procédures était indispensable aux équipes.

Lorsqu'il a mis sur pied celle des Rainbow Warriors, qui intervient au puits, aucun des membres n'avait d'expérience ni dans la série de la coupe Nextel/Winston ni avec le véhicule utilisé. Dirigés par un chef d'équipe de puits, les Rainbow Warriors donnent à Gordon un avantage de près d'une seconde à chaque arrêt. À 320 km à l'heure, cette seconde équivaut à près de 100 mètres de piste.

« Quand tu entraînes et soutiens une super vedette comme Jeff Gordon, tu lui donnes le meilleur matériel possible, tu lui fournis l'information dont il a besoin, et ensuite… tu t'enlèves de son chemin ! Mais la course automobile est un sport collectif. Les écuries ont des voitures qui se valent et le même matériel. Ce qui nous différencie, ce sont nos gars. J'aime bien parler d'un *QI d'équipe*, parce que, individuellement, on n'est jamais aussi intelligent que l'ensemble qu'on forme.

Je tiens énormément compte des gens, de la gestion et de la dimension psychologique. Plus précisément, je me demande toujours comment les motiver et les souder pour qu'ils forment un tout. Je les nourris d'idées sur le travail d'équipe. Je lis tout ce qui se publie sur le leadership, et il y a une chose que j'ai retenue, c'est l'idée du *cercle énergétique*. Au cours des réunions des Rainbow Warriors, nous plaçons toujours nos chaises en cercle. C'est une façon d'affirmer que nous sommes plus forts en tant qu'équipe qu'individuellement. »

Evernham concrétisait ses convictions en mettant l'accent sur le rendement collectif plus que sur celui des individus. Lorsque la voiture gagnait une course, tout le monde avait droit à une part de la somme récoltée. En outre, s'il était payé pour une conférence ou une séance de signature d'autographes, Evernham partageait également ses honoraires avec le reste de l'écurie. « Je n'aurais pas l'occasion de gagner ces revenus si ce n'était de l'équipe. Tout le monde doit sentir que sa touche personnelle, sa signature, apparaît sur le produit fini. »

Les équipes hautement performantes ne tombent pas du ciel : elles sont, au contraire, le fruit d'un recrutement éclairé et d'une préparation méticuleuse à toutes les exigences de l'emploi.

De la NASCAR à Pit Crew U

Les amateurs de courses NASCAR ne sont pas les seuls à pouvoir observer le fonctionnement des équipes de ravitaillement. La prochaine fois que vous voyagerez à bord d'un avion d'United Airlines, remarquez le travail du personnel de piste. Vous noterez sans doute des ressemblances avec ce que font les équipes en poste aux puits de ravitaillement sur le circuit NASCAR. En fait, il est fort probable que les membres des équipes au travail dans l'aire de trafic aient suivi les programmes de la Pit Crew U, un centre d'enseignement et de formation pratique situé à Mooresville, en Caroline du Nord[12]. À l'instar d'United Airlines, un grand nombre d'organisations y envoient leurs employés. Les travailleurs à l'emploi de la société aérienne apprennent à travailler sous pression, tout en répondant aux exigences sur les plans du rendement de l'équipe, de la sécurité et de la préparation. L'objectif est de modifier les façons de faire qui entraînent parfois des retards et des lacunes dans le service – autant de conséquences que les équipes NASCAR se doivent d'éviter pour demeurer compétitives sur le circuit.

Pit Crew U serait-elle un modèle d'avenir pour ce qui est de la constitution d'équipes hautement performantes ?

Questions

1. En quoi les tactiques de leadership mises de l'avant par Ray Evernham correspondent-elles aux principes qui ont été exposés dans cet ouvrage concernant les équipes et le travail d'équipe ?
2. Quelles sont les forces et les faiblesses potentielles d'un modèle tel que celui de la Pit Crew U pour favoriser la formation d'équipes hautement performantes dans le secteur des affaires ou au sein de tout type d'organisation ?
3. Que doit faire la personne qui prend la relève d'un leader ayant la stature de Ray Evernham pour maintenir l'équipe dont elle hérite à son degré élevé de réussite et la conduire vers des réussites encore plus grandes ?

CAS N° 13
LE CAS DE LA NOUVELLE CAGE

L'unité de classement des chèques et des récépissés se trouvait au siège social de la société d'assurances Atlantic. La raison d'être de l'unité, à savoir retrouver sur demande tout chèque émis par la société, reposait sur le classement. L'unité devait répondre quotidiennement, en moyenne, à une centaine de demandes émises par une dizaine de services qui voulaient, la plupart du temps, vérifier si les chèques avaient été encaissés. Ainsi, l'efficacité de l'unité se répercutait directement sur la satisfaction du client. En effet, pour satisfaire un client qui dépose une plainte ou qui fait une demande de renseignements, l'unité doit agir avec précision et rapidité.

Cette unité se composait de neuf personnes. Mme Dunn en occupait le poste de chef (soit l'équivalent d'un poste de contremaître dans une usine). Cinq autres personnes travaillaient à temps complet et trois, à temps partiel.

L'espace de travail de l'unité était extrêmement bien défini : des murs délimitaient l'espace physique de trois côtés. La façade nord, qui donnait sur l'extérieur, était percée de fenêtres laissant pénétrer la lumière du jour. La cloison intérieure du côté ouest était vierge, celle qui donnait sur le sud comportait une porte ouvrant sur un couloir. Quant à la façade est, elle était constituée d'un grillage métallique qui s'étendait d'une cloison à l'autre et du plancher jusqu'au plafond. Cette barrière de métal était à l'origine du surnom de l'unité : « la cage aux chèques ». Une porte coulissante percée dans la cloison métallique permettait d'accéder à la division de la vérification, dont l'unité des chèques et des récépissés faisait partie et qui se situait au même étage.

Le territoire de l'unité était protégé par des serrures apposées sur les deux portes. Ces portes étaient toujours verrouillées. Seuls les employés de la cage pouvaient pénétrer dans ce territoire, de même que les personnes dont le nom figurait sur une liste confiée à Mme Dunn. Lorsqu'ils avaient à échanger avec leurs collègues de la division de la vérification, ils passaient par la porte coulissante percée dans la cloison métallique. Les messagers extérieurs et ceux des autres services passaient par la porte qui donnait sur le couloir et devaient sonner.

Le grillage était renforcé par une rangée de classeurs en métal où les chèques étaient entreposés. Alignés le long du grillage, ils abritaient les employés du regard de ceux qui se trouvaient à l'extérieur de leur territoire, notamment de M. Burke, le chef de la division.

L'un des employés de l'unité avait déposé des boîtes en carton servant au transport des chèques sur les classeurs qui se trouvaient le long du grillage. Ces boîtes étaient réutilisées, par la suite, pour envoyer les chèques aux archives. L'objectif de cet employé consistait moins à ranger les boîtes qu'à augmenter la hauteur de la barrière qui le protégeait de la vue du chef de la division, et ce, « même lorsqu'il se levait ».

Lorsque les employés voulaient discuter avec les messagers, ils se tenaient sur le seuil de la porte de la cage qui débouchait sur le couloir. C'est également par là qu'ils passaient, sans se faire voir, pour aller chercher quelque chose à grignoter dans l'après-midi. Il arrivait parfois aussi aux employés de la cage de s'amuser à se lancer des élastiques.

L'atmosphère de la cage était sympathique et amicale ; de plus, les employés y travaillaient bien ensemble et provoquaient, par la même occasion, l'envie de leurs collègues. Et l'unité ne semblait avoir aucune difficulté à s'acquitter de son volume de travail.

Depuis un moment déjà, le service du contrôle de gestion n'était plus en mesure de respecter les normes d'efficacité en matière de service à la clientèle. La direction incriminait la répartition de l'espace : les différentes divisions du service du contrôle de gestion étaient éparpillées dans tout l'édifice de 22 étages. Afin de communiquer, les employés devaient envoyer des courriels ou se téléphoner, envoyer des messagers ou aller voir leurs collègues personnellement, autant de démarches qui prenaient du temps. L'aménagement de l'espace ne semblait pas avoir eu beaucoup d'importance lorsque le volume des affaires de l'entreprise était plus faible. Mais ce dernier ne cessant d'augmenter, la dispersion physique devenait une source de désagrément et d'inefficacité.

Finalement, en novembre, la direction commença à réaménager le service du contrôle de gestion et décida de réunir deux divisions au même étage. Il s'agissait, entre autres, de la division de la vérification, dont faisait partie l'unité de classement des chèques et des récépissés. Dès que la décision de déménager a été prise, les gestionnaires d'échelon inférieur ont été convoqués à des réunions pour organiser le déménagement. Les employés subalternes n'ont pas été consultés, mais ont été régulièrement informés de l'évolution de la situation par les chefs d'unité. La direction se demandait comment transporter plusieurs tonnes de matériel et faire déménager en un seul lieu 200 personnes installées dans deux endroits différents, sans pour autant interrompre le travail. Il fut donc décidé que le déménagement aurait lieu au cours d'une seule fin de semaine, en ayant recours aux ressources disponibles les plus efficaces. Les chefs d'unité devaient veiller à l'emplacement des classeurs et des tables de travail dans les nouveaux bureaux.

Avant le déménagement, les tables de travail, les classeurs, les chaises et même les corbeilles à papier ont été numérotés. Le chef d'unité qui se trouvait dans les nouveaux bureaux vérifiait sur un plan si tout le mobilier se trouvait bien à l'endroit indiqué. On informa les employés de leur nouveau lieu de travail et on leur montra l'ascenseur qu'ils devraient prendre pour s'y rendre. L'entreprise réussit à transporter tout le matériel de l'unité de classement des chèques et des récépissés d'un étage à l'autre en l'espace d'une fin de semaine. Les employés de la cage quittèrent leur ancien lieu de travail le vendredi soir pour prendre possession d'un nouveau bureau le lundi matin.

Les frontières extérieures de la nouvelle cage étaient identiques, trois murs et un grillage, à un détail près : il n'y avait plus qu'une seule issue, la porte coulissante métallique qui donnait sur l'aire de travail du reste de la division de la vérification. Le territoire de la cage était également plus petit. Une rangée entière de classeurs avait dû être laissée dans l'ancien bureau où allait s'installer une autre unité. Plus aucun classeur de métal aligné le long du grillage ne protégeait les employés de la cage du regard de leurs collègues.

Lorsque les employés demandèrent pourquoi les classeurs ne se trouvaient plus le long du grillage, on leur signifia que M. Burke avait insisté pour que l'espace de la cage soit réaménagé de sorte qu'il puisse voir ce qui se passait à l'intérieur. Mme Dunn avait vainement essayé de conserver les classeurs à leur place.

M. Burke ne voulait pas que les employés discutent pendant leur travail. Du fait qu'il voyait les employés de la nouvelle cage bavarder, il « pria » Mme Dunn de mettre un frein à toutes les conversations inutiles. Les bavardages clandestins des employés avec les messagers attirèrent le courroux de M. Burke sur Mme Dunn, qui fut forcée de réprimander son équipe.

M. Burke n'aimait pas, non plus, le désordre. Un papier ou une boîte qui traînait le dérangeait. Il n'exerçait pas de surveillance directe, mais « pria » Mme Dunn de « faire quelque chose pour les boîtes ». Dans la nouvelle cage, les tables de travail devaient être complètement nettoyées à la fin de la journée. Dans l'ancienne cage, des piles de dossiers traînaient toujours sur les bureaux. En outre, il était désormais impossible de ranger les boîtes sur les classeurs.

La tradition de la pause café de l'après-midi fut également remise en question. En l'absence de porte donnant sur le couloir, les pourvoyeurs devaient passer par les autres bureaux de la division et ramener des plateaux chargés de friandises à la vue de leurs collègues, dévoilant ainsi une habitude jusqu'ici inconnue. Ces derniers se dirent que c'était une bonne idée et voulurent obtenir le même privilège. Mais le chef de la division ne l'entendait pas de la sorte et il interdit purement et simplement aux employés de la cage de se livrer à leur rituel quotidien.

Par la suite, M. Burke établit une règle autorisant un seul employé de la cage à sortir du bureau à un moment précis de la journée pour ramener à manger aux autres. Cette rigidité déplut aux employés de la cage, habitués à grignoter quelque chose quand l'envie leur en prenait ou à se passer de leur en-cas d'autres fois. Après avoir fait cette concession à l'équipe de la cage, M. Burke ne put empêcher les autres employés de faire la même chose. Ce qui, un temps, avait été l'apanage de la cage était devenu pratique courante.

Même si Mme Dunn semblait se conformer aux directives de son supérieur et l'approuver, elle manifestait des signes évidents de stress. Tous les employés de la cage réagissaient à la domination croissante de M. Burke. Lorsqu'il imposa ses décisions aux employés de l'unité de classement des chèques et des récépissés, il fut surnommé « Grand-maman ». Le personnel de la cage se moquait de lui et le ridiculisait dès qu'il avait le dos tourné. L'équipe de la cage, qui avait toujours suivi les directives de l'entreprise sans rechigner, se mit à fainéanter et à faire de l'obstruction. Les tirs d'élastiques connurent également des modifications. Il était clair que M. Burke aurait désapprouvé ce petit jeu s'il en avait eu connaissance. Les tirs d'élastiques devinrent alors tout à fait clandestins et potentiellement dangereux. Néanmoins, ils ne firent que redoubler.

Mais il y avait plus grave : les chèques nouvellement arrivés disparaissaient des tables de travail aussi rapidement que possible, qu'ils aient été classés ou non. Les employés cachaient les chèques non classés dans un tiroir de leur bureau ou dans un classeur inutilisé. Du fait que les boîtes étaient interdites, il y avait moins de place disponible pour le classement que dans l'ancienne cage. Le travail quotidien n'était pas toujours terminé et les employés entassaient les récépissés et les chèques, classés et non, dans le même tiroir à la fin de la journée.

Avant de classer les chèques qui venaient d'arriver, les employés mesuraient l'épaisseur de chaque lot à trier. À la fin de la journée, les épaisseurs des chèques triés étaient additionnées et le total, transmis à Mme Dunn. Tous les lots de chèques étaient mesurés à leur entrée dans la cage. Ainsi, Mme Dunn avait une idée approximative de ce qui était traité et de ce qui restait à faire. Théoriquement, elle pouvait dire, en tout temps, quelle quantité de chèques restait à classer et où en était le travail de l'unité. Malgré ces vérifications permanentes, lorsque l'inventaire annuel des chèques non classés eut lieu, on se rendit compte que l'arriéré était considérable. À la surprise et à la consternation de Mme Dunn, l'inventaire permit de constater que l'unité était très en retard sur son programme de travail et que le classement se faisait bien plus lentement qu'avant le déménagement de la cage.

Questions

1. Quelles décisions de la direction ont entraîné une détérioration du rendement de l'unité de classement des chèques et des récépissés ?
2. Expliquez dans quelle mesure les décisions de la direction se sont répercutées sur :
   a) les ressources du groupe ;
   b) les processus de groupe.

   De quelles façons ont-elles contribué à détériorer le rendement du groupe ? Soyez précis et expliquez vos réponses en détail.
3. Compte tenu de la situation dans laquelle se trouve l'unité de classement des chèques et des récépissés, que peut-on faire pour améliorer l'efficacité du groupe ? Expliquez en détail et défendez votre stratégie d'amélioration en utilisant les points abordés dans ce volume.

CAS N° 14

L'AUTONOMISATION DU CORPS ENSEIGNANT ET L'ÉVOLUTION DE L'ENVIRONNEMENT UNIVERSITAIRE[13]

Au niveau universitaire, les enseignants jouissent habituellement d'une très grande autonomie, ce qui leur permet d'être innovateurs dans les moyens qu'ils emploient pour atteindre les objectifs d'un cours. À l'intérieur du cadre général correspondant à la description du cours, ils disposent d'une bonne marge de manœuvre pour établir un contenu précis, concevoir des activités didactiques et déterminer quels travaux les étudiants auront à réaliser. De cette manière, ils peuvent adapter leurs cours en choisissant l'approche qui semble la plus appropriée à une situation donnée.

Ainsi, l'enseignant qui a la responsabilité de donner un même cours à plusieurs reprises modifiera légèrement sa présentation de la matière, en insistant davantage sur tel ou tel aspect, selon le profil et les champs d'intérêt particuliers du groupe auquel il s'adresse. Les étudiants n'apprennent pas tous de la même façon, et on ne peut s'en tenir toujours au même modèle pour bien les évaluer. C'est pourquoi les enseignants ont généralement la possibilité d'introduire des variantes sur plusieurs plans, dont l'utilisation qui est faite des manuels, la nature précise des activités et le choix des tests ou autres moyens d'évaluer les connaissances acquises par les étudiants.

L'autonomisation des enseignants s'est révélée particulièrement utile dans le contexte de la formation continue, soit de travailleurs à temps plein qui étudient à temps partiel ou de personnes qui sont retournées aux études après une longue période sur le marché du travail. Les besoins des apprenants plus âgés diffèrent de ceux des étudiants qui suivent le parcours traditionnel. Il est souvent judicieux d'ajouter aux cours qui leur sont destinés des éléments d'apprentissage liés à leurs expériences professionnelles et de prévoir un horaire compatible avec leur travail. L'enseignant doit, en outre, faire preuve de souplesse et d'ouverture. Par exemple, il arrive qu'un évènement d'actualité provoque un intense intérêt pour un sujet qui se rapporte au cours et qu'il y ait lieu, dès lors, de réviser le plan original ou d'allonger les périodes de discussion afin d'aborder ce thème qui occupe l'esprit des gens. Les exigences du cours et le calendrier de remise de travaux peuvent avoir à subir des contraintes particulières lorsqu'on enseigne à des étudiants plus âgés. Les personnes qui travaillent ont souvent des semaines variablement chargées, et certaines doivent même s'absenter pour des durées assez longues à cause de leur emploi.

Les établissements universitaires qui accordent une grande autonomie à leurs enseignants voient au maintien de la qualité de leurs programmes d'études par la sélection et le perfectionnement de leur personnel enseignant et par la supervision qu'effectue la direction des départements. En général, celle-ci examinera toute modification apportée au plan de cours, aux activités d'apprentissage, aux examens et autres exigences, à la lumière des commentaires des étudiants et de leur évaluation formelle de l'enseignement effectuée à la fin de la session.

Quelle que soit l'efficacité des mesures de gestion de la qualité, on constate que la concurrence interuniversitaire commence à avoir une incidence sur l'autonomie d'action des enseignants. Dans le passé, les établissements avaient tendance à se concentrer sur un territoire donné ou à se spécialiser dans certains champs d'études ou auprès d'un type d'étudiants en particulier, ce qui réduisait passablement la pression de la concurrence. Aujourd'hui, le marché de l'éducation n'est plus simplement local ni même national. Il se déploie de plus en plus à l'échelle mondiale. L'offre de cours en ligne accessibles par Internet à des étudiants de régions éloignées intensifie cette tendance.

La nécessité de surclasser la concurrence pour accroître leurs recettes, tout en limitant leurs dépenses, a poussé certaines universités à calquer davantage leur fonctionnement sur celui des entreprises. Dans certains cas, cela a accentué la standardisation des cours et des méthodes didactiques, et donc réduit l'autonomie du personnel enseignant. Comparons deux exemples, l'Université A et l'Université B, pour illustrer ce phénomène. Ces établissements d'enseignement québécois ont deux points communs : (1) chacun vise principalement une clientèle étudiante constituée d'adultes qui travaillent ; (2) chacun favorise la standardisation des méthodes didactiques.

L'Université A est d'emblée orientée vers les adultes qui travaillent : 82 % de ses 8 200 étudiants occupent un emploi, et leur moyenne d'âge est de 32 ans. Elle offre encore des cours traditionnels en classe sur son campus principal et dans ses établissements périphériques, mais elle a ajouté des cours en ligne standardisés dans ses programmes de 1er et de 2e cycles (dont un programme destiné au personnel militaire). Elle a mis au point ce qu'elle appelle un « format d'apprentissage équilibré », qui assure la qualité uniforme des cours, de leur contenu et de leur prestation, à la fois en ligne et en classe.

L'Université B, quant à elle, a été fondée pour permettre à des étudiants moins fortunés, mais qualifiés, de travailler afin de payer leurs études. Elle offre des programmes de 1er et de 2e cycles. Environ 2 000 étudiants fréquentent le campus principal, mais il faut ajouter à ceux-ci plus de 19 000 autres étudiants québécois, canadiens ou étrangers – principalement des adultes ayant un emploi –, qui suivent des cours en ligne ou fréquentent l'un des sept campus répartis dans l'ensemble du Québec.

L'Université A a standardisé ses cours en prévoyant précisément les activités et les thèmes de chaque séance en classe. Les travaux demandés (problèmes à résoudre, questions sur un texte, etc.) ne sont pas déterminés par l'enseignant. L'étudiant inscrit se rend plutôt sur un site en ligne, où il peut prendre connaissance des exigences auxquelles lui-même et l'enseignant doivent répondre. Le temps alloué aux divers thèmes et activités doit correspondre au plan préétabli pour chaque séance d'enseignement, ou du moins se situer à l'intérieur de paramètres qui permettent une souplesse relative. Tous les enseignants responsables d'une séance donnée suivent ainsi le même scénario : à peu de chose près, chacun répète ce que l'autre aura aussi dit et fait dans son cours.

Avec cette approche, l'innovation pédagogique est essentiellement l'apanage du concepteur du cours, auquel il revient normalement d'approuver toute proposition de changement. De fait, les changements sont rares, sans doute parce que plusieurs enseignants sont réticents à entrer en contact avec le concepteur du cours et à prendre le temps de s'engager dans des discussions avec lui à ce sujet.

L'Université B a entrepris de modifier ses cours selon une approche qui s'apparente à celle de l'Université A, sans être en tout point identique. Elle a recours à des banques de tests standardisés. Des questions objectives sont choisies au hasard, puis les réponses sont corrigées par ordinateur afin de réduire le caractère subjectif d'une évaluation effectuée par les enseignants (et le favoritisme qui pourrait en résulter).

La formation en ligne occupe une place de plus en plus importante, à la fois à l'Université A et à l'Université B. Les deux établissements visent à ce que l'interaction qui s'établit en ligne entre les étudiants et les enseignants soit appropriée et reflète les politiques de l'université. Les cours en ligne fonctionnent de telle façon que toutes les communications se font par l'entremise du site Web officiel ou du système de courriel de l'université, qui est ainsi en mesure de surveiller non seulement ce qui se passe dans la *classe virtuelle* (le site Web du cours), mais aussi ce qu'on pourrait comparer aux conversations de personne à personne qui avaient lieu traditionnellement dans les bureaux des enseignants.

Puisque les cours en ligne et toutes les activités qui s'y rapportent se déroulent entièrement par l'entremise du site Web ou du système de courriel de l'établissement, les étudiants et les enseignants bénéficient, les uns comme les autres, d'une protection. Il est toujours possible de prouver qu'un travail a été ou non remis à temps et il est beaucoup plus facile de vérifier si les plaintes ou les revendications des étudiants sont fondées.

Du point de vue de l'administration des deux universités, la standardisation accrue assure une qualité uniforme des cours pour tous les étudiants, quels que soient le cadre d'apprentissage et les responsables de l'enseignement. En outre, cette uniformisation facilite le recours de plus en plus fréquent à des chargés de cours à temps partiel. Comme ces enseignants ne possèdent pas tous la même expérience pédagogique ni la même disponibilité, on suppose que le fait de pouvoir compter sur des cours standardisés et des scénarios pédagogiques communs contribue au maintien de la qualité de l'ensemble.

Plusieurs enseignants, en particulier ceux qui ont connu les conditions antérieures de plus grande autonomie dans l'enseignement, éprouvent une certaine frustration devant les nouvelles façons de faire mises en place par les deux types d'universités. Ils estiment que leurs prérogatives et leurs compétences professionnelles ne sont pas entièrement respectées.

Questions

1. Comme étudiant, préféreriez-vous suivre un cours standardisé ou un cours dans lequel l'enseignant dispose d'un degré élevé d'autonomie ? Pourquoi ?
2. Quels enjeux le passage d'un cadre qui favorise l'autonomie des enseignants à un système axé sur la standardisation des cours risque-t-il de soulever sur le plan des relations de pouvoir ? Comment tenteriez-vous de résoudre ces questions si vous faisiez partie d'une administration universitaire ?
3. Dans le cas particulier de la formation continue à des étudiants plus âgés et du recours à plusieurs enseignants pour un même cours, serait-il possible d'en arriver à un compromis entre les avantages de la standardisation et la souplesse associée à l'autonomisation ? Comment cela s'appliquerait-il à un cours en classe ? À un cours en ligne ?

CAS N° 15
ANALYSE DU COMPORTEMENT POLITIQUE[14]

Les deux situations ci-dessous illustrent l'exercice du pouvoir et du jeu politique en milieu organisationnel. Après une lecture attentive des deux cas, analysez les comportements adoptés par les principaux protagonistes, notamment Brigitte et Charles.

Situation n° 1 : mise au point d'un nouveau produit chez Caoutchouc général

Sophie et Brigitte sont deux scientifiques très motivées. Elles travaillent dans le laboratoire de mise au point de nouveaux produits chez Caoutchouc général. Sophie est de loin la plus compétente sur le plan technique. Elle est à l'origine de plusieurs brevets qui ont rapporté près de six millions de dollars à l'entreprise au cours de la dernière décennie. Sophie est une personne calme, sérieuse et réservée. Par contre, Brigitte est entreprenante et extravertie. Elle n'a pas les compétences techniques de Sophie. Néanmoins, son travail est rigoureux, même s'il manque parfois d'imagination. Selon les bruits qui courent, Brigitte devrait être mutée à un poste administratif au sein du laboratoire au cours des prochaines années.

Conformément à la politique du laboratoire, les scientifiques du service peuvent participer à un concours annuel visant à récompenser le meilleur projet de recherche sur un nouveau produit. Le prix est de 300 000 $. Sophie et Brigitte préparent donc chacune une proposition expliquant en détail les avantages de leur produit, aussi bien pour l'entreprise que pour la société dans son ensemble. Selon des évaluateurs indépendants, qui ont examiné les deux propositions sans en connaître leur auteur, elles sont toutes deux également méritoires. La mise en œuvre de l'un ou l'autre projet nécessite l'investissement des

300 000 $ si on veut obtenir des résultats valables. De plus, les recherches proposées pour chacun de ces deux projets supposent une très grande maîtrise des questions techniques et un minimum de supervision des chercheurs qui y seront affectés.

Après avoir soumis sa proposition, Sophie n'entreprend rien de particulier. Elle se contente de demander régulièrement où en est le processus d'adjudication. En revanche, Brigitte se lance dans ce qu'on pourrait appeler une campagne de soutien ouverte de son projet. Après avoir fait part de ses intentions à Sophie et à ses collègues, Brigitte saisit toutes les occasions de mettre en lumière et de faire connaître les avantages de sa proposition auprès des personnes qui peuvent influencer l'issue du concours. Cette campagne s'avère tellement efficace que les décideurs choisissent finalement de financer la proposition de Brigitte.

Situation nº 2 : élimination de déchets chimiques chez Semi-conducteurs canadiens

Louis est âgé de 61 ans. Il est directeur des services de génie chez Semi-conducteurs canadiens depuis 14 ans. Louis est un cadre très intelligent et sensible. Son seul défaut : ne pas s'être intéressé de près à l'évolution des techniques dans son domaine.

Les processus de fabrication qu'on retrouve chez Semi-conducteurs canadiens produisent une grande quantité de déchets toxiques. L'attitude désinvolte de Louis relativement à l'élimination de ces déchets s'est soldée par un certain nombre d'amendes pour pollution. L'entreprise est poursuivie devant les tribunaux pour deux dossiers et devra probablement verser des dommages et intérêts considérables. Pourtant, Louis ne se rend pas compte que le problème de l'élimination des déchets doit être réglé d'urgence. Depuis trois ans déjà, Charles, le vice-président, essaie vainement d'amener Louis à traiter ce problème en priorité. Charles en a conclu à regret que Louis devait quitter son poste de directeur.

Charles est conscient qu'il ne pourrait démettre immédiatement Louis de ses fonctions sans démoraliser les autres cadres. Il décide donc de répandre la rumeur selon laquelle il serait mécontent du travail de Louis. Lorsque quelques employés appuient Louis, Charles prend calmement le parti de ses détracteurs. Il fait savoir avec désinvolture aux collègues de Louis que celui-ci n'est plus très utile à l'entreprise. Il va même jusqu'à exagérer ses défauts et ses échecs lorsqu'il parle à ses collaborateurs. Découragé par le manque de soutien de ses collègues, Louis décide de prendre une retraite anticipée.

Questions

1. Dans la première situation, le comportement de Brigitte est-il conforme à l'éthique ? Pourquoi ?
2. Dans la seconde situation, le comportement de Charles est-il conforme à l'éthique ? Pourquoi ?
3. D'après vous, qu'auraient dû faire Brigitte et Charles, compte tenu de la situation ? Justifiez votre réponse.

CAS Nº 16

UN NOUVEAU VICE-RECTEUR POUR MID-WEST U[15]

Section A

Peu de temps après l'entrée en fonction du nouveau recteur de Mid-West U, le vice-recteur aux études annonça sa démission. Malheureusement, personne ne se pressait pour occuper son poste, et un gel de l'embauche empêcha qu'on entame des recherches à l'extérieur pour lui trouver un remplaçant.

Plusieurs doyens de faculté et d'anciens administrateurs suggérèrent au recteur de désigner Jennifer Tardif, la vice-rectrice adjointe aux études, au poste de vice-rectrice intérimaire. Elle jouissait d'une grande popularité sur tout le campus et avait 10 ans d'expérience à titre de vice-rectrice adjointe. Elle connaissait tout le monde et tout ce qu'il fallait savoir à propos de l'Université. Selon eux, Jennifer était le choix évident et elle méritait vraiment ce poste. Elle faisait preuve d'un dévouement hors pair à l'égard de l'établissement et possédait des réserves illimitées d'énergie. Le nouveau recteur suivit leur conseil et nomma Jennifer vice-rectrice intérimaire pour une période pouvant aller jusqu'à trois ans. Il accepta également qu'elle soit candidate à la permanence lorsqu'on lèverait le gel de l'embauche.

Jennifer et ses amis étaient ravis. Il était plus que temps que des femmes occupent des postes supérieurs à l'Université. Ils l'invitèrent à une petite fête en son honneur pour la féliciter et discuter de sa promotion.

Sauf pour une brève période, Jennifer avait fait toute sa carrière à Mid-West U. Elle avait commencé, à titre de chargée de cours, par donner un cours d'introduction en histoire puis, visant un poste de professeur permanent, avait repris ses études et décroché un doctorat à Metropolitan U, tout en continuant à enseigner à Mid-West. Dès l'obtention de son diplôme, on l'avait nommée professeure adjointe, puis professeure agrégée en raison de la qualité de son enseignement et de l'ensemble de son dossier, ainsi que de sa participation interne. Non seulement on l'appréciait, mais on reconnaissait son dévouement total à Mid-West : elle aida à mettre sur pied le premier syndicat, obtint de nombreuses subventions de recherche et s'impliqua activement dans le club social. Elle était toujours prête à venir en aide à autrui et sa popularité était indéniable.

Finalement, Jennifer fut nommée directrice de son département et, après deux ans à ce poste, elle se vit offrir celui de vice-rectrice adjointe. Pendant les 10 années qu'elle passa à ce poste, elle s'occupa de la plupart des problèmes touchant la formation, dirigea plusieurs comités, prit en main la majeure partie de la correspondance et des rapports du vice-recteur et, à plus d'une occasion, fit des commissions personnelles pour le recteur. Tout le monde savait qu'on pouvait compter sur Jennifer.

Questions

1. À cette étape, quelles sont vos prédictions pour Jennifer au poste de vice-rectrice intérimaire ?
2. Selon vous, quel sera son style de leadership ?
3. Quels sont ses points forts et ses points faibles ? Sur quoi fondez-vous votre opinion ?

Section B

La nomination de Jennifer au poste de vice-rectrice intérimaire souleva l'enthousiasme à Mid-West U. Enfin, l'Université faisait appel à *l'un des siens*, une personne sensible à sa culture, qui en connaissait le corps professoral et qui allait faire bouger les choses. Toutefois, l'ensemble de la communauté universitaire ne tarda pas à s'apercevoir que rien ne bougeait et que Jennifer, en dépit de sa popularité de longue date, avait du mal à prendre des décisions ardues. Son désir de plaire à tous et d'essayer de satisfaire tout un chacun compliquait les choix. (Et ses difficultés à planifier, à organiser et à gérer son temps n'arrangeaient guère la situation.)

Le problème se résumait en fait à ceci : elle ne comprenait pas le rôle qu'elle avait à jouer en tant que *numéro deux* de l'organisation. Le recteur s'attendait à ce qu'elle l'épaule et qu'elle soutienne ses décisions, même les plus difficiles. Avec le temps, il s'attendit même à ce qu'elle mette en œuvre certaines d'entre elles – qu'elle fasse le *sale boulot*. Cela devenait vraiment problématique lorsqu'il fallait congédier quelqu'un ou refuser quelque chose à de vieux copains professeurs. De plus, Jennifer n'était pas à l'aise avec plusieurs collègues de l'équipe de direction. Même si elle n'était pas la seule femme – la secrétaire générale, une femme brillante et rationnelle, faisait partie du groupe –, Jennifer découvrit que le comportement au sein de la direction et le style de prise de décision étaient différents de ce dont elle avait l'habitude.

La plupart des hommes suivaient les ordres du recteur et ne discutaient pas grand-chose au cours des réunions, choisissant plutôt d'influer sur les décisions en privé. Il arrivait souvent qu'une décision à l'ordre du jour soit déjà un fait accompli. Jennifer se sentait exclue, se demandant pourquoi, si elle était vice-rectrice, elle se sentait si impuissante.

Avec le temps, Jennifer et le recteur se rencontrèrent de moins en moins pour discuter des affaires de l'Université. Même si ses relations avec ses collègues masculins demeuraient cordiales, elle parlait surtout à ses collègues féminines. Ses amis, particulièrement le groupe de femmes collègues de longue date, l'assurèrent que c'était parce qu'elle n'était qu'intérimaire. « Contente-toi de ne pas faire de vagues », lui conseillèrent-ils. Bien entendu, cela ne fit qu'accroître les hésitations de Jennifer lorsqu'elle avait un choix difficile à faire.

Comme l'image du recteur commençait à changer, après une première année de lune de miel, Jennifer décida d'écouter ses amis plutôt que de suivre son supérieur. Après tout, sa réputation sur le campus était en jeu.

Questions

1. Quel est le plus grand problème auquel Jennifer doit faire face ?
2. Que feriez-vous si vous étiez à sa place ?

3. Croyez-vous qu'un homme éprouverait les mêmes problèmes que Jennifer ?
4. Est-ce que certaines de vos prédictions concernant son style de leadership semblent se vérifier ?

Section C

Lorsque prit fin le gel de l'embauche et que le poste de Jennifer put être pourvu en permanence, le recteur insista pour faire un appel de candidatures externes. Jennifer et ses partisans considéraient cela comme inutile puisqu'elle entamait sa troisième année à ce poste, mais elle posa tout de même sa candidature.

Au bout d'un an, le comité de sélection rencontra le recteur pour lui apprendre qu'aucun candidat de l'extérieur ne lui semblait acceptable. Il recommanda que Jennifer obtienne la permanence, à la condition qu'elle modifie son style de leadership.

Après un temps de réflexion, le recteur lui accorda le bénéfice du doute et une chance de prouver ce qu'elle valait. Elle obtint sa permanence, mais un accord confidentiel fixait les conditions suivantes :

1. Elle devrait organiser son bureau et son personnel de manière à pouvoir déléguer davantage de tâches.
2. Elle devrait jouer son rôle de numéro deux comme il se doit et soutenir le recteur et ses positions sur la vision et les objectifs stratégiques de l'Université.
3. Elle devrait orienter davantage les doyens de faculté sous sa responsabilité.

Jennifer accepta le poste, devenant ainsi la première femme vice-rectrice, et présida le conseil de 11 doyens, dont 3 étaient ses meilleures amies. Elles ne manquèrent pas de se retrouver dans leur restaurant habituel pour fêter ça.

Questions

1. À la place de Jennifer, auriez-vous accepté le poste ?
2. À titre de nouveau titulaire du poste de vice-recteur, que feriez-vous ?
3. Croyez-vous que Jennifer va modifier son style de leadership ? Si oui, de quelle façon ?
4. Quelles sont vos prédictions pour l'avenir ?

Section D

Ils avaient été nombreux à prédire que les choses s'arrangeraient lorsque Jennifer aurait sa permanence, mais ce fut tout le contraire qui se produisit. Les gens s'attendaient maintenant à ce qu'elle fasse preuve d'esprit de décision, mais elle n'avait toujours pas l'impression d'avoir les coudées franches. Chaque fois qu'un problème surgissait, elle passait des semaines, des mois même, à tenter de prendre le pouls du campus. En fait, plus rien ne bougeait dès lors que son bureau s'en chargeait. Au bout d'un certain temps, on commença à appeler son service *le trou noir*, parce que tout ce qui y entrait disparaissait à tout jamais !

Ses subordonnés directs s'inquiétaient et rongeaient leur frein. Non seulement se montrait-elle incapable de déléguer efficacement, mais son désir d'améliorer la situation la poussait à en assumer toujours plus. Ses fonctions de vice-rectrice exigeaient également qu'elle réponde à certaines invitations et remplisse diverses obligations sociales. Là encore, elle essayait de plaire à tout le monde et courait d'un évènement à l'autre, essayant de montrer son intérêt et son soutien à tous les corps constitués de l'Université. Elle s'épuisait, était débordée et, consciente des conditions de son mandat, s'inquiétait de l'évaluation que ferait le recteur de son travail.

Au sein de son conseil de doyens, les choses allaient plutôt mal. Plusieurs des doyens hommes, fatigués de devoir attendre des orientations qui ne venaient pas à propos des projets lancés par le recteur, commencèrent à prendre des décisions sans passer par Jennifer.

« Des *francs-tireurs* !, c'est ce qu'elle disait de quelques-uns d'entre eux. Ils n'écoutent rien et se lancent dans leurs propres projets. » Avec deux d'entre eux, cela prenait des proportions inquiétantes, car ils n'acceptaient pas une réponse négative de Jennifer. En privé, ils reconnaissaient qu'un *non* de sa part ressemblait à un *peut-être* : avec elle, on pouvait négocier encore et encore.

Quel que fût le problème, et il commençait à y en avoir un certain nombre, on remettait toujours en question le leadership de Jennifer. Même si sa popularité restait inchangée, de plus en plus de gens sur le campus exprimaient leur frustration à l'égard de ce qui ressemblait parfois à des messages contradictoires de sa part et de celle du recteur, et quelquefois à une absence totale d'orientation. Les gens voulaient qu'on s'attaque aux priorités mais, au lieu de cela, ils se retrouvèrent en gestion de crise.

Questions

1. Si vous étiez le recteur, que feriez-vous ?
2. Si vous étiez Jennifer, que feriez-vous ?

Conclusion

Jennifer organisa plusieurs « retraites » ou journées de réflexion avec ses adjoints à l'extérieur des locaux de l'organisation. Chaque fois, elle s'engageait à déléguer davantage, à établir des priorités, à s'attaquer aux questions relatives à la gestion du temps mais, une semaine plus tard, les choses reprenaient leur cours habituel.

Le recteur décida d'engager une personne d'expérience en gestion et redressement d'entreprise afin de pourvoir le poste vacant de vice-recteur aux finances et à l'administration. Cet homme avait une longue expérience du travail d'équipe, avait survécu à plusieurs fusions d'entreprises, avait été licencié, mais avait fait un retour en force et avait passé des années comme numéro deux de plusieurs sociétés. En quelques mois, il avait gagné le respect du recteur et de l'ensemble de la communauté universitaire et il apparaissait de plus en plus comme la vraie tête dirigeante. Le recteur pouvait ainsi se concentrer sur les affaires extérieures et les collectes de fonds.

Jennifer se sentit soulagée. Son rôle lui semblait plus clair. Elle pouvait se consacrer aux questions touchant la formation et les professeurs et ne se sentait plus obligée de jouer les *hommes de main*. Tandis qu'approchait l'âge d'une retraite anticipée, elle se mit à parler de plus en plus de ce qu'elle entreprendrait alors.

CAS N° 17
L'INNOVATEUR EN CHEF DE MOTOROLA

Quand il est entré en fonction au poste de chef de la direction chez Motorola en 2004, Ed Zander dut faire face à une situation particulière. Il s'est retrouvé à la tête d'une entreprise qui éprouvait de la difficulté à être concurrentielle. Pourtant berceau du réputé programme de contrôle de la qualité Six Sigma, Motorola avait peine à offrir de nouveaux produits qui seraient attrayants sur un marché des télécommunications quotidiennement sollicité par la nouveauté.

Zander affrontait un problème de taille : celui d'une entreprise ayant une histoire de réussite, dotée d'une culture organisationnelle bien établie, mais acculée à la nécessité d'un changement transformateur. Il déclara alors : « Il me paraît nécessaire de provoquer des changements chez Motorola puisque, de toute évidence, le statu quo ne produit pas les résultats désirés. [...] J'espère faire de Motorola une entreprise qui soit influencée davantage par son environnement, c'est-à-dire par les consommateurs[16]. »

Les résultats ont été éloquents. Zander a remis Motorola sur la voie de l'innovation, comme en témoigne le succès du téléphone cellulaire RAZR. Un analyste a souligné ce qui suit à son sujet : « Zander a introduit de nouvelles pratiques commerciales, en redirigeant l'attention de l'entreprise vers les consommateurs. Il a secoué une culture d'entreprise un peu lourde, qui avait semé des doutes au sujet de l'avenir du vénérable conglomérat de Chicago[17]. »

Interrogé en tant qu'« innovateur en chef » de Motorola sur son approche en matière de leadership, Zander s'est expliqué au cours d'une entrevue accordée à *BizEd Magazine*[18].

« Les entreprises qui n'innovent pas, dit-il, ne peuvent pas survivre. Et les leaders qui n'innovent pas sont remplacés par d'autres qui sont prêts à prendre des risques. La clé du succès, c'est de susciter l'innovation. Pour réussir, ajoute-t-il, les entreprises doivent se donner des objectifs clairs en matière d'innovation, sélectionner les idées qui représentent le meilleur potentiel de développement et créer une organisation agile, capable de soutenir l'innovation sur une base constante. Ainsi, quand l'entreprise atteint un sommet, un bon leader n'hésitera pas à faire en sorte qu'elle ne s'installe pas dans une position de confort. »

« Une des façons d'encourager l'innovation, suggère Zander, c'est de déplacer les gens. Le fait de modifier la structure organisationnelle d'une entreprise crée de nouvelles interactions entre les personnes et permet à des idées novatrices de prendre forme. Les dirigeants qui réussissent sont ceux qui sont prêts à miser gros. Parfois on vise juste, d'autres fois, non. Mais on ne gagne jamais sans une certaine audace. »

Questions

1. Les repères que fournit Zander en matière de leadership transformateur s'appliqueraient-ils dans presque tous les types d'organisation ? Pourquoi ?

2. Comment un dirigeant pourrait-il suivre les conseils de Zander tout en répondant aux conditions d'un leadership authentique ou d'un leadership au service des autres ?

3. Quel rôle sont susceptibles de jouer la coercition, la persuasion rationnelle et le partage du pouvoir, en tant que stratégies de changement, dans un leadership comme celui que Zander a mis en œuvre chez Motorola – c'est-à-dire un leadership orienté vers le changement et l'innovation ?

4. À quels problèmes un leader comme Zander risque-t-il de se heurter après une réussite aussi remarquée que le RAZR ?

CAS N° 18
JEAN DURANT

Âgé de 37 ans, Jean Durant, le nouveau président-directeur général de Célébrités, traverse la période la plus difficile de sa vie. Omega, un important conglomérat, vient de le nommer pour diriger sa dernière acquisition, et Jean est très content de lui. Issu d'un milieu défavorisé, Jean a terminé ses études de génie, obtenu une maîtrise en administration de l'Université McGill et travaillé pendant 10 ans comme expert-conseil en gestion. Puis, à la tête d'une petite entreprise pendant les deux dernières années, il a vu ses efforts couronnés de succès. Avec cette nomination au sein d'Omega, il a vraiment le sentiment d'être arrivé. L'entreprise qu'il s'apprête à diriger est connue internationalement et jouit d'une bonne réputation. Ses nouvelles fonctions constituent également, pour lui, une excellente occasion de se faire remarquer par le siège social. En outre, c'est la première fois de sa carrière que son salaire est aussi élevé. Bien que les considérations pécuniaires ne soient pas sa principale préoccupation (ce salaire va quand même lui permettre d'assurer la sécurité financière de sa femme et de ses quatre enfants), Jean apprécie cette augmentation salariale, car elle est le signe de sa réussite. Il est impatient de se trouver à la tête d'une entreprise de plus de 1 000 personnes et d'exercer le pouvoir que ce poste va lui conférer.

Lorsqu'il a été choisi par Omega, Jean a été informé que Daniel Bénard, l'actuel président de Célébrités, allait prendre sa retraite et être nommé président du conseil d'administration. M. Bénard a assumé la présidence de Célébrités pendant 22 ans avec un certain succès : les ventes ont augmenté régulièrement et la qualité s'est maintenue à un degré satisfaisant. La haute direction a une longue expérience ; ses membres sont très liés les uns aux autres, fidèles à l'entreprise et en poste depuis de longues années. On dit d'ailleurs qu'ils sont tous très amis avec Daniel Bénard. La plupart ont atteint la soixantaine et tous sont particulièrement fiers de la réussite de leur entreprise de taille moyenne. Toutefois, les profits de Célébrités ne se sont pas accrus aussi rapidement qu'Omega l'aurait souhaité, et le président d'Omega a annoncé à Jean, lors de sa nomination, qu'il voulait voir Célébrités prendre véritablement son envol.

Cet appel à l'action bien compris, Jean s'envole vers Montréal pour sa première visite à Célébrités. Il s'était brièvement entretenu avec Daniel Bénard par téléphone pour lui annoncer qu'il arriverait le jeudi suivant, qu'il resterait une demi-journée dans l'entreprise et qu'il reviendrait définitivement après avoir passé 10 jours à Toronto chez Omega. M. Bénard s'était montré cordial mais plutôt distant, et Jean se demande comment il prend sa nomination. « Je ne vais passer que quelques heures sur place, se dit Jean. Je me demande quelle est la meilleure stratégie à adopter. »

Lorsque Jean arrive chez Célébrités, il remarque tout de suite la propreté des parterres et les jardins impeccables. À sa surprise, Daniel Bénard l'attend à la porte. Il est vêtu très conventionnellement : costume bleu, chemise blanche, cravate et chaussures noires. Il observe Jean à travers des lunettes au style démodé et à monture d'acier. « Bienvenue dans notre usine. Vous êtes juste à l'heure pour la réunion du jeudi de la direction. Voudriez-vous y assister et rencontrer l'équipe ? » Jean est convaincu que cette réunion lui donnera l'occasion de voir la direction à l'œuvre et accepte l'invitation. Il pense se tenir un peu à l'écart et observer ce qui va se passer aussi longtemps que son horaire le lui permet.

On fait alors entrer Jean dans la salle de réunions la plus impressionnante qu'il eût jamais vue. Une immense table entourée de 12 chaises à dossier haut trône au centre d'une pièce dont les murs sont lambrissés d'une boiserie de chêne. Sept de ces chaises sont occupées par des dirigeants au visage austère, vêtus de costumes sombres.

M. Bénard entraîne Jean au milieu de la pièce et lui indique un siège à gauche de celui qui se trouve en bout de table et s'assoit à la place qui, de toute évidence, est la sienne. Se tournant vers le groupe, il prend la parole : « Messieurs, je vous présente M. Durant. Mais avant de le laisser présider cette réunion, je veux vous faire part de mon opinion. Je pense que la présence de M. Durant est tout à fait déplacée. Il ne me semble pas qualifié et je veux que vous sachiez que je ne le soutiendrai pas. Monsieur Durant… »

Questions

1. Mettez-vous à la place de Jean Durant pendant le discours de M. Bénard. Quelles décisions doit-il ou peut-il prendre immédiatement ?
2. Que recommanderiez-vous à Jean et pourquoi ? Devrait-il réagir rapidement et intuitivement, ou devrait-il prendre le temps d'analyser la situation systématiquement ?
3. Supposez que Jean veuille arranger les choses avec Daniel Bénard. Décrivez une approche de négociation et une stratégie qui, selon vous, pourraient résoudre le problème afin que l'un et l'autre puissent travailler ensemble dans les mois à venir. Justifiez vos recommandations.

CAS N° 19
L'HISTOIRE DU MORSE QUI N'EN SAVAIT PAS ASSEZ[19]

À l'affût des bonnes nouvelles, le gros morse perché sur le rocher le plus élevé du rivage aboya : « Comment ça se présente en bas ? »

Sur la grève, un peu plus bas, les jeunes morses discutaient âprement. Ça ne se passait pas bien du tout, mais aucun d'entre eux ne tenait à révéler la vérité à l'Ancêtre. C'était le plus gros et le plus sage du troupeau et il connaissait le métier, mais il avait si mauvais caractère qu'ils étaient tous terrifiés par ses aboiements féroces.

« Qu'est-ce que nous allons lui dire ? », murmura Basile, le second dans la hiérarchie morse. Il se souvenait trop bien de la dernière colère de l'Ancêtre à son égard, lorsque le troupeau n'avait pas capturé le quota fixé de harengs, et il n'était pas pressé de revivre l'expérience. Il avait dû, cependant, se résoudre à admettre que le niveau de l'eau dans cette baie de l'océan Arctique n'avait cessé de baisser depuis plusieurs semaines, ce qui les forçait à s'éloigner toujours plus pour capturer des proies qui, elles aussi, s'amenuisaient rapidement. Il fallait que quelqu'un en informe l'Ancêtre ; il saurait sans doute quoi faire. Mais qui serait le volontaire, et comment lui présenter la situation ?

Basile finit par se décider. « On peut dire qu'on s'en sort plutôt bien, Chef ! » À la pensée des eaux qui reculaient, il se sentit terriblement abattu, mais il poursuivit : « D'ailleurs, il semble que notre plage soit en train de s'élargir.

– Bien. Très bien, grogna l'Ancêtre, ça nous fera un peu plus d'espace pour nous retourner. » Puis, fermant les yeux, il reprit sa longue sieste au soleil.

Le jour suivant, la situation empira, car un autre troupeau de morses vint s'installer un peu plus loin sur la plage. S'ajoutant à la diminution des prises de harengs, cette invasion pouvait avoir des conséquences catastrophiques. Personne ne voulait annoncer la nouvelle à l'Ancêtre, même s'il était le seul à pouvoir prendre les mesures qui s'imposaient face à cette nouvelle concurrence.

À contrecœur, Basile s'approcha du vieux morse qui somnolait sur son rocher. Après avoir parlé de tout et de rien, Basile se risqua : « Au fait, Chef, un autre troupeau de morses semble s'être installé sur notre territoire. » Le vieux ouvrit d'un seul coup ses lourdes paupières et emplit ses poumons, prêt à faire retentir un puissant mugissement, mais Basile s'empressa d'ajouter : « Nous ne prévoyons cependant aucun problème de ce côté. Ils n'ont pas l'air d'être des mangeurs de harengs. Ils sont sans doute plutôt attirés par les vairons, et vous êtes bien placé pour savoir que le menu fretin ne nous intéresse pas. » Soulagé, l'Ancêtre laissa échapper un profond soupir : « Bon, bon. Pas de raison de s'énerver pour quelques mangeurs de blanchaille, n'est-ce pas ? »

Les choses ne s'arrangèrent pas au cours des semaines suivantes. Un matin, de son observatoire haut perché, l'Ancêtre remarqua que la taille de son troupeau semblait avoir diminué. Il fit venir Basile et lui demanda en grognant : « Qu'est-ce qui se passe, Basile ? Où sont-ils tous ? » Le pauvre Basile n'avait pas le courage d'annoncer au vieux morse que chaque jour les jeunes désertaient en grand nombre pour aller rejoindre l'autre troupeau. Il se racla la gorge nerveusement et dit : « Vous savez ce que c'est, Chef. On est un peu plus strict en ce moment. On s'est débarrassé des bouches inutiles. Après tout, la valeur d'un troupeau se mesure à l'aune de ceux qui le composent.

— Il ne faut pas plaisanter sur la discipline, c'est ce que je dis toujours, grogna l'Ancêtre. Je suis content d'apprendre que tout va pour le mieux. »

En quelques jours, il ne resta plus du troupeau que l'Ancêtre et Basile, qui comprit que le moment était venu de révéler la vérité à son vieux chef. Terrifié, mais bien décidé à aller jusqu'au bout, il se traîna jusqu'au rocher de l'Ancêtre. « Chef, dit-il, j'ai de mauvaises nouvelles. Le troupeau tout entier vous a laissé tomber. » Le vieux fut tellement étonné que ses moustaches imposantes retombèrent sur son mufle et il n'eut même pas la force d'émettre un mugissement. « Ils m'ont quitté, se lamenta-t-il. Tous ? Mais pourquoi ? Qu'est-ce qui a bien pu se produire ? »

Basile n'eut pas le cœur de le lui dire et il se contenta de hausser les épaules d'un air découragé. « Je n'y comprends rien, geignit l'Ancêtre. Et dire que tout allait si bien ! »

Questions

1. Quels sont les obstacles à la communication illustrés par cette fable ?
2. Quelles leçons en matière de communication devraient tirer de cette fable ceux qui se destinent à des carrières dans les milieux de travail actuels ?

CAS N° 20

LE CAS DE L'AUGMENTATION MANQUÉE[20]

C'était la fin du mois de février et Marthe Lehoux venait d'avoir une importante conversation téléphonique avec le professeur Fred Massie, directeur du Département de gestion de l'Université Pacifique. Lors de cet appel téléphonique, Marthe avait confirmé qu'elle acceptait le poste de professeure adjointe qu'on lui avait offert au sein de cette université de l'Ouest, ce qui l'amènerait à quitter son poste actuel à l'Université Atlantique, dans l'est du pays. Marthe a alors discuté de la question avec Jean, son mari.

Marthe – Voilà, c'est décidé.

Jean – Ce fut une décision difficile, mais je sais que c'est pour le mieux.

Marthe – Oui, mais nous allons abandonner plusieurs choses que nous aimons ici.

Jean – Je sais, mais rappelle-toi à quel point tu respectes le professeur Massie. Il t'offre l'occasion de donner de nouveaux cours à l'Université Pacifique, et ce sera pour toi un excellent défi. Tu aimeras sûrement beaucoup travailler pour lui.

Marthe – Jean, nous sommes jeunes, passionnés et un peu aventureux. Il n'y a aucune raison de refuser cette offre.

Jean – Allons-y, ma chérie.

Marthe Lehoux entreprit donc la nouvelle session d'automne avec enthousiasme. Les aspects discutés avec le professeur Massie devenaient des enjeux très concrets, alors qu'elle donnait de nouveaux cours au premier cycle, tout comme aux cycles supérieurs, à l'Université Pacifique. Finalement, la transition entre les deux établissements avait été agréable. Ses neuf nouveaux collègues l'avaient accueillie chaleureusement et Marthe avait bien l'impression qu'elle se plairait parmi eux. Elle se sentait aussi à l'aise par rapport aux critères d'évaluation qui semblaient être en vigueur dans le département. Certes, les exigences ne correspondaient pas à l'implacable « publier ou périr », mais le professeur Massie lui avait indiqué, au cours du processus d'embauche, que le département accorderait, dans ses décisions à venir, un poids croissant à la recherche et aux publications, sans négliger l'enseignement et le service à la communauté. Ces orientations correspondaient aux croyances personnelles de Marthe, qui considérait qu'un professeur doit être en mesure d'exceller dans chacun de ces volets. Peut-être que tous ses collègues ne s'entendaient pas sur le poids que devaient avoir les différentes composantes de la tâche d'un professeur ni sur les critères d'évaluation devant être appliqués, mais un consensus semblait se dessiner autour du fait que chacun devait assumer ces multiples responsabilités.

Le mois de mars arriva et, avec lui, la semaine de lecture. Bien tranquille à la maison, Marthe faisait le bilan de son expérience depuis son arrivée à l'Université Pacifique. Elle était contente. Jean et elle s'étaient bien adaptés à l'Ouest. Plusieurs choses leur manquaient de leur ancien cadre de vie, mais l'environnement rural leur plaisait à bien des égards. Le nouveau travail de Marthe l'intéressait beaucoup. Elle avait reçu de bons commentaires des étudiants sur les cours qu'elle avait donnés à la session d'automne, elle avait présenté deux communications lors d'un récent colloque et elle venait d'apprendre que deux articles qu'elle avait soumis à une revue allaient être publiés. Elle considérait tout cela comme de bons résultats et se sentait satisfaite. Elle avait travaillé fort et en récoltait maintenant les fruits.

À la fin de la session d'hiver, Marthe était toutefois soucieuse. Le moment était venu, pensait-elle, où Fred Massie effectuerait l'évaluation de son rendement de l'année. Elle s'y attendait, d'une part, en raison des propos du doyen qui, à une récente rencontre facultaire, avait indiqué qu'une augmentation de la masse salariale de 7 % allait être répartie parmi les professeurs, pour l'année suivante. Il encourageait les directeurs de département à attribuer cet argent de façon différenciée, au mérite, en fonction du rendement. Marthe avait écouté le doyen avec attention et contentement. Elle avait cru comprendre que l'Université Pacifique essayait vraiment d'instaurer un système de récompenses lié au rendement. Un tel système correspondait à sa philosophie personnelle et elle en enseignait même les principes dans ses cours.

Durant le mois de mai, Marthe continua d'espérer une conversation avec Fred Massie sur le sujet. Un jour, elle reçut le message suivant par courrier électronique.

Destinataires : Professeurs du département
Expéditeur : Fred
Objet : Augmentations salariales pour l'an prochain

Le doyen a fait preuve de transparence au sujet des finances de l'Université, notamment lorsqu'il a exposé les détails du budget à la dernière réunion facultaire. Conformément à cette philosophie, j'aimerais apporter quelques éclaircissements au sujet des augmentations salariales.

La somme disponible pour notre département, à l'exception du directeur, correspond à une augmentation totale de 7,03 %. En attribuant ces fonds, j'ai tenté de récompenser les collègues en fonction de leur contribution à la vie du département et de l'Université, tout comme de leur cheminement professionnel. Par ailleurs, il m'a paru essentiel de corriger certaines iniquités qui se sont accentuées au fil du temps. Les augmentations seront donc réparties comme suit :

5 % ou moins : 3 professeurs
Plus de 5 % à 7 % : 2 professeurs
Plus de 7 % à 9 % : 3 professeurs
Plus de 9 % : 2 professeurs

Marthe lut ce message avec des sentiments mitigés. Elle comprenait mal que Fred Massie ait décidé des augmentations qui seraient consenties sans même avoir discuté avec elle de son rendement. Malgré tout, elle se sentait bien parce qu'elle était convaincue d'être l'une des deux personnes qui recevraient une augmentation de plus de 9 %. « Maintenant, se dit-elle, je pourrai enfin m'asseoir avec Fred et discuter non seulement de mes efforts de l'année qui vient de passer, mais aussi de mes projets pour l'année prochaine. »

Marthe ressentit une déception en constatant que Fred Massie ne cherchait pas à s'entretenir avec elle. En outre, il lui arrivait régulièrement de se retrouver au milieu d'une discussion entre collègues, où chacun spéculait au sujet des augmentations salariales annoncées. Qui donc en bénéficiait ?

Un jour, Carla Black, une collègue, entra dans le bureau de Marthe en lui annonçant qu'elle avait demandé à Fred Massie ce qu'il en était et qu'il lui avait dit que son salaire serait haussé de 7 %. Elle avait aussi appris que les deux augmentations de 9 % avaient été accordées à deux professeurs plus anciens. Marthe était incrédule. « C'est impossible, pensa-t-elle. J'ai eu une performance supérieure, cette année. En enseignement, tout comme du côté des publications, mes résultats sont solides. J'ai, en outre, l'impression d'avoir été une force positive dans le département. » Se disant que Carla s'était trompée, elle avait hâte d'éclaircir les choses en parlant avec Fred Massie.

Quelques jours plus tard, une autre collègue rapporta à Marthe une conversation tout à fait semblable qu'elle avait eue avec Fred. Cette fois, Marthe avait explosé intérieurement. Elle était convaincue de mériter une importante récompense.

Fred Massie frappa à la porte du bureau de Marthe, qui l'invita à entrer. Ils échangèrent des salutations cordiales. Puis, Marthe amorça la conversation. « Fred, lui dit-elle, nous avons toujours été francs l'un envers l'autre, et je t'avoue que je suis préoccupée au sujet de mon salaire. Je pensais avoir eu une année exceptionnelle et voilà, si j'ai bien compris, que je recevrai seulement une augmentation moyenne. » Fred Massie était une personne qui s'exprimait sans détour et Marthe pouvait lui faire confiance. Il lui répondit ce qui suit :

« Oui, Marthe, ton rendement est supérieur et je crois que tu as fourni un apport précieux au département. Les deux augmentations de 9 % que j'ai accordées visaient toutefois à corriger des iniquités qu'ont eu à subir, sur plusieurs années, deux professeurs. Étant donné que des fonds étaient disponibles cette année, j'ai estimé qu'il était de ma responsabilité d'apporter des correctifs. Si on met de côté cette mesure, on peut dire que tu as reçu l'une des trois augmentations les plus élevées. N'oublions pas que les différences entre chacune sont minimes. Je suppose que j'aurais pu discriminer davantage à l'extrémité inférieure de l'échelle d'attribution, mais je me vois mal opter pour une absence complète d'augmentation pour certains professeurs. Je sais que tu as eu une excellente année. C'est ce que j'attendais de toi lorsque je t'ai embauchée. Tu as répondu à mes attentes. Je comprends que, de ton point de vue, tu crois avoir mérité un "A", et je suis d'accord. Mais je te donne un "B+", en espérant que tu comprennes mes motifs. »

Marthe pouvait saisir la logique de son directeur et se sentait bien d'avoir pu discuter avec lui. Même si elle n'était pas heureuse de la tournure des choses, elle comprenait son point de vue. En terminant la conversation, elle lui dit : « Tu sais, ce n'est pas la valeur pécuniaire de l'augmentation qui me blesse. C'est plutôt le manque de reconnaissance. Récemment, par exemple, j'ai refusé un contrat important qui aurait été beaucoup plus payant que l'augmentation que je n'ai pas reçue. Je ne l'ai pas accepté parce que cela m'aurait éloignée de mes tâches universitaires pendant plusieurs jours. Je ne suis pas certaine que mes collègues auraient fait le même choix. »

Pendant l'été, au fil d'une conversation, Carla mentionna à Marthe qu'elle avant entendu dire que les deux professeurs qui n'avaient reçu que des augmentations de 4 % s'étaient plaints auprès de Fred Massie et du doyen, qui leur avaient finalement accordé une nouvelle hausse salariale. « Eh bien, se dit Marthe, moi qui voulais passer à autre chose ! »

Environ trois semaines plus tard, Marthe, Fred, Carla et un autre collègue prenaient part à une réunion avec le doyen. La réunion portait sur un autre sujet, mais quelque chose y a été dit qui laissait entendre que Carla avait elle aussi reçu une augmentation additionnelle. Marthe décida alors de vérifier auprès du doyen, qui lui confirma que cela était exact. Carla avait contesté la décision antérieure auprès du directeur et du doyen, qui avaient alors augmenté son salaire au motif qu'une iniquité historique n'avait pas été pleinement reconnue. Fred était visiblement mal à l'aise, tandis que la discussion se poursuivait au sujet des politiques salariales et du mécontentement que les choix récents avaient suscité dans le département.

Fred finit par quitter les lieux en s'excusant, pour se rendre à une autre réunion. Marthe et ses collègues continuèrent à discuter de la question avec le doyen, de plus en plus intensément. Finalement, la réunion prit fin et tous se levèrent. Marthe ne put s'empêcher d'ajouter, à l'intention du doyen : « Ce n'est pas que je ne fasse pas assez d'argent, mais j'ai simplement l'impression de ne pas avoir reçu ma juste part, compte tenu, surtout, de votre propre politique selon laquelle les professeurs allaient être récompensés au mérite, en fonction de leur réussite. »

Sur ces mots, elle quitta la réunion. Dans le couloir qui la menait à son bureau, elle se dit : « L'an prochain, il n'est pas question que je refuse de contrats comme consultante à cause de mon sens des responsabilités mal avisé à l'égard de mon département. »

Questions

1. Comment Marthe gère-t-elle les conflits ? Comment son style de gestion des conflits a-t-il pu influer sur la tournure des évènements dans la situation décrite ? Quels étaient les objectifs de Marthe et quel style de gestion des conflits l'aurait mieux aidée à les atteindre ?

2. Comment Fred Massie gère-t-il les conflits ? Comment son style de gestion des conflits a-t-il pu influer sur la tournure des évènements dans la situation décrite ?

3. Après avoir appris le montant de son augmentation, comment Marthe aurait-elle pu utiliser les principes et les éléments clés de la négociation distributive pour conduire Fred à lui offrir un salaire à son avantage et qu'elle aurait considéré comme motivant ?

CAS N° 21
CONFLIT CHEZ BURGER MART

Au fur et à mesure que Line Bromont repensait aux évènements récents, il lui semblait de plus en plus évident que cette journée chez Burger Mart était, pour le moins, inhabituelle. Devrait-elle licencier Marie, Jeanne ou les deux ? Que faire ? Une fois encore, elle se remémora les faits.

Marie, gérante adjointe de l'équipe de nuit, faisait un excellent travail chez Burger Mart depuis plus de trois ans. Elle travaillait 30 heures par semaine, en même temps qu'elle terminait sa deuxième année de cégep et mettait de l'argent de côté pour acheter une nouvelle voiture. Line espérait que Marie s'inscrirait au programme de formation destiné aux cadres de Burger Mart et qu'elle poursuivrait ses études dans le secteur professionnel du collège. Même si Marie n'avait que 18 ans et gagnait à peine plus que le salaire minimum, Line pouvait compter sur elle. Habituellement, Marie était pétillante, épanouie et toujours prête à plaisanter. Mais, depuis quelque temps, elle n'était plus la même, ce qui n'avait pas échappé à Line. L'ami de Marie, Bernard, était peut-être la cause de ce changement d'attitude. Il venait d'être accepté à l'Université de Sherbrooke alors que, pour que sa candidature soit retenue, Marie devait terminer au cégep deux cours de mathématiques durant l'été. Line ne voulait pas voir Marie aller à l'université et elle estimait que Bernard ne serait qu'une passade.

Quant à Jeanne, le problème était différent. Elle était calme, parfois maussade, mais certainement la plus brillante des étudiantes qui composaient le groupe. Elle travaillait depuis quatre ans chez Burger Mart et demandait toujours des heures supplémentaires. Toutefois, elle n'était pas ponctuelle et ne s'intégrait pas au groupe. Le divorce récent de ses parents en était peut-être la cause. Ou encore était-ce parce que Jeanne voulait épater la galerie en affirmant à qui voulait bien l'entendre qu'elle s'apprêtait à entrer à l'Université Laval avec une bourse qui lui permettrait de mener ses études à temps plein. De toute façon, il était clair que Jeanne ne s'intégrait pas au groupe. Elle était désormais la seule à avoir connu Line avant qu'elle soit nommée responsable du groupe.

D'une certaine façon, l'incident était presque drôle. Après avoir vérifié les stocks dans les congélateurs, Line s'aperçut que Marie était en train de parler à Jeanne. Elle entendit Marie lui reprocher ses retards et le fait de n'avoir pas nettoyé correctement les friteuses avant de préparer des frites fraîches. Jeanne traita Marie d'« habitante », car elle avait perdu le premier bouton de son uniforme.

Les commandes tardaient à être servies et les clients commençaient à s'impatienter. Line se rendit alors compte des raisons de ce retard. Elle vit Marie pointer son doigt sur Jeanne et la pousser légèrement. Jeanne se retourna lentement et se saisit d'un contenant de 10 litres d'huile qu'elle versa sur la tête de Marie. Comme Marie empoignait Jeanne, elles glissèrent toutes deux sur le sol plein d'huile. Il fallut 30 minutes à l'équipe pour réparer les dégâts après que Line eut renvoyé chez elles les deux protagonistes.

Questions

1. Quels sont les antécédents ou conditions sous-jacentes au conflit entre Jeanne et Marie ?
2. Mis à part le conflit interpersonnel entre Jeanne et Marie, quels sont les autres types de conflits qui peuvent entrer en ligne de compte dans ce cas ?
3. Quel style de gestion des conflits proposeriez-vous à Line et pourquoi ?
4. Que recommanderiez-vous à Line afin qu'elle réduise les probabilités de conflit entre les employés à l'avenir ?
5. Comment évalueriez-vous la communication entre Line et les deux étudiantes ?

CAS N° 22
L'ASSISTANTE TECHNIQUE COMPÉTENTE ET MOTIVÉE[21]

Claudette est ATP (assistante technique en pharmacie) au sein du département de pharmacie depuis 20 ans. Très motivée, elle a obtenu son DEP (diplôme d'études professionnelles) il y a maintenant 5 ans, après avoir suivi une formation à temps partiel, le soir. Tout le personnel de l'hôpital la connaît bien, puisqu'elle agit à titre de bénévole au sein de la fondation du centre hospitalier et que sa sœur est infirmière en cardiologie. Elle a vu évoluer la pratique pharmaceutique au fil des ans et, compte tenu des changements survenus dernièrement, elle entrevoit la possibilité d'accomplir des tâches enrichies, notamment par la délégation d'actes. Respectée par ses pairs et par les pharmaciens, cette femme sympathique et consciencieuse s'investit beaucoup dans son travail. Elle réalise parfaitement le rôle de prestataire de services que doit assumer le département de pharmacie. Claudette, comme les pharmaciens et autres assistants techniques en pharmacie, est heureuse d'accueillir Amélie, la nouvelle pharmacienne. Elle apprécie la nouvelle génération de pharmaciens, axés sur les soins directs aux patients. Elle voit en cela la possibilité d'assumer davantage de responsabilités.

Mercredi en fin d'après-midi. Que d'appels et que de prescriptions encore à saisir et à valider ! Claudette travaille à la distribution et répond à un appel concernant une compatibilité. Comme il y a un travail fou à faire, que la pharmacienne est très occupée et qu'il y a un tableau de compatibilité affiché dans l'aire de travail, elle prend l'initiative de chercher elle-même la réponse et la transmet à l'infirmière en ligne. Claudette donne, bien sûr, la bonne information, puisqu'elle a vu la pharmacienne répondre à une telle demande à de nombreuses reprises. Bien qu'Amélie ait vu que l'appel ne lui a pas été transmis, elle ne dit rien compte tenu du contexte de surcharge de travail. Elle soupire et se dit que « ça fait ça de moins à faire ».

Une semaine plus tard, Claudette et Amélie se trouvent à travailler en soirée à la distribution. C'est une soirée tranquille, les deux collègues s'en faisant même la remarque. À un moment donné, Claudette reçoit un appel concernant la vitesse d'administration de la céfazoline. Claudette vérifie l'information dans le guide intraveineux ainsi que dans la banque de données du système informatique. Encore une fois, Claudette, voulant soulager Amélie de cette tâche, donne à l'infirmière la réponse adéquate. Cependant, la réaction d'Amélie est tout autre. En effet, celle-ci manifeste vivement son désaccord quant à la conduite de Claudette, lui lançant « qu'elle joue au pharmacien et que ce n'est pas à elle de répondre à ce genre de question, puisqu'elle n'a pas la compétence requise ». Claudette lui rétorque qu'elle croyait bon de répondre à ce type de question « de distribution » et qu'elle n'aurait pas osé se prononcer sur une question d'ordre clinique. De plus, humiliée, l'ATP ajoute : « Quand c'est le *rush*, ça fait ton affaire. » L'atmosphère dans la pharmacie était soudain devenue lourde en cette soirée…

Cette histoire n'en reste pas là. Amélie soulève la question en réunion départementale des pharmaciens afin de connaître l'avis de ses collègues sur la conduite de Claudette. Ces derniers sont d'accord avec Amélie. Le chef rencontre donc tous les ATP pour leur rappeler les limites de leurs tâches. Quelques mois plus tard, Claudette n'est plus la même et n'a plus cet enthousiasme qu'on lui connaissait. Elle se contente désormais de faire uniquement le travail demandé selon la description de tâches. Elle prend de moins en moins d'initiatives et semble démotivée au travail. L'humeur de Claudette affecte le reste du personnel, qui est tout aussi démotivé et de plus en plus à cheval sur la convention collective. Maintenant, tout le monde fait le strict minimum. L'atmosphère départementale n'est plus comme avant…

Qui a tort ? Qui a raison ? Quelle est la part de chacun ? Amélie et Claudette ont-elles la même vision de la délégation ? Y a-t-il choc des champs d'activité et des personnalités ?

Questions

1. Quelles sont les principales caractéristiques du conflit entre Claudette et Amélie ?
2. Quelles sont les sources du conflit entre Claudette et Amélie ?
3. Comment cette situation devrait-elle être gérée et pourquoi ?

CAS N° 23

LE BOULEVERSEMENT DES FUSIONS DÉPARTEMENTALES[22]

François est pharmacien dans un centre d'hébergement et de soins de longue durée (CHSLD) depuis 15 ans. Il possède un baccalauréat en pharmacie et un diplôme d'études supérieures en pharmacie d'hôpital (DPH). Il travaille comme seul pharmacien, aidé d'une assistante technique aussi brillante que vaillante. Engagé dans l'équipe interdisciplinaire de son établissement et donnant des soins pharmaceutiques de qualité à ses patients, François est reconnu pour ses compétences. Son type de pratique lui convient tout à fait, car il aime la clientèle gériatrique et aime travailler avec les omnipraticiens. L'horaire de travail lui plaît aussi : la pharmacie ouvre du lundi au vendredi de 8 h 30 à 16 h 30, est fermée les fins de semaine et n'a pas de système de garde. Comme François est chef d'une famille monoparentale de 2 enfants âgés de 8 et 10 ans, cet horaire de travail facilite grandement sa vie familiale.

À la suite de la création des centres de santé et de services sociaux (CSSS), qui a mené à la fusion de cinq établissements de sa région, François se retrouve membre d'un important département de pharmacie. Il doit maintenant travailler non seulement dans son centre d'origine, mais aussi prodiguer des soins pharmaceutiques dans le centre de soins aigus régional. L'équipe de pharmaciens du centre hospitalier régional est très heureuse d'accueillir ces nouveaux collègues d'expérience. C'est une équipe jeune et dynamique ; les pharmaciens ont tous une maîtrise en pharmacie d'hôpital (M.Sc.) et, en moyenne, huit années d'expérience. Pour les seconder dans leurs tâches, les pharmaciens peuvent compter sur 20 assistants techniques. Fait à noter, la collègue de François a pris la décision de prendre sa retraite plutôt que de vivre ce changement. Les pharmaciens du centre régional voient dans la création du CSSS la possibilité de réorganiser les soins pharmaceutiques selon les priorités de l'établissement et de répartir les soirs et les fins de semaine entre un plus grand nombre de professionnels. Comme il manquait trois pharmaciens dans des secteurs aigus avant la fusion, ils proposent de réintégrer les unités de soins délaissées et de diminuer temporairement les soins pharmaceutiques en longue durée, jusqu'à un recrutement futur.

On peut comprendre que, pour François, ceci implique de grands changements, autant dans sa vie professionnelle que personnelle, car il devra désormais assumer des gardes et des périodes de distribution les soirs et les fins de semaine, participer à des comités de travail du nouveau centre de santé issu de la fusion, travailler sur des unités de soins aigus et modifier l'organisation de sa vie familiale. Malgré tous ces changements, rechigner ne pourra rien changer à la situation. François se montre donc motivé et voit en tout cela un nouveau défi. En plus d'aller dans son CHSLD d'origine à mi-temps, il est intégré à l'équipe d'oncologie. Le pharmacien responsable du secteur et le chef voient à ce que François ait une formation d'une semaine et assiste à un congrès international rapidement, car il manque de personnel dans ce secteur en croissance. En effet, il y a de plus en plus de patients à voir et de traitements à préparer. François s'intéresse beaucoup à ce nouveau secteur. Il réorganise les activités familiales afin de pouvoir lire et étudier les soirs et les fins de semaine. Il veut devenir compétent le plus rapidement possible.

Trois mois plus tard, François a la nostalgie de son travail d'avant la fusion. L'oncologie est un secteur tellement différent de la gériatrie ! Bien qu'il ait lu, posé des questions et assisté à des formations, il ne se trouve pas compétent et se rappelle comment il avait confiance en lui auparavant dans les tournées médicales et auprès des patients. Côté familial, il a souvent des problèmes de gardiennage les soirs et les fins de semaine et doit demander des échanges d'horaires de travail avec ses collègues. Toute cette situation constitue une source de stress et d'anxiété pour François. Il est insatisfait de son travail ainsi que de sa vie familiale, à laquelle il consacre de moins en moins de temps. Au travail, il a constamment peur de faire des erreurs et commence à croire que le pharmacien responsable du secteur vérifie son travail. Quand il a voulu parler au chef du département de toute cette situation, ce dernier l'a adressé au responsable de secteur.

Six mois plus tard, François a de moins en moins d'entrain le matin pour aller travailler. Il dort très peu et a l'impression que la nuit ne lui permet pas de récupérer ses forces. L'anxiété et le stress ont augmenté et les tracas trottent constamment dans sa tête. Il a de la difficulté à se concentrer sur la tâche à accomplir. Il regarde même à l'avance son horaire et prend des journées de maladie lorsqu'il est en oncologie, tellement ce secteur d'activité lui pèse. « Et si j'allais voir un médecin qui me retirerait momentanément du travail ? » se dit-il. Mais un fort sentiment de culpabilité l'en empêche : « Je mettrais toute la pression sur le reste de l'équipe. »

Un bon matin, aux prises avec de l'anxiété et une incapacité physique et morale à aller travailler, François, en larmes, appelle un parent qui lui demande d'aller consulter immédiatement. Son médecin signe l'arrêt de travail d'une durée de deux mois, à réévaluer par la suite...

Questions

1. Quelles sont les principales sources du stress vécu par François ?

2. Quelles sont les principales conséquences du stress vécu par François ?
3. Quelles stratégies organisationnelles pourraient être mises de l'avant pour réduire les effets néfastes des agents de stress présents dans ce milieu de travail ?
4. Que devrait faire François ?

CAS N° 24
L'ARRIVÉE DE MME ROY[23]

Caroline Tremblay travaille comme guide-animatrice dans un musée depuis le début de ses études collégiales. La satisfaction et le plaisir qu'elle a toujours ressentis dans cet emploi l'ont orientée vers des études en histoire de l'art, domaine dans lequel elle vient de terminer un baccalauréat. Après cinq années de travail à temps partiel, la directrice générale du musée lui a officiellement proposé un poste permanent à temps complet que Caroline s'est empressée d'accepter. Le musée dans lequel elle travaille est une réplique d'un domaine anglais ancestral du 18e siècle. Il accueille des expositions de peintres et de sculpteurs reconnus et offre aux visiteurs l'occasion de faire une visite guidée portant sur l'histoire des familles qui auraient pu y vivre. Depuis peu, les services offerts ont été élargis. Il est maintenant possible de réserver le musée pour y célébrer des mariages et faire des réceptions. Les tâches de Caroline, comme celles des trois autres guides-animateurs, consistent à accueillir les visiteurs, à leur fournir de l'information sur les expositions et à animer des visites guidées. Depuis l'élargissement des services offerts, les guides-animateurs doivent aussi assurer la sécurité lors des réceptions et voir au bon fonctionnement de ces soirées, dans le respect des balises fixées par la direction du musée, notamment l'interdiction de fumer et de prendre des photographies à l'intérieur, ainsi que la fermeture des lieux à une heure prédéterminée.

Pour coordonner les services, la direction du musée a récemment embauché une directrice des évènements dont les tâches sont de faire la promotion des services, de rencontrer les clients potentiels, de négocier les contrats ainsi que de s'assurer de la présence d'un des guides-animateurs agissant comme responsable lors d'un évènement donné, responsable qui sera informé de tous les détails de l'entente prise avec les clients. La personne embauchée, Justine Roy, est une ancienne guide-animatrice du musée.

Depuis l'entrée en fonction de Mme Roy, Caroline éprouve des problèmes. Ses heures de travail hebdomadaires sont nettement inférieures à celles des autres guides-animateurs qui ont moins d'ancienneté qu'elle. Lorsqu'elle a souligné cette situation à Mme Roy, cette dernière lui a répondu de prendre les heures de travail offertes ou de démissionner. Caroline vit également d'autres difficultés. À maintes reprises, Mme Roy ne l'a pas avisée de visites de groupe qu'elle animait, a négligé de lui indiquer les visites qui devaient être faites en anglais et lui a refusé l'accès aux contrats des réceptions dont elle était responsable, réceptions dont les contrats signés ne respectaient pas les règlements du musée. Caroline s'était donc retrouvée plusieurs fois dans des situations où elle a fait l'objet de critiques de la part de clients. Plusieurs plaintes officielles ont d'ailleurs été déposées à son endroit. Caroline ne comprend pas ce qui se passe. Elle a toujours fait son travail consciencieusement, en vérifiant minutieusement chaque détail des évènements dont elle avait la responsabilité. Les clients n'avaient que des éloges à son sujet. De plus, en questionnant ses collègues, elle s'aperçoit qu'elle est la seule qui n'a plus accès aux informations. Elle est très inquiète de ce qui se passe.

Depuis deux mois, elle se sent complètement épuisée et fait de l'insomnie. Elle craint que Mme Roy recommande son licenciement. Chaque matin, elle a des maux de ventre et pleure avant d'aller travailler. Ses relations avec ses collègues se sont détériorées, puisqu'elle s'isole de plus en plus. De même, elle a commis de nombreuses erreurs lors des dernières visites guidées qu'elle a animées. Après quatre mois de ce traitement, Caroline demande une rencontre avec Mme Roy pour mettre les choses au point. Cette dernière prétend ne pas avoir le temps de la rencontrer et lui précise, du même coup, que si elle continue à faire son travail de la sorte, elle risque de perdre son emploi.

Caroline décide alors de rapporter la situation à la directrice générale du musée, avec qui elle entretient de bonnes relations depuis qu'elle a obtenu son emploi, il y a cinq ans. Cette dernière est surprise de ce que Caroline lui raconte. Elle connaît bien Mme Roy, qu'elle a elle-même engagée sur la base de ses compétences en gestion des ressources humaines. De plus, elle affirme ne pas avoir entendu parler des plaintes déposées par les clients, mais plutôt du fait que les employés pensent qu'elle a des problèmes personnels. La directrice générale promet à Caroline de rencontrer Mme Roy pour mettre les choses au point. Malgré cela, la situation continue de se détériorer. Un mois plus tard, Caroline va consulter son médecin, qui lui prescrit un arrêt de travail de deux semaines.

Questions

1. Quels sont les types et les formes de violence au travail dont est victime Caroline Tremblay ?
2. Quelles en sont les manifestations observées ?
3. Que suggéreriez-vous ?

CAS N° 25
JAMAIS LE DIMANCHE…[24]

Situation n° 1 : San Marcos, Texas

Les centres de matériaux de construction de la société McCoy's, à San Marcos (Texas), prospèrent depuis plus de 70 ans, et ce, dans un secteur du commerce de détail toujours plus concurrentiel. McCoy's est l'une des plus grandes entreprises familiales de matériaux de construction des États-Unis, et ses ventes dépassent 400 millions de dollars américains. La société attire annuellement une clientèle de plus de 10 millions de consommateurs dans une région couvrant les États du Nouveau-Mexique, du Texas, de l'Oklahoma, de l'Arkansas, du Mississippi et de la Louisiane. Avec ses 103 magasins et ses 1 600 travailleurs, la stratégie que poursuit l'entreprise est d'occuper le créneau des villes de petite et moyenne importance. Fondée par Frank McCoy en 1923, l'entreprise se spécialisait à l'origine dans les toitures, son premier secteur d'activité jusque dans les années 1960, alors qu'elle a commencé à se diversifier sous la direction du fils, Emmett McCoy.

Le principe fondamental de McCoy's est l'achat et la distribution des meilleurs produits disponibles associés à un service à la clientèle de la plus haute qualité. En tant qu'entreprise axée sur les opérations, McCoy's n'a jamais senti le besoin d'avoir un trop grand nombre d'échelons hiérarchiques. On demande aux cadres qui travaillent dans les magasins de se concentrer sur les questions liées au service : placer la marchandise sur les rayons, y marquer les prix, vendre les produits et aider les clients à charger leur véhicule. La majeure partie des tâches administratives s'effectue au siège social afin que le personnel en magasin puisse se consacrer pleinement aux consommateurs. La haute direction (Emmett McCoy et ses deux fils, Brian et Mike, à titre de vice-présidents) a mis sur pied 11 équipes de gestionnaires provenant des régions couvertes par les établissements McCoy's. Ces équipes se réunissent régulièrement pour discuter des nouveaux produits, des façons d'améliorer la livraison et d'autres points visant à maintenir la satisfaction de la clientèle. La direction de chaque équipe est assumée, à tour de rôle, par les gestionnaires qui en sont membres.

La main-d'œuvre de McCoy's est constituée à 70 % de travailleurs à temps plein et à 30 % de travailleurs à temps partiel. Selon la philosophie de l'entreprise, l'élément essentiel de sa réussite réside dans un personnel loyal, polyvalent et compétent. C'est pourquoi, voulant s'assurer de disposer en tout temps d'un tel personnel, McCoy's offre une formation complète sur le terrain. Pour devenir cadre, il faut commencer en magasin par l'apprentissage de toutes les facettes des activités s'y déroulant, avant de poursuivre par un programme de formation en gestion. De plus, tous les apprentis-cadres doivent accepter de faire leurs classes dans plusieurs magasins. La promotion se fait surtout à l'interne, et il est très rare que l'entreprise embauche à l'extérieur. Cette situation pourrait cependant changer, en raison de l'introduction accrue de technologies exigeant du personnel plus scolarisé.

Des convictions religieuses très profondes et un engagement important à l'égard de la collectivité imprègnent toutes les activités de McCoy's. La solide réputation d'honnêteté accolée à l'entreprise est une source de fierté pour tous les membres du personnel.

De nombreux membres de la famille McCoy sont des chrétiens évangéliques qui manifestent leur foi par des actions concrètes afin de montrer que, dans leur dévotion à Dieu, ils joignent le geste à la parole. Leurs convictions et leurs principes influent par bien des aspects sur la culture de l'entreprise, tel le principe que nous avons illustré dans le titre de cette étude de cas : « Jamais le dimanche. » En effet, bien que le dimanche soit maintenant une journée très achalandée pour les détaillants, les 103 établissements McCoy's restent fermés ce jour-là.

Situation n° 2: Atlanta, Géorgie

La courtoisie alimente la croissance chez Chick-fil-A, mais n'espérez pas y commander un sandwich un dimanche : les 1 250 restaurants de la chaîne sont, ce jour-là, fermés. Cette tradition a été instaurée par Truett Cathy, son fondateur maintenant âgé de 85 ans, qui estimait que les employés méritaient une journée de congé hebdomadaire. Tout en ayant la réputation de « placer les gens avant les profits » dans l'ordre de ses priorités, Truett a réussi à créer une entreprise qui a connu une croissance vigoureuse dans le domaine de la restauration rapide.

Chick-fil-A appartient entièrement à la famille de Truett Cathy. C'est aujourd'hui son fils qui dirige l'entreprise, dont le siège social est à Atlanta – la ville même où fut ouvert le premier restaurant. Sa réputation d'être un excellent employeur explique sans doute les quelque 10 000 demandes que reçoit l'entreprise chaque année pour les 100 postes d'exploitant qui sont à pourvoir. Le taux de roulement à ces fonctions n'est que de 3 %, alors qu'il s'élève en moyenne à 50 % dans ce secteur. La franchise est relativement peu coûteuse (5 000 $), comparativement aux 50 000 $ habituellement exigés par la concurrence.

Le président de la National Restaurant Association Educational Foundation affirme : « Je crois qu'aucune autre chaîne n'est parvenue à créer une culture d'entreprise aussi favorable aux personnes et aussi respectueuse des employés. »

Truett demande à ses employés de toujours répondre « tout le plaisir est pour moi » quand un client les remercie. « C'est important, insiste-t-il, de s'assurer que tout le monde est heureux. » Les résultats semblent parler d'eux-mêmes. Chick-fil-A est la 25e plus importante chaîne de restauration rapide aux États-Unis, et ses ventes ont atteint 2 milliards de dollars en 2006[25].

Questions

1. Comment les croyances personnelles des familles McCoy et Cathy ont-elles influencé la culture organisationnelle de leur entreprise respective ?
2. Quelles leçons pouvant être utiles à d'autres ces deux situations nous apprennent-elles en ce qui a trait à l'instauration d'une culture organisationnelle hautement performante ?
3. Quels défis aurait à relever un dirigeant qui souhaiterait faire progresser son organisation vers le type de culture qu'on retrouve dans les entreprises des familles McCoy et Cathy ?

CAS N° 26
LA FINANCIÈRE FIRST COMMUNITY[26]

La société financière First Community est un petit établissement de crédit spécialisé dans le prêt sur actif et l'affacturage à une clientèle constituée principalement de PME, des sociétés en expansion dans diverses industries, dont les besoins en capitaux ne sont pas toujours compris des institutions financières traditionnelles. Les prêts de la First Community ne dépassent pas 1 million de dollars américains ; aussi s'intéresse-t-elle surtout aux PME.

Il est essentiel que le personnel des ventes et les responsables des dossiers de financement entretiennent d'excellentes relations de travail, car ils travaillent sur un grand nombre de prêts que les banques considèrent comme étant à haut risque. À cause de ce risque sur les prêts ainsi que sur les contrats d'affacturage, la First Community fixe un taux d'intérêt de 6 % ou plus au-dessus du taux de base.

La crédibilité de la First Community repose sur son histoire ainsi que sur sa politique en matière de ressources humaines (RH). Investissant dans ses employés et s'efforçant de maintenir un faible roulement du personnel, elle a pour stratégie d'établir une équipe professionnelle harmonieuse dont l'expertise sera supérieure à celle de ses concurrents.

Jim Adamany, le directeur général, est bien connu dans le milieu à titre de spécialiste en prêt sur actif et en affacturage. Les salariés et les cadres de la First Community sont, quant à eux, parmi les plus jeunes à évoluer dans le milieu financier. Dans le secteur bancaire, les promotions sont lentes à venir, parce que nombre d'établissements ont des programmes de gestion des RH résolument conservateurs. Ce n'est pas le cas de la First Community, qui recrute de jeunes diplômés ambitieux souhaitant s'épanouir et évoluer de concert avec leur entreprise. Si l'établissement prend de l'expansion, il en ira de même pour les responsabilités et les salaires de ces jeunes cadres. Ainsi,

Matt Vincent, un vice-président, est dans la jeune trentaine, tandis que le directeur du marketing, Brian Zcray, est âgé d'à peine 28 ans.

La diversité des produits financiers offerts se reflète dans la concurrence tout aussi diversifiée à laquelle la First Community fait face. D'autres petites boîtes se spécialisent, comme elle, dans l'affacturage. Cette technique de gestion financière consiste, pour les entreprises, à obtenir des liquidités en cédant leurs comptes clients à un établissement financier qui se charge, moyennant une commission, de les recouvrer. Généralement, ces entreprises sont les plus petits clients des maisons de crédit. Pour réussir, il est donc essentiel de bien les informer sur les produits car, pour nombre d'entre elles, l'affacturage constitue une nouvelle méthode de financement. La First Community a donc formé son équipe de vente de façon que chacun connaisse parfaitement ses produits et fasse office de représentant du client au cours du processus d'approbation.

Pour s'assurer qu'un prêt ou un contrat d'affacturage correspond à un profil de risque qu'elle peut accepter, la First Community doit poser de nombreuses questions pointilleuses sur les finances de l'entreprise emprunteuse. Ce processus intimide souvent les patrons de PME qui rencontrent les agents de crédit. Pour cette raison, la First Community préfère traiter cette étape de l'enquête par l'entremise de ses agents commerciaux. Ceux-ci doivent cependant tenir compte des exigences des agents de crédit qui, eux, veillent à réduire les risques encourus par la First Community, tout en entretenant des rapports conviviaux avec les clients.

C'est en centralisant l'étude des contrats entre les mains d'une équipe de vente expérimentée que la First Community parvient à poser les questions qui s'imposent, tout en continuant à maintenir l'intérêt des clients pour le processus. Un interrogatoire poussé sur leur situation financière pourrait aisément décourager certains demandeurs ; aussi, on diminue leurs craintes à l'égard du processus d'approbation en ayant recours aux commerciaux à titre d'intermédiaires. Cette approche permet de maintenir l'accent sur la vente, tant à l'étape du recrutement de nouveaux clients qu'à celle de la demande de prêt.

À l'interne, la tension est constante entre les commerciaux et la commission de crédit. L'intérêt des premiers va au recrutement de nouveaux clients, puisque leur rémunération dépend, pour une bonne part, du nombre de contrats conclus. Agissant comme les équipes de vente de la plupart des domaines, ces employés dynamiques sont toujours en quête de nouveaux marchés. En outre, comme les produits qu'ils vendent relèvent aussi bien des finances que de l'affacturage, ils sont en contact avec les agents de crédit des deux services. Dans l'un et l'autre services, des gestionnaires sont explicitement chargés de veiller à ce que les contrats potentiels satisfassent aux critères de prêt. Tandis que l'optique d'un agent commercial sera d'obtenir toujours plus de contrats, l'objectif premier du gestionnaire de crédit sera de réduire le plus possible les mauvaises créances.

La pression monte lorsque la commission de crédit rejette des demandes de prêt proposées par les commerciaux. Ces derniers, ayant une certaine expérience des risques représentés par leurs clients en matière de crédit, comprennent souvent fort bien les procédures d'analyse qui conduisent à refuser ou à accorder un prêt. En revanche, ils désirent aussi que les prêts ayant un authentique potentiel de financement soient approuvés, car la plupart des banques ne transmettent ces dossiers que vers les établissements de crédit qui font preuve d'une certaine ouverture. Si la First Community refuse d'aider un trop grand nombre des entreprises clientes que leur soumet une banque, ce marché risque de se tarir, car la banque en question peut se tourner vers d'autres entreprises de crédit.

Pour gérer les divergences structurelles entre les objectifs de ses divisions, la First Community concentre ses efforts sur l'amélioration de la communication. Comme nous l'avons fait remarquer précédemment, le roulement peu élevé de son personnel lui permet de développer la cohésion de l'équipe. Ainsi, les occasions de maintenir une communication ouverte et franche contribuent à combler les différences d'orientation entre les deux divisions. Cette harmonisation suppose une philosophie organisationnelle qui prône le respect des opinions de tous les employés.

Comme l'approbation d'un prêt est souvent une décision stratégique, les commerciaux et les gestionnaires de crédit disposent d'un processus de discussion ouvert pour en examiner l'approbation éventuelle. C'est à Jim Adamany que revient la décision finale mais, comme il tient à l'opinion de tous ses subordonnés, il leur donne la possibilité de s'exprimer. Ainsi, chacun donne son point de vue sur des questions telles que les antécédents en matière de crédit (l'histoire du crédit) dans un domaine d'activité ou les dernières tendances dans les politiques bancaires de prêt.

Questions

1. Quels mécanismes de coordination la financière First Community emploie-t-elle pour gérer les conflits possibles entre sa division des ventes et sa commission de crédit ?
2. Quelles sont les qualités que devrait rechercher la First Community chez ses nouveaux employés pour éviter que sa structure fonctionnelle ne provoque trop de problèmes ?
3. Sur quels éléments clés du transfert de l'information cette société doit-elle mettre l'accent ? Comment cette approche peut-elle se communiquer à toute l'organisation ?
4. Comment se fait-il qu'un établissement financier d'aussi petite taille puisse se contenter d'une structure aussi simple, alors qu'une entreprise plus grande pourrait la juger inadéquate ?

CAS Nº 27
CSI

CSI est une entreprise spécialisée dans la mise au point, la fabrication, la commercialisation et l'installation de systèmes informatiques complets destinés à des marchés ciblés dans le monde entier, et ce, dans les domaines suivants : vente au détail, finances, commerce, industrie, santé, éducation et services gouvernementaux. Les multiples fonctions – lecture, enregistrement, tri, traitement, classement et affichage des données – des systèmes CSI sont conçues sur mesure pour répondre aux besoins de toute entreprise qui cherche à rationaliser son exploitation et sa gestion. CSI se fait la championne du concept de système global qui s'appuie sur une vaste gamme de matériels et de logiciels ainsi que sur des études techniques sur place, des services de stockage de données et des programmes de formation.

Le siège social, qui se trouve dans une grande ville canadienne, comporte huit divisions : systèmes de vente au détail ; systèmes commerciaux, industriels et institutionnels ; systèmes financiers ; études techniques sur place ; service après-vente ; systemedia ; centre de données ; finances et administration. Un directeur est placé à la tête de chaque division. L'entreprise a divisé le Canada en cinq régions, chacune gérée par trois directeurs qui sont respectivement responsables des systèmes de vente au détail, des systèmes commerciaux, industriels et institutionnels et du service après-vente. Les directeurs régionaux n'entretiennent pas uniquement des relations hiérarchiques directes avec le directeur de leur propre division ; ils consultent les sept autres directeurs de division. Les cinq régions se subdivisent en zones placées sous la responsabilité d'un directeur qui relève directement du directeur régional. Chaque zone fonctionne comme une entreprise indépendante : le directeur fixe les objectifs de sa zone et en détermine les stratégies, en veillant, bien entendu, à respecter l'orientation de CSI.

Chaque zone se subdivise en au moins cinq services d'exploitation, leur nombre dépendant de la demande pour une gamme donnée de produits. Les zones sont également dotées d'un service financier et administratif, ce qui tend à renforcer leur autonomie. Un chef dirige chacun des services qui composent la zone. Les vendeurs, les employés affectés à l'entretien et le reste du personnel d'exploitation de chacun des services relèvent de leur chef respectif, qui est chargé de résoudre tous les problèmes susceptibles de survenir. Si ce cadre ne trouve pas de solution, il en parlera au directeur de zone. Si celui-ci n'y parvient pas, il portera le problème à la connaissance du directeur régional intéressé, qui aura recours au directeur de division, si cela est nécessaire. CSI part du principe que les employés d'une même division sont les mieux placés pour régler un problème particulier, car ils sont, notamment, au fait de l'exploitation de leur division et éprouvent un sentiment d'appartenance. Enfin, si le directeur de division n'est pas non plus en mesure d'apporter une solution, il consultera ses pairs. Si la difficulté demeure, le vice-président de la commercialisation sera alors informé et en parlera au président, le cas échéant. Cette gestion a un objectif précis : soumettre au président uniquement les problèmes de la plus haute importance afin qu'il puisse consacrer le maximum de temps à son rôle de dirigeant.

Dans certaines zones, les services d'exploitation n'ont pas forcément assez de travail pour employer des directeurs à temps complet. Dans ce cas, un directeur s'occupera d'un service donné pour deux zones. Il arrive que le directeur d'un service d'exploitation porte également le titre de directeur de zone, de même qu'un directeur de zone assume parfois les fonctions de directeur régional.

Dans un récent bulletin d'information, le président mettait l'accent sur les objectifs de croissance des ventes au cours des années à venir. La croissance rapide des ventes se heurte souvent à la lenteur de l'évolution des services de gestion nécessaires, et cela constitue un problème pour de nombreuses entreprises, car les services de gestion sont alors débordés. Toutefois, grâce à sa structure organisationnelle – qui se caractérise par une combinaison de relations hiérarchiques et fonctionnelles et par une grande décentralisation –, CSI peut augmenter les effectifs dans un service donné, et ce, dans n'importe quelle zone ou région. Cette caractéristique lui confère une longueur d'avance sur la concurrence, aussi bien pour les ventes que pour le service.

Afin d'entretenir une communication transparente au sein de l'organisation, le siège social organise de nombreuses réunions tout au long de l'année, de sorte que chaque division, chaque région ou chaque zone soit parfaitement au fait des objectifs de l'entreprise. Après les réunions, les directeurs de division élaborent les plans qui permettront à CSI d'atteindre ses objectifs. Ce processus s'applique à tous les échelons, jusqu'aux directeurs de zone qui informent leurs subordonnés des décisions qui ont été prises au cours de la réunion. Les données que transmettent les directeurs de zone sont d'une importance capitale et influent directement sur la motivation des vendeurs et des autres membres du personnel.

Lors de la dernière réunion de l'année passée, le président a mis l'accent sur la nécessité, pour l'entreprise, de poursuivre sa croissance, soulignant que celle-ci n'avait jamais été aussi forte. Il a très nettement indiqué la direction à suivre et les possibilités de croissance, qu'il a divisées en trois catégories : la croissance des ventes et, par conséquent, de la part de marché ; la croissance des revenus ; la croissance de la rentabilité. Selon le président, il s'agissait avant tout d'insister sur les ventes, les deux autres catégories en découlant naturellement. Il proposa donc de mettre en place un programme d'essor commercial. Le président a également souligné que CSI se devait de rester à la fine pointe de la technologie. Afin que l'entreprise conserve son avance, grâce à son programme de nouveaux produits, et élargisse son marché, le président a proposé de décentraliser un peu plus la gestion locale : cette initiative visait à renforcer la créativité des zones, tout en accordant à leurs directeurs une plus grande marge de manœuvre en matière de prise de décision et de planification. Le président a affirmé que la créativité était tout aussi essentielle au sommet de la hiérarchie qu'à sa base.

Questions

1. Dressez l'organigramme de CSI.
2. Analysez la structure organisationnelle de CSI et indiquez ses forces et ses faiblesses.
3. Discutez du problème de la communication dans une grande entreprise dont la structure est complexe, comme dans le cas de CSI. Comment pourrait-on améliorer la communication au sein de CSI ?
4. Quels types de conflits sont susceptibles de survenir dans cette organisation ? Pourquoi ? Comment pourrait-on y faire face ou même les prévenir ?
5. Quelles recommandations feriez-vous pour améliorer la structure organisationnelle de CSI ?

CAS N° 28
FABRICATION LAURENTIDES

Jean Wagner est président de la société Fabrication Laurentides. Bien que l'efficacité de ses opérations laisse un peu à désirer, l'entreprise est très rentable. Elle encourage tout particulièrement l'innovation et la qualité technique, ce qui lui permet de s'aligner sur les normes de ses concurrents, voire de les dépasser. Affalé dans son fauteuil de cuir, Jean jette un coup d'œil par la fenêtre de son bureau qui surplombe la ville. Il ne se sent pas vraiment dans la peau d'un magnat de l'industrie. « Combien de temps va-t-il encore s'écouler avant que Suzanne Réhaume, vice-présidente aux finances, me communique le dossier de financement du Projet Gamma ? », se demande-t-il. Les lumières de la ville scintillent uniformément dans un agencement bien ordonné de droites verticales et horizontales, planifié par les urbanistes quelques décennies auparavant. « Si seulement je pouvais concevoir une structure permanente aussi logique qui soutiendrait la croissance rapide de l'entreprise », pense Jean.

Il se met alors à passer en revue cette trépidante journée de réunions. Chaque nouvelle possibilité devenait un problème. Chaque nouvel élément semblait vouloir assombrir un peu plus la répartition des rôles et des responsabilités entre les cadres de Fabrication Laurentides. Les commandes n'étaient pas traitées aussi rapidement qu'il aurait fallu. Deux clients importants avaient récemment reçu des commandes incomplètes qui, de surcroît, étaient arrivées en retard ! Les nouveaux postes avaient été pourvus par de nouveaux employés qui n'hésitaient pas à faire de longues heures supplémentaires pour compenser leur manque d'expérience. Mais personne ne semblait capable de se mettre d'accord avec personne sur quoi que ce soit !

Ainsi, Jonathan Wong, vice-président à la production, avançait avec conviction qu'il fallait allonger les cycles de production afin de diminuer le temps consacré au réglage des machines, d'améliorer le contrôle de la qualité, de réduire l'usure prématurée d'un équipement onéreux et de simplifier le processus de traitement des commandes. Et cet allongement des cycles de production devait passer par une réduction des commandes spéciales. Henri Gignac, vice-président au marketing, n'était pas du tout de cet avis. Selon lui, le marketing avait réussi à créer l'image d'une entreprise qui livre rapidement des produits de qualité conçus spécialement en fonction des besoins du client. Les recommandations de Jonathan obligeraient le service du marketing à vendre une gamme de produits normalisés. Henri prévoyait une chute immédiate des ventes et une diminution de la part du marché à plus long terme si les propositions de Jonathan étaient acceptées.

Mais il fallait également compter avec Hugues Timère, adjoint au vice-président aux finances, qui se préoccupait du financement des stocks. Hugues était en faveur d'un processus d'établissement du budget plus rigoureux qui fonctionnerait sur une base hebdomadaire pour les achats, les biens en cours de transformation et les stocks de produits finis. Les variations de plus de 10 % par rapport au plan prévu seraient soumises à l'attention de l'adjoint au vice-président à la production.

La réunion du comité exécutif devenait de plus en plus monotone. Néanmoins, il semblait évident à Jean que la direction de Fabrication Laurentides avait de nombreuses idées pour améliorer le rendement de l'entreprise. Tout le monde recommandait des changements, surtout si ceux-ci concernaient le service d'un collègue.

Jean observait les lumières de la ville et se disait qu'il devait bien y avoir un moyen de gérer la croissance d'une façon ordonnée. Il passa une fois encore en revue la situation de l'entreprise. Le volume d'affaires engendré par les trois principaux clients, à savoir Distribution Laval, Les Grossistes de la Beauce et B.L.A., représentait 50 % du chiffre d'affaires et 75 % des bénéfices avant impôts. Une augmentation substantielle du chiffre d'affaires avec ces trois clients ne semblait pas particulièrement judicieuse. C'était du côté de Profab qu'il fallait se tourner. D'ailleurs, les trois grands l'utilisaient déjà. Les méthodes de production étaient légèrement différentes de celles qui étaient utilisées pour les autres produits : Profab était fabriqué artisanalement par un petit nombre d'employés extrêmement spécialisés. Des cycles de production plus longs et une conception plus souple permettraient de réduire les coûts de 30 %, ce qui augmenterait la rentabilité du marché existant. Ensuite, en mettant sur pied une deuxième équipe de fabrication et en embauchant des représentants payés à la commission pour vendre une gamme de produits Profab, le marché canadien et peut-être même le marché américain présenteraient de nouvelles possibilités.

C'était bien ça. L'avenir de l'entreprise, c'était Profab. La direction était déjà débordée. Jean avait déjà délégué les affaires courantes des « trois grands » à Henri. De plus, les exigences de la nouvelle orientation en matière d'ingénierie risquaient d'entraîner des problèmes de production plus sérieux si on voulait continuer à approvisionner les trois grands. Comment Fabrication Laurentides pourrait-elle saisir cette occasion, sans pour autant perdre ses principaux clients ?

Avant que Jean ait eu le temps de trouver la réponse à sa question, le téléphone sonna. Une Suzanne Réhaume survoltée était au bout du fil. Elle annonça à Jean que, d'ici six mois, Fabrication Laurentides disposerait de deux millions de dollars pour commercialiser Profab et ses dérivés à l'échelle du pays. Pour Suzanne, la dénomination sociale Fabrication Laurentides n'était plus appropriée. Elle suggéra Profab National à Jean, qui renchérit avec Profab International.

Une fois encore, Jean était hypnotisé par l'agencement des rangées et des colonnes de lumière qui s'étendaient à l'horizon. Il félicita Suzanne. Le temps du changement était arrivé : un changement qui permettrait de mettre la structure appropriée sur pied et de constituer l'équipe de la direction de Profab International.

Questions

1. Quelle est la structure formelle actuelle de Fabrication Laurentides ?
2. Quels sont les avantages et les inconvénients d'une structure divisionnaire pour Fabrication Laurentides ?
3. Décrivez les objectifs de Fabrication Laurentides selon Jean Wagner.
4. Quels sont les mécanismes de coordination et de contrôle qui semblent les plus appropriés dans le cas de Fabrication Laurentides ?

CAS N° 29

MISSION MANAGEMENT AND TRUST[27]

C'est devant plus de 500 chefs d'entreprise et dirigeants politiques de tout l'Arizona que Carmen Bermúdez, directrice générale de Mission Management and Trust (MM&T), a reçu le prestigieux prix ATHENA. Cette distinction, offerte par la Chambre de commerce de l'Arizona, couronne chaque année les entreprises qui se sont distinguées en promouvant des questions touchant les femmes, tant au sein de leur organisation que dans la collectivité. La statue de bronze de 25 kg remise à MM&T avait une signification spéciale pour la directrice de l'entreprise, qui y voyait la reconnaissance de ses efforts dans ce domaine.

MM&T est une petite société de huit employés que sa constitution récente n'a pas empêchée de percer dans un secteur dominé par de grandes entreprises. Six ans après sa fondation, elle administrait déjà plus de 171 millions de dollars. Aux États-Unis, il s'agit de la première société de fiducie dirigée par une femme issue d'une minorité ethnoculturelle, ce qui rend cette croissance encore plus impressionnante.

Les sociétés de fiducie fournissent des services aux particuliers, aux organismes et aux entreprises qui leur confient des biens à gérer et à protéger. MM&T offre des services personnalisés à un degré relativement rare pour une société de cette taille. Sachant que ce domaine est des plus concurrentiels, elle a mis au point une stratégie originale associant des pratiques socialement responsables à de bonnes relations commerciales.

L'énoncé de mission de l'organisation témoigne que, dès sa création, elle visait plus que le simple profit. Sa fondatrice, Carmen Bermúdez, avait trois objectifs : « (1) créer une société de fiducie marquée par l'excellence ; (2) montrer l'exemple et promouvoir, au sein de la société et à l'extérieur, les débouchés pour les femmes et les minorités ; (3) redistribuer une partie des bénéfices à des projets caritatifs soutenus par ses clients et son personnel. » Comme le montrent ces objectifs, MM&T avait une raison d'être précise qui mettait l'accent non seulement sur le domaine de la gestion en fiducie, mais aussi sur la responsabilité qu'elle avait de se conduire comme un bon citoyen institutionnel.

Même avec ces objectifs louables, MM&T a fait face à la difficulté de trouver des clients non seulement avides de services de qualité, mais également prêts à certains des sacrifices qu'une société de placement à conscience sociale pouvait décider de faire. Parmi les investisseurs souhaitant un taux de rendement élevé sur leurs placements, nombreux sont ceux que les questions sociales indiffèrent ; ce n'est donc pas ce marché que MM&T voulait desservir. L'entreprise devait établir sa clientèle de manière sélective et trouver les clients qui adhéreraient à sa philosophie en matière d'investissements et de responsabilités institutionnelles. La clientèle idéale serait constituée de particuliers et d'organisations engagés sur le plan social et cherchant une stratégie d'investissement correspondant à leurs engagements.

Le créneau parfait pour MM&T s'est avéré être celui des institutions religieuses. Il est courant de voir des églises et des organisations à but non lucratif ouvrir des comptes en fiducie pour soutenir des projets spéciaux et exercer un contrôle sur leurs frais d'exploitation. Elles ont donc besoin de services efficaces, même si, très souvent, elles cherchent à investir dans des entreprises pas trop éloignées de leurs idéaux. Une société de fiducie qui investirait dans les industries fort lucratives de l'alcool ou du tabac ne correspondrait sans doute pas à la philosophie d'un grand nombre d'organisations religieuses. MM&T exploite ce créneau en prenant des décisions financières à teneur sociale.

MM&T a rapidement commencé à remplir l'un de ses objectifs principaux en donnant une partie de ses bénéfices à des organismes caritatifs. Dès la fin de sa première année d'activité, elle avait offert 4 500 $ à diverses causes allant des Services communautaires catholiques à un programme de bourses mis sur pied par le Centre communautaire juif. Non seulement ces contributions répondent-elles à l'engagement de MM&T, mais elles lui permettent également de recruter d'autres clients ayant des orientations semblables. Grâce à ses programmes caritatifs, MM&T offre davantage d'attraits à la clientèle qu'elle cible. Une organisation religieuse sera rassurée de savoir qu'une partie de l'argent versé à MM&T pour la gestion de ses actifs retournera à des causes qu'elle-même défend. Si elles ont une portée sociale, les politiques de MM&T se justifient également sur le plan du marketing. Pour s'établir, une petite entreprise doit comprendre ses clients, et MM&T a maîtrisé ce principe.

MM&T tire pleinement parti de ses engagements philanthropiques en tenant ses clients informés des activités financières de la société et, ce qui est encore plus important, des activités qu'elle mène au sein de la collectivité. Le bulletin de MM&T, *The Mission Bell*, traite dans le détail des nouvelles et des questions concernant le domaine de la fiducie et les activités de la société, mais surtout des moyens pris pour concrétiser son engagement social. Le nom même de cette publication (*The Mission Bell*) évoque davantage un périodique religieux que de nature financière. La publication correspond bien aux exigences des clients et son contenu clarifie le rôle et les objectifs de MM&T. Ainsi, un numéro de *Mission Bell* contenait des articles sur les arrivées récentes au sein du personnel, de l'information sur les investissements et un article sur les mesures prises par MM&T, de concert avec d'autres organismes, pour soutenir l'investissement institutionnel orienté vers des causes sociales. On voit donc que la société définit clairement sa philosophie dans ses stratégies, qu'il s'agisse de marketing ou de communication.

Pour satisfaire pleinement les buts des entreprises clientes, Carmen Bermúdez s'est entourée d'une équipe restreinte de professionnels très expérimentés, dont la formation et les principes correspondent à ses idéaux. Elle répète souvent que la meilleure décision d'affaires qu'elle n'ait jamais prise fut d'« accorder la préférence à des personnes intelligentes, talentueuses et compatibles, dont la qualité principale était une solide expérience ». Les employés de MM&T ne sont pas seulement des spécialistes du domaine de la finance, ce sont également des leaders dans leur communauté.

Ce double champ de compétence répond à trois exigences essentielles au succès de l'entreprise. Premièrement, l'engagement communautaire permet de mieux comprendre les orientations en matière d'investissements qu'exigent les organismes auxquels MM&T offre ses services. Deuxièmement, les personnes engagées dans la collectivité ont des contacts bien établis qui peuvent se révéler utiles pour recruter d'autres clients. Enfin, un personnel socialement actif témoigne d'un soutien à la mission de l'organisation et contribue à consolider sa culture organisationnelle.

Claire B. Moore, vice-présidente de MM&T, offre un parfait exemple de la façon dont une philosophie institutionnelle peut se concrétiser en décisions, en matière de personnel par exemple. L'embauche de Claire se fondait sur sa vaste expérience dans le domaine bancaire, dont témoignait le poste de vice-présidente qu'elle occupait à la Bank of America, en Arizona. À ses compétences professionnelles s'ajoute son engagement constant dans la collectivité, notamment au sein du Conseil de la Fondation de la University of Arizona, de l'Orchestre symphonique de Tucson et de la ligue de base-ball junior.

L'exemple de MM&T démontre clairement que les affinités entre la philosophie d'une société et un secteur de marché peuvent donner des résultats concrets. Son engagement à l'égard de ses idéaux est évident et se reflète dans toutes ses pratiques commerciales. Lorsque les décisions en matière de ressources humaines, d'investissements, de marketing et de planification stratégique reposent sur des objectifs identiques, on a en main les ingrédients nécessaires à la mise en œuvre d'une culture organisationnelle à succès.

Questions

1. En quoi la mission de MM&T ainsi que ses objectifs sociaux et systémiques la distinguent-ils de la plupart des entreprises ?
2. Comment s'est créée la culture de MM&T ? Quelles en sont les principales caractéristiques ?
3. Quels sont les divers moyens dont dispose la directrice générale pour tenter de renforcer la culture organisationnelle de MM&T ?
4. Quelle est la stratégie organisationnelle de MM&T ? Peut-elle lui conférer un avantage concurrentiel ?

CAS N° 30

LE DILEMME DE LA FORMATION DES CADRES[28]

Sophie Audet est la directrice du personnel au centre hospitalier universitaire de sa ville. Une de ses responsabilités consiste à veiller à la bonne marche des programmes de formation destinés aux cadres. Récemment, Sophie a participé à un congrès professionnel où on faisait la promotion d'un programme de formation particulier « clé en main ». La trousse comprenait une série de vidéoconférences données par des consultants en management réputés, ainsi qu'un manuel contenant des textes, des exercices, des études de cas, des tests et autre matériel didactique. Le programme couvrait des thèmes aussi variés que la motivation, la dynamique de groupe, les aptitudes à la communication, le leadership efficace, l'évaluation du rendement et la gestion du changement planifié.

Sophie avait déjà eu l'impression que l'hôpital n'atteignait pas ses objectifs en matière de formation des cadres. Cela était attribuable, en partie, aux coûts élevés de la formation, pour laquelle il fallait faire appel à des consultants externes. Ce programme clé en main était conçu, selon toute vraisemblance, pour que des employés du centre hospitalier puissent agir à titre de coordonnateurs. La structure du programme, reposant sur des vidéos et un calendrier de travail, était censée remplacer l'expertise d'un consultant. C'est pourquoi Sophie avait le sentiment qu'en utilisant la trousse, elle arriverait à améliorer substantiellement la formation des cadres dans son centre hospitalier.

Le coût du programme (3 500 $) couvrait l'achat des bandes vidéo et de 50 manuels. Il était possible de se procurer des manuels supplémentaires pour 8 $ chacun. Cependant, avant de pouvoir faire l'acquisition de la trousse, Sophie devait obtenir l'autorisation de ses supérieurs.

À la réunion du comité de direction qui a suivi, Sophie a proposé l'achat du programme de formation. La réaction de ses collègues l'a surprise. Le président du centre hospitalier ne souhaitait pas s'engager dans ce projet, le vice-président était ouvertement hostile à l'initiative et les trois administrateurs associés faisaient montre de divers degrés d'enthousiasme. C'est toutefois l'opinion du vice-président qui a dominé les débats. Il arguait qu'il était malavisé d'investir dans un programme du genre sur la simple présomption qu'il permettrait d'améliorer le mode de supervision en vigueur. « Je pense, en particulier, au programme qu'on nous propose aujourd'hui, disait-il. Comment une telle trousse pourrait-elle arriver à remplacer les talents de formateur d'un consultant expert ? »

Sophie a défendu sa cause et s'est heurtée au défi suivant : les administrateurs alloueraient 1 000 $ à la location du programme et de 30 manuels. Il lui appartiendrait ensuite de justifier, après une période d'essai, l'achat éventuel du programme.

Le centre hospitalier employait 160 cadres. Le programme était conçu pour se répartir en 8 leçons de 2,5 heures. Il était préférable de prévoir 1 séance par semaine, qui ne réunirait pas plus de 15 participants.

Sophie savait qu'elle devrait présenter des preuves irréfutables si elle voulait obtenir le soutien de l'administration dans la poursuite du programme. Puisqu'on lui en donnait la possibilité, elle a décidé de mettre en place un programme d'essai, et de le faire de façon si convaincante que les résultats parleraient d'eux-mêmes et lui permettraient d'aller de l'avant.

Questions

1. Si vous étiez à la place de Sophie, à quel type de protocole de recherche auriez-vous recours afin de tester ce programme ? Pourquoi ?
2. Comment mettriez-vous en place le protocole de recherche dans le contexte de ce centre hospitalier ?
3. Quelle serait votre hypothèse de recherche ? De quelles variables auriez-vous besoin pour mesurer les données qui vous permettraient de vérifier cette hypothèse ? Comment rassembleriez-vous ces données ?
4. Jugez-vous raisonnable la demande de l'administration de bénéficier d'une « offre d'essai » ? Pourquoi ?

EXERCICES

EXERCICE 1

MON MEILLEUR PATRON

Marche à suivre

1. Dressez une liste des qualités décrivant le meilleur patron pour qui vous avez travaillé. Si vous n'en trouvez pas d'exemple, établissez la liste des qualités que vous voudriez voir chez un supérieur dans votre prochain emploi.

2. Formez des groupes de quatre ou cinq étudiants et comparez vos listes.

3. Dressez une liste unique des qualités du *meilleur patron* selon votre groupe. Vérifiez que toutes les qualités citées y figurent bien, mais ne citez chacune d'elles qu'une seule fois. Indiquez par un crochet les qualités que plus d'un membre de votre équipe a citées. L'un d'entre vous se préparera afin de présenter ces conclusions à l'occasion d'une discussion en classe.

4. Lorsque tous les groupes auront terminé l'étape 3, les porte-parole s'adresseront à toute la classe. Le professeur pourra alors établir une liste commune des qualités du meilleur patron selon l'ensemble de la classe.

5. N'hésitez pas à poser des questions et à discuter des conclusions.

EXERCICE 2

LES MOTS DE LA FIN : REMUE-MÉNINGES ET IDÉES EN VRAC[1]

Marche à suivre

1. Donnez le plus de versions possible aux phrases suivantes en les complétant.

   a) Lorsque j'ai commencé ce cours, je pensais…

   b) Ce qui m'inquiète avant tout, à propos de cette session, c'est…

   c) Dans trois ans, je serai…

   d) Le plus grand défi que le monde actuel doit relever, c'est…

   e) Les spécialistes en comportement organisationnel peuvent…

   f) Les ressources humaines, ce sont…

   g) L'analyse organisationnelle, c'est…

   h) La question la plus utile qu'on m'ait jamais posée est : « … ? »

   i) Au sein des organisations, le phénomène le plus important est…

   j) J'apprends le plus lorsque…

2. Votre professeur organisera une discussion en se basant sur vos réponses. Prêtez une attention particulière aux similitudes et aux différences entre les réponses fournies par chaque étudiant.

EXERCICE 3

MON MEILLEUR EMPLOI

Marche à suivre

1. Dressez la liste des cinq premières choses que vous attendez de votre premier (ou prochain) emploi à plein temps.

2. Échangez votre liste avec celle d'un autre étudiant. Vous indiquerez ensuite, sur la liste de votre collègue, les probabilités que chaque objectif retenu se réalise. (Note : le professeur voudra sans doute que tout le monde se serve de la même échelle de probabilités.)

3. Discutez de vos évaluations respectives avec votre vis-à-vis. Essayez d'éliminer les objectifs superficiels ou modifiez-les pour leur donner du contenu. Reformulez également les objectifs irréalistes. Aidez votre collègue à faire de même.

4. Regroupez-vous en équipes de quatre à six personnes. Chacun doit exposer les objectifs qui lui semblent les plus réalistes afin que l'équipe constitue une liste commune à tous ses membres. Un porte-parole transmet au reste de la classe un échantillon de la liste commune.

5. Réfléchissez à ce que vous avez retiré de l'exercice. Discutez-en avec les membres de votre équipe. Préparez-vous ensuite à une discussion élargie avec le reste de la classe, animée par le professeur.

EXERCICE 4

QUE VALORISEZ-VOUS PARTICULIÈREMENT DANS UN TRAVAIL ?[2]

Marche à suivre

1. Classez ces caractéristiques d'un emploi selon leur importance pour vous (de 1 = la moins importante, à 9 = la plus importante).

   Il est important, pour moi, d'avoir un emploi qui…

   ____ inspire le respect des autres.

   ____ encourage l'acquisition continue de connaissances et de talents.

   ____ assure la sécurité d'emploi.

   ____ procure un sentiment d'accomplissement.

   ____ permet d'obtenir une rémunération élevée.

   ____ est stimulant sur le plan intellectuel.

   ____ reconnaît un bon rendement et le récompense.

   ____ offre de bonnes conditions de travail.

   ____ offre de bonnes possibilités de promotion à des postes élevés dans la hiérarchie[3].

2. Formez des équipes selon les consignes de votre professeur. Dans chaque groupe, les *hommes* doivent établir ensemble le classement général auquel, *selon eux*, les *femmes* en sont arrivées. Discutez des justifications pour un tel classement. Bien entendu, les *femmes* de chaque groupe ne devraient pas participer à l'établissement de ce classement, mais elles écouteront les échanges entre les hommes et noteront leurs commentaires en vue de la discussion générale qui va suivre. Un porte-parole des hommes communiquera le classement établi à l'ensemble de la classe.

3. (*Facultatif*) Formez des équipes exclusivement masculines ou féminines. Chaque groupe déterminera quelles valeurs, selon lui, ont été classées *première* et *dernière* par les personnes du *sexe opposé*. Discutez des raisons pour lesquelles vous arrivez à ces conclusions et des raisons pour lesquelles, selon vous, les autres valeurs n'ont pas été classées première ou dernière. Les porte-parole font ensuite part des résultats à l'ensemble de la classe.

EXERCICE 5

MON ACTIF[4]

Toute entreprise possède un actif, soit un ensemble de ressources qu'elle utilise pour produire des biens ou des services recherchés par une clientèle. Cet actif comprend, notamment, du capital, des terrains, des produits ou des processus brevetés, des installations, du matériel, des matières premières et des ressources humaines.

Chacun de nous dispose également d'un actif qui lui permet d'atteindre les objectifs qu'il se fixe. Nous parlons alors de *talents*, d'*habiletés* et de *compétences*. Si nous en héritons certains de nos parents, nous en acquérons un grand nombre par l'apprentissage. Une chose est sûre, nous en sommes généralement fiers.

Marche à suivre

1. Voici un tableau que vous allez remplir. Dans la colonne de droite, inscrivez cinq ou six de vos réalisations – des choses dont vous êtes vraiment fier. Il doit s'agir de réalisations personnelles *dont vous pouvez clamer la paternité*. Si vous êtes fier d'appartenir à une association donnée, vous ne pouvez l'inclure dans votre liste à moins que vous n'estimiez pouvoir vous en attribuer en bonne partie le mérite. Si vous avez l'impression que le fait même d'avoir été invité à vous joindre à cette association est une réussite en soi, incluez-la dans votre liste.

   Une fois la colonne de droite remplie, passez à celle de gauche en nommant les talents, les habiletés et les compétences qui vous ont permis d'accomplir ce qui figure dans la colonne des réalisations.

2. Tandis que chaque membre de votre équipe montre sa liste aux autres, prêtez attention à vos propres perceptions et sentiments. Notez leurs effets sur vos attitudes à l'égard des autres membres.

3. Chaque groupe discute ensuite à partir des questions suivantes :

   a) Sur quel point vos attitudes et vos sentiments à l'égard des autres membres ont-ils changé au cours de l'exercice ? Quelles conclusions tirez-vous à propos des processus qui entrent en jeu dans la façon dont nous apprenons à connaître et à respecter les autres ?

   b) Qu'avez-vous pensé des instructions de cet exercice ? À quel genre de résultat vous attendiez-vous ? Vos attentes se sont-elles confirmées ?

Mon actif

ACTIF Talents, habiletés et compétences	RÉALISATIONS et RÉUSSITES

EXERCICE 6

UN POSTE À L'ÉTRANGER[5]

Cet exercice porte sur des questions concernant les travailleurs susceptibles d'être affectés à des postes à l'étranger. Il a pour objectif de mettre en lumière le grand nombre de problèmes que l'expatriation peut poser. Il souligne l'importance, pour les gestionnaires qui veulent des travailleurs expatriés productifs et motivés, d'être conscients de ces problèmes et prêts à les résoudre. Parmi les sujets qui seront immanquablement abordés au cours de cet exercice, citons la nécessaire formation à la culture du pays de destination et les cours de langue pour les travailleurs et leur famille, ainsi que l'incidence potentielle de l'obtention d'un poste à l'étranger sur la famille et le rôle déterminant de cette dernière sur l'intérêt des travailleurs pour de tels postes.

Marche à suivre

1. En équipes, composez des *familles* de quatre ou cinq personnes. Comme il existe de plus en plus de familles monoparentales, il serait intéressant que quelques équipes ne comportent qu'un chef de famille. Chaque étudiant se voit attribuer un rôle à jouer dans sa famille ; une description sommaire de la personne qu'il représente figure ci-après.

2. Prenez une vingtaine de minutes pour discuter des effets qu'une proposition de poste à l'étranger aura sur les membres de votre famille. Vous avez pour objectif de parvenir à une décision : soit d'accepter le poste proposé, soit de le refuser. Vous devez également décider si toute la famille va déménager ou uniquement la personne embauchée. L'affectation est d'au moins deux ans, avec une possibilité de renouvellement annuel jusqu'à un maximum de quatre ans. La famille, ou le travailleur, a droit à un voyage annuel au pays d'origine, aux frais de l'employeur, pour un maximum de deux semaines. Si elle décide de s'expatrier seule, la personne à qui on offre le poste ne doit pas s'attendre à d'autres indemnités de logement ou de vie chère que celles figurant dans sa description de rôle, et ce, même si elle s'attend à ce que ses dépenses dépassent considérablement l'indemnité de séjour offerte par l'employeur. Abordez les questions suivantes au cours de votre discussion :

   a) Qu'est-ce qui inquiète le plus votre famille en ce qui concerne une expatriation temporaire ?

   b) Qu'avez-vous besoin de savoir sur le pays de destination pour prendre une décision en toute connaissance de cause ?

   c) S'il décide d'être le seul à partir, que peut faire le travailleur à qui on propose ce poste pour faciliter la transition ? Et si toute la famille l'accompagne ?

   d) Que devrait faire le travailleur pour éviter que l'expatriation ne crée un stress inutile pour lui ou le reste de sa famille ?

   e) Quelles leçons les gestionnaires ayant des travailleurs expatriés pourraient-ils tirer de cet exercice ?

   Essayez de parvenir à un consensus familial ; si ce n'est pas possible, tentez de résoudre les divergences d'opinions selon ce qui vous semble correspondre aux rôles décrits plus loin.

3. Partagez vos réponses avec le reste de la classe, expliquez-en les raisons et répondez aux questions des autres étudiants.

4. (*Facultatif*) Lorsque toutes les familles auront donné leur réponse à une question, le professeur pourrait demander aux étudiants si leurs réponses semblent correspondre (ou non) à ce qui est pratique courante chez les gestionnaires d'après les études sur ce sujet.

Descriptions des membres de la famille

La personne à qui on propose le poste à l'étranger

Il s'agit d'un cadre intermédiaire qui est en train de gravir rapidement les échelons et qui devrait accéder bientôt à un poste de cadre supérieur. On vient de lui offrir l'occasion de gérer des activités de l'entreprise à l'étranger, tout en lui promettant un poste de vice-président à son retour. L'employeur paiera les frais de déménagement, y compris les dépenses liées à la vente de la maison et les coûts de réinstallation de la famille au retour. Il offrira des cours de langue au cadre et une formation à la culture du pays de destination à l'ensemble de la famille. Il accordera également une indemnité de séjour correspondant à 20 % du salaire, ce qui devrait permettre à la famille d'entretenir un mode de vie équivalent à celui dont elle jouit actuellement.

Le conjoint ou la conjointe

Cette personne exerce également une profession et elle possède une expérience et des compétences recherchées dans le marché du travail local. Il n'est pas certain qu'elle puisse trouver un emploi dans le pays de destination. Le couple a besoin de ses revenus d'emploi – bien qu'ils soient moins élevés que ceux de la personne à qui on propose le poste à l'étranger –, pour pouvoir payer, le moment venu, les études universitaires de ses enfants. Cette dernière a consacré 15 ans de sa vie à sa carrière, y compris à l'obtention d'un diplôme en étudiant le soir.

L'aîné ou l'aînée

Cette personne termine sa première année de cégep et a l'intention d'obtenir son diplôme dans un an et demi. S'expatrier en ce moment retarderait sans doute ses projets de six mois. Depuis un peu plus d'un an, elle vit une relation amoureuse sérieuse ; on parle de mariage après l'obtention du diplôme, mais il n'y a pas encore eu de fiançailles officielles.

Le ou la deuxième enfant

Cette personne termine ses études secondaires et a déjà visité quelques cégeps afin de préparer sa demande d'admission pour l'automne suivant. Elle participe à un grand nombre d'activités scolaires ; on lui a demandé de prendre les photos de l'album de finissants et elle appartient à une équipe sportive. Elle a des difficultés d'apprentissage pour lesquelles son école lui fournit des services.

Le cadet ou la cadette

Cette personne, qui est âgée de 13 ans, poursuit ses études secondaires, est membre d'une troupe de scouts et suit des cours de piano. Elle a eu des problèmes de santé sérieux, qui ont nécessité des visites fréquentes chez le médecin et chez des spécialistes. Elle fréquente la même école et le même groupe d'amis depuis plusieurs années.

EXERCICE 7

SIGNAUX CULTURELS[6]

Dans un contexte professionnel, la *culture* fait référence à des convictions et à des attentes communes qui modèlent le comportement des individus. Dans cet exercice, *culture étrangère* désigne un ensemble de convictions et d'attentes différentes de celles de la culture des participants. (Les caractéristiques de cette dernière culture seront déterminées par les participants eux-mêmes.)

Marche à suivre

1. (De 10 à 15 minutes) Divisez-vous en deux groupes dont les membres porteront des insignes de couleurs différentes (ce peut être de simples papillons adhésifs bleus et jaunes sur lesquels chaque membre des groupes bleu et jaune inscrira son nom).

   Chaque groupe prépare collectivement ses propres signaux culturels. Inventez des types de comportements ou des mots qui auront une signification unique pour les membres du groupe et qui leur donneront un sentiment d'appartenance. Pour chaque catégorie figurant dans le tableau suivant, déterminez au moins une caractéristique importante dans *votre culture*.

   Après avoir déterminé certains aspects culturels particuliers à votre collectivité, entraînez-vous à les extérioriser. Le mieux serait de former des équipes de trois ou quatre personnes au sein des deux groupes respectifs et de vous lancer dans des conversations. L'objectif est d'en apprendre le plus possible les uns sur les autres (les centres d'intérêt, les loisirs, le lieu d'habitation, le genre de famille, les cours qu'on suit), tout en employant les phrases clés et les autres signaux culturels définis par votre groupe. Rien ne vous oblige à révéler des choses personnelles et authentiques ; les échanges entre vous ne servent qu'à permettre l'observation culturelle. À cette étape de l'exercice, votre but est de bien connaître les signaux de votre groupe culturel. Répétez-les jusqu'à ce que vous les ayez assimilés complètement.

Signaux culturels	Dans votre culture
Expressions du visage	
Regard (vous devez avoir un certain contact visuel pour observer les autres)	
Poignée de main	
Langage corporel (tenez-vous debout pour que le langage soit assez évident)	
Phrases ou mots clés	

2. Imaginez maintenant que vous êtes au service d'une société qui a décidé d'explorer la possibilité de faire des affaires avec des entreprises appartenant à une autre culture. Comme il vous faut en apprendre le plus possible sur cette *culture étrangère*, vous envoyez deux ou trois représentants en « voyage d'affaires ». Ils devront, dans la mesure du possible, se comporter de façon cohérente et conforme à leur *culture d'origine*. Il leur faut, individuellement, essayer d'en apprendre le plus possible sur les gens de l'autre groupe, tout en observant les comportements et en notant les expressions qu'il serait utile de connaître pour de futures négociations avec les entreprises étrangères. (Il sera considéré comme contraire à l'éthique que les envoyés posent des questions directes sur les signaux culturels de l'autre groupe. Il faut les obtenir sur le terrain par l'observation et les conversations.)

Tandis que vos représentants sont en voyage d'exploration, vous recevez la visite de ceux de l'autre culture qui doivent entrer en contact avec vous pour recueillir des renseignements sur votre propre culture. Au cours de vos conversations avec eux, vous devez respecter scrupuleusement les aspects culturels définis par votre groupe.

3. (De 5 à 10 minutes) Tous les voyageurs d'affaires rentrent *chez eux*. Chacun des deux groupes discute et note les renseignements recueillis sur l'autre culture au cours des échanges avec les visiteurs et ceux qui ont été rapportés par les représentants. Ces renseignements serviront à orienter les actions des prochains représentants envoyés en visite *à l'étranger*.

4. (De 5 à 10 minutes) Choisissez de un à trois autres représentants qui feront un nouveau voyage afin de vérifier les hypothèses émises par votre groupe sur la *culture étrangère*. Ces personnes devront intégrer à leur comportement les signaux culturels relevés *chez l'étranger* pour vérifier s'ils ont bien été compris.

5. (De 5 à 10 minutes) Une fois les représentants revenus et leurs observations notées, chacun des deux groupes prépare un rapport pour informer la classe de ce qu'ils auront appris sur la *culture étrangère*.

EXERCICE 8

LES PRÉJUGÉS AU QUOTIDIEN[7]

Marche à suivre

1. Tous ensemble, préparez une liste des groupes qui sont souvent la cible de préjugés et de stéréotypes dans notre société ; il peut s'agir de groupes fondés sur le sexe, la race, l'origine ethnoculturelle ou régionale, l'orientation sexuelle, la religion, etc. Après avoir établi cette liste, inscrivez quelques préjugés négatifs et positifs associés à chaque groupe cible. (À cette étape, la classe peut se scinder en petites équipes.) Comparez les préjugés dont les divers groupes cibles sont l'objet : y a-t-il des liens entre eux, des tendances ? Discutez des conséquences des préjugés sur chacun des groupes cibles. Sur ce plan, comparez les groupes cibles à qui on attribue des caractéristiques que valorisent les organisations

avec ceux à qui on attribue des caractéristiques qu'elles voient d'un mauvais œil.

2. Individuellement, réfléchissez aux listes de préjugés établies et indiquez à quels groupes vous vous identifiez. Décrivez un évènement au cours duquel vous avez été victime d'un préjugé parce qu'on vous a considéré comme appartenant à tel ou tel groupe. Posez-vous les questions suivantes et notez vos réflexions :

   a) À quel groupe vous identifiez-vous le plus ?

   b) Quel était le stéréotype dont vous avez été victime ?

   c) Que s'est-il passé ? Où et quand l'incident est-il survenu ? Quel genre de propos ont été échangés ?

   d) Quelles ont été vos réactions ? Qu'avez-vous ressenti ? Qu'avez-vous pensé ? Qu'avez-vous fait ?

   e) Cet évènement a-t-il eu des conséquences sur vous et sur les autres ?

3. En petits groupes, discutez maintenant de vos expériences. Décrivez brièvement l'incident et soulignez ce que vous avez ressenti. Choisissez collectivement l'un des incidents relatés dans votre groupe. Chaque équipe va *jouer* l'incident pour l'ensemble de la classe, et tous les étudiants vont ensuite discuter de leurs réactions à chaque évènement. Déterminez le préjugé ou le stéréotype mis en scène, les sentiments évoqués et les conséquences de l'incident.

4. Pensez maintenant à vos propres préjugés à l'égard d'autres personnes et aux stéréotypes que vous entretenez. Demandez-vous *à l'égard de quel groupe particulier vous nourrissez des préjugés*. Quelles sortes de stéréotypes attribuez-vous aux membres de ces groupes ? Comment ces préjugés sont-ils apparus ? Est-ce un membre de votre famille, un ami ou les médias qui vous ont influencé et qui vous ont amené à juger un groupe donné d'une certaine manière ?

5. Essayez maintenant de déterminer les effets des préjugés et des stéréotypes en milieu de travail. En quoi les préjugés influent-ils sur les travailleurs, sur les cadres, sur les relations entre les individus et sur l'ensemble d'une organisation ? Réfléchissez à la façon dont vous pourriez vous débarrasser des clichés que vous entretenez et cherchez comment vous pourriez encourager d'autres personnes à le faire.

EXERCICE 9

COMMENT PERCEVONS-NOUS LES DIFFÉRENCES ?[8]

Il est clair qu'à l'avenir, les milieux de travail seront de plus en plus diversifiés. Il y aura davantage de femmes et de personnes d'origines ethnoculturelles différentes, une plus grande diversité sur le plan des modes de vie et des compétences, etc. Se montrer capable de gérer une main-d'œuvre diversifiée et de travailler avec des gens très différents devient rapidement une compétence essentielle chez les gestionnaires efficaces.

En outre, il est de plus en plus évident que la diversité au sein d'une équipe de travail peut améliorer sensiblement la créativité et la qualité du rendement. Dans le monde des affaires que nous connaissons, c'est-à-dire en évolution constante, mettre à profit cette diversité de la main-d'œuvre donnera au gestionnaire et à son organisation un avantage concurrentiel et la capacité de tirer parti plus efficacement des ressources humaines disponibles. L'exercice qui suit est un premier pas vers la compréhension de notre façon de travailler avec des gens que nous considérons comme différents de nous. Bien qu'il soit relativement simple, cet exercice n'en porte pas moins sur un sujet extrêmement sérieux.

Marche à suivre

1. Imaginez-vous au volant d'une voiture de location, dans une ville que vous visitez pour la première fois. Vous êtes à une heure de distance de votre destination et vous allez emprunter une autoroute où la circulation est fluide. Vous décidez de passer le temps en écoutant votre musique préférée.

   L'autoradio comporte quatre touches déjà programmées sur quatre chaînes offrant des genres musicaux différents. Sur l'une on passe de la musique techno, sur l'autre du rap, sur la troisième de la musique classique et sur la dernière du jazz. Quel genre de musique voulez-vous écouter pendant le trajet ? (Supposons que vous voulez vous détendre et que vous ne souhaitez pas passer d'une chaîne à l'autre.)

2. Formez des groupes basés sur le genre de musique choisi. Ceux qui ont opté pour la musique techno se

rassemblent dans un coin de la salle indiqué par le professeur ; les amateurs de rap vont se placer dans un autre coin, etc. Chaque groupe répond à la question suivante : En quels termes décririez-vous les gens qui aiment écouter les trois genres de musique autres que celui que vous avez choisi ?

Répondez pour chacun des trois groupes.

Désignez un porte-parole qui communiquera les réponses de votre équipe à l'ensemble de la classe.

3. Poursuivez par une discussion collective portant sur les questions suivantes :

   a) Selon vous, quel peut être l'objectif de cet exercice ? Et son intérêt ?

   b) Qu'avez-vous remarqué à propos des qualificatifs employés pour décrire les autres groupes ? Avez-vous été *surpris* au cours de cet exercice ?

   c) Sur quelles données les opinions exprimées se fondent-elles ?

   d) Quel terme courant désigne les généralisations que nous faisons au sujet des autres ?

   e) Quelles pourraient en être les conséquences ?

   f) Quel lien y a-t-il entre la façon de percevoir les différences de goûts musicaux et la façon de percevoir d'autres sortes de différences (race, sexe, aptitudes physiques et mentales, origine ethnoculturelle, âge, nationalité, etc.) ?

   g) Avez-vous appris quelque chose sur la facilité avec laquelle des stéréotypes se forment d'un groupe à l'autre ?

   h) Quels moyens les organisations pourraient-elles prendre pour apprécier davantage les différences entre les individus et les mettre à profit ?

EXERCICE 10

LA RIVIÈRE AUX ALLIGATORS[9]

Il était une fois une femme nommée Abigael, amoureuse d'un homme nommé Grégoire. Les deux amants vivaient sur les rives opposées d'une rivière qui grouillait d'alligators dangereux. Un beau matin, Abigael voulut traverser la rivière pour rejoindre Grégoire, mais les fortes crues de la semaine précédente avaient malheureusement emporté le seul pont existant. Elle alla donc voir Sinbad, propriétaire d'une barque, pour qu'il la transporte de l'autre côté. Il lui répondit qu'il serait ravi de le faire, mais à condition qu'elle le rejoigne d'abord dans sa couche pour quelques instants. Abigael refusa et alla voir son ami Yvan pour lui faire part de sa détresse, mais ce dernier ne voulait absolument pas intervenir dans cette affaire.

Abigael finit par se dire qu'elle n'avait d'autre choix que d'accepter la condition de Sinbad – ce qu'elle fit. Sinbad tint aussi sa promesse, et elle put enfin se réfugier dans les bras de Grégoire, ou du moins le croyait-elle...

Lorsque Abigael raconta à Grégoire l'infidélité qu'elle avait dû commettre pour pouvoir traverser la rivière, il la repoussa avec mépris. Humiliée et désemparée, elle alla faire le récit de ses malheurs à Sam, un autre voisin et ami. Sam, plein de compassion pour Abigael, s'en prit à Grégoire, à qui il infligea une sérieuse correction. Abigael était ravie de se voir ainsi vengée de l'indifférence de son ex-amoureux. Le soleil se coucha sur la rivière aux alligators, et les gens entendirent Abigael rire à gorge déployée du sort de Grégoire.

Marche à suivre

1. Lisez le conte *La rivière aux alligators*.

2. Après votre lecture, classez les cinq personnages en commençant par celui dont le comportement vous semble *le plus répréhensible* et en finissant par celui dont l'attitude vous paraît *la moins répréhensible*. Vous aurez, bien entendu, vos propres raisons pour les classer ainsi. Notez-les brièvement.

3. Formez des équipes selon les consignes de votre professeur (au moins deux personnes de chaque sexe par groupe).

4. Chaque équipe doit :

   a) se choisir un porte-parole ;

   b) comparer les divers classements des coéquipiers ;

   c) examiner les raisons avancées par chacun pour justifier son classement ;

   d) tenter de parvenir à un classement consensuel final reflétant l'opinion de l'équipe.

5. Le porte-parole choisi fera part à l'ensemble de la classe des conclusions de l'équipe et des raisons pour lesquelles elle en est arrivée à un classement consensuel ou non. Une discussion générale s'ensuivra.

EXERCICE 11

TRAVAIL D'ÉQUIPE ET MOTIVATION[10]

Vous êtes propriétaire d'une petite entreprise manufacturière qui fabrique des *bidules*. Votre bidule est une copie d'un bidule réputé sur le plan national. Appelé WooWoo, l'article que vous vendez est moins cher et mieux distribué que la marque vedette. En ce moment, vous enregistrez un montant élevé de ventes. Il y a cependant un grand nombre d'articles rejetés pour défaut de fabrication, ce qui augmente vos coûts de production et retarde les livraisons. Vous employez 50 travailleurs répartis dans les services suivants : vente, production, services techniques, administration.

Marche à suivre

1. En équipes, discutez des méthodes pouvant motiver tous les salariés de l'organisation. Classez-les ensuite par ordre de préférence.

2. Concevez un plan de motivation organisationnel destiné à entraîner un haut degré de satisfaction professionnelle, un faible roulement de la main-d'œuvre, une productivité élevée et un travail d'excellente qualité.

3. Que peut-on faire de particulier en ce qui concerne les travailleurs du bas de la hiérarchie payés au salaire minimum ? Comment motiver ces salariés ? Sur quelle théorie de la motivation fondez-vous votre opinion ?

4. Chaque équipe présente son plan de motivation au reste de la classe et résume ses idées au tableau. L'ensemble des étudiants travaille à concevoir un plan unique en s'appuyant sur celles-ci. Discutez des corrections et des ajouts suggérés.

5. Remplissez la feuille de travail suivante : inscrivez dans la colonne de droite les qualités qu'un travailleur doit posséder pour collaborer pleinement à une équipe de travail ; ces qualités s'opposent aux caractéristiques d'un travailleur qui a une attitude individualiste.

Travailleur individualiste	Membre coopératif d'une équipe de travail
Bavarde	
Est centré sur lui-même	
Est axé uniquement sur son service	
Est compétitif	
Est logique	
Utilise notes et messages écrits	
Accorde de l'importance à son image et à celle des autres	
Garde l'information pour lui	
A une vision à court terme	
Vise des résultats immédiats	
Est critique	
S'en tient à sa fonction	

EXERCICE 12
LES DÉSAVANTAGES DES MESURES DISCIPLINAIRES[11]

Marche à suivre

Il existe de nombreux problèmes associés à l'utilisation des mesures punitives ou disciplinaires pour modifier un comportement. En effet, les punitions peuvent avoir différents effets négatifs sur le milieu de travail. Pour mieux comprendre ces répercussions, formez des équipes et trouvez des exemples illustrant les énoncés suivants :

a) Il n'est pas toujours possible d'infliger une punition à la personne dont on désire changer le comportement.

_____
_____

b) Les punitions à répétition risquent d'entraîner la disparition des comportements socialement convenables.

_____
_____

c) Les punitions suscitent une aversion envers leur auteur.

_____
_____

d) Les punitions provoquent des émotions néfastes, telles que l'anxiété et l'agressivité.

_____
_____

e) Les punitions accroissent le désir d'éviter d'être puni plutôt que celui d'adopter le comportement convenable.

_____
_____

f) Réprimer un comportement donné n'assure pas l'apparition du comportement souhaité.

_____
_____

g) Le suivi des résultats obtenus par l'administration de punitions exige des ressources supplémentaires.

_____
_____

h) Les punitions peuvent créer des obstacles à la communication et freiner la circulation de l'information.

_____
_____

EXERCICE 13

LE JEU DE CONSTRUCTION[12]

Matériel nécessaire

Des boîtes de jeu Lego, Meccano ou Mega Bloks

Marche à suivre

1. Formez des équipes selon les consignes de votre professeur. Chaque groupe – ou organisation temporaire – a pour mission de réaliser une construction à l'aide du jeu fourni. Il faut définir les rôles de chacun au sein des groupes : il doit y avoir au moins quatre *constructeurs*, quelques *consultants* pour faire des suggestions et des *observateurs* silencieux pour remplir la feuille d'observation ci-dessous.

2. Les règles :
   - Chaque équipe dispose de 15 minutes pour planifier sa construction ; le temps pour la réaliser sera déterminé par le professeur ou l'instructeur.
   - Pendant l'étape de la planification, on ne peut assembler plus de deux éléments du jeu.
   - Avant de commencer la compétition, on doit replacer toutes les pièces dans la boîte de jeu.
   - La construction doit être parfaitement complétée.

Feuille d'observation

a) Quelles activités de planification avez-vous observées ?

___

Les membres de l'équipe ont-ils respecté les règles ?

___

b) Quelles activités d'organisation avez-vous observées ?

___

Le travail à accomplir a-t-il été subdivisé en sous-tâches ? Y a-t-il eu division du travail ?

___

c) Le groupe était-il motivé à réussir ? Justifiez votre réponse.

___

d) Y a-t-il eu recours à des techniques de contrôle ?

___

Une personne chargée de la gestion du temps a-t-elle été désignée ?

___

Y a-t-il eu des discussions pour prévoir des plans de rechange ?

___

e) Avez-vous constaté l'apparition d'un leader manifeste dans le groupe ?

___

Quels étaient les comportements indiquant que cette personne était le leader ?

___

Comment le leader a-t-il réussi à gagner la confiance du groupe ?

___

f) Y a-t-il eu des conflits au sein du groupe ?

___

Y a-t-il eu une lutte de pouvoir autour du leadership ?

___

EXERCICE 14

PRÉFÉRENCES EN MATIÈRE DE CONCEPTION DE POSTE

Marche à suivre

1. Dans la colonne de gauche, classez les caractéristiques de poste suivantes selon leur importance *pour vous* (de 1 = la plus importante, à 10 = la moins importante). Dans celle de droite, classez ces caractéristiques selon l'importance qu'elles ont, d'après vous, *pour les autres*.

   ____ Variété des tâches ____
   ____ Rétroaction sur le rendement ____
   ____ Autonomie et marge de manœuvre ____
   ____ Travail en équipe ____
   ____ Responsabilités ____
   ____ Relations amicales avec les collègues ____
   ____ Intégralité de la tâche ____
   ____ Importance du poste aux yeux des autres ____
   ____ Disponibilité des ressources nécessaires pour bien travailler ____
   ____ Horaires variables ____

2. Divisez-vous en équipes selon les consignes du professeur. Présentez vos classements à vos coéquipiers. Discutez des différences concernant vos préférences respectives en matière de conception de poste, puis des différences concernant ce que chacun de vous estime être les préférences des autres en matière de conception de poste. Constatez-vous des similitudes importantes au sein de votre groupe, que ce soit dans une colonne ou dans l'autre ? Établissez un classement consensuel pour chaque colonne. Désignez un porte-parole qui présentera vos conclusions et les résultats de vos discussions au reste de la classe.

EXERCICE 15

UN EMPLOI DE RÊVE[13]

1. Imaginez un emploi correspondant à ce que vous estimez être l'emploi idéal ou un *emploi de rêve*. Aux fins de la discussion, essayez d'imaginer un poste que vous occuperiez dans l'année qui suivra la fin de vos études. Décrivez brièvement cet emploi dans l'espace ci-dessous. Commencez votre description par les mots suivants : « Mon emploi de rêve serait… »

2. Relisez la description de la théorie des caractéristiques de l'emploi (Hackman et Oldham) figurant au chapitre 6. Prêtez une attention particulière aux caractéristiques fondamentales d'un poste. Réfléchissez à la façon dont chacune d'elles pourrait être appliquée intégralement à votre emploi idéal. Décrivez dans les espaces ci-dessous comment certains aspects propres à votre emploi de rêve sont liés ou correspondent à chacune de ces caractéristiques fondamentales.

   a) Polyvalence : _____

b) Intégralité de la tâche : _____
_____
_____

c) Valeur du poste : _____
_____
_____

d) Autonomie : _____
_____
_____

e) Rétroaction : _____
_____
_____

3. Formez des équipes selon les consignes du professeur. Au sein de chaque équipe, comparez les descriptions respectives de votre *emploi de rêve* et les caractéristiques fondamentales que vous lui avez attribuées. Choisissez l'un d'entre vous pour qu'il présente son emploi idéal au reste de la classe. Préparez-vous à participer à une discussion générale sur les caractéristiques fondamentales d'un poste et sur la façon dont elles pourraient être (ou ne pas être) liées au rendement et à la satisfaction professionnelle. Interrogez-vous également sur la probabilité que les emplois de rêve décrits par vos collègues étudiants puissent exister ; autrement dit, le rêve peut-il devenir réalité ?

EXERCICE 16

LA MOTIVATION PAR L'ENRICHISSEMENT DES TÂCHES[14]

Marche à suivre

1. Formez des équipes de cinq à sept personnes. Le professeur attribuera à chacune l'une des catégories d'emploi suivantes :
   a) caissier dans une banque ;
   b) vendeur dans un commerce de détail ;
   c) gérant d'un établissement de restauration rapide (ex. : McDonald's) ;
   d) serveur ;
   e) réceptionniste ;
   f) gérant de restaurant ;
   g) employé de bureau (ou aide-comptable) ;
   h) concierge.

2. En équipe, dressez une brève description des tâches associées à la catégorie d'emploi qui vous a été attribuée. Vous devez constituer une liste d'environ quatre à six éléments.

3. En vous appuyant sur la théorie des caractéristiques de l'emploi (voir le chapitre 6), procédez à un enrichissement de ces tâches. À cette fin, vous devez dresser une nouvelle liste de tâches, en y intégrant une ou plusieurs des caractéristiques fondamentales d'un emploi enrichi (polyvalence, intégralité de la tâche, etc.) proposées par Richard Hackman et Greg Oldham. Indiquez à quelles de ces caractéristiques se rapporte chacune des tâches ajoutées.

4. Choisissez un porte-parole qui présentera à la classe les résultats de la démarche de l'équipe. Il décrira une ou deux des tâches d'abord associées à l'emploi. Il fera ensuite état de l'enrichissement suggéré. Enfin, il précisera les liens entre les nouvelles tâches élaborées par l'équipe et l'une ou l'autre des cinq caractéristiques fondamentales de l'emploi contenues dans le modèle élaboré par Richard Hackman et Greg Oldham.

5. Chaque équipe devrait aussi se préparer à débattre de questions complémentaires, dont les suivantes :
   a) Comment un gestionnaire pourrait-il s'y prendre pour élargir, plutôt qu'enrichir, les tâches associées à cet emploi ?
   b) Qu'est-ce qui rendrait cet emploi facile ou difficile ?
   c) Quelles contraintes pourraient concrètement entraver, dans un milieu de travail, l'enrichissement des tâches proposé ?
   d) Quelles raisons pourraient amener un travailleur à se montrer *défavorable* à ce nouvel enrichissement de ses tâches ?

EXERCICE 17

AUGMENTATIONS DE SALAIRE ANNUELLES

Marche à suivre

1. Lisez les profils des membres de l'organisation présentés ci-dessous.

2. Formulez des recommandations quant aux augmentations de salaire des huit cadres que vous supervisez. Votre société n'a pas fixé de limite au pourcentage individuel d'augmentation, mais le total accordé ne devrait pas dépasser la somme de 10 900 $ (soit 4 % du total des salaires) prévue au budget. Vous disposez de toute une gamme d'informations sur lesquelles fonder vos décisions, y compris un *indice de productivité* (IP) que l'ingénierie industrielle définit comme un critère quantitatif de l'efficacité opérationnelle de l'unité de travail de chaque cadre. Cet indice va de 10 (coefficient le plus élevé) à 1 (le plus faible). Indiquez le pourcentage d'augmentation que *vous* accorderiez à chacun des cadres dans l'espace prévu à cette fin à côté de leur nom, et soyez prêt à justifier votre décision.

_____ *A. Alvarez.* M. Alvarez est nouveau dans l'entreprise. Il est responsable d'une équipe de travail assez difficile, et dont les tâches sont pénibles et salissantes. Son poste n'est pas facile, néanmoins vous n'êtes pas très impressionné par son travail. De vos discussions avec les autres cadres, il ressort qu'ils ont un avis semblable. IP = 3. Salaire = 33 000 $.

_____ *B.J. Ouellette.* M. Ouellette est un homme célibataire et jovial, qui consacre beaucoup de temps à ses *loisirs*. Tout le monde plaisante sur les difficultés de B.J. à obtenir que le travail se fasse. Selon vous, il y a un manque flagrant de ce côté-là. M. Ouellette est à ce poste depuis deux ans. IP = 3. Salaire = 34 500 $.

_____ *Z. Davis.* Depuis trois ans à ce poste, M. Davis est l'un de vos meilleurs éléments, bien que d'autres cadres ne soient pas du même avis. Ayant une épouse assez fortunée, M. Davis n'a pas vraiment besoin d'argent, mais il aime travailler. IP = 7. Salaire = 36 600 $.

_____ *M. Tremblay.* M. Tremblay éprouve des problèmes personnels et financiers. Certains font des commérages relativement à son rendement, mais vous êtes relativement satisfait de ce cadre au service de votre entreprise depuis deux ans. IP = 7. Salaire = 34 700 $.

_____ *C.M. Liu.* M. Liu est en train de terminer sa première année à un poste difficile. Cet homme très respecté de ses collègues et subordonnés vient de recevoir une offre d'une autre société qui lui propose 15 % de plus que son salaire actuel. Cette offre vous a impressionné et, selon ce que vous savez de la situation de M. Liu, la question du salaire sera déterminante dans sa décision. IP = 9. Salaire = 34 000 $.

_____ *B. Beauchemin.* M. Beauchemin en est à sa première année à titre de cadre. Ses collègues et vous estimez qu'il fait du bon travail. Cela en surprend certains, étant donné que M. Beauchemin s'est avéré un *esprit libre* qui ne semble pas accorder d'importance à l'argent ni à la situation professionnelle. IP = 9. Salaire = 33 800 $.

_____ *H. Loiselle.* C'est sa première année à ce poste. Récemment divorcée, elle a deux enfants à charge. Ses collègues l'apprécient beaucoup, mais votre évaluation n'est pas aussi enthousiaste. Il est certain que Mme Loiselle saurait quoi faire d'un peu plus d'argent. IP = 5. Salaire = 33 000 $.

_____ *G. Gagné.* Très dépensier, M. Gagné est toujours tiré à quatre épingles et il circule dans une voiture de l'année. Il en est à sa première année à un poste que vous considérez comme étant facile, mais les résultats qu'il obtient sont discutables. Cependant, pour certaines raisons, d'autres parlent de lui comme du meilleur de la *cuvée de cette année*. IP = 5. Salaire = 33 000 $.

3. Regroupez-vous en équipes de quatre à sept personnes et comparez vos décisions concernant les augmentations.

4. Décidez collectivement des augmentations que vous allez accorder et préparez-vous à en faire part au reste de la classe. Assurez-vous que le porte-parole de votre équipe est capable de fournir les raisons du pourcentage accordé à chacun des cadres.

5. Le professeur demande à chaque équipe de présenter ses décisions puis, après discussion, fournit l'avis d'un spécialiste.

EXERCICE 18

DOUBLE APPARTENANCE[15]

Marche à suivre

L'objectif de cet exercice est de vivre une situation de double appartenance et d'éprouver ce que ressent une personne aux prises avec un conflit d'allégeance entre deux équipes ou deux organisations rivales.

1. Avec l'ensemble de la classe, établissez la nature de la mise que chacun devra risquer aux fins de cet exercice. Il peut s'agir d'une somme de 5 ¢ ou de 10 ¢, ou davantage.

2. Formez des équipes. Chacune de celles-ci doit nommer ou élire un membre qui jouera le rôle de l'expert. L'expert devra être celui qui possède les compétences les plus solides en géographie.

3. Les experts se réunissent alors pour former leur propre équipe.

4. Les équipes, y compris celle des experts, sont invitées à répondre à une question donnée. L'équipe qui se rapprochera le plus de la réponse correcte remportera la mise, à laquelle chacun aura déjà contribué. Le professeur choisit la question parmi les suivantes : a) Quelle est la distance à vol d'oiseau (en kilomètres) entre Pékin et Moscou ? b) À quelle hauteur (en mètres) s'élève le plus haut sommet du Canada ? c) Quelle est la longueur du plus long fleuve d'Afrique ?

5. Toutes les équipes, y compris celle des experts, doivent tenter de trouver la bonne réponse. Par contre, après que chacune en sera venue à un résultat, les experts pourront regagner leur équipe d'origine afin d'informer les autres membres des délibérations qui auront eu lieu au sein de l'équipe des experts.

6. Les experts sont invités à reconstituer leur propre équipe et à déterminer ce que sera leur réponse finale. Ensuite, chaque expert devra prendre une décision. Au moment indiqué par le professeur, ils auront en effet deux minutes pour choisir leur allégeance : jouer le tout pour le tout en endossant la réponse de leur équipe d'origine ou demeurer au sein de l'équipe d'experts. Tant et aussi longtemps qu'il restera deux membres dans l'équipe d'experts, celle-ci conservera son statut de groupe et pourra rivaliser pour la mise. Pendant les deux minutes que dure la période de décision, les équipes d'origine ont le droit de tout tenter – dans les limites normales de la bienséance – pour convaincre leur expert respectif de revenir dans leurs rangs.

7. Après les deux minutes décisives, les équipes communiquent chacune leur avis sur la question. L'équipe la plus proche de la bonne réponse (que le nombre fourni soit inférieur ou supérieur à celle-ci) remporte la mise.

8. Toute la classe devrait être prête à participer à une discussion sur les questions suivantes :

   a) Comment se sent-on quand, à l'instar de l'expert, on est soumis à une double allégeance ?

   b) Qu'auraient pu faire les équipes d'origine pour assurer le retour au bercail, le cas échéant, de leurs experts respectifs ?

EXERCICE 19

TRAVŒUFS PRATIQUES[16]

Matériel requis pour chaque équipe

1 œuf
6 pailles de plastique
1 mètre de ruban isolant
1 grand bocal de plastique

Marche à suivre

1. Formez des équipes égales de cinq à sept personnes.

2. L'objectif est de faire *tomber* l'œuf dans le bocal, à partir d'une chaise, sans qu'il se casse. Les équipes ont 10 minutes pour évaluer le matériel disponible et pour élaborer une solution. Durant cette période, les objets ne peuvent pas être manipulés.

3. Chaque équipe a également 10 minutes pour mettre en œuvre la solution trouvée.

4. Debout sur une chaise, un membre de chaque équipe laissera tomber un œuf dans le bocal. Cela doit se faire devant toute la classe, équipe par équipe.
5. (*Facultatif*) Donnez un nom à votre œuf.
6. Chaque équipe se regroupe et discute des comportements individuels et collectifs au cours de l'activité. (*Facultatif* : cette analyse peut se faire par écrit.) Les questions suivantes peuvent servir à amorcer l'analyse :
   a) Quel type de groupe constituez-vous ? Expliquez.
   b) L'équipe fait-elle preuve de cohésion ? Expliquez.
   c) En quoi la cohésion a-t-elle influé sur les résultats ? Expliquez.
   d) Y a-t-il eu apparition évidente d'une *pensée de groupe* ? Expliquez.
   e) Avez-vous fixé des normes collectives ? Expliquez.
   f) Y a-t-il eu des conflits évidents ? Expliquez.
   g) Y a-t-il eu manifestation de *paresse sociale* ? Expliquez.

EXERCICE 20

CONSOLIDATION D'ÉQUIPE : LA CHASSE AUX TRÉSORS[17]

Réfléchissez à ce qu'implique la participation à une équipe à succès. Qu'est-ce qui fait qu'une équipe réussira mieux qu'une autre ? Que doit faire chacun des membres pour que son équipe réussisse ? Quelles sont les caractéristiques d'une équipe efficace ?

Marche à suivre

1. Formez des équipes selon les consignes du professeur. Trouvez les objets figurant sur la liste « Les trésors à rapporter », tout en respectant les règles suivantes :
   a) Les coéquipiers doivent *demeurer ensemble pendant toute la durée de l'activité* – autrement dit, nul ne peut aller dans une direction différente.
   b) L'équipe doit être de retour dans la classe dans les délais prescrits par le professeur.

   L'équipe ayant rapporté le plus grand nombre d'objets de la liste sera déclarée gagnante.

2. Réfléchissez ensuite à l'expérience collective que vous venez de vivre. Qu'a fait chaque membre ? Quelle était la stratégie mise en œuvre par votre équipe ? Qu'est-ce qui a rendu votre équipe efficace ? Dressez la liste des éléments qui ont le plus contribué à l'efficacité de votre équipe. Désignez un porte-parole qui résumera vos discussions pour l'ensemble de la classe. Quelles similitudes apparaissent entre les équipes concernant ce qui les a aidées à être efficaces ?

Les trésors à rapporter[18]

Trouvez chaque objet, allez le chercher, puis rapportez-le à la salle de cours.

1. Un livre dont le titre comporte le mot « équipe ».
2. Une blague, une histoire drôle sur une équipe que vous raconterez à l'ensemble de la classe.
3. Un dessin représentant l'ensemble des membres de l'équipe.
4. Un souvenir de la région.
5. La photo d'une équipe ou d'un groupe.
6. Un article de journal traitant d'une équipe.
7. Une chanson composée par l'équipe que vous interpréterez devant la classe.
8. Une feuille sur laquelle figurent les signatures de cinq professeurs.
9. Du papier à lettres provenant du bureau du doyen.
10. Une tasse à café.
11. Une pomme.
12. Un objet aux couleurs d'une équipe sportive de votre université ou de votre région.
13. Une définition de la « cohésion d'un groupe » que vous communiquerez au reste de la classe.
14. Une paire de baguettes pour manger.
15. Trois boîtes de légumes en conserve.
16. Des fruits séchés.
17. Trois objets insolites au choix.
18. Une pelote de fil de coton.
19. Une image représentant un reptile.
20. Un nom de groupe.

EXERCICE 21

DYNAMIQUE D'UNE ÉQUIPE DE TRAVAIL[19]

Pensez à l'équipe de travail dont vous faites partie dans ce cours ou dans un autre, ou à toute autre équipe que suggère le professeur. Indiquez ensuite dans quelle mesure chacune des affirmations suivantes correspond à votre expérience dans cette équipe. Utilisez cette échelle :

4 = toujours   3 = souvent   2 = parfois   1 = jamais

_____ a) Je peux y faire entendre mes idées.

_____ b) On m'encourage à avancer des idées novatrices et à prendre certains risques.

_____ c) L'équipe encourage la diversité des opinions.

_____ d) J'ai toute la responsabilité que je désire.

_____ e) Les coéquipiers sont traités équitablement.

_____ f) Les membres se font confiance quant à l'exécution des tâches respectives qui leur sont assignées.

_____ g) L'équipe se fixe des normes élevées en matière de rendement.

_____ h) Les coéquipiers partagent les tâches et se les échangent.

_____ i) Dans cette équipe, on peut tirer une leçon de ses erreurs.

_____ j) Cette équipe a institué de bonnes règles de fonctionnement.

Marche à suivre

Constituez des groupes selon les consignes du professeur. Idéalement, il devrait s'agir de l'équipe que vous venez d'évaluer. Les membres de chaque équipe prennent connaissance de leurs évaluations respectives, puis établissent une évaluation globale de leur équipe. Ils entourent les points sur lesquels leurs opinions divergent le plus ; ils en discutent afin d'essayer de comprendre les raisons de ces divergences.

Généralement, cette échelle permet d'évaluer le potentiel de créativité d'une équipe. Additionnez les points attribués : plus le résultat total obtenu est élevé, meilleur est le potentiel de créativité. Si tous les membres de votre groupe ont évalué la même équipe, dressez la liste des cinq choses les plus importantes que les coéquipiers en question pourraient faire pour améliorer le fonctionnement de leur équipe. Désignez un porte-parole qui résumera les discussions de l'équipe pour l'ensemble de la classe.

EXERCICE 22

DÉTERMINATION DES NORMES DE GROUPE

Marche à suivre

1. Choisissez une organisation que vous connaissez assez bien.
2. Complétez les phrases ci-dessous en utilisant l'un ou l'autre des éléments suivants :

> a) seraient nettement d'accord ou l'encourageraient fortement.
> b) seraient d'accord ou l'encourageraient.
> c) ne considéreraient pas cela comme important.
> d) seraient en désaccord ou le décourageraient.
> e) seraient nettement en désaccord ou le décourageraient fortement.

Si un salarié de cette organisation…

1. montrait un intérêt certain pour les problèmes vécus par l'organisation et proposait des solutions pour les régler, *la plupart des autres…* ____

2. se fixait des normes personnelles de rendement élevées, *la plupart des autres…* ____

3. essayait d'amener son groupe de travail à fonctionner comme une véritable équipe dans le traitement des problèmes, *la plupart des autres…* ____

4. pensait à s'adresser à un supérieur lorsqu'un problème se présente, *la plupart des autres…* ____

5. évaluait les coûts en fonction des bénéfices qu'en tirerait l'organisation, *la plupart des autres…* ____

6. manifestait son intérêt pour le bien-être des autres membres de l'organisation, *la plupart des autres…* ____

7. faisait attendre un client ou un consommateur pour s'occuper d'affaires personnelles, *la plupart des autres…* ____

8. critiquait un collègue essayant d'améliorer certains aspects du travail, *la plupart des autres…* ____

9. cherchait sérieusement des façons d'accroître ses connaissances afin de faire un meilleur travail, *la plupart des autres…* ____

10. se montrait vraiment honnête dans ses réponses à ce questionnaire, *la plupart des autres…* ____

Notation

a) = +2, b) = +1, c) = 0, d) = −1, e) = −2

1. Fierté et intérêt personnels et fierté et intérêt pour l'organisation
   Note ____

2. Rendement et excellence
   Note ____

3. Travail d'équipe et communication
   Note ____

4. Leadership et supervision
   Note ____

5. Rentabilité et efficience
   Note ____

6. Relations avec les collègues
   Note ____

7. Relations avec la clientèle
   Note ____

8. Esprit novateur et créativité
   Note ____

9. Formation et croissance
   Note ____

10. Franchise et ouverture d'esprit
    Note ____

EXERCICE 23

CULTURE DE GROUPE DE TRAVAIL[20]

Marche à suivre

1. L'échelle bipolaire employée ici peut servir à évaluer le fonctionnement d'un groupe de diverses manières intéressantes. Appliquez-la à votre évaluation de la situation présente d'un groupe. Pour ce faire, entourez le chiffre qui correspond le mieux à *votre point de vue sur la culture de ce groupe*. Vous pouvez également indiquer comment vous estimez que le groupe *devrait fonctionner* en employant un autre signe (^), ou donner l'opinion que vous avez déjà eue à propos du groupe en employant un carré (□).

a) Si vous évaluez votre propre groupe, faites en sorte que chaque membre donne son évaluation, puis établissez la moyenne des résultats. Discutez ensuite de ce qui a motivé les interprétations de chacun ainsi que des répercussions possibles de cette rétroaction sur le fonctionnement ultérieur du groupe. Cette étape est souvent très productive et contribue à améliorer le fonctionnement d'un groupe ou d'une équipe.

b) Si vous évaluez un autre groupe que le vôtre, basez votre rétroaction sur les résultats de l'évaluation par l'échelle bipolaire. Veillez à commenter en particulier les comportements *que vous avez constatés* et à donner votre interprétation subjective des notes que vous avez accordées.

c) Vous pouvez également utiliser ce classement pour comparer l'autoévaluation d'un groupe avec celle qui a été établie par un autre groupe.

Relations basées sur la confiance	1	2	3	4	5	Relations empreintes de méfiance
Entraide	1	2	3	4	5	Indifférence, obstruction
Expression des sentiments	1	2	3	4	5	Refoulement des sentiments
Audace	1	2	3	4	5	Prudence
Franchise	1	2	3	4	5	Tromperie
Confrontation	1	2	3	4	5	Fuite
Ouverture d'esprit	1	2	3	4	5	Fermeture d'esprit

EXERCICE 24

LA CHAISE VIDE[21]

Il y a quelques jours, on a demandé au professeur Stevens d'assister à une réunion facultaire à l'université. Il était en congé sabbatique, mais un collègue l'a discrètement convaincu d'y participer afin d'appuyer un projet tenant à cœur aux membres de leur département. Le doyen est un *machiavélique* typique ne tenant compte que de ses propres intérêts. M. Stevens a déjà eu quelques démêlés avec son doyen à propos de son style dominateur et hargneux ainsi que de ses mauvaises relations avec plusieurs membres de son unité. Plusieurs d'entre eux le craignent et se sentent traités injustement.

Le corps professoral de la Faculté comprend des spécialistes de différentes disciplines, certaines s'appuyant davantage sur la recherche qualitative, d'autres sur la recherche quantitative. La Faculté comporte cinq départements (Département de finance et assurance, Département de management, Département de marketing, Département d'opérations et systèmes de décisions et Département de systèmes d'information organisationnels) ainsi qu'une école (École de comptabilité). La confusion et l'inquiétude règnent dans la Faculté, surtout depuis la mise en place de cette nouvelle structure organisationnelle. Il y a de nombreux conflits entre ses membres à propos de l'orientation que vient de prendre la Faculté.

Au cours de la réunion, on a prévu discuter de plusieurs propositions qui vont avoir de sérieuses répercussions sur l'avenir de certains professeurs, particulièrement parmi ceux de management. Le doyen, un professeur de finance, a des relations tendues avec les professeurs de management qui, selon lui, « sont toujours en train d'analyser les actions et les motifs des gens ». M. Stevens, professeur titulaire en comportement organisationnel, est déterminé à protéger les intérêts de ses collègues du département de management et à contrer les intentions du doyen.

Outre le directeur et M. Stevens, sept membres du corps enseignant vont assister à la réunion. Le schéma apparaissant ci-dessous illustre leur répartition autour de la table et la disposition générale de la salle. Les X correspondent à des partisans du doyen, et les + à ses détracteurs soutenant le professeur Stevens. Les ? sont indécis et pourraient pencher pour l'un ou l'autre camp. Les chiffres entourés indiquent des places inoccupées. Les deux ? sont des professeurs en management, et le + assis à côté d'eux est un spécialiste de l'analyse quantitative. Près de la porte, le premier X est un comptable, les deux + suivants sont des enseignants en management, et le second X enseigne l'analyse quantitative. Le schéma montre les places occupées par tous les participants, à l'exception de celle du professeur Stevens, qui est le dernier arrivé dans la salle. De la porte, M. Stevens observe la salle et, en moins de 10 secondes, il sait exactement quelle place lui permettra d'atteindre son objectif avec le plus d'efficacité.

Marche à suivre

1. Formez des équipes selon les consignes du professeur.

2. Avec les autres membres de votre équipe, répondez aux questions suivantes :

   a) Quel fauteuil le professeur Stevens a-t-il choisi ? Pourquoi ?

   b) Quel est le schéma probable de communication et d'interaction dans ce groupe d'individus ?

   c) Que pourrait-on faire pour que ce groupe travaille dans l'harmonie ?

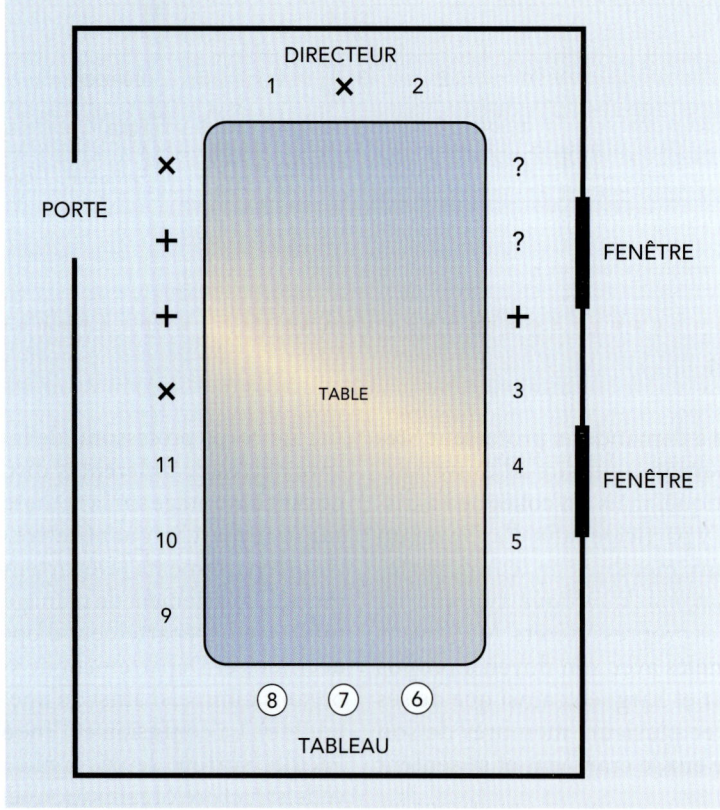

EXERCICE 25

ENTREVUE AVEC UN DIRIGEANT[22]

Marche à suivre

1. Prenez rendez-vous avec un gestionnaire afin de l'interviewer. Il peut s'agir d'un chef d'entreprise ou d'un dirigeant d'un organisme sans but lucratif, d'une société d'État, d'un établissement d'enseignement, etc. Préparez votre entrevue en vous basant sur le questionnaire proposé ci-dessous, mais n'hésitez pas à y ajouter vos propres questions.

2. Apportez vos notes en classe. Formez des équipes selon les consignes du professeur. Comparez les réponses obtenues par chacun des membres de l'équipe. Quels sont les sujets qui reviennent d'une entrevue à l'autre ? En quoi diffèrent-ils ? Constatez-vous un degré de tension aussi élevé chez les leaders travaillant dans des organismes sans but lucratif que chez ceux qui dirigent des sociétés à but lucratif ? Le nombre d'heures de travail de ces personnes vous a-t-il surpris ?

3. Si le professeur vous le demande, préparez un rapport écrit résumant les entrevues menées dans votre équipe.

Questionnaire d'entrevue

Nom de l'étudiant : _____ Date : _____

1. Quel poste occupez-vous dans l'organisation (quel est votre titre) ?
2. Depuis combien d'années occupez-vous ce poste ?
   Combien d'années d'expérience à des postes de direction avez-vous ?
3. Combien de subordonnés directs avez-vous ?
4. Combien d'heures travaillez-vous en moyenne par semaine ?
5. Comment avez-vous commencé à occuper des postes de direction ?
6. Quel est l'aspect le plus stimulant du travail d'un dirigeant ?
7. Quelle est la partie la plus difficile de votre travail ?
8. Selon vous, quelles sont les clés de la réussite d'un dirigeant ?
9. Quels conseils donneriez-vous à une personne qui aspire à devenir un dirigeant ?
10. À titre de dirigeant, à quel type de questions éthiques avez-vous dû faire face ?
11. Si vous deviez vous inscrire à un séminaire sur le leadership, quels sujets ou problèmes désireriez-vous approfondir ?
12. Vos propres questions :

    _____
    _____
    _____

    Sexe : M ____ F ____ Nombre d'années d'études : ____
    Degré de stress professionnel : Très élevé ____ Élevé ____ Moyen ____ Faible ____
    Organisation à but lucratif ____ Organisme sans but lucratif ____
    Informations complémentaires et commentaires :

    _____
    _____
    _____

EXERCICE 26

INVENTAIRE DES COMPÉTENCES EN LEADERSHIP

Marche à suivre

1. Lisez attentivement la liste des compétences ci-dessous et demandez au professeur des précisions sur celles que vous ne comprenez pas.
2. Cochez la colonne *Excellente* ou *À améliorer* pour chaque compétence, selon ce que vous estimez de vous.
3. Ensuite, décrivez brièvement une situation dans laquelle vous avez eu à utiliser chacune de ces compétences.
4. Retrouvez-vous en équipes pour discuter de vos inventaires respectifs. Préparez un rapport sur les compétences nécessitant le plus d'améliorations dans votre groupe.

Compétence	Excellente	À améliorer	Situation
Communication			
Gestion de conflits			
Délégation de responsabilités			
Comportement éthique			
Écoute			
Motivation			
Négociation			
Évaluation du rendement et rétroaction			
Planification et fixation d'objectifs			
Pouvoir et influence			
Présentation et persuasion			
Résolution de problème et prise de décision			
Gestion du stress			
Consolidation d'équipe			
Gestion du temps			

EXERCICE 27

LEADERSHIP ET PARTICIPATION AU PROCESSUS DÉCISIONNEL

Marche à suivre

1. Pour chacune des 10 situations décrites ci-dessous, indiquez lequel des trois styles de prise de décision suivants vous adopteriez. Indiquez vos choix par les lettres A, C ou G dans l'espace prévu à cette fin.

- A = Décision par voie d'autorité. Vous prendriez seul la décision, sans informations supplémentaires.
- C = Décision par consultation. Vous prendriez la décision en vous appuyant sur les informations fournies par le groupe.
- G = Décision collective. Vous permettriez au groupe de prendre la décision finale.

Situations exigeant une décision

_____ a) Vous avez mis au point une nouvelle procédure destinée à accroître la productivité. Votre patron apprécie votre idée et voudrait que vous l'implantiez d'ici à quelques semaines. Vous jugez vos subordonnés relativement compétents et estimez qu'ils se montreront ouverts au changement proposé.

_____ b) De nouveaux concurrents viennent d'apparaître dans votre secteur de marché et votre entreprise subit une baisse de revenus. On vous a demandé de congédier 3 de vos 10 salariés d'ici à deux semaines. Vous êtes leur supérieur depuis un an et vous estimez qu'ils sont très compétents.

_____ c) Votre service fait face au même problème depuis plusieurs mois. Les nombreuses solutions implantées ont toutes échoué. Vous venez finalement d'avoir une idée pour résoudre ce problème, mais vous n'êtes pas certain des répercussions possibles du changement émanant de votre solution ni du degré d'assentiment de vos subordonnés, qui sont par ailleurs très compétents.

_____ d) La popularité des horaires variables est grande dans votre organisation. Certains services permettent aux travailleurs de commencer et de finir leur travail à l'heure qui leur convient. Vous ne connaissez pas le degré d'intérêt de vos subordonnés à l'égard d'un changement d'horaire, mais vous songez à imiter ce qui se fait dans les autres services. Ils forment une équipe très compétente et aiment prendre des décisions.

_____ e) La technologie dans votre secteur industriel évolue si rapidement que les membres de votre organisation ont du mal à suivre. La haute direction a engagé un expert-conseil qui vient de soumettre ses recommandations. Vous avez deux semaines pour prendre une décision à cet égard. Vos subordonnés sont compétents et ils apprécient la possibilité qui leur est donnée de participer au processus décisionnel.

_____ f) Votre patronne vous a téléphoné pour vous annoncer qu'un client vient de passer une commande revenant à votre service et assujettie à un délai très court de livraison. Elle vous prie de lui dire dans 15 minutes si vous acceptez ou refusez ce contrat. En consultant votre calendrier de production, vous comprenez qu'il sera très difficile d'honorer la commande à temps. Ce serait néanmoins possible si votre équipe met les bouchées doubles. Vos subordonnés sont coopératifs et compétents et ils aiment prendre part au processus décisionnel.

_____ g) La haute direction vient d'émettre une directive de changement. La façon de l'implanter vous concerne. Le changement doit entrer en vigueur dans un mois. Il va toucher tout le monde dans votre service. L'accord de vos subordonnés est essentiel à la réussite du changement. Ils ne se montrent généralement pas très désireux de participer au processus décisionnel.

_____ h) Vous croyez possible d'accroître la productivité de votre service. Vous avez envisagé diverses mesures pour y parvenir, mais vous n'êtes pas certain de leur efficacité. Vos subordonnés sont très expérimentés, et la plupart d'entre eux ont plus d'ancienneté dans le service que vous.

_____ i) La haute direction songe à instaurer un changement qui touchera tous vos subordonnés. Vous savez qu'ils vont être furieux de ses conséquences sur leurs conditions de travail. Un ou deux d'entre eux vont probablement démissionner. Le changement entrera en vigueur dans un mois. Vos subordonnés sont très compétents.

_____ j) Un client vient de vous proposer un contrat d'achat de l'un de vos produits assorti de délais de livraison très courts. Son offre échoit dans deux jours. Pour honorer les délais du contrat, les salariés devront travailler de nuit, samedis et dimanches compris, durant six semaines. Vous ne pouvez exiger qu'ils fassent des heures supplémentaires. Signer ce contrat très lucratif pourrait vous aider à obtenir l'augmentation, méritée selon vous, que vous visez. Par contre, si vous ne tenez pas parole et ne respectez pas les délais, vos chances d'obtenir cette augmentation seront anéanties. Vos employés sont très compétents.

2. Regroupez-vous selon les consignes du professeur. Comparez vos choix pour chaque situation. Essayez de concilier les divergences de points de vue et soyez prêt à justifier vos choix au cours d'une discussion générale.

EXERCICE 28

MON MEILLEUR PATRON II[23]

Marche à suivre

1. Reportez-vous à l'exercice 1 (« Mon meilleur patron ») et à la liste des qualités établie par l'ensemble de la classe.

2. (5 minutes) Relisez également *votre* liste personnelle. Imaginez qu'avec cette liste vous interrogiez une centaine de *citoyens ordinaires* dans la rue (ou dans un centre commercial) et que vous leur posiez la question suivante : Selon vous, dans notre société, le _____ (trait de personnalité X ou qualité Y) est-il *plus courant chez les femmes ou chez les hommes* ? Pensez-vous que *la plupart d'entre eux* vont répondre que _____ (trait de personnalité X ou qualité Y) se rencontre plus fréquemment *chez les femmes* ? *chez les hommes* ? chez les deux sexes ou chez aucun d'eux[24] ? Procédez de la même manière pour chaque trait ou qualité de la liste que vous avez établie.

3. (5 minutes) Procédez de la même manière pour la liste établie collectivement par la classe.

4. (De 10 à 15 minutes) La classe répondra ensuite elle-même sommairement au sondage. Elle déterminera à quel sexe elle associe chacune des qualités de la liste collective.

5. (De 15 à 20 minutes) Discussion : Que remarquez-vous dans les données générées par votre classe ? Quelles conclusions en tirez-vous ?

EXERCICE 29

ÉCOUTE ACTIVE[25]

Marche à suivre

1. Relisez la section du chapitre 13 consacrée à l'écoute active (en particulier la rubrique *Du savoir à la pratique 13.2*) et aux compétences et comportements qui y sont associés.

2. Formez des équipes de trois étudiants : une personne *écoutera*, une autre *parlera* et la troisième *observera*. (S'il est impossible de diviser la classe en groupes de trois, on pourra admettre qu'il y ait deux observateurs dans une ou deux équipes.)

3. La personne qui parle est libre d'aborder tout sujet qui l'intéresse *tant qu'elle perçoit une écoute active* de la part de l'*écoutant*. Elle devrait cesser de parler dès qu'elle ne se sent plus écoutée activement.

4. La personne qui écoute devrait se servir des règles de base de l'écoute active énoncées au chapitre 13 et en respecter le plus grand nombre possible pour s'assurer que la personne qui parle poursuit ses explications. Il ne devrait pas y avoir d'autres interventions de sa part que celles de l'écoute active.

5. L'*observateur* prendra des notes sur les comportements et les compétences de la personne qui écoute, ainsi que sur leur incidence apparente sur le processus de communication.

6. Changez de rôle, jusqu'à ce que chaque étudiant ait rempli les trois fonctions.

7. Le professeur organisera une discussion sur les remarques des observateurs et sur les comportements des personnes qui parlent et de celles qui écoutent. La discussion portera surtout sur les règles de base de l'écoute active qui ont été respectées, sur celles qui n'ont pas été respectées, ainsi que sur l'effet du comportement des *écoutants* sur la communication.

EXERCICE 30

ÉVALUATION D'UN SUPÉRIEUR

Marche à suivre

1. Formez des équipes selon les consignes du professeur.

2. Le professeur quitte la salle.

3. Chaque équipe se réunit et prend 10 minutes pour établir une liste des commentaires, problèmes, questions et préoccupations qu'elle voudrait faire connaître au professeur concernant le cours depuis son commencement jusqu'au moment de cet exercice. Souvenez-vous que l'intérêt de cet exercice est double : (a) communiquer vos impressions au professeur et (b) en apprendre davantage sur le processus de rétroaction, à la fois pour celui qui donne la rétroaction et pour celui qui la reçoit.

4. Choisissez un porte-parole qui communiquera au professeur les impressions de votre équipe.

5. Les porte-parole devraient se réunir brièvement en vue de décider de la disposition la plus appropriée des chaises et des tables pour la séance de rétroaction. Réaménagez la salle de classe en fonction de leurs décisions.

6. Pendant que les porte-parole se réunissent, les autres membres des équipes devraient discuter de ce qu'ils attendent de l'activité. L'expérience de rétroaction va-t-elle être positive pour toutes les parties concernées ? Préparez-vous à observer d'un œil critique le déroulement du processus.

7. Le professeur revient dans la salle, et la séance de rétroaction proprement dite commence. Des observateurs désignés devraient prendre des notes afin de présenter des commentaires constructifs à la fin de l'exercice.

8. Une fois la séance de rétroaction terminée, le professeur lancera la discussion en demandant aux observateurs de faire part de leurs commentaires au groupe, et aux porte-parole de présenter leurs réactions.

EXERCICE 31

RÉTROACTION À 360 DEGRÉS[26]

Bien des membres des organisations éprouvent une anxiété véritable au moment des périodes d'évaluation du rendement. Ce processus est néanmoins un important rituel organisationnel et un élément clé de la gestion des ressources humaines. Les organisations établissent généralement des procédures et des mécanismes pour se livrer à cette évaluation.

Il est rare, par ailleurs, que le processus mette à l'aise les gestionnaires. Ceux-ci se sentent souvent embarrassés dans le rôle de *juge tout-puissant* qui leur incombe. Il est fort possible que cela se produise parce que les gestionnaires reçoivent rarement une formation véritable sur la façon de fournir de la rétroaction. Pourtant, pour le gestionnaire, la capacité de fournir une rétroaction adéquate est au cœur même de sa fonction d'*entraîneur* et de *formateur*. Elle permet alors d'investir dans le développement professionnel d'un autre individu et n'est pas le mécanisme punitif qu'on associe souvent aux *commentaires du patron*. Pour ce qui est des subordonnés, il est clair que la plupart d'entre eux veulent savoir où ils en sont, malgré la crainte de *se faire tirer les oreilles*. Mais il arrive trop souvent que la rétroaction fournie soit imprécise et édulcorée.

Marche à suivre

1. Relisez la section du chapitre 13 qui traite de la rétroaction (en particulier la rubrique *Du savoir à la pratique 13.1*) avant de venir en cours. Il serait également intéressant que vous preniez des notes sur vos perceptions et vos sentiments à l'égard du cours *avant de vous présenter en classe*.

2. Par petits groupes, les étudiants discutent de leurs expériences, positives et négatives, concernant le cours. Chaque groupe devrait déterminer les aspects en fonction desquels il évaluera le cours *et* le professeur. Ainsi, les étudiants pourraient choisir de discuter de critères tels que la pertinence de ce qu'on leur enseigne (par rapport à leur formation de gestionnaire), la façon dont l'enseignant structure et présente le contenu (cours magistral, travaux pratiques, etc.), ainsi que son style d'enseignement (enthousiasme, impartialité, etc.).

3. Chaque groupe désigne l'un de ses membres pour le représenter dans un groupe de porte-parole, qui fournira ensuite de la rétroaction au professeur devant toute la classe.

4. L'ensemble des étudiants fournit ensuite à ce groupe de la rétroaction sur l'efficacité dont ses membres ont fait preuve au cours de l'exercice, c'est-à-dire dans quelle mesure ils ont su effectivement mettre en pratique les principes d'une rétroaction efficace (par exemple, commentaires descriptifs, précis plutôt que généraux).

EXERCICE 32

ANALYSE ET NÉGOCIATION DE RÔLE[27]

Un rôle correspond à un ensemble de comportements attendus de la part d'un individu (ou d'un groupe) occupant une position particulière. Les attentes liées aux rôles existent dans tous les types d'organisations, qu'il s'agisse de lieux de travail, d'établissements d'enseignement, de familles, d'associations, etc. Il se produit une ambiguïté de rôle lorsqu'une personne éprouve des incertitudes à propos de ce qu'on attend d'elle. Il peut également arriver qu'un rôle comporte des attentes contradictoires, telles que la loyauté à l'égard d'une entreprise qui enfreint la loi.

La méthode d'analyse de rôle (*role analysis technique*) sert à améliorer l'efficacité d'une équipe ou d'un groupe. Elle permet de clarifier les attentes liées aux rôles ; en effet, tous les membres d'une organisation ont des responsabilités qui se traduisent en attentes. D'une définition consensuelle des exigences associées à un rôle – faisant appel à toutes les personnes concernées – découleront davantage d'efficacité et une plus grande satisfaction mutuelle. La participation et la collaboration des membres à ce processus de définition et d'analyse des rôles devraient clarifier le partage des responsabilités et accroître le degré d'engagement de chacun à l'égard des décisions prises.

Marche à suivre

Procédez individuellement. Lisez attentivement le plan de cours que vous a remis le professeur. Notez par écrit vos questions sur tous les points qui ne vous semblent pas clairs ou que vous comprenez mal. Prêtez une attention particulière aux exigences concernant votre rendement dans le cours. Dressez une liste de tout ce qu'on attend de vous pour que vous réussissiez. Discutez ensuite de vos questions respectives en petits groupes.

EXERCICE 33

LES NAUFRAGÉS[28]

Imaginez la situation suivante.

Le yacht sur lequel vous vous trouvez dérive sur les eaux du Pacifique Sud lorsqu'un incendie éclate et détruit le bateau ainsi que la plus grande partie de ce qu'il contenait. Vous faites partie d'un petit groupe de survivants ayant trouvé refuge sur un canot de sauvetage équipé de rames. Vous ne savez pas exactement quelle est votre position, mais vous l'estimez à près d'un millier de kilomètres de la côte la plus proche. L'un d'entre vous vient de trouver cinq pièces de un dollar et une boîte d'allumettes dans ses poches. Par contre, vos poches et celles des autres sont vides. À bord du canot de sauvetage, vous disposez des objets suivants :

	A	B	C
Un sextant			
Un miroir de poche			
20 litres d'eau			
Une moustiquaire			
Une ration de survie			
Des cartes de l'océan Pacifique			
Un coussin pneumatique			
8 gallons de carburant			
Une petite radio à transistors			
Du produit répulsif contre les requins			
Une bâche en plastique noir de 6 m^2			
Un litre de rhum			
5 m de corde en nylon			
24 tablettes de chocolat			
Du matériel de pêche			

Marche à suivre

1. *En procédant seul*, classez les 15 objets par ordre d'importance pour votre survie dans la colonne A (1 = indispensable, et 15 = le moins important).
2. *Avec le groupe auquel vous serez assigné*, produisez le même type de classement dans la colonne B. Désignez l'un d'entre vous pour présenter vos conclusions au reste de la classe.
3. N'écrivez rien dans la colonne C tant que votre professeur ne vous aura pas donné d'autres consignes.

EXERCICE 34

INCURSION DANS L'INCONNU[29]

Marche à suivre

1. Formez des groupes de quatre ou cinq étudiants. Prenez quelques minutes dans votre groupe pour réfléchir aux *premières attitudes* que manifestent généralement les membres d'une organisation qui se trouvent dans des situations nouvelles, puis à leurs comportements lorsqu'ils sont dans un cadre familier.

2. Selon les consignes du professeur, séparez-vous pour former de nouveaux groupes de quatre ou cinq personnes.

3. Ces nouveaux groupes vont consacrer de 15 à 20 minutes à faire connaissance. Il n'y a aucune consigne particulière concernant la façon de procéder, mais soyez tous davantage conscients de vos *premières attitudes* dans un nouveau groupe. Essayez d'agir de façon à vous sentir plus à l'aise au sein de votre groupe.

4. Réfléchissez ensuite à ce qui s'est déroulé dans votre nouveau groupe en accordant une attention particulière aux points suivants :

    a) De quels sujets avez-vous discuté (contenu) ? Votre discussion portait-elle sur la situation présente ou sur des situations éloignées de votre cadre actuel ?

    b) Quelle approche votre groupe a-t-il adoptée pour cette tâche (processus) ? Quelle approche avez-vous adoptée, au sein de votre groupe, pour cette même tâche ? Avez-vous tenté de lancer la discussion ou avez-vous attendu pour y participer ? De quelle façon ? Avez-vous posé des questions ou vous êtes-vous contenté d'écouter ? Avez-vous répondu à celles des autres ? Avez-vous proposé des sujets ?

    c) Étiez-vous davantage préoccupé par votre façon d'entrer en communication avec les autres que par celle des autres d'entrer en communication avec vous ? Vous êtes-vous montré prudent ou entreprenant ? Avez-vous fait preuve d'ouverture ? Avez-vous abordé des sujets qui pouvaient paraître difficiles ou risqués ? Votre groupe a-t-il utilisé l'humour ? Cela a-t-il nui ou a-t-il eu un effet positif ?

    d) Que pensez-vous de l'approche ou des comportements que vous avez adoptés ? Était-ce difficile ou facile ? Les autres ont-ils réagi comme vous vous y attendiez ? Y a-t-il des attitudes que vous désireriez manifester plus souvent, mieux ou moins souvent ?

    e) Vos attitudes correspondaient-elles à ce que vous aviez prévu (objectifs) ?

5. L'ensemble de la classe discutera ensuite des réponses à ces questions. (Remarque : les réponses auront tendance à varier au sein d'un groupe, mais il devrait y avoir certaines similitudes d'un groupe à l'autre.) Cette discussion permettra aux étudiants de prendre conscience de leurs *premières attitudes* et de les comprendre.

6. (*Facultatif*) Un nombre restreint d'étudiants partagent leurs premières attitudes ; ils peuvent discuter pendant 5 à 10 minutes de leurs perceptions mutuelles.

    a) Quelles attitudes ces étudiants ont-ils appréciées ou estimées particulièrement utiles ? Lesquelles n'ont-ils pas aimées ?

    b) Quelles ont été vos réactions à l'égard des autres ? Avez-vous remarqué les approches par lesquelles les autres ont tenté d'entrer en communication ? Si oui, quelles sont ces approches ?

    (S'il y a des inquiétudes à propos des aspects personnels de cette discussion, le professeur peut demander aux groupes d'exprimer ce qu'ils ont aimé et ce qu'ils n'ont pas aimé sans faire de référence à des individus précis.)

EXERCICE 35

LE CASSE-TÊTE DES CONGÉS[30]

Les professeurs Khalili, Mercier, Meilleur, Poirier et Quintaro enseignent tous à l'université. Tous ont droit à deux semaines de vacances annuellement. L'an passé, ils ont tous pris leur première semaine de congé au cours des cinq premiers mois de l'année, et leur seconde semaine au cours des cinq derniers mois. Si chaque professeur a pris chacune de ses deux semaines de congé au cours d'un mois différent de celui des autres, au cours de quel mois a-t-il pris sa première, puis sa seconde semaine ?

Voici ce qui s'est passé :

a) Mercier a pris sa première semaine avant Khalili, qui a pris chacune de ses semaines de vacances avant Porter ; l'ordre était inverse pour ce qui est de la deuxième semaine.

b) Le professeur qui a eu des vacances en mars en a pris également en septembre.

c) Quintaro n'a pris sa première semaine ni en mars ni en avril.

d) Ni Quintaro ni le professeur qui a pris sa première semaine en janvier ne sont partis en vacances pendant le mois d'août ou le mois de décembre.

e) Meilleur a pris sa deuxième semaine avant Mercier, mais après Quintaro.

Marche à suivre

Pouvez-vous résoudre ce casse-tête ? Essayez, puis comparez vos réponses avec celles des autres étudiants. Faites appel à vos talents de communicateur !

Mois	Professeur
Janvier	
Février	
Mars	
Avril	
Mai	
Juin	
Juillet	
Août	
Septembre	
Octobre	
Novembre	
Décembre	

EXERCICE 36
LES ORANGES UGLI[31]

Dans la plupart des milieux professionnels, les gens ont besoin les uns des autres pour accomplir leurs tâches, servir leur organisation et progresser dans leur carrière. Parvenir à des résultats au sein des organisations exige de nous que nous collaborions avec d'autres, même si leurs objectifs sont différents des nôtres. Votre tâche, au cours de cette activité, est d'apprendre à parvenir à cette collaboration avec davantage d'efficacité.

Marche à suivre

1. Formez des équipes de deux personnes. Un étudiant de chaque équipe lira la description du rôle du Dr Roland et se préparera à le tenir, tandis que l'autre étudiant fera la même chose pour celui du Dr Jean (le professeur vous distribuera ces descriptions). L'un des deux étudiants sera aussi porte-parole de l'équipe et l'autre, observateur. Apprenez vos rôles respectifs et préparez-vous à rencontrer votre homologue, puis passez aux étapes 2 et 3.

2. À cette étape, le professeur vous annonce qu'il jouera le rôle de M. Cardoza, propriétaire de l'entreprise pour laquelle travaillent les deux docteurs. Il vous donnera les précisions suivantes :

    a) la durée de la rencontre avec votre homologue ;

    b) les informations qu'il vous demandera de lui transmettre à la fin de votre rencontre.

    Lorsque vous aurez ces informations, vous pourrez rencontrer le représentant de l'autre entreprise et déterminer les questions sur lesquelles vous croyez pouvoir parvenir à un accord.

3. Après les rencontres (les négociations), le porte-parole de chaque équipe présentera au reste de la classe les accords conclus. L'autre membre de l'équipe, l'observateur, fera état de la dynamique des négociations et du processus ayant permis d'aboutir à un accord.

4. Prêtez attention aux points suivants :

    a) Avez-vous trouvé une solution ? Si oui, qu'est-ce qui a été essentiel pour parvenir à un accord ?

    b) Y a-t-il eu un climat de confiance mutuelle entre vous et l'autre négociateur ? Pourquoi ce climat s'est-il (ou ne s'est-il pas) instauré ?

    c) Chaque partie a-t-elle transmis toute l'information dont elle disposait ? Quelle proportion de l'information chaque partie a-t-elle partagée ?

    d) Quel est le degré de créativité ou de complexité des solutions proposées ? Si ces solutions s'avèrent compliquées, pourquoi, selon vous, cela s'est-il produit ?

    e) La présence de « l'auditoire » a-t-elle eu une incidence sur votre comportement ? Sa présence a-t-elle facilité les négociations ou les a-t-elle compliquées ?

EXERCICE 37

CONFLITS ET DIALOGUES[32]

Marche à suivre

1. Pensez à une situation conflictuelle au travail ou à l'université et essayez de créer un dialogue qui représente le cœur du conflit.

2. Écrivez vos commentaires sur ce dialogue conflictuel en suivant le format indiqué ci-dessous.

Introduction

    a) Le contexte du conflit ;
    b) mes buts et objectifs ;
    c) ma stratégie ;
    d) mes hypothèses.

Dialogue

Écrivez ci-dessous l'extrait de dialogue que vous avez créé et essayez d'ajouter entre parenthèses, après chacune de vos répliques, ce que vous pensiez réellement en prononçant ces paroles.

Moi _____

L'autre _____

Moi _____

L'autre _____

Etc.

3. Formez des équipes et mettez en commun vos situations conflictuelles. Faites tour à tour la lecture des dialogues en demandant à un coéquipier de jouer le rôle de l'autre.

4. Toujours en équipe, discutez des aspects suivants :

    a) le style de résolution de conflit que vous avez utilisé (affrontement, résolution de problème, évitement, etc.) ;
    b) les éléments déclencheurs du conflit, c'est-à-dire ce qui vous a véritablement contrarié et les raisons de votre réaction ;
    c) le degré d'efficacité dont vous avez fait preuve ;
    d) les autres façons possibles de gérer ce conflit.

5. Choisissez un dialogue parmi ceux qui ont été exposés dans votre équipe et présentez-le au reste la classe. Soyez prêt à discuter de votre analyse et à envisager diverses stratégies de résolution de ce conflit.

EXERCICE 38

ANALYSE DU CHAMP DES FORCES

Marche à suivre

1. Choisissez une situation qui comporte, pour vous, des enjeux élevés (par exemple, comment obtenir une meilleure note dans tel cours, une promotion ou un poste).

2. En vous servant du tableau d'analyse du champ des forces figurant ci-dessous, appliquez cette méthode à votre situation.

    a) Décrivez cette situation comme elle se présente en ce moment.

    b) Décrivez la situation telle que vous voudriez qu'elle soit.

    c) Dégagez les *forces motrices*, c'est-à-dire les facteurs qui concourent à vous faire aller dans la direction souhaitée.

    d) Dégagez les *forces restrictives*, c'est-à-dire les facteurs qui freinent votre progression dans la direction souhaitée.

3. Essayez d'être aussi précis que possible dans la description des facteurs ci-dessus. Dressez-en une liste complète et n'en oubliez pas !

4. Reprenez ensuite votre liste et classez chacune de ces forces en lui attribuant le qualificatif *fort*, *moyen* ou *faible*. Faites-le pour les deux types de forces.

5. À cette étape, classez les forces en fonction de leur capacité à influer sur la situation ou à la maîtriser.

6. Comparez vos analyses par petits groupes. Discutez de l'utilité et des inconvénients de recourir à cette méthode dans des situations personnelles et de l'appliquer à des organisations.

7. Préparez-vous à communiquer les conclusions de votre groupe au reste de la classe.

Tableau d'analyse des forces en présence

Situation actuelle	Situation recherchée

Forces motrices	Forces restrictives

EXERCICE 39

LES COULISSES DES ORGANISATIONS[33]

Marche à suivre

1. Procurez-vous un exemplaire de chaque document apparaissant dans la liste qui suit. Vous pourriez les obtenir de la société pour laquelle vous travaillez, demander à un parent de le faire pour vous ou vous adresser à votre université. Les universités possèdent des énoncés de mission, des codes d'éthique destinés aux corps étudiant et professoral, des organigrammes, des définitions de postes, des formulaires d'évaluation de l'enseignement et des outils de contrôle. Certaines associations d'étudiants pourraient également avoir ces documents. Il n'est pas nécessaire que tous ces documents, que vous devez apporter en classe, proviennent de la même organisation.

   a) énoncé de mission ;

   b) code d'éthique ;

   c) organigramme ;

   d) définition de poste ;

   e) formulaire d'évaluation ;

   f) outil de contrôle.

2. Répartissez-vous en équipes selon les consignes du professeur. Montrez les documents respectifs que vous avez apportés et informez vos coéquipiers de ce que vous avez appris en cherchant à les obtenir. Ainsi, avez-vous découvert que certaines organisations ont bel et bien une *mission* sans pour autant en posséder un *énoncé* écrit ? Avez-vous constaté qu'il peut exister des définitions de postes, sans toutefois qu'elles servent vraiment ou qu'elles soient mises à jour ?

EXERCICE 40

D'UN HAMBURGER À L'AUTRE...[34]

S'il est une étape critique de l'amélioration ou du changement au sein de toute organisation, c'est bien celle du *diagnostic* servant à analyser son fonctionnement courant. Bien des efforts visant à changer et à améliorer le fonctionnement d'une organisation ne parviennent pas à leurs objectifs, parce que cette étape cruciale a été omise ou menée superficiellement.

Pour illustrer cette situation, imaginez votre réaction si, après avoir confié à votre médecin que vous souffrez de douleurs à l'estomac, il recommandait une intervention chirurgicale sans procéder à des analyses, sans autre information et sans même vous examiner. Il est probable que vous changeriez de médecin ! Il est pourtant fréquent de voir des gestionnaires tenter d'instaurer des changements majeurs sans véritable diagnostic préalable, ce qui revient à entreprendre de vastes projets fondés sur des brouillons d'idées.

Au cours de cet exercice, on vous demandera d'effectuer le diagnostic collectif de deux organisations du secteur de la restauration rapide. Cette activité vous donnera l'occasion d'intégrer une bonne partie des connaissances que vous avez acquises dans d'autres exercices et en étudiant d'autres sujets. Votre tâche consiste à décrire ces organisations aussi précisément que possible en fonction de plusieurs concepts organisationnels clés. Bien que vous connaissiez sans doute déjà ces entreprises, essayez de prendre du recul et de les évaluer comme si vous les observiez pour la première fois.

Marche à suivre

1. Après la formation d'équipes de quatre à six étudiants, voici ce que vous avez à faire.

   S'il existe une expérience commune à un grand nombre de Nord-Américains, c'est sans doute la visite d'un établissement McDonald's pour y manger un hamburger. En fait, on dit souvent que les archéologues du XXVe siècle faisant des fouilles dans les ruines de notre civilisation concluront sans doute que la principale religion de notre époque était fondée sur un culte d'arches dorées.

   Votre cabinet-conseil, RapidoExpert, a la réputation d'être le plus habile, le plus perspicace et le plus coûteux des cabinets canadiens. Le président de McDonald's vous a engagé pour que vous fassiez des recommandations visant à améliorer la motivation et le rendement du personnel dans les établissements franchisés. Nous partirons du principe que les tâches clés des activités d'exploitation dans ces franchises sont la préparation de la nourriture, la réception des commandes, les relations avec la clientèle et les tâches récurrentes d'entretien.

Depuis quelque temps, le président de McDonald's soupçonne ses concurrents principaux, tels Burger King, A&W, Mikes, Dunkin' Donuts et diverses autres entreprises spécialisées dans la pizza, d'entamer sérieusement les parts de marché de sa société. Il a engagé une agence d'études de marché afin qu'elle compare les qualités respectives des sandwiches, des frites et des boissons servies chez McDonald's et chez son principal concurrent. Il a également demandé à cette agence d'évaluer les campagnes publicitaires des deux organisations.

Vous n'avez pas besoin de vous préoccuper des questions de marketing, sauf en ce qui concerne leur incidence possible sur le comportement des travailleurs. Le président désire que *vous* examiniez l'*organisation* des franchises afin de déterminer les points forts et les points faibles de McDonald's et de cette chaîne concurrente. Choisissez un concurrent qui *talonne* vraiment McDonald's dans votre région.

Le président a établi un contrat inhabituel avec vous : il veut que vos recommandations se fondent sur vos observations en tant que client. Il ne tient pas à un diagnostic complet basé sur des entrevues, des sondages ou ce que vous observeriez dans *les coulisses* des établissements. Votre rapport devra comporter deux parties (décrites plus loin). Souvenez-vous que le président veut obtenir des recommandations concrètes, précises et pragmatiques. Évitez les généralisations vagues du type « améliorer la communication » ou « accroître la confiance ». Exprimez clairement *ce que doit faire* la direction pour améliorer le rendement de l'organisation. Justifiez vos suggestions en vous appuyant sur une ou plusieurs théories de la motivation, du leadership, des groupes de travail ou de la conception de postes.

1re partie

Étant donné que sa société a des objectifs de rentabilité, de volume de ventes, de service rapide et courtois et de propreté, le président de McDonald's veut une analyse *comparative* de McDo et de son concurrent, soit une étude *faisant ressortir leurs différences dans les domaines suivants* :

- objectifs organisationnels ;
- structure organisationnelle ;
- technologie ;
- environnement ;
- motivation du personnel ;
- communication ;
- style de leadership ;
- politiques, procédures, règles et normes ;
- conception de postes ;
- climat social au sein de l'organisation.

2e partie

Compte tenu des objectifs décrits dans la 1re partie (rentabilité, volume de ventes, service rapide et courtois, propreté), quelles mesures particulières la direction de McDonald's et les propriétaires de franchises pourraient-ils appliquer dans les domaines suivants pour les atteindre ?

- conception de postes et circuits de production ;
- structure organisationnelle (à l'échelle des établissements) ;
- mesures d'incitation destinées aux membres du personnel ;
- leadership ;
- recrutement et sélection du personnel.

En quoi McDonald's et son concurrent diffèrent-ils dans ces domaines ? Quelle société a la meilleure approche ?

2. Continuez votre travail en vous rendant en équipe dans un établissement McDonald's, puis dans un restaurant franchisé concurrent. Autant que possible, prenez un repas dans chacun d'eux. Afin de parvenir à une évaluation valable, choisissez des restaurants situés dans le même quartier ou la même région. Après avoir observé ce qui se passe dans chaque restaurant, réunissez-vous pour préparer un rapport de 10 minutes destiné au conseil de direction.

3. Chaque équipe présentera son rapport au reste de la classe, qui jouera le rôle du conseil de direction. Le professeur désignera un chronométreur, afin de s'assurer que chaque équipe s'en tient aux 10 minutes permises.

Les questions à aborder au cours de la discussion pourraient couvrir les sujets suivants :

a) Quelles sont les similitudes entre les deux organisations ?

b) Quelles sont leurs différences ?

c) Avez-vous des *intuitions* quelconques sur l'origine de certaines caractéristiques organisationnelles observées ? Ainsi, pourriez-vous essayer d'expliquer les raisons pour lesquelles l'une des organisations possède un type particulier de structure, de système de motivation et de climat social ?

d) Pouvez-vous expliquer l'existence de ces caractéristiques en fonction d'autres aspects ? Par exemple, les objectifs sont-ils à l'origine de la structure, ou est-ce l'environnement qui a une incidence sur cette dernière ?

EXERCICE 41

UNE INVASION EXTRATERRESTRE[35]

Marche à suivre

Cet exercice porte sur la culture organisationnelle. Vous ferez partie d'une équipe qui aura pour tâche de visiter une organisation.

1. Visitez en groupe les installations de l'organisation choisie, suivant les conditions décrites dans la section « Mise en situation » ci-dessous.

2. Prenez des notes détaillées sur les différents aspects de la culture organisationnelle que vous observez.

3. Préparez un exposé afin de présenter à la classe le résultat de vos observations et toutes les conclusions que vous avez pu tirer sur la nature de cette organisation, à savoir son idéologie, ses valeurs et ses normes de comportement.

4. Veillez à expliquer les fondements de vos conclusions sur les manifestations de sa culture organisationnelle.

Vous disposerez de 20 minutes pour présenter votre rapport ; préparez donc votre exposé avec soin. N'hésitez pas à utiliser tout document ou matériel que vous auriez pu rapporter pour aider votre auditoire à comprendre ce que vous avez découvert.

Mise en situation

Vous êtes des Martiens qui viennent de débarquer sur la Terre au terme du premier voyage en provenance de votre planète. Vos supérieurs vous ont confié la mission d'en apprendre le plus possible sur les Terriens et sur leurs comportements, sans leur laisser deviner quoi que ce soit de vos origines. Pour la réussite des plans futurs de vos supérieurs, il est crucial que vous ne fassiez rien qui dérange ces créatures.

Malheureusement, comme votre langage martien est constitué d'émissions d'ondes électromagnétiques, il vous est impossible de communiquer par la parole et de poser des questions aux indigènes de la planète Terre. Même si vous le pouviez, ce serait trop risqué, car il ressort des informations recueillies par l'Agence de sécurité interplanétaire – un organisme généralement fiable – que les Terriens ont tendance à dévorer ceux qui les irritent. Vous avez cependant bénéficié d'un cours intensif en langues terriennes, ce qui vous permettra de lire des documents dans la zone où votre astronef a atterri.

Ces consignes limitent votre collecte de données à la simple observation et vous empêchent de parler aux indigènes. Il y a deux raisons à ces consignes. Tout d'abord, votre objectif est d'apprendre comment fonctionne l'organisation dans l'exécution quotidienne de ses activités et non pas de vous fonder sur des réponses que donneraient des membres empressés à un groupe d'étudiants curieux. Ensuite, il est probable que vous serez surpris de la quantité de choses qu'on peut apprendre par la simple observation, dans la mesure où on fait preuve d'une concentration suffisante. Un grand nombre de gestionnaires d'expérience ont recours à ce talent pour *percevoir* ce qui se déroule lorsqu'ils font un simple tour de leur usine ou de leurs bureaux.

Comme vous ne pouvez parler à qui que ce soit, vous ne pourrez cerner certaines des composantes de la culture organisationnelle (les récits, les anecdotes, etc.), à moins de pouvoir vous procurer des exemplaires du matériel promotionnel de l'organisation au cours de votre visite (brochures, rapports annuels, matériel publicitaire). Ne vous découragez pas, car les aspects visibles tels que les objets, l'environnement de travail, les symboles et, parfois, les rituels peuvent transmettre beaucoup d'informations sur la culture de l'organisation. Ayez l'œil ouvert et les oreilles en alerte, et déployez vos antennes de Martien !

EXERCICE 42
LES CERCLES DU POUVOIR[36]

Cet exercice est orienté vers l'étude du pouvoir et de l'influence dans une salle de classe. Plus précisément, il vous permet de dégager les formes de pouvoir que votre professeur utilise, selon un certain agencement, pour atteindre les objectifs du cours.

Marche à suivre

1. Rappelez-vous que le pouvoir de votre professeur peut, notamment, se fonder sur les bases suivantes :
   a) l'autorité qui découle de sa position dans la hiérarchie de l'organisation (pouvoir hiérarchique) ;
   b) ses connaissances et ses compétences dans le domaine qu'il enseigne (pouvoir d'expertise) ;
   c) l'estime que vous accordez personnellement à ce professeur (pouvoir de référence).

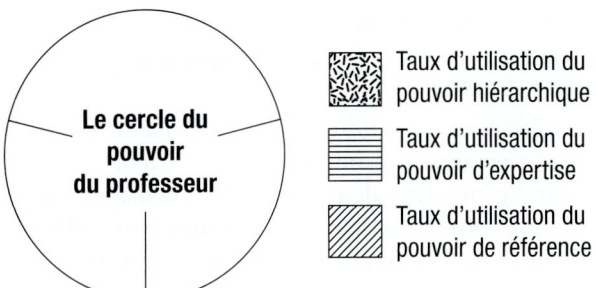

2. À l'aide de la figure du « cercle du pouvoir », indiquez l'agencement des formes de pouvoir qui vous paraît le plus manifeste lorsque vous observez comment votre professeur se comporte dans l'ensemble de son cours. Ce cercle vous permet de représenter l'importance relative accordée aux trois bases du pouvoir (ex. : 60 % au pouvoir hiérarchique, 30 % au pouvoir d'expertise et 10 % au pouvoir de référence). Utilisez la légende à la droite du cercle pour en marquer les sections et ainsi illustrer le profil de votre professeur sur le plan du pouvoir. Le professeur dessinera aussi un cercle du pouvoir qui représentera la façon dont lui-même se perçoit en cette matière.

3. Examinez maintenant une série de situations particulières susceptibles de survenir en classe et qui obligeraient le professeur à utiliser son pouvoir. Dessinez un cercle du pouvoir pour chacune des situations décrites ci-dessous, en indiquant l'agencement des formes de pouvoir que votre professeur aurait tendance à utiliser, selon vous, pour atteindre son objectif.
   a) Le professeur veut changer le format de l'examen final.
   b) Le professeur veut ajouter un travail en équipe aux exigences du cours.
   c) Le professeur veut que les étudiants assistent à une conférence de deux heures, donnée par un invité, un samedi matin.
   d) Le professeur veut que les étudiants se préparent mieux aux discussions prévues en classe.

De son côté, pour chacune de ces situations, le professeur dessinera un cercle du pouvoir qui représentera la façon dont lui-même se perçoit.

4. Répartissez-vous en équipes selon les consignes de votre professeur et mettez en commun les cercles que vous avez dessinés. Discutez des profils auxquels chacun en est arrivé, ainsi que des raisons qui les motivent. Désignez un porte-parole qui communiquera le point de vue général de votre équipe à l'ensemble de la classe. Discutez avec vos coéquipiers de la meilleure façon de faire part de vos commentaires à votre professeur devant toute la classe et aidez le porte-parole à se préparer à la séance plénière.

5. Invitez le professeur à présenter à la classe ses propres cercles de pouvoir. Demandez-lui de commenter les écarts qui pourraient apparaître entre la perception qu'il a de lui-même en matière de pouvoir et le point de vue de la classe. Réfléchissez collectivement aux conséquences éventuelles, pour un leader ou un gestionnaire, d'un écart entre l'image qu'il a de lui-même et la manière dont il est perçu par son entourage en ce qui regarde le pouvoir.

6. Ensemble et avec le professeur, discutez de la tendance qu'on peut avoir à favoriser une forme de pouvoir ou quelques-unes d'entre elles (c'est-à-dire à adopter un agencement quelque peu prévisible).

Discutez aussi de la nécessité, pour le leader ou le gestionnaire efficace, d'utiliser son pouvoir en tenant compte des circonstances et de recourir à un agencement adapté au type d'influence que requiert chaque situation.

IV. AUTOÉVALUATIONS

TEST 1

LES POSTULATS D'UN GESTIONNAIRE[1]

Marche à suivre

Lisez les énoncés suivants. Si vous êtes d'accord avec l'affirmation, inscrivez « oui » dans l'espace prévu à cette fin ; si vous êtes en désaccord avec l'affirmation, inscrivez « non ». Adoptez un point de vue pour chaque proposition.

_____ 1. Un bon salaire et une sécurité d'emploi suffisent pour satisfaire la plupart des travailleurs.

_____ 2. Un gestionnaire devrait aider ses subordonnés dans l'accomplissement de leurs tâches et les encadrer.

_____ 3. La plupart des gens aiment assumer de véritables responsabilités dans leur emploi.

_____ 4. La plupart des gens craignent d'acquérir de nouvelles connaissances dans le cadre de leur emploi.

_____ 5. Les gestionnaires devraient laisser leurs subordonnés contrôler la qualité de leur travail.

_____ 6. La plupart des gens détestent travailler.

_____ 7. La plupart des gens sont créatifs.

_____ 8. Un gestionnaire devrait superviser de près ses subordonnés et diriger leur travail.

_____ 9. La plupart des gens ont tendance à résister au changement.

_____ 10. La plupart des gens ne travaillent que s'ils y sont obligés.

_____ 11. Les gens devraient avoir la possibilité de fixer eux-mêmes leurs objectifs de travail.

_____ 12. La plupart des gens sont plus heureux en dehors de leur travail.

_____ 13. La plupart des gens ont vraiment à cœur l'organisation pour laquelle ils travaillent.

_____ 14. Un gestionnaire devrait aider ses subordonnés à progresser et à s'épanouir dans leur travail.

Résultat

Comptez le nombre de fois où vous avez répondu « oui » aux questions 1, 4, 6, 8, 9, 10, 12 et inscrivez le résultat ici : X = _____. Comptez ensuite le nombre de fois où vous avez répondu « oui » aux questions 2, 3, 5, 7, 11, 13, 14 et inscrivez le résultat ici : Y = _____.

Interprétation

Cette évaluation va vous donner quelques indices sur vos tendances relativement aux hypothèses de la *théorie X* (vos résultats X) et de la *théorie Y* (vos résultats Y) avancées par Douglas McGregor. Ce dernier a énoncé et mis en parallèle deux théories mettant en lumière deux conceptions contraires de l'être humain au travail. À la vision traditionnelle selon laquelle l'être humain ordinaire n'aime ni le travail ni les responsabilités et qu'il doit être dirigé et contrôlé – ce qu'il a appelé les *hypothèses de la théorie X* –, McGregor a opposé la *théorie Y*, selon laquelle l'individu ordinaire aime le travail, est créatif et accepte les responsabilités. Pour ce penseur, les *hypothèses de la théorie Y* sont les plus appropriées. Selon lui, les salariés qui sont bien traités par leur employeur réagissent favorablement et répondent à ce qu'on attend d'eux.

Réfléchissez à la façon dont vous allez probablement agir avec les autres individus dans votre cadre de travail. Réfléchissez en particulier aux types de *prophéties qui se réalisent* (chapitre 4) que vous allez probablement générer.

TEST 2

LE GESTIONNAIRE DU XXIe SIÈCLE[2]

Marche à suivre

Procédez à l'évaluation de vos caractéristiques personnelles en vous basant sur le barème ci-dessous :

> F = Fort. Je suis très à l'aise sur ce point.
> B = Bon. J'ai encore des progrès à faire sur ce point.
> I = Insuffisant. Je dois vraiment travailler fort pour m'améliorer sur ce point.
> ? = Indécis. Je ne sais pas.

____ 1. *Résistance au stress.* Aptitude à mener à bien un travail, même dans des conditions stressantes.

____ 2. *Tolérance à l'incertitude.* Aptitude à mener à bien un travail, même dans des conditions ambiguës et incertaines.

____ 3. *Objectivité sociale.* Capacité à agir sans préjugés raciaux, ethnoculturels ou sexistes ni autres tendances discriminatoires.

____ 4. *Normes professionnelles personnelles.* Capacité à établir ses propres normes de haut rendement et à les respecter.

____ 5. *Endurance.* Capacité à supporter de longues heures de travail.

____ 6. *Flexibilité.* Capacité à faire preuve de souplesse et à s'adapter aux changements.

____ 7. *Confiance en soi.* Capacité à prendre des décisions à maintes reprises et à les faire respecter.

____ 8. *Autoévaluation objective.* Aptitude à évaluer ses points forts autant que ses points faibles et à connaître ses compétences et ses motifs personnels au travail.

_____ 9. *Introspection.* Capacité à tirer profit de ses expériences, de la conscience de soi et de l'auto-observation.

_____ 10. *Esprit d'entreprise.* Aptitude à s'attaquer aux problèmes et à tirer profit des occasions de changement constructif.

Résultat

Comptez un point par **F** et un demi-point par **B**; n'accordez aucun point aux caractéristiques marquées d'un **I** ou d'un **?**. Faites le total des points obtenus et inscrivez-le ici : Mon *Profil de gestionnaire* = _____.

Interprétation

Ce test vous permet d'esquisser votre profil de gestionnaire. Êtes-vous le prototype parfait du gestionnaire (résultat de 10) ou votre résultat est-il légèrement inférieur ? Il est probable que la perfection ne sera pas monnaie courante dans votre classe. Demandez à quelqu'un qui vous connaît bien de vous évaluer. Vous serez surpris des différences entre son évaluation et la vôtre. Soyons réalistes, la plupart d'entre nous doivent fournir des efforts pour poursuivre leur développement personnel concernant ces points ainsi que d'autres caractéristiques associées aux fonctions de gestionnaire.

Cette liste est un excellent point de départ si vous voulez savoir quelles compétences de gestionnaire améliorer et comment le faire. L'AACSB International – Association to Advance Collegiate Schools of Business – recommande de veiller au développement de ces compétences et caractéristiques personnelles chez les étudiants en administration des affaires. Leur réussite – et la vôtre – à titre de gestionnaires du XXIe siècle pourrait fort bien dépendre (1) d'une prise de conscience de l'importance de ces caractéristiques fondamentales en gestion et (2) d'une volonté de se consacrer à les renforcer tout au long d'une carrière professionnelle.

TEST 3

TOLÉRANCE À L'AGITATION[3]

Marche à suivre

Les affirmations qui suivent sont celles d'un gestionnaire de 37 ans travaillant dans une grande société prospère. Aimeriez-vous avoir un emploi doté de ces caractéristiques ? En vous basant sur le barème ci-dessous, inscrivez vos réponses dans l'espace prévu à cette fin.

```
4 = J'apprécierais énormément ; c'est tout à fait acceptable.
3 = Cela serait acceptable et plaisant la plupart du temps.
2 = Je ne crois pas que je réagirais à cette situation d'une façon particulière.
1 = Cela serait quelque peu désagréable pour moi.
0 = Je n'apprécierais pas du tout.
```

_____ 1. Je passe fréquemment de 30 % à 40 % de mon temps en réunion.

_____ 2. Il y a un an et demi, mon poste n'existait pas ; ainsi, j'ai dû le définir au fur et à mesure.

_____ 3. Très souvent, je n'ai pas assez d'autorité pour déléguer à d'autres les responsabilités que j'assume ou qu'on me confie.

_____ 4. À tout moment, j'ai en moyenne une douzaine de messages téléphoniques auxquels je dois répondre.

_____ 5. Il ne semble pas y avoir de lien entre la qualité de mon rendement et ma rémunération.

_____ 6. Dans mon travail, j'ai besoin de deux semaines par année de formation en gestion, tout simplement pour me tenir à jour.

_____ 7. Nous avons un excellent programme d'équité en matière d'emploi, et ma société a des activités internationales, ce qui m'amène fréquemment à établir des contacts professionnels étroits avec des individus des deux sexes et d'origines ethnoculturelles et de nationalités très diverses.

_____ 8. Il n'existe aucun moyen objectif de mesurer mon efficacité.

_____ 9. Je dépends de trois supérieurs en ce qui a trait à divers aspects de mon poste, et chacun d'eux a son mot à dire dans l'évaluation de mon rendement.

_____ 10. Je consacre en moyenne près du tiers de mon temps à des urgences inattendues qui m'obligent à retarder tout ce que j'avais prévu de faire.

_____ 11. Lorsque je dois rencontrer tous les gens que je supervise, ma secrétaire passe la majeure partie de sa journée à trouver un moment où nous serons tous disponibles ; et même lorsqu'elle y parvient, je ne suis jamais certain que tout le monde pourra assister à la réunion jusqu'à la fin.

_____ 12. Mon diplôme universitaire, qui devait me préparer à ce genre d'emploi, est maintenant dépassé, et je devrais probablement retourner étudier pour en obtenir un autre.

_____ 13. Mon poste exige la lecture hebdomadaire de 100 à 200 pages de documentation technique.

_____ 14. Je dois m'absenter de chez moi au moins une nuit par semaine.

_____ 15. Mon service a des liens tellement étroits avec les activités de plusieurs autres services qu'il est presque impossible de déterminer lequel d'entre eux est responsable de l'exécution de certaines tâches.

_____ 16. L'an prochain, le poste auquel je serai probablement promu dans une autre division aura relativement les mêmes caractéristiques que celui que j'occupe actuellement.

_____ 17. Depuis que je travaille ici, il y a eu une restructuration complète chaque année, soit à l'échelle de la société tout entière soit à celle de mon service.

_____ 18. Bien que je puisse envisager plusieurs possibilités d'avancement, je dois admettre que, objectivement, je ne vois aucun véritable cheminement de carrière.

_____ 19. Bien que je puisse envisager plusieurs possibilités d'avancement, je ne crois pas avoir de véritables chances d'accéder aux échelons supérieurs.

_____ 20. Même si j'ai bien des idées sur la façon d'améliorer les choses, je n'ai pas vraiment d'influence directe sur la stratégie d'entreprise ni sur la politique concernant les salariés de ma division.

_____ 21. Ma société vient de mettre en place un centre d'évaluation. Tous les cadres, moi compris, devront y subir une batterie de tests psychologiques destinés à évaluer leur potentiel.

_____ 22. Ma société est partie défenderesse dans un procès antitrust et, si l'affaire est portée devant les tribunaux, je serai probablement amené à témoigner à propos de certaines décisions prises il y a quelques années.

_____ 23. Avec la bureautique et l'informatique, on introduit continuellement de nouvelles technologies dans ma division et je suis en perpétuel apprentissage.

_____ 24. Sans que je le sache, mes patrons peuvent me contrôler en accédant à mon ordinateur.

Résultat

Additionnez les points de vos réponses et divisez la somme par 24. Inscrivez votre résultat ici : Tolérance à l'agitation = _____.

Interprétation

Ce test permet de vous faire une idée de votre seuil de tolérance en matière de gestion dans des périodes mouvementées, ce qui caractérise les milieux de travail actuels. Généralement, plus le résultat est élevé, plus l'individu semble à l'aise dans des situations agitées et marquées par des changements, ce qui est un signe des plus positifs.

À des fins de comparaison, la moyenne des résultats de 500 jeunes gestionnaires et étudiants à la maîtrise en administration des affaires a été de 1,5 à 1,6. L'auteur du test recommande d'interpréter le résultat à la façon d'une moyenne cumulative d'un bulletin pour laquelle 4 correspondrait à un A d'excellence. Selon cette interprétation, 1,5 correspondrait à un C ! Et vous, qu'avez-vous obtenu ?

TEST 4

INDICE DE PRÉPARATION À LA MONDIALISATION[4]

Marche à suivre

Établissez votre autoévaluation pour chacun des points suivants afin d'évaluer votre degré de préparation à un environnement de travail mondialisé. En vous basant sur le barème ci-dessous, inscrivez vos réponses dans l'espace prévu à cette fin.

1 = Très peu	2 = Peu	3 = Passablement	4 = Bien	5 = Très bien

_____ 1. Je comprends ma propre culture en matière d'attentes et de valeurs ainsi que son incidence sur la communication et les relations interpersonnelles.

_____ 2. Si quelqu'un me présente un point de vue différent du mien, j'essaie de le comprendre plutôt que de le critiquer.

_____ 3. Je suis parfaitement à l'aise dans des situations où il y a un manque d'information et dont les résultats sont imprévisibles.

____ 4. Je suis ouvert à la nouveauté et suis toujours à la recherche de nouvelles données et d'occasions d'apprendre.

____ 5. Je comprends assez bien les attitudes à l'égard de ma culture et les perceptions que peuvent en avoir des personnes issues d'autres cultures.

____ 6. Je suis toujours à la recherche d'information sur d'autres pays et cultures afin d'apprendre toujours plus.

____ 7. Je suis parfaitement au courant de ce qui différencie les systèmes de gouvernement et les systèmes politiques et économiques dans le monde.

____ 8. Je m'efforce d'accroître ma compréhension des personnes issues d'autres cultures.

____ 9. Je suis capable d'adapter mon style de communication afin de travailler plus efficacement avec des gens de cultures différentes.

____ 10. Je peux déceler les effets des différences culturelles sur les relations professionnelles et adapter mes attitudes et mon comportement en conséquence.

Interprétation

Pour réussir dans l'environnement de travail du XXIe siècle, il faut être à l'aise avec la dimension mondiale de l'économie et la diversité culturelle inhérente à ce contexte. Cela exige un *esprit d'ouverture sur le monde*, réceptif aux différences culturelles et respectueux de ces différences ; une *connaissance des réalités mondiales*, qui passe par l'envie continuelle de connaître les autres nations et cultures et d'en apprendre plus sur elles, et des *compétences professionnelles adaptées au contexte de la mondialisation* permettant de travailler efficacement avec toutes les cultures.

Résultat

L'objectif est de parvenir à un résultat aussi près que possible d'un « 5 » parfait pour chacune des trois dimensions suivantes de la préparation à la mondialisation. Pour chacune d'elles, calculez votre résultat de la manière suivante :

Esprit d'ouverture sur le monde	Points (1 + 2 + 3 + 4)/4	= _____
Connaissances des réalités mondiales	Points (5 + 6 + 7)/3	= _____
Compétences professionnelles adaptées au contexte de la mondialisation	Points (8 + 9 + 10)/3	= _____

TEST 5

VALEURS PERSONNELLES[5]

Marche à suivre

Évaluez les 16 éléments ci-dessous, selon l'ordre d'importance que vous leur accordez, de 0 (pas important) à 100 (très important), en vous servant de l'échelle suivante :

Pas important			Relativement important					Très important		
0	10	20	30	40	50	60	70	80	90	100

___ 1. Avoir un emploi satisfaisant et agréable.

___ 2. Avoir un emploi très bien rémunéré.

___ 3. Être heureux en ménage.

___ 4. Établir de nouvelles relations, participer à des évènements sociaux.

___ 5. S'engager dans des activités communautaires.

___ 6. Adhérer à une religion.

___ 7. Faire du sport et de l'exercice.

___ 8. Se développer intellectuellement.

___ 9. Embrasser une carrière riche en défis.

___ 10. Posséder une belle voiture, de beaux vêtements, une belle maison, etc.

___ 11. Consacrer du temps à sa famille.

___ 12. Avoir plusieurs bons amis.

___ 13. Faire du bénévolat dans des organismes sans but lucratif, comme la Fondation québécoise du cancer.

___ 14. Méditer, prendre le temps de réfléchir, de prier, etc.

___ 15. Avoir une alimentation bien équilibrée.

___ 16. Bénéficier de lectures enrichissantes, suivre des émissions de télévision intéressantes, participer à des programmes de formation personnelle, etc.

Résultat

Transcrivez les nombres que vous avez attribués à ces éléments dans les espaces appropriés des colonnes du tableau ci-dessous, puis additionnez chaque paire de nombres.

	Vie professionnelle	Finances	Vie familiale	Dimension sociale
	1.	2.	3.	4.
	9.	10.	11.	12.
Totaux				
	Vie communautaire	Dimension spirituelle	Dimension physique	Dimension intellectuelle
	5.	6.	7.	8.
	13.	14.	15.	16.
Totaux				

Interprétation

Quel que soit le domaine, le total indique l'importance que vous lui accordez. Des totaux similaires ou presque dans les huit domaines indiquent une personnalité harmonieuse. Pensez aux efforts et au temps que vous consacrez à vos trois valeurs essentielles. Sont-ils suffisants pour vous permettre d'atteindre le degré de réussite que vous visez dans chacun de ces domaines ? Si ce n'est pas le cas, comment pourriez-vous vous améliorer ? Y a-t-il un domaine pour lequel vous estimez que vous devriez avoir un total plus élevé ? Si oui, lequel, et que pourriez-vous faire ?

TEST 6

DEGRÉ DE TOLÉRANCE À L'AMBIGUÏTÉ[6]

Marche à suivre

Pour déterminer votre degré de tolérance à l'ambiguïté, commentez les affirmations suivantes. Vous devez donner votre point de vue sur *toutes les affirmations*, sans en laisser de côté. En vous basant sur le barème ci-dessous, inscrivez dans l'espace prévu à cette fin le chiffre qui correspond le plus fidèlement à votre attitude.

1	2	3	4	5	6	7
Tout à fait en désaccord	Moyennement en désaccord	Un peu en désaccord		Un peu d'accord	Moyennement d'accord	Tout à fait d'accord

_____ 1. Un spécialiste qui ne peut fournir de réponse précise n'est probablement pas très compétent.

_____ 2. Un problème impossible à résoudre, ça n'existe pas.

_____ 3. J'aimerais vivre quelque temps dans un pays étranger.

_____ 4. Les gens qui vivent selon un horaire précis passent sans doute à côté des joies de l'existence.

_____ 5. Dans un bon emploi, on sait toujours clairement ce qu'il y a à faire et la façon de le faire.

_____ 6. À long terme, il est plus productif de s'attaquer aux petits problèmes simples qu'aux grands problèmes compliqués.

_____ 7. Il est plus amusant de s'attaquer à un problème compliqué que de résoudre un problème simple.

_____ 8. Souvent, les gens les plus intéressants et les plus stimulants sont ceux qui n'ont pas peur de se montrer originaux et différents.

_____ 9. Nous préférons toujours ce qui nous est familier à ce qui nous est inconnu.

_____ 10. Bienheureux ceux qui mènent une vie régulière et équilibrée, rarement marquée par des surprises ou des évènements inattendus.

_____ 11. Les gens qui tiennent absolument à ce qu'une réponse soit négative ou affirmative ne savent rien de la complexité des choses.

_____ 12. Nous prenons un grand nombre de nos décisions les plus importantes sans disposer de toute l'information voulue.

_____ 13. Je préfère les soirées où je connais la plupart des gens à celles où les invités me sont presque tous inconnus.

_____ 14. Il est essentiel d'avoir des idéaux très tôt dans la vie.

_____ 15. Les professeurs ou les superviseurs qui ne fournissent pas trop de détails sur les travaux ou les tâches à effectuer donnent aux gens la chance de faire preuve d'initiative et d'originalité.

_____ 16. Un bon professeur est quelqu'un qui vous amène à réfléchir à votre façon de voir les choses.

_____ Total

Résultat

S. Brudner, qui a élaboré ce test, fait état d'un indice de constance de 0,85 avec des échantillons variés (surtout des étudiants et des travailleurs dans le domaine de la santé). Cependant, ces données datent de quelques années, et il est fort possible que des changements appréciables se soient produits dans les attitudes évaluées. Les deux extrêmes des résultats sont 16 et 112 ; les résultats sont généralement compris entre 25 et 79, et la moyenne est d'environ 49.

On a conçu ce test pour mesurer les diverses composantes des réactions qui peuvent se produire dans des situations perçues comme menaçantes à cause de leur nouveauté, de leur complexité ou de leur insolubilité.

On a *inversé* la moitié des affirmations (3, 4, 7, 8, 11, 12, 15, 16). Pour calculer votre résultat, commencez par *inverser* le barème de notation pour ces huit affirmations (autrement dit, une note 1 devient une note 7 ; 2 = 6 ; 3 = 5 ; 5 = 3 ; etc.).

Vous pouvez ensuite additionner les notes attribuées aux 16 affirmations.

Interprétation

Plus votre résultat est élevé, moins vous êtes tolérant à l'ambiguïté. Empiriquement, on note une corrélation positive entre une faible tolérance à l'ambiguïté et les tendances suivantes :

- conformisme dans les convictions religieuses ;
- fréquentation élevée des lieux de culte ;
- foi plus profonde ;
- acceptation de la censure ;
- autoritarisme élevé ;
- machiavélisme faible.

L'application du concept de tolérance aux pratiques de gestion actuelles est claire et évidente. L'ambiguïté et le changement caractérisent le monde du travail d'aujourd'hui et nombre d'organisations. Il est probable que les personnes dotées d'une plus grande tolérance à l'ambiguïté pourront travailler plus efficacement dans des organisations et des contextes marqués par l'effervescence, un degré élevé de changement et moins de certitudes quant aux attentes, aux normes de rendement, aux tâches à accomplir, etc.

À l'opposé, il y a davantage de risques que les individus supportant mal l'ambiguïté se montrent incapables de s'adapter rapidement aux bouleversements, à l'incertitude et au changement. Il est probable que ces individus se montreront plus rigides et réagiront par la colère, le stress et la frustration à un degré élevé d'incertitude et d'ambiguïté dans leur environnement de travail. On associe donc des degrés élevés de tolérance à l'ambiguïté à la capacité de suivre le mouvement à une époque où les organisations, les conditions environnementales et les exigences changent rapidement.

TEST 7

PROFIL BIFACTORIEL

Marche à suivre

Pour chacune des six situations suivantes, répartissez un total de 10 points entre les deux possibilités qui vous sont proposées, selon l'importance que vous leur accordez.

Exemple : Saison chaude	7	3	Saison froide
1. Poste à responsabilités élevées			Sécurité d'emploi
2. Reconnaissance des réalisations			Bonnes relations avec les collègues
3. Possibilités d'avancement			Patron compétent
4. Possibilités d'apprentissage et d'épanouissement au travail			Bonnes conditions de travail
5. Poste favorisant l'accomplissement de soi			Qualité de l'encadrement et des politiques de l'employeur
6. Objectifs professionnels ambitieux			Salaire de base élevé

Résultat

Faites le total des points attribués aux éléments de la *colonne de gauche* et inscrivez-le ici : FM = _____.

Faites le total des points attribués aux éléments de la *colonne de droite* et inscrivez-le ici : FH = _____.

Interprétation

Les éléments de la colonne de gauche correspondent aux facteurs moteurs (FM). Les points attribués à ces éléments indiquent donc l'importance relative que vous accordez aux facteurs de satisfaction professionnelle selon la théorie bifactorielle de Herzberg. Ils témoignent de l'intérêt que vous portez à la nature même du travail.

Les éléments de la colonne de droite correspondent aux facteurs d'hygiène (FH). Les points attribués à ces éléments indiquent l'importance relative que vous accordez aux facteurs d'ambiance déterminant le degré d'insatisfaction professionnelle selon la théorie bifactorielle de Herzberg. Ils témoignent de l'intérêt que vous portez à l'environnement de travail ou au contexte professionnel.

TEST 8

ÊTES-VOUS *UNIVERSEL* ?[7]

Marche à suivre

Réagissez aux affirmations suivantes selon une échelle allant de 1 à 5, où :

> 1 = Tout à fait en désaccord
> 2 = Plutôt en désaccord
> 3 = Indécis
> 4 = Plutôt d'accord
> 5 = Tout à fait d'accord

____ 1. Vous estimez qu'un professionnel a le droit de prendre ses propres décisions en ce qui concerne le travail à accomplir.

____ 2. Vous croyez qu'un professionnel ne devrait assumer que des rôles de nature fonctionnelle, peu importe les sacrifices en matière de salaire.

____ 3. Une promotion à un poste administratif élevé ne vous intéresse pas.

____ 4. Vous estimez qu'il vaut mieux qu'un professionnel soit évalué par ses pairs que par la direction.

____ 5. Vos amis se retrouvent plutôt parmi des membres de votre profession.

____ 6. Vous préféreriez qu'on reconnaisse vos réalisations, ou qu'on vous en attribue le mérite, à l'extérieur de votre organisation plutôt qu'à l'interne.

____ 7. Vous considérez qu'il est plus important de contribuer au bien-être de la collectivité qu'à celui de l'organisation qui vous emploie.

____ 8. Les gestionnaires ne devraient pas déléguer aux professionnels les tâches de planification des horaires et des barèmes de coûts.

Résultat et interprétation

Un gestionnaire *universel* s'identifie à sa carrière professionnelle, tandis qu'un gestionnaire *local* s'identifie à l'organisation qui l'emploie.

Faites le total des points. De 30 à 40, votre orientation professionnelle est plutôt celle d'un gestionnaire *universel* ; de 10 à 20, elle correspond à celle d'un gestionnaire *local* ; un total entre 20 et 30 est signe d'une orientation mixte.

TEST 9

EFFICACITÉ D'UN GROUPE

Marche à suivre

Pour cette évaluation, choisissez un groupe particulier au sein duquel vous travaillez ou avez travaillé. Il peut s'agir aussi bien d'un groupe professionnel que d'une équipe de travail dans un de vos cours. Indiquez la fréquence des comportements et des attitudes correspondant aux huit affirmations suivantes à l'aide du barème fourni. Notez votre réponse dans l'espace prévu à cette fin.

Régulièrement	Fréquemment	Parfois	Rarement
1	2	3	4

_____ 1. Les membres font preuve de loyauté les uns envers les autres et à l'égard du leader du groupe.

_____ 2. Les membres et le leader éprouvent une grande confiance mutuelle.

_____ 3. Les valeurs et les objectifs du groupe correspondent aux valeurs et aux attentes des membres.

_____ 4. Les activités du groupe se déroulent dans une atmosphère de collaboration et de soutien.

_____ 5. Le groupe tient à contribuer à l'épanouissement de ses membres.

_____ 6. Le groupe connaît la valeur d'un *conformisme constructif*, sait à quel moment s'en servir et pour quels objectifs.

_____ 7. Les membres se communiquent franchement toute l'information pertinente aux activités du groupe.

_____ 8. Les membres ne craignent pas de prendre les décisions qu'ils jugent appropriées.

Résultat

Additionnez les points : _____ et indiquez par un **X** où vous situez le groupe sur l'axe ci-dessous.

Groupe efficace   8 . . . . 16 . . . . 24 32   Groupe inefficace

Interprétation

Plus le résultat est bas, plus le groupe est efficace. Que pourriez-vous faire pour contribuer à en améliorer l'efficacité ? Et le groupe, comment pourrait-il s'améliorer ?

TEST 10

QUESTIONNAIRE DU COLLÈGUE LE MOINS APPRÉCIÉ[8]

Marche à suivre

Pensez à tous ceux et celles avec qui vous avez travaillé, dans une entreprise, dans une association, pour un projet universitaire ou dans un autre contexte. Ensuite, pensez à *la personne* avec laquelle vous avez eu les relations *les plus difficiles* ; autrement dit, celle avec laquelle vous aviez le plus de difficulté à accomplir le travail. Qu'il s'agisse d'un collègue, d'un supérieur ou d'un subordonné, c'est la personne avec qui vous voudriez le moins travailler de nouveau. Décrivez-la en entourant le chiffre qui lui correspond le mieux sur chacun de ces axes, dont les extrémités correspondent à des qualificatifs contraires. Faites-le rapidement. Il n'y a pas de bonnes ni de mauvaises réponses.

Plaisant	8	7	6	5	4	3	2	1	Déplaisant
Amical	8	7	6	5	4	3	2	1	Inamical
Difficile à convaincre	1	2	3	4	5	6	7	8	Facile à convaincre
Tendu	1	2	3	4	5	6	7	8	Détendu
Distant	1	2	3	4	5	6	7	8	Affable
Froid	1	2	3	4	5	6	7	8	Chaleureux
Bienveillant	8	7	6	5	4	3	2	1	Hostile
Ennuyeux	1	2	3	4	5	6	7	8	Intéressant
Querelleur	1	2	3	4	5	6	7	8	Conciliant
Pessimiste	1	2	3	4	5	6	7	8	Optimiste
Confiant	8	7	6	5	4	3	2	1	Méfiant
Déloyal	1	2	3	4	5	6	7	8	Loyal
Indigne de confiance	1	2	3	4	5	6	7	8	Digne de confiance
Sensible	8	7	6	5	4	3	2	1	Insensible
Antipathique	1	2	3	4	5	6	7	8	Sympathique
Agréable	8	7	6	5	4	3	2	1	Désagréable
Hypocrite	1	2	3	4	5	6	7	8	Franc
Gentil	8	7	6	5	4	3	2	1	Insupportable

Résultat

Ce test s'appelle « questionnaire du collègue le moins apprécié (CMA) ». Faites le total des chiffres que vous avez entourés pour connaître votre indice CMA et inscrivez-le ici : Indice CMA = _____.

Interprétation

Fred Fiedler se sert du questionnaire du CMA pour définir le style de leadership dominant chez un individu (chapitre 11). Selon lui, le style de leadership est une dimension relativement stable de la personnalité, et il est donc difficile de le modifier. Ce postulat a conduit Fiedler à l'approche situationnelle du leadership selon laquelle le succès d'un leader dépend de l'adéquation entre son style de leadership et les exigences de la situation dans laquelle il l'exerce. Si votre résultat est égal ou supérieur à 73, Fiedler considère que vous êtes un leader axé sur les relations, tandis que si votre indice CMA est égal ou inférieur à 64, il considère que vous êtes un leader axé sur les tâches. Un résultat situé entre 65 et 72 vous laisse la possibilité de décider du style de leadership qui vous convient le mieux.

TEST 11

STYLE DE LEADERSHIP

Marche à suivre

Les énoncés suivants décrivent des attitudes d'un leader. En entourant la lettre correspondante, indiquez la fréquence probable à laquelle vous adopteriez ces différentes attitudes si vous étiez le leader d'un groupe de travail.

T = Toujours   F = Fréquemment   P = Parfois   R = Rarement   J = Jamais

T F P R J   1. Agir à titre de porte-parole du groupe.
T F P R J   2. Encourager les membres du groupe à faire des heures supplémentaires.
T F P R J   3. Accorder aux membres du groupe une liberté totale dans leur travail.
T F P R J   4. Encourager l'utilisation de procédures uniformes.
T F P R J   5. Laisser les membres du groupe résoudre eux-mêmes leurs problèmes.
T F P R J   6. Insister pour devancer les groupes concurrents.
T F P R J   7. Parler au nom du groupe.
T F P R J   8. Pousser les membres du groupe à accroître leurs efforts.
T F P R J   9. Faire l'essai de nouvelles idées issues du groupe.
T F P R J 10. Laisser les membres travailler de la manière qu'ils estiment être la meilleure.
T F P R J 11. Veiller à son propre avancement.
T F P R J 12. Tolérer l'incertitude et la remise à plus tard de certaines activités.
T F P R J 13. En présence de visiteurs, exprimer le point de vue du groupe.
T F P R J 14. Maintenir une cadence de travail rapide.
T F P R J 15. Donner une tâche à effectuer, puis laisser faire les membres.
T F P R J 16. Régler les conflits internes du groupe.
T F P R J 17. Mettre l'accent sur les détails du travail à effectuer.
T F P R J 18. Représenter le groupe dans les réunions de travail.
T F P R J 19. Éviter d'accorder trop de liberté aux membres du groupe.
T F P R J 20. Décider ce qui doit se faire et la façon de le faire.
T F P R J 21. Pousser la productivité.
T F P R J 22. Accorder de la latitude à certains membres du groupe.
T F P R J 23. S'attendre à ce que les choses se passent comme prévu.
T F P R J 24. Permettre au groupe de prendre des initiatives.
T F P R J 25. Affecter certains membres du groupe à des tâches particulières.
T F P R J 26. Se montrer ouvert au changement.
T F P R J 27. Demander aux membres du groupe de travailler plus dur.
T F P R J 28. Faire confiance au jugement des membres du groupe.
T F P R J 29. Planifier le travail à effectuer.
T F P R J 30. Refuser d'expliquer ses actions.

T F P R J 31. Persuader les autres que ses idées sont les meilleures.
T F P R J 32. Permettre au groupe d'établir son propre rythme de travail.
T F P R J 33. Exhorter le groupe à battre son précédent record de production.
T F P R J 34. Agir sans consulter le groupe.
T F P R J 35. Exiger des membres du groupe qu'ils respectent les normes établies.

Résultat

1. Soulignez les éléments 8, 12, 17, 18, 19, 30, 34 et 35.
2. Inscrivez le chiffre **1** à côté des *éléments soulignés* lorsque vous avez répondu **R** (rarement) ou **J** (jamais).
3. Inscrivez le chiffre **1** à côté des *éléments non soulignés* lorsque vous avez répondu **T** (toujours) ou **F** (fréquemment).
4. Entourez les chiffres **1** qui apparaissent maintenant à côté des éléments 3, 5, 8, 10, 15, 18, 19, 22, 24, 26, 28, 30, 32, 34 et 35.
5. Comptez le nombre de chiffres 1 entourés. Ce nombre donne votre résultat relatif à un style de leadership axé sur les relations. Inscrivez-le vis-à-vis de la lettre R à la fin du questionnaire.
6. Comptez le nombre de chiffres 1 non entourés. Ce nombre donne votre résultat relatif à un style de leadership axé sur les tâches. Inscrivez-le vis-à-vis de la lettre T à la fin du questionnaire.

T = _____   R = _____

TEST 12

LEADERSHIP TRANSACTIONNEL ET LEADERSHIP TRANSFORMATEUR[9]

Marche à suivre

Voici 10 paires d'affirmations. Selon vos convictions, la perception que vous avez de vous-même ou l'affirmation qui vous caractérise le mieux, répartissez 5 points entre les deux affirmations (a et b) de chaque paire. Vous êtes libre de répartir ces 5 points entre l'affirmation a et l'affirmation b selon les formules suivantes : 5 pour a, 0 pour b ; 4 pour a, 1 pour b ; 3 pour a, 2 pour b ; etc. Mais vous ne pouvez pas attribuer 2,5 à chacun. Réfléchissez à vos choix en fonction de vos traits personnels ou de vos convictions.

1. a) À titre de leader, j'ai pour mission première de maintenir la stabilité. _____
   b) À titre de leader, j'ai pour mission première d'instaurer le changement. _____

2. a) À titre de leader, je dois provoquer les évènements. _____
   b) À titre de leader, je dois aller dans le sens des évènements. _____

3. a) Je veille à ce que mes subordonnés soient récompensés équitablement pour leur travail. _____
   b) Je veille à ce que les aspirations personnelles de mes subordonnés soient satisfaites. _____

4. a) Je préfère penser à long terme : Que *pourrait-il* se produire ? ____
   b) Je préfère penser à court terme : Que *va-t-il* se produire ? ____

5. a) À titre de leader, je dépense énormément d'énergie à gérer des objectifs distincts, mais qui s'inscrivent dans une même perspective. ____
   b) À titre de leader, je dépense énormément d'énergie à créer des espoirs, des attentes et des aspirations chez mes subordonnés. ____

6. a) Je suis convaincu qu'une grande part de mes activités de leadership peuvent être assimilées au travail d'un enseignant, même si cette affirmation ne doit pas être prise au pied de la lettre. ____
   b) Je crois qu'une bonne part de mon travail de leader consiste à jouer un rôle de *facilitateur*. ____

7. a) À titre de leader, mon sens moral doit être aussi élevé que celui de mes subordonnés. ____
   b) À titre de leader, mon sens moral doit être plus élevé que celui de mes subordonnés. ____

8. a) J'aime stimuler mes subordonnés afin qu'ils aient envie de se surpasser. ____
   b) J'aime récompenser mes subordonnés pour un travail bien fait. ____

9. a) Le leadership devrait se fonder sur le pragmatisme. ____
   b) Le leadership devrait être axé sur l'inspiration. ____

10. a) Si j'ai le pouvoir d'influencer les autres, c'est avant tout parce que je peux les amener à s'identifier à moi et à mes idées. ____
    b) Si j'ai le pouvoir d'influencer les autres, c'est avant tout grâce à mon statut et à ma position. ____

Résultat

Entourez les points attribués aux affirmations 1b, 2a, 3b, 4a, 5b, 6a, 7b, 8a, 9b, 10a, puis additionnez-les. Inscrivez le résultat ici : T^1 = _____. Additionnez maintenant les points attribués aux affirmations (non entourées) 1a, 2b, 3a, 4b, 5a, 6b, 7a, 8b, 9a, 10b et inscrivez le total ici : T^2 = _____.

Interprétation

Ce test vous permet d'avoir une idée de vos tendances en matière de leadership, en déterminant si celui-ci est orienté vers le type transformateur (T^1) ou vers le type transactionnel (T^2). Nous vous suggérons de relire les concepts qui s'y rattachent, au chapitre 11.

Aujourd'hui, on accorde une grande attention aux aspects *transformateurs* du leadership – ces qualités personnelles qui inspirent une vision et suscitent, chez les subordonnés, le désir d'accomplir de grandes choses. Toutefois, les leaders qui auront le plus de succès dans l'avenir compteront sans doute parmi ceux qui ont des tendances élevées dans les deux types de leadership.

TEST 13

PROPENSION À LA DÉLÉGATION[10]

Marche à suivre

Pensez aux occasions que vous avez eues de diriger un groupe : il peut s'agir d'une situation professionnelle à temps partiel ou à temps plein, d'une équipe de travail à l'université ou d'un tout autre contexte. Remplissez le questionnaire ci-dessous en indiquant votre opinion sur chacune des affirmations selon le barème suivant :

1 = Tout à fait en désaccord
2 = Plutôt en désaccord
3 = Indécis
4 = Plutôt d'accord
5 = Tout à fait d'accord

Lorsque je suis responsable d'un groupe, j'estime…

_____ 1. que les autres sont, la plupart du temps, trop inexpérimentés pour accomplir leur travail, alors je préfère le faire moi-même.

_____ 2. que cela prend souvent plus de temps d'expliquer les choses que de les faire moi-même.

_____ 3. que les erreurs des autres sont lourdes de conséquences ; aussi, je ne leur donne pas trop de travail à faire.

_____ 4. qu'il y a certaines tâches qu'on ne devrait jamais déléguer.

_____ 5. que j'obtiens des résultats plus rapidement en accomplissant le travail moi-même.

_____ 6. que la plupart des gens ne sont efficaces que dans des tâches bien précises et qu'il vaut mieux ne pas leur donner trop de responsabilités.

_____ 7. que la plupart des gens sont trop occupés pour qu'on leur assigne des tâches supplémentaires.

_____ 8. que la plupart des gens ne sont tout simplement pas prêts à assumer des responsabilités supplémentaires.

_____ 9. que ma position m'autorise à prendre mes propres décisions.

Résultat

Faites le total des points et inscrivez-le ici : _____.

Interprétation

Ce questionnaire vous donnera une idée de votre degré de *volonté de déléguer*. Les résultats peuvent se situer entre 9 et 45 points. Plus votre résultat est élevé, moins vous êtes disposé à déléguer des tâches à autrui. Ce trait est une caractéristique importante chez les gestionnaires. Il devient essentiel si, à titre de cadre, vous avez l'intention d'amener vos subordonnés à prendre eux-mêmes le contrôle de certaines situations, c'est-à-dire de leur donner l'occasion d'assumer des responsabilités et de gérer eux-mêmes leur travail. Vu l'importance toujours plus grande accordée à l'autonomisation dans les nouveaux milieux de travail, vous devez réfléchir sérieusement à votre volonté de déléguer.

TEST 14

MACHIAVÉLISME[11]

Marche à suivre

Pour chacune des affirmations suivantes, entourez le chiffre qui correspond le plus à votre attitude.

	Tout à fait en désaccord	Plutôt en désaccord	Indécis	Plutôt d'accord	Tout à fait d'accord
1. Pour bien s'y prendre avec les gens, il faut leur dire ce qu'ils ont envie d'entendre.	1	2	3	4	5
2. Lorsque vous demandez à quelqu'un de faire quelque chose pour vous, il vaut mieux lui en donner la vraie raison que d'en chercher d'autres plus convaincantes.	1	2	3	4	5
3. Faire totalement confiance à quelqu'un, c'est courir après les ennuis.	1	2	3	4	5
4. Pour que les choses avancent, il faut savoir prendre des raccourcis.	1	2	3	4	5
5. Mieux vaut être conscient du fait que tout le monde a un côté malveillant, car celui-ci peut se manifester à tout moment.	1	2	3	4	5
6. On ne devrait agir que conformément à la morale.	1	2	3	4	5
7. La plupart des gens sont fondamentalement bons et honnêtes.	1	2	3	4	5
8. Quelle que soit la raison, on ne devrait jamais mentir.	1	2	3	4	5
9. La plupart des gens oublient plus facilement la mort de leur père que la perte d'un bien.	1	2	3	4	5
10. D'une façon générale, les gens ne travaillent dur que s'ils y sont forcés.	1	2	3	4	5

Résultat et interprétation

Ce test est conçu pour évaluer votre degré de machiavélisme à l'aide de l'*échelle de Mach*. On peut ainsi établir votre orientation à l'égard du pouvoir. L'individu qui a une forte tendance au machiavélisme est pragmatique, garde ses distances vis-à-vis des autres et estime que la fin peut justifier les moyens. Pour connaître votre résultat sur l'échelle de Mach, additionnez les chiffres entourés pour les affirmations 1, 3, 4, 5, 9 et 10. Pour les quatre affirmations restantes, *inversez* les chiffres que vous avez entourés : 5 devient 1 ; 4 devient 2 ; 2 devient 4 ; 1 devient 5. Ajoutez leur somme au total précédent pour connaître *votre indice de Mach*. Un échantillon aléatoire d'adultes américains a donné une moyenne de 25. Généralement, les étudiants en administration des affaires obtiennent des résultats plus élevés.

Les recherches effectuées à l'aide de l'échelle de Mach indiquent (1) que les hommes sont généralement plus machiavéliques que les femmes ; (2) que les personnes plus âgées le sont généralement moins que les jeunes adultes ; (3) que le degré de machiavélisme n'est pas lié à l'intelligence ni aux aptitudes des personnes ; (4) que le degré de machiavélisme des personnes n'est pas lié à certaines caractéristiques démographiques, comme le niveau d'études ou l'état matrimonial ; (5) que les personnes à forte tendance machiavélique se rencontrent souvent dans les postes ou les professions qui mettent l'accent sur le contrôle et la manipulation (par exemple les cadres, les avocats, les psychiatres et les spécialistes du comportement).

TEST 15

VOTRE PROFIL DE POUVOIR[12]

Marche à suivre

Voici une liste d'énoncés décrivant des comportements que des superviseurs (leaders) ont parfois à l'égard de leurs subordonnés. Commencez par lire attentivement chaque énoncé en pensant à la façon dont vous préférez exercer votre influence sur autrui. Pour chacun de ces énoncés, entourez le chiffre qui correspond le plus à votre point de vue.

	Tout à fait en désaccord	Plutôt en désaccord	Indécis	Plutôt d'accord	Tout à fait d'accord
Pour influencer les autres, j'aurais tendance à …					
1. augmenter leur salaire.	1	2	3	4	5
2. les valoriser.	1	2	3	4	5
3. leur assigner des tâches désagréables.	1	2	3	4	5
4. leur faire sentir qu'on les appuie.	1	2	3	4	5
5. leur faire sentir qu'ils ont des engagements à respecter.	1	2	3	4	5
6. faire en sorte qu'ils se sentent personnellement acceptés.	1	2	3	4	5
7. faire en sorte qu'ils se sentent importants.	1	2	3	4	5
8. leur faire de bonnes suggestions techniques.	1	2	3	4	5
9. rendre leur travail difficile.	1	2	3	4	5
10. partager mon expérience et ma formation avec eux.	1	2	3	4	5
11. leur rendre la vie désagréable.	1	2	3	4	5
12. faire en sorte qu'ils finissent par détester venir travailler.	1	2	3	4	5
13. les aider à obtenir une augmentation de salaire.	1	2	3	4	5
14. leur faire sentir qu'ils doivent satisfaire aux exigences de leur poste.	1	2	3	4	5

	Tout à fait en désaccord	Plutôt en désaccord	Indécis	Plutôt d'accord	Tout à fait d'accord
15. leur donner des conseils judicieux en ce qui concerne leurs tâches.	1	2	3	4	5
16. leur accorder des avantages spéciaux.	1	2	3	4	5
17. les aider à obtenir de l'avancement.	1	2	3	4	5
18. leur faire sentir qu'ils ont des responsabilités à assumer.	1	2	3	4	5
19. leur donner la formation technique dont ils ont besoin.	1	2	3	4	5
20. leur faire comprendre qu'ils ont des tâches à accomplir.	1	2	3	4	5

Résultat

Inscrivez vos réponses aux 20 propositions dans la grille qui suit et comptabilisez-les selon cette méthode :

- *Pouvoir de récompense* : additionnez vos réponses aux énoncés 1, 13, 16 et 17, puis divisez le résultat par 4.
- *Pouvoir de coercition* : additionnez vos réponses aux énoncés 3, 9, 11 et 12, puis divisez le résultat par 4.
- *Pouvoir légitime* : additionnez vos réponses aux énoncés 5, 14, 18 et 20, puis divisez le résultat par 4.
- *Pouvoir de référence* : additionnez vos réponses aux énoncés 2, 4, 6 et 7, puis divisez le résultat par 4.
- *Pouvoir d'expertise* : additionnez vos réponses aux énoncés 8, 10, 15 et 19, puis divisez le résultat par 4.

Pouvoir de récompense	Pouvoir de coercition	Pouvoir légitime	Pouvoir de référence	Pouvoir d'expertise
1	3	5	2	8
13	9	14	4	10
16	11	18	6	15
17	12	20	7	19
Total				
Divisé par 4				

Interprétation

Un résultat élevé (4 ou plus) dans l'une ou l'autre des cinq dimensions du pouvoir signifie que vous auriez tendance à influencer le comportement d'autrui en ayant recours à cette forme particulière de pouvoir. Un résultat peu élevé (2 ou moins) indique que vous préférez ne pas avoir recours à cette forme particulière de pouvoir.

Ce résultat représente votre profil de pouvoir. Le pouvoir qu'on a ne correspond pas à la simple addition de ces cinq sources, mais plutôt à certaines synergies entre ces dernières ; ces combinaisons sont alors plus puissantes que la somme de leurs composantes.

Ainsi, le pouvoir de référence tend à amplifier l'effet des autres sources de pouvoir, car l'intention d'influencer émane d'une personne respectée. Le pouvoir de récompense accroît souvent l'effet du pouvoir de référence, car les gens ont tendance à apprécier ceux qui leur accordent ce qu'ils désirent. En revanche, certaines combinaisons des formes de pouvoir produisent parfois des effets contraires ; autrement dit, leur association a un effet moindre que la somme de leurs composantes. Ainsi, le recours (ou la menace de recourir) au pouvoir de coercition entraîne généralement un affaiblissement des diverses sources du pouvoir personnel.

TEST 16

ÊTES-VOUS INTUITIF ?[13]

Marche à suivre

Répondez sincèrement et aussi vite que vous le pouvez à ce questionnaire. Choisissez les réponses qui vous conviennent le mieux :

1. Lorsque vous travaillez à un projet, vous préférez…
   a) qu'on vous fasse part du problème, tout en vous accordant une grande latitude concernant la façon de le résoudre.
   b) qu'on vous donne des consignes préalables précises sur la façon de résoudre le problème.

2. Lorsque vous travaillez à un projet, vous préférez que vos collègues soient…
   a) pragmatiques.   b) inventifs.

3. Les gens que vous admirez le plus sont…
   a) créatifs.   b) prudents.

4. Vos amis tendent à être…
   a) sérieux et travailleurs.
   b) passionnés et souvent émotifs.

5. Si vous demandez un conseil à un collègue à propos d'un problème, …
   a) vous ne vous énervez jamais, ou ne vous énervez que rarement, s'il met en doute vos hypothèses de base.
   b) vous vous énervez s'il met en doute vos hypothèses de base.

6. Lorsque commence votre journée de travail…
   a) vous préparez rarement un plan précis et, le cas échéant, vous ne le suivez pas.
   b) vous commencez par planifier vos activités.

7. Quand vous manipulez des chiffres…
   a) vous ne commettez jamais d'erreurs ou n'en commettez que rarement.
   b) vous commettez souvent des erreurs.

8. Vous estimez…
   a) qu'il vous arrive rarement de rêvasser et, le cas échéant, vous n'êtes guère satisfait de vous.
   b) qu'il vous arrive fréquemment de rêvasser et, chaque fois, vous en ressentez du bien-être.

9. Lorsque vous abordez un problème, vous préférez…
   a) suivre les indications ou les consignes qu'on vous donne.
   b) contourner les indications ou les consignes qu'on vous donne.

10. Lorsque vous assemblez quelque chose, vous préférez…
    a) suivre étape par étape les instructions fournies.
    b) observer l'illustration de l'objet assemblé.

11. Ceux qui vous irritent *le plus* sont les gens…
    a) désordonnés.
    b) bien organisés.

12. Si une crise inattendue survient et que vous devez y faire face…
    a) vous éprouvez de l'anxiété.
    b) vous êtes stimulé par le défi qui l'accompagne.

Résultat

Faites le total des réponses *a* aux questions 1, 3, 5, 6 et 11, puis inscrivez-le ici : a = _____.

Procédez de la même façon pour les réponses *b* aux questions 2, 4, 7, 8, 9, 10 et 12, puis inscrivez le résultat ici : b = _____.

Additionnez ces deux totaux : $a + b$ = _____. Le résultat, situé entre 0 et 12, correspond à votre *indice d'intuition*.

Interprétation

Dans son ouvrage *Intuition in Organizations* (Newbury Park, Californie, Sage, 1989), Weston H. Agor souligne que « les méthodes traditionnelles d'analyse […] ne sont pas aussi utiles au processus décisionnel qu'elles ont déjà été. […] Si vous cherchez à vous préparer à l'environnement de travail de demain, il serait logique d'accorder une certaine attention à l'utilisation et au développement des aptitudes intuitives pouvant servir à la prise de décision. »

M. Agor a mis au point ce questionnaire afin d'aider les gens à évaluer leur tendance à recourir à l'intuition avant de prendre une décision. L'indice que vous avez obtenu peut vous donner une idée de votre force dans ce domaine. Vous pourriez également en conclure qu'il vous faut améliorer cette aptitude et ne pas craindre de vous appuyer davantage sur votre intuition en matière de prise de décision (voir le chapitre 12).

TEST 17
INFLUENCE DES HEURISTIQUES SUR LE PROCESSUS DÉCISIONNEL[14]

Marche à suivre

Êtes-vous capable d'éviter les écueils les plus courants en matière de prise de décision ? Procédez à votre auto-évaluation en répondant aux questions suivantes :

1. Qu'est-ce qui est le plus risqué :
    a) un voyage de 800 km en voiture ?
    b) un vol de 800 km en avion ?

2. En anglais, y a-t-il plus de mots…
    a) commençant par la lettre *r* ?
    b) dont la troisième lettre est un *r* ?

3. Marc est en train de terminer sa maîtrise en administration des affaires dans une université prestigieuse. Il s'intéresse beaucoup aux arts et a même songé à faire une carrière de musicien. Il est probable qu'il acceptera un emploi…
    a) dans une entreprise du domaine des arts, à titre d'administrateur.
    b) dans un cabinet d'experts-conseils en gestion.

4. Vous êtes sur le point d'engager un directeur commercial pour la région centrale du pays, et ce, pour la cinquième fois cette année. Selon la loi des probabilités, vous estimez qu'il devrait se montrer à la hauteur puisque les quatre précédents étaient des incompétents. Ce raisonnement vous semble-t-il…
    a) correct ?   b) incorrect ?

5. Un fabricant d'ordinateurs de la région de Montréal vient d'embaucher un ingénieur ayant quatre années d'expérience et d'excellentes qualifications. Un chimiste, ne connaissant pas grand-chose à la profession ni à l'industrie et à qui on a demandé d'estimer le salaire de base de cet ingénieur, a avancé la somme de 60 000 $ par an. Quelle est votre estimation ?
    a) _____ par an   b) _____ par an

Résultat

Votre professeur vous indiquera les bonnes réponses et vous donnera quelques précisions.

Interprétation

Chacune de ces questions sert à analyser vos tendances à laisser diverses heuristiques influer sur votre jugement. Dans son livre *Judgment in Managerial*

Decision Making, Max Bazerman qualifie ces heuristiques de « stratégies exploratoires » ou de « procédés simplificateurs » employés dans la prise de décision. Il affirme que « les heuristiques sont généralement utiles, mais qu'elles peuvent également provoquer des erreurs majeures [...]. S'ils prennent conscience des répercussions négatives que peut entraîner le recours aux heuristiques, les gestionnaires peuvent alors décider de les utiliser en fonction de la situation et du moment. »

Ce test vous donnera un premier aperçu de la façon dont vous utilisez les heuristiques. Un décideur informé comprend leur nature, est capable de les reconnaître lorsqu'elles se produisent et s'en détourne si elles risquent de fausser son jugement et ses décisions.

Poussez plus loin cette autoévaluation. Avant que le professeur ne vous fasse part de ses commentaires, reprenez vos réponses et, à côté de chacune d'elles, écrivez quelle heuristique du jugement s'applique, selon vous (voir le chapitre 12).

Décrivez ensuite une situation vécue au cours de laquelle une idée préconçue a joué un rôle dans le processus décisionnel. Préparez-vous à la présenter en classe et à en discuter.

TEST 18

STYLES DE GESTION DE CONFLIT[15]

Marche à suivre

Réfléchissez à votre façon d'agir dans des situations de conflit, c'est-à-dire lorsqu'une ou plusieurs personnes vont à l'encontre de ce que vous désirez. Pour chacune des affirmations ci-dessous, inscrivez dans l'espace prévu à cette fin le chiffre qui correspond le mieux à la probabilité que vous adoptiez, dans une situation de conflit, la réaction mentionnée.

1 = Très peu probable	3 = Probable
2 = Peu probable	4 = Très probable

____ 1. Je me montre généralement ferme dans la poursuite de mes objectifs.

____ 2. J'essaie d'imposer mon point de vue.

____ 3. Je suis prêt à faire des concessions.

____ 4. J'estime qu'il ne vaut pas la peine de s'inquiéter des différences d'opinions.

____ 5. J'essaie de parvenir à une position intermédiaire entre la mienne et celle de mon vis-à-vis.

____ 6. Lorsque j'entame une négociation, j'essaie de tenir compte des désirs de l'autre partie.

____ 7. J'essaie de démontrer la logique et les avantages de mes points de vue.

____ 8. Je préfère toujours discuter franchement et ouvertement d'un problème.

____ 9. J'essaie d'aboutir à une combinaison équitable de gains et de pertes pour les deux parties.

____ 10. Je tente de résoudre immédiatement les divergences qui apparaissent.

____ 11. J'essaie d'éviter de me retrouver dans une situation désagréable.

____ 12. J'essaie d'apaiser les sentiments de mon interlocuteur pour préserver nos bonnes relations.

____ 13. Je m'efforce de mettre rapidement en lumière toutes les préoccupations et inquiétudes.

____ 14. J'évite parfois d'avancer des opinions susceptibles de créer des controverses.

____ 15. J'essaie de ne pas froisser autrui.

Résultat

Faites le total des points attribués aux énoncés 1, 2 et 7 et inscrivez-le ici : *Affrontement* _____.

Faites le total des points attribués aux énoncés 8, 10 et 13 et inscrivez-le ici : *Résolution de problème* _____.

Faites le total des points attribués aux énoncés 3, 5 et 9 et inscrivez-le ici : *Compromis* _____.

Faites le total des points attribués aux énoncés 4, 11 et 14 et inscrivez-le ici : *Évitement* _____.

Faites le total des points attribués aux énoncés 6, 12 et 15 et inscrivez-le ici : *Accommodation* _____.

Interprétation

Chaque résultat ci-dessus correspond à l'un des styles de gestion de conflit décrits au chapitre 14. Les études sur ce sujet montrent que chaque style peut être approprié dans certaines circonstances, mais que la résolution de problème est généralement la meilleure stratégie de gestion des conflits. Elle seule permet de résoudre véritablement les problèmes et les conflits. Nous vous suggérons de réfléchir à la tendance indiquée par vos résultats et de définir la meilleure façon de gérer les conflits auxquels vous vous trouvez mêlé.

TEST 19
VOTRE TYPE DE PERSONNALITÉ[16]

Marche à suivre

En ce qui vous concerne, quel est le degré de véracité des affirmations suivantes ? Entourez le chiffre qui correspond le plus à votre attitude.

	Faux	Ni vrai ni faux		Vrai	
1. Je déteste abandonner tant que je ne suis pas certain d'avoir perdu.	1	2	3	4	5
2. J'ai parfois l'impression que je ne devrais pas travailler aussi dur, mais quelque chose me pousse à continuer.	1	2	3	4	5
3. J'adore les défis. Plus j'en ai, mieux c'est.	1	2	3	4	5
4. Je m'investis davantage dans mon travail que la plupart des gens que je connais.	1	2	3	4	5
5. Il me semble que j'aurais besoin de journées de 30 heures pour finir tout ce que je commence.	1	2	3	4	5
6. J'aborde généralement mon travail avec plus de sérieux que la plupart de ceux que je connais.	1	2	3	4	5
7. Il existe sans doute des gens nonchalants au travail, mais ce n'est pas mon genre.	1	2	3	4	5
8. On estime que mes réalisations sont considérablement plus élevées que celles de la plupart des gens que je connais.	1	2	3	4	5
9. On m'a souvent demandé de diriger des groupes.	1	2	3	4	5

Résultat

Additionnez tous vos points : _____.

Interprétation

Les individus ayant une personnalité de type A (impatients, compétitifs) ont tendance à obtenir des résultats de 36 ou plus. Les individus ayant une personnalité de type B (détendus) ont tendance à obtenir des résultats de 22 ou moins. Les résultats se situant entre 23 et 35 indiquent une combinaison équilibrée des deux types.

TEST 20

COMMENT GÉREZ-VOUS VOTRE TEMPS ?[17]

Marche à suivre

Remplissez le questionnaire ci-dessous en indiquant **O** (oui) ou **N** (non) à chacun des énoncés. Efforcez-vous d'y aller avec franchise, pour obtenir un portrait fidèle de vos tendances dans ce genre de situations.

_____ 1. Si plusieurs tâches tout aussi urgentes et importantes les unes que les autres m'attendent, je commence généralement par la plus facile.

_____ 2. Je règle les choses les plus importantes pendant la période de la journée où je sais que je suis le plus efficace.

_____ 3. La plupart du temps, je ne fais pas ce que d'autres peuvent faire aussi bien que moi ; je préfère leur déléguer le travail dans ce cas.

_____ 4. Même si les réunions sans objectif clair et utile me dérangent, je les tolère.

_____ 5. Avant de lire un document, je le feuillette rapidement ; si j'estime qu'il ne me rapportera pas suffisamment pour le temps que je vais y investir, je m'arrête là.

_____ 6. Si je n'accomplis pas au moins une tâche importante chaque jour, je n'en fais pas une maladie.

_____ 7. Je garde les tâches les plus insignifiantes pour la période de la journée où je me sens le moins créatif.

_____ 8. Mon espace de travail est propre et bien rangé.

_____ 9. La porte de mon bureau n'est jamais *fermée* ; je travaille rarement dans une quiétude totale.

_____ 10. Je programme chacune de mes journées de travail heure par heure.

_____ 11. Je n'aime pas trop prévoir et programmer. Je préfère réagir au gré des évènements quotidiens.

_____ 12. Chaque jour ou chaque semaine, je me réserve un certain temps que je consacre à des activités prioritaires.

Résultat

Comptez le nombre de **O** aux énoncés 2, 3, 5, 7, 8 et 12. Inscrivez le résultat ici : _____.

Comptez le nombre de **N** aux énoncés 1, 4, 6, 9, 10 et 11. Inscrivez le résultat ici : _____.

Faites le total : _____.

Interprétation

Plus le total est élevé, plus votre comportement correspond à celui qu'on recommande en matière de gestion du temps. Relisez les points pour lesquels votre réponse n'était pas la réponse attendue. Pourquoi cette différence ? Pourquoi votre comportement sur ce point diffère-t-il de ce qu'on recommande pour bien gérer son temps ? Réfléchissez à ce que vous pourriez faire (et à la facilité avec laquelle ce pourrait être fait) pour que votre comportement corresponde mieux à ces lignes directrices en matière de gestion du temps. Sur ce sujet, consultez : René Moulinier, *Gestion du temps : manager son travail, manager sa vie*, Paris, Chiron, 2007.

TEST 21

PRÉFÉRENCE EN MATIÈRE DE STRUCTURE ORGANISATIONNELLE[18]

Marche à suivre

Dans l'espace prévu à cette fin et selon le barème ci-dessous, indiquez jusqu'à quel point ces affirmations correspondent à votre point de vue.

> 5 = Tout à fait d'accord
> 4 = Plutôt d'accord
> 3 = Indécis
> 2 = Plutôt en désaccord
> 1 = Tout à fait en désaccord

Je préfère travailler dans une organisation où…

_____ 1. ce sont les personnes haut placées dans la hiérarchie qui définissent les objectifs.

_____ 2. on définit clairement les méthodes de travail et les procédures à adopter.

_____ 3. la haute direction prend les décisions importantes.

_____ 4. ma loyauté compte autant que mon aptitude à accomplir le travail.

_____ 5. on a établi clairement les prérogatives et les responsabilités de la hiérarchie.

_____ 6. la haute direction se montre ferme et résolue.

_____ 7. on s'occupe de planifier ma carrière pour moi.

_____ 8. je peux me spécialiser.

_____ 9. mon ancienneté compte autant que mon degré de rendement.

_____ 10. la direction peut me fournir l'information dont j'ai besoin pour accomplir mon travail.

_____ 11. la chaîne de commandement est bien établie.

_____ 12. tout le monde respecte les règles et les procédures.

_____ 13. on accepte l'autorité inhérente à un poste de leader.

_____ 14. les travailleurs sont loyaux à l'égard de leur supérieur.

_____ 15. les gens font ce qu'on leur demande.

_____ 16. les travailleurs s'adressent à leur supérieur avant de consulter un échelon plus élevé.

Résultat

Faites le total de vos points et inscrivez-le ici : _____.

Interprétation

Ce test mesure votre préférence, en matière de structure organisationnelle, pour le modèle *organique* ou le modèle *mécaniste* (voir le chapitre 17). Un résultat très élevé (au-dessus de 64) indique votre attirance pour une structure mécaniste, tandis qu'un résultat inférieur à 48 vous classe plutôt parmi les tenants d'une structure organique. Entre 48 et 64, vous n'avez pas une attirance marquée pour l'un ou l'autre des modèles et vous pourriez être à l'aise dans l'une ou l'autre de ces structures organisationnelles.

Ces préférences en matière de structure organisationnelle constituent une question importante dans les nouveaux milieux de travail. Tout semble indiquer que les organisations modernes optent de plus en plus pour les caractéristiques du modèle organique. On peut donc présumer que ceux d'entre nous qui y travaillent ou y travailleront devront être à l'aise dans un tel type de structure.

TEST 22

QUELLE EST LA CULTURE QUI VOUS CONVIENT?[19]

Marche à suivre

Entourez le chiffre correspondant à la culture organisationnelle qui vous conviendrait le mieux.

1. Une culture qui valorise le talent, l'esprit d'entreprise et la réussite plutôt que l'engagement, qui est généreuse dans ses rétributions financières et qui reconnaît les réalisations individuelles.

2. Une culture qui met l'accent sur la loyauté, sur le fait de travailler pour le bien du groupe et sur l'établissement de nombreux contacts professionnels et qui valorise les *généralistes* et un cheminement de carrière progressif.

3. Une culture qui offre peu de sécurité d'emploi, qui fonctionne avec une mentalité de survivant, qui considère que tout individu peut faire la différence et qui cherche à saisir les occasions s'offrant à elle.

4. Une culture qui valorise les relations à long terme, qui met l'accent sur un cheminement de carrière systématique, qui favorise la formation régulière et qui privilégie un système de promotion fondé sur l'acquisition d'une expertise fonctionnelle.

Résultat

Ces descriptions correspondent aux quatre types différents de cultures organisationnelles : 1 = l'équipe de baseball ; 2 = le club ; 3 = la forteresse ; 4 = l'académie.

Interprétation

La réussite de votre future carrière pourrait, dans une certaine mesure, dépendre d'un emploi dans une organisation dont la culture s'accorderait bien avec vos valeurs. Ce test pourrait vous aider à distinguer les diverses cultures organisationnelles dominantes, à évaluer leur capacité de répondre à vos attentes ainsi qu'à prendre conscience du fait que ces dernières peuvent changer avec le temps. Ainsi, une personne qui aime prendre des risques ne serait sans doute pas à sa place dans un *club*, mais s'intégrerait sans problème dans une *équipe de baseball*. Quelqu'un qui est à l'affût de tous les débouchés possibles n'apprécierait pas une *université*, mais se sentirait bien au sein d'une *forteresse*.

GLOSSAIRE

Accommodation (p. 427) Stratégie de gestion des conflits par laquelle on aplanit les divergences et on se concentre sur les ressemblances et les points d'entente

Activité de leadership liée aux relations (p. 254) Activité qui permet à une équipe de maintenir sa cohésion et sa vitalité en tant qu'entité sociale en évolution

Activité de leadership liée aux tâches (p. 253) Activité qui contribue directement à l'accomplissement des tâches importantes incombant à un groupe

Adaptation externe (p. 478) Capacité de l'organisation d'atteindre ses objectifs et de composer avec les forces de l'environnement; plus précisément, elle concerne les tâches à accomplir ainsi que les méthodes à employer pour atteindre les objectifs organisationnels et, le cas échéant, pour assumer les succès et les échecs

Adhocratie (p. 559) Structure organisationnelle caractérisée par: la rareté des politiques, procédures et directives; une décentralisation marquée; un processus décisionnel participatif; une spécialisation horizontale poussée; un petit nombre de paliers hiérarchiques; l'absence quasi totale de mécanismes de contrôle formels

Affect (p. 72) Terme générique qui englobe un large éventail de sentiments que les individus sont susceptibles d'exprimer

Affectivité négative (p. 75) Tendance à être, la plupart du temps, démoralisé

Affectivité positive (p. 75) Tendance à être continuellement positif

Affrontement (p. 427) Stratégie de gestion des conflits par laquelle la victoire revient à celle des parties qui réussit à s'imposer par sa force, par la supériorité de ses compétences ou par son influence

Agent de changement (p. 444) Individu ou groupe qui prend en charge la modification des schèmes de comportement d'une personne ou d'un système social

Alliance interentreprises (p. 568) Rapprochement stratégique d'entreprises indépendantes sous forme d'accords de coopération ou de coparticipation

Ambiguïté de rôle (p. 255) Situation où une personne a des incertitudes quant à ce qu'on attend d'elle

Anarchie contrôlée (ou **anarchie organisée**) (p. 364) Climat qui règne dans une organisation ou une division durant une période de transition caractérisée par des changements très rapides et un manque de hiérarchie légitimée et de collégialité

Apprentissage (p. 24) Changement durable du comportement résultant de l'expérience

Apprentissage continu (p. 24) Diversité de situations par lesquelles le membre d'une organisation enrichit chaque jour son expérience

Apprentissage organisationnel (p. 24) Processus d'acquisition de connaissances et d'utilisation de l'information qui permet aux organisations et à leurs membres de s'adapter aux circonstances

Apprentissage social (p. 112) Processus qui consiste à acquérir un comportement, notamment en observant et en imitant autrui

Approche décisionnelle satisfaisante (p. 368) Approche selon laquelle le décideur choisit la première possibilité qui lui semble donner une solution satisfaisante ou acceptable à un problème donné

Approche de la contingence (p. 8) Approche qui consiste à tenter de répondre aux besoins de gestion en tenant compte des particularités du contexte

Aptitude (p. 63) Prédisposition à apprendre; capacité potentielle

Arbitrage (p. 435) Processus de règlement des différends par lequel un tiers neutre agit comme arbitre et, après avoir entendu les arguments respectifs des parties, prend une décision par laquelle celles-ci sont liées

Attentes (p. 145) Dans la théorie des attentes, probabilité, aux yeux de l'individu, que les efforts investis dans l'exécution d'une tâche se traduisent par un niveau de rendement donné

Attitude (p. 82) Prédisposition à réagir positivement ou négativement à une situation donnée ou à l'endroit d'une personne en particulier

Attribution (p. 108) Processus par lequel un individu tente de comprendre les causes d'un évènement, de départager les responsabilités et d'évaluer les qualités personnelles des gens qui ont joué un rôle

Autoévaluation (p. 202) Processus par lequel le travailleur porte un jugement sur son propre rendement

Automatisation (p. 170) Procédé qui substitue des machines aux travailleurs pour l'exécution de certaines tâches

Autoritarisme (p. 50) Tendance à adhérer scrupuleusement à des valeurs traditionnelles, à obéir à l'autorité établie et à privilégier la fermeté et le pouvoir

Besoin d'accomplissement (p. 137) Dans la théorie des besoins acquis, désir de faire mieux et plus efficacement, de résoudre des problèmes ou de maîtriser des tâches complexes

Besoin d'affiliation (p. 137) Dans la théorie des besoins acquis, désir d'établir et d'entretenir des relations chaleureuses avec autrui

Besoin de pouvoir (p. 137) Dans la théorie des besoins acquis, désir d'exercer son emprise sur les autres, d'influencer leur comportement ou d'en être responsable

Besoins de développement (p. 136) Dans la théorie ERD, besoins liés au désir d'épanouissement et d'accomplissement

Besoins d'ordre inférieur (p. 135) Dans la théorie de la hiérarchie des besoins de Maslow, besoins physiologiques, besoin de sécurité et besoins sociaux

Besoins d'ordre supérieur (p. 135) Dans la théorie de la hiérarchie des besoins de Maslow, besoin d'estime et besoin de réalisation de soi

Besoins existentiels (p. 136) Dans la théorie ERD, besoins liés au désir de bien-être physique et matériel

Besoins relationnels (p. 136) Dans la théorie ERD, besoins liés au désir de relations interpersonnelles satisfaisantes

Bien-être (p. 468) État de satisfaction du corps et de l'esprit qui passe par une bonne santé physique et mentale et qui permet de mieux résister au stress

Blogue (p. 391) Site Web dans lequel une personne communique son point de vue sur des évènements et ses opinions

Bon stress (ou **eustress**) (p. 461) Stress ayant des effets bénéfiques tant pour l'individu que pour l'organisation

Bruit parasite (p. 389) Toute perturbation qui interfère dans la transmission du message et interrompt le processus de communication

Bureaucratie (p. 532) Forme d'organisation, idéale selon le sociologue allemand Max Weber, qui s'appuie sur l'autorité, la logique et l'ordre, et dont la division du travail, le contrôle hiérarchique, l'avancement au mérite, les possibilités de carrière à long terme et une gestion fondée sur des directives constituent les fondements

Canal de communication (p. 389) Voie empruntée pour la transmission d'un message (rencontre en personne, téléphone, lettre, note de service, courriel, messagerie vocale, etc.)

Canal de communication formel (p. 390) Canal de communication qui suit la ligne d'autorité établie par la structure hiérarchique

Canal de communication informel (p. 391) Canal de communication qui emprunte d'autres voies que la ligne d'autorité établie par la structure hiérarchique

Capacité (p. 63) Faculté d'accomplir les tâches inhérentes à un poste donné

Caractéristique sociodémographique (p. 53) Variable qui reflète la situation sociale d'un individu (âge, sexe, etc.) et qui influe sur son devenir

Causalité (p. 582) Relation entre deux variables dont l'une est la cause et l'autre, l'effet

Centralisation (p. 523) Concentration du pouvoir décisionnel aux échelons supérieurs de la hiérarchie organisationnelle

Cercle de qualité (p. 262) Groupe de travailleurs qui se rencontrent régulièrement pour trouver des moyens d'améliorer continuellement la qualité des activités et des produits au sein de leur organisation

Changement non planifié (p. 444) Changement qui survient spontanément ou par hasard, sans l'intervention d'un agent de changement

Changement planifié (p. 444) Changement qui résulte des efforts délibérés d'un agent de changement en réaction à un écart de rendement perçu

Changement transformateur (p. 443) Révision majeure des caractéristiques fondamentales d'une organisation

Classement (p. 198) Méthode comparative d'évaluation du rendement selon laquelle on classe les personnes évaluées de la meilleure à la moins bonne pour chaque aspect du rendement visé par l'évaluation

Cohésion (p. 256) Intensité du désir des membres d'une équipe d'appartenir à ce groupe et de leur motivation à y maintenir une participation active

Communication (p. 388) Processus d'émission et de réception de messages porteurs de sens

Communication efficace (p. 395) Communication où le sens donné par l'émetteur à son message et le sens saisi par le récepteur sont pratiquement identiques

Communication efficiente (p. 395) Communication qui offre le meilleur rapport possible entre le coût en ressources et les résultats

Communication non verbale (p. 395) Communication qui passe, notamment, par l'expression faciale, le regard, la position du corps ou la mimique

Communication organisationnelle (p. 392) Processus par lequel l'information circule et s'échange de façon descendante, ascendante et horizontale à travers les structures formelles et informelles d'une organisation

Comparaison par paires (p. 199) Méthode comparative d'évaluation du rendement selon laquelle on compare chaque travailleur à chacun de ses collègues évalués

Compétence conceptuelle (p. 21) Aptitude qui contribue à l'analyse et à la résolution des problèmes complexes

Compétence humaine (p. 21) Aptitude qui permet de bien travailler avec d'autres

Compétence technique (p. 19) Aptitude à effectuer certaines tâches spécialisées

Complexité de l'environnement (p. 564) Ampleur des problèmes et des occasions que présente l'environnement organisationnel immédiat et global, telle que la révèlent trois variables majeures : sa richesse, l'étroitesse de ses liens d'interdépendance avec l'organisation et le degré d'incertitude qu'il génère

Comportement organisationnel (p. 5) Étude du comportement des individus et des groupes au sein des organisations

Composante affective d'une attitude (p. 82) Sentiment particulier qu'éprouve l'individu à l'égard de quelqu'un ou de quelque chose ; attitude elle-même

Composante cognitive d'une attitude (p. 82) Ensemble des croyances, des opinions, des connaissances et des informations que possède un individu, et qui engendre l'attitude ; antécédents de l'attitude

Composante comportementale d'une attitude (p. 83) Intention de comportement ou prédisposition à agir d'une façon donnée résultant d'une attitude

Compromis (p. 427) Stratégie de gestion des conflits par laquelle chaque partie cède à l'autre sur un point important

Conception de poste (p. 161) Planification et spécification des tâches inhérentes à un poste, et détermination des conditions dans lesquelles s'accomplissent ces tâches

Conception organisationnelle (p. 550) Processus qui consiste à déterminer la structure appropriée à l'organisation et à la mettre en œuvre

Concordance de statut (p. 226) Situation où la position d'une personne dans un groupe correspond à celle qu'elle occupe à l'extérieur du groupe

Conditionnement opérant (ou **conditionnement instrumental**) (p. 114) Processus qui vise à influer sur le comportement en manipulant ses conséquences

Conditionnement répondant (ou **conditionnement pavlovien**) (p. 113) Forme d'apprentissage par association qui fait appel à la manipulation de stimuli pour influencer le comportement

Conflit (p. 415) Désaccord sur des questions de fond ou des frictions résultant de problèmes relationnels entre des individus ou des groupes

Conflit constructif (p. 418) Conflit qui a des retombées positives pour les individus, les groupes ou l'organisation

Conflit de fond (p. 415) Désaccord fondamental sur les objectifs à poursuivre ou sur les moyens d'y parvenir

Conflit de rôle (p. 255) Situation où une personne ne parvient pas à répondre aux attentes liées à son rôle parce qu'elles sont contradictoires ou incompatibles

Conflit destructeur (p. 418) Conflit qui a des retombées négatives pour les individus, les groupes ou l'organisation

Conflit émotionnel (p. 415) Problème relationnel qui se manifeste, notamment, par des sentiments de colère, de méfiance, d'animosité, de crainte et de rancune

Conflit intergroupes (p. 417) Conflit qui oppose deux groupes ou plus

Conflit interorganisationnel (p. 417) Conflit qui oppose deux organisations ou plus

Conflit interpersonnel (p. 417) Conflit qui oppose deux individus ou plus

Conflit intrapersonnel (p. 416) Déchirement intérieur découlant d'un choix qu'une personne a à faire ; ou encore déchirement intérieur issu de l'incompatibilité, réelle ou perçue, entre les attentes ou les objectifs d'une personne, d'une part, et les attentes qu'on entretient à son égard ou les objectifs qu'on lui fixe, d'autre part

Conglomérat (p. 534) Société formée par la concentration de plusieurs organisations exerçant des activités diversifiées sans rapport entre elles

Congruence des valeurs (p. 37) Situation où des individus disent avoir la satisfaction d'être en contact avec d'autres personnes dont les valeurs sont similaires aux leurs

Conscience éthique (p. 22) Conscience enrichie qui incite la personne à s'interroger systématiquement sur la valeur éthique de ses comportements

Consensus (p. 233) Décision de groupe appuyée par la plupart des membres et à laquelle les autres acceptent de se rallier

Consolidation d'équipe (p. 249) Série d'actions planifiées visant à recueillir et à analyser des données sur le fonctionnement d'une équipe, puis à amorcer des changements pour faciliter la collaboration entre les membres et améliorer l'efficacité opérationnelle de l'équipe

Consolidation des relations inter-équipes (p. 500) Méthode de développement organisationnel qui vise à améliorer les relations de travail entre deux ou plusieurs groupes et, du même coup, leur efficacité respective

Consultation sur le fonctionnement du groupe (p. 500) Méthode de développement organisationnel qui vise l'amélioration des modes de fonctionnement du groupe et qui porte, entre autres, sur sa cohésion, ses normes, ses processus décisionnels, ses modes de communication, ses conflits internes, ainsi que sur les activités de leadership liées aux relations et aux tâches

Contagion émotionnelle (p. 79) Transfert des émotions d'une personne à une autre

Contexte décisionnel de certitude (p. 363) Contexte dans lequel les décideurs disposent de suffisamment d'information pour prévoir les résultats de chacune des actions qu'ils envisagent

Contexte décisionnel de risque (p. 363) Contexte dans lequel les décideurs n'ont pas de certitude absolue quant aux résultats des diverses actions qu'ils envisagent, mais où ils connaissent les probabilités qui y sont associées

Contexte décisionnel d'incertitude (p. 364) Contexte dans lequel les décideurs disposent de si peu d'information qu'il leur est impossible d'évaluer les probabilités associées aux résultats des actions qu'ils envisagent

Contrainte (p. 427) Stratégie de gestion des conflits par laquelle l'une des parties, s'appuyant sur son autorité hiérarchique, impose sa solution et spécifie les gains et les pertes de chacune

Contre-culture (p. 481) Philosophie et valeurs propres à un groupe, qui se définissent par opposition à la culture dominante de l'organisation

Contrôle (p. 519) Ensemble de mécanismes qui servent à maintenir les activités et la production d'une organisation dans des limites prédéterminées

Contrôle des processus (p. 520) Ensemble de mécanismes de contrôle organisationnel qui spécifient la façon dont les tâches doivent être accomplies

Contrôle des résultats (p. 519) Ensemble de mécanismes de contrôle organisationnel qui consistent à fixer des critères d'évaluation et des objectifs, à évaluer les résultats par rapport à ces critères et objectifs et, au besoin, à instaurer des mesures correctives

Contrôler (p. 17) Surveiller le rendement et prendre les mesures correctives qui s'imposent

Coordination (p. 529) Ensemble des mécanismes qu'utilise l'organisation pour établir un agencement cohérent des activités de ses diverses unités

Créativité (p. 372) Dans le processus décisionnel, capacité d'élaborer des réponses originales et ingénieuses aux problèmes ou aux occasions qui se présentent

Croyance (p. 82) Idée qu'entretient l'individu sur une personne ou sur une situation, et la conclusion à laquelle mène cette idée

Culture à contexte pauvre (p. 400) Culture où les locuteurs ont tendance à être très explicites dans leur utilisation du discours ou de l'écrit, le message étant en grande partie transmis par les mots utilisés plutôt que par le contexte

Culture à contexte riche (p. 400) Culture où les locuteurs ont tendance à ne transmettre par les mots qu'une partie du message, le reste devant être interprété selon la situation, le langage corporel ou d'autres indices contextuels

Culture organisationnelle (ou **culture d'entreprise**) (p. 12 et 478) Ensemble des attitudes, des valeurs et des croyances communes qu'acquièrent les membres d'une organisation et qui guident leur comportement

Cycle positif (p. 570) Phénomène caractérisé par une adaptation réussie de l'organisation, suivie d'autres améliorations

Décentralisation (p. 523) Délégation du pouvoir décisionnel aux échelons inférieurs de la hiérarchie organisationnelle

Décision collective (ou **décision consensuelle**) (p. 378) Décision prise par l'ensemble des membres d'un groupe

Décision non programmée (p. 365) Décision qui répond à un problème par une solution conçue sur mesure

Décision par association (p. 365) Décision qui répond vaguement à un problème ennuyeux et récurrent par une solution qui, bien qu'elle n'ait pas été conçue spécifiquement pour le résoudre, peut y être associée

Décision par consultation (p. 378) Décision que prend un responsable après avoir demandé l'avis des membres de son groupe

Décision par voie d'autorité (p. 378) Décision que prend un responsable en s'appuyant sur l'information dont il dispose, sans que les membres de son groupe participent

Décision programmée (p. 365) Décision qui répond à un problème par une solution uniformisée ayant fait ses preuves

Décristallisation (p. 447) Étape préliminaire du changement planifié, durant laquelle des attitudes et des comportements présents sont remis en question pour que le besoin de changement soit clairement ressenti

Développement organisationnel (DO) (p. 496) Approche globale de changement planifié, s'appuyant sur les connaissances issues des sciences du comportement, conçue pour améliorer à long terme la capacité d'adaptation des organisations aux changements de l'environnement ainsi que leur efficacité dans la résolution des problèmes internes

Diriger (p. 17) Insuffler au personnel de l'enthousiasme et de l'ardeur au travail

Dissonance cognitive (p. 84) Malaise que ressent l'individu lorsqu'il y a contradiction entre son attitude et son comportement

Dissonance émotionnelle (p. 76) Écart susceptible de survenir entre les émotions qu'on ressent et celles qu'on projette

Diversité de la main-d'œuvre (p. 14) Différences de sexe, de race, d'origine ethnoculturelle, d'âge, d'état physique et mental, ou d'orientation sexuelle au sein de la main-d'œuvre

Dogmatisme (p. 50) Tendance à percevoir le monde comme une source de menaces et à tenir l'autorité légitime pour absolue

Dynamique de groupe (p. 227) Phénomènes psychosociaux qui influent sur les relations personnelles et professionnelles des membres du groupe

Dynamique de la personnalité (p. 46) Façon dont l'individu intègre et organise toutes les composantes et tous les traits de sa personnalité (traits sociaux, traits relatifs à la conception personnelle du monde, traits d'adaptation affective)

Dynamique intergroupes (p. 229) Ensemble des phénomènes relationnels entre deux groupes ou plus

Écart de rendement (p. 444) Écart entre le rendement constaté et le rendement désiré

Échelle d'évaluation comportementale (p. 201) Méthode de mesure absolue du rendement selon laquelle, après avoir recensé une série de comportements observables dans un emploi donné, on établit une échelle constituée de comportements typiques précis qui servent de références, chacun correspondant à un niveau de rendement

Échelle d'évaluation graphique (p. 199) Méthode de mesure absolue qui permet d'évaluer le rendement selon divers aspects qu'on estime liés à un rendement satisfaisant dans un poste donné ; l'appréciation relative à chacun de ces critères est indiquée sur une échelle

Écoute active (p. 397) Façon d'écouter qui aide l'émetteur à exprimer ce qu'il veut vraiment dire

Effet de complaisance (p. 110) Tendance à nier sa responsabilité personnelle en cas d'échec et à s'attribuer le mérite d'un succès

Effet de contraste (p. 106) Erreur de perception qui peut se manifester dans une situation où les caractéristiques d'un individu tranchent avec celles d'autres individus rencontrés un peu plus tôt et évalués nettement plus favorablement ou défavorablement

Effet de halo (p. 104) Erreur de perception qui consiste à se faire une impression générale d'une personne ou d'une situation en se basant sur une seule de ses caractéristiques

Effet de récence (p. 205) Dans l'évaluation du rendement, erreur par laquelle l'évaluateur, obnubilé par des évènements récents, occulte des faits antérieurs qu'il devrait prendre en considération

Effet de sévérité (p. 204) Dans l'évaluation du rendement, erreur par laquelle l'évaluateur tend à accorder des notes exagérément faibles à la quasi-totalité des personnes évaluées

Effet des stéréotypes (p. 205) Dans l'évaluation du rendement, erreur par laquelle l'évaluateur laisse ses préjugés personnels touchant certaines caractéristiques sociodémographiques, comme l'origine ethnoculturelle, l'âge, le sexe ou les handicaps, influer sur son évaluation

Effet de tendance centrale (p. 204) Dans l'évaluation du rendement, erreur par laquelle l'évaluateur tend à accorder à toutes les personnes qu'il évalue des notes tournant autour de la moyenne

Effet d'indulgence (p. 204) Dans l'évaluation du rendement, erreur par laquelle l'évaluateur tend à accorder des notes exagérément élevées à la quasi-totalité des personnes évaluées

Effet « motus » (p. 403) Phénomène qui consiste à rester bouche cousue par politesse ou par réticence à transmettre une mauvaise nouvelle

Efficacité fonctionnelle (p. 16) Rendement quantitatif et qualitatif d'une unité de travail par rapport aux objectifs fixés

Élargissement des tâches (p. 163) Approche de la conception de poste selon laquelle on augmente la diversité des tâches en confiant au titulaire du poste un plus grand nombre de tâches différentes, sans pour autant augmenter le degré de difficulté des tâches, ni le niveau de responsabilité du poste

Émotion (p. 72) Sentiment intense à l'endroit de quelqu'un ou de quelque chose

Émotion liée à la conscience de soi (p. 74) Émotion qui aide l'individu à réguler ses rapports avec les autres et à y demeurer attentif

Émotion sociale (p. 75) Émotion fondée sur une information extérieure à l'individu

Énoncé de mission (p. 509) Déclaration écrite qui décrit la raison d'être d'une organisation

Enquête (p. 585) Protocole de recherche qui repose sur un questionnaire et qui vise à décrire ou à prédire un phénomène

Enquête de rétroaction (p. 499) Méthode de développement organisationnel qui repose sur une collecte de données au moyen d'un questionnaire adressé à tous les membres de l'organisation ou à un échantillon représentatif

Enrichissement des tâches (p. 164) Approche de la conception de poste selon laquelle on rehausse la nature du travail en ajoutant aux fonctions d'exécution des fonctions de planification, d'organisation et de contrôle traditionnellement attribuées à des cadres

Entrevue (p. 585) Technique de collecte de données qui repose sur un entretien, en personne, au téléphone ou par l'entremise de systèmes informatisés, durant lequel les répondants sont interrogés sur divers sujets d'intérêt

Épopée (p. 487) Récit légendaire qui raconte les exploits du héros

Épuisement professionnel (p. 463) Syndrome d'épuisement physique et émotionnel qui résulte de conditions de travail stressantes et qui se manifeste, notamment, par la perte d'intérêt envers le travail, des attitudes négatives au travail et un faible sentiment d'accomplissement personnel

Équipe (p. 245) Petit groupe de travailleurs aux compétences complémentaires collaborant activement à l'atteinte d'un objectif commun, dont ils se considèrent comme collectivement responsables

Équipe de résolution de problèmes (p. 260) Groupe de travailleurs qui se rencontrent régulièrement pour se pencher sur des questions organisationnelles d'importance

Équipe interfonctionnelle (p. 262) Équipe au sein de laquelle sont réunis, pour travailler à une tâche commune, des membres qui occupent diverses fonctions dans l'organisation

Équipe semi-autonome (p. 264) Équipe de travail qui a la latitude nécessaire pour planifier, organiser et évaluer ses tâches

Équipe virtuelle (ou **cybergroupe**) (p. 220) Équipe dont les membres se réunissent et travaillent ensemble à distance, grâce aux technologies de l'information et des communications (TIC)

Erreur de faible différenciation (p. 204) Dans l'évaluation du rendement, erreur par laquelle l'évaluateur, victime de l'effet d'indulgence, de l'effet de sévérité ou de l'effet de tendance centrale, n'utilise qu'une petite partie de l'échelle d'évaluation

Erreur fondamentale d'attribution (p. 110) Tendance à sous-estimer l'influence des facteurs externes et à surestimer celle des facteurs internes lorsqu'on évalue le comportement d'autrui

Espoir (p. 342) Tendance à envisager des voies de rechange pour atteindre ce qu'on désire

Esprit de clocher (p. 399) Tendance à présumer que les façons de faire de sa propre culture sont universelles

Étalonnage concurrentiel (p. 547) Procédé qui s'inscrit dans une démarche d'amélioration continue et qui consiste, pour une organisation, à comparer ses produits, ses services ou ses méthodes avec ceux de ses concurrents les plus sérieux et des chefs de file dans son champ d'activité

Ethnocentrisme (p. 399) Tendance à penser que les façons de faire de sa propre culture sont les seules valables

Étude de cas (p. 584) Protocole de recherche qui repose sur l'analyse en profondeur d'une ou de quelques unités (individu, milieu, organisation, évènement, etc.)

Évaluation du rendement (p. 198) Processus qui permet d'évaluer systématiquement le rendement quantitatif et qualitatif des membres du personnel, et de leur fournir une rétroaction sur laquelle ils pourront se baser pour apporter des améliorations

Évaluation par incidents critiques (p. 200) Méthode de mesure absolue du rendement selon laquelle on consigne dans un registre des incidents critiques liés au comportement du travailleur : succès ou échecs sortant de l'ordinaire et touchant diverses dimensions du rendement

Évaluation par les pairs (p. 202) Processus par lequel les collègues membres de son équipe de travail ou ceux qui occupent un poste semblable au sien portent un jugement sur le rendement d'un travailleur

Éventail de subordination (ou **effectif sous responsabilité directe**) (p. 516) Nombre d'individus qui dépendent d'un même supérieur hiérarchique

Évitement (ou **fuite**) (p. 427) Stratégie de gestion des conflits par laquelle tout un chacun élude le problème en se comportant comme s'il n'existait pas

Expérimentation en laboratoire (p. 583) Protocole de recherche par lequel, dans un milieu artificiel, les chercheurs manipulent une ou des variables indépendantes dans des conditions rigoureusement contrôlées

Expérimentation sur le terrain (p. 584) Protocole de recherche comprenant une expérience qui se déroule dans un milieu naturel, par lequel les chercheurs manipulent une ou des variables indépendantes en s'efforçant de contrôler la situation aussi rigoureusement que possible

Extinction (p. 120) Stratégie de modification du comportement qui consiste dans le retrait du renforçateur afin d'atténuer ou d'éliminer le comportement qui était encouragé jusque-là

Facilitation sociale (p. 219) Tendance du comportement individuel à être modifié par le simple fait de la présence d'autres gens

Façonnement (p. 117) Stratégie de renforcement qui consiste à modeler un nouveau comportement par le renforcement positif d'essais successifs conduisant peu à peu au comportement désiré

Facteur de stress (p. 456) Agent de stress

Facteurs d'hygiène (ou **facteurs d'ambiance**) (p. 138) Dans la théorie bifactorielle, facteurs associés au cadre de travail et déterminant le degré d'insatisfaction professionnelle

Facteurs moteurs (p. 138) Dans la théorie bifactorielle, facteurs associés à la nature même du travail et déterminant le degré de satisfaction professionnelle

Fiabilité (p. 582) Qualité d'un instrument de mesure qui donne des résultats constants et stables

Formalisation (p. 521) Mécanisme de contrôle des processus qui consiste à présenter par écrit les politiques, procédures et directives de l'organisation

Fusillade (p. 405) Échanges de propos enflammés dans le cyberespace

Gestion du rendement (p. 194) Processus impliquant la mesure du rendement et devant mener à la prise de décisions conséquentes dans la gestion des ressources humaines

Gestionnaire (p. 16) Au sein d'une organisation, personne dont la tâche consiste à soutenir les efforts déployés par d'autres

Gestionnaire efficace (p. 16) Gestionnaire qui aide le personnel à atteindre à la fois un rendement excellent et un degré élevé de satisfaction personnelle

Gestion par déambulation (p. 404) Stratégie de gestion qui consiste, pour le gestionnaire, à sortir régulièrement de son bureau pour aller parler à ses subordonnés à leur poste de travail

Gestion par objectifs (GPO) (p. 152) Mode de gestion qui repose essentiellement sur la fixation conjointe d'objectifs par le supérieur et le subordonné

Gouvernance organisationnelle (p. 302) Système mis en place par la direction en matière d'autorité, d'influence et de normes de comportement des gestionnaires

Greffage (p. 548) Processus d'acquisition d'individus, d'unités ou d'organisations visant à accroître le savoir de l'organisation qui s'en porte acquéreur

Grille du leadership de Blake et Mouton (p. 318) Modèle comportemental du leadership conçu par Robert Blake et Jane Mouton, qui permet d'apprécier le leader par rapport à son orientation vers les personnes ou vers les tâches et de le situer dans une grille dont l'abscisse (intérêt envers la tâche) et l'ordonnée (intérêt envers autrui) présentent chacune neuf graduations

Groupe (p. 216) Ensemble constitué d'au moins deux personnes qui collaborent régulièrement à l'atteinte d'objectifs communs

Groupe efficace (p. 217) Groupe caractérisé par un rendement élevé, la satisfaction professionnelle de ses membres et la viabilité de l'équipe

Groupe formel (p. 219) Groupe désigné officiellement pour assumer un rôle précis au sein d'une organisation

Groupe informel (p. 221) Groupe qui se forme spontanément, au gré des relations personnelles ou pour répondre à certains domaines d'intérêt communs de ses membres, sans l'intervention ou sans l'appui officiel de l'organisation

Habilitation (p. 288) Processus par lequel le gestionnaire accorde un pouvoir décisionnel accru aux membres de son personnel, permettant ainsi à ces derniers de prendre les décisions qui les concernent directement et qui ont certaines répercussions sur leur travail

Heuristique (p. 371) Stratégie ou procédé simplificateur utilisé dans la prise de décision

Heuristique de l'accessibilité mentale (p. 372) Procédé qui consiste à juger un évènement présent à la lumière des situations passées qui reviennent le plus facilement à la mémoire

Heuristique de la représentativité (p. 372) Procédé qui consiste à évaluer la probabilité d'un évènement sur la base des similitudes qu'il présente avec d'autres situations à propos desquelles on entretient des idées préconçues

Heuristique des données de référence (p. 372) Procédé qui consiste à évaluer un évènement présent sur la base de données provenant d'un précédent historique ou d'une source extérieure et adaptées aux circonstances actuelles

Horaire de travail variable (p. 174) Aménagement du temps qui laisse aux travailleurs une certaine latitude quant à leur horaire de travail quotidien, leur permettant, notamment, de choisir à leur convenance leurs heures d'arrivée et de départ

Humeur (p. 72) Sentiment moins intense que les émotions, mais de plus longue durée, qui ne résulte généralement pas d'un stimulus contextuel

Hypothèse de recherche (p. 581) Supposition quant à l'existence d'une relation entre deux ou plusieurs variables, qu'on va tenter de confirmer, d'infirmer ou de nuancer grâce à la recherche

Image de soi (p. 46) Conception que chacun se fait de son identité sociale, physique, spirituelle et morale

Imitation (p. 546) Procédé qui consiste, pour une organisation, à reproduire des pratiques qui ont démontré leur efficacité dans d'autres organisations

Inclusion (p. 16) Mesure dans laquelle une organisation respecte et valorise la diversité, en s'ouvrant à quiconque se montre capable d'accomplir adéquatement son travail, quelles que soient les différences qui pourraient caractériser la personne

Indice du potentiel de motivation (IPM) (p. 165) Indice qui permet de déterminer dans quelle mesure les caractéristiques fondamentales d'un emploi le rendent stimulant pour son titulaire

Influence (p. 275) Effet sur autrui du pouvoir qu'exerce un individu; réaction comportementale à l'exercice du pouvoir

Innovation (p. 544) Processus qui consiste à générer et à appliquer des idées nouvelles

Innovation en matière de procédés (p. 544) Mise au point de méthodes de travail ou d'activités d'exploitation nouvelles et améliorées

Innovation en matière de produits (p. 544) Mise en marché de produits (biens ou services) nouveaux et améliorés afin de mieux répondre aux besoins de la clientèle

Insatisfaction professionnelle (p. 84) Sentiment négatif que le travailleur éprouve, à divers degrés, à l'égard de son emploi et de son milieu de travail

Instauration du changement (p. 447) Étape intermédiaire du changement planifié, durant laquelle l'agent de changement prend des mesures pour transformer la situation en modifiant des paramètres comme les tâches, la structure, la technologie ou l'effectif de l'organisation

Instrumentalité (p. 145) Dans la théorie des attentes, probabilité, aux yeux de l'individu, que le rendement atteint se traduise par une juste récompense

Insuffisance de rôle (p. 255) Situation où les attentes à l'égard d'une personne sont trop faibles et où celle-ci se sent sous-utilisée

Intégration interne (p. 480) Capacité des membres de l'organisation de se donner une identité collective et d'harmoniser leurs façons de travailler ensemble et de se côtoyer

Intelligence artificielle (p. 366) Simulation par ordinateur du fonctionnement du cerveau d'un expert humain

Intelligence culturelle (p. 40) Capacité de reconnaître et de comprendre les traits propres à une culture, et d'agir efficacement en situation interculturelle

Intelligence émotionnelle (IE) (p. 21) Capacité de se connaître et de gérer efficacement ses propres émotions, ainsi que ses relations avec autrui

Intuition (p. 369) Faculté de connaître ou de déceler rapidement et sans hésiter les possibilités d'une situation donnée

Jeu en profondeur (p. 77) Tentative de modifier ses sentiments intimes selon des règles de présentation de soi

Jeu en surface (p. 77) Dissimulation de ses sentiments intimes et renoncement à exprimer ses émotions en réponse à des règles de présentation de soi

Jeu politique en milieu organisationnel (p. 292) Selon la perspective : (1) exercice du pouvoir pour parvenir à des fins que l'organisation désapprouve ou pour obtenir des résultats qu'elle approuve, mais par des moyens qu'elle réprouve; (2) art d'élaborer des compromis originaux pour concilier des intérêts rivaux

Justice distributive (p. 143) Justice qui garantit un traitement équitable à tout être humain

Justice interactionnelle (p. 143) Justice qui garantit que les personnes sont traitées avec respect et dignité relativement aux décisions qui les touchent

Justice organisationnelle (p. 143) Mesure dans laquelle les individus perçoivent comme justes et équitables les pratiques qui existent dans leur milieu de travail

Justice procédurale (p. 143) Justice qui garantit le respect des règles et des procédures établies dans tous les cas où elles s'appliquent

Leadership (p. 313) Processus par lequel un individu exerce une influence sur d'autres personnes afin qu'elles comprennent et partagent sa vision de ce qui doit être fait et de la manière de le faire; également, processus permettant de soutenir les efforts individuels et collectifs en vue de l'atteinte d'objectifs communs

Leadership axé sur la considération pour autrui (p. 318) Type de leadership où le dirigeant, axé sur les travailleurs, est très sensible à ce que ressentent ses subordonnés et s'efforce de les satisfaire

Leadership axé sur la structuration des activités (p. 318) Type de leadership où le dirigeant, axé sur la tâche, cherche surtout à en préciser les exigences et à clarifier les autres aspects du travail

Leadership charismatique (p. 333) Type de leadership où le dirigeant, uniquement grâce à sa personnalité, parvient à exercer une influence forte et profonde sur ses subordonnés

Leadership de soutien (p. 324) Type de leadership qui accorde la priorité aux besoins et au bien-être des subordonnés et qui favorise l'instauration et le maintien d'un climat de travail amical

Leadership directif (p. 324) Type de leadership qui consiste à expliquer de manière très détaillée les tâches que les subordonnés doivent accomplir ainsi que la manière dont ils doivent le faire

Leadership fondé sur la reconnaissance (p. 332) Leadership qui découle de l'adéquation des caractéristiques d'une personne à la représentation mentale qu'ont les subordonnés du leader idéal

Leadership fondé sur l'inférence (p. 332) Leadership résultant d'un raisonnement déductif de la part des subordonnés, qui se fondent sur leur perception du résultat du groupe ou de l'organisation

Leadership orienté vers les objectifs (p. 324) Type de leadership qui met l'accent sur la fixation d'objectifs stimulants et sur l'obtention d'un rendement élevé, et qui repose sur une confiance inébranlable en la capacité des membres du groupe à atteindre les résultats visés, si ambitieux soient-ils

Leadership partagé (p. 253 et 346) Processus d'influence dynamique et interactif qui s'établit parmi les membres d'un groupe dont l'intention est de se conduire mutuellement vers l'atteinte des objectifs du groupe ou de l'organisation

Leadership participatif (p. 324) Type de leadership axé sur la consultation, où le dirigeant invite les subordonnés à lui faire part de leurs suggestions et en tient compte dans ses prises de décisions

Leadership transactionnel (p. 336) Type de leadership qui repose sur les échanges nécessaires entre le dirigeant et ses subordonnés pour atteindre au jour le jour le rendement convenu

Leadership transformateur (p. 336) Type de leadership où le dirigeant : (1) amène ses subordonnés à élargir leurs horizons, à mieux comprendre les objectifs et la mission du groupe et à se les approprier ; (2) incite les subordonnés à voir au-delà de leur propre intérêt pour envisager celui d'autrui

Lieu de contrôle externe (p. 50) Tendance de l'individu à attribuer ce qui lui arrive à des facteurs externes sur lesquels il n'a pas d'emprise

Lieu de contrôle interne (p. 50) Tendance de l'individu à attribuer ce qui lui arrive à des facteurs inhérents à sa personne et à se croire maître de sa destinée

Loi de l'effet (p. 114) Loi selon laquelle un comportement suivi d'une conséquence agréable a de fortes chances de se répéter, tandis qu'un comportement suivi d'une conséquence désagréable ne se reproduira probablement pas

Loi du renforcement contingent (p. 115) Loi selon laquelle, pour maximiser son effet renforçateur, la récompense doit être accordée seulement s'il y a manifestation du comportement souhaité

Loi du renforcement immédiat (p. 115) Loi selon laquelle, pour maximiser son effet renforçateur, la récompense doit être attribuée le plus rapidement possible après la manifestation du comportement souhaité

Machiavélisme (p. 51) Tendance à manœuvrer pour parvenir à ses fins par tous les moyens

Maîtrise situationnelle (p. 320) Marge de manœuvre dont jouit le leader pour déterminer les comportements des membres de son groupe, et capacité du leader à prévoir les retombées des actions et des décisions de ces membres

Marge de négociation (p. 432) Écart entre les montants acceptables respectifs – minimal pour l'un, maximal pour l'autre – des protagonistes d'une négociation

Mauvais stress (ou **détresse**) (p. 463) Stress ayant des effets néfastes tant pour l'individu que pour l'organisation

Médiation (p. 436) Processus de règlement des différends par lequel un tiers neutre tente, par la persuasion et des arguments rationnels, d'amener les parties à une solution négociée

Message contradictoire (p. 402) Décalage entre les mots que prononce un individu et ce que révèlent ses gestes et son langage corporel

Mesure des activités (p. 196) Évaluation du rendement par rapport aux efforts ou des moyens mis en œuvre dans le travail

Mesure des résultats (p. 196) Évaluation du rendement par rapport aux résultats du travail

Méthode de développement organisationnel (p. 499) Activité mise en œuvre par un spécialiste en développement organisationnel pour faciliter le changement organisationnel planifié et aider ceux qui y sont engagés à améliorer leur capacité de résolution de problèmes

Méthode scientifique (p. 580) Démarche de recherche qui repose essentiellement sur les quatre étapes suivantes : (1) l'élaboration de la problématique ; (2) la formulation d'une ou de plusieurs hypothèses de recherche ou d'explications sur l'objectif établi ; (3) l'élaboration d'un protocole de recherche ; (4) la collecte, l'analyse et l'interprétation des données de la recherche

Méthodes non réactives (p. 586) Techniques de recherche qui permettent de recueillir des données sans perturber la situation étudiée

Mirage du leadership (p. 331) Phénomène qui consiste à attribuer au leader des qualités et des vertus mystérieuses ou envoûtantes, presque surnaturelles

Modèle (p. 6) Vision simplifiée de la réalité, par laquelle le chercheur tente d'expliquer les phénomènes du monde réel

Modèle décisionnel classique (p. 366) Modèle selon lequel le décideur évolue dans un univers de certitude absolue

Modèle décisionnel comportemental (p. 366) Modèle selon lequel le décideur agit seulement en fonction de ce qu'il perçoit d'une situation donnée

Modèle décisionnel de la poubelle (p. 368) Modèle selon lequel les principales composantes du processus décisionnel – problèmes, solutions, intervenants et contexte décisionnel – se trouvent pêle-mêle dans la « poubelle » de l'organisation

Modèle mécaniste (ou **bureaucratie mécaniste**) (p. 533) Type de bureaucratie qui privilégie la spécialisation verticale et le contrôle, qui recourt à des modes formels de coordination et qui s'appuie fortement sur la standardisation, la formalisation, les directives, les politiques et les procédures

Modèle organique (ou **bureaucratie professionnelle**) (p. 533) Type de bureaucratie qui privilégie la spécialisation horizontale, recourt à des modes interpersonnels de coordination et réduit au minimum les directives, les politiques et les procédures

GLOSSAIRE

Mode substitutif de règlement des conflits (p. 435) Processus de règlement des différends par lequel un tiers neutre aide les parties à résoudre les impasses dans la négociation et à régler leurs litiges

Modification du comportement organisationnel (p. 114) En milieu de travail, renforcement systématique des comportements recherchés, et non-renforcement ou punition des comportements indésirables

Monitorage de soi (p. 51) Capacité qu'a un individu d'adapter son comportement aux facteurs environnementaux

Motivation au travail (p. 133) Ensemble des énergies qui sous-tendent l'orientation, l'intensité et la persistance des efforts qu'un individu consacre à son travail

Multiculturalisme (p. 15) Pluralisme et respect de la diversité et des différences individuelles dans un milieu de travail

Mythe organisationnel (p. 556) Croyance non fondée qui circule dans l'organisation et que la plupart de ses membres acceptent tacitement sans la remettre en question

Négociation (p. 428) Processus par lequel des parties qui privilégient des positions divergentes tentent de parvenir à une décision commune

Négociation de rôle (p. 500) Méthode de développement organisationnel qui permet à des individus de clarifier leurs attentes respectives et mutuelles dans le cadre de leurs relations professionnelles

Négociation distributive (p. 431) Négociation centrée sur les positions respectives des parties, chacune luttant pour maximiser ses propres gains

Négociation raisonnée (ou **négociation à gains mutuels**) (p. 431) Négociation centrée sur l'évaluation des questions à régler et des intérêts en jeu, et où toutes les parties cherchent conjointement une solution qui maximise leurs gains mutuels

Neutralisants du leadership (p. 330) Caractéristiques des subordonnés, de la tâche ou de l'organisation qui empêchent le leader d'adopter certains comportements ou annulent les effets de ses actions

Norme (p. 255) Règle de conduite ou critère de comportement que se donnent les membres d'une équipe

Objectif de production (p. 510) Objectif de l'organisation qui délimite son champ d'activité et précise les aspects généraux de son énoncé de mission

Objectif sociétal (p. 509) Objectif organisationnel relatif à la contribution que l'organisation entend apporter à l'ensemble de la société

Objectif stratégique (p. 511) Objectif de l'organisation qui énonce une condition censée accroître ses chances de survie

Observation (p. 586) Technique de collecte de données qui consiste à observer un évènement, un objet ou une personne et à en consigner ses caractéristiques

Optimisme (p. 341) Anticipation d'un résultat positif

Organigramme (p. 512) Représentation graphique de la structure formelle d'une organisation

Organisation (p. 10) Regroupement d'individus qui travaillent à un objectif commun, à savoir la production de biens et services pour la société

Organisation en réseau (p. 566) Regroupement d'entreprises en perpétuelle mutation, qui a une société à sa tête et dont les membres mettent en commun leurs compétences, leurs ressources et leur expérience afin de prospérer ensemble

Organisation parallèle (p. 499) Méthode de développement organisationnel conçue pour activer un mécanisme créatif de résolution de problèmes au cours de rencontres en petits groupes d'un échantillon représentatif de toute l'organisation

Organiser (p. 17) Répartir les tâches et distribuer les ressources en fonction des objectifs

Paresse sociale (p. 218) Phénomène qui se manifeste par une diminution du rendement des individus en situation de travail collectif

Partage de poste (p. 174) Formule qui consiste à répartir la totalité des tâches d'un poste à temps plein entre deux travailleurs ou plus, selon des horaires convenus entre eux et avec l'employeur

Parties intéressées (p. 11) Individus, groupes ou autres organisations ayant des intérêts en jeu dans l'évolution du rendement d'une organisation

Pensée de groupe (p. 235) Tendance, chez les membres de groupes où la cohésion est très forte, à perdre tout sens critique

Perception (p. 94) Processus par lequel nous sélectionnons, organisons, interprétons et récupérons l'information que nous transmet notre environnement

Perception sélective (p. 104) Tendance à privilégier une lecture de la réalité qui correspond à ses propres besoins, attentes, valeurs et attitudes, et qui amène à ne voir que certains aspects d'une situation, d'une personne ou d'un point de vue

Personnalité (p. 43) Profil global d'un individu; combinaison de traits qui font de lui un être unique dans sa manière de se comporter et d'entrer en relation avec autrui

Personnalité de type A (p. 53) Personnalité caractérisée par l'impatience, le désir de la réussite et le perfectionnisme

Personnalité de type B (p. 53) Personnalité caractérisée par un caractère calme et un faible esprit de compétition

Philosophie de gestion (p. 492) Philosophie organisationnelle qui relie les questions clés relatives aux objectifs de l'organisation aux questions clés relatives à la collaboration entre ses membres pour déterminer les méthodes générales que l'organisation devrait adopter dans la conduite de ses affaires

Piège de la confirmation (p. 372) Erreur consistant à chercher les informations qui confirment ce qu'on croit être vrai et à ignorer ou à négliger celles qui pourraient infirmer cette conviction

Piège du jugement a posteriori (p. 372) Erreur qui consiste à surestimer rétrospectivement ce qu'on aurait pu ou dû prévoir d'un évènement

Plafond de verre (p. 59) Barrière invisible qui freine l'avancement professionnel des femmes et des minorités dans les organisations

Planifier (p. 17) Fixer des objectifs et déterminer les actions à entreprendre pour les atteindre

Polyvalence (p. 265) Capacité des travailleurs d'assumer toute une variété de fonctions et de tâches

Pouvoir (p. 274) Selon la perspective: (1) capacité d'un individu à amener autrui à accomplir une tâche qu'il veut voir menée à bien; (2) outil ou ressource qui permet d'influer sur le cours des évènements

Pouvoir associé à la maîtrise des processus (p. 280) Capacité d'influer sur les méthodes de production et d'analyse

Pouvoir de coalition (p. 283) Capacité qu'a un individu d'influer indirectement sur le comportement d'autrui parce que celui-ci se sent redevable en vertu d'un intérêt collectif supérieur

Pouvoir de coercition (p. 280) Capacité qu'a un individu d'influer sur le comportement d'autrui en lui refusant les récompenses qu'il convoite ou en le punissant

Pouvoir de persuasion rationnelle (p. 282) Capacité qu'a un individu d'influer sur le comportement d'autrui en l'amenant à admettre le bien-fondé d'un objectif donné et des moyens proposés pour l'atteindre

Pouvoir de récompense (p. 280) Capacité qu'a un individu d'influer sur le comportement d'autrui en lui offrant des récompenses ou en mettant fin à une situation désagréable

Pouvoir de référence (p. 283) Capacité qu'a un individu d'influer sur le comportement d'autrui parce que celui-ci désire s'identifier à la source de pouvoir

Pouvoir de représentation (p. 281) Droit, accordé officiellement par l'organisation, de prendre la parole au nom d'un groupe éventuellement important ou de s'adresser à un tel groupe à titre de représentant de l'organisation

Pouvoir d'expertise (p. 282) Capacité qu'a un individu d'influer sur le comportement d'autrui grâce aux connaissances, à l'expérience ou au discernement qui lui sont propres, et dont d'autres, qui ne les possèdent pas, ont besoin

Pouvoir d'information (p. 280) Forme de pouvoir qui résulte de l'accès à l'information et de la mainmise qu'on a sur elle

Pouvoir légitime (p. 279) Capacité qu'a un individu d'influer sur le comportement d'autrui en s'appuyant sur l'autorité hiérarchique qu'il détient

Prise de décision (ou **processus décisionnel**) (p. 360) Processus qui consiste à choisir un plan d'action pour régler un problème ou saisir une occasion

Problématique diversité–consensus (p. 225) Phénomène selon lequel une grande diversité au sein d'un groupe tend à rendre la collaboration plus difficile, bien qu'elle augmente la somme d'aptitudes et de compétences disponibles pour la résolution des problèmes

Programme d'aide au personnel (p. 466) Programme dont le but est d'apporter un soutien aux employés qui font face à des problèmes personnels ou professionnels générateurs de stress

Programme d'augmentations salariales forfaitaires (p. 193) Système de rémunération dans lequel les travailleurs peuvent choisir de recevoir le montant de leur augmentation salariale en un ou plusieurs versements forfaitaires

Programme d'avantages sociaux à la carte (p. 194) Système de rémunération dans lequel les travailleurs peuvent choisir des avantages sociaux adaptés à leurs besoins dans un assortiment que l'entreprise propose

Programme de formation « adéquation leader-situation » (p. 323) Programme de formation où les leaders apprennent à analyser la situation dans laquelle ils se trouvent afin d'harmoniser leur indice CMA à la maîtrise situationnelle qu'elle leur confère

Programme de partage des gains de productivité (p. 190) Système de rémunération qui accorde aux travailleurs un supplément de rémunération proportionnel aux gains de productivité de l'organisation

Programme de participation aux bénéfices (p. 192) Système de rémunération qui récompense les travailleurs en liant leur rémunération à la performance globale de l'organisation

Projection (p. 105) Fait d'attribuer à autrui les caractéristiques propres à soi-même – attentes, besoins ou convictions

Prophétie qui se réalise (p. 106) Propension à susciter ou à découvrir ce à quoi on s'attend chez quelqu'un ou dans une situation donnée

Protocole de recherche (p. 583) Plan ou stratégie d'ensemble qui permettra à la recherche de vérifier la ou les hypothèses avancées, ou d'atteindre l'objectif fixé

Protocole quasi expérimental (p. 584) Protocole de recherche avec expérience se caractérisant par le fait que les sujets ne sont pas affectés au hasard à des groupes et que les variables externes échappent au contrôle parfait du chercheur

Prototype du leadership (p. 332) Représentation mentale du leader idéal

Punition (p. 119) Stratégie de modification du comportement qui consiste à attribuer des conséquences négatives à un comportement indésirable ou à éliminer des conséquences positives à la suite d'un tel comportement, afin de diminuer la probabilité que ce comportement se répète dans des conditions similaires

Questionnaire (p. 586) Instrument de collecte de données qui permet d'interroger les répondants sur leurs opinions, leurs attitudes et leurs perceptions touchant divers sujets

Questionnaire du collègue le moins apprécié (CMA) (p. 320) Instrument de mesure qui permet de déterminer si le style de leadership d'un dirigeant est axé sur les relations ou sur la tâche

Recherche-action (p. 497) Approche d'évaluation organisationnelle et de résolution de problèmes qui repose sur une collecte systématique de données, suivie d'une rétroaction qui mène à la planification des actions à entreprendre, puis de l'évaluation des résultats par la collecte et l'analyse de nouvelles données obtenues une fois le plan d'action mis en œuvre

Récompense extrinsèque (p. 188) Récompense attribuée à un individu pour un travail jugé satisfaisant

Récompense intrinsèque (p. 187) Récompense qui découle directement de l'accomplissement du travail et du rendement obtenu

Recristallisation (p. 448) Étape finale du changement planifié, durant laquelle les acquis du changement sont consolidés et assimilés à long terme

Redéfinition de poste (p. 500) Méthode de développement organisationnel qui vise à établir une adéquation durable entre les besoins et compétences d'un travailleur et les exigences de son poste

Régime d'actionnariat des employés (p. 192) Système de rémunération qui permet aux salariés d'acquérir des actions de l'entreprise pour laquelle ils travaillent et de bénéficier d'une éventuelle hausse du cours de ces actions

Règles de présentation de soi (p. 77) Normes informelles d'un groupe social donné qui déterminent dans quelle mesure il est approprié, pour ses membres, de manifester leurs émotions

Remue-méninges (p. 236) Technique d'aide à la prise de décision collective fondée sur la libre expression du plus grand nombre d'idées possible, sans critique immédiate

Rémunération au mérite (p. 190) Système de rémunération selon lequel le salaire et les augmentations des travailleurs sont directement liés à l'évaluation de leur rendement pour une période donnée

Rémunération fondée sur les compétences (p. 193) Système de rémunération qui récompense les travailleurs pour l'acquisition ou le perfectionnement d'habiletés associées à leur travail

Renforcement (p. 112) Attribution d'une conséquence à un comportement afin d'influer sur ce comportement

Renforcement continu (p. 117) Stratégie de renforcement qui consiste à récompenser le comportement souhaité chaque fois qu'il se manifeste

Renforcement intermittent (ou **partiel**) (p. 117) Stratégie de renforcement qui consiste à ne récompenser le comportement souhaité qu'occasionnellement

Renforcement négatif (ou **évitement**) (p. 119) Stratégie de modification du comportement qui consiste à faire suivre le comportement souhaité du retrait de conséquences négatives ou désagréables, ce qui tend à favoriser la répétition de ce comportement dans des conditions similaires

Renforcement positif (p. 115) Stratégie de modification du comportement qui consiste à faire suivre le comportement souhaité par des conséquences positives afin d'augmenter la probabilité de le voir se reproduire dans un contexte similaire

Répartition forcée (p. 199) Méthode comparative d'évaluation du rendement fondée sur un nombre restreint de catégories (excellent, bon, acceptable, médiocre, insatisfaisant) et selon laquelle on précise à l'évaluateur la proportion de personnes devant figurer dans chacune

Réseau de communication centralisé (p. 231) Réseau de communication dans lequel le coordonnateur du groupe centralise l'information

Réseau de communication décentralisé (p. 231) Réseau de communication dans lequel la circulation et le partage de l'information s'effectuent par communication directe entre tous les membres du groupe

Réseau de communication restreint (p. 232) Réseau de communication dans lequel les sous-groupes en présence sont en désaccord et campent sur leurs positions respectives, ce qui limite la circulation et le partage de l'information

Résilience (p. 342) Capacité à retomber sur ses pieds et à continuer d'aller de l'avant après un échec

Résistance au changement (p. 451) Tout comportement ou toute attitude indiquant le refus de soutenir ou d'apporter la modification proposée

Résolution de conflit (p. 420) Situation où les causes sous-jacentes d'un conflit ont été éliminées

Résolution de problème (p. 427) Stratégie de gestion des conflits qui s'appuie sur une collecte et une évaluation de l'information pertinente et des discussions franches entre les parties pour éliminer les antécédents du conflit

Restructuration des processus d'affaires (p. 171) Démarche d'analyse, de rationalisation et de réorganisation des modes de fonctionnement d'une organisation ainsi que des tâches requises pour atteindre ses objectifs de production

Restructuration organisationnelle (p. 499) Méthode de développement organisationnel qui consiste à modifier la structure de l'organisation ou ses principaux sous-systèmes pour en améliorer l'efficacité opérationnelle

Rétroaction (p. 390) Dans le processus de communication, message qu'adresse à son tour le récepteur d'un message à son émetteur de départ, généralement pour transmettre sa compréhension ou son interprétation de ce que ce dernier a dit ou fait

Rétroaction à 360 degrés (p. 202) Approche de l'évaluation du rendement qui ajoute aux sources internes d'information (supérieur immédiat, collègues, subordonnés) l'évaluation par la clientèle ou par d'autres personnes avec qui le travailleur est en contact à l'extérieur de son unité de travail, ainsi que l'autoévaluation

Rite (p. 488) Activité planifiée, standardisée et récurrente à laquelle on recourt à un moment précis afin d'influer sur la perception et sur le comportement des membres de l'organisation

Rituel (p. 488) Ensemble de rites

Rôle (p. 254) Ensemble d'attentes associées à un poste ou à une fonction au sein d'une équipe

Rotation des postes (p. 164) Approche de la conception de poste selon laquelle on augmente la diversité des tâches des travailleurs en les affectant périodiquement à des postes différents, sans pour autant augmenter le degré de difficulté des tâches, ni le niveau de responsabilité du poste

Satisfaction professionnelle (p. 16 et 84) Sentiment favorable qu'un individu éprouve à l'égard de son emploi et de son milieu de travail

Schème (p. 99) Cadre cognitif qui correspond à la connaissance, structurée par le temps et l'expérience, qu'a l'individu d'un concept ou d'un stimulus donné

Séance d'échange de vues (p. 499) Méthode de développement organisationnel qui sert à déterminer et à implanter rapidement les mesures susceptibles d'améliorer le fonctionnement de l'organisation

Semaine de travail comprimée (p. 173) Horaire de travail qui permet de répartir les tâches hebdomadaires d'un emploi à temps plein sur moins de cinq jours complets

Sentiment de compétence (p. 46) Conviction intime qu'un individu a de pouvoir accomplir avec succès une tâche déterminée

Simplification des tâches (p. 162) Approche de la conception de poste selon laquelle les procédés sont standardisés, et où les travailleurs sont confinés à des tâches normalisées, clairement définies et hautement spécialisées

Sous-culture (p. 481) Philosophie et valeurs qui sont propres à un groupe, mais qui ne se définissent pas par opposition à la culture dominante de l'organisation

Sous-traitance (p. 548) Opération qui consiste à confier l'exécution de certaines activités à des fournisseurs extérieurs à l'organisation

Spécialisation horizontale (p. 524) Division du travail basée sur le regroupement de compétences ou de ressources de même type, qui mène à la création d'unités ou de groupes de travail au sein de l'organisation

Spécialisation verticale (p. 514) Division hiérarchique du travail qui répartit l'autorité et détermine les échelons auxquels se prennent les décisions importantes

Standardisation (p. 521) Mécanisme de contrôle des processus qui consiste à imposer une limite aux actions permises dans l'accomplissement d'une tâche ou d'une série de tâches, et qui résulte en la détermination de lignes de conduite très précises afin que des activités similaires soient toujours accomplies de la même manière

Stéréotype (p. 58) Attribution à une personne des caractéristiques couramment associées à une catégorie ou à un groupe de la population (les personnes âgées, par exemple) auquel on l'associe, sans tenir compte de ses particularités individuelles

Stimulus (p. 113) Agent déclencheur qui provoque une réaction comportementale

Stratégie (p. 11) Plan d'ensemble qui oriente les activités d'une organisation de manière qu'elle surclasse la concurrence

Stratégie de coercition (p. 448) Stratégie par laquelle l'agent de changement s'appuie sur son pouvoir légitime (l'autorité), sur son pouvoir de récompense ou sur son pouvoir de coercition pour amener les personnes à se soumettre au changement qu'il propose

Stratégie de partage du pouvoir (p. 450) Stratégie par laquelle l'agent de changement s'appuie sur son pouvoir de référence pour favoriser sincèrement et activement la participation des personnes concernées par le changement qu'il propose à sa planification et à son implantation

Stratégie de persuasion rationnelle (p. 449) Stratégie par laquelle l'agent de changement s'appuie sur son pouvoir d'expertise ou sur son pouvoir de persuasion rationnelle pour convaincre les personnes qu'elles ont avantage à adhérer au changement qu'il propose

Stress (p. 455) État de tension qu'une personne ressent lorsqu'elle est soumise à des exigences, à des contraintes ou à des demandes inhabituelles

Structure divisionnaire (p. 525) Structure organisationnelle qui regroupe les individus et les ressources par produits, secteurs géographiques, types de services, clients ou entités juridiques

Structure fonctionnelle (p. 524) Structure organisationnelle qui regroupe les individus par compétences, connaissances et activités

Structure matricielle (p. 527) Structure organisationnelle qui combine des éléments des structures fonctionnelle et divisionnaire où le travailleur est assigné à plus d'un type d'unité

Structure simple (p. 554) Configuration structurelle caractérisée par des mécanismes formels de coordination peu nombreux et peu élaborés, une forte centralisation, un contrôle exercé par le dirigeant, une spécialisation horizontale peu poussée et un personnel fonctionnel peu nombreux

Substituts du leadership (p. 329) Caractéristiques des subordonnés, de la tâche ou de l'organisation qui remplacent l'influence exercée par le leader et qui la rendent ainsi moins nécessaire, voire superflue

Surcharge de rôle (p. 255) Situation où les attentes à l'égard d'une personne sont trop élevées et où celle-ci se sent submergée par la charge de travail

Surenchère irrationnelle (p. 379) Investissement d'efforts supplémentaires dans un plan d'action dont tout indique qu'il est un échec

Symbole culturel (p. 488) Objet, action ou évènement qui transmet un message d'ordre culturel

Syndrome de la compartimentation (p. 262) Ensemble de problèmes qui résultent d'un manque de communication et d'interactions entre les travailleurs des divers services et unités d'une organisation

Synergie (p. 217) Phénomène de coordination des énergies qui fait que le tout dépasse la somme des parties

Système flexible de fabrication (p. 171) Système qui, grâce à la technologie informatique et à la conception intégrée des postes, permet de passer aisément et rapidement de la fabrication d'un produit à celle d'un autre

Système ouvert (p. 11) Système en interaction avec son environnement, qui transforme les ressources qu'il en reçoit avant de les y réexpédier sous forme de produits finis (biens ou services)

Système sociotechnique (p. 170) Système qui vise à intégrer les ressources humaines et les techniques dans la création de cadres de travail hautement performants

Technique Delphi (p. 236) Technique d'aide à la prise de décision collective qui repose sur une succession de questionnaires distribués à de nombreux décideurs pour susciter un consensus

Technique du groupe nominal (p. 236) Technique d'aide à la prise de décision collective qui fait appel à des règles structurées pour générer les idées et les hiérarchiser

Technologies de l'information et des communications (TIC) (p. 556) Combinaison de l'équipement, du matériel, des procédures et des systèmes utilisés pour recueillir, emmagasiner, analyser et diffuser l'information afin qu'elle puisse se traduire en savoir

Technologies liées aux activités d'exploitation (p. 556) Combinaison des ressources, du savoir et des techniques qui crée un extrant (bien ou service) pour l'organisation

Téléphone arabe (p. 391) Transmission de rumeurs et d'informations officieuses à travers les réseaux d'amis et de connaissances

Télétravail (p. 176) Aménagement du travail qui permet aux individus d'exercer leurs activités professionnelles à distance, chez eux ou ailleurs, tout en restant reliés à l'organisation grâce aux technologies de l'information et des communications

Théorie (p. 579) Ensemble de concepts, de définitions et d'hypothèses en interrelation, qui propose une vue systématique d'un phénomène afin d'expliquer ses manifestations et de les prédire

Théorie bifactorielle (ou **théorie des deux facteurs**) (p. 137) Théorie de Herzberg qui distingue les facteurs à l'origine de la satisfaction professionnelle (les facteurs moteurs) des facteurs qui peuvent prévenir l'insatisfaction professionnelle (les facteurs d'hygiène)

Théorie de l'agence (p. 299) Théorie selon laquelle les sociétés ouvertes peuvent fonctionner efficacement même si leurs gestionnaires cherchent à défendre leurs intérêts personnels et n'assument pas inévitablement toutes les conséquences de leurs pratiques de gestion

Théorie de la hiérarchie des besoins (p. 134) Théorie de Maslow selon laquelle les besoins humains progressent en fonction de la hiérarchie suivante : besoins physiologiques, besoin de sécurité, besoins sociaux, besoin d'estime et besoin de réalisation de soi

Théorie de l'équité (p. 141) Théorie d'Adams selon laquelle, lorsque l'individu compare ce qu'il reçoit pour son travail avec ce que d'autres reçoivent pour leur propre travail, toute iniquité perçue devient une source de motivation ; l'individu tentera de redresser la situation afin d'éliminer la tension qui résulte de l'iniquité perçue

Théorie des attentes (p. 144) Théorie de Vroom selon laquelle la motivation au travail résulte d'un calcul rationnel fondé sur la relation perçue entre les efforts déployés, le rendement atteint et la valeur de la récompense qui y est associée

Théorie des besoins relationnels (FIRO-B) (p. 226) Théorie qui met en lumière les différences dans la façon dont les gens entrent en rapport les uns avec les autres selon leurs besoins d'exprimer des sentiments liés à l'appartenance, au pouvoir et à l'affection, et de se voir témoigner de tels sentiments

Théorie des caractéristiques de l'emploi (p. 165) Théorie qui met en lumière cinq caractéristiques fondamentales d'un emploi enrichi, qui sont particulièrement importantes dans la conception de poste : la polyvalence, l'intégralité de la tâche, la valeur de la tâche, l'autonomie et la rétroaction

Théorie des échanges leader-membres (p. 328) Théorie du leadership qui se concentre sur la qualité des échanges leader-membres

Théorie du cheminement critique (p. 324) Théorie du leadership selon laquelle la fonction clé du leader consiste à adapter ses comportements aux caractéristiques d'une situation donnée de manière à en combler les manques

Théorie du traitement des données sociales (p. 169) Théorie selon laquelle les besoins individuels, la perception des tâches et les réactions qui en découlent se fondent sur des réalités d'origine sociale

Théorie ERD (p. 136) Théorie d'Alderfer selon laquelle les besoins humains se divisent en besoins existentiels, en besoins relationnels et en besoins de développement

Théories des comportements du leader (p. 316) Théories du leadership selon lesquelles ce sont principalement les comportements du leader qui permettent de prédire le rendement et les autres résultats organisationnels

Théories des processus (p. 133) Théories de la motivation qui portent sur la compréhension des processus cognitifs déterminant le comportement

Théories des traits personnels du leader (p. 315) Théories du leadership selon lesquelles ce sont en grande partie des attributs personnels qui permettent de distinguer les leaders et les non-leaders, et de prédire les succès d'un leader ou les résultats organisationnels

Théories du contenu (p. 133) Théories de la motivation qui portent sur la compréhension des besoins susceptibles d'influer sur le comportement des individus

Théories du leadership situationnel (p. 320) Théories du leadership selon lesquelles ce sont les caractéristiques situationnelles qui, associées aux traits et aux comportements du leader, permettent de prédire les résultats d'un leadership donné

Théories sur le développement de la personnalité (p. 45) Théories qui établissent des modèles et des typologies de l'évolution de la personnalité

Traits relatifs à la conception personnelle du monde (p. 49) Traits de personnalité qui se rapportent à la façon dont un individu conçoit son environnement social et physique, à ses croyances et à ses convictions intimes sur diverses questions

Traits relatifs à l'adaptation affective (p. 52) Traits de personnalité qui déterminent dans quelle mesure un individu est émotionnellement instable ou enclin à avoir des comportements inadmissibles

Traits sociaux (p. 47) Caractéristiques apparentes qui composent l'image que projette un individu en interaction sociale

Travail d'équipe (p. 246) Travail de groupe où les membres mettent leurs compétences respectives au service d'un objectif commun

Travail émotionnel (p. 76) Effort pour manifester les émotions attendues par l'organisation lors des échanges interpersonnels qui ont lieu au travail

Travail permanent à temps partiel (p. 179) Formule qui consiste, pour une personne ayant un statut de travailleur permanent, à travailler moins d'heures que dans une semaine de travail normale

Travail temporaire à temps partiel (p. 179) Formule qui consiste, pour une personne ayant un statut de travailleur temporaire, à travailler moins d'heures que dans une semaine de travail normale

Unité fonctionnelle (p. 517) Groupe de travail qui seconde les unités opérationnelles de l'organisation en leur fournissant de l'expertise et des services spécialisés

Unité opérationnelle (p. 517) Groupe de travail qui assume les activités premières de l'organisation

Valence (p. 145) Dans la théorie des attentes, valeur accordée par l'individu à chaque récompense possible

Valeur du canal de communication (p. 392) Capacité du canal de communication à transmettre efficacement l'information

Valeurs (p. 35) Principes généraux qui orientent les actions et les jugements d'un individu

Valeurs finales (p. 35) Valeurs relatives aux choix de l'individu quant aux buts et aux objectifs qu'il se fixe dans la vie

Valeurs instrumentales (p. 35) Valeurs relatives aux moyens que prend l'individu pour atteindre ses buts

Validité (p. 582) Qualité des résultats de recherche exacts et utilisables

Variable (p. 581) Mesure utilisée pour décrire un phénomène du monde réel

Variable dépendante (p. 6) Fait ou évènement auquel le chercheur s'intéresse et qui, selon son hypothèse de recherche, devrait varier sous l'effet de la variable indépendante

Variable indépendante (p. 6) Fait ou évènement qui, selon l'hypothèse de recherche, devrait avoir une incidence sur la variable dépendante

Variable intermédiaire (p. 581) Fait ou évènement qui favorise la relation présumée entre une variable indépendante et une variable dépendante, et qui permet de la préciser

Variable modératrice (p. 581) Fait ou évènement qui, s'il est modifié systématiquement, a une incidence sur la relation entre une variable indépendante et une variable dépendante

Wiki (p. 391) Site Web collaboratif où chaque personne peut contribuer à la rédaction du contenu et réviser ce que les autres y ont publié

Zone d'indifférence (p. 278) Éventail des demandes de ses supérieurs auxquelles un subordonné accepte de se conformer sans les juger ni les critiquer

NOTES

CHAPITRE 1

1. Marc Larouche, « Mettre l'accent sur l'employé », *Le Soleil*, 19 mars 2008, p. 56.
2. Voir : Jeffrey Pfeffer, *The Human Equation : Building Profits by Putting People First*, Boston, Harvard Business School Press, 1998 ; Charles O'Reilly III et Jeffrey Pfeffer, *Hidden Value : How Great Companies Achieve Extraordinary Results with Ordinary People*, Boston, Harvard Business School Press, 2000.
3. Pour un aperçu général, voir Jay W. Lorsch (sous la dir. de), *Handbook of Organizational Behavior*, Englewood Cliffs (New Jersey), Prentice Hall, 1987.
4. Jeffrey Pfeffer et Robert I. Sutton, « Management Half-Truths and Nonsense : How to Practice Evidence-Based Management », *California Management Review*, n° 48, printemps 2006, p. 77-100.
5. Geert Hofstede, « Cultural Constraints in Management Theories », *Academy of Management Executive*, vol. 7, n° 1, février 1993, p. 81-94.
6. John Huey, « Managing in the Midst of Chaos », *Fortune*, 5 avril 1993, p. 38-48. Voir aussi : Tom Peters, *Thriving on Chaos*, New York, Knopf, 1991 ; Jay R. Galbraith, Edward E. Lawler III et autres, *Organizing for the Future : The New Logic for Managing Organizations*, San Francisco, Jossey-Bass, 1993 ; William H. Davidow et Michael S. Malone, *The Virtual Corporation : Structuring and Revitalizing the Corporation of the 21st Century*, New York, Harper Business, 1993 ; Charles Handy, *The Age of Unreason*, Boston, Harvard Business School Press, 1990 ; Charles Handy, *The Age of Paradox*, Boston, Harvard Business School Press, 1994 ; Peter Drucker, *Managing in a Time of Great Change*, New York, Truman Talley, 1995 ; Peter Drucker, *Management Challenges for the 21st Century*, New York, Harper, 1999.
7. D'après : Jay A. Conger, *Winning 'Em Over : A New Model for Managing in the Age of Persuasion*, New York, Simon & Schuster, 1998, p. 180-181 ; Stewart D. Friedman, Perry Christensen et Jessica DeGroot, « Work and Life : The End of the Zero-Sum Game », *Harvard Business Review*, novembre-décembre 1998, p. 119-129 ; C. Argyris, « Empowerment : The Emperor's New Clothes », *Harvard Business Review*, mai-juin 1998, p. 98-105.
8. Rapporté par Eric Schmidt et Hal Varian, « Google : Ten Golden Rules », *Newsweek*, 2 décembre 2005 ; diffusé sur le site msnbc.com (retiré le 17 septembre 2006).
9. Robert B. Reich, « The Company of the Future », *Fast Company*, novembre 1998, p. 124 et suiv.
10. Pour plus d'information sur les énoncés de mission, voir : Patricia Jones et Larry Kahaner, *Say It and Live It : The 50 Corporate Mission Statements that Hit the Mark*, New York, Currency-Doubleday, 1995 ; John Graham et Wendy Havlick, *Mission Statements : A Guide to the Corporate and Nonprofit Sectors*, New York, Garland, 1995.
11. James C. Collins et Jerry I. Porras, « Building Your Company's Vision », *Harvard Business Review*, septembre-octobre 1996, p. 65-77.
12. Ces énoncés de mission ainsi que d'autres peuvent être consultés dans les sites Web des sociétés.
13. www.fsa.ulaval.ca.
14. www.desjardins.com.
15. Voir : Michael E. Porter, *Competitive Strategy : Techniques for Analyzing Industries and Competitors*, New York, Free Press, 1980 ; Michael E. Porter, *Competitive Advantage : Creating and Sustaining Superior Performance*, New York, Free Press, 1986 ; Gary Hamel et C.K. Prahalad, « Strategic Intent », *Harvard Business Review*, mai-juin 1989, p. 63-76 ; Richard A. D'Aveni, *Hyper Competition : Managing the Dynamics of Strategic Maneuvering*, New York, Free Press, 1994.
16. Edgar Schein, *Organizational Culture and Leadership*, 2e éd., San Francisco, Jossey-Bass, 1997 ; Edgar Schein, *The Corporate Culture Survival Guide*, San Francisco, Jossey-Bass, 1999. Voir aussi Terrence E. Daeal et Alan A. Kennedy, *Corporate Cultures : The Rites and Rituals of Corporate Life*, Reading (Massachusetts), Addison Wesley, 1982.
17. James Collins et Jerry Porras, *Built to Last*, New York, Harper Business, 1994.
18. Voir l'ICO et autres ressources à l'adresse suivante : www.humansynergistics.com.
19. Robert A. Cooke et J.L. Szurnal, « Measuring Normative Beliefs and Shared Behavioral Expectations in Organizations : The Reliability and Validity of the Organizational Culture Inventory », *Psychological Reports*, n° 72, 1993, p. 1299-1330.
20. Schéma adapté de « The Organizational Culture Inventory », publié par Human Synergistics International, Plymouth (Michigan).
21. Robert A. Cooke et J.L. Szurnal, « Using the Organizational Culture Inventory to Understand the Operating Cultures of Organizations », N.M. Ashkanasy, C.P.M. Wilerom et M.F. Peterson (sous la dir. de), *Handbook of Organizational Culture and Climate*, Thousand Oaks (Californie), Sage, 2000, p. 147-162.
22. Sophie Doucet, « Palette de valeurs », *Affaires Plus*, octobre 2008, p. 62.
23. D'après *Workforce 2000 : Work and Workers in the 21st Century*, Indianapolis, Hudson Institute, 1987. Pour un exposé complet, voir : Martin M. Chemers, Stuart Oskamp et Mark A. Costanzo, *Diversity in Organizations : New Perspectives for a Changing Workplace*, Beverly Hills, Sage, 1995 ; Robert T. Golembiewski, *Managing Diversity in Organizations*, Tuscaloosa, University of Alabama Press, 1995.
24. Voir : Taylor Cox Jr., « The Multicultural Organization », *Academy of Management Executive* n° 5, 1991, p. 34-37 ; *Cultural Diversity in Organizations : Theory, Research and Practice*, San Francisco, Bernett-Koehler, 1993.
25. Voir : R. Roosevelt Thomas Jr. et Marjorie I. Woodruff, *Building a House for Diversity*, New York, AMACOM, 1999 ; R. Roosevelt Thomas, « From Affirmative Action to Affirming Diversity », *Harvard Business Review*, mars-avril 1990, p. 107-117 ; R. Roosevelt Thomas, *Beyond Race and Gender : Unleashing the Power of Your Total Workforce by Managing Diversity*, New York, AMACOM, 1992.
26. *Workforce 2000 : Work and Workers in the 21st Century*, op. cit.
27. www.statcan.gc.ca.
28. www.bdso.gouv.qc.ca.
29. www.stat.gouv.qc.ca.
30. www.statcan.gc.ca.
31. Cox (1991) ; Thomas (1990, 1992).
32. Alice H. Eagly, Mary C. Johansen-Smith et Marloes L. van Engen, « Transformational, Transactional and Laissez-Faire Leadership Styles : A Meta-Analysis Comparison », *Psychological Bulletin*, vol. 129, n° 3, 2003, p. 569-591.
33. Thomas et Woodruff (1991).
34. *Ibid.* ; Thomas (1990, 1992).
35. www.statcan.gc.ca.
36. www.catalyst.org.

37. Pour plus d'information sur le processus de gestion, voir John R. Schermerhorn Jr., *Management*, 8ᵉ éd., New York, Wiley, 2005.

38. D'après Henry Mintzberg, *The Nature of Managerial Work*, New York, Harper & Row, 1973. Pour des aperçus connexes ou plus approfondis, voir : Morgan W. McCall Jr., Ann M. Morrison et Robert L. Hannan, *Studies of Managerial Work : Results and Methods*, rapport technique nᵒ 9, Greensboro (Caroline du Nord), Center for Creative Leadership, 1978 ; John P. Kotter, *The General Managers*, New York, Free Press, 1982 ; Fred Luthans, Stuart Rosenkrantz et Harry Hennessey, « What Do Successful Managers Really Do ? », *Journal of Applied Behavioral Science*, vol. 21, nᵒ 2, 1985, p. 255-270 ; Robert E. Kaplan, *The Warp and Woof of the General Manager's Job*, rapport technique nᵒ 27, Greensboro (Caroline du Nord), Center for Creative Leadership, 1986 ; Fred Luthans, Richard M. Hodgetts et Stuart A. Rosenkrantz, *Real Managers*, New York, Harper Collins, 1988.

39. Mintzberg (1973). Voir aussi Henry Mintzberg : *Mintzberg on Management*, New York, Free Press, 1989 ; « Rounding Out the Manager's Job », *Sloan Management Review*, automne 1994, p. 11-26.

40. John P. Kotter, « What Effective General Managers Really Do », *Harvard Business Review*, nᵒ 60, novembre-décembre 1982, p. 161. Voir Kaplan (1986).

41. Herminia Ibarra, *Managerial Networks*, notes d'enseignement nᵒ 9-495-039, Harvard Business School Publishing, Boston (Massachusetts).

42. Robert L. Katz, « Skills of an Effective Administrator », *Harvard Business Review*, nᵒ 52, septembre-octobre 1974, p. 94. Voir aussi Richard E. Boyatzis, *The Competent Manager : A Model for Effective Performance*, New York, Wiley, 1982.

43. Marie-Ève Cousineau, « Exporter une qualité de vie », *Affaires Plus*, octobre 2008, p. 60-61.

44. Daniel Goleman, *Emotional Intelligence*, New York, Bantam, 1995 ; Daniel Goleman, *Working with Emotional Intelligence*, New York, Bantam, 1998. Voir aussi Daniel Goleman : « What Makes a Leader », *Harvard Business Review*, novembre-décembre, 1998, p. 93-102 ; « Leadership That Makes a Difference », *Harvard Business Review*, mars-avril 2000, p. 79-90, citation de la p. 80.

45. Fabrice Tremblay, « Gouvernance : 6 enjeux », *Commerce*, janvier 2009, p. 22.

46. Archie B. Carroll, « In Search of the Moral Manager », *Business Horizons*, mars-avril 2001, p. 7-15.

47. Mahzarin R. Banagji, Max H. Bazerman et Dolly Chugh, « How Unethical Are You ? » *Harvard Business Review*, décembre 2003.

48. Terry Thomas, John R. Schermerhorn Jr. et John W. Dinehart, « Strategic Leadership of Ethical Behavior in Business », *Academy of Management Executive*, 2004.

49. Schéma inspiré de Thomas, Schermerhorn et Dinehart (2004).

50. Information et citations tirées de l'*Associated Press*, « Oprah Opens School for Girls in S. Africa. Lavish Leadership Academy Aims to Give Impoverished Chance to Succeed », msnbc.com, 2 janvier 2007 ; « Oprah Winfrey Leadership Academy for Girls – South Africa Celebrates Its Official Opening », www.oprah.com/about/press/releases/200701/press_releases_20070102.jhtml.

51. Voir : Peter Senge, *The Fifth Discipline*, New York, Harper, 1990 ; D.A. Garvin, « Building a Learning Organization », *Harvard Business Review*, novembre-décembre 1991, p. 78-91 ; Chris Argyris, *On Organizational Learning*, 2ᵉ éd., Malden (Massachusetts), Blackwell, 1999.

52. Pour un exposé récent sur l'apprentissage expérientiel, voir D. Christopher Kayes, « Experiential Learning and Its Critics : Preserving the Role of Experience in Management Learning and Education », *Academy of Management Learning and Education*, vol. 1, nᵒ 2, 2002, p. 137-149.

CHAPITRE 2

1. Lise Fournier, « La génération Y cherche le défi avant l'argent », *Le Soleil*, 14 juin 2008, p. 46.

2. Voir P.E. Jacob, J.J. Flink et H.L. Schuchman, « Values and Their Function in Decisionmaking », *American Behavioral Scientist*, vol. 5, suppl. 9, 1962, p. 6-38.

3. Voir M. Rokeach et S.J. Ball Rokeach, « Stability and Change in American Value Priorities », 1968-1981, *American Psychologist*, mai 1989, p. 775-784.

4. Milton Rokeach, *The Nature of Human Values*, New York, Free Press, 1973.

5. Voir W.C. Frederick et J. Weber, « The Values of Corporate Managers and Their Critics : An Empirical Description and Normative Implications », dans W.C. Frederick et L.E. Preston (sous la dir. de), *Business Ethics Research Issues and Empirical Studies*, Greenwich (Connecticut), JAI Press, 1990, p. 123-144.

6. Gordon Allport, Philip E. Vernon et Gardner Lindzey, *Study of Values*, Boston, Houghton Mifflin, 1931.

7. Adapté de R. Tagiuri, « Purchasing Executive : General Manager or Specialist ? » *Journal of Purchasing*, août 1967, p. 16-21.

8. Bruce M. Maglino, Elizabeth C. Ravlin, « Individual Values in Organizations : Concepts, Controversies and Research », *Journal of Management*, vol. 24, 1998, p. 351-389.

9. Maglino et Ravlin (1998).

10. Daniel Yankelovich, *New Rules ! Searching for Self-Fulfillment in a World Turned Upside Down*, New York, Random House, 1981 ; Daniel Yankelovich, Hans Zetterberg, Burkhard Strumpel et Michael Shanks, *Work and Human Values : An International Report on Jobs in the 1980s et 1990s*, Aspen (Colorado), Aspen Institute for Humanistic Studies, 1983 ; William Fox, *American Values in Decline : What We Can Do*, Gainesville (Florida), 1st Books Library, 2001.

11. Jean-Sébastien Trudel, « Pourquoi les dirigeants quittent-ils leur employeur ? », *Les Affaires*, 6 décembre 2003, p. 29.

12. Voir D. Jamieson et Julia O'Mara, *Managing Workplace 2000*, San Francisco, Jossey-Bass, 1991, p. 28-29.

13. Guy Paré, « La génération Internet : un nouveau profil d'employés », *Gestion*, vol. 27, nᵒ 2, été 2002, p. 47-53.

14. Kathy Noël, « Jeune diplômé cherche entreprise de rêve », *Commerce*, mai 2004, p. 20-44.

15. Fabrice Tremblay, « Fossé des générations », *Commerce*, avril 2008, p. 15-18.

16. Geert Hofstede, *Culture's Consequences : International Differences in Work-Related Values*, 2ᵉ éd., Beverly Hills (Californie), Sage, 2001 ; Fons Trompenaars et Charles Hampden-Turner, *Riding the Waves of Culture : Understanding Cultural Diversity in Global Business*, 2ᵉ éd., New York, McGraw-Hill, 1998. Pour un excellent débat sur la culture, voir : « Culture : The Neglected Concept », dans Peter B. Smith et Michael Harris Bond, *Social Psychology Across Cultures*, 2ᵉ éd., Boston, Allyn & Bacon, 1998. Voir aussi Michael H. Hoppe, « An Interview with Geert Hofstede », *Academy of Management Executive*, vol. 18, 2004, p. 88-93.

17. Geert Hofstede, *Culture and Organizations : Software of the Mind*, Londres, McGraw-Hill, 1991.

18. P. Christopher Earley et Randall S. Perterson, « The Elusive Cultural Chameleon : Cultural Intelligence as a New Approach to Intercultural Training for the Global Manager », *Academy of Management Learning and Education*, vol. 3, nᵒ 1, 2004, p. 100-115.

19. Hofstede, 2001 ; Geert Hofstede et Michael H. Bond, « The Confucius Connection : From Culture Roots to Economic Growth », *Organizational Dynamics*, vol. 16, 1988, p. 4-21.

20. Zhan Su et Louis-Frédéric Lessard, « Les traits culturels des gestionnaires québécois », *Revue Organisation*, vol. 7, nᵒ 1, printemps 1998, p. 29-40.

21. Hofstede (2001).

22. Chinese Culture Connection, « Chinese Values and the Search for Culture-Free Dimensions of Culture », *Journal of Cross-Cultural Psychology*, vol. 18, 1987, p. 143-164.
23. Nathalie Vallerand, « Gérer la diversité », *Affaires Plus*, novembre 2008, p. 52.
24. Hofstede et Bond, 1988 ; Geert Hofstede, « Cultural Constraints in Management Theories », *Academy of Management Executive*, vol. 7, 1993, p. 81-94. Pour d'autres discussions sur les valeurs asiatiques et confucianistes, voir Jim Rohwer, *Asia Rising : Why America Will Prosper as Asia's Economies Boom*, New York, Simon & Schuster, 1995.
25. À titre d'exemple, voir John R. Schermerhorn Jr. et Michael H. Bond, « Cross-Cultural Leadership Dynamics in Collectivism and High Power Distance Settings », *Leadership and Organization Development Journal*, vol. 18, 1997, p. 187-193.
26. Adapté de « Corruption Cases "Overwhelming Chinese Judges" », *Bangkok Post*, 12 mars 2006.
27. R. Jacob, « The Resurrection of Michael Dell », *Fortune*, août 1995, p. 117-128.
28. Voir N. Brody, *Personality : In Search of Individuality*, San Diego (Californie), Academic Press, 1988, p. 68-101 ; C. Holden, « The Genetics of Personality », *Science*, 7 août 1987, p. 598-601.
29. Voir Geert Hofstede (1984).
30. Chris Argyris, *Personality and Organization*, New York, Harper & Row, 1957 ; Daniel J. Levinson, *The Seasons of a Man's Life*, New York, Knopf, 1978 ; Gail Sheehy, *New Passages*, New York, Ballantine Books, 1995.
31. Viktor Gecas, « The Self-Concept », dans Ralph H. Turner et James F. Short Jr. (sous la dir. de), vol. 8, *Annual Review of Sociology*, Palo Alto (Californie), Annual Review, 1982, p. 3. Voir aussi : Arthur P. Brief et Ramon J. Aldag, « The Self in Work Organizations : A Conceptual Review », *Academy of Management Review*, janvier 1981, p. 75-88 ; Jerry J. Sullivan, « Self Theories and Employee Motivation », *Journal of Management*, juin 1989, p. 345-363.
32. Comparer avec Philip Cushman, « Why the Self Is Empty », *American Psychologist*, mai 1990, p. 599-611.
33. Partiellement basé sur une définition donnée dans Gecas (1982), p. 3.
34. Suggéré par J. Brockner, *Self-Esteem at Work*, Lexington (Massachusetts), Lexington Books, 1988, p. 144 ; John A. Wagner III et John R. Hollenbeck, *Management of Organizational Behavior*, Englewood Cliffs (New Jersey), Prentice-Hall, 1992, p. 100-101.
35. M.R. Barrick et M.K. Mount, « The Big Five Personality Dimensions and Job Performance : A Meta Analysis », *Personnel Psychology*, vol. 44, 1991, p. 1-26 ; M.R. Barrick et M.K. Mount, « Autonomy as a Moderator of the Relationships Between the Big Five Personality Dimensions and Job Performance », *Journal of Applied Psychology*, février 1993, p. 111-118.
36. Adapté de Sampo V. Paunonen, Jan-Erik Lonngvist, Markku Verkasalo, Sointa Leikas et Vesa Nissinen, « Narcissism and Emergent Leadership in Military Cadets », *The Leadership Quarterly*, vol. 17, 2006, p. 475-486.
37. Voir Jim C. Nunnally, *Psychometric Theory*, 2e éd., New York, McGraw-Hill, 1978, chap. 14.
38. Voir David A. Whetten et Kim S. Cameron, *Developing Management Skills*, 3e éd., New York, Harper Collins, 1995, p. 72.
39. Raymond G. Hunt, Frank J. Krzystofiak, James R. Meindl et Abdalla M. Yousry, « Cognitive Style and Decision Making », *Organizational Behavior and Human Decision Processes*, vol. 44, n° 3, 1989, p. 436-453. Pour d'autres études sur les différents modes de résolution de problèmes, voir : Ferdinand A. Gul, « The Joint and Moderating Role of Personality and Cognitive Style on Decision Making », *Accounting Review*, avril 1984, p. 264-277 ; Brian H. Kleiner, « The Interrelationship of Jungian Modes of Mental Functioning with Organizational Factors : Implications for Management Development », *Human Relations*, novembre 1983, p. 997-1012 ; James L. McKenney et Peter G.W. Keen, « How Managers' Minds Work », *Harvard Business Review*, mai-juin 1974, p. 79-90.
40. On trouvera quelques exemples d'organisations utilisant l'indicateur typologique de Myers-Briggs dans : J.M. Kunimerow et L.W. McAllister, « Team Building with the Myers-Briggs Type Indicator : Case Studies », *Journal of Psychological Type*, vol. 15, 1988, p. 26-32 ; G.H. Rice Jr. et D.P. Lindecamp, « Personality Types and Business Success of Small Retailers », *Journal of Occupational Psychology*, vol. 62, 1989, p. 177-182 ; B. Roach, *Strategy Styles and Management Types : A Resource Book for Organizational Management Consultants*, Stanford (Californie), Balestrand, 1989.
41. J.B. Rotter, « Generalized Expectancies for Internal Versus External Control of Reinforcement », *Psychological Monographs*, vol. 80, 1966, p. 1-28.
42. Don Hellriegel, John W. Slocum Jr. et Richard W. Woodman, *Organizational Behavior*, 5e éd., St. Paul (Minnesota), West, 1989, p. 46.
43. Voir Wagner et Hollenbeck (1992), chap. 4.
44. Nicolas Machiavel, *Le Prince*, Paris, J'ai Lu (Librio Martingale), 1997.
45. Richard Christie et Florence L. Geis, *Studies in Machiavellianism*, New York, Academic Press, 1970.
46. Voir M. Snyder, *Public Appearances/Private Realities : The Psychology of Self-Monitoring*, New York, Freeman, 1987.
47. Snyder (1987).
48. Adapté de R.W. Bonner, « A Short Scale : A Potential Measure of Pattern A Behavior », *Journal of Chronic Diseases*, vol. 22, 1969. Autorisation spéciale.
49. Voir Meyer Friedman et Ray Roseman, *Type A Behavior and Your Heart*, New York, Knopf, 1974. Pour un autre point de vue, voir Walter Kiechel III, « Attack of the Obsessive Managers », *Fortune*, 16 février 1987, p. 127-128.
50. L.R. Gómez-Mejía, D.B. Balkin et R.L. Cardy, *Managing Human Resources*, Englewood Cliffs (New Jersey), Prentice-Hall, 1995, p. 154.
51. John P. Fernandez, *Managing a Diverse Workforce*, Lexington (Massachusetts), Heath, 1991 ; Jamieson et O'Mara (1991).
52. www.catalyst.org.
53. www.catalyst.org.
54. www.statcan.gc.ca.
55. Voir : E. Macoby et C.N. Jacklin, *The Psychology of Sex Differences*, Stanford (Californie), Stanford University Press, 1974 ; G.N. Powell, *Women and Men in Management*, Beverly Hills, Sage, 1988 ; T.W. Mangione, « Turnover Some Psychological and Demographic Correlates », dans R.P. Quinn et T.W. Mangione (sous la dir. de), *The 1969-70 Survey of Working Conditions*, Ann Arbor, University of Michigan Survey Research Center, 1973 ; R. Marsh et H. Mannan, « Organizational Commitment and Turnover : A Predictive Study », *Administrative Science Quarterly*, mars 1977, p. 57-75 ; R.J. Flanagan, G. Strauss et L. Ulman, « Worker Discontent and Work Discontent and Work Place Behavior », *Industrial Relations*, mai 1974, p. 101-123 ; K.R. Garrison et P.M. Muchinsky, « Attitudinal and Biographical Predictions of Incidental Absenteeism », *Journal of Vocational Behavior*, avril 1977, p. 221-230 ; G. Johns, « Attitudinal and Nonattitudinal Predictions of Two Forms of Absence from Work », *Organizational Behavior and Human Performance*, décembre 1978, p. 431-444 ; R.T. Keller, « Predicting Absenteeism from Prior Absenteeism, Attitudinal Factors and Nonattitudinal Factors », *Journal of Applied Psychology*, août 1983, p. 536-540.
56. www.statcan.gc.ca.
57. Mélanie Saint-Hilaire, « Les bonnes filles sont mal payées », *Affaires Plus*, août 2008, p. 40.
58. www.tresor.gouv.qc.ca.
59. Cet exposé est un sommaire des études suivantes : Alice H. Eagly et Marloes L. Van Engen, « Women and Men as Leaders », parue dans George R. Goethals, Georgia J. Sorenson et James McGregor Burns (sous la dir. de), *Encyclopedia of Leaderhip*, vol. 4, Great Barrington (Massachusetts), Berkshire, 2004, p. 1657-1663 ; Alice H. Eagly et Linda L. Carli, « Women and Men as Leaders », dans John Antonakis, Anna T. Cianciolo et Robert

J. Sternberg (sous la dir. de), *The Nature of Leadership*, Thousand Oaks (Californie), Sage, 2004, p. 279-302 ; Alice H. Eagly et Linda L. Carli, « The Female Leadership Advantage : An Evaluation of the Evidence », *The Leadership Quarterly*, vol. 14, n° 6, 2003, p. 807-834 ; Robert Vecchio : « Leadership and Gender Advantage », *The Leadership Quarterly*, vol. 6, n° 13, 2002, p. 643-671.
60. www.statcan.gc.ca.
61. Jacques Légaré, « Les fondements démographiques de la main-d'œuvre québécoise de demain », *Gestion*, vol. 29, n° 3, automne 2004, p. 13-19.
62. Nina Monk, « Finished at Forty », *Fortune*, 1er février 1999, p. 50-58.
63. « Diversity News : Age Discrimination Unrest in Britain », *Mosaics*, vol. 3, n° 2, mars-avril 1997, p. 3.
64. Paul Mayrand, « Older Workers : A Problem or the Solution ? », *AARP Textbook Authors' Conference Presentation*, octobre 1992, p. 29 ; G.M. McEvoy et W.F. Cascio, « Cumulative Evidence of the Relationship Between Employee Age and Job Performance », *Journal of Applied Psychology*, février 1989, p. 11-17.
65. Katia Gagnon, « La nouvelle bataille de l'autisme », *La Presse*, 14 décembre 2008, p. A18.
66. Fernandez (1991) ; Patrick Digh, « Finding New Talent in a Tight Market », *Mosaics*, vol. 4, n° 2, mars-avril, 1998, p. 1, 4-6.
67. Voir Fernandez : (1991), p. 236 ; « Diversity News : Age Discrimination Unrest in Britain », *Mosaics*, vol. 4, n° 2, mars-avril, 1998, p. 4.
68. Voir Taylor H. Co et Stacy Blake, « Managing Cultural Diversity : Implications for Organizational Competitiveness », *Academy of Management Executive*, vol. 5, n° 3, 1991, p. 45.
69. Pierre Théroux, « Une main-d'œuvre prête à travailler », *Les Affaires*, 6 décembre 2008, p. 68-69.
70. http//lois.justice.gc.ca.
71. www.catalyst.org.
72. www.statcan.gc.ca.
73. H.W. Lane et J.J. DiStefano (sous la dir. de), *International Management Behavior*, Scarborough (Ontario), Nelson Canada, 1988, p. 4-5 ; Z. Abdoolcarim, « How Women Are Winning at Work », *Asian Business*, novembre 1993, p. 24-29.
74. « Diversity Today : Corporate Recruiting Practices in Inclusive Workplaces », *Fortune*, 12 juin 2000, p. S4.
75. Pour un exposé sur le « plafond de verre », voir : Ann M. Morrison, Randall P. White et Ellen Van Velso, *Breaking the Glass Ceiling*, Reading (Massachusetts), Addison-Wesley, 1987 ; Anne E. Weiss, *The Glass Ceiling : A Look at Women in the Workforce*, New York, Twenty First Century, 1999 ; Debra E. Meyerson et Joyce K. Fletcher, « A Modest Manifesto for Shattering the Glass Ceiling », *Harvard Business Review*, janvier-février 2000, p. 126-137.
76. www.catalyst.org.
77. www.catalyst.org.
78. Judith B. Rosener, « Women Make Good Managers, So What ? », *Business Week*, 11 décembre 2000, p. 24.
79. www.charte-diversite.com.
80. J. Laabs, « Interest in Diversity Training Continues to Grow », *Personnel Journal*, octobre 1993, p. 18.
81. Basé sur Ernst & Young, « Delivering on Diversity : A Firm Commitment », 2006, www.ey.com/us/about ; Kriengsak Niratpattanasai, « Diversity in Action at a Progressive Bank », *Bangkok Post*, 10 avril 2006, p. B5.
82. Nathalie Vallerand, « Gérer la diversité », *Affaires Plus*, novembre 2008, p.52-54.
83. Suzanne Dansereau, « L'approche féminine de Ernst & Young », *Les Affaires*, 8 mars 2008, p. 26.
84. Gardenswartz et Rowe (1993), p. 405 ; Michelle N. Martinez, « Equality Effort Sharpens Bank's Edge », *HR Magazine*, janvier 1995, p. 38-43.
85. http://lois.justice.gc.ca/fr/charte.
86. http://lois.justice.gc.ca/fr/E-5.401/39094.
87. http://lois.justice.gc.ca/fr/E-5.401/39094.
88. www.cdpdj.qc.ca.
89. Larry L. Cummings et Donald P. Schwab, *Performance in Organizations : Determinants and Appraisal*, Glenview (Illinois), Scott, Foresman, 1973, p. 8.
90. Voir J. Hogan, « Structure of Physical Performance in Occupational Tasks », *Journal of Applied Psychology*, vol. 76, 1991, p. 495-507.

CHAPITRE 3

1. Isabelle Ducas, « Le plaisir au travail », *Affaires Plus*, octobre 2008, p. 74.
2. D'après : J.A. Fuller, J.M. Stanton, G.G. Fisher, C. Spitzmuller, S.S. Russell et P.C. Smith, « A Lengthy Look at the Daily Grind : Time Series Analysis of Events, Mood, Stress, and Satisfaction », *Journal of Applied Psychology*, vol. 88, 2003, p. 1019-1033 ; C.J. Thoreson, S.A. Kaplan, A.P. Barsky, C.R. Warren et K. de Chermont, « The Affective Underpinnings of Job Perceptions and Attitudes : A Meta-Analytic Review and Integration », *Psychological Bulletin*, vol. 129, 2003, p. 914-925.
3. Définitions de concepts et exposés d'après : J.M. George, « Trait and State Affect », dans K.R. Murphy (sous la dir. de), *Individual Differences in Behavior in Organizations*, San Francisco, Jossey-Bass, 1996, p. 45 ; N.H. Frijda, « Moods, Emotion Episodes and Emotions », dans M. Lewis et J.M. Haviland (sous la dir. de), *Handbook of Emotions*, New York, Guilford Press, 1993, p. 381-403 ; H.M. Weiss et R. Cropanzano, « Affective Events Theory : A Theoretical Discussion of the Structure, Causes, and Consequences of Affective Experiences at Work », dans B.M. Stw et L.L. Cummings (sous la dir. de), *Research in Organizational Behavior*, vol. 18, Greenwich (Connecticut), JAT Press, 1996, p. 17-19 ; P. Ekman et R.J. Davidson (sous la dir. de), *The Nature of Emotions : Fundamental Questions*, Oxford University Press, 1994 ; Frijda (1993), p. 381.
4. Voir L. Cosmides et J. Tooby, « Evolutionary Psychology and the Emotions », dans M. Lewis et J.M. Haviland-Jones (sous la dir. de), *Handbook of Emotions*, 2e éd., New York, Guilford Press, 2000, p. 91-115.
5. Susan Casey, « Eminence Green », *Fortune*, 2 avril 2007, p. 62-68.
6. Yvon Chouinard, *Homme d'affaires malgré moi : Confessions d'un alter-entrepreneur*, Paris, Vuibert, 2006.
7. Weiss et Cropanzano (1996), p. 1-74.
8. J.P. Tangney et K.W. Fischer (sous la dir. de), « Self-Conscious Emotions : The Psychology of Shame, Guilt, Embarrassment and Pride », New York, Guilford Press, 1995 ; J.L. Tracy et R.W. Robbins, « Putting the Self into Self-Conscious Emotions : A Theoretical Model », *Psychological Inquiry*, vol. 15, 2004, p. 103-125 ; D. Keltner et C. Anderson, « Saving Face for Darwin : The Functions and Uses of Embarrassment », *Current Directions in Psychological Science*, vol. 9, 2000, p. 187-192 ; J.S. Beer, E.A. Heery, D. Keltner, D. Scabini et R.T. Knight, « The Regulatory Function of Self-Conscious Emotion : Insights from Patients with Orbitofrontal Damage », *Journal of Personality and Social Psychology*, vol. 85, 2003, p. 594-604 ; R.P. Vecchio, « Explorations of Employee Envy : Feeling Envious and Feeling Envied », *Cognition and Emotion*, vol. 19, 2005, p. 69-81 ; C.F. Poulson II, « Shame and Work », dans N.M. Ashkanasy, W. Zerby et C.E.J. Hartel (sous la dir. de), *Emotions in the Workplace : Research, Theory, and Practice*, Westport (Connecticut), Quorum Books, p. 490-541.
9. R.E. Lucas, A.E. Clark, Y. Georgellis et E. Deiner, « Unemployment Alters the Set Points for Life Satisfaction », *Psychological Science*, vol. 15, 2004, p. 8-13 ; C. Graham, A. Eggers et S. Sukhtaner, « Does Happiness Pay ? : An Exploration Based on Panel Data from Russia », *Journal of Economic Behaviour and Organization*, 2006 ; C.H. Howell, R.T. Howell et K.A. Schwabe, « Does Wealth Enhance Life Satisfaction for People Who Are

Materially Deprived ? : Exploring the Association among the Orang Asli of Peninsular Malaysia », *Social Indicators Research*, 2006 ; G.L. Clore, N. Schwartz et M. Conway, « Affective Causes and Consequences of Social Information Processing », dans R.S. Wyer Jr. et T.K. Srull (sous la dir. de), *Handbook of Social Cognition*, vol. 1, Hillsdale (New Jersey), Erlbaum, 1994, p. 323-417 ; K.D. Vohs, R.F. Baumeister et G. Lowenstein, « Do Emotions Help or Hurt Decision Making ? », New York, Russell Sage Foundation Press ; H.M. Weiss, J.P. Nicholas et C.S. Daus, « An Examination of the Joint Effects of Affective Experiences and Job Beliefs on Job Satisfaction and Variations in Affective Experiences over Time », *Organizational Behavior and Human Decision Processes*, vol. 78, 1999, p. 1-24 ; N.M. Ashkanasy, « Emotion and Performance », *Human Performance*, vol. 17, 2004, p. 137-144.

10. Becca R. Levy, Martin D. Slade, Suzanne R. Kunkel et Stanislav V. Kasl, « Longevity Increased by Positive Self-Perceptions of Aging », *Journal of Personality and Social Psychology*, vol. 83, n° 2, août 2002, p. 261-270.

11. H.M. Weiss et R. Cropanzano, « An Affective Events Approach to Job Satisfaction », dans B.M. Staw et L.L. Cummings (sous la dir. de), *Research in Organizational Behavior*, vol. 18, Greenwich (Connecticut), JAI Press, 1996, p. 1-74 ; N.M. Ashkanasy et C.S. Daus, « Emotion in the Workplace : New Challenges for Managers », *Academy of Management Executive*, vol. 16, 2002, p. 76-86.

12. A.G. Miner et C.L. Hulin, Affective *Experience at Work : A Test of Affective Events Theory*. Affiche présentée dans le cadre de la 15e conférence annuelle de la Society for Industrial and Organizational Psychology, 2000.

13. A. Grandey, « Emotional Regulation in the Workplace : A New Way to Conceptualize Emotional Labor », *Journal of Occupational Health Psychology*, vol. 5, n° 1, 2000, p. 95-110 ; R. Cropanzano, D.E. Rupp et Z.S. Byrne, « The Relationship of Emotional Exhaustion to Work Attitudes, Job Performance and Organizational Citizenship Behavior », *Journal of Applied Psychology*, 2003, p. 160-169.

14. S.M. Kruml et D. Geddes, « Catching Fire without Burning Out : Is There an Ideal Way to Perform Emotional Labor ? », dans N.M. Ashkanasy, C.E.J. Hartel et W.J. Zerby (sous la dir. de), *Emotions in the Workplace*, New York, Quorum, 2000, p. 177-188.

15. A.A. Grandey, « When "The Show Must Go on" : Surface Acting and Deep Acting as Determinants of Emotional Exhaustion and Peer-Rated Service Delivery », *Academy of Management Journal*, 2003, p. 86-96.

16. Pour une définition synthèse, voir Jennifer M., George et Gareth R. Jones, *Understanding and Managing Organizational Behavior*, Upper Saddle River (New Jersey), Pearson Prentice Hall, 2008.

17. K.S. Law, C. Wong et L.J. Song, « The Construct and Criterion Validity of Emotional Intelligence and its Potential Utility for Management Studies », *Journal of Applied Psychology*, vol. 89, 2004, p. 483-496.

18. M. Davies, L. Stankow et R.D. Roberts, « Emotion and Intelligence : In Search of an Elusive Construct », *Journal of Personality and Social Psychology*, vol. 75, 1998, p. 989-1015.

19. I. Greenstein, *The Presidential Difference : Leadership Style from FDR to Clinton*, Princeton (New Jersey), Princeton University Press, 2001.

20. I. Lorenz, « Seven Tips for Combating Desk Rage », CNN.com/Career-Builder.com ; www.cnn.com/2004/US/Careers/08/13/boss.spying/index.html.

21. Suzanne Dansereau, « Gestionnaires en quête de sens », *Les Affaires*, 20 décembre 2008, p. 11.

22. B.M. Bass, *A New Paradigm of Leadership*, Alexandria (Virginie), U.S. Army Research Institute for the Behavioral and Social Sciences, 1996.

23. B.E. Ashforth et R.H. Humphrey, « Emotions in the Workplace : A Reappraisal », *Human Relations*, 1995, p. 110.

24. Suzanne Dansereau, « Gestionnaires en quête de sens », *Les Affaires*, 20 décembre 2008, p. 10-11.

25. W. Tasi et Y. Huang, « Mechanisms Linking Employee Affective Delivery and Customer Behavioral Intentions », *Journal of Applied Psychology*, vol. 87, 2002, p. 1001-1008.

26. P.A. Simpson et L.K Stroh, « Gender Differences : Emotional Expression and Feelings of Personal Inauthenticity », *Journal of Applied Psychology*, vol. 89, n° 4, 2004, p. 715-721.

27. D'après Daniel Goleman, « Can You Raise Your Social IQ ? », *Parade*, 3 septembre 2006, p. 10-11.

28. M. Eid et E. Diener, « Norms for Experiencing Emotions in Different Cultures : Inter- and Intranational Differences », *Journal of Personality & Social Psychology*, vol. 81, n° 5, 2001, p. 869-885.

29. Eid et Deiner (2001).

30. B. Mesquita, « Emotions in Collectivist and Individualist Contexts », *Journal of Personality and Social Psychology*, vol. 80, n° 1, 2001, p. 68-74.

31. Mathieu Perreault, « Le bonheur est contagieux », *La Presse*, 23 décembre 2008, p. 34. Voir aussi Claire Fleury, « C'est contagieux, docteur ? », *Le Nouvel Observateur*, 24 décembre 2008, p. 69.

32. James H. Fowler et Nicholas A. Christakis, « Dynamic Spread of Happiness in a Large Social Netwok : Longitudinal Analysis over 20 Years in the Framingham Heart Study », *British Medical Journal*, 2008, p. 337- 338.

33. D. Rubin, « Grumpy German Shoppers Distrust the Wal-Mart Style », *Seattle Times*, 30 décembre 2001, p. A15 ; A. Rafaeli, « When Cashers Meet Customers : An Analysis of Supermarket Cashiers », *Academy of Management Journal*, 1989, p. 245-273.

34. Comparer avec Martin Fishbein et Icek Ajzen, *Belief, Attitude, Intention and Behavior : An Introduction to Theory and Research*, Reading (Massachusetts), Addison-Wesley, 1973.

35. Voir A.W. Wicker, « Attitude Versus Action : The Relationship of Verbal and Overt Behavioral Responses to Attitude Objects », *Journal of Social Issues*, automne 1969, p. 41-78.

36. Chantal Dauray, « L'ADN des meilleurs employeurs », *Affaires Plus*, octobre 2007, p. 40.

37. L. Festinger, *A Theory of Cognitive Dissonance*, Palo Alto (Californie), Stanford University Press, 1957.

38. Voir W.E. Wymer et J.M. Carsten, « Alternative Ways to Gather Opinions », *HR Magazine*, vol. 37, n° 4, avril 1992, p. 71-78.

39. On peut se procurer le *Job Descriptive Index* (JDI) en s'adressant à Patricia C. Smith, Département de psychologie du Bowling Green State University ; le *Minnesota Satisfaction Questionnaire* (MSQ) est distribué par le Industrial Relations Center et le Vocational Psychology Research Center, University of Minnesota.

40. *Le Nouvel Observateur*, n° 2303, 23 décembre 2008, p. 112.

41. B.M. Staw, « The Consequences of Turnover », *Journal of Occupational Behavior*, vol. 1, 1980, p. 253-273 ; J.P. Wanous, *Organizational Entry*, Reading (Massachusetts), Addison-Wesley, 1980.

42. L.W. Porter et E.E. Lawler III, *Managerial Attitudes and Work Performance*, Homewood (Illinois), Irwin, 1968.

43. Benjamin Schneider, Paul J. Hanges, D. Brent Smith et Amy Salvaggio, « Which Comes First : Employee Attitudes or Organizational, Financial, and Market Performance ? », *Journal of Applied Psychology*, vol. 88, n° 5, 2003, p. 836-851.

44. Nathalie Vallerand, « Employés heureux, patients satisfaits », *Affaires Plus*, octobre 2008, p. 66.

CHAPITRE 4

1. Vincent Brousseau-Pouliot, « À bas les nerds ! », *La Presse*, 22 décembre 2008, cahier Affaires, p. 3.

2. H.R. Schiffmann, *Sensation and Perception : An Integrated Approach*, 3e éd., New York, Wiley, 1990.

3. Exemple tiré de John A. Wagner III et John R. Hollenbeck, *Organizational Behavior*, 3ᵉ éd., Upper Saddle River (New Jersey), Prentice-Hall, 1998, p. 59.
4. Voir : Georgia T. Chao et Steve W.J. Kozlowski, « Employee Perceptions on the Implementation of Robotic Manufacturing Technology », *Journal of Applied Psychology*, vol. 71, p. 1986, p. 70-76 ; Steven F. Cronshaw et Robert G. Lord, « Effects of Categorization, Attribution and Encoding Processes in Leadership Perceptions », *Journal of Applied Psychology*, vol. 72, 1987, p. 97-106.
5. Voir : Robert Lord, « An Information Processing Approach to Social Perceptions, Leadership and Behavioral Measurement in Organizations », dans B.M. Staw et L.L. Cummings (sous la dir. de), *Research in Organizational Behavior*, vol. 7, Greenwich (Connecticut), JAI Press, 1985, p. 87-128 ; T.K. Skrull et R.S. Wyer, *Advances in Social Cognition*, Hillsdale (New Jersey), Erlbaum, 1988 ; U. Neisser, *Cognitive and Reality*, San Francisco, Freeman, 1976, p. 112.
6. Linda Rhoades Shannock et Robert Eisenberger, « When Supervisors Feel Supported : Relationships with Subordinates' Perceived Supervisor Support, Perceived Organizational Support, and Performance », *Journal of Applied Psychology*, vol. 91, n° 3, 2006, p. 689-695.
7. Voir : J.G. Hunt, *Leadership : A New Synthesis*, Newbury Park (Californie), Sage, 1991, chap. 7 ; R.G. Lord et R.J. Foti, « Schema Theories, Information Processing and Organizational Behavior », dans H.P. Simms Jr. et D.A. Gioia (sous la dir. de), *Thinking Organization*, San Francisco, Jossey-Bass, 1986, p. 20-48 ; S.T. Fiske et S.E. Taylor, *Social Cognition*, Reading (Massachusetts), Addison-Wesley, 1984.
8. André Dubuc, « La première dame de Desjardins, banquière et virtuose », *Les Affaires*, 13 décembre 2008, p. 14.
9. D. Bilimoria et S.K. Piderit, « Board Committee Membership Effects of Sex-Based Bias », *Academy of Management Journal*, vol. 37, 1994, p. 1453-1477.
10. Jacqueline Delinares, « Emploi : arrêtons le jeunisme », *Le Nouvel Observateur*, 26 juin 2008, p. 88.
11. Dewitt C. Dearborn et Herbert A. Simon, « Selective Perception : A Note on the Departmental Identification of Executives », *Sociometry*, vol. 21, 1958, p. 140-144.
12. J.P. Walsh, « Selectivity and Selective Perception : An Investigation of Managers' Belief Structures and Information Processing », *Academy of Management Journal*, vol. 24, 1988, p. 453-470.
13. J. Sterling Livingston, « Pygmalion in Management », *Harvard Business Review*, juillet-août 1969, p. 81-89.
14. R.A. Rosenthal et L. Jacobson, *Pygmalion à l'école – Succès ou échec scolaire, un facteur important : le préjugé du maître*, Tournai, Casterman, 1971.
15. D. Eden et A.B. Shani, « Pygmalion Goes to Boot Camp », *Journal of Applied Psychology*, vol. 67, 1982, p. 194-199.
16. Voir : B.R. Schlenker, *Impression Management : The Self-Concept, Social Identity, and Interpersonal Relations*, Monterey (Californie), Brooks-Cole, 1980 ; W.L. Gardner et M.J. Martinko, « Impression Management in Organizations », *Journal of Management*, juin 1988, p. 332 ; R.B. Cialdini, « Indirect Tactics of Image Management : Beyond Banking », dans R.A. Giacolini et P. Rosenfeld (sous la dir. de), *Impression Management in the Organization*, Hillsdale, (New Jersey), Erlbaum, 1989, p. 45-71.
17. www.impressionmanagement.com.
18. Voir H.H. Kelley, « Attribution in Social Interaction », dans E. Jones et coll. (sous la dir. de), *Attribution : Perceiving the Causes of Behavior*, Morristown (New Jersey), General Learning Press, 1972.
19. Suzanne Dansereau, « IBM allie philanthropie et ouverture de marchés », *Les Affaires*, 11 octobre 2008, p. 24.
20. Voir « Obese Women Finding Business Just Doesn't Pay », *Lubbock Avalanche Journal*, 28 janvier 2001, p. 2D.
21. Voir : Terence R. Mitchell, S.G. Green et R.E. Wood, « An Attribution Model of Leadership and the Poor Performing Subordinate », dans Barry Staw et Larry L. Cummings (sous la dir. de), *Research in Organizational Behavior*, New York, JAI Press, 1981, p. 197-234 ; John H. Harvey et Gifford Weary, « Current Issues in Attribution Theory et Research », *Annual Review of Psychology*, vol. 35, 1984, p. 427-459.
22. R.M. Steers, S.J. Bischoff et L.H. Higgins, « Cross Cultural Management Research », *Journal of Management Inquiry*, décembre 1992, p. 325-326 ; J.G. Miller, « Culture and the Development of Everyday Causal Explanation », *Journal of Personality and Social Psychology*, vol. 46, 1984, p. 961-978.
23. A. Maass et C. Volpato, « Gender Differences in Self-Serving Attributions About Sexual Experiences », *Journal of Applied Psychology*, vol. 19, 1989, p. 517-542.
24. Tiré de B.R. Schlinker, *Impression Management : The Self Concept, Social Identity, and Interpersonal Relations*, Monterey (Californie), Brooks-Cole, 1980.
25. Voir : J.M. Crant et T.S. Bateman, « Assignment of Credit and Blame for Performance Outcomes », *Academy of Management Journal*, février 1993, p. 7-27 ; E.C. Pence, W.E. Pendelton, G.H. Dobbins et J.A. Sgro, « Effects of Causal Explanations and Sex Variables on Recommendations for Corrective Actions Following Employee Failure », *Organizational Behavior and Human Performance*, avril 1982, p. 227-240.
26. Voir F. Fosterling, « Attributional Retraining : A Review », *Psychological Bulletin*, novembre 1985, p. 496-512.
27. Pour un bon aperçu des approches axées sur le renforcement, voir : W.E. Scott Jr. et P.M. Podsakoff, *Behavioral Principles in the Practice of Management*, New York, Wiley, 1985 ; Fred Luthans et Robert Kreitner, *Organizational Behavior Modification and Beyond*, Glenview (Illinois), Scott, Foresman, 1985.
28. Quelques ouvrages de B.F. Skinner qu'on pourra consulter : *Walden Two*, New York, Macmillan, 1948 ; *Science and Human Behavior*, New York, Macmillan, 1953 ; *Contingencies of Reinforcement*, New York, Appleton-Century-Crofts, 1969.
29. E.L. Thorndike, *Animal Intelligence*, New York, Macmillan, 1911, p. 244.
30. Adapté de Luthans et Kreitner (1985).
31. Cet exposé repose sur Luthans et Kreitner (1985).
32. Les deux lois sont traitées dans Keith L. Miller, *Principles of Everyday Behavior Analysis*, Monterey (Californie), Brooks-Cole, 1975, p. 122.
33. Sophie Doucet, « Le paradis des Y ! », *Affaires Plus*, octobre 2008, p. 68-69.
34. Cet exemple s'appuie sur une étude de Barbara Price et Richard Osborn, « Shaping the Training of Skilled Workers », document de travail, Detroit, Département de gestion de la Wayne State University, 1999.
35. Robert Kreitner et Angelo Kiniki, *Organization Behavior*, 2ᵉ éd., Homewood (Illinois), Irwin, 1992.
36. Et cela pendant plusieurs années ; voir : K.M. Evans, « On-the Job Lotteries : A Low-Cost Incentive That Sparks Higher Productivity », *Compensation and Benefits Review*, vol. 20, n° 4, 1988, p. 63-74 ; A. Halcrow, « Incentive ! How Three Companies Cut Costs », *Personal Journal*, février 1986, p. 12.
37. Renée Claude Simard, « La boîte à suggestions, une petite mine d'or », *Les Affaires*, Cahier spécial, 10 novembre 2007, p. A6.
38. A.R. Korukonda et James G. Hunt, « Pat on the Back Versus Kick in the Pants : An Application of Cognitive Inference to the Study of Leader Reward and Punishment Behavior », *Group and Organization Studies*, vol. 14, 1989, p. 299-234.
39. Edwin A. Locke, « The Myths of Behavior Mod in Organizations », *Academy of Management Review* 2, octobre 1977, p. 543-553. Pour une réplique, voir Jerry L. Gray, « The Myths of the Myths About Behavior Mod in Organizations : A Reply to Locke's Criticisms of Behavior Modification », *Academy of Management Review*, vol. 4, janvier 1979, p. 121-129.
40. Robert Kreitner, « Controversy in OBM : History, Misconceptions and Ethics », dans Lee Frederiksen (sous la dir. de), *Handbook of Organizational Behavior Management*, New York, Wiley, 1982, p. 71-91.

41. W.E. Scott Jr. et P.M. Podsakoff, *Behavioral Principles in the Practice of Management*, New York, Wiley, 1985 ; voir aussi : W. Clay Hamner, « Reinforcement Theory and Contingency Management in Organizational Settings », dans Richard M. Steers et Lyman W. Porters (sous la dir. de), *Motivation and Work Behavior*, 4ᵉ éd., New York, McGraw-Hill, 1987, p. 139-165 ; Luthans et Kreitner (1985) ; Charles C. Manz et Henry P. Sims Jr., *Superleadership*, New York, Berkeley, 1990.
42. A. Bandura, *Social Learning Theory*, Englewood Cliffs (New Jersey), Prentice-Hall, 1977.
43. Voir, notamment : A.M. Morrison, R.P. White et E. Van Velsor, *Breaking the Glass Ceiling*, Reading (Massachusetts), Addison-Wesley, 1987 ; J.D. Zalesny et J.K. Ford, « Extending the Social Information Processing Perspective : New Links to Attitudes, Behaviors and Perceptions », *Organizational Behavior and Human Decision Processes*, vol. 47, nᵒ 2, 1990, p. 205-246 ; M.E. Gist, C. Schwoerer et B. Rosen, « Effects of Alternative Training Methods of Self-Efficacy and Performance in Computer Software Training », *Journal of Applied Psychology*, vol. 74, 1989, p. 884-891 ; D.D. Sutton et R.W. Woodman, « Pygmalion Goes to Work : The Effects of Superviser Expectations in a Retail Setting », *Journal of Applied Psychology*, vol. 74, nᵒ 6, 1989, p. 943-950 ; M.E. Gist, « The Influence of Training Method on Self-Efficacy and Idea Generation Among Managers », *Personnel Psychology*, vol. 42, nᵒ 6, 1989, p. 787-805.
44. Renée Claude Simard, « La qualité par le regard des pairs », *Les Affaires*, Cahier spécial, 4 octobre 2008, p. A5.
45. Voir : M.E. Gist, « Self Efficacy : Implications in Organizational Behavior and Human Resource Management », *Academy of Management Review*, vol. 12, nᵒ 3, 1987, p. 472-485 ; A. Bandura, « Self-Efficacy Mechanisms in Human Agency », *American Psychologist*, vol. 37, nᵒ 4, 1987, p. 122-147.
46. Adapté de « Gaining Perspective – A Discussion [with Rushworth M. Kidder] on the Topic of Ethical Business Leadership », *BGS International Exchange*, vol. 5, nᵒ 3, automne 2006, p. 6-8.

CHAPITRE 5

1. Myriam Jézéquel, « La fierté du travail bien fait », *Les Affaires*, Cahier spécial, 5 avril 2008, p. A22.
2. Voir John P. Campbell, Marvin D. Dunnette, Edward E. Lawler III et Karl E. Weick Jr., *Managerial Behavior Performance and Effectiveness*, New York, McGraw-Hill, 1970, chap. 15.
3. Jean-François Barbe, « Les trentenaires, de grands difficiles », *Affaires Plus*, octobre 2008, p. 45.
4. Geert Hofstede, « Cultural Constraints in Management Theories », *Academy of Management Executive*, vol. 7, février 1993, p. 81-94.
5. Geert Hofstede, *Culture's Consequences : International Differences in Work-Related Values*, éd. abrégée, Beverly Hills, Sage, 1984.
6. Abraham Maslow : *Eupsychian Management*, Homewood (Illinois), Irwin, 1965, et *Motivation and Personality*, 2ᵉ éd. New York, Harper & Row, 1970.
7. Lyman W. Porter, « Job Attitudes in Management : II. Perceived Importance of Needs as a Function of Job Level », *Journal of Applied Psychology*, vol. 47, avril 1963, p. 141-148.
8. Douglas T. Hall et Khalil E. Nougaim, « An Examination of Maslow's Need Hierarchy in an Organizational Setting », *Organizational Behavior and Human Performance*, vol. 3, 1968, p. 12-35 ; Porter (1963) ; John M. Ivancevich, « Perceived Need Satisfactions of Domestic Versus Overseas Managers », *Journal of Applied Psychology*, vol. 54, août 1969, p. 274-278.
9. Mahmoud A. Wahba et Lawrence G. Bridwell, « Maslow Reconsidered : A Review of Research on the Need Hierarchy Theory », *Academy of Management Proceedings*, 1974, p. 514-520 ; Edward E. Lawler III et J. Lloyd Shuttle, « A Causal Correlation Test of the Need Hierarchy Concept », *Organizational Behavior et Human Performance*, vol. 7, 1973, p. 265-287.
10. Nancy J. Adler, *International Dimensions of Organizational Behavior*, 2ᵉ éd., Boston, PWS-Kent, 1991, p. 153 ; Richard M. Hodgetts et Fred Luthans, *International Management*, New York, McGraw-Hill, 1991, chap. 11.
11. Clayton P. Alderfer : « An Empirical Test of a New Theory of Human Needs », *Organizational Behavior and Human Performance*, vol. 4, 1969, p. 142-175, et *Existence, Relatedness and Growth*, New York, Free Press, 1972 ; Benjamin Schneider et Clayton P. Alderfer, « Three Studies of Need Satisfaction in Organization », *Administrative Science Quarterly*, vol. 18, 1973, p. 489-505.
12. Lane Tracy, « A Dynamic Living Systems Model of Work Motivation », *Systems Research*, vol. 1, 1984, p. 191-203 ; John Rauschenberger, Neal Schmidt et John E. Hunter, « A Test of the Need Hierarchy Concept by a Markov Model of Change in Need Strength », *Administrative Science Quarterly*, vol. 25, 1980, p. 654-670.
13. Voici quelques références utiles sur le sujet. David C. McClelland : *The Achieving Society*, New York, Van Nostrand, 1961, « Business, Drive and National Achievement », *Harvard Business Review*, vol. 40, juillet-août 1962, p. 99-112, et « That Urge to Achieve », *Think*, novembre-décembre 1966, p. 19-32 ; G.H. Litwin et R.A. Stringer, *Motivation and Organizational Climate*, Boston, Division de la recherche du Harvard Business School, 1966, p. 18-25.
14. George Harris, « To Know Why Men Do What They Do : A Conversation with David C. McClelland », *Psychology Today*, vol. 4, janvier 1971, p. 35-39.
15. David C. McClelland et David H. Burnham, « Power Is the Great Motivator », *Harvard Business Review*, vol. 54, mars-avril 1976, p. 100-110 ; David C. McClelland et Richard E. Boyatzis, « Leadership Motive Pattern and Long-Term Success in Management », *Journal of Applied Psychology*, vol. 67, 1982, p. 737-743.
16. P. Miron et D.C. McClelland, « The Impact of Achievement Motivation Training in Small Businesses », *California Management Review*, été 1979, p. 13-28.
17. Herzberg et ses associés ont expliqué en détail la théorie bifactorielle dans : Frederick Herzberg, Bernard Mausner et Barbara Bloch Synderman, *The Motivation to Work*, 2ᵉ éd., New York, Wiley, 1967 ; Frederick Herzberg, « One More Time : How Do You Motivate Employees ? » *Harvard Business Review*, vol. 46, nᵒ 1, janvier-février 1968, p. 53-62.
18. D'après Jerry Harkavy, « New Book Details Evolution of L.L. Bean », *Columbus Dispatch*, 4 décembre 2006, p. E6 ; voir aussi Leon Gorman, *L.L. Bean : The Making of an American Icon*, Boston (Massachusetts), Harvard Business School Publishing, 2006.
19. Tiré de Herzberg (1968).
20. Voir : Robert J. House et Lawrence A. Wigdor, « Herzberg's Dual-Factor Theory of Job Satisfaction and Motivation : A Review of the Evidence and a Criticism », *Personnel Psychology*, vol. 20, hiver 1967, p. 369-389 ; Steven Kerr, Anne Harlan et Ralph Stogdill, « Preference for Motivator and Hygiene Factors in a Hypothetical Interview Situation », *Personnel Psychology*, vol. 27, hiver 1974, p. 109-124 ; Nathan King, « A Clarification and Evaluation of the Two-Factor Theory of Job Satisfaction », *Psychological Bulletin*, juillet 1970, p. 18-31 ; Marvin Dunnette, John Campbell et Milton Hakel, « Factors Contributing to Job Satisfaction and Job Dissatisfaction in Six Occupational Groups », *Organizational Behavior and Human Performance*, mai 1967, p. 143-174 ; R.J. House et L. Wigdor, « Herzberg's Dual Factor Theory of Job Satisfaction and Motivation : A Review of the Evidence and a Criticism », *Personnel Psychology*, été 1967, p. 369-389.
21. Adler (1991), chap. 6 ; Nancy J. Adler et J.T. Graham, « Cross-Cultural Interaction : The International Comparison Fallacy », *Journal of International Business Studies*, automne 1989, p. 515-537 ; Frederick Herzberg, « Workers Needs : The Same Around the World », *Industry Week*, 27 septembre 1987, p. 29-32.

22. Jean-Paul Gagné, « Pour mieux mobiliser leurs troupes, les gestionnaires ont du pain sur la planche », *Les Affaires*, Cahier spécial, 5 avril 2008, p. A8.
23. Voir notamment J. Stacy Adams : « Toward an Understanding of Inequality », *Journal of Abnormal and Social Psychology*, vol. 67, 1963, p. 422-436, et « Inequity in Social Exchange », dans L. Berkowitz (sous la dir. de), *Advances in Experimental Social Psychology*, vol. 2, New York, Academic Press, 1965, p. 267-300.
24. Adams (1965).
25. On trouvera un exposé sur ces questions dans C. Kagitcibasi et J.W. Berry, « Cross-Cultural Psychology : Current Research and Trends », *Annual Review of Psychology*, vol. 40, 1989, p. 493-531.
26. Voir : Blair Sheppard, Roy J. Lewicki et John Minton, *Organizational Justice : The Search for Fairness in the Workplace*, New York, Lexington Books, 1992 ; Jerald Greenberg, *The Quest for Justice on the Job : Essays and Experiments*, Thousand Oaks (Californie), Sage, 1995 ; Robert Folger et Russell Cropanzano, *Organizational Justice and Human Resource Management*, Thousand Oaks (Californie), Sage, 1998 ; Mary A. Konovksy « Understanding Procedural Justice and Its Impact on Business Organizations », *Journal of Management*, vol. 26, 2000, p. 489-511.
27. La notion de justice interactionnelle est définie par Robert J. Bies, « The Predicament of Injustice : The Management of Moral Outrage », dans L.L. Cummings et B.M. Staw (sous la dir. de), *Research in Organizational Behavior*, vol. 9, Greenwich (Connecticut), JAI Press, 1987, p. 289-319. L'exemple est de Carol T. Kulik et Robert L. Holbrook, « Demographics in Service Encounters : Effects of Racial and Gender Congruence on Perceived Fairness », *Social Justice Research*, vol. 13, 2000, p. 375-402.
28. D'après : Sally Beatty, « Big Green Investment », *Wall Street Journal*, 22 septembre 2006, p. W2 ; Stanley Holmes, « Nike Goes for the Green », *Business Week*, 25 septembre 2006, p. 106, 108 ; Jeffrey Gangemi, « Giving Goes Green », *Business Week*, 27 novembre 2006, p. 84 ; Pete Engardio, « Beyond the Green Corporation », *Economic Times Bangalore*, 28 janvier 2007, p. 5.
29. Victor H. Vroom, *Work and Motivation*, New York, Wiley, 1964.
30. *Ibid.*
31. Voir : Terence R. Mitchell : « Expectancy Models of Job Satisfaction, Occupational Preference and Effort : A Theoretical, Methodological and Empirical Appraisal », *Psychological Bulletin*, vol. 81, 1974, p. 1053-1077, et « Expectancy-Value Models in Organizational Psychology », dans N. Feather (sous la dir. de), *Expectancy, Incentive and Action*, New York, Erlbaum and Associates, 1980 ; Mahmoud A. Wahba et Robert J. House, « Expectancy Theory in Work and Motivation : Some Logical and Methodological Issues », *Human Relations*, vol. 27, janvier 1974, p. 121-147 ; Terry Connolly, « Some Conceptual and Methodological Issues in Expectancy Models of Work Performance Motivation », *Academy of Management Review*, vol. 1, octobre 1976, p. 37-47.
32. Voir Adler (1991).
33. Michel De Smet, « L'employeur socialement responsable a la cote », *LesAffaires*, 17 mai 2008, p. 68.
34. Boris Groysberg, Andrew N. McLean et Nitin Nohria, « Are Leaders Portable ? », *Harvard Business Review*, mai 2006.
35. Edwin A. Locke, Karyll N. Shaw, Lise M. Saari et Gary P. Latham, « Goal Setting and Task Performance : 1969-1980 », *Psychological Bulletin*, vol. 90, juillet-novembre 1981, p. 125-152 ; Edwin A. Locke et Gary P. Latham : « Work Motivation and Satisfaction : Light at the End of the Tunnel », *Psychological Science*, vol. 1, n° 4, juillet 1990, p. 240-246, et *A Theory of Goal Setting and Task Performance*, Englewood Cliffs (New Jersey), Prentice Hall, 1990.
36. Gary P. Latham et Edwin A. Locke, « Goal Setting : A Motivational Technique That Works », *Organizational Dynamics*, vol. 8, automne 1979, p. 68-80 ; Gary P. Latham et Timothy P. Steele, « The Motivational Effects of Participation Versus Goal-Setting on Performance », *Academy of Management Journal*, vol. 26, 1983, p. 406-417 ; Miriam Erez et Frederick H. Kanfer, « The Role of Goal Acceptance in Goal Setting and Task Performance », *Academy of Management Review*, vol. 8, 1983, p. 454-463 ; R.E. Wood et E.A. Locke, « Goal Setting and Strategy Effects on Complex Tasks », dans B. Staw et L.L. Cummings (sous la dir. de) (1990).
37. Voir E.A. Locke et G.P. Latham (1990), p. 241.
38. Alexander D. Stajkovic, Edwin A. Locke et Eden S. Blair, « A First Examination of the Relationships Between Primed Subconscious Goals, Assigned Conscious Goals, and Task Performance », *Journal of Applied Psychology*, vol. 91, n° 5, 2006, p. 1172-1180.
39. Gary P. Latham et Edwin A. Locke (1979) ; Gary P. Latham et Timothy P. Steele, (1983) ; Miriam Erez et Frederick H. Kanfer (1983) ; R.E. Wood et E.A. Locke, « Goal Setting and Strategy Effects on Complex Tasks », dans B. Staw et L.L. Cummings (sous la dir. de) (1990).
40. Anne Drolet, « Suer au travail », *Le Soleil*, 20 février 2008, p. 44.
41. Pour une réflexion informée sur la GPO, voir Anthony P. Raia, *Managing by Objectives*, Glenview (Illinois), Scott, Foresman, 1974.
42. *Ibid.* ; Steven Kerr résume également très bien les principales critiques sur ce sujet dans « Overcoming the Dysfunctions of MBO », *Management by Objectives*, vol. 5, n° l, 1976.

CHAPITRE 6

1. Duhamel, « Une version édulcorée au Québec », *Les Affaires*, 22 novembre 2008, p. 15.
2. Information et citations tirées de : Michelle Conlin, « Smashing the Clock », *Business Week*, 11 décembre 2006, p. 60-68, et « The Pros and Cons of Flex-Time », *Business Week*, 8 janvier 2007, p. 19 ; Isabelle Grégoire, « À bas les horaires ! », *L'Actualité, Les leaders*, juillet 2007, p. 38 ; Alain Duhamel, « Donnez de l'air à vos employés, ils seront plus efficaces », *Les Affaires*, 22 novembre 2008, p. 14.
3. Frederick W. Taylor, *The Principles of Scientific Management*, New York, Norton, 1967.
4. Information tirée de : Reuters, « Coming Work Sick Afflicts Biz », *Economic Times Bangalore*, 28 janvier 2007, p. 14 ; www.webmd.com/content/article/86/98895.htm.
5. Frederick Herzberg, « One More Time : How Do You Motivate Employees ? », *Harvard Business Review*, vol. 81, n° 1, janvier-février 2003, p. 87-96.
6. Paul J. Champagne et Curt Tausky, « When Job Enrichment Doesn't Pay », *Personnel*, vol. 3, janvier-février 1978, p. 30-40.
7. Pour une description complète, voir J. Richard Hackman et Greg R. Oldham, *Work Redesign*, Reading (Massachusetts), Addison-Wesley, 1980.
8. Voir J. Richard Hackman et Greg Oldham, « Development of the Job Diagnostic Survey », *Journal of Applied Psychology*, vol. 60, 1975, p. 159-170.
9. J.R. Hackman et G. Oldham, *ibid.* Pour une étude novatrice, voir : Charles L. Hulin et Milton R. Blood, « Job Enlargement, Individual Differences and Worker Responses », *Psychological Bulletin*, vol. 69, 1968, p. 41-55 ; Milton R. Blood et Charles L. Hulin, « Alienation, Environmental Characteristics and Worker Responses », *Journal of Applied Psychology*, vol. 51, 1967, p. 284-290.
10. Valérie Gaudreau, « Centres d'hébergement : fini les infirmières qui donnent des bains », *Le Soleil*, 12 juillet 2009, p. 2.
11. Gerald Salancik et Jeffrey Pfeffer, « An Examination of Need-Satisfaction Models of Job Attitudes », *Administrative Science Quarterly*, vol. 22, 1977, p. 427-456 ; Gerald Salancik et Jeffrey Pfeffer, « A Social Information Processing Approach to Job Attitude and Task Design », *Administrative Science Quarterly*, vol. 23, 1978, p. 224-253.
12. George W. England et Itzhak Harpaz, « How Working Is Defined : National Contexts and Demographic and Organizational Role Influences », *Journal of Organizational Behavior*, juillet 1990, p. 253-266.

13. William A. Pasmore, « Overcoming the Roadblocks to Work-Restructuring Efforts », *Organizational Dynamics*, vol. 10, 1982, p. 54-67 ; Hackman et Oldham (1975).
14. Voir William A. Pasmore, *Designing Effective Organizations : A Sociotechnical Systems Perspective*, New York, Wiley, 1988.
15. « Robots », *The Economist*, 17 octobre 1998, p. 116.
16. Peter Senker, *Towards the Automatic Factory : The Need for Training*, New York, Springer-Verlag, 1986.
17. Voir Ramchandran Jaikumar, « Postindustrial Manufacturing », *Harvard Business Review*, 1986, p. 69-76.
18. « Michael Hammer, « Reengineering Work : Don't Automate, Obliterate », *Harvard Business Review*, juillet-août 1990, p. 104-112.
19. Voir Thomas M. Koulopoulos, *The Workflow Imperative : Building Real World Business Solutions*, New York, Van Nostrand Reinhold, 1995.
20. Pour un bon aperçu, voir : Michael Hammer et James Champy, *Reengineering the Corporation*, New York, HarperBusiness, 1993 ; Michael Hammer, *Beyond Reengineering*, New York, HarperBusiness, 1997.
21. Pour des aperçus, voir : Allan R. Cohen et Herman Gadon, *Alternative Work Schedules : Integrating Individual and Organizational Needs*, Reading (Massachusetts), Addison-Wesley, 1978 ; Jon L. Pearce, John W. Newstrom, Randall B. Dunham et Alison E. Barber, *Alternative Work Schedules*, Boston, Allyn & Bacon, 1989. Voir aussi Sharon Parker et Toby Wall, *Job and Work Design*, Thousand Oaks (Californie), Sage, 1998.
22. B.J. Wixom, Jr. : « Recognizing People in a World of Change », *HR Magazine*, juin 1995, p. 7-8, et « The Value of Flexibility », *Inc.*, avril 1996, p. 114.
23. Isabelle Grégoire, « À bas les horaires ! », *L'Actualité, Les leaders*, juillet 2007, p. 38.
24. Francine Bordeleau, « L'emploi atypique gagne en popularité », *La Presse*, 15 décembre 2007, cahier Carrières et professions, p. 4.
25. Alain Duhamel, « Une version édulcorée au Québec », *Les Affaires*, 22 novembre 2008, p. 15.
26. *Business Week*, 7 décembre 1998, p. 8.
27. Carole Le Hirez, « Offrir des avantages qui ont du sens », *Les Affaires*, 25 octobre 2008, p. 19.
28. « Aetna Life & Casualty Company », *Wall Street Journal*, 4 juin 1990, p. B1.
29. Alain Duhamel, « Le bureau ? Quel bureau ? », *Les Affaires*, 22 novembre 2008, p. 15.
30. Chantal Dauray, « L'ADN des meilleurs employeurs », *Affaires Plus*, octobre 2007, p. 39.
31. Getsy M. Selirio, « Job Sharing Gains Favor as Corporations Embrace Alternative Work Schedule », *Lubbock Avalanche-Journal*, 13 décembre 1992, p. 2E.
32. *Ibid.*
33. Stéphane Gagné, « Oui, le télétravail peut vous rendre efficace », *Les Affaires*, 26 janvier 2008, p. 28.
34. *Ibid.*
35. *Ibid.*
36. Claudine Hébert, « Bien outiller ses vendeurs sur la route », *Les Affaires*, 20 septembre 2008, p. 27.
37. T. Davenport et K. Pearlson, « Two Cheers for the Virtual Office », *Sloan Management Review*, été 1998, p. 51-64.
38. « Making Stay-at-Home Feel Welcome », *Business Week*, 2 octobre 1998, p. 153-155.
39. Claudine Hébert, « Le télétravail comme outil de recrutement », *Les Affaires*, 13 septembre 2008, p. 23.
40. *Ibid.*
41. Suzanne Dansereau, « Je suis devenu un vrai robot », *Les Affaires*, 15 décembre 2007, p. 13.
42. Claudine Hébert, « Le télétravail pour accroître votre compétitivité », *Les Affaires*, 25 octobre 2008, p. 27.
43. Timothy D. Golden, John F. Veiga et Zeki Simsek, « Telecommuting's Differential Impact on Work-Family Conflict : Is There No Place Like Home ? », *Journal of Applied Psychology*, novembre 2006, vol. 91, n° 6, p.1340-1350.
44. Daniel C. Feldman et Helen I. Doerpinghaus, « Missing Persons No Longer : Managing Part-Time Workers in the '90s », *Organizational Dynamics*, été 1992, p. 59-72.

CHAPITRE 7

1. Information tirée de Steve Hamm, « A Passion for the Planet », *Business Week*, 21 août 2006, n° 3998, p. 92-94.
2. Carole Le Hirez, « Rémunérer le potentiel dès l'embauche », *Les Affaires*, 25 octobre 2008, p. 20.
3. Pour des analyses poussées de la théorie, de la recherche et des applications, voir Edward E. Lawler III : *Pay and Organizational Effectiveness*, New York, McGraw-Hill, 1971, *Pay and Organizational Development*, Reading (Massachusetts), Addison-Wesley, 1981, et « The Design of Effective Reward Systems », dans Jay W. Lorsch (sous la dir. de), *Handbook of Organizational Behavior*, Englewood Cliffs (New Jersey), Prentice-Hall, 1987, p. 255-271.
4. Carole Le Hirez, « Rémunérer le potentiel dès l'embauche », *Les Affaires*, 25 octobre 2008, p. 20.
5. Marc Rochette, « Un programme de reconnaissance qui fait voyager bon nombre d'employés », *Le Nouvelliste*, 22 janvier 2009, p. S18.
6. « Reasons for Pay Raises », *Business Week*, 29 mai 2006, p. 11.
7. Carole Le Hirez, « La chasse à la main-d'œuvre tire les salaires vers le haut », *Les Affaires*, 25 octobre 2008, p. 17.
8. À titre d'exemple, voir D.B. Balkin et L.R. Gómez-Mejía (sous la dir. de), *New Perspectives on Compensation*, Englewood Cliffs (New Jersey), Prentice-Hall, 1987.
9. Jone L. Pearce, « Why Merit Pay Doesn't Work : Implications from Organization Theory », dans Balkin et Gómez-Mejía (1987), p. 169-178 ; Jerry M. Newman, « Selecting Incentive Plans to Complement Organizational Strategy », dans Balkin et Gómez-Mejía (1987), p. 214-224 ; Edward E. Lawler III, « Pay for Performance : Making It Work », *Compensation and Benefits Review*, vol. 21, 1989, p. 55-60.
10. Voir : Daniel C. Boyle, « Employee Motivation That Works », *HR Magazine*, octobre 1992, p. 83-89 ; Kathleen A. McNally, « Compensation as a Strategic Tool », *HR Magazine*, juillet 1992, p. 59-66.
11. Voir Brian Graham-Moore, « Review of the Literature », dans Brian Graham-Moore et Timothy L. Ross (sous la dir. de), *Gainsharing*, Washington (District of Columbia), Bureau of National Affairs, 1990, p. 20.
12. D'après « Win-Win Situations for Those at the Top », *Financial Times*, 4 janvier 2007, p. 16 ; « CEO's Fatal Flaw : Failing to Understand New Demands », *Wall Street Journal*, 4 janvier 2007, A1, p. 12.
13. Carole Le Hirez, « Les salaires des dirigeants devront changer », *Les Affaires*, 25 octobre 2008, p. 17.
14. S.E. Markham, K.D. Scott et B.L. Little, « National Gainsharing Study : The Importance of Industry Differences », *Compensation and Benefits Review*, janvier-février 1992, p. 34-45.
15. L.R. Gómez-Mejía, D.B. Balkin et R.L. Cardy, *Managing Human Resources*, Englewood Cliffs (New Jersey), Prentice-Hall, 1995, p. 410-411.
16. *Ibid.*, p. 409-410.
17. S. Caudron, « Master the Compensation Maze », *Personnel Journal*, juin 1993, p. 640-648.
18. N. Gupta, G.E. Ledford, G.D. Jenkins et D.H. Doty, « Survey-Based Prescriptions for Skill-Based Pay », *American Compensation Association Journal*, vol. 1, n° l, 1992, p. 48-59 ; L.W. Ledford, « The Effectiveness of Skill-Based Pay », *Perspectives in Total Compensation*, vol. 1, n° l, 1991, p.1-4.

19. C. O'Dell et J. McAdams, « The Revolution in Employee Benefits », *Compensation and Benefits Review*, mai-juin 1987, p. 68-73.
20. Carole Le Hirez, « La génération Y préfère le temps à l'argent », *Les Affaires*, 25 octobre 2008, p. 18.
21. Emmanuelle Gril, « La transparence à l'honneur », *Les Affaires*, 5 avril 2008, p. A22.
22. Pour plus de détails, voir : G.P. Latham et K.N. Wexley, *Increasing Productivity Through Performance Appraisal*, 2e éd. ; Stephen J. Carroll et Craig E. Schneier, *Performance Appraisal and Review Systems*, Glenview (Illinois), Scott, Foresman, 1982.
23. Voir George T. Milkovich et John W. Boudreau, *Personnel Human Resource Management, A Diagnostic Approach*, 5e éd., Plano (Texas), Business Publications, 1988.
24. Mark R. Edwards et Ann J. Ewen, *360-Degree Feedback : The Powerful New Tool For Employee Feedback and Performance Improvement*, New York, Amacom, 1996.
25. Jean-Paul Gagné, « La qualité doit être intégrée aux processus de gestion », *Les Affaires*, Cahier spécial, 4 octobre 2008, p. A11.
26. Pour un examen de plusieurs de ces erreurs, voir David L. Devries, Ann M. Morrison, Sandra L. Shullman et Michael P. Gerlach, *Performance Appraisal on the Line*, Greensboro (Caroline du Nord), Center for Creative Leadership, 1986, chap. 3.
27. Joseph M. Stauffer et M. Ronald Buckley, « The Existence and Nature of Racial Bias in Supervisory Ratings », *Journal of Applied Psychology*, vol. 90, 2005, p. 586-591. Également cités : K. Kraiger et J.K. Ford, « A Meta-analysis of Ratee Race Effects in Performance Ratings », *Journal of Applied Psychology*, vol. 70, 1985, p. 56-65 ; P.R. Sackette et C.L.Z. DuBois, « Rater-Ratee Race Effects on Performance Evaluations : Challenging Meta-Analytic Conclusions », *Journal of Applied Psychology*, vol. 76, 1991, p. 873-877.
28. E.G. Olson, « The Workplace Is High on the High Court's Docker », *Business Week*, 10 octobre 1988, p. 88-89.

CHAPITRE 8

1. Information tirée de David Kirkpatrick, « The Second Coming of Apple », *Fortune*, 9 novembre 1998, p. 86-92. Voir aussi : Brent Schlender, « The Three Faces of Steve », *Fortune*, 9 novembre 1998, p. 96-104 ; www.apple.com.
2. Pour une excellente étude sur les groupes et les équipes en milieu de travail, voir : Jon R. Katzenbach et Douglas K. Smith, « The Discipline of Teams », *Harvard Business Review*, mars-avril 1993, p. 111-120 ; Greg L. Stewart, Charles C. Mane et Henry P. Sims, *Team Work and Group Dynamics*, New York, John Wiley & Sons, 1999.
3. Harold J. Leavitt et Jean Lipman-Blumen, « Hot Groups », *Harvard Business Review*, juillet-août 1995, p. 109-116.
4. Voir notamment Edward E. Lawler III, *High-Involvement Management*, San Francisco, Jossey-Bass, 1986.
5. Marvin E. Shaw, *Group Dynamics : The Psychology of Small Group Behavior*, 2e éd., New York, McGraw-Hill, 1976.
6. Bibb Latané, Kipling Williams et Stephen Harkins, « Many Hands Make Light the Work : The Causes and Consequences of Social Loafing », *Journal of Personality and Social Psychology*, vol. 37, 1978, p. 822-832 ; E. Weldon et G.M. Gargano, « Cognitive Effort in Additive Task Groups : The Effects of Shared Responsibility on the Quality of Multi-Attribute Judgments », *Organizational Behavior and Human Decision Processes*, vol. 36, 1985, p. 348-361 ; John M. George, « Extrinsic and Intrinsic Origins of Perceived Social Loafing in Organizations », *Academy of Management Journal*, mars 1992, p. 191-202 ; W. Jack Duncan, « Why Some People Loaf in Groups While Others Loaf Alone », *Academy of Management Executive*, vol. 8, 1994, p. 79-80.
7. D.A. Kravitz et B. Martin, « Ringelmann Rediscovered », *Journal of Personality and Social Psychology*, vol. 50, 1986, p. 936-941.
8. L'article suivant est devenu un classique : Richard B. Zajonc, « Social Facilitation », *Science*, vol. 149, 1965, p. 269-274.
9. Rensis Likert, *New Patterns of Management*, New York, McGraw-Hill, 1961.
10. Pour une bonne étude sur les groupes de projet, voir James Ware, « Managing a Task Force », note 478-002, *Harvard Business School*, 1977.
11. Voir D. Duarte et N. Snyder, *Mastering Virtual Teams : Strategies, Tools, and Techniques That Succeed*, San Francisco, Jossey-Bass, 1999.
12. Chantal Dauray, « L'ADN des meilleurs employeurs », *Affaires Plus*, octobre 2007, p. 50.
13. Voir notamment Leland P. Bradford, *Group Development*, 2e éd., San Francisco, Jossey-Bass, 1997.
14. J. Steven Heinen et Eugene Jacobson, « A Model of Task Group Development in Complex Organization and a Strategy of Implementation », *Academy of Management Review*, vol. 1, octobre 1976, p. 98-111 ; Bruce W. Tuckman, « Developmental Sequence in Small Groups », *Psychological Bulletin*, vol. 63, 1965, p. 384-399 ; Bruce W. Tuckman et Mary Ann C. Jensen, « Stages of Small Group Development Revisited », *Group & Organization Studies*, vol. 2, 1977, p. 419-427.
15. Voir J. Richard Hackman, « The Design of Work Teams », dans Jay W. Lorsch (sous la dir. de), *Handbook of Organizational Behavior*, Englewood Cliffs (New Jersey), Prentice Hall, 1987, p. 343-357.
16. David M. Herold, « The Effectiveness of Work Groups », dans Steven Kerr (sous la dir. de), *Organizational Behavior*, New York, Wiley, 1979, p. 95 ; voir aussi l'étude sur les groupes de projet dans Stewart, Manz et Sims (1999), p. 142-143.
17. Daniel R. Ilgen, Jeffrey A. LePine et John R. Hollenbeck, « Effective Decision Making in Multinational Teams », dans P. Christopher Earley et Miram Erez (sous la dir. de), *New Perspectives on International Industrial/Organizational Psychology*, San Francisco, New Lexington Press, 1997 ; Warren Watson, « Cultural Diversity's Impact on Interaction Process and Performance », *Academy of Management Journal*, vol. 16, 1993.
18. L. Argote et J.E. McGrath, « Group Processes in Organizations : Continuity and Change », dans C.L. Cooper et I.T. Robertson (sous la dir. de), *International Review of Industrial and Organizational Psychology*, New York, Wiley, 1993, p. 333-389.
19. Voir Ilgen, Le Pine et Hollenbeck (1997), p. 377-409.
20. William C. Schutz, *FIRO : A Three-Dimensional Theory of Interpersonal Behavior*, New York, Rinehart, 1958.
21. William C. Schultz, « The Interpersonal Underworld », *Harvard Business Review*, vol. 36, juillet-août 1958, p. 130.
22. Katzenbach et Smith (1993).
23. E.J. Thomas et C.F. Fink, « Effects of Group Size », dans Larry L. Cummings et William E. Scott (sous la dir. de), *Readings in Organizational and Human Performance*, Homewood (Illinois), Irwin, 1969, p. 394-408.
24. Shaw (1976).
25. George C. Homans, *The Human Group*, New York, Harcourt Brace, 1950.
26. Kenneth H. Price, David A. Harrison, et Joanne H. Gavin, « Withholding Inputs in Team Contexts : Member Composition, Interaction Processes, Evaluation Structure, and Social Loafing », *Journal of Applied Psychology*, vol. 91, n° 6, 2006, p. 1375-1384.
27. Pour une étude sur la dynamique intergroupes, voir Edgar H. Schein, *Process Consultation*, vol. 1, Reading (Massachusetts), Addison-Wesley, 1988, p. 106-115.
28. « Producer Power », *The Economist*, 4 mars 1995, p. 70.
29. On trouvera une étude sur les notions de groupes interactifs, d'action parallèle et de neutralisation dans Fred E. Fiedler, *A Theory of Leadership Productivity*, New York, McGraw-Hill, 1967.

30. Suzanne Dansereau, « Faire du bénévolat une valeur de l'entreprise », *Les Affaires*, 25 octobre 2008, p. 32.
31. Cette étude sur les réseaux de communication est tirée de Alex Bavelas, « Communication Patterns in Task-Oriented Groups », *Journal of the Acoustical Society of America*, vol. 22, 1950, p. 725-730. Voir aussi « Research on Communication Networks », étude résumée dans Shaw (1976), p. 137-153.
32. Information tirée de : « Cirque du Balancing Act », *Fortune*, 12 juin 2006, p. 114 ; www.cirquedusoleil.com ; entrevue avec une représentante du Cirque.
33. Analyse préparée à partir des propos de Schein (1988), p. 69-75.
34. *Ibid.*, p. 73.
35. Élaboré à partir des lignes directrices proposées dans l'article de Jay Hall, « Decisions, Decisions, Decisions », *Psychology Today*, novembre 1971, p. 55-56.
36. Norman R.F. Maier, « Assets and Liabilities in Group Problem Solving », *Psychological Review*, vol. 74, 1967, p. 239-249.
37. Irving L. Janis, « Groupthink », *Psychology Today*, novembre 1971, p. 33-36 ; Irving L. Janis, *Groupthink*, 2e éd., Boston, Houghton Mifflin, 1982. Voir aussi : J. Longley et D.G. Pruitt, « Groupthink : A Critique of Janis's Theory », dans L. Wheeler (sous la dir. de), *Review of Personality and Social Psychology*, Beverly Hills (Californie), Sage, 1980 ; Carrie R. Leana, « A Partial Test of Janis's Groupthink Model : The Effects of Group Cohesiveness and Leader Behavior on Decision Processes », *Journal of Management*, vol. 11, n° 1, 1985, p. 5-18 ; Jerry Harvey, « Managing Agreement in Organizations : The Abilene Paradox », *Organizational Dynamics*, été 1974, p. 63-80.
38. Janis (1982).
39. Gayle W. Hill, « Group Versus Individual Performance : Are Two Heads Better Than One ? », *Psychological Bulletin*, vol. 91, 1982, p. 517-539.
40. Ces méthodes sont fort bien expliquées dans : George P. Huber, *Managerial Decision Making*, Glenview (Illinois), Scott, Foresman, 1980 ; Andre L. Delbecq, Andrew L. Van de Ven et David H. Gustafson, *Group Techniques for Program Planning : A Guide to Nominal Groups and Delphi Techniques*, Glenview (Illinois), Scott, Foresman, 1975 ; William M. Fox, « Anonymity et Other Keys to Successful Problem-Solving Meetings », *National Productivity Review*, vol. 8, printemps, 1989, p. 145-156.
41. Delbecq et autres (1975) ; Fox (1989).
42. R. Brent Gallupe et William H. Cooper, « Brainstorming Electronically », *Sloan Management Review*, automne 1993, p. 27-36.

CHAPITRE 9

1. Jean-Paul Gagné, « GE vit la gestion participative au quotidien », *Les Affaires*, Cahier spécial, 4 octobre 2008, p. A4.
2. Susan Albers Mohrman, Jay R. Galbraith, Edward E. Lawler III et coll., *Tomorrow's Organization : Crafting Winning Capabilities in a Dynamic World*, San Francisco, Jossey-Bass, 1998.
3. Jon R. Katzenbach et Douglas K. Smith : « The Discipline of Teams », *Harvard Business Review*, mars-avril 1993a, p 111-120, et *The Wisdom of Teams : Creating the High-Performance Organization*, Boston, Harvard Business School Press, 1993b.
4. Jay A. Conger, *Winning 'Em Over : A New Model for Managing in the Age of Persuasion*, New York, Simon & Schuster, 1998.
5. *Ibid.*, p. 191.
6. Katzenbach et Smith (1993a et 1993b).
7. Voir aussi Jon R. Katzenbach, « The Myth of the Top Management Team », *Harvard Business Review*, vol. 75, novembre-décembre 1997, p. 83-91.
8. Katzenbach et Smith (1993a et 1993b).
9. Pour un bon aperçu, voir Greg L. Stewart, Charles C. Manz et Henry P. Sims, *Team Work and Group Dynamics*, New York, Wiley, 1999.
10. Katzenbach et Smith (1993a), p. 112.
11. Élaboré à partir de *Ibid.*, p. 118-119.
12. Voir Stewart, Manz et Sims (1999), p. 43-44.
13. Voir Daniel R. Ilgen, Jeffrey A. LePine et John R. Hollenbeck, « Effective Decision Making in Multinational Teams », dans P. Christopher Earley et Miriam Erez (sous la dir. de), *New Perspectives on International Industrial/Organizational Psychology*, San Francisco, New Lexington Press, 1997, p. 377-409.
14. *Ibid.* ; Warren E. Watson, Kamalesh Kumar et Larry K. Michaelsen, « Cultural Diversity's Impact on Interaction Process and Performance », *Academy of Management Journal*, vol. 16, n° 3, juin 1993, p. 590-602.
15. Pour une étude intéressante sur les équipes sportives, voir : Ellen Fagenson-Eland, « The National Football League's Bill Parcells on Winning, Leading and Turning Around Teams », *Academy of Management Executive*, vol. 15, août 2001, p. 48-57 ; Nancy Katz, « Sports Teams as a Model for Workplace Teams : Lessons and Liabilities », *Academy of Management Executive*, vol. 15, août 2002, p. 56-69.
16. Audrey Myrand-Langlois, « Gravir un à un les échelons chez KPMG », *Les Affaires*, 31 janvier 2009, p. 21.
17. Pour une bonne analyse de la formation d'équipe, voir William D. Dyer, *Team Building*, 3e éd., Reading (Massachusetts), Addison-Wesley, 1995.
18. Jeanne Brett, Kristan Behfar et Mary C. Kern, « Managing Multicultural Teams », *Harvard Business Review*, novembre 2006, p. 84-91.
19. D'après l'étude d'Edgar H. Schein, *Process Consultation*, Reading (Massachusetts), Addison-Wesley : 1969, p. 32-37, ou vol. 1, 1988, p. 40-49.
20. Pour un classique sur le sujet, voir Robert F. Bales, « Task Roles and Social Roles in Problem-Solving Groups », dans Eleanor E. Maccoby, Theodore M. Newcomb et E.L. Hartley (sous la dir. de), *Readings in Social Psychology*, New York, Holt, Rinehart & Winston, 1958.
21. Pour une bonne description des activités de leadership liées aux tâches et aux relations, voir John J. Gabarro et Anne Harlan, « Note on Process Observation », note 9-477-029, Harvard Business School, 1976.
22. Voir Daniel C. Feldman, « The Development and Enforcement of Group Norms », *Academy of Management Review*, vol. 9, 1984, p. 47-53.
23. Voir : Robert F. Allen et Saul Pilnick, « Confronting the Shadow Organization : How to Select and Defeat Negative Norms », *Organizational Dynamics*, printemps 1973, p. 13-17 ; Alvin Zander, *Making Groups Effective*, San Francisco, Jossey-Bass, 1982, chap. 4 ; Feldman (1984).
24. Pour un résumé de la recherche menée sur la cohésion des groupes, voir Marvin E. Shaw, *Group Dynamics*, New York, McGraw-Hill, 1971, p. 110-112 et 192.
25. Information tirée de : « MBA Students 'Cheat the Most' », *Financial Times*, 21 septembre 2006, p. 1 ; Romy Drucker, « The Devil Made Me Do It », *Business Week*, 24 juillet 2006, p. 10 ; Karen Richardson, « Buffett Advises on Scandals : Avoid Temptations », *Wall Street Journal*, 10 octobre 2006, p. A9.
26. Dora C. Lau et J. Keith Murnighan : « Interaction Within Groups and Subgroups : The Effects of Demographic Faultlines », *Academy of Management Journal*, vol. 48, 2005, p. 645-659, et « Demographic Diversity and Faultlines : The Compositional Dynamics of Organizational Groups », *Academy of Management Review*, vol. 23, 1998, p. 325-340.
27. Information tirée de Stratford Shermin, « Secrets of HP's 'Muddled' Team », *Fortune*, 18 mars 1996, p. 116-120.
28. Voir Jay R. Galbraith et Edward E. Lawler III, « The Challenges of Change : Organizing for Competitive Advantage », dans Mohrman, Galbraith, Lawler et coll. (1998).
29. D'après Robert D. Hof, « Amazon's Risky Bet », *Business Week*, 13 novembre 2006, p. 52.

30. Voir : Kenichi Ohmae, « Quality Control Circles : They Work and Don't Work », *Wall Street Journal*, 29 mars 1982, p. 16 ; Robert P. Steel, Anthony J. Mento, Benjamin L. Dilla, Nestor K. Ovalle et Russell F. Lloyd, « Factors Influencing the Success and Failure of Two Quality Circles Programs », *Journal of Management*, vol. 11, n° l, 1985, p. 99-119 ; Edward E. Lawler III et Susan A. Mohrman, « Quality Circles : After the Honeymoon », *Organizational Dynamics*, vol. 15, n° 4, 1987, p. 42-54.
31. Chantal Dauray, « L'ADN des meilleurs employeurs », *Affaires Plus*, octobre 2007, p. 43.
32. Voir Jay R. Galbraith, *Designing Organizations*, San Francisco, Jossey-Bass, 1998.
33. Jerry Yoram Wind et Jeremy Main, *Driving Change : How the Best Companies Are Preparing for the 21st Century*, New York, Free Press, 1998, p. 135.
34. Jessica Lipnack et Jeffrey Stamps, *Virtual Teams : Reaching Across Space, Time and Organizations with Technology*, New York, Wiley, 1997.
35. Pour une étude sur quelques solutions de rechange, voir Jeff Angus et Sean Gallagher, « Virtual Team Builders–Internet-Based Teamware Makes It Possible to Build Effective Teams from Widely Dispersed Participants », *Information Week*, 4 mai 1998.
36. R. Brent Gallupe et William H. Cooper, « Brainstorming Electronically », *Sloan Management Review*, automne 1993, p. 27-36.
37. D'après Robert D. Hof, « Amazon's Risky Bet », *Business Week*, 13 novembre 2006, p. 52.
38. Voir : Guido Hertel, Susanne Geister et Udo Konradt, « Managing Virtual Teams : A Review of Current Research », *Human Resource Management Review*, vol. 15, mars 2005, p. 69-95 ; Luis L. Martins, Lucy L. Gilson et M. Travis Maynard, « Virtual Teams : What Do We Know and Where Do We Go from Here » ? *Journal of Management*, vol. 30, décembre 2004, p. 805-835.
39. Pour les premières recherches menées sur des conseils relatifs au travail d'équipe, voir : Richard E. Walton, « How to Counter Alienation in the Plant », *Harvard Business Review*, novembre-décembre 1972, p. 70-81 ; Richard E. Walton, « Work Innovations at Topeka : After Six Years », *Journal of Applied Behavior Science*, vol. 13, 1977, p. 422-431 ; Richard E. Walton, « The Topeka Work System : Optimistic Visions, Pessimistic Hypotheses and Reality », dans Zager et Rosow (sous la dir. de), *The Innovative Organization*, chap. 11.
40. Pour un aperçu, voir Linda Moran, Jack Orsburn, Jack D. Orsburn et John H. Zenger, *The New Self-Directed Work Teams : Mastering the Challenge*, New York, McGraw-Hill, 1999.
41. Chantal Dauray, « L'ADN des meilleurs employeurs », *Affaires Plus*, octobre 2007, p. 46.

CHAPITRE 10

1. www.cisco.com.
2. Plusieurs chercheurs mettent actuellement l'accent sur l'interdépendance, tels W. Richard Scott et Gereal F. Davies, dans *Organizations and Organizing : Rational, Natural and Open Systems Perspectives*, Upper Saddle River (New Jersey), Pearson-Prentice Hall, 2007. Cependant, les travaux les plus exhaustifs ont été réalisés antérieurement par Jeffrey Pfeffer, *Organizations and Organization Theory*, Boston, Pitman, 1983, et par Jeffrey Pfeffer et Gerald R. Salancik, *The External Control of Organizations*, Englewood Cliffs (New Jersey), Prentice Hall, 1978.
3. Rosabeth Moss Kanter, « Power Failure in Management Circuit », *Harvard Business Review*, juillet-août 1979, p. 65-75.
4. John R.P. French et Bertram Raven, « The Bases of Social Power », dans Dorwin Cartwright (sous la dir. de), *Group Dynamics Research and Theory*, Evanston (Illinois), Row, Peterson, 1962, p. 607-623.
5. Pfeffer (1983) ; Pfeffer et Salancik (1978).
6. Stanley Milgram, « Behavioral Study of Obedience », dans Dennis W. Organ (sous la dir. de), *The Applied Psychology of Work Behavior*, Dallas, Business Publications, 1978, p. 384-398. Voir aussi Stanley Milgram : « Behavioral Study of Obedience », *Journal of Abnormal and Social Psychology*, vol. 67, 1963, p. 371-378 ; « Group Pressure and Action Against a Person », *Journal of Abnormal and Social Psychology*, vol. 69, 1964, p. 137-143 ; « Some Conditions of Obedience and Disobedience to Authority », *Human Relations*, vol. 1, 1965, p. 57-76 ; *Obedience to Authority*, New York, Harper & Row, 1974.
7. Chester Barnard, *The Functions of the Executive*, Cambridge (Massachusetts), Harvard University Press, 1938.
8. *Ibid.*
9. Voir : Joseph R. Desjardins, *Business Ethics and the Environment : Imagining a Sustainable Future*, Upper Saddle River (New Jersey), Pearson-Prentice Hall, 2007 ; Steven N. Brenner et Earl A. Mollander, « Is the Ethics of Business Changing ? », *Harvard Business Review*, vol. 55, février 1977, p. 57-71 ; Barry Z. Posner et Warren H. Schmidt, « Values and the American Manager : An Update », *California Management Review*, vol. 26, printemps 1984, p. 202-216.
10. French et Raven (1962).
11. Nous avons ajouté à la liste de French et Raven le *pouvoir associé à la maîtrise des processus*, le *pouvoir d'information* et le *pouvoir de représentation*.
12. Nous avons ajouté le *pouvoir de coalition* à la liste de French et Raven.
13. Nathalie Vallerand, « Les femmes poursuivent leur avancée », *Les Affaires*, Cahier spécial, 18 octobre 2008, p. B2.
14. Voir : Jean-Jacques Herings, Gerald Van Der Lean et Doif Tallman, « Social Structured Games », *Theory and Decision*, vol. 62, n° 1, 2007, p. 1-30 ; William Matthew Bowler, « Organizational Goals Versus the Dominant Coalition : A Critical View of the Value of Organizational Citizenship Behavior », *Journal of Behavior and Applied Management*, vol. 7, n° 3, 2006, p. 258-277.
15. Pour un point de vue différent (mais néanmoins intéressant) au sujet du pouvoir, des relations et de l'influence, voir Calvin Morrill, Mayer N. Zold et H. Roa, « Covert Political Conflict in Organizations : Challenges from Below », *American Sociological Review*, vol. 29, 2003, p. 391-416.
16. Pierre Cayouette, « La recette du chef : passion et communication », *Les Affaires*, 17 janvier 2009, p. 12.
17. David Kipinis, Stuart M. Schmidt, Chris Swaffin-Smith et Ian Wilkinson, « Patterns of Managerial Influence : Shotgun Managers Tacticians, and Bystanders », *Organizational Dynamics*, vol. 12, hiver 1984, p. 60-69.
18. *Ibid.* ; David Kipinis, Stuart M. Schmidt et Ian Wilkinson, « Intraorganizational Influence Tactics : Explorations in Getting One's Way », *Journal of Applied Psychology*, vol. 65, 1980, p. 440-452.
19. Warren Schilit et Edwin A. Locke, « A Study of Upward Influence in Organizations », *Administrative Science Quarterly*, vol. 27, 1982, p. 301-316.
20. *Ibid.* ; voir Amil Somech et Anat Drach-Zahavy, « Relative Power and Influence Strategy : The Effect of Agent-Target Organizational Power on Superior's Choices of Influence Strategies », *Journal of Organizational Behavior*, vol. 23, n° 2, 2002, p. 167-194.
21. Pour un exposé sur l'habilitation, voir : Scott E. Seibert, Seth R. Silver et W. Allan Randolph, « Taking Empowerment to the Next Level : A Multiple-level Model of Empowerment, Performance and Satisfaction », *Academy of Management Journal*, vol. 47, n° 3, 2004, p. 37-53 ; John E. Mathieu, Lucky L. Gibson et Thomas M. Ruddy, « Empowerment and Team Effectiveness : An Empirical Test of an Integrated Model », *Journal of Applied Psychology*, vol. 91, n° 1, 2006, p. 1-10 ; Jean M. Bartunek et Gretchen M. Spreitzer, « The Interdisciplinary Career of a Popular Construct Used in Management : Empowerment in the Late 20th Century », *Journal of Management Inquiry*, vol. 15, n° 3, 2006, p. 255-274.
22. Gilbert Leduc, « Boa-Franc, quatrième meilleur employeur au Canada », *Le Soleil*, 16 janvier 2008, p. 42.

23. Jeffrey Pfeffer, « Producing Sustainable Competitive Advantage Through the Effective Management of People », *Academy of Management Executive*, vol. 19, n° 4, 2005, p. 85-115.
24. Voir des travaux pertinents sur le jeu politique en milieu organisationnel : Robert H. Miles, *Macro Organizational Behavior*, Santa Monica (Californie), Goodyear, 1980 ; Bronston T. Mayes et Robert W. Allen, « Toward a Definition of Organizational Politics », *Academy of Management Review*, vol. 2, 1977, p. 672-677 ; Gerald F. Cavanagh, Dennis J. Moberg et Manuel Velasquez, « The Ethics of Organizational Politics », *Academy of Management Review*, vol. 6, juillet 1981, p. 363-374 ; Dan Farrell et James C. Petersen, « Patterns of Political Behavior in Organizations », *Academy of Management Review*, vol. 7, juillet 1982, p. 403-412 ; D.L. Madison, R.W. Allen, L.W. Porter et B.T. Mayes, « Organizational Politics : An Exploration of Managers' Perceptions », *Human Relations*, vol. 33, 1980, p. 92-107.
25. Pfeffer (1981).
26. Gerald Ferris, Sherry Davidson et Pamela Perrewe, *Political Skill at Work*, Mountain View (Californie), Davies-Black, 2005.
27. Schilit et Locke (1982).
28. Mayes et Allen (1977), p. 675 ; James L. Hall et Joel L. Leldecker, « A Review of Vertical and Lateral Relations : A New Perspective for Managers », dans Patrick Connor (sous la dir. de), *Dimensions in Modern Management*, 3ᵉ éd., Boston, Houghton Mifflin, 1982, p. 138-146 ; John P. Kotter, « Power, Success and Organizational Effectiveness », *Organizational Dynamics*, vol. 6, hiver 1978, p. 27-43.
29. Voir Susan William et Rick Wilson, « Group Support System, Power, and Influence in an Organization : A Field Study », *Decision Sciences*, vol. 28, n° 4, 1997, p. 911-938.
30. B. Ashforth et R.T. Lee, « Defensive Behavior in Organizations : A Preliminary Model », *Human Relations*, juillet 1990, p. 621-648 ; communication personnelle avec Blake Ashforth, mars 2006 ; Pfeffer (1983).
31. Pour un exposé sur la théorie de l'attribution, voir : Simon Tagger et Michell Neubert, « The Impact of Poor Performers on Team Outcomes : An Empirical Examination of Attribution Theory », *Personnel Psychology*, vol. 57, n° 4, 2004, p. 935-979 ; Robert G. Lord et Karen Maher, « Alternative Information-Processing Models and Their Implications », *Academy of Management Review*, vol. 15, n° 1, 1990, p. 9-29.
32. Pour un exposé plus détaillé, voir : Richard Ritte et Steven Levy, *The Ropes to Skip and the Ropes to Know : Studies in Organizational Behavior*, 7ᵉ éd., Hoboken (New Jersey), John Wiley and Sons, 2006 ; Gerry Griffin et Ciaran Parker, *Games Companies Play : An Insider's Guide to Surviving Politics*, Hoboken (New Jersey), John Wiley and Sons, 2004.
33. Voir J.M. Ivancevich, T.N. Deuning, J.A. Gilbert et R. Konopaske, « Deterring White-Collar Crime », *Academy of Management Executive*, vol. 17, n° 2, 2003, p. 114-128.
34. Voir J.P. O'Connor Jr., R. Priem et K.M. Gilly, « Do CEO Stock Options Prevent or Promote Fraudulent Financial Reporting ? » *Academy of Management Journal*, vol. 49, n° 3, 2006, p. 483-500 ; D. Dalton, C. Daily, A.E. Ellstrand et J.L. Johnson, « Meta-Analysis of Financial Performance and Quality : Fusion or Confusion », *Academy of Management Journal*, vol. 46, n° 1, 1998, p. 13-26.
35. *Ibid.*
36. O'Connor Jr., Priem et K.M. Gilly (2006) ; D. Dalton, C. Daily, A.E. Ellstrand et J.L. Johnson (1998).
37. Voir David Henry, « Worker vs. CEO Pay : Room to Run », *Business Week*, 30 octobre 2006, p. 13-14 ; Takao Kato et Katsuyuii Kubo, « CEO Compensation and Firm Performance in Japan, Evidence from New Panel Data on Individual CEO Pay », *Journal of the Japanese and International Economics*, vol. 20, n° 1, 2006, p. 1-31 ; Jeffery Moriarty, « Do CEOs Get Paid Too Much ? » *Business Ethics Quarterly*, vol. 15, n° 15, 2005, p. 257-266.
38. Jeffrey Pfeffer, « Ending CEO Pay Envy », *Business 2.0*, vol. 7, n° 5, juin 2006, p. 62 ; Sylvie St-Onge et Michel Magnan, « La rémunération des dirigeants : mythes et recommandations », *Gestion*, automne 2008, p. 25.
39. O'Connor, Priem et Gilly (2006) ; C. Daily, D. Dalton et A.A. Cannella Jr., « Corporate Governance : Decades of Dialog and Data », *Academy of Management Review*, vol. 28, 2003, p. 114-128.
40. André Dubuc, « Le véritable salaire des grands dirigeants », *Les Affaires*, 23 mai 2009, p. 30.
41. Voir Pfeffer (1983).
42. Richard N. Osborn, « Strategic Leadership and Alliances in a Global Economy », document de travail, Department of Business, Wayne State University, 2007.
43. Le concept de coalition dominante est au cœur de l'étude de James D. Thompson, *Organizations in Action*, New York, McGraw Hill, 1967. Voir aussi : Rony Simons et Randall S. Peterson, « When to Let Them Duke it Out », *Harvard Business Review*, vol. 84, n° 6, 2006, p. 23-49 ; M. Firth, P.M.Y. Fund et O.M. Rui, « Firm Performance, Governance Structure, and Top Management Turnover in a Transition Economy », *Journal of Management Studies*, vol. 43, n° 6, 2006, p. 1289-1299 ; John A. Pearce, « A Structural Analysis of Dominant Coalitions in Small Banks », *Journal of Management*, vol. 21, n° 6, 1995, p. 1075-1096.
44. Jean-François Barde, « Qui sont les as du développement durable ? », *Les Affaires.com*, 29 janvier 2009.
45. Cette analyse est basée sur : Cavanagh, Moberg et Velasquez (1981) ; Manuel Velasquez, Dennis J. Moberg et Gerald Cavanagh, « Organizational Statesmanship and Dirty Politics : Ethical Guidelines for the Organizational Politician », *Organizational Dynamics*, vol. 11, 1983, p. 65-79. Ces deux articles contiennent d'intéressantes réflexions sur l'éthique, le pouvoir et le jeu politique.
46. Suzanne Dansereau, « Philanthropie et gouvernance font bon ménage », *Les Affaires*, 1ᵉʳ novembre 2008, p. 42.

CHAPITRE 11

1. Diane Bérard, « Lâcher prise et cocréer », *Commerce*, mai 2008, p. 39-41.
2. Gary Yukl, *Leadership in Organizations*, 6ᵉ éd., Upper Saddle River (New Jersey), Prentice-Hall, 2006a, chap. 8.
3. Voir Bernard M. Bass, *Bass and Stogdill's Handbook of Leadership*, 3ᵉ éd., New York, Free Press, 1990.
4. Gérard Ouimet, « Le pouvoir politique du dirigeant d'entreprise : perversité ou nécessité ? », *Gestion*, printemps 2005, p. 42.
5. Arthur G. Bedeian et James G. Hunt, « Academic Amnesia and Vestigial Assumptions of Our Forefathers », *The Leadership Quarterly*, vol. 17, 2006, p. 190-205.
6. Voir J.P. Kotter, *A Force for Change : How Leadership Differs from Management*, New York, Free Press, 1990.
7. « Michelin veut plus de leaders, moins de gestionnaires », *Les Affaires*, 20 juin 2009, p. 17.
8. Voir : Alan Bryman, *Charisma and Leadership in Organizations*, London, Sage, 1992, chap. 5 ; Ralph M. Stogdill, *Handbook of Leadership*, New York, Free Press, 1974.
9. Ralph M. Stogdill (1974).
10. D'après des informations tirées de : Robert J. House et Ram Aditya, « The Social Scientific Study of Leadership : Quo Vadis ? » *Journal of Management*, vol. 23, 1997, p. 409-474 ; Shelley A. Kirkpatrick et Edwin A. Locke, « Leadership : Do Traits Matter ? », *The Executive*, vol. 5, n° 2, 1991, p. 48-60 ; Gary Yukl (2006a).
11. Martin Jolicoeur, « On tente des choses, quitte à faire des erreurs », *Les Affaires*, 17 janvier 2009, p. 13.
12. Rensis Likert, *New Patterns of Management*, New York, McGraw-Hill, 1961.

13. L. Jon Wertheim, « Do College Athletics Corrupt ? » *Sports Illustrated*, 5 mars 2007, p. 67.
14. Bass (1990), chap. 24.
15. Robert R. Blake et Jane S. Mouton, *The New Managerial Grid*, Houston, Gulf, 1991, p. 29.
16. Voir : M.F. Peterson, « PM Theory in Japan and China : What's in It for the United States ? », *Organizational Dynamics*, printemps 1988, p. 22-39 ; J. Misumi et M.F. Peterson, « The Performance-Maintenance Theory of Leadership : Review of a Japanese Research Program », *Administrative Science Quarterly*, vol. 30, 1985, p. 198-223 ; P.B. Smith, J. Misumi, M. Tayeb, M.F. Peterson et M. Bond, « On the Generality of Leadership Style Measures Across Cultures », exposé présenté au International Congress of Applied Psychology, Jérusalem, juillet 1986.
17. François Normand, « Le hasard n'a pas sa place chez BCF », *Les Affaires*, 21 février 2009, p. 19.
18. House et Aditya (1997).
19. Kirkpatrick et Locke (1991) ; Yukl (2006a) ; J.G. Hunt et G.E. Dodge, « Management in Organizations », *Handbook of Psychology*, Washington (District de Columbia), American Psychological Association, 2000.
20. Cette section est basée sur F.E. Fiedler et M.M. Chemers, *Leadership and Effective Management*, Glenview (Illinois), Scott, Foresman, 1974.
21. La section sur la théorie des ressources cognitives est basée sur Fred E. Fiedler et Joseph F. Garcia, *New Approaches in Effective Leadership*, New York, Wiley, 1987.
22. Voir L.H. Peters, D.D. Harke et J.T. Pohlmann, « Fiedler's Contingency Theory of Leadership : An Application of the Meta-Analysis Procedures of Schmidt and Hunter », *Psychological Bulletin*, vol. 97, 1985, p. 274-285.
23. Yukl (2006a).
24. F.E. Fiedler, Martin Chemers et Linda Mahar, *Improving Leadership Effectiveness : The Leader Match Concept*, 2e éd., New York, Wiley, 1984.
25. Pour de la documentation sur ce sujet, voir : Fred E. Fiedler et Linda Mahar, « The Effectiveness of Contingency Model Training : A Review of the Validation of Leader Match », *Personnel Psychology*, printemps 1979, p. 45-62 ; Fred E. Garcia, Cecil H. Bell, Martin M. Chemers et Dennis Patrick, « Increasing Mine Productivity and Safety Through Management Training and Organization Development : A Comparative Study », *Basic and Applied Social Psychology*, mars 1984, p. 1-18 ; Arthur G. Jago et James W. Ragan, « The Trouble with Leader Match Is That It Doesn't Match Fiedler's Contingency Model », *Journal of Applied Psychology*, novembre 1986, p. 555-559 ; Yukl (2006a) ; R. Ayman, M.M. Chemers et F.E. Fiedler, « The Contingency Model of Leadership Effectiveness : Its Levels of Analysis », *Leadership Quarterly*, été 1995, p. 147-168.
26. Yukl (2006a) ; R. Ayman, M.M. Chemers et F.E. Fiedler (1995), p. 141-188.
27. Cette section est basée sur Robert J. House et Terence R. Mitchell, « Path-Goal Theory of Leadership », *Journal of Contemporary Business*, automne 1977, p. 81-97.
28. House et Mitchell (1977).
29. C.A. Schriesheim et L.L. Neider, « Path-Goal Theory : The Long and Winding Road », *Leadership Quarterly*, vol. 7, 1996, p. 317-321 ; M.G. Evans, « Commentary on R.J. House's Path-Goal Theory of Leader Effectiveness », *Leadership Quarterly*, vol. 7, 1996, p. 305-309.
30. R.J. House, « Path-Goal Theory of Leadership : Lessons, Legacy, and a Reformulated Theory », *Leadership Quarterly*, vol. 7, 1996, p. 323-352.
31. Pour une étude de cette approche, voir : Paul Hersey et Kenneth H. Blanchard, *Management of Organizational Behavior*, Englewood Cliffs (New Jersey), Prentice Hall, 1988 ; Paul Hersey, Kenneth Blanchard et Dewey E. Johnson, *Management of Organizational Behavior*, 8e éd., Upper Saddle River (New Jersey), Prentice Hall, 2001.
32. R.P. Vecchio et C. Fernandez, « Situational Leadership Theory Revisited », dans M. Schnake (sous la dir. de), *1995 Southern Management Association Proceedings*, Valdosta (Georgia), Georgia Southern University, 1995, p. 137-139 ; Claude L. Graeff, « Evolution of Situational Leadership Theory : A Critical Review », *Leadership Quarterly*, vol. 8, 1997, p. 153-170.
33. Yulk (2006) ; George Graen, « Leader-Member ExchangeTheory Development : Discussant's Comments », communication présentée à l'assemblée de l'Academy of Management, San Diego, août 1998 ; Peter G. Northouse, *Leadership Theory and Practice*, Thousand Oaks (Californie), Sage, 2003, chap. 8.
34. G.B. Graen et M. Uhl-Bien, « Relationship-Based Approach to Leadership : Development of Leader-Member Exchange (LMX) Theory of Leadership over 25 Years : Applying a Multi-Level Multi-Domain Perspective », *Leadership Quarterly*, vol. 6, été 1995, p. 219-247.
35. D'après Gary Yukl, « Leader-Member Exchange Theory », *Leadership in Organizations*, 2006b, p. 117-120.
36. Le propos de cette section est basé sur : Steven Kerr et John Jermier, « Substitutes for Leadership : Their Meaning and Measurement », *Organizational Behavior and Human Performance*, vol. 22, 1978, p. 375-403 ; Jon P. Howell, David E. Bowen, Peter W. Dorfman, Steven Kerr et Phillip M. Podsakoff, « Substitutes for Leadership : Effective Alternatives to Ineffective Leadership », *Organizational Dynamics*, été 1990, p. 21-38.
37. Phillip M. Podsakoff, Peter W. Dorfman, Jon P. Howell et William D. Todor, « Leader Reward and Punishment Behaviors : A Preliminary Test of a Culture-Free Style of Leadership Effectiveness », *Advances in Comparative Management*, vol. 2, 1989, p. 95-138 ; T.K. Peng, « Substitutes for Leadership in an International Setting », manuscrit non édité, College of Business Administration, Texas Tech University, 1990 ; P.M. Podsakoff et S.B.M. McKenzie, « Kerr and Jermier's Substitutes for Leadership Model : Background, Empirical Assessment and Suggestions for Future Research », *Leadership Quarterly*, vol. 8, n° 2, 1997, p. 117-132.
38. Voir J. Pfeffer, « Management as Symbolic Action : The Creation and Maintenance of Organizational Paradigms », dans Cummings et Staw, *Research in Organizational Behavior*, vol. 3, Greenwich (Connecticut), JAI Press, 1981, p. 1-52.
39. James R. Meindl, « On Leadership : An Alternative to the Conventional Wisdom », dans Cummings et Staw (1981), p. 159-203 ; Comparer avec Bryman (1992) ; voir aussi James G. Hunt et Jay A. Conger (sous la dir. de), *The Leadership Quarterly*, vol. 10, n° 2, 1999, éd. spéciale.
40. D. Eden et U. Leviatan, « Implicit Leadership Theory as a Determinant of the Factor Structure Underlying Supervisory Behavior Scales », *Journal of Applied Psychology*, vol. 60 (1975), p. 736-741.
41. Voir T.R. Mitchell, S.G. Green et R.E. Wood, « An Attributional Model of Leadership and the Poor Performing Subordinate : Development and Validation », dans Cummings et Staw (1981), p. 197-234.
42. Robert Lord et Karen Maher, *Leadership and Information Processing*, Boston, Unwin Hyman ; Jun Yan et James G. Hunt, « A Cross-Cultural Perspective on Perceived Leadership Effectiveness », *International Journal of Cross Cultural Management*, 2006 (sous presse).
43. James G. Hunt, Kimberly B. Boal et Ritch L. Sorenson, « Top Management Leadership : Inside the Black Box », *The Leadership Quarterly*, vol. 1, 1990, p. 41-65.
44. Yan et Hunt (2006, sous presse).
45. James G. Hunt, Kimberly B. Boal et Ritch L. Sorenson (1990), p. 41-65.
46. C.R. Gerstner et D.B. Day, « Cross-Cultural Comparison of Leadership Prototypes », *The Leadership Quarterly*, 1994, p. 122-134.
47. Yan et Hunt (2006, sous presse).
48. Olga Epitropaki et Robin Martin, « Implicit Leadership Theories in Applied Settings : Factor Structure, Generalizability, and Stability Over Time », *Journal of Applied Psychology*, vol. 89, n° 2, 2004, p. 293-310.
49. Voir R.J. House, « A 1976 Theory of Charismatic Leadership », dans J.G.Hunt et L.L. Larson (sous la dir. de), *Leadership : The Cutting Edge*, Carbondale, Southern Illinois University Press, 1977, p. 189-207.

50. R.J. House, W.D. Spangler et J. Woycke, « Personality and Charisma in the U.S. Presidency », *Administrative Science Quarterly*, vol. 36, 1991, p. 364-396.
51. Adapté de Jeffery S. Mio, Ronald E. Riggio Shana Levin et Renford Reese, « Presidential Leadership Charisma : The Effects of Metaphor », *The Leadership Quarterly*, vol. 16, 2005, p. 287-294.
52. Pillai et E.A. Williams, « Does Leadership Matter in the Political Arena ? Voter Perceptions of Candidates Transformational and Charismatic, Leadership and the 1996 U.S. Presidential Vote », *The Leadership Quarterly*, vol. 9, 1998, p. 397-416.
53. Voir Jane M. Howell et Bruce J. Avolio, « The Ethics of Charismatic Leadership : Submission or Liberation », *Academy of Management Executive*, vol. 6, mai 1992, p. 43-54.
54. Jay A. Conger et Rabindra N. Kanungo, *Charismatic Leadership in Organizations*, San Francisco, Jossey-Bass, 1998.
55. *Ibid.*
56. Boas Shamir, « Social Distance and Charisma : Theoretical Notes and an Exploratory Study », *The Leadership Quarterly*, vol. 6, 1995, p. 19-48.
57. Voir : B.M. Bass, *Leadership and Performance Beyond Expectations*, New York, Free Press, 1985 ; Bryman (1992), p. 98-99.
58. B.M. Bass, *A New Paradigm of Leadership*, Alexandria (Virginie), U.S. Army Research Institute for the Behavioral and Social Sciences, 1996.
59. Audrey Myrand-Langlois, « Bush et Obama, deux leaderships », *Les Affaires*, 21 février 2009, p. 21.
60. Bryman (1992), chap. 6 ; B.M. Bass et B.J. Avolio, « Transformational Leadership : A Response to Critics », dans M.M. Chemers et R. Ayman (sous la dir. de), *Leadership Theory and Practice : Perspectives and Directions*, San Diego (Californie), Academic Press, 1993, p. 49-80 ; Kevin B. Lowe, K. Galen Kroeck et Nagaraj Sivasubramanium, « Effectiveness Correlates of Transfomational and Transactional Leadership : A Meta-Analytic Review of the MLQ Literature », *The Leadership Quarterly*, vol. 7, 1996, p. 385-426.
61. Bass (1996) ; Bass et Avolio (1993).
62. Voir Jay A. Conger et Rabindra N. Kanungo, « Training Charismatic Leadership : A Risky and Critical Task », dans Jay A. Conger, Rabindra N. Kanungo et autres (sous la dir. de), *Charismatic Leadership : The Elusive Factor in Organizational Effectivenes*, San Francisco, Jossey-Bass, 1988, chap. 11.
63. Voir J.R. Kouzes et B.F. Posner, *The Leadership Challenge : How to Get Extraordinary Things Done in Organizations*, San Francisco, Jossey-Bass, 1991.
64. Marshall et Molly G. Sashkin, *Leadership That Matters*, San Francisco, Berrett-Koehler, chap. 10.
65. Michael E. Brown et Linda K. Trevino, « Ethical Leadership : A Review and Future Directions », *The Leadership Quarterly*, décembre 2006, vol. 17, n° 6, p. 598.
66. Anne-Marie-Tremblay, « Marie Saint Pierre habille les enfants pauvres », *Les Affaires*, 15 novembre 2008, p. 38.
67. *Ibid.*
68. Basé sur : Bruce J. Avolio et William L. Gardner, « Authentic Leadership Development : Getting to the Root of Positive Forms of Leadership », *The Leadership Quarterly*, vol. 16, 2005, p. 315-338 ; William L. Gardner, Bruce J. Avolio, Fred Luthans, Douglas R. May et Fred O. Walumba, « Can You See the Real Me ? A Self-Based Model of Authentic Leader and Follower Development », *The Leadership Quarterly*, vol. 16, 2005, p. 343-372 ; Bill George, Peter Sims, Andrew N. McLean et Diana Mayer, « Discovering Your Authentic Leadership », *Harvard Business Review*, février 2007, p. 1-9.
69. Judith A. Ross, « Making Every Leadership Moment Matter », *Harvard Management Update*, septembre 2006, p. 3-5.
70. Renée Rivest, *Êtes-vous Tintin, Milou, Haddock…*, Septembre Éditeur, 2004 (note : Madame Rivest a obtenu les droits de Moulinsart SA afin de développer cette méthodologie). Voir aussi : le site www.groupe-regain.com ; Patricia Cloutier, « Livre d'affaires de l'année – Renée Rivest mérite le prix du public », *Le Soleil*, 13 juin 2005, p. C8 ; Lucie Douville, « Êtes-vous Tintin, Milou, Haddock… », *Revue VIVRE*, mai 2005, p. 40 ; Anick Charrette, « Oser devenir son Hergé personnel », *Transcontinental Outaouais*, 20 septembre 2004 ; Lyne Turgeon, « Tintin et la méthode ReGain », *La Presse*, 14 septembre 2004, p. La Presse Affaires 2 ; Marlène Lebreux, « En équipe avec Tintin, Milou, Haddock, Tournesol et Dupond », *La Presse*, 20 novembre 2004, Carrières et professions, p. 4.
71. James K. Dittmar, « An Interview with Larry Spears », *Journal of Leadership & Organizational Studies*, vol. 13, 2006, p. 108-118.
72. Adapté de Karlene Grabner, « Giving Circles Bring People Together for Sake of Charity », *Lubbock Avalanche-Journal*, 12 novembre 2006, p. D6.
73. D'après : Lewis W. Fry, « Toward a Paradigm of Spiritual Leadership », *The Leadership Quarterly*, vol. 16, 2005, p. 619-622 ; Lewis W. Fry, Steve Vitucci et Marie Cedillo, « Spiritual Leadership and Army Transformation : Theory, Measurement, and Establishing a Baseline », *The Leadership Quarterly*, vol. 16, n° 5, octobre 2005, p. 835-862.
74. Lewis W. Fry, Steve Vitucci et Marie Cedillo (2005), p. 838.
75. Alexandra Duranceau, « Donner l'exemple », *Commerce*, juin 2008, p. 46-48.
76. Craig L. Pearce et Jay A. Conger (sous la dir. de), *Shared Leadership*, Thousand Oaks (Californie), Sage, 2003, chap. 1.
77. Cet exposé s'appuie largement sur celui de Katrina A. Zalatan et Gary Yukl, « Team Leadership », dans George R. Goethals, Georgia J. Sorenson et James McGregor Burns (sous la dir. de), *Encyclopedia of Leadership*, vol. A, Great Barrington (Massachusetts), Berkshire-Sage, 2004, p. 1529-1552.
78. Jeffrey D. Houghton, Christopher P. Neck et Charles C. Manz, « Self Leadership and Super Leadership », dans Craig L. Pearce et Jay A. Conger (2003), p. 123-140.
79. Cet exposé s'inspire principalement de : Robert J. House, Paul J. Hanges, Mansour Javidan, Peter W. Dorfman et Vipin Gupta (sous la dir. de), *Culture, Leadership, and Organizations*, Thousand Oaks (Californie), Sage, 2004 ; Mansour Javidan, Peter W. Dorfman, Mary Sully de Luque et Robert J. House, « In the Eye of the Beholder : Cross Cultural Lessons in Leadership from Project GLOBE », *Academy of Management Perspectives*, février 2006, vol. 20, n° 1, p. 67-90.
80. Voir House, Hanges, Javidan, Dorfman et Gupta (2004).
81. Javidan, Dorfman, Sully de Luque et House (2006), p. 67-90.

CHAPITRE 12

1. Pierre Cayouette, « La force de l'intuition », *Affaires Plus*, mars 2009, p. 29-30.
2. Pour des aperçus concis sur le sujet, voir : Susan J. Miller, David J. Hickson et David C. Wilson, « Decision-Making in Organizations », dans Stewart R. Clegg, Cynthia Hardy et Walter R. Nord (sous la dir. de), *Handbook of Organizational Studies*, London, Sage, 1996, p. 293-312 ; George P. Huber, *Managerial Decision Making*, Glenview (Illinois), Scott, Foresman, 1980.
3. Fons Trompenaars, *Riding the Waves of Culture : Understanding Cultural Diversity in Business*, London, Nicholas Brealey, 1993, p. 6.
4. *Ibid.*
5. Pour une bonne étude du processus décisionnel dans les organisations japonaises, voir Min Chen, *Asian Management Systems*, New York, Routledge, 1995.
6. Nancy J. Adler, *International Dimensions of Organizational Behavior*, 4ᵉ éd., Boston, PWS-Kent, 2002.
7. *Ibid.*

8. Nous tenons à remercier Kristi M. Lewis, qui nous a fait remarquer l'importance de ces critères d'identification et d'évaluation et nous a convaincus d'inclure cette section consacrée à l'éthique.
9. Information tirée de www.nokia.com.
10. Pour une analyse étoffée des critères éthiques entrant dans le processus décisionnel, voir : Joseph R. Desjardins, *Business Ethics and the Environment*, Upper Sadddle River (New Jersey), Pearson Education, 2007 ; Linda A. Travino et Katherine A. Nelson, *Managing Business Ethics*, New York, Wiley, 1995 ; Saul W. Gellerman, « Why 'Good' Managers Make Bad Ethical Choices », *Harvard Business Review*, vol. 64, juillet-août 1986, p. 85-90 ; Barbara Ley Toffler, *Tough Choices : Managers Talk Ethics*, New York, Wiley, 1986.
11. Stephen Fineman, « Emotion and Organizing », dans Clegg, Hardy et Nord (1996), p. 542-580.
12. Cette section est basée sur : Michael D. Cohen, James G. March et Johan P. Olsen, « The Garbage Can Model of Organizational Choice », *Administrative Science Quarterly*, vol. 17, 1972, p. 1-25 ; James G. March et Herbert A. Simon, *Organizations*, New York, Wiley, 1958, p. 137-142.
13. Pour un intéressant historique et pour les applications internationales, voir Takahashi Nobuo, « A Single Garbage Can Model and the Degree of Anarchy in Japanese Firms », *Human Relations*, vol. 50, n° 1, 1997, p. 91-109.
14. www.REI.com.
15. Information tirée de Paul Nutt, « Decision Debacles and How to Avoid Them », *Business Strategy Review*, vol. 21, n° 2, 2001, p. 23-34.
16. On attribue généralement cette distinction à Herbert Simon, dans *Administrative Behavior*, New York, Free Press, 1945 ; on peut aussi consulter cet ouvrage de Simon : *The New Science of Management Decision*, New York, Harper & Row, 1960.
17. *Ibid.*
18. Pour l'historique, voir Leight Buchanan et Andrew O'Connell, « Thinking Machines », *Harvard Business Review*, vol. 84, n° 1, 2006, p. 38-49 ; pour les applications plus récentes, voir : Jiju Antony, Raj Anand, Maneesh Kumar et M.K. Tiwari, « Multiple Response Optimization Using Taguchi Methodology and Nero-Fuzzy Based Model », *Journal of Manufacturing Technology Management*, vol. 17, n° 7, 2006, p. 908-112 ; Craig Boutilier, « The Influence of Influence Diagrams on Artificial Intelligence », *Decision Analysis*, vol. 2, n° 4, 2005, p. 229-232.
19. Voir aussi Mary Zey (sous la dir. de), *Decision Making : Alternatives to Rational Choice Models*, Thousand Oaks (Californie), Sage, 1992.
20. Simon (1958).
21. Pour divers points de vue, voir : Cohen, March et Olsen (1972) ; Miller, Hickson et Wilson (1996) ; Michael Masuch et Perry LaPontin, « Beyond Garbage Cans : An AI Model of Organizational Choice », *Administrative Science Quaterly*, vol. 34, 1989, p. 38-67.
22. Pierre Cayouette, « La force de l'intuition », *Affaires Plus*, mars 2009, p. 30.
23. Weston H. Agor, *Intuition in Organizations*, Newbury Park (Californie), Sage, 1989.
24. Voir Henry Mintzberg, « Planning on the Left Side and Managing on the Right », *Harvard Business Review*, vol. 54, juillet-août 1976, p. 51-63.
25. Voir : Weston H. Agor, « How Top Executives Use Their Intuition to Make Important Decisions », *Business Horizons*, vol. 29, janvier-février 1986, p. 49-53 ; Agor (1989).
26. Malcolm Gladwell, *Intuition : Comment réfléchir sans y penser*, Montréal, Transcontinental, 2005.
27. Renée Claude Simard, « Comment prendre la bonne décision en un clin d'œil », *Les Affaires*, 23 avril 2005, p. 41.
28. Lili Marin, « Malcolm Gladwell : Le gourou du moment », *Commerce*, vol. 106, n° 4, avril 2005, p. 45.
29. Pierre Cayouette, « La force de l'intuition », *Affaires Plus*, mars 2009, p. 31.
30. *Ibid.*, p. 32-33.
31. Pour un classique sur ce sujet, voir la liste d'articles publiés par D. Kahneman et A. Tversky : « Subjective Probability : A Judgment of Representativeness », *Cognitive Psychology*, vol. 3, 1972, p. 430-454 ; « On the Psychology of Prediction », *Psychological Review*, vol. 80, 1973, p. 237-251 ; « Prospect Theory : An Analysis of Decision Under Risk », *Econometrica*, vol. 47, 1979, p. 263-291 ; « Psychology of Preferences », *Scientific American*, 1982, p. 161-173 ; « Choices, Values, Frames », *American Psychologist*, vol. 39, 1984, p. 341-350.
32. Les définitions et l'analyse qui suit s'appuient sur Max H. Bazerman, *Judgment in Managerial Decision Making*, 3e éd., New York, Wiley, 1994.
33. Voir Cameron M. Ford et Dennis A. Gioia, *Creative Action in Organizations*, Thousand Oaks (Californie), Sage, 1995.
34. www.pella.com.
35. G. Wallas, *The Art of Thought*, New York, Harcourt, 1926. Cité dans Bazerman (1994).
36. E. Glassman, « Creative Problem Solving », *Supervisory Management*, janvier 1989, p. 21-26 ; B. Kabanoff et J.R. Rossiter, « Recent Developments in Applied Creativity », *International Review of Industrial and Organizational Psychology*, vol. 9, 1994, p. 283-324.
37. I.L. Thompson et L. Brajkovich, « Improving the Creativity of Organizational Work Groups », *Academy of Management Journal*, vol. 17, 2003, p. 96-115.
38. *Ibid.*
39. Pour une analyse plus poussée de ces facteurs, voir : R.W. Woodman, J.E. Sawyer et R.W. Griffin, « Toward a Theory of Organizational Creativity », *Academy of Management Review*, vol. 18, 1993, p. 293-321 ; M.A. Glyn, « Innovative Genius : A Framework for Relating Individual and Organizational Intelligences to Innovation », *Academy of Management Review*, vol. 21, 1996, p. 112-1034 ; C.M. Ford, « A Theory of Individual Creativity in Multiple Social Domains », *Academy of Management Review*, vol. 24, 1999, p. 286-307.
40. R. Drazen, M. Glynn et R. Kazanjian, « Multilevel Theorizing About Creativity in Organizations : A Sensemaking Perspective », *Academy of Management Review*, vol. 21, 1999, p. 286-307.
41. *Ibid.*
42. *Ibid.*
43. Pour des études récentes, voir : J. Perry-Smith et C. Shalley, « The Social Side of Creativity : A Static and Dynamic Social Network Perspective », *Academy of Management Review*, vol. 28, 2003, p. 89-101 ; S. Taggar, « Individual Creativity and Group Ability to Utilize Individual Creative Resources : A Multilevel Model », *Academy of Management Journal*, vol. 45, 2002, p. 315-330.
44. *Ibid.*
45. Voir, par exemple, Peter M. Allan et Lia Varga, « A Co-Evolutionary Complex Systems Perspective on Information Systems », *Journal of Information Technology*, vol. 21, n° 4, 2006, p. 229-247.
46. *Ibid.*
47. James A.F. Stoner, *Management*, 2e éd., Englewood Cliffs (New Jersey), Prentice-Hall, 1982, p. 167-168.
48. Il peut arriver aussi qu'il y ait trop de décideurs, comme l'ont démontré Phillip G. Clampitt et M. Lee Williams, « Decision Downsizing », *MIT Sloan Management Review*, vol. 48, n° 2, 2007, p. 77-89.
49. Paul C. Nutt, « Surprising but True : Half the Discussions in Organizations Fail », *Academy of Management Executive*, vol. 13, n° 4, 1999, p. 75-90.
50. Victor H. Vroom et Philip W. Yetton, *Leadership and Decision Making*, Pittsburgh, University of Pittsburgh Press, 1973 ; Victor H. Vroom et Arthur G. Jago, *The New Leadership*, Englewood Cliffs (New Jersey), Prentice-Hall, 1988.
51. Barry M. Staw, « The Escalation of Commitment to a Course of Action », *Academy of Management Review*, vol. 6, 1981, p. 577-587 ; Barry M. Staw

et Jerry Ross, « Knowing When to Pull the Plug », *Harvard Business Review*, vol. 65, mars-avril 1987, p. 68-74. Voir aussi Glen Whyte, « Escalating Commitment to a Course of Action : A Reinterpretation », *Academy of Management Review*, vol. 11, 1986, p. 311-321.

52. Joel Brockner, « The Escalation of Commitment to a Failing Course of Action : Toward Theoretical Progress », *Academy of Management Review*, vol. 17, 1992, p. 39-61 ; J. Ross et B.M. Staw, « Organizational Escalation and Exit : Lessons from the Shoreham Nuclear Power Plant », *Academy of Management Journal*, vol. 36, 1993, p. 701-732.

53. Voir : Brockner (1992) ; Ross et Staw (1993) ; J.Z. Rubin, « Negotiation : An Introduction to Some Issues and Themes », *American Behavioral Scientist*, vol. 27, 1983, p. 135-147.

54. G. McNamara, H. Moon et P. Bromiley, « Banking on Commitment : Intended and Unintended Consequences of Organizations' Attempt to Attenuate Escalation of Commitment », *Academy of Management Journal*, vol. 45, n° 2, 2002, p. 443-452.

CHAPITRE 13

1. Audrey Myrand-Langlois, « Un patron accessible fait toute la différence », *Les Affaires*, 14 février 2009, p. 15.
2. Résultats mis en ligne sur le site Web de l'American Management Association (www.amanet.org) : « The Passionate Organization », 26-29 septembre 2000, et « Managerial Skills and Competence », mars-avril 2000.
3. Voir Angelo S. DeNisi et Abraham N. Kluger, « Feedback Effectiveness : Can 360-Degree Appraisals Be Improved ? », *Academy of Management Executive*, vol. 14, 2000, p. 129-139.
4. Le réseautage est considéré par Kotter comme une pratique de gestion essentielle : voir J.P. Kotter, *The General Managers*, New York, Free Press, 1982.
5. Thomas J. Peters et Robert H. Waterman Jr., dans *Le Prix de l'excellence*, Paris, InterÉditions, 1983.
6. Patricia Kitchen, « Business Beginning to See Benefits of Employing Wikis », *The Columbus Dispatch*, 26 mars 2007, p. C1-C2.
7. Voir Robert H. Lengel et Richard L. Daft, « The Selection of Communication Media as an Executive Skill », *Academy of Management Executive*, août 1998, p. 225-232.
8. Cette section est partiellement adaptée de John R. Schermerhorn Jr., *Management*, 5ᵉ edition, New York, Wiley, 1996, p. 375-378.
9. *Business Week*, 16 mai 1994, p. 8.
10. Pierre Picard, « Communiquer et responsabiliser = fidéliser », *Les Affaires*, 25 octobre 2008, p. 80.
11. Voir Stephen R. Axley, *Communication at Work : Management and the Communication-Intensive Organization*, Westport (Connecticut), Quorum Books, 1996.
12. Voir Richard L. Birdwhistell, *Kinesics and Context*, Philadelphia, University of Pennsylvania Press, 1970.
13. Rapporté dans « Chapter 2 », *Kellogg*, hiver 2004, p. 6 ; « Room to Read », *Northwestern*, printemps 2007, p. 32-33.
14. Edward T. Hall, *The Hidden Dimension*, Garden City (New York), Doubleday, 1966.
15. Voir : D.E. Campbell, « Interior Office Design and Visitor Response », *Journal of Applied Psychology*, vol. 64, 1979, p. 648-653 ; P.C. Morrow et J.C. McElroy, « Interior Office Design and Visiter Response : A Constructive Replication », *Journal of Applied Psychology*, vol. 66, 1981, p. 646-650.
16. M.P. Rowe et M. Baker, « Are You Hearing Enough Employee Concerns ? », *Harvard Business Review*, vol. 62, mai-juin 1984, p. 127-135.
17. Cette analyse s'appuie sur Carl R. Rogers et Richard E. Fatson, « Active Listening », Chicago, Relations Center of the University of Chicago.
18. *Ibid.* Adapté d'un exemple figurant dans ce document.
19. Audrey Myrand-Langlois, « Apprendre à se taire pour mieux communiquer », *Les Affaires*, 14 février 2009, p. 14.
20. N. Shivapriya, « Accenture All Set to Venture into Corporate Training », *Economic Times*, 17 février 2007, p. 5.
21. Voir : C. Barnum et N. Woliansky, « Taking Cues from Body Language », *Management Review*, vol. 78, 1989, p. 59 ; S. Bochner (sous la dir. de), *Cultures in Contact : Studies in Cross-Cultural Interaction*, London, Pergamon, 1982 ; A. Furnham et S. Bocher, *Culture Shock : Psychological Reactions to Unfamiliar Environments*, London, Methuen, 1986 ; « How Not to Do International Business », *Business Week*, 12 avril 1999 ; Yori Kagegama, « Tokyo Auto Show Highlights », Associated Press, 24 octobre 2001.
22. Edward T. Hall, *Beyond Cultures*, New York, Doubleday, 1976.
23. Citations tirées de « Lost in Translation », *Wall Street Journal*, 18 mai 2004, p. BI et B6.
24. Voir Gary P. Ferraro, « The Need for Linguistic Proficiency in Global Business », *Business Horizons*, vol. 39, mai-juin 1966, p. 39-46.
25. Cet exemple est tiré de Richard V. Farace, Peter R. Monge et Hamish M. Russell, *Communicating and Organizing*, Reading (Massachusetts), Addison-Wesley, 1977, p. 97-98.
26. Rapporté dans : Chad Terhune et Joann S. Lublin, « Pepsi's New CEO Doesn't Keep Her Opinions Bottled Up », *Wall Street Journal*, 15 août 2006, p. B1, B7 ; William Kay, « Pepsico's New CEO Adds Fizz to U.S. Female Elite », *Sunday Times*, 30 août 2006, p. 3.22 ; « Nooyi Elected Pepsi Board Chairman », *Economic Times*, 6 février 2007, p. 8.
27. Ces exemples sont tirés de *Business Week*, 6 juillet 1981, p. 107.
28. Voir A. Mehrabian, *Silent Messages*, Belmont (Californie), Wadsworth, 1981.
29. Étude revue dans John C. Athanassiades, « The Distortion of Upward Communication in Hierarchical Organizations », *Academy of Management Journal*, vol. 16, juin 1973, p. 207-226.
30. F. Lee, « Being Polite and Keeping MUM : How Bad News is Communicated in Organizational Hierarchies », *Journal of Applied Social Psychology*, vol. 23, 1993, p. 1124-1149.
31. Kimberly D. Elsbach, « Interpreting Workplace Identities : The Role of Office Décor », *Journal of Organizational Behavior*, vol. 25, n° 1, 2004, p. 99-128.
32. Peters et Waterman (1983).
33. Diane Brady, « "*# !@the E-Mail. Can We Talk ? » *Business Week*, 4 décembre 2006, p. 109-110.
34. Voir Daniel Goleman, *Social Intelligence : The New Science of Human Relationships*, New York, Bantam Books, 2006.
35. Rapporté dans : Old 26 ; Lewis (2007).
36. *Jobboom*, « Cachez ce gadget », mai 2008, p. 11.
37. Katherine Reynolds Lewis, « Digital Debris », *Columbus Dispatch*, 26 février 2007, p. B1.
38. Rapporté dans « Big Brother Inc. », www.pccomputing.com, mars 2000, p. 88. Voir « My Boss, Big Brother », *Business Week*, 22 janvier 1996, p. 56.
39. Paul Journet, « Une entreprise ne peut épier ses employés sans raison », *Les Affaires*, 2 avril 2005, p. 41.
40. *Ibid.*
41. Deborah Tannen, *Talking from 9 to 5*, New York, Avon, 1995.
42. Deborah Tannen, *You Just Don't Understand : Women and Men in Conversation*, New York, Ballantine, 1991.
43. Deborah Tannen, « The Power of Talk : Who Gets Heard and Why », *Harvard Business Review*, septembre-octobre 1995, p. 138-148.
44. Rapporté dans *Working Woman*, novembre 1995, p. 14.
45. *Ibid.*
46. Pour un éditorial sur ce sujet, lire Jayne Tear, « They Just Don't Understand Gender Dynamics », *Wall Street Journal*, 20 novembre 1995, p. A14.

CHAPITRE 14

1. Mélanie Saint-Hilaire, « Les bonnes filles sont mal payées », *Affaires Plus*, août 2008, p. 39-42.
2. Voir notamment : Henry Mintzberg, *The Nature of Managerial Work*, New York, Harper & Row, 1973 ; John R.P. Kotter, *The General Managers*, New York, Free Press, 1982.
3. Sur ce sujet, un classique : Richard E. Walton, *Interpersonal Peacemaking, Confrontations and Third-Party Consultation*, Reading (Massachusetts), Addison-Wesley, 1969.
4. Kenneth W. Thomas et Warren H. Schmidt, « A Survey of Managerial Interests with Respect to Conflict », *Academy of Management Journal*, vol. 19, 1976, p. 315-318.
5. Pour un bon aperçu sur le sujet, voir : Richard E. Walton, *Managing Conflict : Interpersonal Dialogue and Third-Party Roles*, 2e éd., Reading (Massachusetts), Addison-Wesley, 1987 ; Dean Tjosvold, *The Conflict-Positive Organization : Stimulate Diversity and Create Unity*, Reading (Massachusetts), Addison-Wesley, 1991.
6. Walton (1969).
7. *Ibid.*
8. Martine Letarte, « Travailler moins, vivre plus », *La Presse*, 1er novembre 2008, p. Carrières et professions 2.
9. Richard E. Walton et John M. Dutton, « The Management of Interdepartmental Conflict : A Model and Review », *Administrative Science Quarterly*, vol. 14, 1969, p. 73-84.
10. D'après Stanley Reed, « The Opening of Lybia », *Business Week*, 12 mars 2007, p. 54-57.
11. Geert Hofstede : *Culture's Consequences : International Differences in Work-Related Values*, Beverly Hills (Californie), Sage, 1980, et « Cultural Constraints in Management Theories », *Academy of Management Executive*, vol. 7, 1993, p. 81-94.
12. D'après « Capitalizing on Diversity : Navigating the Seas of the Multicultural Workforce and Workplace », *Business Week*, section Special Advertising, 4 décembre 1998.
13. Ces phases sont conformes aux modèles décrits dans Alan C. Filley, *Interpersonal Conflict Resolution*, Glenview (Illinois), Scott, Foresman, 1975, et dans Louis R. Pondy, « Organizational Conflict : Concepts and Models », *Administrative Science Quarterly*, septembre 1967, p. 269-320.
14. Carl Thériault, « Audacieuse démarche de non-violence », *Le Soleil*, 2 mars 2009, p. 19.
15. Information tirée de Ken Brown et Gee L. Lee, « Lucent Fires Top China Executives », *The Wall Street Journal*, 7 avril 2004, p. A8.
16. Walton et Dutton (1969).
17. Rensis Likert et Jane B. Likert, *New Ways of Managing Conflict*, New York, McGraw-Hill, 1976.
18. Voir : Jay Galbraith, *Designing Complex Organizations*, Reading (Massachusetts), Addison Wesley, 1973 ; David Nadler et Michael Tushman, *Strategic Organizational Design*, Glenview (Illinois), Scott, Foresman, 1988.
19. E.M. Eisenberg et M.G. Witten, « Reconsidering Openness in Organizational Communication », *Academy of Management Review*, vol. 12, 1987, p. 418-426.
20. R.G. Lord et M.C. Kernan, « Scripts as Determinants of Purposeful Behavior in Organizations », *Academy of Management Review*, vol. 12, 1987, p. 265-277.
21. Voir : Filley (1975) ; L. David Brown, *Managing Conflict at Organizational Interfaces*, Reading (Massachusetts), Addison-Wesley, 1983.
22. *Ibid.*, p. 27 et 29.
23. Pour quelques études sur ce sujet, voir : Robert R. Blake et Jane Strygley Mouton, « The Fifth Achievement », *Journal of Applied Behavioral Science*, vol. 6, 1970, p. 413-427 ; Kenneth Thomas, « Conflict and Conflict Management », dans M.D. Dunnette (sous la dir. de), *Handbook of Industrial and Organizational Behavior*, Chicago, Rand McNally, 1976, p. 889-935 ; Kenneth W. Thomas, « Toward Multi-Dimensional Values in Teaching : The Examples of Conflict Behaviors », *Academy of Management Review*, vol. 2, 1977, p. 484-490.
24. Voir notamment Valerie Patterson, « How to Negotiate Pay in a Tough Economy », *The Wall Street Journal*, 29 mars 2004, p. R7.
25. Pour un excellent aperçu, voir Roger Fisher et William Ury, *Getting to Yes : Negotiating Agreement Without Giving In*, New York, Penguin, 1983. Voir aussi James A. Wall Jr., *Negotiation : Theory and Practice*, Glenview (Illinois), Scott, Foresman, 1985.
26. Roy J. Lewicki et Joseph A. Litterer, *Negotiation*, Homewood (Illinois), Irwin, 1985, p. 315-319.
27. *Ibid.*, p. 328-329.
28. Pour une bonne analyse, voir : Michael H. Bond, *Behind the Chinese Face*, London, Oxford University Press, 1991 ; Richard D. Lewis, *When Cultures Collide*, chap. 23, London, Nicholas Brealey, 1996.
29. D'après : Robert Moskowitz, « How to Negotiate Increase », www.worktree.com (consulté le 8 mars 2007) ; Mark Gordon, « Negotiating What You're Worth », *Harvard Management Communication Letter 2.1*, hiver 2005 ; Dona Dezube, « Salary Negotiation Know-How », www.monster.com (consulté le 8 mars 2007).
30. L'analyse qui suit est basée sur : Fisher et Ury (1983) ; Lewicki et Litterer (1985).
31. Exemple élaboré à partir de Max H. Bazerman, *Judgment in Managerial Decision Making*, 2e éd., New York, Wiley, 1991, p. 106-108.
32. Pour une analyse détaillée, voir : Fisher et Ury (1983) ; Lewicki et Litterer (1985).
33. Élaboré à partir de Bazerman (1991), p. 127-141.
34. Fisher et Ury (1983), p. 33.
35. Lewicki et Litterer (1985), p. 177-181.
36. Timothy D. Golden, John F. Veiga et Zeki Simsek, « Telecommuting's Differential Impact on Work-Family Conflict : Is There No Place Like Home ? » *Journal of Applied Psychology*, vol. 91, n° 6, 2006, p. 1340-1350.

CHAPITRE 15

1. Martine Gilson, « Tous stressés », *Le Nouvel Observateur*, 13 mars 2008, p. 6-9.
2. Voir Robert Reich, « The Company of the Future », *Fast Company*, novembre 1998, p. 124.
3. Michael Beer et Nitin Mitra, « Cracking the Code of Change », *Harvard Business Review*, mai-juin 2000, p. 133.
4. Tom Peters : *Thriving on Chaos*, New York, Random House, 1987, « Managing in a World Gone Bonkers », *World Executive Digest*, février 1993, p. 26-29, et *The Circle of Innovation*, New York, Knopf, 1997.
5. Voir : David Nadler et Michael Tushman, *Strategic Organizational Design*, Glenview (Illinois), Scott, Foresman, 1988 ; Noel M. Tichy, « Revolutionize Your Company », *Fortune*, 13 décembre 1993, p. 114-118.
6. Jerry I. Porras et Robert C. Silvers, « Organization Development and Transformation », *Annual Review of Psychology*, vol. 42, 1991, p. 51-78.
7. Information tirée de Ken Brown et Gee L. Lee, « Lucent Fires Top China Executives », *Wall Street Journal*, 7 avril 2004, p. A8.
8. Renée Claude Simard, « Savoir se réinventer même quand ça va bien », *Les Affaires*, 4 octobre 2008, p. A10.
9. Beer et Mitra (2000), p. 133.
10. John P. Kotter, « Why Transformation Efforts Fail », *Harvard Business Review*, mars-avril 1995, p. 59-67.
11. Kurt Lewin, « Group Decision and Social Change », dans G.E. Swanson, T.M. Newcomb et E.L. Hartley (sous la dir. de), *Readings in Social Psychology*, New York, Holt, Rinehart & Winston, 1952, p. 459-473.

12. Noel M. Tichy et Mary Anne Devanna, *The Transformational Leader*, New York, John Wiley & Sons, 1986, p. 44.
13. Pour une description des stratégies de changement, voir Robert Chin et Kenneth D. Benne, « General Strategies for Effecting Changes in Human Systems », dans Warren G. Bennis et coll. (sous la dir. de), *The Planning of Change*, 3e éd., New York, Holt, Rinehart & Winston, 1969, p. 22-45.
14. Exemple élaboré à partir d'un exercice figurant dans J. William Pfeiffer et John E. Jones, *A Handbook of Structural Experiences for Human Relations Training*, vol. 2, La Jolla (Californie), University Associates, 1973.
15. *Ibid*.
16. John Amis, Trevor Slack et C.R. Hinings, « The Pace, Sequence, and Linearity of Radical Change », *Academy of Management Journal*, vol. 47, no 1, 2004, p. 15-40.
17. Pfeiffer et Jones (1973).
18. Donald Klein, « Some Notes on the Dynamics of Resistance to Change : The Defender Role », dans Bennis et coll. (1969), p. 117-124.
19. Voir Everett M. Rogers, *Communication of Innovations*, 3e éd., New York, Free Press, 1993.
20. *Ibid*.
21. John P. Kotter et Leonard A. Schlesinger, « Choosing Strategies for Change », *Harvard Business Review*, vol. 57, mars-avril 1979, p. 109-112.
22. Arthur P. Brief, Randall S. Schuler et Mary Van Sell, *Managing Job Stress*, New York, Little, Brown, 1981.
23. Brief, Schuler et Van Sell, *op. cit.*
24. John R. Schermerhorn, *Management for Productivity*, 1re éd. canadienne, Toronto, John Wiley, 1989, p. 636-642.
25. Pour un résumé de la recherche sur ce sujet, voir Steve M. Jex, *Stress and Job Performance*, Thousand Oaks (Californie), Sage, 1998.
26. Jean-Pierre Brun, Caroline Biron, Josée Martel et Hans Ivers, *Évaluation de la santé mentale au travail : une analyse des pratiques de gestion des ressources humaines*, Chaire en gestion de la santé et de la sécurité du travail dans les organisations, Université Laval, Québec, 2002.
27. Statistique Canada, *Enquête sociale générale du Canada sur l'emploi du temps : Défis et possibilités*, no 89-622-XIF au catalogue, no 3, Ottawa, Ministre de l'Industrie, 2006.
28. Statistique Canada, *Rapports sur la santé*, vol. 17, no 4 ; *Le stress et la dépression au sein de la population occupée*, Ottawa, Ministre de l'Industrie, 2006.
29. Jean-Pierre Brun (2003).
30. Anne-Louise Champagne, « Génération sandwich : Nouveau défi du monde du travail », *Le Soleil*, 28 février 2005, p. C1.
31. Voir Orlando Behling et Arthur L. Darrow, *Managing Work-Related Stress*, Chicago, Science Research Associates, 1984.
32. T.H. Holmes et R.H. Rahe, « The Social Readjustement Rating Scale », *Journal of Psychosomatic Research*, vol. 11, Pergamon Press, 1967, p. 213-218.
33. Meyer Friedman et Ray Roseman, *Type A Behavior and Your Heart*, New York, 1974.
34. *Ibid*.
35. Jean-Pierre Brun (2003).
36. Voir H. Selye, *The Stress of Life*, éd. rev. et corr., New York, McGraw-Hill, 1976.
37. D'après André Noël, « Au bas de l'échelle et au bout du rouleau », *La Presse*, 8 septembre 2007, p. A24.
38. Alain Marchand, *International Journal of Law and Psychiatry*, « Mental Health in Canada : Are There Any Risky Occupations and Industries ? », vol. 30, no 4-5, juillet-octobre 2007, p. 272-283.
39. Jeffrey Pfeffer, *The Human Equation : Building Profits by Putting People First*, Boston, Harvard Business School Press, 1998.
40. Citations tirées de Alan M. Webber, « Danger : Toxic Company », *Fast Company*, novembre 1998, p. 152.
41. Voir John D. Adams, « Health, Stress and the Manager's Life Style », *Group and Organization Studies*, vol. 6, septembre 1981, p. 291-301.
42. Guillaume Bourgault-Côté, « Le nouveau mal du siècle », *Le Devoir*, 2 novembre 2007, p. A1.
43. Suzanne Dansereau, « Les coûts effarants de la santé mentale », *Les Affaires*, 26 février 2005, p. 5.
44. *Ibid*.
45. Jean-Pierre Brun (2003).
46. C. Williams, « Sources de stress en milieu de travail », *L'emploi et le revenu en perspective*, juin 2003, vol. 4, no 6, p. 5-14.
47. www.bnq.qc.ca.
48. Adapté de Robert Kreitner, « Personal Wellness : It's Just Good Business », vol. 25, mai-juin 1982, Foundation for the School of Business at Indiana University, p. 28-35. Voir également Behling et Darrow (1984), p. 27-31.
49. Renée Claude Simard, « À employés heureux, patron comblé », *Les Affaires*, 17 mai 2008, p. 76.
50. Pfeffer, *op. cit.* (1998).

CHAPITRE 16

1. Chantal Dauray, « L'ADN des meilleurs employeurs », *Affaires Plus*, octobre 2007, p. 39-40.
2. Pour des travaux récents, voir Ali Danisman, C.R. Hinnings et Trevor Slack, « Integration and Differentiation in Institutional Values : An Empirical Investigation in the Field of Canadian National Sport Organizations », *Canadian Journal of Administrative Sciences*, vol. 23, no 4, 2006, p. 301-315. La présente analyse, comme beaucoup d'autres sur le sujet de la culture organisationnelle, est basée sur Edgar Schein : « Organizational Culture », *American Psychologist*, vol. 45, no 2, février 1990, p. 109-119, et *Organizational Culture and Leadership*, San Francisco, Jossey-Bass, 1985.
3. Schein (1990).
4. Voir www.dellapp.us.de.com.
5. Cet exemple a été cité dans une interview d'Edgar Schein, « Corporate Culture Is the Real Key to Creativity », *Business Month*, mai 1989, p. 73-74.
6. Voir Schein (1985).
7. Jeffry Pfeffer, *The Human Equation : Building Profits by Putting People First*, Boston, Harvard Business School Press, 1998.

8. Pour une analyse approfondie, voir J.M. Beyer et H.M. Trice, « How an Organization's Rites Reveal its Culture », *Organizational Dynamics*, printemps 1987, p. 27-41.
9. A. Cooke et D.M. Rousseau, « Behavioral Norms and Expectations : A Quantitative Approach to the Assessment of Organizational Culture », *Group and Organizational Studies*, vol. 13, 1988, p. 245-273.
10. Mary Trefy, « A Double-Edged Sword : Organizational Culture in Multicultural Organizations », *International Journal of Management*, vol. 23, 2006, p. 563-576 ; H. Martin et C. Siehl, « Organization Culture and Counterculture : An Uneasy Symbiosis », *Organizational Dynamics*, vol. 12, n° 2, automne 1983, p. 52-64.
11. www.apple-history.com.
12. Pour des travaux récents sur le choc des cultures organisationnelles, voir George Lodorfos et Agyenim Boateng, « The Role of Culture in the Merger and Acquisition Process : Evidence from the European Chemical Industry », *Management Decision*, vol. 44, 2006, p. 1405-1410.
13. Information tirée de www.flowserve.com.
14. Suzanne Dansereau, « Devenir un manager transculturel », *Les Affaires*, 9 juin 2007, p. 32.
15. Voir R.N. Osborn, « The Aftermath of the Daimler and Detroit », document de travail, Department of Management, Wayne State University, 2005.
16. Taylor Cox Jr., « The Multicultural Organization », *Academy of Management Executive*, vol. 2, n° 2, 1991, p. 34-47.
17. Audrey Myrand-Langlois, « Le Cirque du Soleil gère la diversité avec brio », *Les Affaires*, février 2009, p. 14.
18. Pour des études classiques, voir : T. Deal et A. Kennedy, *Corporate Culture*, Reading (Massachusetts), Addison-Wesley, 1982 ; T. Peters et R. Waterman, *Le Prix de l'excellence*, Paris, InterÉditions, 1983. Par ailleurs, Joanne Martin et Peter Frost ont résumé des études encore plus récentes dans leur article « The Organizational Culture War Games : The Struggle for Intellectual Dominance », paru dans Stewart R. Clegg, Cynthia Hardy et Walter R. Nord (sous la dir. de), *Handbook of Organization Studies*, Londres, Sage, 1996, p. 599-621.
19. Voir Schein (1985), p. 52-57 ; (1990).
20. Pour une perspective différente, voir Ana Rafaeli et Michael G. Pratt (sous la dir. de) *Artifacts and Organizations : Beyond Mere Symbols*, Mahwah (New Jersey), Lawrence Erlbaum Associates, 2006.
21. Schein (1990).
22. www.montereypasta.com, traduction libre.
23. H. Gertz, *The Interpretation of Culture*, New York, Basic Books, 1973.
24. Voir : Rafaeli et Pratt (2006) ; Beyer et Trice (1987).
25. Nathalie Vallerand, « Délocalisation locale », *Affaires Plus*, octobre 2008, p. 72.
26. H.M. Trice et J.M. Beyer, « Studying Organizational Cultures Through Rites and Ceremonials », *Academy of Management Review*, vol. 9, n° 4, octobre 1984, p. 653-669.
27. J. Martin, M.S. Feldman, M.J. Hatch et S.B. Sitkin, « The Uniqueness Paradox in Organizational Stories », *Administrative Science Quarterly*, vol. 28, n° 3, 1983, p. 438-453 ; *Business Week*, 23 novembre 1992, p. 117.
28. Tryce et Beyer (1984).
29. R.N. Osborn et D. Jackson, « Leaders, River Boat Gamblers, or Purposeful Unintended Consequences in the Management of Complex Dangerous Technologies », *Academy of Management Journal*, vol. 31, n° 4, décembre 1988, p. 924-947.
30. Pour une analyse originale, voir John Connolly, « High Performance Cultures », *Business Strategy Review*, vol. 17, 2006, p. 19-32 ; pour un traitement plus conventionnel, voir Martin, Feldman, Hatch et Sitkin (1983).
31. Cette section est basée sur R.N. Osborn et C.C. Baughn, *An Assessment of the State of the Field of Organizational Design*, Alexandria, (Virginie), U.S. Army Research Institute, 1994.
32. www.cisco.com.
33. J. Kerr et J. Slocum, « Managing Corporate Culture Through Reward Systems », *Academy of Management Executive*, vol. 19, n° 4, 2005, p. 130-138.
34. Martin et Frost (1996).
35. Voir G. Hofstede et M.H. Bond, « The Confucius Connection : From Cultural Roots to Economic Growth », *Organizational Dynamics*, vol. 16, n° 4, printemps 1991, p. 4-21.
36. J. Karpoff, D.S. Lee et G. Martin, « The Cost to Firms of Cooking the Books », *Journal of Financial and Quantitative Analysis*, vol. 43, n° 3, septembre 2008, p. 581-612.
37. Warner Burke, *Organization Development*, Reading (Massachusetts), Addison-Wesley, 1987 ; Wendell L. French et Cecil H. Bell Jr., *Organization Development*, 4e éd., Englewood Cliffs (New Jersey), Prentice-Hall, 1990 ; Edgar F. Huse et Thomas G. Cummings, *Organization Development and Change*, 4e éd., St. Paul (Minnesota), West, 1989.
38. On trouvera d'excellents aperçus dans : Huse et Cummings (1989), p. 32-36 et 45 ; French et Bell (1990).
39. Vous trouverez d'excellents comptes rendus dans : Huse et Cummings (1989), *op. cit.* ; French et Bell (1990).
40. Richard Beckhard, « The Confrontation Meeting », *Harvard Business Review*, vol. 45, mars-avril 1967, p. 149-155.
41. Voir : Jacsalyn Sherriton et James Stern, « HR's Role in Culture Change », *HR Focus*, vol. 74, n° 4, 1997, p. 27-29 ; Dale Zand, « Collateral Organization : A New Change Strategy », *Journal of Applied Behavioral Science*, vol. 10, 1974, p. 63-89 ; Barry A. Stein et Rosabeth Moss Kanter, « Building the Parallel Organization », *Journal of Applied Behavioral Science*, vol. 16, 1980, p. 371-386.
42. J. Richard Hackman et Greg R. Oldham, *Work Redesign*, Reading (Massachusetts), Addison-Wesley, 1980.

CHAPITRE 17

1. L'essentiel du présent chapitre s'appuie sur Richard N. Osborn, James G. Hunt et Lawrence R. Jauch, *Organization Theory : Integrated Text and Cases*, Melbourne (Floride), Krieger, 1985. Pour un aperçu plus récent s'inscrivant dans le prolongement de cet ouvrage, voir Lex Donaldson, « The Normal Science of Structural Contingency Theory », dans Stewart R. Clegg, Cynthia Hardy et Walter R. Nord (sous la dir. de), *Handbook of Organizational Studies*, Londres, Sage, 1996, p. 57-76. Pour un traitement plus approfondi, voir W. Richard Scott et Gerald F. Davis, *Organizations and Organizing : Rational and Open Systems*, Englewood Cliffs (New Jersey), Prentice-Hall, 2007.
2. Suzanne Dansereau, « Pour en finir avec la bureaucratie », *Les Affaires*, 18 août 2007, p. 38.
3. H. Talcott Parsons, *Structure and Processes in Modern Societies*, New York, Free Press, 1960.
4. Voir : B. Bartkus, M. Glassman et B. McAfee, « Mission Statement Quality and Financial Performance, *European Management Journal*, vol. 24, n° 1, 2006, p. 66-79 ; J. Peyrefitte et F.R. David, « A Content Analysis of the Mission Statements of United States Firms in Four Industries », *International Journal of Management*, vol. 23, n° 2, 2006, p. 296-305 ; Terri Lammers, « The Effective and Indispensable Mission Statement », *Inc.*, août 1992, p. 1, 7 et 23 ; I.C. MacMillan et A. Meshulack, « Replacement Versus Expansion : Dilemma for Mature U.S. Businesses », *Academy of Management Journal*, vol. 26, 1983, p. 708-726.
5. Anonyme, « Making Vision Statements Meaningful », *British Journal of Administrative Management*, avril-mai 2006, p. 17 ; L. Larwood, C.M. Falbe, M. Kriger et P.M. Miesing, « Structure and Meaning of Organizational Vision », *Academy of Management Journal*, vol. 38, n° 4, 1995, p. 740-770.

6. Voir : Scott et Davis (2007) ; Stewart R. Clegg et Cynthia Hardy, « Organizations, Organization and Organizing », dans Clegg, Hardy et Nord (sous la dir. de) (1996), p. 1-28 ; William H. Starbuck et Paul C. Nystrom, « Designing and Understanding Organizations », dans P.C. Nystrom et W.H. Starbuck (sous la dir. de), *Handbook of Organizational Design : Adapting Organizations to Their Environments*, New York, Oxford University Press, 1981.
7. Voir : Jeffrey Pfeffer, « Barriers to the Advance of Organization Science », *Academy of Management Review*, vol. 18, n° 4, 1994, p. 599-620 ; Richard M. Cyert et James G. March, *A Behavioral Theory of the Firm*, Englewood Cliffs (New Jersey), Prentice-Hall, 1963. On trouvera également une bonne analyse des objectifs organisationnels dans : Charles Perrow, *Organizational Analysis : A Sociological View*, Belmont (Californie), Wadsworth, 1970 ; Richard H. Hall, « Organizational Behavior : A Sociological Perspective », dans Jay W. Lorsch (sous la dir. de), *Handbook of Organizational Behavior*, Englewood Cliffs (New Jersey), Prentice-Hall, 1987, p. 84-95.
8. Voir Osborn, Hunt et Jauch (1985) pour un tableau historique ; pour les différents taux de survie selon l'époque de sa formation et le développement technologique, voir R. Agarwal, M. Sarkar et R. Echambadi, « The Conditioning Effect of Time on Firm Survival : An Industry Life Cycle Approach », *Academy of Management Journal*, vol. 25, 2002, p. 971-985.
9. Janice Beyer, Danta P. Ashmos et R.N. Osborn, « Contrasts in Enacting TQM : Mechanistic Vs. Organic Ideology and Implementation », *Journal of Quality Management*, vol. 1, 1997, p. 13-29 ; pour une étude classique, voir Paul R. Lawrence et Jay W. Lorsch, *Organization and Environment*, Homewood (Illinois), Irwin, 1969.
10. A.D. Chandler, *The Visible Hand : The Managerial Revolution in American Business*, Cambridge (Massachusetts), MIT Press, 1977.
11. Renée Claude Simard, « Canatal continue d'améliorer ses façons de faire », *Les Affaires*, 7 février 2009, p. A3.
12. Gilbert Leduc, « Les élèves apprennent vite », *Le Soleil*, 14 mars 2009, p. 45.
13. Pour des comptes rendus, voir : Scott et Davis (2007) ; Osborn, Hunt et Jauch (1985) ; Clegg, Hardy et Nord (1996).
14. Information tirée de Anne L. Davis et Hannah R. Rothstein, « The Effect of the Perceived Behavioral Integrity of Managers on Employee Attitudes : A Meta-Analysis », *Journal of Business Ethics*, vol. 67, n° 4, 2006, p. 407-426.
15. Voir www.nucor.com.
16. Par exemple, voir J. Gao, R. Kishore, K. Nam, H.R. Rao et H. Song, « An Investigation of the Factors that Influence the Duration of IT Outsourcing Relationships », *Decision Support Systems*, vol. 42, n° 4, 2007, p. 21-37 ; J.E.M. McGee, M.J. Dowling et W.L. Megginson, « Cooperative Strategy and New Venture Performance : The Role of Business Strategy and Management Experience », *Strategic Management Journal*, vol. 16, 1995, p. 565-580 ; James B. Quinn, *Intelligent Enterprise : A Knowledge and Service Based Paradigm for Industry*, New York, Free Press, 1992.
17. Voir : F.T. Rothaemel, M.A. Hitt et L.A. Jobe, « Balancing Vertical Integration and Strategic Outsourcing : Effects on Product Portfolio, Product Success, and Firm Performance », *Strategic Management Journal*, vol. 27, n° 11, 2006, p. 1033-1049 ; L.F. Cranor et S. Greenstein (sous la dir. de), *Communications Policy and Information Technology : Promises, Problems and Prospects*, Cambridge (Massachusetts), MIT Press, 2002 ; P. Candace Deans, *Global Information Systems and Technology : Focus on the Oragization and its Functional Areas*, Harrisburg (Pennsylvanie), Ideal Group, 1994 ; Osborn, Hunt et Jauch (1985).
18. Haim Levy et Deborah Gunthorpe, *Introduction to Investments*, 2e éd., Cincinnati (Ohio), Southwestern, 1999 ; Cranor et Greenstein (2002).
19. William G. Ouchi et M.A. McGuire, « Organization Control : Two Functions », *Administrative Science Quarterly*, vol. 20, 1977, p. 559-569.
20. Cette analyse est adaptée de : W. Edwards Deming, « Improvement of Quality and Productivity Through Action by Management », *Productivity Review*, hiver 1982, p. 12 et 22 ; Edwards Deming ; *Quality, Productivity and Competitive Position*, Cambridge (Massachusetts), MIT Center for Advanced Engineering, 1982.
21. Pour des études sur le sujet, voir : Scott et Davis (2007) ; Osborn, Hunt et Jauch (1985) ; Clegg, Hardy et Nord (1996).
22. Voir : C. Bradley, « Succeeding by Organizational Design », *Decision : Ireland's Business Review*, vol. 11, n° 1, 2006, p. 24-29 ; Osborn, Hunt et Jauch (1985) pour des études sur la centralisation-décentralisation.
23. Renée Claude Simard, « Le secret de Simplex est sa gestion décentralisée », *Les Affaires*, 7 février 2009, p. A12.
24. Bradley (2006) ; Osborn, Hunt et Jauch (1985).
25. Pour un examen des tendances structurelles actuelles et de leurs répercussions sur les résultats, voir aussi : Scott et Davis (2007) ; Clegg, Hardy et Nord (1996).
26. *Ibid.*
27. Pour une bonne analyse des premières applications de la structure matricielle, voir Stanley Davis, Paul Lawrence, Harvey Kolodny et Michael Beer, *Matrix*, Reading (Massachusetts), Addison-Wesley, 1977.
28. Beth A. Bechky, « Gaffers, Gofers, and Grips : Role-Based Coordination in Temporary Organizations », *Organization Science*, vol. 17, 2006, n° 1, p. 3-23.
29. Voir P.R. Lawrence et J.W. Lorsch, *Organization and Environment : Managing Differentiation and Integration*, Homewood (Illinois), Richard D. Irwin, 1967.
30. Voir : Osborn, Hunt et Jauch (1985) ; Scott et Davis (2007).
31. Max Weber, *The Theory of Social and Economic Organization*, traduit de l'allemand par A.M. Henderson et H.T. Parsons, New York, Free Press, 1947.
32. On doit les premières observations sur le sujet à Tom Burns et G.M. Stalken, *The Management of Innovation*, London, Tavistock, 1961.
33. Voir Henry Mintzberg, *Structure in Fives : Designing Effective Organizations*, Englewood Cliffs (New Jersey), Prentice-Hall, 1983.
34. *Ibid.*
35. *Ibid.*
36. Pour une analyse étoffée, voir Osborn, Hunt et Jauch (1985).
37. Voir Peter Clark et Ken Starkey, *Organization Transitions and Innovation – Design*, Londres, Pinter, 1988.

CHAPITRE 18

1. Renée Claude Simard, « Une restructuration fait le succès de Rideau », *Les Affaires*, 7 mars 2009, p. 32.
2. La conception faisant de la stratégie un processus coévolutif émane de plusieurs sources, notamment : David Simon, Michael Hitt et Duane Ireland, « Managing Firm Resources in Dynamic Environments to Create Value : Looking Inside the Black Box », *Academy of Management Review*, vol. 32, 2007, p. 273-292 ; Alfred D. Chandler, *The Visible Hand : The Managerial Revolution in America*, Cambridge (Massachusetts), Belknap, 1977 ; Michael E. Porter, *Competitive Strategy*, New York, Free Press, 1980 ; L.R. Jauch et R.N. Osborn, « Toward an Integrated Theory of Strategy », *Academy of Management Review*, vol. 6, n° 3, 1981, p. 491-498 ; B. Wernefelt, « A Resource-Based View of the Firm », *Strategic Management Journal*, vol. 5, n° 2, 1984, p. 171-180 ; J.B. Barney, « Firm Resources and Sustained Competitive Advantage », *Journal Management*, vol. 17, n° 1, 1991, p. 99-120 ; Ross Marion, *The Edge of Organization : Chaos and Complexity Theories of Formal Social Systems*, Londres, Sage, 1999 ; Arie Lewin, Chris Long et Timothy Caroll, « The Coevolution of New Organizational Forms », *Organization Science*, vol. 10, 1999, p. 535-550 ; Hitt, Ireland et Hoskisson, *Strategic Management : Competition and Globalization*, Cincinatti (Ohio), Southwestern, 2001.
3. Renée Claude Simard, « D.L.G.L. se sert de sa petite taille pour faire sa place », *Les Affaires*, 7 février 2009, p. A9.

4. Voir www.generalmills.com.
5. Pour des références classiques, voir : Peter F. Drucker, *Innovation and Entrepreneurship*, New York, Harper, 1985 ; Edward B. Roberts, « Managing Invention and Innovation », *Research Technology Management*, janvier-février 1989, p. 1-19 (point de vue d'un praticien) ; enfin, vous trouverez une intéressante étude de cas détaillée dans John Clark, *Managing Innovation and Change*, Thousand Oaks (Californie), Sage, 1995.
6. Les termes « exploration » et « exploitation » ont été popularisés par James G. March. Voir James G. March, « Exploration and Exploitation in Organizational Learning », *Organization Science*, vol. 2, n° 1, 1991, p. 71-87.
7. Pour un compte rendu récent, voir Sung-Choon Kang, Shad S. Morris et Scott A. Shell, « Relational Archetypes, Organizational Learning, and Value Creation: Extending the Human Resource Architecture », *Academy of Management Review*, vol. 32, 2007, p. 236-256.
8. Voir Justin J.P. Jansen, Frans A.J. Van Den Bosh et Henk W. Volberda, « Exploratory Innovation, Exploitive Innovation and Performance: Effects of Organizational Antecedents and Environmental Moderators », *Management Science*, vol. 52, n° 11, 2006, p. 197-226.
9. G. Huber, « Organizational Learning: The Contributing Process and the Literature », *Organization Science*, vol. 2, n° 1, 1991, p. 88-115.
10. J.W. Myer et B. Rowan, « Institutionalized Organizations: Formal Structure as Myth and Ceremony », *American Journal of Sociology*, vol. 83, 1977, p. 340-363.
11. M. Mumford, « The Leadership Quarterly Special Issue on Leading Innovation », *Leadership Quarterly*, vol. 14, 2003, p. 385-387 ; M. Mumford, G. Scott, B. Gaddis, B. Strange et J. Strange, « Leading Creative People: Orchestrating Expertise and Relationships », *Leadership Quarterly*, vol. 12, 2002, p. 705-750.
12. Voir Bjarne Espedal, « Do Organization Routines Change as Experience Changes ? » *Journal of Applied Behavior Science*, vol. 42, n° 4, 2006, p. 468-491.
13. Voir Raji Srinivasan, Pamela Haunschild et Rajdeep Grewal, « Vicarious Learning in Product Development Introductions in the Early Years of a Converging Market », *Management Science*, vol. 53, n° 1, 2007, p. 16-29.
14. James G. March, *Decisions and Organizations*, Oxford, Basil Blackwell, 1988.
15. Pour un exemple de conséquences désastreuses, voir R.N. Osborn et D.H. Jackson, « Leaders, Riverboat Gamblers, or Purposeful Unintended Consequences in the Management of Complex Technologies », *Academy of Management Journal*, vol. 31, 1988, p. 924-947.
16. O.P. Walsch et G.R. Ungson, « Organization Memory », *Academy of Management Review*, vol. 16, n° 1, 1991, p. 57-91.
17. Jansen, Vand Den Bosh et Volberda (2006).
18. Simon, Hitt et Ireland (2007).
19. Cette analyse sur la conception organisationnelle s'appuie sur R.N. Osborn, J.G. Hunt et L. Jauch, *Organization Theory Integrated Text and Cases*, Melbourne (Floride), Krieger, 1984, p. 123-215. Pour un traitement plus approfondi, voir W. Richard Scott et Gerald F. Davis, *Organizations and Organizing : Rational and Open Systems*, Englewood Cliffs (New Jersey), Prentice-Hall, 2007.
20. Simon, Hitt et Ireland (2007) ; Marion (1999) ; Jauch et Osborn (1981).
21. Porter (1980).
22. Pour un exemple, voir Simon, Hitt et Ireland (2007).
23. Jeffrey Pfeffer, « Producing Sustainable Competitive Advantage Through the Effective Management of People », *Academy of Management Executive*, vol. 19, n° 4, 2005, p. 85-115.
24. Marion (1999).
25. Voir Samuel J. Palmisano, « The New CIO : Setting the Innovation Agenda, Speech for the first IBM CIO Leadership Forum », Monte Carlo, www.IBM.com.
26. Voir Henry Mintzberg, *Structure in Fives : Designing Effective Organizations*, Englewood Cliffs (New Jersey), Prentice-Hall, 1983.
27. Cette inertie peut aussi bien être la conséquence d'une routine rigide que de problèmes liés aux ressources ; voir Gilbert Clark, « Unbundling the Structure of Inertia : Resource Versus Routine Rigidity », *Academy of Management Journal*, vol. 48, n° 6, 2005, p. 741-763.
28. Voir : R. Lord et M. Kernan, « Scripts as Determinants of Purposeful Behavior in Organizations », *Academy of Management Review*, vol. 12, n° 2, 1987, p. 265-278 ; A.L. Stinchcombe, *Economic Sociology*, New York, Academic Press, 1983.
29. Osborn et Jackson (1988).
30. *Ibid.*
31. Voir Scott et Davis (2007) ; Osborn, Hunt et Jauch (1984).
32. *Ibid.*
33. Voir : Peter M. Blau et Richard A. Schoenner, *The Structures of Organizations*, New York, Basic Books, 1971 ; Joan Woodward, *Industrial Organization : Theory ans Practice*, Londres, Oxford University Press, 1965.
34. Geraldine DeSanctis, « Information Technology », dans Nigel Nicholson (sous la dir. de), *Blackwell Encyclopedic Dictionary of Organizational Behavior*, Cambridge (Massachusetts), Blackwell, 1995, p. 232-233.
35. James D. Thompson, *Organization in Action*, New York, McGraw-Hill, 1967.
36. Woodward (1965).
37. Pour un compte rendu récent, voir Scott et Davis (2007) ; cette analyse inclut également celle de Osborn, Hunt et Jauch (1984). Voir aussi Louis Fry, « Technology-Structure Research : Three Critical Issues », *Academy of Management Journal*, vol. 25, 1982, p. 532-552.
38. Mintzberg (1983).
39. Voir Henry Mintzberg et Alexandra McHugh, « Strategy Formulation in an Adhocracy », *Administrative Science Quarterly*, vol. 30, n° 2, 1985, p. 160-193.
40. Halit Keskis, Ali E. Akgun, Ayse Gunsel et Salih Imamoglu, « The Relationship Between Adhocracy and Clan Cultures and Tacit Oriented KM Strategy », *Journal of Transnational Management*, vol. 10, n° 3, 2005, p. 39-51.
41. DeSanctis (1995).
42. Prashant C. Palvia, Shailendra C. Palvia et Edward M. Roche, *Global Information Technology and Systems Management : Key Issues and Trends*, Nashua (New Hampshire), Ivy League, 1996.
43. DeSanctis (1995).
44. Osborn, Hunt et Jauch (1984).
45. Jaana Woiceshyn, « The Role of Management in the Adoption of Technology : A Longitudinal Investigation », *Technology Studies*, vol. 4, n° 1, 1997, p. 62-99 ; Melissa A. Schilling, « Technological Lockout : An Integrative Model of the Economic and Strategic Factors Driving Technological Success and Failure », *Academy of Management Review*, vol. 23, n° 2, 1998, p. 267-284.
46. David Lei, Michael Hitt et Richard A. Bettis, « Dynamic Capabilities and Strategic Management », *Journal of Management*, 1996, p. 547-567.
47. Voir M.L. Markus, B. Manville et C.E. Agres, « What Makes a Virtual Organization Work », *MIT Sloan Management Review*, vol. 42, 2002, p. 13-27 ; Janice Beyer, Danta P. Ashmos et R.N. Osborn, « Contrasts inEnacting TQM : Mechanistic Vs. Organic Ideology and Implementation », *Journal of Quality Management*, vol. 1, 1997, p. 13-29.
48. Jack Veiga et Kathleen Dechant, « Wired World Woes : www.help », *Academy of Management Executive*, vol. 11, n° 3, 1997, p. 73-79.
49. D'après Markus, Manville et Agres (2002).
50. Michael A. Hitt, R. Duane Ireland et Robert E. Hoskisson, *Strategic Management : Competitiveness and Globalization*, Cincinnati (Ohio), South-Western College Publishing, 2007.
51. Voir www.amazon.com.
52. Cette section s'appuie sur : R.N. Osborn, « The Evolution of Strategic Alliances in High Technology », document de travail, Détroit, Department of Business, Wayne State University, 2007 ; R.N. Osborn et J.G. Hunt, « The Environment and Organization Effectiveness », *Administrative Science Quarterly*, vol. 19, 1974, p. 231-246 ; Osborn, Hunt et Jauch

(1984). Pour une analyse plus poussée, voir P. Kenis et D. Knoke, « How Organizational Field Networks Shape Interorganizational Tie-Formation Rates », *Academy of Management Journal*, vol. 27, 2002, p. 275-294.
53. Voir R.N. Osborn et C.C. Baughn, « New Patterns in the Formation of U.S. Japanese Cooperative Ventures », *Columbia Journal of World Business*, vol. 22, 1988, p. 57-65.
54. Cette section s'appuie sur : R.N. Osborn, « International Alliances : Going Beyond the Hype », *Mt. Eliza Business Review*, vol. 6, 2003, p.37-44 ; S. Reddy, J.F. Hennart et R. Osborn, « The Prevalence of Equity and Non-Equity Cross-Border Linkages : Japanese Investments in the U.S. », *Organization Studies*, vol. 23, 2002, p. 759-780.
55. *Ibid.*
56. Wepin Tsai, « Knowledge Transfer in Interorganizational Networks : Effect of Network Position and Absorptive Capacity on Business Unit Innovation and Performance », *Academy of Management Journal*, vol. 44, n° 5, 2001, p. 996-1004.
57. *Ibid.*
58. Notre propos sur les organisations sans frontières repose sur R. Ashkenas, D. Ulrich, T. Jick et S. Kerr, *The Boundaryless Organization : Breaking the Chains of Organizational Structure*, San Francisco, Jossey-Bass, 1995. Pour une étude antérieure, voir R. Golembiewski, *Men, Management and Morality*, New Brunswick (New Jersey), Transaction, 1989. Pour un compte rendu critique, voir R. Golembiewski, « The Boundaryless Organization : Breaking the Chains of Organizational Structure, A Review », *International Journal of Organizational Analysis*, vol. 6, n° 3, 1998, p. 267-270.
59. S. Kerr et D. Ulrich, « Creating the Boundaryless Organization : The Radical Reconstruction of Organization Capabilities », *Planning Review*, vol. 23, n° 5, 1995, p. 41-46.
60. Voir : Scott et Davis (2007) ; David A. Nadler et Michael L. Tushman, *Competing by Design : The Power of Organizational Architecture*, New York, Oxford University Press, 1997 ; Veiga et Dechant (1997).
61. A.A. Marcus, *Business and Society : Ethics, Government and the World of Economy*, Homewood (Illinois), Richard D. Irwin, 1993.

MODULE COMPLÉMENTAIRE

1. C. William Emory, *Business Research Methods*, éd. rev. et corr., Homewood (Illinois), Irwin, 1980.
2. Voir John B. Miner, *Organizationnal Behavior : Foundations, Theories, and Analyses*, New York, Oxford University Press, 2002.
3. Voir : Richard L. Daft, « Learning the Craft of Organizational Research », *Academy of Management Review*, vol. 8, octobre 1983, p. 539-546 ; Eugene Stone, *Research Methods in Organizational Behavior*, Santa Monica (Californie), Goodyear, 1978, p. 21.
4. Stone (1978), p. 26.
5. Duane Davis et Robert M. Cosenza, *Business Research for Decision Making*, Belmont (Californie), Wadsworth, 1993, p. 134.
6. *Ibid.*, chap. 5.
7. *Ibid.*
8. *Ibid.*, p. 174.
9. *Ibid.*, p. 125.
10. Cette section est basée sur Davis et Cosenza (1993), chap. 5.
11. Cette section est basée sur Stone (1978).
12. Voir G. Pinchot, *Intrapreneuring*, New York, Harper, 1985.
13. Sur le même sujet, un autre ouvrage : A.D. Aczel, *Complete Business Statistics*, Homewood (Illinois), Irwin, 1989.
14. Davis et Cosenza (1993).
15. *Ibid.*, chap. 14.

RECUEIL DE JOSSEY-BASS ET PFEIFFER

1. © James M. Kouzes et Barry Z. Posner, 1998. Jossey-Bass Publishers, San Francisco. Jossey-Bass est une marque déposée de Jossey-Bass Inc., une entreprise du groupe Wiley.
James M. Kouzes est président de TPG/Learning Systems, une société offrant des programmes d'apprentissage axés sur la pratique et le rendement en matière de leadership. En 1993, *The Wall Street Journal* l'a cité comme l'un des 12 « fournisseurs non universitaires de formation pour les cadres supérieurs » les plus sollicités par les entreprises aux États-Unis. Il compte parmi ses clients passés et actuels AT&T, Boeing, Boy Scouts of America, Charles Schwab, Ciba-Geigy, Dell Computer, First Bank System, Honeywell, Johnson & Johnson, Levi Strauss & Co., Motorola, Pacific Bell, Standord University, Xerox Corporation et YMCA.
Barry Z. Posner, Ph.D., est doyen de la Leavey School of Business de la Santa Clara University et professeur en comportement organisationnel. Il a reçu de nombreux prix d'excellence en enseignement et en leadership, a publié plus de 80 articles de recherche ou axés sur la pratique, et fait actuellement partie des comités de rédaction des revues *The Journal of Management Education*, *The Journal of Management Inquiry* et *The Journal of Business Ethics*. En outre, il siège au conseil d'administration des organismes Public Allies et The Center for Excellence in Non-Profits. Parmi ses clients, on trouve des détaillants tout comme des entreprises des secteurs de la santé, de la haute technologie, des services financiers et de la production industrielle, de même que des organismes communautaires. Kouzes et Posner sont les coauteurs de nombreux ouvrages à succès sur le leadership, dont plusieurs ont été primés. *The Leadership Challenge : How to Keep Getting Extraordinary Things Done in Organizations* (2ᵉ éd., 1995), qui a été tiré à plus de 800 000 exemplaires, a été traduit en 15 langues, a fait l'objet de 3 documents vidéo et a reçu le Critic's Choice Award 1995-1996 décerné par des critiques de livres américains. *Credibility : How Leaders Gain and Lose It, Why People Demand It* (1993) a été qualifié par *Industry Week* comme l'un des cinq meilleurs livres de gestion de l'année. Le plus récent ouvrage de Kouzes et Posner en tant que coauteurs s'intitule *Encouraging the Heart : A Leader's Guide to Rewarding and Recognizing Others* (1998).
2. Pour prendre connaissance des premiers travaux de James M. Kouzes et Barry Z. Posner, voir *Le défi du leadership* (Paris, AFNOR, 1991).
3. Cher Holton, « Interrogatories : Identifying Issues and Needs », *The 2002 Annual : Volume 1, Training*, © 2002, Jossey-Bass et Pfeiffer.
4. Chuck Kormanski, Sr. et Chuck Kormanski, Jr., "Choices : Learning Effective Conflict Management Strategies", *The 2003 Annual : Volume 1, Training*, © 2003, Jossey-Bass et Pfeiffer.
5. Elisabeth A. Smith, *The 2003 Annual : Volume 1, Training*, © 2003, Jossey-Bass et Pfeiffer.

ÉTUDES DE CAS

1. Carol P. Harvey (Assumption College) et John R. Schermerhorn, Jr. (Ohio University).
2. Bernardo M. Ferdman (California School of Professional Psychology, San Diego, Californie), Plácida I. Gallegos (Southwest Communication Resources Inc.) et The Kaleel Jamison Consulting Group Inc., d'après une version écourtée d'une étude figurant dans le guide pratique de E.E. Kossek et S. Cobel, *Managing Diversity : Human Resource Strategies for Transforming the Workplace*, Oxford (G.-B.), Blackwell, 1996.
3. Paul McLauglin, « Enfants terribles », *Canadian Business*, décembre 1989, p. 141-142.

4. Information et citations tirées de « About Our Company », www.sas.com/corporate/overview ; Charles Fishman, « Sanity Inc. », *Fast Company*, janvier 1999, p. 84ff ; « SAS Marks 6th Straight Year on Fortune List of "100 Best Companies to Work For" », www.sas.com/news/preleases/010803/news1.html ; « Company Work/Life », www.sas.com/corporate/worklife ; « Keeping Employees Without Breaking the Bank », The Workforce Stability Institute, www.employee.org ; « Investment in the Work Environment Helps Retain Staff », www.csresearchservices.com.
5. Mary McGarry (Empire State College) et Barry R. Armandi (SUNY-Old Westbury).
6. Barry R. Armandi (SUNY-Old Westbury).
7. George Strauss et Alex Bavelas, « Group Dynamics and Intergroup Relations » (sous le titre de « The Hovey and Beard Case »), dans William F. Whyte (sous la dir. de), *Money and Motivation*, New York, Harper & Row, 1955.
8. S.A. Rachid (Ryerson Polytechnical Institute).
9. Franklin Ramsoomair (Wilfrid Laurier University).
10. S.A. Rachid (Ryerson Polytechnical Institute).
11. David S. Chappell (Ohio University), adapté par Hal Babson (Columbus State University) et John R. Schermerhorn, Jr. (Ohio University).
12. D'après Susan Carey, « Racing to Improve », *The Wall Street Journal*, 24 mars 2006.
13. John Bowen (Columbus State Community College).
14. Voir Gerald F. Cavanagh, Dennis J. Moberg et Manuel Velasquez, « The Ethics of Organizational Politics », *Academy of Management Review*, vol. 6, juillet 1981, p. 363-374.
15. Donald D. Bowen et coll., *Experience in Management and Organizational Behavior*, 4e éd., New York, Wiley, 1997.
16. Sharon Shinn, « The CEO of Accessibility », *BizEd*, mars-avril 2007, p. 18-24.
17. Jeffrey Bartash, « Zander Puts Mojo Back into Motorola », www.marketwatch.com, 6 décembre 2005.
18. Shinn (2007), *op. cit.*
19. Barbara McCain (Oklahoma City University).
20. Jean R. Schermerhorn, Jr. (Ohio University).
21. Cas rédigé par Patrick Boudreault et Claire de Billy (Université Laval).
22. Cas rédigé par Patrick Boudreault et Claire de Billy (Université Laval).
23. Cas rédigé par Marie-Ève Dufour, candidate au doctorat, École de relations industrielles, Université de Montréal.
24. Anne C. Cowden (California State University, Sacramento) et John R. Schermerhorn, Jr. (Ohio University).
25. D'après « Daniel Yee, "Chick-fil-A" Recipe Winning Customers », *The Columbus Dispatch*, 9 septembre 2006, p. D1.
26. Marcus Osborn (RSR Partners).
27. Mark Osborn (Chambre de commerce de l'Arizona).
28. John R. Schermerhorn, Jr. (Ohio University).

EXERCICES

1. Barbara K. Goza, professeure invitée (University of California, Santa Cruz) et professeure (California State Polytechnic University, Pomona) ; exercice tiré du *Journal of Management*, 1993.
2. Roy J. Lewiki et coll., *Experiences in Management and Organizational Behavior*, 3e éd., New York, John Wiley & Sons, 1988, p. 23-26.
3. Les neuf éléments suivants sont tirés d'un sondage mené par Nicholas J. Beutell et O.C. Brenner, « Sex Differences in Work Values », *Journal of Vocational Behavior*, vol. 28, 1986, p. 29-41.
4. Donald D. Bowen et coll., *Exercices in Management and Organizational Behavior*, 4e éd., New York, John Wiley & Sons, 1997.
5. Robert E. Ledman (Gannon University) ; exercice présenté à l'Experiential Exercice Track de l'ABSEL Conference (1996) et publié dans les actes du colloque.
6. Adapté par Susan Rawson Zacur et W. Alan Randolph (University of Baltimore) du *Journal of Management Education*, vol. 17, n° 4, nov. 1993, p. 510-516.
7. Susan Schor (Pace University) et Annie McKee (Warton School, University of Pennsylvania), avec la collaboration de Ariel Fishman (Warton School).
8. Exercice mis au point par Barbara Walker, une pionnière dans la recherche sur l'appréciation des différences ; adapté ici par Douglas T. Hall.
9. Sidney B. Simon, Howard Kirschenbaum et Liland Howe, *Values Classification, The Handbook*, éd. rév., Sunderland (Massachusetts), Value Press, 1991.
10. Dr Barbara McCain (Oklahoma City University).
11. Dr Barbara McCain (Oklahoma City University), d'après les notes de cours du Dr Larry Michaelson (Oklahoma City University).
12. Bonnie McNeelly, « Using the Tinker Toy Exercice to Teach the Four Functions of Management », *Journal of Management Education*, vol. 18, n° 4 (novembre 1994), p. 468-472.
13. Lady Hanson (California State Polytechnic University, Pomona).
14. Diana Page (University of West Florida).
15. Joseph A. Raelin (Boston College).
16. Dr Barbara McCain (Oklahoma City University).
17. Michael R. Manning et Paula J. Schmidt (New Mexico State University), « Building Effective Work Teams : A Quick Exercise Based on a Scavenger Hunt », *Journal of Management Education*, Thousand Oaks (Californie), Sage, 1995, p. 392-398. La liste d'objets de la chasse aux trésors est tirée de C.E. Larson et F.M. Lafas, *Team Work : What Must Go Right/What Can Go Wrong*, Newbury Park (Californie), Sage, 1989.
18. Selon les régions, le professeur pourra substituer certains objets de la liste par d'autres.
19. William Dyer, *Team Building*, 2e éd., Reading (Massachusetts), Addison-Wesley, 1987, p. 123-125.
20. Conrad P. Jackson (MPC Inc.), d'après Donald D. Bowen et coll., *Experiences in Management and Organizational Behavior*, 4e éd., New York, John Wiley and Sons, 1997.
21. Barry R. Armandi (SUNY-Old Westbury).
22. Bonnie McNeely (Murray State University), « Make Your Principles of Management Class Come Alive », *Journal of Management Education*, vol. 18, n° 2, mai 1994, p. 246-249.
23. J. Marcus Maier (Chapman University), « The Gender Prism », *Journal of Management Education*, vol. 17, n° 3, 1993, mis à jour en 1996, p. 285-314 ; Prix Fritz Roethlisberg 1994 du meilleur article.
24. Cela permet aux étudiants de prendre conscience, au-delà de leurs propres conceptions, des définitions que la société donne aux concepts de masculinité et de féminité.
25. Robert Ledman (Morehouse College), d'après son exposé intitulé *An Experiential Exercise to Teach Active Listening*, présenté à la Organizational Behavior Teaching Conference, Macomb, Illinois, 1995.
26. D'après Timothy J. Serey (Northern Kentucky University), *Journal of Management Education*, vol. 17, n° 2, mai 1993.
27. Paul Lyons (Frostburg State University), « Developing Expectations with the Role Analysis Technique », *Journal of Management Education*, vol. 17, n° 3, août 1993, p. 386-389.
28. « Lost at Sea : A Consensus Seeking-Task », *The 1975 Handbook for Group Facilitators*.
29. Michael R. Manning (New Mexico State University), Conrad N. Jackson (MPC Inc., Huntsville, Alabama) et Paula S. Weber (New Mexico Highlands University).

30. Barbara G. McCain et Dr Mary Khalili (Oklahoma City University), à partir d'une activité conçue par le Dr Khalili.
31. D'après Hall et coll., *Experiences in Management and Organizational Behavior*, 3e éd., New York, John Wiley and Sons, 1998 ; conçu à l'origine par Robert J. Hause, adaptation de D.T. Hall et R.J. Lewicki, avec des suggestions de H. Kolodny et T. Ruble.
32. Edward G. Wertheim (Northeastern University).
33. Bonnie L. McNeely (Murray State University), « Make Your Principles of Management Class Come Alive », *Journal of Management Education*, vol. 18, n° 2, mai 1994, p. 246-249.
34. D.T. Hall (Boston University) et F.S. Hall (University of New Hampshire).
35. Donald D. Bowen et coll., *Experiences in Management and Organizational Behavior*, 4e éd., New York, John Wiley and Sons, 1997.
36. Marian C. Schultz (University of West Florida).

AUTOÉVALUATIONS

1. John R. Schermerhorn, Jr. *Management*, 5e éd., New York, John Wiley and Sons, 1996, p. 51.
2. Outcome Management Project, phase I et phase II, AACSB International – The Association to Advance Collegiate Schools of Business, St. Louis, 1986 et 1987.
3. Peter B. Vail, *Managing as a Performance Art : New Ideas for a World of Chaotic Change*, San Francisco, Jossey-Bass, 1989, p. 8-9.
4. « Is Your Company Really Global », *Business Week*, 1er décembre 1997.
5. Robert N. Lussier, *Human Relations in Organizations*, 2e éd., Homewood (Illinois), Richard D. Irwin, 1993.
6. S. Budner, « Intolerance of Ambiguity as a Personality Variable », *Journal of Personality*, vol. 30 (1962), n° 1, p. 29-50.
7. Joseph A. Raelin, *The Clash of Cultures, Managers and Professionnals*, Harvard Business School Press, 1986.
8. Fred E. Fiedler et Martin M. Chemers, *Improving Leadership Effectiveness : The Leader Match Concept*, 2e éd., New York, John Wiley & Sons, 1984.
9. W. Warner Burke.
10. L. Steinmetz et R. Todd, *First Line Management*, 4e éd., Homewood (Illinois), BPI/Irwin, 1986, p. 64-67.
11. R. Christie et F.L. Geis, *Studies in Machiavellianism*, New York, Academic Press, 1970.
12. T.R. Hinken et C.A. Schriesheim, « Development and Application of New Scales to Measure the French and the Raven (1959) Bases of Social Power », *Journal of Applied Psychology*, vol. 74, 1989, p. 561-567 ; contribution de Marcus Maier (Chapman University).
13. Enquête AIM (El Paso, Texas), ENFP Enterprises, 1989, ©Weston H. Agor, 1989.
14. Max H. Bazerman, *Judgment in Managerial Decision Making*, 3e éd., John Wiley & Sons, 1994, p. 13-14.
15. Thomas et Kilmann, *Conflict Mode Instrument*, Tuxedo (New York), Xicom, 1974.
16. *Job Demands and Worker Health*, (HEW Publication n° [NIOSH] 75-160), US Department Of Health, Education and Welfare, Washington (Columbia), 1975, p. 253-254.
17. Robert E. Quinn et coll., *Becoming a Master Manager : A Contemporary Framework*, New York, John Wiley & Sons, 1990, p. 75-76.
18. John F. Veiga et John N. Yanouzas, *The Dynamics of Organization Theory : Gaining a Macro Perspective*, St. Paul (Minnesota), West, 1979, p. 158-160.
19. Carol Hymowitz, « Which Corporate Culture Fits You ? », *The Wall Street Journal*, 17 juillet 1989, p. B1.

NOTE GÉNÉRALE

Les extraits des pages suivantes ont été reproduits aux termes d'une licence accordée par Copibec : pages 20, 57, 72, 78, 79, 83, 102, 109, 119, 123, 132, 133, 140, 147, 175, 177, 191, 197, 203, 220, 230, 244, 249, 262, 265, 285, 301, 303, 305, 312, 314, 316, 319, 337, 340, 360, 369, 370, 371, 388, 394, 398, 414, 446, 469, 478, 484, 485, 508, 512, 523, 542, 543.

SOURCES DES ILLUSTRATIONS

Page couverture : Heizel/Shutterstock ; silver-john/Shutterstock ; Yuri Arcurs/Shutterstock.

CHAPITRE 1
Page 6 : Dmitriy Shironosov/Shutterstock. **Page 9 :** Logo : © Google Inc., 2009. Reproduction autorisée. **Page 14 :** Gracieuseté de Xerox Corporation. **Page 16 :** Jacob Wackerhausen/iStockphoto.com. **Page 23 :** Denis Farrell/© AP/Wide World Photos/CP Images.

CHAPITRE 2
Page 38 : Kurhan/Shutterstock. **Page 42 :** Golden Pixels LLC/Shutterstock. **Page 43 :** Bobby Yip/Reuters/NewsCom. **Page 47 :** Nigel/Shutterstock. **Page 54 :** Yuri Arcurs/Shutterstock. **Page 55 :** Kristian Sekulic/Shutterstock. **Page 56 :** Logo : Reproduction autorisée par la Fédération québécoise de l'autisme et des autres troubles envahissants du développement. **Page 57 :** Philiptchenko/Megapress.ca. **Page 58 :** Logo : Reproduction autorisée par le Groupe Conseil Continuum. **Page 61 :** Logo : Reproduction autorisée par Canlyte, une marque du groupe Philips.

CHAPITRE 3
Page 74 : Matt Rourke/AP Photo. **Page 75 :** Glenda M. Powers/Shutterstock. **Page 78 :** Andresr/Shutterstock. **Page 81 :** Edward Bock/iStockphoto.com. **Page 83 :** Gracieuseté de Xerox Corporation. **Page 88 :** Aceshot1/Shutterstock.

CHAPITRE 4
Page 100 : Lisa F. Young/iStockphoto.com. **Page 102 :** Gracieuseté du Mouvement des caisses Desjardins. **Page 104 :** Ronald Sumners/Shutterstock. **Page 105 :** Jae C. Hong/AP Photo/CP Images. **Page 109 :** Gracieuseté d'IBM Canada ltée. **Page 116 :** Gracieuseté de Beenox. **Page 119 :** Logo : Reproduction autorisée par Olympus NDT. **Page 123 :** Gracieuseté de GE Aviation.

CHAPITRE 5
Page 138 : Pat Wellenbach/AP Photo/CP Images. **Page 144 :** Jason Miller/AP Photo/CP Images. **Page 146 :** Ariel Schalit/AP Photo/CP Images. **Page 147 :** Photothèque ERPI. **Page 151 :** Gracieuseté de Souris Mini.

CHAPITRE 6
Page 163 : Lisa F. Young/Shutterstock. **Page 165 :** iStockphoto.com. **Page 168 :** Kirby Hamilton/iStockphoto.com. **Page 170 :** Blaz Kure/iStockphoto.com. **Page 173 :** Logo : Reproduction autorisée par GDC Informatique et Gestion inc. **Page 176 :** Anna Bryukhanova/iStockphoto.com. **Page 177 :** Tara Flake/Shutterstock. **Page 178 :** Logo : Reproduction autorisée par DMR.

CHAPITRE 7
Page 189 : Gracieuseté des Restaurants Pacini. **Page 191 :** Stefan Klein/iStockphoto.com. **Page 192 :** Henrik Jonsson/iStockphoto.com. **Page 197 :** Logo : Reproduction autorisée par Voxco. **Page 199 :** Adam Grefor/Shutterstock. **Page 203 :** Logo : Reproduction autorisée par la Fédération des caisses Desjardins du Québec. **Page 206 :** icyimage/Shutterstock.

CHAPITRE 8
Page 218 : Jong Kiam Soon/Shutterstock. **Page 220 :** Jacques Boissinot/CP Images. **Page 226 :** Photothèque ERPI. **Page 230 :** Gracieuseté de KPMG. **Page 232 :** Gracieuseté du *Cirque du Soleil*. **Page 235 :** Monkey Business Images/Shutterstock. **Page 237 :** Rudyanto Wijaya/Shutterstock.

CHAPITRE 9
Page 245 : Jacob Wackerhausen/iStockphoto.com. **Page 249 :** Logo : Reproduction autorisée par KPMG. **Page 252 :** Mark Rose/iStockphoto.com. **Page 255 :** Marcin Balcerzak/iStockphoto.com. **Page 261 :** Dan Lamont/Corbis. **Page 263 :** *(en haut)* Jacob Wackerhausen/iStockphoto.com ; *(en bas)* Steve Chenn/Corbis. **Page 264 :** Paul Thomas/The Image Bank/Getty Images.

CHAPITRE 10
Page 281 : iStockphoto.com. **Page 282 :** Gracieuseté du Groupe Compass, Division Québec. **Page 285 :** Gracieuseté de l'Orchestre symphonique de Montréal. **Page 287 :** iStockphoto.com. **Page 290 :** Logo : Reproduction autorisée par Boa-Franc/Mirage. **Page 294 :** iStockphoto.com. **Page 299 :** Jacob Wackerhausen/iStockphoto.com.

CHAPITRE 11
Page 314 : © Action Press, tous droits réservés/CP Images. **Page 316 :** Claude Rivest/Journal de Montréal/CP Images. **Page 317 :** Muzsy/Shutterstock. **Page 322 :** Jacob Wackerhausen/iStockphoto.com. **Page 334 :** Steve Cole/iStockphoto.com. **Page 337 :** © Rex Features, tous droits réservés/CP Images. **Page 340 :** © danieldesmarais.com/Gracieuseté de Marie Saint Pierre. **Page 342 :** Gracieuseté de ReGain^{MC} groupe-conseil. **Page 345 :** © Abaca Press, tous droits réservés/CP Images. **Page 349 :** Gracieuseté de Robert J. House, University of Pennsylvania.

CHAPITRE 12
Page 362 : Alberto Estevez/epa/Corbis. **Page 367 :** Felix Möckel/iStockphoto.com. **Page 369 :** Gracieuseté de l'Orchestre symphonique de Montréal. **Page 371 :** Michel Pinault/CP Images. **Page 373 :** Gracieuseté de Pella® Windows and Doors. **Page 380 :** Alberto Ruggieri/Illustration Works/Corbis.

CHAPITRE 13
Page 391 : zhang bo/iStockphoto.com. **Page 394 :** Gracieuseté de la Caisse Desjardins de Mercier-Rosemont. **Page 396 :** AFP/NewsCom. **Page 398 :** Gracieuseté d'Esse Leadership. **Page 401 :** Manish Swarup/AP Photo/CP Images. **Page 406 :** Michael DeLeon/iStockphoto.com.

CHAPITRE 14
Page 416 : Photothèque ERPI. **Page 419 :** Yousef al-Ajely/AP Photo. **Page 420 :** Patryk Galka/iStockphoto.com. **Page 425 :** Dmitriy Shironosov/Shutterstock. **Page 429 :** Lise Gagné/iStockphoto.com.

CHAPITRE 15
Page 446 : Gracieuseté des Industries Lassonde inc. **Page 450 :** Photothèque ERPI. **Page 455 :** Feverpitch/Shutterstock. **Page 462 :** Catherine Yeulet/iStockphoto.com. **Page 466 :** Kris Butler/Shutterstock. **Page 467 :** Logo : Reproduction autorisée par le Groupe de promotion pour la prévention en santé. **Page 469 :** Timofeyev Alexander/Shutterstock.

CHAPITRE 16
Page 483 : © Flowserve. **Page 489 :** Gracieuseté de Proximédia. **Page 497 :** Yuri Arcurs/Shutterstock. **Page 501 :** Cliff Parnell/iStockphoto.com.

CHAPITRE 17
Page 512 : Logo : Reproduction autorisée par les Industries Canatal inc. **Page 513 :** Gracieuseté de l'Université Laval. **Page 514 :** Svitlana Prada/iStockphoto.com. **Page 523 :** Logo : Reproduction autorisée par Location d'outils Simplex. **Page 528 :** Ted S. Warren/AP Photo/CP Images.

CHAPITRE 18
Page 543 : Logo : Reproduction autorisée par D.L.G.L. **Page 553 :** Mark Lennihan/AP Photo/CP Images. **Page 558 :** Eric Middelkoop/iStockphoto.com. **Page 560 :** © Monster.ca. **Page 563 :** Junji Kurokawa/AP Photo/CP Images.

INDEX

A

acceptation de l'autorité, 277
Accès D, 203
accommodation, 426, **427**
accomplissement, besoin d'–, **137**
acquisition du savoir, 546-548
action(s)
    achat d'–, 300
    parallèle, 231
activité(s)
    de groupe en plein air, 252
    de leadership liée aux relations, **254**
    de leadership liée aux tâches, **253**, 253-254
    d'exploitation, technologies liée aux –, **556**, 556-557
    du gestionnaire, 18-19
    mesure des –, **196**, 196-198
    structuration des –, 318
adaptation
    affective, 52-53
    au changement, 347-348
    externe, **478**, 478-480
adéquation leader-situation, **323**, 323-324
adhocratie, **558**, 558-559, 565
affect, **72**, 72-73
affectivité
    négative, **75**
    positive, **75**
affiliation, besoin d'–, **137**
affirmation de soi, 426
affrontement, 426, **427**
agence, théorie de l'–, **299**, 299-300
agent
    de changement, **444**
    perceptif, 96
Alderfer, Clayton, 136
alliance interentreprises, **568**, 566-569
Allport, Gordon, 35-36
Amazon.com, 261, 563
ambiance, facteurs d'–, **138**, 138-141
ambiguïté
    de rôle, **255**, 423
    en matière de responsabilités, 423
amélioration
    continue, 251, 347-348
    normes en matière d'–, 256
analyse
    des données, 587
    du comportement politique, 304
    grille d'– de Vroom, Yetton et Jago, 376-377
    méta-–, 7
anarchie contrôlée, **364**, 364-365
appariement, technologie d'–, 557
appel aux objectifs communs, 424

Apple Computer, 10, 216
applications relatives à la théorie des attentes, 146-147
apprentissage, **24**, 24-25
    continu, **24**
    individuel, 112-124
    organisationnel, **24**, 546-550
    par modèle, 112, 122, 547-548
    social, **112**, 122-124
    social individuel, 122
    vicariant, 112, 122, 547-548
approche(s)
    décisionnelle satisfaisante, **368**
    de la contingence, 7-8, **8**
    de l'amélioration continue, 251
    de la retraite, 251
    en matière de consolidation d'équipe, 251-252
    normative-rééducatrice, 450
    rationnelle-empirique, 449
    sociotechnique des organisations, 170
aptitude, **63**, 63-64
    sociale, 21
arbitrage, **435**, 435-436
archives, 586
Argyris, Chris, 45
associations informelles, 566
asymétrie
    de pouvoir, 423
    de valeurs, 423
Atelier de soudure Gilles Roy, 132
attentes, **145**
    théorie des –, **144**, 144-147
attention, 98-99
attitude(s), 72-73, **82**, 82-84
    composante affective d'une –, **82**
    composante cognitive d'une –, **82**
    composante comportementale d'une –, **83**
attribution, 101, **108**, 108-112
    processus d'–, 331-332
augmentation salariale, 430
    forfaitaire, **193**
autisme, 56
autochtones, 56-58
autoévaluation, **202**
autoleadership, 348
automatisation, **170**
autonomie du titulaire d'un poste, 165
autonomisation, 227-228, 288
autorécompense, 348
autoritarisme, **50**, 50-51
autorité, 233, 277-279, 378, 379
autosurveillance, 348
avantages sociaux, 194

B

Bandura, Albert, 122
Barnard, Chester, 277
Bass, Bernard, 336, 338
BCF, 319
Bean, L.L., 138
Beenox, 116, 220
bénévolat, 230
besoin(s)
    acquis, 136-137
    d'accomplissement, **137**
    d'affiliation, **137**
    de croissance, 166-167
    de développement, **136**
    de pouvoir, **137**
    de réalisation de soi, 135
    de sécurité, 135
    d'estime, 135
    d'ordre inférieur, **135**
    d'ordre supérieur, **135**
    existentiels, **136**
    hiérarchie des –, **134**, 134-135
    physiologiques, 135
    relationnels, **136**, 226
    sociaux, 135
    théorie des – relationnels (FIRO-B), **226**
Best Buy, 160
Bezos, Jeff, 261
bien-être, **468**, 468-470
BlackBerry, 405
Blake, Robert, 318-319
Blanchard, Kenneth, 326-328
blogue, **391**
Blue Man Group, 146
Boa-Franc, 290
bonheur, 81
Branson, Richard, 144
bruit parasite, **389**, 399
Brunelle, Charles-Mathieu, 371
bureau
    automatisé, 171
    électronique, 177
    virtuel, 177
bureaucratie, 508, **532**, 532-534
    divisionnaire, 534
    mécaniste, **533**
    professionnelle, **533**, 533-534

C

cadre de perception, 96, 97
canal de communication, **389**, 390-392
    formel, **390**, 390-391
    informel, **391**
    valeur du –, **392**

Canatal, 512
Canlyte, 61
capacité, **63**, 63-64
capital humain, 148
caractéristique(s)
    de l'emploi, **165**, 165-168
    sociodémographique, **53**, 53-56
cartel, 566
causalité, **582**, 582-583
centralisation, **523**, 522-524
Centre de réadaptation Estrie (CRE), 88
centres d'hébergement, 168
cercle de qualité, **262**
chaîne technologique, 557
Chaire en gestion de la santé et de la sécurité du travail, 459
champ(s)
    d'intérêt, 35-36
    économique, 35
    esthétique, 36
    politique, 36
    religieux, 36
    social, 36
    théorique, 35
changement
    adaptation au –, 347-348
    agent de –, **444**
    conditions d'un – réussi, 452
    en milieu organisationnel, 442-470
    graduel, 444
    instauration du –, **447**, 447-448
    non planifié, 444
    normes en matière de –, 256
    planifié, **444**, 444-451
    professionnel, 38
    résistance au –, **451**, 451-454
    superficiel, 444
    transformateur, **443**
    voir aussi modification
charisme, 333-336, 338-339, 532
Charte canadienne des droits et libertés, 62-63
Charte de la diversité dans l'entreprise, 60
Charte québécoise des droits et libertés, 63
cheminement critique, théorie du –, **324**, 324-326
Chine, 43
choc des cultures organisationnelles, 482
Chouinard, Yvon, 74, 144, 186
Christensen, Gary, 373
cibles organisationnelles, 444-446
CIMA+, 4, 188
Cirque du Soleil, 232, 485, 370
Cité des arts du cirque, 371
classement, **198**
cliché, 99, 103-104
clientèle, service à la –, 79
clivages démographiques, 259
CMA (questionnaire du collègue le moins apprécié), **320**
CMA, indice –, 321-324
coalition
    dominante, 302
    pouvoir de –, **283**

Coalition canadienne pour une relève en technologies de l'information, 94
cocréation, 312
code déontologique international, 483
coentreprise, 568
coercition
    pouvoir de –, **280**
    stratégie de –, **448**, 448-449
coévolution, 552-553
cohésion, **256**
    affaiblissement de la –, 258-260
    de l'équipe, 256-260
    renforcement de la –, 258-260
collecte des données, 585-587
collecticiel, 220, 263
collectivisme, 40, 42, 170
commandement, unité de –, 515-516
Commission canadienne des droits de la personne, 9
communication, **388**
    ascendante, 393
    canal de –, **389**, 390-392
    descendante, 392-393
    efficace, **395**
    efficiente, **395**
    électronique, 404-406
    horizontale, 393-394
    interpersonnelle, 394-399
    non verbale, **395**, 395-397
    obstacles à la –, 399-404
    organisationnelle, **392**, 388-407
    processus de –, 388-390
    réseaux de –, 229-232
    tous azimuts, 231
    valeur du canal de –, **392**
comparaison(s)
    par paires, **199**
    sociales, 141
compartimentation, syndrome de la –, **262**
Compass Québec, 282
compétence(s)
    conceptuelle, **21**
    du gestionnaire, 19-21
    dynamiques, 570-572
    humaine, **21**
    perfectionnement des –, 195
    présomption de –, 556
    rémunération fondée sur les –, **193**
    sentiment de –, **46**, 124, 341
    technique, **19**, 19-20
complaisance, effet de –, **110**, 424
comportement(s)
    analyse du – politique, 304
    axés sur la production, 316
    axés sur la tâche, 316
    axés sur le pouvoir, 283
    axés sur les relations, 317
    axés sur les travailleurs, 316
    des leaders, C12-C13
    perturbateurs, 254
    politique, 304
    prescrit, 227

    spontané, 227
    stratégies orientées vers le –, 348
    théorie des – du leader, **316**, 316-319
comportement organisationnel, **5**
    fondements scientifiques du –, 6-8
    modification du –, **114**, 114-120, 121-122
    paradigmes du –, 8-9
    recherche en –, 579-587
composante
    affective d'une attitude, **82**
    cognitive d'une attitude, **82**
    comportementale d'une attitude, **83**
compromis, 426, **427**
    refus des –, 556
conception
    de poste, **161**, 161-179
    organisationnelle, **550**, 550-569
    personnelle du monde, 49-52
concordance de statut, **226**
conditionnement
    instrumental, **114**, 113-114
    opérant, **114**, 113-114
    pavlovien, **113**, 113-114
    répondant, **113**, 113-114
configuration hybride, 534
conflit(s), **415**, 414-428
    antécédents du –, 420-421
    approche-approche, 417
    approche-évitement, 417
    constructif, **418**, 417-418
    de fond, **415**
    de personnalité, 415
    de rôle, **255**, 423
    destructeur, **418**
    émotionnel, **415**
    en milieu organisationnel, 415-420
    évitement-évitement, 417
    gestion des –, 420-428
    gestion directe des –, 425-428
    gestion indirecte des –, 424-425
    horizontal, 423
    intergroupes, **417**
    interorganisationnel, **417**
    interpersonnel, **417**
    intrapersonnel, **416**
    manifeste, 421
    niveaux de –, 415-417
    perçu, 420-421
    phases d'un –, 420-422
    résolution de –, **420**, 435
    ressenti, 421
    travail-famille, 178, 416
    vertical, 423
conformité aux normes, 257-258
Conger, Jay, 245, 335
conglomérat, **534**
congruence des valeurs, 37
connaissances, sources de –, 7
conscience
    de soi, **21**
    éthique, **22**, 22-23

consensus, 110, **233**, 234, 378, 379
    diversité-–, 225
consentement des subordonnés, 277
conservation de l'information, 548-549
consolidation
    d'équipe, **249**, 248-252, **500**
    des relations inter-équipes, **500**
constitution d'une équipe, 249-252
consultation sur le fonctionnement du groupe, **500**
contagion émotionnelle, **79**
contenu, théories du –, **133**, 134-141
contexte
    culture à – pauvre, **400**
    culture à – riche, **400**
    décisionnel de certitude, 363
    décisionnel de risque, **363**, 363-364
    décisionnel d'incertitude, **364**
contingence
    approche de la –, 7-8, **8**
    théorie de la – de Fiedler, 320-324
contrainte, 426, **427**
contraste, effet de –, **106**
contre-culture, **481**, 481-482
contrôle, **519**, 519-524
    de la qualité, 196
    des processus, **520**, 520-522
    des résultats, **519**
    lieu de –, 49-50
contrôler, **17**
coopération, degré de –, 426
coordination, **529**, 529-531
    modes formels de –, 530-531
    modes interpersonnels de –, 529-530
corruption, 317
Couche-Tard, 72
Cox, Taylor, 484-486
CRE (Centre de réadaptation Estrie), 88
créativité, **372**, 372-375
croissance, besoin de –, 166-167
croyance, 82
culture(s), 80-81
    à contexte pauvre, **400**
    à contexte riche, **400**
    agressive-défensive, 13
    apparente, 486-489
    choc des – organisationnelles, 482
    constructive, 13
    d'entreprise, **478**, 478-486
    dominante, 481-482
    et préjugés, 205-206
    nationale, 39-42, 482-486
    organisationnelle, **12**, 12-13, **478**, 478-495
    passive-défensive, 13
cyberbureau, 177
cybergroupe, **220**, 263
cyber-réunion, 237
cycle positif, **570**

D

déambulation, gestion par –, **404**
décentralisation, **523**, 522-524

décision(s)
    à l'unanimité, 234
    collective, **378**
    consensuelle, 233, **378**, 379
    non programmée, **365**
    par absence de réaction, 233
    par association, **365**
    par consensus, 233, **378**, 379
    par consultation, **378**, 379
    par voie d'autorité, **378**, 379
    prémisses de la –, 287
    prise de –, **360**, 360-365
    prise de – collective, 233-237
    programmée, **365**
    selon la règle de la majorité, 233
    selon la règle de la minorité, 233
    selon la règle de l'autorité, 233
    stratégique, 551-552
    types de –, 365
décoration du bureau, 403
décristallisation, **447**
défense
    des intérêts personnels, 296-298
    du territoire, 298
délégation, 312, 327-328
Dell, Michael, 43-44
Delphi, technique –, **236**, 236-237
démarche de non-violence, 422
Deming, W. Edwards, 521-522
déontologie, code de – internationale, 483
départementalisation, 524
    par secteurs géographiques, 525
dépendance par rapport aux ressources, 301-302
dépersonnalisation des rapports, 297
détresse, **463**, 463-464
développement
    besoin de –, **137**
    de la personnalité, 44-45
    durable, 303
    organisationnel (DO), **496**, 495-501
    troubles envahissants du – (TED), 56
différences
    culturelles, 134, 399-400
    entre les sexes, 79
    gestion des –, 58-62
    individuelles, 53-64
    interculturelles en matière d'attribution, 111-112
diffusion de l'information, 548
Digg.com, 19
dilemme éthique, 362
dimensions interculturelles, 319
directive, 520-521
diriger, **17**
discordance de statut, **226**
discours, problèmes de –, 434
discrimination, 58-60
    positive, 62
dissociation, 424
dissonance
    cognitive, **84**
    émotionnelle, **76**, 76-77

distance hiérarchique, 40, 42, 170
diversité
    -consensus, 225
    culturelle, 251
    de la main-d'œuvre, **14**, 14-16, 53-64
    gestion de la –, 58-62, 485
division du travail, 511-514
DLGL, 469, 543
DMR, 178
DO (développement organisationnel), **496**, 495-501
dogmatisme, **50**, 50-51
données
    analyse des –, 587
    collecte des –, 585-587
    de référence, 372
    interprétation des –, 587
    traitement des – sociales, 169
Dunin Technologie, 41
dynamique
    de groupe, **227**, 227-229
    de la personnalité, **46**
    du stress, 454-465
    intergroupes, **229**
    intragroupe, 227

E

écart de rendement, **444**, 498
échange(s)
    séance d'– de vues, **499**
    théorie des – leader-membres, **328**, 328-329
échec, récompense de l'–, 191
échelle(s)
    de Holmes et Rahe, 459-460
    de Mach, 51
    de valeurs, 36-37
    d'évaluation comportementale, **201**, 201-202
    d'évaluation de la réadaptation sociale, 459-460
    d'évaluation graphique, **199**, 199-200
    d'observation comportementale, 202
écologie organisationnelle, 394
écoute
    active, **397**, 397-399
    problèmes d'–, 434
effectif sous responsabilité directe, **516**, 515-516
effet
    de complaisance, **110**, 424
    de contraste, **106**
    de faible différenciation, **204**
    de halo, **103**, 204
    de récence, **205**
    de sévérité, **204**
    des préjugés culturels, 206
    des stéréotypes, **205**, 205-206
    de tendance centrale, **204**
    d'indulgence, **204**
    loi de l'–, **114**
    « motus », **403**
    Pygmalion, 106-107

Ringelmann, 218
Rosenthal, 106-107
efficacité
   d'une équipe, 252-260
   d'un groupe, 217, 223-232
   fonctionnelle, **16**
élargissement des tâches, **163**, 163-164
émotion(s), **72**, 72-81
   fonctions des –, 73
   liée à la conscience de soi, **74**, 74-75
   sociale, **75**
empathie, **21**
emploi(s)
   atypiques, 172
   caractéristiques de l'–, **165**, 165-168
   équité en matière d'–, 62-63
employeur socialement responsable, 147
énoncé de mission, 10, **509**, 509-510
enquête, **585**
   de rétroaction, **499**
   par sondage, 7
   sur le terrain, 7
Enquête relative aux raisons de changement professionnel, 38
enrichissement des tâches, **164**, 169-170
entreprise
   à but lucratif, 10
   culture d'–, **478**, 478-486
entrevue, **585**, 585-586
environnement
   complexité de l'–, **564**, 564-566
   global, 564
   immédiat, 564
   incertitude de l'–, 565-566
   organisationnel, 11-12
   richesse de l'–, 564-565
épopée, **487**
épuisement professionnel, **463**, 463-464
équipe(s), **245**, 245-266
   ambiguïté au sein de l'–, 18-19
   autonome, 264
   cohésion de l'–, 256-260
   consolidation d'–, **249**, 248-252, 500
   constitution d'une –, 249-252
   de projet, 220
   de résolution de problèmes, **260**, 260-262
   efficace, 252-260
   harmonisation fonctionnelle d'une –, 249-252
   hautement performante, 246-247
   interfonctionnelle, 220, **262**, 262-263
   rendement des –, 204, 247-248
   responsable, 264
   semi-autonome, 264-266
   travail d'–, **246**, 245-248
   types d'–, 245-246, 260-266
   virtuelle, **220**, 263-264
   voir aussi groupe(s)
équité
   dynamique de l'–, 142
   en matière d'emploi, 62-63
   sentiment d'–, 142
   théorie de l'–, **141**, 141-144

Ernst & Young (EY), 61-62
erreur(s)
   d'attribution, 110-111
   de perception, 103-108
   fondamentale d'attribution, **110**
espoir, **342**
esprit de clocher, **399**
Esse Leadership, 398
étalonnage concurrentiel, **547**
étape
   de la cohésion d'un groupe, 221-222
   de la constitution d'un groupe, 221-222
   de la dissolution d'un groupe, 221, 223
   de la performance, 221
   de l'intégration initiale, 222
   de l'intégration totale, 222-223
   du changement planifié, 446-448
   du rendement, 222-223
   du tumulte, 221-222
éthique, 303-306, 516
   conscience –, **22**, 22-23
   dans la négociation, 429
   dilemme –, 362
   et apprentissage social, 124
   et renforcement, 121-122
   leadership –, 339-341
   normes en matière d'–, 256
   scientifique, 587
ethnocentrisme, **399**
étude
   de cas, 7, **584**, 584-585
   expérimentale, 7
eustress, **461**
évaluation
   basée sur le rendement d'équipe, 204
   comparative des processus, 547
   comportementale, 201-202
   de la réadaptation sociale, 459-460
   des groupes de travail, 203
   diagnostique des postes, 165
   du rendement, 195, **198**, 198-207
   échelle d'– graphique, **199**, 199-200
   méthodes d'– du rendement, 198-202
   par incidents critiques, **200**
   par les pairs, **202**
évènements affectifs, théorie des –, 75-76
éventail de subordination, **516**, 515-516
évitement, **119**, 297, 426, **427**
évolution
   des valeurs, 37-38
   d'un groupe, 221-223
   vertueuse, 22-23
exception, gestion par –, 519
exigences
   d'ordre social des tâches, 224
   d'ordre technique des tâches, 224
expansion des tâches
   horizontale, 163-164
   verticale, 164
expérience, 546-547
expérimentation
   en laboratoire, **583**, 583-584
   sur le terrain, **584**

expertise, 286
   pouvoir d'–, **282**
externe, 50
extinction, **120**
EY (Ernst & Young), 61-62

F

fabrication, système flexible de –, **171**
facilitation sociale, **219**
façonnement, **117**
facteur(s)
   d'ambiance, **138**, 138-141
   de la personnalité, 46-47
   de stress, **456**, 456-461
   d'hygiène, **138**, 138-141
   externe de l'attribution, 108
   interne de l'attribution, 108
   moteur, **138**, 138-141
   théorie des deux –, **137**, 137-141
Festinger, Leon, 84
fiabilité, **582**
Fiedler, Fred, 320-324
Filiatrault, Denise, 316
filtrage sélectif, 98-99
fixation des objectifs, 147-153
Flowserve, 483
fonctions du gestionnaire, 17
forces motrices, 444-446
formalisation, **521**
Fox, William, 37
frustration-régression, 136
fuite, **426**, **427**
fusillade, **405**

G

gains de productivité, 190-191
Gattuso, Jean, 446
GDG Informatique Gestion, 173
GE Aviation, 244
génération Y, 34
Gerhart, Barry, 188
gestion
   allégée, 516
   de la culture organisationnelle, 492-495
   de la diversité, 58-62, 485
   des conflits, 420-428
   des différences individuelles, 58-62
   des erreurs de perception, 107-108
   des impressions, 107-108
   directe des conflits, 425-428
   du processus décisionnel, 375-380
   du processus de perception, 107-108
   du rendement, **194**, 194-207
   du stress, 465-470
   indirecte des conflits, 424-425
   intégrale de la qualité (GIQ), 521-522, 562
   morale, 22-23
   par déambulation, **404**
   par exception, 519
   par objectifs (GPO), **152**, 152-153

philosophie de –, **492**, 492-493
processus de –, 16-19
scénarios de –, 555
gestionnaire, **16**, 313-314
    activités du –, 18-19
    amoral, 22
    compétences du –, 19-21
    efficace, **16**
    fonctions du –, 17
    immoral, 22
    moral, 22
    québécois, 41
    réseaux du –, 18-19
    rôles du –, 18-19
    savoir-faire du –, 19-21
GIQ (gestion intégrale de la qualité), 521-522, 562
Glaswell, Malcolm, 370
GLOBE, projet –, 349-352
Goleman, Daniel, 80
Google, 9
gouvernance organisationnelle, 298-306
    et éthique, 303-306
GP2S (Groupe de promotion pour la prévention en santé), 467
GPO (gestion par objectifs), **152**, 152-153
Graen, 328-329
Greenleaf, Robert, 343
greffage, **548**
grille
    d'analyse de Vroom, Yetton et Jago, 376-377
    des valeurs de Maglino, 36-37
    du leadership de Blake et Mouton, **318**, 318-319
groupe(s), **216**, 216-237
    autodirigé, 264
    cohésion d'un –, 221-222
    constitution d'un –, 221-222
    consultation sur le fonctionnement du –, **500**
    d'action parallèle, 231
    d'amis, 221
    de neutralisation, 231-232
    de travail, 220
    de travail autogéré, 264
    de travail permanent, 219
    de travail temporaire, 219-220
    d'intérêt, 221
    dissolution du –, 221, 223
    dynamique de –, **227**, 227-229
    efficace, **217**
    efficacité d'un –, 217, 223-232
    évaluation des –, 203
    évolution d'un –, 221-223
    formel, **219**, 219-220
    hétérogène, 225
    homogène, 225
    informel, **221**
    interactif, 231
    interactions entre les –, 229-232
    intrants clés d'un –, 224-227
    maturité d'un –, 223
    négociation de –, 429
    nominal, 236

    pensée de –, **235**
    potentiel de rendement des –, 217-219
    prise de décision au sein d'un –, 233-234
    processus décisionnel dans les –, 233-237
    technique du – nominal, **236**
    voir aussi équipe(s)
Groupe Conseil Continuum, 58
Groupe de promotion pour la prévention en santé (GP2S), 467
Groupe Forget audioprothésistes, 265

H

habileté politique, 293
habilitation, **288**
    du personnel, 288-292
Hackman, Richard, 165-166, 501
harcèlement sexuel, 60
harmonisation fonctionnelle d'une équipe, 249-252
Hersey, Paul, 326-328
Herzberg, Frederick, 137-141, 164
heuristique, **371**, 371-372
    de l'accessibilité mentale, **372**
    de la représentativité, **372**
    des données de référence, **372**
hiérarchie, 515-516
    des besoins, **134**, 134-135
    et pouvoir, 279-281, 284-285, 289
Hofstede, Geert, 39-41
Holmes et Rahe, échelle de –, 459-460
Homans, George, 227
horaire(s)
    à la carte, 174
    de travail, 173
    de travail variable, **174**
    flexible, 174
    libre, 174
    personnalisé, 174
House, Robert, 324-326, 333-335, 349
Hudson Institute, 189
humeur, **72**, 72-73, 75-81
hygiène, facteurs d'–, **138**, 138-141
hypothèse(s)
    communes, 486, 487, 491-492
    de recherche, **581**

I

IBM, 109, 553
ICO (Inventaire des cultures organisationnelles), 13
identité
    en milieu de travail, 403
    marques d'–, 403
IE (intelligence émotionnelle), **21**, 77
image de soi, **46**
imitation, **546**
impressions, gestion des –, 107-108
incertitude, 40, 364, 565-566
    maîtrise de l'–, **320**, 320-321
incidents critiques, 200

inclusion, **16**
indicateur typologique de Myers-Briggs (MBTI), 48
indice(s)
    CMA, 321-324
    de mobilisation en entreprise, 140
    du potentiel de motivation (IPM), **165**, 165-166
    matériels, 586
indifférence, zone d'–, **278**, 278-279, 290
individualisme, 40, 42, 170
inférence, leadership fondé sur l'–, **332**
influence, **274**, 274-279
    ascendante, 284
    descendante, 284
    horizontale, 284
    sources d'–, 279-288
    stratégies d'–, 287-288
    techniques d'–, 286
infobésité, 405
information
    circulation de l'–, 392-394
    conservation de l'–, 548-549
    contrôle de l'–, 101
    diffusion de l'–, 548
    interprétation de l'–, 101, 548
    mainmise sur l'–, 286
    organisation de l'–, 99-101
    pouvoir d'–, **280**, 280-281
    récupération de l'–, 101-103
    sélection de l'–, 98-99
    technologie de l'– (TI), 94
    technologie de l'– et des communications (TIC), 366-368, 404-406, **556**, 559, 564
    traitement automatique de l'–, 101
    traitement contrôlé de l'–, 101
iniquité favorable ou défavorable, 142
innovation, **544**, 544-545, 549-550
    en matière de procédés, **544**
    en matière de produits, **544**
    processus d'–, 544
insatisfaction professionnelle, **84**, 84-86
inspection de contrôle de la qualité, 196
instauration du changement, **447**, 447-448
instrumentalité, **145**
insuffisance
    de rôle, **255**
    des ressources, 423
intégralité de la tâche, 165
intégrateur générationnel, 39
intégration des recrues, 222-223, 252-253
intégration interne, **480**, 480-481
intégrité, 516
intelligence
    artificielle, **366**, 366-368
    culturelle, **40**
    émotionnelle (IE), **21**, 77
    sociale, 80
interactions
    entre les groupes, 229-232
    modèles d'–, 231

intérêt(s)
    groupes d'–, 221
    personnels, 296-298
interdépendance, 275
    dans le circuit de production, 423
    diminution de l'–, 424
interne, 50
interprétation
    de l'information, 101, 548
    des données, 587
    politique, 293-294
intrants d'un groupe, 224-227
intuition, 48-49, 360, **369**, 369-375
    -pensée, 48-49
    -sentiment, 48-49
Inventaire
    des cultures organisationnelles (ICO), 13
    des pratiques de leadership, C12-C30
IPM (indice du potentiel de motivation), **165**, 165-166

J

Janis, Irving, 235
JDI (Job Descriptive Index), 85
jeu
    à somme nulle, 434
    en profondeur, 77
    en surface, 77
    politique en milieu organisationnel, **292**, 292-306
    politique et éthique, 303-306
Job Descriptive Index (JDI), 85
Job Diagnostic Survey, 165
Jobs, Steve, 216, 495
Jossey-Bass et Pfeiffer, recueil de –, C11-C35
jugement, 371-372
juste-à-temps, livraison –, 424
justice
    distributive, **143**
    interactionnelle, **143**
    organisationnelle, **143**
    procédurale, **143**

K

Kanungo, Rabindra, 335
keiretsu, 566
kinésique, 395-396
Kouzes et Posner, C12-C30
KPMG, 230, 249

L

Laliberté, Guy, 232, 370
Lassonde, 446
Latham, 148
Lawler, Edward, 188
leader(s), 313-314
    adaptation –-situation, **323**, 323-324
    comportement des –, C11-C12
    théorie des comportements du –, **316**, 316-319
    théorie des traits personnels du –, **315**, 315-316
    traits personnels associés au succès du –, 315
leadership, 78, 313-352
    au service des autres, 343
    authentique, 341-343
    autocratique, 327-328
    axé sur la considération pour autrui, **318**
    axé sur la structuration des activités, **318**
    axé sur la tâche, 318
    charismatique, **333**, 333-336, 338-339
    de délégation, 327-328
    de motivation, 327-328
    de participation, 327-328
    de soutien, **324**, 325
    directif, **324**, 325
    éthique, 22-23, 121-122, 124, 256, 339-341, 362, 429, 516
    fondé sur la reconnaissance, **332**
    fondé sur l'inférence, **332**
    fondements du –, 313-319
    formel, 313
    grille du – de Blake et Mouton, **318**, 318-319
    informel, 313
    interculturel, 349-352
    lié aux relations, 253-254
    lié aux tâches, 253-254
    mirage du –, **331**
    modèles implicites du –, 331-333
    moral, 22-23, 339-345
    neutralisants du –, **330**
    orienté vers les objectifs, **324**, 326
    partagé, **253**, **346**, 346-349
    participatif, **324**, 326
    pratiques de –, C12-C30
    prototype du –, **332**, 332-333
    socio-émotif, 318
    spirituel, 341, 343-344
    substituts du –, **329**, 329-331
    théorie du – situationnel de Hersey et Blanchard, 326-328
    théories du – situationnel, **320**, 320-331
    transactionnel, **336**, 336-338
    transformateur, **336**, 336-339, 341
Leavitt, Harold J., 217
légitimité, 275
Leroux, Monique F., 102
Levinson, Daniel, 45
Lewin, Kurt, 447
Libye, 419
lieu de contrôle, 49-50
    externe, **50**
    interne, **50**
ligne hiérarchique, 515-516
limites cognitives, 366-367
L-IPSE Services, 478
livraison juste-à-temps, 424
Locke, Edwin, 148
loi
    de l'effet, **114**
    du renforcement contingent, **115**, 187
    du renforcement immédiat, **115**, 187
Loi sur l'équité en matière d'emploi, 62-63

M

Mach, échelle de –, 51
Machiavel, Nicolas, 51, 292
machiavélisme, **51**
Maglino, Bruce, 36-37
main-d'œuvre,
    âge de la –, 55
    diversité de la –, **14**, 14-16, 53-64
    état mental de la –, 55-56
    état physique de la –, 55-56
    origine ethnoculturelle de la –, 56-58
    race de la –, 56-58
    sexe de la –, 54-55
    voir aussi personnel et travailleur(s)
maîtrise
    de l'incertitude, 40
    de soi, **21**, 124
    des processus, 280
    situationnelle, **320**, 320-321
mandat, 10
marge de négociation, **432**
Maslow, Abraham, 134-135
maturité d'un groupe, 223
Maytag, 10
MBTI (indicateur typologique de Myers-Briggs), 48
McClelland, David I., 136-137
médiation, **436**
méditation, 78, 79
meilleure solution de rechange (MESORE), 434
mentorat, 249
Merck, 10
mérite, rémunération au –, **190**
MESORE (meilleure solution de rechange), 434
message contradictoire, **402**
mesure(s)
    absolue, 199-202
    des activités, **196**, 196-198
    des résultats, **196**
    du rendement, 194-198
    méthodes de – absolue, 199-202
    permettant d'améliorer l'évaluation du rendement, 206-207
méta-analyse, 7
métaphore, emploi de la –, 334
méthode(s)
    comparatives, 198-199
    de développement organisationnel, **498**, 498-501
    de mesure absolue, 199-202
    de recherche, 7
    d'évaluation du rendement, 198-202
    non réactives, **586**, 586-587
    scientifique, **580**
Michelin, 314
Microsoft, 195
Milgram, Stanley, 276-277
Millenium Chemicals, 558
mini-atelier, 516

Minnesota Satisfaction Questionnaire (MSQ), 85
minorités visibles, 58
mirage du leadership, **331**
mission, énoncé de –, 10, **509**, 509-510
mobilisation, indice de –, 140
mode(s)
    formels de coordination, 530-531
    interpersonnels de coordination, 529-530
    substitutif de règlement des conflits, **435**
modèle(s), **6**
    décisionnel classique, **366**, 366-368
    décisionnel comportemental, **366**, 366-368
    décisionnel de la poubelle, **368**, 368-369
    décisionnels, 366-369
    d'interaction, 231
    de personnalité à cinq facteurs, 46-47
    implicites du leadership, 331-333
    mécaniste, **533**
    organique, **533**, 533-534
modérateurs, 166-167
modification
    des mythes organisationnels, 425
    des scénarios, 99, 101
    du comportement organisationnel, **114**, 114-121
    voir aussi changement
monitorage de soi, **51**, 51-52
Monster.com, 560
montant forfaitaire, 193
Monterey Pasta, 487-488
motivation
    au travail, **21**, 78, **133**, 133-134, 186-194
    leadership de –, 327-328
    potentiel de –, 165-166
    théories de la –, 133-134
Mouton, Jane, 318-319
Mouvement Desjardins, 11
MSQ (Minnesota Satisfaction Questionnaire), 85
Mulcahy, Anne, 83
multiculturalisme, **15**, 14-16
Murray, Brian, 188
Myers-Briggs, 48
mythe(s)
    du jeu à somme nulle, 434
    modification des – organisationnels, 425
    organisationnels, 491-492, **556**
mythologie organisationnelle, 491-492

N

Nagano, Kent, 285, 369
NBBJ, 528
négociation, **428**
    à gains mutuels, **431**, 432-433
    aspects éthiques de la –, 429
    bilatérale, 429
    de groupe, 429
    de rôle, **500**
    distributive, **431**, 431-432
    distributive bilatérale, 431-432
    en milieu organisationnel, 428-436
    intergroupes, 429
    marge de –, **432**
    objectifs de la –, 428-429
    obstacles à la –, 434
    raisonnée, **431**, 432-434
    rôle d'un tiers dans la –, 435-436
    sectorielle, 430
    stratégies de –, 431-436
    types de –, 429
neutralisants du leadership, **330**
neutralisation, groupe de –, 231-232
Nokia, 371
non-violence, démarche de –, 422
Nooyi, Indra, 401
norme(s), **255**, 489
    collectives, 256
    conformité aux –, 257-258
    de quantité, 196
    de rendement, 256
    en matière d'amélioration et de changement, 256
    en matière de fierté personnelle et organisationnelle, 256
    en matière de réalisations, 256
    en matière de soutien et d'assistance, 256
    en matière d'éthique, 256
    positives, 256
Nutt, Paul, 365, 376

O

obéissance, 275-277
objectif(s)
    appel aux – communs, 424
    axés sur les processus, 496-497
    axés sur les résultats, 496-497
    conscients, 150
    de la négociation, 428-429
    de production, **510**
    fixation des –, 147-153
    gestion par – (GPO), **152**, 152-153
    inconscients, 150
    leadership orienté vers les –, **324**, 326
    organisationnels, 509-511
    sociétal, **509**
    stratégique, **511**, 510-511
objet perçu, 97-98
observation, **586**
    comportementale, 202
    dissimulée, 586
obstacles
    à la communication, 399-404
    à la négociation, 434
Ohio State University, 317-318
Oldman, Greg, 165-166, 501
Olympus NDT
Oprah Winfrey Leadership Academy, 23
optimisme, **341**, 341-342
Orchestre symphonique de Montréal (OSM), 285, 369
ordinateur, prise de décision assistée par –, 237
organigramme, **512**, 512-514
organisation(s), **10**
    approche sociotechnique des –, 170
    changement dans l'–, 347-348, 442-470
    conflits dans l'–, 255, 415-428, 435
    de l'information, 99-101
    de type charismatique, 532
    en réseau, **566**, 566-569
    jeu politique dans l'–, 292-306
    multiculturelle, 484
    parallèle, **499**
    sans frontières, 569-572
    taille de l'–, 554-556
organiser, **17**
organisme
    à but lucratif, 10
    sans but lucratif, 10
orientation
    à court terme, 40
    à long terme, 40
    féminine, 40
    masculine, 40
    temporelle, 41
origine ethnoculturelle, 56-58
Oticon, 508
OSM (Orchestre symphonique de Montréal), 285, 369

P

Pacini, 360
Palmisano, Samuel, 553
paradigmes du CO, 8-9
paresse sociale, **218**, 218-219, 228
partage
    de poste, **174**, 174-176
    des gains de productivité, **190**, 190-191
    du pouvoir, 450-451
    du travail, 176
    stratégie de – du pouvoir, **450**, 450-451
participation
    aux bénéfices, **192**
    des travailleurs, 523
    leadership de –, 327-328
parties intéressées, **11**, 11-12
Patagonia, 74, 144, 186
Pavlov, Ivan, 113
Pella, 373
pensée
    constructive, 348
    créatrice, 373-374
    de groupe, **235**
    -sensation, 48-49
Pepsi, 401
perception, **94**, 94-108
    cadre de –, 96, 97
    d'une iniquité défavorable, 142
    d'une iniquité favorable, 142
    erreurs de –, 103-108
    processus de –, 94-103, 107-108
    sélective, 104-105
perfectionnement des compétences, 195

performance, 221
personnalité, **43**, 43-46
    conflits de –, 415
    déterminants de la –, 44-45
    de type A, **53**, 52-53, 461
    de type B, **53**, 52-53
    développement de la –, 44-45
    dynamique de la –, **46**
    facteurs de la –, 46-47
    traits de –, 46-47
personne en situation, 101
personnel
    habilitation du –, 288-292
    programmes d'aide au –, **466**
    valorisation du –, 291-292
    voir aussi main d'œuvre et travailleur(s)
persuasion
    pouvoir de –, **282**, 282-283
    rationnelle, 287, 449
Pfeffer, Jeffrey, 169, 464
Pfeiffer, exercices de –, C31-C35
philanthropie, 305
philosophie de gestion, **492**, 492-493
PIB vert (produit intérieur brut vert), 144
piège
    de la confirmation, **372**
    du jugement a posteriori, **372**
plafond de verre, **59**
plage(s)
    commune, 174
    libres, 174
planifier, **17**
politique, 292-306, 520
polyvalence, **265**
    d'un poste, 165
Pominville, Marc, 394
Porter, Michael, 419
poste(s)
    autonomie du titulaire d'un –, 165
    conception de –, **161**, 161-179
    évaluation diagnostique des –, 165
    partage de –, **174**, 174-176
    polyvalence d'un –, 165
    redéfinition de –, **500**, 500-501
    rotation des –, **164**, 163-164
poubelle, modèle décisionnel de la –, **368**, 368-369
pouvoir, **274**, 274-279
    associé à la maîtrise des processus, **280**
    asymétrie de –, 423
    comportements axés sur le –, 283
    décisionnel, 522-524
    de coalition, **283**
    de coercition, **280**
    de persuasion rationnelle, **282**, 282-283
    de récompense, **280**
    de référence, **283**
    de représentation, **281**
    des réseaux, 274
    d'expertise, **282**
    d'information, **280**, 280-281
    hiérarchique, 279-281, 284-285, 289
    légitime, **279**
    partage du –, 450-451
    personnel, 281-283, 286
    relations de –, 296
    sources de –, 279-288
pratiques de leadership, inventaire des –, C12-C30
prédictions relatives à la théorie
    de l'équité, 141-143
    des attentes, 146
préjugés, 59
    effet des – culturels, 206
    raciaux, 205
Premières Nations, 56-58
prémisses décisionnelles, 287
présentéisme, 163
présomption de compétence, 556
prévision politique, 294-296
primes, 192, 301
prise de décision, 233-237, **360**, 360-380
    assistée par ordinateur, 237
    au sein d'un groupe, 233-234
    collective, 233-237
problématique diversité-consensus, **225**
problème(s)
    d'écoute, 434
    de discours, 434
    résolution de –, 48-49, 260-262, 426, **427**, 427-428
    sémantiques, 402
procédure, 520
processus
    contrôle des –, **520**, 520-522
    d'attribution, 108-112, 331-332
    décisionnel, 233-237, **360**, 360-380
    de communication, 388-390
    de créativité, 372-375
    de gestion, 16-19
    de mesure du rendement, 194-195
    de perception, 94-103, 107-108
    de recherche-action, 497-499
    d'innovation, 544
    évaluation comparative des –, 547
    gestion du – décisionnel, 375-380
    maîtrise des –, 280
    objectifs axés sur les –, 496-497
    restructuration des –, 171-172
    symboliques, 123, 124
    théories des –, **133**
production
    comportements axés sur la –, 316
    de masse, 557
    en continu, 558
    en petite série, 557
    interdépendance dans le circuit de –, 423
    objectifs de –, **510**
productivité, 190-191
    partage des gains de –, **190**, 190-191
produit intérieur brut vert (PIB vert), 144
programme(s)
    à intervalles fixes, 117-118
    à intervalles variables, 118
    à ratio fixe, 118
    à ratio variable, 118
    d'aide au personnel, **466**
    d'augmentations salariales forfaitaires, **193**
    d'avantages sociaux à la carte, **194**
    de formation « adéquation leader-situation », **323**, 323-324
    de partage des gains de productivité, **190**, 190-191
    de participation aux bénéfices, **192**
    de reconnaissance, 189
    de renforcement positif, 117-119
    ROWE, 160
projection, **105**, 105-106
projet
    équipe de –, 220
    GLOBE, 349-352
prophétie qui se réalise, **106**, 106-107, 112
protection de la vie privée, 406-407
protocole
    de recherche, **583**, 583-585
    quasi expérimental, **584**
prototype du leadership, **332**, 332-333
proxémique, 396
Proximédia, 489
punition, **119**, 119-120
Pygmalion, effet –, 106-107

Q

QI (quotient intellectuel), 77, 80
qualité
    cercle de –, **262**
    contrôle de la –, 196
    gestion intégrale de la – (GIQ), 521-522, 562
quantité, normes de –, 196
questionnaire, **586**
    du collègue le moins apprécié (CMA), **320**
quotient intellectuel (QI), 77, 80

R

Radio-Canada, 414
ralentissement du travail, 297
rapports, dépersonnalisation des –, 297
ratio fixe ou variable, 118
rationalité limitée, 366-367
réadaptation sociale, 459-460
réalisation de soi, 135
recherche
    -action, **497**, 497-499
    en comportement organisationnel, 579-587
    hypothèse de –, **581**
    méthode de –, 7
    protocole de –, **583**, 583-585
    relative à la théorie des attentes, 146-147
récompense(s), 186-207
    de l'échec, 191
    extrinsèque, 114-115, **188**, 187-188
    intrinsèque, **187**, 187-188
    naturelle, 114-115, 348

planifiée, 114-115
pouvoir de –, **280**
reconception des tâches, 168
reconnaissance
    leadership fondé sur la –, **332**
    programmes de –, 189
recours
    à des stocks tampons, 424
    aux supérieurs hiérarchiques, 425
recristallisation, **448**
recrues, intégration des –, 222-223, 252-253
récupération de l'information, 101-103
redéfinition de poste, **500**, 500-501
référence, pouvoir de –, **283**
refus des compromis, 556
ReGain, 342
regard des pairs, 123
régime d'actionnariat des employés, **192**
règle(s)
    de la conformité aux normes, 257-258
    de la majorité et de la minorité, 233
    de l'autorité, 233
    de présentation de soi, **77**, 81
relations
    comportements axés sur les –, 253-254, 317
    de pouvoir, 296
    interéquipes, **500**
    intergroupes horizontales, 296
    leadership lié aux –, 253-254
remue-méninges, **236**
    virtuel, 237
rémunération
    au mérite, **190**
    fondée sur les compétences, **193**
    selon le rendement, 188-193
    sous forme d'avantages sociaux, 194
rendement, 85-87, 222-223
    d'équipe, 204, 247-248
    des groupes, 217-219
    écart de –, **444**, 498
    évaluation du –, 195, **198**, 198-207
    gestion du –, **194**, 194-207
    mauvais –, 111
    mesure du –, 194-198
    norme de –, 256
    rémunération selon le –, 188-193
renforcement, **112**, 112-122
    contingent, **115**, 187
    continu, **117**
    immédiat, **115**, 187
    intermittent, **117**
    négatif, **119**
    partiel, **117**
    positif, **115**, 115-119
répartition forcée, **199**
représentation, pouvoir de –, **281**
réseau(x)
    de communication, 229-232
    de communication centralisé, **231**
    de communication décentralisé, **231**
    de communication restreint, **232**
    de tâches, 19
    du gestionnaire, 18-19
    en étoile, 231
    organisation en –, **566**, 566-569
    pouvoir des –, 274
    professionnels, 19
    radial, 231
    sociaux, 19
résilience, **342**
résistance au changement, **451**, 451-454
résolution
    de conflit, **420**, 435
    de problème(s), 48-49, 260-262, 426, **427**, 427-428
respect des normes, 257-258
responsabilité(s)
    ambiguïté en matière de –, 423
    directe, 515-516
    sociale, 147
    transfert de –, 297-298
ressources
    cognitives, 322-323
    dépendance par rapport aux –, 301-302
    insuffisance des –, 423
restructuration, 542
    des processus d'affaires, **171**, 171-172
    organisationnelle, 499
résultats
    contrôle des –, **519**
    mesure des –, **196**
    objectifs axés sur les –, 496-497
retraite, approche de la –, 251
rétroaction, 165, 195, **390**
    à 360 degrés, **202**, 202-203, 390
    absence de –, 402-403
    enquête de –, **499**
rétroconception, 547
Rhéaume, Harold, 312
Ricard, Matthieu, 345
Rideau, 542
Ringelmann, 218
ringi, 376
risque, contexte décisionnel de –, **363**, 363-364
rite, **488**
rituel, **488**
Rivest, Renée, 342
robotisation, **170**
Rodriguez, Isabelle, 484
Rokeach, Milton, 35-36
rôle(s), **254**, 254-255, 489
    ambiguïté de –, **255**, 423
    au sein de l'équipe, 18-19
    conflit de –, **255**, 423
    décisionnels, 18-19
    du gestionnaire, 18-19
    d'un tiers dans la négociation, 435-436
    informationnels, 18-19
    insuffisance de –, **255**
    interpersonnels, 18-19
    négociation de –, **500**
    surcharge de –, **255**
Room to Read, 396
Rosenthal, effet –, 106, 107
rotation des postes, **164**, 163-164
Rotter, J.B., 49
Rousseau, Céline, 282
ROWE, programme –, 160
Roy, Gilles, 132
Roy, Marie-Claire, 422

S

Saint Pierre, Marie, 340
Salancik, Gerald, 169
santé, 464-465
    mentale, 462
satisfaction
    du travailleur, 166-167
    professionnelle, **16**, **84**, 84-87
savoir
    acquisition du –, 546-548
    -faire du gestionnaire, 19-21
scénario(s), 99, 101
    de gestion, 555
    modification des –, 425
Schein, Edgar, 233, 253
schème, **99**
    de l'autre, 99
    de soi, 99
Schutz, William, 226
séance d'échange de vues, **499**
Secor, 140
secteurs géographiques, 525
sécurité, besoin de –, 135
Seidenberg, Ivan, 105
sélection de l'information, 98-99
semaine de travail comprimée, **173**, 173-174
sensation, 48-49
    -pensée, 48-49
    -sentiment, 48-49
sentiment
    de compétence, **46**, 124, 341
    d'équité, 142
    sensation-–, 48, 49
service à la clientèle, 79
sexe(s)
    de la main-d'œuvre, 54-55
    différences entre les –, 40, 79
Shamir, Boas, 335
Sheehy, Gail, 45
significations communes, 491
Simon, Herbert, 366, 368
Simonato, Philippe, 244
simplification des tâches, **162**
situation(s)
    conflictuelles, 422-423
    qui fait un gagnant et un perdant, 427
    qui ne fait que des gagnants, 427-428
    qui ne fait que des perdants, 427
Skinner, B.F., 114-115
Sofitel Montréal, 262, 388
solution de rechange, 434
sondage, enquête par –, 7
sources
    de distraction environnementales, 400-402

de connaissances, 7
de pouvoir, 279, 288
de stress, 456-461
d'influence, 279-288
Souris Mini, 151
sous-culture, **461**
sous-traitance, 518, **548**
soutien et assistance, 258
spécialisation
    horizontale, **524**, 524-529
    verticale, **514**, 514-519
spécificité, 110
spiritualité, 78-79
sport universitaire, 317
standardisation, **521**
statut, 226
    concordance de –, **226**
    discordance de –, **226**
stéréotype(s), **58**, 99, 103-104
    effet des –, **205**, 205-206
stimulus, 113
stocks tampons, 424
stratégie(s), **11**
    de changement planifié, 448-451
    de coercition, **448**, 448-449
    de gestion directe des conflits, 425-428
    de gestion du stress, 465-470
    de gestion indirecte des conflits, 424-425
    de négociation, 431-436
    de partage du pouvoir, **450**, 450-451
    de résolution de problème, 426-427
    d'influence, 287-288
    organisationnelle, 543, 549-550
    orientées vers la pensée constructive, 348
    orientées vers la récompense naturelle, 348
    orientées vers le comportement, 348
    relatives à la conception de poste, 161
stress, **455**
    bon –, **461**
    dynamique du –, 454-465
    en milieu organisationnel, 442-470
    facteurs de –, **456**, 456-461
    gestion du –, 465-470
    mauvais –, **463**, 463-464
    sources de –, 456-461
structuration des activités, 318
structure
    divisionnaire, **525**, 525-526
    fonctionnelle, **524**, 524-525
    formelle, 511-514
    matricielle, **527**, 527-529
    simple, **554**, 554-555
substituts du leadership, **329**, 329-331
supérieurs hiérarchiques, 425
surcharge de rôle, **255**
surenchère irrationnelle, **379**, 379-380, 434
symbole culturel, **488**
syndrome
    de la compartimentation, **262**
    de la grenouille ébouillantée, 447
synergiciel, 220, 263
synergie, **217**, 217-219

système
    flexible de fabrication, **171**
    ouvert, **11**
    sociotechnique, 170

T

tâche(s)
    comportements axés sur la –, 316
    élargissement des –, **163**, 163-164
    enrichissement des –, **164**, 169-170
    exigences d'ordre social des –, 224
    exigences d'ordre technique des –, 224
    expansion horizontale des –, 163-164
    expansion verticale des –, 164
    intégralité de la –, 165
    leadership lié aux –, 253-254, 318
    reconception des –, 168
    réseaux de –, 19
    simplification des –, **162**
    valeur de la –, 165
taille de l'organisation, 554-556
TAT (Test d'aperception thématique), 136
technique(s)
    Delphi, **236**, 236-237
    d'influence, 286
    du groupe nominal, **236**
technologie(s)
    d'appariement, 557
    de l'information (TI), 94
    de l'information et des communications (TIC), 366-368, 404-406, **556**, 559-564
    intensive, 557
    interactive, 557
    liées aux activités d'exploitation, **556**, 556-557
    médiatrice, 557
    selon Thompson, 557
    selon Woodward, 557-558
TED (troubles envahissants du développement), 56
Teknika HBA, 20
téléphone arabe, **391**, 529-530
télétravail, **176**, 176-179
Telops, 514
temps de travail, 172-179
tendance centrale, 204
territoire, défense du –, 298
Test d'aperception thématique (TAT), 136
Thabet, Pierre, 290
théorie(s), **579**, 579-583
    bifactorielle, **137**, 137-141
    de la contingence de Fiedler, 320-324
    de la facilitation sociale, 219
    de la fixation des objectifs, 147-153
    de l'agence, **299**, 299-300
    de la hiérarchie des besoins, **134**, 134-135
    de la motivation, 133-134
    de l'équité, **141**, 141-144
    des attentes, **144**, 144-147
    des besoins acquis, 136-137

    des besoins relationnels (FIRO-B), **226**
    des caractéristiques de l'emploi, **165**, 165-168
    des comportements du leader, **316**, 316-319
    des deux facteurs, **137**, 137-141
    des échanges leader-membres, **328**, 328-329
    des évènements affectifs, 75-76
    des processus, **133**
    des ressources cognitives de Fiedler, 322-323
    des substituts du leadership, 329-331
    des traits personnels du leader, **315**, 315-316
    du cheminement critique, **324**, 324-326
    du contenu, **133**, 134-141
    du leadership situationnel, **320**, 320-331
    du leadership situationnel de Hersey et Blanchard, 326-328
    du traitement des données sociales, 169
    ERD, **136**
    sur le développement de la personnalité, **45**
Thompson, James D., 557
Thorndike, E.L., 114
TI (technologies de l'information), 94
TIC (technologies de l'information et des communications), 366-368, 404-406, **556**, 559-564
Tohu, 371
traitement
    automatique de l'information, 101
    contrôlé de l'information, 101
    des données sociales, 169
traits
    de personnalité, 46-47
    personnels du leader, 315-316
    relatifs à la conception personnelle du monde, **49**, 49-52
    relatifs à l'adaptation affective, **52**, 52-53
    sociaux, 47-48
transfert de responsabilités, 297-298
travail
    à distance, 176-179
    à temps partiel, 179
    conflit –-famille, 178, 416
    d'équipe, **246**, 245-248
    division du –, 511-514
    émotionnel, **76**, 76-77
    groupe de –, *voir* groupe(s) *et* équipe(s)
    horaires de –, 173-174
    motivation au –, *voir* motivation
    partage du –, 176
    partagé, 176
    permanent à temps partiel, **179**
    ralentissement du –, 297
    semaine de – comprimée, **173**, 173-174
    temporaire à temps partiel, **179**
    temps de –, 172-179
travailleur(s)
    comportements axés sur les –, 316
    participation des –, 423
    satisfaction du –, 166-167
    voir aussi personnel *et* main d'œuvre
Tremblay, Pierre Marc, 360
Tremblay, Rémi, 398

trentenaires, 133
tricherie aux examens, 257
troubles envahissants du développement (TED), 56
Tsepai, Wepin, 569

U

uniformité, 110
unité
    administrative, 219
    de commandement, 515-516
    fonctionnelle, **517**, 517-519
    opérationnelle, **517**, 517-519
United Parcel Service (UPS), 162
Université de l'Ohio, 317-318
Université du Michigan, 316-317, 318
Université Laval, 513, 517-518
UPS (United Parcel Service), 162
utilitarisme, 304

V

valence, **145**
valeur(s), **35**, 35-43, 72-73
    asymétrie de –, 423
    communes, 486, 489-490
    congruence des –, **37**
    de la tâche, 165
    du canal de communication, **392**
    échelle de –, 36-37
    évolution des –, 37-38
    finale, **35**
    grille des –, 36-37
    instrumentale, **35**
validité, **582**
    externe, 582
    interne, 582
valorisation du personnel, 291-292
variable, **581**
    dépendante, **6**, 581
    indépendante, **6**, 581
    intermédiaire, **581**
    modératrice, **581**, 581-582
vie privée, protection de la –, 406-407
violence
    démarche de non--, 422
    verbale, 60
Virgin, 144
Voxco, 197
Vroom, Victor, 144, 376-377, 379

W-X-Y-Z

wiki, **391**, 394
Winfrey, Oprah, 23
Wood, John, 396
Woodward, Joan, 557-558
Xerox, 14, 83
Yankelovich, Daniel, 37
zone d'indifférence, **278**, 278-279, 290